빅데이터
분석기사

심화

실기 | R

시대에듀

머리말

1950년, 영국의 수학자이자 컴퓨터과학의 아버지라 불리는 Alan Turing은 Mind 학술지에 "Computing Machinery and Intelligence"라는 논문을 발표하였습니다. 그리고 6년 후, John McCarthy 교수는 다트머스 학회에서 세계적인 석학들과 함께 Artificial Intelligence(AI, 인공지능)라는 용어를 처음으로 사용하였습니다. 70여 년이 지난 지금, 4차 산업혁명의 시대와 함께 우리는 어느덧 인공지능 제품 및 기술 등으로 AI 서비스가 보편화된 세상 속에 살아가고 있습니다.

John McCarthy 교수는 그의 논문에서 "AI는 지능형 기계, 특히 지능형 컴퓨터 프로그램을 만드는 과학이자 공학이다. 이는 컴퓨터를 사용하여 인간 지능을 이해하는 유사한 태스크와 관련되지만, AI는 생물학적으로 관찰 가능한 방법으로 자신을 제한할 필요가 없다"고 하였습니다. 질문과 답변의 형식으로 작성된 그의 논문에서는 인공지능의 세부 분야로 패턴인식 · 추론 · 기계학습 · 휴리스틱 · 컴퓨터 비전 · 전문가 시스템 등을 제시하였고, 이와 함께 수학과 데이터 분석의 중요성을 강조하였습니다. 즉, 인공지능의 기술 · 제품 · 서비스 구현 및 개발을 위해서는 빅데이터에 대한 이해와 함께 빅데이터 분석을 위한 실무적인 직무 능력이 반드시 요구됩니다.

1955년, John McCarthy 교수는 지능이 있는 기계의 제작을 논하기 위한 워크숍을 개최하기 위해 록펠러 재단에 제안서(A Proposal for the Dartmuth Summer Research Project on Artificial Intelligence)를 보내고, 재단으로부터 7,000 달러를 지원받아 1956년 여름, 그렇게 다트머스에서 인공지능 발전의 씨앗을 심었습니다. 이러한 과정을 거쳐 오늘날, 인공지능과 인공지능 서비스를 제공하기 위해 필요한 빅데이터 분석 직무능력이 모든 산업에 걸쳐 요구되고 있습니다.

한국소프트웨어산업협회에서는 데이터분석가(Data Scientist)를 데이터 이해 및 처리 기술에 대한 기본지식을 바탕으로 데이터 분석 기획, 데이터 분석, 데이터 시각화 업무를 수행하고 이를 통해 프로세스 혁신 및 마케팅 전략 결정 등의 과학적 의사결정을 지원하는 자로 정의하고 있습니다.

또한 한국산업인력공단에서는 빅데이터분석기사의 직무를 "대용량의 데이터 집합으로부터 유용한 정보를 찾고 결과를 예측하기 위해 목적에 따라 분석기술과 방법론을 기반으로 정형 · 비정형 대용량 데이터를 구축, 탐색, 분석하고 시각화를 수행하는 업무를 수행한다"라고, 보다 자세하게 빅데이터 분석 업무를 정의하고 있습니다. 아울러 한국산업인력공단에서는 이러한 시대적 흐름에 맞추어 2020년부터 빅데이터분석기사 자격 종목을 신설하고 미래 사회가 요구하는 데이터 사이언티스트를 양성하기 위하여 노력하고 있습니다.

본서는 이러한 시대적 조류에 맞추어 빅데이터분석기사 자격을 취득하기 위한 실기시험 준비용으로 그리고 인공지능 알고리즘을 개발하기 위해 필요한 빅데이터 분석 직무능력 향상을 위한 도서로 기획 · 제작하였으며, 주요 특징을 요약하면 다음과 같습니다.

- 한국데이터산업진흥원에서 제시한 출제기준(빅데이터분석기사 실기대비)을 기반으로 구성되었습니다.
- 국가직무능력표준(NCS ; National Competency Standard)에서 정의한 학습모듈의 내용을 충실히 반영하였습니다.
- 빅데이터 분석 관련 민간 자격증의 기출문제를 분석하여 반드시 알아야 하는 내용을 수록하였습니다.
- 세부 주요항목별로 연습문제를 수록하여 수험생 스스로 내용을 이해하였는지를 평가할 수 있습니다.
- 부족한 부분을 확인하고 실전 경험을 쌓을 수 있도록 종합문제를 수록하였습니다.
- 색인을 수록하여 찾고자 하는 키워드를 빠르게 찾아 효율적으로 학습할 수 있습니다.
- 한국산업인력공단과 한국데이터산업진흥원에서 출제기준으로 제시하고 있는 빅데이터분석기사 과목의 데이터 분석모형을 모두 설명하고 있습니다.
- R을 처음 접하는 독자들의 이해를 돕기 위해 R 설치, 기본 문법, 데이터 수집, 전처리, 기술통계 및 추론통계의 내용을 설명하고 있습니다.
- R에서 제공하는 데이터세트를 부록으로 설명하였습니다.

많은 시간 동안 NCS 학습모듈, 관련 문헌들, 기존 기출문제 등을 참고하여 작성하였으나, 어딘가에는 분명히 오류가 있을 것으로 사료됩니다. 관련 오류나 참고할 내용이 있으면 언제든 저자(hsjang@ptu.ac.kr)에게 문의해 주시면 향후 새로운 개정판을 기획하는 데 많은 도움이 될 것입니다. 실제로 이전에 출간한 필기 및 실기 도서를 읽으면서 주신 독자들의 의견이 도서 개정에 많은 도움이 되었으며, 이 자리를 빌려 많은 격려를 주신 독자분들에게 감사의 말씀을 드립니다.

본 도서에 NCS 학습모듈과 관련 민간 자격증의 기출문제를 많이 인용하였음을 밝힙니다. 이와 관련하여 모든 저자들의 동의를 사전에 마땅히 받아서 인용하여야 함에도 불구하고, 촉박한 일정 탓에 그렇지 못하였음에 대하여 이 자리를 빌려 송구스럽고 죄송한 마음을 전합니다. 아울러 본 도서의 일부 내용은 "정부(과학기술정보통신부)의 재원으로 한국연구재단의 지원을 받아 수행된 연구임(No. 2021R1F1A1049933)"을 밝힙니다.

John McCarthy 교수가 꿈꾸었던 인공지능 기반 사회로의 발전에 조금이나마 도움이 되길 비라머, 늘 곁에서 힘이 되어 준 소중한 가족들에게 죄송함과 감사의 마음을 전합니다. 아울러 적절한 시기에 본서의 작성과 출간을 허락하시고 물심양면으로 많은 도움을 주신 시대에듀 관계자분들께도 깊은 감사를 드립니다.

끝으로, 본서를 이용하여 빅데이터분석기사 시험을 준비하는 모든 수험생 여러분들에게 좋은 결과가 있기를 바라며, 지금 이 시간에도 인공지능 서비스 개발을 위해 잠 못 이루는 모든 개발자 여러분들에게도 감사의 마음을 전하고, 언제나 평안이 함께하시길 바랍니다.

2024년 5월 龍耳洞에서

편저자 **장희선** 올림

시험안내

⬡ 빅데이터분석기사란?

빅데이터 이해를 기반으로 빅데이터 분석 기획, 빅데이터 수집 · 저장 · 처리, 빅데이터 분석 및 시각화를 수행하는 실무자

⬡ 주요 업무

Duty(책무) 능력단위	Task(작업) 능력단위요소		
A. 분석 기획	A1 분석과제 정의하기	A2 데이터 이해하기	A3 분석 계획하기
B. (빅데이터 처리) 수집 및 전처리	B1 빅데이터 수집 및 추출, 생성하기	B2 빅데이터 정제하기	–
C. (빅데이터 처리) 탐색 및 초기분석	C1 빅데이터 탐색하기	C2 빅데이터 저장 또는 적재하기	–
D. (빅데이터 분석) 빅데이터 모형 설계	D1 연관성 및 군집 분석하기	D2 확률모형 검토하기	D3 모형 및 필요자료 선정하기
E. (빅데이터 분석) 빅데이터 모형 적합	E1 자료 전처리하기	E2 분석 알고리즘 구축하기	E3 적합 결과 도출하기
F. (빅데이터 분석) 빅데이터 모형 평가	F1 자료 타당성 검토하기	F2 모형 타당성 검토하기	F3 적합 타당성 검토하기
G. 결과 활용	G1 분석결과 해석하기	G2 분석결과 표현하기	G3 분석결과 적용 및 검증하기

※ 출처 : 빅데이터분석기사 국가기술자격 종목 개발 연구(한국산업인력공단)

⬡ 전 망

❶ 앞으로 빅데이터 분석에 대한 관심이 꾸준하게 증가할 것으로 전망

❷ 정보화, 세계화, 모바일 서비스 등의 확대로 빅데이터 분석가의 활용영역이 증가

❸ 경제, 사회, 공공 등의 부문에서 활용 사례가 꾸준히 증가

❹ 기업, 금융, 의료, 지역, 환경 등의 다양한 영역들 사이에서 융합 가속화로 빅데이터 분석 업무가 중요

❺ 인공지능 서비스의 보편화로 빅데이터 분석의 중요도 상승

⬡ 빅데이터 분석 관련 국가직무능력표준(NCS)

소분류	세분류	능력단위	
정보기술 전략 · 계획	빅데이터 분석	• 빅데이터 분석결과 시각화 • 탐색적 데이터 분석 • 빅데이터 분석 모델링 • 빅데이터 분석 플로우 구성	• 분석 데이터 전처리 • 분석 데이터 피처(Feature) 엔지니어링 • 빅데이터 분석결과 평가 • 데이터 분석 기초 기술 활용
	빅데이터 기획	• 빅데이터 서비스 기획 • 빅데이터 분석 기획 • 빅데이터 성과관리 기획 • 빅데이터 운영 기획	• 빅데이터 환경 분석 • 빅데이터 기술 플랫폼 기획 • 빅데이터 활용 기획
정보기술 개발	빅데이터 플랫폼 구축	• 빅데이터 플랫폼 요구사항 분석 • 빅데이터 수집 시스템 개발 • 빅데이터 처리 시스템 개발 • 빅데이터 품질관리 시스템 개발	• 빅데이터 플랫폼 아키텍처 설계 • 빅데이터 저장 시스템 개발 • 빅데이터 분석 시스템 개발 • 빅데이터 플랫폼 테스트
정보기술 운영	빅데이터 운영 · 관리	• 빅데이터 플랫폼 운영 정책 수립 • 빅데이터 서비스 운영 관리 • 빅데이터 솔루션 운영 관리 • 빅데이터 품질관리 • 빅데이터 모델 운영	• 빅데이터 서비스 운영 계획 • 빅데이터 솔루션 운영 계획 • 빅데이터 플랫폼 모니터링 • 빅데이터 플로우 관리 • 빅데이터 처리 운영

⬡ 직무유형

❶ 데이터 엔지니어(Data Engineer) : 데이터를 원활하게 공급, 저장, 처리, 분석, 시각화
❷ 데이터 과학자(Data Scientist) : 통계, 데이터 모델링, 분석 및 알고리즘 연구개발
❸ 비즈니스 분석가(Business Analyst) : 데이터 중심의 의사결정 지원

⬡ 진출분야

❶ 대기업, 국 · 공영 기업 연구소, 각종 단체 등
❷ 기타 민간 중소기업 창업, 광고회사 마케팅, 기획회사 등
❸ 정부기관 민간 통계 컨설팅 기관, 리서치 기관 등
❹ 의회, 정당, 연구 기관, 언론, 금융 기관, 기타 컨설팅 기관 등

시험안내

⬡ 시행처 및 접수처

구 분	내 용
시행처	한국데이터산업진흥원(kdata.or.kr)
접수처	데이터자격검정센터(www.dataq.or.kr)

⬡ 검정기준

대용량의 데이터 집합으로부터 유용한 정보를 찾고 결과를 예측하기 위해 목적에 따라 분석기술과 방법론을 기반으로 정형/비정형 대용량 데이터를 구축, 탐색, 분석하고 시각화하는 업무를 수행할 수 있는 능력 보유의 유·무

⬡ 시험과목

구 분	시험과목	주요 항목
실기시험	빅데이터 분석실무	데이터 수집 작업
		데이터 전처리 작업
		데이터 모형 구축 작업
		데이터 모형 평가 작업

⬡ 검정방법 및 합격기준

유 형		문항 수(개)	문항당 배점(점)	총점(점)	시험시간	합격기준
작업형	제1유형	3	10	30	180분 (3시간)	총점 100점 중 60점 이상이면 합격
	제2유형	1	40	40		
	제3유형	2	15	30		
합 계		6	총점 100점			

※ 필기시험 면제기간은 필기합격자 발표일로부터 2년

2024년 시험일정

구 분	필기시험 원서접수	필기시험	필기시험 합격예정자 발표	실기시험 원서접수	실기시험	최종합격자 발표
제8회	03.04~03.08	04.06(토)	04.26(금)	05.20~05.24	06.22(토)	07.12(금)
제9회	08.05~08.09	09.07(토)	09.27(금)	10.28~11.01	11.30(토)	12.20(금)

※ 자격 검정일정은 변경될 수 있으니, 반드시 홈페이지(www.dataq.or.kr)를 확인하시기 바랍니다.

실기 합격률

구 분	응시자	합격자	합격률
제2회	2,124명	1,272명	59.9%
제3회	2,560명	1,551명	60.6%
제4회	2,943명	1,580명	53.7%
제5회	3,321명	1,684명	50.7%
제6회	3,945명	2,092명	53.0%
제7회	4,369명	2,083명	47.7%

응시자격

❶ 대학졸업자 등 또는 졸업예정자(전공 무관)

❷ 3년제 전문대학 졸업자 등으로서 졸업 후 1년 이상 직장경력이 있는 사람(전공, 직무분야 무관)

❸ 2년제 전문대학 졸업자 등으로서 졸업 후 2년 이상 직장경력이 있는 사람(전공, 직무분야 무관)

❹ 기사 등급 이상의 자격을 취득한 사람(종목 무관)

❺ 기사 수준 기술훈련과정 이수자 또는 그 이수예정자(종목 무관)

❻ 산업기사 등급 이상의 자격을 취득한 후 1년 이상 직장경력이 있는 사람(종목, 직무분야 무관)

❼ 산업기사 수준 기술훈련과정 이수자로서 이수 후 2년 이상 직장경력이 있는 사람(종목, 직무분야 무관)

❽ 기능사 등급 이상의 자격을 취득한 후 3년 이상 직장경력이 있는 사람(종목, 직무분야 무관)

❾ 4년 이상 직장경력이 있는 사람(직무분야 무관)

응시 가이드

❖ 본 내용은 한국데이터산업진흥원의 공지(2023.11 기준)를 정리한 것이므로, 응시 전에 홈페이지(www.dataq.or.kr)를 반드시 확인하시기 바랍니다.

답안제출 및 채점기준

구 분	작업형 제1유형	작업형 제2유형	작업형 제3유형	합 계
문항수 및 배점	3문항/문항당 10점	1문항/40점	2문항/문항당 15점 (소문항 배점 합산)	6문항
총 점	30점	40점	30점	100점

실기시험 응시환경 및 유의사항

구 분	유의 사항
제공언어	**R, Python** • 문항별로 R 또는 Python 중 언어 선택 가능(단, 한 문항에서 복수 언어 사용 불가능)
제공환경	**클라우드 기반 코딩 플랫폼** • CBT(Computer Based Test) • 크롬(Chrome) 브라우저 사용
답안 제출 방법	• **작업형 제1유형** : 코딩 화면에서 문제를 풀이한 후 별도의 답안제출 화면으로 이동하여 답안 입력 · 제출 • **작업형 제2유형** : 평가용 데이터를 이용한 예측 결과를 csv 파일로 제출 • **작업형 제3유형** : 코딩 화면에서 문제를 풀이한 후 별도의 답안제출 화면으로 이동하여 각 문항별 소문항의 순서대로 답안 입력 · 제출
제약사항	• 코드 라인별 실행 불가능 • 그래프 기능, 단축키, 자동완성 기능 미제공 • 코드 실행 제한시간 1분, 시간 초과 시 강제 실행 취소 • 사전에 제공된 패키지만 이용 가능, 시험 중 추가 설치 불가능(단, help 함수 이용 가능)

※ 실기시험 응시환경 체험은 구름(goor.me/EvH8T)에서 가능합니다.
※ 관련 사항은 변경될 수 있으니 홈페이지(www.dataq.or.kr)를 확인하시기 바랍니다.

유의사항

❶ 주기적으로 저장하면서 문제 풀기를 권장
❷ 코드는 여러 번 제출이 가능하나, 마지막으로 제출된 코드만 채점
❸ 제1유형, 제3유형은 [제출] 버튼이 없고 별도의 답안제출 화면으로 이동하여 제출
❹ 코드 실행 제한시간 1분, 시간 초과 시 강제 실행 취소
❺ 계산기 등 전자 · 통신기기, 기타 프로그램(메모장, 계산기 등) 사용 불가
❻ 허가되지 않은 사이트(구글, 네이버 등) 접속 불가

⬡ 예제 데이터 다운로드

- 다운로드 주소

  sdedu.co.kr/bbs/board.php?bo_table=data_prog&wr_id=395&svs=popkon

▶ 예제 데이터 다운로드
바로가기 [시대에듀]

SD에듀

| 전체 메뉴 | 합격자 수기 | 학습 자료실 | 이벤트 | 회원혜택 | 커뮤니티 | 고객센터 | 무료상담 |

| 무료특강 | 기출문제 | 최신개정법안 | 도서2데이터 |
| 정오표 | 강의 자료실 | **프로그램 자료실** | MP3 |

실기, 실무 프로그램 자료실
실기, 실무에 필요한 프로그램을 제공해 드립니다.

2024 빅데이터분석기사 실기 R 심화 - 예제 데이터 다운로드

발행일 : 2024.06.20   작성일 : 2024.05.28

첨부파일

📁 2024 빅데이터분석기사 실기 R 심화_예제 데이터.zip

⬇ 다운로드

2024 빅데이터분석기사 실기 R 심화 - 예제 데이터 다운로드

※ 위의 링크 페이지 화면 이미지는 변경될 수 있습니다.

이 책의 목차

이 책의 목차

1과목

R과 데이터 분석

제1장

R 설치 및 실행

1 R 설치 방법

(1) R 다운로드 및 설치

① R의 공식 웹사이트(www.r−project.org)에서 R을 무료로 설치할 수 있다.

② R의 공식 웹사이트에서 "download R"을 선택한다.

The R Project for Statistical Computing

[Home]

Download
CRAN

R Project
About R
Logo
Contributors
What's New?
Reporting Bugs
Conferences
Search
Get Involved: Mailing Lists
Get Involved: Contributing
Developer Pages
R Blog

R Foundation
Foundation
Board
Members
Donors
Donate

Help With R
Getting Help

Documentation
Manuals
FAQs
The R Journal
Books
Certification
Other

Links
Bioconductor
R-Forge
R-Hub
GSoC

Getting Started

R is a free software environment for statistical computing and graphics. It compiles and runs on a wide variety of UNIX platforms, Windows and MacOS. To download R, please choose your preferred CRAN mirror.

If you have questions about R like how to download and install the software, or what the license terms are, please read our answers to frequently asked questions before you send an email.

News

- R version 4.2.1 (Funny-Looking Kid) has been released on 2022-06-23.
- R version 4.2.0 (Vigorous Calisthenics) has been released on 2022-04-22.
- R version 4.1.3 (One Push-Up) was released on 2022-03-10.
- Thanks to the organisers of useR! 2020 for a successful online conference. Recorded tutorials and talks from the conference are available on the R Consortium YouTube channel.
- You can support the R Foundation with a renewable subscription as a supporting member

News via Twitter

The R Foundation
@_R_Foundation
The #RStats blog has moved to blog.r-project.org

More details from Tomas Kalibera: blog.r-project.org/2022/06/30/mov

The R Blog
blog.r-project.org

♡ [→]   Jul 1, 2022

The R Foundation
@_R_Foundation
New #RStats blog post from Tomas Kalibera: Why to avoid \x in regular expressions developer.r-project.org/Blog/public/20...

♡ [→]   Jun 28, 2022

The R Foundation Retweeted

useR! 2022
@_useRconf

③ 나라별로 제공되는 미러(Mirror) 사이트(CRAN ; Comprehensive R Archive Network)를 이용하여 윈도우 버전을 설치할 수 있으며, Korea에서 5개의 미러 사이트들 중 하나를 선택한다.

Iceland	
https://cran.hafro.is/	Marine Research Institute
India	
https://mirror.niser.ac.in/cran/	National Institute of Science Education and Research (NISER)
Iran	
https://cran.um.ac.ir/	Ferdowsi University of Mashhad
https://cran.bardia.tech/	Bardia Moshiri
Italy	
https://cran.mirror.garr.it/CRAN/	Garr Mirror, Milano
https://cran.stat.unipd.it/	University of Padua
Japan	
https://cran.ism.ac.jp/	The Institute of Statistical Mathematics, Tokyo
https://ftp.yz.yamagata-u.ac.jp/pub/cran/	Yamagata University
Korea	
https://ftp.harukasan.org/CRAN/	Information and Database Systems Laboratory, Pukyong National University
https://cran.yu.ac.kr/	Yeungnam University
https://cran.seoul.go.kr/	Bigdata Campus, Seoul Metropolitan Government
http://healthstat.snu.ac.kr/CRAN/	Graduate School of Public Health, Seoul National University, Seoul
https://cran.biodisk.org/	The Genome Institute of UNIST (Ulsan National Institute of Science and Technology)
Malaysia	
https://mirrors.upm.edu.my/CRAN/	Universiti Putra Malaysia
Mexico	
https://cran.itam.mx/	Instituto Tecnologico Autonomo de Mexico
Morocco	
https://mirror.marwan.ma/cran/	MARWAN
Netherlands	
https://mirror.lyrahosting.com/CRAN/	Lyra Hosting
New Zealand	
https://cran.stat.auckland.ac.nz/	University of Auckland
Norway	
https://cran.uib.no/	University of Bergen
Philippines	
https://cran.stat.upd.edu.ph/	University of the Philippines and PREGINET
Poland	
https://cran.mi2.ai/	MI2.ai, Warsaw University of Technology
Portugal	
https://cran.radicaldevelop.com/	RadicalDevelop, Lda
Russia	
https://mirror.truenetwork.ru/CRAN/	Truenetwork

④ R 윈도우 버전을 설치하기 위해 "Download R for Windows"를 선택한다.

The Comprehensive R Archive Network

Download and Install R

Precompiled binary distributions of the base system and contributed packages, **Windows and Mac** users most likely want one of these versions of R:

- Download R for Linux (Debian, Fedora/Redhat, Ubuntu)
- Download R for macOS
- Download R for Windows

R is part of many Linux distributions, you should check with your Linux package management system in addition to the link above.

Source Code for all Platforms

Windows and Mac users most likely want to download the precompiled binaries listed in the upper box, not the source code. The sources have to be compiled before you can use them. If you do not know what this means, you probably do not want to do it!

- The latest release (2022-06-23, Funny-Looking Kid) R-4.2.1.tar.gz, read what's new in the latest version.
- Sources of R alpha and beta releases (daily snapshots, created only in time periods before a planned release).
- Daily snapshots of current patched and development versions are available here. Please read about new features and bug fixes before filing corresponding feature requests or bug reports.
- Source code of older versions of R is available here.
- Contributed extension packages

Questions About R

- If you have questions about R like how to download and install the software, or what the license terms are, please read our answers to frequently asked questions before you send an email.

⑤ "install R for the first time"을 선택하여 가장 최신 버전의 R을 설치한다.

R for Windows

Subdirectories:

base	Binaries for base distribution. This is what you want to install R for the first time
contrib	Binaries of contributed CRAN packages (for R >= 3.4.x).
old contrib	Binaries of contributed CRAN packages for outdated versions of R (for R < 3.4.x).
Rtools	Tools to build R and R packages. This is what you want to build your own packages on Windows, or to build R itself.

CRAN
Mirrors
What's new?
Search

About R
R Homepage
The R Journal

Please do not submit binaries to CRAN. Package developers might want to contact Uwe Ligges directly in case of questions / suggestions related to Windows binaries.

You may also want to read the R FAQ and R for Windows FAQ.

Note: CRAN does some checks on these binaries for viruses, but cannot give guarantees. Use the normal precautions with downloaded executables.

⑥ "Download R 4.2.1 for Windows"를 선택하여 가장 최신 버전(R4.2.1, 2022년 6월 23일 Release)의 R을 다운로드한다.

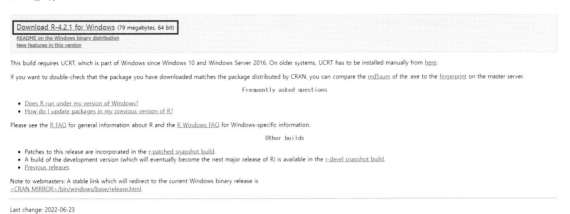

⑦ 설치 언어(한국어) 선택 후, "다음" 버튼으로 설치를 진행한다.

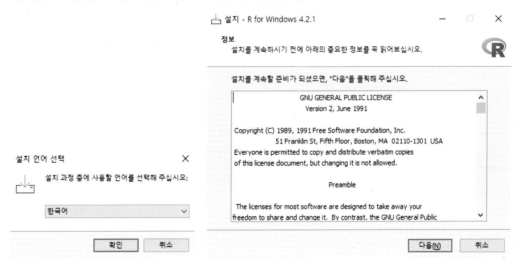

⑧ 설치할 폴더의 위치(C:\Program Files\R\R4.2.1)를 지정하고 설치 구성요소 선택 후 "다음" 버튼을 누른다.

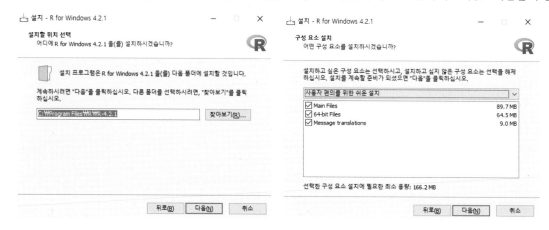

⑨ 스타트업(시작) 옵션은 "No(기본값 사용)"을 지정하고 바로가기 시작메뉴(R) 지정 후 "다음" 버튼을 누른다.

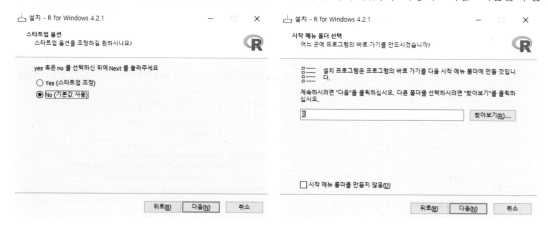

⑩ 바탕화면에 아이콘을 생성하고 "다음" 버튼을 선택하면, 압축 파일을 풀면서 설치를 진행한다.

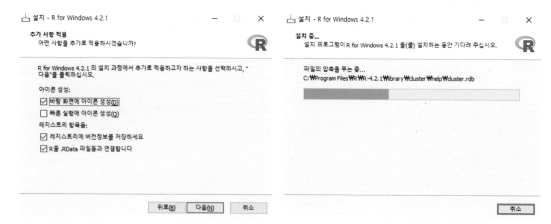

⑪ 모든 설치가 완료되면 "R for Windows 4.2.1 설치 완료" 메시지가 나오고 바탕화면에 "R x64 4.2.1" 아이콘 이 생성된다.

R for Windows 4.2.1 설치 완료

설치 프로그램이 R for Windows 4.2.1 의 설치를 완료했습니다. 설치된 바로 가기를 실행하시면 프로그램이 실행됩니다.

"완료"를 클릭하여 설치를 완료하십시오.

완료(F)

⑫ 무료로 제공되는 R 소프트웨어는 기본적으로 R console을 이용한 명령어 입력 방식으로, R 명령어 코드가 길 어지는 경우 다소 불편하다. 이를 해결하기 위하여 R studio(www.rstudio.com)를 추가적으로 설치(무료 및 유료 버전 제공)한다. R studio를 이용하여 console 창과 함께 여러 종류의 윈도우를 활용할 수 있으며 문서화 작업(보고서 작성), 그래프 활용 시각화, 웹 연동 등의 기능을 이용할 수 있다.

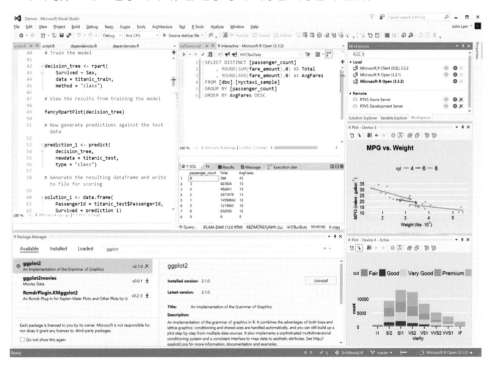

⑬ R studio를 실행하면 아래와 같이 크게 스크립트[명령어(스크립트) 작성], 콘솔(명령어 입력 및 결과 출력), 환경(변수, 값 확인), 파일, 패키지 등(파일 입출력, 패키지 목록설치, 그래픽 실행 결과 확인) 4개의 윈도우 화면을 이용하여 콘솔창 하나만을 이용하는 것보다 편리하게 작업할 수 있다.

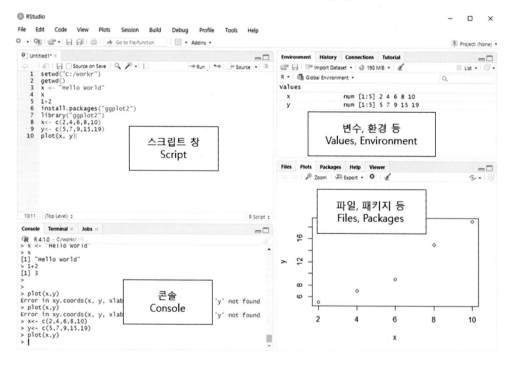

스크립트 (Script)	스크립트 작성 및 저장
콘솔 (Console)	R 명령어 입력 및 결과 출력
환경 (Environment)	콘솔에 입력한 변수, 값
히스토리 (History)	현재까지 실행한 명령어
파일 (File)	외부 파일 입출력
그래픽 (Plots)	R 실행 결과(그래픽 출력)
패키지 (Packages)	패키지 목록과 설치
도움말 (Help)	R 관련 정보
뷰어 (Viewer)	웹 문서 출력

(2) Rtools

① Rtools는 윈도우에서 R 패키지 설치 및 수행을 위해 필요한 시스템 라이브러리뿐만 아니라 R 자체를 쉽게 빌드하고 유지·관리할 수 있도록 지원한다.

② Rtools 소프트웨어는 웹사이트(cran.r−project.org/bin/windows/Rtools)에서 설치한다.

Rtools42 for Windows

Rtools is a toolchain bundle used for building R packages from source (those that need compilation of C/C++ or Fortran code) and for build R itself. Rtools42 is used for R 4.2.x and currently for R-devel, the development version of R since revision 81360.

Rtools42 consists of Msys2 build tools, GCC 10/MinGW-w64 compiler toolchain and libraries and QPDF. Rtools42 supports 64-bit Windows and UCRT as the C runtime. The code compiled by earlier versions of Rtools is incompatible and has to be recompiled with Rtools42 for use in R packages. Switching to UCRT allows to use UTF-8 as the native encoding on Windows.

Installing Rtools42

Rtools42 is only needed for installation of R packages from source or building R from source. R can be installed from the R binary installer and by default will install binary versions of CRAN packages, which does not require Rtools42.

Moreover, online build services are available to check and build R packages for Windows, for which again one does not need to install Rtools42 locally. The Winbuilder check service uses identical setup as the CRAN incomming packages checks and has already all CRAN and Bioconductor packages pre-installed.

Rtools42 may be installed from the Rtools42 installer. It is recommended to use the defaults, including the default installation location of C:\rtools42.

When using R installed by the installer, no further setup is necessary after installing Rtools42 to build R packages from source. When using the default installation location, R and Rtools42 may be installed in any order and Rtools42 may be installed when R is already running.

Additional information

A detailed tutorial on how to build R and packages using Rtools42 for R package authors and R developers is available for R-4.2.x and R-devel.

From the user perspective, Rtools42 is almost the same as Rtools4. Both include Msys2 build tools.

Unlike Rtools4

- Msys2 is unmodified (e.g. no patched version of tar) and the toolchain and libraries are built uring MXE. QPDF is added from its own installation.
- All libraries are included, instead of relying on external sources for downloading them. Rtools42 takes slightly over 3G when installed.
- A tarball of the compiler toolchain and libraries, excluding Msys2, can be installed directly for those preferring their own installation of Msys2 or other build tools. One then needs to set environment variables R_CUSTOM_TOOLS_SOFT and R_CUSTOM_TOOLS_PATH. The base variant of the tarball is available for building R and most packages, the full one has all provided libraries.
- When R is installed from the binary installer, PATH to the compiler toolchain and build tools is set automatically (by R) based on the default location, information in the registry, or the R_CUSTOM_TOOLS_PATH variable.
- 32-bit builds are no longer supported
- Rtools42 is also available in base and full toolchain tarballs suitable for users who have their own installation of Msys2. The base toolchain tarball is smaller and includes only what is needed to build R and the recommended packages. All Rtools files are available here. There are two files for Rtools42 release 5253, the originally released version and a version that is digitally signed (but otherwise the same file).

Rtools42 re-use the installer code (only with minor modifications) from Rtools4.

A change log for individual revisions of Rtools42 is available here.

Sources are available for the toochain tarballs and the Rtools42 installer.

③ 설치 경로(C:\rtools42)와 기본 설정 기능 확인 후 "Next"를 선택한다.

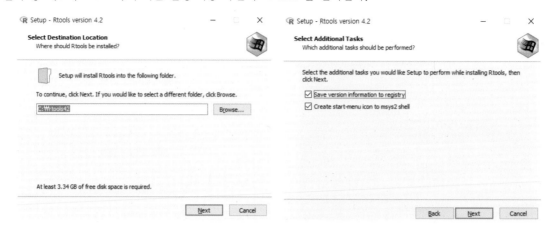

④ 설치되는 Rtools의 버전(4.2)을 확인하고 "Install"하여 설치한다.

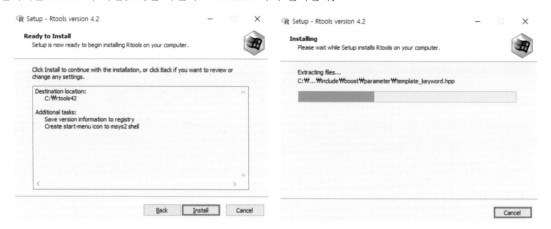

⑤ 설치 완료되면 "Completing the Rtools Setup Wizard" 메시지를 확인하고 [시작] 메뉴에서 찾기 기능을 이용하여 설치된 Rtools 소프트웨어를 확인한다.

(3) 패키지와 라이브러리

① R에서 패키지(packages)는 R 함수들을 모아 놓은 컬렉션(collection)이며, 라이브러리(library)는 R 패키지가 저장되는 폴더이다.

② 패키지는 R 설치 시에 자동적으로 설치되는 기본 패키지(Base packages)와 추천 패키지(Recommended packages)로 분류되고, 추가 기능이 필요할 때 별도로 install해야 하는 기타 패키지(Other packages)가 있다.

〈R 패키지 유형〉

구 분		R 명령어 사용 방법	설 치
Base system	기본 (Base)	• R로 불러오기(로딩) 불필요 • base, compiler, datasets, graphics, grDevices, grid, methods, parallel, splines, stats, tcltk, tools, translations, utils 등	Base system에 자동 포함되어 설치되므로 별도로 설치할 필요 없음
	추천 (Recommended)	• R로 불러오기(로딩) 필요 • library("패키지명") • KernSmooth, MASS, Matrix, boot, class, cluster, codetools, foreign, lattice, mgcv, nlme, rpart, spatial, survival 등	
기타(Other)		• R로 불러오기(로딩) 필요 • library("패키지명") • ggplot2, nnet, e1071, abind, rpart, party, neuralnet, tree, caret, arules, multilinguer, sna, topicmodels, stringr, descr, igraph 등	CRAN 사이트에서 추가 설치 install.packages("패키지명")

③ R 설치 시 자동으로 설치되는 패키지들 중 기본 패키지는 별도의 로딩 과정 없이 사용 가능하지만, 추천 패키지는 library("패키지명") 명령어를 통한 로딩 과정이 요구된다.

④ 기타 패키지들을 사용하기 위해서는 R 미러(Mirror) 사이트(CRAN ; Comprehensive R Archive Network, cran.r−project.org/web/packages/available_packages_by_name.html)를 이용하며 install.packages("패키지명") 명령어를 수행한다.

2 R 실행 및 패키지

(1) R 실행

① 바탕화면 R 아이콘(R x64 4.2.1)의 오른쪽 마우스를 이용하여 "관리자 권한으로 실행"한다. R을 최초로 설치 시 기본 패키지들이 포함되어 일부 통계 분석 기능을 제공하지만, 빅데이터 분석을 위한 함수들은 대부분 이들 함수들을 제공하는 관련 패키지들을 사전에 설치해서 사용해야 한다. R 패키지 설치는 윈도우에 새로운 파일을 설치하는 관리자의 보안 권한이 필요하기 때문에 관리자 권한으로 실행한다.

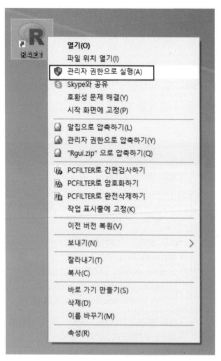

② R을 수행했을 때 초기화면은 다음과 같다. R console 창에 ">"으로 명령어를 입력한다.

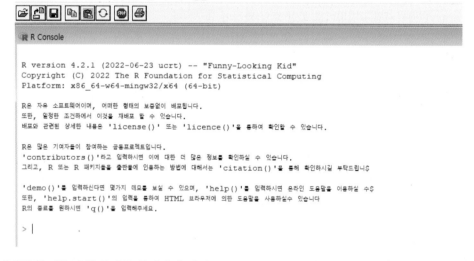

③ 변수 x에 "Hello World" 문자를 할당하기 위해 <−, <<−, =의 기호를 사용(주로 <− 사용)한다. 변수에 저장된 값을 출력하기 위하여 변수명을 입력하고 Enter 키를 누르면 결괏값이 출력된다. 그리고 1+2의 수치계산을 위하여 "1+2"를 입력하고 Enter 키를 누르면 결괏값(3)이 출력된다. R 명령어 실행에 대한 출력 결과는 항상 "[1]"부터 나타내며, 이를 통해 출력결과인 데이터에 대한 Index로 결과의 자릿수를 확인한다.

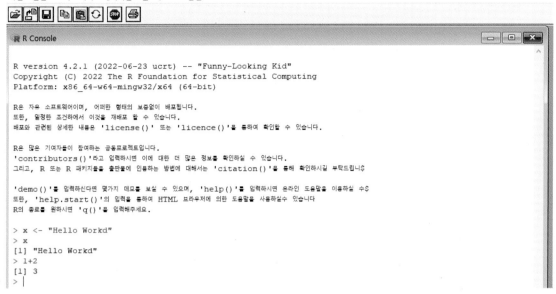

④ [파일] 메뉴에서 파일 저장, 불러오기, 인쇄하기 기능을 수행하고, [편집] 메뉴에서 복사, 붙여넣기, GUI 설정 등을 수행한다.

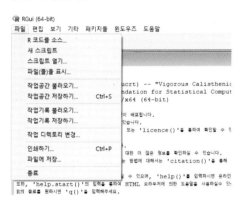
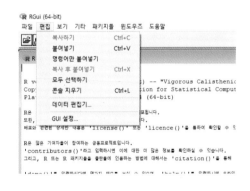

㉠ R 명령어를 console 창에 "＞" 기호 이후에 입력할 수도 있으나 [파일] — [새 스크립트] 메뉴를 이용하여 스크립트 파일로 저장(파일 확장자는 *.R)하여 사용(코드가 긴 경우)할 수도 있다. 기존 스크립트 파일을 불러들이기 위하여 [스크립트 열기] 또는 [R 코드를 소스] 메뉴를 이용한다. 만약, [R 코드를 소스] 메뉴를 이용하는 경우 source( ) 함수가 적용되어 기존 스크립트 명령어의 코드를 불러온다.

ⓛ 작업공간(Working Directory)이란 R 프로그래밍 과정에서 실행되는 Script, Dataset가 저장되는 작업 폴더(디렉토리)이다. 데이터 분석을 위해 가장 먼저 해야 하는 작업은 "현재 작업 공간이 어디인지 확인 후 저장 작업 공간을 설정"하고 R 스크립트와 데이터세트를 저장하는 것이다. 작업공간을 저장하기 위하여 [파일] − [작업공간 저장하기] 메뉴를 이용(파일 확장자는 *.RData)하며, 기존 파일의 작업공간을 불러오기 위하여 [작업공간 불러오기] 메뉴를 사용한다. 작업공간이 저장되면 save.image( ) 명령어가 수행되고 기존 작업공간을 불러오면 load( ) 명령어가 console에서 자동 실행된다.

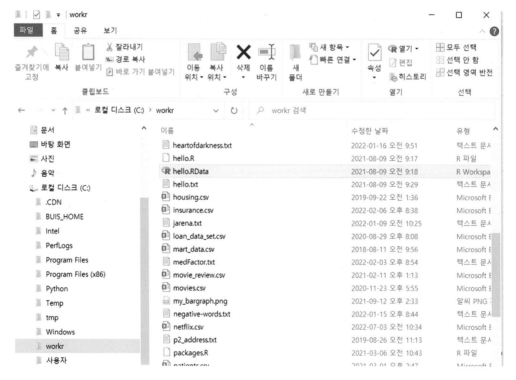

© R console의 내용을 저장하기 위하여 [파일]−[파일에 저장] 메뉴를 이용(파일 확장자는 *.txt)한다. R console에 입력한 모든 명령어와 그 결괏값을 저장하며 메모장을 이용하여 파일을 확인할 수 있다.

⑤ [보기] 상태바 메뉴를 이용하여 R 버전을 확인하고 [기타] 메뉴를 이용하여 연산 중단, 기본 수행 기능(단어 및 파일명 완성 등)들을 이용한다.

⑥ [패키지들] 메뉴를 이용하여 필요한 패키지를 불러오거나 설치 및 업데이터를 진행하며 [윈도우즈] 메뉴의 정렬 기능을 이용하여 가로 및 세로 정렬 기능을 수행한다.

⑦ [도움말]을 이용하여 필요한 R 함수를 찾고 "PDF 형식의 매뉴얼"을 이용하여 R의 다양한 사용 방법을 확인한다. 예를 들어 "An Introduction to R"을 선택하여 R에 대한 기본적인 사용 방법과 관련 패키지들에 대한 정보를 알 수 있다.

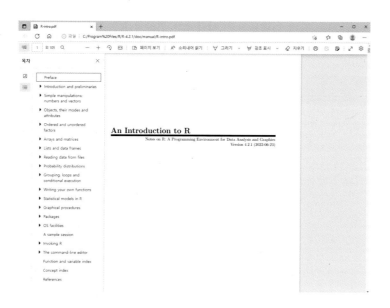

(2) R 작업 디렉토리 설정

① R에서 파일을 저장하고 자료를 불러들이거나 수행 결과를 외부 파일로 내보내기 위하여 파일 탐색기를 이용하여 작업 폴더(C:\workr)를 생성한다.

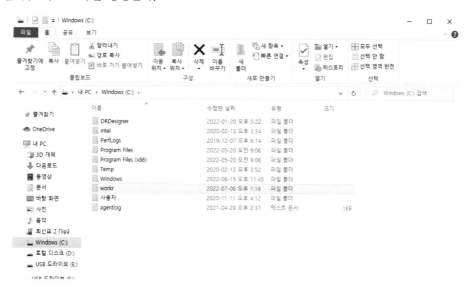

② 생성된 폴더(C:\workr)를 작업 디렉토리로 지정하기 위하여 R의 [파일] – [작업 디렉토리 변경] 메뉴에서 "C:\workr" 폴더 선택 후 [확인]을 누른다.

③ 설정된 작업 폴더를 확인하기 위하여 getwd( ) 명령을 수행한다. 또는 R console에서 setwd("C:/workr") 명령어를 이용하여 작업 폴더를 지정한다.

(3) R 패키지 설치

① R 패키지를 설치하기 위해 install.packages("패키지명") 명령어를 수행한다.
② 예를 들어 다양한 기술통계 분석을 지원하는 "prettyR" 패키지를 설치하기 위하여 R console에서 install.packages("prettyR") 명령어를 수행하고 CRAN 미러 사이트를 선택[Korea(Seoul 1)]한다.

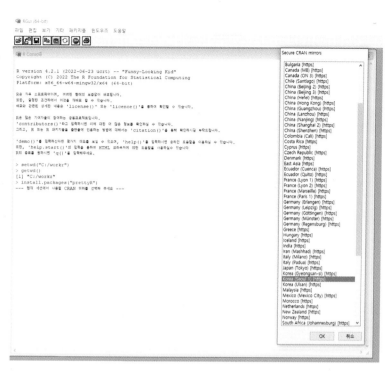

③ R의 특정 패키지들은 자바(Java) 기반으로 개발되어 있어, 관련 R 패키지 활용을 위해 자바 실행환경의 설치 여부를 확인한다. 자바 설치를 위해 관련 사이트(java.com/ko/download)에서 윈도우용 자바 JDK(Java Development Kit) 버전을 이용한다.

④ 설치된 패키지들을 확인하기 위해 installed.packages( )[,c("Package","Version")] 명령어를 이용한다. Package 이름과 버전에 대한 정보를 확인하고, 기술통계 분석을 위한 prettyR 패키지도 설치되어 있음을 알 수 있다.

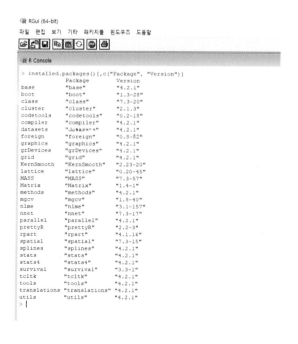

⑤ 이미 설치된 패키지들을 이용하기 위해 library(패키지명) 명령어를 실행한다. 예를 들어 최빈값(mode, 전체 들 중 가장 많이 관측되는 값)을 구하는 Mode( ) 함수의 사용 방법은 다음과 같다. 여기서 '#' 표시는 주석문 (comments)이며 프로그램 수행에 영향을 주지 않는다.

- 패키지(prettyR) 설치
- prettyR 패키지 사용(library(패키지명) 수행)
- a는 14개의 원소를 가짐
- 최빈값 구하기(Mode(a))
- 결괏값 = 4

⑥ 기술통계, 추론통계, 데이터 마이닝, 데이터 분석, 그래프 작성 등을 위해 사용되는 R 패키지와 함수들은 다음 과 같다. 단, 패키지들 중 일부(DMwR, tm 등)는 CRAN repository에서 제외되어 의존 패키지 설치 후, 이 용하거나 GitHub에서 개발자가 제공하는 오픈소스를 이용한다.

〈R 패키지 및 주요 함수〉

패키지	함 수	기 능	패키지	함 수	기 능
aplpack	faces( )	체르노프 페이스 시각화 지원	nnet	nnet( )	인공신경망 분석 (분류 분석)
arules	apriori( )	연관성 분석	party	ctree( )	의사결정나무 분석 (예측 분석)
	plot( )	연관성 분석모형 그래픽 지원	plotly	ggplotly( )	인터랙티브 그래프
caret	confusion Matrix( )	데이터 마이닝 결과 분류표 제공	prettyR	Mode( )	최빈값
descr	freq( )	빈도 분석	psych	describe( )	기술 분석
DMwR	kNN( )	k-최근접 이웃 분석	QuantPsyc	lm.beta( )	회귀 분석 표준화 계수
downloader	plot.nnet( )	인공신경망 분석모형 그래픽 지원	rpart	rpart( )	의사결정나무 분석 (분류 분석)
dplyr	groupby( )	그룹 분석	raster	raster( )	지도 맵핑 시각화

e1071	naiveBayes( )	나이브베이즈 분류 분석	RColor Brewer	display.crewer. all( )	컬러 설정
	svm( )	서포트 벡터 머신	readxl	read_excel( )	엑셀 파일 불러오기
fBasics	kurtosis( )	첨도 분석	rgl	open3d( )	그래프 차트 작성 (3D 데이터)
	skewness( )	왜도 분석	rpart.plot	rpart.plot( )	의사결정나무 분석모형 그래픽
ggmap	ggmap( )	구글 지도 맵핑 시각화	rvest	html_text( )	웹 크롤링
ggplot2	ggplot2( )	고급 그래프 시각화	sna	sna( )	그래프 수식 처리 패키지
gmodels	CrossTable( )	교차 분석	stringr	str_replace_ all( )	문자열 처리
Hmisc	rcorr( )	상관 분석	tm	Corpus( )	말뭉치 작성
igraph	graph.density ( )	그래프 차트 작성	topicmodels	LDA( )	토픽 모델링
KoNLP	extractNoun ( )	한글 자연어 명사 추출	tree	tree( )	의사결정나무 분석 (이항형 예측 분석)
lattice	dist( )	계층적 군집 분석	treemap	treemap( )	트리맵 시각화 지원
	kmeans( )	k−평균 군집 분석	wordcloud	wordcloud( )	워드 클라우드 그래프
MASS	isoMDS( )	다차원 척도 분석	WriteXLS	WriteXLS( )	엑셀 파일로 내보내기
neuralnet	neuralnet( )	인공신경망 분석 (예측 분석)	XML	xml TreeParse( )	XML 파일 처리

⑦ R 패키지 설치 스크립트 파일은 사이트(ssra.or.kr/bigdata/packages.R)에서 확인한다. 아래 파일을 복사하고 R에서 붙여넣기를 실행하여 주요 R 패키지 및 함수들을 이용한다.

〈패키지 설치 스크립트(ssra.or.kr/bigdata/packages.R)〉

```
install.packages("psych")
install.packages("descr")
install.packages("gmodels")
install.packages("MASS")
install.packages("Hmisc")
install.packages("dplyr")
install.packages("fBasics")
install.packages("QuantPsyc")
install.packages("prettyR")
install.packages("e1071")
install.packages('abind')
install.packages('zoo')
install.packages('xts')
install.packages('quantmod')
install.packages('ROCR')
install.packages("https://cran.r-project.org/src/contrib/
Archive/DMwR/DMwR_0.4.1.tar.gz", repos = NULL,
type="source")
install.packages("rpart")
install.packages("rpart.plot")
install.packages("party")
install.packages("nnet")
install.packages("downloader")
install.packages("neuralnet")
install.packages("tree")
install.packages("caret")
install.packages("arules")
install.packages("arulesViz")
install.packages("lattice")
install.packages("topicmodels")
install.packages("wordcloud")
install.packages("RColorBrewer")
```

```
install.packages("sna")
install.packages("igraph")
install.packages("rgl")
install.packages("rvest")
install.packages("stringr")
install.packages("XML")
install.packages("readxl")
install.packages("WriteXLS")
# rJava 설치
install.packages("multilinguer")
library(multilinguer)
install_jdk()
# KoNLP 패키지 설치 시 참조 또는 이용되는 패키지 설치
install.packages(c("hash", "tau", "Sejong", "RSQLite",
"devtools", "bit", "rex", "lazyeval", "htmlwidgets",
"crosstalk", "promises", "later", "sessioninfo", "xopen",
"bit64", "blob", "DBI", "memoise", "plogr", "covr", "DT",
"rcmdcheck", "rversions"), type = "binary")
# 깃허브의 KoNLP 패키지 설치
install.packages("remotes")
remotes::install_github('haven-jeon/KoNLP', upgrade =
"never", INSTALL_opts=c("--no-multiarch"))
# 텍스트마이닝을 위한 tm 패키지 설치
require(remotes)
install_version("tm", version = "0.7-5", repos = "http://
cran.us.r-project.org")
install.packages("ggplot2")
install.packages("treemap")
install.packages("aplpack")
install.packages("raster")
install.packages("rgeos")
install.packages("rgdal")
install.packages("ggmap")
```

연습문제

01 R을 다운로드하기 위한 배포판, 확장 프로그램(패키지), R 관련 문서 등을 다운로드할 수 있는 사이트의 이름은 무엇인가?

> **정답 및 해설** CRAN, The Comprehensive R Archive Network(CRAN)
>
> R은 오픈소스이자 사용자들이 만들어 준 수많은 패키지로 연산, 통계, 소프트웨어 개발, 데이터 분석 등 다양한 작업을 수행할 수 있게 해주며 CRAN 사이트(cran.r-project.org)를 통해 배포된다.

02 무료로 제공되는 R 소프트웨어는 기본적으로 R console를 이용한 명령어 입력 방식으로 명령어 코드가 길어지는 경우 다소 불편하다. 이러한 문제점을 해결하기 위해 사용되는 소프트웨어로서 콘솔 창과 함께 여러 종류의 윈도우를 활용할 수 있도록 문서화 작업, 시각화, 웹 연동 등의 기능을 제공하는 소프트웨어는 무엇인가?

> **정답 및 해설** R studio
>
> R studio(www.rstudio.com)는 통계 컴퓨팅, 그래픽스를 위한 프로그래밍 언어인 R을 위한 자유 오픈소스 통합 개발환경으로 콘솔창, 스크립트 창, 도움말, GUI 기능 등을 제공한다.

03 윈도우에서 R 패키지 설치 및 수행을 위해 필요한 시스템 라이브러리뿐만 아니라 R 자체를 쉽게 빌드하고 유지·관리할 수 있도록 지원하는 프로그램의 이름은 무엇인가?

> **정답 및 해설** Rtools
>
> Rtools 소프트웨어는 웹사이트(cran.r-project.org/bin/windows/Rtools)에서 설치하며, R에서 추가적으로 사용할 패키지들을 설치하고자 할 때 사용되는 도구들을 다운로드한다. Rtools는 다른 패키지와 달리 install.packages( ) 함수로 설치하지 않고, 설치 파일을 컴퓨터에서 직접 실행하는 방법을 이용한다.

04 다음 괄호 안에 들어갈 용어를 적으시오.

> R에서 패키지(packages)는 R 함수들을 모아 놓은 collection이며, ( )은(는) R 패키지가 저장되는 폴더를 의미한다.
> 패키지는 R 설치 시에 자동적으로 설치되는 base packages와 recommended packages로 분류되고, 추가 기능이 필
> 요할 때 별도로 install해야 하는 기타 패키지로 구분된다. R 설치 시 자동적으로 설치되는 패키지들 중 기본 패키지는
> 별도의 로딩 과정 없이 사용 가능하지만, 추천 패키지는 ( ) 명령어 수행을 통한 로딩 과정이 필요하다.

정답 및 해설 라이브러리, library, library( )

설치된 패키지는 R 세션으로 불러와야 사용할 수 있으며 이 작업을 위해 library( ) 함수를 이용한다. 그리고 R에 설치되어 있는
패키지를 확인하기 위해 library( ) 명령어를 수행한다. library( ) 함수를 이용하여 패키지를 메모리에 적재하며, 메모리에 적재
하지 않으면 패키지가 설치되어 있어도 사용할 수 없다.

05 컴퓨터에서 작업영역을 설정하기 위한 R 명령어와 이를 확인하기 위한 명령어를 적으시오.

정답 및 해설 setwd("C:/workr"), getwd( )

아래와 같이 setwd( ) 명령어 수행으로 작업영역을 설정한 후, 필요한 데이터세트를 읽거나 작업결과를 저장한다. 그리고
getwd( ) 명령어를 통해 지정된 작업 영역을 확인한다.

```
> setwd("C:/workr")
> getwd()
[1] "C:/workr"
```

제2장

R 기본 문법

///

1 R 기초

(1) 데이터 유형 및 변수 할당

① 변수에 할당되는 값인 데이터 유형(Data Type)은 숫자형, 문자형, 논리형, 복소수형, 날짜형 및 특수형으로 분류된다.

〈데이터 유형〉

데이터 유형	세부 유형	사용 예
숫자형 (numeric)	• 정수(integer) • 실수(double)	• x<−10 • x<−10.5
문자형 (character)	문자 또는 문자열	x<−"홍길동"
논리형 (logical)	참(true), 거짓(false)	x<−TRUE
복소수형 (complex number)	복소수	x<−2+3i
날짜형 (Date)	날짜 형식의 문자열	x<−as.Date("2021−08−15")
특수형	NULL	객체(object)로서 존재하지 않는 객체 지정 시 사용
	NA	Not Available의 약자로 결측치(missing value)
	NaN	Not Available Number의 약자로 수학적으로 계산이 불가능한 수
	Inf	Infinite의 약자로 양의 무한대
	−Inf	−Intinite로 음의 무한대

② 변수에 할당된 다양한 데이터 유형의 사용 예는 다음과 같다.

```
> x <- 10
> y <- 10.5
> a <- "홍길동"
> z <- TRUE
> t <- 2+3i
> b <- as.Date("2022-07-07")
> Obj <- NULL
> MV <- NULL
> MVnum <- NA
> N <- NaN
> P <- Inf
> Q <- -Inf
```

```
> x
[1] 10
> y
[1] 10.5
> a
[1] "홍길동"
> z
[1] TRUE
> t
[1] 2+3i
> b
[1] "2022-07-07"
> Obj
NULL
> MV
NULL
> MVnum
[1] NA
> N
[1] NaN
> P
[1] Inf
> Q
[1] -Inf
```

③ 변수의 데이터 유형을 확인하기 위하여 mode( )를 이용한다. 그리고 해당 변수가 숫자형인지를 확인하기 위하여 is.numeric( )을 이용하고, 문자형인지는 is.character( ), 논리형인지는 is.logical( ) 함수를 사용한다.

```
> mode(x)
[1] "numeric"
> mode(y)
[1] "numeric"
> mode(a)
[1] "character"
> mode(z)
[1] "logical"
> mode(t)
[1] "complex"
> mode(b)
[1] "numeric"
> mode(Obj)
[1] "NULL"
> mode(MV)
[1] "NULL"
```

```
> mode(MVnum)
[1] "logical"
> mode(N)
[1] "numeric"
> mode(P)
[1] "numeric"
> mode(Q)
[1] "numeric"
> is.numeric(x)
[1] TRUE
> is.character(y)
[1] FALSE
> is.logical(z)
[1] TRUE
> is.null(MV)
[1] TRUE
```

(2) 연산자

① 복잡한 데이터 분석을 수행하기 위해 프로그래밍 기법에서와 동일하게 변수를 이용한다.
② 변수(Variable)란 데이터 값을 일시적으로 보관하기 위해 사용되는 메모리 내의 한 장소의 이름으로서 일반적으로 문자로 시작된다.
③ 변수는 a~z, A~Z, 숫자 0~9, ".", "_" 등의 조합으로 구성하며, 변수의 첫 글자는 항상 문자로 시작해야 한다.
④ 변수는 한글도 가능하나 가능한 한 영문자로 시작하여 사용하는 것이 바람직하다.
⑤ 변수 이름은 R의 명령어(if, else, for, while, c, pi 등)들을 사용할 수 없다.
⑥ 변수에 값을 배정하는 것을 할당(assign)이라 하고, R에서의 할당은 =, <-, <<- 등의 기호들을 사용할 수 있으나 주로 <-가 사용된다.
⑦ 값이 할당된 변수들은 다음과 같이 산술 연산이 가능하며, 변수명을 입력하면 변수의 값이 출력된다.

```
> x <- 6
> y <- 3
> z <- x+y
> z
[1] 9
> .a <- 10
> .b <- 15
> .a + .b
[1] 25
> 9a <- 10
에러: 예상하지 못한 기호(symbol)입니다. in "9a"
```

```
> _a <- 10
에러: 예상하지 못한 기호(symbol)입니다. in "_a"
>
> if <- a
에러: 예상하지 못한 할당(assignment)입니다. in "if <-"
>
> word <- "Hello World"
> word
[1] "Hello World"
> 한글변수명 <- 10
> 한글변수명
[1] 10
```

⑧ 연산자는 값을 할당하는 할당(대입) 연산자, 사칙연산 등을 위한 산술 연산자, 값들의 크기를 비교하기 위한 비교 연산자, 참과 거짓에 대한 논리적 판단을 위한 논리 연산자로 분류된다.

〈R 연산자〉

구 분	유 형	기 호	사용 예	결괏값
할당 연산자	할당(대입)	<-	x<-6 x	6
산술 연산자	더하기	+	3+4	7
	빼 기	-	11-5	6
	곱하기	*	4*2	8
	나누기	/	10/5	2
	거듭제곱	^, **	3^2	9
	나머지	%%	13%%3	1
	몫	%/%	13%/%3	4
비교 연산자	작 다	<	x<-5 x < 11	TRUE
	작거나 같다(이하)	<=	x<-5 x <= 11	TRUE
	크 다	>	x<-5 x > 11	FALSE
	크거나 같다(이상)	>=	x<-5 x >= 11	FALSE
	같 다	==	x<-5 x == 11	FALSE
	같지 않다	!=	x< -5 x != 11	TRUE

논리 연산자	논리합	|	a<−TRUE b<−FALSE a | b	TRUE
	논리곱	&	a<−TRUE b<−FALSE a & b	FALSE
	논리 부정	!	a<−FALSE !a	TRUE
	진위(참, 거짓) 판별	isTRUE( )	a<−FALSE isTRUE(a)	FALSE

⑨ 연산자들에 대한 명령어 수행 결과는 다음과 같다.

```
> x <- 6
> x
[1] 6
> 3 + 4
[1] 7
> 11 - 5
[1] 6
> 4 * 2
[1] 8
> 10 / 5
[1] 2
> 3^2
[1] 9
> 13%%3
[1] 1
> 13%/%3
[1] 4
> x <- 5
> x < 11
[1] TRUE
```

```
> x > 11
[1] FALSE
> x >= 11
[1] FALSE
> x == 11
[1] FALSE
> x != 11
[1] TRUE
> a <- TRUE
> b <- FALSE
> a | b
[1] TRUE
> a & b
[1] FALSE
> a <- FALSE
> !a
[1] TRUE
> isTRUE(a)
[1] FALSE
```

⑩ 데이터 전달

pipe operator(%>% 또는 chain operator)를 이용하여 데이터를 효율적으로 전달하고 필요한 연산을 동시에 수행한다. 물길을 연결하는 파이프처럼 데이터와 데이터를 연결하는 dplyr 패키지의 핵심 연산자이며, 앞서 연산된 결괏값이나 데이터를 다음으로 전달하는 역할을 수행한다. 아래의 예에서는 install.packages("dplyr"), library(dplyr) 명령어 수행 후 a의 값을 1부터 10까지 저장(a<−c(1:10))하고 이를 제곱한 값을 b에 저장(a<−b^2)한다. 'a %>% mean( )' 명령어를 통해 a의 값을 mean( ) 연산에 전달하여 평균값(1부터 10까지의 평균=5.5)을 구한다. 그리고 'a %>% plot(b)' 명령어를 통해 a의 값을 x축으로 하고 b의 값을 y축으로 하여 그래프를 작성한다.

```
> library(dplyr)

다음의 패키지를 부착합니다: 'dplyr'

The following objects are masked from 'package:stats':

    filter, lag

The following objects are masked from 'package:base':

    intersect, setdiff, setequal, union

>
> a <- c(1:10)
> b <- a^2
>
> a %>% mean()
[1] 5.5
>
> a %>% plot(b)
> |
```

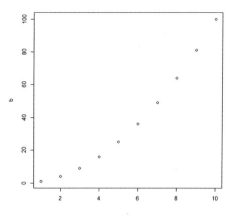

A를	전달	받아서 B를 처리
A	%>%	B

(3) 수치계산 및 함수

① R 기본 기능으로 산술연산자나 함수를 이용하여 주어진 자료들에 대한 수치계산을 수행한다.

② 함수나 변수에 사용되는 문자는 대소 문자가 구분되어 서로 다른 값으로 인식되므로 사용 시 유의해야 한다.

③ 기본적인 연산, 수학 함수, 파일 입출력 관련 함수들의 수행 방법과 결괏값을 요약하면 다음과 같다.

〈R 수치계산 및 함수〉

연산 및 함수	기 능	사용 예	결괏값
기본 연산	연산자 활용	• 5 + 4^2	• 21
	숫자 표현	• 1:7	• 1 2 3 4 5 6 7
수학 함수	절댓값	• abs(−7)	−
	벡터값 저장	• x<−c(1, 2, 3) • x	• 1 2 3
	지수 함수	• exp(2)	• 7.389056
	자연 로그(밑이 e인 로그)	• log(7.389056)	• 2
	상용 로그	• log10(1000)	• 3
	• 최댓값 • 최솟값	• max(1:10) • min(1:10)	• 10 • 1
	• 표본값 생성 • 표본의 최댓값	• sample(5) • max(sample(5))	• 5개의 표본 생성 • 표본들 중 최댓값(5)
	평 균	• mean(1:10)	• 5.5
	• 표준정규 분포 난수값 생성 • 평균값 계산	• rnorm(6) • mean(rnorm(6))	• N(0,1)의 난수값 생성 • (6개 난수)
	중앙값	• median(1:11)	• 6
	표준편차	• sd(1:10)	• 3.02765
	제곱근	• sqrt(10)	• 3.162278
	합 계	• sum(1:15)	• 120
	분 산	• var(1:10)	• 9.166667

데이터 및 파일 입출력	데이터 및 데이터세트 출력	• print( ) • a<−c(1, 2, 3) • print(a) • print(mtcars)	• [1] 1 2 3 • mtcars 데이터세트 자료 출력
	CSV 형식의 데이터 파일 읽기	• read.csv("data.csv", header＝TRUE)	• data.csv 파일 읽기 • 첫 행은 항목명으로 인식
	파일 저장	• write.csv(df, "data.csv", row.names＝TRUE)	• 데이터 프레임 df 파일을 data. csv로 저장 • 첫 행의 데이터를 항목명으로 설정

④ 수치 계산 및 주요 함수의 수행 결과는 다음과 같다.

```
> 5 + 4^2
[1] 21
> 1:7
[1] 1 2 3 4 5 6 7
> abs(-7)
[1] 7
> x <- c(1, 2, 3)
> x
[1] 1 2 3
> exp(2)
[1] 7.389056
> log(7.389056)
[1] 2
> log10(1000)
[1] 3
> max(1:10)
[1] 10
> min(1:10)
[1] 1
> sample(5)
[1] 3 4 5 2 1
>
> max(sample(5))
[1] 5
> min(sample(5))
[1] 1
> mean(1:10)
[1] 5.5
> rnorm(6)
[1]  1.01009238 -0.02274824 -0.26614602 -1.00096170 -0.18428139 -0.16150181
> mean(rnorm(6))
[1] 0.157364
> median(1:11)
[1] 6
> sd(1:10)
[1] 3.02765
> sqrt(10)
[1] 3.162278
> sum(1:15)
[1] 120
> var(1:10)
[1] 9.166667
```

⑤ 변숫값을 출력하기 위해 변수명을 입력하거나 print( ) 명령어를 이용한다. 그리고 csv 형식의 데이터(파일)를 읽기 위해 read.csv( ) 명령어를 이용한다[단, 해당 파일(아래 예에서는 data.csv)은 이전에 설정(setwd( ))된 작업 디렉토리에 반드시 저장되어 있어야 한다].

```
> a <- c(1, 2, 3, 4)
> a
[1] 1 2 3 4
> print(a)
[1] 1 2 3 4
>
> x <- array(1:12, dim=c(2, 3, 2))
>
> x
, , 1

     [,1] [,2] [,3]
[1,]    1    3    5
[2,]    2    4    6

, , 2

     [,1] [,2] [,3]
[1,]    7    9   11
[2,]    8   10   12

> print(x)
, , 1

     [,1] [,2] [,3]
[1,]    1    3    5
[2,]    2    4    6

, , 2

     [,1] [,2] [,3]
[1,]    7    9   11
[2,]    8   10   12

> setwd("C:/workr")
> read.csv("data.csv", header=TRUE, fileEncoding="EUC-KR")
```

	고객번호	성별	연령대	직업	주거지역	쇼핑액	이용만족도	쇼핑1월	쇼핑2월	쇼핑3월	쿠폰사용회수	쿠폰선호도	품질	가격
1	190105	남자	45-49세	회사원	소도시	195.6	4	76.8	64.8	54.0	3	예	7	7
2	190106	남자	25-29세	공무원	소도시	116.4	7	44.4	32.4	39.6	6	아니오	7	4
3	190107	남자	50세 이상	자영업	중도시	183.6	4	66.0	66.0	51.6	5	예	4	4
4	190108	남자	50세 이상	농어업	소도시	168.0	4	62.4	52.8	52.8	4	아니오	3	3
5	190109	남자	40-44세	공무원	중도시	169.2	4	63.6	54.0	51.6	5	아니오	4	4
6	190110	남자	45-49세	자영업	중도시	171.6	5	52.8	66.0	52.8	4	아니오	5	4
7	190111	여자	50세 이상	공무원	중도시	207.6	4	64.8	88.8	54.0	4	예	7	7
8	190112	남자	50세 이상	자영업	소도시	201.6	7	56.4	92.4	52.8	3	예	7	7
9	190113	남자	50세 이상	농어업	중도시	111.6	3	64.8	30.0	16.8	4	아니오	4	2
10	190114	여자	45-49세	회사원	중도시	156.0	4	51.6	51.6	52.8	0	예	1	4
11	190115	남자	40-44세	회사원	중도시	225.6	5	80.4	92.4	52.8	1	예	5	5
12	190116	남자	30-34세	공무원	중도시	220.8	4	76.8	90.0	54.0	5	아니오	4	4
13	190117	남자	35-39세	회사원	대도시	244.8	7	76.8	88.8	79.2	6	아니오	7	4
14	190118	남자	45-49세	농어업	소도시	184.8	6	91.2	67.2	26.4	5	예	4	4
15	190119	남자	45-49세	회사원	중도시	194.4	5	88.8	52.8	52.8	3	예	5	4
16	190120	남자	50세 이상	회사원	대도시	200.4	7	55.2	52.8	92.4	6	아니오	7	1
17	190121	남자	50세 이상	농어업	소도시	153.6	4	44.4	56.4	52.8	3	예	5	5
18	190122	남자	30-34세	자영업	대도시	170.4	3	51.6	64.8	54.0	3	예	5	4
19	190123	남자	50세 이상	농어업	소도시	184.8	5	52.8	52.8	79.2	4	아니오	3	5
20	190124	남자	50세 이상	공무원	소도시	232.8	6	88.8	78.0	66.0	4	아니오	7	5
21	190125	남자	50세 이상	공무원	중도시	134.4	5	40.8	40.8	52.8	4	아니오	5	4
22	190126	남자	50세 이상	농어업	소도시	160.8	5	56.4	64.8	39.6	4	예	5	5
23	190127	남자	50세 이상	전문직	대도시	230.4	6	88.8	64.8	76.8	6	아니오	7	7
24	190128	남자	30-34세	자영업	중도시	180.0	6	44.4	56.4	79.2	5	아니오	4	5

⑥ R에서 제공되는 주요 시각화 함수들의 사용 방법과 출력 결과는 다음과 같다. 여기서 women(Average heights and weights for American Women), quakes(Locations of Earthquakes of Fiji)는 R에서 제공되는 기본 데이터세트이다.

〈주요 시각화 함수〉

시각화 방법	사용 예	실행 결과
원그래프	`> x <- c(10, 30, 25)` `> pie(x, labels=c("team1", "team2", "team3"), col=c("red", "blue", "green"))`	
막대그래프	`> x <- c(10, 30, 25)` `> barplot(x, names.arg=c("team1", "team2", "team3"), col=c("red", "blue", "green"), xlab="TEAM", ylab="Score")`	

X−Y Plot	`> women`
	`    height weight`
	`1       58    115`
	`2       59    117`
	`3       60    120`
	`4       61    123`
	`5       62    126`
	`6       63    129`
	`7       64    132`
	`8       65    135`
	`9       66    139`
	`10      67    142`
	`11      68    146`
	`12      69    150`
	`13      70    154`
	`14      71    159`
	`15      72    164`
	`> x <- women$height`
	`> y <- women$weight`
	`> plot(x, y, xlab="HEIGHT", ylab="WEIGHT")`	

박스 플롯	`> head(quakes)`
	`     lat    long depth mag stations`
	`1 -20.42 181.62   562 4.8       41`
	`2 -20.62 181.03   650 4.2       15`
	`3 -26.00 184.10    42 5.4       43`
	`4 -17.97 181.66   626 4.1       19`
	`5 -20.42 181.96   649 4.0       11`
	`6 -19.68 184.31   195 4.0       12`
	`> y <- quakes$mag`
	`> boxplot(y, xlab="Earthquake", ylab="Magnitude", col="red")`	

히스토그램	`> x <- quakes$mag` `> hist(x, xlab="Earthquake", ylab="Magnitude")`	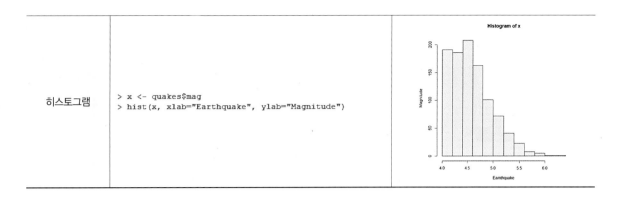

2 데이터 구조

(1) 데이터 형식

① R에서 사용되는 데이터는 스칼라(scalar), 벡터(vector), 행렬(matrix), 배열(array), 리스트(list), 데이터 프레임(data frame), 요인(factor)의 자료 구조로 나뉜다.

② 스칼라(scalar)는 하나의 값을 변수에 저장하는 경우이며, 동일한 데이터 유형을 가지는 여러 개의 데이터를 한 번에 저장하기 위하여 벡터, 행렬, 배열 구조를 이용한다. 만약 벡터 구조에서 문자 형식의 데이터를 저장하는 경우 한 번에 저장되는 모든 데이터를 문자로 인식(숫자도 문자로 인식)하게 된다.

③ 다양한 형식(숫자, 문자 등)의 데이터를 저장하기 위하여 리스트(list) 구조를 이용하며, 동일한 속성들로 구성되는 여러 개 개체들을 표현하는 2차원 표 형식의 데이터 프레임 구조로 여러 데이터 유형을 저장한다.

④ 요인(factor)은 변수가 명목척도(남녀 구별, 결혼 여부, 선호 색상, 출신 지역 등과 같이 서로 다른 이산형 자료나 범주형 자료에 해당되는 척도)일 때 사용된다. 요인형 자료구조에서는 실질적으로 문자형 자료들도 내부적으로는 숫자 벡터로 인식되어 수치계산이 가능하다.

〈R 데이터 구조〉

구 분	데이터 개수	데이터 종류	함수 및 사용 예
스칼라	한 개	동일 데이터 유형	$x<-70$
벡 터	여러 개	동일 데이터 유형	$x<-c( )$
행 렬	여러 개	동일 데이터 유형	$x<-matrix( )$
배 열	여러 개	동일 데이터 유형	$x<-array( )$
리스트	여러 개	다양한 형태의 데이터 유형	$x<-list( )$
데이터 프레임	여러 개	동일한 속성들로 구성되는 여러 개체들을 표현하는 2차원 표 형식 (행 : 각 개체, 열 : 각 개체를 설명하는 속성)	$x<-data.frame( )$
요 인	여러 개	문자 벡터에 대한 카테고리(범주) 저장	$x<-factor( )$

⑤ 예를 들어 3명의 학생(홍길동, 유관순, 이순신)에 대한 영어와 수학 성적의 데이터 구조를 저장하고 확인하는 과정을 나타내면 다음과 같다.

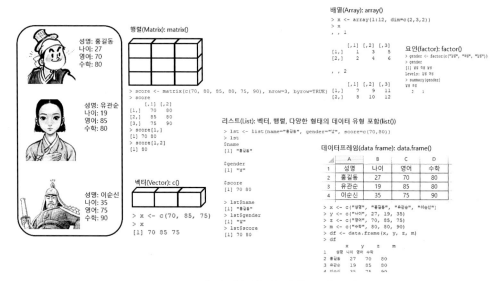

출처 : (故 신동우 화백), 문화 포털 www.culture.go.kr/mov/culturePdList.do
원광보건대 캘린더www.tomystudio.com/gboard/bbs/board.php?bo_table=caricature&wr_id=328&page=2

[R 데이터 구조 사용 예]

㉠ 벡터(Vector)

가장 기본적인 데이터 구조로 동일한 자료형을 갖는 값들로 구성된 1차원 자료구조이며, 다음과 같이 단일 값들이 서로 이어져 일차원적으로 연결된(concatenated) 값들을 통해 만들어진다. 단, 숫자형 벡터에 문자가 들어가 있는 경우 전체가 문자형으로 인식된다. 따라서 "홍길동"이 문자 데이터이므로 나머지 27, 70, 80은 문자형으로 인식되어 문자형 데이터의 합 계산 시 에러 메시지가 출력되며, 합을 구하고자 할 때 as.numeric( ) 함수를 이용하여 문자를 숫자형 데이터로 변환한 후 연산을 수행한다.

```
> x <- c(80, 80, 90)
> x
[1] 80 80 90
> x <- c(1:10)
> x
 [1]  1  2  3  4  5  6  7  8  9 10
> x <- c("홍길동", 27, 70, 80)
> x
[1] "홍길동" "27"      "70"      "80"
>
> x <- c(1, 2, 3)
> x[2] + x[3]
[1] 5
>
> x <- c("홍길동", 27, 70, 80)
> x[2] + x[3]
x[2] + x[3]에서 다음과 같은 에러가 발생했습니다 : 이항연산자에 수치가 아닌 인수입니다
> as.numeric(x[2]) + as.numeric(x[3])
[1] 97
```

ⓛ 행렬(Matrix)

- 벡터와 같이 동일한 데이터 유형의 자료들로 구성된 2차원 형태의 자료구조이다. 행렬 구조의 변수는 행과 열로 구성되며, matrix( ) 함수를 이용하여 만든다. matrix( ) 함수의 옵션인 nrow＝3은 행의 개수가 3인 행렬(열의 개수는 ncol 옵션 사용)이다. 행렬이 만들어질 때 기본적으로 행부터 자료들을 채우며, "byrow＝TRUE" 옵션을 사용할 경우 자료를 열부터 채운다.
- 여러 개의 벡터형 변수들을 합쳐서 행렬을 구성할 때는 cbind( ), rbind( ) 함수를 이용한다. cbind( )는 열(column) 결합을 수행하고 rbind( )는 행(row) 결합을 수행한다.

```
> x <- 1:9
> x
[1] 1 2 3 4 5 6 7 8 9
> y <- matrix(x, nrow=3)
> y
     [,1] [,2] [,3]
[1,]    1    4    7
[2,]    2    5    8
[3,]    3    6    9
> y <- matrix(x, ncol=3, byrow=TRUE)
> y
     [,1] [,2] [,3]
[1,]    1    2    3
[2,]    4    5    6
[3,]    7    8    9
>
> a <- c(1, 2, 3, 4)
> b <- c(5, 6, 7, 8)
> c <- c(9, 10, 11, 12)
> cbind(a, b, c)
     a b  c
[1,] 1 5  9
[2,] 2 6 10
[3,] 3 7 11
[4,] 4 8 12
>
> rbind(a, b, c)
  [,1] [,2] [,3] [,4]
a    1    2    3    4
b    5    6    7    8
c    9   10   11   12
>
> z <- rbind(a, b, c)
> z[2, 3]
b
7
> as.numeric(z[2, 3])
[1] 7
> z[3, 2]
 c
10
> as.numeric(z[3, 2])
[1] 10
>
> as.numeric(z[2, 3]) + as.numeric(z[3, 2])
[1] 17
>  names(z[3, 2])
[1] "c"
```

ⓒ 배열(Array)

배열은 행렬과 동일하나 2차원 이상의 항목을 가진다. 예를 들어 배열 구조의 변수는 3차원 배열로 구성할 수 있으며, array( ) 함수를 이용한다.

```
> x <- array(1:36, c(4, 3, 3)) #4x3x3 array
> x
, , 1

     [,1] [,2] [,3]
[1,]    1    5    9
[2,]    2    6   10
[3,]    3    7   11
[4,]    4    8   12

, , 2

     [,1] [,2] [,3]
[1,]   13   17   21
[2,]   14   18   22
[3,]   15   19   23
[4,]   16   20   24

, , 3

     [,1] [,2] [,3]
[1,]   25   29   33
[2,]   26   30   34
[3,]   27   31   35
[4,]   28   32   36

> x[2,2,1] + x[3, 1, 2] + x[4, 3, 3]
[1] 57
```

ⓓ 리스트(List)

벡터, 행렬, 배열은 모두 동일한 자료 유형들에 대해서 표현이 가능하다. 다양한 형태의 데이터 유형을 갖는 개체들을 표현하기 위하여 리스트를 이용한다. 리스트는 순서가 있는 서로 다른 기본 자료형을 가질 수 있는 자료구조로 벡터, 행렬, 배열을 구성 요소로 가질 수 있으며, list( ) 함수를 사용한다.

```
> record <- "My Record"
> names <- c("홍길동", "유관순", "이순신")
> ages <- c(27, 19, 35)
> eng <- c(70, 85, 75)
> math <- c(80, 80, 90)
> numbers <- matrix(1:9, nrow=3)
> mylist <- list(record, names, ages, eng, math, numbers)
> mylist
[[1]]
[1] "My Record"

[[2]]
[1] "홍길동" "유관순" "이순신"

[[3]]
[1] 27 19 35

[[4]]
[1] 70 85 75

[[5]]
[1] 80 80 90

[[6]]
     [,1] [,2] [,3]
[1,]    1    4    7
[2,]    2    5    8
[3,]    3    6    9
```

```
> mylist[[2]][2]
[1] "유관순"
>
> mylist[[3]][3]
[1] 35
>
> mylist[[4]][1]
[1] 70
>
> mylist[[6]][2, 3]
[1] 8
```

ⓜ 데이터 프레임(Data Frame)

행렬과 같은 2차원 자료이지만, 모든 데이터가 동일한 유형이 아닌 열(column)마다 서로 다른 유형의 항목을 가진다. 데이터 프레임에서 행은 각 개체를 나타내며, 열은 각 개체를 설명하는 속성들로 나열된다. 데이터 프레임은 엑셀 시트나 SPSS 파일 구조와 유사하여 통계 분석 시 유용하게 사용되며, R 통계 분석에서 가장 많이 사용된다. 데이터 프레임을 만들기 위하여 data.frame( ) 함수를 이용한다.

```
> name <- c("김구", "안중근", "홍범도")
> ages <- c(55, 40, 37)
> eng <- c(95, 75, 87)
> math <- c(85, 90, 75)
> df <- data.frame(name, ages, eng, math)
> df
    name ages eng math
1   김구   55  95  85
2 안중근   40  75  90
3 홍범도   37  87  75
> df[1]
    name
1   김구
2 안중근
3 홍범도
>
> df[3]
  eng
1  95
2  75
3  87
```

```
> df[1, ]
  name ages eng math
1 김구   55  95   85
>
> df[2, ]
    name ages eng math
2 안중근   40  75   90
> df[1, 3]
[1] 95
> df[3, 2]
[1] 37
> df$name
[1] "김구"   "안중근" "홍범도"
> df$eng
[1] 95 75 87
> rownames(df)
[1] "1" "2" "3"
> colnames(df)
[1] "name" "ages" "eng"  "math"
```

ⓗ 요인(Factor)

요인은 변수가 명목 척도일 때 사용된다. 요인 자료구조를 정의하기 위하여 factor( ) 함수를 이용하며 문자 벡터에 카테고리(category)를 저장한다. rep( ) 함수를 이용하여 "male" 데이터 10개, "female" 데이터 15개를 생성(replicate)하여 gender 문자형 변수 저장 후, summary( ) 함수를 이용하여 통계 요약 정보를 확인하는 경우 총 25개의 문자형 데이터임을 알 수 있다. 그러나 factor( ) 함수를 이용하여 요인 자료구조로 변경 후 summary(gender)로 확인하면 "female" 명목형 데이터가 15개, "male" 데이터가 10개로 저장된다.

```
> gender <- c(rep("male", 10), rep("female", 15))
> gender
 [1] "male"   "male"   "male"   "male"   "male"   "male"   "male"   "male"   "male"   "male"   "female" "female" "female" "female" "female" "female" "female" "female"
[19] "female" "female" "female" "female" "female" "female" "female"
> summary(gender)
   Length     Class      Mode
       25 character character
>
> gender <- factor(gender)
> gender
 [1] male   male   male   male   male   male   male   male   male   male   female female female female female female female female female female female female female
[24] female female
Levels: female male
> summary(gender)
female   male
    15     10
```

⑥ 데이터 구조 함수

　㉠ R은 벡터, 행렬, 배열, 리스트, 데이터 프레임 자료 구조 값들을 서로 결합하거나 다른 자료형으로 변환시키
　　는 등의 다양한 기능을 수행하는 함수를 제공한다.
　㉡ 데이터 구조와 관련된 주요 함수들과 사용 예는 다음과 같다.

함 수	사용 방법	설 명
length( )	```> length(quakes)` `[1] 5` `> names(quakes)` `[1] "lat" "long" "depth" "mag" "stations"` `> length(quakes$lat)` `[1] 1000```	• 자료가 가진 항목의 개수 • 데이터(quakes) 항목(변수)의 개수는 5개(lat, long, depth, mag, staitons) • 데이터의 수(행의 개수)는 1,000개
str( )	```> str(quakes)` `'data.frame': 1000 obs. of 5 variables:` ` $ lat : num -20.4 -20.6 -26 -18 -20.4 ...` ` $ long : num 182 181 184 182 182 ...` ` $ depth : int 562 650 42 626 649 195 82 194 211 622 ...` ` $ mag : num 4.8 4.2 5.4 4.1 4 4 4.8 4.4 4.7 4.3 ...` ` $ stations: int 41 15 43 19 11 12 43 15 35 19 ...```	• 자료 구조 요약 • 5가지 항목(변수), 1,000 데이터 • 각 항목의 데이터 유형 및 데이터
class( )	```> class(quakes)` `[1] "data.frame"` `> class(quakes$mag)` `[1] "numeric"` `> class(quakes$depth)` `[1] "integer"```	• 데이터 형태 요약 • quakes는 데이터 프레임 구조 • mag 항목은 숫자(numeric, 실수) • depth 항목은 정수(integer)
names( )	```> names(women)` `[1] "height" "weight"```	• 자료 객체들의 이름 • 데이터세트(women)의 항목(변수)은 키(height), 몸무게(weight)
c( )	```> c(2, 4, 6, 8, 10)` `[1] 2 4 6 8 10` `> c(women)` `$height` ` [1] 58 59 60 61 62 63 64 65 66 67 68 69 70 71 72` `$weight` ` [1] 115 117 120 123 126 129 132 135 139 142 146 150 154 159 164```	• 자료(벡터)값 생성 • c(데이터세트명)의 경우 각 항목에 대한 값 출력
seq( )	```> seq(1:10)` ` [1] 1 2 3 4 5 6 7 8 9 10` `> seq(1, 10, by=2)` `[1] 1 3 5 7 9```	• 숫자형 벡터 연속 생성(sequence) • 'by' 옵션을 이용하여 초깃값(1)에서 2만큼 더한 값(9까지) 출력
rep( )	```> rep(5, 10)` ` [1] 5 5 5 5 5 5 5 5 5 5` `> rep("male", 5)` `[1] "male" "male" "male" "male" "male"```	• 특정값 반복 생성(replicate) • rep(5, 10)은 5를 10번 생성한 값 출력
cbind( )	```> a <- c(1, 2, 3, 4)` `> b <- c(5, 6, 7, 8)` `> z <- cbind(a, b)` `> z` ` a b` `[1,] 1 5` `[2,] 2 6` `[3,] 3 7` `[4,] 4 8```	• 열로 자료 결합(column bind)

| rbind( ) | ```
> a <- c(1, 2, 3, 4)
> b <- c(5, 6, 7, 8)
> z <- rbind(a, b)
> z
   [,1] [,2] [,3] [,4]
a    1    2    3    4
b    5    6    7    8
``` | • 행으로 자료 결합(row bind) |
| ls( ) | ```
> ls(quakes)
[1] "depth"    "lat"      "long"     "mag"      "stations"
> ls(women)
[1] "height" "weight"
``` | • 자료의 목록 출력(항목값의 알파벳 순서대로 출력) |
| rm( ) | ```
> a <- c(1, 2, 3, 4)
> a
[1] 1 2 3 4
> rm(a)
> a
에러: 객체 'a'를 찾을 수 없습니다
``` | • 자료 삭제<br>• a값 저장(1, 2, 3, 4) 후 rm(a)를 수행하면 객체 a값이 삭제됨 |
| mode( ) | ```
> a <- c(1, 2, 3, 4)
> mode(a)
[1] "numeric"
> a <- c(1, "male", 3, "female")
> mode(a)
[1] "character"
``` | • 데이터 형식 출력<br>• 문자와 같이 저장된 숫자는 모두 문자 데이터 형식으로 인식 |
| is.numeric ( ) | ```
> a <- 12
> is.numeric(a)
[1] TRUE
> a <- "male"
> is.numeric(a)
[1] FALSE
``` | • 자료가 숫자형인지 판별 |
| is.character ( ) | ```
> a <- 12
> is.character(a)
[1] FALSE
> a <- "male"
> is.character(a)
[1] TRUE
``` | • 자료가 문자형인지 판별 |
| is.logical ( ) | ```
> a <- TRUE
> is.logical(a)
[1] TRUE
> a <- 10
> is.logical(a)
[1] FALSE
``` | • 자료가 논리값인지 판별 |
| as.numeric ( ) | ```
> a <- c(1, "male", 3, "female")
> mode(a)
[1] "character"
> a[1] + a[3]
a[1] + a[3]에서 다음과 같은 에러가 발생했습니다:이항연산자에 수치가 아닌 인수입니다
> as.numeric(a[1]) + as.numeric(a[3])
[1] 4
``` | • 숫자형 데이터로 변환<br>• 문자형 데이터의 연산 수행 시 에러 메시지 출력<br>• 문자형 데이터를 숫자형으로 변환 후 연산 수행 |
| paste( ) | ```
> a <- "Hello"
> b <- "World"
> z <- paste(a, b)
> z
[1] "Hello World"
``` | • 문자열 결합 |
```

| na.omit( ) | ```
> summary(airquality)
     Ozone           Solar.R          Wind            Temp           Month            Day
 Min.   :  1.00   Min.   :  7.0   Min.   : 1.700   Min.   :56.00   Min.   :5.000   Min.   : 1.0
 1st Qu.: 18.00   1st Qu.:115.8   1st Qu.: 7.400   1st Qu.:72.00   1st Qu.:6.000   1st Qu.: 8.0
 Median : 31.50   Median :205.0   Median : 9.700   Median :79.00   Median :7.000   Median :16.0
 Mean   : 42.13   Mean   :185.9   Mean   : 9.958   Mean   :77.88   Mean   :6.993   Mean   :15.8
 3rd Qu.: 63.25   3rd Qu.:258.8   3rd Qu.:11.500   3rd Qu.:85.00   3rd Qu.:8.000   3rd Qu.:23.0
 Max.   :168.00   Max.   :334.0   Max.   :20.700   Max.   :97.00   Max.   :9.000   Max.   :31.0
 NA's   :37       NA's   :7
> summary(na.omit(airquality))
     Ozone          Solar.R          Wind            Temp           Month            Day
 Min.   :  1.0   Min.   :  7.0   Min.   : 2.30   Min.   :57.00   Min.   :5.000   Min.   : 1.00
 1st Qu.: 18.0   1st Qu.:113.5   1st Qu.: 7.40   1st Qu.:71.00   1st Qu.:6.000   1st Qu.: 9.00
 Median : 31.0   Median :207.0   Median : 9.70   Median :79.00   Median :7.000   Median :16.00
 Mean   : 42.1   Mean   :184.8   Mean   : 9.94   Mean   :77.79   Mean   :7.216   Mean   :15.95
 3rd Qu.: 62.0   3rd Qu.:255.5   3rd Qu.:11.50   3rd Qu.:84.50   3rd Qu.:9.000   3rd Qu.:22.50
 Max.   :168.0   Max.   :334.0   Max.   :20.70   Max.   :97.00   Max.   :9.000   Max.   :31.00
``` | • 결측값 제외<br>• Ozone 항목의 37개 결측치와 Solar.R 항목의 7개 결측값을 제외하여 요약 |
| as.character ( ) | ```
> a <- c(1, 2, 3, 4)
> mode(a)
[1] "numeric"
> z <- paste(as.character(a[1]), as.character(a[3]))
> z
[1] "1 3"
``` | • 문자형 데이터 변환<br>• paste( ) 함수를 이용하여 문자열 연산 (더하기) 수행 결과 출력 |
| as.logical ( ) | ```
> a <- c(1, 2, 3, 4)
> mode(a)
[1] "numeric"
> z <- paste(as.character(a[1]), as.character(a[3]))
> z
[1] "1 3"
>
> a <- 0
> as.logical(a)
[1] FALSE
> a <- 1
> as.logical(a)
[1] TRUE
> a <- 2
> as.logical(a)
[1] TRUE
> a <- 115
> as.logical(a)
[1] TRUE
``` | • 논리형 데이터 변환<br>• a=0은 FALSE 논리값으로, 0이 아닌 값은 TRUE로 변환 |
| as.vector ( ) | ```
> a <- matrix(c(1, 2, 3, 4), nrow=2)
> a
     [,1] [,2]
[1,]    1    3
[2,]    2    4
> a <- as.vector(a)
> a
[1] 1 2 3 4
``` | • 벡터 형식의 데이터 변환<br>• 행렬 데이터(matrix, 2×2 행렬)를 벡터로 변환 |
| as.matrix ( ) | ```
> as.matrix(1:10)
      [,1]
 [1,]    1
 [2,]    2
 [3,]    3
 [4,]    4
 [5,]    5
 [6,]    6
 [7,]    7
 [8,]    8
 [9,]    9
[10,]   10
> matrix(1:12, nrow=3)
     [,1] [,2] [,3] [,4]
[1,]    1    4    7   10
[2,]    2    5    8   11
[3,]    3    6    9   12
``` | • 행렬 형식의 데이터 변환<br>• matrix( ) 함수를 이용하여 행의 개수(또는 열의 개수) 지정 |
```

| as.data.frame( ) | ```
> a <- c(1, 2, 3, 4)
> b <- c("a", "b", "c", "d")
> z <- as.data.frame(a, b)
> z
  a
a 1
b 2
c 3
d 4
> z <- data.frame(a, b)
> z
  a b
1 1 a
2 2 b
3 3 c
4 4 d
``` | • 데이터 프레임 형식 변환<br>• as.data.frame( )의 경우 첫 번째 a 값은 1열의 자료로 저장되며 두 번째 b 값은 행 번호로 지정<br>• data.frame( )의 경우 첫 번째 a 값은 1열의 자료로 저장되고 두 번째 b 값은 2열의 자료로 저장 |
| append( ) | ```
> a <- c(1, 2, 3, 4)
> a
[1] 1 2 3 4
> a <- append(a, c(5, 6, 7, 8))
> a
[1] 1 2 3 4 5 6 7 8
``` | • 벡터에 항목 추가 |
| stack( )<br>unstack( ) | ```
> a <- data.frame("a"=c(1, 2, 3), "b"=c(4, 5, 6), "c"=c(7, 8, 9))
> a
  a b c
1 1 4 7
2 2 5 8
3 3 6 9
> s <- stack(a)
> s
  values ind
1      1   a
2      2   a
3      3   a
4      4   b
5      5   b
6      6   b
7      7   c
8      8   c
9      9   c
> s[1, 1] + s[2, 1]
[1] 3
> s <- unstack(s)
> s
  a b c
1 1 4 7
2 2 5 8
3 3 6 9
``` | • 여러 벡터를 하나의 벡터로 결합<br>• 데이터 프레임에 저장된 값을 하나로 결합하여 출력<br>• 키 값은 ind로 출력<br>• unstack( ) 명령어를 이용하여 이전 벡터의 형식으로 분해 |
| nrow( ) | ```
> nrow(quakes)
[1] 1000
> nrow(women)
[1] 15
``` | • 데이터 프레임의 행의 개수<br>• quakes 데이터세트는 1,000개<br>• women 데이터세트는 15개의 자료로 구성 |
| ncol( ) | ```
> ncol(quakes)
[1] 5
> ncol(women)
[1] 2
``` | • 데이터 프레임의 열의 개수<br>• quakes 데이터세트는 5개<br>• women 데이터세트는 2개의 항목으로 구성 |
| rownames( ) | ```
> rownames(quakes)
 [1] "1"  "2"  "3"  "4"  "5"  "6"  "7"  "8"  "9"  "10" "11" "12" "13" "14"
[15] "15" "16" "17" "18" "19" "20" "21" "22" "23" "24" "25" "26" "27" "28"
[29] "29" "30" "31" "32" "33" "34" "35" "36" "37" "38" "39" "40" "41" "42"
[43] "43" "44" "45" "46" "47" "48" "49" "50" "51" "52" "53" "54" "55" "56"
[57] "57" "58" "59" "60" "61" "62" "63" "64" "65" "66" "67" "68" "69" "70"
> rownames(women)
 [1] "1"  "2"  "3"  "4"  "5"  "6"  "7"  "8"  "9"  "10" "11" "12" "13" "14" "15"
``` | • 데이터 프레임의 행의 이름<br>• quakes와 women 데이터세트에서는 일련번호 출력 |
| colnames( ) | ```
> colnames(quakes)
[1] "lat"     "long"    "depth"   "mag"     "stations"
> colnames(women)
[1] "height" "weight"
``` | • 데이터 프레임의 열의 이름<br>• quakes, women 데이터세트에서의 각 항목의 이름 출력 |
```

dim( )	```> dim(quakes)```
	```[1] 1000 5```
	```> dim(women)```
	```[1] 15 2```
		• 데이터 프레임의 행과 열의 개수
		• quakes 데이터세트는 행＝1000, 열＝5개로 구성
		• women 데이터세트는 행＝15, 열＝2개로 구성

head( )	```> head(quakes)```
	``` lat long depth mag stations```
	```1 -20.42 181.62 562 4.8 41```
	```2 -20.62 181.03 650 4.2 15```
	```3 -26.00 184.10 42 5.4 43```
	```4 -17.97 181.66 626 4.1 19```
	```5 -20.42 181.96 649 4.0 11```
	```6 -19.68 184.31 195 4.0 12```
	```> head(women)```
	``` height weight```
	```1 58 115```
	```2 59 117```
	```3 60 120```
	```4 61 123```
	```5 62 126```
	```6 63 129```
		• 데이터의 앞부분(6개) 출력

tail( )	```> tail(quakes)```
	``` lat long depth mag stations```
	```995 -17.70 188.10 45 4.2 10```
	```996 -25.93 179.54 470 4.4 22```
	```997 -12.28 167.06 248 4.7 35```
	```998 -20.13 184.20 244 4.5 34```
	```999 -17.40 187.80 40 4.5 14```
	```1000 -21.59 170.56 165 6.0 119```
	```> tail(women)```
	``` height weight```
	```10 67 142```
	```11 68 146```
	```12 69 150```
	```13 70 154```
	```14 71 159```
	```15 72 164```
		• 데이터의 뒷부분(6개) 출력

date( )
Sys.Date( )
as.Date( )
	```> date()```
	```[1] "Wed Jul 6 18:14:14 2022"```
	```> Sys.Date()```
	```[1] "2022-07-06"```
	```> mydates <- as.Date(c("2022-07-07", "2022-04-12"))```
	```> mydates[1]```
	```[1] "2022-07-07"```
	```> mydates[2]```
	```[1] "2022-04-12"```
	```> days <- mydates[1] - mydates[2]```
	```> days```
	```Time difference of 86 days```
		• 현재 날짜, 시간 출력
		• date( )는 현재 날짜, 시간 출력
		• Sys.Date( )는 컴퓨터 시스템 일자 출력
		• as.Date( )는 문자열 자료를 날짜 · 시간 데이터로 변환

format( )	```> format(Sys.Date(), format="%B %d %Y")```
	```[1] "7월 06 2022"```
	```> format(Sys.Date(), format="%b %d %y")```
	```[1] "7 06 22"```
		• 자료 출력 형식 지정
		• %B는 비단축 월 표시(8월)
		• %b는 단축형 월 표시(8)
		• %d는 일 형식 표시
		• %Y는 4자리 연도 표시(2021)
		• %y는 2자리 연도 표시(21)

order( ) sort( )	``` > x <- c(5, 1, 3, 2, 3, 4) > x [1] 5 1 3 2 3 4 > order(x) [1] 2 4 3 5 6 1 > > sort(x) [1] 1 2 3 3 4 5 > > order(-x) [1] 1 6 3 5 4 2 > sort(-x) [1] -5 -4 -3 -3 -2 -1 ```	• order( ) : 정렬(기본 : 오름차순)의 색인 (indexing) 값 • x (순서(indexing), 입력값) 	순서	1	2	3	4	5	6
---	---	---	---	---	---	---
x	5	1	3	2	3	4 | • order(x) 결과 | order(x)순서 indexing	2	4	3	5	6	1
---	---	---	---	---	---	---
x sort(x)	1	2	3	3	4	5	 • order(−x) : 내림차순 indexing • sort(x) : 정렬(기본 : 오름차순)값을 순서대로 출력 • sort(−x) : (−x)값 오름차순 정렬

quantile ( )	```
	> head(iris)
	  Sepal.Length Sepal.Width Petal.Length Petal.Width Species
	1 5.1 3.5 1.4 0.2 setosa
	2 4.9 3.0 1.4 0.2 setosa
	3 4.7 3.2 1.3 0.2 setosa
	4 4.6 3.1 1.5 0.2 setosa
	5 5.0 3.6 1.4 0.2 setosa
	6 5.4 3.9 1.7 0.4 setosa
	> quantile(iris$Sepal.Length)
	  0% 25% 50% 75% 100%
	 4.3 5.1 5.8 6.4 7.9
	> quantile(iris$Sepal.Length, probs=c(0.15, 0.35, 0.6, 0.95))
	  15% 35% 60% 95%
	5.000 5.500 6.100 7.255
	``
		• 사분위수 : 크기순 정렬(오름차순)된 데이터의 $100p\%(0 \leq p \leq 1)$에 해당하는 데이터 출력
		• quantile( ) : 데이터를 순서대로 정렬할 때 25%(Q_1, 제1사분위수), 50%(Q_2, 제2사분위수, 중앙값), 75%(Q_3, 제3사분위수) 해당값 출력

IQR( )	``` > quantile(iris$Sepal.Length, 0.75) 75% 6.4 > quantile(iris$Sepal.Length, 0.25) 25% 5.1 > IQR(iris$Sepal.Length) [1] 1.3 ```	• 사분위수 범위($Q_3 - Q_1 = 6.4 - 5.1 = 1.3$)

ⓒ 날짜 및 시간 데이터는 format( ) 함수를 이용하여 다양한 형식으로 표현한다.

형식	사용 방법	출력 결과
%d	`> format(date(), format="%a %B %d %Y")` `[1] "Wed Jul  6 18:20:25 2022"`	• 일 형식 표시(23)

%a
%A
	`> format(Sys.Date(), format="%a %b %d %Y")`
	`[1] "수 7 06 2022"`
	`> format(Sys.Date(), format="%A %b %d %Y")`
	`[1] "수요일 7 06 2022"`
		• %a : 단축형 요일 표시(월)
		• %A : 비단축형 요일 표시(월요일)

%m	`> format(Sys.Date(), format="%A %m %d %Y")` `[1] "수요일 07 06 2022"`	• 월 형식 표시(8)

%b
%B
	`> format(Sys.Date(), format="%b %d %Y")`
	`[1] "7 06 2022"`
	`> format(Sys.Date(), format="%B %d %Y")`
	`[1] "7월 06 2022"`
		• %b : 단축형 월 표시(8)
		• %B : 비단축형 월 표시(8월)

%y
%Y
	`> format(Sys.Date(), format="%B %d %y")`
	`[1] "7월 06 22"`
	`> format(Sys.Date(), format="%B %d %Y")`
	`[1] "7월 06 2022"`
		• %y : 2자리 연도 표시(21)
		• %Y : 4자리 연도 표시(2021)

(2) 데이터세트

① 데이터세트(Data set, 데이터셋, 데이터집합)란 자료 집합 또는 자료의 모임이다.

② 데이터세트는 하나의 데이터베이스 테이블의 내용이나 하나의 통계적 자료 행렬과 일치하며 여기에서 테이블의 모든 컬럼(column, 열)은 특정 변수를 대표하고 각 행(row)은 데이터세트의 주어진 멤버(member)와 일치한다.

③ 데이터세트는 변수 개개의 값들을 나열하는데, 예를 들어 데이터세트의 각 멤버에 대한 물체의 높이와 무게를 들 수 있다. 여기서 각각의 값은 자료(data)라고 부른다.

④ 데이터세트는 하나 이상의 멤버에 대한 데이터로 구성되며, 행의 수와 일치한다.

⑤ 데이터세트라는 용어는 특정한 실험이나 이벤트에 상응하는 밀접히 관계된 테이블 모임 내의 데이터를 가리키기도 한다.

⑥ 데이터 분석(특히 학습용)을 위해 데이터가 반드시 필요하며, 이를 위해 R에서 기본적으로 내장형 데이터세트(datasets 패키지에 내장됨)와 각각의 패키지별로 필요한 데이터세트를 제공한다.

⑦ R 콘솔에서 data( ) 명령어를 수행하여 R에 내장된 기본 데이터세트 목록과 요약 내용을 확인할 수 있다.

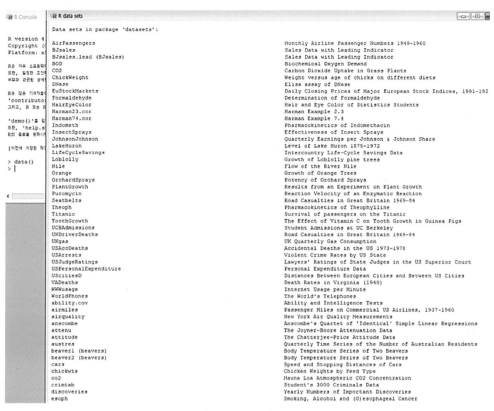

[R 데이터세트]

⑧ 데이터세트의 이름을 입력하여 해당 자료를 확인하고, help(데이터세트 이름)을 입력하여 데이터세트의 주요
내용을 확인한다. 예를 들어 quakes 데이터는 피지(Fiji) 지역에서 발생된 지진에 대한 정보[지진 발생 위도
(lat), 경도(long), 깊이(depth), 진도 규모(mag), 관측지점(stations)]이다. R 콘솔에서 help(quakes)를 입
력하여 quakes 데이터세트의 세부 정보를 확인한다.

```
> quakes
     lat   long depth mag stations
1  -20.42 181.62   562 4.8      41
2  -20.62 181.03   650 4.2      15
3  -26.00 184.10    42 5.4      43
4  -17.97 181.66   626 4.1      19
5  -20.42 181.96   649 4.0      11
6  -19.68 184.31   195 4.0      12
7  -11.70 166.10    82 4.8      43
8  -28.11 181.93   194 4.4      15
9  -28.74 181.74   211 4.7      35
10 -17.47 179.59   622 4.3      19
11 -21.44 180.69   583 4.4      13
12 -12.26 167.00   249 4.6      16
13 -18.54 182.11   554 4.4      19
14 -21.00 181.66   600 4.4      10
15 -20.70 169.92   139 6.1      94
```

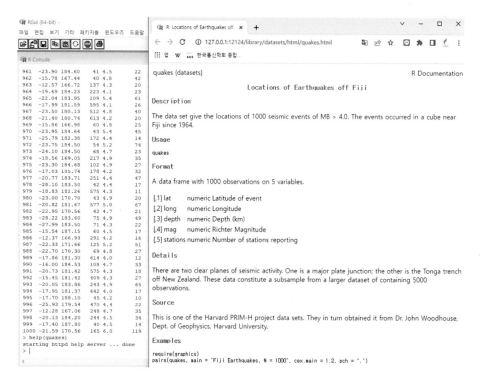

⑨ names(quakes) 명령어로 quakes 데이터세트의 변수명(첫 번째 행)을 확인하고 head(quakes)로 앞 부분(6
개)의 데이터 값을 확인한다.

```
> names(quakes)
[1] "lat"       "long"       "depth"       "mag"       "stations"
>
> head(quakes)
      lat   long depth mag stations
1 -20.42 181.62   562 4.8       41
2 -20.62 181.03   650 4.2       15
3 -26.00 184.10    42 5.4       43
4 -17.97 181.66   626 4.1       19
5 -20.42 181.96   649 4.0       11
6 -19.68 184.31   195 4.0       12
```

⑩ 데이터세트에 저장된 데이터들은 아래와 같이 행렬(또는 배열) 구조 또는 '데이터세트명$변수명'으로 해당 자료
들을 불러들여 사용한다.

```
> quakes[3,4]
[1] 5.4
> quakes[5,1]
[1] -20.42
> quakes$depth[4]
[1] 626
> quakes$mag[6]
[1] 4
> quakes$depth[1] + quakes$depth[2]
[1] 1212
```

(3) 구조적 프로그래밍

① 구조적 프로그래밍(Structured Programming)이란 프로그래밍을 위해 최초로 적용된 패러다임으로서 1968년 네덜란드의 컴퓨터 과학자인 Edsger Wybe Dijkstra에 의해 제안되었다.

② 구조화 프로그래밍이라고도 불리며, 절차적 프로그래밍의 하위 개념이다. 절차적 프로그래밍이란 단순히 순차적인 명령 수행이 아니라 루틴, 서브 루틴, 메소드, 함수 등을 이용한 프로그래밍 기법을 의미한다.

③ 절차적 프로그래밍에서 중요한 점은 반복될 가능성이 있는 모듈을 재사용 가능한 프로시저 단위(함수 단위)로 나누는 데 있다.

④ 절차적 프로그래밍의 발전 형식이 구조적 프로그래밍이다. 절차적 프로그래밍이 함수를 기준으로 나눈다면, 구조적 프로그래밍에서는 모듈을 기준으로 나눈다. 구조적 프로그래밍에서는 GOTO문을 없애고 GOTO 문에 대한 의존성을 줄여 효율적인 프로그래밍이 가능하다.

⑤ 구조적 프로그래밍에서는 다음과 같이 순차, 선택, 반복의 세 가지 논리만으로 구성한다. 여기서 사각형은 처리, 마름모는 조건(판단), 화살표는 처리의 흐름을 의미한다.

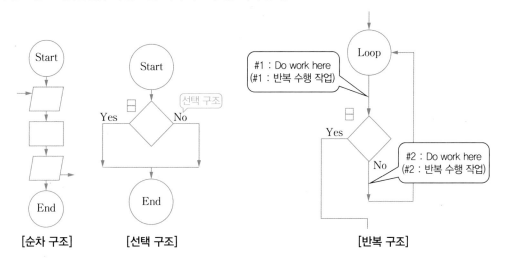

[순차 구조]　　　[선택 구조]　　　　　　[반복 구조]

㉠ 순차 구조(Sequence) : 하나의 일이 수행된 후 다음의 일이 순서적으로 수행된다.

㉡ 선택 구조(Selection) : 어떤 조건이 만족되면 다음의 일이 수행되고, 그렇지 않은 경우에는 다른 일이 수행된다.

㉢ 반복 구조(Iteration, Loop) : 조건이 만족될 때까지 특정한 일이 반복 수행된다.

⑥ 순차 구조(Sequence) : 다른 프로그래밍 언어와 동일하게 R에서도 명령어는 입력된 순서대로 처리된다. 즉 먼저 입력된 명령어 처리 후, 다음 명령어를 순서대로 처리한다. 예를 들어 아래와 같이 두 변수에 저장된 값을 서로 치환하기 위한 R 프로그래밍에서 'temp< − a' 명령어 수행 순서를 서로 다르게 지정하는 경우 a, b에 저장된 값이 다르기 때문에(즉 a, b 값이 서로 치환되지 않는 결과를 얻을 수 있음을 유의해야 함) 명령어 처리 순서를 고려한 순차적 구조의 프로그래밍 방법이 중요하다.

```
> a <- 5
> b <- 10
> temp <- a
> a <- b
> b <- temp
> c(a, b)
[1] 10  5
```

```
> a <- 5
> b <- 10
> a <- b
> temp <- a
> b <- temp
> c(a, b)
[1] 10 10
```

⑦ 선택 구조(Selection)
  ㉠ 일상생활 속에서 우리들은 늘 조건에 대한 선택의 연속이다. 예를 들어 다음 식사 때 어떤 메뉴를 선택할까?, 날씨가 더운데 어떤 옷을 입고 갈까?, 신호등이 빨간 불인데 멈추어야 할까?, 휘발유 가격이 다른 곳보다 싼데 여기 주유소를 이용할까? 등 생활 속에서 늘 선택하면서 살고 있다.
  ㉡ 마찬가지로 프로그램에서도 선택 구조를 많이 사용한다. 자동차를 예로 들면 아래와 같이 순차 구조와 달리 선택 구조는 자동차가 2가지의 길 중에서 하나를 선택하여 주행하는 교차로를 의미한다.

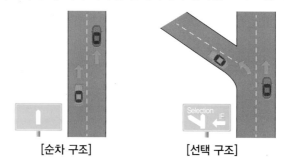

[순차 구조]   [선택 구조]

ⓒ R에서는 조건(선택) 구조를 작성하기 위해 if, else, ifelse 등의 명령어를 수행한다. 조건(선택)문에 대한 수행 결과는 다음과 같다.

〈R 조건문 사용 방법〉

연산자	R 조건문	수행 결과	설명
if	```> a <- 4 > b <- 6 > z <- 1 > > if (a > b) + { z <- 2 + } > > z [1] 1```	z=1	'if ( )'에서 ( )안에 조건이 참이면 실행, 참이 아니면 수행되지 않음
if else	```> a <- 4 > b <- 6 > if (a > b) + { z <- 2 + } else + { z <- 3 + } > > z [1] 3```	z=3	'else' 문을 사용하여 조건이 참이 아닌 경우 (즉 조건이 거짓) 별도로 수행문을 작성함
if else if	```> a <- 4 > b <- 6 > if (a==b) + { z <- 1 + } else if (a > b) + { z <- 2 + } else + { z <- 3 + } > > z [1] 3```	z=3	'else if' 문을 사용하여 연속적으로 조건이 참인가를 확인하여 수행문을 작성함
ifelse	```> a <- 4 > b <- 6 > z <- ifelse((a>b), 1, 2) > > z [1] 2```	z=2	'ifelse( )' 문의 조건이 참이면 앞부분 문장을 실행하고, 거짓이면 뒷부분 문장을 실행함

⑧ 반복 구조(Iteration)

㉠ 자동차 도로에서 반복 구조는 기본적인 구조를 서로 연결(조건과 순차)하여 실행되는 문장이다. 즉 아래와 같이 자동차는 동일한 길을 10번 주행(조건)한 후, 원래 이동하던 도로를 주행(순차)하는 형태의 프로그래밍 구조이다.

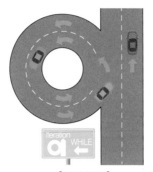

[반복 구조]

㉡ 반복문이란 특정한 부분의 명령어들이 반복적으로 수행될 수 있도록 하는 명령어로 R에서는 for문, while문 그리고 repeat문을 사용한다.

연산자	R 반복문	수행 결과	설 명

for	```
	> sum <- 0
	> for (i in 1:10) {
	+ sum <- sum + i
	+ }
	>
	> sum
	[1] 55
	``
		sum=55	• 정해진 반복 횟수(i의 값이 1부터 10까지)만큼 실행
			• 1부터 10까지의 합계(sum=55) 구하기

while	```
	> sum <- 0
	> i <- 1
	> while (i<= 10) {
	+ sum <- sum + i
	+ i <- i+1
	+ }
	>
	> sum
	[1] 55
	``
		sum=55	• 특정 조건(i<=10)이 만족되는 동안 실행
			• 1부터 10까지의 합계(sum=55) 구하기

repeat	```
	> sum <- 0
	> i <- 1
	> repeat {
	+ sum <- sum + i
	+ if (i >= 10) break
	+ i <- i+1
	+ }
	>
	> sum
	[1] 55
	``
		sum=55	• 반복하며 실행 중 조건이 참이면 break 문을 수행하여 실행 중단
			• 1부터 10까지의 합계(sum=55) 구하기

ⓒ for문은 조건이 만족되지 않을 때까지 명령문을 수행하며 초깃값이 주어지고, 이 값이 주어진 조건을 만족시키는 동안 실행된다. for문의 반복 조건은 반복변수(i)와 반복값(1:10)들로 구성한다. for문의 실행 범위는 조건문에서와 동일하게 { }로 묶어 수행될 명령어들을 작성한다. 명령어들은 for문이 실행될 때 반복값들이 차례로 반복변수에 저장되어 실행된다.

ⓓ while문은 조건이 맞으면 { } 내의 명령어를 수행한다. 즉 ( ) 안의 조건문이 거짓일 때 반복문 수행을 종료한다. 이처럼 while문은 조건이 참인 동안은 계속해서 반복문이 실행되고 조건이 거짓이 되면 while 반복문을 벗어난다. 따라서 while문 실행 범위의 명령어들에서는 조건의 결과를 변하게 하는 변수가 반드시 포함(i<-i+1)된다. 이를 지정하지 않으면 무한 반복 루프(infinite loop)에 빠지는 오류가 발생한다.

ⓔ repeat문은 무조건 반복하여 명령어를 실행한다. 그리고 실행 도중에 조건이 만족되면 break문을 이용하여 실행을 중단시킨다. repeat문에서도 반복적으로 수행되는 명령어들을 { }로 묶어 사용한다.

ⓕ 반복문을 이용한 프로그래밍에서 해당 변숫값을 이용하기 위해 첨자[ ]를 사용한다. R에서 제공되는 quakes(Fiji 지진 데이터) 데이터세트에 대하여 아래와 같이 총 1,000개의 데이터를 사용하여 진도 규모를 분석한다. 진도 규모 5.5 이상 발생 건수는 38건(sum1=38), 진도 규모 4.5 이하 발생 건수는 484건(sum2=484)을 구하기 위하여 데이터세트의 mag 변숫값을 참조하며, 'quakes$mag[i]'처럼 첨자[i]를 이용한다.

```
> quakes
       lat    long depth mag stations
1   -20.42 181.62   562 4.8       41
2   -20.62 181.03   650 4.2       15
3   -26.00 184.10    42 5.4       43
4   -17.97 181.66   626 4.1       19
5   -20.42 181.96   649 4.0       11
6   -19.68 184.31   195 4.0       12
7   -11.70 166.10    82 4.8       43
8   -28.11 181.93   194 4.4       15
9   -28.74 181.74   211 4.7       35
10  -17.47 179.59   622 4.3       19
11  -21.44 180.69   583 4.4       13
12  -12.26 167.00   249 4.6       16
13  -18.54 182.11   554 4.4       19
14  -21.00 181.66   600 4.4       10
15  -20.70 169.92   139 6.1       94
16  -15.94 184.95   306 4.3       11
17  -13.64 165.96    50 6.0       83
18  -17.83 181.50   590 4.5       21
19  -23.50 179.78   570 4.4       13
20  -22.63 180.31   598 4.4       18
21  -20.84 181.16   576 4.5       17
22  -10.98 166.32   211 4.2       12
23  -23.30 180.16   512 4.4       18
24  -30.20 182.00   125 4.7       22
25  -19.66 180.28   431 5.4       57
26  -17.94 181.49   537 4.0       15
27  -14.72 167.51   155 4.6       18
28  -16.46 180.79   498 5.2       79
29  -20.97 181.47   582 4.5       25
30  -19.84 182.37   328 4.4       17
```

```
> sum1 <- 0
> sum2 <- 0
> N <- length(quakes$mag)
> N
[1] 1000
>
> for (i in 1:N) {
+ if (quakes$mag[i] >= 5.5)
+ { sum1 <- sum1 + 1 }
+ else if (quakes$mag[i] <= 4.5)
+ {sum2 <- sum2 + 1}
+ }
>
> sum1
[1] 38
> sum2
[1] 484
```

(4) 사용자 정의 함수

① 필요에 따라 사용자 정의 함수 작성 기능을 이용하여 함수를 만들 수 있다.

② 사용자 정의 함수란, R 프로그램을 통해 사용자가 직접 제작한 함수이며, 일반적으로 처리해야 할 자료나 변수들을 조금씩 변경해가면서 반복적인 작업을 하는 경우 유용하게 사용된다.

③ 함수를 정의하여 사용하면 반복적으로 동일한 기능을 수행하는 기능의 코딩을 작성하지 않고 함수명만 다시 불러들여 사용할 수 있다. 검증된 함수는 신뢰할 수 있기 때문에 효율적인 코딩이 가능하게 되고, 만들어진 이후에는 R 내장함수처럼 반복적으로 사용할 수 있다.

④ 예를 들어 밑변 a와 높이 b로 표현되는 삼각형의 면적(area)을 구하는 함수와 사용 예는 다음과 같다. 사용자 정의 함수는 function( ) 명령어로 만들고 ( )안에 필요한 인수(argument)를 지정한다. 함수 수행은 함수명(인수) 즉, $getArea(5, 10)$ 명령어로 밑변($a=5$), 높이($b=10$) 값을 지정하여 면적(area)$=a*b/2=5*10/2=25$를 출력한다. function( )으로 만드는 사용자 정의 함수에서는 출력값을 return(출력값) 명령어로 지정한다.

```
> getArea <- function(a, b) {
+ area <- a*b/2
+ return (area)
+ }
>
> getArea(5, 10)
[1] 25
```

⑤ 사용자 정의 함수 생성 및 실행

　　㉠ 사용자 정의 함수를 만들기 위하여 function( ) 명령어를 이용하고 function( )에는 입력 변수로 인수 (argument)들을 지정한다.

```
function_name<-function(arg_1, arg_2, ...) {
                함수 본문
                }
```

　　㉡ 예를 들어 평균온도가 24도 이상과 24도 미만인 일수를 구하는 사용자 정의 함수(Get_temperature_days( ))를 정의하고 실행하면 다음과 같다. 사용자 정의 함수 내에서 return( ) 명령어를 사용하지 않고 원하는 결괏값을 직접 출력(c( ) 등)하기도 한다. function( )에서 지정되는 인수는 아래와 같이 벡터, 행렬, 배열, 리스트 등 다양한 자료구조의 사용이 가능하다.

```
> Get_temperature_days <- function(x, y) {
+ N <- length(x)
+ low_days <- 0
+ high_days <- 0
+ for(i in 1:N) {
+ if (x[i] >= y)
+ {high_days <- high_days +1}
+ else
+ {low_days <- low_days + 1}
+ }
+ c(high_days, low_days)
+ }
> temperature <- c(18.5, 24.1, 24.0, 22.1, 24.3, 20.2, 20.8, 24.6, 18.2, 20.0, 24.8)
> Get_temperature_days(temperature, 24)
[1] 5 6
> new_temperature <- c(24.9, 18.8, 25.2, 22.7, 30.5, 19.4, 20.6, 23.9, 26.2, 17.8, 14.6)
> Get_temperature_days(new_temperature, 24)
[1] 4 7
```

연습문제

01 다음 paste( ) 함수의 수행 결과를 적으시오.

```
> x <- "Hello World"
> paste(x, "Korea")
```

정답 및 해설 "Hello World Korea"

paste( ) 명령어를 이용하여 문자열을 결합한다.

```
> paste(x, "Korea")
[1] "Hello World Korea"
```

02 R에서 제공하는 mtcars 데이터(출처 : 1974년 Motor Trend US Magazine)는 아래와 같이 32개 자동차 모델에 대한 디자인과 성능 관련 자료이다. (am=1, carb=4)인 3개 자동차 모델들 중 filter( ) 함수(행추출 함수)를 이용한 출력 결과(자동차 모델명)를 적으시오(단 pipe operator(%>%)를 이용하기 위해 dplyr 패키지를 이용한다).

mpg	Miles/(US) gallon	연비
cyl	Number of cylinders	엔진의 기통수
disp	Displacement (cu.in.)	배기량 (cc, 변위)
hp	Gross horsepower	마력
drat	Rear axle ratio	뒤차축비
wt	Weight (1000 lbs)	무게
qsec	1/4 mile time	1/4mile 도달시간
vs	V/S	V engine / Straight engine
am	Transmission (0 = automatic, 1 = manual)	변속기어
gear	Number of forward gears	전진기어 갯수
carb	Number of carburetors	기화기 갯수

```
> head(mtcars)
                   mpg cyl disp  hp drat    wt  qsec vs am gear carb
Mazda RX4         21.0   6  160 110 3.90 2.620 16.46  0  1    4    4
Mazda RX4 Wag     21.0   6  160 110 3.90 2.875 17.02  0  1    4    4
Datsun 710        22.8   4  108  93 3.85 2.320 18.61  1  1    4    1
Hornet 4 Drive    21.4   6  258 110 3.08 3.215 19.44  1  0    3    1
Hornet Sportabout 18.7   8  360 175 3.15 3.440 17.02  0  0    3    2
Valiant           18.1   6  225 105 2.76 3.460 20.22  1  0    3    1
>
> data <- subset(mtcars, am==1 & carb==4)
> data
                mpg cyl disp  hp drat    wt  qsec vs am gear carb
Mazda RX4      21.0   6  160 110 3.90 2.620 16.46  0  1    4    4
Mazda RX4 Wag  21.0   6  160 110 3.90 2.875 17.02  0  1    4    4
Ford Pantera L 15.8   8  351 264 4.22 3.170 14.50  0  1    5    4
>
> data %>% filter(gear==5)
```

정답 및 해설 Ford Pantera

다음과 같이 전진기어의 개수가 5개(gear＝5)인 Ford Pantera 자동차 모델의 행 데이터가 출력된다.

```
> data %>% filter(gear==5)
                mpg cyl disp  hp drat   wt qsec vs am gear carb
Ford Pantera L 15.8   8  351 264 4.22 3.17 14.5  0  1    5    4
```

03 R에서 제공되는 quakes 데이터(1,000개의 행으로 구성)는 Fiji 지역의 지진 관련 자료[위도, 경도, 깊이, 지진 진도 규모(리히터), stations의 수]이다. order( ) 함수를 이용하여 지진의 규모가 큰 순서(내림차순)대로 정렬하고 가장 진도가 큰 상위 5개의 데이터를 출력하면 다음과 같다. 5개의 데이터 중 94번 관찰국(stations=94)에서 측정된 지진의 규모는 얼마인가?

```
> head(quakes)
     lat    long depth mag stations
1 -20.42 181.62   562 4.8       41
2 -20.62 181.03   650 4.2       15
3 -26.00 184.10    42 5.4       43
4 -17.97 181.66   626 4.1       19
5 -20.42 181.96   649 4.0       11
6 -19.68 184.31   195 4.0       12
> dim(quakes)
[1] 1000    5
> data <- quakes[order(-quakes$mag),][1:5,]
> data
        lat    long depth mag stations
152  -15.56 167.62   127 6.4      122
15   -20.70 169.92   139 6.1       94
17   -13.64 165.96    50 6.0       83
870  -12.23 167.02   242 6.0      132
1000 -21.59 170.56   165 6.0      119
> print(data$mag[data$stations==94])
```

📋 정답 및 해설 6.1

data$stations=94를 이용하여 출력하면 94번 관찰국에서의 측정값은 6.1이다.

```
> print(data$mag[data$stations==94])
[1] 6.1
```

04 R에서 제공되는 quakes 데이터를 이용하여 아래와 같이 지진 발생 지역의 깊이(depth)에 대한 변수 변환 작업을 수행하였다. result 변수에 대한 출력값을 적으시오.

```
> data <- quakes[order(-quakes$depth),][1:5,]
> data
        lat    long depth mag stations
256 -20.32 180.88   680 4.2       22
287 -19.30 180.60   671 4.2       16
231 -19.40 180.94   664 4.7       34
804 -12.93 169.52   663 4.4       30
141 -12.66 169.46   658 4.6       43
>
> minmax <- function (x) {
+ return ((x-min(x)) / (max(x)-min(x)))
+ }
>
> result <- minmax(data$mag)[4]
> result
```

📋 **정답 및 해설** 0.4

최소−최대 척도 변환 방법으로서 최솟값=4.2, 최댓값=4.7을 이용하여 최소−최대 변환값$(x-\min(x))/(\max(x)-\min(x))=(4.4-4.2)/(4.7-4.2)=0.4$를 구한다.

```
> min(data$mag)
[1] 4.2
> max(data$mag)
[1] 4.7
>
> print(result)
[1] 0.4
```

05 quakes 데이터에서 depth 변숫값을 기준으로 상위 5개 데이터(내림차순 정렬)를 이용하여 아래와 같이 변수 변환 작업을 수행하였다. 결괏값을 적으시오.

```
> zscore <- function (z) {
+ return ((z-mean(z))/ sd(z))
+ }
>
> mean(data$mag)
[1] 4.42
> sd(data$mag)
[1] 0.2280351
>
> print(zscore(data$mag)[4])
```

📋 **정답 및 해설** -0.0877058

지진 규모에 대한 평균$=4.42$, 표준편차$=0.22803351$이므로 4번째 지진의 규모(4.4)에 대한 변환값을 사용자 정의 함수 $(x-avg)/sd=(4.4-4.42)/0.2280351=-0.0877058$을 이용하여 구한다.

06 MASS 패키지에서 제공되는 보스턴 데이터(Boston)는 보스턴 지역의 범죄율, 학생·교수 비율, 주택가격 등의 데이터로서 총 14개 항목에 대한 506개 지역의 레코드이다. 다음 수행 결과를 print( ) 명령어를 이용하여 출력하시오.

(1) 범죄율(crim) 항목값을 높은 순서대로 정렬한 뒤 상위 10개 지역의 주택가격(medv)과 1940년 이전 건축 비율 (age)의 평균을 구하시오.

(2) 1940년 이전 건축 비율(age)이 80% 이상인 데이터들에 대한 범죄율(crim)의 평균을 구하시오.

(3) 범죄율($crim$) 항목에 대한 이상값의 평균과 중앙값을 구하시오[단, 이상값은 $Q_1-1.5 \times IQR$ 이하와 $Q_3-1.5 \times IQR$ 이상인 값으로 정의하며, Q_1은 제1사분위수(25%), Q_3은 제3사분위수(75%), $IQR(Q_3-Q_1)$은 사분위수 범위이다].

- crim : 범죄율(자치시별 1인기준)
- zn : 25,000평방 피트 초과 거주지역 비율
- indus : 비소매 상업지역 면적(비율)
- chas : 찰스 강의 경계에 위치한 경우는 1, 아니면 0
- nox : 일산화질소 농도
- rm : 주택당 방 수
- age: 1940년 이전에 건축된 주택의 비율
- dis : 직업센터의 거리
- rad : 방사형 고속도로까지의 거리
- tax : 재산세율
- ptratio : 학생 · 교수 비율
- black : 인구 중 흑인 비율
- lstat : 인구 중하위 계층 비율
- medv : 본인 소유의 주택가격(중앙값, $1000)

```
> head(Boston)
     crim zn indus chas   nox    rm  age    dis rad tax ptratio  black lstat medv
1 0.00632 18  2.31    0 0.538 6.575 65.2 4.0900   1 296    15.3 396.90  4.98 24.0
2 0.02731  0  7.07    0 0.469 6.421 78.9 4.9671   2 242    17.8 396.90  9.14 21.6
3 0.02729  0  7.07    0 0.469 7.185 61.1 4.9671   2 242    17.8 392.83  4.03 34.7
4 0.03237  0  2.18    0 0.458 6.998 45.8 6.0622   3 222    18.7 394.63  2.94 33.4
5 0.06905  0  2.18    0 0.458 7.147 54.2 6.0622   3 222    18.7 396.90  5.33 36.2
6 0.02985  0  2.18    0 0.458 6.430 58.7 6.0622   3 222    18.7 394.12  5.21 28.7
> summary(Boston)
      crim                zn             indus            chas              nox               rm             age
 Min.   : 0.00632   Min.   :  0.00   Min.   : 0.46   Min.   :0.00000   Min.   :0.3850   Min.   :3.561   Min.   :  2.90
 1st Qu.: 0.08205   1st Qu.:  0.00   1st Qu.: 5.19   1st Qu.:0.00000   1st Qu.:0.4490   1st Qu.:5.886   1st Qu.: 45.02
 Median : 0.25651   Median :  0.00   Median : 9.69   Median :0.00000   Median :0.5380   Median :6.208   Median : 77.50
 Mean   : 3.61352   Mean   : 11.36   Mean   :11.14   Mean   :0.06917   Mean   :0.5547   Mean   :6.285   Mean   : 68.57
 3rd Qu.: 3.67708   3rd Qu.: 12.50   3rd Qu.:18.10   3rd Qu.:0.00000   3rd Qu.:0.6240   3rd Qu.:6.623   3rd Qu.: 94.08
 Max.   :88.97620   Max.   :100.00   Max.   :27.74   Max.   :1.00000   Max.   :0.8710   Max.   :8.780   Max.   :100.00
      dis              rad              tax           ptratio          black            lstat            medv
 Min.   : 1.130   Min.   : 1.000   Min.   :187.0   Min.   :12.60   Min.   :  0.32   Min.   : 1.73   Min.   : 5.00
 1st Qu.: 2.100   1st Qu.: 4.000   1st Qu.:279.0   1st Qu.:17.40   1st Qu.:375.38   1st Qu.: 6.95   1st Qu.:17.02
 Median : 3.207   Median : 5.000   Median :330.0   Median :19.05   Median :391.44   Median :11.36   Median :21.20
 Mean   : 3.795   Mean   : 9.549   Mean   :408.2   Mean   :18.46   Mean   :356.67   Mean   :12.65   Mean   :22.53
 3rd Qu.: 5.188   3rd Qu.:24.000   3rd Qu.:666.0   3rd Qu.:20.20   3rd Qu.:396.23   3rd Qu.:16.95   3rd Qu.:25.00
 Max.   :12.127   Max.   :24.000   Max.   :711.0   Max.   :22.00   Max.   :396.90   Max.   :37.97   Max.   :50.00

> dim(Boston)
[1] 506  14
>
> str(Boston)
'data.frame':   506 obs. of  14 variables:
 $ crim    : num  0.00632 0.02731 0.02729 0.03237 0.06905 ...
 $ zn      : num  18 0 0 0 0 0 12.5 12.5 12.5 12.5 ...
 $ indus   : num  2.31 7.07 7.07 2.18 2.18 2.18 7.87 7.87 7.87 7.87 ...
 $ chas    : int  0 0 0 0 0 0 0 0 0 0 ...
 $ nox     : num  0.538 0.469 0.469 0.458 0.458 0.458 0.524 0.524 0.524 0.524 ...
 $ rm      : num  6.58 6.42 7.18 7 7.15 ...
 $ age     : num  65.2 78.9 61.1 45.8 54.2 58.7 66.6 96.1 100 85.9 ...
 $ dis     : num  4.09 4.97 4.97 6.06 6.06 ...
 $ rad     : int  1 2 2 3 3 3 5 5 5 5 ...
 $ tax     : num  296 242 242 222 222 222 311 311 311 311 ...
 $ ptratio : num  15.3 17.8 17.8 18.7 18.7 18.7 15.2 15.2 15.2 15.2 ...
 $ black   : num  397 397 393 395 397 ...
 $ lstat   : num  4.98 9.14 4.03 2.94 5.33 ...
 $ medv    : num  24 21.6 34.7 33.4 36.2 28.7 22.9 27.1 16.5 18.9 ...
```

(1) • 범죄율(crim) 상위 10개 지역의 주택가격(medv)의 평균 = 9.73
   • 1940년 이전 건축 비율(age)의 평균 = 94.51
   범죄율(crim)을 크기순으로 정렬(내림차순)하여 범죄율이 높은 상위 10개 지역을 data에 저장한다. 그리고 주택가격 (medv)과 1940년 이전 건축 비율(age)의 평균을 출력한다.

```
> data <- Boston[order(-Boston$crim),][1:10,]
> data
        crim zn indus chas   nox    rm   age    dis rad tax ptratio  black lstat medv
381 88.9762  0  18.1    0 0.671 6.968  91.9 1.4165  24 666    20.2 396.90 17.21 10.4
419 73.5341  0  18.1    0 0.679 5.957 100.0 1.8026  24 666    20.2  16.45 20.62  8.8
406 67.9208  0  18.1    0 0.693 5.683 100.0 1.4254  24 666    20.2 384.97 22.98  5.0
411 51.1358  0  18.1    0 0.597 5.757 100.0 1.4130  24 666    20.2   2.60 10.11 15.0
415 45.7461  0  18.1    0 0.693 4.519 100.0 1.6582  24 666    20.2  88.27 36.98  7.0
405 41.5292  0  18.1    0 0.693 5.531  85.4 1.6074  24 666    20.2 329.46 27.38  8.5
399 38.3518  0  18.1    0 0.693 5.453 100.0 1.4896  24 666    20.2 396.90 30.59  5.0
428 37.6619  0  18.1    0 0.679 6.202  78.7 1.8629  24 666    20.2  18.82 14.52 10.9
414 28.6558  0  18.1    0 0.597 5.155 100.0 1.5894  24 666    20.2 210.97 20.08 16.3
418 25.9406  0  18.1    0 0.679 5.304  89.1 1.6475  24 666    20.2 127.36 26.64 10.4
> print(mean(data$medv))
[1] 9.73
> print(mean(data$age))
[1] 94.51
```

(2) 1940년 이전 건축 비율(age)이 80%이상인 지역에 대한 범죄율의 평균 = 6.710741
   1940년 이전 건축 비율(age)이 80% 이상인 데이터를 저장(data)하고, 범죄율의 평균을 출력한다.

```
> data <- Boston[Boston$age >= 80, ]
> head(data)
       crim   zn indus chas   nox    rm   age    dis rad tax ptratio  black lstat medv
8  0.14455 12.5  7.87    0 0.524 6.172  96.1 5.9505   5 311    15.2 396.90 19.15 27.1
9  0.21124 12.5  7.87    0 0.524 5.631 100.0 6.0821   5 311    15.2 386.63 29.93 16.5
10 0.17004 12.5  7.87    0 0.524 6.004  85.9 6.5921   5 311    15.2 386.71 17.10 18.9
11 0.22489 12.5  7.87    0 0.524 6.377  94.3 6.3467   5 311    15.2 392.52 20.45 15.0
12 0.11747 12.5  7.87    0 0.524 6.009  82.9 6.2267   5 311    15.2 396.90 13.27 18.9
15 0.63796  0.0  8.14    0 0.538 6.096  84.5 4.4619   4 307    21.0 380.02 10.26 18.2
> nrow(data)
[1] 240
> dim(data)
[1] 240  14
> print(mean(data$crim))
[1] 6.710741
```

(3) 범죄율(crim) 항목에 대한 이상값의 평균 = 19.71474, 이상값의 중앙값 = 14.3337

범죄율에 대한 제1사분위(x), 제3사분위(y), 사분위수 범위(IQR)를 구하고 이상값을 판별하기 위한 하한값($r1 = Q_1 - 1.5 \times IQR$), 상한값($r2 = Q_3 - 1.5 \times IQR$)을 정의한다. 범죄율이 r1 이하인 값과 r2 이상인 값의 조건을 만족하는 결과를 result에 저장(result는 논리값)하고, 총 66개의 데이터에 대한 범죄율의 평균과 중앙값을 출력한다.

```
> x <- quantile(Boston$crim, 0.25)
> x
     25%
0.082045
> y <- quantile(Boston$crim, 0.75)
> y
     75%
3.677083
>
> IQR(Boston$crim)
[1] 3.595038
>
> r1 <- x - 1.5*IQR(Boston$crim)
> r1
      25%
-5.310511
>
> r2 <- y + 1.5*IQR(Boston$crim)
> r2
     75%
9.069639
>
> result <- Boston$crim <= r1 | Boston$crim >= r2
> head(result)
[1] FALSE FALSE FALSE FALSE FALSE FALSE
> sum(result)
[1] 66
>
> print(sum(result))
[1] 66
>
> print(mean(Boston$crim[result]))
[1] 19.71474

> print(median(Boston$crim[result]))
[1] 14.3337
```

제3장
R 그래프

1 그래프 함수 및 활용

(1) R 그래프 개요

① R은 통계 및 데이터 분석 기능 외에 데이터 시각화를 위한 다양한 그래프 작성 기능을 제공한다.

② 그래프 작성을 위해 R에서는 그래프 함수를 제공하며, 데이터 시각화를 통해 자료를 이해하기 쉽고 명료한 해석이 가능하다.

③ R 콘솔에서 demo(graphics) 명령어를 수행하면 다양한 그래픽 기능으로 작성된 데모 그래프를 다음과 같이 확인할 수 있다.

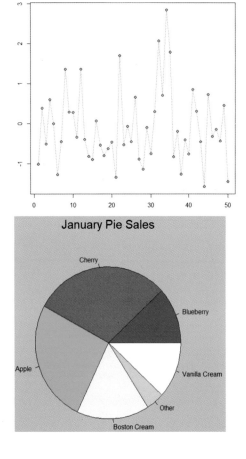

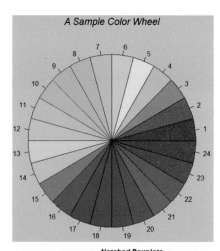

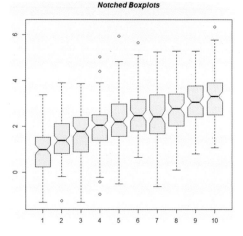

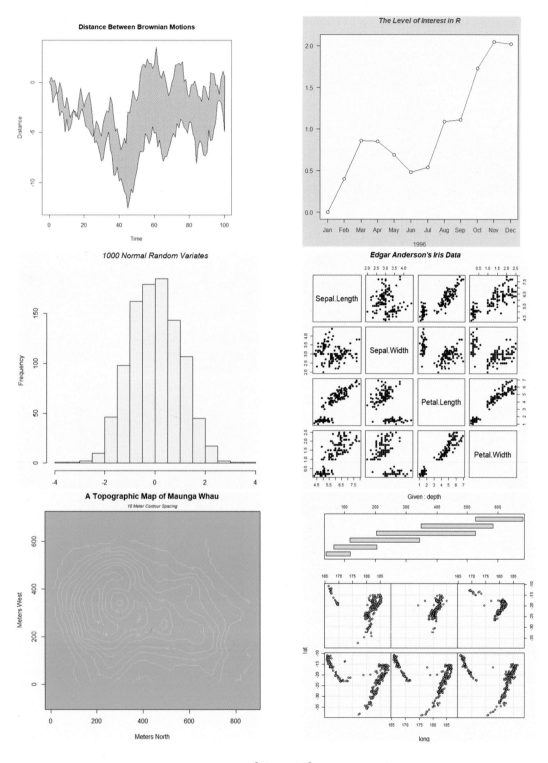

[데모그래프]

④ R에서는 막대 그래프, 선 그래프, 파이 차트와 같은 기본 그래프 외에 히스토그램, 박스 플롯과 같은 통계 그래프 작성 함수를 제공하며, 한 화면에 여러 개의 그림들을 표시하는 고급 시각화 기능도 제공한다.

(2) 기본 그래프 함수

① 그래프 작성은 R 설치 후 기본적으로 제공해 주는 그래프 작성 함수를 이용하는 방법과 ggplot2 package(R의 가장 일반적이고 대표적인 그래프 작성 및 시각화 지원 패키지)를 포함한 다양한 그래프 작성 지원 패키지를 이용하는 방법으로 분류된다.

② 기본 그래프로 점 그래프, 선 그래프, 막대 그래프, 히스토그램, 파이 차트, 박스 플롯 등과 같은 그래프 작성을 지원한다. 기본 그래프 작성 기능의 결과 그림 창(화면)에는 하나의 그래프만 출력되고 여러 개의 그래프를 작성할 수 없다.

③ 자주 사용되는 기본 그래프 함수를 요약하면 다음과 같다.

〈R 기본 그래프 함수〉

함수명	기능
barplot( )	x에 대한 막대 그래프 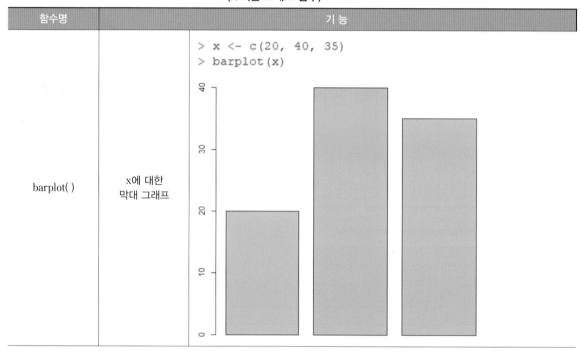

boxplot( )	x에 대한 박스 플롯 그래프	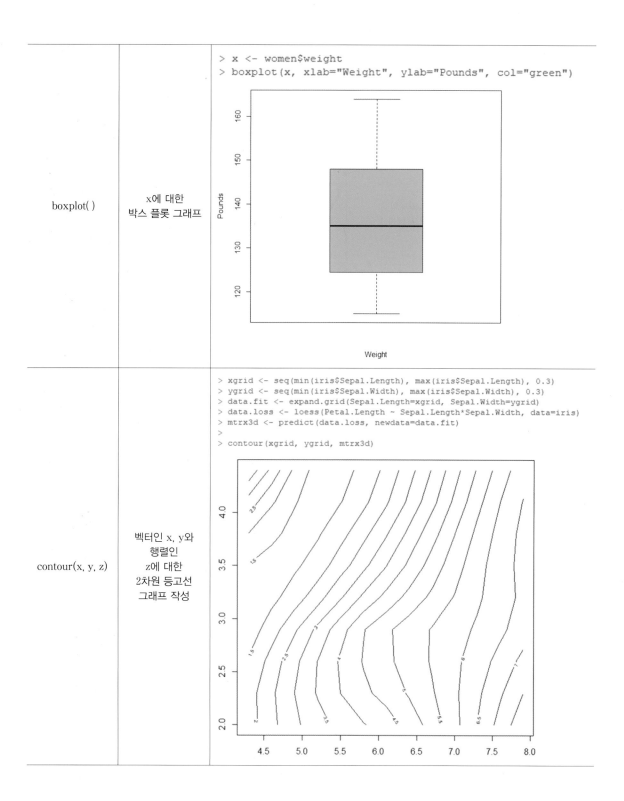
contour(x, y, z)	벡터인 x, y와 행렬인 z에 대한 2차원 등고선 그래프 작성	

```
> x <- women$weight
> boxplot(x, xlab="Weight", ylab="Pounds", col="green")
```

```
> xgrid <- seq(min(iris$Sepal.Length), max(iris$Sepal.Length), 0.3)
> ygrid <- seq(min(iris$Sepal.Width), max(iris$Sepal.Width), 0.3)
> data.fit <- expand.grid(Sepal.Length=xgrid, Sepal.Width=ygrid)
> data.loss <- loess(Petal.Length ~ Sepal.Length*Sepal.Width, data=iris)
> mtrx3d <- predict(data.loss, newdata=data.fit)
>
> contour(xgrid, ygrid, mtrx3d)
```

coplot(x~y|z)	z에 따라 x와 y의 2차원 그래프 작성	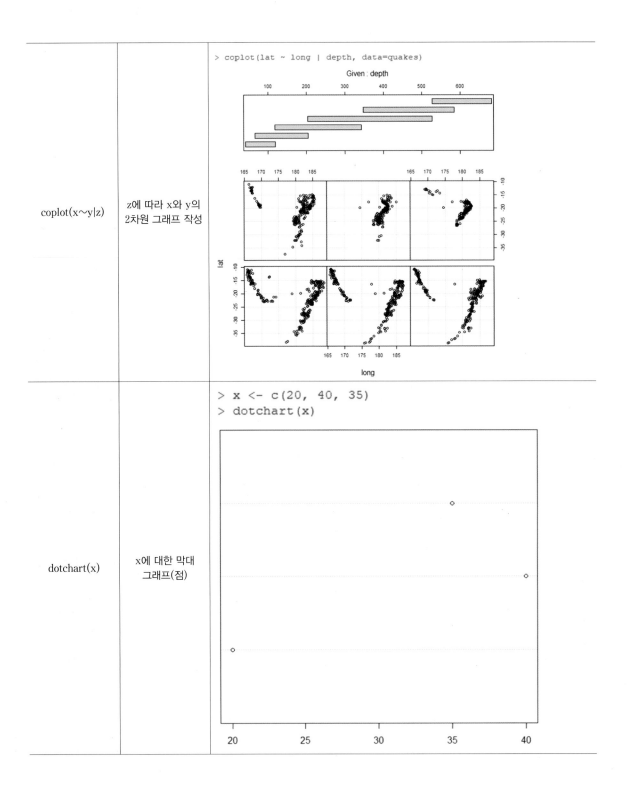
dotchart(x)	x에 대한 막대 그래프(점)	

hist(x)	x의 도수에 대한 히스토그램	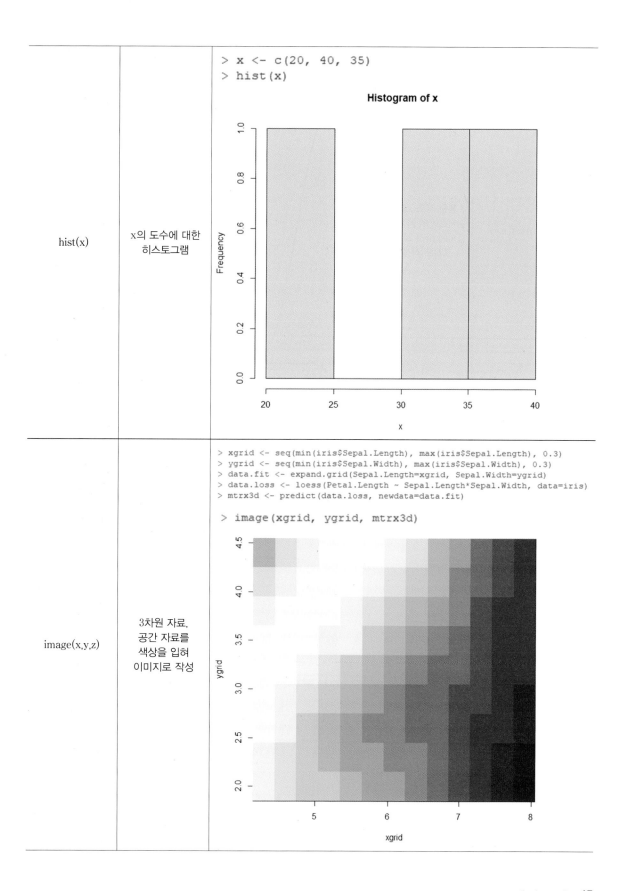
image(x,y,z)	3차원 자료, 공간 자료를 색상을 입혀 이미지로 작성	

matplot(x,y)	행렬 자료 x의 순서로 y의 지정된 형식에 따라 2차원 그래프 작성	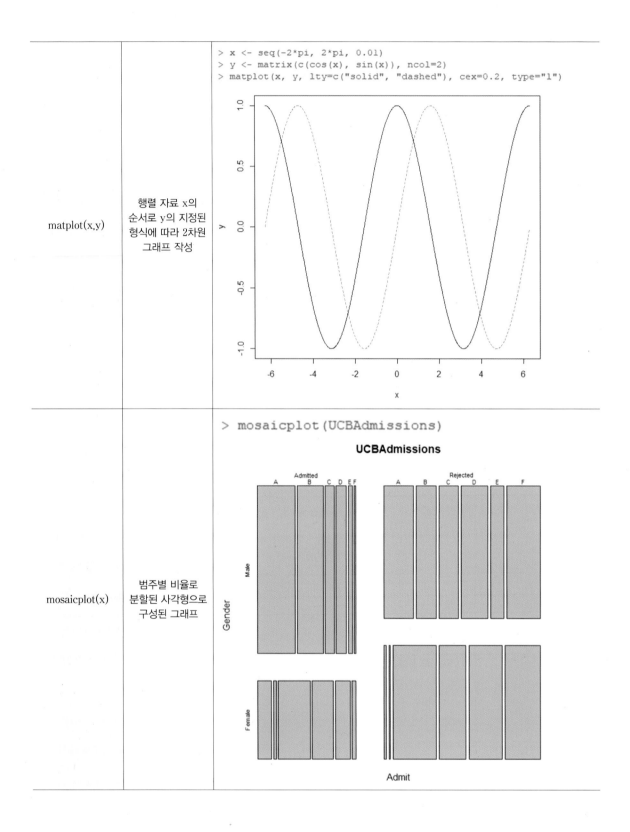
mosaicplot(x)	범주별 비율로 분할된 사각형으로 구성된 그래프	

```
> x <- seq(-2*pi, 2*pi, 0.01)
> y <- matrix(c(cos(x), sin(x)), ncol=2)
> matplot(x, y, lty=c("solid", "dashed"), cex=0.2, type="l")
```

```
> mosaicplot(UCBAdmissions)
```

pairs(x)	x의 행에 대한 산점도 행렬	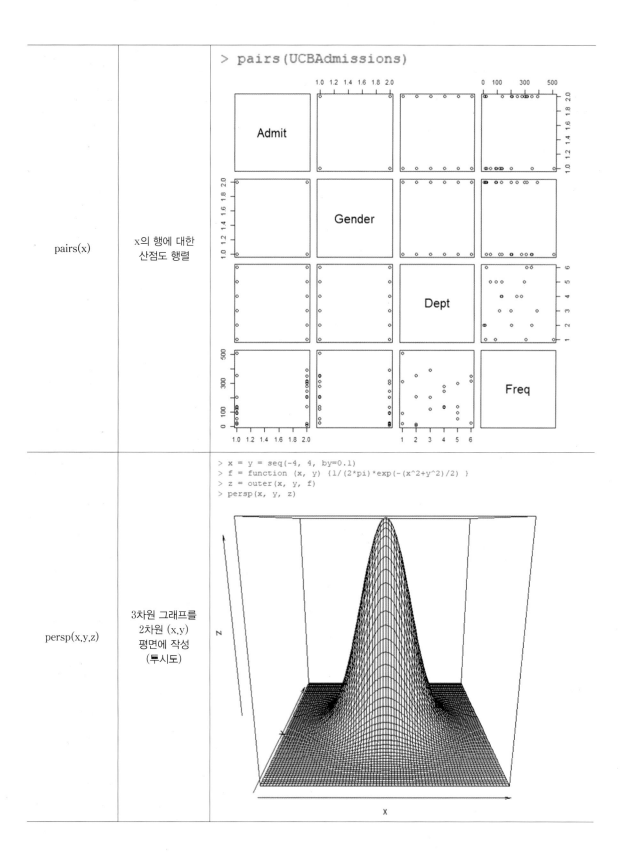
persp(x,y,z)	3차원 그래프를 2차원 (x,y) 평면에 작성 (**투시도**)	

pie(x)	x에 대한 파이 차트	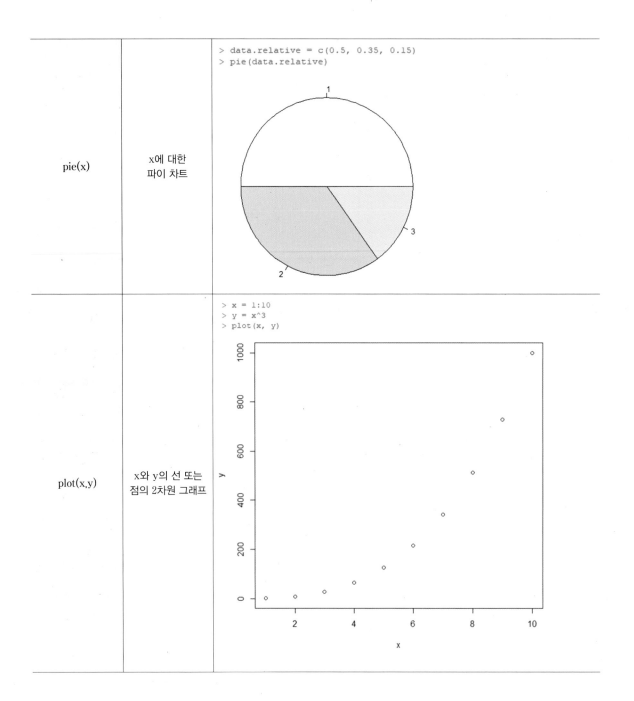
plot(x,y)	x와 y의 선 또는 점의 2차원 그래프	

qqnorm(x)	누적 정규 확률 그래프 (Q−Q차트)	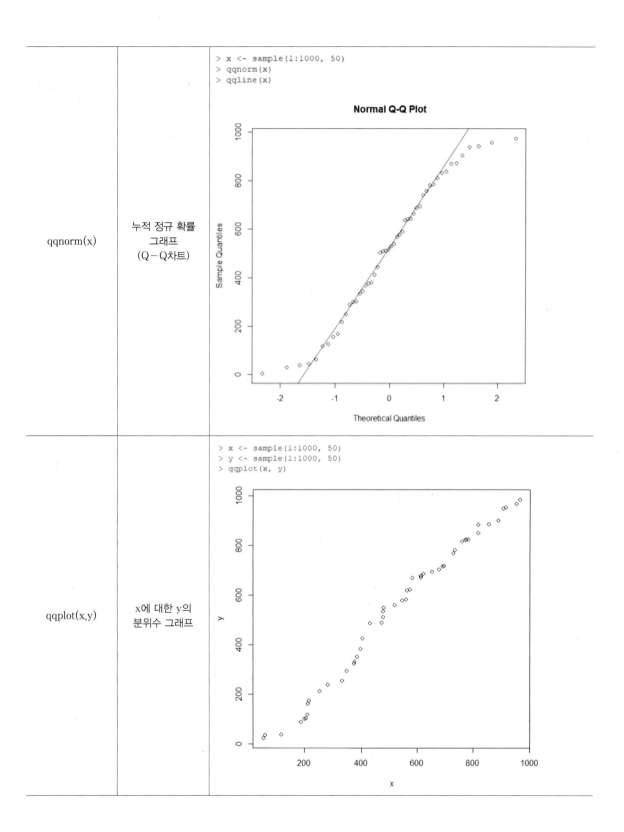
qqplot(x,y)	x에 대한 y의 분위수 그래프	

stripchart(x)	x에 대한 일차원 산점도	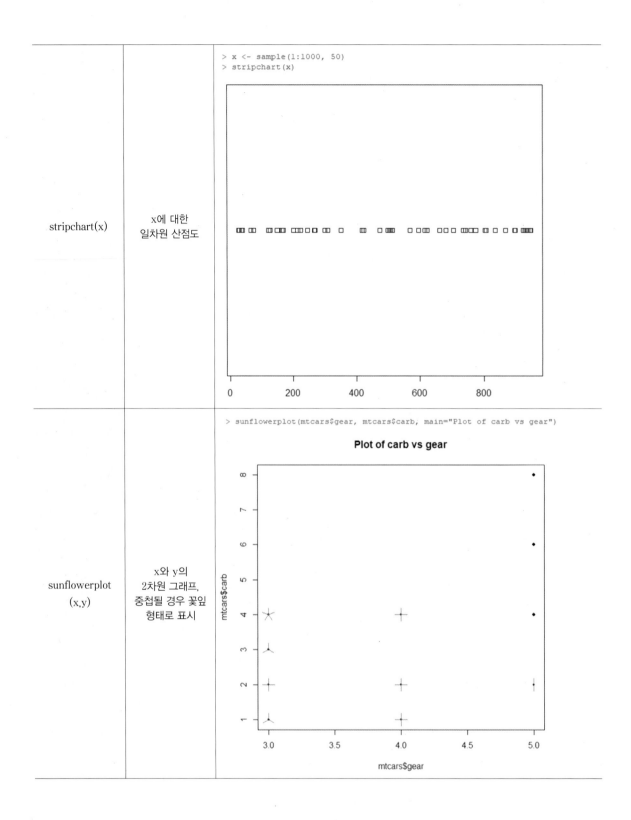
sunflowerplot (x,y)	x와 y의 2차원 그래프, 중첩될 경우 꽃잎 형태로 표시	

symbols (x,y,symbol)	(x,y) 좌표에 정의된 기호 (원, 정사각형, 별, 온도계, 박스 플롯 등)에 따른 그래프	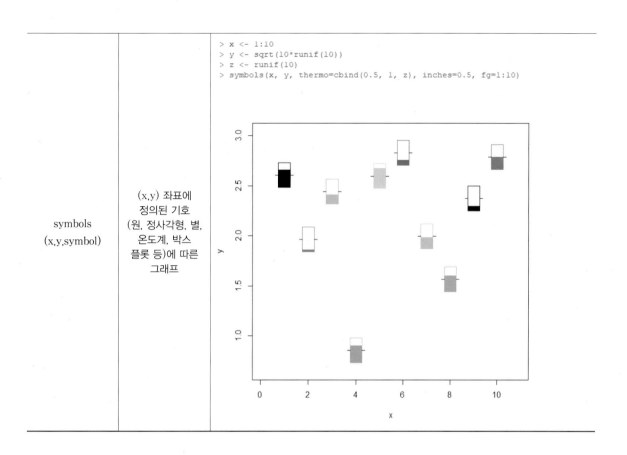

```
> x <- 1:10
> y <- sqrt(10*runif(10))
> z <- runif(10)
> symbols(x, y, thermo=cbind(0.5, 1, z), inches=0.5, fg=1:10)
```

④ 보조 그래프

그래프 작성 후 보조 함수를 이용하여 최종적으로 그래프를 완성한다. 화면 환경을 정의하는 par( ) 함수(그래픽 장치 설정, 화면 분할, 글자 크기, 색상 등 설정)를 포함하여 점, 선, 면, 좌표축, 문자 등을 만드는 함수 등과 같은 보조적 그래프 함수를 이용한다. 일반적으로 기본 그래프 함수를 이용하여 작성된 그래프 위에 그래프를 장식(decoration)하는 작업을 수행한다. 보조 그래프 작성 함수들의 기능을 요약하면 다음과 같다.

〈보조 그래프 작성 함수〉

함수명	기능
abline(a,b)	y절편 a, 기울기 b인 직선 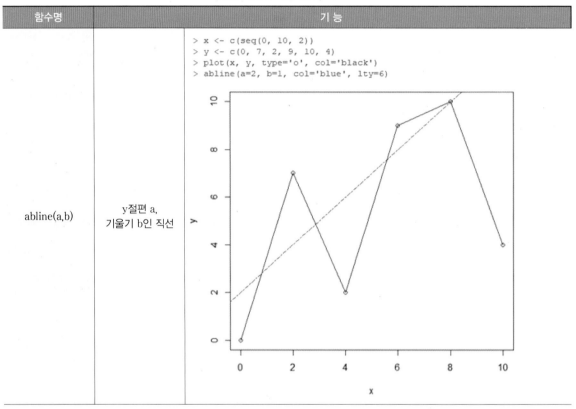

arrows (x,y,x1,y1)	좌표 연결 부분에 화살표 추가	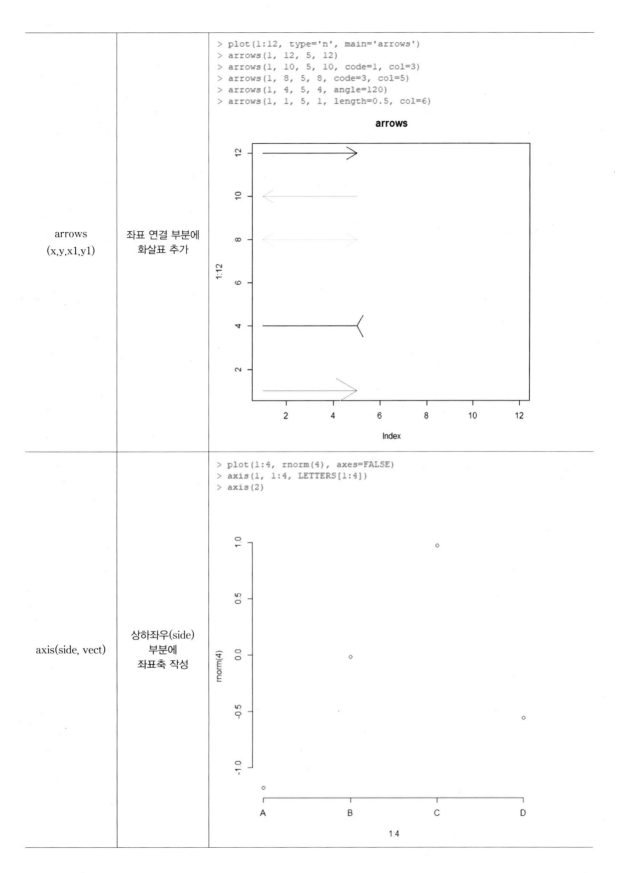
axis(side, vect)	상하좌우(side) 부분에 좌표축 작성	

```
> plot(1:12, type='n', main='arrows')
> arrows(1, 12, 5, 12)
> arrows(1, 10, 5, 10, code=1, col=3)
> arrows(1, 8, 5, 8, code=3, col=5)
> arrows(1, 4, 5, 4, angle=120)
> arrows(1, 1, 5, 1, length=0.5, col=6)
```

```
> plot(1:4, rnorm(4), axes=FALSE)
> axis(1, 1:4, LETTERS[1:4])
> axis(2)
```

box( )	그래프를 감싸는 박스 작성	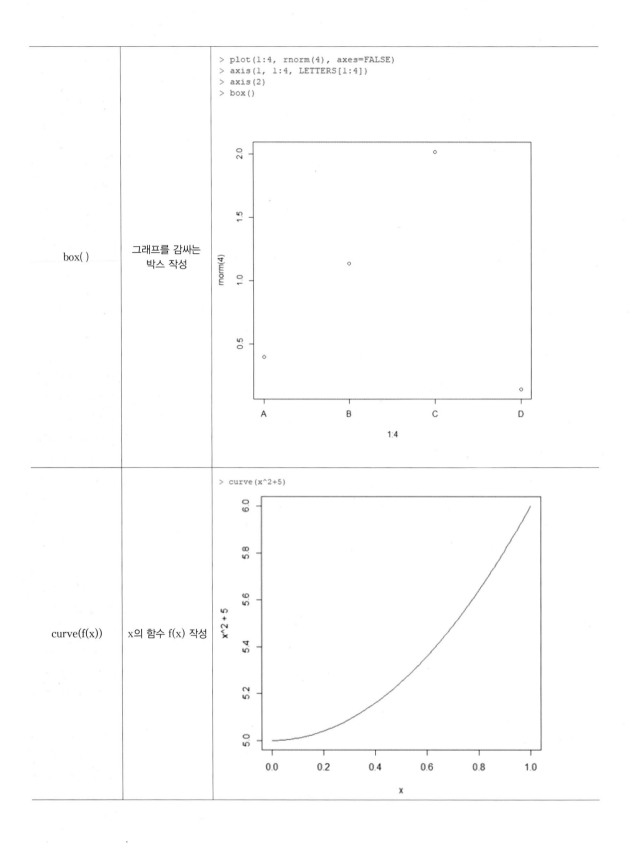
curve(f(x))	x의 함수 f(x) 작성	

legend (x,y,legend)	좌표 (x,y)에 범례 표시	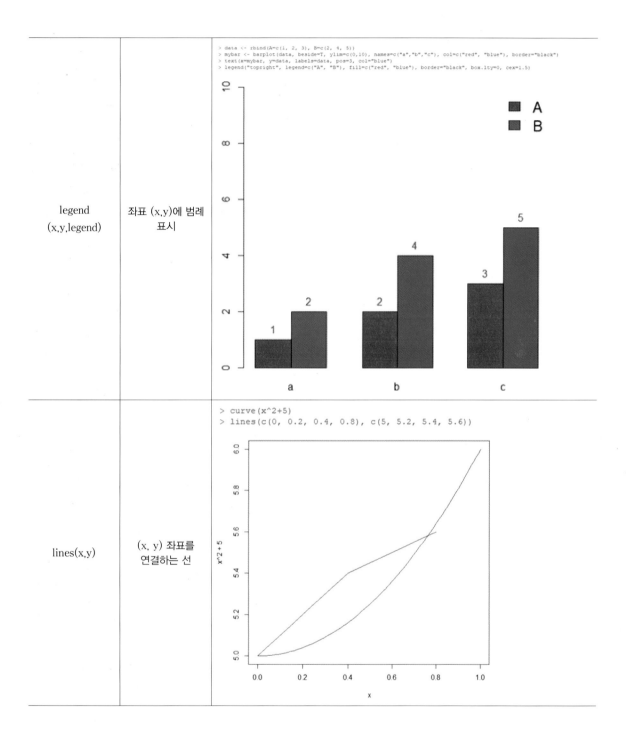
lines(x,y)	(x, y) 좌표를 연결하는 선	

```
> data <- rbind(A=c(1, 2, 3), B=c(2, 4, 5))
> mybar <- barplot(data, beside=T, ylim=c(0,10), names=c("a","b","c"), col=c("red", "blue"), border="black")
> text(x=mybar, y=data, labels=data, pos=3, col="blue")
> legend("topright", legend=c("A", "B"), fill=c("red", "blue"), border="black", box.lty=0, cex=1.5)
```

```
> curve(x^2+5)
> lines(c(0, 0.2, 0.4, 0.8), c(5, 5.2, 5.4, 5.6))
```

mtext(text)	그래프의 여분에 text 작성	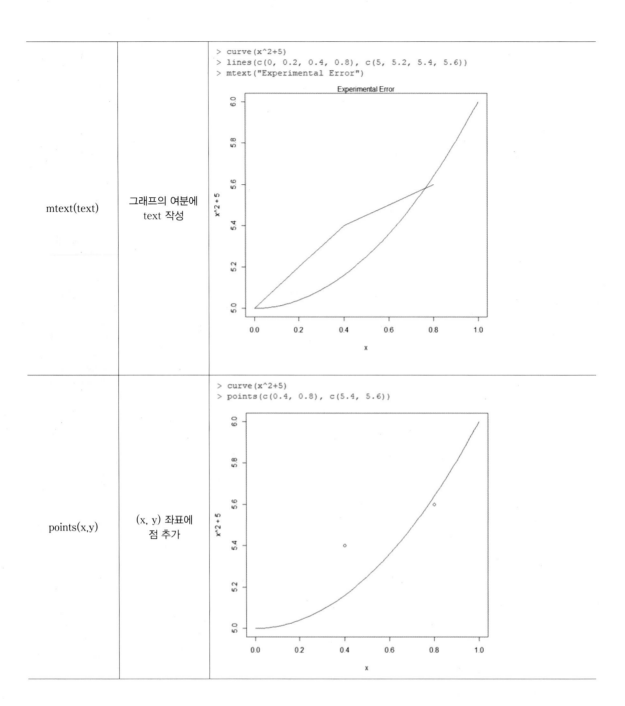
points(x,y)	(x, y) 좌표에 점 추가	

polygon(x,y)	x와 y로부터 할당 된 좌표들을 연결 하는 다각형 작성	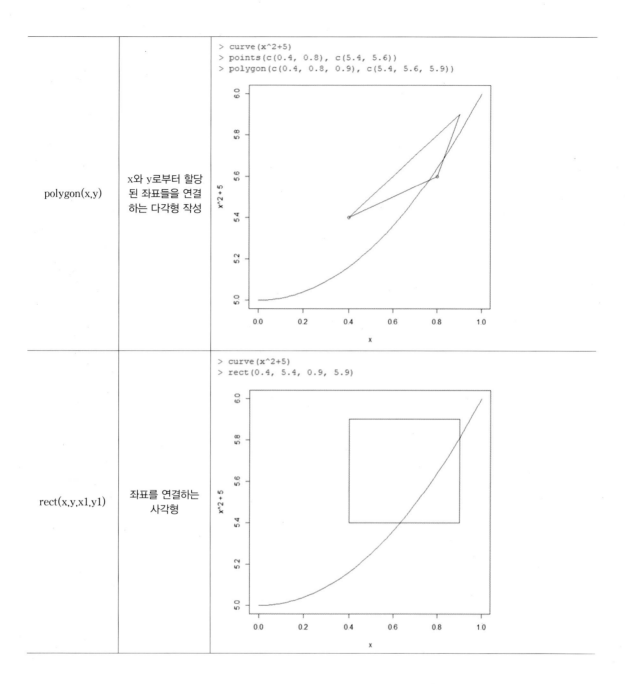
rect(x,y,x1,y1)	좌표를 연결하는 사각형	

```
> curve(x^2+5)
> points(c(0.4, 0.8), c(5.4, 5.6))
> polygon(c(0.4, 0.8, 0.9), c(5.4, 5.6, 5.9))
```

```
> curve(x^2+5)
> rect(0.4, 5.4, 0.9, 5.9)
```

rug(x)	x값을 x축에 표시	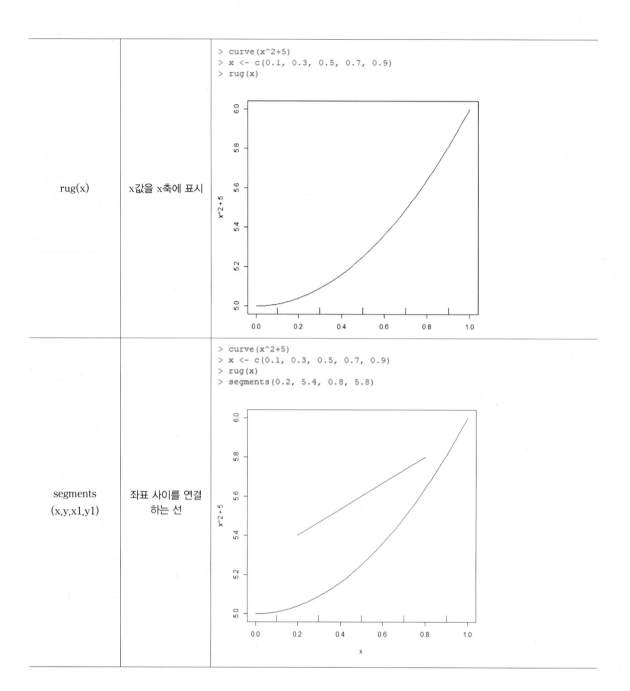
segments (x,y,x1,y1)	좌표 사이를 연결하는 선	

```
> curve(x^2+5)
> x <- c(0.1, 0.3, 0.5, 0.7, 0.9)
> rug(x)
```

```
> curve(x^2+5)
> x <- c(0.1, 0.3, 0.5, 0.7, 0.9)
> rug(x)
> segments(0.2, 5.4, 0.8, 5.8)
```

text(x,y,labels)	(x,y) 좌표에 레이블 작성	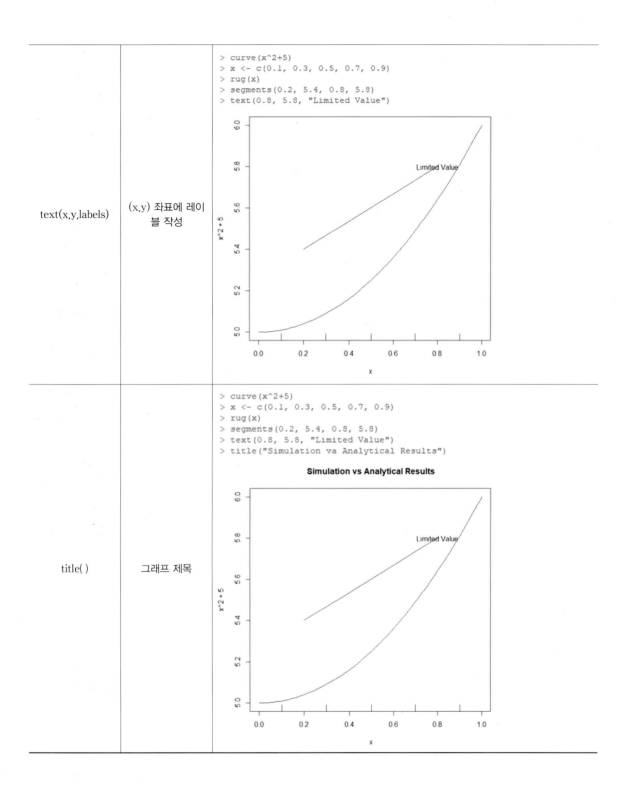

```
> curve(x^2+5)
> x <- c(0.1, 0.3, 0.5, 0.7, 0.9)
> rug(x)
> segments(0.2, 5.4, 0.8, 5.8)
> text(0.8, 5.8, "Limited Value")
```

```
> curve(x^2+5)
> x <- c(0.1, 0.3, 0.5, 0.7, 0.9)
> rug(x)
> segments(0.2, 5.4, 0.8, 5.8)
> text(0.8, 5.8, "Limited Value")
> title("Simulation va Analytical Results")
```

title( )	그래프 제목

(3) 그래프 함수 활용

① **화면 및 그래픽 설정(par( ))** : par( )는 그래프 작성 시 유용한 함수로 하나의 화면에 중복 그래프를 그리거나, 한 화면을 여러 영역으로 분할하여 다수의 그래프를 한 화면에 그릴 수 있는 환경을 제공한다.

　㉠ par(new＝T)의 설정으로 기본 그래프 작성 화면에 새로운 그래프를 추가한다. 아래 예에서처럼 barplot( ) 함수를 이용하여 막대 그래프를 작성한 화면에 par(new＝T)를 설정하고 plot( ) 함수를 이용하여 선 그래프를 추가로 그린다.

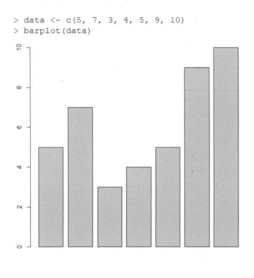

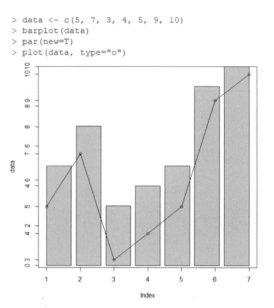

　㉡ par( ) 함수에 인수인 mfrow＝c(nrows, ncols)나 mfcol＝c(nrows, ncols) 옵션을 사용하면 한 화면을 행과 열의 여러 영역(nrows*ncols)으로 분할하여 그래프를 작성할 수 있다. 작성 순서는 mfrow은 행, mfcol은 열을 기준으로 채워진다. 행과 열이 3개로 분할된 9개의 그래프를 하나의 화면에 작성(plot( ) 함수에서 type 인수를 서로 다르게 작성)하면 다음과 같다.

```
> x <- sort(c(29,14,9,26,15,13,28,24,17,4,19,22,2,25,8,6,16,18,21,30))
> y <- sort(c(9,3,26,27,10,21,8,4,28,24,5,6,22,29,20,25,12,1,2,15))
> par(mfrow=c(3,3))
> plot(x,y,main="Plot p-type", xlab="x-label", ylab="y-label", type="p")
> plot(x,y,main="Plot l-type", xlab="x-label", ylab="y-label", type="l")
> plot(x,y,main="Plot b-type", xlab="x-label", ylab="y-label", type="b")
> plot(x,y,main="Plot c-type", xlab="x-label", ylab="y-label", type="c")
> plot(x,y,main="Plot o-type", xlab="x-label", ylab="y-label", type="o")
> plot(x,y,main="Plot h-type", xlab="x-label", ylab="y-label", type="h")
> plot(x,y,main="Plot s-type", xlab="x-label", ylab="y-label", type="s")
> plot(x,y,main="Plot S-type", xlab="x-label", ylab="y-label", type="S")
> plot(x,y,main="Plot n-type", xlab="x-label", ylab="y-label", type="n")
```

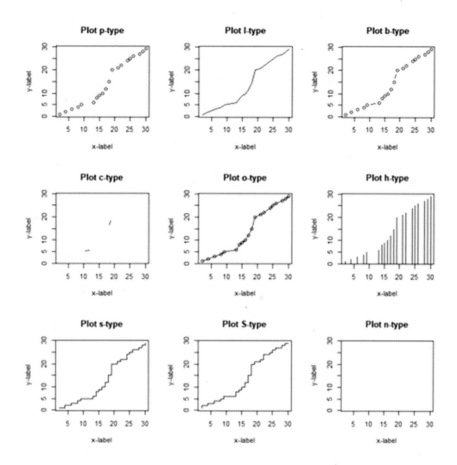

ⓒ 그래프 함수에서 사용되는 type 인수(arguments 또는 options, 옵션)를 이용하여 점, 선, 점과 선, 히스토그램, 계단형 그래프 등의 다양한 형태의 도형들로 그래프를 작성한다.

〈type의 종류〉

인수(arguments)값		그래프 유형
p	점	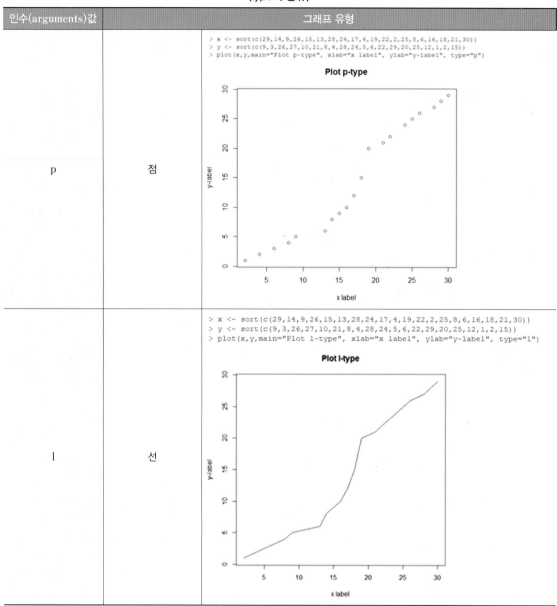
l	선	

b	점과 선	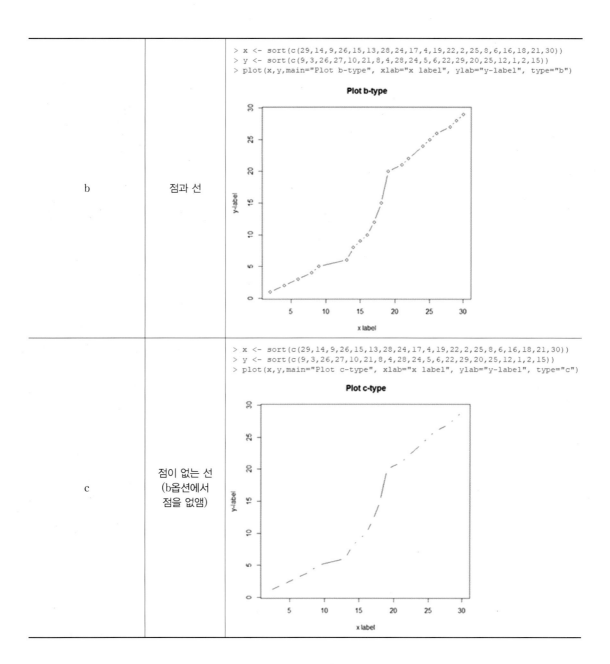
c	점이 없는 선 (b옵션에서 점을 없앰)	

```
> x <- sort(c(29,14,9,26,15,13,28,24,17,4,19,22,2,25,8,6,16,18,21,30))
> y <- sort(c(9,3,26,27,10,21,8,4,28,24,5,6,22,29,20,25,12,1,2,15))
> plot(x,y,main="Plot b-type", xlab="x label", ylab="y-label", type="b")
```

Plot b-type

```
> x <- sort(c(29,14,9,26,15,13,28,24,17,4,19,22,2,25,8,6,16,18,21,30))
> y <- sort(c(9,3,26,27,10,21,8,4,28,24,5,6,22,29,20,25,12,1,2,15))
> plot(x,y,main="Plot c-type", xlab="x label", ylab="y-label", type="c")
```

Plot c-type

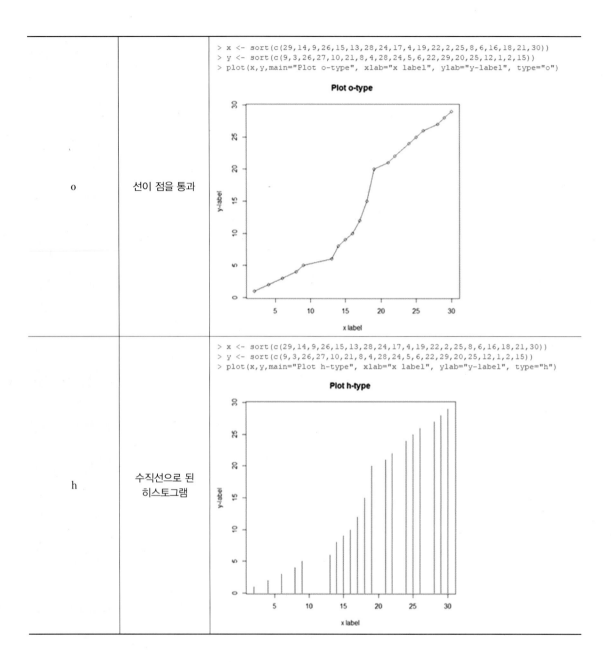

o	선이 점을 통과	

```
> x <- sort(c(29,14,9,26,15,13,28,24,17,4,19,22,2,25,8,6,16,18,21,30))
> y <- sort(c(9,3,26,27,10,21,8,4,28,24,5,6,22,29,20,25,12,1,2,15))
> plot(x,y,main="Plot o-type", xlab="x label", ylab="y-label", type="o")
```

h	수직선으로 된 히스토그램	

```
> x <- sort(c(29,14,9,26,15,13,28,24,17,4,19,22,2,25,8,6,16,18,21,30))
> y <- sort(c(9,3,26,27,10,21,8,4,28,24,5,6,22,29,20,25,12,1,2,15))
> plot(x,y,main="Plot h-type", xlab="x label", ylab="y-label", type="h")
```

s	계단형 그래프 (stair steps)	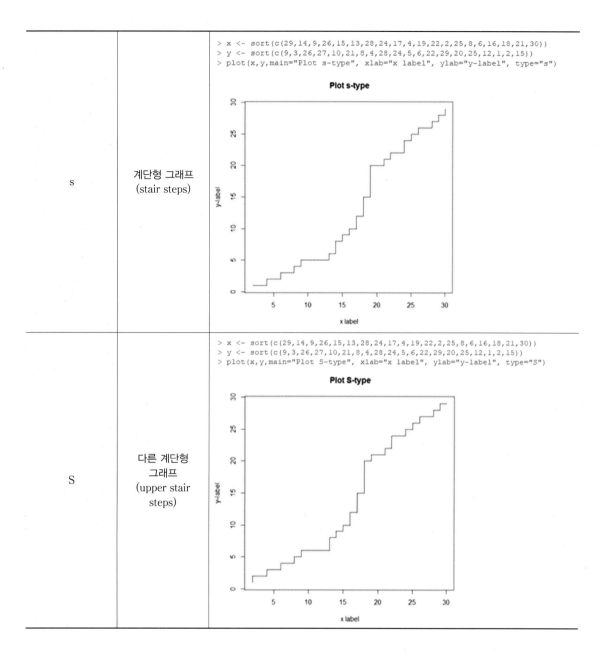
S	다른 계단형 그래프 (upper stair steps)	

```
> x <- sort(c(29,14,9,26,15,13,28,24,17,4,19,22,2,25,8,6,16,18,21,30))
> y <- sort(c(9,3,26,27,10,21,8,4,28,24,5,6,22,29,20,25,12,1,2,15))
> plot(x,y,main="Plot s-type", xlab="x label", ylab="y-label", type="s")
```

```
> x <- sort(c(29,14,9,26,15,13,28,24,17,4,19,22,2,25,8,6,16,18,21,30))
> y <- sort(c(9,3,26,27,10,21,8,4,28,24,5,6,22,29,20,25,12,1,2,15))
> plot(x,y,main="Plot S-type", xlab="x label", ylab="y-label", type="S")
```

n	그래프 없음	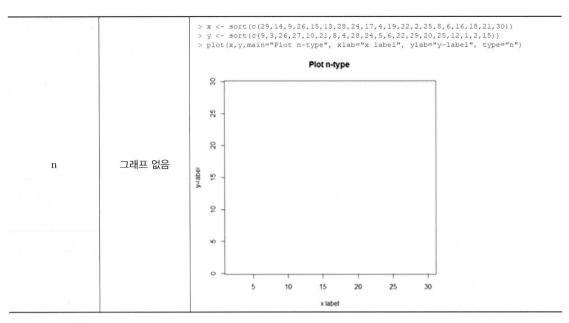

② 선 그래프(plot( ))

시간별 추세를 파악하거나 미래의 값을 예측하고자 하는 경우 선 그래프를 사용하며, plot( )은 R에서 그래픽과 관련하여 가장 많이 사용되는 함수이다. x와 y축의 값들로 구성된 변수에 대한 분포도나 좌표값들을 연결하는 선 그래프 작성에 주로 이용된다.

㉠ plot( )의 일반적인 사용 방법은 다음과 같다.

plot(x, y, main=" ", sub=" ", xlab=" ", ylab=" ", type=" ", axes= , col=" ", pch=)

〈plot( ) 함수의 인수(arguments)〉

인 수	기 능
x	x축 자료
y	y축 자료
main	그래프 제목
sub	그래프 부제목
xlab	x축 제목
ylab	y축 제목
type	그래프 형태 결정
axes	plot의 테두리 지정
col	plot의 색 지정(red, green, blue 및 색상 표현)
lty	선의 종류 • 실선(solid line) • 파선(dashed line) • 점선(dotted line) • dot−dash
pch	표시되는 점의 모양

ⓒ plot( ) 함수 작성 시 col="" 은 그래프 요소들의 색상 지정 인수로 col 값은 색상 번호로 지정할 수도 있고 직접 색상의 이름을 적기도 한다.

〈col의 종류〉

색 상	색상명	번 호	사용 예
흰 색	white	0	`> par(mfrow=c(3,3))`
검은색	black	1	`> plot(x, y, main="White", xlab="x-label", ylab="y-label", type="o", col="white")`
빨간색	red	2	`> plot(x, y, main="Black", xlab="x-label", ylab="y-label", type="o", col="black")`
초록색	green	3	`> plot(x, y, main="Red", xlab="x-label", ylab="y-label", type="o", col="red")`
파란색	blue	4	`> plot(x, y, main="Green", xlab="x-label", ylab="y-label", type="o", col=3)`
청록색	turquoise	5	`> plot(x, y, main="Blue", xlab="x-label", ylab="y-label", type="o", col=4)`
자홍색	magenta	6	`> plot(x, y, main="Turquoise", xlab="x-label", ylab="y-label", type="o", col=5)`
노란색	yellow	7	`> plot(x, y, main="Magenta", xlab="x-label", ylab="y-label", type="o", col="magenta")`
회 색	gray	8	`> plot(x, y, main="Yellow", xlab="x-label", ylab="y-label", type="o", col="yellow")` `> plot(x, y, main="Gray", xlab="x-label", ylab="y-label", type="o", col="gray")`

ⓒ 점을 다른 도형으로 표기하고자 하는 경우 pch 인수를 사용하며 숫자를 사용하여 옵션을 지정한다.

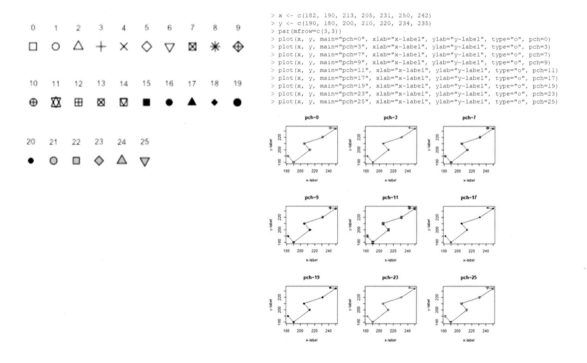

ㄹ plot( ) 함수의 옵션 type="o" 또는 type="l"과 함께 이중 선 그래프를 표현하기 위해 lines( ) 함수 적용 결과는 다음과 같다.

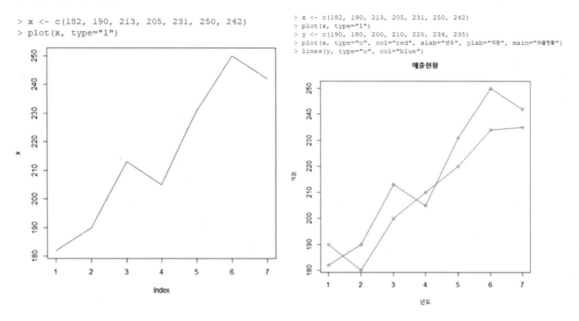

ㅁ 여러 그래프를 한 화면에 나타내기 위해 matplot( ) 함수를 이용한다. matplot( )은 행렬 자료 x의 열별로 y의 지정된 형식에 따라 2차원 그래프를 작성하며, legend( ) 보조 함수를 이용하여 범례를 표기한다.

```
> x <- c(182, 190, 213, 205, 231, 250, 242)
> y <- c(190, 180, 200, 210, 220, 234, 235)
> z <- c(195, 185, 190, 215, 220, 230, 225)
>
> data <- cbind(x, y, z)
> data
       x   y   z
[1,] 182 190 195
[2,] 190 180 185
[3,] 213 200 190
[4,] 205 210 215
[5,] 231 220 220
[6,] 250 234 230
[7,] 242 235 225
>
> matplot(data, type="b", col=2:4, pch=1)
> lnd <- c("2019년 매출", "2020년 매출", "2021년 매출")
> legend("topleft", legend=lnd, col=2:4, pch=1)
```

③ **막대 그래프(barplot( ))** : 시각적으로 범주형 자료들을 쉽게 비교, 분석하기 위한 그래프 형식으로 동일한 너비의 여러 막대를 사용하여 자료를 표시한다. 막대 그래프 작성을 위하여 barplot( ) 함수를 이용한다.

ㄱ 단순 막대 그래프는 일차원 자료를 막대 그래프로 표현하는 것으로 벡터 형식의 자료를 사용한다. 단순 막대 그래프는 수직 막대 그래프와 수평 막대 그래프로 분류된다. 수직 막대 그래프는 옵션으로 horiz=TRUE 를 지정한다.

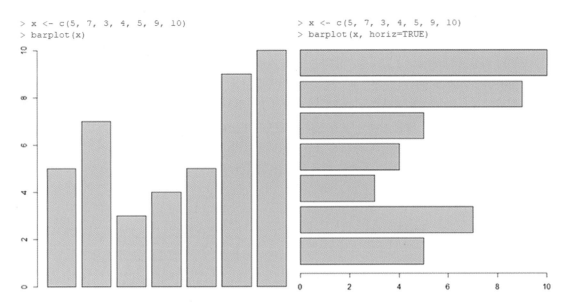

ⓛ 다중 막대 그래프는 다차원 형식의 행렬 자료들을 막대 그래프로 표현한다. 누적 막대 그래프는 하나의 막대에 색상을 달리하여 값들을 비율에 따라 누적하여 표시한다. 그룹화 막대 그래프에서는 자료를 그룹으로 분할하고 그룹 내의 값들을 다수의 막대들로 표시한다.

ⓒ barplot( )을 사용하는 경우 기본적으로 누적 막대 그래프가 작성된다. barplot( ) 함수를 이용하여 그룹화 막대 그래프를 만들기 위해서는 beside＝T 옵션을 추가하고, legend 옵션을 이용하여 범례를 표시하여 막대 그래프를 구분한다.

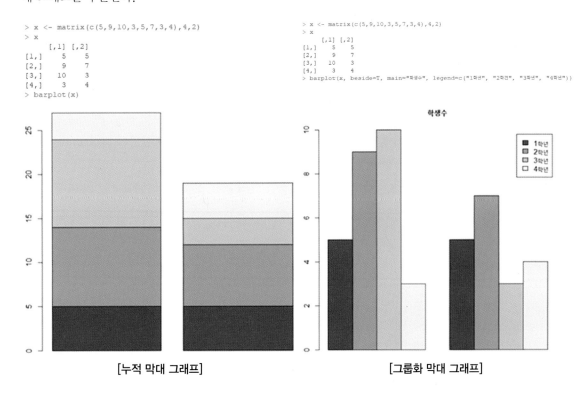

④ **파이 차트(pie( ))** : 파이 차트(pie chart)는 부분으로 구성된 원 형태의 그래프로 전체를 기준으로 각 부분의 상대적 크기를 표현한다.

　㉠ 벡터 자료에 대해 pie( ) 함수를 적용하는 경우 자료들을 상대적 크기로 자동 변환하여 표시한다.

　㉡ pie( )와 함께 labels="" 인수를 사용하여 각 부분들에 대한 레이블을 표기한다. 레이블과 백분율 표시를 위하여 자료들에 대한 백분율을 산출하고 paste( ) 함수를 이용하여 레이블과 백분율을 함께 표현한다.

　㉢ round( )는 자료에 대한 반올림 값을 구하는 함수이며, paste( )는 문자열을 이어 붙이는 기능을 수행하고, sep="" 옵션은 이어 붙일 때 중간에 삽입되는 내용을 설정한다. 예를 들어 sep=" "는 중간에 공백을 삽입하는 명령이다. radius 인수 값으로 원의 크기를 지정한다.

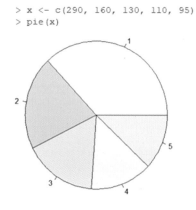

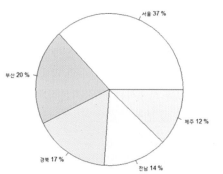

⑤ **히스토그램(hist( ))** : 히스토그램(histogram)은 도수분포표의 하나로, 가로축에 계급을 세로축에 도수를 표기한다. 직사각형 기둥 모양이며, 데이터 분포의 특징이 한눈에 보이도록 한다.

　㉠ hist( ) 함수를 이용하여 히스토그램을 작성한다. rnorm( ) 함수를 이용하여 평균이 20, 표준편차가 4인 정규분포에서 500개의 표본(샘플)을 무작위로 생성하고 이를 히스토그램으로 작성하면 다음과 같다.

　㉡ hist( )에서 freq=F 인수를 사용할 경우 세로축 제목이 빈도가 아닌 확률밀도(probability density)로 표시된다. lines( ) 함수를 이용하여 히스토그램에 선을 추가한다.

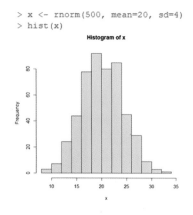

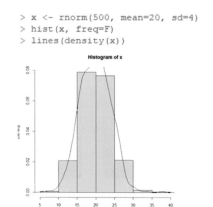

⑥ 박스 플롯(boxplot( )) : 박스 플롯(box plot)은 그림을 이용하여 데이터의 범위와 중앙값을 빠르게 확인할 수 있도록 하며, 통계적으로 이상치(outlier)가 있는지도 확인할 수 있다.

ㄱ 박스 플롯을 작성하기 위하여 boxplot( )를 이용하며, 여러 개의 벡터 값들을 하나의 출력 화면에 등록하여 여러 개의 박스 플롯을 작성한다.

ㄴ 박스 플롯은 상자와 실선 모양의 자료들로 표시된다. 박스 중앙의 표시는 중앙값이며, 실선 및 박스 상·하 단으로 최솟값, 1사분위수, 중앙값, 3사분위수, 최댓값을 순서대로 나타낸다. 범위를 넘어가는 이상치들은 작은 원 형태의 점으로 표시된다.

ㄷ mtcars 데이터에서 3개의 벡터 값(drat, wt, qsec)을 하나의 출력화면에 박스 플롯을 나타내면 다음과 같다.

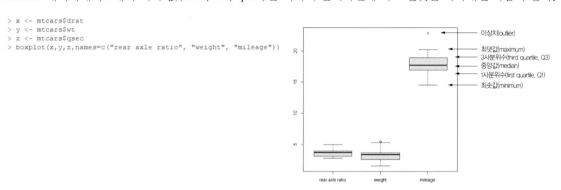

⑦ 산포도(abline( )) : 산포도(scatter diagram)는 두 변수 사이의 영향력을 보여주기 위해 가로축과 세로축에 자료를 점으로 표현한다.

ㄱ plot( )으로 산포도를 작성하며, lm( ) 함수(Fitting Linear Model)를 이용하여 회귀계수를 산출한다.

ㄴ abline( ) 보조 함수를 이용하여 산포도에 회귀계수 선을 추가하고 회귀식의 적합도를 시각적으로 파악한다.

ㄷ mtcars 데이터의 두 변수(연비, 차량의 무게)에 대한 산포도 및 회귀식을 나타내면 다음과 같다. 산포도와 회귀식으로부터 차량의 무게가 클수록 연비가 작음을 알 수 있다.

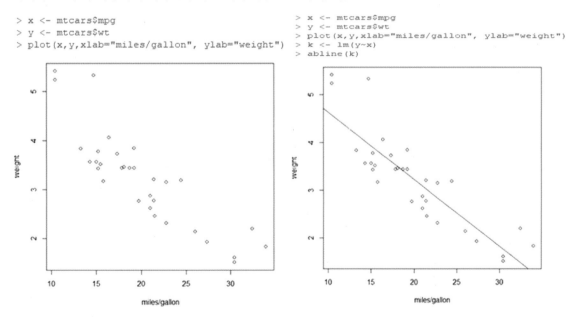

⑧ **줄기 잎 도표(stem( ))** : 줄기 잎 도표(stem and leaf diagram)는 줄기에 해당되는 단위를 정하고 그 단위 아래의 자료를 잎의 크기 순서로 배열한 도표이다.

  ㉠ 줄기 잎 도표를 이용하여 자료 분포의 개략적인 형태를 알 수 있다. 즉 분포가 좌우대칭 형태인지, 한 쪽으로 치우쳐(편향, skewed) 있는지, 봉우리(modal)는 몇 개인지, 이상치는 존재하는지 등을 파악하는 데 유용하다.

  ㉡ mtcars의 연비(mtcars$mpg)에 대한 줄기 잎 도표는 다음과 같다. 소수점 이하 한 자리 데이터에 대한 줄기 잎 도표로 줄기 28일 때 해당되는 잎은 없으며, 줄기 14일 때 7개의 잎으로 가장 많은 자료가 있는 것으로 파악된다.

```
> mtcars$mpg
 [1] 21.0 21.0 22.8 21.4 18.7 18.1 14.3 24.4 22.8 19.2 17.8 16.4 17.3 15.2
[15] 10.4 10.4 14.7 32.4 30.4 33.9 21.5 15.5 15.2 13.3 19.2 27.3 26.0 30.4
[29] 15.8 19.7 15.0 21.4
>
> stem(mtcars$mpg)

  The decimal point is at the |

  10 | 44
  12 | 3
  14 | 3702258
  16 | 438
  18 | 17227
  20 | 00445
  22 | 88
  24 | 4
  26 | 03
  28 |
  30 | 44
  32 | 49
```

⑨ **Q−Q 도표(qqline( ))** : Q−Q 도표(quantile−quantile plot)를 이용하여 데이터가 특정 분포를 따르는지를 시각적으로 검토한다.

  ㉠ Q−Q 도표는 비교하고자 하는 분포의 분위수끼리 좌표 평면에 표시하여 그린 그림이다. 분위수들을 차트에 표현하고 데이터의 분위수와 비교하고자 하는 분포의 분위수 간에 직선 관계가 있는지 확인한다.

  ㉡ 정규분포의 Q−Q 도표 작성 함수는 qqnorm( )이고 정규분포에서 Q1(1사분위수)과 Q3(3사분위수)을 지나는 선을 그리기 위해 qqline( )을 이용한다.

  ㉢ mtcars의 연비(mpg)에 대한 qqnorm( ) 함수 수행 결과(x축은 정규분포의 값, y축은 연비)와 qqline( )을 이용하여 작성된 그래프는 다음과 같다. 연비가 정규분포에 거의 비례하여 증가하고 있는 것으로 보이므로 연비는 정규분포를 따르는 것으로 판단된다.

```
> qqnorm(mtcars$mpg, main="miles/gallon")
```

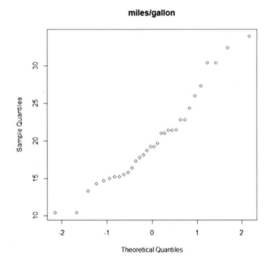

```
> qqnorm(mtcars$mpg, main="miles/gallon")
> qqline(mtcars$mpg)
```

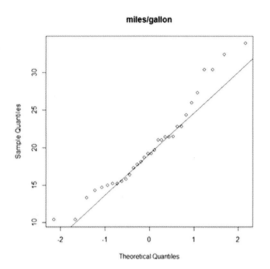

2 데이터 시각화

(1) ggplot2 패키지

① R에서 기본적으로 제공하는 그래프 함수들을 이용한 방법 외에 고급 그래프 작성 기능을 사용하기 위해 ggplot2 패키지를 이용한다.

② ggplot2에서 제공하는 그래프 함수를 이용하여 복잡한 그래프를 작성하고 다른 설정 없이 수준 높은 디자인의 그래프 작성이 가능하다.

③ ggplot2 패키지를 이용하기 위하여 install.packages( ) 함수를 이용하여 패키지를 설치하고 library를 불러온다.

```
> install.packages("ggplot2")
--- 현재 세션에서 사용할 CRAN 미러를 선택해 주세요 ---
'colorspace', 'farver', 'labeling', 'munsell', 'RColorBrewer', 'viridisLite', 'digest', 'gtable', 'isoband', 'scales', 'withr'(을) 또한 설치합니다.

URL 'https://cran.yu.ac.kr/bin/windows/contrib/4.2/colorspace_2.0-3.zip'를 시도합니다
Content type 'application/zip' length 2630611 bytes (2.5 MB)
downloaded 2.5 MB

> library("ggplot2")
```

④ 사용법은 다음과 같이 그래프의 틀을 나타내는 ggplot( ) 함수, 그래프의 형식을 나타내는 geom( ) 함수 부분 그리고 추가적인 옵션으로 구성되며, 함수들은 '+'로 연결된다.

ggplot(data=sleep, aes(x=ID, y=extra)) + geom_bar(stat='identity') + ...

㉠ 그래프 틀을 지정하기 위해 ggplot( )을 이용한다. 아래와 같이 ggplot( )은 입력값으로 그래프 작성의 근간이 되는 데이터(sleep 데이터)와 그래프의 x와 y축의 형식 및 색상, 크기 등의 그래프의 모양을 지정하는 aes( ) 함수를 이용한다.

> ggplot(data=, aes(x=,y=,color=,fill=,size=,....))
> • data : 데이터 프레임(data frame) 형태의 데이터
> • aes : x축, y축의 형식 및 색상, 크기 등 지정
> • aes( ) 함수의 옵션
>   − x: x축
>   − y: y축
>   − color : 그래프 배경의 테두리
>   − fill : 그래프 배경의 색상
>   − size : 선 굵기 또는 점의 크기
>   − alpha : 투명도
>   − linetype : 선 패턴
>   − labels : 표나 축의 텍스트

```
> sleep
   extra group ID
1    0.7     1  1
2   -1.6     1  2
3   -0.2     1  3
4   -1.2     1  4
5   -0.1     1  5
6    3.4     1  6
7    3.7     1  7
8    0.8     1  8
9    0.0     1  9
10   2.0     1 10
11   1.9     2  1
12   0.8     2  2
13   1.1     2  3
14   0.1     2  4
15  -0.1     2  5
16   4.4     2  6
17   5.5     2  7
18   1.6     2  8
19   4.6     2  9
20   3.4     2 10
> ggplot(data=sleep, aes(x=ID, y=extra, color="red", fill="yellow", size=5))+geom_point()
```

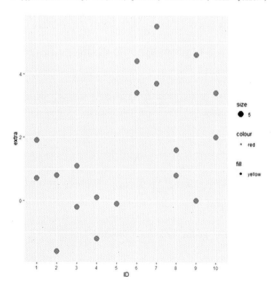

㉡ 그래프 형태 : geom_[ ]( )으로 막대 그래프, 파이 차트, 선 그래프와 같은 다양한 형태의 그래프 모양을 지정한다. 주요 그래프 모양 지정 함수를 요약하면 다음과 같다.

〈geom_[ ]( ) 그래프 함수〉

함 수	기 능
geom_bar( )	막대 그래프 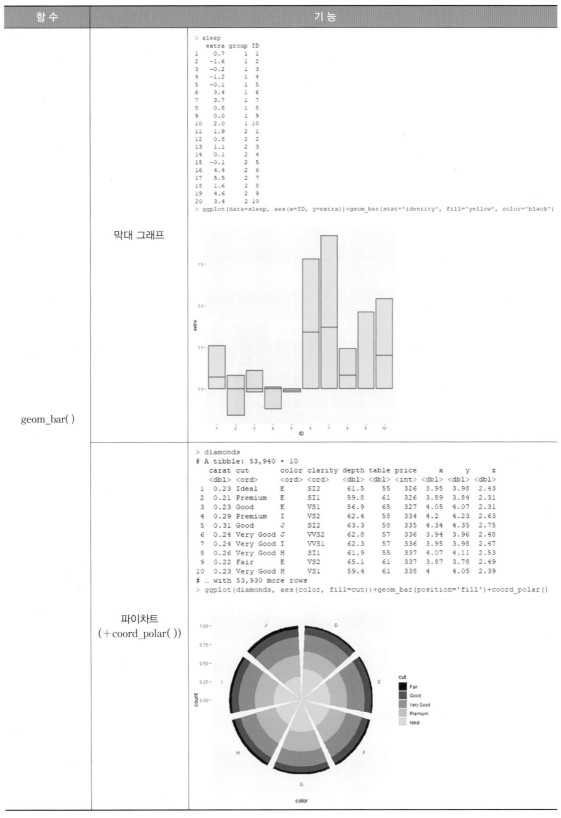
	파이차트 (+coord_polar( ))

geom_boxplot( )	상자 그림	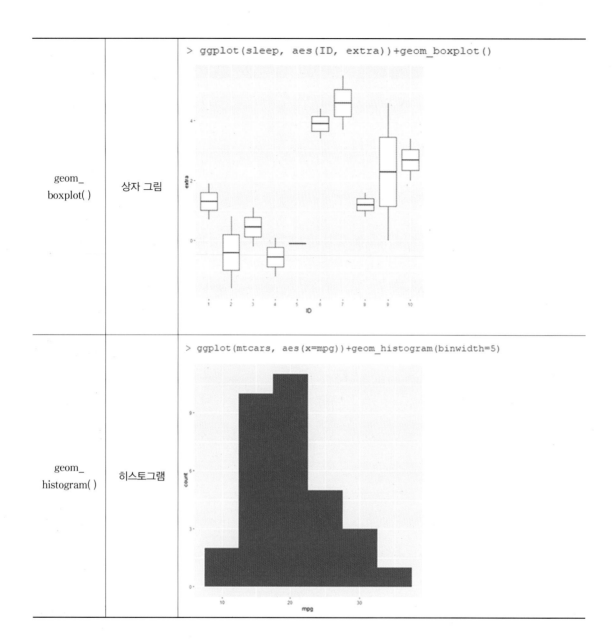
geom_histogram( )	히스토그램	

```
> ggplot(sleep, aes(ID, extra))+geom_boxplot()
```

```
> ggplot(mtcars, aes(x=mpg))+geom_histogram(binwidth=5)
```

geom_density( )	밀도함수 그림	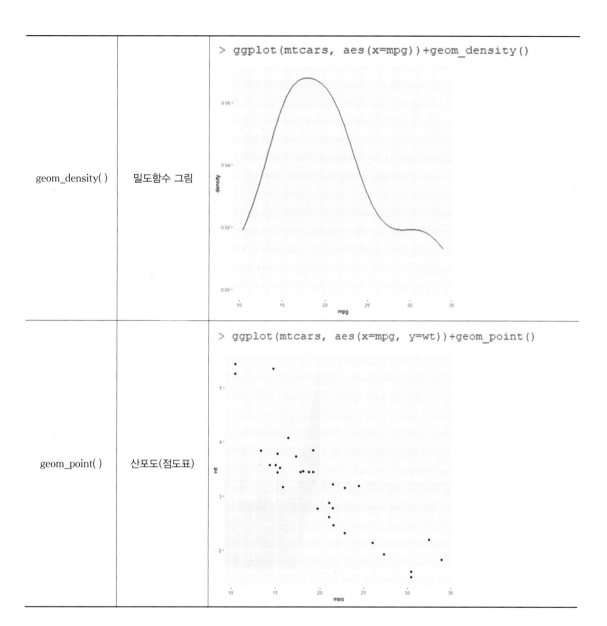
geom_point( )	산포도(점도표)	

geom_line( )	선 그래프	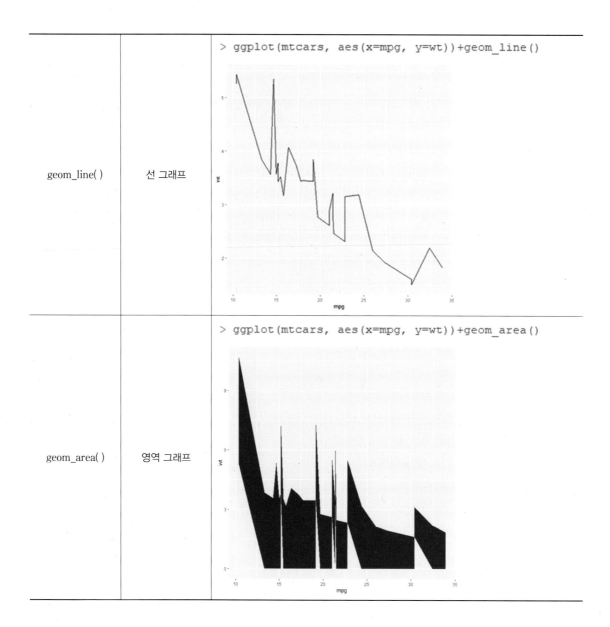
geom_area( )	영역 그래프	

```
> ggplot(mtcars, aes(x=mpg, y=wt))+geom_line()
```

```
> ggplot(mtcars, aes(x=mpg, y=wt))+geom_area()
```

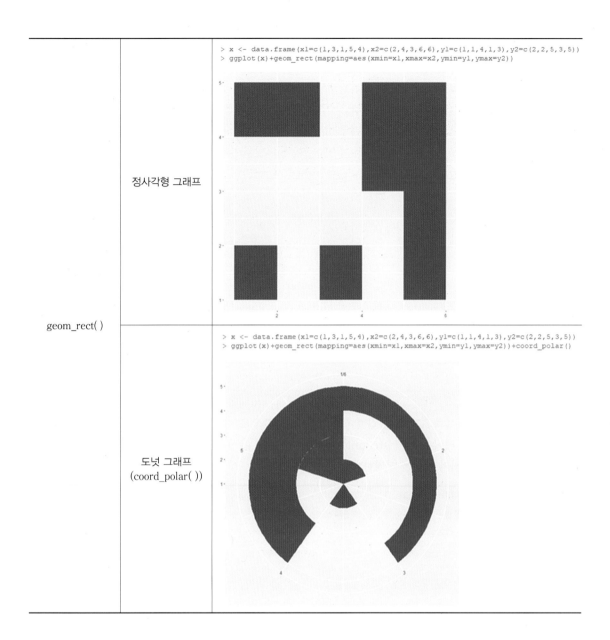
| geom_rect( ) | 정사각형 그래프 | ```
> x <- data.frame(x1=c(1,3,1,5,4),x2=c(2,4,3,6,6),y1=c(1,1,4,1,3),y2=c(2,2,5,3,5))
> ggplot(x)+geom_rect(mapping=aes(xmin=x1,xmax=x2,ymin=y1,ymax=y2))
```
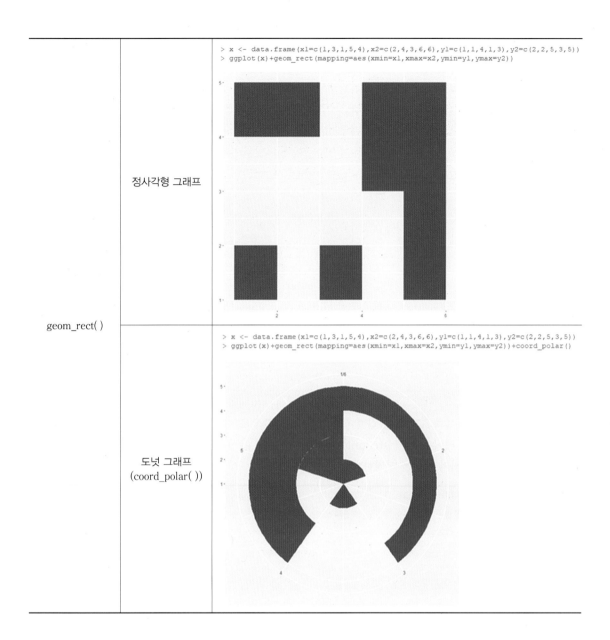 |
| | 도넛 그래프
(coord_polar( )) | ```
> x <- data.frame(x1=c(1,3,1,5,4),x2=c(2,4,3,6,6),y1=c(1,1,4,1,3),y2=c(2,2,5,3,5))
> ggplot(x)+geom_rect(mapping=aes(xmin=x1,xmax=x2,ymin=y1,ymax=y2))+coord_polar()
``` |

| geom_text( ) | 텍스트 표시 | 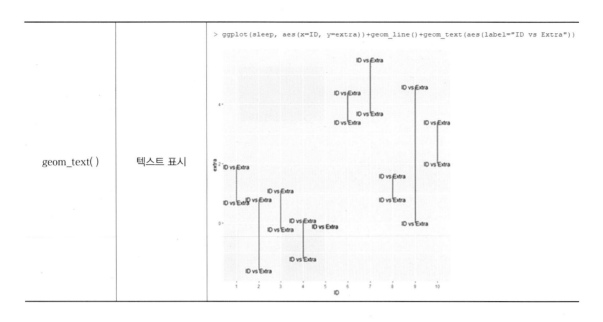 |

(2) 그래프 옵션

① geom_bar( )

막대 그래프 작성을 위한 geom_bar( ) 함수에서 stat 옵션은 그래프의 통계 자료를 지정하는 것으로 stat='identity'는 y축의 높이를 입력 데이터 자체의 값으로 지정한다. stat='identity' 옵션이 지정되지 않은 경우 데이터 값은 데이터의 개수(count)로 지정된다. fill 옵션은 그래프 색상을 지정하고 color(또는 colour) 옵션은 그래프 라인의 색상을 지정한다.

geom_bar(stat=, fill=, color=)
- stat : 그래프의 통계 자료
- fill : 그래프 색상 지정
- color : 그래프 라인 색상 지정

```
> ggplot(sleep, aes(x=ID, y=extra))+geom_bar(stat="identity",fill="red",color="yellow")
```

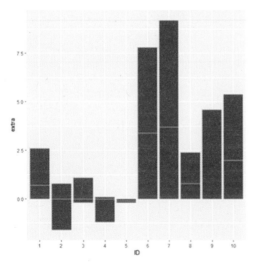

② ggtitle( ), xlab( ), ylab( )을 이용하여 그래프의 제목, 축들의 레이블을 지정한다.

```
> ggplot(sleep,aes(ID,extra))+geom_bar(stat="identity", fill="yellow", color="black")
+ ggtitle("수면제 약물효과")+xlab("환자번호")+ylab("효과")
```

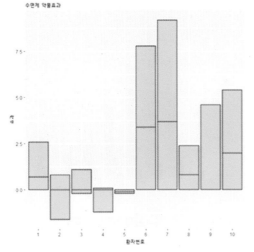

(3) ggplot2 시각화

① 다중 막대 그래프 : ggplot( )과 geom_bar( ) 함수를 이용하여 다중 막대 그래프를 작성한다.

　㉠ diamonds 데이터는 53,940개의 다이아몬드에 대한 자료이다. 이 자료는 다이아몬드의 무게(carat), 컷팅 수준(cut), 색상(color), 깨끗한 정도(clarity), 깊이(depth), 비율(table), 가격(price), 길이(x), 너비(y), 깊이(z)의 항목으로 구성된다.

　㉡ 다이아몬드의 깨끗한 정도(clarity)를 가로축으로 하여 컷팅 수준(cut)에 따른 수량(개수, count)을 다중 막대 그래프로 나타내기 위해 geom_bar( ) 함수를 이용한다.

　㉢ 그룹화 형식의 다중 막대 그래프를 표현하기 위해 geom_bar( ) 함수에 position='dodge' 옵션을 지정한다.

　㉣ geom_bar( ) 옵션에 position='fill'을 사용하면 막대 그래프를 화면에 채운 비율 형태로 그래프를 작성할 수 있다.

　㉤ coord_flip( ) 함수를 추가하여 가로 형태의 중첩된 막대 그래프를 작성한다.

> ggplot(diamonds, aes(clarity, fill=cut))+geom_bar()

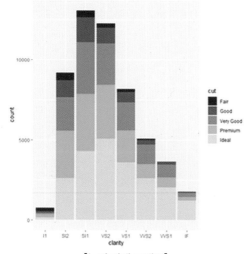

[누적 막대 그래프]

> ggplot(diamonds, aes(clarity, fill=cut))+geom_bar(position='dodge')

[그룹화 막대 그래프]

> ggplot(diamonds, aes(clarity, fill=cut))+geom_bar(position='fill')

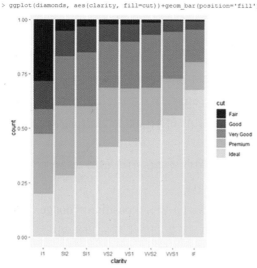

[비율 중첩 막대 그래프]

> ggplot(diamonds, aes(clarity, fill=cut))+geom_bar(position='fill')+coord_flip()

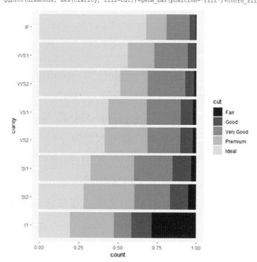

[비율 그룹화 막대 그래프]

[다중 막대 그래프]

② **파이 차트** : ggplot( ), geom_bar( ), coord_polar( ) 함수를 이용하여 파이 차트를 작성한다.

  ㉠ 다이아몬드의 깨끗한 정도(clarity)를 가로축으로 하여 컷팅 수준(cut)에 따른 수량(개수, count)을 파이 차트로 나타내기 위해 geom_bar( ), coord_polar( ) 함수를 이용한다.

  ㉡ geom_bar( ) 함수에 position='dodge' 옵션을 사용하여 그룹화된 파이 차트를 작성한다.

  ㉢ position='fill' 옵션을 이용하여 파이 차트를 비율 형태로 그래프를 작성하고 coord_polar( ) 함수와 옵션 theta="y" 또는 theta="x"를 추가하면 각도를 매핑할 변수로 x축 또는 y축 값으로 설정하여 원통형 파이 차트를 작성한다.

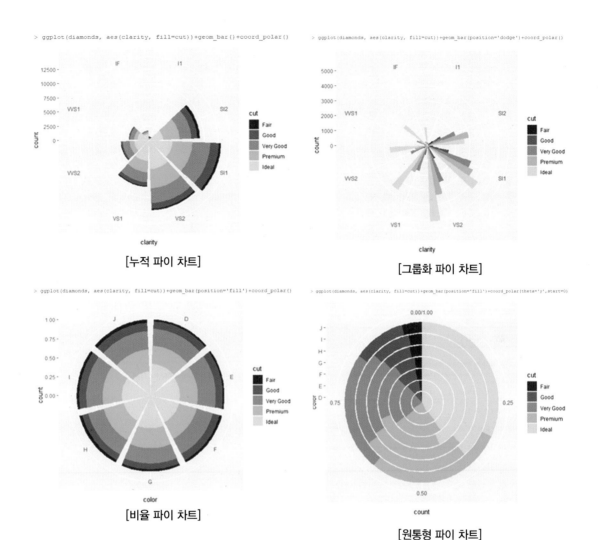

> ggplot(diamonds, aes(clarity, fill=cut))+geom_bar()+coord_polar()

[누적 파이 차트]

> ggplot(diamonds, aes(clarity, fill=cut))+geom_bar(position='dodge')+coord_polar()

[그룹화 파이 차트]

> ggplot(diamonds, aes(clarity, fill=cut))+geom_bar(position='fill')+coord_polar()

[비율 파이 차트]

> ggplot(diamonds, aes(clarity, fill=cut))+geom_bar(position='fill')+coord_polar(theta='y',start=0)

[원통형 파이 차트]

[파이 차트]

③ 자료 요약 및 시각화

　㉠ geom_bar( )를 이용하여 막대 그래프나 파이 차트를 작성하는 경우 자료의 수량(개수, count)뿐만 아니라 다양한 연속형 변수들에 대한 평균이나 합계에 대한 그래프 작성이 필요하다.

　㉡ 이 경우 dplyr 패키지를 사용하여 아래와 같이 자료에 대한 그룹 분석 수행 후 그래프를 작성한다.

　㉢ pipe operator(%>%)를 이용하여 다이아몬드의 컷팅 수준별(group_by( ))로 평균 가격(mean_price), 평균 비율(mean_table), 깊이의 중앙값(median_depth), 개수(n)를 구하고 이를 sum_diamonds에 저장한다.

```
> diamonds
# A tibble: 53,940 × 10
   carat cut        color clarity depth table price     x     y     z
   <dbl> <ord>      <ord> <ord>   <dbl> <dbl> <int> <dbl> <dbl> <dbl>
 1  0.23 Ideal      E     SI2      61.5    55   326  3.95  3.98  2.43
 2  0.21 Premium    E     SI1      59.8    61   326  3.89  3.84  2.31
 3  0.23 Good       E     VS1      56.9    65   327  4.05  4.07  2.31
 4  0.29 Premium    I     VS2      62.4    58   334  4.2   4.23  2.63
 5  0.31 Good       J     SI2      63.3    58   335  4.34  4.35  2.75
 6  0.24 Very Good  J     VVS2     62.8    57   336  3.94  3.96  2.48
 7  0.24 Very Good  I     VVS1     62.3    57   336  3.95  3.98  2.47
 8  0.26 Very Good  H     SI1      61.9    55   337  4.07  4.11  2.53
 9  0.22 Fair       E     VS2      65.1    61   337  3.87  3.78  2.49
10  0.23 Very Good  H     VS1      59.4    61   338  4     4.05  2.39
# … with 53,930 more rows
```

```
> install.packages("dplyr")
URL 'https://cran.yu.ac.kr/bin/windows/contrib/4.2/dplyr_1.0.9.zip'을 시도합니다
Content type 'application/zip' length 1298765 bytes (1.2 MB)
downloaded 1.2 MB

패키지 'dplyr'를 성공적으로 압축해제하였고 MD5 sums 이 확인되었습니다

강고: 패키지 'dplyr'의 이전설치를 삭제할 수 없습니다
강고: 'dplyr'을 복구하였습니다

다운로드된 바이너리 패키지들은 다음의 위치에 있습니다
        C:\Users\Public\Documents\ESTsoft\CreatorTemp\RtmpmqzX65\downloaded_packages
경고메시지(들):
file.copy(savedcopy, lib, recursive = TRUE) 에서:
  C:\Program Files\R\R-4.2.1\library\00LOCK\dplyr\libs\x64\dplyr.dll을 C:\Program Files\R\R-4.2.1\library\dplyr\libs\x64\d9
> library(dplyr)

다음의 패키지를 부착합니다: 'dplyr'

The following objects are masked from 'package:stats':

    filter, lag

The following objects are masked from 'package:base':

    intersect, setdiff, setequal, union

> sum_diamonds <- diamonds %>%
+ group_by(cut) %>%
+ summarise(mean_price=mean(price), mean_table=mean(table),
+ median_depth=median(depth), n=n())
>
> sum_diamonds
# A tibble: 5 × 5
  cut       mean_price mean_table median_depth     n
  <ord>          <dbl>      <dbl>        <dbl> <int>
1 Fair            4359.       59.1           65  1610
2 Good            3929.       58.7         63.4  4906
3 Very Good       3982.       58.0         62.1 12082
4 Premium         4584.       58.7         61.4 13791
5 Ideal           3458.       56.0         61.8 21551
```

ⓔ sum_diamonds의 요약 자료를 이용하여 아래와 같이 막대 그래프와 파이차트를 작성한다. 요약 데이터에 대해서도 stat='identity' 옵션을 이용하여 입력 데이터 자체의 값으로 그래프를 작성한다.

```
> ggplot(sum_diamonds, aes(cut, mean_price))+geom_bar(stat='identity', fill='red', color='black')
```

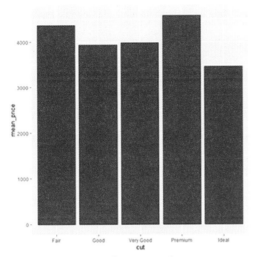

[막대 그래프]

```
> ggplot(sum_diamonds, aes(x="",y=mean_price,fill=cut))+geom_bar(stat='identity', width=1)+coord_polar("y",start=0)
```

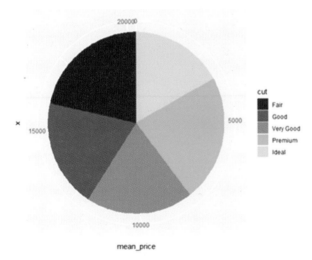

[파이 차드]

④ 시계열 그래프 : ggplot( ), geom_line( ) 함수를 이용하여 시계열 그래프를 작성한다.
  ㉠ ggplot2 패키지에 내장된 economics 데이터는 미국의 1967~2014년 사이 경제 관련 지표이다. 시간적으로 일련의 데이터 시점을 나타내는 자료로 시계열 그래프 작성을 위한 예시로 자주 활용된다.
  ㉡ economics 데이터는 일자(date), 개인 소비지출(pce), 총인구(pop), 개인 저축률(psavert), 실업기간 중앙값(uempmed), 실업자수(unemploy) 항목을 포함한다.
  ㉢ economics_long는 일자(date) 별로 모든 변수들의 값들을 병합한 데이터를 제공한다.

```
> economics
# A tibble: 574 × 6
   date         pce    pop psavert uempmed unemploy
   <date>      <dbl>  <dbl>   <dbl>   <dbl>    <dbl>
 1 1967-07-01  507. 198712    12.6     4.5     2944
 2 1967-08-01  510. 198911    12.6     4.7     2945
 3 1967-09-01  516. 199113    11.9     4.6     2958
 4 1967-10-01  512. 199311    12.9     4.9     3143
 5 1967-11-01  517. 199498    12.8     4.7     3066
 6 1967-12-01  525. 199657    11.8     4.8     3018
 7 1968-01-01  531. 199808    11.7     5.1     2878
 8 1968-02-01  534. 199920    12.3     4.5     3001
 9 1968-03-01  544. 200056    11.7     4.1     2877
10 1968-04-01  544  200208    12.3     4.6     2709
# … with 564 more rows
```

```
> economics_long
# A tibble: 2,870 × 4
   date       variable value value01
   <date>     <chr>    <dbl>   <dbl>
 1 1967-07-01 pce      507.   0
 2 1967-08-01 pce      510.   0.000265
 3 1967-09-01 pce      516.   0.000762
 4 1967-10-01 pce      512.   0.000471
 5 1967-11-01 pce      517.   0.000916
 6 1967-12-01 pce      525.   0.00157
 7 1968-01-01 pce      531.   0.00207
 8 1968-02-01 pce      534.   0.00230
 9 1968-03-01 pce      544.   0.00322
10 1968-04-01 pce      544    0.00319
# … with 2,860 more rows
```

㉣ ggplot( ), geom_line( ) 함수를 이용하여 일자별(date) 실업자수(unemploy)에 대한 시계열 그래프를 작성하면 다음과 같다. geom_line( ) 함수 옵션에 orientation='y'를 설정하여 세로로 표시되는 시계열 그래프를 작성한다.

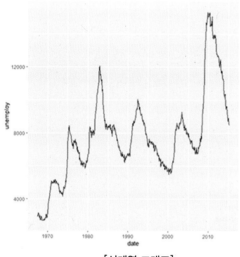

> ggplot(economics, aes(date,unemploy))+geom_line()

> ggplot(economics, aes(unemploy,date))+geom_line(orientation='y')

[시계열 그래프] [세로 시계열 그래프]

ⓂⒶ 시계열 자료에 대한 다중 선 그래프 작성 방법은 다음과 같다. economics_long 데이터를 이용하여 일자별로 모든 변수들에 대한 다중 선 그래프를 작성하고, subset( )으로 조건에 맞는 자료(2000년 이전 자료 추출)에 대한 시계열 그래프를 작성한다.

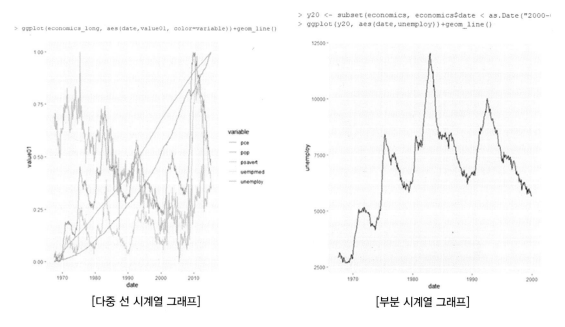

[다중 선 시계열 그래프]   [부분 시계열 그래프]

⑤ **누적 영역 그래프** : ggplot( ), geom_area( ) 함수를 이용하여 누적 영역 그래프를 작성한다.

   ⓖ geom_area( ) 함수를 이용하여 누적 영역 그래프를 작성한다. 비율 누적 영역 그래프를 작성하기 위하여 position='fill' 옵션을 사용하고 이 경우 그룹화되는 값이 하나인지 확인한다.

   ⓛ 그룹화 함수(group_by( ))를 이용하여 데이터 그룹화 작업 후 비율 누적 영역 그래프를 작성한다. 예제에서 mutate( )는 데이터 프레임에 조건을 만족하는 새로운 변수를 만들거나, 기존의 열을 조건에 맞게 변경할 때 사용되는 함수로 그룹의 데이터 프레임인 economics_sum에 새로운 변수 percentage를 추가한다.

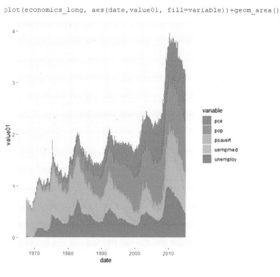

[누적 영역 그래프]

```
> library(dplyr)
> economics_sum <- economics_long %>%
+ group_by(date, variable) %>%
+ summarise(n=sum(value01)) %>%
+ mutate(percentage=n/sum(n))
`summarise()` has grouped output by 'date'. You can override using the `.groups` argument.
> economics_sum
# A tibble: 2,870 × 4
# Groups:   date [574]
   date       variable        n percentage
   <date>     <chr>       <dbl>      <dbl>
 1 1967-07-01 pce        0          0
 2 1967-07-01 pop        0          0
 3 1967-07-01 psavert    0.689      0.940
 4 1967-07-01 uempmed    0.0236     0.0322
 5 1967-07-01 unemploy   0.0204     0.0279
 6 1967-08-01 pce        0.000265   0.000356
 7 1967-08-01 pop        0.00164    0.00220
 8 1967-08-01 psavert    0.689      0.925
 9 1967-08-01 uempmed    0.0330     0.0444
10 1967-08-01 unemploy   0.0205     0.0276
# ... with 2,860 more rows
>
> ggplot(economics_sum, aes(date,percentage, fill=variable))+geom_area(alpha=0.6,size=1,color='white')
```

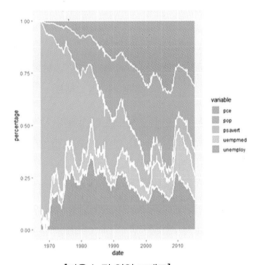

[비율 누적 영역 그래프]

⑥ 산포도 : ggplot( ), geom_point( ) 함수를 이용하여 산포도를 작성한다.

　㉠ iris는 붓꽃(iris)의 3가지 종인 setosa, versicolor, virginica에 대한 꽃받침(sepal) 및 꽃잎(petal)의 길이와 너비를 저장한 데이터이다.

　㉡ 꽃받침 길이(Sepal.Length)와 너비(Sepal.Width)에 대한 산포도를 나타내기 위해 geom_point( ) 함수를 이용한다.

　㉢ 산포도에서 점 모양과 색상을 붓꽃 종류(Species)에 따라 다르게 표시되도록 하기 위해 다른 형태의 marker(마커)를 사용하며, size 옵션을 이용하여 점의 크기도 다르게 설정한다.

```
> library(ggplot2)
> head(iris)
  Sepal.Length Sepal.Width Petal.Length Petal.Width Species
1          5.1         3.5          1.4         0.2  setosa
2          4.9         3.0          1.4         0.2  setosa
3          4.7         3.2          1.3         0.2  setosa
4          4.6         3.1          1.5         0.2  setosa
5          5.0         3.6          1.4         0.2  setosa
6          5.4         3.9          1.7         0.4  setosa
> ggplot(iris, aes(Sepal.Length,Sepal.Width))+geom_point()
```

[산포도]

```
> ggplot(iris, aes(Sepal.Length,Sepal.Width))+geom_point(aes(color=Species,shape=Species),size=3)
```

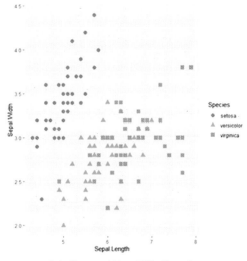

[마커(marker)를 포함한 산포도]

⑦ 도넛 차트 : ggplot( ), geom_rect( ), coord_polar( ) 함수를 이용하여 도넛 차트를 작성한다.

　㉠ data.frame( ) 구조를 이용하여 스마트폰 제조사별 판매 점유율을 저장(data)하고 이를 이용하여 도넛 차트를 작성한다.

　㉡ 직사각형 그래프 작성 함수인 geom_rect( )를 이용하여 직사각형 점유율을 표현하고, coord_polar( ) 함수로 도넛 차트를 작성한다.

　㉢ geom_rect( ) 사용 시 xmin, xmax, ymin, ymax는 x와 y축의 위와 아래의 위치를 지정하여 직사각형 영역을 나타내는 데 사용된다. coord_polar(theta="y")는 직사각형 그래프에 대하여 y축을 기준으로 한 파이 차트 작성을 의미하며, xlim( ) 함수는 현재 좌표축 또는 차트의 x축에 대한 제한 값을 지정한다.

```
> data <- data.frame("group_name"=c("Samsung","Huawei","Apple","Xiaomi","OPPO","Other"),
+ "value"=c(.2090,.180,.1210,.0930,.0860,.3320))
> data$fraction <- data$value / sum(data$value)
> data$ymax <- cumsum(data$fraction)
> data$min <- c(0, head(data$ymax, n=-1))
> data$ymax
[1] 0.2047013 0.3809990 0.4995103 0.5905975 0.6748286 1.0000000
> data$min
[1] 0.0000000 0.2047013 0.3809990 0.4995103 0.5905975 0.6748286
> ggplot(data, aes(ymax=ymax,ymin=min,xmax=5,xmin=3,fill=group_name))+geom_rect()
```

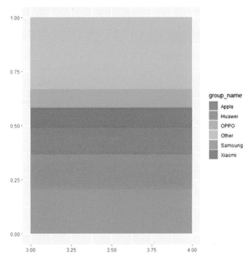

```
> ggplot(data, aes(ymax=ymax,ymin=min,xmax=4,xmin=3,fill=group_name))+geom_rect()+coord_polar(theta="y")+xlim(c(2,4))
```

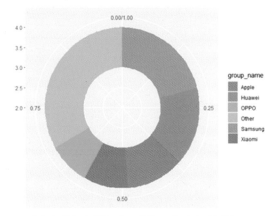

[직사각형 시각화, 제조사별 스마트폰 점유율]

⑧ 박스 플롯 : ggplot( ), geom_boxplot( ) 함수를 이용하여 박스 플롯을 작성한다.

   ㉠ ggplot2 패키지 내 mpg 데이터는 1998년, 2004년, 2008년도 미국에서 생산된 자동차 제조 회사들에 대한 자동차 연비, 구동 방식 등을 조사한 자료이다. 제조업체(manufacturer), 모델(model), 구동 방식(drv), 도시 연비(cty), 고속도로 연비(hwy), 자동차 형태(class) 등의 정보를 포함한다.

   ㉡ 자동차 형태(class)에 따른 고속도로 연비(hwy)를 x와 y축으로 설정하여 geom_boxplot( ) 함수로 박스 플롯을 작성한다.

   ㉢ geom_boxplot( ) 함수의 옵션에 aes(color=drv)를 이용하여 특정 변수에 따른 구분(색상)을 지정한다.

```
> mpg
# A tibble: 234 × 11
   manufacturer model      displ year  cyl trans      drv   cty   hwy fl    class
   <chr>        <chr>      <dbl> <int> <int> <chr>      <chr> <int> <int> <chr> <chr>
 1 audi         a4           1.8  1999    4 auto(l5)   f        18    29 p     compact
 2 audi         a4           1.8  1999    4 manual(m5) f        21    29 p     compact
 3 audi         a4           2    2008    4 manual(m6) f        20    31 p     compact
 4 audi         a4           2    2008    4 auto(av)   f        21    30 p     compact
 5 audi         a4           2.8  1999    6 auto(l5)   f        16    26 p     compact
 6 audi         a4           2.8  1999    6 manual(m5) f        18    26 p     compact
 7 audi         a4           3.1  2008    6 auto(av)   f        18    27 p     compact
 8 audi         a4 quattro   1.8  1999    4 manual(m5) 4        18    26 p     compact
 9 audi         a4 quattro   1.8  1999    4 auto(l5)   4        16    25 p     compact
10 audi         a4 quattro   2    2008    4 manual(m6) 4        20    28 p     compact
# … with 224 more rows
> ggplot(mpg, aes(class,hwy))+geom_boxplot()        > ggplot(mpg, aes(class,hwy))+geom_boxplot(aes(color=drv))
```

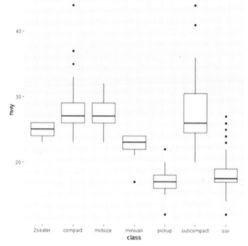

[박스 플롯 그래프]

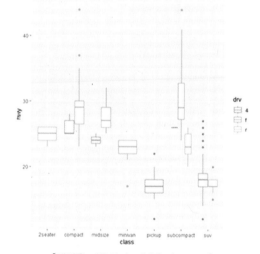

[색상을 이용하여 구분한 박스 플롯]

3 고급 그래프 시각화

(1) 고급 그래프 작성

① 다양한 데이터 시각화 표현을 위해 ggplot2 패키지 외에 다른 패키지를 이용한다. 대표적으로 트리맵, 버블 차트, 체르노프 페이스, 히트 맵 등이 활용된다.

② 트리 맵(Tree Map) : 분포 시각화 기법의 하나로 중첩된 사각형을 이용하여 계층 구조 데이터를 표현한다.

   ⊙ 먼저, treemap 패키지를 설치[install.packages("ggplot2"), install.packages("treemap")]한다.

   ⊙ library(treemap), data(GNI2014) 명령어를 수행하여 패키지와 예시 데이터(GNI2014)를 불러온다. GNI2014는 국가별(iso3, country) 소속 대륙(continent), 인구(population), 1인당 총소득(GNI)을 나타낸다.

   ⊙ GNI2014에 대한 트리맵은 계층 구조인 대륙(continent)과 국가(iso3)에 대하여 국가별 인구에 대한 트리맵으로 인구 규모는 직사각형의 넓이로 표현된다. treemap( )의 index 옵션을 이용하여 트리맵의 계층 구조를 표현한다. 즉, 대륙에 해당되는 "continent" 변수와 국가를 나타내는 약어 변수인 "iso3"으로 index 옵션을 설정한다. 대륙별로 인구에 비례하여 큰 사각형으로 표시되고, 그 하위에 작은 사각형들로 소속 대륙에 속한 국가들에 대하여 인구에 비례하여 크기가 지정된다.

   ⊙ vSize는 트리맵 직사각형의 크기로 "population" 변수로 지정하고 색상(vColor)은 GNI(1인당 총소득) 변수로 설정한다. 국가별 1인당 총소득(GNI)에 따라 색상의 차이를 두어 국가별로 총소득에 대한 차이를 쉽게 인지할 수 있다.

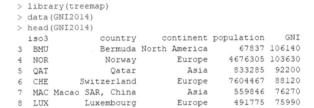

```
> library(treemap)
> data(GNI2014)
> head(GNI2014)
   iso3           country   continent population     GNI
3  BMU           Bermuda North America    67837  106140
4  NOR            Norway        Europe  4676305  103630
5  QAT             Qatar          Asia   833285   92200
6  CHE       Switzerland        Europe  7604467   88120
7  MAC Macao SAR, China          Asia   559846   76270
8  LUX        Luxembourg        Europe   491775   75990
```

```
> treemap(GNI2014,
+ index=c("continent", "iso3"),
+ vSize="population",
+ vColor="GNI",
+ type="value")
```

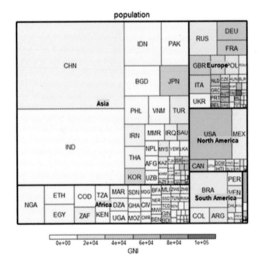

[GNI2014 데이터에 대한 트리맵]

ⓜ state.x77 데이터를 이용한 트리맵은 다음과 같다. state.x77은 미국의 주별 인구(Population, 1975년 7월 1일 기준), 수입(Income), 문맹율(Illiteracy, 인구대비 비율), 기대수명(Life Exp), 범죄율(Murder), 고교졸업율(HS Grad), 최소온도 일수(Frost), 면적(Area)을 나타낸다.

ⓗ 미국의 주별 면적(Area)을 사각형의 크기로 지정(vSize="Area")하고 수입(Income)을 색상으로 지정(vColor="Income")하여 트리맵을 작성한다.

```
> head(state.x77)
           Population Income Illiteracy Life Exp Murder HS Grad Frost    Area
Alabama          3615   3624        2.1    69.05   15.1    41.3    20   50708
Alaska            365   6315        1.5    69.31   11.3    66.7   152  566432
Arizona          2212   4530        1.8    70.55    7.8    58.1    15  113417
Arkansas         2110   3378        1.9    70.66   10.1    39.9    65   51945
California      21198   5114        1.1    71.71   10.3    62.6    20  156361
Colorado         2541   4884        0.7    72.06    6.8    63.9   166  103766

> state <- data.frame(state.x77, state_name=rownames(state.x77))
> treemap(state, index=c("state_name"),
+ vSize="Area",
+ vColor="Income",
+ type="value")
```

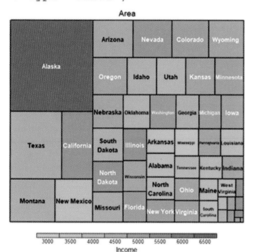

[state.x77 데이터에 대한 트리맵]

③ 버블 차트(Bubble Chart) : 비교 시각화 기법의 하나로 세 가지 이상의 정보를 2차원으로 표시한다.

ⓐ 버블 차트를 작성하기 위하여 MASS 패키지를 설치[install.packages("MASS"), library(MASS)]하고, MASS 패키지에 저장된 UScrime 자료를 이용한다.

ⓑ UScrime은 미국 47개 주에 대한 범죄 관련 데이터이며, 14~24세 남성 비율(M), 1,000명의 여성 대비 남성의 수(M.F), 인구(Pop), 1000명 당 유색 인종의 수(NW), 14~24세 도시 남성들의 실업율(U1, unemployment rate of urban males 14~24), 35~39세 도시 남성들의 실업율(U2, unemployment rate of urban males 35~39), 구금 비율(Prob), 평균 구금 시간(Time), 범죄 비율(y) 등의 항목을 포함한다.

ⓒ 버블 차트를 작성하기 위해 도시 남성 실업율(U1, U2), 범죄 비율(y), 주의 인구(Pop) 변수를 고려한다. symbols( )를 이용하여 x축의 자료(U2)는 35~39세 도시 남성 실업율을, y축의 자료(y)는 범죄 비율로 지정한다. 버블 차트에서 버블의 크기[circles＝sqrt(UScrime$Pop), 인구 수의 제곱근 값]는 Pop 변수로 지정하고, 버블의 크기(inches＝0.4), 그래프 색상(fg＝"white"), 버블 색상(bg＝"lightgray"), 버블 테두리선 두께(lwd＝1.5), x축 레이블(xlab), y축 레이블(ylab), 그래프 제목(main)을 지정한다.

ⓓ text( )로 차트의 추가적인 정보를 입력한다. 문자로 출력할 x, y의 위치를 지정하고 문자 출력값 설정 (1:nrow(UScrime)) 후, 글자 크기(cex＝0.8)와 글자 색(col＝"brown")을 지정한다.

```
> library(MASS)
> head(UScrime)
    M So  Ed Pol Po2  LF  M.F Pop  NW  U1 U2 GDP Ineq    Prob    Time    y
1 151  1  91  58  56 510  950  33 301 108 41 394  261 0.084602 26.2011  791
2 143  0 113 103  95 583 1012  13 102  96 36 557  194 0.029599 25.2999 1635
3 142  1  89  45  44 533  969  18 219  94 33 318  250 0.083401 24.3006  578
4 136  0 121 149 141 577  994 157  80 102 39 673  167 0.015801 29.9012 1969
5 141  0 121 109 101 591  985  18  30  91 20 578  174 0.041399 21.2998 1234
6 121  0 110 118 115 547  964  25  44  84 29 689  126 0.034201 20.9995  682
```

```
> radius <- sqrt(UScrime$Pop)
> symbols(UScrime$U2, UScrime$y,
+ circles = radius,
+ inches = 0.4,
+ fg = "white",
+ bg = "lightgray",
+ lwd = 1.5,
+ xlab = "Unemployment 35~39 males",
+ ylab = "Crime rate",
+ main = "US Crime Data")
>
> text(UScrime$U2, UScrime$y,
+ 1:nrow(UScrime),
+ cex = 0.8,
+ col = "brown")
```

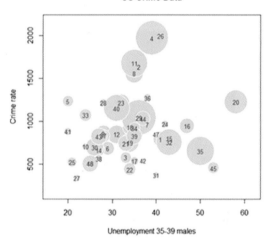

ⓜ 범죄 비율(y)에 대하여 x축의 자료를 14~24세 도시 남성의 실업률을 나타내는 변수인 U1을 이용하여 버블 차트를 작성하면 다음과 같다. fg, bg 옵션을 이용하여 버블 색상을 표현한다.

```
> symbols(UScrime$U1, UScrime$y,
+ circles = radius,
+ inches = 0.4,
+ fg = "black",
+ bg = "yellow",
+ lwd = 1.5,
+ xlab = "Unemployment 14~24 males",
+ ylab = "Crime rate",
+ main = "US Crime Data")
>
> text(UScrime$U1, UScrime$y,
+ 1:nrow(UScrime),
+ cex = 0.8,
+ col = "brown")
```

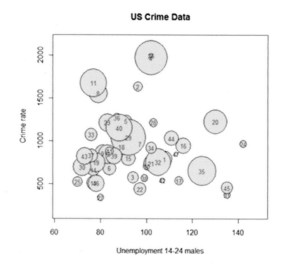

④ **체르노프 페이스(Chernoff Face)** : 비교 시각화 기법의 하나로 다차원 데이터를 사람의 얼굴로 이미지화하여 시각적으로 표현한다.

ⓐ 체르노프 페이스에서는 얼굴의 가로 너비, 세로 높이, 눈, 코, 잎, 귀 등의 얼굴 각 부위를 변수로 대체하여 데이터 속성을 이해하기 쉽게 표현한다.

ⓑ aplpack 패키지를 이용하며, 체르노프 페이스를 작성하기 위해 MASS 패키지의 Cars93 데이터를 이용한다. Cars93은 93개 차량에 대한 제조사(Manufacturer), 모델(Model), 가격(Price), RPM(Revolutions Per Minute, 분당 회전수), 길이(Length), 축간 거리(Wheelbase, 앞바퀴와 뒷바퀴 사이 거리), 무게(Weight) 등의 항목을 포함한다.

ⓒ 항목들 중 차량 가격(Price), RPM, 길이(Length), 휠베이스(Wheelbase), 무게(Weight) 변수를 이용하여 faces( ) 함수(face.type＝0인 경우)를 통해 체르노프 페이스를 작성(상위 30개 차량에 대해서 작성)한다.

```
> library(MASS)
> str(Cars93)
'data.frame':   93 obs. of  27 variables:
 $ Manufacturer      : Factor w/ 32 levels "Acura","Audi",..: 1 1 2 2 3 4 4 4 4 5 ...
 $ Model             : Factor w/ 93 levels "100","190E","240",..: 49 56 9 1 6 24 54 74 73 35 ...
 $ Type              : Factor w/ 6 levels "Compact","Large",..: 4 3 1 3 3 3 2 2 3 2 ...
 $ Min.Price         : num  12.9 29.2 25.9 30.8 23.7 14.2 19.9 22.6 26.3 33 ...
 $ Price             : num  15.9 33.9 29.1 37.7 30 15.7 20.8 23.7 26.3 34.7 ...
 $ Max.Price         : num  18.8 38.7 32.3 44.6 36.2 17.3 21.7 24.9 26.3 36.3 ...
 $ MPG.city          : int  25 18 20 19 22 22 19 16 19 16 ...
 $ MPG.highway       : int  31 25 26 26 30 31 28 25 27 25 ...
 $ AirBags           : Factor w/ 3 levels "Driver & Passenger",..: 3 1 2 1 2 2 2 2 2 2 ...
 $ DriveTrain        : Factor w/ 3 levels "4WD","Front",..: 2 2 2 2 3 2 2 3 2 2 ...
 $ Cylinders         : Factor w/ 6 levels "3","4","5","6",..: 2 4 4 4 2 2 4 4 4 5 ...
 $ EngineSize        : num  1.8 3.2 2.8 2.8 3.5 2.2 3.8 5.7 3.8 4.9 ...
 $ Horsepower        : int  140 200 172 172 208 110 170 180 170 200 ...
 $ RPM               : int  6300 5500 5500 5500 5700 5200 4800 4000 4800 4100 ...
 $ Rev.per.mile      : int  2890 2335 2280 2535 2545 2565 1570 1320 1690 1510 ...
 $ Man.trans.avail   : Factor w/ 2 levels "No","Yes": 2 2 2 2 2 1 1 1 1 1 ...
 $ Fuel.tank.capacity: num  13.2 18 16.9 21.1 21.1 16.4 18 23 18.8 18 ...
 $ Passengers        : int  5 5 5 6 4 6 6 6 5 6 ...
 $ Length            : int  177 195 180 193 186 189 200 216 198 206 ...
 $ Wheelbase         : int  102 115 102 106 109 105 111 116 108 114 ...
 $ Width             : int  68 71 67 70 69 69 74 78 73 73 ...
 $ Turn.circle       : int  37 38 37 37 39 41 42 45 41 43 ...
 $ Rear.seat.room    : num  26.5 30 28 31 27 28 30.5 30.5 26.5 35 ...
 $ Luggage.room      : int  11 15 14 17 13 16 17 21 14 18 ...
 $ Weight            : int  2705 3560 3375 3405 3640 2880 3470 4105 3495 3620 ...
 $ Origin            : Factor w/ 2 levels "USA","non-USA": 2 2 2 2 2 1 1 1 1 1 ...
 $ Make              : Factor w/ 93 levels "Acura Integra",..: 1 2 4 3 5 6 7 9 8 10 ...
```

```
> Cars93_tmp <- Cars93[c(1:30), c("Price", "RPM", "Length", "Wheelbase", "Weight")]
> library(aplpack)
> faces(Cars93_tmp, face.type=0,
+ labels = Cars93[1:30,]$Model, main = "Chernoff Face, face.type=0")
effect of variables:
 modified item       Var
 "height of face   " "Price"
 "width of face    " "RPM"
 "structure of face" "Length"
 "height of mouth  " "Wheelbase"
 "width of mouth   " "Weight"
 "smiling          " "Price"
 "height of eyes   " "RPM"
 "width of eyes    " "Length"
 "height of hair   " "Wheelbase"
 "width of hair    " "Weight"
 "style of hair    " "Price"
 "height of nose   " "RPM"
 "width of nose    " "Length"
 "width of ear     " "Wheelbase"
 "height of ear    " "Weight"
```

Chernoff Face, face.type=0

ㄹ face.type 옵션을 이용하여 다양한 형태의 얼굴 이미지를 시각화한다.

```
> Cars93_tmp <- Cars93[c(1:30), c("Price", "RPM", "Length", "Wheelbase", "Weight")]
> library(aplpack)
> faces(Cars93_tmp, face.type=1,
+ labels = Cars93[1:30,]$Model, main = "Chernoff Face, face.type=1")
effect of variables:
 modified item       Var
 "height of face   " "Price"
 "width of face    " "RPM"
 "structure of face" "Length"
 "height of mouth  " "Wheelbase"
 "width of mouth   " "Weight"
 "smiling          " "Price"
 "height of eyes   " "RPM"
 "width of eyes    " "Length"
 "height of hair   " "Wheelbase"
 "width of hair    " "Weight"
 "style of hair    " "Price"
 "height of nose   " "RPM"
 "width of nose    " "Length"
 "width of ear     " "Wheelbase"
 "height of ear    " "Weight"
```

```
> Cars93_tmp <- Cars93[c(1:30), c("Price", "RPM", "Length", "Wheelbase", "Weight")]
> library(aplpack)
> faces(Cars93_tmp, face.type=2,
+ labels = Cars93[1:30,]$Model, main = "Chernoff Face, face.type=2")
effect of variables:
 modified item       Var
 "height of face   " "Price"
 "width of face    " "RPM"
 "structure of face" "Length"
 "height of mouth  " "Wheelbase"
 "width of mouth   " "Weight"
 "smiling          " "Price"
 "height of eyes   " "RPM"
 "width of eyes    " "Length"
 "height of hair   " "Wheelbase"
 "width of hair    " "Weight"
 "style of hair    " "Price"
 "height of nose   " "RPM"
 "width of nose    " "Length"
 "width of ear     " "Wheelbase"
 "height of ear    " "Weight"
```

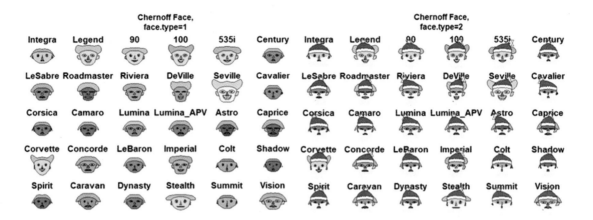

⑤ 히트 맵(Heat Map) : 비교 시각화 기법의 하나로 색상이나 명암으로 표현 가능한 정보들을 일정한 이미지 위에 열 분포 형태의 그래픽으로 표현한다.

㉠ 히트맵의 경우 색상 명암으로 값의 크기를 표현하며, 다양한 정보를 일정한 이미지 위에 열(heat) 분포 형태의 그래픽으로 표현한다.

㉡ 히트맵을 작성하기 위하여 gplots, pheatmap, d3heatmap 패키지를 이용하고, 기본 그래프 기능인 heatmap( ) 함수를 이용할 수도 있다. 히트맵을 작성하기 위하여 mtcars 데이터를 이용하며, mtcars는 32개의 자동차에 대한 연비(mpg, miles per gallon), 실린더 수(cyl), 마력(hp), 엔진 형태(vs, vs=0이면 V−shaped, vs=1이면 straight), 변속기(am, am=0이면 automatic, am=1이면 manual) 등의 정보(11개 변수)를 가지고 있다.

㉢ 32개의 자동차 모델명을 행으로 구성하고 자동차들의 특성 값들인 실린더수(cyl), 변속기(am), 엔진 형태(vs) 등 11개 변수값들에 대해 색상의 명암으로 나타낸다. heatmap( ) 함수는 기본적으로 덴드로그램(Dendrogram)을 이용한 유사성 수준을 같이 표현(군집분석 결과)한다.

㉣ 색상을 정의하기 위해 필요한 패키지를 불러오고(library(RColorBrewer)), mtcars 자료를 행렬로 변경(data>−as.matrix(mtcars))한다. RColorBrewer 패키지의 색상을 지정(col=brewer.pal( ))하고 그래프의 기준을 열로 설정(scale="column")하며, 여백을 지정(margin, 행과 열의 이름 작성 여백)한다.

```
> head(mtcars)
                   mpg cyl disp  hp drat    wt  qsec vs am gear carb
Mazda RX4         21.0   6  160 110 3.90 2.620 16.46  0  1    4    4
Mazda RX4 Wag     21.0   6  160 110 3.90 2.875 17.02  0  1    4    4
Datsun 710        22.8   4  108  93 3.85 2.320 18.61  1  1    4    1
Hornet 4 Drive    21.4   6  258 110 3.08 3.215 19.44  1  0    3    1
Hornet Sportabout 18.7   8  360 175 3.15 3.440 17.02  0  0    3    2
Valiant           18.1   6  225 105 2.76 3.460 20.22  1  0    3    1
```

```
> library(RColorBrewer)
> data <- as.matrix(mtcars)
> heatmap(data,
+ col = brewer.pal(9, "Blues"),
+ scale = "column",
+ margin = c(5, 10)
+ )
```

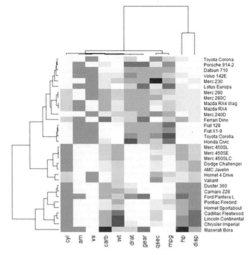

[mtcars 데이터에 대한 히트맵]

㉤ 덴드로그램을 제거하기 위해 "Rowv=NA"(행 쪽 덴드로그램 삭제), "Colv=NA"(열 쪽 덴드로그램 삭제) 옵션을 추가로 설정한다.

```
> library(RColorBrewer)
> data <- as.matrix(mtcars)
> heatmap(data,
+ col = brewer.pal(9, "Blues"),
+ scale = "column",
+ margin = c(5, 10),
+ Rowv = NA,
+ Colv = NA,
+ )
```

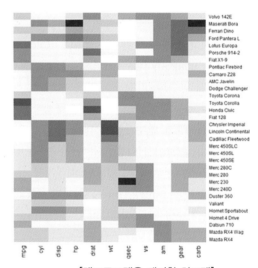

[덴드로그램을 제거한 히트맵]

⑥ 인터랙티브 그래프(Interactive Graph) : 마우스 움직임에 반응하여 실시간으로 그래프의 형태가 변하는 그래프를 작성하고, 관심 있는 부분의 결괏값을 자세하게 확인할 수 있다.

  ㉠ 인터랙티브 그래프를 통해 차트를 확대하거나 축소할 수 있으며, marker에 마우스를 가져가 특정 부분에 대한 설명을 볼 수 있다. 그리고 그래프에서 특정 변수를 선택하는 등의 작업이 가능하다. 인터랙티브 그래프를 작성하기 위하여 일반적으로 ggplot2, plotly 패키지가 사용된다.

  ㉡ plotly 패키지는 막대 그래프, 파이 차트, 산점도, 영역 그래프, 박스 플롯, 히스토그램, 히트맵 등 다양한 인터랙티브 그래프 작성을 지원하며, 자바스크립트 형식으로 생성되어 웹상에서 동작하고 웹 프로그래밍에서 사용 가능하다.

ⓒ install.packages("plotly")로 패키지를 설치하고 필요한 그래픽 패키지를 불러온다(library(ggplot2), library(plotly)). ggplot( )을 이용하여 다이아몬드의 깨끗한 정도(clarity)에 대한 컷팅 수준(cut)을 막대 그래프로 작성하고 ggplotly( )으로 인터랙티브 그래프를 작성한다.

ⓓ 출력결과는 index.html의 문서로 작성(자바스크립트)되며, 웹브라우저에서 동작하고 마우스 움직임에 따라 선택 영역에 대한 결괏값을 박스 영역에 보여준다.

```
> library(ggplot2)
> library(plotly)
>
> bar_graph <- ggplot(diamonds, aes(clarity, fill=cut))+geom_bar()
> ggplotly(bar_graph)
```

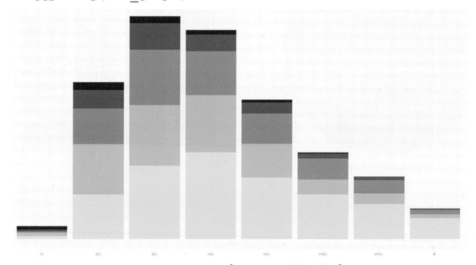

[Interactive 막대 그래프]

ⓔ 동일한 방법으로 ggplot( )과 ggplotly( )을 이용하여 인터랙티브 산포도와 시계열 그래프를 작성한다.

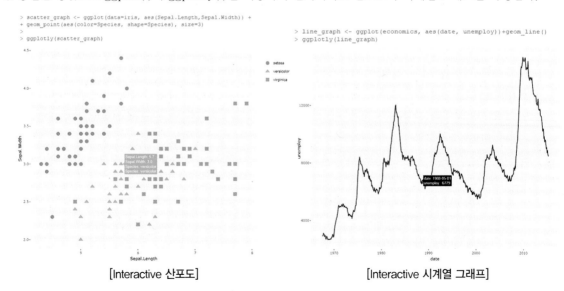

[Interactive 산포도] [Interactive 시계열 그래프]

ⓗ 파이 차트의 경우에는 ggplot( ), ggplotly( ) 외에 plot_ly( ) 함수를 이용한다. plotly 패키지 내에 포함된 plot_ly( ) 함수를 이용하여 막대 그래프, 선 그래프, 산포도, 버블 차트 등의 기본 그래프 외에 박스 플롯, 히스토그램, 로그 차트, 히트맵 등에 대한 인터랙티브 그래프 작성이 가능하다.

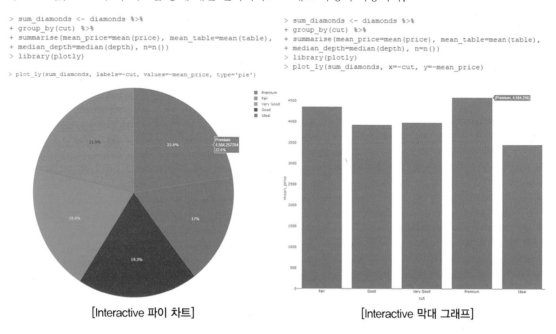

[Interactive 파이 차트]　　　　　　　　　[Interactive 막대 그래프]

(2) R 지도 맵핑

① 지도 맵핑 시각화는 공간 시각화 기법으로서 다양한 정보를 지도 위에 표시하여 효과적인 정보 전달을 가능하게 한다. 지도 맵핑 시각화는 크게 shape file(SHP)을 이용하는 방법과 구글맵을 이용하는 방법으로 구분된다.

② SHP 파일 이용 방법 : 지도 위치 정보가 있는 SHP 파일을 이용하여 지도를 작성한다. SHP 파일은 ESRI ArcView 사의 지도 표현 형식으로서, 2차원 벡터 데이터 교환을 위한 GIS 포맷이다.

ⓐ SHP 파일을 불러오기 위해 raster, rgeos, rgdal 패키지를 설치하고 그림을 그리기 위해 ggplot2 패키지를 이용한다.

ⓑ 그래프 작성을 위해 필요한 패키지를 불러온다(library(raster), library(rgeos), library(rgdal), library(ggpplot2)).

ⓒ 작업 디렉토리를 지정(setwd("C:/workr"))하고 아파트 시세를 저장한 파일(apt_price.csv)을 읽어와서 apt_price에 저장한다.

ⓓ 우리나라 시도별 행정구역의 SHP 파일을 사이트(www.gisdeveloper.co.kr/?p=2332)에서 다운로드하여 작업 디렉토리에 저장한다. 파일은 다음과 같이 4개로 구성되어 있다.

• TL_SCCO_CTPRVN.dbf : 공간 데이터의 속성 정보
• TL_SCCO_CTPRVN.prj : 좌표계 정보
• TL_SCCO_CTPRVN.shp : 공간 데이터 정보
• TL_SCCO_CTPRVN.shx : 공간 데이터와 속성 연결

⑪ shapefile( ) 함수를 이용하여 SHP 파일을 불러오고 위도·경도를 설정(spTransform( ))하며, 데이터 프레임을 지정(fortify( ))한다. merge( ) 함수를 이용하여 아파트 가격을 id 기준으로 통합하여 merge_result에 저장한다.

⑫ 그래프 작성을 위한 자료가 구성되면 ggplot( )과 geom_polygon( ) 함수를 이용하여 지도 맵핑 작업을 수행한다.

```
> setwd("C:/workr")
> apt_price <- read.csv("apt_price.csv", header=T, fileEncoding="EUC-KR")
> apt_price
   id        시도 평균아파트가격
1   0    서울특별시      1069.7
2   1    부산광역시       375.9
3   2    대구광역시       370.7
4   3    인천광역시       370.8
5   4    광주광역시       297.4
6   5    대전광역시       333.0
7   6    울산광역시       322.5
8   7  세종특별자치시      435.0
9   8        경기도       477.0
10  9        강원도       193.6
11 10      충청북도       208.4
12 11      충청남도       246.4
13 12      전라북도       198.9
14 13      전라남도       198.4
15 14      경상북도       194.7
16 15      경상남도       247.0
17 16  제주특별자치도      384.1
> korea <- shapefile("TL_SCCO_CTPRVN.shp")
경고메시지(들):
OGRSpatialRef(dsn, layer, morphFromESRI = morphFromESRI, dumpSRS = dumpSRS, 에서:
  Discarded datum International_Terrestrial_Reference_Frame_2000 in Proj4 definition: +proj=tmerc +lat_0=38 +lon_0=127.5 +k$
> korea <- spTransform(korea, CRS("+proj=longlat"))
> korea_map <- fortify(korea)
Regions defined for each Polygons
> merge_result <- merge(korea_map, apt_price, by="id")
> ggplot()+geom_polygon(merge_result, aes(x=long,y=lat,
+ group=group, fill=평균아파트가격))+labs(fill="2021년9월 아파트 평균가격(만원/m2)")+
+ scale_fill_gradient(low='gray', high='black')
에러: `mapping` must be created by `aes()`
Run `rlang::last_error()` to see where the error occurred.
> ggplot()+geom_polygon(data=merge_result, aes(x=long,y=lat,
+ group=group, fill=평균아파트가격))+labs(fill="2021년9월 아파트 평균가격(만원/m2)")+
+ scale_fill_gradient(low='gray', high='black')
```

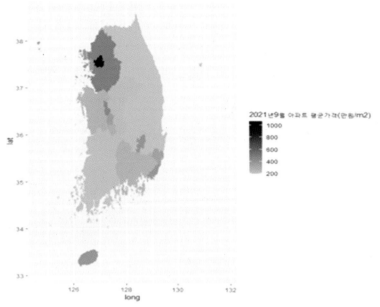

[SHP 파일을 이용한 지도 맵핑, 전국 아파트 시세]

③ **구글맵 이용 방법** : 구글이 제공하는 지도를 이용하여 시각화하는 방법으로서 구글맵 API key를 사전에 발급받아야 한다.

ⓐ 구글맵 API key는 사이트(cloud.google.com/maps−platform/#get−started)에 접속하여 신청한다. 현재 구글맵은 전면 유료화되어 있으나, 간단한 지도 맵핑 기능은 무료로 사용 가능하다.

ⓑ 필요한 패키지를 설치[install.packages("ggmap"), library(ggmap)]하고 부여 받은 구글 API key를 등록(register_google( ))한다.

ⓒ 서울 소재 대학교의 주소가 들어 있는 파일(university.csv)을 읽어오고 대학명과 주소를 각각 names, addr 변수에 저장한다.

ⓓ geocode( ) 함수를 이용하여 주소를 경도·위도로 변환하고 (대학명, 위도, 경도) 정보를 df 데이터 프레임에 저장한 후, 지도의 중심 좌표를 설정(cen)한다.

ⓔ 그래프 작성을 위해 필요한 자료가 구성되면 get_googlemap( ) 함수를 이용하여 지도 맵핑 작업을 수행한다.

```
> register_google(key='AIzaSyChZg_bbKhGjHjWApx6VbGmXkW6ev1aBNw')
> setwd("C:/workr")
> university <- read.csv("university.csv", header=T, fileEncoding="EUC-KR")
> head(university)
              대학명                       주소
1        건국대학교        서울시 광진구 모진동 93-1
2        경희대학교        서울시 동대문구 회기1동
3        고려대학교        서울시 성북구 안암동 5가 1번지
4        국민대학교        서울시 성북구 정릉동 861-1
5        단국대학교        서울시 용산구 한남동 산 8
6    덕성여자대학교        서울시 도봉구 쌍문동 419
>
> names <- as.vector(university$대학명)
> addr <- as.vector(university$주소)
>
> gc <- geocode(enc2utf8(addr))
Source : https://maps.googleapis.com/maps/api/geocode/json?address=%EC%84%9C%EC%9A%B8%EC%8B%9C+%EA%4%91%EC%A7%84%EA%B5%AC+%EB%AA%A8%EC%A7%84%EB%8F%99+93-1&key=xxx
Source : https://maps.googleapis.com/maps/api/geocode/json?address=%EC%84%9C%EC%9A%B8%EC%8B%9C+%EB%8F%99%EB%8C%80%EB%AC%B8%EA%B5%AC+%ED%9A%8C%EA%B8%B0%EB%8F%99&key=xxx
Source : https://maps.googleapis.com/maps/api/geocode/json?address=%EC%84%9C%EC%9A%B8%EC%8B%9C+%EC%84%B1%EB%B6%81%EA%B5%AC+%EC%95%88%EC%95%94%EB%8F%99+5%EA%B0%80+1%EB%B2%88%EC%A7%80&key=xxx
Source : https://maps.googleapis.com/maps/api/geocode/json?address=%EC%84%9C%EC%9A%B8%EC%8B%9C+%EC%84%B1%EB%B6%81%EA%B5%AC+%EC%A0%95%EB%A6%89%EB%8F%99+861-1&key=xxx
Source : https://maps.googleapis.com/maps/api/geocode/json?address=%EC%84%9C%EC%9A%B8%EC%8B%9C+%EC%9A%A9%EC%82%B0%EA%B5%AC+%ED%95%9C%EB%82%A8%EB%8F%99+%EC%82%B0+8&key=xxx
Source : https://maps.googleapis.com/maps/api/geocode/json?address=%EC%84%9C%EC%9A%B8%EC%8B%9C+%EB%8F%84%EB%B4%89%EA%B5%AC+%EC%8C%8D%EB%AC%B8%EB%8F%99+419&key=xxx
Source : https://maps.googleapis.com/maps/api/geocode/json?address=%EC%84%9C%EC%9A%B8%EC%8B%9C+%EC%A4%91%EA%B5%AC+%ED%95%84%EB%8F%99+23-1&key=xxx
Source : https://maps.googleapis.com/maps/api/geocode/json?address=%EC%84%9C%EC%9A%B8%EC%8B%9C+%EA%B4%91%EC%A7%84%EA%B5%AC+%ED%99%8D%EB%8A%A5%EB%8F%99+7&key=xxx
Source : https://maps.googleapis.com/maps/api/geocode/json?address=%EC%84%9C%EC%9A%B8%EC%8B%9C+%EA%B4%91%EC%A7%84%EA%B5%AC+%EB%8B%A5%EC%8B%A0%EB%8F%99+%EC%82%B016-1&key=xxx
Source : https://maps.googleapis.com/maps/api/geocode/json?address=%EC%84%9C%EC%9A%B8%EC%8B%9C+%EA%B0%95%EB%82%A8%EA%B5%AC+%EC%95%95%EA%B5%AC%EC%A0%95%EB%8F%99+%EC%82%B056-1&key=xxx
Source : https://maps.googleapis.com/maps/api/geocode/json?address=%EC%84%9C%EC%9A%B8%EC%8B%9C+%EB%8F%99%EB%8C%80%EB%AC%B8%EA%B5%AC+%EC%A0%84%EB%86%8D%EB%8F%99+172&key=xxx
Source : https://maps.googleapis.com/maps/api/geocode/json?address=%EC%84%9C%EC%9A%B8%EC%8B%9C+%EB%8F%99%EB%8C%80%EB%AC%B8%EA%B5%AC+%EC%A0%9C%EA%B8%B0%EB%8F%99+90&key=xxx
Source : https://maps.googleapis.com/maps/api/geocode/json?address=%EC%84%9C%EC%9A%B8%EC%8B%9C+%EA%B4%91%EC%A7%84%EA%B5%AC+%EA%B5%B0%EC%9E%90%EB%8F%99+126&key=xxx
" 서울시 종로구 명륜동 3가 53" not uniquely geocoded, using "1-1329 myeongnyun 3(sam)ga-dong, jongno-gu, seoul, south korea"
Source : https://maps.googleapis.com/maps/api/geocode/json?address=%EC%84%9C%EC%9A%B8%EC%8B%9C+%EC%A2%85%EB%A1%9C%EA%B5%AC+%EB%AA%85%EB%A5%A4%EB%8F%99+3%EA%B0%80+249-1&key=xxx
Source : https://maps.googleapis.com/maps/api/geocode/json?address=%EC%84%9C%EC%9A%B8%EC%8B%9C+%EC%84%9C%EB%8C%80%EB%AC%B8%EA%B5%AC+%EC%B2%A0%EB%8C%80%EB%8F%99+98&key=xxx
Source : https://maps.googleapis.com/maps/api/geocode/json?address=%EC%84%9C%EC%9A%B8%EC%8B%9C+%EC%9A%A9%EC%82%B0%EA%B5%AC+%EC%B2%AD%ED%8C%8C%EB%8F%99+2%EA%B0%80+53-12&key=xxx
Source : https://maps.googleapis.com/maps/api/geocode/json?address=%EC%84%9C%EC%9A%B8%EC%8B%9C+%EC%84%B1%EB%B6%81%EA%B5%AC+%EB%8F%99%EC%84%A0%EB%8F%99+109-1&key=xxx
Source : https://maps.googleapis.com/maps/api/geocode/json?address=%EC%84%9C%EC%9A%B8%EC%8B%9C+%EC%84%B1%EB%B6%81%EA%B5%AC+%ED%96%89%EB%8B%B9%EB%8F%99+389&key=xxx
" 서울시 성동구 행당동 17" not uniquely geocoded, using "17 haengdang-dong, seongdong-gu, seoul, south korea"
Source : https://maps.googleapis.com/maps/api/geocode/json?address=%EC%84%9C%EC%9A%B8%EC%8B%9C+%EB%A7%88%ED%8F%AC%EA%B5%AC+%EC%83%81%EC%88%98%EB%8F%99+72-1&key=xxx
>
> df <- data.frame(name=names,
+ lon = gc$lon,
+ lat = gc$lat)
>
> cen <- c(mean(df$lon), mean(df$lat))
> map <- get_googlemap(center=cen, maptype="roadmap", zoom=11, size=c(640,640), marker=gc)
Source : https://maps.googleapis.com/maps/api/staticmap?center=37.578091,127.014303&zoom=11&size=640x640&scale=2&maptype=roadmap&markers=37.538484,127.082294%7C37.589756,127.057977%7C$
경고메시지(들):
1: class(markers) == "list" && all(sapply(markers, function(elem) 에서:
  'length(x) = 3 > 1' in coercion to 'logical(1)'
2: !missing(markers) && class(markers) == "list"에서:
  'length(x) = 3 > 1' in coercion to 'logical(1)'
> ggmap(map)
```

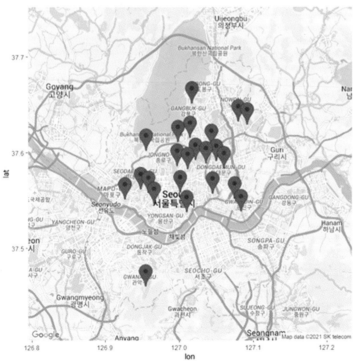

[구글맵을 이용한 지도 맵핑]

ⓑ get_googlemap( ) 함수는 다음과 같은 옵션으로 다양한 정보를 표현한다.

> **get_googlemap(center= , maptype= , zoom= , size= , marker=)**
> • center : 지도의 중심 좌표
> • maptype : 지도 유형(roadmap, terrain, sattellite, hybrid), 기본값은 terrain
> • zoom : 지도의 확대 크기로서 3(대륙)~21(빌딩), 기본값은 10(도시)
> • size : 지도의 가로와 세로 픽셀 크기(기본값은 640x640)
> • marker : 지도의 마커 자료

(3) 그래프 저장

① 작성된 그래프들은 그래프 저장 명령어[png( ), jpeg( ), pdf( ) 등]를 이용하여 이미지 파일 또는 pdf 파일로 저장한다.

② 이미지 파일로 저장하기 위해 이미지 파일 저장 명령어[예를 들어 png( )] 실행 후, 그래프를 작성한다. 그리고 저장 완료 명령어인 dev.off( )를 실행한다.

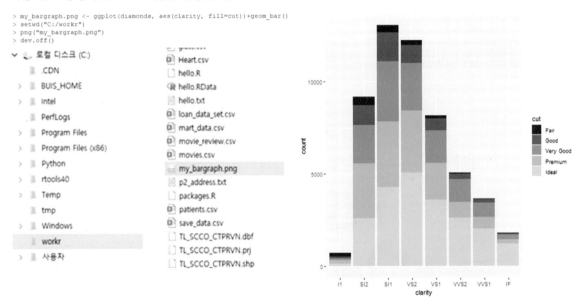

[my_bargraph.png 파일, 누적 막대 그래프]

③ R에서 작성한 그래프를 윈도우에서 사용 가능한 형태의 파일로 저장하기 위한 명령어를 요약하면 다음과 같다.

〈그래프 저장 함수〉

그래프 저장 함수	출력 파일
png("mygraph.png")	png 파일
jpeg("mygraph.jpg")	jpeg 파일
bmp("mygraph.bmp")	bmp 파일
postscript("mygraph.ps")	postscript 파일
win.metafile("mygraph.wmf")	windows metafile
pdf("mygraph.pdf")	pdf 파일

제3장
연습문제

01 mtcars는 1974년 Motor Trend US 잡지에 게재되었던 자료로 1973~1974년 사이 32개 자동차 모델에 대한 성능 데이터이다. R 그래프 함수를 이용한 시각화 결과를 나타내시오.

(1) 자동차 연비(mpg)에 대한 상자그림(boxplot)을 작성하고, 제1사분위수, 제3사분위수, 중앙값, 최솟값, 최댓값, 이상값(제3사분위+$1.5 \times$IQR(사분위수범위)이상인 값)을 출력하시오. 그 결과를 시각화 그래프와 비교하시오.

(2) 자동차 무게(wt)와 마력(hp)에 대한 연비의 차이점을 비교해 보고자 한다. image( ) 함수를 이용하여 색상을 입힌 이미지 작성 결과를 출력하시오.

(3) (cyl, disp, hp, drat, wt, mpg) 항목에 대한 산점도를 pairs( ) 명령어를 이용하여 나타내시오.

(4) 마력(hp)에 대한 누적 정규확률분포(Q-Q plot)를 출력하고 정규분포와 유사한지 확인하시오.

(5) (mpg, hp)에 대한 분위수 그래프를 qqplot( )을 이용하여 나타내시오.

(6) par( ) 함수를 이용하여 2×2의 형식으로 그래프를 작성하시오(단, 4개의 그래프는 다음과 같다).

• 연비(mpg)에 대한 막대 그래프(barplot)	• (cyl, mpg) 선 그래프(plot, type=o)
• (disp, mpg) 선 그래프(plot, type=b)	• (wt, mpg) 선 그래프(plot, type=p)

(7) am 항목에 대한 파이 차트(pie chart)를 출력하시오[단, 그래프로 출력되어야 할 값은 변속기어의 종류(1이면 manual, 0이면 automatic))이다].

(8) (hp, mpg)에 대한 산포도를 lm( ), abline( ) 함수를 이용하여 나타내시오.

(9) 연비에 대한 히스토그램을 hist( ) 함수를 이용하여 나타내시오.

(10) 마력(hp) 항목에 대한 줄기 잎 도표를 stem( ) 함수를 이용하여 나타내시오.

```
> head(mtcars)
                   mpg cyl disp  hp drat    wt  qsec vs am gear carb
Mazda RX4         21.0   6  160 110 3.90 2.620 16.46  0  1    4    4
Mazda RX4 Wag     21.0   6  160 110 3.90 2.875 17.02  0  1    4    4
Datsun 710        22.8   4  108  93 3.85 2.320 18.61  1  1    4    1
Hornet 4 Drive    21.4   6  258 110 3.08 3.215 19.44  1  0    3    1
Hornet Sportabout 18.7   8  360 175 3.15 3.440 17.02  0  0    3    2
Valiant           18.1   6  225 105 2.76 3.460 20.22  1  0    3    1
> str(mtcars)
'data.frame':   32 obs. of  11 variables:
 $ mpg : num  21 21 22.8 21.4 18.7 18.1 14.3 24.4 22.8 19.2 ...
 $ cyl : num  6 6 4 6 8 6 8 4 4 6 ...
 $ disp: num  160 160 108 258 360 ...
 $ hp  : num  110 110 93 110 175 105 245 62 95 123 ...
 $ drat: num  3.9 3.9 3.85 3.08 3.15 2.76 3.21 3.69 3.92 3.92 ...
 $ wt  : num  2.62 2.88 2.32 3.21 3.44 ...
 $ qsec: num  16.5 17 18.6 19.4 17 ...
 $ vs  : num  0 0 1 1 0 1 0 1 1 1 ...
 $ am  : num  1 1 1 0 0 0 0 0 0 0 ...
 $ gear: num  4 4 4 3 3 3 3 4 4 4 ...
 $ carb: num  4 4 1 1 2 1 4 2 2 4 ...
```

[, 1]	mpg	Miles/(US) gallon	연비
[, 2]	cyl	Number of cylinders	엔진의 기통수
[, 3]	disp	Displacement (cu.in.)	배기량 (cc, 변위)
[, 4]	hp	Gross horsepower	마력
[, 5]	drat	Rear axle ratio	뒤차축비
[, 6]	wt	Weight (1000 lbs)	무게
[, 7]	qsec	1/4 mile time	1/4mile 도달시간
[, 8]	vs	V/S	V engine / Straight engine
[, 9]	am	Transmission (0 = automatic, 1 = manual)	변속기어
[,10]	gear	Number of forward gears	전진기어 갯수
[,11]	carb	Number of carburetors	기화기 갯수

[onesixx.com/data-mtcars/]

```
> summary(mtcars)
      mpg             cyl             disp             hp             drat
 Min.   :10.40   Min.   :4.000   Min.   : 71.1   Min.   : 52.0   Min.   :2.760
 1st Qu.:15.43   1st Qu.:4.000   1st Qu.:120.8   1st Qu.: 96.5   1st Qu.:3.080
 Median :19.20   Median :6.000   Median :196.3   Median :123.0   Median :3.695
 Mean   :20.09   Mean   :6.188   Mean   :230.7   Mean   :146.7   Mean   :3.597
 3rd Qu.:22.80   3rd Qu.:8.000   3rd Qu.:326.0   3rd Qu.:180.0   3rd Qu.:3.920
 Max.   :33.90   Max.   :8.000   Max.   :472.0   Max.   :335.0   Max.   :4.930
       wt             qsec             vs               am             gear
 Min.   :1.513   Min.   :14.50   Min.   :0.0000   Min.   :0.0000   Min.   :3.000
 1st Qu.:2.581   1st Qu.:16.89   1st Qu.:0.0000   1st Qu.:0.0000   1st Qu.:3.000
 Median :3.325   Median :17.71   Median :0.0000   Median :0.0000   Median :4.000
 Mean   :3.217   Mean   :17.85   Mean   :0.4375   Mean   :0.4062   Mean   :3.688
 3rd Qu.:3.610   3rd Qu.:18.90   3rd Qu.:1.0000   3rd Qu.:1.0000   3rd Qu.:4.000
 Max.   :5.424   Max.   :22.90   Max.   :1.0000   Max.   :1.0000   Max.   :5.000
      carb
 Min.   :1.000
 1st Qu.:2.000
 Median :2.000
 Mean   :2.812
 3rd Qu.:4.000
 Max.   :8.000
```

```
> describe(mtcars)
     vars  n   mean     sd median trimmed    mad   min    max  range  skew kurtosis
mpg     1 32  20.09   6.03  19.20   19.70   5.41 10.40  33.90  23.50  0.61    -0.37
cyl     2 32   6.19   1.79   6.00    6.23   2.97  4.00   8.00   4.00 -0.17    -1.76
disp    3 32 230.72 123.94 196.30  222.52 140.48 71.10 472.00 400.90  0.38    -1.21
hp      4 32 146.69  68.56 123.00  141.19  77.10 52.00 335.00 283.00  0.73    -0.14
drat    5 32   3.60   0.53   3.70    3.58   0.70  2.76   4.93   2.17  0.27    -0.71
wt      6 32   3.22   0.98   3.33    3.15   0.77  1.51   5.42   3.91  0.42    -0.02
qsec    7 32  17.85   1.79  17.71   17.83   1.42 14.50  22.90   8.40  0.37     0.34
vs      8 32   0.44   0.50   0.00    0.42   0.00  0.00   1.00   1.00  0.24    -2.00
am      9 32   0.41   0.50   0.00    0.38   0.00  0.00   1.00   1.00  0.36    -1.92
gear   10 32   3.69   0.74   4.00    3.62   1.48  3.00   5.00   2.00  0.53    -1.07
carb   11 32   2.81   1.62   2.00    2.65   1.48  1.00   8.00   7.00  1.05     1.26
       se
mpg   1.07
cyl   0.32
disp 21.91
hp   12.12
drat  0.09
wt    0.17
qsec  0.32
vs    0.09
am    0.09
gear  0.13
carb  0.29
```

["psych" 패키지 활용]

(1) boxplot( ) 함수를 이용하여 자동차 연비(mtcars$mpg)에 대한 상자그림을 작성한다. quantile( ) 함수를 이용하여 1사분위수, 3사분위수를 구하고 median( ) 함수를 이용하여 중앙값을 구한다.

```
> boxplot(mtcars$mpg, xlab="mpg", ylab="miles/gallon", col="green")
```

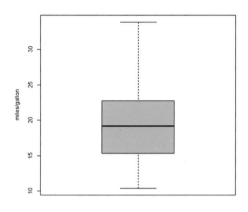

```
> print(quantile(mtcars$mpg, 0.25))
    25%
15.425
> print(quantile(mtcars$mpg, 0.75))
 75%
22.8
> print(quantile(mtcars$mpg, 0.5))
 50%
19.2
> median(mtcars$mpg)
[1] 19.2
>
> print(min(mtcars$mpg))
[1] 10.4
> print(max(mtcars$mpg))
[1] 33.9
>
> outlier <- quantile(mtcars$mpg, 0.75)+1.5*IQR(mtcars$mpg)
> outlier
    75%
33.8625
```

(2) 자동차 무게(mtcars$wt)를 xgrid, 마력(mtcars$hp)을 ygrid, mpg ~ wt*hp로 지정하여 작성한다.

```
> xgrid <- seq(min(mtcars$wt), max(mtcars$wt), 0.3)
> ygrid <- seq(min(mtcars$hp), max(mtcars$hp), 0.3)
> data.fit <- expand.grid(wt = xgrid, hp = ygrid)
> data.loss <- loess(mpg ~ wt*hp, data=mtcars)
> mtrx3d <- predict(data.loss, newdata=data.fit)
> image(xgrid, ygrid, mtrx3d)
```

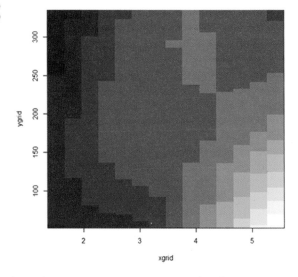

(3) subset( ) 함수를 이용하여 (cyl, disp, hp, drat, wt, mpg) 항목을 지정하고 data에 저장한 후 pairs(data) 명령어로 산점도를 작성한다.

```
> data <- subset(mtcars, select=c("cyl", "disp", "hp", "drat", "wt", "mpg"))
> head(data)
                  cyl disp  hp drat    wt  mpg
 Mazda RX4           6  160 110 3.90 2.620 21.0
 Mazda RX4 Wag       6  160 110 3.90 2.875 21.0
 Datsun 710          4  108  93 3.85 2.320 22.8
 Hornet 4 Drive      6  258 110 3.08 3.215 21.4
 Hornet Sportabout   8  360 175 3.15 3.440 18.7
 Valiant             6  225 105 2.76 3.460 18.1
```

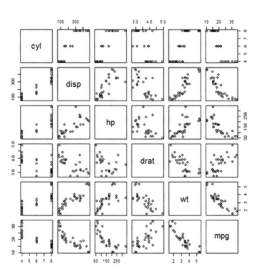

(4) qqnorm( ), qqline( ) 함수를 이용하여 자동차 마력(mtcars$hp)에 대한 Q-Q plot을 작성하고, qqline( )으로 작성한 선과 원(마력 데이터) 사이의 거리가 가까워 마력은 정규분포와 유사한 것으로 판단된다.

```
> qqnorm(mtcars$hp)
> qqline(mtcars$hp)
```

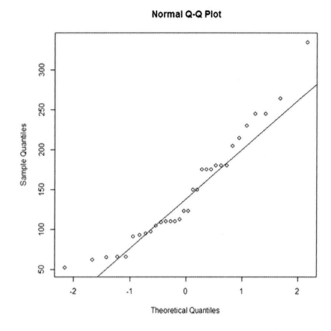

(5) qqplot( ) 함수를 이용하여 자동차 연비(mpg)와 마력(hp) 사이의 분위수 그래프를 작성한다.

```
> qqplot(mtcars$mpg, mtcars$hp)
```

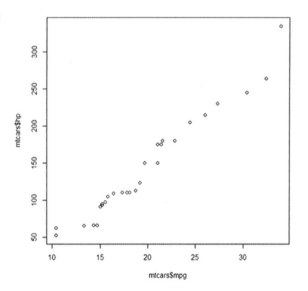

(6) par( ) 함수를 이용하여 그래프 작성 영역을 2x2로 분할한다. barplot( ), plot( ) 함수를 이용하여 자동차 연비(mpg)와 유의한 변수들 사이의 관계를 시각적으로 확인한다.

```
> par(mfrow=c(2,2))
> barplot(mtcars$mpg, xlab="mpg(miles/gallon")
> plot(mtcars$cyl, mtcars$mpg, xlab="cyl", ylab="mpg", type="o")
> plot(mtcars$disp, mtcars$mpg, xlab="cyl", ylab="mpg", type="b")
> plot(mtcars$wt, mtcars$mpg, xlab="cyl", ylab="mpg", type="p")
```

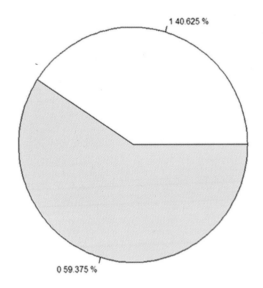

(7) pie( ) 함수를 이용하여 파이차트를 작성하고, 변속기어의 종류(1 또는))에 대한 비율을 확인한다.

```
> data <- mtcars
> ratioam1 <- sum(data$am) / nrow(data) * 100
> ratioam0 <- 100 - ratioam1
> ratioam <- c(ratioam1, ratioam0)
> ratioam
[1] 40.625 59.375
>
> type <- c("1", "0")
> label <- paste(type, ratioam)
> label <- paste(label, "%", sep=" ")
> label
[1] "1 40.625 %" "0 59.375 %"
>
> pie(ratioam, labels=label, radius=1.0)
```

(8) plot( )으로 두 변수사이의 산포도를 작성하고 lm( ), abline( ) 함수를 이용하여 두 변수 사이의 관계(마력이 클수록 연비는 감소)를 확인한다.

```
> plot(mtcars$hp, mtcars$mpg, xlab="horse power", ylab="miles/gallon")
> k <- lm(mtcars$mpg ~ mtcars$hp)
> abline(k)
```

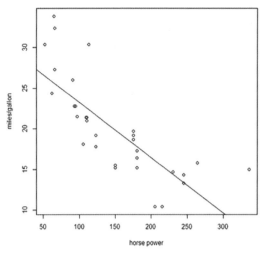

(9) hist( ), lines( ) 함수를 이용하여 연비(mtcars$mpg)에 대한 히스토그램을 작성한다.

```
> hist(mtcars$mpg, freq=F)
> lines(density(mtcars$mpg))
```

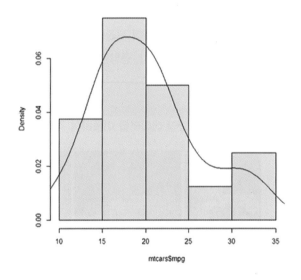

(10) stem( ) 함수를 이용하여 줄기잎 도표를 작성한다.

```
> mtcars$hp
 [1] 110 110  93 110 175 105 245  62  95 123 123 180 180 180 205 215 230  66  52  65  97 150 150 245 175  66  91 113 264 175 335 109
>
> stem(mtcars$hp)

  The decimal point is 2 digit(s) to the right of the |

  0 | 5677799
  1 | 0011111122
  1 | 55888888
  2 | 123
  2 | 556
  3 | 4
```

02 iris는 붓꽃의 생육 데이터(150개 데이터=품종별 50개×3개 품종)이다. 꽃잎의 길이(Petal.Length)와 너비 (Petal.Width) 그리고 꽃받침의 길이(Sepal.Length)와 너비(Sepal.Width)에 따라 붓꽃의 3가지 품종 (setosa, versicolor, virginica)을 구분한다. 다음 수행결과를 나타내시오.

(1) ggplot( ) 함수를 이용하여 (Sepal.Length, Sepal.Width, Petal.Length, Petal.Width)에 대한 상자그림 (geom_boxplot( )), 밀도함수 그림(geom_density( )), 산포도(geom_point( ), Sepal.Length과 Petal. Length 사이)를 출력하시오.

(2) (Species, Petal.Length) 항목에 대한 상호 관계를 알아보기 위한 텍스트 표시 그래프(geom_text( ) 함수 이용) 를 작성하시오.

(3) (Species, Petal.Length) 항목을 이용하여 다중막대 그래프(비율 중첩)와 파이 차트(그룹화)를 작성하시오.

(4) "dplyr" 패키지를 이용하여 붓꽃의 품종별로 (Sepal.Length, Sepal.Width, Petal.Length, Petal.Width) 항 목에 대한 (평균, 표준편차, 중앙값, 최솟값, 최댓값)을 출력하시오.

(5) (4)번에서 구한 요약 데이터를 이용하여 각각의 품종에 대한 평균을 막대 그래프와 파이 차트로 나타내시오.

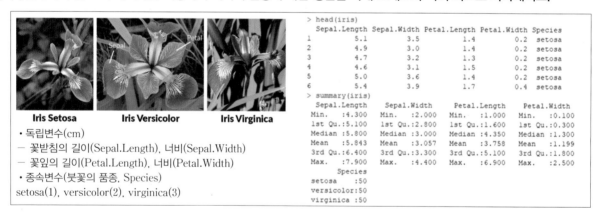

Iris Setosa   **Iris Versicolor**   **Iris Virginica**

• 독립변수(cm)
  – 꽃받침의 길이(Sepal.Length), 너비(Sepal.Width)
  – 꽃잎의 길이(Petal.Length), 너비(Petal.Width)
• 종속변수(붓꽃의 품종, Species)
setosa(1), versicolor(2), virginica(3)

```
> head(iris)
  Sepal.Length Sepal.Width Petal.Length Petal.Width Species
1          5.1         3.5          1.4         0.2  setosa
2          4.9         3.0          1.4         0.2  setosa
3          4.7         3.2          1.3         0.2  setosa
4          4.6         3.1          1.5         0.2  setosa
5          5.0         3.6          1.4         0.2  setosa
6          5.4         3.9          1.7         0.4  setosa
> summary(iris)
  Sepal.Length    Sepal.Width     Petal.Length    Petal.Width
 Min.   :4.300   Min.   :2.000   Min.   :1.000   Min.   :0.100
 1st Qu.:5.100   1st Qu.:2.800   1st Qu.:1.600   1st Qu.:0.300
 Median :5.800   Median :3.000   Median :4.350   Median :1.300
 Mean   :5.843   Mean   :3.057   Mean   :3.758   Mean   :1.199
 3rd Qu.:6.400   3rd Qu.:3.300   3rd Qu.:5.100   3rd Qu.:1.800
 Max.   :7.900   Max.   :4.400   Max.   :6.900   Max.   :2.500
       Species
 setosa    :50
 versicolor:50
 virginica :50
```

(1) ggplot( )과 geom_boxplot( ), geom_density( ), geom_point( ) 함수를 이용하여 변수들 사이의 관계를 시각적으로 확인한다.

```
> ggplot(iris, aes(Species, Sepal.Length))+geom_boxplot()
```
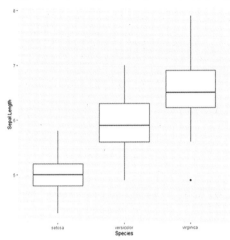

```
> ggplot(iris, aes(x=Species))+geom_density()
```
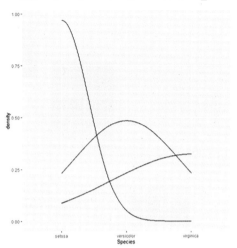

```
> ggplot(iris, aes(x=Sepal.Length, y=Petal.Length))+geom_point()
```
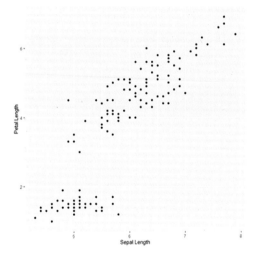

(2) ggplot( ), geom_line( ), geom_text( ) 함수를 이용하여 붓꽃 품종(Species)과 꽃잎 길이(Petal.Length) 사이의 상호 관계를 확인한다.

```
> ggplot(iris, aes(x=Species, y=Petal.Length))+geom_line()+geom_text(aes(label="Species vs Petal.Langth"))
```

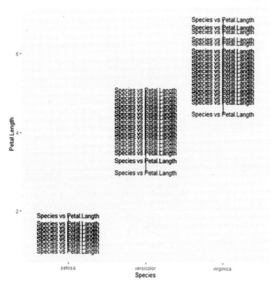

(3) ggplot( ), geom_bar( )를 이용하여 다중막대 그래프를 작성하고, coord_polar( ) 함수를 추가하여 파이차트를 작성한다.

```
> ggplot(iris, aes(Petal.Length, fill=Species))+geom_bar(position='dodge')
```

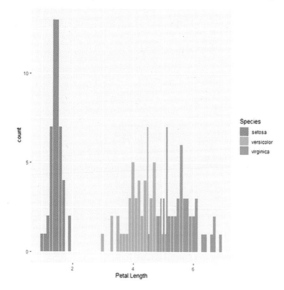

```
> ggplot(iris, aes(Petal.Length, fill=Species))+geom_bar(position='dodge')+coord_polar()
```

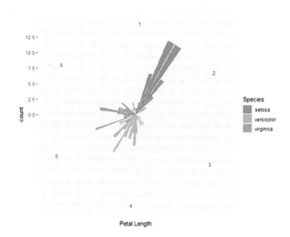

(4) dplyr 패키지를 설치하고, "%>%" 연산자를 이용하여 각각 50개의 붓꽃 품종들에 대한 기술통계량을 구한다.

```
> summary_iris <- iris %>%
+ group_by(Species) %>%
+ summarise(mean_SL = mean(Sepal.Length), sd_SL = sd(Sepal.Length), median_SL = median(Sepal.Length), min_SL = min(Sepal.Length), max_SL = max(Sepal.Length),
+ mean_SW = mean(Sepal.Width), sd_SW = sd(Sepal.Width), median_SW = median(Sepal.Width), min_SW = min(Sepal.Width), max_SW = max(Sepal.Width),
+ mean_PL = mean(Petal.Length), sd_PL = sd(Petal.Length), median_PL = median(Petal.Length), min_PL = min(Petal.Length), max_PL = max(Petal.Length),
+ mean_PW = mean(Petal.Width), sd_PW = sd(Petal.Width), median_PW = median(Petal.Width), min_PW = min(Petal.Width), max_PW = max(Petal.Width), n=n())
>
> summary_iris
# A tibble: 3 × 22
  Species    mean_SL sd_SL median_SL min_SL max_SL mean_SW sd_SW median_SW min_SW max_SW mean_PL sd_PL median_PL min_PL max_PL mean_PW sd_PW median_PW min_PW max_PW     n
  <fct>        <dbl> <dbl>     <dbl>  <dbl>  <dbl>   <dbl> <dbl>     <dbl>  <dbl>  <dbl>   <dbl> <dbl>     <dbl>  <dbl>  <dbl>   <dbl> <dbl>     <dbl>  <dbl>  <dbl> <int>
1 setosa        5.01 0.352       5     4.3    5.8    3.43 0.379       3.4    2.3    4.4    1.46 0.174       1.5      1    1.9   0.246 0.105       0.2    0.1    0.6    50
2 versicolor    5.94 0.516       5.9   4.9    7      2.77 0.314       2.8    2      3.4    4.26 0.470       4.35     3    5.1   1.33  0.198       1.3      1    1.8    50
3 virginica     6.59 0.636       6.5   4.9    7.9    2.97 0.322       3      2.2    3.8    5.55 0.552       5.55   4.5    6.9   2.03  0.275       2      1.4    2.5    50
> |
```

(5) (4)번에서 구한 summary_iris 데이터를 이용하여 Sepal.Length에 대한 품종별 기술통계량 값들의 분포를 막대 그래프와 파이차트로 시각화하여 나타낸다.

```
> ggplot(summary_iris, aes(Species, mean_SL))+geom_bar(stat='identity', fill='red', color='black')
```

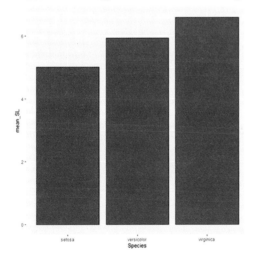

```
> ggplot(summary_iris, aes(x="", y=mean_SL, fill=Species))+geom_bar(stat='identity', width=1)+coord_polar("y", start=0)
```

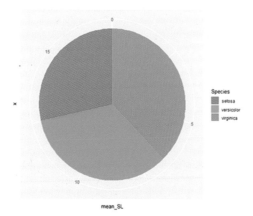

03 nottem 데이터는 1920~1939년 사이 영국 Nottingham 지역의 평균 온도(화씨, Fahrenheit)를 나타내는 시계열 자료이다. ggplot( )과 geom_line( ) 함수를 이용하여 시계열 자료를 그래프로 나타내시오.

```
> nottem
      Jan  Feb  Mar  Apr  May  Jun  Jul  Aug  Sep  Oct  Nov  Dec
1920 40.6 40.8 44.4 46.7 54.1 58.5 57.7 56.4 54.3 50.5 42.9 39.8
1921 44.2 39.8 45.1 47.0 54.1 58.7 66.3 59.9 57.0 54.2 39.7 42.8
1922 37.5 38.7 39.5 42.1 55.7 57.8 56.8 54.3 54.3 47.1 41.8 41.7
1923 41.8 40.1 42.9 45.8 49.2 52.7 64.2 59.6 54.4 49.2 36.3 37.6
1924 39.3 37.5 38.3 45.5 53.2 57.7 60.8 58.2 56.4 49.8 44.4 43.6
1925 40.0 40.5 40.8 45.1 53.8 59.4 63.5 61.0 53.0 50.0 38.1 36.3
1926 39.2 43.4 43.4 48.9 50.6 56.8 62.5 62.0 57.5 46.7 41.6 39.8
1927 39.4 38.5 45.3 47.1 51.7 55.0 60.4 60.5 54.7 50.3 42.3 35.2
1928 40.8 41.1 42.8 47.3 50.9 56.4 62.2 60.5 55.4 50.2 43.0 37.3
1929 34.8 31.3 41.0 43.9 53.1 56.9 62.5 60.3 59.8 49.2 42.9 41.9
1930 41.6 37.1 41.2 46.9 51.2 60.4 60.1 61.6 57.0 50.9 43.0 38.8
1931 37.1 38.4 38.4 46.5 53.5 58.4 60.6 58.2 53.8 46.6 45.5 40.6
1932 42.4 38.4 40.3 44.6 50.9 57.0 62.1 63.5 56.3 47.3 43.6 41.8
1933 36.2 39.3 44.5 48.7 54.2 60.8 65.5 64.9 60.1 50.2 42.1 35.8
1934 39.4 38.2 40.4 46.9 53.4 59.6 66.5 60.4 59.2 51.2 42.8 45.8
1935 40.0 42.6 43.5 47.1 50.0 60.5 64.6 64.0 56.8 48.6 44.2 36.4
1936 37.3 35.0 44.0 43.9 52.7 58.6 60.0 61.1 58.1 49.6 41.6 41.3
1937 40.8 41.0 38.4 47.4 54.1 58.6 61.4 61.8 56.3 50.9 41.4 37.1
1938 42.1 41.2 47.3 46.6 52.4 59.0 59.6 60.4 57.0 50.7 47.8 39.2
1939 39.4 40.9 42.4 47.8 52.4 58.0 60.7 61.8 58.2 46.7 46.6 37.8
```

```
> summary(nottem)
   Min. 1st Qu. Median   Mean 3rd Qu.   Max.
  31.30   41.55  47.35  49.04   57.00  66.50
> str(nottem)
 Time-Series [1:240] from 1920 to 1940: 40.6 40.8 44.4 46.7 54.1 58.5 57.7 56.4 54.3 50.5 ...
> describe(nottem)
   vars   n  mean   sd median trimmed  mad  min  max range skew kurtosis   se
X1    1 240 49.04 8.57  47.35   48.86 10.3 31.3 66.5  35.2 0.18    -1.24 0.55
```

📋 정답 및 해설

시계열 데이터를 데이터 프레임으로 저장(data)하고, ggplot( ), geom_line( ) 함수를 이용하여 그래프로 나타낸다.

```
> data <- data.frame(nottem)
> dim(data)
[1] 240   1
> data$id <- 1:240
> head(data)
  nottem id
1   40.6  1
2   40.8  2
3   44.4  3
4   46.7  4
5   54.1  5
6   58.5  6
>
> ggplot(data, aes(id, nottem))+geom_line()
Don't know how to automatically pick scale for object of type ts. Defaulting to continuous.
```

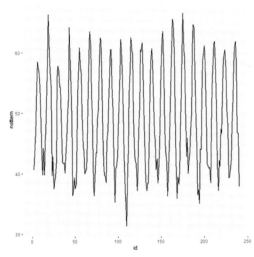

О4 precip는 미국 70개 도시들에 대한 연간 평균 강수량(inches) 자료이다. 각 도시 강수량의 규모를 비교하기 위한 구조를 트리맵(Treemap)으로 나타내시오.

```
> newdata <- data.frame(names(precip), precip)
> names(newdata) <- c("country", "rain")
> str(newdata)
'data.frame':   70 obs. of 2 variables:
 $ country: chr  "Mobile" "Juneau" "Phoenix" "Little Rock" ...
 $ rain   : num  67 54.7 7 48.5 14 17.2 20.7 13 43.4 40.2 ...
> summary(newdata)
   country              rain
 Length:70         Min.   : 7.00
 Class :character  1st Qu.:29.38
 Mode  :character  Median :36.60
                   Mean   :34.89
                   3rd Qu.:42.77
                   Max.   :67.00
> describe(newdata)
         vars  n  mean    sd median trimmed   mad min max range  skew kurtosis   se
country*    1 70 35.26 20.03   35.5   35.32 25.95   1  69    68 -0.03    -1.26 2.39
rain        2 70 34.89 13.71   36.6   35.22  9.56   7  67    60 -0.29    -0.38 1.64
>
> head(newdata)
       country rain
1       Mobile 67.0
2       Juneau 54.7
3      Phoenix  7.0
4  Little Rock 48.5
5  Los Angeles 14.0
6   Sacramento 17.2
```

📖 **정답 및 해설**

treemap( ) 함수를 이용하여 도시별 강수량 규모를 트리맵으로 작성한다.

```
> treemap (newdata,
+ index = c("country"),
+ vSize = "rain",
+ vColor = "rain",
+ type="value")
```

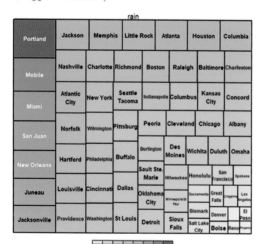

05 MASS 패키지에서 제공되는 보스턴 데이터(Boston)는 보스턴 지역의 범죄율, 학생·교수 비율, 주택가격 등의 자료로서 총 14개 항목에 대한 506개 지역의 레코드이다. 다음 수행 결과를 출력하시오.

제3장

(1) (medv, crim, black) 항목을 이용하여 버블차트를 그리시오(단, X축은 medv, Y축은 crim으로 지정하고 버블 모양으로 나타낼 변수는 black이다).

(2) (crim, rm, age, ptratio, medv) 변수 항목에 대한 체르노프 페이스 시각화 결과를 나타내시오.

- crim : 범죄율(자치시별 1인기준)
- zn : 25,000평방 피트 초과 거주지역 비율
- indus : 비소매 상업지역 면적(비율)
- chas : 찰스 강의 경계에 위치한 경우는 1, 아니면 0
- nox : 일산화질소 농도
- rm : 주택당 방수
- age : 1940년 이전에 건축된 주택의 비율
- dis : 직업센터의 거리
- rad : 방사형 고속도로까지의 거리
- tax : 재산세율
- ptratio : 학생·교수 비율
- black : 인구 중 흑인 비율
- lstat : 인구 중하위 계층 비율
- medv : 본인 소유의 주택가격(중앙값, $1000)

```
> head(Boston)
     crim zn indus chas   nox    rm  age    dis rad tax ptratio  black lstat medv
1 0.00632 18  2.31    0 0.538 6.575 65.2 4.0900   1 296    15.3 396.90  4.98 24.0
2 0.02731  0  7.07    0 0.469 6.421 78.9 4.9671   2 242    17.8 396.90  9.14 21.6
3 0.02729  0  7.07    0 0.469 7.185 61.1 4.9671   2 242    17.8 392.83  4.03 34.7
4 0.03237  0  2.18    0 0.458 6.998 45.8 6.0622   3 222    18.7 394.63  2.94 33.4
5 0.06905  0  2.18    0 0.458 7.147 54.2 6.0622   3 222    18.7 396.90  5.33 36.2
6 0.02985  0  2.18    0 0.458 6.430 58.7 6.0622   3 222    18.7 394.12  5.21 28.7
> summary(Boston)
      crim               zn             indus            chas              nox               rm
 Min.   : 0.00632   Min.   :  0.00   Min.   : 0.46   Min.   :0.00000   Min.   :0.3850   Min.   :3.561
 1st Qu.: 0.08205   1st Qu.:  0.00   1st Qu.: 5.19   1st Qu.:0.00000   1st Qu.:0.4490   1st Qu.:5.886
 Median : 0.25651   Median :  0.00   Median : 9.69   Median :0.00000   Median :0.5380   Median :6.208
 Mean   : 3.61352   Mean   : 11.36   Mean   :11.14   Mean   :0.06917   Mean   :0.5547   Mean   :6.285
 3rd Qu.: 3.67708   3rd Qu.: 12.50   3rd Qu.:18.10   3rd Qu.:0.00000   3rd Qu.:0.6240   3rd Qu.:6.623
 Max.   :88.97620   Max.   :100.00   Max.   :27.74   Max.   :1.00000   Max.   :0.8710   Max.   :8.780
      age             dis             rad              tax           ptratio          black
 Min.   :  2.90   Min.   : 1.130   Min.   : 1.000   Min.   :187.0   Min.   :12.60   Min.   :  0.32
 1st Qu.: 45.02   1st Qu.: 2.100   1st Qu.: 5.19    1st Qu.:279.0   1st Qu.:17.40   1st Qu.:375.38
 Median : 77.50   Median : 3.207   Median : 5.000   Median :330.0   Median :19.05   Median :391.44
 Mean   : 68.57   Mean   : 3.795   Mean   : 9.549   Mean   :408.2   Mean   :18.46   Mean   :356.67
 3rd Qu.: 94.08   3rd Qu.: 5.188   3rd Qu.:24.000   3rd Qu.:666.0   3rd Qu.:20.20   3rd Qu.:396.23
 Max.   :100.00   Max.   :12.127   Max.   :24.000   Max.   :711.0   Max.   :22.00   Max.   :396.90
     lstat           medv
 Min.   : 1.73   Min.   : 5.00
 1st Qu.: 6.95   1st Qu.:17.02
 Median :11.36   Median :21.20
 Mean   :12.65   Mean   :22.53
 3rd Qu.:16.95   3rd Qu.:25.00
 Max.   :37.97   Max.   :50.00
```

```
> dim(Boston)
[1] 506  14
>
> str(Boston)
'data.frame':    506 obs. of  14 variables:
 $ crim   : num  0.00632 0.02731 0.02729 0.03237 0.06905 ...
 $ zn     : num  18 0 0 0 0 12.5 12.5 12.5 12.5 ...
 $ indus  : num  2.31 7.07 7.07 2.18 2.18 2.18 7.87 7.87 7.87 7.87 ...
 $ chas   : int  0 0 0 0 0 0 0 0 0 ...
 $ nox    : num  0.538 0.469 0.469 0.458 0.458 0.458 0.524 0.524 0.524 0.524
 $ rm     : num  6.58 6.42 7.18 7 7.15 ...
 $ age    : num  65.2 78.9 61.1 45.8 54.2 58.7 66.6 96.1 100 85.9 ...
 $ dis    : num  4.09 4.97 4.97 6.06 6.06 ...
 $ rad    : int  1 2 2 3 3 3 5 5 5 5 ...
 $ tax    : num  296 242 242 222 222 222 311 311 311 311 ...
 $ ptratio: num  15.3 17.8 17.8 18.7 18.7 18.7 15.2 15.2 15.2 15.2 ...
 $ black  : num  397 397 393 395 397 ...
 $ lstat  : num  4.98 9.14 4.03 2.94 5.33 ...
 $ medv   : num  24 21.6 34.7 33.4 36.2 28.7 22.9 27.1 16.5 18.9 ...
```

정답 및 해설

(1) symbols( ), text( ) 함수를 이용하여 (medv, crim, black) 변수들에 대한 버블차트를 작성한다.

```
> radius <- sqrt(Boston$black)
> symbols(Boston$medv, Boston$crim,
+ circles = radius,
+ inches = 0.4,
+ fg = "white",
+ bg = "lightgray",
+ lwd = 1.5,
+ xlab = "Median Value of House Price",
+ ylab = "Crime rate",
+ main = "Boston House Price")
>
> text(Boston$medv, Boston$crim,
+ 1:nrow(Boston),
+ cex = 0.8,
+ col = "brown")
```

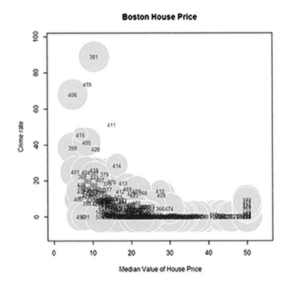

(2) (crim, rm, age, ptratio, medv) 항목에 대한 30개의 데이터를 추출하고 faces( ) 함수를 이용하여 주택가격(medv)에 대한 체르노프 페이스 시각화 결과를 나타낸다.

```
> Boston_tmp <- Boston[c(1:30), c("crim", "rm", "age", "ptratio", "medv")]
> head(Boston_tmp)
     crim    rm  age ptratio medv
1 0.00632 6.575 65.2    15.3 24.0
2 0.02731 6.421 78.9    17.8 21.6
3 0.02729 7.185 61.1    17.8 34.7
4 0.03237 6.998 45.8    18.7 33.4
5 0.06905 7.147 54.2    18.7 36.2
6 0.02985 6.430 58.7    18.7 28.7
> faces(Boston_tmp, face.type=0,
+ labels = Boston[1:30,]$medv, main="Chernoff Face,
+ face.type=0")
effect of variables:
 modified item          Var
 "height of face    " "crim"
 "width of face     " "rm"
 "structure of face" "age"
 "height of mouth   " "ptratio"
 "width of mouth    " "medv"
 "smiling           " "crim"
 "height of eyes    " "rm"
 "width of eyes     " "age"
 "height of hair    " "ptratio"
 "width of hair     " "medv"
 "style of hair     " "crim"
 "height of nose    " "rm"
 "width of nose     " "age"
 "width of ear      " "ptratio"
 "height of ear     " "medv"
```

Chernoff Face,
face.type=0

06 LifeCycleSavings 데이터는 주요 50개 국가들에 대한 (개인별 저축 금액, 15세 이하 비율, 75세 이상 비율, 1인당 수입, 수입액 증가 비율) 자료이다. 50개 국가들에 대한 변수들 사이의 관계를 시각적으로 알아보기 위한 히트맵을 작성하시오.

```
> head(LifeCycleSavings)
            sr pop15 pop75    dpi ddpi
Australia 11.43 29.35  2.87 2329.68 2.87
Austria   12.07 23.32  4.41 1507.99 3.93
Belgium   13.17 23.80  4.43 2108.47 3.82
Bolivia    5.75 41.89  1.67  189.13 0.22
Brazil    12.88 42.19  0.83  728.47 4.56
Canada     8.79 31.72  2.85 2982.88 2.43
> str(LifeCycleSavings)
'data.frame':   50 obs. of  5 variables:
 $ sr   : num  11.43 12.07 13.17 5.75 12.88 ...
 $ pop15: num  29.4 23.3 23.8 41.9 42.2 ...
 $ pop75: num  2.87 4.41 4.43 1.67 0.83 2.85 1.34 0.67 1.06 1.14 ...
 $ dpi  : num  2330 1508 2108 189 728 ...
 $ ddpi : num  2.87 3.93 3.82 0.22 4.56 2.43 2.67 6.51 3.08 2.8 ...

> summary(LifeCycleSavings)
       sr            pop15           pop75            dpi              ddpi
 Min.   : 0.600  Min.   :21.44  Min.   :0.560  Min.   :  88.94  Min.   : 0.220
 1st Qu.: 6.970  1st Qu.:26.21  1st Qu.:1.125  1st Qu.: 288.21  1st Qu.: 2.002
 Median :10.510  Median :32.58  Median :2.175  Median : 695.66  Median : 3.000
 Mean   : 9.671  Mean   :35.09  Mean   :2.293  Mean   :1106.76  Mean   : 3.758
 3rd Qu.:12.617  3rd Qu.:44.06  3rd Qu.:3.325  3rd Qu.:1795.62  3rd Qu.: 4.478
 Max.   :21.100  Max.   :47.64  Max.   :4.700  Max.   :4001.89  Max.   :16.710
> describe(LifeCycleSavings)
      vars  n    mean     sd median trimmed    mad   min     max   range skew kurtosis
sr       1 50    9.67   4.48  10.51    9.68   4.07  0.60   21.10   20.50 -0.01    -0.32
pop15    2 50   35.09   9.15  32.58   35.15  13.24 21.44   47.64   26.20  0.00    -1.68
pop75    3 50    2.29   1.29   2.17    2.22   1.61  0.56    4.70    4.14  0.31    -1.33
dpi      4 50 1106.76 990.87 695.66  980.85 713.94 88.94 4001.89 3912.95  0.95    -0.09
ddpi     5 50    3.76   2.87   3.00    3.33   1.75  0.22   16.71   16.49  2.14     6.40
         se
sr      0.63
pop15   1.29
pop75   0.18
dpi   140.13
ddpi    0.41
```

📘 정답 및 해설

데이터를 행렬 데이터로 변환 후, heatmap( ) 함수를 이용하여 히트맵으로 변수들 사이의 관계를 확인한다.

```
> data <- as.matrix(LifeCycleSavings)
> heatmap(data,
+ col = brewer.pal(9, "Blues"),
+ scale = "column",
+ margin = c(5, 10)
```

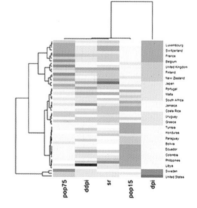

2과목

데이터 수집 및 분석

데이터 수집과 전처리

1 데이터 수집

(1) 데이터 생성

① 데이터 수집 및 전처리를 위하여 다음 패키지를 이용한다.

install.packages("readxl")	#엑셀 파일(.xls, .xlsx) 읽기
install.packages("psych")	#describe( ) 함수를 이용한 기술통계량 확인
install.packages("rvest")	#웹 스크래핑을 이용한 데이터 수집
install.packages("stringr")	#문자열 처리
install.packages("XML")	#Open API를 이용한 자료수집
library(readxl)	–
library(psych)	–
library(rvest)	–
library(stringr)	–
library(XML)	–

② R에서는 데이터분석을 위해 엑셀 및 SPSS 파일에서 사용하는 형식과 유사한 데이터 프레임(Dataframe) 자료를 주로 이용한다.

③ data.frame( )과 edit( ) 함수를 이용하여 엑셀 및 SPSS 파일 형식의 데이터 입력 및 편집이 가능하며, 변수와 자료값을 저장한다.

```
> sample_data <- data.frame(ID="190105", Gender="Male", Age=47, Job="Office", Residence="Rural", Shopping=195.6)
> sample_data <- edit(sample_data)
```

	ID	Gender	Age	Job	Residence	Shopping
1	190105	Male	47	Office	Rural	195.6
2						
3						
4						
5						
6						
7						
8						
9						
10						
11						
12						
13						
14						
15						
16						
17						
18						
19						

④ data.frame( )과 edit( ) 함수를 이용한 변수 및 자료값 생성은 비교적 소규모 데이터 입력 시 편리하다. 많은 양의 변수와 데이터를 입력하거나 기존 엑셀 파일 또는 csv 파일 등을 이용한 데이터 분석 작업을 위해서는 외부 데이터 불러오기 명령어를 이용한다.

(2) 외부 데이터 불러오기

① 파일 형식에 따라 read.csv( ) 또는 read.excel( ) 함수를 이용하여 외부 데이터를 불러오며 데이터 불러오기 수행 시 기본적으로 데이터 프레임 구조의 R 데이터로 생성된다.

② csv 파일 불러오기 : 파일의 확장자가 ".csv"인 파일을 읽어오기 위하여 "C:/workr" 작업 폴더에 저장되어 있는 "data.csv" 파일을 이용한다. data.csv는 (고객번호, 성별, 연령대, 직업, 주거지역, 쇼핑액, 이용만족도, 쇼핑1월, 쇼핑2월, 쇼핑3월, 쿠폰사용횟수, 쿠폰선호도, 품질, 가격, 서비스, 배송, 쇼핑만족도, 소득)에 대한 백화점 고객정보이다.

	A	B	C	D	E	F	G	H	I	J	K	L	M	N	O	P	Q	R
1	고객번호	성별	연령대	직업	주거지역	쇼핑액	이용만족도	쇼핑1월	쇼핑2월	쇼핑3월	쿠폰사용회수	쿠폰선호도	품질	가격	서비스	배송	쇼핑만족도	소득
2	190105	남자	45-49세	회사원	소도시	195.6	4	76.8	64.8	54	3	예	7	7	1	4	4	4300
3	190106	남자	25-29세	공무원	소도시	116.4	7	44.4	32.4	39.6	6	아니오	7	4	7	7	7	7500
4	190107	남자	50세 이상	자영업	중도시	183.6	4	66	66	51.6	5	예	4	4	3	3	6	2900
5	190108	남자	50세 이상	농어업	소도시	168	4	62.4	52.8	52.8	4	아니오	3	3	4	6	5	5300
6	190109	남자	40-44세	공무원	중도시	169.2	4	63.6	54	51.6	5	아니오	6	4	7	4	6	4000
7	190110	남자	45-49세	자영업	중도시	171.6	5	52.8	66	52.8	4	아니오	5	4	3	4	5	5100
8	190111	여자	50세 이상	공무원	중도시	207.6	4	64.8	88.8	54	4	예	7	7	4	4	5	5700
9	190112	남자	50세 이상	자영업	소도시	201.6	7	56.4	92.4	52.8	3	예	7	7	4	4	4	5900
10	190113	남자	50세 이상	농어업	중도시	111.6	3	64.8	30	16.8	4	아니오	4	2	4	3	5	5100
11	190114	여자	45-49세	회사원	중도시	156	4	51.6	51.6	52.8	0	예	1	4	1	7	1	5700
12	190115	남자	40-44세	회사원	중도시	225.6	5	80.4	92.4	52.8	1	예	5	5	5	5	2	5800
13	190116	남자	30-34세	공무원	중도시	220.8	4	76.8	90	54	5	아니오	5	5	5	4	6	4300
14	190117	남자	35-39세	회사원	대도시	244.8	7	76.8	88.8	79.2	6	아니오	7	4	7	7	7	8700
15	190118	남자	45-49세	농어업	중도시	184.8	6	91.2	67.2	26.4	5	예	5	4	5	6	6	4100
16	190119	남자	45-49세	회사원	중도시	194.4	5	88.8	52.8	52.8	3	예	5	4	4	4	4	6600
17	190120	남자	50세 이상	회사원	대도시	200.4	7	55.2	52.8	92.4	6	아니오	7	1	5	5	7	6100
18	190121	남자	50세 이상	농어업	소도시	153.6	4	44.4	56.4	52.8	3	예	5	5	4	5	4	6300
19	190122	남자	30-34세	자영업	대도시	170.4	3	51.6	64.8	54	3	예	5	4	3	4	4	9200
20	190123	남자	50세 이상	농어업	소도시	184.8	5	52.8	52.8	79.2	4	아니오	3	5	4	3	5	7700

㉠ setwd( ) 함수를 이용하여 "data.csv" 파일이 저장되어 있는 작업 폴더(영역)를 지정하고 read.csv( )로 파일을 읽어온다. read.csv( ) 사용 시 지정하는 "header=T"는 불러올 파일(data.csv)의 첫 번째 행(줄)은 자료들에 대한 변수명(항목)으로 지정함을 의미한다. fileEncoding="EUC-KR"은 data.csv 파일이 한글로 인코딩된 자료임을 나타낸다.

```
> setwd("C:/workr")
> getwd()
[1] "C:/workr"
> data <- read.csv("data.csv", header=T, fileEncoding="EUC-KR")
> head(data)
  고객번호 성별  연령대  직업 주거지역 쇼핑액 이용만족도 쇼핑1월 쇼핑2월 쇼핑3월 쿠폰사용회수 쿠폰선호도 품질 가격 서비스 배송 쇼핑만족도 소득
1   190105 남자 45-49세 회사원  소도시  195.6          4   76.8   64.8   54.0            3         예    7    7      1    4          4 4300
2   190106 남자 25-29세 공무원  소도시  116.4          7   44.4   32.4   39.6            6      아니오    7    4      7    7          7 7500
3   190107 남자 50세 이상 자영업  중도시  183.6          4   66.0   66.0   51.6            5         예    4    4      3    3          6 2900
4   190108 남자 50세 이상 농어업  소도시  168.0          4   62.4   52.8   52.8            4      아니오    3    3      4    6          5 5300
5   190109 남자 40-44세 공무원  중도시  169.2          4   63.6   54.0   51.6            5      아니오    6    4      7    4          6 4000
6   190110 남자 45-49세 자영업  중도시  171.6          5   52.8   66.0   52.8            4      아니오    5    4      3    4          5 5100
>
> summary(data)
    고객번호          성별               연령대              직업             주거지역             쇼핑액         이용만족도        쇼핑1월
 Min.   :190105   Length:90          Length:90          Length:90          Length:90          Min.   : 80.4   Min.   :1.000   Min.   :15.60
 1st Qu.:190127   Class :character   Class :character   Class :character   Class :character   1st Qu.:155.1   1st Qu.:4.000   1st Qu.:52.80
 Median :190150   Mode  :character   Mode  :character   Mode  :character   Mode  :character   Median :172.8   Median :5.000   Median :64.80
 Mean   :190150                                                                              Mean   :174.2   Mean   :5.267   Mean   :64.97
 3rd Qu.:190172                                                                              3rd Qu.:195.6   3rd Qu.:7.000   3rd Qu.:80.10
 Max.   :190194                                                                              Max.   :244.8   Max.   :7.000   Max.   :92.40
    쇼핑2월          쇼핑3월        쿠폰사용회수      쿠폰선호도             품질               가격            서비스            배송          쇼핑만족도
 Min.   :13.20   Min.   :13.20   Min.   :0.000   Length:90          Min.   :1.000   Min.   :1.000   Min.   :1.0   Min.   :1.000   Min.   :1.000
 1st Qu.:52.80   1st Qu.:38.70   1st Qu.:3.000   Class :character   1st Qu.:5.000   1st Qu.:4.000   1st Qu.:4.0   1st Qu.:4.000   1st Qu.:4.000
 Median :56.40   Median :52.80   Median :4.000   Mode  :character   Median :5.000   Median :5.000   Median :5.0   Median :4.000   Median :5.000
 Mean   :61.12   Mean   :48.11   Mean   :4.278                      Mean   :5.422   Mean   :4.744   Mean   :4.9   Mean   :4.456   Mean   :5.278
 3rd Qu.:67.20   3rd Qu.:52.80   3rd Qu.:5.750                      3rd Qu.:7.000   3rd Qu.:6.000   3rd Qu.:6.0   3rd Qu.:6.000   3rd Qu.:6.750
 Max.   :92.40   Max.   :92.40   Max.   :6.000                      Max.   :7.000   Max.   :7.000   Max.   :7.0   Max.   :7.000   Max.   :7.000
     소득
 Min.   : 400
 1st Qu.:4000
 Median :5100
 Mean   :5202
 3rd Qu.:6100
 Max.   :9500
```

ⓛ read.csv( )로 R에서 데이터 프레임 형식으로 불러온 파일(data)에 대하여 edit(data) 함수를 이용하여 데이터 확인, 편집 및 저장이 가능하다.

```
> data <- read.csv("data.csv", header=T, fileEncoding="EUC-KR")
> edit(data)
   고객번호 성별  연령대   직업  주거지역 쇼핑액 이동만족도 쇼핑1월 쇼핑2월 쇼핑3월 쿠폰사용회수 쿠폰선호도 품질 가격 서비스 배송 쇼핑만족도 소득
1  190105  남자  45-49세  회사원   소도시  195.6     4      76.8   64.8   54.0      3         예      7    7    1    4       4  4300
2  190106  남자  25-29세  공무원   소도시  116.4     7      44.4   32.4   39.6      6         아니요   7    4    7    7       7  7500
3  190107  남자  50세 이상 자영업   중도시  183.6     4      66.0   66.0   51.6      5         예      4    4    3    3       6  2900
4  190108  남자  50세 이상 농어업   소도시  168.0     4      62.4   52.8   52.8      4         아니요   3    3    4    6       5  5300
5  190109  남자  40-44세  공무원   중도시  169.2     4      63.6   54.0   51.6      5         아니요   6    4    7    4       6  4000
6  190110  남자  45-49세  자영업   중도시  171.6     5      52.8   66.0   52.8      4         아니요   5    4    3    4       5  5100
7  190111  여자  50세 이상 공무원   중도시  207.6     4      64.8   88.8   54.0      4         예      7    7    1    4       5  5700
8  190112  남자  50세 이상 자영업   소도시  201.6     7      56.4   92.4   52.8      3         예      7    7    7    4       4  5900
9  190113  남자  50세 이상 농어업   중도시  111.6     3      64.8   30.0   16.8      4         아니요   4    2    4    3       5  5100
10 190114  여자  45-49세  회사원   중도시  156.0     4      51.6   51.6   52.8      0         예      1    4    1    7       1  5700
11 190115  남자  40-44세  회사원   중도시  225.6     5      80.4   92.4   52.8      1         예      5    5    5    5       2  5800
12 190116  남자  30-34세  공무원   중도시  220.8     4      76.8   90.0   54.0      5         아니요   5    5    5    4       4  4300
13 190117  남자  35-39세  회사원   대도시  244.8     7      76.8   88.8   79.2      6         아니요   7    4    7    7       7  8700
14 190118  남자  45-49세  농어업   중도시  184.8     6      91.2   67.2   26.4      5         예      5    4    5    6       6  4100
15 190119  남자  45-49세  회사원   중도시  194.4     5      88.8   52.8   52.8      3         예      5    4    4    4       4  6600
16 190120  남자  50세 이상 회사원   대도시  200.4     7      55.2   52.8   92.4      6         아니요   7    1    5    5       7  6100
17 190121  남자  50세 이상 농어업   소도시  153.6     4      44.4   56.4   52.8      3         예      5    5    4    4       4  6300
18 190122  남자  30-34세  자영업   대도시  170.4     3      51.6   64.8   54.0      3         예      5    4    4    3       4  9200
19 190123  남자  50세 이상 농어업   소도시  184.8     5      52.8   52.8   79.2      4         아니요   3    5    4    3       5  7700
20 190124  남자  30-34세  공무원   소도시  232.8     5      88.8   78.0   66.0      5         아니요   4    7    6    6       6  9400
21 190125  남자  50세 이상 공무원   중도시  134.4     5      40.8   40.8   52.8      4         아니요   5    4    3    6       5  5650
22 190126  남자  50세 이상 농어업   소도시  160.8     5      56.4   64.8   39.6      4         예      5    5    4    5       5  8600
23 190127  남자  50세 이상 전문직   대도시  230.4     6      88.8   64.8   76.8      6         아니요   7    7    5    4       5  3100
24 190128  남자  30-34세  자영업   중도시  180.0     6      44.4   56.4   79.2      5         아니요   5    4    6    4       6  3800
25 190129  남자  50세 이상 농어업   중도시  164.4     5      56.4   55.2   52.8      4         아니요   5    5    4    5       4  4600
26 190130  남자  40-44세  전문직   소도시  180.0     5      55.2   68.4   56.4      4         아니요   5    5    5    4       5  4000
27 190131  남자  50세 이상 농어업   소도시  195.6     4      51.6   87.6   56.4      3         예      4    4    4    1       4  6200
28 190132  남자  50세 이상 농어업   소도시  170.4     6      64.8   52.8   52.8      5         예      6    5    6    4       6  2100
29 190133  남자  50세 이상 농어업   대도시  199.2     7      91.2   56.4   51.6      6         아니요   7    7    7    7       7  2700
30 190134  남자  50세 이상 농어업   소도시  162.0     7      42.0   54.0   66.0      6         아니요   7    6    6    7       7  3100
31 190135  남자  30-34세  전문직   대도시  160.8     4      54.0   54.0   52.8      3         아니요   4    4    4    4       4  2500
32 190136  여자  45-49세  회사원   중도시  111.6     4      31.2   43.2   37.2      4         예      5    4    4    2       4  2600
33 190137  남자  40-44세  전문직   소도시  163.2     4      55.2   55.2   52.8      3         예      4    4    4    4       4  2300
34 190138  남자  35-39세  회사원   대도시  160.8     5      64.8   56.4   39.6      3         아니요   4    4    4    6       4  3100
35 190139  남자  25-29세  회사원   대도시  160.8     7      75.6   56.4   31.2      3         예      7    7    7    7       7  7400
36 190140  여자  45-49세  전문직   대도시  210.0     7      90.0   67.2   52.8      6         아니요   7    6    7    7       7  8200
37 190141  여자  50세 이상 회사원   대도시  176.4     7      56.4   54.0   66.0      3         아니요   4    4    7    7       4  3000
38 190142  여자  50세 이상 자영업   대도시  176.4     6      52.8   56.4   67.2      5         아니요   5    5    5    5       4  3000
39 190143  남자  50세 이상 전문직   대도시  147.6     5      79.2   42.0   26.4      3         아니요   2    4    2    5       4  4300
40 190144  여자  30-34세  전문직   중도시  237.6     1      92.4   56.4   88.8      0         예      1    1    1    1       1  5400
41 190145  여자  45-49세  회사원   대도시  194.4     6      88.8   64.8   40.8      5         아니요   7    6    6    6       5  5500
42 190146  남자  40-44세  회사원   대도시  142.8     5      64.8   64.8   13.2      4         아니요   5    5    5    5       5  6000
43 190147  남자  50세 이상 자영업   대도시  195.6     4      52.8   90.0   52.8      3         아니요   5    5    3    3       4  5100
44 190148  남자  45-49세  자영업   대도시  181.2     5      88.8   40.8   51.6      3         예      6    4    6    1       4  2900
```

	고객번호	성별	연령대	직업	주거지역	쇼핑액	이동만족도	쇼핑1월	쇼핑2월	쇼핑3월	쿠폰사용회수	쿠폰선호도	품질	가격	서비스	배송	쇼핑만족도	소득
1	190105	남자	45-49세	회사원	소도시	195.6	4	76.8	64.8	54.0	3	예	7	7	1	4	4	4300
2	190106	남자	25-29세	공무원	소도시	116.4	7	44.4	32.4	39.6	6	아니요	7	4	7	7	7	7500
3	190107	남자	50세 이상	자영업	중도시	183.6	4	66	66	51.6	5	예	4	4	3	3	6	2900
4	190108	남자	50세 이상	농어업	소도시	168	4	62.4	52.8	52.8	4	아니요	3	3	4	6	5	5300
5	190109	남자	40-44세	공무원	중도시	169.2	4	63.6	54	51.6	5	아니요	6	4	7	4	6	4000
6	190110	남자	45-49세	자영업	중도시	171.6	5	52.8	66	52.8	4	아니요	5	4	3	4	5	5100
7	190111	여자	50세 이상	공무원	중도시	207.6	4	64.8	88.8	54	4	예	7	7	1	4	5	5700
8	190112	남자	50세 이상	자영업	소도시	201.6	7	56.4	92.4	52.8	3	예	7	7	7	4	4	5900
9	190113	남자	50세 이상	농어업	중도시	111.6	3	64.8	30	16.8	4	아니요	4	2	4	3	5	5100
10	190114	여자	45-49세	회사원	중도시	156	4	51.6	51.6	52.8	0	예	1	4	1	7	1	5700
11	190115	남자	40-44세	회사원	중도시	225.6	5	80.4	92.4	52.8	1	예	5	5	5	5	2	5800
12	190116	남자	30-34세	공무원	중도시	220.8	4	76.8	90	54	5	아니요	5	5	5	4	4	4300
13	190117	남자	35-39세	회사원	대도시	244.8	7	76.8	88.8	79.2	6	아니요	7	4	7	7	7	8700
14	190118	남자	45-49세	농어업	중도시	184.8	6	91.2	67.2	26.4	5	예	5	4	5	6	6	4100
15	190119	남자	45-49세	회사원	중도시	194.4	5	88.8	52.8	52.8	3	예	5	4	4	4	4	6600
16	190120	남자	50세 이상	회사원	대도시	200.4	7	55.2	52.8	92.4	6	아니요	7	1	5	5	7	6100
17	190121	남자	50세 이상	농어업	소도시	153.6	4	44.4	56.4	52.8	3	예	5	5	4	4	4	6300
18	190122	남자	30-34세	자영업	대도시	170.4	3	51.6	64.8	54	3	예	5	4	4	3	4	9200
19	190123	남자	50세 이상	농어업	소도시	184.8	5	52.8	52.8	79.2	4	아니요	3	5	4	3	5	7700
20	190124	남자	30-34세	공무원	소도시	232.8	5	88.8	78	66	5	아니요	4	7	6	6	6	9400
21	190125	남자	50세 이상	공무원	중도시	134.4	5	40.8	40.8	52.8	4	아니요	5	4	3	6	5	5650
22	190126	남자	50세 이상	농어업	소도시	160.8	5	56.4	64.8	39.6	4	예	5	5	4	5	5	8600
23	190127	남자	50세 이상	전문직	대도시	230.4	6	88.8	64.8	76.8	6	아니요	7	7	5	4	5	3100
24	190128	남자	30-34세	자영업	중도시	180	6	44.4	56.4	79.2	5	아니요	5	4	6	4	6	3800
25	190129	남자	50세 이상	농어업	중도시	164.4	5	56.4	55.2	52.8	4	아니요	5	5	4	5	4	4600
26	190130	남자	40-44세	전문직	소도시	180	5	55.2	68.4	56.4	4	아니요	5	5	5	4	5	4000
27	190131	남자	50세 이상	농어업	소도시	195.6	4	51.6	87.6	56.4	3	예	4	4	4	1	4	6200
28	190132	남자	50세 이상	농어업	소도시	170.4	6	64.8	52.8	52.8	5	예	6	5	6	4	6	2100
29	190133	남자	50세 이상	농어업	대도시	199.2	7	91.2	56.4	51.6	6	아니요	7	7	7	7	7	2700
30	190134	남자	50세 이상	농어업	소도시	162	7	42	54	66	6	아니요	7	6	6	7	7	3100
31	190135	남자	30-34세	전문직	대도시	160.8	4	54	54	52.8	3	아니요	4	4	4	4	4	2500
32	190136	여자	45-49세	회사원	중도시	111.6	4	31.2	43.2	37.2	4	예	5	4	4	2	4	2600
33	190137	여자	40-44세	전문직	소도시	163.2	4	55.2	55.2	52.8	3	예	4	4	4	4	4	2300
34	190138	남자	35-39세	회사원	대도시	160.8	5	64.8	56.4	39.6	3	아니요	4	4	4	6	4	3100
35	190139	남자	25-29세	회사원	대도시	160.8	7	75.6	56.4	31.2	3	예	7	7	7	7	7	7400
36	190140	여자	45-49세	전문직	대도시	210	7	90	67.2	52.8	6	아니요	7	6	7	7	7	8200
37	190141	여자	50세 이상	회사원	대도시	176.4	7	56.4	54	66	3	아니요	4	4	7	7	4	3000
38	190142	여자	50세 이상	자영업	대도시	176.4	6	52.8	56.4	67.2	5	아니요	5	5	5	5	4	3000
39	190143	남자	50세 이상	전문직	대도시	147.6	5	79.2	42	26.4	3	아니요	2	4	2	5	4	4300
40	190144	여자	30-34세	전문직	중도시	237.6	1	92.4	56.4	88.8	0	예	1	1	1	1	1	5400

③ excel(.xlsx 또는 .xls) 파일 불러오기 : 파일 확장자가 ".xlsx" 또는 ".xls"(엑셀 97－2003 버전)인 엑셀 파일
을 불러오기 위해 "C:/workr" 폴더에 저장되어 있는 pollution_air.xlsx을 이용한다. pollution_air.xlsx은
대기오염 측정자료로 (dataTime, stationName, so2Value, coValue, o3Value, no2Value, pm10Value)
항목으로 구성되며, 하나의 sheet(sheet이름은 pollution_air)로 되어 있다.

	A	B	C	D	E	F	G	H
1		dataTime	stationName	so2Value	coValue	o3Value	no2Value	pm10Value
2	1	2021-02-28 20:00	소사본동	0.004	0.7	0	0.052	59
3	2	2021-02-28 20:00	내동	0.004	0.5	0.005	0.052	72
4	3	2021-02-28 20:00	중2동	0.004	0.7	0.001	0.052	47
5	4	2021-02-28 20:00	오정동	0.006	0.6	0.003	0.05	51
6	5	2021-02-28 20:00	송내대로(중동)	0.005	0.6	0.003	0.051	47
7	6	2021-02-28 20:00	신풍동	0.003	0.5	0.015	0.038	32
8	7	2021-02-28 20:00	인계동	0.003	0.6	0.017	0.038	31
9	8	2021-02-28 20:00	광교동	0.002	0.6	0.012	0.044	34
10	9	2021-02-28 20:00	영통동	0.002	0.6	0.021	0.031	33
11	10	2021-02-28 20:00	천천동	0.002	0.5	0.012	0.043	35
12	11	2021-02-28 20:00	경수대로(동수원)	0.002	0.6	0.01	0.035	35
13	12	2021-02-28 20:00	고색동	0.003	0.6	0.015	0.036	49
14	13	2021-02-28 20:00	호매실동	0.002	0.5	0.014	0.035	38
15	14	2021-02-28 20:00	대왕판교로(백현동)	0.007	1.1	-	0.053	30
16	15	2021-02-28 20:00	단대동	0.003	0.5	0.009	0.045	30
17	16	2021-02-28 20:00	정자동	0.002	0.6	0.005	0.045	31
18	17	2021-02-28 20:00	수내동	0.002	0.6	0.004	0.048	26
19	18	2021-02-28 20:00	성남대로(모란역)	0.004	0.7	0.004	0.052	37
20	19	2021-02-28 20:00	복정동	0.001	0.7	0.008	0.048	36
21	20	2021-02-28 20:00	운중동	0.002	0.6	0.006	0.048	32
22	21	2021-02-28 20:00	상대원동	0.003	0.6	0.005	0.045	30
23	22	2021-02-28 20:00	의정부동	0.005	0.6	0.006	0.048	32
24	23	2021-02-28 20:00	의정부1동	0.005	0.7	0.006	0.053	45
25	24	2021-02-28 20:00	송산3동	0.004	0.5	0.004	0.042	25
26	25	2021-02-28 20:00	안양6동	0.003	0.4	0.01	0.042	43
27	26	2021-02-28 20:00	부림동	0.004	0.6	0.009	0.041	41
28	27	2021-02-28 20:00	호계동	0.004	0.4	0.012	0.039	35
29	28	2021-02-28 20:00	안양2동	0.003	0.5	0.012	0.049	51
30	29	2021-02-28 20:00	철산동	0.004	0.5	0.007	0.042	42
31	30	2021-02-28 20:00	소하동	0.003	0.4	0.013	0.033	48
32								

pollution_air

ⓐ 파일(.xlsx, .xls)을 읽어오기 위해 install.packages("readxl")를 이용하여 "readxl" 패키지를 설치한다. read_excel( ) 함수를 이용하며, sheet 이름(sheet="pollution_air")과 col_names=TRUE(파일 첫 번째 행(줄)은 열이름(변수명))을 지정한다. View(data) 명령어를 이용하여 데이터 프레임 형식의 자료를 확인한다.

```
> setwd("C:/workr")
> getwd()
[1] "C:/workr"
> install.packages("readxl")
--- 현재 세션에서 사용할 CRAN 미러를 선택해 주세요 ---
URL 'https://cran.yu.ac.kr/bin/windows/contrib/4.2/readxl_1.4.0.zip'을 시도합니다
Content type 'application/zip' length 1197675 bytes (1.1 MB)
downloaded 1.1 MB

패키지 'readxl'를 성공적으로 압축해제하였고 MD5 sums 이 확인되었습니다

다운로드된 바이너리 패키지들은 다음의 위치에 있습니다
        C:\Users\Public\Documents\ESTsoft\CreatorTemp\Rtmpw7MGWs\downloaded_packages
> library(readxl)
> data <- read_excel("pollution_air.xlsx", sheet="pollution_air", col_names=TRUE)
New names:
• `` -> `...1`
> data
# A tibble: 30 × 8
    ...1 dataTime            stationName    so2Value coValue o3Value            no2Value pm10Value
   <dbl> <dttm>              <chr>            <dbl>   <dbl> <chr>                 <dbl>     <dbl>
 1     1 2021-02-28 20:00:00 소사본동          0.004   0.7 0                     0.052        59
 2     2 2021-02-28 20:00:00 내동             0.004   0.5 5.0000000000000001E-3  0.052        72
 3     3 2021-02-28 20:00:00 중2동            0.004   0.7 1E-3                   0.052        47
 4     4 2021-02-28 20:00:00 오정동           0.006   0.6 3.0000000000000001E-3   0.05        51
 5     5 2021-02-28 20:00:00 송내대로(중동)    0.005   0.6 3.0000000000000001E-3  0.051        47
 6     6 2021-02-28 20:00:00 신흥동          0.003   0.5 1.4999999999999999E-2  0.038        32
 7     7 2021-02-28 20:00:00 인계동          0.003   0.6 1.7000000000000001E-2  0.038        31
 8     8 2021-02-28 20:00:00 광교동          0.002   0.6 1.2E-2                 0.044        34
 9     9 2021-02-28 20:00:00 영통동          0.002   0.6 2.1000000000000001E-2  0.031        33
10    10 2021-02-28 20:00:00 천천동          0.002   0.5 1.2E-2                 0.043        35
# … with 20 more rows
>
> summary(data)
     ...1          dataTime                      stationName          so2Value           coValue        o3Value
 Min.   : 1.00   Min.   :2021-02-28 20:00:00   Length:30          Min.   :0.001000   Min.   :0.4000   Length:30
 1st Qu.: 8.25   1st Qu.:2021-02-28 20:00:00   Class :character   1st Qu.:0.002000   1st Qu.:0.5000   Class :character
 Median :15.50   Median :2021-02-28 20:00:00   Mode  :character   Median :0.003000   Median :0.6000   Mode  :character
 Mean   :15.50   Mean   :2021-02-28 20:00:00                      Mean   :0.003367   Mean   :0.5867
 3rd Qu.:22.75   3rd Qu.:2021-02-28 20:00:00                      3rd Qu.:0.004000   3rd Qu.:0.6000
 Max.   :30.00   Max.   :2021-02-28 20:00:00                      Max.   :0.007000   Max.   :1.1000
    no2Value         pm10Value
 Min.   :0.03100   Min.   :25.00
 1st Qu.:0.03950   1st Qu.:32.00
 Median :0.04500   Median :35.50
 Mean   :0.04433   Mean   :39.23
 3rd Qu.:0.04975   3rd Qu.:46.50
 Max.   :0.05300   Max.   :72.00
> View(data)
```

	...1	dataTime	stationName	so2Value	coValue
1	1	2021-02-28 20:00:00	소사본동	0.004	0.7
2	2	2021-02-28 20:00:00	내동	0.004	0.5
3	3	2021-02-28 20:00:00	중2동	0.004	0.7
4	4	2021-02-28 20:00:00	오정동	0.006	0.6
5	5	2021-02-28 20:00:00	삼내대로(중동)	0.005	0.6
6	6	2021-02-28 20:00:00	신흥동	0.003	0.5
7	7	2021-02-28 20:00:00	인계동	0.003	0.6
8	8	2021-02-28 20:00:00	광교동	0.002	0.6
9	9	2021-02-28 20:00:00	영통동	0.002	0.6
10	10	2021-02-28 20:00:00	천천동	0.002	0.5
11	11	2021-02-28 20:00:00	경수대로(동수원)	0.002	0.6
12	12	2021-02-28 20:00:00	고색동	0.003	0.6
13	13	2021-02-28 20:00:00	효매실동	0.002	0.5
14	14	2021-02-28 20:00:00	대왕판교로(백현동)	0.007	1.1
15	15	2021-02-28 20:00:00	단대동	0.003	0.5
16	16	2021-02-28 20:00:00	정자동	0.002	0.6
17	17	2021-02-28 20:00:00	수내동	0.002	0.6
18	18	2021-02-28 20:00:00	성남대로(모란역)	0.004	0.7
19	19	2021-02-28 20:00:00	복정동	0.001	0.7

ⓛ R 화면(console)에 출력할 항목(변수)이 많은 경우 여러 행에 출력된다. 각 항목별로 하나의 행(라인)에 출력하고자 하는 경우 각 라인의 폭(500)을 지정하고, options("width"=500)를 이용한다.

- options를 사용하지 않은 경우 : 여러 행에 항목 출력

```
> setwd("C:/workr")
> getwd()
[1] "C:/workr"
> data <- read.csv("data.csv", header=T, fileEncoding="EUC-KR")
> head(data)
  고객번호 성별   연령대   직업 주거지역 쇼핑액 이용만족도 쇼핑1월 쇼핑2월 쇼핑3월 쿠폰사용회수 쿠폰선호도 품질 가격 서비스 배송
1   190105 남자  45-49세 회사원   소도시  195.6      4      76.8   64.8    54.0                      3           예     7     7       1     4
2   190106 남자  25-29세 공무원   소도시  116.4      7      44.4   32.4    39.6                      6        아니오   7     4       7     7
3   190107 남자 50세 이상 자영업   중도시  183.6      4      66.0   66.0    51.6            5              예     4     4       3     3
4   190108 남자 50세 이상 농어업   소도시  168.0      4      62.4   52.8    52.8            4           아니오   3     3       4     6
5   190109 남자  40-44세 공무원   중도시  169.2      4      63.6   54.0    51.6            5           아니오   6     4       7     4
6   190110 남자  45-49세 자영업   중도시  171.6      5      52.8   66.0    52.8            4           아니오   5     4       3     4
  쇼핑만족도 소득
1       4 4300
2       7 7500
3       6 2900
4       5 5300
5       6 4000
6       5 5100
```

- options를 사용하는 경우 : 한 행에 모든 항목 출력

```
> options("width"=500)
> data <- read.csv("data.csv", header=T, fileEncoding="EUC-KR")
> head(data)
  고객번호 성별   연령대   직업 주거지역 쇼핑액 이용만족도 쇼핑1월 쇼핑2월 쇼핑3월 쿠폰사용회수 쿠폰선호도 품질 가격 서비스 배송 쇼핑만족도 소득
1   190105 남자  45-49세 회사원   소도시  195.6      4      76.8   64.8    54.0          3              예     7     7       1     4        4 4300
2   190106 남자  25-29세 공무원   소도시  116.4      7      44.4   32.4    39.6          6          아니오   7     4       7     7        7 7500
3   190107 남자 50세 이상 자영업   중도시  183.6      4      66.0   66.0    51.6          5              예     4     4       3     3        6 2900
4   190108 남자 50세 이상 농어업   소도시  168.0      4      62.4   52.8    52.8          4          아니오   3     3       4     6        5 5300
5   190109 남자  40-44세 공무원   중도시  169.2      4      63.6   54.0    51.6          5          아니오   6     4       7     4        6 4000
6   190110 남자  45-49세 자영업   중도시  171.6      5      52.8   66.0    52.8          4          아니오   5     4       3     4        5 5100
```

④ 데이터 생성 및 외부 데이터 불러오기(csv, xls, xlsx 등) 외에도 datasets의 기본 패키지에서 제공하는 여러 가지 다양한 데이터를 이용할 수 있다. 대표적으로 많이 사용되는 데이터세트는 다음과 같다.

1949~1960년 월별 항공 이용 승객수 [연도, 월 (항공 이용 승객수)]	붓꽃 생육 데이터 [꽃받침, 꽃잎 길이(cm), 붓꽃의 품종]

```
> AirPassengers
     Jan Feb Mar Apr May Jun Jul Aug Sep Oct Nov Dec
1949 112 118 132 129 121 135 148 148 136 119 104 118
1950 115 126 141 135 125 149 170 170 158 133 114 140
1951 145 150 178 163 172 178 199 199 184 162 146 166
1952 171 180 193 181 183 218 230 242 209 191 172 194
1953 196 196 236 235 229 243 264 272 237 211 180 201
```

```
> iris
  Sepal.Length Sepal.Width Petal.Length Petal.Width Species
1          5.1         3.5          1.4         0.2  setosa
2          4.9         3.0          1.4         0.2  setosa
3          4.7         3.2          1.3         0.2  setosa
4          4.6         3.1          1.5         0.2  setosa
5          5.0         3.6          1.4         0.2  setosa
```

1973~1974년 자동차 모델(32개) 성능 데이터 [(1974년 Motor Trend US 잡지 게재 데이터)]	타이타닉 호 생존자 수 [선박 등급(1,2,3,승무원), 성별, 연령대, 생존 여부]

```
> mtcars
                  mpg cyl disp  hp drat    wt  qsec vs am gear carb
Mazda RX4        21.0   6 160.0 110 3.90 2.620 16.46  0  1    4    4
Mazda RX4 Wag    21.0   6 160.0 110 3.90 2.875 17.02  0  1    4    4
Datsun 710       22.8   4 108.0  93 3.85 2.320 18.61  1  1    4    1
Hornet 4 Drive   21.4   6 258.0 110 3.08 3.215 19.44  1  0    3    1
Hornet Sportabout 18.7  8 360.0 175 3.15 3.440 17.02  0  0    3    2
Valiant          18.1   6 225.0 105 2.76 3.460 20.22  1  0    3    1
```

```
> Titanic
, , Age = Child, Survived = No

       Sex
Class   Male Female
  1st      0      0
  2nd      0      0
  3rd     35     17
  Crew     0      0
```

미국 각 주의 인구, 수입, 문맹률, 기대수명, 살인발생율, 고교졸업율, 서리 발생일, 면적	미국 여성(30~39세)들의 평균 키와 몸무게

```
> state.x77
           Population Income Illiteracy Life Exp Murder HS Grad Frost
Alabama          3615   3624        2.1    69.05   15.1    41.3    20
Alaska            365   6315        1.5    69.31   11.3    66.7   152
Arizona          2212   4530        1.8    70.55    7.8    58.1    15
Arkansas         2110   3378        1.9    70.66   10.1    39.9    65
California      21198   5114        1.1    71.71   10.3    62.6    20
```

```
> women
   height weight
1      58    115
2      59    117
3      60    120
4      61    123
5      62    126
6      63    129
7      64    132
8      65    135
9      66    139
10     67    142
11     68    146
12     69    150
13     70    154
14     71    159
15     72    164
```

⑤ 기본 datasets 패키지 외에 패키지를 추가 설치하여 다른 데이터를 활용한다. 예를 들어 "MASS" 패키지 [install.packages("MASS")]와 라이브러리(library(MASS)]를 이용하여 미국 보스턴 지역의 집값 관련 데이터(Boston)를 이용할 수 있다.

```
> install.packages("MASS")
URL 'https://cran.yu.ac.kr/bin/windows/contrib/4.2/MASS_7.3-57.zip'을 시도합니다
Content type 'application/zip' length 1171376 bytes (1.1 MB)
downloaded 1.1 MB

패키지 'MASS'를 성공적으로 압축해제하였고 MD5 sums 이 확인되었습니다

다운로드된 바이너리 패키지들은 다음의 위치에 있습니다
        C:\Users\Public\Documents\ESTsoft\CreatorTemp\Rtmpw7MGWs\downloaded_packages
> library(MASS)
> Boston
      crim    zn indus chas    nox    rm   age    dis rad tax ptratio  black lstat medv
1  0.00632 18.0  2.31    0 0.5380 6.575  65.2 4.0900   1 296    15.3 396.90  4.98 24.0
2  0.02731  0.0  7.07    0 0.4690 6.421  78.9 4.9671   2 242    17.8 396.90  9.14 21.6
3  0.02729  0.0  7.07    0 0.4690 7.185  61.1 4.9671   2 242    17.8 392.83  4.03 34.7
4  0.03237  0.0  2.18    0 0.4580 6.998  45.8 6.0622   3 222    18.7 394.63  2.94 33.4
5  0.06905  0.0  2.18    0 0.4580 7.147  54.2 6.0622   3 222    18.7 396.90  5.33 36.2
6  0.02985  0.0  2.18    0 0.4580 6.430  58.7 6.0622   3 222    18.7 394.12  5.21 28.7
7  0.08829 12.5  7.87    0 0.5240 6.012  66.6 5.5605   5 311    15.2 395.60 12.43 22.9
8  0.14455 12.5  7.87    0 0.5240 6.172  96.1 5.9505   5 311    15.2 396.90 19.15 27.1
9  0.21124 12.5  7.87    0 0.5240 5.631 100.0 6.0821   5 311    15.2 386.63 29.93 16.5
10 0.17004 12.5  7.87    0 0.5240 6.004  85.9 6.5921   5 311    15.2 386.71 17.10 18.9
11 0.22489 12.5  7.87    0 0.5240 6.377  94.3 6.3467   5 311    15.2 392.52 20.45 15.0
12 0.11747 12.5  7.87    0 0.5240 6.009  82.9 6.2267   5 311    15.2 396.90 13.27 18.9
13 0.09378 12.5  7.87    0 0.5240 5.889  39.0 5.4509   5 311    15.2 390.50 15.71 21.7
14 0.62976  0.0  8.14    0 0.5380 5.949  61.8 4.7075   4 307    21.0 396.90  8.26 20.4
15 0.63796  0.0  8.14    0 0.5380 6.096  84.5 4.4619   4 307    21.0 380.02 10.26 18.2
16 0.62739  0.0  8.14    0 0.5380 5.834  56.5 4.4986   4 307    21.0 395.62  8.47 19.9
17 1.05393  0.0  8.14    0 0.5380 5.935  29.3 4.4986   4 307    21.0 386.85  6.58 23.1
18 0.78420  0.0  8.14    0 0.5380 5.990  81.7 4.2579   4 307    21.0 386.75 14.67 17.5
19 0.80271  0.0  8.14    0 0.5380 5.456  36.6 3.7965   4 307    21.0 288.99 11.69 20.2
20 0.72580  0.0  8.14    0 0.5380 5.727  69.5 3.7965   4 307    21.0 390.95 11.28 18.2
21 1.25179  0.0  8.14    0 0.5380 5.570  98.1 3.7979   4 307    21.0 376.57 21.02 13.6
22 0.85204  0.0  8.14    0 0.5380 5.965  89.2 4.0123   4 307    21.0 392.53 13.83 19.6
23 1.23247  0.0  8.14    0 0.5380 6.142  91.7 3.9769   4 307    21.0 396.90 18.72 15.2
24 0.98843  0.0  8.14    0 0.5380 5.813 100.0 4.0952   4 307    21.0 394.54 19.88 14.5
25 0.75026  0.0  8.14    0 0.5380 5.924  94.1 4.3996   4 307    21.0 394.33 16.30 15.6
26 0.84054  0.0  8.14    0 0.5380 5.599  85.7 4.4546   4 307    21.0 303.42 16.51 13.9
27 0.67191  0.0  8.14    0 0.5380 5.813  90.3 4.6820   4 307    21.0 376.88 14.81 16.6
28 0.95577  0.0  8.14    0 0.5380 6.047  88.8 4.4534   4 307    21.0 306.38 17.28 14.8
29 0.77299  0.0  8.14    0 0.5380 6.495  94.4 4.4547   4 307    21.0 387.94 12.80 18.4
30 1.00245  0.0  8.14    0 0.5380 6.674  87.3 4.2390   4 307    21.0 380.23 11.98 21.0
31 1.13081  0.0  8.14    0 0.5380 5.713  94.1 4.2330   4 307    21.0 360.17 22.60 12.7
32 1.35472  0.0  8.14    0 0.5380 6.072 100.0 4.1750   4 307    21.0 376.73 13.04 14.5
33 1.38799  0.0  8.14    0 0.5380 5.950  82.0 3.9900   4 307    21.0 232.60 27.71 13.2
34 1.15172  0.0  8.14    0 0.5380 5.701  95.0 3.7872   4 307    21.0 358.77 18.35 13.1
35 1.61282  0.0  8.14    0 0.5380 6.096  96.9 3.7598   4 307    21.0 248.31 20.34 13.5
36 0.06417  0.0  5.96    0 0.4990 5.933  68.2 3.3603   5 279    19.2 396.90  9.68 18.9
37 0.09744  0.0  5.96    0 0.4990 5.841  61.4 3.3779   5 279    19.2 377.56 11.41 20.0
38 0.08014  0.0  5.96    0 0.4990 5.850  41.5 3.9342   5 279    19.2 396.90  8.77 21.0
39 0.17505  0.0  5.96    0 0.4990 5.966  30.2 3.8473   5 279    19.2 393.43 10.13 24.7
40 0.02763 75.0  2.95    0 0.4280 6.595  21.8 5.4011   3 252    18.3 395.63  4.32 30.8
41 0.03359 75.0  2.95    0 0.4280 7.024  15.8 5.4011   3 252    18.3 395.62  1.98 34.9
42 0.12744  0.0  6.91    0 0.4480 6.770   2.9 5.7209   3 233    17.9 385.41  4.84 26.6
```

⑥ **외부 데이터** : 국내외 여러 기관에서는 다음과 같이 빅데이터 분석, 머신러닝, 딥러닝 등의 연구 및 교육을 지원하기 위하여 다양한 데이터를 제공한다. 대표적으로 우리나라 공공데이터 포털(www.data.go.kr)은 카테고리, 국가중점데이터, 제공기관별로 파일(csv, txt 등), RSS 및 오픈 API 형태의 자료를 제공한다.

데이터 제공 기관	주 소	주요 특징
공공데이터 포털	www.data.go.kr 	• 공공데이터 개방 • 카테고리(교육, 국토관리, 행정, 금융 등) • 국가중점데이터(건축, 교통사고, 건강 등) • 제공기관유형(행정, 자치, 교육, 입법 등) • 파일 데이터, RSS, 오픈 API 형태 제공
국가통계 포털	kosis.kr/index/index.do 	• 국내외 주요 통계 자료 • 북한 통계 자료 • 통계청에서 제공하는 One-Stop 서비스 • 경제, 사회, 환경 등 관련 데이터 • 파일 데이터, RSS, 오픈 API 형태 자료
서울열린 데이터 광장	data.seoul.go.kr 	• 서울시 시정활동 관련 데이터 • 환경, 교통, 인구 등의 자료 • 공공기관, 민간의 연결 구축 • 비즈니스 활동 자극 • 파일 데이터, RSS, 오픈 API 형태 자료
UCI (Machine Learning Repository)	archive.ics.uci.edu/ml/datasets.php 	• 캘리포니아 주립대학교 제공 • 머신러닝 연구 및 교육을 위한 데이터 • 분류, 회귀, 군집 등의 머신러닝 자료 • 일변수, 다변수, 시계열, 텍스트 자료 등 • 주로 csv, txt 형식의 파일 데이터세트

⑦ 공공데이터 포털 자료 수집

　㉠ 공공데이터 포털(www.data.go.kr)에 접속하여 "한국가스공사 평택LNG 기지 해상 환경 데이터"로 검색하는 경우 아래와 같이 파일데이터, 오픈API, 표준데이터세트로 구분하여 관련 기관에서 제공하는 데이터를 확인한다. CSV, XML, JSON, 텍스트 파일 등 다양한 형태의 데이터를 수집할 수 있고 오픈API의 경우 "활용신청" 메뉴를 이용하여 해당 기관으로부터 데이터를 직접 제공받을 수 있다.

ⓛ 파일데이터 중 "한국가스공사_평택LNG기지 해상환경 데이터"를 다운로드하여 "C:/workr" 작업폴더에 "pt.csv"로 저장한다. 해상환경 데이터는 한국가스공사 평택기지본부 2부두에 설치된 접안보조설비에서 취득한 해상환경 데이터(시간에 따른 풍향, 풍속, 파고, 파향 등)이다.

csv 한국가스공사_평택LNG기지 해상환경 데이터   ⬇ 다운로드 | 오류신고 및 담당자 문의

파일데이터 정보   🔖 메타데이터 다운로드

파일데이터명	한국가스공사_평택LNG기지 해상환경 데이터_20210909		
분류체계	환경 - 해양환경	제공기관	한국가스공사
관리부서명	평택기지본부 계전보전부	관리부서 전화번호	031-680-3252
보유근거		수집방법	
업데이트 주기	수시 (1회성 데이터)	차기 등록 예정일	
매체유형	텍스트	전체 행	3229
확장자	CSV	다운로드(바로가기)	53
데이터 한계		키워드	해상환경,평택,기상정보
등록	2021-09-15	수정	2021-12-16
제공형태	공공데이터포털에서 다운로드(원문파일등록)		
설명	한국가스공사 평택기지본부 2부두에 설치된 접안보조설비에서 취득한 해상환경 데이터(풍향, 풍속, 파고, 파향 등)를 제공합니다. 파일 내 단위 표기 불가로 인하여 아래와 같이 단위를 명기합니다.(좌측 순서대로) [m], [m], [cm/sec], [cm/sec], [deg], [deg], [m/sec], [deg], [cm/sec], [m], [m], [m]		
기타 유의사항			
비용부과유무	무료	비용부과기준 및 단위	건
이용허락범위	이용허락범위 제한 없음		

자동 저장 ●끔 🖫   한국가스공사_평택LNG기지 해상환경 데이터_20210909 (2).csv ▾   🔍 검색(Alt+Q)

파일   홈   삽입   페이지 레이아웃   수식   데이터   검토   보기   개발 도구   추가 기능   도움말   Easy Document Creator   팀

A1   ∨ ⋮ × ✓ fx   시간

	A	B	C	D	E	F	G	H	I	J	K	L	M
1	시간	동향(m)	서향(m)	동풍 속도	서풍 속도	각도(DEG)	풍향(DEG)	서향 풍속	파향(DEG)	파속	최대 파고(m)	평균 파고(m)	현재 파고(m)
2	0:00:04	0	0	0	0	0	44	2.6	170	5.4	2.1	2	2.1
3	0:00:20	0	0	0	0	0	358.6	3	178.9	6.4	2.1	2	2.1
4	0:00:30	0	0	0	0	0	18.3	3.5	178.9	6.4	2.1	2	2.1
5	0:00:40	0	0	0	0	0	25.6	3.7	178.9	6.4	2.1	2	2.1
6	0:00:51	0	0	0	0	0	37.6	2.7	192.4	9.900001	2.1	2	2.1
7	0:01:01	0	0	0	0	0	21	3	192.4	9.900001	2.1	2	2.1
8	0:01:12	0	0	0	0	0	26.6	3.5	180.9	8.900001	2.1	2	2.1
9	0:01:23	0	0	0	0	0	35.7	3.3	165.5	7.7	2.1	2	2.1
10	0:01:33	0	0	0	0	0	24	4.9	165.5	7.7	2.1	2	2.1

ⓒ 작업영역을 지정[setwd("C:/workr")]하고 한 행에 모든 항목이 보이도록 설정[options("width"=500)]한 후, 데이터 프레임 형태의 자료(data)를 확인한다. summary(data) 명령어를 수행하여 각 항목(변수)들에 대한 기술통계량을 확인한다.

```
> setwd("C:/workr")
> getwd()
[1] "C:/workr"
>
> options("width"=500)
> data <- read.csv("pt.csv", header=T, fileEncoding="EUC-KR")
> head(data)
     시간 동향.m. 서향.m. 동풍.속도 서풍.속도 각도.DEG. 동향.DEG. 서향.DEG. 파향.DEG.  파속 최대.파고.m. 평균.파고.m.      현재.파고.m.
1 0:00:04      0      0        0        0        0     44.0      2.6    170.0 5.400000         2.1           2          2.1
2 0:00:20      0      0        0        0        0    358.6      3.0    178.9 6.400000         2.1           2          2.1
3 0:00:30      0      0        0        0        0     18.3      3.5    178.9 6.400000         2.1           2          2.1
4 0:00:40      0      0        0        0        0     25.6      3.7    178.9 6.400000         2.1           2          2.1
5 0:00:51      0      0        0        0        0     37.6      2.7    192.4 9.900001         2.1           2          2.1
6 0:01:01      0      0        0        0        0     21.0      3.0    192.4 9.900001         2.1           2          2.1
> summary(data)
     시간             동향.m.       서향.m.             동풍.속도   서풍.속도   각도.DEG.   동향.DEG.        서향.동속           파향.DEG.
 Length:3229      Min.   :0   Min.   :-0.3000000   Min.   :0   Min.   :0   Min.   :0   Min.   :0   Min.   : 0.10   Min.   :0.100   Min.   :  0.0
 Class :character 1st Qu.:0   1st Qu.: 0.0000000   1st Qu.:0   1st Qu.:0   1st Qu.:0   1st Qu.:0   1st Qu.: 19.80  1st Qu.:1.700   1st Qu.: 30.2
 Mode  :character Median :0   Median : 0.0000000   Median :0   Median :0   Median :0   Median :0   Median : 28.80  Median :2.600   Median : 63.6
                  Mean   :0   Mean   :-0.0003407   Mean   :0   Mean   :0   Mean   :0   Mean   :0   Mean   : 56.65  Mean   :2.648   Mean   :113.9
                  3rd Qu.:0   3rd Qu.: 0.0000000   3rd Qu.:0   3rd Qu.:0   3rd Qu.:0   3rd Qu.:0   3rd Qu.: 42.20  3rd Qu.:3.600   3rd Qu.:180.0
                  Max.   :0   Max.   : 0.0000000   Max.   :0   Max.   :0   Max.   :0   Max.   :0   Max.   :360.00  Max.   :7.500   Max.   :359.8
      파속          최대.파고.m.     평균.파고.m.        현재.파고.m.
 Min.   :  0.20   Min.   :0.100   Min.   :-0.800   Min.   :0.000
 1st Qu.:  3.60   1st Qu.:0.100   1st Qu.:-0.300   1st Qu.:0.000
 Median :  6.10   Median :1.000   Median : 1.000   Median :1.000
 Mean   : 20.38   Mean   :1.338   Mean   : 1.118   Mean   :1.272
 3rd Qu.: 11.60   3rd Qu.:2.400   3rd Qu.: 2.400   3rd Qu.:2.300
 Max.   :364.50   Max.   :4.200   Max.   : 4.100   Max.   :4.200
```

ⓓ "psych" 패키지 설치 후, describe(data) 명령어를 이용하여 추가적인 기술통계량(분산 및 표준편차, 데이터개수, 왜도, 첨도 등)을 확인한다.

```
> install.packages("psych")
URL 'https://cran.yu.ac.kr/bin/windows/contrib/4.2/psych_2.2.5.zip'을 시도합니다
Content type 'application/zip' length 3791139 bytes (3.6 MB)
downloaded 3.6 MB

패키지 'psych'를 성공적으로 압축해제하였고 MD5 sums 이 확인되었습니다

다운로드된 바이너리 패키지들은 다음의 위치에 있습니다
        C:\Users\Public\Documents\ESTsoft\CreatorTemp\Rtmpw7MGWs\downloaded_packages
> library(psych)
>
> describe(data)
            vars    n    mean     sd median trimmed     mad min    max  range   skew kurtosis    se
시간*          1 3229 1615.00 932.28 1615.0 1615.00 1196.46 1.0 3229.0 3228.0   0.00    -1.20 16.41
동향.m.        2 3229    0.00   0.00    0.0    0.00    0.00 0.0    0.0    0.0    NaN      NaN  0.00
서향.m.        3 3229    0.00   0.01    0.0    0.00    0.00 -0.3    0.0    0.3 -29.24   864.74  0.00
동풍.속도      4 3229    0.00   0.00    0.0    0.00    0.00 0.0    0.0    0.0    NaN      NaN  0.00
서풍.속도      5 3229    0.00   0.00    0.0    0.00    0.00 0.0    0.0    0.0    NaN      NaN  0.00
각도.DEG.      6 3229    0.00   0.00    0.0    0.00    0.00 0.0    0.0    0.0    NaN      NaN  0.00
동향.DEG.      7 3229   56.65  84.17   28.8   33.18   15.72 0.1  360.0  359.9   2.71     6.12  1.48
서향.동속      8 3229    2.65   1.30    2.6    2.62    1.33 0.1    7.5    7.4   0.20    -0.38  0.02
파향.DEG.      9 3229  113.89 104.75   63.6   99.09   65.83 0.0  359.8  359.8   0.96    -0.36  1.84
파속          10 3229   20.38  45.09    6.1    8.31    4.45 0.2  364.5  364.3   3.93    16.85  0.79
최대.파고.m.  11 3229    1.34   1.25    1.0    1.22    1.33 0.1    4.2    4.1   0.55    -1.16  0.02
평균.파고.m.  12 3229    1.12   1.46    1.0    1.05    1.93 -0.8    4.1    4.9   0.28    -1.27  0.03
현재.파고.m.  13 3229    1.27   1.27    1.0    1.15    1.48 0.0    4.2    4.2   0.53    -1.17  0.02
```

(3) 오픈 API 활용

① Open API(Application Programming Interface) 또는 공개 API란 개발자라면 누구나 사용할 수 있도록 공개된 API이며, 개발자에게 응용 소프트웨어나 웹 서비스의 프로그래밍적인 권한을 제공한다. 즉, Open API는 "하나의 웹 사이트에서 자신이 가진 기능을 이용할 수 있도록 공개한 프로그래밍 인터페이스"로 정의 (소프트웨어 간의 커뮤니케이션을 위한 인터페이스)할 수 있다.

② 대표적인 Open API로 네이버 지도, 카카오 내비, 오픈 스트리트맵, 금융권 정보제공, 구글맵(유료) 등이 있다.

③ 데이터 수집을 위해 Open API의 인터페이스 표준 기술인 REST(Representational State Transfer) 또는 SOAP(Simple Object Access Protocol) 프로토콜이 사용된다. SOAP은 REST에 비해 복잡한 구조로 인하여 속도가 상대적으로 느린 단점을 갖고 있어 REST가 주로 사용된다. REST는 인터넷 기업들이 중심이 되어 기존에 독점적으로 제공되던 정보 및 서비스 등을 개방하기 위해 개발되었으며, XML과 HTTP를 포함한 웹 기반 기술 및 프로토콜을 사용한다.

④ Client가 웹 Server에게 서비스를 요청하기 위해 REST에서는 HTTP의 기본 method인 GET 또는 POST 방식을 이용한다. REST를 이용한 요청자료는 XML, JSON, (x)HTML 등 다양한 형식이 있다.

⑤ 최근 금융원에서 사용되고 있는 Open API 활용 사례(하나의 은행앱으로 모든 은행에 흩어진 계좌들을 관리할 수 있는 오픈뱅킹)는 다음과 같다. 계좌 조회 및 이체처럼 은행의 핵심 금융 서비스를 표준화해 Open API 형태로 제공하는 공동 인프라로서 핀테크 사업자들이 일일이 개별 은행과 제휴를 맺을 필요 없이 모든 은행의 결제 서비스를 제공할 수 있다. 크게 등록단계(A)와 이용단계(B)로 구분되어 필요한 서비스를 제공한다.

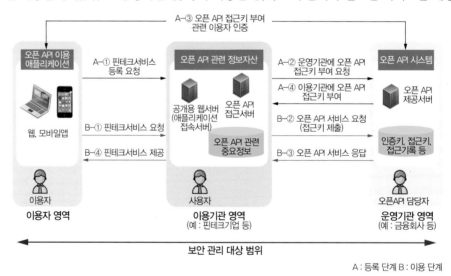

[금융에서의 Open API 활용 사례]

⑥ 핀테크 사업자들과 함께 보험 설계사가 발송한 보험가입 문자 메시지를 통해 고객이 보험에 좀 더 쉽게 가입할 수 있으며, 인증절차나 주소 입력 등 보험 가입 시 요구되는 복잡한 절차를 간소화해 항공사, 여행사, 호텔예약, 여행보험 가입, 각종 증명서류 제출 등 여행 관련 업종이나 보험대리점에서도 편리하게 활용할 수 있다.

⑦ Open API 형태의 데이터를 수집하기 위해 아래와 같은 절차가 수행된다. 공공데이터 포털에서 제공되는 Open API 자료를 수집하기 위해 사이트에 접속하여 제공받을 자료를 검색하고, Open API 활용을 신청(회원가입 후 Key 신청)한다. 이후 포털 사이트에서 API Key를 제공하며, 사용자는 이를 이용하여 필요한 요청 변수(항목)를 확인하고 R에서 Open API 명령어를 이용하여 자료를 요청한다. 포털에서는 요청되는 변수들에 대한 값들을 사용자에게 전달하며, 사용자는 수집된 자료를 정제한 후 최종적으로 데이터 프레임 형태로 저장한다.

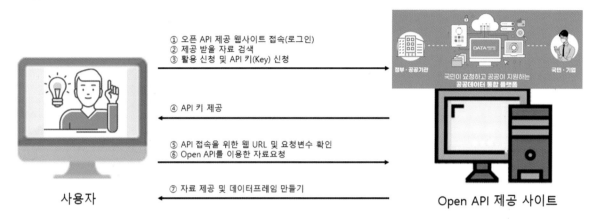

출처 : 공공데이터포털

⑧ 공공데이터 포털(www.data.go.kr/index.do)에서 제공하는 "한국환경공단 에어 코리아 대기오염 정보"를 Open API 형태로 수집하기 위해 사이트에 접속하여 자료를 검색하고 오픈 API 형태로 제공되는 자료에 대해 "활용신청" 메뉴로 신청한다.

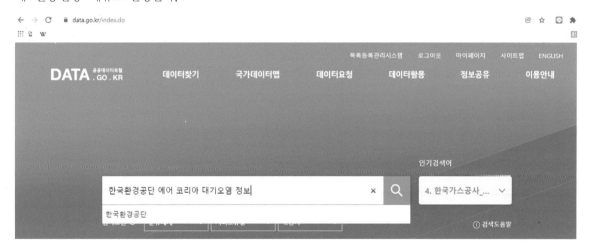

정확도순 ∨   10개씩 ∨

오픈 API (6,277건)

`환경기상` `공공기관`   미리보기

`XML` `JSON` 한국환경공단_에어코리아_대기오염정보

각 측정소별 대기오염정보를 조회하기 위한 서비스로 기간별, 시도별 대기오염 정보와 통합대기환경지수 나쁨 이상 측정소 내역, 대기질(미세먼지/오존) 예보 통보 내역 등을 조회할 수...

제공기관 한국환경공단   수정일 2021-11-11   조회수 42360   활용신청 8639   키워드 한국환경공단,에어코리아,미세먼지   ✎ 활용신청

`환경기상` `공공기관`   미리보기

`XML` `JSON` 한국환경공단_에어코리아_대기오염**통계 현황**

대기오염 통계 정보를 조회하기 위한 서비스로 각 측정소별 농도 정보와 기간별 통계수치 정보를 조회할 수 있다.

제공기관 한국환경공단   수정일 2021-11-11   조회수 16402   활용신청 1564   키워드 한국환경공단,에어코리아,미세먼지   ✎ 활용신청

---

⑨ 승인 심사 후 공공데이터 포털에서는 아래와 같이 승인 현황을 알려주며, 사이트의 "마이 페이지" 메뉴에서 이를 확인할 수 있다.

⑩ 승인된 오픈 API 개발계정 중 "한국환경공단 에어코리아 대기오염 정보"를 보면, 아래와 같이 기본정보, 서비스 정보 및 활용신청 상세기능정보 등을 확인할 수 있다. 일반 인증키(Encoding, Service Key)와 상세기능정보들 중 필요한 정보를 이용하여 데이터를 서버에 요구하면, 서버는 인증키를 확인하여 데이터를 제공한다. [참고문서](에어코리아 대기오염정보 조회 서비스 기술문서)를 확인하여 필요한 데이터의 요청 및 응답 메시지를 확인한다.

활용신청 상세기능정보

NO	상세기능	설명	일일 트래픽	미리보기
1	대기질 예보통보 조회	통보코드와 통보시간으로 예보정보와 발생 원인 정보를 조회하는 대기질(미세먼지/오존) 예보통보 조회	500	확인
2	초미세먼지 주간예보 조회	통보코드와 통보시간으로 대기질 전망과 주간예보 정보를 조회하는 초미세먼지 주간예보통보 조회	500	확인
3	측정소별 실시간 측정정보 조회	측정소명과 측정데이터 기간(일,한달,3개월)으로 해당 측정소의 일반항목 측정정보를 제공하는 측정소별 실시간 측정정보조회	500	확인
4	통합대기환경지수 나쁨 이상 측정소 목록조회	통합대기환경지수가 나쁨 등급 이상인 측정소명과 주소 목록 정보를 제공하는 통합대기환경지수 나쁨 이상 측정소 목록조회	500	확인
5	시도별 실시간 측정정보 조회	시도명을 검색조건으로 하여 시도별 측정소목록에 대한 일반 항목과 CAI최종 실시간 측정값과 지수 정보 조회 기능을 제공하는 시도별 실시간 측정정보 조회	500	확인

d) 요청/응답 메시지 예제.

요청메시지

http://apis.data.go.kr/B552584/ArpltninforinqireSvc/getCtprvnRltmMesureDnsty?sidoName=서울&page
No=1&numOfRows=100&returnType=xml&serviceKey=서비스키&ver=1.0 .

응답메시지

```
<response>
  <header>
    <resultCode>00</resultCode>
    <resultMsg>NORMAL_CODE</resultMsg>
  </header>
  <body>
    <item>
      <so2Grade>1</so2Grade>
      <coFlag/>
      <khaiValue>-</khaiValue>
      <so2Value>0.003</so2Value>
      <coValue>0.8</coValue>
      <pm25Flag>점검및교정</pm25Flag>
      <pm10Flag>점검및교정</pm10Flag>
      <pm10Value>45</pm10Value>
      <o3Grade>1</o3Grade>
      <khaiGrade/>
      <pm25Value>27</pm25Value>
      <no2Flag/>
      <no2Grade>2</no2Grade>
      <o3Flag/>
      <pm25Grade/>.
      <so2Flag/>
      <dataTime>2020-11-25 11:00</dataTime>
      <coGrade>1</coGrade>
      <no2Value>0.048</no2Value>
      <stationName>화랑로</stationName>
      <sidoName>서울</sidoName>
      <pm10Grade/>
      <o3Value>0.004</o3Value>
    </item>
    (중략)
    <item>
      <so2Grade>1</so2Grade>
      <coFlag/>
      <khaiValue>78</khaiValue>
      <so2Value>0.005</so2Value>
      <coValue>0.8</coValue>
      <pm25Flag>장비점검</pm25Flag>
      <pm10Flag/>
      <pm10Value>60</pm10Value>
      <o3Grade>1</o3Grade>
      <khaiGrade>2</khaiGrade>
      <pm25Value>42</pm25Value>
      <no2Flag/>
      <no2Grade>2</no2Grade>
      <o3Flag/>
```

⑪ "시도별 실시간 측정정보 조회" 기능을 이용하여 "요청변수(Request Parameter)"를 확인하면 다음과 같다. "미리보기" 메뉴를 이용하여 제공되는 XML 형태의 문서를 확인한다.

5	시도별 실시간 측정정보 조회	시도명을 검색조건으로 하여 시도별 측정소목록에 대한 일반 항목과 CAI최종 실시간 측정값과 지수 정보 조회 기능을 제공하는 시도별 실시간 측정정보 조회	500	확인

요청변수(Request Parameter)   닫기

항목명	샘플데이터	설명
serviceKey	-	공공데이터포털에서 받은 인증키
returnType	xml	xml 또는 json
numOfRows	100	한 페이지 결과 수
pageNo	1	페이지번호
sidoName	서울	시도 이름(전국, 서울, 부산, 대구, 인천, 광주, 대전, 울산, 경기, 강원, 충북, 충남, 전북, 전남, 경북, 경남, 제주, 세종)
ver	1.0	버전별 상세 결과 참고

미리보기

⑫ "시도별 실시간 측정정보 조회"에 대해 제공되는 XML 형식의 문서구조는 다음과 같다. 입력 주소창에서 "?serviceKey=" 입력창에 부여받은 인증키를 입력하여 정보를 제공받는다.

⑬ Open API를 이용한 데이터 수집을 위하여 필요한 패키지를 설치[install.packages("XML")]하고 라이브러리를 불러온다(library(XML)). open_api_url 변수에 서버(사이트)의 주소 및 부여 받은 인증키(serviceKey)를 지정한다. encoding="utf−8"으로 한글을 'utf−8'로 인코딩하여 저장(웹문서상에서의 한글 암호화)한다.

⑭ xmlTreeParse( ) 함수를 이용하여 XML 형식으로 저장된 자료를 raw.data 객체에 저장한다.

```
> install.packages("XML")
URL 'https://cran.yu.ac.kr/bin/windows/contrib/4.2/XML_3.99-0.10.zip'을 시도합니다
Content type 'application/zip' length 3051962 bytes (2.9 MB)
downloaded 2.9 MB

패키지 'XML'를 성공적으로 압축해제하였고 MD5 sums 이 확인되었습니다

다운로드된 바이너리 패키지들은 다음의 위치에 있습니다
          C:\Users\Public\Documents\ESTsoft\CreatorTemp\Rtmpyuhrrs\downloaded_packages
> library(XML)
```

```
> open_api_url <- "http://apis.data.go.kr/B552584/ArpltnInforInqireSvc/getCtprvnRltmMesureDnsty?sidoName=%EC%84%9C%EC%9A%B8&pageNo=1&numOfRows=100&returnType=xml&serviceKey=%2fg5eVI8IxFbh43PT92FVRcrE7%2BvIGDqMFch4RRnWeLy6aAQOZ%
> raw.data <- xmlTreeParse(open_api_url, useInternalNodes=TRUE, encoding="utf-8")
> summary(raw.data)
$nameCounts

      coFlag    coGrade    coValue   dataTime       item   khaiFlag  khaiValue    no2Flag    no2Grade   no2Value     o3Flag    o3Grade    o3Value pm10Flag  pm10Grade pm10Value  pm25Flag  pm25Grade
          40         40         40         40         40         40         40         40         40         40         40         40         40        40         40        40        40         40
   pm25Value   sidoName    so2Flag   so2Grade   so2Value stationName       body     header      items  numOfRows     pageNo   response resultCode  resultMsg totalCount
          40         40         40         40         40         40          1          1          1          1          1          1          1          1         1

$numNodes
[1] 969
```

⑮ xmlToDataFrame( ) 함수를 이용하여 XML 형식으로 저장된 자료를 데이터 프레임 형식으로 변경·저장한다.

```
> air_pollution <- xmlToDataFrame(getNodeSet(raw.data, "//item"))
> head(air_pollution)
  so2Grade coFlag khaiValue so2Value coValue pm25Flag pm10Flag o3Value khaiGrade pm25Value sidoName no2Flag no2Grade o3Flag pm25Grade so2Flag            dataTime coGrade no2Value stationName pm10Grade o3Grade
1        1            72    0.003      0.2                           2        30           26      서울                         2                2022-08-03 16:00       1    0.017         종로         1   0.035
2        1            60    0.004      0.5                           1        48           30      서울                         2                2022-08-03 16:00       1    0.036       한강대로         2   0.015
3        1            66    0.002      0.4                           2        28           21      서울                         1                2022-08-03 16:00       1    0.014         중구         1   0.042
4        1            72    0.004      0.5                           2        36           24      서울                         2                2022-08-03 16:00       1    0.024       청계천로         2   0.034
5        1            69    0.003      0.2                           1        29           22      서울                         2                2022-08-03 16:00       1    0.016         종로         2   0.027
6        1            66    0.003      0.2                           2        22           18      서울                         1                2022-08-03 16:00       1    0.007       용산구         1   0.041
```

⑯ View(air_pollution) 명령어를 이용하여 데이터 프레임 형식으로 저장된 데이터를 확인한다.

```
> View(air_pollution)
```

```
> summary(air_pollution)
   so2Grade           coFlag            khaiValue           so2Value           coValue           pm25Flag           pm10Flag            o3Grade           pm10Value          khaiGrade          pm25Value
 Length:40          Length:40          Length:40          Length:40          Length:40          Length:40          Length:40          Length:40          Length:40          Length:40          Length:40
 Class :character   Class :character   Class :character   Class :character   Class :character   Class :character   Class :character   Class :character   Class :character   Class :character   Class :character
 Mode  :character   Mode  :character   Mode  :character   Mode  :character   Mode  :character   Mode  :character   Mode  :character   Mode  :character   Mode  :character   Mode  :character   Mode  :character
   sidoName           no2Flag            no2Grade            o3Flag            pm25Grade           so2Flag            dataTime           coGrade            no2Value          stationName          pm10Grade
 Length:40          Length:40          Length:40          Length:40          Length:40          Length:40          Length:40          Length:40          Length:40          Length:40          Length:40
 Class :character   Class :character   Class :character   Class :character   Class :character   Class :character   Class :character   Class :character   Class :character   Class :character   Class :character
 Mode  :character   Mode  :character   Mode  :character   Mode  :character   Mode  :character   Mode  :character   Mode  :character   Mode  :character   Mode  :character   Mode  :character   Mode  :character
   o3Value
 Length:40
 Class :character
 Mode  :character
```

⑰ describe( )로 기술통계량을 확인하기 위하여 "psych" 패키지를 이용한다. 각 항목에 대한 기술통계량은 다음과 같다.

```
> describe(air_pollution)
             vars  n   mean    sd median trimmed   mad min max range  skew kurtosis   se
so2Grade*       1 40   1.80  0.41    2.0    1.88  0.00   1   2     1 -1.44     0.09 0.06
coFlag*         2 40   1.05  0.22    1.0    1.00  0.00   1   2     1  3.98    14.16 0.03
khaiValue*      3 40   8.00  4.77    9.0    8.03  5.93   1  16    15 -0.23    -1.30 0.75
so2Value*       4 40   2.98  1.21    3.0    3.00  1.48   1   5     4 -0.38    -0.82 0.19
coValue*        5 40   4.12  1.34    4.0    4.12  1.48   1   7     6  0.03     0.25 0.21
pm25Flag*       6 40   1.07  0.35    1.0    1.00  0.00   1   3     2  4.62    21.12 0.06
pm10Flag*       7 40   1.15  0.48    1.0    1.00  0.00   1   3     2  3.05     8.25 0.08
o3Grade*        8 40   2.67  0.57    3.0    2.78  0.00   1   3     2 -1.49     1.18 0.09
pm10Value*      9 40   9.90  5.02   10.5   10.06  5.19   1  19    18 -0.32    -0.89 0.79
khaiGrade*     10 40   2.58  0.81    3.0    2.72  0.00   1   3     2 -1.35    -0.12 0.13
pm25Value*     11 40   9.93  5.10   10.0    9.91  5.19   1  19    18  0.04    -1.03 0.81
sidoName*      12 40   1.00  0.00    1.0    1.00  0.00   1   1     0   NaN      NaN 0.00
no2Flag*       13 40   1.05  0.22    1.0    1.00  0.00   1   2     1  3.98    14.16 0.03
no2Grade*      14 40   2.02  0.36    2.0    2.00  0.00   1   3     2  0.34     4.56 0.06
o3Flag*        15 40   1.05  0.22    1.0    1.00  0.00   1   2     1  3.98    14.16 0.03
pm25Grade*     16 40   2.62  0.70    3.0    2.78  0.00   1   3     2 -1.51     0.67 0.11
so2Flag*       17 40   1.25  0.54    1.0    1.12  0.00   1   3     2  1.99     2.98 0.09
dataTime*      18 40   1.95  0.22    2.0    2.00  0.00   1   2     1 -3.98    14.16 0.03
coGrade*       19 40   1.95  0.22    2.0    2.00  0.00   1   2     1 -3.98    14.16 0.03
no2Value*      20 40   9.05  5.68    8.5    8.69  6.67   1  21    20  0.43    -1.01 0.90
stationName*   21 40  20.50 11.69   20.5   20.50 14.83   1  40    39  0.00    -1.29 1.85
pm10Grade*     22 40   2.10  0.59    2.0    2.12  0.00   1   3     2 -0.01    -0.28 0.09
o3Value*       23 40  13.18  6.58   14.5   13.47  8.15   1  23    22 -0.27    -1.21 1.04
```

⑱ subset( ) 함수를 이용하여 dataTime(수집일시), stationName(관측소), so2Value(아황산가스 농도), coValue(일산화탄소), o3Value(오존 지수), no2Value(이산화질소 농도), pm10Value(미세먼지 농도) 데이터를 저장한다.

```
> air_pollution <- subset(air_pollution, select=c(dataTime, stationName, so2Value, coValue, o3Value, no2Value, pm10Value))
> View(air_pollution)
```

	dataTime	stationName	so2Value	coValue	o3Value	no2Value	pm10Value
1	2022-08-03 16:00	중구	0.003	0.2	0.035	0.017	30
2	2022-08-03 16:00	한강대로	0.004	0.5	0.015	0.036	48
3	2022-08-03 16:00	종로구	0.002	0.4	0.042	0.014	28
4	2022-08-03 16:00	청계천로	0.004	0.5	0.034	0.024	36
5	2022-08-03 16:00	종로	0.003	0.2	0.027	0.016	29
6	2022-08-03 16:00	용산구	0.003	0.2	0.041	0.007	22
7	2022-08-03 16:00	광진구	0.003	0.4	0.040	0.008	28
8	2022-08-03 16:00	성동구	-	-	-	-	-
9	2022-08-03 16:00	강변북로	0.002	0.5	0.029	0.026	21
10	2022-08-03 16:00	중랑구	-	0.3	0.047	0.011	32
11	2022-08-03 16:00	동대문구	0.003	0.3	0.032	0.012	14
12	2022-08-03 16:00	홍릉로	0.003	0.6	0.032	0.031	32
13	2022-08-03 16:00	성북구	0.002	0.3	0.045	0.012	27
14	2022-08-03 16:00	정릉로	0.002	0.3	0.036	0.029	31
15	2022-08-03 16:00	도봉구	0.001	0.3	0.045	0.005	25
16	2022-08-03 16:00	은평구	0.002	0.3	0.041	0.008	28
17	2022-08-03 16:00	서대문구	0.002	0.4	0.042	0.010	24
18	2022-08-03 16:00	마포구	0.002	0.1	0.039	0.012	30
19	2022-08-03 15:00	신촌로	0.003	0.6	0.019	0.054	47
20	2022-08-03 16:00	강서구	0.002	0.3	0.044	0.009	31
21	2022-08-03 16:00	공항대로	-	0.3	0.030	0.025	35
22	2022-08-03 16:00	구로구	-	0.3	0.045	0.005	15
23	2022-08-03 16:00	영등포구	-	0.3	0.030	0.009	29
24	2022-08-03 16:00	영등포로	0.002	0.5	0.025	0.028	27
25	2022-08-03 16:00	동작구	0.003	0.2	0.046	0.006	26
26	2022-08-03 16:00	동작대로 중앙차로	0.002	0.4	0.043	0.025	30
27	2022-08-03 16:00	관악구	-	-	-	-	-
28	2022-08-03 16:00	양남구	0.003	0.2	0.047	0.009	27
29	2022-08-03 16:00	서초구	-	0.3	0.051	0.008	18
30	2022-08-03 16:00	도산대로	-	0.3	0.037	0.015	26

```
> head(air_pollution)
           dataTime stationName so2Value coValue o3Value no2Value pm10Value
1 2022-08-03 16:00         중구    0.003     0.2   0.035    0.017        30
2 2022-08-03 16:00     한강대로    0.004     0.5   0.015    0.036        48
3 2022-08-03 16:00       종로구    0.002     0.4   0.042    0.014        28
4 2022-08-03 16:00     청계천로    0.004     0.5   0.034    0.024        36
5 2022-08-03 16:00         종로    0.003     0.2   0.027    0.016        29
6 2022-08-03 16:00       용산구    0.003     0.2   0.041    0.007        22
> summary(air_pollution)
   dataTime          stationName         so2Value           coValue            o3Value           no2Value          pm10Value
 Length:40          Length:40          Length:40          Length:40          Length:40          Length:40          Length:40
 Class :character   Class :character   Class :character   Class :character   Class :character   Class :character   Class :character
 Mode  :character   Mode  :character   Mode  :character   Mode  :character   Mode  :character   Mode  :character   Mode  :character
> describe(air_pollution)
             vars  n  mean    sd median trimmed   mad min max range  skew kurtosis   se
dataTime*       1 40  1.95  0.22    2.0    2.00  0.00   1   2     1 -3.98    14.16 0.03
stationName*    2 40 20.50 11.69   20.5   20.50 14.83   1  40    39  0.00    -1.29 1.85
so2Value*       3 40  2.98  1.21    3.0    3.00  1.48   1   5     4 -0.38    -0.82 0.19
coValue*        4 40  4.12  1.34    4.0    4.12  1.48   1   7     6  0.03     0.25 0.21
o3Value*        5 40 13.18  6.58   14.5   13.47  8.15   1  23    22 -0.27    -1.21 1.04
no2Value*       6 40  9.05  5.68    8.5    8.69  6.67   1  21    20  0.43    -1.01 0.90
pm10Value*      7 40  9.90  5.02   10.5   10.06  5.19   1  19    18 -0.32    -0.89 0.79
```

⑲ 작업영역("C:/workr")을 지정하고 수집한 데이터를 write.csv( ) 명령어를 이용하여 csv 파일 형태로 저장한다.

```
> setwd("C:/workr")
> getwd()
[1] "C:/workr"
> write.csv(air_pollution, "air_pollution_data.csv")
```

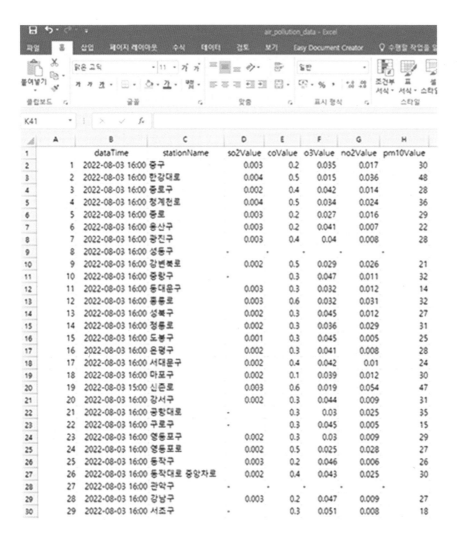

(4) 웹 스크래핑

① 웹 스크래핑(Web Scraping)은 웹 문서로부터 유용한 정보를 추출하는 방법으로서 HTML 형식으로 구성된 웹사이트에서 데이터를 추출한다.

② HTML 형식의 비구조화된 웹 문서를 정형화된 자료 형태로 변환하여 구조화된 자료구조인 데이터베이스나 엑셀 파일로 저장한다.

③ 웹 문서에 존재하는 금융거래 정보, 전자상거래 거래 상품 정보, 뉴스 기사, 영화 후기, 블로그 및 카페의 게시글, 부동산 매물 정보, 대학 경쟁률, 학교 소개글 등의 다양한 자료를 수집할 수 있다.

④ 웹 문서 데이터를 수집하기 위하여 "rvest"와 "stringr" 패키지를 설치한다. "rvest" 패키지는 웹 스크래핑을 위한 것이고 "stringr"은 웹 문서에서 가져온 문자열을 처리하기 위해 사용한다.

```
> install.packages("rvest")
'selectr', 'xml2'(을) 또한 설치합니다.

URL 'https://cran.yu.ac.kr/bin/windows/contrib/4.2/selectr_0.4-2.zip'을 시도합니다
Content type 'application/zip' length 492048 bytes (480 KB)
downloaded 480 KB

URL 'https://cran.yu.ac.kr/bin/windows/contrib/4.2/xml2_1.3.3.zip'을 시도합니다
Content type 'application/zip' length 1574911 bytes (1.5 MB)
downloaded 1.5 MB

URL 'https://cran.yu.ac.kr/bin/windows/contrib/4.2/rvest_1.0.2.zip'을 시도합니다
Content type 'application/zip' length 207099 bytes (202 KB)
downloaded 202 KB

패키지 'selectr'를 성공적으로 압축해제하였고 MD5 sums 이 확인되었습니다
패키지 'xml2'를 성공적으로 압축해제하였고 MD5 sums 이 확인되었습니다
패키지 'rvest'를 성공적으로 압축해제하였고 MD5 sums 이 확인되었습니다

다운로드된 바이너리 패키지들은 다음의 위치에 있습니다
        C:\Users\Public\Documents\ESTsoft\CreatorTemp\Rtmpw7MGWs\downloaded_packages
> install.packages("stringr")
URL 'https://cran.yu.ac.kr/bin/windows/contrib/4.2/stringr_1.4.0.zip'을 시도합니다
Content type 'application/zip' length 216766 bytes (211 KB)
downloaded 211 KB

패키지 'stringr'를 성공적으로 압축해제하였고 MD5 sums 이 확인되었습니다

다운로드된 바이너리 패키지들은 다음의 위치에 있습니다
        C:\Users\Public\Documents\ESTsoft\CreatorTemp\Rtmpw7MGWs\downloaded_packages
> library(rvest)
> library(stringr)
```

⑤ 웹 스크래핑은 "대상 URL 할당 → 웹 문서 가져오기 → 특정 태그의 데이터 추출 → 데이터 정제 → 데이터 프레임 작성"의 순서로 진행된다.

⑥ 중고차 거래 사이트인 보배드림(www.bobaedream.co.kr/cyber/CyberCar.php?gubun=K&page=1) 홈페이지에서 (차량명, 연식, 연료 유형, 주행거리, 가격) 정보를 웹 스크래핑 방법으로 추출한다. 웹 스크래핑 대상 URL을 할당(url)하고 read_html(url) 명령어를 이용하여 웹 문서를 가져온다.

```
> url <- "https://www.bobaedream.co.kr/cyber/CyberCar.php?gubun=K&page=1"
>
> car <- read_html(url)
> car
{html_document}
<html lang="ko" xmlns="http://www.w3.org/1999/xhtml">
[1] <head>\n<meta http-equiv="Content-Type" content="text/html; charset=UTF-8">\n<meta charse ...
[2] <body class="body-cyber-list">\r\n<div id="skip-nav">\r\n    <ul>\n<li><a href="#bobaeGNB ...
```

⑦ F12 또는 페이지 소스보기(오른쪽 마우스) 기능을 이용하여 중고차 정보가 저장되어 있는 태그를 확인한다.
   HTML 문서를 통해 중고 자동차들의 정보는 모두 css가 ".product−item"으로 설정되어 있음을 알 수 있다.

```
<div id="listCont">
    <div class="wrap-thumb-list">
    <ul class="clearfix"><li class="product-item">
            <div class="list-inner">
                <div class="mode-cell thumb">
                    <a href="/cyber/CyberCar_view.php?no=757193&gubun=K" class="img w132" target="_blank">
                        <img src="//file2.bobaedream.co.kr/pds/CyberCar/3/757193/thumb5_757193.jpg" alt="CN 카니발 하이리무진" />
                    </a>
                    <div class="zzim btn-bookmark" onclick="qSet('zzim', '757193', 'C', 'K', this);">
                        <button type="button" class="btn-zzim">
                            <span class="icon-zzim">찜</span>
                        </button>
                    </div>
                </div>
                <div class="mode-cell title">
                    <p class="tit ellipsis">
                        <a href="/cyber/CyberCar_view.php?no=757193&gubun=K" title="CN 카니발 하이리무진" target="_blank">CN 카니발 하이리무진</a>
                    </p>
                    <p class="stxt ellipsis"><a href="/cyber/CyberCar_view.php?no=757193&gubun=K" target="_blank"><b>8㎞ 무주행산차/전동사이드스텝/의전시트/컨버전 밴<
                    <dl class="data clearfix"><dt class="blind">모델 옵션</dt><dd class="data-item"><a href="/cyber/CyberCar_view.php?no=757193&gubun=K" target="_blan/
                    </dd>
                    </dl>
                </div>
                <div class="mode-cell year">
                    <span class="text">23/00</span>
                </div>
                <div class="mode-cell fuel">
                    <span class="text">디젤</span>
                </div>
                <div class="mode-cell km">
                    <span class="text">8㎞</span>
                </div>
                <div class="mode-cell price">
                    <strong class="price-whole cr">9,040</strong>
                <span class="price-currency">만원</span>

                <div class="mode-cell seller">
                    <div class="list-seller">
                                                <div class="seller-name">
                        <a class="link" href="/mycar/mycar_holding_list.php?sellerID=b3BocjFvcGhxbm9waHFub3Boc2pvcGhzam9waHNqb3Boc2k%3D&mtype_gubun=
                            <strong class="text">최진영</strong>
                            <span class="type">(반복)</span>
                        </a>
                    </div>
                    <div class="seller-content">
                        <ul class="content-list">
                            <li class="content-item">
                                <span class="text">서울 송파구</span>
                            </li>
                            <li class="content-item">
                                <span class="title">등록</span>
                                <span class="text">08.03</span>
                            </li>
                            <li class="content-item">
                                <span class="title">조회</span>
                                <span class="text cr">2,881</span>
                            </li>
                        </ul>
                    </div>
                </div>
            </div>
        </div>
    </li>
<li class="product-item">
            <div class="list-inner">
```

⑧ html_nodes( ) 함수를 이용하여 car 문서에서 css가 ".product−item"인 것을 찾아 infocar에 저장한다.
   html_nodes( )는 웹 문서에서 css, XPath(XML Path Language) 등으로 설정된 특정 부분을 추출하는 기
   능을 수행한다.

```
> infocar <- html_nodes(car, css=".product-item")
> infocar
{xml_nodeset (70)}
 [1] <li class="product-item">\r\n          \t          <div class="list-inner">\r\n          \t          <div class="mode-cell thumb">\r\n  ...
 [2] <li class="product-item">\r\n          \t          <div class="list-inner">\r\n          \t          <div class="mode-cell thumb">\r\n  ...
 [3] <li class="product-item">\r\n          \t          <div class="list-inner">\r\n          \t          <div class="mode-cell thumb">\r\n  ...
 [4] <li class="product-item">\r\n          \t          <div class="list-inner">\r\n          \t          <div class="mode-cell thumb">\r\n  ...
 [5] <li class="product-item">\r\n          \t          <div class="list-inner">\r\n          \t          <div class="mode-cell thumb">\r\n  ...
 [6] <li class="product-item">\r\n          \t          <div class="list-inner">\r\n          \t          <div class="mode-cell thumb">\r\n  ...
 [7] <li class="product-item">\r\n          \t          <div class="list-inner">\r\n          \t          <div class="mode-cell thumb">\r\n  ...
 [8] <li class="product-item">\r\n          \t          <div class="list-inner">\r\n          \t          <div class="mode-cell thumb">\r\n  ...
 [9] <li class="product-item">\r\n          \t          <div class="list-inner">\r\n          \t          <div class="mode-cell thumb">\r\n  ...
[10] <li class="product-item">\r\n          \t          <div class="list-inner">\r\n          \t          <div class="mode-cell thumb">\r\n  ...
[11] <li class="product-item">\r\n          \t          <div class="list-inner">\r\n          \t          <div class="mode-cell thumb">\r\n  ...
[12] <li class="product-item">\r\n          \t          <div class="list-inner">\r\n          \t          <div class="mode-cell thumb">\r\n  ...
[13] <li class="product-item">\r\n          \t          <div class="list-inner">\r\n          \t          <div class="mode-cell thumb">\r\n  ...
[14] <li class="product-item">\r\n          \t          <div class="list-inner">\r\n          \t          <div class="mode-cell thumb">\r\n  ...
[15] <li class="product-item">\r\n          \t          <div class="list-inner">\r\n          \t          <div class="mode-cell thumb">\r\n  ...
[16] <li class="product-item">\r\n          \t          <div class="list-inner">\r\n          \t          <div class="mode-cell thumb">\r\n  ...
[17] <li class="product-item">\r\n          \t          <div class="list-inner">\r\n          \t          <div class="mode-cell thumb">\r\n  ...
[18] <li class="product-item">\r\n          \t          <div class="list-inner">\r\n          \t          <div class="mode-cell thumb">\r\n  ...
[19] <li class="product-item">\r\n          \t          <div class="list-inner">\r\n          \t          <div class="mode-cell thumb">\r\n  ...
[20] <li class="product-item">\r\n          \t          <div class="list-inner">\r\n          \t          <div class="mode-cell thumb">\r\n  ...

> summary(infocar)
      Length Class    Mode
 [1,] 2      xml_node list
 [2,] 2      xml_node list
 [3,] 2      xml_node list
 [4,] 2      xml_node list
 [5,] 2      xml_node list
 [6,] 2      xml_node list
 [7,] 2      xml_node list
 [8,] 2      xml_node list
 [9,] 2      xml_node list
[10,] 2      xml_node list
[11,] 2      xml_node list
[12,] 2      xml_node list
[13,] 2      xml_node list
[14,] 2      xml_node list
[15,] 2      xml_node list
[16,] 2      xml_node list
[17,] 2      xml_node list
[18,] 2      xml_node list
[19,] 2      xml_node list
[20,] 2      xml_node list
[21,] 2      xml_node list
[22,] 2      xml_node list
[23,] 2      xml_node list
[24,] 2      xml_node list
[25,] 2      xml_node list
[26,] 2      xml_node list
[27,] 2      xml_node list
[28,] 2      xml_node list
[29,] 2      xml_node list
[30,] 2      xml_node list
```

⑨ HTML 문서 구조로부터 각 항목들이 저장되어 있는 css 이름을 확인한다.

차량명	연 식	사용 연료	주행거리	판매가격
.tit.ellipsis.video	.mode−cell.year	.mode−cell.fuel	.mode−cell.km	.mode−cell.price

⑩ 차량 명칭은 ".tit.ellipsis.video"에 저장되어 있으며 html_nodes( )를 이용하여 차량 정보를 추출하고 html_text( )로 차량명에 해당되는 텍스트를 추출한다. str_trim( ) 명령어로 문자열에서 공백을 제거하여 저장(cartitle)한다.

```
> cartitle_imsi <- html_nodes(infocar, css=".tit.ellipsis.video")
> cartitle_imsi
```

```
{xml_nodeset (23)}
 [1] <p class="tit ellipsis video">\r\n    \t
 [2] <p class="tit ellipsis video">\r\n    \t
 [3] <p class="tit ellipsis video">\r\n    \t
 [4] <p class="tit ellipsis video">\r\n    \t
 [5] <p class="tit ellipsis video">\r\n    \t
 [6] <p class="tit ellipsis video">\r\n    \t
 [7] <p class="tit ellipsis video">\r\n    \t
 [8] <p class="tit ellipsis video">\r\n    \t
 [9] <p class="tit ellipsis video">\r\n    \t
[10] <p class="tit ellipsis video">\r\n    \t
[11] <p class="tit ellipsis video">\r\n    \t
[12] <p class="tit ellipsis video">\r\n    \t
[13] <p class="tit ellipsis video">\r\n    \t
[14] <p class="tit ellipsis video">\r\n    \t
[15] <p class="tit ellipsis video">\r\n    \t
[16] <p class="tit ellipsis video">\r\n    \t
[17] <p class="tit ellipsis video">\r\n    \t
[18] <p class="tit ellipsis video">\r\n    \t
[19] <p class="tit ellipsis video">\r\n    \t
[20] <p class="tit ellipsis video">\r\n    \t
```

```
> cartitle <- html_text(cartitle_imsi)
> cartitle
 [1] "\r\n    \t              현대 아반떼AD 1.6 디젤 스마트\r\n    \t                              "
 [2] "\r\n    \t              현대 e-카운티 셀프밴\r\n    \t                              "
 [3] "\r\n    \t              쉐보레 올 뉴 말리부 2.0 터보 LTZ 프리미엄\r\n    \t              "
 [4] "\r\n    \t              기아 모하비 더 마스터 3.0 디젤 4WD 5인승 마스터즈 그래비티\r\n    \t "
 [5] "\r\n    \t              GM대우 다마스2 2인승 판넬밴 슈퍼\r\n    \t                       "
 [6] "\r\n                     기아 EV6 롱 레인지 2WD 라이트\r\n    \t                       "
 [7] "\r\n                     쌍용 티볼리 1.6 가솔린 2WD LX\r\n    \t                       "
 [8] "\r\n                     기아 EV6 롱 레인지 2WD 라이트\r\n    \t                       "
 [9] "\r\n    \t              현대 그랜저IG 2.4 모던\r\n    \t                              "
[10] "\r\n    \t              현대 엑센트 1.4 CVT 모던\r\n    \t                            "
[11] "\r\n    \t              제네시스 G90 3.5 터보 LWB AWD\r\n    \t                        "
[12] "\r\n    \t              제네시스 GV60 스탠다드\r\n    \t                            "
[13] "\r\n    \t              기아 디 올 뉴 니로 EV 에어\r\n    \t                          "
[14] "\r\n    \t              쌍용 더 뉴 코란도 스포츠 2.2 디젤 4WD CX7 패션\r\n    \t          "
[15] "\r\n    \t              기아 올 뉴 카니발 2.2 디젤 9인승 프레스티지\r\n    \t            "
[16] "\r\n    \t              현대 LF쏘나타 2.0 스마트\r\n    \t                            "
[17] "\r\n    \t              제네시스 더 뉴 G80 3.5 터보 AWD\r\n    \t                       "
[18] "\r\n    \t              지바 코로보2 셀핑카\r\n    \t                                "
[19] "\r\n    \t              오토글로벌JS 카니발 하이리무진\r\n    \t                         "
[20] "\r\n    \t              알포이서비스 트카5 셀핑카\r\n    \t                            "
[21] "\r\n    \t              기아 EV6 롱 레인지 AWD 에어\r\n    \t                          "
[22] "\r\n    \t              제네시스 G80 3.3 터보 AWD 스포츠\r\n    \t                      "
[23] "\r\n    \t              쉐보레 스파크 1.0 LPGi LT\r\n    \t                           "
```

```
> cartitle <- str_trim(cartitle)
> cartitle
 [1] "현대 아반떼AD 1.6 디젤 스마트"                     "현대 e-카운티 셀프밴"                "쉐보레 올 뉴 말리부 2.0 터보 LTZ 프리미엄"
 [4] "기아 모하비 더 마스터 3.0 디젤 4WD 5인승 마스터즈 그래비티" "GM대우 다마스2 2인승 판넬밴 슈퍼"    "기아 EV6 롱 레인지 2WD 라이트"
 [7] "쌍용 티볼리 1.6 가솔린 2WD LX"                   "기아 EV6 롱 레인지 2WD 라이트"       "현대 그랜저IG 2.4 모던"
[10] "현대 엑센트 1.4 CVT 모던"                        "제네시스 G90 3.5 터보 LWB AWD"      "제네시스 GV60 스탠다드"
[13] "기아 디 올 뉴 니로 EV 에어"                      "쌍용 더 뉴 코란도 스포츠 2.2 디젤 4WD CX7 패션" "기아 올 뉴 카니발 2.2 디젤 9인승 프레스티지"
[16] "현대 LF쏘나타 2.0 스마트"                        "제네시스 더 뉴 G80 3.5 터보 AWD"    "지바 코로보2 셀핑카"
[19] "오토글로벌JS 카니발 하이리무진"                   "알포이서비스 트카5 셀핑카"           "기아 EV6 롱 레인지 AWD 에어"
[22] "제네시스 G80 3.3 터보 AWD 스포츠"                "쉐보레 스파크 1.0 LPGi LT"
```

⑪ 동일한 방법으로 차량의 생산연도(연식)에 대하여 ".mode−cell.year"를 이용하여 연식을 추출하고 저장(year)한다.

```
> year_imsi <- html_nodes(infocar, css=".mode-cell.year")
> year_imsi
```

```
{xml_nodeset (70)}
 [1] <div class="mode-cell year">\r\n    \t              <span class="text">23/00</span>\r\n    \t              </div>
 [2] <div class="mode-cell year">\r\n    \t              <span class="text">23/00</span>\r\n    \t              </div>
 [3] <div class="mode-cell year">\r\n    \t              <span class="text">21/06<br>(22년형)</span>\r\n    \t    </div>
 [4] <div class="mode-cell year">\r\n    \t              <span class="text">21/03</span>\r\n    \t              </div>
 [5] <div class="mode-cell year">\r\n    \t              <span class="text">17/07<br>(18년형)</span>\r\n    \t    </div>
 [6] <div class="mode-cell year">\r\n    \t              <span class="text">18/07</span>\r\n    \t              </div>
 [7] <div class="mode-cell year">\r\n    \t              <span class="text">15/07</span>\r\n    \t              </div>
 [8] <div class="mode-cell year">\r\n    \t              <span class="text">18/10<br>(19년형)</span>\r\n    \t    </div>
 [9] <div class="mode-cell year">\r\n    \t              <span class="text">17/04<br>(18년형)</span>\r\n    \t    </div>
[10] <div class="mode-cell year">\r\n    \t              <span class="text">12/02</span>\r\n    \t              </div>
[11] <div class="mode-cell year">\r\n    \t              <span class="text">21/04</span>\r\n    \t              </div>
[12] <div class="mode-cell year">\r\n    \t              <span class="text">16/02</span>\r\n    \t              </div>
[13] <div class="mode-cell year">\r\n    \t              <span class="text">16/10<br>(17년형)</span>\r\n    \t    </div>
[14] <div class="mode-cell year">\r\n    \t              <span class="text">21/07<br>(22년형)</span>\r\n    \t    </div>
[15] <div class="mode-cell year">\r\n    \t              <span class="text">14/11<br>(15년형)</span>\r\n    \t    </div>
[16] <div class="mode-cell year">\r\n    \t              <span class="text">18/10<br>(19년형)</span>\r\n    \t    </div>
[17] <div class="mode-cell year">\r\n    \t              <span class="text">16/01</span>\r\n    \t              </div>
[18] <div class="mode-cell year">\r\n    \t              <span class="text">22/05</span>\r\n    \t              </div>
[19] <div class="mode-cell year">\r\n    \t              <span class="text">22/07</span>\r\n    \t              </div>
[20] <div class="mode-cell year">\r\n    \t              <span class="text">19/08</span>\r\n    \t              </div>
```

```
> year <- html_text(year_imsi)
> year
 [1] "\r\n      \t      23/00\r\n      \t      "          "\r\n      \t      23/00\r\n      \t      "
 [3] "\r\n      \t      21/06(22년형)\r\n      \t      "   "\r\n      \t      21/03\r\n      \t      "
 [5] "\r\n      \t      17/07(18년형)\r\n      \t      "   "\r\n      \t      18/07\r\n      \t      "
 [7] "\r\n      \t      15/07\r\n      \t      "          "\r\n      \t      18/10(19년형)\r\n      \t      "
 [9] "\r\n      \t      17/04(18년형)\r\n      \t      "   "\r\n      \t      12/02\r\n      \t      "
[11] "\r\n      \t      21/04\r\n      \t      "          "\r\n      \t      16/02\r\n      \t      "
[13] "\r\n      \t      16/10(17년형)\r\n      \t      "   "\r\n      \t      21/07(22년형)\r\n      \t      "
[15] "\r\n      \t      14/11(15년형)\r\n      \t      "   "\r\n      \t      18/10(19년형)\r\n      \t      "
[17] "\r\n      \t      16/01\r\n      \t      "          "\r\n      \t      22/05\r\n      \t      "
[19] "\r\n      \t      22/07\r\n      \t      "          "\r\n      \t      19/08\r\n      \t      "
[21] "\r\n      \t      06/04\r\n      \t      "          "\r\n      \t      13/06(14년형)\r\n      \t      "
[23] "\r\n      \t      14/03\r\n      \t      "          "\r\n      \t      12/05(13년형)\r\n      \t      "
[25] "\r\n      \t      22/07\r\n      \t      "          "\r\n      \t      20/09\r\n      \t      "
[27] "\r\n      \t      18/08(19년형)\r\n      \t      "   "\r\n      \t      16/05\r\n      \t      "
[29] "\r\n      \t      22/07\r\n      \t      "          "\r\n      \t      22/06(23년형)\r\n      \t      "
[31] "\r\n      \t      17/08(18년형)\r\n      \t      "   "\r\n      \t      19/07\r\n      \t      "
[33] "\r\n      \t      23/00\r\n      \t      "          "\r\n      \t      20/07\r\n      \t      "
[35] "\r\n      \t      22/03\r\n      \t      "          "\r\n      \t      14/10(15년형)\r\n      \t      "
[37] "\r\n      \t      13/08\r\n      \t      "          "\r\n      \t      20/02\r\n      \t      "
[39] "\r\n      \t      14/08(15년형)\r\n      \t      "   "\r\n      \t      11/01\r\n      \t      "
[41] "\r\n      \t      22/07\r\n      \t      "          "\r\n      \t      22/04\r\n      \t      "
[43] "\r\n      \t      22/06(23년형)\r\n      \t      "   "\r\n      \t      17/12(18년형)\r\n      \t      "
[45] "\r\n      \t      16/07(17년형)\r\n      \t      "   "\r\n      \t      14/05(15년형)\r\n      \t      "
[47] "\r\n      \t      20/05\r\n      \t      "          "\r\n      \t      17/03\r\n      \t      "
[49] "\r\n      \t      20/07(21년형)\r\n      \t      "   "\r\n      \t      20/06(21년형)\r\n      \t      "
[51] "\r\n      \t      18/12(19년형)\r\n      \t      "   "\r\n      \t      20/12(21년형)\r\n      \t      "
[53] "\r\n      \t      18/03(19년형)\r\n      \t      "   "\r\n      \t      20/01\r\n      \t      "
[55] "\r\n      \t      20/06(21년형)\r\n      \t      "   "\r\n      \t      17/03\r\n      \t      "
[57] "\r\n      \t      20/05\r\n      \t      "          "\r\n      \t      20/12(21년형)\r\n      \t      "
[59] "\r\n      \t      22/05\r\n      \t      "          "\r\n      \t      22/02\r\n      \t      "
[61] "\r\n      \t      22/07\r\n      \t      "          "\r\n      \t      18/09\r\n      \t      "
[63] "\r\n      \t      14/04\r\n      \t      "          "\r\n      \t      18/06\r\n      \t      "
[65] "\r\n      \t      19/03\r\n      \t      "          "\r\n      \t      15/08(16년형)\r\n      \t      "
[67] "\r\n      \t      21/06\r\n      \t      "          "\r\n      \t      16/08\r\n      \t      "
[69] "\r\n      \t      13/02\r\n      \t      "          "\r\n      \t      17/04\r\n      \t      "
```

```
> year <- str_trim(year)
> year
 [1] "23/00"         "23/00"         "21/06(22년형)" "21/03"         "17/07(18년형)" "18/07"         "15/07"         "18/10(19년형)" "17/04(18년형)" "12/02"         "21/04"         "16/02"         "16/10(17년형)" "21/07(22년형)"
[15] "14/11(15년형)" "18/10(19년형)" "16/01"         "22/05"         "22/07"         "19/08"         "06/04"         "13/06(14년형)" "14/03"         "12/05(13년형)" "22/07"         "20/09"         "18/08(19년형)" "16/05"
[29] "22/07"         "22/06(23년형)" "17/08(18년형)" "19/07"         "23/00"         "20/07"         "22/03"         "14/10(15년형)" "13/08"         "20/02"         "14/08(15년형)" "11/01"         "22/07"         "22/04"
[43] "22/06(23년형)" "17/12(18년형)" "16/07(17년형)" "14/05(15년형)" "20/05"         "17/03"         "20/07(21년형)" "20/06(21년형)" "18/12(19년형)" "20/12(21년형)" "18/03(19년형)" "20/01"         "20/06(21년형)" "17/03"
[57] "20/05"         "20/12(21년형)" "22/05"         "22/02"         "22/07"         "18/09"         "14/04"         "18/06"         "19/03"         "15/08(16년형)" "21/06"         "16/08"         "13/02"         "17/04"
```

⑫ 차량 연료(가솔린, 디젤, LPG 등)는 ".mode−cell.fuel"을 이용하여 추출(fuel)한다.

```
> fuel_imsi <- html_nodes(infocar, css=".mode-cell.fuel")
> fuel_imsi
{xml_nodeset (70)}
 [1] <div class="mode-cell fuel">\r\n      \t      <span class="text">디젤</span>\r\n      \t      </div>
 [2] <div class="mode-cell fuel">\r\n      \t      <span class="text">가솔린</span>\r\n      \t      </div>
 [3] <div class="mode-cell fuel">\r\n      \t      <span class="text">가솔린</span>\r\n      \t      </div>
 [4] <div class="mode-cell fuel">\r\n      \t      <span class="text">가솔린</span>\r\n      \t      </div>
 [5] <div class="mode-cell fuel">\r\n      \t      <span class="text">가솔린</span>\r\n      \t      </div>
 [6] <div class="mode-cell fuel">\r\n      \t      <span class="text">가솔린</span>\r\n      \t      </div>
 [7] <div class="mode-cell fuel">\r\n      \t      <span class="text">가솔린</span>\r\n      \t      </div>
 [8] <div class="mode-cell fuel">\r\n      \t      <span class="text">LPG</span>\r\n      \t      </div>
 [9] <div class="mode-cell fuel">\r\n      \t      <span class="text">디젤</span>\r\n      \t      </div>
[10] <div class="mode-cell fuel">\r\n      \t      <span class="text">디젤</span>\r\n      \t      </div>
[11] <div class="mode-cell fuel">\r\n      \t      <span class="text">디젤</span>\r\n      \t      </div>
[12] <div class="mode-cell fuel">\r\n      \t      <span class="text">가솔린</span>\r\n      \t      </div>
[13] <div class="mode-cell fuel">\r\n      \t      <span class="text">가솔린</span>\r\n      \t      </div>
[14] <div class="mode-cell fuel">\r\n      \t      <span class="text">디젤</span>\r\n      \t      </div>
[15] <div class="mode-cell fuel">\r\n      \t      <span class="text">디젤</span>\r\n      \t      </div>
[16] <div class="mode-cell fuel">\r\n      \t      <span class="text">가솔린</span>\r\n      \t      </div>
[17] <div class="mode-cell fuel">\r\n      \t      <span class="text">디젤</span>\r\n      \t      </div>
[18] <div class="mode-cell fuel">\r\n      \t      <span class="text">가솔린</span>\r\n      \t      </div>
[19] <div class="mode-cell fuel">\r\n      \t      <span class="text">디젤</span>\r\n      \t      </div>
[20] <div class="mode-cell fuel">\r\n      \t      <span class="text">디젤</span>\r\n      \t      </div>
```

```
> fuel <- html_text(fuel_imsi)
> fuel
 [1] "\r\n      \t      디젤\r\n      \t      "           "\r\n      \t      가솔린\r\n      \t      "
 [3] "\r\n      \t      가솔린\r\n      \t      "         "\r\n      \t      가솔린\r\n      \t      "
 [5] "\r\n      \t      가솔린\r\n      \t      "         "\r\n      \t      가솔린\r\n      \t      "
 [7] "\r\n      \t      가솔린\r\n      \t      "         "\r\n      \t      LPG\r\n      \t      "
 [9] "\r\n      \t      디젤\r\n      \t      "           "\r\n      \t      디젤\r\n      \t      "
[11] "\r\n      \t      디젤\r\n      \t      "           "\r\n      \t      가솔린\r\n      \t      "
[13] "\r\n      \t      가솔린\r\n      \t      "         "\r\n      \t      디젤\r\n      \t      "
[15] "\r\n      \t      디젤\r\n      \t      "           "\r\n      \t      가솔린\r\n      \t      "
[17] "\r\n      \t      디젤\r\n      \t      "           "\r\n      \t      가솔린\r\n      \t      "
[19] "\r\n      \t      디젤\r\n      \t      "           "\r\n      \t      디젤\r\n      \t      "
[21] "\r\n      \t      LPG\r\n      \t      "            "\r\n      \t      가솔린\r\n      \t      "
[23] "\r\n      \t      가솔린\r\n      \t      "         "\r\n      \t      가솔린\r\n      \t      "
[25] "\r\n      \t      전기\r\n      \t      "           "\r\n      \t      가솔린\r\n      \t      "
[27] "\r\n      \t      가솔린\r\n      \t      "         "\r\n      \t      가솔린\r\n      \t      "
[29] "\r\n      \t      전기\r\n      \t      "           "\r\n      \t      전기\r\n      \t      "
[31] "\r\n      \t      가솔린\r\n      \t      "         "\r\n      \t      가솔린\r\n      \t      "
[33] "\r\n      \t      가솔린\r\n      \t      "         "\r\n      \t      디젤\r\n      \t      "
[35] "\r\n      \t      가솔린\r\n      \t      "         "\r\n      \t      가솔린\r\n      \t      "
[37] "\r\n      \t      가솔린\r\n      \t      "         "\r\n      \t      디젤\r\n      \t      "
[39] "\r\n      \t      가솔린\r\n      \t      "         "\r\n      \t      디젤\r\n      \t      "
[41] "\r\n      \t      가솔린\r\n      \t      "         "\r\n      \t      전기\r\n      \t      "
[43] "\r\n      \t      전기\r\n      \t      "           "\r\n      \t      디젤\r\n      \t      "
[45] "\r\n      \t      디젤\r\n      \t      "           "\r\n      \t      가솔린\r\n      \t      "
[47] "\r\n      \t      가솔린\r\n      \t      "         "\r\n      \t      가솔린\r\n      \t      "
[49] "\r\n      \t      가솔린\r\n      \t      "         "\r\n      \t      가솔린\r\n      \t      "
[51] "\r\n      \t      디젤\r\n      \t      "           "\r\n      \t      가솔린\r\n      \t      "
[53] "\r\n      \t      가솔린\r\n      \t      "         "\r\n      \t      디젤\r\n      \t      "
[55] "\r\n      \t      가솔린\r\n      \t      "         "\r\n      \t      가솔린\r\n      \t      "
[57] "\r\n      \t      가솔린+전기\r\n      \t      "    "\r\n      \t      가솔린\r\n      \t      "
[59] "\r\n      \t      가솔린\r\n      \t      "         "\r\n      \t      디젤\r\n      \t      "
[61] "\r\n      \t      전기\r\n      \t      "           "\r\n      \t      가솔린\r\n      \t      "
[63] "\r\n      \t      LPG\r\n      \t      "            "\r\n      \t      가솔린\r\n      \t      "
[65] "\r\n      \t      디젤\r\n      \t      "           "\r\n      \t      디젤\r\n      \t      "
[67] "\r\n      \t      디젤\r\n      \t      "           "\r\n      \t      디젤\r\n      \t      "
[69] "\r\n      \t      디젤\r\n      \t      "           "\r\n      \t      가솔린\r\n      \t      "
```

```
> fuel <- str_trim(fuel)
> fuel
 [1] "디젤"     "가솔린"   "가솔린"   "가솔린"   "가솔린"   "가솔린"   "가솔린"   "LPG"      "디젤"     "디젤"     "디젤"     "가솔린"   "가솔린"   "디젤"     "디젤"     "가솔린"
[17] "디젤"     "가솔린"   "디젤"     "디젤"     "LPG"      "가솔린"   "디젤"     "디젤"     "전기"     "디젤"     "가솔린"   "전기"     "디젤"     "전기"     "디젤"     "가솔린"
[33] "가솔린"   "디젤"     "디젤"     "가솔린"   "디젤"     "디젤"     "디젤"     "가솔린"   "전기"     "전기"     "전기"     "디젤"     "디젤"     "가솔린"   "가솔린"   "가솔린"
[49] "가솔린"   "가솔린"   "디젤"     "디젤"     "가솔린"   "가솔린"   "가솔린+전기" "가솔린" "전기"     "디젤"     "디젤"     "전기"     "가솔린"   "LPG"      "가솔린"
[65] "디젤"     "디젤"     "디젤"     "디젤"     "디젤"     "가솔린"
```

⑬ 주행거리는 ".mode—cell.km"를 이용하여 추출·저장(km)한다.

```
> km_imsi <- html_nodes(infocar, css=".mode-cell.km")
> km_imsi
{xml_nodeset (70)}
 [1] <div class="mode-cell km">\r\n        \t              <span class="text">8km</span>\r\n        \t                  </div>
 [2] <div class="mode-cell km">\r\n        \t              <span class="text">11km</span>\r\n        \t                  </div>
 [3] <div class="mode-cell km">\r\n        \t              <span class="text">2만km</span>\r\n        \t                  </div>
 [4] <div class="mode-cell km">\r\n        \t              <span class="text">2만km</span>\r\n        \t                  </div>
 [5] <div class="mode-cell km">\r\n        \t              <span class="text">4만km</span>\r\n        \t                  </div>
 [6] <div class="mode-cell km">\r\n        \t              <span class="text">5만km</span>\r\n        \t                  </div>
 [7] <div class="mode-cell km">\r\n        \t              <span class="text">10만km</span>\r\n         \t                  </div>
 [8] <div class="mode-cell km">\r\n        \t              <span class="text">6만km</span>\r\n        \t                  </div>
 [9] <div class="mode-cell km">\r\n        \t              <span class="text">6만km</span>\r\n        \t                  </div>
[10] <div class="mode-cell km">\r\n        \t              <span class="text">10만km</span>\r\n         \t                  </div>
[11] <div class="mode-cell km">\r\n        \t              <span class="text">1만km</span>\r\n        \t                  </div>
[12] <div class="mode-cell km">\r\n        \t              <span class="text">16만km</span>\r\n         \t                  </div>
[13] <div class="mode-cell km">\r\n        \t              <span class="text">11만km</span>\r\n         \t                  </div>
[14] <div class="mode-cell km">\r\n        \t              <span class="text">8천km</span>\r\n        \t                  </div>
[15] <div class="mode-cell km">\r\n        \t              <span class="text">17만km</span>\r\n         \t                  </div>
[16] <div class="mode-cell km">\r\n        \t              <span class="text">1만km</span>\r\n        \t                  </div>
[17] <div class="mode-cell km">\r\n        \t              <span class="text">8만km</span>\r\n        \t                  </div>
[18] <div class="mode-cell km">\r\n        \t              <span class="text">1만km</span>\r\n        \t                  </div>
[19] <div class="mode-cell km">\r\n        \t              <span class="text">26km</span>\r\n        \t                  </div>
[20] <div class="mode-cell km">\r\n        \t              <span class="text">7만km</span>\r\n        \t                  </div>

> km <- html_text(km_imsi)
> km
 [1] "\r\n        \t              8km\r\n        \t                  "    "\r\n        \t              11km\r\n        \t                  "
 [3] "\r\n        \t              2만km\r\n        \t                  "   "\r\n        \t              2만km\r\n        \t                  "
 [5] "\r\n        \t              4만km\r\n        \t                  "   "\r\n        \t              5만km\r\n        \t                  "
 [7] "\r\n        \t              10만km\r\n        \t                  "  "\r\n        \t              6만km\r\n        \t                  "
 [9] "\r\n        \t              6만km\r\n        \t                  "   "\r\n        \t              10만km\r\n        \t                  "
[11] "\r\n        \t              1만km\r\n        \t                  "   "\r\n        \t              16만km\r\n        \t                  "
[13] "\r\n        \t              11만km\r\n        \t                  "  "\r\n        \t              8천km\r\n        \t                  "
[15] "\r\n        \t              17만km\r\n        \t                  "  "\r\n        \t              1만km\r\n        \t                  "
[17] "\r\n        \t              8만km\r\n        \t                  "   "\r\n        \t              1만km\r\n        \t                  "
[19] "\r\n        \t              26km\r\n        \t                  "   "\r\n        \t              7만km\r\n        \t                  "
[21] "\r\n        \t              12만km\r\n        \t                  "  "\r\n        \t              13만km\r\n        \t                  "
[23] "\r\n        \t              11만km\r\n        \t                  "  "\r\n        \t              13만km\r\n        \t                  "
[25] "\r\n        \t              10만km\r\n        \t                  "  "\r\n        \t              1만km\r\n        \t                  "
[27] "\r\n        \t              5만km\r\n        \t                  "   "\r\n        \t              8만km\r\n        \t                  "
[29] "\r\n        \t              15만km\r\n        \t                  "  "\r\n        \t              2만km\r\n        \t                  "
[31] "\r\n        \t              7만km\r\n        \t                  "   "\r\n        \t              6만km\r\n        \t                  "
[33] "\r\n        \t              9km\r\n        \t                  "    "\r\n        \t              1만km\r\n        \t                  "
[35] "\r\n        \t              4만km\r\n        \t                  "   "\r\n        \t              24만km\r\n        \t                  "
[37] "\r\n        \t              7만km\r\n        \t                  "   "\r\n        \t              2만km\r\n        \t                  "
[39] "\r\n        \t              9만km\r\n        \t                  "   "\r\n        \t              17만km\r\n        \t                  "
[41] "\r\n        \t              44km\r\n        \t                  "   "\r\n        \t              3천km\r\n        \t                  "
[43] "\r\n        \t              1만km\r\n        \t                  "   "\r\n        \t              8만km\r\n        \t                  "
[45] "\r\n        \t              16만km\r\n        \t                  "  "\r\n        \t              6만km\r\n        \t                  "
[47] "\r\n        \t              2만km\r\n        \t                  "   "\r\n        \t              2만km\r\n        \t                  "
[49] "\r\n        \t              8만km\r\n        \t                  "   "\r\n        \t              2만km\r\n        \t                  "
[51] "\r\n        \t              1만km\r\n        \t                  "   "\r\n        \t              6만km\r\n        \t                  "
[53] "\r\n        \t              2만km\r\n        \t                  "   "\r\n        \t              7만km\r\n        \t                  "
[55] "\r\n        \t              1만km\r\n        \t                  "   "\r\n        \t              7만km\r\n        \t                  "
[57] "\r\n        \t              4만km\r\n        \t                  "   "\r\n        \t              3천km\r\n        \t                  "
[59] "\r\n        \t              2만km\r\n        \t                  "   "\r\n        \t              1만km\r\n        \t                  "
[61] "\r\n        \t              352km\r\n        \t                  "  "\r\n        \t              4천km\r\n        \t                  "
[63] "\r\n        \t              19만km\r\n        \t                  "  "\r\n        \t              3천km\r\n        \t                  "
[65] "\r\n        \t              5만km\r\n        \t                  "   "\r\n        \t              6만km\r\n        \t                  "
[67] "\r\n        \t              3천km\r\n        \t                  "   "\r\n        \t              10만km\r\n        \t                  "
[69] "\r\n        \t              11만km\r\n        \t                  "  "\r\n        \t              12만km\r\n        \t                  "

> km <- str_trim(km)
> km
 [1] "8km"    "11km"   "2만km"  "2만km"  "4만km"  "5만km"  "10만km" "6만km"  "6만km"  "10만km" "1만km"  "16만km" "11만km" "8천km"  "17만km" "1만km"  "8만km"  "1만km"  "26km"   "7만km"  "12만km" "13만km" "11만km" "13만km" "10만km"
[26] "1만km"  "5만km"  "8만km"  "15만km" "2만km"  "7만km"  "6만km"  "9km"    "1만km"  "4만km"  "24만km" "7만km"  "2만km"  "9만km"  "17만km" "44km"   "3천km"  "1만km"  "8만km"  "16만km" "6만km"  "2만km"  "2만km"  "8만km"  "2만km"
[51] "1만km"  "6만km"  "2만km"  "1만km"  "1만km"  "4만km"  "2만km"  "3천km"  "2만km"  "1만km"  "352km"  "4천km"  "19만km" "3천km"  "5만km"  "6만km"  "3천km"  "10만km" "11만km" "12만km"
```

⑭ 자동차 판매가격은 ".mode-cell.price"에 저장되어 있으며 html_nodes( ), html_text( ), str_trim( ) 명령어를 이용하여 추출·저장(price)한다. str_replace(price, '₩n', '') 명령어로 '₩n' 문자열을 공백처리한다.

```
> price_imsi <- html_nodes(infocar, css=".mode-cell.price")
> price_imsi

{xml_nodeset (70)}
 [1] <div class="mode-cell price">\r\n      \t           <strong class="price-whole cr">9,040</strong>\n<span class="price-currency">만원</span>\r\n      \t                      </div>
 [2] <div class="mode-cell price">\r\n      \t           <strong class="price-whole">8,905</strong>\n<span class="price-currency">만원</span>\r\n      \t                      </div>
 [3] <div class="mode-cell price">\r\n      \t           <strong class="price-whole">3,350</strong>\n<span class="price-currency">만원</span>\r\n      \t                      </div>
 [4] <div class="mode-cell price">\r\n      \t           <strong class="price-whole">2,799</strong>\n<span class="price-currency">만원</span>\r\n      \t                      </div>
 [5] <div class="mode-cell price">\r\n      \t           <strong class="price-whole">2,850</strong>\n<span class="price-currency">만원</span>\r\n      \t                      </div>
 [6] <div class="mode-cell price">\r\n      \t           <strong class="price-whole">1,750</strong>\n<span class="price-currency">만원</span>\r\n      \t                      </div>
 [7] <div class="mode-cell price">\r\n      \t           <strong class="price-whole cr">890</strong>\n<span class="price-currency">만원</span>\r\n      \t                      </div>
 [8] <div class="mode-cell price">\r\n      \t           <strong class="price-whole">2,350</strong>\n<span class="price-currency">만원</span>\r\n      \t                      </div>
 [9] <div class="mode-cell price">\r\n      \t           <strong class="price-whole">1,200</strong>\n<span class="price-currency">만원</span>\r\n      \t                      </div>
[10] <div class="mode-cell price">\r\n      \t           <strong class="price-whole cr">5,600</strong>\n<span class="price-currency">만원</span>\r\n      \t                      </div>
[11] <div class="mode-cell price">\r\n      \t           <strong class="price-whole cr">3,180</strong>\n<span class="price-currency">만원</span>\r\n      \t                      </div>
[12] <div class="mode-cell price">\r\n      \t           <b><em class="cr">문의</em></b>\r\n      \t                      </div>
[13] <div class="mode-cell price">\r\n      \t           <strong class="price-whole cr">1,450</strong>\n<span class="price-currency">만원</span>\r\n      \t                      </div>
[14] <div class="mode-cell price">\r\n      \t           <strong class="price-whole">2,690</strong>\n<span class="price-currency">만원</span>\r\n      \t                      </div>
[15] <div class="mode-cell price">\r\n      \t           <strong class="price-whole cr">620</strong>\n<span class="price-currency">만원</span>\r\n      \t                      </div>
[16] <div class="mode-cell price">\r\n      \t           <strong class="price-whole cr">2,890</strong>\n<span class="price-currency">만원</span>\r\n      \t                      </div>
[17] <div class="mode-cell price">\r\n      \t           <strong class="price-whole cr">1,590</strong>\n<span class="price-currency">만원</span>\r\n      \t                      </div>
[18] <div class="mode-cell price">\r\n      \t           <strong class="price-whole cr">13,400</strong>\n<span class="price-currency">만원</span>\r\n      \t                      </div>
[19] <div class="mode-cell price">\r\n      \t           <p>운용리스</p>\n\r\n      \t                      </div>
...
                                     <b><em class="cr">문의</em></b>\r\n      \t                      </div>
```

```
> price <- html_text(price_imsi)
> price

 [1] "\r\n      \t           9,040\n만원\r\n      \t           "  "\r\n      \t           8,905\n만원\r\n      \t           "
 [3] "\r\n      \t           3,350\n만원\r\n      \t           "  "\r\n      \t           2,799\n만원\r\n      \t           "
 [5] "\r\n      \t           2,850\n만원\r\n      \t           "  "\r\n      \t           1,750\n만원\r\n      \t           "
 [7] "\r\n      \t           890\n만원\r\n      \t           "    "\r\n      \t           2,350\n만원\r\n      \t           "
 [9] "\r\n      \t           1,200\n만원\r\n      \t           "  "\r\n      \t           5,600\n만원\r\n      \t           "
[11] "\r\n      \t           3,150\n만원\r\n      \t           "  "\r\n      \t           문의\r\n      \t           "
[13] "\r\n      \t           1,450\n만원\r\n      \t           "  "\r\n      \t           2,690\n만원\r\n      \t           "
[15] "\r\n      \t           620\n만원\r\n      \t           "    "\r\n      \t           2,890\n만원\r\n      \t           "
[17] "\r\n      \t           1,590\n만원\r\n      \t           "  "\r\n      \t           13,400\n만원\r\n      \t           "
[19] "\r\n      \t           운용리스\r\n      \t           "    "\r\n      \t           "
[21] "\r\n      \t           1,100\n만원\r\n      \t           "  "\r\n      \t           1,030\n만원\r\n      \t           "
[23] "\r\n      \t           790\n만원\r\n      \t           "    "\r\n      \t           690\n만원\r\n      \t           "
[25] "\r\n      \t           4,980\n만원\r\n      \t           "  "\r\n      \t           3,099\n만원\r\n      \t           "
[27] "\r\n      \t           2,090\n만원\r\n      \t           "  "\r\n      \t           1,380\n만원\r\n      \t           "
[29] "\r\n      \t           4,980\n만원\r\n      \t           "  "\r\n      \t           4,050\n만원\r\n      \t           "
[31] "\r\n      \t           1,880\n만원\r\n      \t           "  "\r\n      \t           930\n만원\r\n      \t           "
[33] "\r\n      \t           9,110\n만원\r\n      \t           "  "\r\n      \t           8,600\n만원\r\n      \t           "
[35] "\r\n      \t           6,450\n만원\r\n      \t           "  "\r\n      \t           1,550\n만원\r\n      \t           "
[37] "\r\n      \t           560\n만원\r\n      \t           "    "\r\n      \t           문의\r\n      \t           "
[39] "\r\n      \t           630\n만원\r\n      \t           "    "\r\n      \t           860\n만원\r\n      \t           "
[41] "\r\n      \t           20,000\n만원\r\n      \t           " "\r\n      \t           7,260\n만원\r\n      \t           "
[43] "\r\n      \t           계약\r\n      \t           "         "\r\n      \t           2,200\n만원\r\n      \t           "
[45] "\r\n      \t           2,000\n만원\r\n      \t           "  "\r\n      \t           료료\r\n      \t           "
[47] "\r\n      \t           6,490\n만원\r\n      \t           "  "\r\n      \t           문의\r\n      \t           "
[49] "\r\n      \t           7,150\n만원\r\n      \t           "  "\r\n      \t           5,990\n만원\r\n      \t           "
[51] "\r\n      \t           5,400\n만원\r\n      \t           "  "\r\n      \t           4,950\n만원\r\n      \t           "
[53] "\r\n      \t           1,590\n만원\r\n      \t           "  "\r\n      \t           4,980\n만원\r\n      \t           "
[55] "\r\n      \t           4,990\n만원\r\n      \t           "  "\r\n      \t           3,950\n만원\r\n      \t           "
[57] "\r\n      \t           3,750\n만원\r\n      \t           "  "\r\n      \t           문의\r\n      \t           "
[59] "\r\n      \t           9,200\n만원\r\n      \t           "  "\r\n      \t           6,250\n만원\r\n      \t           "
[61] "\r\n      \t           5,350\n만원\r\n      \t           "  "\r\n      \t           4,500\n만원\r\n      \t           "
[63] "\r\n      \t           260\n만원\r\n      \t           "    "\r\n      \t           1,590\n만원\r\n      \t           "
[65] "\r\n      \t           2,320\n만원\r\n      \t           "  "\r\n      \t           1,195\n만원\r\n      \t           "
[67] "\r\n      \t           문의\r\n      \t           "         "\r\n      \t           1,590\n만원\r\n      \t           "
[69] "\r\n      \t           1,880\n만원\r\n      \t           "  "\r\n      \t           980\n만원\r\n      \t           "
```

```
> price <- str_trim(price)
> price

 [1] "9,040\n만원"  "8,905\n만원"  "3,350\n만원"  "2,799\n만원"  "2,850\n만원"  "1,750\n만원"  "890\n만원"    "2,350\n만원"  "1,200\n만원"  "5,600\n만원"  "3,150\n만원"  "문의"        "1,450\n만원"  "2,690\n만원"  "620\n만원"
[16] "2,890\n만원"  "1,590\n만원"  "13,400\n만원" "운용리스"    "문의"        "1,100\n만원"  "1,030\n만원"  "790\n만원"    "690\n만원"    "4,980\n만원"  "3,099\n만원"  "2,090\n만원"  "1,380\n만원"  "4,980\n만원"  "4,050\n만원"
[31] "1,880\n만원"  "930\n만원"    "9,110\n만원"  "8,600\n만원"  "6,450\n만원"  "1,550\n만원"  "560\n만원"    "문의"        "630\n만원"    "860\n만원"    "20,000\n만원" "7,260\n만원"  "계약"        "2,200\n만원"  "2,000\n만원"
[46] "료료"        "6,490\n만원"  "문의"        "7,150\n만원"  "5,990\n만원"  "5,400\n만원"  "4,950\n만원"  "1,590\n만원"  "4,980\n만원"  "4,990\n만원"  "3,950\n만원"  "3,750\n만원"  "문의"        "9,200\n만원"  "6,250\n만원"
[61] "5,350\n만원"  "4,500\n만원"  "260\n만원"    "1,590\n만원"  "2,320\n만원"  "1,195\n만원"  "문의"        "1,590\n만원"  "1,880\n만원"  "980\n만원"
```

```
> price <- str_replace(price, '\n', '')
> price

 [1] "9,040만원"  "8,905만원"  "3,350만원"  "2,799만원"  "2,850만원"  "1,750만원"  "890만원"    "2,350만원"  "1,200만원"  "5,600만원"  "3,150만원"  "문의"      "1,450만원"  "2,690만원"  "620만원"    "2,890만원"  "1,590만원"
[18] "13,400만원" "운용리스"   "문의"      "1,100만원"  "1,030만원"  "790만원"    "690만원"    "4,980만원"  "3,099만원"  "2,090만원"  "1,380만원"  "4,980만원"  "4,050만원"  "1,880만원"  "930만원"    "9,110만원"  "8,600만원"
[35] "6,450만원"  "1,550만원"  "560만원"    "문의"      "630만원"    "860만원"    "20,000만원" "7,260만원"  "계약"      "2,200만원"  "2,000만원"  "료료"      "6,490만원"  "문의"      "7,150만원"  "5,990만원"  "5,400만원"
[52] "4,950만원"  "1,590만원"  "4,980만원"  "4,990만원"  "3,950만원"  "3,750만원"  "문의"      "9,200만원"  "6,250만원"  "5,350만원"  "4,500만원"  "260만원"    "1,590만원"  "2,320만원"  "1,195만원"  "문의"      "1,590만원"
[69] "1,880만원"  "980만원"
```

⑮ 차량 제조사는 차량명(cartitle)에 있으므로 아래와 같은 반복문을 이용하여 제조사 정보를 추출(maker)한다. 총 23개의 중고차별 차량명(cartitle)에는 "제조사 차량명 사양"의 정보가 포함된다. unlist( )[1]와 str_split( ) 함수를 이용하여 차량 제조사 정보를 추출하고, for( ) 반복문을 이용하여 23개의 차량에 대한 제조사를 추출(maker)한다.

```
> length(cartitle)
[1] 23
> cartitle[1]
[1] "현대 아반떼AD 1.6 디젤 스마트"
> cartitle[2]
[1] "현대 e-카운티 냉장차"
> cartitle[10]
[1] "현대 쏘렌토 1.4 CVT 요모"
> cartitle[23]
[1] "쉐보레 스파크 1.0 LPGi LT"
>
> unlist(str_split(cartitle[1], ' '))[1]
[1] "현대"
>
> maker <- c()
> for (i in 1:length(cartitle)) {
+     maker <- c(maker, unlist(str_split(cartitle[i], ' '))[1])
+ }
>
> maker
 [1] "현대"     "현대"     "쉐보레"   "기아"     "GM대우"   "기아"     "쌍용"     "기아"     "현대"     "현대"     "제네시스" "제네시스" "기아"     "쌍용"     "기아"
[16] "현대"     "제네시스" "지비"     "오토몰로봐JS" "말효미서비스" "기아"     "제네시스" "쉐보레"
```

⑯ HTML 문서로부터 개별적으로 추출된 데이터를 하나의 데이터 프레임(data.frame( )) 구조로 만들고 usedcar 데이터 프레임에 저장(23개의 행 데이터 저장)한다. View(usedcar) 명령어를 이용하여 데이터를 확인한다.

```
> usedcar <- data.frame(cartitle, year[1:23], fuel[1:23], km[1:23], price[1:23], maker)
> usedcar
                                            cartitle   year.1.23.  fuel.1.23.  km.1.23.  price.1.23.       maker
1                          현대 아반떼AD 1.6 디젤 스마트       23/00        디젤        8km    9,040만원        현대
2                             현대 e-카운티 캠핑카       23/00      가솔린       11km    8,905만원        현대
3              쉐보레 올 뉴 말리부 2.0 터보 LTZ 프리미엄 21/06(22년형)   가솔린      2만km    3,350만원       쉐보레
4    기아 쏘하비 더 마스터 3.0 디젤 4WD 5인승 마스터즈 그래비티        21/03    가솔린      2만km    2,799만원        기아
5                       GM대우 다마스2 2인승 판넬밴 슈퍼 17/07(18년형)   가솔린      4만km    2,850만원      GM대우
6                      기아 EV6 롱 레인지 2WD 라이트        18/07    가솔린      5만km    1,750만원        기아
7                   쌍용 티볼리 1.6 가솔린 2WD LX        15/07    가솔린     10만km      890만원        쌍용
8                기아 EV6 롱 레인지 2WD 라이트 18/10(19년형)       LPG      6만km    2,350만원        기아
9                 현대 그랜저IG 2.4 모던 17/04(18년형)        디젤      6만km    1,200만원        현대
10                     현대 엑센트 1.4 CVT 모던        12/02        디젤     10만km    5,600만원        현대
11                  제네시스 G90 3.5 터보 LWB AWD        21/04        디젤      1만km    3,150만원      제네시스
12                     제네시스 GV60 스탠다드        16/02    가솔린     16만km        밀링      제네시스
13             기아 디 올 뉴 니로 EV 에어 16/10(17년형)   가솔린     11만km    1,450만원        기아
14      쌍용 더 뉴 코란도 스포츠 2.2 디젤 4WD CX7 퍄션 21/07(22년형)       디젤      8천km    2,690만원        쌍용
15        기아 올 뉴 카니발 2.2 디젤 9인승 프레스티지 14/11(15년형)       디젤     17만km      620만원        기아
16               현대 LF쏘나타 2.0 스마트 18/10(19년형)   가솔린      1만km    2,890만원        현대
17              제네시스 더 올 뉴 G80 3.5 터보 AWD        16/01        디젤      8만km    1,590만원      제네시스
18                     지바 코로넛2 캠핑카        22/05    가솔린      1천km   13,400만원        지바
19                 오토글로벌JS 카니발 하이리쿠진        22/07        디젤       26km    운용리스  오토글로벌JS
20                    알뜨이서비스 흐카5 캠핑카        19/08        디젤      7만km        밀링    알뜨이서비스
21                기아 EV6 롱 레인지 AWD 에어        06/04       LPG      12만km    1,100만원        기아
22             제네시스 G80 3.3 터보 AWD 스포츠 13/06(14년형)   가솔린     13만km    1,030만원      제네시스
23                  쉐보레 스파크 1.0 LPGi LT        14/03    가솔린     11만km      790만원       쉐보레
```

```
> View(usedcar)
```

Data: usedcar

	cartitle	year.1.23.	fuel.1.23.	km.1.23.	price.1.23.	maker
1	현대 아반떼AD 1.6 디젤 스마트	23/00	디젤	8km	9,040만원	현대
2	현대 e-카운티 캠핑카	23/00	디젤	11km	8,905만원	현대
3	쉐보레 올 뉴 말리부 2.0 터보 LTZ 프리미엄	21/06(22년형)	가솔린	2만km	3,350만원	쉐보레
4	기아 쏘하비 더 마스터 3.0 디젤 4WD 5인승 마스터즈>	21/03	가솔린	2만km	2,799만원	기아
5	GM대우 다마스2 2인승 판넬밴 슈퍼	17/07(18년형)	가솔린	4만km	2,850만원	GM대우
6	기아 EV6 롱 레인지 2WD 라이트	18/07	가솔린	5만km	1,750만원	기아
7	쌍용 티볼리 1.6 가솔린 2WD LX	15/07	가솔린	10만km	890만원	쌍용
8	기아 EV6 롱 레인지 2WD 라이트	18/10(19년형)	LPG	6만km	2,350만원	기아
9	현대 그랜저IG 2.4 모던	17/04(18년형)	디젤	6만km	1,200만원	현대
10	현대 엑센트 1.4 CVT 모던	12/02	디젤	10만km	5,600만원	현대
11	제네시스 G90 3.5 터보 LWB AWD	21/04	디젤	1만km	3,150만원	제네시스
12	제네시스 GV60 스탠다드	16/02	가솔린	16만km	밀링	제네시스
13	기아 디 올 뉴 니로 EV 에어	16/10(17년형)	가솔린	11만km	1,450만원	기아
14	쌍용 더 뉴 코란도 스포츠 2.2 디젤 4WD CX7 퍄션	21/07(22년형)	디젤	8천km	2,690만원	쌍용
15	기아 올 뉴 카니발 2.2 디젤 9인승 프레스티지	14/11(15년형)	디젤	17만km	620만원	기아
16	현대 LF쏘나타 2.0 스마트	18/10(19년형)	가솔린	1만km	2,890만원	현대
17	제네시스 더 올 뉴 G80 3.5 터보 AWD	16/01	디젤	8만km	1,590만원	제네시스
18	지바 코로넛2 캠핑카	22/05	가솔린	1천km	13,400만원	지바
19	오토글로벌JS 카니발 하이리쿠진	22/07	디젤	26km	운용리스	오토글로벌JS
20	알뜨이서비스 흐카5 캠핑카	19/08	디젤	7만km	밀링	알뜨이서비스
21	기아 EV6 롱 레인지 AWD 에어	06/04	LPG	12만km	1,100만원	기아
22	제네시스 G80 3.3 터보 AWD 스포츠	13/06(14년형)	가솔린	13만km	1,030만원	제네시스
23	쉐보레 스파크 1.0 LPGi LT	14/03	가솔린	11만km	790만원	쉐보레

⑰ usedcar 데이터에서 추가적인 데이터 정제 작업을 위해 주행거리(km) 데이터를 다음과 같이 변환한다. gsub( ) 함수는 특정 문자열을 변경하며, 문자열을 숫자(주행거리)로 변환하기 위하여 as.numeric( )을 이용한다.

```
> names(usedcar) <- c("cartitle", "year", "fuel", "km", "price", "maker")
> usedcar
                                                 cartitle    year  fuel      km    price      maker
1                          현대 아반떼AD 1.6 디젤 스마트    23/00    디젤     8km  9,040만원        현대
2                              현대 e-카운티 셀뚜카    23/00  가솔린    11km  8,905만원        현대
3           쉐보레 올 뉴 말리부 2.0 터보 LTZ 프리미엄 21/06(22년형) 가솔린 20000  3,350만원        쉐보레
4   기아 쏘렌토 더 뉴 마스터 3.0 디젤 4WD 5인승 마스터즈 그랜비티       21/03 가솔린 20000  2,799만원        기아
5               GM대우 다마스2 2인승 판넬밴 슈퍼 17/07(18년형) 가솔린 40000  2,850만원      GM대우
6                         기아 EV6 롱 레인지 2WD 라이트    18/07 가솔린 50000  1,750만원        기아
7                      쌍용 티볼리 1.6 가솔린 2WD LX    15/07 가솔린 100000    890만원        쌍용
8                기아 EV6 롱 레인지 2WD 라이트 18/10(19년형)    LPG 60000  2,350만원        기아
9                      현대 그랜저IG 2.4 모던 17/04(18년형)    디젤 60000  1,200만원        현대
10                      현대 액센트 1.4 CVT 모던    12/02    디젤 100000  5,600만원        현대
11                   제네시스 G90 3.5 터보 LWB AWD    21/04    디젤 10000  3,150만원      제네시스
12                      제네시스 GV60 스탠다드    16/02 가솔린 160000          원        제네시스
13            기아 더 뉴 니로 EV 에어 16/10(17년형) 가솔린 110000  1,450만원        기아
14     쌍용 더 뉴 코란도 스포츠 2.2 디젤 4WD CX7 파선 21/07(22년형)    디젤  8000  2,690만원        쌍용
15        기아 올 뉴 카니발 2.2 디젤 9인승 프레스티지 14/11(15년형)    디젤 170000    620만원        기아
16                     현대 LF쏘나타 2.0 스마트 18/10(19년형) 가솔린 10000  2,890만원        현대
17                   제네시스 더 뉴 G80 3.5 터보 AWD    16/01    디젤 80000  1,590만원      제네시스
18                           기아 로보2 셀뚜카    22/05    디젤 10000 13,400만원        기아
19            오토글로벌JS 카니발 하이리무진    22/07    디젤    26km       오토글로벌JS
20                    알피아서비스 포카5 셀뚜카    19/08    디젤 70000          원  알피아서비스
21                      기아 EV6 롱 레인지 AWD 에어    06/04    LPG 120000  1,100만원        기아
22             제네시스 G80 3.3 터보 AWD 스포츠 13/06(14년형) 가솔린 130000  1,030만원      제네시스
23                    쉐보레 스파크 1.0 LPG1 LT    14/03 가솔린 110000    790만원        쉐보레
> usedcar$km <- gsub("만km", "0000", usedcar$km)
> usedcar$km <- gsub("천km", "000", usedcar$km)
> usedcar$km <- gsub("km", "", usedcar$km)

> usedcar$km <- as.numeric(usedcar$km)
> usedcar$km
 [1]      8     11  20000  20000  40000  50000 100000  60000  60000 100000  10000 160000 110000   8000 170000  10000  80000   1000     26  70000 120000 130000 110000
```

⑱ 동일한 방법으로 차량 가격(usedcar$price)에 대해서도 데이터 정제 작업을 수행하고 as.numeric( )을 이용하여 숫자(차량가격)로 변환한다.

```
> str(usedcar)
'data.frame':   23 obs. of  6 variables:
 $ cartitle: chr  "현대 아반떼AD 1.6 디젤 스마트" "현대 e-카운티 셀뚜카" "쉐보레 올 뉴 말리부 2.0 터보 LTZ 프리미엄" "기아 쏘렌토 더 뉴 마스터 3.0 디젤 4WD 5인승 마스터즈 그랜비티" ...
 $ year    : chr  "23/00" "23/00" "21/06(22년형)" "21/03" ...
 $ fuel    : chr  "디젤" "가솔린" "가솔린" "가솔린" ...
 $ km      : num  8 11 20000 20000 40000 50000 100000 60000 60000 100000 ...
 $ price   : chr  "9,040만원" "8,905만원" "3,350만원" "2,799만원" ...
 $ maker   : chr  "현대" "현대" "쉐보레" "기아" ...
> usedcar
                                                 cartitle    year  fuel      km    price      maker
1                          현대 아반떼AD 1.6 디젤 스마트    23/00    디젤     8  9,040만원        현대
2                              현대 e-카운티 셀뚜카    23/00  가솔린    11  8,905만원        현대
3           쉐보레 올 뉴 말리부 2.0 터보 LTZ 프리미엄 21/06(22년형) 가솔린 20000  3,350만원        쉐보레
4   기아 쏘렌토 더 뉴 마스터 3.0 디젤 4WD 5인승 마스터즈 그랜비티       21/03 가솔린 20000  2,799만원        기아
5               GM대우 다마스2 2인승 판넬밴 슈퍼 17/07(18년형) 가솔린 40000  2,850만원      GM대우
6                         기아 EV6 롱 레인지 2WD 라이트    18/07 가솔린 50000  1,750만원        기아
7                      쌍용 티볼리 1.6 가솔린 2WD LX    15/07 가솔린 100000    890만원        쌍용
8                기아 EV6 롱 레인지 2WD 라이트 18/10(19년형)    LPG 60000  2,350만원        기아
9                      현대 그랜저IG 2.4 모던 17/04(18년형)    디젤 60000  1,200만원        현대
10                      현대 액센트 1.4 CVT 모던    12/02    디젤 100000  5,600만원        현대
11                   제네시스 G90 3.5 터보 LWB AWD    21/04    디젤 10000  3,150만원      제네시스
12                      제네시스 GV60 스탠다드    16/02 가솔린 160000          원        제네시스
13            기아 더 뉴 니로 EV 에어 16/10(17년형) 가솔린 110000  1,450만원        기아
14     쌍용 더 뉴 코란도 스포츠 2.2 디젤 4WD CX7 파선 21/07(22년형)    디젤  8000  2,690만원        쌍용
15        기아 올 뉴 카니발 2.2 디젤 9인승 프레스티지 14/11(15년형)    디젤 170000    620만원        기아
16                     현대 LF쏘나타 2.0 스마트 18/10(19년형) 가솔린 10000  2,890만원        현대
17                   제네시스 더 뉴 G80 3.5 터보 AWD    16/01    디젤 80000  1,590만원      제네시스
18                           기아 로보2 셀뚜카    22/05    디젤 10000 13,400만원        기아
19            오토글로벌JS 카니발 하이리무진    22/07    디젤    26       오토글로벌JS
20                    알피아서비스 포카5 셀뚜카    19/08    디젤 70000          원  알피아서비스
21                      기아 EV6 롱 레인지 AWD 에어    06/04    LPG 120000  1,100만원        기아
22             제네시스 G80 3.3 터보 AWD 스포츠 13/06(14년형) 가솔린 130000  1,030만원      제네시스
23                    쉐보레 스파크 1.0 LPG1 LT    14/03 가솔린 110000    790만원        쉐보레
> usedcar$price <- gsub("만원", "", usedcar$price)
> usedcar$price <- gsub("원", "", usedcar$price)
> usedcar$price <- gsub("운플러스", "", usedcar$price)
> usedcar$price <- gsub(",", "", usedcar$price)

> usedcar$price <- as.numeric(usedcar$price)
> usedcar$price
 [1]  9040  8905  3350  2799  2850  1750   890  2350  1200  5600  3150    NA  1450  2690   620  2890  1590 13400    NA    NA  1100  1030   790
```

⑲ 작업영역을 설정[setwd("C:/workr")]하고 최종적으로 완성된 데이터(usedcar)를 write.csv( ) 명령어를 이용하여 저장(UsedCar.csv)한다.

```
> setwd("C:/workr")
> write.csv(usedcar, "UsedCar.csv")
> car <- read.csv("UsedCar.csv", header=T, fileEncoding="EUC-KR")
> View(car)
```

® Data: car

	X	cartitle	year	fuel	km	price	maker
1	1	현대 아반떼AD 1.6 디젤 스마트	23/00	디젤	8	9040	현대
2	2	현대 e-카운티 엘롱카	23/00	가솔린	11	8905	현대
3	3	쉐보레 올 뉴 말리부 2.0 터보 LTZ 프리미엄	21/06(22년형)	가솔린	20000	3350	쉐보레
4	4	기아 쏘렌토 더 마스터 3.0 디젤 4WD 5인승 마스터즈>	21/03	가솔린	20000	2799	기아
5	5	GM대우 다마스2 2인승 판넬밴 수퍼	17/07(18년형)	가솔린	40000	2850	GM대우
6	6	기아 EV6 롱 레인지 2WD 어스	18/07	가솔린	50000	1750	기아
7	7	쌍용 티볼리 1.6 가솔린 2WD LX	15/07	가솔린	100000	890	쌍용
8	8	기아 EV6 롱 레인지 2WD 어스	18/10(19년형)	LPG	60000	2350	기아
9	9	현대 그랜저IG 2.4 모던	17/04(18년형)	디젤	60000	1200	현대
10	10	현대 액션트 1.4 CVT 모던	12/02	디젤	100000	5600	현대
11	11	제네시스 G90 3.5 터보 LWB AWD	21/04	디젤	10000	3150	제네시스
12	12	제네시스 GV60 스탠다드	16/02	디젤	160000	NA	제네시스
13	13	기아 디 올 뉴 니로 EV 에어	16/10(17년형)	가솔린	110000	1450	기아
14	14	쌍용 더 뉴 코란도 스포츠 2.2 디젤 4WD CX7 파런	21/07(22년형)	디젤	8000	2690	쌍용
15	15	기아 올 뉴 카니발 2.2 디젤 9인승 프레스티지	14/11(15년형)	디젤	170000	620	기아
16	16	현대 LF쏘나타 2.0 스마트	18/10(19년형)	가솔린	10000	2890	현대
17	17	제네시스 더 올 뉴 G80 3.5 터보 AWD	16/01	디젤	80000	1590	제네시스
18	18	지바 로보냇2 엘롱카	22/05	가솔린	1000	13400	지바
19	19	오토글로벌JS 카니발 하이리무진	22/07	디젤	26	NA	오토글로벌JS
20	20	알포이서비스 트카5 엘롱카	19/08	디젤	70000	NA	알포이서비스
21	21	기아 EV6 롱 레인지 AWD 에어	06/04	LPG	120000	1100	기아
22	22	제네시스 G80 3.3 터보 AWD 스포츠	13/06(14년형)	가솔린	130000	1030	제네시스
23	23	쉐보레 스파크 1.0 LPG1 LT	14/03	가솔린	110000	790	쉐보레

2 데이터 전처리

(1) 데이터 탐색

① 데이터 프레임을 새로 생성했거나, 외부에서 파일을 불러오거나, R 패키지에 내장되어 있는 데이터세트를 활용할 때 데이터 객체들의 현황 및 특성들에 대해 파악하여야 한다. 이를 위해 다양한 R 함수가 있으며, 대표적으로 str( ), head( ), tail( ), dim( ), length( ), names( ), class( ) 함수를 이용한다.

② str( ) : 데이터 구조, 변수 개수, 변수 명칭, 관찰값 개수, 관찰값의 미리보기 등을 지원한다. data.csv(고객별 쇼핑정보) 파일이 저장된 폴더를 지정(setwd( ))하고 데이터 프레임으로 저장(read.csv( )) 후, str( ) 명령어를 수행한 결과는 다음과 같다. data.frame 구조로서 18개의 변수(항목)에 대한 90개의 관찰값(행의 값), 각 변수(항목)에 대한 데이터유형, 예시 자료를 확인할 수 있다.

```
> setwd("C:/workr")
> getwd()
[1] "C:/workr"
```

```
> data <- read.csv("data.csv", header=T, fileEncoding="EUC-KR")
> str(data)
'data.frame':   90 obs. of  18 variables:
 $ 고객번호   : int  190105 190106 190107 190108 190109 190110 190111 190112 190113 190114 ...
 $ 성별       : chr  "남자" "남자" "남자" "남자" ...
 $ 연령대     : chr  "45-49세" "25-29세" "50세 이상" "50세 이상" ...
 $ 직업       : chr  "회사원" "공무원" "자영업" "농어업" ...
 $ 주거지역   : chr  "소도시" "소도시" "중도시" "소도시" ...
 $ 쇼핑액     : num  196 116 184 168 169 ...
 $ 이용만족도 : int  4 7 4 4 4 5 4 7 3 4 ...
 $ 쇼핑1월    : num  76.8 44.4 66 62.4 63.6 52.8 64.8 56.4 64.8 51.6 ...
 $ 쇼핑2월    : num  64.8 32.4 66 52.8 54 66 88.8 92.4 30 51.6 ...
 $ 쇼핑3월    : num  54 39.6 51.6 52.8 51.6 52.8 54 52.8 16.8 52.8 ...
 $ 쿠폰사용회수: int  3 6 5 4 5 4 4 3 4 0 ...
 $ 쿠폰선호도 : chr  "예" "아니오" "예" "아니오" ...
 $ 품질       : int  7 7 4 3 6 5 7 7 4 1 ...
 $ 가격       : int  7 4 4 3 4 4 7 7 2 4 ...
 $ 서비스     : int  1 7 3 4 7 3 1 7 4 1 ...
 $ 배송       : int  4 7 3 6 4 4 4 4 3 7 ...
 $ 쇼핑만족도 : int  4 7 6 5 6 5 5 4 5 1 ...
 $ 소득       : int  4300 7500 2900 5300 4000 5100 5700 5900 5100 5700 ...
```

③ head( ), tail( ) : head( )는 상위 6개 자료를 tail( )은 하위 6개 자료를 보여준다. 항목에 대한 상위 및 하위 자료를 확인할 때 유용하게 사용된다.

```
> head(data)
  고객번호 성별    연령대   직업 주거지역 쇼핑액 이용만족도 쇼핑1월 쇼핑2월 쇼핑3월 쿠폰사용회수 쿠폰선호도
1   190105 남자   45-49세 회사원   소도시  195.6          4   76.8   64.8   54.0            3         예
2   190106 남자   25-29세 공무원   소도시  116.4          7   44.4   32.4   39.6            6       아니오
3   190107 남자 50세 이상 자영업   중도시  183.6          4   66.0   66.0   51.6            5         예
4   190108 남자 50세 이상 농어업   소도시  168.0          4   62.4   52.8   52.8            4       아니오
5   190109 남자   40-44세 공무원   중도시  169.2          4   63.6   54.0   51.6            5       아니오
6   190110 남자   45-49세 자영업   중도시  171.6          5   52.8   66.0   52.8            4       아니오
  품질 가격 서비스 배송 쇼핑만족도 소득
1    7    7      1    4          4 4300
2    7    4      7    7          7 7500
3    4    4      3    3          6 2900
4    3    3      4    6          5 5300
5    6    4      7    4          6 4000
6    4    4      3    4          5 5100
> tail(data)
   고객번호 성별    연령대   직업 주거지역 쇼핑액 이용만족도 쇼핑1월 쇼핑2월 쇼핑3월 쿠폰사용회수 쿠폰선호도
85   190189 여자   35-39세 회사원   대도시  165.6          5   75.6   63.6   26.4            4         예
86   190190 여자   45-49세 자영업   중도시  231.6          4   88.8   90.0   52.8            3         예
87   190191 여자   45-49세 전문직   소도시  168.0          7   51.6   88.8   27.6            6         예
88   190192 여자   45-49세 회사원   대도시  216.0          2   88.8   88.8   33.4            1       아니오
89   190193 남자   45-49세 농어업   중도시  205.2          5   90.0   90.0   25.2            4       아니오
90   190194 남자   45-49세 전문직   소도시  217.2          4   75.6   74.4   67.2            2         예
   품질 가격 서비스 배송 쇼핑만족도 소득
85    5    5      5    4          5 6050
86    6    6      6    4          4 7300
87    6    6      7    6          7 7700
88    2    3      1    1          2 6200
89    7    3      5    4          5 5000
90    7    7      4    4          3 5900
```

④ dim( ) : 데이터 객체의 차원(행 및 열의 개수, 즉 관측값과 변수(항목)의 개수)을 확인한다. 데이터 프레임에 저장된 data 파일은 90개의 관측값과 18개의 변수(항목)로 구성되어 있고, R 패키지에 저장되어 있는 데이터 세트들의 차원도 확인할 수 있다.

```
> dim(data)                          > dim(iris)
[1] 90 18                            [1] 150   5
> dim(mtcars)                        > dim(women)
[1] 32 11                            [1] 15   2
```

⑤ length( ) : 데이터세트들의 항목(변수)의 개수를 확인하기 위해서 length( )를 이용하며, length( )의 결과는 dim( ) 함수 수행 결과의 두 번째 결과와 일치한다.

```
> length(data)                          > length(iris)
[1] 18                                  [1] 5
> length(mtcars)                        > length(women)
[1] 11                                  [1] 2
```

⑥ names( ) : 데이터 항목의 이름(변수명)을 보여준다. 예를 들어 R에 내장되어 있는 women 데이터세트는 키 (height)와 몸무게(weight) 변수로 구성되어 있다.

```
> names(data)
 [1] "고객번호"      "성별"        "연령대"      "직업"        "주거지역"     "쇼핑액"      "이용만족도"    "쇼핑1월"
 [9] "쇼핑2월"       "쇼핑3월"      "쿠폰사용회수" "쿠폰선호도"    "품질"        "가격"        "서비스"       "배송"
[17] "쇼핑만족도"    "소득"
> names(mtcars)
 [1] "mpg"  "cyl"  "disp" "hp"   "drat" "wt"   "qsec" "vs"   "am"   "gear" "carb"
>
> names(iris)
[1] "Sepal.Length" "Sepal.Width" "Petal.Length" "Petal.Width"  "Species"
> names(women)
[1] "height" "weight"
.
> names(iris)
[1] "Sepal.Length" "Sepal.Width"  "Petal.Length" "Petal.Width"  "Species"
>
> names(women)
[1] "height" "weight"
```

⑦ class( ) : 데이터의 자료구조 유형을 나타낸다. data, mtcars, iris, women은 dataframe 구조이며, Titanic 은 테이블(table) 구조이다. data.frame(Titanic) 명령어를 수행하여 데이터 프레임 구조로 변경할 수 있으며, head(Titanic) 명령어를 이용하여 6개 상위 자료를 확인한다.

```
> class(data)
[1] "data.frame"
>
> class(mtcars)
[1] "data.frame"
>
> class(iris)
[1] "data.frame"
>
> class(women)
[1] "data.frame"
```

```
> class(Titanic)
[1] "table"
>
> head(Titanic)
, , Age = Child, Survived = No

        Sex
Class  Male Female
  1st     0      0
  2nd     0      0
  3rd    35     17
  Crew    0      0

, , Age = Adult, Survived = No

        Sex
Class  Male Female
  1st   118      4
  2nd   154     13
  3rd   387     89
  Crew  670      3

, , Age = Child, Survived = Yes

        Sex
Class  Male Female
  1st     5      1
  2nd    11     13
  3rd    13     14
  Crew    0      0

, , Age = Adult, Survived = Yes

        Sex
Class  Male Female
  1st    57    140
  2nd    14     80
  3rd    75     76
  Crew  192     20

> Titanic <- data.frame(Titanic)
> head(Titanic)
   Class    Sex   Age Survived Freq
1    1st   Male Child       No    0
2    2nd   Male Child       No    0
3    3rd   Male Child       No   35
4   Crew   Male Child       No    0
5    1st Female Child       No    0
6    2nd Female Child       No    0
> class(Titanic)
[1] "data.frame"
```

(2) 데이터 관리

① 데이터 프레임 형식으로 저장된 자료에 대하여 신규 변수 생성, 데이터 분할, 결합 및 정렬 등의 작업을 수행한다.

② **변수 생성** : "C:/workr" 폴더에 저장되어 있는 data.csv 파일을 데이터 프레임으로 저장(data)하고 (쇼핑1월, 쇼핑2월, 쇼핑3월)의 합계(data\$sum<−data\$쇼핑1월＋data\$쇼핑2월＋data\$쇼핑3월)와 평균(data\$avg <− mean(data\$sum))에 대한 변수를 새로 추가한다. 그리고 data\$Gender<−data\$성별 명령어를 수행하여 변수명을 "성별"에서 "Gender"로 수정하여 새로운 열을 추가할 수 있다.

제2과목

```
> setwd("C:/workr")
> options("width"=500)
> data <- read.csv("data.csv", header=T, fileEncoding="EUC-KR")
> head(data)
  고객번호 성별   연령대   직업 주거지역 쇼핑액 이용만족도 쇼핑1월 쇼핑2월 쇼핑3월 쿠폰사용회수 쿠폰선호도 품질 가격 서비스 배송 쇼핑만족도 소득
1   190105 남자 45-49세 회사원   소도시  195.6          4   76.8   64.8   54.0            3        예    7    7      1    4          4 4300
2   190106 남자 25-29세 공무원   소도시  116.4          7   44.4   32.4   39.6            6      아니요  7    4      7    7          7 7500
3   190107 남자 50세 이상 자영업   중도시  183.6          4   66.0   66.0   51.6            5        예    4    4      3    3          6 2900
4   190108 남자 50세 이상 농어업   소도시  168.0          4   62.4   52.8   52.8            4      아니요  3    3      4    6          5 5300
5   190109 남자 40-44세 공무원   중도시  169.2          4   63.6   54.0   51.6            5      아니요  6    4      7    4          6 4000
6   190110 남자 45-49세 자영업   중도시  171.6          5   52.8   66.0   52.8            4      아니요  5    4      3    4          5 5100
>
> data$sum <- data$쇼핑1월 + data$쇼핑2월 + data$쇼핑3월
> data$avg <- mean(data$sum)
> head(data)
  고객번호 성별   연령대   직업 주거지역 쇼핑액 이용만족도 쇼핑1월 쇼핑2월 쇼핑3월 쿠폰사용회수 쿠폰선호도 품질 가격 서비스 배송 쇼핑만족도 소득   sum
1   190105 남자 45-49세 회사원   소도시  195.6          4   76.8   64.8   54.0            3        예    7    7      1    4          4 4300 195.6
2   190106 남자 25-29세 공무원   소도시  116.4          7   44.4   32.4   39.6            6      아니요  7    4      7    7          7 7500 116.4
3   190107 남자 50세 이상 자영업   중도시  183.6          4   66.0   66.0   51.6            5        예    4    4      3    3          6 2900 183.6
4   190108 남자 50세 이상 농어업   소도시  168.0          4   62.4   52.8   52.8            4      아니요  3    3      4    6          5 5300 168.0
5   190109 남자 40-44세 공무원   중도시  169.2          4   63.6   54.0   51.6            5      아니요  6    4      7    4          6 4000 169.2
6   190110 남자 45-49세 자영업   중도시  171.6          5   52.8   66.0   52.8            4      아니요  5    4      3    4          5 5100 171.6
    avg
1 174.2
2 174.2
3 174.2
4 174.2
5 174.2
6 174.2
>
> data$Gender <- data$성별
> head(data)
  고객번호 성별   연령대   직업 주거지역 쇼핑액 이용만족도 쇼핑1월 쇼핑2월 쇼핑3월 쿠폰사용회수 쿠폰선호도 품질 가격 서비스 배송 쇼핑만족도 소득   sum   avg Gender
1   190105 남자 45-49세 회사원   소도시  195.6          4   76.8   64.8   54.0            3        예    7    7      1    4          4 4300 195.6 174.2   남자
2   190106 남자 25-29세 공무원   소도시  116.4          7   44.4   32.4   39.6            6      아니요  7    4      7    7          7 7500 116.4 174.2   남자
3   190107 남자 50세 이상 자영업   중도시  183.6          4   66.0   66.0   51.6            5        예    4    4      3    3          6 2900 183.6 174.2   남자
4   190108 남자 50세 이상 농어업   소도시  168.0          4   62.4   52.8   52.8            4      아니요  3    3      4    6          5 5300 168.0 174.2   남자
5   190109 남자 40-44세 공무원   중도시  169.2          4   63.6   54.0   51.6            5      아니요  6    4      7    4          6 4000 169.2 174.2   남자
6   190110 남자 45-49세 자영업   중도시  171.6          5   52.8   66.0   52.8            4      아니요  5    4      3    4          5 5100 171.6 174.2   남자
```

③ **변수 변환** : 예를 들어 "성별(남자, 여자)"과 같은 명목 척도인 항목(변수)에 대하여 as.factor(data$Gender) 명령어를 이용하여 요인화하고 새로운 변수에 저장(data$GenderNum)한 후, as.numeric(data$GenderNum) 함수를 이용하여 성별이 남자인 경우 1, 여자인 경우 2의 값을 data$GenderNum 변수에 저장한다. 명목 척도 자료를 정수값으로 저장한 후 sum( ), mean( ) 함수를 이용하여 남자의 수(55명), 여자의 수(35명), 남자의 비율(55/90=61.1%), 여자의 비율(35/90=38.9%)을 구한다. 또는 sum(data$성별=="남자")에서 "성별" 항목을 이용하여 동일한 결과를 얻을 수 있다.

```
> head(data)
  고객번호 성별   연령대   직업 주거지역 쇼핑액 이용만족도 쇼핑1월 쇼핑2월 쇼핑3월 쿠폰사용회수 쿠폰선호도 품질 가격 서비스 배송 쇼핑만족도 소득   sum   avg Gender
1   190105 남자 45-49세 회사원   소도시  195.6          4   76.8   64.8   54.0            3        예    7    7      1    4          4 4300 195.6 174.2   남자
2   190106 남자 25-29세 공무원   소도시  116.4          7   44.4   32.4   39.6            6      아니요  7    4      7    7          7 7500 116.4 174.2   남자
3   190107 남자 50세 이상 자영업   중도시  183.6          4   66.0   66.0   51.6            5        예    4    4      3    3          6 2900 183.6 174.2   남자
4   190108 남자 50세 이상 농어업   소도시  168.0          4   62.4   52.8   52.8            4      아니요  3    3      4    6          5 5300 168.0 174.2   남자
5   190109 남자 40-44세 공무원   중도시  169.2          4   63.6   54.0   51.6            5      아니요  6    4      7    4          6 4000 169.2 174.2   남자
6   190110 남자 45-49세 자영업   중도시  171.6          5   52.8   66.0   52.8            4      아니요  5    4      3    4          5 5100 171.6 174.2   남자
> data$GenderNum <- as.factor(data$Gender)
> head(data)
  고객번호 성별   연령대   직업 주거지역 쇼핑액 이용만족도 쇼핑1월 쇼핑2월 쇼핑3월 쿠폰사용회수 쿠폰선호도 품질 가격 서비스 배송 쇼핑만족도 소득   sum   avg Gender GenderNum
1   190105 남자 45-49세 회사원   소도시  195.6          4   76.8   64.8   54.0            3        예    7    7      1    4          4 4300 195.6 174.2   남자      남자
2   190106 남자 25-29세 공무원   소도시  116.4          7   44.4   32.4   39.6            6      아니요  7    4      7    7          7 7500 116.4 174.2   남자      남자
3   190107 남자 50세 이상 자영업   중도시  183.6          4   66.0   66.0   51.6            5        예    4    4      3    3          6 2900 183.6 174.2   남자      남자
4   190108 남자 50세 이상 농어업   소도시  168.0          4   62.4   52.8   52.8            4      아니요  3    3      4    6          5 5300 168.0 174.2   남자      남자
5   190109 남자 40-44세 공무원   중도시  169.2          4   63.6   54.0   51.6            5      아니요  6    4      7    4          6 4000 169.2 174.2   남자      남자
6   190110 남자 45-49세 자영업   중도시  171.6          5   52.8   66.0   52.8            4      아니요  5    4      3    4          5 5100 171.6 174.2   남자      남자
> data$GenderNum <- as.numeric(data$GenderNum)
> head(data)
  고객번호 성별   연령대   직업 주거지역 쇼핑액 이용만족도 쇼핑1월 쇼핑2월 쇼핑3월 쿠폰사용회수 쿠폰선호도 품질 가격 서비스 배송 쇼핑만족도 소득   sum   avg Gender GenderNum
1   190105 남자 45-49세 회사원   소도시  195.6          4   76.8   64.8   54.0            3        예    7    7      1    4          4 4300 195.6 174.2   남자         1
2   190106 남자 25-29세 공무원   소도시  116.4          7   44.4   32.4   39.6            6      아니요  7    4      7    7          7 7500 116.4 174.2   남자         1
3   190107 남자 50세 이상 자영업   중도시  183.6          4   66.0   66.0   51.6            5        예    4    4      3    3          6 2900 183.6 174.2   남자         1
4   190108 남자 50세 이상 농어업   소도시  168.0          4   62.4   52.8   52.8            4      아니요  3    3      4    6          5 5300 168.0 174.2   남자         1
5   190109 남자 40-44세 공무원   중도시  169.2          4   63.6   54.0   51.6            5      아니요  6    4      7    4          6 4000 169.2 174.2   남자         1
6   190110 남자 45-49세 자영업   중도시  171.6          5   52.8   66.0   52.8            4      아니요  5    4      3    4          5 5100 171.6 174.2   남자         1
> data$GenderNum
  [1] 1 1 1 1 1 1 1 1 1 1 1 1 1 1 1 1 1 1 1 1 2 2 2 1 1 1 2 2 2 2 2 2 2 2 2 1 1 1 1 1 1 1 1 1 1 1 1 1 1 1 2 2 2 1 1 2 2 2 1 1 1 1 1 1 1 1 1 1 2 2 2 1 1 2 2 1 2 2 2 1 2 1 1 2 2 2 2 2 2 2 2
 [90] 1
> sum(data$GenderNum==1)
[1] 55
> sum(data$GenderNum==2)
[1] 35
> mean(data$GenderNum==1)
[1] 0.6111111
> mean(data$GenderNum==2)
[1] 0.3888889
```

④ **데이터 분할** : 데이터 프레임으로 저장된 데이터는 subset( ) 함수를 이용하여 분할한다. 예를 들어 성별이 남자(data\$GenderNum==1)인 경우에 대한 데이터 프레임을 dataM에, 성별이 여자(data\$GenderNum==2)인 경우의 데이터 프레임을 dataF에 저장하면 다음과 같다. 데이터 프레임에서 일부 항목(변수)을 선택하여 새로운 데이터 프레임에 저장하고자 하는 경우 subset( )에서 select 옵션을 지정(select=c(고객번호, 성별, 쇼핑액, 소득))한다.

```
> dataM <- subset(data, data$GenderNum==1)
> head(dataM)
   고객번호 성별   연령대     직업 주거지역 쇼핑액 이용만족도 쇼핑1월 쇼핑2월 쇼핑3월 쿠폰사용횟수 쿠폰선호도 품질 가격 서비스 배송 쇼핑만족도 소득   sum   avg Gender GenderNum
1  190105 남자 45-49세 회사원   소도시 195.6       4   76.8   64.8   54.0        3       예  7  7    1   4        4 4300 195.6 174.2   남자     1
2  190106 남자 25-29세 공무원   소도시 116.4       7   44.4   32.4   39.6        6     아니오  7  4    7   7        7 7500 116.4 174.2   남자     1
3  190107 남자 50세 이상 자영업 중도시 183.6       4   66.0   66.0   51.6        5       예  4  4    3   3        6 2900 183.6 174.2   남자     1
4  190108 남자 50세 이상 농어업 소도시 168.0       4   62.4   52.8   52.8        4     아니오  3  3    4   6        5 5300 168.0 174.2   남자     1
5  190109 남자 40-44세 공무원   소도시 169.2       4   63.6   54.0   51.6        5     아니오  6  4    7   4        6 4000 169.2 174.2   남자     1
6  190110 남자 45-49세 자영업 중도시 171.6       5   52.8   66.0   52.8        4     아니오  5  4    3   4        5 5100 171.6 174.2   남자     1
> dataF <- subset(data, data$GenderNum==2)
> head(dataF)
   고객번호 성별   연령대     직업 주거지역 쇼핑액 이용만족도 쇼핑1월 쇼핑2월 쇼핑3월 쿠폰사용횟수 쿠폰선호도 품질 가격 서비스 배송 쇼핑만족도 소득   sum   avg Gender GenderNum
7  190111 여자 50세 이상 공무원 중도시 207.6       4   64.8   88.8   54.0        4       예  7  7    1   4        5 5700 207.6 174.2   여자     2
10 190114 여자 45-49세 회사원   중도시 156.0       4   51.6   51.6   52.8        0       예  1  4    1   7        1 5700 156.0 174.2   여자     2
32 190136 여자 45-49세 회사원   중도시 111.6       4   31.2   43.2   37.2        4       예  5  4    2   4        5 2600 111.6 174.2   여자     2
33 190137 여자 40-44세 전문직 중도시 163.2       4   55.2   55.2   52.8        3       예  4  4    4   4        4 2300 163.2 174.2   여자     2
35 190139 여자 25-29세 회사원   대도시 160.8       7   75.6   54.0   31.2        3       예  4  7    7   7        4 7400 160.8 174.2   여자     2
36 190140 여자 45-49세 전문직 대도시 210.0       7   90.0   67.2   52.8        6     아니오  7  6    7   4        7 8200 210.0 174.2   여자     2
> part_data <- subset(data, select=c(고객번호, 성별, 쇼핑액, 소득))
> head(part_data)
   고객번호 성별  쇼핑액   소득
1  190105 남자 195.6 4300
2  190106 남자 116.4 7500
3  190107 남자 183.6 2900
4  190108 남자 168.0 5300
5  190109 남자 169.2 4000
6  190110 남자 171.6 5100
```

⑤ **데이터 결합** : 데이터 프레임 구조의 자료 결합은 서로 다른 항목(변수)을 가진 데이터 프레임의 결합(수직적 결합)과 동일한 항목에 대한 행의 결합(수평적 결합)으로 구분된다. 수직적 결합을 위해 cbind( ), 수평적 결합을 위해 rbind( ) 함수를 이용한다.

㉠ (성별, 직업)으로 만들어진 데이터 프레임(part_data1)과 (쇼핑액, 이용만족도)로 구성된 데이터 프레임(part_data2)을 결합하기 위하여 cbind(part_data1, part_data2) 함수를 이용하며, 결합된 데이터를 combination 데이터 프레임으로 저장한다.

```
> head(data)
   고객번호 성별   연령대     직업 주거지역 쇼핑액 이용만족도 쇼핑1월 쇼핑2월 쇼핑3월 쿠폰사용횟수 쿠폰선호도 품질 가격 서비스 배송 쇼핑만족도 소득   sum   avg Gender GenderNum
1  190105 남자 45-49세 회사원   소도시 195.6       4   76.8   64.8   54.0        3       예  7  7    1   4        4 4300 195.6 174.2   남자     1
2  190106 남자 25-29세 공무원   소도시 116.4       7   44.4   32.4   39.6        6     아니오  7  4    7   7        7 7500 116.4 174.2   남자     1
3  190107 남자 50세 이상 자영업 중도시 183.6       4   66.0   66.0   51.6        5       예  4  4    3   3        6 2900 183.6 174.2   남자     1
4  190108 남자 50세 이상 농어업 소도시 168.0       4   62.4   52.8   52.8        4     아니오  3  3    4   6        5 5300 168.0 174.2   남자     1
5  190109 남자 40-44세 공무원   소도시 169.2       4   63.6   54.0   51.6        5     아니오  6  4    7   4        6 4000 169.2 174.2   남자     1
6  190110 남자 45-49세 자영업 중도시 171.6       5   52.8   66.0   52.8        4     아니오  5  4    3   4        5 5100 171.6 174.2   남자     1
> part_data1 <- subset(data, select=c(성별, 직업))
> head(part_data1)
  성별     직업
1 남자  회사원
2 남자  공무원
3 남자  자영업
4 남자  농어업
5 남자  공무원
6 남자  자영업
> part_data2 <- subset(data, select=c(쇼핑액, 이용만족도))
> head(part_data2)
   쇼핑액 이용만족도
1 195.6          4
2 116.4          7
3 183.6          4
4 168.0          4
5 169.2          4
6 171.6          5
```

```
> combination <- cbind(part_data1, part_data2)
> head(combination)
  성별     직업  쇼핑액  이용만족도
1 남자 회사원  195.6          4
2 남자 공무원  116.4          7
3 남자 자영업  183.6          4
4 남자 농어업  168.0          4
5 남자 공무원  169.2          4
6 남자 자영업  171.6          5
```

ⓛ 데이터 프레임에 자료를 추가하고자 하는 경우 rbind( ) 함수를 이용한다. data에서 성별이 남자인 경우 (dataM)와 성별이 여자인 경우(dataF)로 구분된 데이터 프레임을 하나로 결합하고자 하는 경우 rbind(dataM, dataF) 명령어를 수행하며, 이를 bind_data에 저장한다. bind_data는 성별로 분할되기 전 데이터(data)와 동일한 자료가 된다.

```
> head(data)
  고객번호 성별     연령대     직업  주거지역 쇼핑액 이용만족도 쇼핑1월 쇼핑2월 쇼핑3월 쿠폰사용회수 쿠폰선호도 품질 가격 서비스 배송 쇼핑만족도 소득   sum   avg Gender GenderNum
1   190105 남자   45-49세 회사원     소도시  195.6        4   76.8  64.8  54.0        3      예  7  7    1    4  4 4300 195.6 174.2  남자         1
2   190106 남자   25-29세 공무원     소도시  116.4        7   44.4  32.4  39.6        6    아니오  7  4    7    7  7 7500 116.4 174.2  남자         1
3   190107 남자 50세 이상 자영업     중도시  183.6        4   66.0  66.0  51.6        5      예  4  4    3    3  6 2900 183.6 174.2  남자         1
4   190108 남자 50세 이상 농어업     소도시  168.0        4   62.4  52.8  52.8        4    아니오  3  3    4    6  5 5300 168.0 174.2  남자         1
5   190109 남자   40-44세 공무원     중도시  169.2        4   63.6  54.0  51.6        5    아니오  6  4    7    4  6 4000 169.2 174.2  남자         1
6   190110 남자   45-49세 자영업     중도시  171.6        5   52.8  66.0  52.8        4    아니오  5  4    3    4  5 5100 171.6 174.2  남자         1
> dataM <- subset(data, data$성별=="남자")
> head(dataM)
  고객번호 성별     연령대     직업  주거지역 쇼핑액 이용만족도 쇼핑1월 쇼핑2월 쇼핑3월 쿠폰사용회수 쿠폰선호도 품질 가격 서비스 배송 쇼핑만족도 소득   sum   avg Gender GenderNum
1   190105 남자   45-49세 회사원     소도시  195.6        4   76.8  64.8  54.0        3      예  7  7    1    4  4 4300 195.6 174.2  남자         1
2   190106 남자   25-29세 공무원     소도시  116.4        7   44.4  32.4  39.6        6    아니오  7  4    7    7  7 7500 116.4 174.2  남자         1
3   190107 남자 50세 이상 자영업     중도시  183.6        4   66.0  66.0  51.6        5      예  4  4    3    3  6 2900 183.6 174.2  남자         1
4   190108 남자 50세 이상 농어업     소도시  168.0        4   62.4  52.8  52.8        4    아니오  3  3    4    6  5 5300 168.0 174.2  남자         1
5   190109 남자   40-44세 공무원     중도시  169.2        4   63.6  54.0  51.6        5    아니오  6  4    7    4  6 4000 169.2 174.2  남자         1
6   190110 남자   45-49세 자영업     중도시  171.6        5   52.8  66.0  52.8        4    아니오  5  4    3    4  5 5100 171.6 174.2  남자         1
> dataF <- subset(data, data$성별=="여자")
> head(dataF)
   고객번호 성별     연령대     직업  주거지역 쇼핑액 이용만족도 쇼핑1월 쇼핑2월 쇼핑3월 쿠폰사용회수 쿠폰선호도 품질 가격 서비스 배송 쇼핑만족도 소득   sum   avg Gender GenderNum
7    190111 여자 50세 이상 공무원     중도시  207.6        4   64.8  88.8  54.0        4      예  7  7    1    4  5 5700 207.6 174.2  여자         2
10   190114 여자   45-49세 회사원     중도시  156.0        4   51.6  51.6  52.8        0      예  1  4    1    7  1 5700 156.0 174.2  여자         2
32   190136 여자   45-49세 회사원     대도시  111.6        4   31.2  43.2  37.2        4    아니오  5  4    2    4  5 2600 111.6 174.2  여자         2
33   190137 여자   40-44세 전문직     중도시  163.2        4   55.2  55.2  52.8        3      예  4  4    4    4  4 2300 163.2 174.2  여자         2
35   190139 여자   25-29세 회사원     대도시  160.8        7   75.6  54.0  31.2        3    아니오  4  7    7    7  4 7400 160.8 174.2  여자         2
36   190140 여자   45-49세 전문직     대도시  210.0        7   90.0  67.2  52.8        6    아니오  7  7    7    7  4 8200 210.0 174.2  여자         2
> bind_data <- rbind(dataM, dataF)
> head(bind_data)
  고객번호 성별     연령대     직업  주거지역 쇼핑액 이용만족도 쇼핑1월 쇼핑2월 쇼핑3월 쿠폰사용회수 쿠폰선호도 품질 가격 서비스 배송 쇼핑만족도 소득   sum   avg Gender GenderNum
1   190105 남자   45-49세 회사원     소도시  195.6        4   76.8  64.8  54.0        3      예  7  7    1    4  4 4300 195.6 174.2  남자         1
2   190106 남자   25-29세 공무원     소도시  116.4        7   44.4  32.4  39.6        6    아니오  7  4    7    7  7 7500 116.4 174.2  남자         1
3   190107 남자 50세 이상 자영업     중도시  183.6        4   66.0  66.0  51.6        5      예  4  4    3    3  6 2900 183.6 174.2  남자         1
4   190108 남자 50세 이상 농어업     소도시  168.0        4   62.4  52.8  52.8        4    아니오  3  3    4    6  5 5300 168.0 174.2  남자         1
5   190109 남자   40-44세 공무원     중도시  169.2        4   63.6  54.0  51.6        5    아니오  6  4    7    4  6 4000 169.2 174.2  남자         1
6   190110 남자   45-49세 자영업     중도시  171.6        5   52.8  66.0  52.8        4    아니오  5  4    3    4  5 5100 171.6 174.2  남자         1
> tail(bind_data)
   고객번호 성별     연령대     직업  주거지역 쇼핑액 이용만족도 쇼핑1월 쇼핑2월 쇼핑3월 쿠폰사용회수 쿠폰선호도 품질 가격 서비스 배송 쇼핑만족도 소득   sum   avg Gender GenderNum
82   190186 여자   30-34세 회사원     대도시  216.0        7   88.8  88.8  38.4        5    아니오  5  5    7    4  6 7200 216.0 174.2  여자         2
84   190188 여자   45-49세 회사원     대도시  238.8        4   92.4  92.4  54.0        3      예  7  7    4    4  4 4300 238.8 174.2  여자         2
85   190189 여자   35-39세 회사원     대도시  165.6        5   75.6  63.6  26.4        4      예  5  5    5    4  5 6050 165.6 174.2  여자         2
86   190190 여자   45-49세 자영업     대도시  231.6        4   88.8  90.0  52.8        3      예  6  5    4    4  4 7300 231.6 174.2  여자         2
87   190191 여자   45-49세 전문직     소도시  168.0        7   51.6  88.8  27.6        6      예  7  5    7    7  7 7700 168.0 174.2  여자         2
88   190192 여자   45-49세 회사원     대도시  216.0        2   88.8  88.8  38.4        1    아니오  2  3    1    1  2 6200 216.0 174.2  여자         2
```

⑥ 데이터 정렬 : 데이터 프레임에서 특정 항목(변수)에 대한 오름차순 및 내림차순 정렬을 수행하기 위해 order( ) 함수를 이용한다. (성별, 직업, 쇼핑액, 이용만족도) 항목을 저장한 데이터 프레임(combination)에 대해 쇼핑액의 오름차순 정렬을 위해 combination[order(combination$쇼핑액),] 명령어를 수행한다. 쇼핑액이 동일한 경우 이용만족도 기준으로 오름차순 정렬 결과를 출력하기 위하여 다음 정렬 기준을 지정한다. 만약 동일한 쇼핑액에 대하여 이용만족도가 높은 값을 먼저 출력(이용만족도의 내림차순 정렬)하기 위하여 해당 항목의 변수명에 "−"를 지정한다.

```
> head(combination)
  성별     직업  쇼핑액  이용만족도
1 남자 회사원  195.6          4
2 남자 공무원  116.4          7
3 남자 자영업  183.6          4
4 남자 농어업  168.0          4
5 남자 공무원  169.2          4
6 남자 자영업  171.6          5
```

⊙ 쇼핑액의 오름차순 정렬

```
> order_combination <- combination[order(combination$쇼핑액),]
> order_combination
    성별   직업  쇼핑액  이용만족도
52  여자  전문직   80.4        3
66  남자  공무원   81.6        6
72  여자  전문직   96.0        5
9   남자  농어업  111.6        3
32  여자  회사원  111.6        4
58  여자  회사원  112.8        7
2   남자  공무원  116.4        7
77  여자  전문직  117.6        6
75  남자  회사원  126.0        4
21  남자  공무원  134.4        5
70  여자  전문직  134.4        7
67  여자  회사원  135.6        7
78  여자  자영업  138.0        4
42  여자  회사원  142.8        5
50  여자  공무원  145.2        7
81  여자  회사원  145.2        5
74  남자  자영업  146.4        7
39  남자  전문직  147.6        5
65  여자  자영업  147.6        2
76  남자  회사원  151.2        4
```

ⓛ 쇼핑액의 오름차순, 이용만족도 오름차순 정렬

```
> order_combination <- combination[order(combination$쇼핑액, combination$이용만족도), ]
> order_combination
    성별   직업  쇼핑액  이용만족도
52  여자  전문직   80.4        3
66  남자  공무원   81.6        6
72  여자  전문직   96.0        5
9   남자  농어업  111.6        3
32  여자  회사원  111.6        4
58  여자  회사원  112.8        7
2   남자  공무원  116.4        7
77  여자  전문직  117.6        6
75  남자  회사원  126.0        4
21  남자  공무원  134.4        5
70  여자  전문직  134.4        7
67  여자  회사원  135.6        7
78  여자  자영업  138.0        4
42  여자  회사원  142.8        5
81  여자  회사원  145.2        5
50  여자  공무원  145.2        7
74  남자  자영업  146.4        7
65  여자  자영업  147.6        2
39  남자  전문직  147.6        5
76  남자  회사원  151.2        4
17  남자  농어업  153.6        4
46  남자  자영업  154.8        6
55  남자  회사원  154.8        6
10  여자  회사원  156.0        4
59  남자  공무원  159.6        4
47  남자  전문직  159.6        5
```

ⓒ 쇼핑액의 오름차순, 이용만족도 내림차순 정렬

```
> order_combination <- combination[order(combination$쇼핑액,  -combination$이용만족도),]
> order_combination
      성별     직업 쇼핑액 이용만족도
52   여자 전문직   80.4        3
66   남자 공무원   81.6        6
72   여자 전문직   96.0        5
32   여자 회사원  111.6        4
9    남자 농어업  111.6        3
58   여자 회사원  112.8        7
2    남자 공무원  116.4        7
77   여자 전문직  117.6        6
75   남자 회사원  126.0        4
70   여자 전문직  134.4        7
21   남자 공무원  134.4        5
67   여자 회사원  135.6        7
78   여자 자영업  138.0        4
42   여자 회사원  142.8        5
50   여자 공무원  145.2        7
81   여자 회사원  145.2        5
74   남자 자영업  146.4        7
39   남자 전문직  147.6        5
65   여자 자영업  147.6        2
76   남자 회사원  151.2        4
17   남자 농어업  153.6        4
46   남자 자영업  154.8        6
55   남자 회사원  154.8        6
10   여자 회사원  156.0        4
47   남자 전문직  159.6        5
59   남자 공무원  159.6        4
```

⑦ 데이터 프레임의 행 및 열의 값 요약 : apply( ) 함수를 이용하여 데이터 프레임의 데이터(행 및 열)에 대한 기술통계량을 구한다.

ⓐ apply( )의 사용 방법은 다음과 같다.

apply(data, dim, function)
- data : 행렬 또는 데이터 프레임 이름
- dim=1이면 데이터 프레임 각 행(row)에 function 적용
- dim=2이면 데이터 프레임 각 열(column)에 function 적용
- function : 적용 함수(sum, mean, max, min 등)

ⓑ data에서 (쇼핑1월, 쇼핑2월, 쇼핑3월) 항목을 새로운 데이터 프레임으로 저장(month_shop)한다. 고객별로 월별 쇼핑금액의 합계(쇼핑1월+쇼핑2월+쇼핑3월)를 구하기 위해 apply(month_shop, 1, sum)를 수행한다. dim=2 지정으로 월별 쇼핑금액의 평균[apply(month_shop, 2, mean)]과 합계[apply(month_shop, 2, sum)]를 구한다.

```
> head(data)
  고객번호 성별   연령대   직업 주거지역 쇼핑액 이용만족도 쇼핑1월 쇼핑2월 쇼핑3월 쿠폰사용횟수 쿠폰선호도 품질 가격 서비스 배송 쇼핑만족도 소득   sum   avg Gender GenderNum
1  190105 남자 45-49세 회사원   소도시 195.6         4   76.8   64.8   54.0           3        여   7    4      1    4          4 4300 195.6 174.2   남자         1
2  190106 남자 25-29세 공무원   소도시 116.4         7   44.4   32.4   39.6           6      아니오   7    4      7    7          7 7500 116.4 174.2   남자         1
3  190107 남자 50세 이상 자영업   울도시 183.6         4   66.0   66.0   51.6           5        여   4    4      3    3          6 2900 183.6 174.2   남자         1
4  190108 남자 50세 이상 농어업   소도시 168.0         4   62.4   52.8   52.8           4      아니오   3    3      4    6          5 5300 168.0 174.2   남자         1
5  190109 남자 40-44세 공무원   울도시 169.2         4   63.6   54.0   51.6           4      아니오   6    4      7    4          6 4000 169.2 174.2   남자         1
6  190110 남자 45-49세 자영업   울도시 171.6         5   52.8   66.0   52.8           4      아니오   5    4      3    4          5 5100 171.6 174.2   남자         1
> month_shop <- subset(data, select=c(쇼핑1월, 쇼핑2월, 쇼핑3월))
> head(month_shop)
  쇼핑1월 쇼핑2월 쇼핑3월
1   76.8   64.8   54.0
2   44.4   32.4   39.6
3   66.0   66.0   51.6
4   62.4   52.8   52.8
5   63.6   54.0   51.6
6   52.8   66.0   52.8
```

- 고객별 쇼핑1월＋쇼핑2월＋쇼핑3월 합계 금액

```
> apply(month_shop, 1, sum)
    1     2     3     4     5     6     7     8     9    10    11    12    13    14    15    16    17    18    19    $
195.6 116.4 183.6 168.0 169.2 171.6 207.6 201.6 111.6 156.0 225.6 220.8 244.8 184.8 194.4 200.4 153.6 170.4 184.8 232$
   84    85    86    87    88    89    90
238.8 165.6 231.6 168.0 216.0 205.2 217.2
```

- 월별 쇼핑 금액의 평균 및 합계

```
> apply(month_shop, 2, mean)
  쇼핑1월   쇼핑2월   쇼핑3월
64.97333 61.12000 48.10667
> apply(month_shop, 2, sum)
쇼핑1월 쇼핑2월 쇼핑3월
 5847.6  5500.8  4329.6
```

(3) 결측값 처리

① airquality는 1973년 5월에서 9월 사이 뉴욕의 대기질 측정 자료이다. 총 6개의 항목[Ozone{오존의 양, ppb(parts per billion)}, Solar.R(태양복사광, Solar Radiation, langley), Wind{바람세기, mph(miles per hour)}, Temp(온도, Fahrenheit), Month(측정월), Day(측정일)]에 대해 153개의 측정 자료를 가진다. 아래와 같이 summary( ), describe( ) ("psych" 패키지 이용) 명령어를 이용하여 기술통계량을 확인한다. summary( ) 수행 결과, Ozone, Solar.R 항목에 대한 결측값(NA's)이 각각 37개, 7개가 있음을 알 수 있다.

```
> head(airquality)
  Ozone Solar.R Wind Temp Month Day
1    41     190  7.4   67     5   1
2    36     118  8.0   72     5   2
3    12     149 12.6   74     5   3
4    18     313 11.5   62     5   4
5    NA      NA 14.3   56     5   5
6    28      NA 14.9   66     5   6
> str(airquality)
'data.frame':   153 obs. of  6 variables:
 $ Ozone  : int  41 36 12 18 NA 28 23 19 8 NA ...
 $ Solar.R: int  190 118 149 313 NA NA 299 99 19 194 ...
 $ Wind   : num  7.4 8 12.6 11.5 14.3 14.9 8.6 13.8 20.1 8.6 ...
 $ Temp   : int  67 72 74 62 56 66 65 59 61 69 ...
 $ Month  : int  5 5 5 5 5 5 5 5 5 5 ...
 $ Day    : int  1 2 3 4 5 6 7 8 9 10 ...
> summary(airquality)
     Ozone           Solar.R           Wind            Temp          Month            Day
 Min.   :  1.00   Min.   :  7.0   Min.   : 1.700   Min.   :56.00   Min.   :5.000   Min.   : 1.0
 1st Qu.: 18.00   1st Qu.:115.8   1st Qu.: 7.400   1st Qu.:72.00   1st Qu.:6.000   1st Qu.: 8.0
 Median : 31.50   Median :205.0   Median : 9.700   Median :79.00   Median :7.000   Median :16.0
 Mean   : 42.13   Mean   :185.9   Mean   : 9.958   Mean   :77.88   Mean   :6.993   Mean   :15.8
 3rd Qu.: 63.25   3rd Qu.:258.8   3rd Qu.:11.500   3rd Qu.:85.00   3rd Qu.:8.000   3rd Qu.:23.0
 Max.   :168.00   Max.   :334.0   Max.   :20.700   Max.   :97.00   Max.   :9.000   Max.   :31.0
 NA's   :37       NA's   :7
> describe(airquality)
        vars   n   mean    sd median trimmed   mad  min   max range  skew kurtosis   se
Ozone      1 116  42.13 32.99   31.5   37.80 25.95  1.0 168.0   167  1.21     1.11 3.06
Solar.R    2 146 185.93 90.06  205.0  190.34 98.59  7.0 334.0   327 -0.42    -1.00 7.45
Wind       3 153   9.96  3.52    9.7    9.87  3.41  1.7  20.7    19  0.34     0.03 0.28
Temp       4 153  77.88  9.47   79.0   78.28  8.90 56.0  97.0    41 -0.37    -0.46 0.77
Month      5 153   6.99  1.42    7.0    6.99  1.48  5.0   9.0     4  0.00    -1.32 0.11
Day        6 153  15.80  8.86   16.0   15.80 11.86  1.0  31.0    30  0.00    -1.22 0.72
```

② 결측값이 있는 데이터들은 na.omit( ) 명령어를 이용하여 결측값을 제외하여 사용한다. 아래와 같이 airquality 데이터 저장(data) 후, na.omit(data) 명령어를 수행하면 결측값이 있는 행(레코드)이 제외(153−111＝42개 행 삭제)된 데이터를 얻는다.

```
> data <- airquality
> summary(data)
     Ozone            Solar.R           Wind            Temp           Month            Day
 Min.   :  1.00   Min.   :  7.0   Min.   : 1.700   Min.   :56.00   Min.   :5.000   Min.   : 1.0
 1st Qu.: 18.00   1st Qu.:115.8   1st Qu.: 7.400   1st Qu.:72.00   1st Qu.:6.000   1st Qu.: 8.0
 Median : 31.50   Median :205.0   Median : 9.700   Median :79.00   Median :7.000   Median :16.0
 Mean   : 42.13   Mean   :185.9   Mean   : 9.958   Mean   :77.88   Mean   :6.993   Mean   :15.8
 3rd Qu.: 63.25   3rd Qu.:258.8   3rd Qu.:11.500   3rd Qu.:85.00   3rd Qu.:8.000   3rd Qu.:23.0
 Max.   :168.00   Max.   :334.0   Max.   :20.700   Max.   :97.00   Max.   :9.000   Max.   :31.0
 NA's   :37       NA's   :7
> data <- na.omit(data)
> summary(data)
     Ozone           Solar.R           Wind            Temp           Month            Day
 Min.   :  1.0   Min.   :  7.0   Min.   : 2.30   Min.   :57.00   Min.   :5.000   Min.   : 1.00
 1st Qu.: 18.0   1st Qu.:113.5   1st Qu.: 7.40   1st Qu.:71.00   1st Qu.:6.000   1st Qu.: 9.00
 Median : 31.0   Median :207.0   Median : 9.70   Median :79.00   Median :7.000   Median :16.00
 Mean   : 42.1   Mean   :184.8   Mean   : 9.94   Mean   :77.79   Mean   :7.216   Mean   :15.95
 3rd Qu.: 62.0   3rd Qu.:255.5   3rd Qu.:11.50   3rd Qu.:84.50   3rd Qu.:9.000   3rd Qu.:22.50
 Max.   :168.0   Max.   :334.0   Max.   :20.70   Max.   :97.00   Max.   :9.000   Max.   :31.00
> dim(data)
[1] 111   6
```

③ 결측값을 다른 값으로 대체(예를 들어 중앙값으로 대체)하는 경우 아래와 같이 결측값을 제외한 옵션(na.rm＝TRUE)을 이용하여 대체값(중앙값, median)을 먼저 구하고, ifelse( ) 함수를 이용하여 결측값을 대체한다. Ozone 항목의 결측값 37개가 중앙값(31.5)으로 대체되었음을 알 수 있다.

```
> data <- airquality
> summary(data)
     Ozone            Solar.R           Wind            Temp           Month            Day
 Min.   :  1.00   Min.   :  7.0   Min.   : 1.700   Min.   :56.00   Min.   :5.000   Min.   : 1.0
 1st Qu.: 18.00   1st Qu.:115.8   1st Qu.: 7.400   1st Qu.:72.00   1st Qu.:6.000   1st Qu.: 8.0
 Median : 31.50   Median :205.0   Median : 9.700   Median :79.00   Median :7.000   Median :16.0
 Mean   : 42.13   Mean   :185.9   Mean   : 9.958   Mean   :77.88   Mean   :6.993   Mean   :15.8
 3rd Qu.: 63.25   3rd Qu.:258.8   3rd Qu.:11.500   3rd Qu.:85.00   3rd Qu.:8.000   3rd Qu.:23.0
 Max.   :168.00   Max.   :334.0   Max.   :20.700   Max.   :97.00   Max.   :9.000   Max.   :31.0
 NA's   :37       NA's   :7
> median <- median(data$Ozone, na.rm=TRUE)
> data$Ozone <- ifelse(is.na(data$Ozone), median, data$Ozone)
> summary(data)
     Ozone            Solar.R           Wind            Temp           Month            Day
 Min.   :  1.00   Min.   :  7.0   Min.   : 1.700   Min.   :56.00   Min.   :5.000   Min.   : 1.0
 1st Qu.: 21.00   1st Qu.:115.8   1st Qu.: 7.400   1st Qu.:72.00   1st Qu.:6.000   1st Qu.: 8.0
 Median : 31.50   Median :205.0   Median : 9.700   Median :79.00   Median :7.000   Median :16.0
 Mean   : 39.56   Mean   :185.9   Mean   : 9.958   Mean   :77.88   Mean   :6.993   Mean   :15.8
 3rd Qu.: 46.00   3rd Qu.:258.8   3rd Qu.:11.500   3rd Qu.:85.00   3rd Qu.:8.000   3rd Qu.:23.0
 Max.   :168.00   Max.   :334.0   Max.   :20.700   Max.   :97.00   Max.   :9.000   Max.   :31.0
                  NA's   :7
> describe(data)
         vars   n   mean     sd median trimmed   mad  min   max range  skew kurtosis   se
Ozone       1 153  39.56  29.05   31.5   35.21 18.53  1.0 168.0   167  1.60     2.70 2.35
Solar.R     2 146 185.93  90.06  205.0  190.34 98.59  7.0 334.0   327 -0.42    -1.00 7.45
Wind        3 153   9.96   3.52    9.7    9.87  3.41  1.7  20.7    19  0.34     0.03 0.28
Temp        4 153  77.88   9.47   79.0   78.28  8.90 56.0  97.0    41 -0.37    -0.46 0.77
Month       5 153   6.99   1.42    7.0    6.99  1.48  5.0   9.0     4  0.00    -1.32 0.11
Day         6 153  15.80   8.86   16.0   15.80 11.86  1.0  31.0    30  0.00    -1.22 0.72
> median
[1] 31.5
```

④ 만약 Solar.R 항목의 결측값을 평균(avg＝185.9315)으로 대체하는 경우 아래와 같이 수행한다.

```
> avg <- mean(data$Solar.R, na.rm=TRUE)
> avg
[1] 185.9315
>
> data$Solar.R <- ifelse(is.na(data$Solar.R), avg, data$Solar.R)
> summary(data)
     Ozone            Solar.R          Wind             Temp           Month            Day
 Min.   :  1.00   Min.   :  7.0   Min.   : 1.700   Min.   :56.00   Min.   :5.000   Min.   : 1.0
 1st Qu.: 21.00   1st Qu.:120.0   1st Qu.: 7.400   1st Qu.:72.00   1st Qu.:6.000   1st Qu.: 8.0
 Median : 31.50   Median :194.0   Median : 9.700   Median :79.00   Median :7.000   Median :16.0
 Mean   : 39.56   Mean   :185.9   Mean   : 9.958   Mean   :77.88   Mean   :6.993   Mean   :15.8
 3rd Qu.: 46.00   3rd Qu.:256.0   3rd Qu.:11.500   3rd Qu.:85.00   3rd Qu.:8.000   3rd Qu.:23.0
 Max.   :168.00   Max.   :334.0   Max.   :20.700   Max.   :97.00   Max.   :9.000   Max.   :31.0
> describe(data)
        vars   n   mean    sd median trimmed   mad  min   max range  skew kurtosis   se
Ozone      1 153  39.56 29.05   31.5   35.21 18.53  1.0 168.0   167  1.60     2.70 2.35
Solar.R    2 153 185.93 87.96  194.0  190.44 96.37  7.0 334.0   327 -0.43    -0.91 7.11
Wind       3 153   9.96  3.52    9.7    9.87  3.41  1.7  20.7    19  0.34     0.03 0.28
Temp       4 153  77.88  9.47   79.0   78.28  8.90 56.0  97.0    41 -0.37    -0.46 0.77
Month      5 153   6.99  1.42    7.0    6.99  1.48  5.0   9.0     4  0.00    -1.32 0.11
Day        6 153  15.80  8.86   16.0   15.80 11.86  1.0  31.0    30  0.00    -1.22 0.72
```

⑤ 결측값이 제외된 데이터(data$Ozone)를 이용하여 사분위수(quantile( ))를 구하면 다음과 같다. quantile(data$Ozone, 0.25)는 1사분위, quantile(data$Ozone, 0.75)는 3사분위이고 사분위수 범위[제3사분위수－제1사분위수, IQR(Interquantile Range)]를 구하기 위해 IQR( ) 함수를 이용한다. 또는 quantile( ) 함수로 구한 사분위값을 이용하여 (q[4]－q[2])로 구할 수도 있다.

```
> summary(data)
     Ozone            Solar.R          Wind             Temp           Month            Day
 Min.   :  1.00   Min.   :  7.0   Min.   : 1.700   Min.   :56.00   Min.   :5.000   Min.   : 1.0
 1st Qu.: 21.00   1st Qu.:120.0   1st Qu.: 7.400   1st Qu.:72.00   1st Qu.:6.000   1st Qu.: 8.0
 Median : 31.50   Median :194.0   Median : 9.700   Median :79.00   Median :7.000   Median :16.0
 Mean   : 39.56   Mean   :185.9   Mean   : 9.958   Mean   :77.88   Mean   :6.993   Mean   :15.8
 3rd Qu.: 46.00   3rd Qu.:256.0   3rd Qu.:11.500   3rd Qu.:85.00   3rd Qu.:8.000   3rd Qu.:23.0
 Max.   :168.00   Max.   :334.0   Max.   :20.700   Max.   :97.00   Max.   :9.000   Max.   :31.0
> describe(data)
        vars   n   mean    sd median trimmed   mad  min   max range  skew kurtosis   se
Ozone      1 153  39.56 29.05   31.5   35.21 18.53  1.0 168.0   167  1.60     2.70 2.35
Solar.R    2 153 185.93 87.96  194.0  190.44 96.37  7.0 334.0   327 -0.43    -0.91 7.11
Wind       3 153   9.96  3.52    9.7    9.87  3.41  1.7  20.7    19  0.34     0.03 0.28
Temp       4 153  77.88  9.47   79.0   78.28  8.90 56.0  97.0    41 -0.37    -0.46 0.77
Month      5 153   6.99  1.42    7.0    6.99  1.48  5.0   9.0     4  0.00    -1.32 0.11
Day        6 153  15.80  8.86   16.0   15.80 11.86  1.0  31.0    30  0.00    -1.22 0.72
>
> q <- quantile(data$Ozone)
> q
   0%   25%   50%   75%  100%
  1.0  21.0  31.5  46.0 168.0
>
> q1 <- quantile(data$Ozone, 0.25)
> q1
25%
 21
>
> q3 <- quantile(data$Ozone, 0.75)
> q3
75%
 46
>
> iqr <- q3 - q1
> iqr
75%
 25
>
> IQR <- IQR(data$Ozone)
> IQR
[1] 25
```

```
> str(q)
 Named num [1:5] 1 21 31.5 46 168
 - attr(*, "names")= chr [1:5] "0%" "25%" "50%" "75%" ...
>
> q[4] - q[2]
75%
 25
```

⑥ 사분위수 범위(IQR( ))를 이용하여 두 경계값(r1＝평균－IQR＝14.55882), r2＝평균＋IQR＝64.55882)을 구한다. data$Ozone 항목이 r1 이하이거나 r2 이상인 값을 result(논리 데이터 형식)에 저장하고 이들의 개수를 sum(result)로 구하면 총 51개이다. 이에 해당되는 data$Ozone의 합계는 2,740, 평균은 2740/51＝53.72549이다. 임곗값 (r1 이하, r2 이상)에 해당되는 data$Solar.R의 평균은 175.8587이다.

```
> summary(data)
     Ozone           Solar.R          Wind            Temp           Month            Day
 Min.   : 1.00   Min.   : 7.0   Min.   : 1.700   Min.   :56.00   Min.   :5.000   Min.   : 1.0
 1st Qu.: 21.00  1st Qu.:120.0  1st Qu.: 7.400   1st Qu.:72.00   1st Qu.:6.000   1st Qu.: 8.0
 Median : 31.50  Median :194.0  Median : 9.700   Median :79.00   Median :7.000   Median :16.0
 Mean   : 39.56  Mean   :185.9  Mean   : 9.958   Mean   :77.88   Mean   :6.993   Mean   :15.8
 3rd Qu.: 46.00  3rd Qu.:256.0  3rd Qu.:11.500   3rd Qu.:85.00   3rd Qu.:8.000   3rd Qu.:23.0
 Max.   :168.00  Max.   :334.0  Max.   :20.700   Max.   :97.00   Max.   :9.000   Max.   :31.0
>
> r1 <- mean(data$Ozone) - IQR(data$Ozone)
> r2 <- mean(data$Ozone) + IQR(data$Ozone)
>
> r1
[1] 14.55882
> r2
[1] 64.55882
>
> result <- data$Ozone <= r1 | data$Ozone >= r2
> result
  [1] FALSE FALSE  TRUE FALSE FALSE FALSE FALSE FALSE  TRUE FALSE  TRUE FALSE  TRUE  TRUE FALSE  TRUE FALSE  TRUE FALSE  TRUE  TRUE  TRUE  TRUE FALSE FALSE FALSE FALSE FALSE FALSE
 [30]  TRUE FALSE FALSE FALSE FALSE FALSE FALSE FALSE FALSE FALSE  TRUE FALSE FALSE  TRUE FALSE  TRUE FALSE FALSE  TRUE FALSE FALSE  TRUE FALSE FALSE FALSE FALSE  TRUE FALSE FALSE
 [59] FALSE FALSE FALSE  TRUE FALSE FALSE FALSE FALSE FALSE FALSE  TRUE  TRUE  TRUE  TRUE FALSE  TRUE FALSE FALSE  TRUE FALSE FALSE FALSE  TRUE FALSE FALSE FALSE FALSE  TRUE  TRUE FALSE
 [88] FALSE  TRUE FALSE FALSE  TRUE FALSE FALSE  TRUE FALSE FALSE FALSE FALSE FALSE FALSE FALSE FALSE FALSE  TRUE FALSE FALSE FALSE FALSE FALSE  TRUE FALSE FALSE FALSE FALSE  TRUE FALSE
[117]  TRUE  TRUE FALSE  TRUE  TRUE  TRUE  TRUE  TRUE FALSE FALSE  TRUE FALSE FALSE FALSE FALSE FALSE FALSE FALSE FALSE FALSE  TRUE  TRUE FALSE FALSE  TRUE FALSE FALSE  TRUE FALSE
[146] FALSE  TRUE  TRUE FALSE FALSE  TRUE FALSE FALSE
>
> sum(result)
[1] 51
> sum(data$Ozone[result])
[1] 2740
>
> mean(data$Ozone[result])
[1] 53.72549
>
> avgSolar.R <- mean(data$Solar.R[result])
> avgSolar.R
[1] 175.8587
```

(4) 데이터 변환

① 데이터 분석 수행 전, 데이터 변환 작업을 수행한다. 대표적으로 최소−최대 정규화 변환(Min−Max Normalization$=(x-\min(x))/(\max(x)-\min(x))$ 작업 수행 결과(사용자 정의 함수 function( ) 이용)는 다음과 같다. 결측값을 제외한 airquality 데이터에서 Ozone 항목에 대한 최소−최대 변환 작업 수행 후, 최솟값$=0$, 최댓값$=1$로 변환(정규화)되었음을 알 수 있다.

```
> data <- na.omit(airquality)
> summary(data)
     Ozone          Solar.R          Wind            Temp           Month            Day
 Min.   :  1.0   Min.   :  7.0   Min.   : 2.30   Min.   :57.00   Min.   :5.000   Min.   : 1.00
 1st Qu.: 18.0   1st Qu.:113.5   1st Qu.: 7.40   1st Qu.:71.00   1st Qu.:6.000   1st Qu.: 9.00
 Median : 31.0   Median :207.0   Median : 9.70   Median :79.00   Median :7.000   Median :16.00
 Mean   : 42.1   Mean   :184.8   Mean   : 9.94   Mean   :77.79   Mean   :7.216   Mean   :15.95
 3rd Qu.: 62.0   3rd Qu.:255.5   3rd Qu.:11.50   3rd Qu.:84.50   3rd Qu.:8.000   3rd Qu.:22.50
 Max.   :168.0   Max.   :334.0   Max.   :20.70   Max.   :97.00   Max.   :9.000   Max.   :31.00
>
> head(data)
  Ozone Solar.R Wind Temp Month Day
1    41     190  7.4   67     5   1
2    36     118  8.0   72     5   2
3    12     149 12.6   74     5   3
4    18     313 11.5   62     5   4
7    23     299  8.6   65     5   7
8    19      99 13.8   59     5   8
>
> minmax <- function(x) {
+ return ( (x-min(x))/(max(x)-min(x)) )
+ }
>
> data$Ozone <- minmax(data$Ozone)
> head(data)
       Ozone Solar.R Wind Temp Month Day
1 0.23952096     190  7.4   67     5   1
2 0.20958084     118  8.0   72     5   2
3 0.06586826     149 12.6   74     5   3
4 0.10179641     313 11.5   62     5   4
7 0.13173653     299  8.6   65     5   7
8 0.10778443      99 13.8   59     5   8
>
> summary(data)
     Ozone           Solar.R          Wind            Temp           Month            Day
 Min.   :0.0000   Min.   :  7.0   Min.   : 2.30   Min.   :57.00   Min.   :5.000   Min.   : 1.00
 1st Qu.:0.1018   1st Qu.:113.5   1st Qu.: 7.40   1st Qu.:71.00   1st Qu.:6.000   1st Qu.: 9.00
 Median :0.1796   Median :207.0   Median : 9.70   Median :79.00   Median :7.000   Median :16.00
 Mean   :0.2461   Mean   :184.8   Mean   : 9.94   Mean   :77.79   Mean   :7.216   Mean   :15.95
 3rd Qu.:0.3653   3rd Qu.:255.5   3rd Qu.:11.50   3rd Qu.:84.50   3rd Qu.:9.000   3rd Qu.:22.50
 Max.   :1.0000   Max.   :334.0   Max.   :20.70   Max.   :97.00   Max.   :9.000   Max.   :31.00
```

② data$Solar.R에 대한 Z−score 변환(Z−점수 변환$=(x-\text{mean}(x))/sd(x)=(x-$평균$)/$표준편차) 결과는 다음과 같다. Z−score 변환 후, 평균값 이상인 경우 양수, 평균값보다 작은 경우 음수값을 가지며, 평균$=0$인 정규 분포에 근사하도록 값을 변환하게 된다.

```
> zscore <- function(x) {
+ return ((x-mean(x))/sd(x))
+ }
>
> summary(data)
     Ozone           Solar.R           Wind            Temp           Month            Day
 Min.   :0.0000   Min.   :  7.0   Min.   : 2.30   Min.   :57.00   Min.   :5.000   Min.   : 1.00
 1st Qu.:0.1018   1st Qu.:113.5   1st Qu.: 7.40   1st Qu.:71.00   1st Qu.:6.000   1st Qu.: 9.00
 Median :0.1796   Median :207.0   Median : 9.70   Median :79.00   Median :7.000   Median :16.00
 Mean   :0.2461   Mean   :184.8   Mean   : 9.94   Mean   :77.79   Mean   :7.216   Mean   :15.95
 3rd Qu.:0.3653   3rd Qu.:255.5   3rd Qu.:11.50   3rd Qu.:84.50   3rd Qu.:9.000   3rd Qu.:22.50
 Max.   :1.0000   Max.   :334.0   Max.   :20.70   Max.   :97.00   Max.   :9.000   Max.   :31.00
>
> data$Solar.R <- zscore(data$Solar.R)
> summary(data)
     Ozone           Solar.R            Wind            Temp           Month            Day
 Min.   :0.0000   Min.   :-1.9506   Min.   : 2.30   Min.   :57.00   Min.   :5.000   Min.   : 1.00
 1st Qu.:0.1018   1st Qu.:-0.7822   1st Qu.: 7.40   1st Qu.:71.00   1st Qu.:6.000   1st Qu.: 9.00
 Median :0.1796   Median : 0.2435   Median : 9.70   Median :79.00   Median :7.000   Median :16.00
 Mean   :0.2461   Mean   : 0.0000   Mean   : 9.94   Mean   :77.79   Mean   :7.216   Mean   :15.95
 3rd Qu.:0.3653   3rd Qu.: 0.7756   3rd Qu.:11.50   3rd Qu.:84.50   3rd Qu.:9.000   3rd Qu.:22.50
 Max.   :1.0000   Max.   : 1.6368   Max.   :20.70   Max.   :97.00   Max.   :9.000   Max.   :31.00
>
> describe(data)
        vars   n  mean   sd median trimmed   mad   min   max range  skew kurtosis   se
Ozone      1 111  0.25 0.20   0.18    0.22  0.15  0.00  1.00  1.00  1.23     1.13 0.02
Solar.R    2 111  0.00 1.00   0.24    0.05  1.01 -1.95  1.64  3.59 -0.48    -0.97 0.09
Wind       3 111  9.94 3.56   9.70    9.81  3.41  2.30 20.70 18.40  0.45     0.22 0.34
Temp       4 111 77.79 9.53  79.00   78.02 10.38 57.00 97.00 40.00 -0.22    -0.71 0.90
Month      5 111  7.22 1.47   7.00    7.27  1.48  5.00  9.00  4.00 -0.29    -1.28 0.14
Day        6 111 15.95 8.71  16.00   15.96 10.38  1.00 31.00 30.00 -0.01    -1.08 0.83
```

01 공공데이터 포털 사이트(www.data.go.kr/index.do)에서 제공되는 "한국환경공단 에어코리아 측정소 정보"
데이터를 Open API 활용 신청을 통하여 데이터(측정소 정보)를 수집하시오. 활용신청이 가능한 상세기능정보
들 중 "측정소 목록 조회"의 요청변수를 수집하고 데이터 프레임(data)으로 저장하시오.

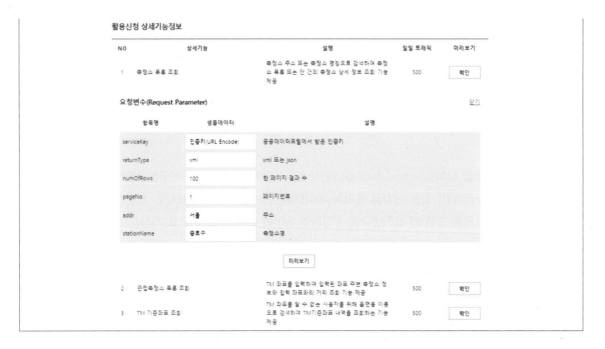

정답 및 해설

① [참고문서](에어코리아 측정소정보 조회 서비스 기술문서)에서 측정서 목록 조회 데이터를 요청하기 위해 필요한 요청/응답 메시지를 확인한다.

d) 요청/응답 메시지 예제

요청메시지
http://apis.data.go.kr/B552584/MsrstnInfoInqireSvc/getMsrstnList?addr=서울&stationName=종로구&pageNo=1&numOfRows=10&serviceKey=서비스키&returnType=xml

응답메시지

```
<response>
  <header>
    <resultCode>00</resultCode>
    <resultMsg>NORMAL_CODE</resultMsg>
  </header>
  <body>
  <items>
    <item>
      <dmX>37.572025</dmX>
      <item>SO2, CO, O3, NO2, PM10, PM2.5</item>
      <mangName>도시대기</mangName>
      <year>1997</year>
      <addr>서울 종로구 종로 35 가길 19 종로 5,6 가 동 주민센터</addr>
      <stationName>종로구</stationName>
      <dmY>127.005028</dmY>
    </item>
  </items>
  <numOfRows>10</numOfRows>
  <pageNo>1</pageNo>
  <totalCount>1</totalCount>
  </body>
</response>
```

② 서비스키(serviceKey) 부분에 부여 받은 인증키[일반 인증키(Encoding)]를 작성한다.

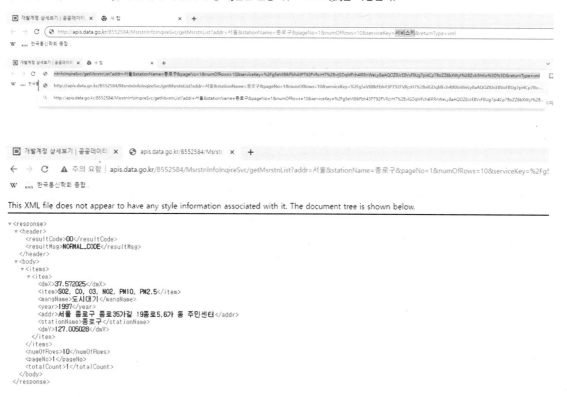

③ 전체 URL 주소를 open_api_url 변수에 저장하고 xmlTreeParse( ) 함수를 이용("XML" 패키지)하여 데이터를 수집한다.

④ xmlToDataFrame( ) 함수를 이용하여 XML 형식으로 저장된 자료를 데이터 프레임 형식으로 변경 · 저장한다.

⑤ 기술통계량(psych 패키지의 describe( ) 함수 이용)을 확인한다. 본 예제의 경우 1개의 데이터만 저장되었음을 알 수 있다.

```
> describe(data)
            vars n mean sd median trimmed mad min max range skew kurtosis se
dmX*           1  1    1 NA      1       1   0   1   1     0   NA       NA NA
item*          2  1    1 NA      1       1   0   1   1     0   NA       NA NA
mangName*      3  1    1 NA      1       1   0   1   1     0   NA       NA NA
year*          4  1    1 NA      1       1   0   1   1     0   NA       NA NA
addr*          5  1    1 NA      1       1   0   1   1     0   NA       NA NA
stationName*   6  1    1 NA      1       1   0   1   1     0   NA       NA NA
dmY*           7  1    1 NA      1       1   0   1   1     0   NA       NA NA
text*          8  1    1 NA      1       1   0   1   1     0   NA       NA NA
> summary(data)
     dmX               item             mangName             year               addr            stationName            dmY                text
 Length:2           Length:2           Length:2           Length:2           Length:2           Length:2           Length:2           Length:2
 Class :character   Class :character   Class :character   Class :character   Class :character   Class :character   Class :character   Class :character
 Mode  :character   Mode  :character   Mode  :character   Mode  :character   Mode  :character   Mode  :character   Mode  :character   Mode  :character
>
> class(data)
[1] "data.frame"
```

02 웹 스크래핑 방법을 이용하여 네이버 쇼핑 사이트(shopping.naver.com/home/p/index.naver)에서의 (상품명, 가격)에 대한 데이터를 저장(product.csv)하시오.

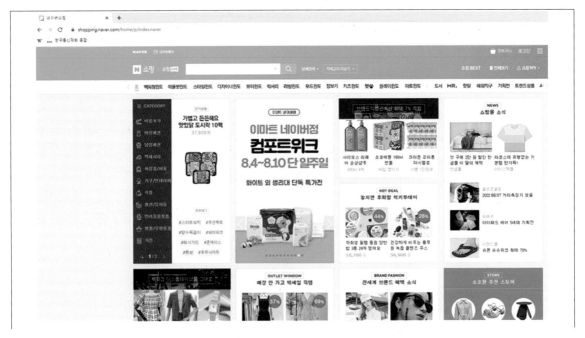

정답 및 해설

① URL 주소를 저장(url)하고 read_html( ) 함수로 HTML 문서를 읽는다. html_nodes( )를 이용하여 css=".grid-item" 인 문서 구조를 확인한다.

```
> url <- "https://shopping.naver.com/home/p/index.naver"
>
> naver <- read_html(url)
> naver

{html_document}
<html lang="ko">
[1] <head>\n<meta http-equiv="Content-Type" content="text/html; charset=UTF-8">\n<meta http-equiv="Content-Script-Type" content="text/javascript">\n<meta http-equiv="Content-Style-Type" content="text/css">\n<meta http-equiv="X ...
[2] <body id="_body">\n\t<div id="wrap" class="sky_unfold">\n\t\t<script>\n\t\t\tfunction __changeToFold() {\n\t\t\t\tvar el = document.getElementById("wrap");\n\t\t\t\tif (navigator.appName=="Microsoft Internet Explorer" ...

> info <- html_nodes(naver, css=".grid-item")
> info

{xml_nodeset (21)}
 [1] <div class="grid-item grid-item-hgt2">\n\n\t\t<div class="section_cell category_cell" name="t150294" id="t150294">\n\n\t\t<span class="mask"></span>\n\t\t<div class="category_area paging" id="home_category_area">\n\t\t<div ...
 [2] <div class="grid-item grid-item-hgt2">\n\t\t\t<div class="section_cell" name="t150301" id="t150301">\n\t\t\t<div class="main_banner">\n\t\t\t<div class="main_banner_list">\n\t\t\t<ul><a id="home ...
 [3] <div class="grid-item grid-item-hgt2">\n\t\t\t<div class="section_cell" name="t150292" id="t150292"><!-- type 7 -->\n\t\t\t<span class="mask"></span>\n\t\t\t<div class="list_type item">\n\t\t\t<div class="ba ...
 [4] <div class="grid-item grid-item-hgt2">\n\t\t\t<div class="section_cell" name="t150293" id="t150293"><!-- type 2 -->\n\t\t\t<span class="mask"></span>\n\t\t\t<div class="tit_area ...
 [5] <div class="grid-item">\n\t\t\t<div class="section_cell" name="t150290" id="t150290"><!-- type 4 -->\n\t\t\t<span class="mask"></span>\n\t\t\t<div class="tit_area"><h3 ...
 [6] <div class="grid-item">\n\t\t\t<div class="section_cell" name="t150284" id="t150284"><!-- type 5 -->\n\t\t\t<span class="mask"></span>\n\t\t\t<div class="list_type item">\n\t\t\t<div class="ba ...
 [7] <div class="grid-item">\n\t\t\t<div class="section_cell" name="t150287" id="t150287"><!-- type 5 -->\n\t\t\t<span class="mask"></span>\n\t\t\t<div class="tit_area"><h3 ...
 [8] <div class="grid-item">\n\t\t\t<div class="section_cell" name="t150297" id="t150297"><!-- type 3 -->\n\t\t\t<span class="mask"></span>\n\t\t\t<div class="tit_area"><h3><h3 ...
 [9] <div class="grid-item">\n\t\t\t<a name="t150291" id="t150291"></a>\n\t\t\t<!-- type 10 -->\n\t\t\t<div class="section_cell store_soho"><!-- [D] 스토어 B4 class="store_" B4 -->\n\t\t\t<div class="tit ...
[10] <div class="grid-item">\n\t\t\t<div class="section_cell" name="t150286" id="t150286"><!-- type 3 -->\n\t\t\t<span class="mask"></span>\n\t\t\t<div class="list_type item ...
[11] <div class="grid-item">\n\t\t\t<div class="section_cell" name="t150289" id="t150289"><!-- type 5 -->\n\t\t\t<span class="mask"></span>\n\t\t\t<div class="ba ...
[12] <div class="grid-item">\n\t\t\t<div class="section_cell" name="t150285" id="t150285"><!-- type 5 -->\n\t\t\t<span class="mask"></span>\n\t\t\t<div class="list_type item"><div class="ba ...
[13] <div class="grid-item">\n\t\t\t<div class="section_cell" name="t150283" id="t150283"><!-- type 5 -->\n\t\t\t<span class="mask"></span>\n\t\t\t<div class="list_type item ...
[14] <div class="grid-item">\n\t\t\t<div class="section_cell" name="t150294" id="t150294"><!-- type 18 -->\n\t\t\t<span class="mask"></span>\n\t\t\t<ul><li class="piece"><!-- [D] 1주 용작 B4 class="pi ...
[15] <div class="grid-item">\n\t\t\t<div class="section_cell" name="t150295" id="t150295"><!-- type 5 -->\n\t\t\t<span class="mask"></span>\n\t\t\t<div class="list_type item ...
[16] <div class="grid-item">\n\t\t\t<div class="section_cell" name="t150299" id="t150299"><!-- type 18 -->\n\t\t\t<div class="list_type event"><!-- [D] 조류B 모B B4 class="piece2"><!-- [D] 1주 용작 B4 class="piece2" B4 -->\n\t\t\t<ul><li class="piece"><!-- [D] 조류B B4 class="pi ...
[17] <div class="grid-item">\n\t\t\t<div class="section_cell" name="t150299" id="t150299"><!-- type 5 -->\n\t\t\t<div class="list_type event"><!-- [D] 조류B B4 class="piece2"><!-- [D] 1주 용작 B4 -->\n\t\t\t<ul><li class="piece"><!-- [D] 1주 용작 B4 -->\n\t\t\t ...
[18] <div class="grid-item">\n\t\t\t<div class="section_cell" name="t150286" id="t150286"><!-- type 5 -->\n\t\t\t<span class="mask"></span>\n\t\t\t<div class="tit_area ...
[19] <div class="grid-item">\n\t\t\t<div class="section_cell" name="t150282" id="t150282"><!-- type 3 -->\n\t\t\t<span class="mask"></span>\n\t\t\t<div class="tit_area"><h3 ...
[20] <div class="grid-item">\n\t\t\t<div class="section_cell" name="t150300" id="t150300"><!-- type 9 -->\n\t\t\t<span class="mask"></span>\n\t\t\t<div class="tit_area"><h3 ...
...

> summary(info)
        Length Class         Mode
 [1,]  2      xml_node      list
 [2,]  2      xml_node      list
 [3,]  2      xml_node      list
 [4,]  2      xml_node      list
 [5,]  2      xml_node      list
 [6,]  2      xml_node      list
 [7,]  2      xml_node      list
 [8,]  2      xml_node      list
 [9,]  2      xml_node      list
[10,]  2      xml_node      list
[11,]  2      xml_node      list
[12,]  2      xml_node      list
[13,]  2      xml_node      list
[14,]  2      xml_node      list
[15,]  2      xml_node      list
[16,]  2      xml_node      list
[17,]  2      xml_node      list
[18,]  2      xml_node      list
[19,]  2      xml_node      list
[20,]  2      xml_node      list
```

② html_nodes( )를 이용하여 css=".txt"에 저장된 상품명(product)을 읽어서 product 항목에 저장한다.

```
> product_imsi <- html_nodes(info, css=".txt")
> product_imsi

{xml_nodeset (34)}
 [1] <span class="txt">사이오스 리페어 손상샴푸</span>
 [2] <span class="txt">초코에몽 180ml 번들</span>
 [3] <span class="txt">크라운 죠리퐁 마시멜로</span>
 [4] <span class="txt">첫 구매 2만 원 할인 한샘몰 이 달의 혜택</span>
 [5] <span class="txt">트로스의 유별없는 기능털 판가놀!</span>
 [6] <span class="txt">2022 BEST 거치추앙기 모음</span>
 [7] <span class="txt">아이패드 에어 5세대 가통판</span>
 [8] <span class="txt">수령 수수료과 최대 70%</span>
 [9] <span class="txt">누워서 덥밥 좋은 완밥밥 3종 24개 명이죠</span>
[10] <span class="txt">건강하게 비우는 블루밤 속쏙 슬린즈 무스</span>
[11] <span class="txt">귀여움 짜료 슬라우스</span>
[12] <span class="txt">미슐랭도 좋은 이동 쾌닥</span>
[13] <span class="txt">슬라이한 스텍의 손목시계</span>
[14] <span class="txt">세쯔 바로 갈음한 움젬탈 베스티의 원피스</span>
[15] <span class="txt">초가지에서 누구보다 움보탈 움보탈 드레스</span>
[16] <span class="txt">무릎 덮이도 길이 덮이도 매뜸 따뜻 앗업스 멘랑</span>
[17] <span class="txt">평범한 스타일에 포인트를 줄 투밀 스트랩</span>
[18] <span class="txt">디밀 트밀룸몸산이 딱 한 슬움 로버 피로S</span>
[19] <span class="txt">능미롭 표현하게 만들 뚜뜸 속뚜업 영맘락</span>
[20] <span class="txt">꼭 나만 알고 싶은 인구 플래로 스토어</span>
...
> product <- html_text(product_imsi)
> product
 [1] "사이오스 리페어 손상샴푸"        "초코에몽 180ml 번들"       "크라운 죠리퐁 마시멜로"     "첫 구매 2만 원 할인 한샘몰 이 달의 혜택" "트로스의 유별없는 기능털 판가놀!"
 [6] "2022 BEST 거치추앙기 모음"      "아이패드 에어 5세대 가통판"  "수령 수수료과 최대 70%"    "누워서 덥밥 좋은 완밥밥 3종 24개 명이죠"  "건강하게 비우는 블루밤 속쏙 슬린즈 무스"
[11] "귀여움 짜료 슬라우스"           "미슐랭도 좋은 이동 쾌닥"    "슬라이한 스텍의 손목시계"   "세쯔 바로 갈음한 움젬탈 베스티의 원피스"  "초가지에서 누구보다 움보탈 움보탈 드레스"
[16] "무릎 덮이도 길이 덮이도 매뜸 따뜻 앗업스 멘랑" "평범한 스타일에 포인트를 줄 투밀 스트랩" "디밀 트밀룸몸산이 딱 한 슬움 로버 피로S" "능미롭 표현하게 만들 뚜뜸 속뚜업 영맘락" "꼭 나만 알고 싶은 인구 플래로 스토어"
[21] "세뜸게 나타난 올스 작가솜의 편드페이트트업" "누구들 알음 슬움 롱로스" "고음스하음 프리저 스트탑" "일하율한 버즈 어티디P" "내일 딱 입을기 그런 NO 인기 리딜러음 컷"
[26] "프렌뜸스 그대로 입음 ~05.07.가지" "뚜밀 윰기워의 튀어난 매음 뮤슈 나의 6좋" "마이를 상상펀 UP 슬이더먁스 무밤슬이" "산택 용 시간 됩뜸! 럼허울 갈아뚜 디셔스" "충훈한 퍼텍를 가득 닮은 럼밤 룸스"
[31] "가볍게 최고 언거 노이즈캔슬링 퍼트톤" "세뜸련 매너뚬 소개의 심물 슬로 무슈닥" "환경을 생각한 페이굴 하아 슬우 백 2좋" "매뜸탁 소개가 유니크한 방밀 스니뀨츠"

> product <- str_trim(product)
> product
 [1] "사이오스 리페어 손상샴푸"        "초코에몽 180ml 번들"       "크라운 죠리퐁 마시멜로"     "첫 구매 2만 원 할인 한샘몰 이 달의 혜택" "트로스의 유별없는 기능털 판가놀!"
 [6] "2022 BEST 거치추앙기 모음"      "아이패드 에어 5세대 가통판"  "수령 수수료과 최대 70%"    "누워서 덥밥 좋은 완밥밥 3종 24개 명이죠"  "건강하게 비우는 블루밤 속쏙 슬린즈 무스"
[11] "귀여움 짜료 슬라우스"           "미슐랭도 좋은 이동 쾌닥"    "슬라이한 스텍의 손목시계"   "세쯔 바로 갈음한 움젬탈 베스티의 원피스"  "초가지에서 누구보다 움보탈 움보탈 드레스"
[16] "무릎 덮이도 길이 덮이도 매뜸 따뜻 앗업스 멘랑" "평범한 스타일에 포인트를 줄 투밀 스트랩" "디밀 트밀룸몸산이 딱 한 슬움 로버 피로S" "능미롭 표현하게 만들 뚜뜸 속뚜업 영맘락" "꼭 나만 알고 싶은 인구 플래로 스토어"
[21] "세뜸게 나타난 올스 작가솜의 편드페이트트업" "누구들 알음 슬움 롱로스" "고음스하음 프리저 스트탑" "일하율한 버즈 어티디P" "내일 딱 입을기 그런 NO 인기 리딜러음 컷"
[26] "프렌뜸스 그대로 입음 ~05.07.가지" "뚜밀 윰기워의 튀어난 매음 뮤슈 나의 6좋" "마이를 상상펀 UP 슬이더먁스 무밤슬이" "산택 용 시간 됩뜸! 럼허울 갈아뚜 디셔스" "충훈한 퍼텍를 가득 닮은 럼밤 룸스"
[31] "가볍게 최고 언거 노이즈캔슬링 퍼트톤" "세뜸련 매너뚬 소개의 심물 슬로 무슈닥" "환경을 생각한 페이굴 하아 슬우 백 2좋" "매뜸탁 소개가 유니크한 방밀 스니뀨츠"
```

③ 동일한 방법으로 css=".mall" 항목을 가격(price)에 저장한다.

```
> price_imsi <- html_nodes(info, css=".mall")
> price_imsi
{xml_nodeset (4)}
[1] <span class="mall">8만 원대</span>
[2] <span class="mall">2만 원대</span>
[3] <span class="mall">11만 원대</span>
[4] <span class="mall">1만 원대</span>
>
> price <- html_text(price_imsi)
> price
[1] "8만 원대"  "2만 원대"  "11만 원대" "1만 원대"
>
> price <- str_trim(price)
> price
[1] "8만 원대"  "2만 원대"  "11만 원대" "1만 원대"
```

④ 확인 결과 가격(price) 정보는 4개의 항목으로 구성되어 있다. 두 항목을 data에 저장한다.

```
> length(product)
[1] 34
> length(price)
[1] 4
>
> data <- data.frame(product[1:4], price)
> data
                        product.1.4.    price
1            사이오스 리페어 손상샴푸   8만 원대
2              초코에몽 180ml 번들    2만 원대
3            크라운 죠리퐁 마시멜로   11만 원대
4 첫 구매 2만 원 할인 한샘몰 이 달의 혜택    1만 원대
```

⑤ 마지막으로 write.csv( )로 추출된 데이터를 저장(product.csv)한다. 여기에서는 가격정보가 이미지로 저장되어 있어 텍스트로 저장된 가격 정보(4개 항목)만을 저장함을 알 수 있다.

```
> setwd("C:/workr")
> write.csv(data, "product.csv")
>
> product <- read.csv("product.csv", header=T, fileEncoding="EUC-KR")
> View(product)
```

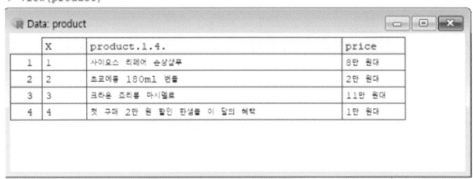

03 다음 데이터를 R 콘솔 화면에서 edit( ) 함수를 이용하여 생성하고 데이터 프레임(glass_data)으로 저장하시오.

(1) summary( ) 함수를 이용하여 각 항목에 대한 기술통계량을 구하시오.

(2) 생성된 데이터세트를 View( ) 명령어를 이용하여 출력하시오.

(3) csv 파일형식으로 저장(glass.csv)하고 이를 다시 read.csv( ) 함수를 이용하여 출력하시오.

(4) .xlsx 파일 형식으로 저장(glass.xlsx)하고 이를 다시 read_excel( ) 함수를 이용하여 출력하시오.

(5) options( ) 명령어("width"=100)를 이용하여 R console에서 각 항목(행)을 한 라인으로 출력하시오.

(6) glass.csv 파일을 데이터 프레임 형식으로 저장된 파일(data)을 이용하여 class( ), str( ), head( ), tail( ), dim( ), length( ), names( )의 수행 결과를 나타내시오.

	A	B	C	D	E	F	G	H	I	J	K
1	Id	RI	Na	Mg	Al	Si	K	Ca	Ba	Fe	Type
2	1	1.52101	13.64	4.49	1.1	71.78	0.06	8.75	0	0	1
3	2	1.51761	13.89	3.6	1.36	72.73	0.48	7.83	0	0	1
4	3	1.51618	13.53	3.55	1.54	72.99	0.39	7.78	0	0	2
5	4	1.51766	13.21	3.69	1.29	72.61	0.57	8.22	0	0	3

📖 정답 및 해설

(1) data.frame( ) 명령어를 이용하여 데이터 구조를 정의하고 edit( ) 함수를 이용하여 데이터를 입력한다. 그리고 summary( ) 함수를 통해 각 항목에 대한 주요 기술통계량을 확인한다.

```
> glass_data <- data.frame(Id=1, RI=1.52101, Na=13.64, Mg=4.49, Al=1.1, Si=71.78, K=0.06, Ca=8.75, Ba=0, Fe=0, Type=1)
> edit(glass_data)
```

데이터 편집기

	Id	RI	Na	Mg	Al	Si	K	Ca	Ba	Fe	Type
1	1	1.52101	13.64	4.49	1.1	71.78	0.06	8.75	0	0	1
2	2	1.51761	13.89	3.6	1.36	72.73	0.48	7.83	0	0	1
3	3	1.51618	13.53	3.55	3.55	72.99	0.39	7.78	0	0	2
4	4	1.51766	13.21	3.69	3.69	72.61	0.57	8.22	0	0	3
5											
6											
7											
8											
9											
10											
11											
12											
13											
14											
15											
16											
17											
18											
19											

```
> summary(glass_data)
       Id          RI             Na            Mg            Al           Si             K            Ca            Ba
 Min.   :1   Min.   :1.521   Min.   :13.64   Min.   :4.49   Min.   :1.1   Min.   :71.78   Min.   :0.06   Min.   :8.75   Min.   :0
 1st Qu.:1   1st Qu.:1.521   1st Qu.:13.64   1st Qu.:4.49   1st Qu.:1.1   1st Qu.:71.78   1st Qu.:0.06   1st Qu.:8.75   1st Qu.:0
 Median :1   Median :1.521   Median :13.64   Median :4.49   Median :1.1   Median :71.78   Median :0.06   Median :8.75   Median :0
 Mean   :1   Mean   :1.521   Mean   :13.64   Mean   :4.49   Mean   :1.1   Mean   :71.78   Mean   :0.06   Mean   :8.75   Mean   :0
 3rd Qu.:1   3rd Qu.:1.521   3rd Qu.:13.64   3rd Qu.:4.49   3rd Qu.:1.1   3rd Qu.:71.78   3rd Qu.:0.06   3rd Qu.:8.75   3rd Qu.:0
 Max.   :1   Max.   :1.521   Max.   :13.64   Max.   :4.49   Max.   :1.1   Max.   :71.78   Max.   :0.06   Max.   :8.75   Max.   :0
       Fe         Type
 Min.   :0   Min.   :1
 1st Qu.:0   1st Qu.:1
 Median :0   Median :1
 Mean   :0   Mean   :1
 3rd Qu.:0   3rd Qu.:1
 Max.   :0   Max.   :1
```

(2) View( ) 명령어를 이용하여 입력된 데이터를 확인한다.

```
> View(glass_data)
> |
```

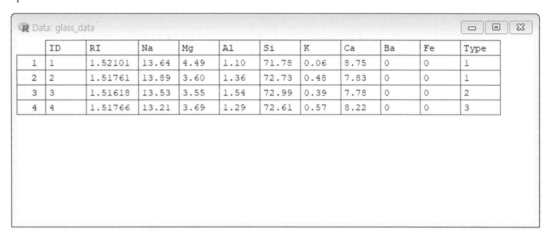

(3) 작업영역을 지정한 후(setwd( )), write.csv( ) 명령어를 이용하여 파일을 저장한다. 그리고 read.csv( ) 명령어로 파일을 읽는다.

```
> setwd("C:/workr")
> write.csv(glass_data, file="glass.csv")
> data <- read.csv("glass.csv", header=T, fileEncoding="EUC-KR")
> data
  X ID      RI    Na   Mg   Al    Si    K   Ca Ba Fe Type
1 1  1 1.52101 13.64 4.49 1.10 71.78 0.06 8.75  0  0    1
2 2  2 1.51761 13.89 3.60 1.36 72.73 0.48 7.83  0  0    1
3 3  3 1.51618 13.53 3.55 1.54 72.99 0.39 7.78  0  0    2
4 4  4 1.51766 13.21 3.69 1.29 72.61 0.57 8.22  0  0    3
```

(4) 엑셀 파일 형식으로 저장하기 위해 "openxlsx" 패키지를 이용하며, 엑셀 파일을 읽기 위해 "readxl" 패키지를 이용한다.
write.xlsx( ) 함수를 이용하여 파일을 저장하고, read_excel( ) 함수로 파일을 읽는다.

```
> write.xlsx(glass_data, file="glass.xlsx")
> data <- read_excel("glass.xlsx", col_names=TRUE)
> data
# A tibble: 4 × 11
     ID    RI    Na    Mg    Al    Si     K    Ca    Ba    Fe  Type
  <dbl> <dbl> <dbl> <dbl> <dbl> <dbl> <dbl> <dbl> <dbl> <dbl> <dbl>
1     1  1.52  13.6  4.49   1.1  71.8  0.06  8.75     0     0     1
2     2  1.52  13.9   3.6  1.36  72.7  0.48  7.83     0     0     1
3     3  1.52  13.5  3.55  1.54  73.0  0.39  7.78     0     0     2
4     4  1.52  13.2  3.69  1.29  72.6  0.57  8.22     0     0     3
>
> summary(data)
       ID             RI              Na              Mg              Al              Si
 Min.   :1.00   Min.   :1.516   Min.   :13.21   Min.   :3.550   Min.   :1.100   Min.   :71.78
 1st Qu.:1.75   1st Qu.:1.517   1st Qu.:13.45   1st Qu.:3.587   1st Qu.:1.242   1st Qu.:72.40
 Median :2.50   Median :1.518   Median :13.59   Median :3.645   Median :1.325   Median :72.67
 Mean   :2.50   Mean   :1.518   Mean   :13.57   Mean   :3.833   Mean   :1.323   Mean   :72.53
 3rd Qu.:3.25   3rd Qu.:1.518   3rd Qu.:13.70   3rd Qu.:3.890   3rd Qu.:1.405   3rd Qu.:72.80
 Max.   :4.00   Max.   :1.521   Max.   :13.89   Max.   :4.490   Max.   :1.540   Max.   :72.99
       K               Ca              Ba            Fe            Type
 Min.   :0.0600   Min.   :7.780   Min.   :0     Min.   :0     Min.   :1.00
 1st Qu.:0.3075   1st Qu.:7.817   1st Qu.:0     1st Qu.:0     1st Qu.:1.00
 Median :0.4350   Median :8.025   Median :0     Median :0     Median :1.50
 Mean   :0.3750   Mean   :8.145   Mean   :0     Mean   :0     Mean   :1.75
 3rd Qu.:0.5025   3rd Qu.:8.352   3rd Qu.:0     3rd Qu.:0     3rd Qu.:2.25
 Max.   :0.5700   Max.   :8.750   Max.   :0     Max.   :0     Max.   :3.00
```

(5) options("width"=100)를 지정한 후 파일을 읽으면, 한 행에 각각의 항목이 출력된다.

```
> options("width"=100)
> data <- read.csv("glass.csv", header=T, fileEncoding="EUC-KR")
> data
  X ID      RI    Na   Mg   Al    Si    K   Ca Ba Fe Type
1 1  1 1.52101 13.64 4.49 1.10 71.78 0.06 8.75  0  0    1
2 2  2 1.51761 13.89 3.60 1.36 72.73 0.48 7.83  0  0    1
3 3  3 1.51618 13.53 3.55 1.54 72.99 0.39 7.78  0  0    2
4 4  4 1.51766 13.21 3.69 1.29 72.61 0.57 8.22  0  0    3
```

(6) 데이터 프레임 형식인 data(glass.csv) 자료에 대해 항목의 구조, 데이터, 행의 수, 항목의 수 및 항목명을 확인한다.

```
> data <- read.csv("glass.csv", header=T, fileEncoding="EUC-KR")
> class(data)
[1] "data.frame"
>
> str(data)
'data.frame':   4 obs. of  12 variables:
 $ X   : int  1 2 3 4
 $ ID  : int  1 2 3 4
 $ RI  : num  1.52 1.52 1.52 1.52
 $ Na  : num  13.6 13.9 13.5 13.2
 $ Mg  : num  4.49 3.6 3.55 3.69
 $ Al  : num  1.1 1.36 1.54 1.29
 $ Si  : num  71.8 72.7 73 72.6
 $ K   : num  0.06 0.48 0.39 0.57
 $ Ca  : num  8.75 7.83 7.78 8.22
 $ Ba  : int  0 0 0 0
 $ Fe  : int  0 0 0 0
 $ Type: int  1 1 2 3
> head(data)
  X ID      RI    Na   Mg   Al    Si    K   Ca Ba Fe Type
1 1  1 1.52101 13.64 4.49 1.10 71.78 0.06 8.75  0  0    1
2 2  2 1.51761 13.89 3.60 1.36 72.73 0.48 7.83  0  0    1
3 3  3 1.51618 13.53 3.55 1.54 72.99 0.39 7.78  0  0    2
4 4  4 1.51766 13.21 3.69 1.29 72.61 0.57 8.22  0  0    3
> tail(data)
  X ID      RI    Na   Mg   Al    Si    K   Ca Ba Fe Type
1 1  1 1.52101 13.64 4.49 1.10 71.78 0.06 8.75  0  0    1
2 2  2 1.51761 13.89 3.60 1.36 72.73 0.48 7.83  0  0    1
3 3. 3 1.51618 13.53 3.55 1.54 72.99 0.39 7.78  0  0    2
4 4  4 1.51766 13.21 3.69 1.29 72.61 0.57 8.22  0  0    3
> dim(data)
[1]  4 12
> length(data)
[1] 12
> names(data)
 [1] "X"    "ID"   "RI"   "Na"   "Mg"   "Al"   "Si"   "K"    "Ca"   "Ba"   "Fe"   "Type"
```

04 glass_data를 데이터 프레임 형식으로 저장한 데이터(data)를 이용하여 다음과 같은 데이터 관리 명령어 수행 결과를 나타내시오.

(1) Na, Mg, Al 각각의 성분 함량에 대한 합계와 평균을 구하시오.

(2) 정수로 저장된 유리 유형(Type)에 대한 요인화 작업 수행 후(as.factor( )) Type=1, 2, 3의 개수를 각각 출력하시오.

(3) 유리 유형(Type)별로 서로 다른 데이터 프레임(dataType1, dataType2, dataType3)에 저장하여 해당 데이터 를 출력하시오.

(4) (ID, Si, K, Ca, Fe)에 대한 데이터 프레임을 새로 저장(part_data)하여 출력하시오.

(5) 유리 유형(Type)별로 분할된 세 개의 데이터 프레임(dataType1, dataType2, dataType3)을 하나로 결합하여 새로운 데이터 프레임(bind_data)으로 저장하고 결괏값을 출력하시오.

(6) 데이터 프레임(data)에서 RI 오름차순 정렬, Na 내림차순 정렬된 데이터 결괏값을 출력하시오.

(7) apply( ) 함수를 이용하여 각 유리별(ID)로 성분 함량의 합계와 평균을 출력하시오.

(8) apply( ) 함수를 이용하여 각 성분별 함량의 평균, 최대, 최솟값을 출력하시오.

정답 및 해설

(1) (Na, Mg, Al) 항목을 data1에 저장한 후, apply( ) 함수를 이용하여 각각의 성분에 대한 합계와 평균을 구한다.

```
> data <- read.csv("glass.csv", header=T, fileEncoding="EUC-KR")
> data
  X ID      RI    Na   Mg   Al    Si    K   Ca Ba Fe Type
1 1  1 1.52101 13.64 4.49 1.10 71.78 0.06 8.75  0  0    1
2 2  2 1.51761 13.89 3.60 1.36 72.73 0.48 7.83  0  0    1
3 3  3 1.51618 13.53 3.55 1.54 72.99 0.39 7.78  0  0    2
4 4  4 1.51766 13.21 3.69 1.29 72.61 0.57 8.22  0  0    3
>
> data1 <- subset(data, select=c(Na, Mg, Al))
> data1
     Na   Mg   Al
1 13.64 4.49 1.10
2 13.89 3.60 1.36
3 13.53 3.55 1.54
4 13.21 3.69 1.29
>
> apply(data1, 2, sum)
   Na    Mg    Al
54.27 15.33  5.29
>
> apply(data1, 2, mean)
     Na     Mg     Al
13.5675 3.8325 1.3225
```

(2) as.factor( ) 함수로 정수 데이터형을 요인형으로 변환 후, ifelse( )와 sum( ) 함수를 이용하여 Type＝1, 2, 3 유형의 개수를 각각 구한다.

```
> data <- read.csv("glass.csv", header=T, fileEncoding="EUC-KR")
> data
  X ID      RI    Na   Mg   Al    Si    K   Ca Ba Fe Type
1 1  1 1.52101 13.64 4.49 1.10 71.78 0.06 8.75  0  0    1
2 2  2 1.51761 13.89 3.60 1.36 72.73 0.48 7.83  0  0    1
3 3  3 1.51618 13.53 3.55 1.54 72.99 0.39 7.78  0  0    2
4 4  4 1.51766 13.21 3.69 1.29 72.61 0.57 8.22  0  0    3
> str(data)
'data.frame':   4 obs. of  12 variables:
 $ X   : int  1 2 3 4
 $ ID  : int  1 2 3 4
 $ RI  : num  1.52 1.52 1.52 1.52
 $ Na  : num  13.6 13.9 13.5 13.2
 $ Mg  : num  4.49 3.6 3.55 3.69
 $ Al  : num  1.1 1.36 1.54 1.29
 $ Si  : num  71.8 72.7 73 72.6
 $ K   : num  0.06 0.48 0.39 0.57
 $ Ca  : num  8.75 7.83 7.78 8.22
 $ Ba  : int  0 0 0 0
 $ Fe  : int  0 0 0 0
 $ Type: int  1 1 2 3
> data$Type <- as.factor(data$Type)
> str(data)
'data.frame':   4 obs. of  12 variables:
 $ X   : int  1 2 3 4
 $ ID  : int  1 2 3 4
 $ RI  : num  1.52 1.52 1.52 1.52
 $ Na  : num  13.6 13.9 13.5 13.2
 $ Mg  : num  4.49 3.6 3.55 3.69
 $ Al  : num  1.1 1.36 1.54 1.29
 $ Si  : num  71.8 72.7 73 72.6
 $ K   : num  0.06 0.48 0.39 0.57
 $ Ca  : num  8.75 7.83 7.78 8.22
 $ Ba  : int  0 0 0 0
 $ Fe  : int  0 0 0 0
 $ Type: Factor w/ 3 levels "1","2","3": 1 1 2 3
>
> print(sum(ifelse(data$Type==1, 1, 0)))
[1] 2
> print(sum(ifelse(data$Type==2, 1, 0)))
[1] 1
> print(sum(ifelse(data$Type==3, 1, 0)))
[1] 1
```

(3) subset( ) 명령어를 이용하여 각각의 Type별로 데이터를 저장한다.

```
> data
  X ID      RI    Na   Mg   Al    Si    K   Ca Ba Fe Type
1 1  1 1.52101 13.64 4.49 1.10 71.78 0.06 8.75  0  0    1
2 2  2 1.51761 13.89 3.60 1.36 72.73 0.48 7.83  0  0    1
3 3  3 1.51618 13.53 3.55 1.54 72.99 0.39 7.78  0  0    2
4 4  4 1.51766 13.21 3.69 1.29 72.61 0.57 8.22  0  0    3
>
> dataType1 <- subset(data, Type==1)
> dataType1
  X ID      RI    Na   Mg   Al    Si    K   Ca Ba Fe Type
1 1  1 1.52101 13.64 4.49 1.10 71.78 0.06 8.75  0  0    1
2 2  2 1.51761 13.89 3.60 1.36 72.73 0.48 7.83  0  0    1
>
> dataType2 <- subset(data, Type==2)
> dataType2
  X ID      RI    Na   Mg   Al    Si    K   Ca Ba Fe Type
3 3  3 1.51618 13.53 3.55 1.54 72.99 0.39 7.78  0  0    2
>
> dataType3 <- subset(data, Type==3)
> dataType3
  X ID      RI    Na   Mg   Al    Si    K   Ca Ba Fe Type
4 4  4 1.51766 13.21 3.69 1.29 72.61 0.57 8.22  0  0    3
```

(4) subset( ) 명령어를 이용하여 필요한 항목을 추출한다.

```
> data
  X ID      RI    Na   Mg   Al    Si    K   Ca Ba Fe Type
1 1  1 1.52101 13.64 4.49 1.10 71.78 0.06 8.75  0  0    1
2 2  2 1.51761 13.89 3.60 1.36 72.73 0.48 7.83  0  0    1
3 3  3 1.51618 13.53 3.55 1.54 72.99 0.39 7.78  0  0    2
4 4  4 1.51766 13.21 3.69 1.29 72.61 0.57 8.22  0  0    3
>
> part_data <- subset(data, select=c(ID, Si, K, Ca, Fe))
> part_data
  ID    Si    K   Ca Fe
1  1 71.78 0.06 8.75  0
2  2 72.73 0.48 7.83  0
3  3 72.99 0.39 7.78  0
4  4 72.61 0.57 8.22  0
```

(5) rbind( ) 명령어를 이용하여 세 개의 데이터 프레임을 하나로 결합한다.

```
> bind_data <- rbind(dataType1, dataType2, dataType3)
> bind_data
  X ID      RI    Na   Mg   Al    Si    K   Ca Ba Fe Type
1 1  1 1.52101 13.64 4.49 1.10 71.78 0.06 8.75  0  0    1
2 2  2 1.51761 13.89 3.60 1.36 72.73 0.48 7.83  0  0    1
3 3  3 1.51618 13.53 3.55 1.54 72.99 0.39 7.78  0  0    2
4 4  4 1.51766 13.21 3.69 1.29 72.61 0.57 8.22  0  0    3
```

(6) order( ) 명령어를 이용하여 RI 오름차순, Na 내림차순 정렬된 데이터를 확인한다.

```
> data
  X ID      RI    Na   Mg   Al    Si    K   Ca Ba Fe Type
1 1  1 1.52101 13.64 4.49 1.10 71.78 0.06 8.75  0  0    1
2 2  2 1.51761 13.89 3.60 1.36 72.73 0.48 7.83  0  0    1
3 3  3 1.51618 13.53 3.55 1.54 72.99 0.39 7.78  0  0    2
4 4  4 1.51766 13.21 3.69 1.29 72.61 0.57 8.22  0  0    3
>
> result <- data[order(data$RI, -data$Na), ]
> result
  X ID      RI    Na   Mg   Al    Si    K   Ca Ba Fe Type
3 3  3 1.51618 13.53 3.55 1.54 72.99 0.39 7.78  0  0    2
2 2  2 1.51761 13.89 3.60 1.36 72.73 0.48 7.83  0  0    1
4 4  4 1.51766 13.21 3.69 1.29 72.61 0.57 8.22  0  0    3
1 1  1 1.52101 13.64 4.49 1.10 71.78 0.06 8.75  0  0    1
```

(7) apply( ) 함수를 이용(dim＝1로 지정)하여 각각의 유리별로 성분 함량의 합계(sum)와 평균(mean)을 구한다.

```
> data
  X ID      RI    Na   Mg   Al    Si    K   Ca Ba Fe Type
1 1  1 1.52101 13.64 4.49 1.10 71.78 0.06 8.75  0  0    1
2 2  2 1.51761 13.89 3.60 1.36 72.73 0.48 7.83  0  0    1
3 3  3 1.51618 13.53 3.55 1.54 72.99 0.39 7.78  0  0    2
4 4  4 1.51766 13.21 3.69 1.29 72.61 0.57 8.22  0  0    3
>
> data1 <- subset(data, select=c(RI, Na, Mg, Al, Si, K, Ca, Ba, Fe))
> result <- apply(data1, 1, sum)
> result
       1        2        3        4
101.3410 101.4076 101.2962 101.1077
> result <- apply(data1, 1, mean)
> result
       1        2        3        4
11.26011 11.26751 11.25513 11.23418
```

(8) apply( ) 함수를 이용(dim＝2로 지정)하여 각각의 유리 성분별 함량의 평균(mean), 최대(max), 최솟값(min)을 구한다.

```
> data
  X ID      RI    Na   Mg   Al    Si    K   Ca Ba Fe Type
1 1  1 1.52101 13.64 4.49 1.10 71.78 0.06 8.75  0  0    1
2 2  2 1.51761 13.89 3.60 1.36 72.73 0.48 7.83  0  0    1
3 3  3 1.51618 13.53 3.55 1.54 72.99 0.39 7.78  0  0    2
4 4  4 1.51766 13.21 3.69 1.29 72.61 0.57 8.22  0  0    3
>
> data1 <- subset(data, select=c(RI, Na, Mg, Al, Si, K, Ca, Ba, Fe))
> apply(data1, 2, mean)
        RI         Na        Mg         Al        Si         K         Ca        Ba        Fe
  1.518115  13.567500  3.832500  1.322500 72.527500  0.375000  8.145000  0.000000  0.000000
> apply(data1, 2, max)
        RI        Na        Mg        Al        Si         K        Ca        Ba        Fe
   1.52101 13.89000   4.49000   1.54000 72.99000   0.57000   8.75000   0.00000   0.00000
> apply(data1, 2, min)
        RI        Na        Mg        Al        Si         K        Ca        Ba        Fe
   1.51618 13.21000   3.55000   1.10000 71.78000   0.06000   7.78000   0.00000   0.00000
```

05 airquality는 1973년 5월에서 9월 사이 뉴욕의 대기질 측정 자료이다. 총 6개의 항목[Ozone(오존의 양, ppb(parts per billion)), Solar.R(태양복사광, Solar Radiation, langley), Wind(바람세기, mph(miles per hour)), Temp(온도, Fahrenheit), Month(측정월), Day(측정일)]에 대해 153개의 측정 자료를 포함한다. 다음 수행 결과를 print( ) 명령어를 이용하여 출력하시오.

(1) Ozone 항목에 대한 결측값(37개의 결측값 발생)을 Ozone의 중앙값으로 대체하고 대체 전 표준편차와 대체 후 표준편차의 차이(절댓값)를 출력하시오.

(2) Ozone 항목에 대한 결측값을 제외하고 Solar.R 항목에 대한 결측값(7개의 결측값 발생)을 Solar.R의 평균으로 대체한다. 8월 Ozone 값의 상위 10개 데이터에 대한 Solar.R의 평균값을 출력하시오.

(3) Ozone 항목에 대한 결측값을 제외하고 Solar.R 항목에 대한 결측값(7개의 결측값 발생)을 Solar.R의 평균으로 대체한다. Solar.R의 상위 100개 데이터에 대한 (7월, 8월)의 비율을 출력하시오.

```
> airquality
   Ozone Solar.R Wind Temp Month Day
1     41     190  7.4   67     5   1
2     36     118  8.0   72     5   2
3     12     149 12.6   74     5   3
4     18     313 11.5   62     5   4
5     NA      NA 14.3   56     5   5
6     28      NA 14.9   66     5   6
7     23     299  8.6   65     5   7
8     19      99 13.8   59     5   8
9      8      19 20.1   61     5   9
10    NA     194  8.6   69     5  10
11     7      NA  6.9   74     5  11
12    16     256  9.7   69     5  12
13    11     290  9.2   66     5  13
14    14     274 10.9   68     5  14
15    18      65 13.2   58     5  15
16    14     334 11.5   64     5  16
17    34     307 12.0   66     5  17
18     6      78 18.4   57     5  18
19    30     322 11.5   68     5  19
20    11      44  9.7   62     5  20
```

```
> dim(airquality)
[1] 153    6
>
> summary(airquality)
     Ozone           Solar.R          Wind            Temp           Month           Day
 Min.   :  1.00   Min.   :  7.0   Min.   : 1.700   Min.   :56.00   Min.   :5.000   Min.   : 1.0
 1st Qu.: 18.00   1st Qu.:115.8   1st Qu.: 7.400   1st Qu.:72.00   1st Qu.:6.000   1st Qu.: 8.0
 Median : 31.50   Median :205.0   Median : 9.700   Median :79.00   Median :7.000   Median :16.0
 Mean   : 42.13   Mean   :185.9   Mean   : 9.958   Mean   :77.88   Mean   :6.993   Mean   :15.8
 3rd Qu.: 63.25   3rd Qu.:258.8   3rd Qu.:11.500   3rd Qu.:85.00   3rd Qu.:8.000   3rd Qu.:23.0
 Max.   :168.00   Max.   :334.0   Max.   :20.700   Max.   :97.00   Max.   :9.000   Max.   :31.0
 NA's   :37       NA's   :7
```

📋 정답 및 해설

(1) 대체 전 표준편차와 대체 후 표준편차의 차이(절댓값) = 3.933436

결측값을 제외하고 Ozone 항목의 표준편차를 구하면 ozone_before = 32.987880이다. is.na( ) 함수를 이용하여 결측값이 있는 항목에 중앙값(median( ))을 저장한다. 대체 후 표준편차를 구하면 ozone_after = 29.05445이고 차이의 절댓값은 3.933436이다.

```
> ozone_before <- sd(airquality$Ozone, na.rm=TRUE)
> ozone_before
[1] 32.98788
>
> data <- airquality
>
> data$Ozone[is.na(data$Ozone)] <- median(airquality$Ozone, na.rm=TRUE)
> summary(data)
     Ozone           Solar.R          Wind            Temp           Month           Day
 Min.   :  1.00   Min.   :  7.0   Min.   : 1.700   Min.   :56.00   Min.   :5.000   Min.   : 1.0
 1st Qu.: 21.00   1st Qu.:115.8   1st Qu.: 7.400   1st Qu.:72.00   1st Qu.:6.000   1st Qu.: 8.0
 Median : 31.50   Median :205.0   Median : 9.700   Median :79.00   Median :7.000   Median :16.0
 Mean   : 39.56   Mean   :185.9   Mean   : 9.958   Mean   :77.88   Mean   :6.993   Mean   :15.8
 3rd Qu.: 46.00   3rd Qu.:258.8   3rd Qu.:11.500   3rd Qu.:85.00   3rd Qu.:8.000   3rd Qu.:23.0
 Max.   :168.00   Max.   :334.0   Max.   :20.700   Max.   :97.00   Max.   :9.000   Max.   :31.0
                  NA's   :7
```

```
> ozone_after <- sd(data$Ozone)
> ozone_after
[1] 29.05445
>
> print(abs(ozone_before-ozone_after))
[1] 3.933436
```

(2) 8월 Ozone 값의 상위 10개 데이터에 대한 Solar.R의 평균 = 218.2932

subset( )을 이용하여 Ozone 항목에 대한 결측값 제외 후, Solar.R 항목의 결측값(5개)을 Solar.R의 평균값으로 대체한다. 8월 해당 데이터들에 대해 Ozone 항목을 크기순으로 정렬 후, 상위 10개 데이터들에 대한 Solar.R의 평균을 구한다.

```
> data <- subset(airquality, Ozone != is.na(Ozone))
> summary(data)
     Ozone           Solar.R          Wind            Temp           Month            Day
 Min.   :  1.00   Min.   :  7.0   Min.   : 2.300   Min.   :57.00   Min.   :5.000   Min.   : 1.00
 1st Qu.: 18.00   1st Qu.:113.5   1st Qu.: 7.400   1st Qu.:71.00   1st Qu.:6.000   1st Qu.: 8.00
 Median : 31.50   Median :207.0   Median : 9.700   Median :79.00   Median :7.000   Median :16.00
 Mean   : 42.13   Mean   :184.8   Mean   : 9.862   Mean   :77.87   Mean   :7.198   Mean   :15.53
 3rd Qu.: 63.25   3rd Qu.:255.5   3rd Qu.:11.500   3rd Qu.:85.00   3rd Qu.:8.250   3rd Qu.:22.00
 Max.   :168.00   Max.   :334.0   Max.   :20.700   Max.   :97.00   Max.   :9.000   Max.   :31.00
                  NA's   :5
>
> data$Solar.R[is.na(data$Solar.R)] <- mean(airquality$Solar.R, na.rm=TRUE)
> summary(data)
     Ozone           Solar.R          Wind            Temp           Month            Day
 Min.   :  1.00   Min.   :  7.0   Min.   : 2.300   Min.   :57.00   Min.   :5.000   Min.   : 1.00
 1st Qu.: 18.00   1st Qu.:117.2   1st Qu.: 7.400   1st Qu.:71.00   1st Qu.:6.000   1st Qu.: 8.00
 Median : 31.50   Median :199.0   Median : 9.700   Median :79.00   Median :7.000   Median :16.00
 Mean   : 42.13   Mean   :184.9   Mean   : 9.862   Mean   :77.87   Mean   :7.198   Mean   :15.53
 3rd Qu.: 63.25   3rd Qu.:254.2   3rd Qu.:11.500   3rd Qu.:85.00   3rd Qu.:8.250   3rd Qu.:22.00
 Max.   :168.00   Max.   :334.0   Max.   :20.700   Max.   :97.00   Max.   :9.000   Max.   :31.00
>
> data <- subset(data, Month==8)
> nrow(data)
[1] 26
>
> data <- data[order(-data$Ozone),][1:10,]
> data
    Ozone Solar.R Wind Temp Month Day
117   168 238.0000  3.4   81     8  25
99    122 255.0000  4.0   89     8   7
121   118 225.0000  2.3   94     8  29
101   110 207.0000  8.0   90     8   9
100    89 229.0000 10.3   90     8   8
123    85 188.0000  6.3   94     8  31
122    84 237.0000  6.3   96     8  30
96     78 185.9315  6.9   86     8   4
120    76 203.0000  9.7   97     8  28
118    73 215.0000  8.0   86     8  26
>
> print(mean(data$Solar.R))
[1] 218.2932
```

(3) 7월의 비율 $= 0.24$, 8월의 비율 $= 0.23$

Ozone에 대한 결측값을 제외하고 Solar.R에 대한 결측값을 Solar.R의 평균으로 대체한다. 그리고 Solar.R 값을 크기 순으로 정렬하고 상위 100개의 데이터를 저장(data)한다. sum( ) 함수를 이용하여 7월과 8월의 개수와 비율을 구한다.

```
> data <- subset(airquality, Ozone != is.na(Ozone))
> data$Solar.R[is.na(data$Solar.R)] <- mean(airquality$Solar.R, na.rm=TRUE)
> data <- data[order(-data$Solar.R),][1:100,]
> nrow(data)
[1] 100
> summary(data)
     Ozone           Solar.R          Wind             Temp           Month            Day
 Min.   :  6.00   Min.   : 65.0   Min.   : 2.300   Min.   :57.00   Min.   :5.00   Min.   : 1.00
 1st Qu.: 21.00   1st Qu.:175.0   1st Qu.: 7.275   1st Qu.:73.00   1st Qu.:6.00   1st Qu.: 7.00
 Median : 36.00   Median :221.5   Median : 9.700   Median :81.00   Median :7.00   Median :14.50
 Mean   : 46.54   Mean   :210.0   Mean   : 9.607   Mean   :79.22   Mean   :7.21   Mean   :15.03
 3rd Qu.: 67.25   3rd Qu.:259.0   3rd Qu.:11.500   3rd Qu.:86.00   3rd Qu.:8.00   3rd Qu.:21.25
 Max.   :168.00   Max.   :334.0   Max.   :20.700   Max.   :97.00   Max.   :9.00   Max.   :31.00
>
> print(sum(data$Month==7)/nrow(data))
[1] 0.24
>
> print(sum(data$Month==8)/nrow(data))
[1] 0.23
```

06 아래는 PimaIndiansDiabetes 데이터(mlbench 패키지 설치 후 이용)이다. PimaIndiansDiabetes는 9개 변수와 768개의 데이터로 이루어져 있으며, 미국 애리조나 주(또는 멕시코)에 거주하였던 피마 인디언들에 대한 당뇨병 발생 요인 분석 자료이다. 다음 수행결과를 출력하시오.

(1) 혈압(pressure)에 대한 최소−최대 척도 변환(또는 최소−최대 정규화, Min−Max Normalization)을 수행하시오. 변환 후 혈압(pressure)의 평균을 출력하시오.

(2) 체질량 지수(mass)에 대한 Z−score 정규화(Z−score Normalization)를 수행하시오. 변환 후 체질량 지수(mass)의 평균을 출력하시오.

(3) 혈압($pressure$)과 체질량 지수($mass$)에 대한 이상값의 평균을 구하시오. 단, 이상값은 각 항목에 대한 정규화된 데이터를 이용하며, $Q_1 - 1.5 \times IQR$ 이하와 $Q_3 + 1.5 \times IQR$ 이상인 값으로 정의하고, Q_2은 제1사분위수(25%), Q_3은 제3사분위수(75%), $IQR(Q_3 - Q_1)$은 사분위수 범위를 나타낸다.

(4) 위에서 수행한 아래 결괏값을 result.csv 파일로 저장하시오.

구 분	혈압(pressure)	체질량 지수(mass)
정규화 작업 수행 전	평 균	평 균
정규화 작업 수행 후	최소−최대 정규화 수행 후 평균	Z−score 정규화 수행 후 평균
이상값의 평균	이상값의 평균	이상값의 평균

- 필요한 패키지 및 라이브러리
  install.packages("mlbench")
  library(mlbench)
- 9개의 변수
  − pregnant : 임신 횟수
  − glucose : 포도당 부하 검사 수치(혈당 농도)
  − pressure : 최소 혈압(mmHg)
  − triceps : 피하지방 측정값(mm)
  − insulin : 혈청 인슐린 측정값(mm U/ml)
  − mass : 체질량 지수(BMI=몸무게(kg)/키(m2))
  − pedigree : 당뇨 내역 가중치 값
  − age : 나이
  − diabetes : 당뇨 여부(pos(1, 양성) 또는 neg(0, 음성))
- 총 768개의 데이터 : 양성(pos)=268, 음성(neg)=500개의 데이터로 구성됨

```
> install.packages("mlbench")
--- 현재 세션에서 사용할 CRAN 미러를 선택해 주세요 ---
URL 'https://cran.yu.ac.kr/bin/windows/contrib/4.2/mlbench_2.1-3.zip'을 시도합니다
Content type 'application/zip' length 1054275 bytes (1.0 MB)
downloaded 1.0 MB

패키지 'mlbench'를 성공적으로 압축해제하였고 MD5 sums 이 확인되었습니다

다운로드된 바이너리 패키지들은 다음의 위치에 있습니다
        C:\Users\Public\Documents\ESTsoft\CreatorTemp\RtmpgT66Fh\downloaded_packages
> library(mlbench)
> data(PimaIndiansDiabetes)
> pima <- PimaIndiansDiabetes
> head(pima)
  pregnant glucose pressure triceps insulin mass pedigree age diabetes
1        6     148       72      35       0 33.6    0.627  50      pos
2        1      85       66      29       0 26.6    0.351  31      neg
3        8     183       64       0       0 23.3    0.672  32      pos
4        1      89       66      23      94 28.1    0.167  21      neg
5        0     137       40      35     168 43.1    2.288  33      pos
6        5     116       74       0       0 25.6    0.201  30      neg
>
> summary(pima)
    pregnant         glucose         pressure         triceps          insulin           mass          pedigree            age
 Min.   : 0.000   Min.   :  0.0   Min.   :  0.00   Min.   : 0.00   Min.   :  0.0   Min.   : 0.00   Min.   :0.0780   Min.   :21.00
 1st Qu.: 1.000   1st Qu.: 99.0   1st Qu.: 62.00   1st Qu.: 0.00   1st Qu.:  0.0   1st Qu.:27.30   1st Qu.:0.2437   1st Qu.:24.00
 Median : 3.000   Median :117.0   Median : 72.00   Median :23.00   Median : 30.5   Median :32.00   Median :0.3725   Median :29.00
 Mean   : 3.845   Mean   :120.9   Mean   : 69.11   Mean   :20.54   Mean   : 79.8   Mean   :31.99   Mean   :0.4719   Mean   :33.24
 3rd Qu.: 6.000   3rd Qu.:140.2   3rd Qu.: 80.00   3rd Qu.:32.00   3rd Qu.:127.2   3rd Qu.:36.60   3rd Qu.:0.6262   3rd Qu.:41.00
 Max.   :17.000   Max.   :199.0   Max.   :122.00   Max.   :99.00   Max.   :846.0   Max.   :67.10   Max.   :2.4200   Max.   :81.00
 diabetes
 neg:500
 pos:268

> dim(pima)
[1] 768   9
```

(1) 혈압(pressure)의 평균 = 0.5664383

혈압(pressure)에 대한 최소−최대 척도 변환을 수행하기 위해 사용자 정의 함수(minmax)를 이용한다. 정규화 변환 후 혈압(pressure)의 평균값은 0.56643830이다.

```
> data(PimaIndiansDiabetes)
> head(PimaIndiansDiabetes)
  pregnant glucose pressure triceps insulin mass pedigree age diabetes
1        6     148       72      35       0 33.6    0.627  50      pos
2        1      85       66      29       0 26.6    0.351  31      neg
3        8     183       64       0       0 23.3    0.672  32      pos
4        1      89       66      23      94 28.1    0.167  21      neg
5        0     137       40      35     168 43.1    2.288  33      pos
6        5     116       74       0       0 25.6    0.201  30      neg
>
> data <- PimaIndiansDiabetes
> dim(data)
[1] 768   9
>
> minmax <- function (x) {
+ return ((x-min(x))/(max(x)-min(x)))
+ }
>
> data$pressure <- minmax(data$pressure)
> head(data)
  pregnant glucose  pressure triceps insulin mass pedigree age diabetes
1        6     148 0.5901639      35       0 33.6    0.627  50      pos
2        1      85 0.5409836      29       0 26.6    0.351  31      neg
3        8     183 0.5245902       0       0 23.3    0.672  32      pos
4        1      89 0.5409836      23      94 28.1    0.167  21      neg
5        0     137 0.3278689      35     168 43.1    2.288  33      pos
6        5     116 0.6065574       0       0 25.6    0.201  30      neg
> summary(data)
    pregnant        glucose        pressure         triceps         insulin           mass          pedigree           age
 Min.   : 0.000   Min.   :  0.0   Min.   :0.0000   Min.   : 0.00   Min.   :  0.0   Min.   : 0.00   Min.   :0.0780   Min.   :21.00
 1st Qu.: 1.000   1st Qu.: 99.0   1st Qu.:0.5082   1st Qu.: 0.00   1st Qu.:  0.0   1st Qu.:27.30   1st Qu.:0.2437   1st Qu.:24.00
 Median : 3.000   Median :117.0   Median :0.5902   Median :23.00   Median : 30.5   Median :32.00   Median :0.3725   Median :29.00
 Mean   : 3.845   Mean   :120.9   Mean   :0.5664   Mean   :20.54   Mean   : 79.8   Mean   :31.99   Mean   :0.4719   Mean   :33.24
 3rd Qu.: 6.000   3rd Qu.:140.2   3rd Qu.:0.6557   3rd Qu.:32.00   3rd Qu.:127.2   3rd Qu.:36.60   3rd Qu.:0.6262   3rd Qu.:41.00
 Max.   :17.000   Max.   :199.0   Max.   :1.0000   Max.   :99.00   Max.   :846.0   Max.   :67.10   Max.   :2.4200   Max.   :81.00
 diabetes
 neg:500
 pos:268

> print(mean(data$pressure))
[1] 0.5664383
```

(2) 체질량 지수(mass)의 평균 $= -1.971323 \times 10^{-16}$ (거의 0에 가까운 값)

사용자 정의 함수를 이용하여 $Z-$score 변환을 정의하고 체질량 지수(mass) 값을 정규화한다. $Z-$score 정규화 결괏값의 평균은 0에 가까운 값을 가짐을 확인[summary( )의 mass 항목에서 Mean$=0$]할 수 있다.

```
> zscore <- function (y) {
+ return ((y-mean(y))/sd(y))
+ }
>
> data$mass <- zscore(data$mass)
> head(data)
  pregnant glucose pressure triceps insulin       mass pedigree age diabetes
1        6     148 0.5901639      35       0  0.2038799    0.627  50      pos
2        1      85 0.5409836      29       0 -0.6839762    0.351  31      neg
3        8     183 0.5245902       0       0 -1.1025370    0.672  32      pos
4        1      89 0.5409836      23      94 -0.4937213    0.167  21      neg
5        0     137 0.3278689      35     168  1.4088275    2.288  33      pos
6        5     116 0.6065574       0       0 -0.8108128    0.201  30      neg
> summary(data)
    pregnant        glucose        pressure         triceps         insulin
 Min.   : 0.000  Min.   :  0.0  Min.   :0.0000  Min.   : 0.00  Min.   :  0.0
 1st Qu.: 1.000  1st Qu.: 99.0  1st Qu.:0.5082  1st Qu.: 0.00  1st Qu.:  0.0
 Median : 3.000  Median :117.0  Median :0.5902  Median :23.00  Median : 30.5
 Mean   : 3.845  Mean   :120.9  Mean   :0.5664  Mean   :20.54  Mean   : 79.8
 3rd Qu.: 6.000  3rd Qu.:140.2  3rd Qu.:0.6557  3rd Qu.:32.00  3rd Qu.:127.2
 Max.   :17.000  Max.   :199.0  Max.   :1.0000  Max.   :99.00  Max.   :846.0
      mass             pedigree          age        diabetes
 Min.   :-4.057829  Min.   :0.0780  Min.   :21.00  neg:500
 1st Qu.:-0.595191  1st Qu.:0.2437  1st Qu.:24.00  pos:268
 Median : 0.000941  Median :0.3725  Median :29.00
 Mean   : 0.000000  Mean   :0.4719  Mean   :33.24
 3rd Qu.: 0.584390  3rd Qu.:0.6262  3rd Qu.:41.00
 Max.   : 4.452906  Max.   :2.4200  Max.   :81.00
> print(mean(data$mass))
[1] -1.971323e-16
```

(3) 혈압(pressure) 이상값의 평균 $= 0.1577413$, 체질량 지수(mass) 이상값의 평균 $= -1.057143$

정규화된 데이터를 이용하여 혈압(pressure)에 대한 이상값의 경계(p1, p2)를 구하고, 이상값의 범위에 속하는 값을 p_result에 저장하여, 혈압의 평균을 구한다. 동일한 방법으로 체질량 지수에 대한 이상값의 경계(m1, m2)와 m_result를 구하고 평균을 구한다.

```
> p1 <- quantile(data$pressure, 0.25) - 1.5*IQR(data$pressure)
> p1
      25%
0.2868852
> p2 <- quantile(data$pressure, 0.75) + 1.5*IQR(data$pressure)
> p2
      75%
0.8770492
> p_result <- data$pressure <= p1 | data$pressure >= p2
> sum(p_result)
[1] 45
> print(mean(data$pressure[p_result]))
[1] 0.1577413
```

```
> ml <- quantile(data$mass, 0.25) - 1.5*IQR(data$mass)
> ml
      25%
-2.364561
> m2 <- quantile(data$mass, 0.75) + 1.5*IQR(data$mass)
> m2
     75%
2.35376
>
> m_result <- data$mass <= ml | data$mass >= m2
> sum(m_result)
[1] 19
>
> print(mean(data$mass[m_result]))
[1] -1.057143
```

(4) 원래 데이터(PimaIndiansDiabetes)를 이용하여 (pressure, mass)의 평균(x)을 구하고 앞에서 구한 결괏값(정규화 후 평균은 y, 이상값은 z에 저장)을 각각 저장한다. 데이터 프레임 형식으로 결과(result)를 저장하고 행과 열의 이름 변환 후 write.csv( )를 이용하여 결과 파일(result.csv)을 저장한다. 결과 파일 저장 전에 파일이 저장될 위치를 지정(setwd( ))한다.

```
> x <- c(mean(PimaIndiansDiabetes$pressure), mean(PimaIndiansDiabetes$mass))
> x
[1] 69.10547 31.99258
> y <- c(mean(data$pressure), mean(data$mass))
> y
[1]  5.664383e-01 -1.971323e-16
> z <- c(mean(data$pressure[p_result]), mean(data$mass[m_result]))
> z
[1]  0.1577413 -1.0571428
>
> result <- data.frame(rbind(x, y, z))
> result
          X1              X2
x 69.1054688  3.199258e+01
y  0.5664383 -1.971323e-16
z  0.1577413 -1.057143e+00
>
> rownames(result) <- c("Value", "Normalization", "Outlier")
> result
                     X1              X2
Value          69.1054688  3.199258e+01
Normalization   0.5664383 -1.971323e-16
Outlier         0.1577413 -1.057143e+00
```

```
> colnames(result) <- c("Pressure", "Mass")
> result
                Pressure           Mass
Value          69.1054688   3.199258e+01
Normalization   0.5664383  -1.971323e-16
Outlier         0.1577413  -1.057143e+00
>
> setwd("C:/workr")
> getwd()
[1] "C:/workr"

> write.csv(result, "result.csv")
> getdata <- read.csv("result.csv", header=T, fileEncoding="EUC-KR")
> getdata
             X    Pressure           Mass
1        Value 69.1054688   3.199258e+01
2 Normalization  0.5664383  -1.971323e-16
3      Outlier   0.1577413  -1.057143e+00
> View(getdata)
```

	X	Pressure	Mass
1	Value	69.1054688	3.199258e+01
2	Normalization	0.5664383	-1.971323e-16
3	Outlier	0.1577413	-1.057143e+00

제2장

기술통계 분석

1 기술통계와 빈도 분석

(1) 기술통계의 이해

① 기술통계 분석을 위해 다음 패키지를 이용한다.

install.packages("descr")	#빈도 분석표 함수(freq( )) 이용
install.packages("fBasics")	#왜도 및 첨도 구하기(skewness( ), kutosis( ))
install.packages("prettyR")	#최빈값(Mode( )) 구하기
install.packages("psych")	#기술통계량(describe( )) 구하기
library(descr)	—
library(fBasics)	—
library(prettyR)	—
library("psych")	—

② 기술통계(Descriptive Statistics)란 수집 자료에 대한 정리, 표현, 요약, 해석 등을 통해 자료의 특성을 규명하는 통계기법이며, 수집된 데이터를 이용하여 의미 있는 현상을 기술하거나 설명하는 것을 주요 목적으로 한다.

③ 특정한 조사와 방법을 이용하여 구한 기술통계량(또는 기술통계값)은 조사의 결과물로 활용된다.

④ 그리고 다양한 자료분석 기법인 탐색적 자료 분석(EDA ; Exploratory Data Analysis)을 수행하기 위한 기법으로도 활용된다.

⑤ 자료의 특성을 기술하거나 설명하기 위한 주요 기술통계 기법은 빈도 분석, 기술 분석, 교차 분석, 다차원척도법 등이 있으며, 최근 빅데이터에 대한 효과적인 기술 분석을 위하여 그룹 분석과 탐색적 자료 분석 도구들이 많이 활용된다. 주요 기술통계 기법을 요약하면 다음과 같다.

〈기술통계 방법〉

구 분	요 약
빈도 분석	• Frequency Analysis • 범주형 자료(성별, 연령대 등)의 분포적 특성 파악 • 한 개의 변수에 대한 빈도 측정 • 빈도표 작성(막대 그래프, 파이 차트, 히스토그램 등) • 자료의 분포 현황을 파악하여 분포적 특성을 찾아냄

기술 분석	• Descriptive Analysis • 연속형 자료(소득, 생활비 등)의 주요 특성값 파악 • 자료의 개략적 특성을 쉽게 파악할 수 있도록 묘사 • 수집된 자료의 중심 경향성(평균, 중앙값, 최빈값 등) 파악 • 수집된 자료의 변동성(범위, 사분위편차, 분산, 표준편차 등) 파악
교차 분석	• Cross Tabulation Analysis • 범주형 자료인 두 개 이상의 변수에 대해 교차되는 빈도를 표로 나타냄 • 두 개의 변수를 교차한 자료에 대한 빈도 측정
다차원척도법	• Multi−Dimensional Scaling(MDS) • 자료들 사이 근접성을 시각화하여 자료 속에 잠재해 있는 패턴이나 구조 분석 • 자료들 사이 유사성(또는 비유사성) 측정 • 유사성(또는 비유사성)을 2차원 또는 3차원 공간상에 점으로 표현
그룹 분석	• Group Analysis • 범주형 자료별로 그룹 함수를 적용한 분석 방법 • 자료를 집단별로 나누어 그룹함수 적용 • 그룹별 빈도와 함께 그룹별 특정 값에 대한 합계, 평균, 표준편차 등 분석
탐색적 자료 분석	• Exploratory Data Analysis(EDA) • 박스플롯, 산포도, 히스토그램 등과 같은 도구를 이용한 탐색적 분석 기법 • 수집된 자료만으로도 충분한 정보를 제공할 수 있음

(2) 빈도 분석

① 자료의 특정 변수에 대하여 차지하는 측정값들의 수량 즉, 빈도와 비율을 산출한다.

② 예를 들어 투표에 참여한 유권자들에 대한 빈도 분석은 성별, 연령, 출신 지역 등의 특정 변수들에 대하여 남녀의 수는 몇 명이고, (20대, 30대, 40대, 50대, 60대 이상)의 연령대의 수와 비율은 얼마이며, 출신 지역별 인원수 등의 빈도와 비율을 분석한다.

③ 빈도 분석은 가장 기초적인 기술통계 분석 기법으로서 자료의 전체적인 분포를 이해하는 데 도움을 주는 분포적 특성 정보를 제공한다.

④ 일반적으로 범주형 변수에 대하여 실행하며, 범주형 변수에 대한 빈도표(Frequency Table, 또는 빈도 분석표)를 작성하고, 막대 그래프, 파이 차트, 히스토그램 등과 같은 시각화 도구를 이용하여 표현한다.

⑤ 빈도 분석을 통해 자료 분포 현황을 파악하고 분포적 특성을 이해한다.

⑥ 빈도표에는 해당 분석변수의 항목별 빈도(Frequency), 상대 비율(Relative Percentage, 퍼센트 또는 유효 퍼센트), 누적 비율(Cumulative Percentage)을 같이 표현하기도 한다.

⑦ 설문 응답자들에 대한 응답자 전공의 빈도표와 막대 그래프를 나타내면 다음과 같다.

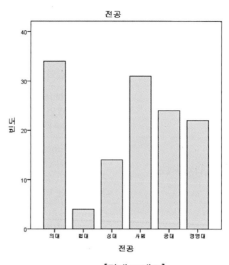

전공

		빈도	퍼센트	유효 퍼센트	누적퍼센트
유효	의대	34	26.4	26.4	26.4
	법대	4	3.1	3.1	29.5
	상대	14	10.9	10.9	40.3
	사범	31	24.0	24.0	64.3
	공대	24	18.6	18.6	82.9
	경영대	22	17.1	17.1	100.0
	합계	129	100.0	100.0	

[빈도 분석표]

[막대 그래프]

[빈도 분석표와 막대 그래프 예시]

⑧ 아래 중고차정보(C:/workr/usedcars.csv) 파일을 이용(총 70개 중고차에 대한 차량명, 연식, 연료, 주행거리, 가격, 제조사 데이터)하여 범주형 자료인 연료(fuel : 가솔린, 디젤)와 제조사(maker)에 대한 빈도 분석을 수행한다.

	A	B	C	D	E	F	G	H	I	J	K	L
1		title	year	fuel	km	price	maker					
2	1	현대 제네	08/09(09년	가솔린	260000	690	현대					
3	2	제네시스	20/06(21년	가솔린	10000	700	제네시스					
4	3	기아 K7 프	19/07(20년	가솔린	20000	3350	기아					
5	4	기아 더 뉴	01월 15일	가솔린	90000	1990	기아					
6	5	현대 갤로	02월 10일	디젤	160000	550	현대					
7	6	기아 올 뉴	16/09(17년	가솔린	120000	3080	기아					
8	7	기아 모하	01월 15일	디젤	140000	1960	기아					
9	8	현대 포터	16/04(17년	디젤	180000	990	현대					
10	9	현대 코나	17/08(18년	가솔린	50000	1650	현대					
11	10	현대 아반	07월 18일	가솔린	70000	1790	현대					
12	11	제네시스 (	06월 19일	가솔린	10000	8500	제네시스					
13	12	제네시스 (	05월 18일	가솔린	20000	3100	제네시스					
14	13	제네시스	20/09(21년	가솔린	5000	6000	제네시스					
15	14	현대 아반	15/11(16년	디젤	20000	1200	현대					
16	15	현대 뉴스	04월 03일	디젤	80000	295	현대					

중고차 정보(usedcars.csv)

· title : 차량명
· year : 연식(제조연도)
· fuel : 연료 구분(가솔린, 디젤)
· km : 주행거리
· price : 가격(만원)
· maker : 제조사

ㄱ 작업 파일(usedcars.csv)이 저장된 폴더("C:/workr")를 설정하고 read.csv( )로 usedcars.csv를 데이터 프레임으로 저장(usedcars)한다. maker(자동차 제조사)와 fuel(자동차 연료) 범주형 자료에 대한 빈도 분석을 수행하기 위해 전체 데이터들 중 (maker, fuel)에 대한 데이터를 별도의 데이터 프레임으로 저장(data)한다.

```
> setwd("C:/workr")
> getwd()
[1] "C:/workr"
> usedcar <- read.csv("usedcar.csv", header=T, fileEncoding="EUC-KR")
> head(usedcar)
  X                                                    title      year  fuel    km price  maker
1 1            현대 제네시스 BH330 럭셔리 프라임팩 08/09(09년형) 가솔린 260000   690   현대
2 2                제네시스 더 올 뉴 G80 3.5 T-GDi AWD 20/06(21년형) 가솔린  10000   700 제네시스
3 3                     기아 K7 프리미어 3.0 GDI 시그니처 19/07(20년형) 가솔린  20000  3350   기아
4 4                  기아 더 뉴 K7 3.0 GDI 프레스티지     01월 15일 가솔린  90000  1990   기아
5 5    현대 겔로퍼2 숏바디 이노베이션 밴 인터쿨러 엑시드     02월 10일 디젤 160000   550   현대
6 6 기아 올 뉴 카니발 3.3 GDi 9인승 하이리무진 노블레스 16/09(17년형) 가솔린 120000  3080    기아
>
> data <- subset(usedcar, select=c(maker, fuel))
> head(data)
     maker   fuel
1     현대 가솔린
2 제네시스 가솔린
3     기아 가솔린
4     기아 가솔린
5     현대   디젤
6     기아 가솔린
```

ㄴ 빈도 분석을 위하여 table( )과 prob.table( )을 이용한다. table( ) 함수를 이용하여 입력 벡터에 대한 범주 별 빈도수를 구하고, prob.table( )로 입력 빈도에 대한 백분율을 산출한다. 열 결합 함수(cbind( ))를 이용하여 자동차 제조사 항목(maker)별 빈도 분석표(table_frequency)를 구하면 다음과 같다.

```
> maker_freq <- table(data$maker)
> maker_freq

    GM대우         기아      로노삼성         쉐보레    베미시스로 아리아워크스루반        오딧
         4           21             2               3             3               1          1              1
  제네시스       제이씨         현대
         9            1           27
>
> maker_prob <- prop.table(maker_freq) * 100
> maker_prob

    GM대우         기아      로노삼성         쉐보레    베미시스로 아리아워크스루반        오딧
  5.714286    30.000000      2.857143        4.285714      1.428571        1.428571   1.428571       1.428571
  제네시스       제이씨         현대
 12.857143     1.428571     38.571429
>
> maker_prob_round <- round(maker_prob, 1)
> maker_prob_round

    GM대우         기아      로노삼성         쉐보레    베미시스로 아리아워크스루반        오딧
       5.7         30.0           2.9             4.3           1.4             1.4        1.4            1.4
  제네시스       제이씨         현대
      12.9          1.4          38.6
>
> table_frequency <- cbind(frequency=maker_freq, percent=maker_prob_round)
> table_frequency
              frequency percent
GM대우                4     5.7
기아                 21    30.0
로노삼성              2     2.9
쉐보레                3     4.3
베미시스로            3     1.4
아리아워크스루반      1     1.4
오딧                  1     1.4
제네시스              9    12.9
제이씨                1     1.4
현대                 27    38.6
```

ⓒ freq( )를 이용하면 좀 더 간편하게 빈도 분석을 수행할 수 있다. freq( ) 함수를 사용하기 위해 install.
packages("descr"), library(descr)로 descr 패키지를 설치한다. freq( )는 다음과 같이 빈도 분석을 수행
할 데이터(x, 벡터값)와 그래프 생성 여부(plot)를 지정한다.

freq(x, plot= ,...)
- x : 숫자형 벡터값
- plot : 그래프 생성 여부 TRUE(FALSE) (기본값은 TRUE)

```
> library(descr)
> table1 <- freq(data$maker, plot=FALSE)
> table1
data$maker
                  Frequency Percent
GM대우                     4    5.714
기아                      21   30.000
르노삼성                    2    2.857
쉐보레                     3    4.286
쎄미시스코                  1    1.429
아리아워크스루밴            1    1.429
오딧                      1    1.429
제네시스                   9   12.857
케이씨                    1    1.429
현대                     27   38.571
Total                   70  100.000

> table2 <- freq(data$maker, plot=TRUE)
```

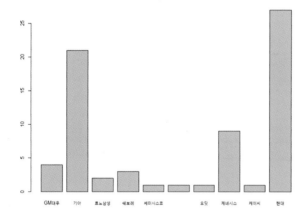

ⓛ 데이터 시각화를 위해 barplot( )을 이용하여 막대 그래프를 작성한다.

```
> maker_frequency <- table(data$maker)
> head(maker_frequency)

        GM대우           기아        로노삼성          쉐보레      쎄미시스코 아리아워크스루밴
           4             21            2             2             3             1             1
>
> barplot(maker_frequency, main="MAKER", xlab="Number of Samples")
```

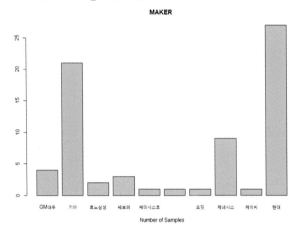

ⓜ 파이 차트(pie( ))로 각 범주(자동차 제조사)에 속하는 관측치 비율을 원으로 비교할 수 있다.

```
> labels <- rownames(maker_frequency)
> labels
 [1] "GM대우"           "기아"            "로노삼성"         "쉐보레"          "쎄미시스코"       "아리아워크스루밴"
 [7] "오딧"             "제네시스"         "케이씨"           "현대"
>
> pie(maker_frequency, labels=labels, main="Car Maker")
```

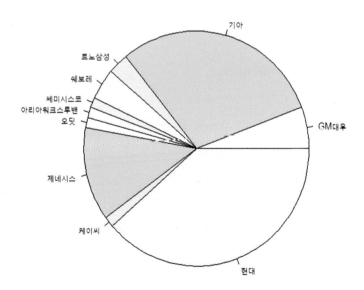

⑨ 데이터(data)에 저장된 자동차별 연료(data$fuel)에 대한 빈도 분석결과는 다음과 같다.

　㉠ 자동차별 사용 연료에 대한 빈도표

```
> fuel_frequency <- freq(data$fuel, plot=FALSE)
> fuel_frequency
data$fuel
        Frequency Percent
LPG             2   2.857
가솔린          42  60.000
디젤            25  35.714
전기             1   1.429
Total           70 100.000
```

　㉡ 막대 그래프, barplot( )

```
> fuel_table <- table(data$fuel)
> fuel_table

    LPG 가솔린    디젤    전기
      2     42      25       1
> barplot(fuel_table, main="FUEL", xlab="NumberofSamples")
```

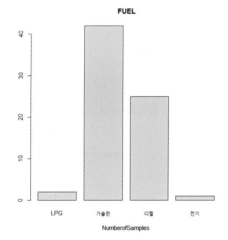

　㉢ 파이 차트 작성

```
> labels
[1] "LPG"      "가솔린"   "디젤"    "전기"
>
> pie(fuel_table, labels=labels, main="Car Fuel")
```

　㉣ 파이 차트, pie( )

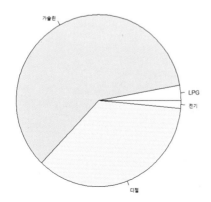

2 기술통계 기법

(1) 기술통계량

① 기술통계량을 통해 자료의 특징을 쉽게 파악할 수 있다. 자료의 특성을 파악하기 위해 평균, 최솟값, 최댓값, 중앙값, 분산 및 표준편차, 왜도, 첨도 등을 이용한다. 아래는 중고차 가격(data$price)에 대한 기술통계량이다.

변 수	표본 수	평 균	최솟값	최댓값	표준편차	왜 도	첨 도	변동계수
중고차 가격	70	2422.157	160	8500	2059.669	1.034954	0.082055	0.850345

② 기술통계량은 자료들의 중심 경향성을 파악하기 위한 평균값, 중앙값, 최빈값 등과 자료의 변동을 측정하기 위한 최댓값, 최솟값, 범위, 분산, 표준편차, 변동계수, 왜도 및 첨도 등으로 구분되며 일반적으로 수치계산이 가능한 연속형 자료를 대상으로 한다.

③ 중고차 가격(만원)과 주행거리(km)에 대한 기술통계량을 구하면 다음과 같다. length( )는 표본의 수, mean( )은 평균, min( )은 최솟값, max( )는 최댓값, range( )는 범위(최솟값, 최댓값), median( )은 중앙값, var( )은 분산, sd( )는 표준편차이다. CV(Coefficient of Variation)는 변동계수로 표준편차를 평균값으로 나누어 구하며, 측정단위가 서로 다른 자료를 비교하는 데 유용하게 사용된다.

```
> usedcars <- read.csv("usedcars.csv", header=T, fileEncoding="EUC-KR")
> data <- subset(usedcars, select=c(km, price))
> head(data)
      km price
1 260000   690
2  10000   700
3  20000  3350
4  90000  1990
5 160000   550
6 120000  3080

> length(data$price)              > length(data$km)
[1] 70                            [1] 70
> mean(data$price)                > mean(data$km)
[1] 2422.157                      [1] 86267.71
> min(data$price)                 > min(data$km)
[1] 160                           [1] 13
> max(data$price)                 > max(data$km)
[1] 8500                          [1] 290000
>                                 >
> range(data$price)               > range(data$km)
[1]  160 8500                     [1]     13 290000
> median(data$price)              > median(data$km)
[1] 1635                          [1] 80000
> var(data$price)                 > var(data$km)
[1] 4242235                       [1] 4776551807
> sd(data$price)                  > sd(data$km)
[1] 2059.669                      [1] 69112.6
> CV <- sd(data$price)/mean(data$price)    > CV <- sd(data$km)/mean(data$km)
> CV                              > CV
[1] 0.8503448                     [1] 0.801141
```

④ 사분위수를 구하기 위해 quantile( ) 함수를 이용한다. quantile(data$price, 0.05)은 자동차 가격의 하위 5%에 해당되는 값이며, quantile(data$price, 0.5)은 제50백분위수로서 중앙값(media)과 동일하다. 사분위편차 (QD ; Quartile Deviation)는 자료의 최대치와 최소치의 양극 변량의 차이로 자료의 중앙부에서 반으로 나눈 즉, 상위ㆍ하위로 25% 위치에 해당하는 점수의 범위이다. 따라서 사분위 편차는 자료들이 얼마나 중간부분에 위치하고 있는지를 나타내는 퍼짐 정도의 정보를 제공한다. quantile( ) 함수의 probs 옵션을 이용하여 각 분위별 사분위값을 구하기도 한다.

```
> quantile(data$price)
     0%     25%     50%     75%    100%
  160.0   750.0  1635.0  3847.5  8500.0
> quantile(data$price, 0.05)
    5%
396.05
> quantile(data$price, 0.5)
  50%
1635
> quantile(data$price, 0.95)
    95%
5959.5
> Q1 <- quantile(data$price, 0.25)
> Q3 <- quantile(data$price, 0.75)
> QD <- (Q3-Q1)/2
> QD
    75%
1548.75

> quantile(data$price, probs=c(0.05, 0.1, 0.25, 0.5, 0.75, 0.9, 0.95))
     5%     10%     25%     50%     75%     90%     95%
 396.05  568.00  750.00 1635.00 3847.50 5508.00 5959.50

> quantile(data$km)
     0%     25%     50%     75%    100%
     13   30000   80000  127500  290000
> quantile(data$km, 0.05)
  5%
780
> quantile(data$km, 0.5)
   50%
80000
> quantile(data$km, 0.95)
    95%
195500
> Q1 <- quantile(data$km, 0.25)
> Q3 <- quantile(data$km, 0.75)
> QD <- (Q3-Q1)/2
> QD
   75%
48750

> quantile(data$km, probs=c(0.05, 0.1, 0.25, 0.5, 0.75, 0.9, 0.95))
     5%     10%     25%     50%     75%     90%     95%
    780    9500   30000   80000  127500  161000  195500
```

⑤ 최빈값(가장 많이 관측되는 값)을 구하기 위하여 사용자 함수를 사용하거나 "prettyR" 패키지를 설치한 후 Mode( ) 함수를 이용한다.

```
> Mode <- function(x) {
+ u <- unique(x)
+ u[which.max(tabulate(match(x,u)))]
+ }
> Mode(data$price)
[1] 750
> Mode(data$km)
[1] 10000
```

```
> install.packages("prettyR")
URL 'https://cran.yu.ac.kr/bin/windows/contrib/4.2/prettyR_2.2-3.zip'을 시도합니다
Content type 'application/zip' length 156621 bytes (152 KB)
downloaded 152 KB

패키지 'prettyR'를 성공적으로 압축해제하였고 MD5 sums 이 확인되었습니다

다운로드된 바이너리 패키지들은 다음의 위치에 있습니다
        C:\Users\Public\Documents\ESTsoft\CreatorTemp\RtmpQ9q3EL\downloaded_packages
> library(prettyR)

다음의 패키지를 부착합니다: 'prettyR'

The following object is masked _by_ '.GlobalEnv':

    Mode

The following object is masked from 'package:descr':

    freq

>
> Mode(data$price)
[1] 750
>
> Mode(data$km)
[1] 10000
```

⑥ summary( )를 이용하여 특정 변수에 대한 최솟값, 사분위값(하위 25%, 75%), 평균, 최댓값을 확인한다.

```
> summary(data$price)                          > summary(data$km)
   Min. 1st Qu. Median  Mean 3rd Qu.   Max.        Min. 1st Qu.  Median   Mean 3rd Qu.    Max.
    160     750   1635  2422    3848   8500         13   30000   80000  86268  127500  290000
```

⑦ 왜도(Skewness)란 자료 분포의 대칭 정도를 말하며, 자료들이 중심으로부터 좌우 대칭일 경우 왜도는 0이다. 왜도 값이 0보다 크면 오른쪽으로 치우친 분포(양의 왜도)이고, 0보다 작으면 왼쪽으로 치우친 분포(음의 왜도) 가 된다. 왜도를 구하기 위한 skewness( )와 첨도를 구하기 위한 kurtosis( ) 함수를 이용하기 위하여 "fBasics" 패키지를 이용한다.

```
> install.packages("fBasics")
'timeDate', 'timeSeries', 'gss', 'stabledist' (들)을 또한 설치합니다.

URL 'https://cran.yu.ac.kr/bin/windows/contrib/4.2/timeDate_3043.102.zip'을 시도합니다
Content type 'application/zip' length 1551705 bytes (1.5 MB)
downloaded 1.5 MB

URL 'https://cran.yu.ac.kr/bin/windows/contrib/4.2/timeSeries_3062.100.zip'을 시도합니다
Content type 'application/zip' length 1832075 bytes (1.7 MB)
downloaded 1.7 MB

URL 'https://cran.yu.ac.kr/bin/windows/contrib/4.2/gss_2.2-3.zip'을 시도합니다
Content type 'application/zip' length 1694246 bytes (1.6 MB)
downloaded 1.6 MB

URL 'https://cran.yu.ac.kr/bin/windows/contrib/4.2/stabledist_0.7-1.zip'을 시도합니다
Content type 'application/zip' length 76013 bytes (74 KB)
downloaded 74 KB
```

```
URL 'https://cran.yu.ac.kr/bin/windows/contrib/4.2/fBasics_3042.89.2.zip'를 시도합니다
Content type 'application/zip' length 2705878 bytes (2.6 MB)
downloaded 2.6 MB

패키지 'timeDate'를 성공적으로 압축해제하였고 MD5 sums 이 확인되었습니다
패키지 'timeSeries'를 성공적으로 압축해제하였고 MD5 sums 이 확인되었습니다
패키지 'gss'를 성공적으로 압축해제하였고 MD5 sums 이 확인되었습니다
패키지 'stabledist'를 성공적으로 압축해제하였고 MD5 sums 이 확인되었습니다
패키지 'fBasics'를 성공적으로 압축해제하였고 MD5 sums 이 확인되었습니다

다운로드된 바이너리 패키지들은 다음의 위치에 있습니다
        C:\Users\Public\Documents\ESTsoft\CreatorTemp\RtmpQ9q3EL\downloaded_packages
> library(fBasics)
필요한 패키지를 로딩중입니다: timeDate
필요한 패키지를 로딩중입니다: timeSeries
>
> skewness(data$price)
[1] 1.034954
attr(,"method")
[1] "moment"
>
> skewness(data$km)
[1] 0.8179382
attr(,"method")
[1] "moment"
```

⑧ 첨도(Kurtosis)는 자료 분포에서 뾰족한 정도를 말하며, 정규 분포(연속적이고 좌우대칭인 종 모양의 확률분 포로서 실생활에서 관측되는 대부분의 자료들은 정규 분포와 비슷한 형태를 가짐)의 첨도는 0이다. 정규 분포 보다 중심이 높아 뾰족한 경우는 첨도값이 양수이고(양의 첨도), 중심이 정규 분포보다 낮고 분포가 비교적 퍼 져 있으며 꼬리 부분이 짧은 경우는 음수값(음의 첨도)을 가진다.

```
> kurtosis(data$price)              > kurtosis(data$km)
[1] 0.08205552                      [1] 0.3624662
attr(,"method")                     attr(,"method")
[1] "excess"                        [1] "excess"
```

⑨ describe( )를 이용하여 다양한 기술통계량 값들을 확인할 수 있다. describe( ) 함수를 이용하기 위하여 "psych" 패키지를 설치한다. 사용 방법은 아래와 같으며, 평균, 표준편차, 중앙값, 최솟값, 최댓값, 범위, 왜 도, 첨도, 표준오차 등의 기술통계량을 한 번에 확인한다.

> describe(x, na.rm=TRUE, skew=TRUE, ranges=TRUE, trim=1, type=3, quant=NULL)
- x : 분석 대상 숫자형 벡터값
- na.rm : 결측값 삭제 여부
- skew, ranges : 왜도 및 범위 값 포함 여부(TRUE이면 포함)
- trim : 결괏값 절사
- quant : 사분위값 지정 여부

```
> install.packages("psych")
URL 'https://cran.yu.ac.kr/bin/windows/contrib/4.2/psych_2.2.5.zip'을 시도합니다
Content type 'application/zip' length 3792082 bytes (3.6 MB)
downloaded 3.6 MB

패키지 'psych'를 성공적으로 압축해제하였고 MD5 sums 이 확인되었습니다

다운로드된 바이너리 패키지들은 다음의 위치에 있습니다
        C:\Users\Public\Documents\ESTsoft\CreatorTemp\RtmpQ9q3EL\downloaded_packages
> library(psych)

다음의 패키지를 부착합니다: 'psych'

The following object is masked from 'package:fBasics':

    tr

The following object is masked from 'package:timeSeries':

    outlier

The following objects are masked from 'package:prettyR':

    describe, skew
> price_result <- describe(data$price)
> price_result
   vars  n    mean      sd median trimmed     mad min  max range skew kurtosis     se
X1    1 70 2422.16 2059.67   1635 2151.38 1460.36 160 8500  8340 1.03     0.08 246.18
>
> km_result <- describe(data$km)
> km_result
   vars  n     mean      sd median trimmed      mad min    max  range skew kurtosis      se
X1    1 70 86267.71 69112.6  80000 79642.86 74130  13 290000 289987 0.82     0.36 8260.54
>
> head(data)
      km price
1 260000   690
2  10000   700
3  20000  3350
4  90000  1990
5 160000   550
6 120000  3080
>
> all_result <- describe(data)
> all_result
      vars  n     mean       sd median  trimmed      mad min    max  range skew kurtosis      se
km       1 70 86267.71 69112.60  80000 79642.86 74130.00  13 290000 289987 0.82     0.36 8260.54
price    2 70  2422.16  2059.67   1635  2151.38  1460.36 160   8500   8340 1.03     0.08  246.18
```

- n : 표본 수
- mean : 평균
- sd : 표준편차
- median : 중앙값
- trimmed : 절사평균
- mad : 중앙값 절대 편차
- min : 최솟값

- max : 최댓값
- range : 범위
- skew : 왜도
- kurtosis : 첨도
- se : 표준오차(standard error = 표준편차/$\sqrt{n}$, data$km의 경우 se = $69112.6/\sqrt{70}$, = 8260.54)

(2) 탐색적 자료 분석

① 탐색적 자료(또는 데이터) 분석(EDA ; Exploratory Data Analysis)은 기존 통계학이 정보의 추출에서 가설 검정 등에 치우쳐 자료가 가지고 있는 본연의 의미를 찾는 데 어려움이 있어, 이를 보완하기 위해 개발한 방법이다. 주어진 자료만 가지고도 충분한 정보를 찾을 수 있도록 제공된 다양한 자료 분석 기법을 이용하여 수행되는 데이터 분석 방법이다.

② 탐색적 데이터 분석을 위하여 박스 플롯, 산포도 및 히스토그램 등과 같은 시각적 도구를 활용한다.

③ 탐색적 데이터 분석을 위해 아래 데이터(data.csv)를 이용한다. data.csv는 (고객번호, 성별, 연령대, 직업, 주거지역, 쇼핑액, 이용만족도, 쇼핑1월, 쇼핑2월, 쇼핑3월, 쿠폰사용횟수, 쿠폰선호도, 품질, 가격, 서비스, 배송, 쇼핑만족도, 소득) 자료이다.

	A	B	C	D	E	F	G	H	I	J	K	L	M	N	O	P	Q	R
1	고객번호	성별	연령대	직업	주거지역	쇼핑액	이용만족도	쇼핑1월	쇼핑2월	쇼핑3월	쿠폰사용회	쿠폰선호도	품질	가격	서비스	배송	쇼핑만족도	소득
2	190105	남자	45-49세	회사원	소도시	195.6	4	76.8	64.8	54	3	예	7	7	1	4	4	4300
3	190106	남자	25-29세	공무원	소도시	116.4	7	44.4	32.4	39.6	6	아니오	7	4	7	7	7	7500
4	190107	남자	50세 이상	자영업	중도시	183.6	4	66	66	51.6	5	예	4	4	3	3	6	2900
5	190108	남자	50세 이상	농어업	소도시	168	4	62.4	52.8	52.8	4	아니오	3	3	4	6	5	5300
6	190109	남자	40-44세	공무원	중도시	169.2	4	63.6	54	51.6	5	아니오	6	4	7	4	6	4000
7	190110	남자	45-49세	자영업	중도시	171.6	5	52.8	66	52.8	4	아니오	5	4	3	4	5	5100
8	190111	여자	50세 이상	공무원	중도시	207.6	4	64.8	88.8	54	4	예	7	7	1	4	5	5700
9	190112	남자	50세 이상	자영업	소도시	201.6	7	56.4	92.4	52.8	3	예	7	7	7	4	4	5900
10	190113	남자	50세 이상	농어업	중도시	111.6	3	64.8	30	16.8	4	아니오	4	2	4	3	5	5100
11	190114	여자	45-49세	회사원	중도시	156	4	51.6	51.6	52.8	0	예	1	4	1	7	1	5700
12	190115	남자	40-44세	회사원	중도시	225.6	5	80.4	92.4	52.8	1	예	5	5	5	5	2	5800
13	190116	남자	30-34세	공무원	중도시	220.8	4	76.8	90	54	5	예	5	4	5	4	6	4300
14	190117	남자	35-39세	회사원	대도시	244.8	7	76.8	88.8	79.2	6	아니오	7	4	7	7	7	8700
15	190118	남자	45-49세	농어업	소도시	184.8	6	91.2	67.2	26.4	5	예	5	4	4	6	6	4100

④ 박스 플롯(Box plot)을 이용하여 월별 쇼핑액(1월, 2월, 3월)을 한눈에 비교할 수 있다. 박스 플롯은 그림을 이용해 자료 집합의 범위와 중앙값을 확인하기 위한 용도로 사용된다. 그리고 통계적으로 이상치(Outlier)가 있는지도 확인할 수 있다. 박스 플롯을 작성하기 위하여 먼저, data.csv을 데이터 프레임(data)으로 저장하고 각 월의 쇼핑액을 변수 (x, y, z)에 저장한 후, boxplot( ) 함수를 이용한다.

```
> data <- read.csv("data.csv", header=T, fileEncoding="EUC-KR")
> head(data)
   고객번호 성별      연령대   직업 주거지역 쇼핑액 이용만족 쇼핑1월 쇼핑2월 쇼핑3월 쿠폰사용회수 쿠폰선호도 품질 가격 서비스 배송
1   190105 남자    45-49세 회사원    소도시  195.6        4    76.8    64.8    54.0           3          예    7    7      1    4
2   190106 남자    25-29세 공무원    소도시  116.4        7    44.4    32.4    39.6           6        아니오  7    4      7    7
3   190107 남자 50세 이상 자영업    중도시  183.6        4    66.0    66.0    51.6           5          예    4    4      3    3
4   190108 남자 50세 이상 농어업    소도시  168.0        4    62.4    52.8    52.8           4        아니오  3    3      4    6
5   190109 남자    40-44세 공무원    중도시  169.2        4    63.6    54.0    51.6           5        아니오  6    4      7    4
6   190110 남자    45-49세 자영업    중도시  171.6        5    52.8    66.0    52.8           4        아니오  5    4      3    4
   쇼핑만족도 소득
1          4 4300
2          7 7500
3          6 2900
4          5 5300
5          6 4000
6          5 5100
>
> x <- data$쇼핑1월
> y <- data$쇼핑2월
> z <- data$쇼핑3월
>
> boxplot(x,y,z, names=c("January", "February", "March"))
```

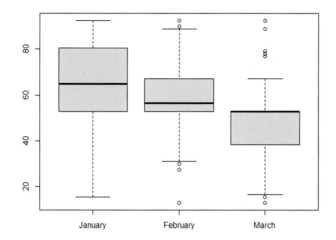

⑤ 아래와 같이 박스 플롯은 박스와 바깥의 선(Whisker)으로 이루어진다. 박스 플롯을 이용하여 최댓값 (Maximum observation), 최솟값(Minimum observation), 중앙값(Median), 1사분위수(25th percentile), 3사분위수(75th percentile) 값을 알 수 있다. 범위를 넘어가는 이상치(Outlier)들은 작은 원 형태의 점으로 표시된다.

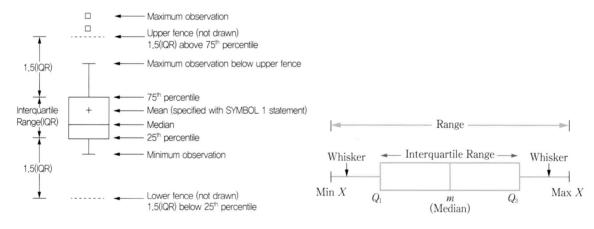

⑥ plot( )으로 변수들 사이 산포도(Scatter plot)를 작성한다. 산포도는 두 변수 사이의 영향력을 나타내기 위하여 가로와 세로축에 자료를 점으로 그린다. lm( ) 함수를 이용하여 회귀계수를 구한 후 abline( ) 함수를 이용하여 산포도 그림에 회귀계수의 선을 추가하여 회귀식을 같이 표현하기도 한다.

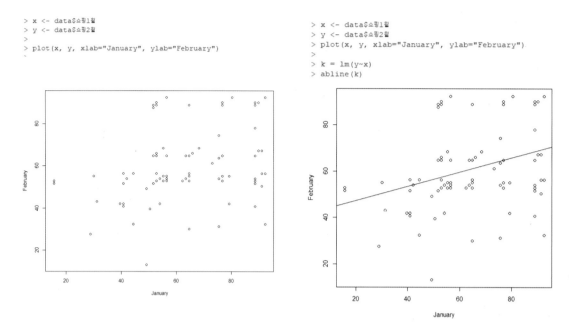

```
> x <- data$쇼핑1월
> y <- data$쇼핑2월
>
> plot(x, y, xlab="January", ylab="February")
```

```
> x <- data$쇼핑1월
> y <- data$쇼핑2월
> plot(x, y, xlab="January", ylab="February")
>
> k = lm(y~x)
> abline(k)
```

⑦ stem( ) 함수를 이용하여 줄기 잎 도표(Stem and leaf diagram)를 작성한다. 줄기 잎 도표는 줄기에 해당되는 단위를 정하고 그 단위 아래의 자료를 잎의 크기 순서로 배열한 도표이다. 줄기 잎 도표는 자료 분포의 개략적인 형태를 제공하며, 분포가 좌우대칭의 형태인지, 편향(Skewed)되었는지, 봉우리(Modal)는 하나인지 다수인지와 이상치의 존재 여부를 쉽게 파악할 수 있다.

```
> x <- data$쇼핑1월
> y <- data$쇼핑2월
>
> stem(x)

  The decimal point is 1 digit(s) to the right of the |

  1 | 66
  2 | 9
  3 | 01
  4 | 01111244499
  5 | 022223333333344445555666666
  6 | 24455555568
  7 | 33666677777799
  8 | 0999999999999
  9 | 0001112222

>
> stem(y)

  The decimal point is 1 digit(s) to the right of the |
```

```
1 | 3
2 | 8
3 | 0122
4 | 0111222239
5 | 02222333333333344444445555556666666
6 | 1145555555555567788
7 | 48
8 | 89999999
9 | 0000022222
```

⑧ qqnorm( ) 함수를 이용(정규 분포의 경우)하여 Q−Q 도표(Quantile−Quanile Plot, 분위수−분위수 도표)를 작성한다. Q−Q 도표는 데이터가 특정 분포를 따르는지를 시각적으로 검토하는 방법이며, 일반적으로 데이터가 정규 분포를 따르고 있는지 분석하는 데 이용된다. Q−Q 도표는 비교하고자 하는 분포의 분위수끼리 좌표 평면에 표시하여 그린다. 분위수들을 차트에 작성하고 데이터의 분위수와 비교하고자 하는 분포의 분위수 간에 직선관계가 있는지 확인한다. qqline( )을 이용하여 정규 분포에서 1Q(1사분위수)와 3Q(3사분위수)를 지나는 선을 그려 표현한다. 다음 그림에서 X축은 이론적 정규 분포의 값(Theoretical Quantiles)이고 Y축은 1월과 2월의 쇼핑액에 대한 값(Sample Quantiles)이다. 쇼핑액의 값이 정규 분포의 값에 거의 비례하여 증가하는 것으로 보여 해당 월의 쇼핑액은 정규 분포를 이루고 있는 것으로 예측된다.

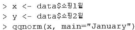

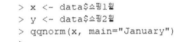

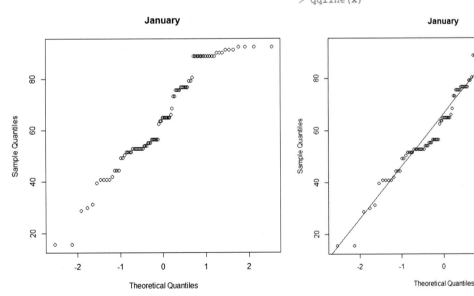

```
> qqnorm(y, main="February")
```

```
> qqnorm(y, main="February")
>
> qqline(y)
```

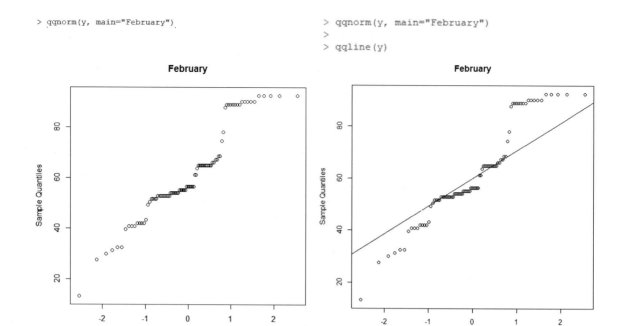

⑨ R에서 제공되는 주요 분포 함수들을 요약(난수 발생, 확률밀도, 분포, 분위수 함수)하면 다음과 같다.

〈주요 확률 분포들에 대한 R 함수〉

확률 분포	난수 발생 함수	확률 밀도 함수	분포 함수	분위수 함수
이항 분포	rbinom	dbinom	pbinom	qbinom
F 분포	rf	df	pf	qf
기하 분포	rgeom	dgeom	pgeom	qgeom
초기하 분포	rhyper	dhyper	phyper	qyper
음이항 분포	rnbinom	dnbinom	pnbinom	qnbinom
정규 분포	rnorm	dnorm	pnorm	qnorm
포아송 분포	rpois	dpois	ppois	qpois
t 분포	rt	dt	pt	qt
연속균등 분포	runif	dunif	punif	qunif

제2장
연습문제

01 iris는 붓꽃의 생육 데이터(150개 데이터=품종별 50개×3개 품종)이다. 꽃잎의 길이(Petal.Length)와 너비(Petal.Width) 그리고 꽃받침의 길이(Sepal.Length)와 너비(Sepal.Width)에 따라 붓꽃의 3가지 품종(setosa, versicolor, virginica)을 구분한다. iris 데이터들 중 Sepal.Length(꽃받침의 길이)와 Petal.Length(꽃잎의 길이)를 새로운 데이터 프레임(data)에 저장한 후 Sepal.Length와 Petal.Length에 대한 기술통계량을 구하시오.

(1) Sepal.Length에 대한 표본의 수, 평균값, 중앙값, 최솟값, 최댓값, 범위, 분산, 표준편차, 변동계수를 구하시오.

(2) Petal.Length에 대한 표본의 수, 평균값, 중앙값, 최솟값, 최댓값, 범위, 분산, 표준편차, 변동계수를 구하시오.

(3) Sepal.Length에 대한 왜도(skewness), 첨도(kurtosis)를 구하시오.

(4) Petal.Length에 대한 왜도(skewness), 첨도(kurtosis)를 구하시오.

(5) Sepal.Length에 대한 백분위수에 대해 25%, 50%, 75%에 해당하는 값을 구하시오.

(6) Petal.Length에 대한 백분위수에 대해 25%, 50%, 75%에 해당하는 값을 구하시오.

(7) describe( ) 함수를 이용하여 데이터 프레임(data)에 대한 기술 통계량을 구하시오.

(8) iris 데이터에 대하여 붓꽃의 3가지 품종(setosa, versicolor, virginica)에 대한 빈도 분석표, 막대 그래프, 파이 차트를 작성하시오.

```
> head(iris)                                          > data <- subset(iris, select=c(Sepal.Length, Petal.Length))
  Sepal.Length Sepal.Width Petal.Length Petal.Width Species   > head(data)
1          5.1         3.5          1.4         0.2  setosa      Sepal.Length Petal.Length
2          4.9         3.0          1.4         0.2  setosa   1           5.1          1.4
3          4.7         3.2          1.3         0.2  setosa   2           4.9          1.4
4          4.6         3.1          1.5         0.2  setosa   3           4.7          1.3
5          5.0         3.6          1.4         0.2  setosa   4           4.6          1.5
6          5.4         3.9          1.7         0.4  setosa   5           5.0          1.4
                                                            6           5.4          1.7
```

📑 정답 및 해설

(1) Sepal.Length에 대한 기술통계량(표본수, 평균, 중앙값, 최소, 최대, 범위, 분산, 표준편차, 변동계수(CV))을 다음과 같이 구한다.

```
> length(data$Sepal.Length)
[1] 150
> mean(data$Sepal.Length)
[1] 5.843333
> median(data$Sepal.Length)
[1] 5.8
> min(data$Sepal.Length)
[1] 4.3
> max(data$Sepal.Length)
[1] 7.9
> range(data$Sepal.Length)
[1] 4.3 7.9
> var(data$Sepal.Length)
[1] 0.6856935
> sd(data$Sepal.Length)
[1] 0.8280661
> CV <- sd(data$Sepal.Length) / mean(data$Sepal.Length)
> CV
[1] 0.1417113
```

(2) 동일한 방법으로 data$Petal.Length에 대한 기술통계량을 구하면 다음과 같다.

```
> length(data$Petal.Length)
[1] 150
> mean(data$Petal.Length)
[1] 3.758
> median(data$Petal.Length)
[1] 4.35
> min(data$Petal.Length)
[1] 1
> max(data$Petal.Length)
[1] 6.9
> range(data$Petal.Length)
[1] 1.0 6.9
> var(data$Petal.Length)
[1] 3.116278
> sd(data$Petal.Length)
[1] 1.765298
> CV <- sd(data$Petal.Length) / mean(data$Petal.Length)
> CV
[1] 0.4697441
```

(3) fBasics 패키지의 skewness( ), kurtosis( ) 함수를 이용하여 Sepal.Length에 대한 왜도와 첨도를 각각 구한다.

```
> skewness(data$Sepal.Length)
[1] 0.3086407
attr(,"method")
[1] "moment"
> kurtosis(data$Sepal.Length)
[1] -0.6058125
attr(,"method")
[1] "excess"
```

(4) 동일한 방법으로 Petal.Length에 대한 왜도(skewness), 첨도(kurtosis)를 구한다.

```
> skewness(data$Petal.Length)
[1] -0.2694109
attr(,"method")
[1] "moment"
> kurtosis(data$Petal.Length)
[1] -1.416857
attr(,"method")
[1] "excess"
```

(5) quantile( ) 함수를 이용하여 Sepal.Length에 대한 (25%, 50%, 75%) 분위에 해당되는 값을 구한다.

```
> quantile(data$Sepal.Length, 0.25)
25%
5.1
> quantile(data$Sepal.Length, 0.50)
50%
5.8
> quantile(data$Sepal.Length, 0.75)
75%
6.4
```

(6) 동일한 방법으로 Petal.Length에 대한 (25%, 50%, 75%) 분위에 해당되는 값을 구한다.

```
> quantile(data$Petal.Length, 0.25)
25%
1.6
> quantile(data$Petal.Length, 0.50)
 50%
4.35
> quantile(data$Petal.Length, 0.75)
75%
5.1
```

(7) psych 패키지의 describe( ) 함수를 이용하여 각각의 항목에 대한 기술통계량을 구한다.

```
> describe(data)
             vars   n mean   sd median trimmed  mad min max range  skew kurtosis   se
Sepal.Length    1 150 5.84 0.83   5.80    5.81 1.04 4.3 7.9   3.6  0.31    -0.61 0.07
Petal.Length    2 150 3.76 1.77   4.35    3.76 1.85 1.0 6.9   5.9 -0.27    -1.42 0.14
```

(8) table( ) 함수를 이용하여 빈도분석표를 작성하고, barplot( ) 함수로 막대 그래프를, pie( ) 함수로 파이 차트를 작성한다.

```
> freq <- table(iris$Species)
> freq

    setosa versicolor  virginica
        50         50         50
>
> barplot(freq, main="IRIS Species", xlab="Number of Samples")
```

```
> labels <- rownames(freq)
> labels
[1] "setosa"     "versicolor" "virginica"
>
> pie(freq, labels=labels, main="IRIS Species")
```

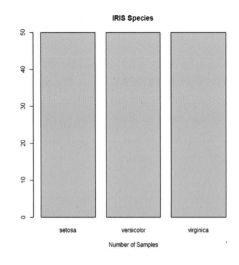

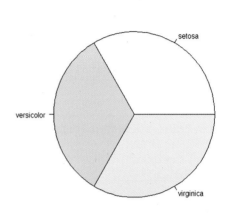

02 mtcars는 1974년 Motor Trend US 잡지에 게재된 자료로 1973~1974년 사이 32개 자동차 모델에 대한 성능 데이터이다. 데이터들 중 hp(마력), wt(무게, 1000lbs), vs(엔진 유형, 0은 V−shaped, 1은 Straight), am(트랜스미션 유형, 0은 automatic, 1은 manual) 항목을 새로운 데이터 프레임(data)에 저장한 후 hp와 wt에 대한 기술통계량을 구하시오.

(1) hp에 대한 표본의 수, 평균값, 중앙값, 최솟값, 최댓값, 범위, 분산, 표준편차, 변동계수를 구하시오.

(2) wt에 대한 표본의 수, 평균값, 중앙값, 최솟값, 최댓값, 범위, 분산, 표준편차, 변동계수를 구하시오.

(3) hp에 대한 왜도(skewness), 첨도(kurtosis)를 구하시오.

(4) wt에 대한 왜도(skewness), 첨도(kurtosis)를 구하시오.

(5) hp 항목에 대한 백분위수에 대해 25%, 50%, 75%에 해당하는 값을 구하시오.

(6) wt 항목에 대한 백분위수에 대해 25%, 50%, 75%에 해당하는 값을 구하시오.

(7) describe( ) 함수를 이용하여 데이터 프레임(data)에 대한 기술 통계량을 구하시오.

(8) 엔진 유형(vs)에 대한 빈도분석표, 막대 그래프, 파이 차트를 작성하시오.

(9) 트랜스미션 유형(am)에 대한 빈도분석표, 막대 그래프, 파이 차트를 작성하시오.

```
> head(mtcars)                                        > data <- subset(mtcars, select=c(hp, wt, vs, am))
                   mpg cyl disp  hp drat    wt  qsec vs am gear carb   > head(data)
Mazda RX4         21.0   6  160 110 3.90 2.620 16.46  0  1    4    4                    hp    wt vs am
Mazda RX4 Wag     21.0   6  160 110 3.90 2.875 17.02  0  1    4    4   Mazda RX4        110 2.620  0  1
Datsun 710        22.8   4  108  93 3.85 2.320 18.61  1  1    4    1   Mazda RX4 Wag    110 2.875  0  1
Hornet 4 Drive    21.4   6  258 110 3.08 3.215 19.44  1  0    3    1   Datsun 710        93 2.320  1  1
Hornet Sportabout 18.7   8  360 175 3.15 3.440 17.02  0  0    3    2   Hornet 4 Drive   110 3.215  1  0
Valiant           18.1   6  225 105 2.76 3.460 20.22  1  0    3    1   Hornet Sportabout 175 3.440  0  0
                                                                       Valiant          105 3.460  1  0
```

📋 **정답 및 해설**

(1) hp(마력) 항목에 대한 주요 기술통계량 값을 다음과 같이 구한다.

```
> length(data$hp)
[1] 32
> mean(data$hp)
[1] 146.6875
> median(data$hp)
[1] 123
> min(data$hp)
[1] 52
> max(data$hp)
[1] 335
> range(data$hp)
[1]  52 335
> var(data$hp)
[1] 4700.867
> sd(data$hp)
[1] 68.56287
> CV <- sd(data$hp) / mean(data$hp)
> CV
[1] 0.4674077
```

(2) 동일한 방법으로 wt(자동차 무게) 항목에 대한 기술통계량을 구한다.

```
> length(data$wt)
[1] 32
> mean(data$wt)
[1] 3.21725
> median(data$wt)
[1] 3.325
> min(data$wt)
[1] 1.513
> max(data$wt)
[1] 5.424
> range(data$wt)
[1] 1.513 5.424
> var(data$wt)
[1] 0.957379
> sd(data$wt)
[1] 0.9784574
> CV <- sd(data$wt) / mean(data$wt)
> CV
[1] 0.3041285
```

(3) skewness( ), kurtosis( ) 명령어를 이용하여 hp 항목에 대한 왜도, 첨도를 구한다.

```
> skewness(data$hp)
[1] 0.7260237
attr(,"method")
[1] "moment"
>
> kurtosis(data$hp)
[1] -0.1355511
attr(,"method")
[1] "excess"
```

(4) skewness( ), kurtosis( ) 명령어를 이용하여 wt 항목에 대한 왜도, 첨도를 구한다.

```
> skewness(data$wt)
[1] 0.4231465
attr(,"method")
[1] "moment"
>
> kurtosis(data$wt)
[1] -0.02271075
attr(,"method")
[1] "excess"
```

(5) quantile( ) 함수를 이용하여 hp 항목에 대한 (25%, 50%, 75%) 백분위 값을 구한다.

```
> quantile(data$hp, 0.25)
 25%
96.5
> quantile(data$hp, 0.50)
50%
123
> quantile(data$hp, 0.75)
75%
180
```

(6) quantile( ) 함수를 이용하여 wt 항목에 대한 (25%, 50%, 75%) 백분위 값을 구한다.

```
> quantile(data$wt, 0.25)
    25%
2.58125
> quantile(data$wt, 0.50)
  50%
3.325
> quantile(data$wt, 0.75)
 75%
3.61
```

(7) describe( ) 함수를 이용하여 각각의 항목에 대한 기술통계량을 확인한다.

```
> describe(data)
     vars  n   mean    sd median trimmed   mad   min    max  range skew kurtosis    se
hp      1 32 146.69 68.56 123.00  141.19 77.10 52.00 335.00 283.00 0.73    -0.14 12.12
wt      2 32   3.22  0.98   3.33    3.15  0.77  1.51   5.42   3.91 0.42    -0.02  0.17
vs      3 32   0.44  0.50   0.00    0.42  0.00  0.00   1.00   1.00 0.24    -2.00  0.09
am      4 32   0.41  0.50   0.00    0.38  0.00  0.00   1.00   1.00 0.36    -1.92  0.09
```

(8) table( ), barplot( ), pie( ) 명령어로 vs(엔진의 유형) 항목에 대한 빈도 분석표, 막대 그래프, 파이 차트를 각각 작성한다.

```
> freq <- table(data$vs)
> freq

 0  1
18 14
> barplot(freq, main="Engine's Type, 0: V-shaped, 1: Straight", xlab="Number of Samples")
```

```
> labels <- rownames(freq)
> labels
[1] "0" "1"
> pie(freq, labels=labels, main="Engine's Type, 0: V-shaped, 1:Straight")
```

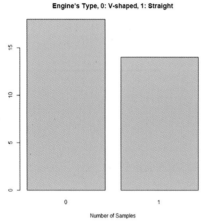

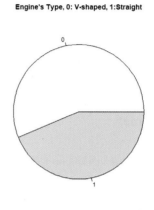

(9) 동일하게 table( ), barplot( ), pie( ) 명령어로 am(트랜스미션의 유형) 항목에 대한 빈도분석표, 막대 그래프, 파이 차트를 각각 작성한다.

```
> freq <- table(data$am)
> freq

 0  1
19 13
> barplot(freq, main="Transmission's Type, 0: Automatic, 1: Manual", xlab="Number of Samples")
```

```
> labels <- rownames(freq)
> labels
[1] "0" "1"
>
> pie(freq, labels=labels, main="Transmission's Type, 0: Automatic, 1: Manual")
```

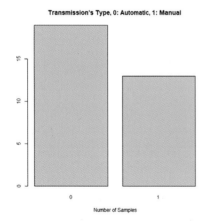

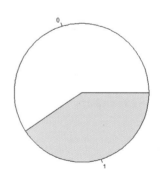

03 iris 데이터에 대하여 다음과 같은 탐색적 자료 분석 결과를 나타내시오.

(1) 꽃받침의 길이(Sepal.Length)와 꽃잎의 길이(Petal.Length)에 대하여 박스 플롯, 산포도, 줄기잎 도표, Q−Q 도표를 작성하시오.

(2) 꽃받침의 너비(Sepal.Width)와 꽃잎의 너비(Petal.Width)에 대하여 박스 플롯, 산포도, 줄기잎 도표, Q−Q 도표를 작성하시오.

📖 정답 및 해설

(1) (Sepal.Length, Petal.Length) 항목에 대한 박스 플롯, 산포도, 줄기잎 도표, Q−Q 도표를 작성하면 다음과 같다.

```
> boxplot(iris$Sepal.Length, iris$Petal.Length, names=c("Sepal Length", "Petal Length"))
```

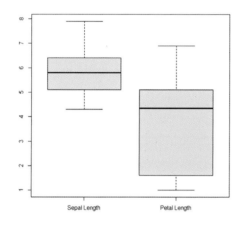

```
> plot(iris$Sepal.Length, iris$Petal.Length, xlab="Sepal Length", ylab="Petal Length")
>
> k = lm(iris$Petal.Length ~ iris$Sepal.Length)
> abline(k)
```

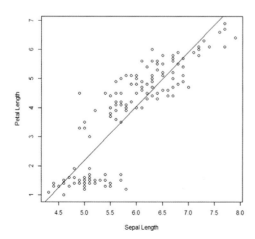

```
> stem(iris$Sepal.Length)

  The decimal point is 1 digit(s) to the left of the |

  42 | 0
  44 | 0000
  46 | 000000
  48 | 0000000000
  50 | 00000000000000000000
  52 | 00000
  54 | 0000000000000
  56 | 00000000000000
  58 | 0000000000
  60 | 000000000000
  62 | 0000000000000
  64 | 000000000000
  66 | 0000000000
  68 | 0000000
  70 | 00
  72 | 0000
  74 | 0
  76 | 00000
  78 | 0

>
> stem(iris$Petal.Length)

  The decimal point is at the |

  1 | 0122333333334444444444444
  1 | 555555555555566666666777799
  2 |
  2 |
  3 | 033
  3 | 55678999
  4 | 000001112222334444
  4 | 5555555566677777888899999
  5 | 000011111111223344
  5 | 55566666677788899
  6 | 0011134
  6 | 6779
```

```
> qqnorm(iris$Sepal.Length, main="Sepal.Length")      > qqnorm(iris$Petal.Length, main="Petal.Length")
>                                                       >
> qqline(iris$Sepal.Length)                            > qqline(iris$Petal.Length)
```

Sepal.Length

Petal.Length

(2) 동일한 방법으로 (Sepal.Width, Petal.Width) 항목에 대한 박스 플롯, 산포도, 줄기잎 도표, Q−Q 도표를 작성하면 다음과 같다.

```
> boxplot(iris$Sepal.Width, iris$Petal.Width, names=c("Sepal Width", "Petal Width"))
```

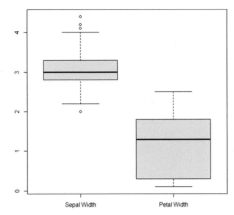

```
> plot(iris$Sepal.Width, iris$Petal.Width, xlab="Sepal Width", ylab="Petal Width")
>
> k = lm(iris$Petal.Width ~ iris$Sepal.Width)
> abline(k)
```

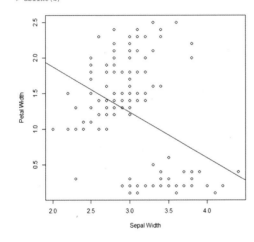

```
> stem(iris$Sepal.Width)

  The decimal point is 1 digit(s) to the left of the |

  20 | 0
  21 |
  22 | 000
  23 | 0000
  24 | 000
  25 | 00000000
  26 | 00000
  27 | 000000000
  28 | 00000000000000
  29 | 0000000000
  30 | 000000000000000000000000000
  31 | 0000000000
  32 | 0000000000000
  33 | 000000
  34 | 000000000000
  35 | 000000
  36 | 0000
  37 | 000
  38 | 000000
  39 | 00
  40 | 0
  41 | 0
  42 | 0
  43 |
  44 | 0
```

```
> stem(iris$Petal.Width)

  The decimal point is 1 digit(s) to the left of the |

   1 | 00000
   2 | 00000000000000000000000000000
   3 | 0000000
   4 | 0000000
   5 | 0
   6 | 0
   7 |
   8 |
   9 |
  10 | 0000000
  11 | 000
  12 | 00000
  13 | 000000000000
  14 | 00000000
  15 | 000000000000
  16 | 0000
  17 | 00
  18 | 000000000000
  19 | 00000
  20 | 000000
  21 | 000000
  22 | 000
  23 | 00000000
  24 | 000
  25 | 000
```

```
> qqnorm(iris$Sepal.Width, main="Sepal.Width")
> qqline(iris$Sepal.Width)
```

```
> qqnorm(iris$Petal.Width, main="Petal.Width")
> qqline(iris$Petal.Width)
```

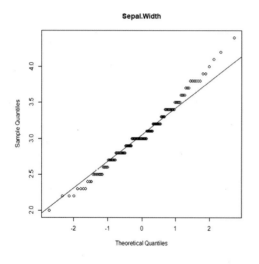

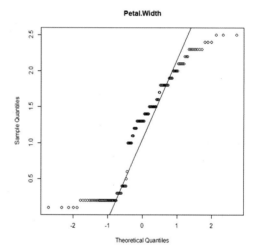

04 mtcars 데이터에 대하여 다음과 같은 탐색적 자료 분석 결과를 나타내시오.

(1) 자동차의 무게(wt)와 자동차의 마력(hp)에 대하여 박스 플롯, 산포도, 줄기 잎 도표, Q–Q 도표를 작성하시오.

(2) 자동차의 연비(mpg, mile per gallon)에 대한 박스 플롯, 줄기 잎 도표, Q–Q 도표를 작성하시오. 그리고 자동차의 무게(wt)와 자동차의 연비(mpg, mile per gallon)에 대한 산포도를 작성하시오.

🔖 **정답 및 해설**

(1) 자동차 무게(wt)와 마력(hp) 항목에 대한 박스 플롯, 산포도, 줄기잎 도표, Q–Q 도표를 작성하면 다음과 같다.

```
> boxplot(mtcars$wt, xlab="Car Weight")
```

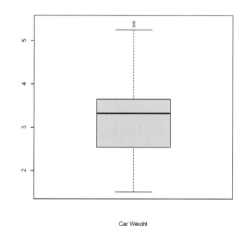

Car Weight

```
> boxplot(mtcars$hp, xlab="Car Horse Power")
```

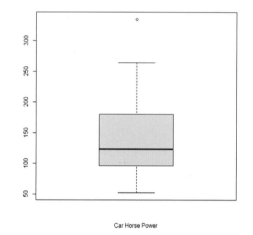

Car Horse Power

```
> plot(mtcars$wt, mtcars$hp, xlab="Car Weight", ylab="Car Horse Power")
> k = lm(mtcars$hp ~ mtcars$wt)
> abline(k)
```

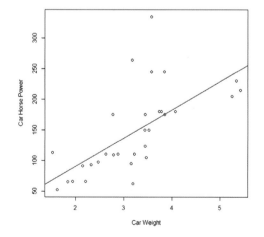

```
> stem(mtcars$wt)

  The decimal point is at the |

  1 | 5689
  2 | 123
  2 | 56889
  3 | 22224444
  3 | 55667888
  4 | 1
  4 |
  5 | 334

> stem(mtcars$hp)

  The decimal point is 2 digit(s) to the right of the |

  0 | 5677799
  1 | 0011111122
  1 | 55888888
  2 | 123
  2 | 556
  3 | 4
```

```
> qqnorm(mtcars$wt, main="Car Weight")
> qqline(mtcars$wt)
```

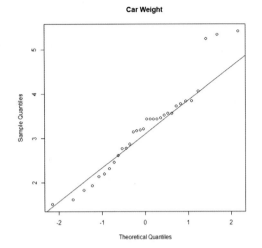

```
> qqnorm(mtcars$hp, main="Car Horse Power")
> qqline(mtcars$hp)
```

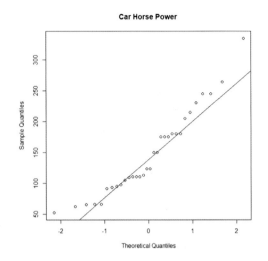

(2) 자동차의 연비(mpg, mile per gallon)에 대한 박스 플롯, 줄기 잎 도표, Q-Q 도표를 작성하고, 자동차 무게(wt)와 연비 (mpg, mile per gallon) 사이의 관계를 확인하기 위해 산포도를 작성한다.

```
> boxplot(mtcars$mpg, xlab="Car Mile per Gallon")
```

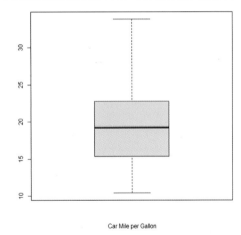

```
> stem(mtcars$mpg)

  The decimal point is at the |

  10 | 44
  12 | 3
  14 | 3702258
  16 | 438
  18 | 17227
  20 | 00445
  22 | 88
  24 | 4
  26 | 03
  28 |
  30 | 44
  32 | 49
```

```
> qqnorm(mtcars$mpg, main="Car Mile per Gallon")
> qqline(mtcars$mpg)
```

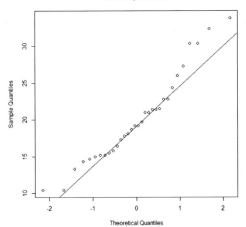

```
> plot(mtcars$wt, mtcars$mpg, xlab="Car Weight", ylab="Car Mile per Gallon")
> k = lm(mtcars$mpg ~ mtcars$wt)
> abline(k)
```

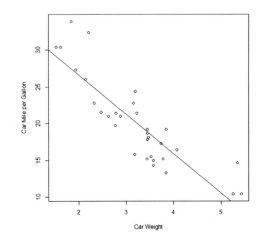

추론통계 분석

1 추론통계 분석 방법

(1) 추론통계의 이해

① 추론통계를 위해 다음 패키지를 이용한다.

install.packages("psych")	#기술통계 분석
library(psych)	—

② 추론통계(Inferential Statistics)란 분석 대상의 모집단(Population)에서 표본(Sample)을 수집하여 표본의 특성을 파악한 후, 모집단의 특성으로 일반화할 수 있는지 여부를 판단하여 모집단의 특성인 모수 (Parameter)를 추정하는 통계분석 방법으로서 표본을 기초로 모집단 전체의 특성이나 미래를 예측하는 것에 초점을 맞춘다.

③ 모집단(Population)이란 정보를 얻고자 하는 관심 대상의 전체집합이다. 모집단은 우리가 무엇을 알려고 하느 냐에 따라 다르게 정의되기 때문에 모집단을 명확하게 정의하는 것이 매우 중요하다. 예를 들어 서울 지역에서 통근하는 회사원, 20대 대통령선거 유권자 등과 같이 전체를 대상으로 자료를 수집할 수 없는 경우, 일반적으로 모집단으로 설정될 수 있다.

④ 모수(Parameter)는 모집단의 특성을 나타내는 값으로 서울 지역 통근 회사원 통근 시간의 평균(평균 통근 시간), 20대 대통령 선거 유권자의 지지율 등이 모집단의 모수가 될 수 있다.

⑤ 아래와 같이 추론통계는 표본 통계량을 이용하여 모집단의 특성, 즉 모수를 추정(추론통계의 핵심인 모수 추정은 표본을 이용하여 모수를 얻음)한다. 대표적으로 표본평균을 구함으로써 모평균의 값을 얻고, 표본 분산을 계산함으로써 모분산을 얻는다.

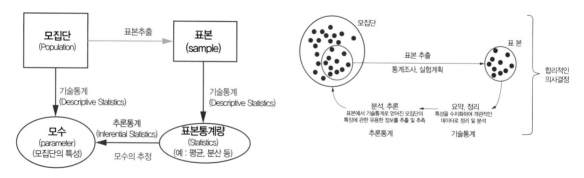

[추론통계의 개념]

⑥ 모수는 표본의 평균, 분산 등과 같은 특성 값을 근간으로 산출된 예상값이기 때문에 추론통계에서는 모수에 대한 오차율이 발생한다. 이러한 오차율은 표본의 수가 많아질수록 낮아진다.

(2) 추론통계 기법

① 대표적인 추론통계 기법으로 집단 간 차이를 분석하는 평균차이 분석, 비율차이 분석, 분산 분석, 상관관계 분석, 회귀 분석 등으로 구분된다. 주요 추론통계 분석 방법은 다음과 같다.

〈추론통계 기법〉

구 분	주요 특징
평균차이 분석	• 두 집단 사이의 평균의 차이가 통계적으로 유의한지 파악 • t−test(t−검정) 이용 • 어떠한 항목이 두 집단 간의 평균의 차이가 통계적으로 유의한지 파악 • 예를 들어 특정 쇼핑몰에 대한 이용 만족도가 (남성, 여성) 사이의 차이가 있는지를 알고자 할 때 t−검정으로 평균차이 분석 수행
비율차이 분석	• 두 집단 사이의 비율의 차이가 통계적으로 유의한지 파악(Proportion Test) • 평균차이 분석은 수치형 자료의 차이를 검정하는 방법이며, 비율차이 분석은 (예, 아니오), (유, 무) 등과 같은 이항형 자료의 차이를 비교 · 분석할 때 사용 • 예를 들어 쿠폰 선호도에 대하여 (남성, 여성) 사이의 차이가 있는지를 알고자 할 때 비율 차이 분석 수행
분산 분석	• 두 집단 이상의 평균치에 대한 차이 검정(ANOVA ; Analysis of Variance) • 평균차이 분석은 두 집단의 비교이며, 분산 분석은 세 집단 이상의 비교 • 집단별 차이가 어떤 값에 영향을 미치는지의 여부 추론 • 예를 들어 통계학 수강 학생들의 기말고사 점수에 대해 학년별(1~4학년)로 유의한 차이가 있는지를 검정
상관관계 분석	• 변수들 사이의 관련성 여부 및 정도 분석(Correlation Analysis) • 두 변수들 사이의 관련성을 분석할 때 주로 사용 • 예를 들어 (쇼핑액, 지출액), (연간 자동차 주행거리, 연령) 사이 관련성 여부를 분석하고자 할 때 이용 • 변수들 사이의 관련성 여부와 함께 관련성의 크기 정도에 대한 정보 제공
회귀 분석	• 변수들 사이의 인과관계(원인과 결과) 규명(Regression Analysis) • 독립변수(Independent Variable) : 다른 변수에 영향을 주는 원인에 해당하는 변수 • 종속변수(Dependent Variable) : 영향을 받는 결과에 해당하는 변수 • 독립변수와 종속변수 사이의 선형방정식인 회귀식을 찾아냄 • 종속변수에 영향을 미치는 독립변수 규명 • 예를 들어 레스토랑 만족도에 영향을 미치는 항목을 (음식 품질, 가격, 종업원 서비스, 식당 분위기)들 중에 찾아냄

② 추론통계에서의 모수 추정은 분석 기법에 부합하는 확률분포를 이용하여 통계적 추정과 가설검정을 수행한다. 통계직 추정은 표본의 특성을 나타내는 통계량을 기초로 모수를 추정하는 것이며, 가설검정은 모수에 대한 특정 가설 설정 후 표본을 추출하여 통계량을 계산하고 이를 기초로 가설의 진위를 판단한다.

③ 확률분포(Probability Distribution)는 표본을 이용하여 모집단의 특성을 추정하는 추론통계에서 모수 추정을 위해 사용되며 아래와 같이 정규분포, t−분포, F−분포, χ^2−분포 등을 이용한다.

〈추론통계에서 사용되는 확률분포〉

구 분	주요 특징
정규분포	• Normal Distribution • 연속적이고 좌우대칭인 종 모양의 확률분포 • 실생활에서 관측하는 대부분의 자료들은 정규분포와 유사한 형태를 가짐 • 중심극한정리에 의해 표본의 크기가 커질수록 표본평균의 분포는 정규분포에 가까움 • 표본의 평균이나 분산을 이용해 모집단의 평균 및 분산 추정 시 이용
$t-$분포	• $t-$Distribution, Student's $t-$Distribution • 모집단이 정규분포를 따르더라도 분산이 알려져 있지 않거나 표본의 수가 적은 경우 모평균에 대한 추정 및 가설검정에 이용 • 자유도에 의해 분포의 모양이 결정됨 • 자유도(degree of freedom) : 통계적 추정 시 표본자료들 중 모집단에 대한 정보를 주는 독립적인 자료의 수로, 크기가 n인 표본 관측값의 자유도는 n$-$1임 • 모집단의 모수를 모를 때 두 집단의 모평균의 차이 검정(평균차이 분석, 상관관계 분석, 회귀 분석 등) 수행 시 이용
$F-$분포	• $F-$Distribution • 동일한 분산을 가지고 있는 정규분포를 이루는 두 모집단으로부터 추출된 표본 분산들 사이의 비율이 이루는 분포 • 두 집단 사이의 분산의 동질성 검정 시 사용 • 분자와 분모의 두 자유도에 의해 분포의 모양이 결정됨 • 분산 분석에 사용 • 회귀 분석에서 회귀의 유의성 검정 시 사용
χ^2-분포	• χ^2-Distribution, Chi$-$Squared Distribution • 정규분포 모집단에서 각 표본의 표준화된 분산의 합이 이루는 분포 • 관찰빈도와 기대빈도 사이의 차이 검정 시 사용 • 분포의 모양은 비대칭이고 긴 꼬리를 가지며 항상 양의 값을 가짐 • 자유도에 의해 분포의 모양이 결정됨 • 교차분석에서 관찰빈도와 기대빈도 사이의 차이 검정 또는 비율 분석에 이용

④ 추론통계에서의 가설 검정절차

　㉠ 가설설정 : 모수에 대한 특정한 가설을 설정한다. 귀무가설이란 거짓이 명확히 규명될 때까지 참인 것으로 인정되는 모수에 대한 주장, 즉 그 타당성을 입증해야 할 가설(예를 들어 실제 분포와 이론적 분포는 일치한다)을 의미한다.

　㉡ 유의수준 설정 : 유의수준(α)을 설정한다.

　㉢ 표본 추출 : 설정된 가설의 채택 여부를 결정하기 위하여 모집단으로부터 표본을 추출한다.

　㉣ 유의확률 계산 : 모집단의 부분집합인 표본으로부터 검정에 대한 결론을 내리고 귀무가설을 기각하거나 채택하는 결정을 내리는 데 활용된다. 표본의 함수(검정통계량, 확률분포)를 이용하여 유의확률(p)을 구한다.

　㉤ 유의확률이 유의수준보다 작은 경우($p \leq \alpha$) 귀무가설을 기각(실제 분포와 이론적 분포는 다르다)한다. 반대로 유의확률이 유의수준보다 큰 경우 귀무가설을 채택(실제 분포와 이론적 분포는 일치한다)하게 된다.

2 가설 검정

(1) 평균차이 분석

① 평균차이 분석은 두 집단 간 평균을 비교하는 통계분석 기법으로 t−검정(t−test)을 이용하며, 두 집단 사이 평균차이에 대해 통계적으로 유의한지를 검정한다.

② 일반적으로 평균차이 분석에서는 모집단의 분산(또는 표준편차)을 알지 못할 때 모집단을 대표하는 표본으로부터 추정된 분산(또는 표준편차)을 이용하여 검정한다.

③ 평균차이 분석은 두 집단 자료의 개수 또는 동일성에 따라 독립표본 t−검정과 대응표본 t−검정으로 구분된다.

    ㉠ 독립표본 t−검정은 표본의 수가 서로 다른 두 집단에 대한 비교 시 사용되며, 예를 들어 남학생과 여학생의 수가 서로 다른 반에서 남녀 성적 차이의 유의성을 검정하기 위해 사용된다.

    ㉡ 대응표본 t−검정은 표본의 수가 서로 동일한 집단의 경우 또는 한 집단에서 특정 사건(또는 실험)에 대한 전후 차이 비교를 위해 사용된다. 예를 들어 체중 조절약의 효과를 검증하기 위하여 P대학교 S학과 학생들에 대해 체중 조절약 복용 전후의 효과를 비교하여 그 차이를 검증하기 위해 사용된다.

④ 평균차이 분석을 위해 아래 데이터(data.csv)를 이용한다. data.csv는 (고객번호, 성별, 연령대, 직업, 주거지역, 쇼핑액, 이용만족도, 쇼핑1월, 쇼핑2월, 쇼핑3월, 쿠폰사용횟수, 쿠폰선호도, 품질, 가격, 서비스, 배송, 쇼핑만족도, 소득) 자료이다.

⑤ 독립표본 t−검정 : data.csv 데이터세트를 이용하여 성별(남성, 여성)에 따른 쇼핑 금액(쇼핑액)의 차이가 있는지를 검정한다.

    ㉠ data.csv 파일이 저장된 폴더를 작업영역으로 설정하고 read.csv( )로 데이터 프레임으로 저장(data)한다. subset( )으로 성별＝＝'남성'인 자료(data1)와 성별＝＝'여성'인 자료(data2)를 각각 저장한다.

```
> setwd("C:/workr")
> getwd()
[1] "C:/workr"
>
> data <- read.csv("data.csv", header=T, fileEncoding="EUC-KR")
> head(data)
  고객번호 성별    연령대    직업 주거지역 쇼핑액 이용만족도 쇼핑1월 쇼핑2월 쇼핑3월 쿠폰사용회수
1  190105 남자    45-49세 회사원    소도시  195.6         4   76.8   64.8   54.0          3
2  190106 남자    25-29세 공무원    소도시  116.4         7   44.4   32.4   39.6          6
3  190107 남자 50세 이상 자영업    중도시  183.6         4   66.0   66.0   51.6       5
4  190108 남자 50세 이상 농어업    소도시  168.0         4   62.4   52.8   52.8       4
5  190109 남자    40-44세 공무원    중도시  169.2         4   63.6   54.0   51.6       5
6  190110 남자    45-49세 자영업    중도시  171.6         5   52.8   66.0   52.8       4
  쿠폰선호도 품질 가격 서비스 배송 쇼핑만족도 소득
1       예     7    7      1    4             4 4300
2     아니오    7    4      7    7             7 7500
3       예     4    4      3    3             6 2900
4     아니오    3    3      4    6             5 5300
5     아니오    6    4      7    4             6 4000
6     아니오    5    4      3    4             5 5100

> data1 <- subset(data, data$성별=='남자')
> data2 <- subset(data, data$성별=='여자')
>
> head(data1)
  고객번호 성별    연령대    직업 주거지역 쇼핑액 이용만족도 쇼핑1월 쇼핑2월 쇼핑3월 쿠폰사용회수
1  190105 남자    45-49세 회사원    소도시  195.6         4   76.8   64.8   54.0          3
2  190106 남자    25-29세 공무원    소도시  116.4         7   44.4   32.4   39.6          6
3  190107 남자 50세 이상 자영업    중도시  183.6         4   66.0   66.0   51.6       5
4  190108 남자 50세 이상 농어업    소도시  168.0         4   62.4   52.8   52.8       4
5  190109 남자    40-44세 공무원    중도시  169.2         4   63.6   54.0   51.6       5
6  190110 남자    45-49세 자영업    중도시  171.6         5   52.8   66.0   52.8       4
  쿠폰선호도 품질 가격 서비스 배송 쇼핑만족도 소득
1       예     7    7      1    4             4 4300
2     아니오    7    4      7    7             7 7500
3       예     4    4      3    3             6 2900
4     아니오    3    3      4    6             5 5300
5     아니오    6    4      7    4             6 4000
6     아니오    5    4      3    4             5 5100
> head(data2)
   고객번호 성별    연령대    직업 주거지역 쇼핑액 이용만족도 쇼핑1월 쇼핑2월 쇼핑3월 쿠폰사용회수
7   190111 여자 50세 이상 공무원    중도시  207.6         4   64.8   88.8   54.0          4
10  190114 여자    45-49세 회사원    중도시  156.0         4   51.6   51.6   52.8          0
32  190136 여자    45-49세 회사원    중도시  111.6         4   31.2   43.2   37.2          4
33  190137 여자    40-44세 전문직    중도시  163.2         4   55.2   55.2   52.8          3
35  190139 여자    25-29세 회사원    대도시  160.8         7   75.6   54.0   31.2          3
36  190140 여자    45-49세 전문직    대도시  210.0         7   90.0   67.2   52.8          6
   쿠폰선호도 품질 가격 서비스 배송 쇼핑만족도 소득
7        예     7    7      1    4             5 5700
10       예     1    4      1    7             1 5700
32       예     5    4      2    4             5 2600
33       예     4    4      4    4             4 2300
35       예     4    7      7    7             4 7400
36     아니오    7    6      7    4             7 8200
```

ⓒ data1, data2에 대한 기술통계 분석(describe( ))을 위해 "psych" 패키지를 이용한다. 성별에 대한 쇼핑액을 분석하기 위해 describe( )를 이용한다. data1$쇼핑액(남성에 대한 쇼핑액)에 대한 기술통계량을 보면, 남성 55명(n)에 대한 평균 쇼핑액(mean)=177.14(만원), 최소 쇼핑액(min)=81.6(만원), 최대 쇼핑액(max)=244.8(만원)이다. 그리고 data2$쇼핑액(여성에 대한 쇼핑액)에 대한 기술통계량을 보면, 여성 35명(n)에 대한 평균 쇼핑액(mean)=169.58(만원), 최소 쇼핑액(min)=80.4(만원), 최대 쇼핑액(max)=238.8(만원)이다.

```
> install.packages("psych")
--- 현재 세션에서 사용할 CRAN 미러를 선택해 주세요 ---
URL 'https://cran.yu.ac.kr/bin/windows/contrib/4.2/psych_2.2.5.zip'을 시도합니다
Content type 'application/zip' length 3792082 bytes (3.6 MB)
downloaded 3.6 MB

패키지 'psych'를 성공적으로 압축해제하였고 MD5 sums 이 확인되었습니다

다운로드된 바이너리 패키지들은 다음의 위치에 있습니다
        C:\Users\Public\Documents\ESTsoft\CreatorTemp\RtmpiuE8d5\downloaded_packages
> library(psych)
> describe(data1$쇼핑액)
   vars  n   mean    sd median trimmed   mad  min   max range skew kurtosis   se
X1    1 55 177.14 30.87    180  178.19 28.47 81.6 244.8 163.2 -0.41     0.69 4.16
>
> describe(data2$쇼핑액)
   vars  n   mean    sd median trimmed   mad  min   max range skew kurtosis   se
X1    1 35 169.58 41.73    168  170.11 39.14 80.4 238.8 158.4    0    -0.76 7.05
```

ⓒ 독립표본 검정을 수행하기 위하여 t.test( )를 이용하며, 사용형식은 다음과 같다.

t.test(x, y=NULL, alternative=c("two.sided", "less", "greater"), mu=0, paired=FALSE, var.equal=FALSE, conf.level=0.95, ...)
- x : 숫자형 벡터값
- y : 숫자형 벡터값
- alternative : 검정 방법(양측, 단측)
- mu : 평균
- paired=FALSE : 독립표본, paired=TRUE : 대응 표본
- var.equal=FALSE : 등분산 가정 안 함, var.equal=TRUE : 등분산 가정
- conf.level : 신뢰구간 지정

ⓔ t.test( )를 이용한 독립표본 평균차이 검정 결과는 다음과 같다. 남성 평균 쇼핑액(x)=177.14(만원), 여성 평균 쇼핑액(y)=169.58(만원)으로 남성이 약간 높으며, t=0.9362, 자유도(df)=57.42, p-value(유의확률)=0.3595이다. 따라서 유의수준=5%에서 귀무가설(두 집단 사이에는 평균의 차이가 없다)을 기각할 수 없으므로(즉, p-value>0.05), 남성과 여성 사이의 쇼핑액은 "차이가 있다고 할 수 없다" 즉, 남성과 여성 사이 쇼핑액은 차이가 없는 것으로 판단된다.

```
> t_result <- t.test(data1$쇼핑액, data2$쇼핑액)
> t_result

        Welch Two Sample t-test

data: data1$쇼핑액 and data2$쇼핑액
t = 0.92362, df = 57.42, p-value = 0.3595
alternative hypothesis: true difference in means is not equal to 0
95 percent confidence interval:
 -8.833426 23.962777
sample estimates:
mean of x mean of y
 177.1418  169.5771
```

```
> summary(t_result)
            Length Class  Mode
statistic   1      -none- numeric
parameter   1      -none- numeric
p.value     1      -none- numeric
conf.int    2      -none- numeric
estimate    2      -none- numeric
null.value  1      -none- numeric
stderr      1      -none- numeric
alternative 1      -none- character
method      1      -none- character
data.name   1      -none- character
```

⑥ 대응표본 t−검정 : data.csv를 이용하여 월별 쇼핑 금액이 통계적으로 차이가 있는지, 즉 쇼핑1월과 쇼핑2월
금액의 차이가 있는지를 검정한다.

  ㉠ read.csv( )로 data.csv 파일을 데이터 프레임으로 저장(data)한 후 subset( )으로 (고객번호, 쇼핑1월, 쇼
핑2월) 자료를 data에 저장한다. describe( ) 함수를 이용하여 쇼핑1월과 쇼핑2월의 기술통계량을 구한다.
쇼핑1월의 데이터(n=90개)를 보면, 평균 64.97(만원), 최소 금액=15.6(만원), 최대 금액=92.4(만원)이
다. 그리고 쇼핑2월의 데이터(n=90개)는 평균 61.12(만원), 최소 금액=13.2(만원), 최대 금액=92.4(만
원)이다. 평균 금액을 비교하면 2월보다 1월의 쇼핑금액이 다소 높음을 알 수 있다.

```
> data <- subset(data, select=c(고객번호, 쇼핑1월, 쇼핑2월))
> head(data)
  고객번호 쇼핑1월 쇼핑2월
1  190105    76.8    64.8
2  190106    44.4    32.4
3  190107    66.0    66.0
4  190108    62.4    52.8
5  190109    63.6    54.0
6  190110    52.8    66.0
```

```
> describe(data$쇼핑1월)
   vars  n  mean    sd median trimmed   mad  min  max range  skew kurtosis   se
X1    1 90 64.97 19.22   64.8   65.85 19.57 15.6 92.4  76.8 -0.24    -0.67 2.03
> describe(data$쇼핑2월)
   vars  n  mean    sd median trimmed   mad  min  max range skew kurtosis   se
X1    1 90 61.12 17.85   56.4   60.98 12.45 13.2 92.4  79.2 0.22    -0.36 1.88
```

  ㉡ t.test( )를 이용한 대응표본 평균 차이 검정 결과는 다음과 같다. 대응표본에서는 "paired=TRUE" 옵션
을 사용한다. 쇼핑1월과 쇼핑2월의 평균 금액의 차이는 64.97−61.12=3.85(만원)이고 t=1.7024, 자유도
(df)=89, p−value(유의확률)=0.09216이다. 따라서 유의수준=5%에서 귀무가설(두 집단 사이에는 평
균의 차이가 없다. 즉, $\mu_1-\mu_2=0$)를 기각할 수 없으므로(즉, p−value>0.05), 쇼핑1월과 쇼핑2월의 쇼핑
액은 "차이가 있다고 할 수 없다" 즉, 1월의 쇼핑액과 2월의 쇼핑액은 차이가 없는 것으로 보인다.

```
> t_result <- t.test(data$쇼핑1월, data$쇼핑2월, paired=TRUE)
>
> t_result

        Paired t-test

data: data$쇼핑1월 and data$쇼핑2월
t = 1.7024, df = 89, p-value = 0.09216
alternative hypothesis: true mean difference is not equal to 0
95 percent confidence interval:
 -0.644027 8.350694
sample estimates:
mean difference
       3.853333
```

```
> summary(t_result)
            Length Class  Mode
statistic   1      -none- numeric
parameter   1      -none- numeric
p.value     1      -none- numeric
conf.int    2      -none- numeric
estimate    1      -none- numeric
null.value  1      -none- numeric
stderr      1      -none- numeric
alternative 1      -none- character
method      1      -none- character
data.name   1      -none- character
```

ⓒ t.test( ) 수행 결과 중 "alternative hypothesis : true difference in means is not equal to 0"은 대립가설($\mu_1 - \mu_2 \neq 0$)이며, 1월과 2월 쇼핑액의 차이에 대한 95% 신뢰구간(confidence interval)은 (−0.644027, 8.350694)이다.

(2) 비율차이 분석

① 어떤 항목에 대해 두 집단 사이 비율의 차이가 통계적으로 유의한지를 검정한다.

② 평균차이 분석이 수치형 자료의 차이를 검정하는 방법인 반면, 비율차이 분석은 (예, 아니오), (합격, 불합격), (참, 거짓) 등과 같은 이항형 자료의 차이 검정 시 사용된다.

③ 예를 들어 성별(남성, 여성)에 따른 쿠폰 선호도(예, 아니오), 신제품에 대한 소비자들의 구매 의도(구매, 비구매), 광고 브랜드에 대한 (만족, 불만족) 등의 조사 결과에서 각 항목(반응값)의 비율값들에 대한 차이가 있는지를 검정하기 위해 비율차이 분석을 이용한다.

④ 비율차이 분석을 위하여 prop.test( ) 함수를 이용한다. prop.test( ) 함수의 사용 방법은 다음과 같다.

> **prop.test(x, n, p=NULL, alternative=c("two.sided", "less", "greater"), conf.level=0.95, correct=TRUE)**
> • x : 발생 수
> • n : 실행 수
> • alternative : 검정 방법(양측, 단측)
> • conf.level : 신뢰구간

⑤ data.csv 파일을 읽어 데이터 프레임에 저장(data)한다. 발생 수를 구하기 위해 length( )와 which( ) 함수를 이용하여 남성의 수(n1=55명)와 여성의 수(n2=35명)를 구한다. 성별에 따라 쿠폰선호도가 "예"인 횟수를 구하기 위하여 "&" 연산자를 이용한다. 55명의 남성들 중 쿠폰선호도="예"인 경우는 22명(x1), 35명의 여성들 중 쿠폰선호도="예"로 답한 인원은 26명(x2)이다.

```
> setwd("C:/workr")
> getwd()
[1] "C:/workr"
>
> data <- read.csv("data.csv", header=T, fileEncoding="EUC-KR")
>
> n1 <- length(which(data$성별=="남자"))
> n1
[1] 55
>
> n2 <- length(which(data$성별=="여자"))
> n2
[1] 35
>
> n <- c(n1, n2)
> n
[1] 55 35
```

```
> x1 <- length(which(data$성별=="남자" & data$쿠폰선호도=="예"))
> x1
[1] 22
>
> x2 <- length(which(data$성별=="여자" & data$쿠폰선호도=="예"))
> x2
[1] 26
> x <- c(x1, x2)
> x
[1] 22 26
```

⑥ prop.test(x,n)를 이용하여 비율에 차이가 있는지를 분석한다. 남성 쿠폰선호도 비율은 22/55=0.4, 여성 쿠폰선호도 비율은 26/35=0.7428571로 여성들의 쿠폰선호도가 높다. 비율차이 검정을 위한 카이제곱값(Chi−squared)=8.7715이고 자유도(df)=1이다. 유의확률(p−value)=0.00306<유의수준(0.05)이므로 귀무가설(남성과 여성에 따라 쿠폰선호도의 차이가 없다)은 기각된다. 따라서 남성과 여성에 따른 쿠폰선호도의 비율차이 검정 결과, 성별에 따라 쿠폰선호도의 차이가 있음을 알 수 있으며, 여성들의 쿠폰선호도가 남성들에 비해 높다.

```
> prop_result <- prop.test(x, n)
> prop_result

        2-sample test for equality of proportions with continuity correction

data:  x out of n
X-squared = 8.7715, df = 1, p-value = 0.00306
alternative hypothesis: two.sided
95 percent confidence interval:
 -0.5604717 -0.1252426
sample estimates:
   prop 1    prop 2
0.4000000 0.7428571

> summary(prop_result)
            Length Class  Mode
statistic   1      -none- numeric
parameter   1      -none- numeric
p.value     1      -none- numeric
estimate    2      -none- numeric
null.value  0      -none- NULL
conf.int    2      -none- numeric
alternative 1      -none- character
method      1      -none- character
data.name   1      -none- character
```

(3) 분산 분석

① 분산 분석(또는 변량 분석, ANOVA ; Analysis of Variance)은 3개 이상의 집단에 대하여 집단들 사이의 차이를 비교·분석할 때 사용되며, R.A. Fisher에 의해 제안되었다.

② 집단 내의 분산, 총평균 그리고 가 집단익 평균의 차이에 의한 집단 간 분산의 비교를 통해 생성된 F−분포를 이용하여 가설을 검정한다. F−분포는 분산의 비교를 통해 얻어진 분포비율로서 이 비율을 이용하여 각 집단의 모집단 분산이 차이가 있는지에 대한 검정과 모집단 평균의 차이가 있는지 검정한다. 즉 F＝(집단 간 변동)/(집단 내 변동)로서 집단 내 변동에 대한 집단 간 변동의 비율이다.

③ 분산 분석은 표본의 수가 서로 다른 집단들에 대한 비교 시 사용되는 일원배치 분산 분석과 표본의 수가 동일한 집단들에 대한 비교 시 사용되는 반복측정 분산 분석으로 구분된다.

④ 일원배치 분산 분석은 (소도시, 중도시, 대도시), (저소득, 중산층, 고소득층), (1학년, 2학년, 3학년) 등과 같이 모집단의 수가 차이가 있어 표본의 수를 인위적으로 통제하기 쉽지 않은 자료들에 대한 차이 분석 시 활용된다.

⑤ 반복측정 분산 분석에서는 동일 집단에 대하여 세 가지 이상의 조건에 대한 측정 결과를 분석할 때 사용된다. 예를 들어 100명의 고객에 대한 (1월, 2월, 3월) 쇼핑액이 월별로 차이가 있는지에 대한 분산 분석 시 반복측정 분산 분석이 사용된다.

⑥ 분산 분석은 예를 들어 다양한 당뇨병 약물의 효과를 연구할 목적으로 약물 유형과 그에 따른 혈당 수치 사이의 관계를 설정하고 실험하여 약물의 효과를 조사 · 비교하기 위해 사용된다. 표본집단은 사람들의 집합이고 그룹별로 구분하여 각 그룹들은 시험 기간 동안 특정 의약품을 투여받는 상황에서 실험 종료 후 각 그룹에 속한 대상자의 혈당수치를 측정한다. 이 경우 각 그룹에 속한 사람들의 평균 혈당 수치를 비교하여 통계적으로 의약품의 효능이 다른지 또는 유사한지를 알아내는 데 사용된다.

⑦ 분산 분석을 수행하기 위하여 aov( ) 함수를 이용하며 사용 방법은 다음과 같다. 입력자료(formula)는 종속변수와 독립변수를 정의하고, 분석 대상의 데이터를 data로 정의한다. 예를 들어 (소도시, 중도시, 대도시) 주거지역별로 쇼핑액의 차이를 검정하는 경우 종속변수는 쇼핑액, 독립변수는 주거지역이 된다.

aov(formula, data＝NULL, ...)
- formula : 식 (종속변수~독립변수)
- data : 분석대상의 데이터 프레임

⑧ data.csv 파일을 이용하여 (소도시, 중도시, 대도시) 주거지역별로 쇼핑액(쇼핑1월＋쇼핑2월＋쇼핑3월)의 차이가 있는지를 검정(일원배치 분산 분석, 표본의 수가 서로 다름)하고, 각 고객별로 (쇼핑1월, 쇼핑2월, 쇼핑3월)의 월별 쇼핑 금액이 차이가 있는지를 검정(반복측정 분산 분석)한다.

```
> setwd("C:/workr")
> getwd()
[1] "C:/workr"
>
> data <- read.csv("data.csv", header=T, fileEncoding="EUC-KR")
>
> head(data)
   고객번호 성별    연령대    직업 주거지역 쇼핑액 이용만족도 쇼핑1월 쇼핑2월 쇼핑3월 쿠폰사용회수
1  190105 남자   45-49세 회사원   소도시  195.6        4   76.8   64.8   54.0           3
2  190106 남자   25-29세 공무원   소도시  116.4        7   44.4   32.4   39.6           6
3  190107 남자 50세 이상 자영업   중도시  183.6        4   66.0   66.0   51.6           5
4  190108 남자 50세 이상 농어업   소도시  168.0        4   62.4   52.8   52.8           4
5  190109 남자   40-44세 공무원   중도시  169.2        4   63.6   54.0   51.6           5
6  190110 남자   45-49세 자영업   중도시  171.6        5   52.8   66.0   52.8           4
   쿠폰선호도 품질 가격 서비스 배송 쇼핑만족도 소득
1        예    7    7      1    4          4 4300
2      아니오    7    4      7    3          7 7500
3        예    4    4      3    3          6 2900
4      아니오    3    3      4    6          5 5300
5      아니오    6    4      7    4          6 4000
6      아니오    5    4      3    4          5 5100
```

<일원배치 분산 분석 예>

주거지역	쇼핑액(만원)
소도시	195.6
소도시	116.4
중도시	183.6
중도시	169.2
대도시	244.8

<반복측정 분산 분석 예>

고객번호	쇼핑1월(만원)	쇼핑2월(만원)	쇼핑3월(만원)
190105	76.8	64.8	54.0
190106	44.4	32.4	39.6
190107	66.0	66.0	51.6
190109	63.6	54.0	51.6
190117	76.8	88.8	79.2

⑨ 일원배치 분산 분석 : (소도시, 중도시, 대도시)의 주거지역별로 쇼핑액이 차이가 있는지를 검정하기 위해 subset( ) 함수를 이용하여 data로부터 필요한 데이터 프레임을 추출한다. 그리고 주거지역별로 소도시 (data1), 중도시(data2), 대도시(data3)로 구분하여 각각의 데이터 프레임에 저장한다.

```
> data <- subset(data, select=c(주거지역, 쇼핑액))    > data2 <- subset(data, data$주거지역=="중도시")
> head(data)                                          > head(data2)
   주거지역 쇼핑액                                        주거지역 쇼핑액
1    소도시  195.6                                     3    중도시  183.6
2    소도시  116.4                                     5    중도시  169.2
3    중도시  183.6                                     6    중도시  171.6
4    소도시  168.0                                     7    중도시  207.6
5    중도시  169.2                                     9    중도시  111.6
6    중도시  171.6                                     10   중도시  156.0
> data1 <- subset(data, data$주거지역=="소도시")       > data3 <- subset(data, data$주거지역=="대도시")
> head(data1)                                         > head(data3)
   주거지역 쇼핑액                                        주거지역 쇼핑액
1    소도시  195.6                                     13   대도시  244.8
2    소도시  116.4                                     16   대도시  200.4
4    소도시  168.0                                     18   대도시  170.4
8    소도시  201.6                                     23   대도시  230.4
14   소도시  184.8                                     29   대도시  199.2
17   소도시  153.6                                     31   대도시  160.8
```

㉠ 기술통계 분석을 위해 "psych" 패키지와 라이브러리를 설치하고 describe( )로 주거지역별 쇼핑액의 기술통계량을 확인한다. 주거지역별 표본의 수는 소도시=30, 중도시=24, 대도시=36개이며, 평균 쇼핑액은 (소도시, 중도시, 대도시)=(167.68, 178.50, 176.77)만원으로 약간의 차이가 있다.

```
> describe(data1$쇼핑액)
   vars  n   mean    sd median trimmed   mad  min   max range  skew kurtosis   se
X1    1 30 167.68 41.96  169.2   169.3 37.36 80.4 238.8 158.4 -0.35    -0.47 7.66
>
> describe(data2$쇼핑액)
   vars  n   mean    sd median trimmed   mad   min   max range  skew kurtosis   se
X1    1 24  178.5 36.36  172.8  179.52 32.02 111.6 237.6   126 -0.05    -0.94 7.42
>
> describe(data3$쇼핑액)
   vars  n   mean    sd median trimmed   mad   min   max range skew kurtosis   se
X1    1 36 176.77 28.52  176.4  176.08 28.47 112.8 244.8   132 0.24    -0.31 4.75
```

구 분	표본의수 (n)	평균 (mean)	편차 (sd)	최소 (min)	최대 (max)	범위 (range)	중앙값 (median)
소도시 (data1)	30	167.68	41.96	80.40	238.80	158.40	169.20
중도시 (data2)	24	178.50	36.36	111.60	237.60	126.00	172.80
대도시 (data3)	36	176.77	28.52	112.80	244.80	132.00	176.40

ⓛ 주거지역별로 쇼핑액의 차이를 알아보기 위한 일원배치 분산 분석에서는 쇼핑액이 종속변수이고 주거지역이 독립변수이다. 따라서 aov( ) 함수를 이용하여 일원배치 분산 분석을 수행하기 위해 다음과 같이 입력 (aov(쇼핑액~주거지역, data))한다.

```
> aov_result <- aov(쇼핑액~주거지역, data)        > summary(aov_result)
>                                                      Df Sum Sq Mean Sq F value Pr(>F)
> aov_result                                 주거지역    2   1956   978.1   0.774  0.464
Call:                                        Residuals  87 109935  1263.6
   aov(formula = 쇼핑액 ~ 주거지역, data = data)

Terms:
                   주거지역 Residuals
Sum of Squares     1956.23 109935.37
Deg. of Freedom          2        87

Residual standard error: 35.5475
Estimated effects may be unbalanced
```

- 집단 간 변동(주거지역) : 자유도＝2, 제곱합(Sum of Squares)＝1956.23, 평균 제곱합(Mean Sq)＝1956.23/2 ＝ 978.1
- 집단 내 변동(Residuals): 자유도＝87, 제곱합(Sum of Squares)＝109935.37, 평균 제곱합(Mean Sq)＝109935.37/87＝1263.6
- F－value＝(집단 간 변동)/(집단 내 변동)＝978.1/1263.6＝0.774
- p－value(Pr(>F))＝0.464＞유의확률(0.05)

ⓒ p－value＝0.464＞0.05(유의확률)이므로 귀무가설(집단 간 차이가 없다)을 기각할 수 없다. 따라서 "주거지역별로 쇼핑액에는 차이가 없다"로 해석할 수 있다.

⑩ 반복측정 분산 분석

고객별로 (쇼핑1월, 쇼핑2월, 쇼핑3월)의 월별 쇼핑액의 차이가 있는지를 검정하기 위해 반복측정 분산 분석을 수행한다. "psych" 패키지를 설치하고 describe( ) 함수를 이용하여 (쇼핑1월, 쇼핑2월, 쇼핑3월)에 대한 기술통계량을 구한다. 표본의 수는 고객의 수(90명)로서 동일하고 월별 평균 쇼핑액은 (쇼핑1월, 쇼핑2월, 쇼핑3월)＝(64.97, 61.12, 48.11)만원으로 1월, 2월 쇼핑액은 큰 차이가 없으나 3월 쇼핑액은 다소 적다.

```
> data <- read.csv("data.csv", header=T, fileEncoding="EUC-KR")
>
> describe(data$쇼핑1월)
   vars  n  mean    sd median trimmed   mad  min  max range  skew kurtosis   se
X1    1 90 64.97 19.22   64.8   65.85 19.57 15.6 92.4  76.8 -0.24    -0.67 2.03
>
> describe(data$쇼핑2월)
   vars  n  mean    sd median trimmed   mad  min  max range skew kurtosis   se
X1    1 90 61.12 17.85   56.4   60.98 12.45 13.2 92.4  79.2 0.22    -0.36 1.88
>
> describe(data$쇼핑3월)
   vars  n  mean    sd median trimmed   mad  min  max range skew kurtosis   se
X1    1 90 48.11 17.85   52.8      48 18.68 13.2 92.4  79.2 0.03     0.09 1.88
```

구 분	표본의수 (n)	평균 (mean)	편차 (sd)	최소 (min)	최대 (max)	범위 (range)	중앙값 (median)
쇼핑1월	90	64.97	19.22	15.60	92.40	76.80	64.80
쇼핑2월	90	61.12	17.85	13.20	92.40	79.20	56.40
쇼핑3월	90	48.11	17.85	13.20	92.40	79.20	52.80

㉠ 고객별로 월별 쇼핑금액의 차이가 있는지를 알아보기 위해 반복측정 분산 분석을 수행하며, aov( ) 함수를 이용한다. 이를 위해 먼저 cbind( ), rbind( ) 함수로 (쇼핑액, 월)의 데이터 프레임(aov_data)을 생성한다. 월은 독립변수, (월별)쇼핑액은 종속변수가 된다.

```
> aov_data <- as.data.frame(rbind(cbind(data$쇼핑1월,1 ), cbind(data$쇼핑2월, 2), cbind(data$쇼핑3월, 3)))
> head(aov_data)
    V1 V2
1 76.8  1
2 44.4  1
3 66.0  1
4 62.4  1
5 63.6  1
6 52.8  1
>
> colnames(aov_data) <- c("쇼핑액", "월")
> head(aov_data)
   쇼핑액 월
1   76.8  1
2   44.4  1
3   66.0  1
4   62.4  1
5   63.6  1
6   52.8  1

> aov_data
   쇼핑액 월
1    76.8  1      91   64.8  2      181   54.0  3
2    44.4  1      92   32.4  2      182   39.6  3
3    66.0  1      93   66.0  2      183   51.6  3
4    62.4  1      94   52.8  2      184   52.8  3
5    63.6  1      95   54.0  2      185   51.6  3
6    52.8  1      96   66.0  2      186   52.8  3
7    64.8  1      97   88.8  2      187   54.0  3
8    56.4  1      98   92.4  2      188   52.8  3
9    64.8  1      99   30.0  2      189   16.8  3
10   51.6  1     100   51.6  2      190   52.8  3
```

ⓛ 독립변수(월)와 종속변수(쇼핑액)를 이용하여 aov( ) 함수를 수행한다. aov_data를 이용하여 독립변수(월)와 종속변수(쇼핑액)를 설정하고 aov(쇼핑액~월, aov_data)의 결과를 aov_result에 저장한다.

```
> aov_result <- aov(쇼핑액~월, aov_data)
>
> aov_result
Call:
   aov(formula = 쇼핑액 ~ 월, data = aov_data)

Terms:
                    월 Residuals
Sum of Squares  12801.8    90841.0
Deg. of Freedom       1        268

Residual standard error: 18.41084
Estimated effects may be unbalanced
```

```
> summary(aov_result)
            Df Sum Sq Mean Sq F value   Pr(>F)
월           1  12802   12802   37.77 2.87e-09 ***
Residuals  268  90841     339
---
Signif. codes:  0 '***' 0.001 '**' 0.01 '*' 0.05 '.' 0.1 ' ' 1
```

- 집단 간 변동(월별 쇼핑액) : 자유도＝1, 제곱합(Sum of Squares)＝12801.8, 평균 제곱합(Mean Sq)＝12801.8/1＝12802
- 집단 내 변동(Residuals) : 자유도＝268, 제곱합(Sum of Squares)＝90841.0, 평균 제곱합(Mean Sq)＝90841.0/268＝339
- F－value＝(집단 간 변동)/(집단 내 변동)＝12802/339＝ 37.77
- p－value(Pr(>F))＝$2.87 \times 10^{-9} <$ 유의확률(0.05)

ⓒ p－value＝$2.87 \times 10^{-9} < 0.05$(유의확률)이므로 귀무가설(집단 간 차이가 없다)을 기각한다. 따라서 "고객별로 월별 쇼핑액에는 차이가 있다"로 해석할 수 있다.

01 data.csv는 (고객번호, 성별, 연령대, 직업, 주거지역, 쇼핑액, 이용만족도, 쇼핑1월, 쇼핑2월, 쇼핑3월, 쿠폰사용 횟수, 쿠폰선호도, 품질, 가격, 서비스, 배송, 쇼핑만족도, 소득) 자료이다. 주요 변수에 따른 평균의 차이를 검정 하시오.

(1) 성별(남자, 여자)에 따라 쇼핑만족도의 차이가 있는지를 검정하시오.

(2) 주거지역(소도시, 중도시)에 따라 쇼핑액의 차이가 있는지를 검정하시오.

(3) 주거지역(소도시, 대도시)에 따라 쇼핑액의 차이가 있는지를 검정하시오.

(4) (쇼핑1월, 쇼핑3월)의 대응 표본에 대한 평균 차이가 있는지를 분석하시오.

(5) (쇼핑2월, 쇼핑3월)의 대응 표본에 대한 평균 차이가 있는지를 분석하시오.

(1) t.test( )를 이용한 검정 결과 p−value＝0.7073＞0.05이므로 귀무가설을 기각할 수 없어 (남자, 여자) 사이에 쇼핑 만족도의 차이가 없는 것으로 판정된다. 남자의 경우 평균 쇼핑만족도＝5.33, 여자의 경우는 5.2이다.

```
> data <- read.csv("data.csv", header=T, fileEncoding="EUC-KR")
>
> data1 <- subset(data, data$성별=="남자")
> data2 <- subset(data, data$성별=="여자")
>
> describe(data1$쇼핑만족도)
   vars  n mean   sd median trimmed  mad min max range  skew kurtosis   se
X1    1 55 5.33 1.25      5    5.36 1.48   2   7     5 -0.23    -0.79 0.17
>
> describe(data2$쇼핑만족도)
   vars  n mean   sd median trimmed  mad min max range  skew kurtosis   se
X1    1 35  5.2 1.73      5    5.41 1.48   1   7     6 -0.76    -0.17 0.29
>
> t_result <- t.test(data1$쇼핑만족도, data2$쇼핑만족도)
> t_result

        Welch Two Sample t-test

data:  data1$쇼핑만족도 and data2$쇼핑만족도
t = 0.37745, df = 56.39, p-value = 0.7073
alternative hypothesis: true difference in means is not equal to 0
95 percent confidence interval:
 -0.5480988  0.8026443
sample estimates:
mean of x mean of y
 5.327273  5.200000
```

(2) t.test( )를 이용한 검정 결과 p−value＝0.3151＞0.05이므로 귀무가설을 기각할 수 없어 (소도시, 중도시) 사이에 쇼핑액의 차이가 없는 것으로 판정된다. 소도시의 경우 평균 쇼핑액＝167.7, 중도시의 경우는 178.50이다.

```
> data <- read.csv("data.csv", header=T, fileEncoding="EUC-KR")
>
> data1 <- subset(data, data$주거지역=="소도시")
> data2 <- subset(data, data$주거지역=="중도시")
>
> describe(data1$쇼핑액)
   vars  n   mean    sd median trimmed   mad  min   max range  skew kurtosis   se
X1    1 30 167.68 41.96  169.2   169.3 37.36 80.4 238.8 158.4 -0.35    -0.47 7.66
>
> describe(data2$쇼핑액)
   vars  n  mean    sd median trimmed   mad   min   max range  skew kurtosis   se
X1    1 24 178.5 36.36  172.8  179.52 32.02 111.6 237.6   126 -0.05    -0.94 7.42
>
> t_result <- t.test(data1$쇼핑액, data2$쇼핑액)
> t_result

        Welch Two Sample t-test

data:  data1$쇼핑액 and data2$쇼핑액
t = -1.0144, df = 51.634, p-value = 0.3151
alternative hypothesis: true difference in means is not equal to 0
95 percent confidence interval:
 -32.22713  10.58713
sample estimates:
mean of x mean of y
   167.68    178.50
```

(3) t.test( )를 이용한 검정 결과 p−value＝0.3184＞0.05이므로 귀무가설을 기각할 수 없어 (소도시, 대도시) 사이에 쇼핑액의 차이가 없는 것으로 판정된다. 소도시의 경우 평균 쇼핑액＝167.7, 대도시의 경우는 176.8이다.

```
> data <- read.csv("data.csv", header=T, fileEncoding="EUC-KR")
>
> data1 <- subset(data, data$주거지역=="소도시")
> data2 <- subset(data, data$주거지역=="대도시")
>
> describe(data1$쇼핑액)
   vars  n   mean    sd median trimmed   mad  min   max range  skew kurtosis   se
X1    1 30 167.68 41.96  169.2   169.3 37.36 80.4 238.8 158.4 -0.35    -0.47 7.66
>
> describe(data2$쇼핑액)
   vars  n   mean    sd median trimmed   mad   min   max range skew kurtosis   se
X1    1 36 176.77 28.52  176.4  176.08 28.47 112.8 244.8   132 0.24    -0.31 4.75
>
> t_result <- t.test(data1$쇼핑액, data2$쇼핑액)
> t_result

        Welch Two Sample t-test

data:  data1$쇼핑액 and data2$쇼핑액
t = -1.0079, df = 49.544, p-value = 0.3184
alternative hypothesis: true difference in means is not equal to 0
95 percent confidence interval:
 -27.19960   9.02627
sample estimates:
mean of x mean of y
 167.6800  176.7667
```

(4) t.test( )를 이용한 대응표본 평균 차이 검정 결과는 다음과 같으며, 대응표본에서는 "paired＝TRUE" 옵션을 이용한다. p−value＝1.021×10^{-8}＜0.05이므로 귀무가설을 기각하게 되어 (쇼핑1월, 쇼핑3월)의 쇼핑액은 차이(평균은 쇼핑1월＝64.97, 쇼핑3월＝48.11)가 있는 것으로 보인다.

```
> data <- read.csv("data.csv", header=T, fileEncoding="EUC-KR")
>
> data <- subset(data, select=c(고객번호, 쇼핑1월, 쇼핑3월))
>
> describe(data$쇼핑1월)
   vars  n  mean    sd median trimmed   mad  min  max range  skew kurtosis   se
X1    1 90 64.97 19.22   64.8   65.85 19.57 15.6 92.4  76.8 -0.24    -0.67 2.03
>
> describe(data$쇼핑3월)
   vars  n  mean    sd median trimmed   mad  min  max range skew kurtosis   se
X1    1 90 48.11 17.85   52.8      48 18.68 13.2 92.4  79.2 0.03     0.09 1.88
>
> t_result <- t.test(data$쇼핑1월, data$쇼핑3월, paired=TRUE)
>
> t_result

        Paired t-test

data:  data$쇼핑1월 and data$쇼핑3월
t = 6.3182, df = 89, p-value = 1.021e-08
alternative hypothesis: true mean difference is not equal to 0
95 percent confidence interval:
 11.56236 22.17098
sample estimates:
mean difference
      16.86667
```

(5) t.test( )를 이용한 대응표본 평균 차이 검정 결과는 다음과 같다. $p-value=6.219 \times 10^{-6} < 0.05$이므로 귀무가설을 기각하게 되어 (쇼핑2월, 쇼핑3월)의 쇼핑액은 차이(평균은 쇼핑2월=61.12, 쇼핑3월=48.11)가 있는 것으로 보인다.

```
> data <- read.csv("data.csv", header=T, fileEncoding="EUC-KR")
>
> data <- subset(data, select=c(고객번호, 쇼핑2월, 쇼핑3월))
>
> describe(data$쇼핑2월)
   vars  n  mean    sd median trimmed   mad  min  max range skew kurtosis   se
X1    1 90 61.12 17.85   56.4   60.98 12.45 13.2 92.4  79.2 0.22    -0.36 1.88
>
> describe(data$쇼핑3월)
   vars  n  mean    sd median trimmed   mad  min  max range skew kurtosis   se
X1    1 90 48.11 17.85   52.8      48 18.68 13.2 92.4  79.2 0.03     0.09 1.88
> t_result <- t.test(data$쇼핑2월, data$쇼핑3월, paired=TRUE)
>
> t_result

        Paired t-test

data:  data$쇼핑2월 and data$쇼핑3월
t = 4.8056, df = 89, p-value = 6.219e-06
alternative hypothesis: true mean difference is not equal to 0
95 percent confidence interval:
  7.632691 18.393975
sample estimates:
mean difference
       13.01333
```

02 iris는 붓꽃의 생육 데이터(150개 데이터=품종별 50개×3개 품종)이다. 꽃잎의 길이(Petal.Length)와 너비 (Petal.Width) 그리고 꽃받침의 길이(Sepal.Length)와 너비(Sepal.Width)에 따라 붓꽃의 3가지 품종 (setosa, versicolor, virginica)을 구분한다. 각 품종에 대한 꽃잎과 꽃받침의 평균 길이에 대한 차이가 유의 한지를 검정하시오.

(1) setosa와 versicolor 품종에 대한 꽃잎의 길이의 차이가 있는지를 검정하시오.

(2) setosa와 virginica 품종에 대한 꽃잎의 길이의 차이가 있는지를 검정하시오.

(3) setosa 품종에 대하여 꽃잎과 꽃받침의 길이의 차이가 있는지를 검정하시오.

(4) setosa 품종에 대하여 꽃잎과 꽃받침의 너비의 크기가 차이가 있는지를 검정하시오.

```
> head(iris)
  Sepal.Length Sepal.Width Petal.Length Petal.Width Species
1          5.1         3.5          1.4         0.2  setosa
2          4.9         3.0          1.4         0.2  setosa
3          4.7         3.2          1.3         0.2  setosa
4          4.6         3.1          1.5         0.2  setosa
5          5.0         3.6          1.4         0.2  setosa
6          5.4         3.9          1.7         0.4  setosa
```

```
> data <- subset(iris, select=c(Sepal.Length, Petal.Length))
> head(data)
  Sepal.Length Petal.Length
1          5.1          1.4
2          4.9          1.4
3          4.7          1.3
4          4.6          1.5
5          5.0          1.4
6          5.4          1.7
```

📖 정답 및 해설

(1) t.test( ) 검정 결과, p−value=2.2×10^{-16}<0.05이므로 귀무가설을 기각하여 (setosa, versicolor) 품종 사이 꽃잎의 길 이(Petal.Length)에 차이가 있는 것으로 판정(setosa=1.46, versicolor=4.26)된다.

```
> data1 <- subset(iris, iris$Species == "setosa")
> data2 <- subset(iris, iris$Species == "versicolor")
>
> describe(data1$Petal.Length)
   vars  n mean   sd median trimmed  mad min max range skew kurtosis   se
X1    1 50 1.46 0.17    1.5    1.46 0.15   1 1.9   0.9  0.1     0.65 0.02
>
> describe(data2$Petal.Length)
   vars  n mean   sd median trimmed  mad min max range  skew kurtosis   se
X1    1 50 4.26 0.47   4.35    4.29 0.52   3 5.1   2.1 -0.57    -0.19 0.07
>
> t_result <- t.test(data1$Petal.Length, data2$Petal.Length)
> t_result

        Welch Two Sample t-test

data:  data1$Petal.Length and data2$Petal.Length
t = -39.493, df = 62.14, p-value < 2.2e-16
alternative hypothesis: true difference in means is not equal to 0
95 percent confidence interval:
 -2.939618 -2.656382
sample estimates:
mean of x mean of y
    1.462     4.260
```

(2) t.test( ) 검정 결과, p−value＝2.2×10^{-16}＜0.05이므로 귀무가설을 기각하여 (setosa, virginica) 품종 사이 꽃잎의 길이 (Petal.Length)에 차이가 있는 것으로 판정(setosa＝1.46, versicolor＝5.55)된다.

```
> data1 <- subset(iris, iris$Species == "setosa")
> data2 <- subset(iris, iris$Species == "virginica")
>
> describe(data1$Petal.Length)
   vars  n mean   sd median trimmed  mad min max range skew kurtosis   se
X1    1 50 1.46 0.17    1.5    1.46 0.15   1 1.9   0.9  0.1     0.65 0.02
>
> describe(data2$Petal.Length)
   vars  n mean   sd median trimmed  mad min max range skew kurtosis   se
X1    1 50 5.55 0.55   5.55    5.51 0.67 4.5 6.9   2.4 0.52    -0.37 0.08
>
> t_result <- t.test(data1$Petal.Length, data2$Petal.Length)
> t_result

        Welch Two Sample t-test

data:  data1$Petal.Length and data2$Petal.Length
t = -49.986, df = 58.609, p-value < 2.2e-16
alternative hypothesis: true difference in means is not equal to 0
95 percent confidence interval:
 -4.253749 -3.926251
sample estimates:
mean of x mean of y
    1.462     5.552
```

(3) 대응표본에 대한 t.test( ) 검정 결과, p−value＝2.2×10^{-16}＜0.05이므로 귀무가설을 기각하여 setosa 품종에서 (꽃잎의 길이(Petal.Length), 꽃받침의 길이(Sepal.Length))에 차이가 있는 것으로 판정(Petal.Length＝1.46, Sepal. Length＝5.01)된다.

```
> data <- subset(iris, Species=="setosa")
> data <- subset(data, select=c(Petal.Length, Sepal.Length))
>
> describe(data)
             vars  n mean   sd median trimmed  mad min max range skew kurtosis   se
Petal.Length    1 50 1.46 0.17    1.5    1.46 0.15 1.0 1.9   0.9 0.10     0.65 0.02
Sepal.Length    2 50 5.01 0.35    5.0    5.00 0.30 4.3 5.8   1.5 0.11    -0.45 0.05
>
> t_result <- t.test(data$Petal.Length, data$Sepal.Length, paired=TRUE)
> t_result

        Paired t-test

data:  data$Petal.Length and data$Sepal.Length
t = -71.835, df = 49, p-value < 2.2e-16
alternative hypothesis: true mean difference is not equal to 0
95 percent confidence interval:
 -3.643143 -3.444857
sample estimates:
mean difference
         -3.544
```

(4) 대응표본에 대한 t.test( ) 검정 결과, p−value＝2.2×10^{-16}＜0.05이므로 귀무가설을 기각하여 setosa 품종에서 (꽃잎의 너비(Petal.Width), 꽃받침의 너비(Sepal.Width))에 차이가 있는 것으로 판정(Petal.Width＝0.25, Sepal.Width＝3.43)된다.

```
> data <- subset(iris, Species=="setosa")
> data <- subset(data, select=c(Petal.Width, Sepal.Width))
>
> describe(data)
            vars  n mean   sd median trimmed  mad min max range skew kurtosis   se
Petal.Width    1 50 0.25 0.11    0.2    0.24 0.00 0.1 0.6   0.5 1.18     1.26 0.01
Sepal.Width    2 50 3.43 0.38    3.4    3.42 0.37 2.3 4.4   2.1 0.04     0.60 0.05
>
> t_result <- t.test(data$Petal.Width, data$Sepal.Width, paired=TRUE)
> t_result

        Paired t-test

data:  data$Petal.Width and data$Sepal.Width
t = -60.967, df = 49, p-value < 2.2e-16
alternative hypothesis: true mean difference is not equal to 0
95 percent confidence interval:
 -3.286884 -3.077116
sample estimates:
mean difference
          -3.182
```

03 mtcars는 1974년 Motor Trend US 잡지에 게재되었던 자료로 1973∼1974년 사이 32개 자동차 모델에 대한 성능 데이터이다. 데이터들 중 mpg(연비), hp(마력), wt(무게, 1000 lbs), vs(엔진 유형, 0은 V−shaped, 1은 Straight), am(트랜스미션 유형, 0은 automatic, 1은 manual) 항목을 이용하여 항목들 사이의 유의성 검정을 수행하시오.

(1) 엔진 유형(vs)에 따라 연비(mpg)의 차이가 있는지를 검정하시오.

(2) 트랜스미션 유형(am)에 따라 연비(mpg)의 차이가 있는지를 검정하시오.

(3) 차량 모델에 따라 차량 무게(wt)의 차이가 있는지를 검정하시오.

(4) 차량 모델에 따라 마력(hp)의 차이가 있는지를 검정하시오.

```
> head(mtcars)
                   mpg cyl disp  hp drat    wt  qsec vs am gear carb
Mazda RX4         21.0   6  160 110 3.90 2.620 16.46  0  1    4    4
Mazda RX4 Wag     21.0   6  160 110 3.90 2.875 17.02  0  1    4    4
Datsun 710        22.8   4  108  93 3.85 2.320 18.61  1  1    4    1
Hornet 4 Drive    21.4   6  258 110 3.08 3.215 19.44  1  0    3    1
Hornet Sportabout 18.7   8  360 175 3.15 3.440 17.02  0  0    3    2
Valiant           18.1   6  225 105 2.76 3.460 20.22  1  0    3    1
```

```
> data <- subset(mtcars, select=c(hp, wt, vs, am))
> head(data)
                   hp    wt vs am
Mazda RX4         110 2.620  0  1
Mazda RX4 Wag     110 2.875  0  1
Datsun 710         93 2.320  1  1
Hornet 4 Drive    110 3.215  1  0
Hornet Sportabout 175 3.440  0  0
Valiant           105 3.460  1  0
```

📋 정답 및 해설

(1) t.test( ) 검정 결과, p−value=0.0001098<0.05이므로 귀무가설을 기각하여 엔진 유형(0 혹은 1)에 따라 연비(mpg)에 차이가 있는 것으로 판정(16.62(vs=0), 24.56(vs=1))된다.

```
> data1 <- subset(mtcars, mtcars$vs == 0)
> data2 <- subset(mtcars, mtcars$vs == 1)
>
> describe(data1$mpg)
   vars  n  mean   sd median trimmed  mad  min max range skew kurtosis   se
X1    1 18 16.62 3.86  15.65   16.42 2.97 10.4  26  15.6 0.48    -0.05 0.91
>
> describe(data2$mpg)
   vars  n  mean   sd median trimmed mad  min  max range skew kurtosis   se
X1    1 14 24.56 5.38   22.8   24.34   6 17.8 33.9  16.1 0.41     -1.4 1.44
>
> t_result <- t.test(data1$mpg, data2$mpg)
> t_result

        Welch Two Sample t-test

data:  data1$mpg and data2$mpg
t = -4.6671, df = 22.716, p-value = 0.0001098
alternative hypothesis: true difference in means is not equal to 0
95 percent confidence interval:
 -11.462508  -4.418445
sample estimates:
mean of x mean of y
 16.61667  24.55714
```

(2) t.test( ) 검정 결과, p−value＝0.001374<0.05이므로 귀무가설을 기각하여 트랜스미션 유형(0 혹은 1)에 따라 연비 (mpg)에 차이가 있는 것으로 판정(17.15(am＝0), 24.39(am＝1))된다.

```
> datal <- subset(mtcars, mtcars$am == 0)
> data2 <- subset(mtcars, mtcars$am == 1)
>
> describe(datal$mpg)
    vars  n  mean   sd median trimmed  mad  min  max range skew kurtosis   se
X1    1 19 17.15 3.83   17.3   17.12 3.11 10.4 24.4    14 0.01     -0.8 0.88
>
> describe(data2$mpg)
    vars  n  mean   sd median trimmed  mad min  max range skew kurtosis   se
X1    1 13 24.39 6.17   22.8   24.38 6.67  15 33.9  18.9 0.05    -1.46 1.71
>
> t_result <- t.test(datal$mpg, data2$mpg)
> t_result

        Welch Two Sample t-test

data:  datal$mpg and data2$mpg
t = -3.7671, df = 18.332, p-value = 0.001374
alternative hypothesis: true difference in means is not equal to 0
95 percent confidence interval:
 -11.280194  -3.209684
sample estimates:
mean of x mean of y
 17.14737  24.39231
```

(3) t.test( ) 검정 결과, p−value＝4.625×10^{-9}<0.05이므로 귀무가설을 기각하여 자동차 유형(data$id)에 따라 무게 (data$wt)가 차이가 있는 것으로 판정된다.

```
> data <- mtcars
> data$id <- as.integer(as.factor(rownames(data)))
>
> t_result <- t.test(data$id, data$wt)
> t_result

        Welch Two Sample t-test

data:  data$id and data$wt
t = 7.9666, df = 31.674, p-value = 4.625e-09
alternative hypothesis: true difference in means is not equal to 0
95 percent confidence interval:
  9.885184 16.680316
sample estimates:
mean of x mean of y
 16.50000   3.21725

>
> describe(data$wt)
    vars  n mean   sd median trimmed  mad  min  max range skew kurtosis   se
X1    1 32 3.22 0.98   3.33    3.15 0.77 1.51 5.42  3.91 0.42    -0.02 0.17
> describe(data)
     vars  n   mean     sd median trimmed    mad   min    max  range skew kurtosis    se
mpg     1 32  20.09   6.03  19.20   19.70   5.41 10.40  33.90  23.50 0.61    -0.37  1.07
cyl     2 32   6.19   1.79   6.00    6.23   2.97  4.00   8.00   4.00 -0.17   -1.76  0.32
disp    3 32 230.72 123.94 196.30  222.52 140.48 71.10 472.00 400.90 0.38    -1.21 21.91
hp      4 32 146.69  68.56 123.00  141.19  77.10 52.00 335.00 283.00 0.73    -0.14 12.12
drat    5 32   3.60   0.53   3.70    3.58   0.70  2.76   4.93   2.17 0.27    -0.71  0.09
wt      6 32   3.22   0.98   3.33    3.15   0.77  1.51   5.42   3.91 -0.02   -0.02  0.17
qsec    7 32  17.85   1.79  17.71   17.83   1.42 14.50  22.90   8.40 0.37     0.34  0.32
vs      8 32   0.44   0.50   0.00    0.42   0.00  0.00   1.00   1.00 0.24    -2.00  0.09
am      9 32   0.41   0.50   0.00    0.38   0.00  0.00   1.00   1.00 0.36    -1.92  0.09
gear   10 32   3.69   0.74   4.00    3.62   1.48  3.00   5.00   2.00 0.53    -1.07  0.13
carb   11 32   2.81   1.62   2.00    2.65   1.48  1.00   8.00   7.00 1.05     1.26  0.29
id     12 32  16.50   9.38  16.50   16.50  11.86  1.00  32.00  31.00 0.00    -1.31  1.66
```

(4) 동일한 방법으로 t.test( ) 검정 결과, p−value＝4.555×10⁻¹²＜0.05이므로 귀무가설을 기각하여 자동차 유형(data$id)에 따라 마력(data$hp)가 차이가 있는 것으로 판정된다.

```
> t_result <- t.test(data$id, data$hp)
> t_result

        Welch Two Sample t-test

data:  data$id and data$hp
t = -10.642, df = 32.16, p-value = 4.555e-12
alternative hypothesis: true difference in means is not equal to 0
95 percent confidence interval:
 -155.1009 -105.2741
sample estimates:
mean of x mean of y
  16.5000   146.6875
```

04 **data.csv** 파일을 이용하여 다음 비율차이 분석(카이제곱 검정)을 수행하시오.

(1) 주거지역(소도시, 중도시)에 따른 쿠폰선호도의 비율차이를 분석하시오.

(2) 주거지역(소도시, 대도시)에 따른 쿠폰선호도의 비율차이를 분석하시오.

📋 **정답 및 해설**

(1) prop.test(x, n)를 이용하여 비율에 차이가 있는지를 분석한다. $p-value = 0.3371 > 0.05$로 귀무가설을 기각할 수 없어 (소도시, 중도시) 쿠폰선호도에는 비율 차이가 없다. 소도시 쿠폰선호도 비율은 $20/30 = 0.67$, 중도시 쿠폰선호도 비율은 $12/24 = 0.5$이다.

```
> setwd("C:/workr")
> data <- read.csv("data.csv", header=T, fileEncoding="EUC-KR")
> n1 <- length(which(data$주거지역=="소도시"))
> n2 <- length(which(data$주거지역=="중도시"))
> n <- c(n1, n2)
> n
[1] 30 24
>
> x1 <- length(which(data$주거지역=="소도시" & data$쿠폰선호도=="예"))
> x2 <- length(which(data$주거지역=="중도시" & data$쿠폰선호도=="예"))
> x <- c(x1, x2)
> x
[1] 20 12
>
> prop_result <- prop.test(x, n)
> prop_result

        2-sample test for equality of proportions with continuity correction

data:  x out of n
X-squared = 0.92141, df = 1, p-value = 0.3371
alternative hypothesis: two.sided
95 percent confidence interval:
 -0.1325019  0.4658352
sample estimates:
   prop 1    prop 2
0.6666667 0.5000000
```

(2) prop.test(x, n)를 이용한 검정결과, p−value＝0.1194>0.05로 귀무가설을 기각할 수 없어 (소도시, 대도시) 쿠폰선호도
에는 비율 차이가 없다. 소도시 쿠폰선호도 비율은 20/30＝0.67, 대도시 쿠폰선호도 비율은 16/36＝0.44이다.

```
> setwd("C:/workr")
> data <- read.csv("data.csv", header=T, fileEncoding="EUC-KR")
> n1 <- length(which(data$주거지역=="소도시"))
> n2 <- length(which(data$주거지역=="대도시"))
> n <- c(n1, n2)
> n
[1] 30 36
>
> x1 <- length(which(data$주거지역=="소도시" & data$쿠폰선호도=="예"))
> x2 <- length(which(data$주거지역=="대도시" & data$쿠폰선호도=="예"))
> x <- c(x1, x2)
> x
[1] 20 16
>
> prop_result <- prop.test(x, n)
> prop_result

        2-sample test for equality of proportions with continuity correction

data:  x out of n
X-squared = 2.4246, df = 1, p-value = 0.1194
alternative hypothesis: two.sided
95 percent confidence interval:
 -0.04243311  0.48687755
sample estimates:
   prop 1    prop 2
0.6666667 0.4444444
```

05 Titanic 데이터는 타이타닉호의 생존자들에 대한 (Class, Sex, Age, Survived, Freq)=(선박등급, 성별, 연령대(유아, 성인), 생존여부(Yes, No), 인원수)이다. 주요 변수에 따른 비율차이 분석을 수행하시오.

(1) 성별(Male, Female)에 따른 생존여부(Yes, No)의 비율차이 분석을 수행하시오.

(2) 선박등급(1st, 2nd)에 따른 생존여부(Yes, No)의 비율차이 분석을 수행하시오.

```
> x <- data.frame(Titanic)      17   1st    Male  Child   Yes    5
> x                             18   2nd    Male  Child   Yes   11
   Class    Sex   Age Survived Freq   19   3rd    Male  Child   Yes   13
1    1st   Male Child      No    0   20  Crew    Male  Child   Yes    0
2    2nd   Male Child      No    0   21   1st  Female Child   Yes    1
3    3rd   Male Child      No   35   22   2nd  Female Child   Yes   13
4   Crew   Male Child      No    0   23   3rd  Female Child   Yes   14
5    1st Female Child      No    0   24  Crew  Female Child   Yes    0
6    2nd Female Child      No    0   25   1st    Male Adult   Yes   57
7    3rd Female Child      No   17   26   2nd    Male Adult   Yes   14
8   Crew Female Child      No    0   27   3rd    Male Adult   Yes   75
9    1st   Male Adult      No  118   28  Crew    Male Adult   Yes  192
10   2nd   Male Adult      No  154   29   1st  Female Adult   Yes  140
11   3rd   Male Adult      No  387   30   2nd  Female Adult   Yes   80
12  Crew   Male Adult      No  670   31   3rd  Female Adult   Yes   76
13   1st Female Adult      No    4   32  Crew  Female Adult   Yes   20
14   2nd Female Adult      No   13
15   3rd Female Adult      No   89
16  Crew Female Adult      No    3
```

(1) prop.test( )를 이용한 검정결과, p−value＝1＞0.05로 귀무가설을 기각할 수 없어 (남성, 여성)의 생존 여부의 비율 차이
가 없다(생존비율＝8/16＝0.5).

```
> n1 <- length(which(x$Sex=="Male"))
> n2 <- length(which(x$Sex=="Female"))
> n <- c(n1, n2)
> n
[1] 16 16
>
> y1 <- length(which(x$Sex=="Male" & x$Survived=="Yes"))
> y2 <- length(which(x$Sex=="Female" & x$Survived=="Yes"))
> y <- c(y1, y2)
> y
[1] 8 8
>
> prop_result <- prop.test(y, n)
> prop_result

        2-sample test for equality of proportions without continuity correction

data:  y out of n
X-squared = 0, df = 1, p-value = 1
alternative hypothesis: two.sided
95 percent confidence interval:
 -0.346476  0.346476
sample estimates:
prop 1 prop 2
   0.5    0.5
```

(2) prop.test( )를 이용한 검정결과, p−value＝1＞0.05로 귀무가설을 기각할 수 없어 선박등급(1st, 2nd)에 따른 생존 여부
의 비율 차이가 없다(생존비율: 1st＝0.5, 2nd＝0.5).

```
> n1 <- length(which(x$Class == "1st"))
> n2 <- length(which(x$Class == "2nd"))
> n <- c(n1, n2)
> n
[1] 8 8
>
> y1 <- length(which(x$Class == "1st" & x$Survived == "Yes"))
> y2 <- length(which(x$Class == "2nd" & x$Survived == "Yes"))
> y <- c(y1, y2)
> y
[1] 4 4
>
> prop_result <- prop.test(y, n)
경고메시지(들) :
prop.test(y, n)에서: 카이제곱 approximation은 정확하지 않을수도 있습니다
> prop_result

        2-sample test for equality of proportions without continuity correction

data:  y out of n
X-squared = 0, df = 1, p-value = 1
alternative hypothesis: two.sided
95 percent confidence interval:
 -0.489991  0.489991
sample estimates:
prop 1 prop 2
   0.5    0.5
```

06 data.csv는 (고객번호, 성별, 연령대, 직업, 주거지역, 쇼핑액, 이용만족도, 쇼핑1월, 쇼핑2월, 쇼핑3월, 쿠폰사용횟수, 쿠폰선호도, 품질, 가격, 서비스, 배송, 쇼핑만족도, 소득)에 대한 자료이다. 주요 변수에 대한 분산 분석을 수행하시오.

(1) 주거지역(소도시, 중도시, 대도시)에 따른 이용만족도의 차이가 있는지를 일원배치 분산 분석 수행 결과를 나타내시오.

(2) 주거지역(소도시, 중도시, 대도시)에 따른 쇼핑만족도의 차이가 있는지를 일원배치 분산 분석 수행 결과를 나타내시오.

(3) 고객별로 (이용만족도, 쇼핑만족도)의 차이가 있는지를 반복측정 분산 분석 수행 결과를 나타내시오.

(4) 고객별로 (품질, 가격, 서비스, 배송) 만족도의 차이가 있는지를 반복측정 분산 분석 수행 결과를 나타내시오.

	A	B	C	D	E	F	G	H	I	J	K	L	M	N	O	P	Q	R
1	고객번호	성별	연령대	직업	주거지역	쇼핑액	이용만족도	쇼핑1월	쇼핑2월	쇼핑3월	쿠폰사용회:	쿠폰선호도	품질	가격	서비스	배송	쇼핑만족도	소득
2	190105	남자	45-49세	회사원	소도시	195.6	4	76.8	64.8	54	3	예	7	7	1	4	4	4300
3	190106	남자	25-29세	공무원	소도시	116.4	7	44.4	32.4	39.6	6	아니오	7	4	7	7	7	7500
4	190107	남자	50세 이상	자영업	중도시	183.6	4	66	66	51.6	5	예	4	4	3	3	6	2900
5	190108	남자	50세 이상	농어업	소도시	168	4	62.4	52.8	52.8	4	아니오	3	3	4	6	5	5300
6	190109	남자	40-44세	공무원	중도시	169.2	4	63.6	54	51.6	5	아니오	6	4	7	4	6	4000
7	190110	남자	45-49세	자영업	중도시	171.6	5	52.8	66	52.8	4	아니오	5	4	3	4	5	5100
8	190111	여자	50세 이상	공무원	중도시	207.6	4	64.8	88.8	54	4	예	7	7	1	4	5	5700
9	190112	남자	50세 이상	자영업	소도시	201.6	7	56.4	92.4	52.8	3	예	7	7	7	4	4	5900
10	190113	남자	50세 이상	농어업	중도시	111.6	3	64.8	30	16.8	4	아니오	4	2	4	3	5	5100
11	190114	여자	45-49세	회사원	중도시	156	4	51.6	51.6	52.8	0	예	1	4	1	7	1	5700
12	190115	남자	40-44세	회사원	중도시	225.6	5	80.4	92.4	52.8	1	예	5	5	5	5	2	5800
13	190116	남자	30-34세	공무원	중도시	220.8	4	76.8	90	54	5	아니오	5	5	5	4	6	4300
14	190117	남자	35-39세	회사원	대도시	244.8	7	76.8	88.8	79.2	6	아니오	7	4	7	7	7	8700
15	190118	남자	45-49세	농어업	소도시	184.8	6	91.2	67.2	26.4	5	예	5	4	5	6	6	4100

(1) p−value(Pr(>F))=0.106>0.05(유의확률)이므로 귀무가설(집단 간 차이가 없다)을 기각할 수 없어 "주거지역별로 이용만족도에는 차이가 없다"로 해석된다.

```
> setwd("C:/workr")
> data <- read.csv("data.csv", header=T, fileEncoding="EUC-KR")
> data <- subset(data, select=c(주거지역, 이용만족도))
> head(data)
   주거지역 이용만족도
1    소도시          4
2    소도시          7
3    중도시          4
4    소도시          4
5    중도시          4
6    중도시          5
>
> data1 <- subset(data, data$주거지역=="소도시")
> data2 <- subset(data, data$주거지역=="중도시")
> data3 <- subset(data, data$주거지역=="대도시")
>
> describe(data1$이용만족도)
   vars  n mean   sd median trimmed  mad min max range skew kurtosis   se
X1    1 30 5.27 1.23      5    5.25 1.48   3   7     4 0.15    -1.34 0.22
> describe(data2$이용만족도)
   vars  n mean   sd median trimmed  mad min max range  skew kurtosis   se
X1    1 24 4.79 1.41      5    4.85 1.48   1   7     6 -0.27     0.34 0.29
>
> describe(data3$이용만족도)
   vars  n mean   sd median trimmed  mad min max range  skew kurtosis   se
X1    1 36 5.58 1.52      6    5.77 1.48   2   7     5 -0.82    -0.38 0.25
>
> aov_result <- aov(이용만족도~주거지역, data)
> aov_result
Call:
   aov(formula = 이용만족도 ~ 주거지역, data = data)

Terms:
                주거지역 Residuals
Sum of Squares     9.025   170.575
Deg. of Freedom        2        87

Residual standard error: 1.400226
Estimated effects may be unbalanced
> summary(aov_result)
            Df Sum Sq Mean Sq F value Pr(>F)
주거지역      2   9.03   4.513   2.302  0.106
Residuals   87 170.57   1.961
```

(2) p-value(Pr(>F))=0.204>0.05(유의확률)이므로 귀무가설(집단 간 차이가 없다)을 기각할 수 없어 "주거지역별로 쇼핑 만족도에는 차이가 없다"로 해석된다.

```
> setwd("C:/workr")
> data <- read.csv("data.csv", header=T, fileEncoding="EUC-KR")
> data <- subset(data, select=c(주거지역, 쇼핑만족도))
>
> aov_result <- aov(쇼핑만족도~주거지역, data)
> aov_result
Call:
    aov(formula = 쇼핑만족도 ~ 주거지역, data = data)

Terms:
                    주거지역 Residuals
Sum of Squares      6.67222 179.38333
Deg. of Freedom           2        87

Residual standard error: 1.435924
Estimated effects may be unbalanced
>
> summary(aov_result)
            Df Sum Sq Mean Sq F value Pr(>F)
주거지역      2   6.67   3.336   1.618  0.204
Residuals   87 179.38   2.062
```

(3) p-value(Pr(>F))=0.959>0.05(유의확률)이므로 귀무가설(집단 간 차이가 없다)을 기각할 수 없어 "조사 구분별(이용 및 쇼핑 만족도)로 만족도에는 차이가 없다"로 해석된다.

```
> setwd("C:/workr")
> data <- read.csv("data.csv", header=T, fileEncoding="EUC-KR")
>
> aov_data <- as.data.frame(rbind(cbind(data$이용만족도, 1), cbind(data$쇼핑만족도, 2)))
> colnames(aov_data) <- c("만족도", "구분")
> head(aov_data)
  만족도 구분
1     4    1
2     7    1
3     4    1
4     4    1
5     4    1
6     5    1
>
> aov_result <- aov(만족도~구분, aov_data)
> aov_result
Call:
    aov(formula = 만족도 ~ 구분, data = aov_data)

Terms:
                    구분 Residuals
Sum of Squares   0.0056  365.6556
Deg. of Freedom       1       178

Residual standard error: 1.433264
Estimated effects may be unbalanced
>
> summary(aov_result)
            Df Sum Sq Mean Sq F value Pr(>F)
구분          1    0.0  0.0056   0.003  0.959
Residuals   178  365.7  2.0542
```

(4) p−value(Pr(>F))＝0.000167<0.05(유의확률)이므로 귀무가설(집단 간 차이가 없다)을 기각하게 되어 "조사 구분별(품질, 가격, 서비스, 배송 만족도)로 만족도에는 차이가 있다"로 해석된다.

```
> setwd("C:/workr")
> data <- read.csv("data.csv", header=T, fileEncoding="EUC-KR")
>
> aov_data <- as.data.frame(rbind(cbind(data$품질,1), cbind(data$가격,2), cbind(data$서비스,3), cbind(data$배송,4)))
> colnames(aov_data) <- c("만족도","구분")
> head(aov_data)
  만족도 구분
1     7    1
2     7    1
3     4    1
4     3    1
5     6    1
6     5    1
>
> aov_result <- aov(만족도~구분, aov_data)
> aov_result
Call:
   aov(formula = 만족도 ~ 구분, data = aov_data)

Terms:
                   구분 Residuals
Sum of Squares   33.8939  837.9700
Deg. of Freedom        1       358

Residual standard error: 1.529934
Estimated effects may be unbalanced
> summary(aov_result)
             Df Sum Sq Mean Sq F value   Pr(>F)
구분           1   33.9   33.89   14.48 0.000167 ***
Residuals   358  838.0    2.34
---
Signif. codes:  0 '***' 0.001 '**' 0.01 '*' 0.05 '.' 0.1 ' ' 1
```

MEMO

3과목

데이터 분석모형

제1장

상관관계 분석

1 상관관계 분석의 이해

(1) 상관관계 분석을 위해 다음 패키지를 이용한다.

install.packages("ggplot2")	#그래프 작성, diamonds 데이터세트 이용
install.packages("Hmisc")	#rcorr( ) 함수를 이용한 상관관계 분석
library(ggplot2)	—
library(Hmisc)	—

(2) 상관관계 분석(Correlation Analysis)이란 데이터 내의 두 변수 사이에 어떠한 관련성(특히 선형적 관계)이 있는 지를 알아보기 위한 분석 기법이다.

(3) 두 변수 간에 관계를 알아보기 위해 상관계수를 이용하며, 연속형 자료 또는 순위형 자료를 대상으로 한다. 상관계 수(r)＝(X와 Y가 함께 변하는 정도)/(X와 Y가 각각 변하는 정도)의 개념을 가지며, 공분산과 표본 상관계수는 다음과 같이 구한다.

① 공분산($Cov(X, Y)$)

$$Cov(X, Y) = \frac{\sum (X_i - \overline{X})(Y_i - \overline{Y})}{n - 1}$$

② 표본 상관계수(r)

$$r = \frac{Cov(X, Y)}{Sd(X)Sd(Y)} = \frac{S_{XY}}{\sqrt{S_{XX}S_{YY}}}$$
$$S_{XY} = \sum (X_i - \overline{X})(Y_i - \overline{Y})$$
$$S_{XX} = \sum (X_i - \overline{X})^2$$
$$S_{YY} = \sum (Y_i - \overline{Y})^2$$

$Sd(X)$는 X의 표준편차, $Sd(Y)$는 Y의 표준편차

(4) 공분산(Covariance)이란 2개 확률변수의 선형관계를 나타내는 값으로 2개의 변수 중 하나의 값이 상승하는 경향 을 보일 때 다른 값도 상승하는 선형 상관성이 있다면 양수의 공분산, 반대로 다른 값이 하강하는 선형 상관성을 보일 때 음수의 공분산 값을 가진다.

(5) 상관관계 분석은 두 변수 사이의 선형적 관계에 대해서만 파악하며, 함수적 관계를 분석하기 위해서는 회귀 분석을 실시한다. 상관관계 분석은 (교육 수준, 급여), (통화 증가율, 물가 상승률) 등 서로 관계가 있는 변수들 사이의 관계를 분석할 때 이용된다.

(6) 양의 상관관계가 있다는 것은 한 변수의 값이 증가할 때 다른 변수의 값도 증가하는 경향을 보이는 것이며, 음의 상관관계가 있다는 것은 한 변수의 값이 증가할 때 다른 변수의 값이 감소하는 경향을 보이는 것으로 해석한다.

(7) 상관관계가 없다는 것은 한 변수의 값의 변화에 무관하게 다른 변수의 값이 변하는 관계를 뜻한다.

2 산점도 및 상관계수

(1) 두 변수 사이의 관계를 알아보기 위해 산점도를 이용하며, 산점도를 통해 시각적으로 두 변수 사이의 관계를 알아볼 수 있다.

(2) 아래 그림에서처럼 (키, 몸무게)를 볼 때 양의 상관관계, (차량의 무게, 연비)는 음의 상관관계가 있다.

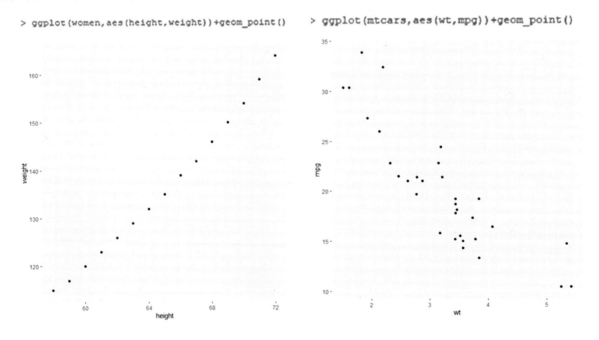

(3) **피어슨 상관계수(Pearson Correlation Coefficient)** : 등간 척도 자료 사이의 관계를 알아보기 위해 사용되며, 연속형 변수 사이의 선형적 관계를 나타낸다.

(4) **켄달(또는 켄달타우) 상관계수(Kendalltau Correlation Coefficient)** : 범주형 자료(서열 척도)인 두 변수 사이의 상관관계를 측정하기 위해 사용되며, 비모수적 통계 분석 기법으로서 순위 상관계수(Rank Correlation Coefficient)의 한 종류이다.

(5) 스피어만 상관계수(Spearman Correlation Coefficient) : 범주형 자료(서열 척도)인 두 변수의 상관관계를 측정하기 위해 사용되며, 다음과 같이 순위 데이터에 대해 적용된다.

$$r = \frac{\sum (r_x^i - \overline{r_x})(r_y^i - \overline{r_y})}{\sqrt{\sum (r_x^i - \overline{r_x})^2}\sqrt{\sum (r_y^i - \overline{r_y})^2}}$$

여기에서 r_x : x 자료의 순위, r_y : y 자료의 순위

(6) 상관계수의 성질

① 상관계수 r은 $-1 \leq r \leq 1$의 범위에 있다.

② 상관계수 r이 0보다 크다($r > 0$)는 것은 x값이 증가하면 y의 값도 증가하고, x의 값이 감소하면 y의 값도 감소한다는 것을 의미한다. 회귀 분석 시에 직선의 기울기가 양수인 경우이다.

③ 상관계수 r이 0보다 작다($r < 0$)는 것은 x의 값이 증가하면 y의 값이 감소하고 x의 값이 감소하면 y의 값이 증가한다는 것을 의미한다. 회귀 분석 시에 직선의 기울기가 음수인 경우이다.

④ 상관계수 r이 $+1$로 가까이 갈수록 양의 상관관계가 커진다고 하고, 양의 방향으로 된 직선의 경향이 강하게 나타난다고 할 수 있다.

⑤ 상관계수 r의 값이 -1로 가까이 갈수록 음의 상관관계가 커진다고 하고, 음의 방향으로 된 직선의 경향이 강하게 나타난다고 할 수 있다.

⑥ 상관계수 $r = 0$은 두 변수 사이의 상관관계가 없음을 나타낸다.

(7) 피어슨 상관관계 분석

① 상관관계 분석을 위해 cor( )과 cor.test( ) 함수를 이용하며, 사용 형식은 다음과 같다. 상관관계 분석 유형은 피어슨(pearson), 켄달(kendall), 스피어만(spearman) 방식을 지원하고 기본적으로 피어슨 상관분석 방법(분석 자료가 연속형)을 사용한다. 반면, 켄달과 스피어만 방식은 자료가 범주형 자료일 때 적용된다.

```
cor(x, y, method=c("pearson", "kendall", "spearman"))
cor.test(x, y, method=c("pearson", "kendall", "spearman"))
 • x, y : 분석 변수
 • method : 상관관계 분석 유형
```

② cov( ), cor( ), cor.test( ) 함수를 이용하여 (키, 몸무게)와 (무게, 연비) 자료에 대한 상관관계(공분산 및 상관계수)를 분석하면 다음과 같다. 상관계수는 cor( ) 함수를 이용하며, 신뢰구간(confidence interval)과 유의확률(p−value)을 함께 구하기 위해 cor.test( )를 이용한다.

```
> cov(women$height, women$weight)
[1] 69
> cor(women$height, women$weight)
[1] 0.9954948
>
> cov(mtcars$wt, mtcars$mpg)
[1] -5.116685
> cor(mtcars$wt, mtcars$mpg)
[1] -0.8676594
>
> cor.test(women$height, women$weight)

          Pearson's product-moment correlation

data:  women$height and women$weight
t = 37.855, df = 13, p-value = 1.091e-14
alternative hypothesis: true correlation is not equal to 0
95 percent confidence interval:
 0.9860970 0.9985447
sample estimates:
       cor
0.9954948


>
> cor.test(mtcars$wt, mtcars$mpg)

          Pearson's product-moment correlation

data:  mtcars$wt and mtcars$mpg
t = -9.559, df = 30, p-value = 1.294e-10
alternative hypothesis: true correlation is not equal to 0
95 percent confidence interval:
 -0.9338264 -0.7440872
sample estimates:
       cor
-0.8676594
```

③ cor.test( ) 수행 결과는 두 변수 사이의 가설검정 결과를 포함한다. 귀무가설은 "두 변수 사이 상관관계가 없다. 즉, 상관계수＝0이다"이고, 이에 대한 유의확률(p-value)은 1.091×10^{-14}로 유의수준(5%, 1%)보다 작으므로 귀무가설은 기각되어 두 변수 사이 상관관계가 존재함을 알 수 있다.

④ 한 번에 여러 변수들에 대한 상관관계 분석을 동시에 수행하는 경우 Hmisc 패키지의 rcorr( ) 함수를 이용하며, 사용 방법은 다음과 같다.

> rcorr(x, y, type = c("pearson", "spearman"))
 • x : 행렬 자료
 • y : x와 결합된 벡터 또는 매트릭스형 자료
 • type : 상관계수 종류(pearson, spearman)

⑤ Hmisc 패키지를 설치[install.packages("Hmisc")]하고 data.frame( )을 이용하여 mtcars 데이터의 주요 분석 대상 변수(mpg, wt, qsec, disp, drat)를 data에 저장한다.

⑥ Hmisc 패키지를 호출[library(Hmisc)]하고 rcorr( ) 함수를 이용하여 5개 변수들에 대한 상관관계 분석결과를 얻는다.

```
> data <- data.frame(mtcars$mpg, mtcars$wt, mtcars$qsec, mtcars$disp, mtcars$drat)
> data
   mtcars.mpg mtcars.wt mtcars.qsec mtcars.disp mtcars.drat
1        21.0     2.620       16.46       160.0        3.90
2        21.0     2.875       17.02       160.0        3.90
3        22.8     2.320       18.61       108.0        3.85
4        21.4     3.215       19.44       258.0        3.08
5        18.7     3.440       17.02       360.0        3.15
6        18.1     3.460       20.22       225.0        2.76
7        14.3     3.570       15.84       360.0        3.21
8        24.4     3.190       20.00       146.7        3.69
9        22.8     3.150       22.90       140.8        3.92
10       19.2     3.440       18.30       167.6        3.92
11       17.8     3.440       18.90       167.6        3.92
12       16.4     4.070       17.40       275.8        3.07
13       17.3     3.730       17.60       275.8        3.07
14       15.2     3.780       18.00       275.8        3.07
15       10.4     5.250       17.98       472.0        2.93
16       10.4     5.424       17.82       460.0        3.00
17       14.7     5.345       17.42       440.0        3.23
18       32.4     2.200       19.47        78.7        4.08
19       30.4     1.615       18.52        75.7        4.93
20       33.9     1.835       19.90        71.1        4.22
21       21.5     2.465       20.01       120.1        3.70
22       15.5     3.520       16.87       318.0        2.76
23       15.2     3.435       17.30       304.0        3.15
24       13.3     3.840       15.41       350.0        3.73
25       19.2     3.845       17.05       400.0        3.08
26       27.3     1.935       18.90        79.0        4.08
27       26.0     2.140       16.70       120.3        4.43
28       30.4     1.513       16.90        95.1        3.77
29       15.8     3.170       14.50       351.0        4.22
30       19.7     2.770       15.50       145.0        3.62
31       15.0     3.570       14.60       301.0        3.54
32       21.4     2.780       18.60       121.0        4.11
```

```
> library(Hmisc)
> pearson_result <- rcorr(as.matrix(data), type="pearson")
> pearson_result
            mtcars.mpg mtcars.wt mtcars.qsec mtcars.disp mtcars.drat
mtcars.mpg        1.00     -0.87        0.42       -0.85        0.68
mtcars.wt        -0.87      1.00       -0.17        0.89       -0.71
mtcars.qsec       0.42     -0.17        1.00       -0.43        0.09
mtcars.disp      -0.85      0.89       -0.43        1.00       -0.71
mtcars.drat       0.68     -0.71        0.09       -0.71        1.00

n= 32


P
            mtcars.mpg mtcars.wt mtcars.qsec mtcars.disp mtcars.drat
mtcars.mpg              0.0000    0.0171      0.0000      0.0000
mtcars.wt   0.0000                0.3389      0.0000      0.0000
mtcars.qsec 0.0171     0.3389                 0.0131      0.6196
mtcars.disp 0.0000     0.0000    0.0131                   0.0000
mtcars.drat 0.0000     0.0000    0.6196      0.0000
```

⑦ 출력 결과는 5개 변수들 사이 상관계수, n=32개(표본 수), 유의확률(p)을 나타낸다. 예를 들어 유의수준은 5%인 경우 유의확률(p=0.3389)이 0.05 이상인 (자동차 무게(wt), 1/4마일 가는 데 소요시간(qsec))에 대해 두 변수 사이 "상관관계가 없다"의 귀무가설을 기각할 수 없다(즉, 자동차 무게와 1/4마일 가는 데 소요시간 사이에는 상관관계가 존재하지 않음).

(8) 스피어만 상관관계 분석

① 범주형 자료(서열 척도 등)의 경우 두 변수들 사이의 상관관계를 분석하기 위해 스피어만 상관계수(Spearman Correlation Coefficient)를 이용한다.

② 다음은 6명 학생에 대한 과목별 순위 데이터이다. 수학과 영어 과목 성적 사이의 상관관계를 알아보기 위해 data.frame( ) 자료로 데이터를 저장한다.

학생ID	성 별	학 년	국 어	수 학	영 어	사 회	과 학
1	여 성	1	2	2	3	2	2
2	남 성	1	6	3	4	6	6
3	남 성	2	4	6	5	5	5
4	여 성	2	3	5	2	4	4
5	남 성	3	1	1	1	1	1
6	남 성	3	5	4	6	3	3

```
> kor <- c(2, 6, 4, 3, 1, 5)
> math <- c(2, 3, 6, 5, 1, 4)
> eng <- c(3, 4, 5, 2, 1, 6)
> soc <- c(2, 6, 5, 4, 1, 3)
> sci <- c(2, 6, 5, 4, 1, 3)
>
> data <- data.frame(kor, math, eng, soc, sci)
>
> data
  kor math eng soc sci
1   2    2   3   2   2
2   6    3   4   6   6
3   4    6   5   5   5
4   3    5   2   4   4
5   1    1   1   1   1
6   5    4   6   3   3
> ggplot(data, aes(math, eng))+geom_point()
```

③ 수학(data$math)과 영어 성적(data$eng) 사이 공분산은 1.9, 상관계수는 0.5429로 양의 상관관계가 있다. 그러나 cor.test( )를 이용한 가설검정 결과, p−value=0.2972로 유의수준=1%에서 귀무가설을 기각할 수 없다.

④ rcorr( )를 이용한 과목들 사이의 분석결과, 유의수준＝5%에서는 (국어, 사회), (국어, 과학) 과목 순위 사이, 유의수준＝1%에서는 (사회, 과학) 과목 사이 순위에서 유의한 상관관계가 존재한다.

```
> cov(data$math, data$eng, method="spearman")
[1] 1.9
>
> cor(data$math, data$eng, method="spearman")
[1] 0.5428571
>
> cor.test(data$math, data$eng, method="spearman")

        Spearman's rank correlation rho

data:  data$math and data$eng
S = 16, p-value = 0.2972
alternative hypothesis: true rho is not equal to 0
sample estimates:
      rho
0.5428571

>
> spearman_result <- rcorr(as.matrix(data), type="spearman")
> spearman_result
     kor math  eng  soc  sci
kor  1.00 0.49 0.77 0.83 0.83
math 0.49 1.00 0.54 0.66 0.66
eng  0.77 0.54 1.00 0.49 0.49
soc  0.83 0.66 0.49 1.00 1.00
sci  0.83 0.66 0.49 1.00 1.00

n= 6


P
     kor    math   eng    soc    sci
kor         0.3287 0.0724 0.0416 0.0416
math 0.3287        0.2657 0.1562 0.1562
eng  0.0724 0.2657        0.3287 0.3287
soc  0.0416 0.1562 0.3287        0.0000
sci  0.0416 0.1562 0.3287 0.0000
```

01 다음 자료에 대해 상관관계를 분석하시오.

(1) 쇼핑액과 이용만족도 사이 산점도를 그리시오.

(2) 쇼핑액과 이용만족도 사이 상관관계(공분산, 상관계수)를 분석하시오.

(3) 쇼핑액과 이용만족도 사이 상관계수와 함께 유의확률을 구하고 "두 변수 사이 상관관계가 존재하지 않는다"의 가설을 검정하시오.

(4) rcorr( ) 함수를 이용하여 (성별, 연령대, 쇼핑액, 이용만족도) 사이 상관관계 분석 수행 결과를 나타내고, 귀무가설(변수들 사이 상관관계가 없다)이 기각되는 두 변수 사이의 관계를 나타내시오.

고객번호 (id)	성별 (sex)	연령대 (age)	직업 (work)	쇼핑액(천원/월) (shop)	이용만족도 (sa)
1	남 자	45~49세(3)	회사원	195.6	4
2	남 자	25~29세(1)	공무원	116.4	7
3	여 자	50세 이상(4)	자영업	183.6	3
4	남 자	50세 이상(4)	농어업	168.0	4
5	여 자	40~44세(2)	공무원	169.2	5

(1) 데이터 프레임으로 저장(data) 후, ggplot( ) 명령어를 이용하여 (shop, sa)＝(쇼핑액, 이용만족도) 사이 산점도를 작성한다.

```
> id <- c(1, 2, 3, 4, 5)
> sex <- c(1, 1, 2, 1, 2)
> age <- c(3, 1, 4, 4, 2)
> work <- c("회사원", "공무원", "자영업", "농어업", "공무원")
> shop <- c(195.6, 116.4, 183.6, 168, 169.2)
> sa <- c(4, 7, 3, 4, 5)
>
> data <- data.frame(id, sex, age, work, shop, sa)
> data
  id sex age    work  shop sa
1  1   1   3  회사원 195.6  4
2  2   1   1  공무원 116.4  7
3  3   2   4  자영업 183.6  3
4  4   1   4  농어업 168.0  4
5  5   2   2  공무원 169.2  5

> ggplot(data, aes(shop, sa))+geom_point()
```

(2) 쇼핑액과 이용만족도 사이 공분산 cov( )＝−41.22, 상관계수 cor( )＝−0.897이다.

```
> cov(data$shop, data$sa)
[1] -41.22
> cor(data$shop, data$sa)
[1] -0.8986852
```

(3) cor.test( ) 검정 결과 p−value＝0.03812＜0.05로 유의수준 5%에서 귀무가설을 기각하게 되어 두 변수 사이 상관관계가 있는 것으로, 유의수준 1%에서는 상관관계가 없는 것으로 판정된다.

```
> cor.test(data$shop, data$sa)

        Pearson's product-moment correlation

data:  data$shop and data$sa
t = -3.549, df = 3, p-value = 0.03812
alternative hypothesis: true correlation is not equal to 0
95 percent confidence interval:
 -0.99334693 -0.07927159
sample estimates:
        cor
-0.8986852
```

(4) rcorr( ) 함수를 이용한 변수들 사이 상관관계 검정 결과, 유의수준 5%에서 (성별(age), 만족도(sa)), (쇼핑액(shop), 만족도(sa)) 항목 사이 유의한 것으로 판정(상관관계가 있다)된다.

```
> data1 <- data.frame(data$sex, data$age, data$shop, data$sa)
> pearson_result <- rcorr(as.matrix(data1), type="pearson")
> pearson_result
          data.sex data.age data.shop data.sa
data.sex     1.00     0.14      0.30    -0.36
data.age     0.14     1.00      0.74    -0.94
data.shop    0.30     0.74      1.00    -0.90
data.sa     -0.36    -0.94     -0.90     1.00

n= 5


P
          data.sex data.age data.shop data.sa
data.sex             0.8223   0.6275    0.5504
data.age  0.8223              0.1558    0.0194
data.shop 0.6275    0.1558              0.0381
data.sa   0.5504    0.0194   0.0381
```

02 다음 자료에 대해 상관관계를 분석하시오.

(1) 수학과 영어 성적 사이 산점도를 그리시오.

(2) 수학과 영어 성적 사이 상관관계(공분산, 상관계수)를 분석하시오.

(3) 수학과 영어 성적 사이 상관계수와 함께 유의확률을 구하고 "두 변수 사이 상관관계가 존재하지 않는다"의 가설을 검정하시오.

(4) rcorr( ) 함수를 이용하여 (국어, 수학, 영어, 사회, 과학) 성적 사이 상관관계 분석 수행 결과를 나타내고, 귀무가설 (각 과목 성적들 사이 상관관계가 없다)이 기각되는 두 변수 사이의 관계를 나타내시오.

학생ID	성 별	학 년	국 어	수 학	영 어	사 회	과 학	합 계	학 점
1	여 성	1	89.2	74.4	84.2	90.0	85.0	422.8	3.84
2	남 성	1	60.4	63.6	73.4	57.6	60.0	315.0	2.69
3	남 성	2	74.2	40.8	70.8	77.0	60.0	322.8	2.70
4	여 성	2	84.6	50.0	87.0	87.0	65.8	374.4	3.91
5	남 성	3	91.0	96.6	99.2	93.6	93.4	473.8	4.10
6	남 성	3	72.6	43.4	69.2	88.8	66.4	340.4	3.07

(1) 데이터 프레임으로 저장(data) 후, ggplot( ) 명령어를 이용하여 (math, eng)=(수학 성적, 영어 성적) 사이 산점도를 작성한다.

```
> id <- c(1, 2, 3, 4, 5, 6)
> sex <- c(2, 1, 1, 2, 1, 1)
> year <- c(1, 1, 2, 2, 3, 3)
> kor <- c(89.2, 60.4, 74.2, 84.6, 91.0, 72.6)
> math <- c(74.4, 63.6, 40.8, 50.0, 96.6, 43.4)
> eng <- c(84.2, 73.4, 70.8, 87.0, 99.2, 69.2)
> soc <- c(90.0, 57.6, 77.0, 87.0, 93.6, 88.8)
> sci <- c(85.0, 60.0, 60.0, 65.8, 93.4, 66.4)
> sum <- c(422.9, 315.0, 322.8, 374.4, 473.8, 340.4)
> grade <- c(3.84, 2.69, 2.7, 3.91, 4.1, 3.07)
>
> data <- data.frame(id, sex, year, kor, math, eng, soc, sci, sum, grade)
> data
  id sex year  kor math  eng  soc  sci   sum grade
1  1   2    1 89.2 74.4 84.2 90.0 85.0 422.9  3.84
2  2   1    1 60.4 63.6 73.4 57.6 60.0 315.0  2.69
3  3   1    2 74.2 40.8 70.8 77.0 60.0 322.8  2.70
4  4   2    2 84.6 50.0 87.0 87.0 65.8 374.4  3.91
5  5   1    3 91.0 96.6 99.2 93.6 93.4 473.8  4.10
6  6   1    3 72.6 43.4 69.2 88.8 66.4 340.4  3.07
```

```
> ggplot(data, aes(math, eng))+geom_point()
```

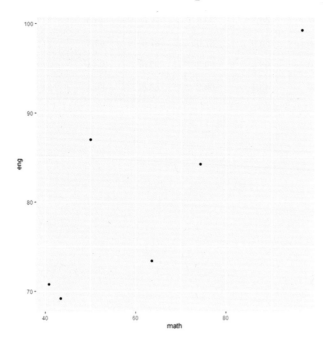

(2) 수학 성적과 영어 성적 사이 공분산 cov( )＝203.96, 상관계수 cor( )＝0.818이다.

```
> cov(data$math, data$eng)
[1] 203.9573
>
> cor(data$math, data$eng)
[1] 0.8183844
```

(3) cor.test( ) 검정 결과 p－value＝0.04648＜0.05로 유의수준 5%에서 귀무가설을 기각하게 되어 두 변수 사이 상관관계가 있는 것으로, 유의수준 1%에서는 상관관계가 없는 것으로 판정된다.

```
> cor.test(data$math, data$eng)

        Pearson's product-moment correlation

data:  data$math and data$eng
t = 2.8482, df = 4, p-value = 0.04648
alternative hypothesis: true correlation is not equal to 0
95 percent confidence interval:
 0.02031713 0.97943514
sample estimates:
      cor
0.8183844
```

(4) rcorr( ) 함수를 이용한 변수들 사이 상관관계 검정 결과, 유의수준 5%에서 (kor, soc), (kor, sci), (math, eng), (math, sci), (eng, sci) 항목 사이 유의한 것으로 판정(상관관계가 있다)된다.

```
> datal <- subset(data, select=c(kor, math, eng, soc, sci))
> pearson_result <- rcorr(as.matrix(datal), type="pearson")
> pearson_result
      kor math  eng  soc  sci
kor  1.00 0.53 0.80 0.87 0.81
math 0.53 1.00 0.82 0.27 0.88
eng  0.80 0.82 1.00 0.55 0.82
soc  0.87 0.27 0.55 1.00 0.68
sci  0.81 0.88 0.82 0.68 1.00

n= 6


P
      kor    math   eng    soc    sci
kor          0.2806 0.0535 0.0229 0.0483
math 0.2806        0.0465 0.6081 0.0223
eng  0.0535 0.0465        0.2628 0.0437
soc  0.0229 0.6081 0.2628        0.1371
sci  0.0483 0.0223 0.0437 0.1371
```

03 다음은 diamonds 데이터(ggplot2 패키지 설치 후 이용)이다. 변수들 사이의 상관관계를 분석하시오.

(1) 다이아몬드의 무게(carat)와 가격(price) 사이의 산점도를 그리시오.

(2) 다이아몬드의 무게(carat)와 가격(price) 사이의 상관관계(공분산, 상관계수)를 분석하시오.

(3) 다이아몬드의 무게(carat)와 가격(price) 사이 상관계수와 함께 유의확률을 구하고 "두 변수 사이 상관관계가 존재하지 않는다"의 가설을 검정하시오.

(4) rcorr( ) 함수를 이용하여 (무게(carat), 컷팅 수준(cut), 깨끗한 정도(clarity), 깊이(depth), 가격(price)) 사이 상관관계 분석 수행 결과를 나타내고 귀무가설(각 변수들 사이 상관관계가 없다)이 기각되는 두 변수 사이의 관계를 나타내시오.

```
> diamonds
# A tibble: 53,940 × 10
   carat cut       color clarity depth table price     x     y     z
   <dbl> <ord>     <ord> <ord>   <dbl> <dbl> <int> <dbl> <dbl> <dbl>
 1  0.23 Ideal     E     SI2      61.5    55   326  3.95  3.98  2.43
 2  0.21 Premium   E     SI1      59.8    61   326  3.89  3.84  2.31
 3  0.23 Good      E     VS1      56.9    65   327  4.05  4.07  2.31
 4  0.29 Premium   I     VS2      62.4    58   334  4.2   4.23  2.63
 5  0.31 Good      J     SI2      63.3    58   335  4.34  4.35  2.75
 6  0.24 Very Good J     VVS2     62.8    57   336  3.94  3.96  2.48
 7  0.24 Very Good I     VVS1     62.3    57   336  3.95  3.98  2.47
 8  0.26 Very Good H     SI1      61.9    55   337  4.07  4.11  2.53
 9  0.22 Fair      E     VS2      65.1    61   337  3.87  3.78  2.49
10  0.23 Very Good H     VS1      59.4    61   338  4     4.05  2.39
# … with 53,930 more rows
```

(1) ggplot( ) 함수를 이용하여 다이아몬드의 (무게, 가격)＝(carat, price) 사이의 산점도를 작성한다.

```
> ggplot(diamonds, aes(carat, price))+geom_point()
```

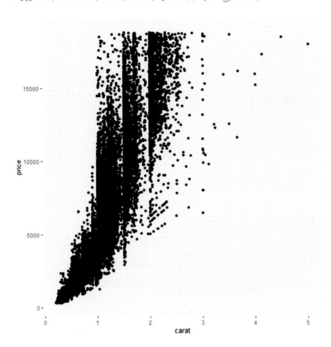

(2) 다이아몬드의 (무게, 가격) 사이의 공분산 cov( )＝1742.77, 상관계수 cor( )＝0.922이다.

```
> cov(diamonds$carat, diamonds$price)
[1] 1742.765
>
> cor(diamonds$carat, diamonds$price)
[1] 0.9215913
```

(3) cor.test( ) 검정 결과 p－value＝2.2×10^{-16}＜0.01로 유의수준 1%에서 귀무가설을 기각하게 되어 두 변수 사이 상관관계가 있는 것으로 판정된다.

```
> cor.test(diamonds$carat, diamonds$price)

        Pearson's product-moment correlation

data:  diamonds$carat and diamonds$price
t = 551.41, df = 53938, p-value < 2.2e-16
alternative hypothesis: true correlation is not equal to 0
95 percent confidence interval:
 0.9203098 0.9228530
sample estimates:
      cor
0.9215913
```

(4) rcorr( ) 함수를 이용한 변수들 사이 상관관계 검정 결과, 유의수준 5%에서 분석 대상인 항목(무게, 컷팅 수준, 깨끗한 정도, 깊이)들은 가격 결정에 유의한 영향을 미치는 것으로 판정(상관관계가 있다)된다.

```
> datal <- subset(diamonds, select=c(carat, cut, clarity, depth, price))
> str(datal)
tibble [53,940 × 5] (S3: tbl_df/tbl/data.frame)
 $ carat  : num [1:53940] 0.23 0.21 0.23 0.29 0.31 0.24 0.24 0.26 0.22 0.23 ...
 $ cut    : Ord.factor w/ 5 levels "Fair"<"Good"<..: 5 4 2 4 2 3 3 3 1 3 ...
 $ clarity: Ord.factor w/ 8 levels "I1"<"SI2"<"SI1"<..: 2 3 5 4 2 6 7 3 4 5 ...
 $ depth  : num [1:53940] 61.5 59.8 56.9 62.4 63.3 62.8 62.3 61.9 65.1 59.4 ...
 $ price  : int [1:53940] 326 326 327 334 335 336 336 337 337 338 ...
>
> datal$cut <- as.integer(datal$cut)
> datal$clarity <- as.integer(datal$clarity)
>
> pearson_result <- rcorr(as.matrix(datal), type="pearson")
> pearson_result
        carat   cut clarity depth price
carat    1.00 -0.13   -0.35  0.03  0.92
cut     -0.13  1.00    0.19 -0.22 -0.05
clarity -0.35  0.19    1.00 -0.07 -0.15
depth    0.03 -0.22   -0.07  1.00 -0.01
price    0.92 -0.05   -0.15 -0.01  1.00

n= 53940


P
        carat  cut    clarity depth  price
carat          0.0000 0.0000  0.0000 0.0000
cut     0.0000        0.0000  0.0000 0.0000
clarity 0.0000 0.0000         0.0000 0.0000
depth   0.0000 0.0000 0.0000         0.0134
price   0.0000 0.0000 0.0000  0.0134
>
>
> head(datal)
# A tibble: 6 × 5
  carat   cut clarity depth price
  <dbl> <int>   <int> <dbl> <int>
1  0.23     5       2  61.5   326
2  0.21     4       3  59.8   326
3  0.23     2       5  56.9   327
4  0.29     4       4  62.4   334
5  0.31     2       2  63.3   335
6  0.24     3       6  62.8   336
```

04 다음은 cars 데이터이다. 변수들 사이의 상관관계를 분석하시오.

(1) 자동차의 속도[speed, mph(miles per hour)]와 제동 거리(dist, ft) 사이의 산점도를 그리시오.

(2) 자동차의 속도(speed)와 제동 거리(ft) 사이의 상관관계(공분산, 상관계수)를 분석하시오.

(3) 자동차의 속도(speed)와 제동 거리(ft) 사이 상관계수와 함께 유의확률을 구하고 "두 변수 사이 상관관계가 존재하지 않는다"의 가설을 검정하시오.

```
> cars
   speed dist
1      4    2
2      4   10
3      7    4
4      7   22
5      8   16
6      9   10
7     10   18
8     10   26
9     10   34
10    11   17
11    11   28
12    12   14
13    12   20
14    12   24
15    12   28
16    13   26
17    13   34
18    13   34
19    13   46
20    14   26
21    14   36
22    14   60
23    14   80
24    15   20
25    15   26
26    15   54
27    16   32
28    16   40
29    17   32
30    17   40
31    17   50
32    18   42
33    18   56
34    18   76
35    18   84
36    19   36
37    19   46
38    19   68
39    20   32
```

📑 정답 및 해설

(1) ggplot( )을 이용하여 (속도, 제동거리) 사이의 산점도를 작성한다.

```
> ggplot(cars, aes(speed, dist))+geom_point()
```

(2) 자동차의 (속도, 제동거리) 사이의 공분산 cov( )=109.95, 상관계수 cor( )=0.807이다.

```
> cov(cars$speed, cars$dist)
[1] 109.9469
>
> cor(cars$speed, cars$dist)
[1] 0.8068949
```

(3) rcorr( ) 함수를 이용한 (속도, 제동거리) 사이의 상관관계 검정 결과, 유의수준 1%에서 속도와 제동거리는 서로 유의한 영향을 미치는 것으로 판정(상관관계가 있다)된다.

```
> pearson_result <- rcorr(as.matrix(cars), type="pearson")
> pearson_result
      speed dist
speed  1.00 0.81
dist   0.81 1.00

n= 50


P
      speed dist
speed        0
dist   0
```

05 다음 자료에 대하여 변수들 사이의 상관관계를 분석하시오.

(1) 수학 성적의 순위와 과학 성적의 순위 사이의 산점도를 그리시오.

(2) 수학 성적의 순위와 과학 성적의 순위 사이의 상관관계(공분산, 상관계수)를 분석하시오.

(3) 수학 성적의 순위와 과학 성적의 순위 사이 상관계수와 함께 유의확률을 구하고 "두 변수 사이 상관관계가 존재하지 않는다"의 가설을 검정하시오.

(4) rcorr( ) 함수를 이용하여 (수학 순위, 과학 순위, 영어 순위) 사이 상관관계 분석 수행 결과를 나타내고, 귀무가설(각 과목 성적 순위들 사이 상관관계가 없다)이 기각되는 두 변수 사이의 관계를 나타내시오.

성 명	수 학	수학 순위	과 학	과학 순위	영 어	영어 순위
이철수	70	10	90	3	61	10
나영희	78	8	94	1	79	7
김나영	90	2	79	8	91	3
장지희	87	3	86	5	93	2
김민지	84	6	84	6	86	5
이상근	86	4	83	7	65	9
강지훈	91	1	88	4	95	1
조민서	74	9	92	2	72	8
김창범	83	7	76	9	82	6
장정수	85	5	75	10	89	4

(1) 과목별 순위 데이터를 저장(data)하고 ggplot( ) 함수를 이용하여 (수학, 과학) 성적 순위 사이의 산점도를 작성한다.

```
> id <- c(1, 2, 3, 4, 5, 6, 7, 8, 9, 10)
> math <- c(10, 8, 2, 3, 6, 4, 1, 9, 7, 5)
> sci <- c(3, 1, 8, 5, 6, 7, 4, 2, 9, 10)
> eng <- c(10, 7, 3, 2, 5, 9, 1, 8, 6, 4)
>
> data <- data.frame(id, math, sci, eng)
> data
   id math sci eng
1   1   10   3  10
2   2    8   1   7
3   3    2   8   3
4   4    3   5   2
5   5    6   6   5
6   6    4   7   9
7   7    1   4   1
8   8    9   2   8
9   9    7   9   6
10 10    5  10   4

> ggplot(data, aes(math, sci))+geom_point()
```

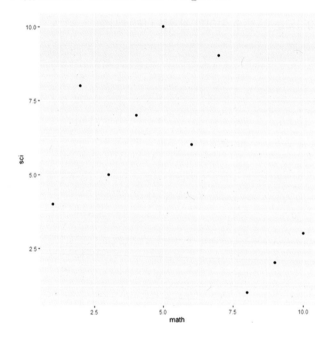

(2) 순위 데이터에 대하여 cov( ), cor( )과 method＝"spearman" 옵션을 이용하여 공분산＝−3.83, 상관계수＝−0.42를 구한다.

```
> cov(data$math, data$sci, method="spearman")
[1] -3.833333
>
> cor(data$math, data$sci, method="spearman")
[1] -0.4181818
```

(3) cor.test( ) 함수를 이용한 검정 결과, p−value＝0.2324＞0.05로 귀무가설을 기각할 수 없어 (수학, 과학)과목 순위 사이에는 상호 유의한 관계가 없는 것으로 판정된다.

```
> cor.test(data$math, data$sci, method="spearman")

        Spearman's rank correlation rho

data:  data$math and data$sci
S = 234, p-value = 0.2324
alternative hypothesis: true rho is not equal to 0
sample estimates:
        rho
-0.4181818
```

(4) rcorr( ) 함수를 이용한 과목별 순위에 대한 상관관계 검정 결과, 유의수준 1%에서 (수학(math), 영어(eng)) 순위 사이 유의한 영향을 미치는 것으로 판정된다.

```
> data1 <- subset(data, select=c(math, sci, eng))
> spearman_result <- rcorr(as.matrix(data1), type="spearman")
> spearman_result
      math   sci   eng
math  1.00 -0.42  0.81
sci  -0.42  1.00 -0.30
eng   0.81 -0.30  1.00

n= 10


P
      math   sci    eng
math         0.2291 0.0049
sci  0.2291         0.4047
eng  0.0049 0.4047
```

제2장
회귀 분석

//

1 회귀 분석의 이해

(1) 회귀 분석의 성능평가(예측모형)를 위해 다음 패키지를 이용한다.

install.packages("forecast")	#회귀 분석모형(예측)의 성능평가(RMSE, MAPE 등)
library(forecast)	—

(2) 회귀 분석(Regression Analysis)은 변수들 사이의 인과관계를 규명하는 통계분석 방법으로서 일반적으로 회귀 분석에서 다른 변수에 영향을 주는 원인에 해당하는 변수를 독립변수라 하고, 영향을 받는 결과에 해당하는 변수를 종속변수라 한다.

① **독립변수(Independent Variable)** : 다른 변수에 영향을 주는 변수로 보통 x로 표기하고 설명변수(Explanatory Variable), 예측변수(Predictor Variable)라고 한다.

② **종속변수(Dependent Variable)** : 다른 변수로부터 영향을 받는 변수이며, y로 표기하고 반응변수(Response Variable), 결과변수(Outcome Variable)라고 한다.

(3) 회귀 분석을 통해 영향을 주는 독립변수(x)와 영향을 받는 종속변수(y) 사이의 함수적 관계를 규명한다. 즉, 회귀 분석은 독립변수와 종속변수 사이의 회귀식을 근간으로 종속변수에 대한 독립변수들의 영향이 유의한지의 여부를 파악하는 데 주 목적이 있다.

(4) 회귀 분석을 위해서는 종속변수와 독립변수 모두 등간 척도 또는 비율 척도와 같은 연속형 변수들로 측정된 자료를 이용한다.

2 단순 및 다중회귀 분석

(1) 단순회귀 분석

① 독립변수와 종속변수가 각각 1개인 경우 독립변수와 종속변수 사이의 선형방정식(Linear Equation)인 회귀식을 근간으로 종속변수에 대한 독립변수의 영향이 유의한지 여부를 판단한다.

② 단순회귀 분석모형은 다음과 같다.

$y = \beta_0 + \beta_1 x + \varepsilon$

- x : 독립변수
- y : 종속변수
- β_0, β_1, ε : 오차항

③ 회귀 분석을 위해 사용되는 함수는 lm( )이다. lm( )(Linear Models)의 사용 형식은 다음과 같다.

lm(formula, data, subset, weights, na.action, method="qr", model=TRUE, x=FALSE, y=FALSE, qr=TRUE, singular.ok=TRUE, contrasts=NULL, offset, ...)
- formula : 식(종속변수~독립변수1＋독립변수2＋독립변수3＋...)
- data : 적용할 모델의 변수를 포함하는 선택적 데이터 프레임
- subset : 관측치의 서브 세트를 지정하는 선택적 벡터
- weights : 가중치의 선택적 벡터

④ 키와 몸무게 사이의 관계를 알아보기 위해 women 데이터에 대한 산점도를 그리면 다음과 같다. 키(height, inches)에 대한 몸무게(weight, pounds) 변화를 보면, 키(독립변수)가 클수록 몸무게(종속변수의 값)도 증가함을 알 수 있다.

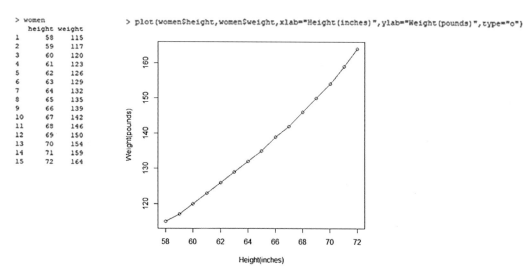

⑤ lm( )으로 regression_result를 구하고 summary( )로 회귀 분석모형을 확인한다. 그리고 confint( ) 함수 (confidence interval)를 이용하여 추정값(y절편, 기울기)들에 대한 신뢰구간을 구한다.

```
> regression_result <- lm(weight~height, women)
> summary(regression_result)

Call:
lm(formula = weight ~ height, data = women)

Residuals:
    Min      1Q  Median      3Q     Max
-1.7333 -1.1333 -0.3833  0.7417  3.1167

Coefficients:
             Estimate Std. Error t value Pr(>|t|)
(Intercept) -87.51667    5.93694  -14.74 1.71e-09 ***
height        3.45000    0.09114   37.85 1.09e-14 ***
---
Signif. codes:  0 '***' 0.001 '**' 0.01 '*' 0.05 '.' 0.1 ' ' 1

Residual standard error: 1.525 on 13 degrees of freedom
Multiple R-squared:  0.991,     Adjusted R-squared:  0.9903
F-statistic:  1433 on 1 and 13 DF,  p-value: 1.091e-14

> confint(regression_result, level=0.95)
                 2.5 %      97.5 %
(Intercept) -100.342655 -74.690679
height         3.253112   3.646888
```

- 오차항(Residuals, 잔차)에 대한 최솟값(Min), 1사분위(1Q), 중앙값(Median), 3사분위(3Q), 최댓값(Max)
- 회귀모형식

> $\beta_0 = -87.51667$(y절편, Intercept)$, \beta_1 = 3.45$(기울기)
> $y = \beta_0 + \beta_1 x = -87.51667 + 3.45x$

- x(height)=67인 경우 예측값(y, weight)=143.63

  $y = \beta_0 + \beta_1 x = -87.51667 + 3.45x$

  $= -87.51667 + 3.45 \times 67 = 143.63$
- x(height)=67(inches)인 경우 실제 몸무게(y, 데이터세트)=142(pounds)
- 오차(예측값−실젯값)=143.63−142= 1.63
- 결정계수(R−squared=0.99)의 값이 1에 가까울수록 산점도에서 점들이 직선 주위에 밀집되어 나타남, 즉 예측 회귀모형식이 실젯값과 잘 들어 맞음을 의미함
- t value=Estimate/Std. Error (추정치/표준오차)

  t값은 자유도가 n−2(15−2=13)인 t 분포를 따름
- p−value(Pr>$|t|$))=1.091×10^{-14}(유의확률)

  유의수준(5%)에서 귀무가설(기울기=0, 회귀식이 유의하지 않다) 기각(p−value<0.05), 즉 키는 몸무게에 유의한 영향력이 있음
- 기울기에 대한 95% 신뢰구간은 (3.253, 3.647)

  $3.45 \pm 1.96 \times 0.09114 = (3.3, 3.6)$으로도 구할 수 있음

⑥ 단순회귀 분석모형식을 이용하여 height(키)＝67(inches)일 때 몸무게를 예측(predict( ) 함수 이용)하면 weight(몸무게)＝143.63(pounds)이다. 실젯값은 142 pounds로서 예측값은 실젯값과 비교하여 약 1.15%의 차이가 있다. coef( ) 함수를 이용하여 회귀계수만을 별도로 확인할 수 있으며 회귀계수 값을 이용하여 몸무게를 예측할 수도 있다.

```
> pred <- predict(regression_result, newdata=data.frame(height=67))
> pred
       1
143.6333
> coef(regression_result)
(Intercept)       height
  -87.51667      3.45000
> pred_value <- -87.51667+3.45*67
> pred_value
[1] 143.6333
> (women$weight[10]-pred_value)/women$weight[10]*100
[1] -1.150232
```

- predict( ) 함수를 이용하여 height＝67(inches)에 대한 몸무게 예측
- coef( ) 함수를 이용하여 회귀계수 출력
- 회귀계수를 직접 이용하여 height＝67(inches)에 대한 몸무게(weight)＝143.63(pounds) 예측
- 실젯값과 비교하여 약 1.15%의 차이가 있음

(2) 다중회귀 분석

① 독립변수가 2개 이상인 경우 종속변수를 예측하기 위하여 다중회귀 분석을 이용한다.

② 다중회귀 분석의 모형은 다음과 같다.

$$y=\beta_0+\beta_1 x_1+\beta_2 x_2+\ldots+\beta_n x_n+\varepsilon$$

- x : 독립변수
- y : 종속변수
- β_i : 회귀계수, ε : 오차항($N(0,\sigma^2), iid$)

③ R에 내장된 Seatbelts 데이터는 영국에서 1969~1984년 사이 발생한 교통사고 관련 데이터이다. (사고발생 건수, 앞좌석 승객수, 뒷좌석 승객수, 주행거리, 휘발유 가격)＝(drivers, front, rear, kms, PetrolPrice)의 독립변수들과 사망자수(DriversKilled, 종속변수) 사이의 다중 회귀 분석모형을 설정하기 위해 데이터 프레임 구조로 자료를 저장(data)한다.

④ (사고발생건수, 앞좌석 승객수, 사망자수) 사이의 산점도(drivers, front, DriversKilled)는 다음과 같다. 앞좌석 승객수(front)에 비하여 사고발생 건수(drivers) 요인이 사망자수(DriversKilled)에 다소 많은 영향을 미치는 것으로 해석(즉, 사고가 많이 발생할수록 사망자 수 증가)된다.

```
> head(Seatbelts)
     DriversKilled drivers front rear   kms PetrolPrice VanKilled law
[1,]           107    1687   867  269  9059   0.1029718        12   0
[2,]            97    1508   825  265  7685   0.1023630         6   0
[3,]           102    1507   806  319  9963   0.1020625        12   0
[4,]            87    1385   814  407 10955   0.1008733         8   0
[5,]           119    1632   991  454 11823   0.1010197        10   0
[6,]           106    1511   945  427 12391   0.1005812        13   0
>
> data <- data.frame(Seatbelts)
>
> par(mfrow=c(3,3))
> plot(data$drivers, data$drivers, type="p")
> plot(data$drivers, data$front, type="p")
> plot(data$drivers, data$DriversKilled, type="p")
> plot(data$front, data$drivers, type="p")
> plot(data$front, data$front, type="p")
> plot(data$front, data$DriversKilled, type="p")
> plot(data$DriversKilled, data$drivers, type="p")
> plot(data$DriversKilled, data$front, type="p")
> plot(data$DriversKilled, data$DriversKilled, type="p")
```

⑤ lm( )을 실행하여 regression_result를 구하고 summary( )로 다중회귀 분석모형을 확인한다. confint( ) 함수를 이용하여 추정값(y절편, 기울기)들에 대한 신뢰구간을 구한다.

```
> regression_result <- lm(DriversKilled~drivers+front+rear+kms+PetrolPrice, data)
> summary(regression_result)

Call:
lm(formula = DriversKilled ~ drivers + front + rear + kms + PetrolPrice,
    data = data)

Residuals:
    Min      1Q  Median      3Q     Max
-28.338  -7.737  -0.435   6.760  35.948

Coefficients:
              Estimate Std. Error t value Pr(>|t|)
(Intercept) -1.952e+01  1.402e+01  -1.393    0.165
drivers      8.499e-02  5.234e-03  16.239   <2e-16 ***
front       -1.468e-02  1.330e-02  -1.104    0.271
rear         1.899e-02  2.046e-02   0.928    0.355
kms          4.981e-04  4.668e-04   1.067    0.287
PetrolPrice -2.346e+01  8.583e+01  -0.273    0.785
---
Signif. codes:  0 '***' 0.001 '**' 0.01 '*' 0.05 '.' 0.1 ' ' 1

Residual standard error: 11.55 on 186 degrees of freedom
Multiple R-squared:  0.7982,    Adjusted R-squared:  0.7928
F-statistic: 147.2 on 5 and 186 DF,  p-value: < 2.2e-16

>
> confint(regression_result, level=0.95)
                    2.5 %        97.5 %
(Intercept) -4.717412e+01  8.128334e+00
drivers      7.466641e-02  9.531741e-02
front       -4.093119e-02  1.156255e-02
rear        -2.137796e-02  5.936245e-02
kms         -4.228110e-04  1.418925e-03
PetrolPrice -1.927873e+02  1.458648e+02
```

- 오차항(Residuals, 잔차)에 대한 최솟값(Min), 1사분위(1Q), 중앙값(Median), 3사분위(3Q), 최댓값(Max)
- 회귀모형식

> $\beta_0 = -1.952 \times 10$
>
> $DriversKilled = -19.52 + 0.08499 drivers$
>
> $-0.01468 front + 0.01899 rear$
>
> $+ 0.0004981 kms - 23.46 PetrolPrice$

- 결정계수(R−squared)의 값이 1에 가까울수록 산점도에서 점들이 직선 주위에 밀집되어 나타남, 즉 예측 회귀모형식이 실젯값과 잘 들어 맞음
- t value=Estimate/Std. Error (추정치/표준오차)
  t 값은 자유도가 n−2(192−2=190)인 t 분포를 따름
- 사고발생 건수(drivers)에 대한
  $p-value(Pr(>|t|)) = 2 \times 10^{-16}$(유의확률)
  유의수준(5%)에서 귀무가설(기울기=0, 회귀식이 유의하지 않다) 기각($p-value<0.05$), 즉 사고발생 건수는 사망자 수에 유의한 영향력이 있음
- 사고발생 건수(기울기)에 대한 95% 신뢰구간은 (0.07467, 0.09532)
  $0.08499 \pm 1.96 \times 0.00523 = (0.07, 0.09)$로도 구할 수 있음

⑥ 종속변수 : (drivers, front, rear, kms, PetrolPrice)=(1632, 991, 454, 11823, 0.1010197)에 대한 예측값
(DriversKilles, 사망자수)은 116.77명으로 실젯값(actual_value=119명)과 약 1.87%의 차이가 있다.

```
> data <- data.frame(Seatbelts)
> regression_result <- lm(DriversKilled~drivers+front+rear+kms+PetrolPrice, data)
> coef(regression_result)
  (Intercept)         drivers          front           rear            kms      PetrolPrice
-1.952289e+01    8.499191e-02   -1.468432e-02    1.899225e-02   4.980569e-04   -2.346127e+01
> pred <- predict(regression_result, newdata=data.frame(drivers=1632, front=991,
+ rear=454, kms=11823, PetrolPrice=0.1010197))
> pred
       1
116.7727
> actual_value=data$DriversKilled[5]
> actual_value
[1] 119
> (actual_value-pred)/actual_value*100
       1
1.871688
```

- coef( ) 명령어를 이용하여 회귀계수 확인
- predict( )로 독립변수들에 대한 종속변수(사망자수, DriversKilled) 값 예측(pred=116.7727)
- 실젯값(actual_value)은 DriversKilled[5]에 저장되어 있음
- 예측값(pred)과 실젯값(actual_value)의 차이는 약 1.87%로 평가됨

(3) 회귀 분석을 포함하여 여러 데이터 분석모형(n개의 데이터, 참값(실젯값) y_i에 대한 예측값 $\widehat{y_i}$, 오차 $e_i = y_i - \widehat{y_i}$)의
성능을 평가하기 위해 다양한 평가 지표들이 사용된다.

〈예측 데이터 분석모형의 성능평가 지표〉

구 분	성능평가 지표
평균 예측 오차 ME(Mean of Errors)	• 예측오차의 산술 평균 • $ME = \dfrac{\sum_{i=1}^{n}(y_i - \widehat{y_i})}{n}$
표준오차 RMSE(Root Mean of Squared Errors)	• 평균제곱오차(MSE) : 오차를 제곱하여 n으로 나눈 값 • $MSE = \dfrac{\sum_{i=1}^{n}(y_i - \widehat{y_i})^2}{n}$ • 평균제곱오차를 제곱근하여 구함 • $RMSE = \sqrt{MSE} = \sqrt{\dfrac{\sum_{i=1}^{n}(y_i - \widehat{y_i})^2}{n}}$
평균 절대오차 MAE(Mean of Absolute Errors)	• 오차의 절댓값에 대한 평균 • $MAE = \dfrac{\sum_{i=1}^{n}|y_i - \widehat{y_i}|}{n}$
평균 백분오차 비율 MPE(Mean of Percentage Errors)	• 상대적 의미의 오차 크기에 대한 평균 • $MPE = \dfrac{1}{n}\sum_{i=1}^{n}\dfrac{y_i - \widehat{y_i}}{y_i}$

평균 절대 백분오차 비율 MAPE(Mean of Absolute Percentage Errors)	• 예측오차에 절댓값 • 상대적 오차 크기에 대한 절댓값의 평균 • $MAPE = \dfrac{1}{n} \sum\limits_{i=1}^{n} \left\lvert \dfrac{y_i - \widehat{y_i}}{y_i} \right\rvert$
평균 절대 척도 비율 MASE(Mean of Absolute Scaled Errors)	• 데이터를 척도화한 기준값 • 기준값들에 대한 예측오차의 절댓값 평균 • 오차(예측값과 실젯값의 차이)를 평소에 움직이는 평균 변동폭으로 나눈 값 • $MASE = \dfrac{1}{n} \sum\limits_{i=1}^{n} \dfrac{\lvert e_i \rvert}{\dfrac{1}{n-1} \sum\limits_{i=2}^{n} \lvert y_i - y_{i-1} \rvert} = \dfrac{\sum\limits_{i=1}^{n} \lvert y_i - \widehat{y_i} \rvert}{\dfrac{n}{n-1} \sum\limits_{i=2}^{n} \lvert y_i - y_{i-1} \rvert}$

(4) lm( )을 이용하여 구축된 회귀모형식에 대한 성능평가 지표를 구하면 다음과 같다. 여기서 참값(실젯값)은 data$DriversKilled이고 예측값은 data$pred 항목으로 저장[데이터 프레임(data)의 마지막 열(항목)에 추가]하여 성능을 분석한다.

$$\beta_0 = -1.952 \times 10$$
$$DriversKilled = -19.52 + 0.08499 drivers$$
$$-0.01468 front + 0.01899 rear$$
$$+ 0.0004981 kms - 23.46 PetrolPrice$$

```
> data <- data.frame(Seatbelts)
> head(data)
  DriversKilled drivers front rear   kms PetrolPrice VanKilled law
1           107    1687   867  269  9059   0.1029718        12   0
2            97    1508   825  265  7685   0.1023630         6   0
3           102    1507   806  319  9963   0.1020625        12   0
4            87    1385   814  407 10955   0.1008733         8   0
5           119    1632   991  454 11823   0.1010197        10   0
6           106    1511   945  427 12391   0.1005812        13   0
> data$pred <- -19.52 + 0.08499*data$drivers - 0.01468*data$front +
+ 0.01899*data$rear + 0.0004981*data$kms - 23.46*data$PetrolPrice
>
> head(data)
  DriversKilled drivers front rear   kms PetrolPrice VanKilled law      pred
1           107    1687   867  269  9059   0.1029718        12   0 118.33545
2            97    1508   825  265  7685   0.1023630         6   0 102.99273
3           102    1507   806  319  9963   0.1020625        12   0 105.35384
4            87    1385   814  407 10955   0.1008733         8   0  97.06076
5           119    1632   991  454 11823   0.1010197        10   0 116.77637
6           106    1511   945  427 12391   0.1005812        13   0 106.94834
> me <- mean(data$DriversKilled - data$pred)
> me
[1] -0.003203468
>
> mse <- mean((data$DriversKilled - data$pred)*(data$DriversKilled - data$pred))
> mse
[1] 129.2874
>  rmse <- sqrt(mse)
>
> rmse
[1] 11.37046
>
> mae <- mean(abs(data$DriversKilled - data$pred))
> mae
```

```
[1] 9.007766
>
> mpe <- mean((data$DriversKilled-data$pred)/data$DriversKilled)
> mpe
[1] -0.009292959
>
> mape <- mean(abs((data$DriversKilled-data$pred)/data$DriversKilled))
> mape
[1] 0.07651542
```

(5) 예측모형에 대한 성능평가 지표는 accuracy( ) 함수를 이용하여 구할 수도 있다. accuracy( ) 함수를 이용하기 위하여 "forecast" 패키지를 이용(install.packages("forecast"), library(forecast))하며, 수행 결과에서 MPE 와 MAPE는 비율 값(%)이다.

```
> data <- data.frame(Seatbelts)
> head(data)
  DriversKilled drivers front rear   kms PetrolPrice VanKilled law
1           107    1687   867  269  9059   0.1029718        12   0
2            97    1508   825  265  7685   0.1023630         6   0
3           102    1507   806  319  9963   0.1020625        12   0
4            87    1385   814  407 10955   0.1008733         8   0
5           119    1632   991  454 11823   0.1010197        10   0
6           106    1511   945  427 12391   0.1005812        13   0
> regression_model <- lm(DriversKilled~drivers+front+rear+kms+PetrolPrice, data)
> names(regression_model)
 [1] "coefficients"  "residuals"     "effects"       "rank"          "fitted.values" "assign"
 [7] "qr"            "df.residual"   "xlevels"       "call"          "terms"         "model"
> summary(regression_model)

Call:
lm(formula = DriversKilled ~ drivers + front + rear + kms + PetrolPrice,
    data = data)

Residuals:
    Min      1Q  Median      3Q     Max
-28.338  -7.737  -0.435   6.760  35.948

Coefficients:
              Estimate Std. Error t value Pr(>|t|)
(Intercept) -1.952e+01  1.402e+01  -1.393    0.165
drivers      8.499e-02  5.234e-03  16.239   <2e-16 ***
front       -1.468e-02  1.330e-02  -1.104    0.271
rear         1.899e-02  2.046e-02   0.928    0.355
kms          4.981e-04  4.668e-04   1.067    0.287
PetrolPrice -2.346e+01  8.583e+01  -0.273    0.785
---
Signif. codes:  0 '***' 0.001 '**' 0.01 '*' 0.05 '.' 0.1 ' ' 1

Residual standard error: 11.55 on 186 degrees of freedom
Multiple R-squared:  0.7982,    Adjusted R-squared:  0.7928
F-statistic: 147.2 on 5 and 186 DF,  p-value: < 2.2e-16

> accuracy(regression_model)
                        ME     RMSE      MAE        MPE     MAPE      MASE
Training set -6.661338e-16 11.37046 9.007509 -0.9265679 7.651157 0.4420346
```

3 변수 선택 방법

(1) 다중회귀 분석모형을 구축할 때 회귀모형식에 대한 유의성 검정을 통해 종속변수를 설명할 수 있는 유의한 독립변수를 선택하여 회귀모형식을 만든다.

(2) 유의한 변수를 선택하기 위해 전진선택법, 후진제거법, 단계별 선택법을 사용한다.

〈회귀모형에서의 변수 선택 방법〉

구 분	변수 선택 방법
전진선택법 (Forward Selection)	• 모든 변수 중에서 가장 유의한 변수를 하나씩 선택 • 변수를 선택하기 위해 F−통계량, AIC(Akaike Information Criterion) 값을 이용
후진제거법 (Backward Elimination)	• 독립변수 모두를 이용해서 회귀 모형식 설정 • 제곱합의 기준으로 가장 적은 영향을 주는 변수부터 하나씩 제거 • 더 이상 유의하지 않은 변수가 없을 때까지 독립변수를 제거하면서 회귀모형식 설정
단계별 선택법 (Stepwise Method)	• 전진선택법으로 시작해서 중요도가 약해지면 해당 변수 제거 • 기준통계치에 영향이 적은 변수를 삭제하거나 회귀모형식에서 빠진 변수들 중에서 모형식을 개선시키기 위한 작업을 반복적으로 수행하며 변수 선택

① 전진선택법(Forward Selection)

```
> data <- data.frame(Seatbelts)
> head(data)
  DriversKilled drivers front rear   kms PetrolPrice VanKilled law
1           107    1687   867  269  9059   0.1029718        12   0
2            97    1508   825  265  7685   0.1023630         6   0
3           102    1507   806  319  9963   0.1020625        12   0
4            87    1385   814  407 10955   0.1008733         8   0
5           119    1632   991  454 11823   0.1010197        10   0
6           106    1511   945  427 12391   0.1005812        13   0
>
> step(lm(DriversKilled~drivers+front+rear+kms+PetrolPrice, data, direction="forward"))
Start:  AIC=945.51
DriversKilled ~ drivers + front + rear + kms + PetrolPrice

              Df Sum of Sq   RSS    AIC
- PetrolPrice  1        10 24833 943.59
- rear         1       115 24938 944.40
- kms          1       152 24975 944.68
- front        1       163 24986 944.76
<none>                    24823 945.51
- drivers      1     35192 60015 1113.01

Step:  AIC=943.59
DriversKilled ~ drivers + front + rear + kms

          Df Sum of Sq   RSS    AIC
- rear     1       106 24939 942.41
- kms      1       150 24983 942.75
- front    1       155 24988 942.78
<none>                24833 943.59
- drivers  1     35276 60109 1111.31

Step:  AIC=942.41
DriversKilled ~ drivers + front + kms

          Df Sum of Sq   RSS    AIC
- front    1        51 24990 940.80
<none>                24939 942.41
- kms      1       846 25786 946.81
- drivers  1     35974 60913 1111.87
```

```
Step:  AIC=940.8
DriversKilled ~ drivers + kms

           Df Sum of Sq     RSS     AIC
<none>                    24990  940.80
- kms      1        845  25835  945.18
- drivers  1      85355 110345 1223.94

Call:
lm(formula = DriversKilled ~ drivers + kms, data = data, direction = "forward")

Coefficients:
(Intercept)       drivers         kms
 -2.531e+01     8.150e-02    7.992e-04
```

- Seatbelts 데이터 이용
- 독립변수 : drivers(사고발생 건수), front(앞좌석 승객수), rear(뒷좌석 승객수), kms(주행거리), PetrolPrice(휘발유 가격)
- 종속변수 : DriversKilled(사망자수)
- direction＝"forward" 지정(전진선택법)
- RSS는 잔차제곱합(Residual Sum of Squares)
- 1차 평가(Start) : AIC＝945.51
  AIC 값이 가장 작은 PetrolPrice 제거(943.59)
- 2차 평가(Step) : AIC＝943.59
  AIC 값이 가장 작은 rear 제거(942.41)
- 3차 평가(Step) : AIC＝942.41
  AIC 값이 가장 작은 front 제거(940.8)
- 최종 평가(Step) : AIC＝940.8
- 사망자수(DrivesKilled)는 사고발생건수(drivers)와 주행거리(kms)의 독립변수에 유의함
- 다중회귀모형식

$$y = -25.31 + 0.0815 drivers + 0.0007992 kms$$

② 후진제거법(Backward Elimination)

```
> data <- data.frame(attitude)
> head(data)
  rating complaints privileges learning raises critical advance
1     43         51         30       39     61       92      45
2     63         64         51       54     63       73      47
3     71         70         68       69     76       86      48
4     61         63         45       47     54       84      35
5     81         78         56       66     71       83      47
6     43         55         49       44     54       49      34
>
> step(lm(rating~complaints+privileges+learning+critical, data, direction="backward"))
Start:  AIC=121.27
rating ~ complaints + privileges + learning + critical

              Df Sum of Sq     RSS     AIC
- critical     1       0.11  1224.6  119.28
- privileges   1      30.14  1254.7  120.00
<none>                       1224.5  121.27
- learning     1     137.30  1361.8  122.46
- complaints   1    1299.80  2524.3  140.98

Step:  AIC=119.28
rating ~ complaints + privileges + learning
```

```
           Df Sum of Sq    RSS    AIC
- privileges  1    30.03 1254.7 118.00
<none>                   1224.6 119.28
- learning    1   137.25 1361.9 120.46
- complaints  1  1321.28 2545.9 139.23

Step:  AIC=118
rating ~ complaints + learning

           Df Sum of Sq    RSS    AIC
<none>                   1254.7 118.00
- learning    1   114.73 1369.4 118.63
- complaints  1  1370.91 2625.6 138.16

Call:
lm(formula = rating ~ complaints + learning, data = data, direction = "backward")

Coefficients:
(Intercept)   complaints      learning
     9.8709       0.6435        0.2112
```

- attitude 데이터세트 이용
- 금융 기관 사무직 종업원들에 대한 설문조사 결과(종업원 평가 결과)
- 독립변수 : 민원건수(complaints), 특권(privileges), 학습기회(learning), 비평건수(critical)
- 종속변수 : rating(전반적인 평가 결과)
- direction="backward" 지정(후진제거법)
- 1차 평가(Start) : AIC=121.27
  AIC 값이 가장 작은 critical 제거(119.28)
- 2차 평가(Step) : AIC=119.28
  AIC 값이 가장 작은 privileges 제거(118)
- 최종 평가(Step) : AIC=118
- 종업원 평가결과(rating)는 민원건수(complaints)와 학습기회(learning)의 독립변수에 유의함
- 다중회귀모형식

$$y = 9.8709 + 0.6435 complaints + 0.2112 learning$$

③ 단계별 선택법(Stepwise Method)

```
> data <- data.frame(mtcars)
> head(data)
                   mpg cyl disp  hp drat    wt  qsec vs am gear carb
Mazda RX4         21.0   6  160 110 3.90 2.620 16.46  0  1    4    4
Mazda RX4 Wag     21.0   6  160 110 3.90 2.875 17.02  0  1    4    4
Datsun 710        22.8   4  108  93 3.85 2.320 18.61  1  1    4    1
Hornet 4 Drive    21.4   6  258 110 3.08 3.215 19.44  1  0    3    1
Hornet Sportabout 18.7   8  360 175 3.15 3.440 17.02  0  0    3    2
Valiant           18.1   6  225 105 2.76 3.460 20.22  1  0    3    1
>
> step(lm(mpg~cyl+hp+wt+qsec+carb, data, direction="both"))
Start:  AIC=66.14
mpg ~ cyl + hp + wt + qsec + carb

       Df Sum of Sq    RSS    AIC
- qsec  1     0.372 174.10 64.205
- carb  1     1.490 175.22 64.410
- hp    1     2.323 176.05 64.562
<none>              173.73 66.136
- cyl   1    12.303 186.03 66.326
- wt    1    65.118 238.85 74.323
```

```
Step:  AIC=64.2
mpg ~ cyl + hp + wt + carb

        Df Sum of Sq     RSS    AIC
- carb   1     2.519  176.62 62.665
- hp     1     3.298  177.40 62.805
<none>                174.10 64.205
- cyl    1    20.646  194.75 65.791
- wt     1   114.643  288.75 78.394

Step:  AIC=62.66
mpg ~ cyl + hp + wt

        Df Sum of Sq     RSS    AIC
<none>                176.62 62.665
- hp     1    14.551  191.17 63.198
- cyl    1    18.427  195.05 63.840
- wt     1   115.354  291.98 76.750

Call:
lm(formula = mpg ~ cyl + hp + wt, data = data, direction = "both")

Coefficients:
(Intercept)          cyl           hp           wt
   38.75179     -0.94162     -0.01804     -3.16697
```

- mtcars 데이터세트 이용
- 1973~1974년 자동차 모델(32개) 성능 데이터 (1974년 Motor Trend US 잡지 게재 데이터)
- 독립변수 : 실린더수(cyl), 마력(hp), 무게(wt), 0.25마일 주행시간(qsec), 카뷰레이터수(carb)
- 종속변수 : mpg(연비, miles per gallon)
- direction＝"both" 지정(단계별선택법)
- 1차 평가(Start) : AIC＝66.14
  AIC 값이 가장 작은 qsec 제거(64.2)
- 2차 평가(Step) : AIC＝64.2
  AIC 값이 가장 작은 car 제거(62.665)
- 최종 평가(Step) : AIC＝62.66
- 연비(mpg)는 실린더의 수(cyl), 마력(hp), 무게(wt)의 독립변수에 유의함
- 다중회귀모형식

$$y = 38.75179 - 0.94162cyl$$
$$\quad - 0.01804hp - 3.16697wt$$

연습문제

01 붓꽃 생육 데이터(iris)에 대한 회귀 분석을 수행하시오.

(1) 꽃받침의 길이(Sepal.Length, 독립변수, cm)와 너비(Sepal.Width, 종속변수, cm) 변수 간의 산점도를 그리시오.

(2) lm( ) 함수를 이용하여 꽃받침의 길이(Sepal.Length)와 너비(Sepal.Width) 변수에 대한 단순 회귀모형식을 구하고 귀무가설(기울기=0, 회귀식이 유의하지 않다)에 대한 가설검정 결과를 제시하시오.

(3) 기울기에 대한 95% 신뢰구간을 구하시오.

```
> head(iris)
  Sepal.Length Sepal.Width Petal.Length Petal.Width Species
1          5.1         3.5          1.4         0.2  setosa
2          4.9         3.0          1.4         0.2  setosa
3          4.7         3.2          1.3         0.2  setosa
4          4.6         3.1          1.5         0.2  setosa
5          5.0         3.6          1.4         0.2  setosa
6          5.4         3.9          1.7         0.4  setosa
> summary(iris)
  Sepal.Length    Sepal.Width     Petal.Length    Petal.Width          Species
 Min.   :4.300   Min.   :2.000   Min.   :1.000   Min.   :0.100   setosa    :50
 1st Qu.:5.100   1st Qu.:2.800   1st Qu.:1.600   1st Qu.:0.300   versicolor:50
 Median :5.800   Median :3.000   Median :4.350   Median :1.300   virginica :50
 Mean   :5.843   Mean   :3.057   Mean   :3.758   Mean   :1.199
 3rd Qu.:6.400   3rd Qu.:3.300   3rd Qu.:5.100   3rd Qu.:1.800
 Max.   :7.900   Max.   :4.400   Max.   :6.900   Max.   :2.500
```

정답 및 해설

(1) plot( ) 함수를 이용하여 (Sepal.Length, Sepal.Width) 항목 사이 산점도를 작성한다.

```
> plot(iris$Sepal.Length, iris$Sepal.Width, xlab="Sepal Length(cm)", ylab="Sepal Width(cm)", type="o")
```

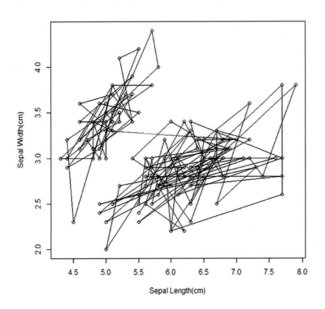

(2) lm( ) 함수를 이용하여 구한 단순 회귀모형식은 $Sepal.Width = 3.41895 - 0.06188 \times Sepal.Length$이다. 분석 결과 p−value=0.1519>0.05로 변수들 사이 유의한 영향력이 없다.

```
> regression_result <- lm(Sepal.Width ~ Sepal.Length, iris)
> summary(regression_result)

Call:
lm(formula = Sepal.Width ~ Sepal.Length, data = iris)

Residuals:
    Min      1Q  Median      3Q     Max
-1.1095 -0.2454 -0.0167  0.2763  1.3338

Coefficients:
             Estimate Std. Error t value Pr(>|t|)
(Intercept)   3.41895    0.25356   13.48   <2e-16 ***
Sepal.Length -0.06188    0.04297   -1.44    0.152
---
Signif. codes:  0 '***' 0.001 '**' 0.01 '*' 0.05 '.' 0.1 ' ' 1

Residual standard error: 0.4343 on 148 degrees of freedom
Multiple R-squared:  0.01382,   Adjusted R-squared:  0.007159
F-statistic: 2.074 on 1 and 148 DF,  p-value: 0.1519
```

(3) 기울기에 대한 95% 신뢰구간=(−0.15, 0.02)이다.

```
> confint(regression_result, level=0.95)
                  2.5 %      97.5 %
(Intercept)   2.9178767  3.92001694
Sepal.Length -0.1467928  0.02302323
```

02 R에서 제공하는 pressure[온도에 따른 수은 증기 압력, temperature(섭씨 온도, celsius(degree)), pressure(압력, mm)] 데이터에 대하여 다음 회귀 분석을 수행하시오.

(1) 온도(temperature)와 압력(pressure) 변수 간의 산점도를 그리시오.

(2) lm( )을 이용하여 온도(temperature)와 압력(pressure) 변수에 대한 단순 회귀모형식을 구하고 귀무가설(기울기 =0, 회귀식이 유의하지 않다)에 대한 가설검정 결과를 제시하시오.

(3) 기울기에 대한 95% 신뢰구간을 구하시오.

(4) predict( ) 함수를 이용하여 온도(temperature)=300℃일 때 압력(pressure, mm)의 값을 예측하시오. 예측값과 실젯값(247mm)을 비교하고 상대오차(%)를 구하시오.

(5) 예측모형에 대한 성능평가 지표(ME, MSE, RMSE, MAE, MPE, MAPE)를 구하시오.

(6) accuracy( ) 함수(forecast 패키지)를 이용하여 성능평가 지표를 구하고 위 (5)번의 결과와 비교하시오.

```
> pressure
   temperature pressure
1            0   0.0002
2           20   0.0012
3           40   0.0060
4           60   0.0300
5           80   0.0900
6          100   0.2700
7          120   0.7500
8          140   1.8500
9          160   4.2000
10         180   8.8000
11         200  17.3000
12         220  32.1000
13         240  57.0000
14         260  96.0000
15         280 157.0000
16         300 247.0000
17         320 376.0000
18         340 558.0000
19         360 806.0000
```

(1) plot( ) 함수를 이용하여 (temperature, pressure) 항목 사이 산점도를 작성한다.

```
> plot(pressure$temperature, pressure$pressure, xlab="Temperature", ylab="Pressure", type="o")
```

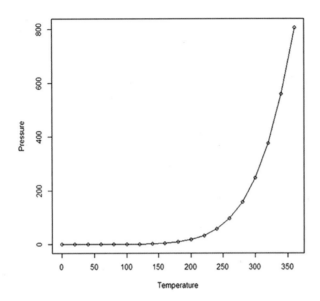

(2) lm( ) 함수를 이용하여 구한 단순 회귀모형식은 $pressure = -147.8989 + 1.5124 \times temperature$이다. 분석 결과
p−value=0.000171<0.05로 변수들 사이 유의한 영향력이 있다.

```
> regression_result <- lm(pressure ~ temperature, pressure)
> summary(regression_result)

Call:
lm(formula = pressure ~ temperature, data = pressure)

Residuals:
    Min      1Q  Median      3Q     Max
-158.08 -117.06  -32.84   72.30  409.43

Coefficients:
            Estimate Std. Error t value Pr(>|t|)
(Intercept) -147.8989    66.5529  -2.222 0.040124 *
temperature    1.5124     0.3158   4.788 0.000171 ***
---
Signif. codes:  0 '***' 0.001 '**' 0.01 '*' 0.05 '.' 0.1 ' ' 1

Residual standard error: 150.8 on 17 degrees of freedom
Multiple R-squared:  0.5742,    Adjusted R-squared:  0.5492
F-statistic: 22.93 on 1 and 17 DF,  p-value: 0.000171
```

(3) 기울기에 대한 95% 신뢰구간＝(0.85, 2.18)이다.

```
> confint(regression_result, level=0.95)
                    2.5 %      97.5 %
 (Intercept)    2.9178767  3.92001694
 Sepal.Length  -0.1467928  0.02302323
```

(4) predict( )를 이용하여 temperature＝300일 때 예측 pressure＝305.8271이다. 실젯값(pressure[16,2]＝247)과
    23.82% 차이가 난다.

```
> pred <- predict(regression_result, newdata=data.frame(temperature=300))
> pred
       1
305.8271
>
> actual_value <- pressure[16,2]
> actual_value
[1] 247
>
> (actual_value-pred) / actual_value * 100
         1
-23.81664
```

(5) lm( )을 이용하여 구축된 회귀모형식에 대한 성능평가 지표를 구하면 다음과 같다. 여기서 참값(실젯값)은 data$pressure
    이고 예측값은 data$pred 항목으로 저장[데이터 프레임(data)의 마지막 열(항목)에 추가]하여 성능을 분석한다.

```
> data <- pressure
> data$pred <- -147.8989 + 1.5124 * data$temperature
> data
   temperature pressure      pred
1            0   0.0002 -147.8989
2           20   0.0012 -117.6509
3           40   0.0060  -87.4029
4           60   0.0300  -57.1549
5           80   0.0900  -26.9069
6          100   0.2700    3.3411
7          120   0.7500   33.5891
8          140   1.8500   63.8371
9          160   4.2000   94.0851
10         180   8.8000  124.3331
11         200  17.3000  154.5811
12         220  32.1000  184.8291
13         240  57.0000  215.0771
14         260  96.0000  245.3251
15         280 157.0000  275.5731
16         300 247.0000  305.8211
17         320 376.0000  336.0691
18         340 558.0000  366.3171
19         360 806.0000  396.5651
>
> me <- mean(data$pressure-data$pred)
> me
[1] 0.003605263
>
> mse <- mean((data$pressure-data$pred)*(data$pressure-data$pred))
> mse
[1] 20350.78
>
> rmse <- sqrt(mse)
> rmse
[1] 142.6562
```

```
>
> mae <- mean(abs(data$pressure-data$pred))
> mae
[1] 113.4901
>
> mpe <- mean((data$pressure-data$pred) / data$pressure)
> mpe
[1] 44956.47
>
> mape <- mean(abs((data$pressure-data$pred)/data$pressure))
> mape
[1] 44971.34
```

(6) 예측 모형에 대한 성능평가 지표는 accuracy( ) 함수를 이용하여 구한다. accuracy( ) 함수를 이용하기 위하여 "forecast" 패키지를 이용하며, 수행 결과에서 MPE와 MAPE는 비율 값(%)이다.

```
> data <- pressure
> regression_model <- lm(pressure ~ temperature, data)
> names(regression_model)
 [1] "coefficients"  "residuals"     "effects"       "rank"          "fitted.values" "assign"        "qr"            "df.residual"   "xlevels"
[10] "call"          "terms"         "model"
>
> summary(regression_model)

Call:
lm(formula = pressure ~ temperature, data = data)

Residuals:
    Min      1Q  Median      3Q     Max
-158.08 -117.06  -32.84   72.30  409.43

Coefficients:
             Estimate Std. Error t value Pr(>|t|)
(Intercept) -147.8989    66.5529  -2.222 0.040124 *
temperature    1.5124     0.3158   4.788 0.000171 ***
---
Signif. codes:  0 '***' 0.001 '**' 0.01 '*' 0.05 '.' 0.1 ' ' 1

Residual standard error: 150.8 on 17 degrees of freedom
Multiple R-squared:  0.5742,    Adjusted R-squared:  0.5492
F-statistic: 22.93 on 1 and 17 DF,  p-value: 0.000171

>
> accuracy(regression_model)
                       ME     RMSE      MAE     MPE     MAPE      MASE
Training set 6.91406e-15 142.6562 113.4912 4495643 4497130 0.7082405
```

03 아래는 R에서 제공하는 미국 각 주의 인구, 수입, 문맹률, 기대수명, 살인발생율 등에 대한 데이터(state.x77)이다. 종속변수(기대수명, Life Exp)와 독립변수[인구(Population), 수입(Income), 문맹률(Illiteracy), 살인발생율(Murder), 고교졸업율(HS Grad)]에 대하여 유의한 변수를 선별한 후, 회귀모형식을 설정하려고 한다. 전진선택법, 후진제거법, 단계별 선택법을 수행하여 유의한 변수를 제시하고 적합한 회귀모형식을 구축하시오.

```
> head(state.x77)
           Population Income Illiteracy Life Exp Murder HS Grad Frost    Area
Alabama          3615   3624        2.1    69.05   15.1    41.3    20   50708
Alaska            365   6315        1.5    69.31   11.3    66.7   152  566432
Arizona          2212   4530        1.8    70.55    7.8    58.1    15  113417
Arkansas         2110   3378        1.9    70.66   10.1    39.9    65   51945
California      21198   5114        1.1    71.71   10.3    62.6    20  156361
Colorado         2541   4884        0.7    72.06    6.8    63.9   166  103766
>
> summary(state.x77)
   Population       Income       Illiteracy        Life Exp        Murder         HS Grad          Frost            Area
 Min.   :  365   Min.   :3098   Min.   :0.500   Min.   :67.96   Min.   : 1.400   Min.   :37.80   Min.   :  0.00   Min.   :  1049
 1st Qu.: 1080   1st Qu.:3993   1st Qu.:0.625   1st Qu.:70.12   1st Qu.: 4.350   1st Qu.:48.05   1st Qu.: 66.25   1st Qu.: 36985
 Median : 2838   Median :4519   Median :0.950   Median :70.67   Median : 6.850   Median :53.25   Median :114.50   Median : 54277
 Mean   : 4246   Mean   :4436   Mean   :1.170   Mean   :70.88   Mean   : 7.378   Mean   :53.11   Mean   :104.46   Mean   : 70736
 3rd Qu.: 4968   3rd Qu.:4814   3rd Qu.:1.575   3rd Qu.:71.89   3rd Qu.:10.675   3rd Qu.:59.15   3rd Qu.:139.75   3rd Qu.: 81163
 Max.   :21198   Max.   :6315   Max.   :2.800   Max.   :73.60   Max.   :15.100   Max.   :67.30   Max.   :188.00   Max.   :566432
>
> class(state.x77)
[1] "matrix" "array"
```

정답 및 해설

(1) 전진선택법 : step(lm( ))에서 direction＝"forward" 옵션을 이용하여 (Income, Illiteracy) 변수를 제외하고 $Life.Exp = 70.42 + 0.0000625 \times \text{Population} - 0.2664148 \times MUrder + 0.0407496 \times HS.Grad$의 회귀모형식을 구한다.

```
> data <- data.frame(state.x77)
> step(lm(Life.Exp ~ Population+Income+Illiteracy+Murder+HS.Grad, data, direction="forward"))
Start:  AIC=-21.97
Life.Exp ~ Population + Income + Illiteracy + Murder + HS.Grad

              Df Sum of Sq    RSS     AIC
- Income       1    0.0471 25.394 -23.875
- Illiteracy   1    0.9923 26.339 -22.048
<none>                     25.347 -21.968
- Population   1    3.8090 29.156 -16.968
- HS.Grad      1    4.0989 29.446 -16.473
- Murder       1   26.2568 51.604  11.579

Step:  AIC=-23.88
Life.Exp ~ Population + Illiteracy + Murder + HS.Grad

              Df Sum of Sq    RSS     AIC
- Illiteracy   1    1.0357 26.430 -23.8765
<none>                     25.394 -23.8754
- Population   1    3.9344 29.328 -18.6732
- HS.Grad      1    5.0359 30.430 -16.8297
- Murder       1   26.3854 51.779   9.7485

Step:  AIC=-23.88
Life.Exp ~ Population + Murder + HS.Grad

              Df Sum of Sq    RSS     AIC
<none>                     26.430 -23.877
- Population   1    3.341 29.770 -19.925
- HS.Grad      1    4.015 30.445 -18.805
- Murder       1   31.928 58.358  13.728

Call:
lm(formula = Life.Exp ~ Population + Murder + HS.Grad, data = data,
    direction = "forward")

Coefficients:
(Intercept)   Population      Murder      HS.Grad
 70.4146754    0.0000625   -0.2664148    0.0407496
```

(2) 후진제거법 : direction＝"backward" 옵션을 이용하며, $Life.Exp = 70.42 + 0.0000625 \times Population - 0.2664148 \times$ $MUurder + 0.0407496 \times HS.Grad$로 전진선택법과 동일한 회귀모형식을 얻는다.

```
> data <- data.frame(state.x77)
> step(lm(Life.Exp ~ Population+Income+Illiteracy+Murder+HS.Grad, data, direction="backward"))
Start:  AIC=-21.97
Life.Exp ~ Population + Income + Illiteracy + Murder + HS.Grad

              Df Sum of Sq    RSS     AIC
- Income       1    0.0471 25.394 -23.875
- Illiteracy  1    0.9923 26.339 -22.048
<none>                     25.347 -21.968
- Population  1    3.8090 29.156 -16.968
- HS.Grad     1    4.0989 29.446 -16.473
- Murder      1   26.2568 51.604  11.579

Step:  AIC=-23.88
Life.Exp ~ Population + Illiteracy + Murder + HS.Grad

              Df Sum of Sq    RSS     AIC
- Illiteracy  1    1.0357 26.430 -23.8765
<none>                     25.394 -23.8754
- Population  1    3.9344 29.328 -18.6732
- HS.Grad     1    5.0359 30.430 -16.8297
- Murder      1   26.3854 51.779   9.7485

Step: AIC=-23.88
Life.Exp ~ Population + Murder + HS.Grad

              Df Sum of Sq    RSS     AIC
<none>                     26.430 -23.877
- Population  1     3.341 29.770 -19.925
- HS.Grad     1     4.015 30.445 -18.805
- Murder      1    31.928 58.358  13.728

Call:
lm(formula = Life.Exp ~ Population + Murder + HS.Grad, data = data,
    direction = "backward")

Coefficients:
(Intercept)    Population        Murder      HS.Grad
 70.4146754     0.0000625    -0.2664148    0.0407496
```

(3) 단계별 선택법 : direction="both" 옵션을 이용하며, $Life.Exp = 70.42 + 0.0000625 \times Population - 0.2664148 \times MUurder + 0.0407496 \times HS.Grad$로 (전진선택법, 후진제거법)과 동일한 회귀모형식을 얻는다.

```
> data <- data.frame(state.x77)
> step(lm(Life.Exp ~ Population+Income+Illiteracy+Murder+HS.Grad, data, direction="both"))
Start:  AIC=-21.97
Life.Exp ~ Population + Income + Illiteracy + Murder + HS.Grad

              Df Sum of Sq    RSS     AIC
- Income       1     0.0471 25.394 -23.875
- Illiteracy   1     0.9923 26.339 -22.048
<none>                      25.347 -21.968
- Population   1     3.8090 29.156 -16.968
- HS.Grad      1     4.0989 29.446 -16.473
- Murder       1    26.2568 51.604  11.579

Step:  AIC=-23.88
Life.Exp ~ Population + Illiteracy + Murder + HS.Grad

              Df Sum of Sq    RSS      AIC
- Illiteracy   1     1.0357 26.430 -23.8765
<none>                      25.394 -23.8754
- Population   1     3.9344 29.328 -18.6732
- HS.Grad      1     5.0359 30.430 -16.8297
- Murder       1    26.3854 51.779   9.7485

Step:  AIC=-23.88
Life.Exp ~ Population + Murder + HS.Grad

              Df Sum of Sq    RSS      AIC
<none>                      26.430 -23.877
- Population   1     3.341 29.770 -19.925
- HS.Grad      1     4.015 30.445 -18.805
- Murder       1    31.928 58.358  13.728

Call:
lm(formula = Life.Exp ~ Population + Murder + HS.Grad, data = data,
    direction = "both")

Coefficients:
(Intercept)    Population       Murder      HS.Grad
 70.4146754     0.0000625   -0.2664148    0.0407496
```

04 아래는 R에서 제공하는 테오필린(근육 이완제)에 대한 약효의 측정 실험 데이터(무게, 투여액, 시간, 농도)이다. 종속변수(농도, conc)와 독립변수[무게(Wt), 투여액(Dose), 시간(Time)]에 대한 유의 변수를 선별하여 회귀 모형식을 설정한다. 전진선택법, 후진제거법, 단계별 선택법을 수행하여 유의한 변수를 제시하고 적합한 회귀모 형식을 제시하시오.

```
> head(Theoph)
Grouped Data: conc ~ Time | Subject
  Subject   Wt Dose Time  conc
1       1 79.6 4.02 0.00  0.74
2       1 79.6 4.02 0.25  2.84
3       1 79.6 4.02 0.57  6.57
4       1 79.6 4.02 1.12 10.50
5       1 79.6 4.02 2.02  9.66
6       1 79.6 4.02 3.82  8.58
>
> summary(Theoph)
    Subject        Wt             Dose           Time            conc
6      :11   Min.   :54.60   Min.   :3.100   Min.   : 0.000   Min.   : 0.000
7      :11   1st Qu.:63.58   1st Qu.:4.305   1st Qu.: 0.595   1st Qu.: 2.877
8      :11   Median :70.50   Median :4.530   Median : 3.530   Median : 5.275
11     :11   Mean   :69.58   Mean   :4.626   Mean   : 5.895   Mean   : 4.960
3      :11   3rd Qu.:74.42   3rd Qu.:5.037   3rd Qu.: 9.000   3rd Qu.: 7.140
2      :11   Max.   :86.40   Max.   :5.860   Max.   :24.650   Max.   :11.400
(Other):66
>
> class(Theoph)
[1] "nfnGroupedData" "nfGroupedData"  "groupedData"    "data.frame"
```

📋 정답 및 해설

(1) 전진선택법 : step(lm( ))에서 direction＝"forward" 옵션을 이용하여 (Wt, Dose) 변수를 제외하고 $conc = 5.7013 - 0.1257 \times Time$의 회귀모형식을 구한다.

```
> data <- data.frame(Theoph)
> head(data)
  Subject   Wt Dose Time  conc
1       1 79.6 4.02 0.00  0.74
2       1 79.6 4.02 0.25  2.84
3       1 79.6 4.02 0.57  6.57
4       1 79.6 4.02 1.12 10.50
5       1 79.6 4.02 2.02  9.66
6       1 79.6 4.02 3.82  8.58
> step(lm(conc~Wt+Dose+Time, data, direction="forward"))
Start:  AIC=271.32
conc ~ Wt + Dose + Time

       Df Sum of Sq     RSS    AIC
- Wt    1     1.053  971.37 269.46
- Dose  1     1.900  972.22 269.57
<none>               970.32 271.32
- Time  1    99.312 1069.63 282.18

Step:  AIC=269.46
conc ~ Dose + Time

       Df Sum of Sq     RSS    AIC
- Dose  1     6.376  977.75 268.32
<none>               971.37 269.46
- Time  1    99.268 1070.64 280.30

Step:  AIC=268.32
conc ~ Time

       Df Sum of Sq     RSS    AIC
<none>               977.75 268.32
- Time  1    99.273 1077.02 279.09

Call:
lm(formula = conc ~ Time, data = data, direction = "forward")

Coefficients:
(Intercept)         Time
     5.7013      -0.1257
```

(2) 후진제거법 : direction＝"backward" 옵션을 이용하여 (Wt, Dose) 변수를 제외하고 $conc=5.7013-0.1257\times Time$의 회귀모형식(전진선택법의 결과와 동일)을 구한다.

```
> step(lm(conc~Wt+Dose+Time, data, direction="backward"))
Start:  AIC=271.32
conc ~ Wt + Dose + Time

       Df Sum of Sq    RSS    AIC
- Wt    1     1.053  971.37 269.46
- Dose  1     1.900  972.22 269.57
<none>               970.32 271.32
- Time  1    99.312 1069.63 282.18

Step:  AIC=269.46
conc ~ Dose + Time

       Df Sum of Sq    RSS    AIC
- Dose  1     6.376  977.75 268.32
<none>               971.37 269.46
- Time  1    99.268 1070.64 280.30

Step:  AIC=268.32
conc ~ Time

       Df Sum of Sq    RSS    AIC
<none>               977.75 268.32
- Time  1    99.273 1077.02 279.09

Call:
lm(formula = conc ~ Time, data = data, direction = "backward")

Coefficients:
(Intercept)         Time
     5.7013      -0.1257
```

(3) 단계별 선택법 : direction＝"both" 옵션을 이용하여 (Wt, Dose) 변수를 제외하고 $conc=5.7013-0.1257\times Time$의 회귀모형식(전진선택법 및 후진제거법의 결과와 동일)을 구한다.

```
> step(lm(conc~Wt+Dose+Time, data, direction="both"))
Start:  AIC=271.32
conc ~ Wt + Dose + Time

       Df Sum of Sq    RSS    AIC
- Wt    1     1.053  971.37 269.46
- Dose  1     1.900  972.22 269.57
<none>               970.32 271.32
- Time  1    99.312 1069.63 282.18

Step:  AIC=269.46
conc ~ Dose + Time

       Df Sum of Sq    RSS    AIC
- Dose  1     6.376  977.75 268.32
<none>               971.37 269.46
- Time  1    99.268 1070.64 280.30

Step:  AIC=268.32
conc ~ Time

       Df Sum of Sq    RSS    AIC
<none>               977.75 268.32
- Time  1    99.273 1077.02 279.09

Call:
lm(formula = conc ~ Time, data = data, direction = "both")

Coefficients:
(Intercept)         Time
     5.7013      -0.1257
```

제3장
로지스틱 회귀 분석

1 로지스틱 회귀 분석의 이해

(1) 로지스틱 회귀 분석을 위해 다음 패키지를 이용한다.

install.packages("pROC")	#ROC(Receiver Operating Characteristics) 분석
install.packages("caret")	#confusionMatrix(혼동행렬) 작성
library(pROC)	−
library(caret)	−

(2) 종속변수가 수치형 자료가 아닌 범주형 자료[(남, 여), (성공, 실패), (A, B, O, AB) 등]로 주어진 경우 로지스틱 회귀 분석(Logistic Regression Analysis)을 사용한다.

(3) iris 데이터는 Edgar Anderson에 의해 작성된 것으로 붓꽃의 생육 데이터(150개 데이터=품종별 50개×3개 품종)이다. 꽃잎의 길이(Petal.Length)와 너비(Petal.Width) 그리고 꽃받침의 길이(Sepal.Length)와 너비(Sepal.Width)에 따라 붓꽃의 3가지 품종(setosa, versicolor, virginica)을 구분한다.

```
> head(iris)
  Sepal.Length Sepal.Width Petal.Length Petal.Width Species
1          5.1         3.5          1.4         0.2  setosa
2          4.9         3.0          1.4         0.2  setosa
3          4.7         3.2          1.3         0.2  setosa
4          4.6         3.1          1.5         0.2  setosa
5          5.0         3.6          1.4         0.2  setosa
6          5.4         3.9          1.7         0.4  setosa
> summary(iris)
  Sepal.Length    Sepal.Width     Petal.Length    Petal.Width          Species
 Min.   :4.300   Min.   :2.000   Min.   :1.000   Min.   :0.100   setosa    :50
 1st Qu.:5.100   1st Qu.:2.800   1st Qu.:1.600   1st Qu.:0.300   versicolor:50
 Median :5.800   Median :3.000   Median :4.350   Median :1.300   virginica :50
 Mean   :5.843   Mean   :3.057   Mean   :3.758   Mean   :1.199
 3rd Qu.:6.400   3rd Qu.:3.300   3rd Qu.:5.100   3rd Qu.:1.800
 Max.   :7.900   Max.   :4.400   Max.   :6.900   Max.   :2.500
```

[Setosa]   [Versicolor]   [Virginica]

- 독립변수(cm)
  - 꽃받침의 길이(Sepal.Length), 너비(Sepal.Width)
  - 꽃잎의 길이(Petal.Length), 너비(Petal.Width)
- 종속변수(붓꽃의 품종, Species)
  setosa(1), versicolor(2), virginica(3)

(4) 로지스틱 회귀 분석모형을 통해 네 가지 독립변수의 값(꽃받침과 꽃잎의 길이 및 너비)을 이용하여 해당 붓꽃이 세 가지 품종(setosa, versicolor, virginica) 중 어느 품종인지를 예측한다.

2 로지스틱 회귀모형

(1) glm( ) 함수(Generalized Linear Models)를 이용한 로지스틱 회귀 분석 수행 결과는 다음과 같다. Coefficients 의 값을 이용하여 독립변수들에 대한 회귀계수를 구한 후, 로지스틱 회귀모형식을 구축한다.

```
> logistic_result <- glm(as.integer(Species)~., data=iris)
> logistic_result

Call:  glm(formula = as.integer(Species) ~ ., data = iris)

Coefficients:
 (Intercept)   Sepal.Length   Sepal.Width   Petal.Length   Petal.Width
     1.18650       -0.11191      -0.04008        0.22865       0.60925

Degrees of Freedom: 149 Total (i.e. Null);  145 Residual
Null Deviance:      100
Residual Deviance: 6.961        AIC: -22.87
>
> summary(logistic_result)

Call:
glm(formula = as.integer(Species) ~ ., data = iris)

Deviance Residuals:
     Min        1Q     Median        3Q        Max
-0.59215  -0.15368   0.01268    0.11089    0.55077

Coefficients:
             Estimate Std. Error t value Pr(>|t|)
(Intercept)   1.18650    0.20484   5.792 4.15e-08 ***
Sepal.Length -0.11191    0.05765  -1.941   0.0542 .
Sepal.Width  -0.04008    0.05969  -0.671   0.5030
Petal.Length  0.22865    0.05685   4.022 9.26e-05 ***
Petal.Width   0.60925    0.09446   6.450 1.56e-09 ***
---
Signif. codes:  0 '***' 0.001 '**' 0.01 '*' 0.05 '.' 0.1 ' ' 1

(Dispersion parameter for gaussian family taken to be 0.04800419)

    Null deviance: 100.0000  on 149  degrees of freedom
Residual deviance:   6.9606  on 145  degrees of freedom
AIC: -22.874

Number of Fisher Scoring iterations: 2
```

- 사용 방법

  glm(as.integer(Species)~., data=iris)

  Species(범주형 종속변수)를 정수형으로 변환
- 로지스틱 회귀모형식(Coefficients 값 이용)
- 유의수준 5%의 경우
  - Petal.Length, Petal.Width이 종속변수에 유의한 영향력이 있음($Pr(>|t|)<0.05$)
  - Sepal.Length, Sepal.Width은 상대적으로 유의하지 않음($Pr(>|t|)>0.05$)

(2) summary( )로 독립변수들의 유의성을 검정한다. 이 경우 유의확률(p-value=$Pr(>|t|)$)이 유의수준보다 작은 경우(p-value<0.05) 귀무가설(회귀식이 유의하지 않다)을 기각한다.

(3) 종속변수=1(setosa)의 경우 독립변수들의 값(평균)을 로지스틱 회귀모형식에 적용한 결과는 다음과 같다.

```
> unique(iris$Species)
[1] setosa     versicolor virginica
Levels: setosa versicolor virginica
> as.integer(unique(iris$Species))
[1] 1 2 3
>
> setosa_stat <- subset(iris, Species==c("setosa"))
> summary(setosa_stat)
  Sepal.Length    Sepal.Width     Petal.Length    Petal.Width
 Min.   :4.300   Min.   :2.300   Min.   :1.000   Min.   :0.100
 1st Qu.:4.800   1st Qu.:3.200   1st Qu.:1.400   1st Qu.:0.200
 Median :5.000   Median :3.400   Median :1.500   Median :0.200
 Mean   :5.006   Mean   :3.428   Mean   :1.462   Mean   :0.246
 3rd Qu.:5.200   3rd Qu.:3.675   3rd Qu.:1.575   3rd Qu.:0.300
 Max.   :5.800   Max.   :4.400   Max.   :1.900   Max.   :0.600
        Species
 setosa    :50
 versicolor: 0
 virginica : 0

> SL <- 5.006
> SW <- 3.428
> PL <- 1.462
> PW <- 0.246
>
> Setosa_value <- 1.1865-0.11191*SL-0.04008*SW+0.22865*PL+0.60925*PW
> Setosa_value
[1] 0.9730461
```

- unique(iris$Species) : iris 데이터의 Species 변수는 3가지 값을 가짐
  setosa, versicolor, virginica
- as.integer(unique(iris$Species)) : 각각의 범주형 자료에 대한 정수값 할당
  setosa＝1, versicolor＝2, virginica＝3
- Species＝"setosa"의 경우 50개 데이터에 대한 각 독립변수들의 기본 통계값(summary( ))
- 독립변수들의 평균(Mean)
  － Sepal.Length＝5.006, Sepal.Width＝3.428
  － Petal.Length＝1.462, Petal.Width＝0.246
- 로지스틱 회귀모형식에 독립변수들의 평균을 적용한 결괏값(Setosa_value＝0.9730461)은 1에 가까운 값(범주형 자료인 setosa의 정수값＝1)을 가짐

(4) 종속변수＝2(versicolor)의 경우 독립변수들의 평균을 로지스틱 회귀모형식에 적용한 결과는 다음과 같다.

```
> versicolor_stat <- subset(iris, Species==c("versicolor"))
> summary(versicolor_stat)
  Sepal.Length    Sepal.Width     Petal.Length    Petal.Width
 Min.   :4.900   Min.   :2.000   Min.   :3.00    Min.   :1.000
 1st Qu.:5.600   1st Qu.:2.525   1st Qu.:4.00    1st Qu.:1.200
 Median :5.900   Median :2.800   Median :4.35    Median :1.300
 Mean   :5.936   Mean   :2.770   Mean   :4.26    Mean   :1.326
 3rd Qu.:6.300   3rd Qu.:3.000   3rd Qu.:4.60    3rd Qu.:1.500
 Max.   :7.000   Max.   :3.400   Max.   :5.10    Max.   :1.800
        Species
 setosa    : 0
 versicolor:50
 virginica : 0
> SL <- 5.936
> SW <- 2.77
> PL <- 4.26
> PW <- 1.326
>
> Versicolor_value <- 1.1865-0.11191*SL-0.04008*SW+0.22865*PL+0.60925*PW
> Versicolor_value
[1] 2.193095
```

- Species = "versicolor"의 경우 50개의 데이터에 대한 독립변수들의 기본 통계값(summary( ))
- 독립변수들의 평균(Mean)
  - epal.Length=5.936, Sepal.Width=2.77
  - Petal.Length=4.26, Petal.Width=1.326
- 로지스틱 회귀모형식에 독립변수들의 평균을 적용한 결괏값(Versicolor_value=2.193095)은 2에 가까운 값(범주형 자료인 versicolor의 정수값=2)을 가짐

(5) 종속변수=3(virginica)의 경우 독립변수들의 평균을 로지스틱 회귀모형식에 적용한 결과는 다음과 같다.

```
> virginica_stat <- subset(iris, Species==c("virginica"))
> summary(virginica_stat)
  Sepal.Length    Sepal.Width    Petal.Length    Petal.Width
 Min.   :4.900   Min.   :2.200   Min.   :4.500   Min.   :1.400
 1st Qu.:6.225   1st Qu.:2.800   1st Qu.:5.100   1st Qu.:1.800
 Median :6.500   Median :3.000   Median :5.550   Median :2.000
 Mean   :6.588   Mean   :2.974   Mean   :5.552   Mean   :2.026
 3rd Qu.:6.900   3rd Qu.:3.175   3rd Qu.:5.875   3rd Qu.:2.300
 Max.   :7.900   Max.   :3.800   Max.   :6.900   Max.   :2.500
       Species
 setosa    : 0
 versicolor: 0
 virginica :50
> SL <- 6.588
> SW <- 2.974
> PL <- 5.552
> PW <- 2.026
>
> Verginica_value <- 1.1865-0.11191*SL-0.04008*SW+0.22865*PL+0.60925*PW
> Verginica_value
[1] 2.833844
```

- Species = "virginica"의 경우 50개의 데이터에 대한 독립변수들의 기본 통계값(summary( ))
- 독립변수들의 평균(Mean)
  - Sepal.Length=6.588, Sepal.Width=2.974
  - Petal.Length=5.552, Petal.Width=2.026
- 로지스틱 회귀모형식에 독립변수들의 평균을 적용한 결괏값(Virginica_value=2.833844)은 3에 가까운 값(범주형 자료인 virginica의 정수값=3)을 가짐

(6) 적용 결과 분석

① 독립변수들의 평균을 이용하여 glm( ), predict( ) 함수로 종속변수(품종)를 예측하면 다음과 같다.

```
> logistic_model <- glm(as.integer(Species)~., data=iris)
>
> SL <- 5.006
> SW <- 3.428
> PL <- 1.462
> PW <- 0.246
>
> data <- data.frame(rbind(c(SL, SW, PL, PW)))
> names(data) <- names(iris)[1:4]
> data
  Sepal.Length Sepal.Width Petal.Length Petal.Width
1        5.006       3.428        1.462       0.246
>
> predicted <- predict(logistic_model, data)
> predicted
        1
0.9730571
```

- Species＝"setosa"의 경우 독립변수들의 평균에 대한 종속변수 예측 결과
- 네 가지 독립변수 값(SL, SW, PL, PW)을 데이터 프레임 구조로 저장
- names( ) 함수를 이용하여 변수명 변경
- predict( ) 함수를 이용하여 로지스틱 회귀모형식으로 예측모형 적용 및 대상 데이터(data) 저장
- 예측 결과(predicted)＝0.9730571(1에 가까운 값으로 setosa 품종)로 예측

```
> logistic_model <- glm(as.integer(Species)~., data=iris)
>
> SL <- 5.936
> SW <- 2.77
> PL <- 4.26
> PW <- 1.326
>
> data <- data.frame(rbind(c(SL, SW, PL, PW)))
> names(data) <- names(iris)[1:4]
> data
  Sepal.Length Sepal.Width Petal.Length Petal.Width
1        5.936        2.77         4.26       1.326
>
> predicted <- predict(logistic_model, data)
> predicted
       1
2.193098
```

- Species＝"versicolor"의 경우 독립변수들의 평균에 대한 종속변수 예측 결과
- 네 가지 독립변수 값(SL, SW, PL, PW)을 데이터 프레임 구조로 저장
- names( ) 함수를 이용하여 변수명 변경
- predict( ) 함수를 이용하여 로지스틱 회귀모형식으로 예측모형 적용 및 대상 데이터(data) 저장
- 예측 결과(predicted)＝2.193098(2에 가까운 값으로 versicolor 품종)로 예측

```
> logistic_model <- glm(as.integer(Species)~., data=iris)
>
> SL <- 6.588
> SW <- 2.974
> PL <- 5.552
> PW <- 2.026
>
> data <- data.frame(rbind(c(SL, SW, PL, PW)))
> names(data) <- names(iris)[1:4]
> data
  Sepal.Length Sepal.Width Petal.Length Petal.Width
1        6.588       2.974        5.552       2.026
>
> predicted <- predict(logistic_model, data)
> predicted
       1
2.833845
```

- Species＝"virginica"의 경우 독립변수들의 평균에 대한 종속변수 예측 결과
- 네 가지 독립변수 값(SL, SW, PL, PW)을 데이터 프레임 구조로 저장
- names( ) 함수를 이용하여 변수명 변경
- predict( ) 함수를 이용하여 로지스틱 회귀모형식으로 예측모형 적용 및 대상 데이터(data) 저장
- 예측 결과(predicted)＝2.833845(3에 가까운 값으로 virginica 품종)로 예측

② 네 가지 독립변수의 값이 (SL, SW, PL, PW)=(6, 3, 4, 1)인 경우 glm( ), predict( ) 함수를 이용하여 종속변수(붓꽃의 품종)를 예측한 결과는 다음과 같다.

```
> logistic_model <- glm(as.integer(Species)~., data=iris)
>
> SL <- 6
> SW <- 3
> PL <- 4
> PW <- 1
>
> data <- data.frame(rbind(c(SL, SW, PL, PW)))
> names(data) <- names(iris)[1:4]
> data
  Sepal.Length Sepal.Width Petal.Length Petal.Width
1            6           3            4           1
>
> predicted <- predict(logistic_model, data)
> predicted
       1
1.918654
```

- 네 가지 독립변수 값(SL, SW, PL, PW)을 데이터 프레임 구조로 저장
  SL=6, SW=3, PL=4, PW=1
- names( ) 함수를 이용하여 변수명 변경
- predict( ) 함수를 이용하여 로지스틱 회귀모형식으로 예측모형 적용 및 대상 데이터(data) 저장
- 예측 결과(predicted)=1.918654(2에 가까운 값으로 veisicolor 품종)로 예측

③ iris 데이터 전체에 대한 예측 결과는 다음과 같다.

```
> logistic_model <- glm(as.integer(Species)~., data=iris)
>
> data <- iris[,1:4]
> head(data)
  Sepal.Length Sepal.Width Petal.Length Petal.Width
1          5.1         3.5          1.4         0.2
2          4.9         3.0          1.4         0.2
3          4.7         3.2          1.3         0.2
4          4.6         3.1          1.5         0.2
5          5.0         3.6          1.4         0.2
6          5.4         3.9          1.7         0.4
>
> predicted <- predict(logistic_model, data)
> head(predicted)
        1         2         3         4         5         6
0.9174506 0.9598716 0.9513723 1.0122999 0.9246333 1.0582910
>
> predicted <- round(predicted, 0)
>
> predicted
  1   2   3   4   5   6   7   8   9  10  11  12  13  14  15  16  17  18  19  20  21  22  23  24  25  26  27  28  29  30
  1   1   1   1   1   1   1   1   1   1   1   1   1   1   1   1   1   1   1   1   1   1   1   1   1   1   1   1   1   1
 31  32  33  34  35  36  37  38  39  40  41  42  43  44  45  46  47  48  49  50  51  52  53  54  55  56  57  58  59  60
  1   1   1   1   1   1   1   1   1   1   1   1   1   1   1   1   1   1   1   1   2   2   2   2   2   2   2   2   2   2
 61  62  63  64  65  66  67  68  69  70  71  72  73  74  75  76  77  78  79  80  81  82  83  84  85  86  87  88  89  90
  2   2   2   2   2   2   2   2   2   2   2   2   2   2   2   2   2   2   2   2   2   2   2   3   2   2   2   2   2   2
 91  92  93  94  95  96  97  98  99 100 101 102 103 104 105 106 107 108 109 110 111 112 113 114 115 116 117 118 119 120
  2   2   2   2   2   2   2   2   2   2   3   3   3   3   3   3   3   3   3   3   3   3   3   3   3   3   3   3   3   2
121 122 123 124 125 126 127 128 129 130 131 132 133 134 135 136 137 138 139 140 141 142 143 144 145 146 147 148 149 150
  3   3   3   3   3   3   3   3   3   3   3   2   3   3   3   3   3   3   3   3   3   3   3   3   3   3   3   3   3   3
```

- glm( ) 함수를 이용하여 로지스틱 회귀모형 분석 모델 저장
- iris 데이터 네 가지 독립변수의 데이터를 별도로 저장 : data<−iris[,1:4]
- predict( ) 함수를 이용하여 종속변수 예측
- round(predicted, 0) 함수를 이용하여 종속변수 값을 반올림함
- 종속변수 예측값(predicted) 출력
  1(setosa), 2(versicolor), 3(virginica) 중 하나로 품종 예측 결과 출력

④ 실제 데이터와 예측 결과와의 차이를 분석하면 다음과 같으며, 정확도(Accuracy)는 97.3%이다.

```
> logistic_model <- glm(as.integer(Species)~., data=iris)
>
> data <- iris[,1:4]
> predicted <- predict(logistic_model, data)
> predicted <- round(predicted, 0)
>
> actual <- as.integer(iris[,5])
> head(actual)
[1] 1 1 1 1 1 1
>
> accuracy <- as.logical(predicted==actual)
> accuracy
  [1] TRUE  TRUE  TRUE  TRUE  TRUE  TRUE  TRUE  TRUE  TRUE  TRUE  TRUE  TRUE
 [13] TRUE  TRUE  TRUE  TRUE  TRUE  TRUE  TRUE  TRUE  TRUE  TRUE  TRUE  TRUE
 [25] TRUE  TRUE  TRUE  TRUE  TRUE  TRUE  TRUE  TRUE  TRUE  TRUE  TRUE  TRUE
 [37] TRUE  TRUE  TRUE  TRUE  TRUE  TRUE  TRUE  TRUE  TRUE  TRUE  TRUE  TRUE
 [49] TRUE  TRUE  TRUE  TRUE  TRUE  TRUE  TRUE  TRUE  TRUE  TRUE  TRUE  TRUE
 [61] TRUE  TRUE  TRUE  TRUE  TRUE  TRUE  TRUE  TRUE  TRUE  TRUE  FALSE TRUE
 [73] TRUE  TRUE  TRUE  TRUE  TRUE  TRUE  TRUE  TRUE  TRUE  TRUE  TRUE  FALSE
 [85] TRUE  TRUE  TRUE  TRUE  TRUE  TRUE  TRUE  TRUE  TRUE  TRUE  TRUE  TRUE
 [97] TRUE  TRUE  TRUE  TRUE  TRUE  TRUE  TRUE  TRUE  TRUE  TRUE  TRUE  TRUE
[109] TRUE  TRUE  TRUE  TRUE  TRUE  TRUE  TRUE  TRUE  TRUE  TRUE  TRUE  FALSE
[121] TRUE  TRUE  TRUE  TRUE  TRUE  TRUE  TRUE  TRUE  TRUE  TRUE  TRUE  TRUE
[133] TRUE  FALSE TRUE  TRUE  TRUE  TRUE  TRUE  TRUE  TRUE  TRUE  TRUE  TRUE
[145] TRUE  TRUE  TRUE  TRUE  TRUE  TRUE
>
> sum(accuracy)
[1] 146
> 150-sum(accuracy)
[1] 4
>
> mean(accuracy)
[1] 0.9733333
```

- iris 데이터세트 마지막 열에 저장된 Species 변수(종속변수) 저장
  actual<−as.integer(iris[,5])
- 로지스틱 회귀모형을 이용하여 예측한 결과(predicted)와 실제 품종값(actual) 비교
  accuracy<−as.logical(predicted==actual)
- accuracy를 출력하면 TRUE인 경우 예측된 결과와 실젯값이 일치하는 경우(예측=실젯값)이며 반대로 FALSE인 경우 실젯값과 다르게 예측한 결과임을 알 수 있음
  (FALSE : 71, 84, 120, 134번 붓꽃으로서 4개 값을 잘못 예측하고 150−4=146개의 품종을 정확히 예측함)
- mean(accuracy) 함수를 이용하어 로지스틱 회귀모형의 성확도(Accuracy)=146/150=97.3%를 구함

⑤ 유의한 변수인 꽃잎의 길이(Petal.Length)에 대한 데이터 분포(밀도함수)와 붓꽃 품종(Species)과의 관계(박스 플롯)를 나타내면 다음과 같다. Petal.Length가 1~2cm, 4~6cm인 붓꽃이 많고 꽃잎의 길이는 virginica 품종이 가장 길며, setosa 품종이 비교적 길이가 짧음을 알 수 있다.

```
> PetalLength_pdf <- density(iris$Petal.Length, na.rm=TRUE)
> plot(PetalLength_pdf, "Petal.Length", col="black", lty=5)
>
> rug(iris$Petal.Length)
```

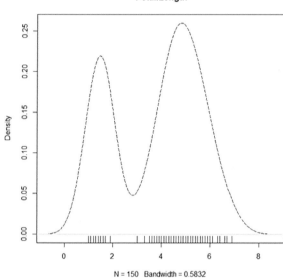

```
> boxplot(iris$Petal.Length~iris$Species, data=iris)
```

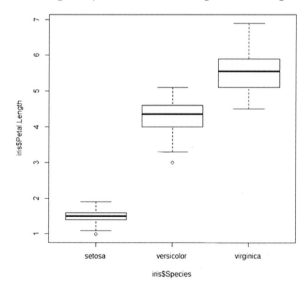

⑥ 꽃잎의 너비(Peral.Width)에 대한 데이터 분포(밀도함수)와 붓꽃의 품종(Species)과의 관계(박스 플롯)는 다음과 같다. Petal.Width은 비교적 짧으며(1보다 작음), 1~2cm인 붓꽃이 많고 꽃잎의 너비는 virginica 품종이 가장 길며, setosa 품종이 비교적 너비가 짧다.

```
> PetalWidth_pdf <- density(iris$Petal.Width, na.rm=TRUE)
> plot(PetalWidth_pdf, "Petal.Width", col="black", lty=5)
>
> rug(iris$Petal.Width)
```

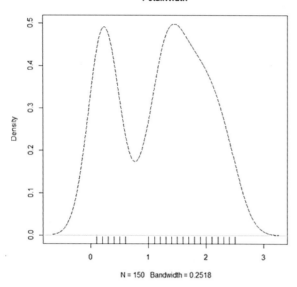

```
> boxplot(iris$Petal.Width~iris$Species, data=iris)
```

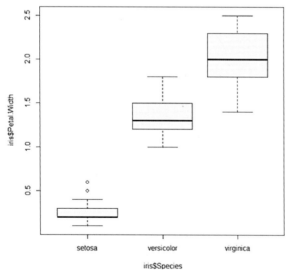

(7) ROC 및 AUC 분석

① 혼동행렬(Confusion Matirx)

ⓐ 로지스틱 회귀모형의 성능을 평가하기 위하여 혼동행렬을 이용하며, 이를 위해 "caret" 패키지를 설치한다.

ⓑ confusionMatrix( ) 함수를 이용한 혼동행렬 분석 과정은 다음과 같다.

```
> iris_data <- subset(iris, Species=="versicolor" | Species=="virginica")
> head(iris_data)
   Sepal.Length Sepal.Width Petal.Length Petal.Width    Species
51          7.0         3.2          4.7         1.4 versicolor
52          6.4         3.2          4.5         1.5 versicolor
53          6.9         3.1          4.9         1.5 versicolor
54          5.5         2.3          4.0         1.3 versicolor
55          6.5         2.8          4.6         1.5 versicolor
56          5.7         2.8          4.5         1.3 versicolor
>
> logistic_model <- glm(as.integer(Species)~., data=iris_data)
>
> data <- iris_data[,1:4]
> predicted <- predict(logistic_model, data)
>
> predicted <- round(predicted, 0)
> class(predicted)
[1] "numeric"
> predicted <- as.factor(predicted)
>
> actual <- as.integer(iris_data[,5])
>
> xtable <- table(predicted, actual)
> xtable
         actual
predicted  2  3
        2 48  1
        3  2 49

> confusionMatrix(xtable)
Confusion Matrix and Statistics

         actual
predicted  2  3
        2 48  1
        3  2 49

               Accuracy : 0.97
                 95% CI : (0.9148, 0.9938)
    No Information Rate : 0.5
    P-Value [Acc > NIR] : <2e-16

                  Kappa : 0.94

 Mcnemar's Test P-Value : 1

            Sensitivity : 0.9600
            Specificity : 0.9800
         Pos Pred Value : 0.9796
         Neg Pred Value : 0.9608
             Prevalence : 0.5000
         Detection Rate : 0.4800
   Detection Prevalence : 0.4900
      Balanced Accuracy : 0.9700

       'Positive' Class : 2
```

- "caret" 패키지 설치

  install.packages("caret"), library(caret)
- iris 데이터 중에서 품종(Species)이 "versicolor"과 "virginica"인 데이터를 iris_data로 저장(subset( ) 함수 이용)
- glm( ) 함수를 이용하여 로지스틱 회귀모형식 설정
- iris_data 데이터를 이용한 예측 모델 적용
- 실젯값(actual=as.integer(iris_data[,5])과 예측값(predicted)에 대한 분석모형 평가(table( ) 함수 이용)
- 혼동행렬(confusion matrix) 분석(confusionMatrix( ))을 통해 성능평가 지표 분석

  정확도(Accuracy)=(48+49)/(48+2+1+49)=0.97

  Sensitivity=0.9600, Specificity=0.9800

  Kappa=0.94

② ROC(Receiver Operating Characteristics) Curve

　㉠ ROC 곡선을 작성하기 위하여 필요한 패키지(install.packages("pROC"), library(pROC))를 설치한다.

　㉡ 실젯값(actual)과 예측값(predicted를 정수값으로 변환)을 이용한 ROC 곡선은 다음과 같다. legacy. axes=TRUE 옵션을 이용하여 $1-$Specificity($=1-$특이도$=$FP rate)에 대한 TP rate(Sensitivity) 의 변화를 확인한다. legacy.axes=FALSE로 지정하는 경우 x축은 Specificity(특이도)가 된다.

```
> plot.roc(actual, as.integer(predicted), legacy.axes=TRUE)
```

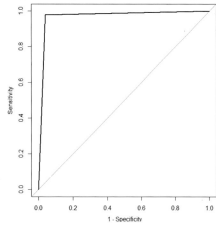

③ AUC(Area under the ROC Curve)

　㉠ AUC는 ROC 곡선의 아래 면적으로 분석모형의 성능을 나타내는 지표이며, AUC＝0.9~1.0 사이의 값일 때 분석모형의 성능이 뛰어나고, AUC＝0.8~0.9 사이일 때 우수 모형, AUC＝0.7~0.8일 때 분석모형의 성능은 보통(양호)으로 평가한다.

　㉡ 로지스틱 회귀모형에 대한 AUC 값은 roc( ) 함수를 이용한다.

```
> result_validation <- roc(actual, as.integer(predicted))
Setting levels: control = 2, case = 3
Setting direction: controls < cases
> result_validation

Call:
roc.default(response = actual, predictor = as.integer(predicted))

Data: as.integer(predicted) in 50 controls (actual 2) < 50 cases (actual 3).
Area under the curve: 0.97
>
> result_validation$auc
Area under the curve: 0.97
```

　　• roc( )를 이용하여 AUC＝0.97을 구하며, 설정된 로지스틱 회귀모형식의 성능이 매우 우수함으로 평가

　　• roc( ) 함수 결과의 auc 변수를 이용하여 result_validation$auc로 auc 값만 출력할 수 있음

(8) 고려사항

① 로지스틱 회귀 분석은 종속변수가 범주형 자료인 경우 적용하며, 만약 종속변수가 문자형으로 주어진 경우 이를 숫자로 변환 후(as.integer( ) 함수 이용) 회귀 분석을 수행한다.

② 마찬가지로 범주형 자료가 요인(factor) 변수로 명목 척도(남녀 구별, 결혼 여부, 선호 색상, 출신 지역 등) 변수인 경우에도 as.integer( ) 함수를 이용하여 숫자로 변환 후 회귀 분석을 실시한다.

③ iris 데이터의 Species 종속변수(붓꽃의 품종)는 요인(factor) 변수이며, 아래와 같이 as.integer( ) 함수를 이용하여 숫자로 변환 후, 로지스틱 회귀모형식을 적용한다.

```
> class(iris$Species)
[1] "factor"
> head(iris$Species)
[1] setosa setosa setosa setosa setosa setosa
Levels: setosa versicolor virginica
> as.integer(iris$Species)
  [1] 1 1 1 1 1 1 1 1 1 1 1 1 1 1 1 1 1 1 1 1 1 1 1 1 1 1 1 1 1 1 1 1 1 1 1 1 1 1 1 1 1 1 1 1 1 1 1 1 1 1 1 1 1 1 1 1 1 1 1 1 1 2 2
 [63] 2 2 2 2 2 2 2 2 2 2 2 2 2 2 2 2 2 2 2 2 2 2 2 2 2 2 2 2 2 2 2 2 2 2 2 2 2 2 2 2 2 2 3 3 3 3 3 3 3 3 3 3 3 3 3 3 3 3 3 3 3 3
[125] 3 3 3 3 3 3 3 3 3 3 3 3 3 3 3 3 3 3 3 3 3 3 3 3 3 3
```

01 다음은 PimaIndiansDiabetes 데이터이다. PimaIndiansDiabetes 데이터는 9개 변수와 768개의 데이터로 이루어져 있으며 미국 애리조나 주(또는 멕시코)에 거주하였던 피마 인디언들에 대한 당뇨병 발생 요인 분석 자료이다. 로지스틱 회귀모형식을 구하기 위해 다음을 수행하시오.

(1) subset( ) 함수를 이용하여 BMI(mass) 값이 0보다 큰 데이터들로 새로운 데이터세트(data)를 구성하시오.

(2) data를 이용하여 8개의 변수(pregnant, glucose, pressure, triceps, insulin, mass, pedigree, age)에 대한 당뇨 여부(diabetes)를 예측하는 로지스틱 회귀 분석모형식을 구하시오.

(3) 유의수준=5%에 대하여 가설검정을 통해 유의한 변수를 제시하시오.

(4) 로지스틱 회귀모형으로 예측한 결과[당뇨병의 (양성, 음성)]와 실제 데이터값 사이의 차이를 구하고 정확도 (Accuracy)를 구하시오.

(5) (pregnamt, mass, diabetes)의 변수만으로 구성된 새로운 데이터세트(data_bmi)를 구성하시오. (pregnamt, mass)의 값으로 당뇨병의 (양성, 음성)을 판별하는 로지스틱 회귀모형식을 이용한 예측결과의 정확도(Accuracy)를 구하시오.

(6) density( ) 함수를 이용하여 mass 데이터 분포(밀도함수)를 시각화로 나타내고 boxplot( ) 함수를 이용하여 mass 변수와 당뇨 발생(diabetes)과의 관계를 박스 플롯으로 나타내시오.

(7) (pregnamt, mass, diabetes)의 변수로 당뇨병을 예측하는 로지스틱 회귀모형의 성능을 혼동행렬(confusion matrix), ROC 곡선, AUC 값을 이용하여 평가하시오.

```
> install.packages("neuralnet")
'Deriv' (을)를 또한 설치합니다.

URL 'https://cran.yu.ac.kr/bin/windows/contrib/4.2/Deriv_4.1.3.zip'를 시도합니다
Content type 'application/zip' length 148923 bytes (145 KB)
downloaded 145 KB

URL 'https://cran.yu.ac.kr/bin/windows/contrib/4.2/neuralnet_1.44.2.zip'를 시도합니다
Content type 'application/zip' length 123946 bytes (121 KB)
downloaded 121 KB

패키지 'Deriv'를 성공적으로 압축해제하였고 MD5 sums 이 확인되었습니다
패키지 'neuralnet'를 성공적으로 압축해제하였고 MD5 sums 이 확인되었습니다

다운로드된 바이너리 패키지들은 다음의 위치에 있습니다
        C:\Users\Public\Documents\ESTsoft\CreatorTemp\Rtmpy6UPfQ\downloaded_packages
> install.packages("mlbench")
URL 'https://cran.yu.ac.kr/bin/windows/contrib/4.2/mlbench_2.1-3.zip'를 시도합니다
Content type 'application/zip' length 1054202 bytes (1.0 MB)
downloaded 1.0 MB

패키지 'mlbench'를 성공적으로 압축해제하였고 MD5 sums 이 확인되었습니다

다운로드된 바이너리 패키지들은 다음의 위치에 있습니다
        C:\Users\Public\Documents\ESTsoft\CreatorTemp\Rtmpy6UPfQ\downloaded_packages
> install.packages("Metrics")
URL 'https://cran.yu.ac.kr/bin/windows/contrib/4.2/Metrics_0.1.4.zip'를 시도합니다
Content type 'application/zip' length 83455 bytes (81 KB)
downloaded 81 KB

패키지 'Metrics'를 성공적으로 압축해제하였고 MD5 sums 이 확인되었습니다

다운로드된 바이너리 패키지들은 다음의 위치에 있습니다
        C:\Users\Public\Documents\ESTsoft\CreatorTemp\Rtmpy6UPfQ\downloaded_packages
> library(neuralnet)
> library(mlbench)
> library(Metrics)

> data(PimaIndiansDiabetes)
> pima <- PimaIndiansDiabetes
>
> head(pima)
  pregnant glucose pressure triceps insulin mass pedigree age diabetes
1        6     148       72      35       0 33.6    0.627  50      pos
2        1      85       66      29       0 26.6    0.351  31      neg
3        8     183       64       0       0 23.3    0.672  32      pos
4        1      89       66      23      94 28.1    0.167  21      neg
5        0     137       40      35     168 43.1    2.288  33      pos
6        5     116       74       0       0 25.6    0.201  30      neg
> summary(PimaIndiansDiabetes)
    pregnant         glucose         pressure         triceps         insulin           mass          pedigree
 Min.   : 0.000   Min.   :  0.0   Min.   :  0.00   Min.   : 0.00   Min.   :  0.0   Min.   : 0.00   Min.   :0.0780
 1st Qu.: 1.000   1st Qu.: 99.0   1st Qu.: 62.00   1st Qu.: 0.00   1st Qu.:  0.0   1st Qu.:27.30   1st Qu.:0.2437
 Median : 3.000   Median :117.0   Median : 72.00   Median :23.00   Median : 30.5   Median :32.00   Median :0.3725
 Mean   : 3.845   Mean   :120.9   Mean   : 69.11   Mean   :20.54   Mean   : 79.8   Mean   :31.99   Mean   :0.4719
 3rd Qu.: 6.000   3rd Qu.:140.2   3rd Qu.: 80.00   3rd Qu.:32.00   3rd Qu.:127.2   3rd Qu.:36.60   3rd Qu.:0.6262
 Max.   :17.000   Max.   :199.0   Max.   :122.00   Max.   :99.00   Max.   :846.0   Max.   :67.10   Max.   :2.4200
      age         diabetes
 Min.   :21.00   neg:500
 1st Qu.:24.00   pos:268
 Median :29.00
 Mean   :33.24
 3rd Qu.:41.00
 Max.   :81.00
>
> str(PimaIndiansDiabetes)
'data.frame':   768 obs. of  9 variables:
 $ pregnant: num  6 1 8 1 0 5 3 10 2 8 ...
 $ glucose : num  148 85 183 89 137 116 78 115 197 125 ...
 $ pressure: num  72 66 64 66 40 74 50 0 70 96 ...
 $ triceps : num  35 29 0 23 35 0 32 0 45 0 ...
 $ insulin : num  0 0 0 94 168 0 88 0 543 0 ...
 $ mass    : num  33.6 26.6 23.3 28.1 43.1 25.6 31 35.3 30.5 0 ...
 $ pedigree: num  0.627 0.351 0.672 0.167 2.288 ...
 $ age     : num  50 31 32 21 33 30 26 29 53 54 ...
 $ diabetes: Factor w/ 2 levels "neg","pos": 2 1 2 1 2 1 2 1 2 2 ...
```

- 필요한 패키지 및 라이브러리

  install.packages("neuralnet")

  install.packages("mlbench")

  install.packages("Metrics")

  library(neuralnet)

  library(mlbench)

  library(Metrics)

- 9개의 변수

  − pregnant : 임신 횟수

  − glucose : 포도당 부하 검사 수치(혈당 농도)

  − pressure : 최소 혈압(mm Hg)

  − triceps : 피하지방 측정값(mm)

  − insulin : 혈청 인슐린 측정값(mm U/ml)

  − mass : 체질량 지수(BMI＝몸무게(kg)/키(m2))

  − pedigree : 당뇨 내역 가중치 값

  − age : 나이

  − diabetes : 당뇨 여부(pos(1, 양성) 또는 neg(0, 음성))

- 총 768개 데이터 : 양성(pos)＝268, 음성(neg)＝500개의 데이터로 구성

📖 정답 및 해설

(1) subset( )을 이용하여 pima 데이터에서 mass(BMI)＞0인 데이터를 저장(data)한다.

```
> data <- subset(pima, mass > 0)
> head(data)
  pregnant glucose pressure triceps insulin mass pedigree age diabetes
1        6     148       72      35       0 33.6    0.627  50      pos
2        1      85       66      29       0 26.6    0.351  31      neg
3        8     183       64       0       0 23.3    0.672  32      pos
4        1      89       66      23      94 28.1    0.167  21      neg
5        0     137       40      35     168 43.1    2.288  33      pos
6        5     116       74       0       0 25.6    0.201  30      neg
>
> summary(data)
    pregnant         glucose         pressure         triceps          insulin            mass          pedigree
 Min.   : 0.000   Min.   :  0.0   Min.   :  0.00   Min.   : 0.00   Min.   :  0.00   Min.   :18.20   Min.   :0.0780
 1st Qu.: 1.000   1st Qu.: 99.0   1st Qu.: 64.00   1st Qu.: 0.00   1st Qu.:  0.00   1st Qu.:27.50   1st Qu.:0.2440
 Median : 3.000   Median :117.0   Median : 72.00   Median :23.00   Median : 37.00   Median :32.30   Median :0.3760
 Mean   : 3.844   Mean   :121.1   Mean   : 69.69   Mean   :20.77   Mean   : 80.84   Mean   :32.46   Mean   :0.4724
 3rd Qu.: 6.000   3rd Qu.:141.0   3rd Qu.: 80.00   3rd Qu.:32.00   3rd Qu.:130.00   3rd Qu.:36.60   3rd Qu.:0.6270
 Max.   :17.000   Max.   :199.0   Max.   :122.00   Max.   :99.00   Max.   :846.00   Max.   :67.10   Max.   :2.4200
      age        diabetes
 Min.   :21.00   neg:491
 1st Qu.:24.00   pos:266
 Median :29.00
 Mean   :33.28
 3rd Qu.:41.00
 Max.   :81.00
```

(2) 8개 변수를 이용하여 당뇨 여부(diabetes)를 예측하기 위한 회귀모형식은 다음과 같다.

$$y = 0.0523998 + 0.0194428 \times pregnant + 0.0058278 \times glucose - 0.0020774 \times pressure \times -0.0001262 \times triceps - 0.0001687 \times insulin + 0.0160022 \times mass + 0.1483209 \times pedigree + 0.0026998 \times age$$

```
> logistic_result <- glm(as.integer(diabetes)~., data=data)
>
> logistic_result

Call:  glm(formula = as.integer(diabetes) ~ ., data = data)

Coefficients:
(Intercept)     pregnant      glucose     pressure      triceps      insulin         mass     pedigree          age
  0.0523998    0.0194428    0.0058278   -0.0020774   -0.0001262   -0.0001687    0.0160022    0.1483209    0.0026998

Degrees of Freedom: 756 Total (i.e. Null);  748 Residual
Null Deviance:      172.5
Residual Deviance: 119.2       AIC: 769.1
```

(3) 유의수준＝5%에서 유의한 변수(Pr($>|t|$)<0.05인 경우)는 (pregnant, glucose, pressure, mass, pedigree)이다.

```
> summary(logistic_result)

Call:
glm(formula = as.integer(diabetes) ~ ., data = data)

Deviance Residuals:
     Min        1Q    Median        3Q       Max
-1.03135  -0.29528  -0.09536   0.31313   1.21331

Coefficients:
              Estimate Std. Error t value Pr(>|t|)
(Intercept)  0.0523998  0.0942331   0.556 0.578332
pregnant     0.0194428  0.0051668   3.763 0.000181 ***
glucose      0.0058278  0.0005158  11.299  < 2e-16 ***
pressure    -0.0020774  0.0008433  -2.463 0.013988 *
triceps     -0.0001262  0.0011170  -0.113 0.910077
insulin     -0.0001687  0.0001497  -1.127 0.260177
mass         0.0160022  0.0023528   6.801 2.12e-11 ***
pedigree     0.1483209  0.0455440   3.257 0.001178 **
age          0.0026998  0.0015591   1.732 0.083738 .
---
Signif. codes:  0 '***' 0.001 '**' 0.01 '*' 0.05 '.' 0.1 ' ' 1

(Dispersion parameter for gaussian family taken to be 0.1594044)

    Null deviance: 172.53  on 756  degrees of freedom
Residual deviance: 119.23  on 748  degrees of freedom
AIC: 769.13

Number of Fisher Scoring iterations: 2
```

(4) glm( ) 함수를 이용하여 로지스틱 회귀모형을 구축하고 독립변수들(1~8번 항목)을 이용하여 종속변수(9번째 변수, diabetes)를 예측한다. 분석 결과 모형의 정확도(accuracy)＝77.68%이다.

```
> logistic_model <- glm(as.integer(diabetes)~., data=data)
> test <- data[,1:8]
> predicted <- predict(logistic_model, test)
> predicted <- round(predicted, 0)
>
> actual <- as.integer(data[,9])
> head(actual)
[1] 2 1 2 1 2 1
>
> accuracy <- as.logical(predicted==actual)
> accuracy
  [1]  TRUE  TRUE  TRUE  TRUE  TRUE  TRUE  TRUE FALSE FALSE  TRUE  TRUE  TRUE FALSE  TRUE  TRUE FALSE FALSE FALSE  TRUE FALSE  TRUE
 [21]  TRUE  TRUE FALSE  TRUE  TRUE FALSE  TRUE  TRUE FALSE  TRUE  TRUE  TRUE  TRUE  TRUE  TRUE  TRUE FALSE FALSE FALSE  TRUE FALSE
 [41] FALSE  TRUE  TRUE FALSE  TRUE  TRUE  TRUE FALSE  TRUE  TRUE  TRUE  TRUE FALSE  TRUE  TRUE  TRUE FALSE  TRUE  TRUE  TRUE
 [61]  TRUE FALSE  TRUE FALSE  TRUE  TRUE  TRUE  TRUE  TRUE  TRUE FALSE  TRUE  TRUE FALSE  TRUE  TRUE  TRUE  TRUE  TRUE  TRUE
 [81]  TRUE  TRUE FALSE  TRUE  TRUE  TRUE  TRUE  TRUE  TRUE  TRUE FALSE  TRUE FALSE  TRUE  TRUE  TRUE FALSE  TRUE  TRUE  TRUE  TRUE
[101]  TRUE  TRUE  TRUE  TRUE  TRUE FALSE  TRUE  TRUE  TRUE  TRUE  TRUE  TRUE FALSE  TRUE  TRUE  TRUE  TRUE  TRUE  TRUE  TRUE
[121] FALSE  TRUE  TRUE  TRUE FALSE FALSE  TRUE  TRUE  TRUE  TRUE  TRUE  TRUE FALSE  TRUE  TRUE  TRUE  TRUE  TRUE  TRUE FALSE
[141]  TRUE  TRUE  TRUE FALSE  TRUE  TRUE  TRUE  TRUE FALSE  TRUE  TRUE  TRUE  TRUE  TRUE  TRUE  TRUE  TRUE  TRUE  TRUE FALSE
[161]  TRUE  TRUE  TRUE  TRUE FALSE  TRUE  TRUE  TRUE  TRUE  TRUE FALSE  TRUE  TRUE  TRUE FALSE  TRUE  TRUE FALSE  TRUE  TRUE
[181]  TRUE  TRUE FALSE FALSE FALSE  TRUE  TRUE  TRUE  TRUE  TRUE  TRUE  TRUE FALSE FALSE FALSE  TRUE  TRUE  TRUE  TRUE  TRUE
[201]  TRUE  TRUE  TRUE  TRUE  TRUE  TRUE FALSE FALSE  TRUE FALSE  TRUE  TRUE  TRUE  TRUE FALSE FALSE  TRUE  TRUE  TRUE  TRUE  TRUE
[221]  TRUE  TRUE  TRUE FALSE  TRUE  TRUE  TRUE  TRUE  TRUE  TRUE  TRUE  TRUE  TRUE  TRUE  TRUE  TRUE FALSE FALSE  TRUE
[241]  TRUE  TRUE FALSE  TRUE  TRUE  TRUE  TRUE  TRUE  TRUE FALSE FALSE  TRUE  TRUE FALSE  TRUE FALSE  TRUE  TRUE  TRUE FALSE
[261]  TRUE FALSE  TRUE  TRUE FALSE  TRUE  TRUE  TRUE  TRUE  TRUE  TRUE  TRUE  TRUE FALSE  TRUE  TRUE FALSE  TRUE  TRUE FALSE
[281]  TRUE FALSE FALSE  TRUE  TRUE  TRUE  TRUE FALSE  TRUE  TRUE FALSE  TRUE FALSE FALSE  TRUE  TRUE FALSE  TRUE  TRUE  TRUE
[301]  TRUE  TRUE  TRUE FALSE  TRUE FALSE  TRUE  TRUE  TRUE  TRUE  TRUE  TRUE  TRUE  TRUE  TRUE FALSE FALSE  TRUE  TRUE  TRUE
[321]  TRUE FALSE  TRUE FALSE  TRUE  TRUE  TRUE  TRUE  TRUE  TRUE FALSE FALSE FALSE  TRUE  TRUE  TRUE  TRUE  TRUE  TRUE  TRUE
[341] FALSE  TRUE  TRUE  TRUE FALSE  TRUE  TRUE  TRUE  TRUE  TRUE  TRUE FALSE  TRUE  TRUE  TRUE  TRUE FALSE  TRUE  TRUE  TRUE
[361]  TRUE FALSE  TRUE  TRUE FALSE  TRUE  TRUE  TRUE  TRUE  TRUE  TRUE  TRUE  TRUE  TRUE  TRUE  TRUE  TRUE  TRUE  TRUE  TRUE
[381] FALSE FALSE  TRUE  TRUE  TRUE  TRUE  TRUE  TRUE  TRUE  TRUE  TRUE FALSE  TRUE  TRUE FALSE  TRUE  TRUE FALSE  TRUE  TRUE
[401] FALSE  TRUE  TRUE  TRUE  TRUE  TRUE FALSE  TRUE FALSE  TRUE  TRUE  TRUE  TRUE FALSE  TRUE  TRUE FALSE  TRUE  TRUE  TRUE
[421]  TRUE  TRUE FALSE  TRUE  TRUE  TRUE  TRUE  TRUE  TRUE FALSE  TRUE  TRUE  TRUE  TRUE FALSE FALSE  TRUE  TRUE  TRUE
[441]  TRUE FALSE  TRUE  TRUE FALSE  TRUE  TRUE  TRUE  TRUE  TRUE  TRUE FALSE  TRUE  TRUE  TRUE  TRUE  TRUE  TRUE  TRUE  TRUE
[461]  TRUE  TRUE FALSE  TRUE  TRUE  TRUE  TRUE  TRUE  TRUE FALSE  TRUE  TRUE  TRUE  TRUE  TRUE  TRUE  TRUE FALSE  TRUE
[481] FALSE  TRUE FALSE  TRUE  TRUE  TRUE FALSE FALSE  TRUE  TRUE  TRUE FALSE  TRUE  TRUE FALSE  TRUE  TRUE  TRUE  TRUE  TRUE
[501]  TRUE FALSE  TRUE FALSE  TRUE  TRUE  TRUE  TRUE  TRUE FALSE  TRUE  TRUE  TRUE  TRUE  TRUE  TRUE  TRUE  TRUE  TRUE  TRUE
[521]  TRUE  TRUE  TRUE  TRUE  TRUE  TRUE  TRUE  TRUE  TRUE  TRUE FALSE FALSE FALSE FALSE  TRUE  TRUE  TRUE  TRUE  TRUE FALSE
[541] FALSE  TRUE  TRUE  TRUE  TRUE  TRUE  TRUE  TRUE  TRUE FALSE  TRUE  TRUE  TRUE  TRUE  TRUE  TRUE  TRUE  TRUE  TRUE FALSE
[561] FALSE  TRUE  TRUE  TRUE  TRUE  TRUE  TRUE  TRUE FALSE  TRUE  TRUE  TRUE  TRUE  TRUE  TRUE  TRUE FALSE  TRUE  TRUE  TRUE
[581]  TRUE  TRUE  TRUE FALSE  TRUE  TRUE  TRUE  TRUE  TRUE  TRUE  TRUE  TRUE  TRUE  TRUE  TRUE  TRUE  TRUE  TRUE  TRUE  TRUE
[601]  TRUE  TRUE  TRUE  TRUE  TRUE  TRUE  TRUE  TRUE  TRUE FALSE FALSE  TRUE  TRUE  TRUE FALSE  TRUE  TRUE  TRUE  TRUE  TRUE
[621]  TRUE FALSE  TRUE  TRUE  TRUE  TRUE  TRUE FALSE  TRUE  TRUE  TRUE  TRUE  TRUE FALSE  TRUE  TRUE FALSE FALSE  TRUE FALSE
[641]  TRUE  TRUE  TRUE  TRUE  TRUE  TRUE  TRUE  TRUE  TRUE FALSE FALSE FALSE  TRUE  TRUE  TRUE FALSE  TRUE  TRUE FALSE  TRUE
[661] FALSE FALSE  TRUE  TRUE  TRUE FALSE  TRUE  TRUE  TRUE  TRUE  TRUE  TRUE  TRUE  TRUE FALSE  TRUE  TRUE  TRUE  TRUE  TRUE
[681]  TRUE  TRUE  TRUE  TRUE  TRUE FALSE  TRUE  TRUE  TRUE FALSE  TRUE  TRUE FALSE  TRUE  TRUE  TRUE  TRUE FALSE  TRUE  TRUE
[701]  TRUE  TRUE  TRUE  TRUE  TRUE  TRUE  TRUE  TRUE FALSE  TRUE  TRUE  TRUE FALSE  TRUE  TRUE  TRUE  TRUE  TRUE  TRUE FALSE
[721] FALSE  TRUE  TRUE  TRUE  TRUE  TRUE  TRUE  TRUE FALSE  TRUE  TRUE  TRUE  TRUE FALSE  TRUE  TRUE  TRUE  TRUE  TRUE  TRUE
[741]  TRUE  TRUE  TRUE FALSE  TRUE FALSE  TRUE  TRUE  TRUE  TRUE  TRUE  TRUE  TRUE  TRUE FALSE  TRUE
> sum(accuracy)
[1] 588
> mean(accuracy)
[1] 0.7767503
```

(5) (pregnant, mass, diabetes)의 세 가지 항목을 이용한 예측모형의 정확도＝69.4%이다.

```
> data <- subset(pima, select=c(pregnant, mass, diabetes))
> head(data)
  pregnant mass diabetes
1        6 33.6      pos
2        1 26.6      neg
3        8 23.3      pos
4        1 28.1      neg
5        0 43.1      pos
6        5 25.6      neg
> logistic_model <- glm(as.integer(diabetes)~., data=data)
> test <- data[,1:2]
> predicted <- predict(logistic_model, test)
> predicted <- round(predicted, 0)
>
> actual <- as.integer(data[,3])
> head(actual)
[1] 2 1 2 1 2 1
```

```
> accuracy <- as.logical(predicted==actual)
> accuracy
  [1] FALSE  TRUE FALSE  TRUE FALSE  TRUE FALSE FALSE FALSE FALSE  TRUE  TRUE  TRUE FALSE FALSE FALSE FALSE FALSE  TRUE FALSE
 [21]  TRUE FALSE  TRUE FALSE  TRUE  TRUE  TRUE  TRUE  TRUE  TRUE  TRUE FALSE  TRUE  TRUE  TRUE  TRUE FALSE  TRUE FALSE FALSE
 [41]  TRUE FALSE  TRUE  TRUE  TRUE FALSE  TRUE  TRUE  TRUE  TRUE  TRUE  TRUE  TRUE  TRUE  TRUE  TRUE  TRUE  TRUE  TRUE  TRUE
 [61]  TRUE FALSE  TRUE  TRUE  TRUE FALSE  TRUE FALSE  TRUE  TRUE  TRUE FALSE  TRUE  TRUE  TRUE  TRUE  TRUE  TRUE FALSE  TRUE
 [81]  TRUE  TRUE  TRUE  TRUE  TRUE FALSE  TRUE  TRUE  TRUE  TRUE  TRUE  TRUE FALSE FALSE  TRUE  TRUE  TRUE  TRUE  TRUE  TRUE
[101] FALSE  TRUE  TRUE  TRUE  TRUE  TRUE  TRUE  TRUE  TRUE FALSE FALSE  TRUE  TRUE  TRUE FALSE FALSE FALSE  TRUE  TRUE  TRUE
[121]  TRUE FALSE  TRUE  TRUE  TRUE  TRUE  TRUE FALSE FALSE  TRUE FALSE FALSE  TRUE  TRUE  TRUE  TRUE  TRUE  TRUE  TRUE  TRUE
[141]  TRUE FALSE  TRUE  TRUE  TRUE  TRUE  TRUE  TRUE FALSE  TRUE  TRUE  TRUE  TRUE  TRUE  TRUE  TRUE  TRUE  TRUE  TRUE  TRUE
[161]  TRUE FALSE  TRUE  TRUE FALSE FALSE  TRUE  TRUE  TRUE  TRUE FALSE FALSE  TRUE  TRUE  TRUE  TRUE FALSE  TRUE FALSE  TRUE
[181]  TRUE  TRUE  TRUE  TRUE  TRUE  TRUE FALSE FALSE FALSE FALSE  TRUE FALSE FALSE  TRUE  TRUE  TRUE  TRUE FALSE FALSE FALSE
[201]  TRUE  TRUE  TRUE  TRUE FALSE  TRUE  TRUE FALSE  TRUE  TRUE  TRUE FALSE  TRUE FALSE  TRUE  TRUE FALSE  TRUE FALSE FALSE
[221] FALSE FALSE  TRUE  TRUE  TRUE FALSE  TRUE  TRUE  TRUE  TRUE  TRUE  TRUE  TRUE  TRUE FALSE  TRUE  TRUE FALSE FALSE  TRUE
[241]  TRUE  TRUE FALSE FALSE  TRUE FALSE FALSE  TRUE FALSE FALSE  TRUE  TRUE  TRUE  TRUE  TRUE  TRUE FALSE  TRUE  TRUE  TRUE
[261]  TRUE FALSE  TRUE  TRUE FALSE  TRUE FALSE  TRUE  TRUE FALSE  TRUE  TRUE  TRUE  TRUE FALSE  TRUE FALSE  TRUE  TRUE  TRUE
[281] FALSE FALSE  TRUE  TRUE FALSE  TRUE FALSE FALSE  TRUE  TRUE FALSE FALSE FALSE FALSE  TRUE FALSE  TRUE FALSE  TRUE  TRUE
[301] FALSE FALSE  TRUE  TRUE  TRUE  TRUE  TRUE  TRUE FALSE FALSE  TRUE  TRUE FALSE  TRUE  TRUE  TRUE  TRUE FALSE  TRUE FALSE
[321]  TRUE  TRUE FALSE FALSE  TRUE  TRUE  TRUE FALSE  TRUE  TRUE  TRUE FALSE  TRUE FALSE  TRUE  TRUE FALSE  TRUE FALSE  TRUE
[341]  TRUE  TRUE  TRUE  TRUE FALSE FALSE  TRUE  TRUE  TRUE  TRUE FALSE  TRUE  TRUE  TRUE FALSE FALSE FALSE  TRUE FALSE FALSE
[361] FALSE  TRUE FALSE FALSE  TRUE  TRUE FALSE  TRUE  TRUE FALSE FALSE  TRUE  TRUE  TRUE  TRUE  TRUE  TRUE  TRUE  TRUE  TRUE
[381]  TRUE  TRUE  TRUE  TRUE  TRUE  TRUE  TRUE  TRUE  TRUE  TRUE  TRUE  TRUE  TRUE  TRUE  TRUE FALSE  TRUE FALSE  TRUE  TRUE
[401] FALSE  TRUE FALSE FALSE FALSE  TRUE FALSE  TRUE FALSE FALSE  TRUE  TRUE  TRUE FALSE FALSE  TRUE FALSE  TRUE FALSE FALSE
[421]  TRUE  TRUE  TRUE  TRUE  TRUE FALSE  TRUE FALSE  TRUE FALSE  TRUE  TRUE  TRUE  TRUE  TRUE FALSE FALSE  TRUE  TRUE  TRUE
[441] FALSE  TRUE  TRUE  TRUE FALSE FALSE  TRUE  TRUE  TRUE FALSE  TRUE FALSE  TRUE  TRUE  TRUE  TRUE FALSE  TRUE  TRUE  TRUE
[461]  TRUE  TRUE FALSE  TRUE  TRUE  TRUE  TRUE FALSE  TRUE  TRUE  TRUE  TRUE  TRUE  TRUE FALSE  TRUE  TRUE  TRUE  TRUE  TRUE
[481] FALSE  TRUE  TRUE  TRUE  TRUE FALSE  TRUE  TRUE  TRUE  TRUE  TRUE  TRUE  TRUE FALSE  TRUE  TRUE  TRUE  TRUE FALSE  TRUE
[501]  TRUE  TRUE  TRUE  TRUE  TRUE  TRUE FALSE FALSE  TRUE  TRUE  TRUE  TRUE  TRUE  TRUE  TRUE FALSE FALSE FALSE FALSE  TRUE
[521]  TRUE  TRUE  TRUE  TRUE  TRUE  TRUE  TRUE  TRUE  TRUE  TRUE  TRUE  TRUE  TRUE FALSE  TRUE  TRUE  TRUE  TRUE  TRUE FALSE
[541]  TRUE FALSE  TRUE  TRUE  TRUE  TRUE  TRUE  TRUE  TRUE  TRUE  TRUE  TRUE  TRUE  TRUE  TRUE  TRUE  TRUE FALSE  TRUE FALSE
[561] FALSE FALSE  TRUE  TRUE  TRUE  TRUE  TRUE  TRUE FALSE  TRUE  TRUE  TRUE  TRUE  TRUE  TRUE  TRUE FALSE  TRUE  TRUE FALSE
[581] FALSE  TRUE FALSE FALSE FALSE  TRUE  TRUE  TRUE FALSE  TRUE  TRUE  TRUE FALSE  TRUE  TRUE FALSE  TRUE  TRUE FALSE  TRUE
[601]  TRUE  TRUE  TRUE  TRUE FALSE  TRUE FALSE  TRUE  TRUE  TRUE  TRUE  TRUE  TRUE  TRUE  TRUE  TRUE FALSE  TRUE  TRUE  TRUE
[621]  TRUE  TRUE FALSE  TRUE  TRUE  TRUE  TRUE FALSE  TRUE  TRUE FALSE  TRUE  TRUE  TRUE  TRUE  TRUE  TRUE  TRUE  TRUE FALSE
[641]  TRUE  TRUE FALSE  TRUE  TRUE FALSE FALSE FALSE  TRUE  TRUE  TRUE  TRUE  TRUE  TRUE  TRUE  TRUE  TRUE  TRUE FALSE FALSE
[661]  TRUE FALSE  TRUE  TRUE FALSE  TRUE FALSE FALSE  TRUE  TRUE  TRUE  TRUE FALSE FALSE FALSE FALSE FALSE  TRUE FALSE  TRUE
[681]  TRUE  TRUE  TRUE FALSE  TRUE  TRUE  TRUE  TRUE  TRUE  TRUE  TRUE  TRUE  TRUE FALSE FALSE  TRUE  TRUE  TRUE FALSE
[701]  TRUE FALSE  TRUE FALSE  TRUE  TRUE FALSE FALSE  TRUE  TRUE  TRUE  TRUE  TRUE  TRUE  TRUE FALSE FALSE  TRUE  TRUE  TRUE
[721]  TRUE  TRUE FALSE FALSE  TRUE  TRUE  TRUE  TRUE  TRUE FALSE FALSE  TRUE  TRUE  TRUE  TRUE  TRUE  TRUE  TRUE  TRUE FALSE
[741]  TRUE  TRUE  TRUE  TRUE FALSE FALSE  TRUE FALSE FALSE FALSE FALSE  TRUE  TRUE FALSE FALSE FALSE  TRUE FALSE  TRUE FALSE
[761]  TRUE  TRUE  TRUE FALSE  TRUE  TRUE FALSE  TRUE
> sum(accuracy)
[1] 533
> mean(accuracy)
[1] 0.6940104
```

(6) density( ) 함수를 이용하여 mass(BMI) 데이터 분포(밀도함수)를 작성하고 boxplot( ) 이용하여 (diabetes, mass) 사이의 관계를 확인한다.

```
> mass_pdf <- density(pima$mass, na.rm=TRUE)
> plot(mass_pdf, "mass(BMI, Body Mass Index)", col="black", lt
>
> rug(pima$mass)
```

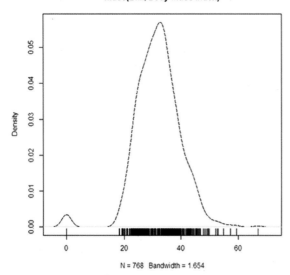

```
> boxplot(pima$mass ~ pima$diabetes, data=pima)
```

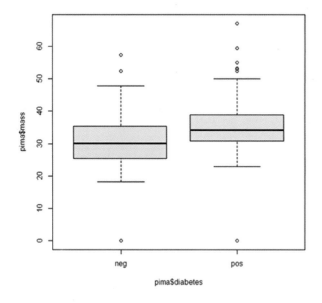

(7) (pregnant, mass, diabetes)의 변수를 이용한 로지스틱 회귀모형식의 혼동행렬로부터 정확도＝69.4%, AUC＝0.61(예측 성능이 우수하지 않음)임을 알 수 있다.

```
> data <- subset(pima, select=c(pregnant, mass, diabetes))
> logistic_model <- glm(as.integer(diabetes)~., data=data)
> test <- data[,1:2]
> predicted <- predict(logistic_model, test)
> predicted <- round(predicted, 0)
>
> predicted <- as.factor(predicted)
> actual <- as.integer(data[,3])
>
> xtable <- table(predicted, actual)
> xtable
         actual
predicted   1   2
        1 449 184
        2  51  84
>
> confusionMatrix(xtable)
Confusion Matrix and Statistics

         actual
predicted   1   2
        1 449 184
        2  51  84

               Accuracy : 0.694
                 95% CI : (0.6601, 0.7265)
    No Information Rate : 0.651
    P-Value [Acc > NIR] : 0.006539

                  Kappa : 0.2389

 Mcnemar's Test P-Value : < 2.2e-16

            Sensitivity : 0.8980
            Specificity : 0.3134
         Pos Pred Value : 0.7093
         Neg Pred Value : 0.6222
             Prevalence : 0.6510
         Detection Rate : 0.5846
   Detection Prevalence : 0.8242
      Balanced Accuracy : 0.6057

       'Positive' Class : 1

> plot.roc(actual, as.integer(predicted), legacy.axes=TRUE)
```

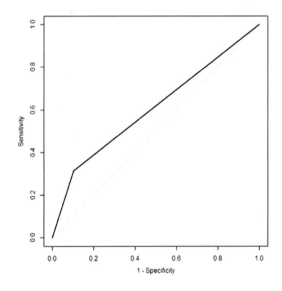

```
> result_validation <- roc(actual, as.integer(predicted))
Setting levels: control = 1, case = 2
Setting direction: controls < cases
> result_validation

Call:
roc.default(response = actual, predictor = as.integer(predicted))

Data: as.integer(predicted) in 500 controls (actual 1) < 268 cases (actual 2).
Area under the curve: 0.6057
>
> result_validation$auc
Area under the curve: 0.6057
```

02 mtcars 데이터는 다음과 같다. 아래 순서대로 로지스틱 회귀 분석을 수행하시오.

(1) 종속변수를 vs(0은 V−shaped 엔진, 1은 Straight 엔진으로 구분), 독립변수를 mpg(연비), am(0은 automatic, 1은 manual)으로 설정하여 vs를 예측하기 위한 로지스틱 회귀모형식을 구하시오.

(2) 유의수준=5%에 대하여 가설검정을 통해 유의한 변수를 제시하시오.

(3) 로지스틱 회귀모형으로 예측한 결과(vs, 엔진 유형)와 실제 데이터값 사이의 차이를 구하고 정확도(Accuracy)를 구하시오.

(4) density( ) 함수를 이용하여 mpg 데이터 분포(밀도함수)를 시각화로 나타내고 boxplot( ) 함수를 이용하여 mpg 변수와 엔진 유형(vs)과의 관계를 박스 플롯으로 나타내시오.

(5) 로지스틱 회귀모형의 성능을 혼동행렬(confusion matrix), ROC 곡선, AUC 값을 이용하여 평가하시오.

```
> head(mtcars)
                  mpg cyl disp  hp drat    wt  qsec vs am gear carb
Mazda RX4        21.0   6  160 110 3.90 2.620 16.46  0  1    4    4
Mazda RX4 Wag    21.0   6  160 110 3.90 2.875 17.02  0  1    4    4
Datsun 710       22.8   4  108  93 3.85 2.320 18.61  1  1    4    1
Hornet 4 Drive   21.4   6  258 110 3.08 3.215 19.44  1  0    3    1
Hornet Sportabout 18.7  8  360 175 3.15 3.440 17.02  0  0    3    2
Valiant          18.1   6  225 105 2.76 3.460 20.22  1  0    3    1
>
> summary(mtcars)
      mpg            cyl            disp             hp             drat             wt
 Min.   :10.40   Min.   :4.000   Min.   : 71.1   Min.   : 52.0   Min.   :2.760   Min.   :1.513
 1st Qu.:15.43   1st Qu.:4.000   1st Qu.:120.8   1st Qu.: 96.5   1st Qu.:3.080   1st Qu.:2.581
 Median :19.20   Median :6.000   Median :196.3   Median :123.0   Median :3.695   Median :3.325
 Mean   :20.09   Mean   :6.188   Mean   :230.7   Mean   :146.7   Mean   :3.597   Mean   :3.217
 3rd Qu.:22.80   3rd Qu.:8.000   3rd Qu.:326.0   3rd Qu.:180.0   3rd Qu.:3.920   3rd Qu.:3.610
 Max.   :33.90   Max.   :8.000   Max.   :472.0   Max.   :335.0   Max.   :4.930   Max.   :5.424
      qsec            vs              am             gear            carb
 Min.   :14.50   Min.   :0.0000   Min.   :0.0000   Min.   :3.000   Min.   :1.000
 1st Qu.:16.89   1st Qu.:0.0000   1st Qu.:0.0000   1st Qu.:3.000   1st Qu.:2.000
 Median :17.71   Median :0.0000   Median :0.0000   Median :4.000   Median :2.000
 Mean   :17.85   Mean   :0.4375   Mean   :0.4062   Mean   :3.688   Mean   :2.812
 3rd Qu.:18.90   3rd Qu.:1.0000   3rd Qu.:1.0000   3rd Qu.:4.000   3rd Qu.:4.000
 Max.   :22.90   Max.   :1.0000   Max.   :1.0000   Max.   :5.000   Max.   :8.000
```

(1) subset( ) 함수를 이용하여 분석 대상 변수(mpg, am, vs)를 추출하고 저장(data)한다. data$vs 변수를 요인변수로 변환
후(as.factor(data$vs)), glm( ) 명령어로 로지스틱 회귀모형식을 다음과 같이 구축한다.

$$y = 0.10722 + 0.07355 \times mpg - 0.36283 \times am$$

```
> data <- subset(mtcars, select=c(mpg, am, vs))
> head(data)
                  mpg am vs
Mazda RX4         21.0  1  0
Mazda RX4 Wag     21.0  1  0
Datsun 710        22.8  1  1
Hornet 4 Drive    21.4  0  1
Hornet Sportabout 18.7  0  0
Valiant           18.1  0  1
> data$vs <- as.factor(data$vs)
> logistic_result <- glm(as.integer(vs)~., data=data)
> logistic_result

Call:  glm(formula = as.integer(vs) ~ ., data = data)

Coefficients:
(Intercept)          mpg             am
    0.10722      0.07355       -0.36283

Degrees of Freedom: 31 Total (i.e. Null);  29 Residual
Null Deviance:         7.875
Residual Deviance: 3.752         AIC: 30.22
```

(2) 유의수준＝5%에서 (mpg, am) 항목은 종속변수(vs)의 예측에 유의한 변수로 판정(Pr(>|t|)<0.05)된다.

```
> summary(logistic_result)

Call:
glm(formula = as.integer(vs) ~ ., data = data)

Deviance Residuals:
     Min        1Q    Median        3Q       Max
-0.65671  -0.24013  -0.03289   0.22379   0.68162

Coefficients:
            Estimate Std. Error t value Pr(>|t|)
(Intercept)  0.10722    0.24409   0.439   0.6637
mpg          0.07355    0.01340   5.490  6.5e-06 ***
am          -0.36283    0.16181  -2.242   0.0328 *
---
Signif. codes:  0 '***' 0.001 '**' 0.01 '*' 0.05 '.' 0.1 ' ' 1

(Dispersion parameter for gaussian family taken to be 0.1293797)

    Null deviance: 7.875  on 31  degrees of freedom
Residual deviance: 3.752  on 29  degrees of freedom
AIC: 30.222

Number of Fisher Scoring iterations: 2
```

(3) 실젯값(data[,3])과 로지스틱 회귀모형을 이용하여 예측한 값(predicted)과의 차이 분석 결과, 정확도(Accuracy)= $26/32 \times 100(\%) = 81.25\%$이다.

```
> logistic_model <- glm(as.integer(vs)~., data=data)
> test <- data[,1:2]
> predicted <- predict(logistic_model, test)
> predicted <- round(predicted, 0)
>
> actual <- as.integer(data[,3])
> head(actual)
[1] 1 1 2 2 1 2
>
> accuracy <- as.logical(predicted==actual)
> accuracy
 [1]  TRUE  TRUE FALSE  TRUE  TRUE FALSE  TRUE  TRUE  TRUE  TRUE FALSE  TRUE  TRUE  TRUE  TRUE  TRUE  TRUE
[18]  TRUE  TRUE  TRUE  TRUE  TRUE  TRUE  TRUE FALSE  TRUE FALSE  TRUE  TRUE  TRUE  TRUE FALSE
>
> sum(accuracy)
[1] 26
> dim(data)
[1] 32  3
>
> mean(accuracy)
[1] 0.8125
```

(4) density( ), plot( ), rug( )를 이용하여 mpg(연비)에 대한 데이터 분포를 작성한다. boxplot( )으로 작성한 박스플롯 그래 프로부터 vs=0(V-shaped 엔진)인 경우와 비교하면 vs=1(Straight 엔진)인 경우 자동차 연비가 높음을 시각적으로 확인할 수 있다.

```
> mpg_pdf <- density(data$mpg, na.rm=TRUE)          > boxplot(data$mpg ~ data$vs, data=data)
> plot(mpg_pdf, "mpg(Miles per Gallon)", col="black", lty=5)
>
> rug(data$mpg)
```

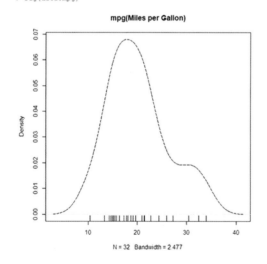

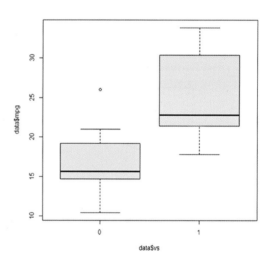

(5) 혼동행렬로부터 Accuracy=81.25%, AUC=0.8016으로 구축된 로지스틱 회귀모형은 엔진의 유형(vs)을 예측하기 위한 우수한 예측모형[연비(mpg), 트랜스미션(am)을 이용한 vs 예측]으로 평가된다.

```
> logistic_model <- glm(as.integer(vs)~., data=data)
> test <- data[,1:2]
> predicted <- predict(logistic_model, test)
> predicted <- round(predicted, 0)
> predicted <- as.factor(predicted)
> actual <- as.integer(data[,3])
> xtable <- table(predicted, actual)
> xtable
         actual
predicted  1  2
        1 16  4
        2  2 10
> confusionMatrix(xtable)
Confusion Matrix and Statistics

         actual
predicted  1  2
        1 16  4
        2  2 10

               Accuracy : 0.8125
                 95% CI : (0.6356, 0.9279)
    No Information Rate : 0.5625
    P-Value [Acc > NIR] : 0.002762

                  Kappa : 0.6129

 Mcnemar's Test P-Value : 0.683091

            Sensitivity : 0.8889
            Specificity : 0.7143
         Pos Pred Value : 0.8000
         Neg Pred Value : 0.8333
             Prevalence : 0.5625
         Detection Rate : 0.5000
   Detection Prevalence : 0.6250
      Balanced Accuracy : 0.8016

       'Positive' Class : 1

> plot.roc(actual, as.integer(predicted), legacy.axes=TRUE)
```

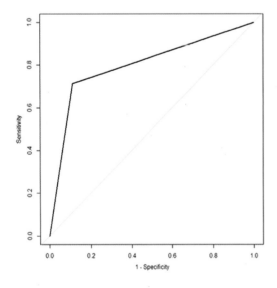

```
> result_validation <- roc(actual, as.integer(predicted))
Setting levels: control = 1, case = 2
Setting direction: controls < cases
> result_validation

Call:
roc.default(response = actual, predictor = as.integer(predicted))

Data: as.integer(predicted) in 18 controls (actual 1) < 14 cases (actual 2).
Area under the curve: 0.8016
>
> result_validation$auc
Area under the curve: 0.8016
```

03 다음 데이터를 이용하여 로지스틱 회귀모형식을 구하시오.

(1) (향, 기능, 브랜드, 성별)에 따른 추천값[0(비추천), 1(추천)]을 예측하는 로지스틱 회귀모형식을 구하시오.

(2) (향, 기능, 브랜드)에 따른 성별[1(남성), 2(여성)]을 예측하는 로지스틱 회귀모형식을 구하시오.

(3) 위 (2)번에서 구축한 로지스틱 회귀모형의 성능을 혼동행렬(confusion matrix), ROC 곡선, AUC 값을 이용하여 평가하시오.

구 분	ID	구 매	향	기 능	브랜드	추 천	성 별
1	1	1	8	9	8	1	1
2	2	1	8	7	6	1	2
3	3	1	10	6	7	0	1
4	4	1	9	6	5	1	2
5	5	1	7	8	6	1	2
6	6	1	7	4	7	1	1
7	7	1	6	8	6	0	1
8	8	1	6	5	5	1	2
9	9	1	6	6	4	1	2
10	10	1	4	7	5	0	1

정답 및 해설

(1) 주어진 데이터를 (id, purchase, scent, func, brand, remd, sex)의 데이터 프레임 구조로 저장한다. (향, 기능, 브랜드, 성별)＝(scent, func, brand, sex) 항목을 이용하여 추천값(remd)을 예측하기 위한 로지스틱 회귀모형식은 다음과 같다. 예측 분석 결과, 정확도 ＝ 90%이다.

$$y = 1.1522 + 0.1026 \times scent + 0.161 \times func - 0.2907 \times brand + 0.2951 \times sex$$

```
> id <- c(1, 2, 3, 4, 5, 6, 7, 8, 9, 10)
> purchase <- rep(1, 10)
> scent <- c(8, 8, 10, 9, 7, 7, 6, 6, 6, 4)
> func <- c(9, 7, 6, 6, 8, 4, 8, 5, 6, 7)
> brand <- c(8, 6, 7, 5, 6, 4, 7, 5, 4, 6)
> remd <- c(1, 1, 0, 1, 1, 1, 0, 1, 1, 0)
> sex <- c(1, 2, 1, 2, 2, 1, 1, 2, 2, 1)
>
> data <- data.frame(id, purchase, scent, func, brand, remd, sex)
> data
   id purchase scent func brand remd sex
1   1        1     8    9     8    1   1
2   2        1     8    7     6    1   2
3   3        1    10    6     7    0   1
4   4        1     9    6     5    1   2
5   5        1     7    8     6    1   2
6   6        1     7    4     4    1   1
7   7        1     6    8     7    0   1
8   8        1     6    5     5    1   2
9   9        1     6    6     4    1   2
10 10        1     4    7     6    0   1
>
> data1 <- subset(data, select=c(scent, func, brand, sex, remd))
> data1$remd <- as.factor(data1$remd)
> logistic_result <- glm(as.integer(remd)~., data=data1)
> logistic_result

Call:  glm(formula = as.integer(remd) ~ ., data = data1)

Coefficients:
(Intercept)       scent        func       brand         sex
     1.1522      0.1026      0.1610     -0.2907      0.2951

Degrees of Freedom: 9 Total (i.e. Null);  5 Residual
Null Deviance:      2.1
Residual Deviance: 0.9614        AIC: 16.96
> test <- data1[,1:4]
> predicted <- predict(logistic_result, test)
> predicted <- round(predicted, 0)
> actual <- as.integer(data1[,5])
> accuracy <- as.logical(predicted==actual)
> accuracy
 [1] FALSE  TRUE  TRUE  TRUE  TRUE  TRUE  TRUE  TRUE  TRUE  TRUE
> sum(accuracy)
[1] 9
> dim(data1)
[1] 10  5
> mean(accuracy)
[1] 0.9
```

(2) (향, 기능, 브랜드)=(scent, func, brand) 항목으로부터 성별(sex)을 예측하기 위한 로지스틱 회귀모형식은 다음과 같다. 분석 결과, 예측모형의 정확도=80%이다.

$$y=1.52744+0.12804 \times scent+0.32292 \times func-0.52893 \times brand$$

```
> head(data)
  id purchase scent func brand remd sex
1  1        1     8    9     8    1   1
2  2        1     8    7     6    1   2
3  3        1    10    6     7    0   1
4  4        1     9    6     5    1   2
5  5        1     7    8     6    1   2
6  6        1     7    4     4    1   1
> data1 <- subset(data, select=c(scent, func, brand, sex))
> data1$sex <- as.factor(data1$sex)
> logistic_model <- glm(as.integer(sex)~., data=data1)
> test <- data1[,1:3]
> predicted <- predict(logistic_model, test)
> predicted <- round(predicted, 0)
> actual <- as.integer(data1[,4])
> accuracy <- as.logical(predicted==actual)
> accuracy
 [1]  TRUE  TRUE  TRUE  TRUE  TRUE FALSE  TRUE FALSE  TRUE  TRUE
> sum(accuracy)
[1] 8
> dim(data1)
[1] 10  4
> mean(accuracy)
[1] 0.8
>
> summary(logistic_model)

Call:
glm(formula = as.integer(sex) ~ ., data = data1)

Deviance Residuals:
     Min       1Q   Median       3Q      Max
-0.59967 -0.16402 -0.08016  0.13171  0.73437

Coefficients:
            Estimate Std. Error t value Pr(>|t|)
(Intercept)  1.52744    0.90976   1.679   0.1442
scent        0.12804    0.09563   1.339   0.2291
func         0.32292    0.17548   1.840   0.1153
brand       -0.52893    0.20740  -2.550   0.0435 *
---
Signif. codes:  0 '***' 0.001 '**' 0.01 '*' 0.05 '.' 0.1 ' ' 1

(Dispersion parameter for gaussian family taken to be 0.1953534)

    Null deviance: 2.5000  on 9  degrees of freedom
Residual deviance: 1.1721  on 6  degrees of freedom
AIC: 16.941

Number of Fisher Scoring iterations: 2
```

(3) (향, 기능, 브랜드)＝(scent, func, brand) 항목으로부터 성별(sex)을 예측하기 위한 로지스틱 회귀모형식에 대한 성능분석 결과는 다음과 같다. Accuracy(정확도)＝80%, AUC＝0.8로서 양호한 예측모형으로 평가된다.

```
> xtable <- table(predicted, actual)          > plot.roc(actual, as.integer(predicted), legacy.axes=TRUE)
> xtable
        actual
predicted 1 2
        1 4 1
        2 1 4
> confusionMatrix(xtable)
Confusion Matrix and Statistics

        actual
predicted 1 2
        1 4 1
        2 1 4

             Accuracy : 0.8
               95% CI : (0.4439, 0.9748)
   No Information Rate : 0.5
   P-Value [Acc > NIR] : 0.05469

                Kappa : 0.6

 Mcnemar's Test P-Value : 1.00000

          Sensitivity : 0.8
          Specificity : 0.8
       Pos Pred Value : 0.8
       Neg Pred Value : 0.8
           Prevalence : 0.5
       Detection Rate : 0.4
 Detection Prevalence : 0.5
    Balanced Accuracy : 0.8

     'Positive' Class : 1

> result_validation <- roc(actual, as.integer(predicted))
Setting levels: control = 1, case = 2
Setting direction: controls < cases
>
> result_validation

Call:
roc.default(response = actual, predictor = as.integer(predicted))

Data: as.integer(predicted) in 5 controls (actual 1) < 5 cases (actual 2).
Area under the curve: 0.8
>
> result_validation$auc
Area under the curve: 0.8
```

제4장
의사결정나무

1 의사결정나무의 이해

(1) 의사결정나무 분석을 위해 다음 패키지를 이용한다.

install.packages("rpart")	#의사결정나무 분류 패키지
install.packages("rpart.plot")	#의사결정나무 그래픽 작성
install.packages("caret")	#confusionMatrix 행렬 작성
install.packages("MASS")	#Boston(보스턴 주택가격) 데이터세트
install.packages("tree")	#tree 함수를 이용한 의사결정나무 분석
install.packages("pROC")	#ROC 곡선 작성
library(rpart)	−
library(rpart.plot)	−
library(caret)	−
library(MASS)	−
library(tree)	−
library(pROC)	−

(2) 의사결정나무 분석(Decision Tree Analysis)은 의사결정 규칙(Decision Tree)을 도식화하여 전체 집단을 2개의 소집단으로 분류하면서 예측을 수행하는 분석 기법으로 목표변수(종속변수)의 분류나 예측에 영향을 미치는 독립변수들의 속성 기준값에 따라 트리 구조의 형태로 뿌리 노드부터 잎(리프) 노드까지 뻗어 나가며 모델링한다.

(3) 분석 과정이 다음 그림에서처럼 나무(Tree) 구조에 의해서 표현되기 때문에 이해하기 쉽고, 설명변수(독립변수, 입력변수)의 특징이나 기준값에 따라 각 노드가 if−then의 형태로 분기되며 트리구조를 따라감으로써, 각 데이터의 속성값이 주어졌을 때 어떠한 카테고리로 분류되는지 쉽게 파악할 수 있다.

(4) '나이'라고 되어 있는 원 모형의 노드가 뿌리(루트, Root) 노드이며, 이는 대출실행 여부를 판별하는 데 있어 '나이'가 가장 유의한 변수라는 의미로 해석된다. 각 가지의 제일 마지막에 있는 사각형 형태로 된 노드가 잎(리프, Leaf) 노드이다. 붓꽃의 품종은 꽃잎의 길이에 따라 결정되며 세 가지 품종을 결정하기 위하여 의사결정나무 분석을 수행할 수 있다. 그리고 사회경제적 지위, 방의 개수, 공기오염 등의 조건을 이용하여 주택가격 동향을 파악(예측)하는 데 의사결정나무 분석모형을 사용하기도 한다.

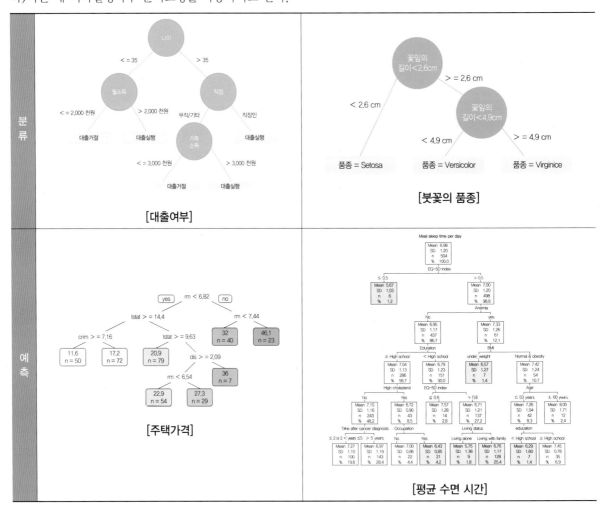

[의사결정나무 예시]

(5) 의사결정나무 분석은 분류 또는 예측(회귀 등의 수치예측 문제 등)을 위해 사용되며, 분류(또는 예측)의 정확도보다는 분석 과정에 대한 설명이 필요한 경우 더 유용하게 사용된다.

(6) 주요 활용 분야로는 고객 신용등급 평가, 고객 만족도 분석에 따른 이탈 예측, 고객관계관리, 기업의 부도 예측, 주가 예측, 환율 예측, 경제 전망(시장 및 광고 조사 등), 마케팅, 제약 및 의료 연구, 제품 생산 및 품질관리, 금융업의 고객 신용 점수화, 신용카드 부정 사용 적발 등이 있다.

2 의사결정나무 모형

(1) iris 데이터를 이용한 붓꽃의 분류

① 의사결정나무 분석을 위해 사용되는 함수는 rpart( ) (Recursive Partitioning and Regression Trees)이다. rpart( ) 함수의 사용 형식은 다음과 같다. 훈련 데이터(data)를 이용하고 독립변수 값으로 종속변수를 분류(예측)하기 위한 의사결정나무를 구성한다.

> **rpart(formula, data, ...)**
> • formula : 식(종속변수~독립변수)
> • data : 훈련 데이터

② 의사결정나무를 이용한 분류분석의 예로서 iris[꽃잎 및 꽃받침의 길이와 너비에 따른 붓꽃의 품종(Species) 분류] 데이터를 이용하여 훈련 데이터(train)와 검증 데이터(test)를 구성한다.

```
> head(iris)
  Sepal.Length Sepal.Width Petal.Length Petal.Width Species
1          5.1         3.5          1.4         0.2  setosa
2          4.9         3.0          1.4         0.2  setosa
3          4.7         3.2          1.3         0.2  setosa
4          4.6         3.1          1.5         0.2  setosa
5          5.0         3.6          1.4         0.2  setosa
6          5.4         3.9          1.7         0.4  setosa
>
> set.seed(1234)
>
> id <- sample(1:nrow(iris), as.integer(0.7*nrow(iris)))
> id
  [1]  28  80 101 111 137 133 144 132  98 103  90  70  79 116  14 126  62   4 143  40  93 122   5  66 135  47 131 123
 [29]  84  48 108   3  87  41 115 100  72  32  42  43   2 138  54  49 102  56  51   6 107 130  96 106  57   8  26  17
 [57]  63  97  22  35 117 149 119  86 142  10  55  92  25  88  50 139  20 140  94  71  61 104 109  27 121  60  65  36
 [85] 150  19   9 134  30  52  95  38  83 141  21 105 113  13  69 110 118  73  16  11  67
>
> train <- iris[id, ]
> head(train)
    Sepal.Length Sepal.Width Petal.Length Petal.Width    Species
28           5.2         3.5          1.5         0.2     setosa
80           5.7         2.6          3.5         1.0 versicolor
101          6.3         3.3          6.0         2.5  virginica
111          6.5         3.2          5.1         2.0  virginica
137          6.3         3.4          5.6         2.4  virginica
133          6.4         2.8          5.6         2.2  virginica
>
> test <- iris[-id, ]
> head(test)
   Sepal.Length Sepal.Width Petal.Length Petal.Width Species
1           5.1         3.5          1.4         0.2  setosa
7           4.6         3.4          1.4         0.3  setosa
12          4.8         3.4          1.6         0.2  setosa
15          5.8         4.0          1.2         0.2  setosa
18          5.1         3.5          1.4         0.3  setosa
23          4.6         3.6          1.0         0.2  setosa
```

• iris는 붓꽃의 3가지 유형(setosa, versicolor, virginica)에 대한 꽃잎의 길이(Petal.Length)와 너비(Petal.Width) 그리고 꽃받침의 길이(Sepal.Length)와 너비(Sepal.Width) 데이터(품종별 50개씩 총 150개의 데이터)
• set.seed(1234)로 난수 발생 초기화(시드값을 설정하여 난수 발생 순서를 동일하게 함)
• iris 데이터로부터 105개[=150×0.7(70%)]의 표본 추출(sample( ), nrow(iris)=150)하여 훈련용 데이터(train)에 저장 (train<−iris[id,])
• 나머지 데이터[150−105=45(30%)]를 검증용 데이터로 사용(test<−iris[−id,])
• 훈련용 데이터(train)와 검증용 데이터(test)의 구성에 따라 의사결정나무 분석 결과는 다름

③ rpart( )와 훈련 데이터(train)를 이용하여 의사결정나무 분석모형(decision_model)을 구축한다.

```
> sum(train$Species=="setosa")
[1] 34
> sum(train$Species=="versicolor")
[1] 34
> sum(train$Species=="virginica")
[1] 37
>
> decision_model <- rpart(Species~., data=train)
> decision_model
n= 105

node), split, n, loss, yval, (yprob)
      * denotes terminal node

1) root 105 68 virginica (0.32380952 0.32380952 0.35238095)
  2) Petal.Length< 2.6 34  0 setosa (1.00000000 0.00000000 0.00000000) *
  3) Petal.Length>=2.6 71 34 virginica (0.00000000 0.47887324 0.52112676)
    6) Petal.Length< 5 36  3 versicolor (0.00000000 0.91666667 0.08333333) *
    7) Petal.Length>=5 35  1 virginica (0.00000000 0.02857143 0.97142857) *
```

- 학습 데이터(train) 구성 : 105개의 행 자료
  setosa=34개, versicolor=34개, virginica=37개
- 의사결정나무 분석모형 구축
  decision_model <- rpart(Species~., data=train)
- 품종 분류를 위한 유의 변수(독립변수)로 꽃잎의 길이(Petal.Length)를 기준으로 함
  Petal.Length<2.6cm이면 Species=setosa(34개)
  Petal.Length2.6cm인 71개 붓꽃에 대하여
  Petal.Length<5cm이면 Species=versicolor(36개)
  Petal.Length5cm이면 Species=virginica(35개)
- 훈련 데이터(train)에서 총 105개의 데이터들 중 3가지 품종에 대한 각각의 개수는 종단 노드(terminal node, *로 표기)의 값으로도 확인할 수 있음
  setosa=34, versicolor=36, virginica=35
- 독립변수 값에 따른 분류 시 종속변수(품종)에 따른 확률((yprob)) 값 제공
  Petal.Length5cm이면 Species=virginica(35개)의 분류 결과에 대한 확률값은 다음과 같이 35개의 품종에 대한 결괏값으로 구함
- 335개 품종들 중 (setosa, versicolor, virginica)의 개수=(0, 1, 34)로부터 확률값 (0/35, 1/35, 34/35)=(0, 0.02857143, 0.97142857)을 구함
- 의사결정나무 분석 결과(decisiontree_model)에 대한 결괏값을 순서적으로 해석하면 다음과 같음
  - 총 105개의 훈련 데이터(train)들 중 setosa+virginica=69개, versicolor=105-69=36개, 따라서 versicolor 품종의 분포(확률)은 36/105=0.34285714
  - setosa+virginica=69개들 중, setosa=105×0.32380952=34개, virginica=105×0.33333333=35개
  - 총 105개의 데이터들 중 Petal.Length<2.6cm인 붓꽃은 34개(setosa), Petal.Length2.6cm인 붓꽃은 105-34=71개(versicolor+virginica)
  - 71개의 데이터들 중 Petal.Length<5cm인 붓꽃은 36개(versicolor), Petal.Length5cm인 붓꽃은 35개(virginica)
  - 훈련 데이터(train)는 (setosa, versicolor, virginica)=(34, 34, 37)로 구성되고, 의사결정나무 모형을 이용한 훈련 데이터 학습 후(Petal.Length 변수값에 따른 분류 결과) 데이터의 구성은 (setosa, versicolor, virginica) = (34, 36, 35)로 예측
  - 따라서 versicolor 품종들 중 2개(=36-34), virginica 품종들 중 2개(=37-35)에 대한 분류분석에 대한 오류로 제시된 의사결정나무 분석모형은 (105-4)/105=0.9619(약 96.2%)의 정확도를 갖는 모형(train 학습 데이터의 경우)으로 평가

④ decision_model을 그림(의사결정나무)으로 나타내면 다음과 같다. rpart.plot( ) 함수를 사용하기 위해 install.packages("rpart.plot"), library(rpart.plot)의 패키지 설치작업이 필요하다. 훈련 데이터(train)에 대한 품종의 분포[(setosa, versicolor, virginica)＝(34, 34, 37)＝(0.32, 0.32, 0.35)]에 대하여 의사결정나무 분석모형을 이용한 데이터 학습 후(Petal.Length의 값에 따른 품종 분류) 최종 분류 결과는 [(setosa, versicolor, virginica)＝(34, 36, 35)＝(0.32, 0.34, 0.33)]이다.

```
> rpart.plot(decision_model)
```

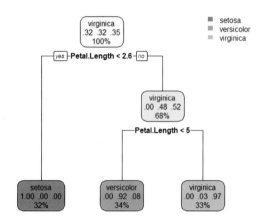

⑤ 의사결정나무 모형(decision_model)을 검증 데이터(test, iris 데이터들 중 30% 데이터 이용)에 적용한 결과는 다음과 같다. 검증 데이터에 저장된 품종(test$Species)을 data.frame( ) 구조를 이용하여 dt_result에 저장하고, predict( ) 함수와 검증용 데이터(test)를 이용하여 예측한 품종값(dt_result$pred)을 저장한다.

```
> dt_result <- data.frame(actual=test$Species)
> dt_result$pred <- predict(decision_model, newdata=test, type="class")
> dt_result
      actual       pred
1     setosa     setosa
2     setosa     setosa
3     setosa     setosa
4     setosa     setosa
5     setosa     setosa
6     setosa     setosa
7     setosa     setosa
8     setosa     setosa
9     setosa     setosa
10    setosa     setosa
11    setosa     setosa
12    setosa     setosa
13    setosa     setosa
14    setosa     setosa
15    setosa     setosa
16    setosa     setosa
17 versicolor versicolor
18 versicolor versicolor
19 versicolor versicolor
20 versicolor versicolor
21 versicolor versicolor
22 versicolor versicolor
23 versicolor versicolor
24 versicolor versicolor
25 versicolor versicolor
26 versicolor  virginica
27 versicolor versicolor
```

```
28 versicolor versicolor
29 versicolor versicolor
30 versicolor versicolor
31 versicolor versicolor
32 versicolor versicolor
33  virginica  virginica
34  virginica  virginica
35  virginica  virginica
36  virginica versicolor
37  virginica  virginica
38  virginica versicolor
39  virginica versicolor
40  virginica  virginica
41  virginica  virginica
42  virginica  virginica
43  virginica  virginica
44  virginica  virginica
45  virginica  virginica
> result <- ifelse(dt_result$actual == dt_result$pred, 1, 0)
> accuracy <- sum(result) / nrow(dt_result) * 100
> accuracy
[1] 91.11111
```

- 검증용 데이터의 품종(참값, actual=test$Species)을 데이터 프레임 구조를 이용하여 dt_result에 저장
- predict( ) 함수, 검증 데이터(test)를 이용하여 품종 예측
- 예측값의 유형은 type="class" (품종) 지정
  type은 vector, prob, class, matrix 중 하나로 지정
- 예측값(dt_result$pred)을 dt_result에 저장
- dt_result 데이터는 (actual, pred) 두 가지 항목으로 구성되며, actual(참값)과 pred(예측값)를 비교할 수 있음
- 총 45개의 검증 데이터에 대한 의사결정나무 분석 결과, 참값과 예측값의 오류가 발생한 붓꽃(1개 품종)은 다음과 같음
  26번 actual = versicolor, pred = virginica
  36번 actual = virginica, pred = versicolor
  38번 actual = virginica, pred = versicolor
  39번 actual = virginica, pred = versicolor
- 즉 실제 품종은 versicolor이지만 virginica로 잘못 예측한 경우는 1개, 실제 품종은 virginica이지만 versicolor로 잘못 예측한 경우는 3개
- 총 4개의 품종에 대하여 잘못 예측하고, 나머지 45-4=41개의 품종을 정확히 예측함으로써 91.1%(=41/45100)의 정확도를 나타냄

⑥ table( )을 이용하여 dt_result 데이터세트의 두 가지 항목(dt_result$pred, dt_result$actual)을 서로 비교하여 예측의 정확도를 나타내는 테이블(predict_table)을 작성한다.

```
> predict_table <- table(dt_result$pred, dt_result$actual)
> predict_table

            setosa versicolor virginica
  setosa       16          0         0
  versicolor    0         15         3
  virginica     0          1        10
>
> names(dimnames(predict_table)) <- c("predicted", "actual")
> predict_table
            actual
predicted  setosa versicolor virginica
  setosa      16          0         0
  versicolor   0         15         3
  virginica    0          1        10
```

- 의사결정나무 분석모형을 이용한 붓꽃 품종의 예측값(dt_result$pred)과 참값(dt_result$actual) 비교 결과를 table( ) 함수를 이용하여 요약
- names( ), dimnames( ) 함수를 이용하여 행의 이름(predicted, 예측값), 열의 이름(actual, 참값)을 지정

⑦ 실젯값(참값)과 예측값을 비교한 결과(dt_result$result는 예측값이 정확하면 "Y", 잘못 예측한 경우 "N"의 값을 가짐)를 dt_result 데이터세트에 새롭게 추가한다. 그리고 sum( ), length( ) 함수를 이용하여 예측의 정확도(predict_prob)를 구한다.

```
> dt_result$result <- ifelse(dt_result$actual==dt_result$pred, "Y", "N")
> dt_result
      actual       pred result
1     setosa     setosa      Y
2     setosa     setosa      Y
3     setosa     setosa      Y
4     setosa     setosa      Y
5     setosa     setosa      Y
6     setosa     setosa      Y
7     setosa     setosa      Y
8     setosa     setosa      Y
9     setosa     setosa      Y
10    setosa     setosa      Y
11    setosa     setosa      Y
12    setosa     setosa      Y
13    setosa     setosa      Y
14    setosa     setosa      Y
15    setosa     setosa      Y
16    setosa     setosa      Y
17 versicolor versicolor      Y
18 versicolor versicolor      Y
19 versicolor versicolor      Y
20 versicolor versicolor      Y
21 versicolor versicolor      Y
22 versicolor versicolor      Y
23 versicolor versicolor      Y
24 versicolor versicolor      Y
25 versicolor versicolor      Y
26 versicolor  virginica      N
27 versicolor versicolor      Y
28 versicolor versicolor      Y
29 versicolor versicolor      Y
30 versicolor versicolor      Y
31 versicolor versicolor      Y
32 versicolor versicolor      Y
33  virginica  virginica      Y
34  virginica  virginica      Y
35  virginica  virginica      Y
36  virginica versicolor      N
37  virginica  virginica      Y
38  virginica versicolor      N
39  virginica versicolor      N
40  virginica  virginica      Y
41  virginica  virginica      Y
42  virginica  virginica      Y
43  virginica  virginica      Y
44  virginica  virginica      Y
45  virginica  virginica      Y
> predict_prob <- sum(dt_result$result=="Y") / length(dt_result$result)
> predict_prob
[1] 0.9111111
```

- ifelse( ) 함수를 이용하여 품종의 실젯값(dt_result$actual)과 의사결정나무 분석을 이용한 예측값(dt_result$pred)을 서로 비교하여 일치하는 경우 "Y", 일치하지 않은 경우 "N"을 dt_result$result 변수에 저장
- length( )를 이용하여 검증 데이터의 개수(45개)를 구함
- sum( )을 이용하여 예측값이 정확한 경우의 개수(41개)를 구함
- 예측값이 정확한 경우의 비율(정확도, predict_prob)이 91.1%임을 알 수 있음

⑧ confusionMatrix( ) 함수를 이용하여 혼동행렬(Confusion Matrix)을 구한다. 혼동행렬 수행 결과, 의사결정 나무 분석의 정확도는 91.1%이다. confusionMatrix( ) 함수를 이용하기 위해 사전에 install. packages("caret"), library(caret)의 패키지가 필요하다.

```
> confusionMatrix(predict_table)
Confusion Matrix and Statistics

           actual
predicted  setosa versicolor virginica
  setosa       16          0          0
  versicolor    0         15          3
  virginica     0          1         10

Overall Statistics

               Accuracy : 0.9111
                 95% CI : (0.7878, 0.9752)
    No Information Rate : 0.3556
    P-Value [Acc > NIR] : 1.048e-14

                  Kappa : 0.8655

 Mcnemar's Test P-Value : NA

Statistics by Class:

                     Class: setosa Class: versicolor Class: virginica
Sensitivity                 1.0000            0.9375           0.7692
Specificity                 1.0000            0.8966           0.9688
Pos Pred Value              1.0000            0.8333           0.9091
Neg Pred Value              1.0000            0.9630           0.9118
Prevalence                  0.3556            0.3556           0.2889
Detection Rate              0.3556            0.3333           0.2222
Detection Prevalence        0.3556            0.4000           0.2444
Balanced Accuracy           1.0000            0.9170           0.8690
```

- table( )을 이용하여 구한 predict_table의 결과와 동일한 비교표(예측 및 참값의 비교)를 구할 수 있음
- Accuracy(정확도) = 0.9111(91.1%)

  정확도＝(16＋15＋10)/(16＋15＋3＋1＋10)＝44/45＝0.9111(91.1%)로 평가

⑨ 의사결징나무 분식모형에 대한 ROC 곡선과 ACU 분석 결과("pROC" 패키시 이용)는 다음과 같다. ROC 꼭선 아래 부분의 면적(AUC ; Area under the curve)은 1로서 모형의 성능이 우수하다.

> plot.roc(dt_result$actual, as.integer(dt_result$pred), legacy.axes=TRUE)

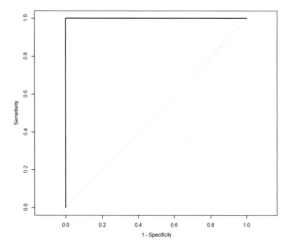

```
> result <- roc(dt_result$actual, as.integer(dt_result$pred))
Setting levels: control = setosa, case = versicolor
Setting direction: controls < cases
경고메시지(들):
roc.default(dt_result$actual, as.integer(dt_result$pred))에서:
  'response' has more than two levels. Consider setting 'levels' explicitly or using 'multiclass.roc' instead
> result

Call:
roc.default(response = dt_result$actual, predictor = as.integer(dt_result$pred))

Data: as.integer(dt_result$pred) in 16 controls (dt_result$actual setosa) < 16 cases (dt_result$actual versicolor).
Area under the curve: 1
>
> result$auc
Area under the curve: 1
>
> names(result)
 [1] "percent"            "sensitivities"      "specificities"      "thresholds"         "direction"
 [6] "cases"              "controls"           "fun.sesp"           "auc"                "call"
[11] "original.predictor" "original.response"  "predictor"          "response"           "levels"
```

(2) Boston 데이터세트를 이용한 집값(중앙값) 예측

① Boston 데이터를 이용하기 위하여 install.packages("MASS"), library(MASS) 명령어를 이용하여 MASS 패키지를 설치한다.

② Boston 데이터는 14개 항목(변수)에 대한 506개의 데이터를 포함한다. 주요 변수로는 crim(범죄율), zn(주택 용지 비율), indus(non-retail 비즈니스 영역 비율), nox(질소 산화물 비율), rm(주택당 평균 방의 개수), dis(5개의 주요지점과의 가중평균 거리), ptratio(초중학교 선생님 비율), black(흑인의 비율), lstat(사회경제적 지위), medv(주택가격의 median(중앙값)) 등의 항목으로 구성되어 있다.

```
> head(Boston)
     crim zn indus chas   nox    rm  age    dis rad tax ptratio  black lstat medv
1 0.00632 18  2.31    0 0.538 6.575 65.2 4.0900   1 296    15.3 396.90  4.98 24.0
2 0.02731  0  7.07    0 0.469 6.421 78.9 4.9671   2 242    17.8 396.90  9.14 21.6
3 0.02729  0  7.07    0 0.469 7.185 61.1 4.9671   2 242    17.8 392.83  4.03 34.7
4 0.03237  0  2.18    0 0.458 6.998 45.8 6.0622   3 222    18.7 394.63  2.94 33.4
5 0.06905  0  2.18    0 0.458 7.147 54.2 6.0622   3 222    18.7 396.90  5.33 36.2
6 0.02985  0  2.18    0 0.458 6.430 58.7 6.0622   3 222    18.7 394.12  5.21 28.7
>
> str(Boston)
'data.frame':   506 obs. of  14 variables:
 $ crim   : num  0.00632 0.02731 0.02729 0.03237 0.06905 ...
 $ zn     : num  18 0 0 0 0 12.5 12.5 12.5 12.5 ...
 $ indus  : num  2.31 7.07 7.07 2.18 2.18 2.18 7.87 7.87 7.87 7.87 ...
 $ chas   : int  0 0 0 0 0 0 0 0 0 0 ...
 $ nox    : num  0.538 0.469 0.469 0.458 0.458 0.458 0.524 0.524 0.524 0.524 ...
 $ rm     : num  6.58 6.42 7.18 7 7.15 ...
 $ age    : num  65.2 78.9 61.1 45.8 54.2 58.7 66.6 96.1 100 85.9 ...
 $ dis    : num  4.09 4.97 4.97 6.06 6.06 ...
 $ rad    : int  1 2 2 3 3 3 5 5 5 5 ...
 $ tax    : num  296 242 242 222 222 222 311 311 311 311 ...
 $ ptratio: num  15.3 17.8 17.8 18.7 18.7 18.7 15.2 15.2 15.2 15.2 ...
 $ black  : num  397 397 393 395 397 ...
 $ lstat  : num  4.98 9.14 4.03 2.94 5.33 ...
 $ medv   : num  24 21.6 34.7 33.4 36.2 28.7 22.9 27.1 16.5 18.9 ...
```

- Boston 데이터를 이용하기 위하여 MASS 패키지 설치
  install.packages("MASS"), library(MASS)
- 14개 변수들에 대한 506개의 데이터
  - crim : 범죄율
  - zn : 주택용지 비율
  - indus : non-retail 비즈니스 영역 비율
  - chas : Charles 강의 경계 여부(0 또는 1)
  - nox : 질소 산화물 비율
  - rm : 주택당 평균 방의 개수
  - age : 1940년 이전 소유자(건설자) 점유 비율
  - dis : 5개 주요 지점과의 가중평균 거리
  - rad : 고속도로 접근성 지수
  - tax : 재산세 비율
  - ptratio : 초중학교 선생님 비율
  - black : 흑인의 비율
  - lstat : 사회경제적 지위(lower status of the population, %)
  - medv : 주택가격의 중앙값(median)

③ Boston 데이터에서 훈련용 데이터와 검증용 데이터를 구분하기 위한 id[데이터 행(레코드) 번호]를 sample( ) 함수를 이용하여 구한다. 전체 506개의 데이터들 중 70%의 데이터를 훈련용으로 사용한다.

```
> set.seed(1234)
> id <- sample(1:nrow(Boston), as.integer(0.7*nrow(Boston)))
> id
  [1] 284 336 406 101 492 111 393 133 422 400 388  98 103 214  90 326  79 462 372 270 382 184  62   4 496 149  40 212 440
 [30] 195  93 122 389  66 175 424 379 468 304 108 131 343  41 115 228 328 416 298 299 258 117 490 182 305 358 485 307 390
 [59] 453 221 224  49 313 136 282 145 123 264 234  96  22 291 297 208 466 342  57  10 504 248 365 153 432  83 245 427 218
 [88] 215 491 276 169  71  61 352 418 383 155 461 469  60  36 375  19 137 126 158 319 116 441 102 493 314 449  85 500 160
[117]  77  17 402 262 130 181 267 316 356 163 489 277 397 134 265 404 249 436 480  29 426 185 294  88 401 363 412 335  86
[146] 142 147 415 188 355  26 373 419  28 503 296 323 409 360 189 196  84 423 250 474 281 381 472  30 429 357 445  80  73
[175] 148  12 293 477 303 362 166 348 146 107 240  31   6 263 483  43 347 171  39 459 216 235 435  58 451 225 505 170  76
[204]  63 448 332 414  70  59 471 292 203 227 243  65 338 300 337 204 285  95 266 205 104 210 159 473 367  89 361 295 391
[233] 220 399  15 254 213 178 350 463 165 194 230  87 410 364 207 396 105  75  24 288 308 499 330 223 231  52  38 413 260
[262] 251 100 151 452 141 156   2 478 438 238 428 114  20 106 386 431 306 174 460 446 387 354 455 310
[291] 187 344 475 202 447 161 458 242 380  99 384 124  97 370 339  47 318 209 470 498 398  42 176 183  91 118  74 439 198
[320] 191 272 395  53 247 274 271 261 241 290  54 374  72 237  16 408 497 420 164  13 125  14 464 325  64  33 200 152  78
[349] 286 289 120 168 394 143
>
> str(id)
 int [1:354] 284 336 406 101 492 111 393 133 422 400 ...
```

- Boston 전체 데이터 개수 = 506개
- set.seed(1234) : 난수 발생 초기화
- 506*0.7＝354개(70%)의 데이터(레코드)를 훈련용 데이터로 활용

④ id를 이용하여 훈련용 데이터(train)와 검증용 데이터(test)를 구분한다.

```
> train <- Boston[id, ]
> head(train)
        crim zn indus chas   nox    rm   age    dis rad tax ptratio  black lstat medv
284  0.01501 90  1.21    1 0.401 7.923  24.8 5.8850   1 198    13.6 395.52  3.16 50.0
336  0.03961  0  5.19    0 0.515 6.037  34.5 5.9853   5 224    20.2 396.90  8.01 21.1
406 67.92080  0 18.10    0 0.693 5.683 100.0 1.4254  24 666    20.2 384.97 22.98  5.0
101  0.14866  0  8.56    0 0.520 6.727  79.9 2.7778   5 384    20.9 394.76  9.42 27.5
492  0.10574  0 27.74    0 0.609 5.983  98.8 1.8681   4 711    20.1 390.11 18.07 13.6
111  0.10793  0  8.56    0 0.520 6.195  54.4 2.7778   5 384    20.9 393.49 13.00 21.7
>
> test <- Boston[-id, ]
> head(test)
    crim   zn indus chas   nox    rm   age    dis rad tax ptratio  black lstat medv
1 0.00632 18.0  2.31    0 0.538 6.575  65.2 4.0900   1 296    15.3 396.90  4.98 24.0
3 0.02729  0.0  7.07    0 0.469 7.185  61.1 4.9671   2 242    17.8 392.83  4.03 34.7
5 0.06905  0.0  2.18    0 0.458 7.147  54.2 6.0622   3 222    18.7 396.90  5.33 36.2
7 0.08829 12.5  7.87    0 0.524 6.012  66.6 5.5605   5 311    15.2 395.60 12.43 22.9
8 0.14455 12.5  7.87    0 0.524 6.172  96.1 5.9505   5 311    15.2 396.90 19.15 27.1
9 0.21124 12.5  7.87    0 0.524 5.631 100.0 6.0821   5 311    15.2 386.63 29.93 16.5
```

- Boston[id,] 명령어를 이용하여 훈련용 데이터(train) 지정
- Boston[−id,] 명령어를 이용하여 검증용 데이터(test) 지정

⑤ rpart( ) 함수와 훈련용 데이터(train)를 이용하여 의사결정나무 모형(decisiontree_model)을 구축하고 rpart.plot( )으로 그래프를 작성한다. 주택가격을 결정하는 주요 변수로 lstat(사회경제적 지위), rm(주택당 평균 방의 개수), nox(질소산화물 비율), ptratio(추종학교 선생님 비율), crim(범죄율)을 선정하고 이에 따른 주택가격을 예측한다. 끝마디(잎, Leaf 노드) 값은 해당 조건을 만족하는 독립변수(medv값)의 평균과 비율이다.

⑥ 분석결과로부터 lstat 값이 작을수록, rm이 클수록, nox 값이 작을수록 주택가격이 커짐을 예측할 수 있다.

```
> decisiontree_model <- rpart(medv~., data=train)
> decisiontree_model
n= 354

node), split, n, deviance, yval
      * denotes terminal node

 1) root 354 29579.44000 22.379380
   2) lstat>=9.95 199  5197.11500 17.053770
     4) lstat>=14.915 112  2254.63100 14.181250
       8) nox>=0.603 74   838.97510 12.091890
        16) crim>=9.71509 33   208.14240  9.615152 *
        17) crim< 9.71509 41   265.47120 14.085370 *
       9) nox< 0.603 38   463.53500 18.250000 *
     5) lstat< 14.915 87   828.61720 20.751720 *
   3) lstat< 9.95 155 11492.02000 29.216770
     6) rm< 7.47 134  4969.49400 26.847760
      12) rm< 6.543 71  2083.97500 23.743660
        24) crim< 1.163695 64   637.63750 22.831250 *
        25) crim>=1.163695 7   905.92860 32.085710 *
      13) rm>=6.543 63  1430.41700 30.346030
        26) lstat>=5.215 40   544.26970 28.677500
          52) rm< 7.0835 29   191.98550 26.934480 *
          53) rm>=7.0835 11    31.90182 33.272730 *
        27) lstat< 5.215 23   581.11740 33.247830 *
     7) rm>=7.47 21   971.76670 44.333330
      14) ptratio>=16.15 10   571.50900 40.290000 *
      15) ptratio< 16.15 11    88.14909 48.009090 *
```

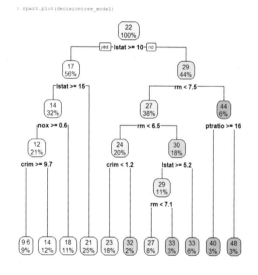

```
> rpart.plot(decisiontree_model)
```

⑦ summary( )로 주택가격에 영향을 미치는 주요 변수(요인)를 확인(Variable Importance 결괏값)한다. 중요도의 크기는 lstat(24) > rm(19) > indus(14)＝nox(13) > crim(12)순이다.

```
> summary(decisiontree_model)
Call:
rpart(formula = medv ~ ., data = train)
  n= 354

          CP nsplit rel error    xerror      xstd
1  0.43578609      0 1.0000000 1.0074865 0.09955318
2  0.18765587      1 0.5642139 0.6619160 0.06422762
3  0.07146406      2 0.3765580 0.4162698 0.04803472
4  0.04919306      3 0.3050940 0.3813739 0.04727166
5  0.03218859      4 0.2559009 0.3490214 0.04794928
6  0.01826974      5 0.2237123 0.3026110 0.04820143
7  0.01235187      6 0.2054426 0.3210012 0.05046011
8  0.01057173      7 0.1930907 0.3112398 0.05050453
9  0.01055154      9 0.1719473 0.3069005 0.05050535
10 0.01000000     10 0.1613957 0.3050629 0.05049745

Variable importance
   lstat      rm   indus     nox    crim     age     dis ptratio     tax      zn   black
      24      19      14      13      12      11       2       1       1       1       1

Node number 1: 354 observations,    complexity param=0.4357861
  mean=22.37938, MSE=83.55774
  left son=2 (199 obs) right son=3 (155 obs)
  Primary splits:
      lstat   < 9.95    to the right, improve=0.4357861, (0 missing)
      rm      < 6.941   to the left,  improve=0.4272702, (0 missing)
      indus   < 6.66    to the right, improve=0.2822224, (0 missing)
      ptratio < 19.9    to the right, improve=0.2676187, (0 missing)
      nox     < 0.6695  to the right, improve=0.2601020, (0 missing)
  Surrogate splits:
      indus < 7.625     to the right, agree=0.828, adj=0.606, (0 split)
      nox   < 0.519     to the right, agree=0.816, adj=0.581, (0 split)
      crim  < 0.130245  to the right, agree=0.782, adj=0.503, (0 split)
      rm    < 6.41      to the left,  agree=0.780, adj=0.497, (0 split)
      age   < 64.8      to the right, agree=0.774, adj=0.484, (0 split)

Node number 2: 199 observations,    complexity param=0.07146406
  mean=17.05377, MSE=26.11615
  left son=4 (112 obs) right son=5 (87 obs)
  Primary splits:
      lstat < 14.915   to the right, improve=0.4067385, (0 missing)
      crim  < 6.88166  to the right, improve=0.3805699, (0 missing)
      dis   < 1.94     to the left,  improve=0.3787079, (0 missing)
      nox   < 0.6635   to the right, improve=0.3666912, (0 missing)
      tax   < 551.5    to the right, improve=0.2731811, (0 missing)
  Surrogate splits:
      age   < 91.6     to the right, agree=0.774, adj=0.483, (0 split)
      crim  < 4.30505  to the right, agree=0.734, adj=0.391, (0 split)
      dis   < 2.4045   to the left,  agree=0.734, adj=0.391, (0 split)
      indus < 16.57    to the right, agree=0.714, adj=0.345, (0 split)
      nox   < 0.565    to the right, agree=0.709, adj=0.333, (0 split)

Node number 3: 155 observations,    complexity param=0.1876559
  mean=29.21677, MSE=74.14204
  left son=6 (134 obs) right son=7 (21 obs)
  Primary splits:
      rm      < 7.47    to the left,  improve=0.4830097, (0 missing)
      lstat   < 4.63    to the right, improve=0.3829391, (0 missing)
      ptratio < 15.25   to the right, improve=0.1886694, (0 missing)
      dis     < 2.16475 to the right, improve=0.1314262, (0 missing)
      nox     < 0.589   to the left,  improve=0.1300470, (0 missing)
  Surrogate splits:
      lstat < 4.265    to the right, agree=0.903, adj=0.286, (0 split)
      indus < 1.23     to the right, agree=0.871, adj=0.048, (0 split)
      ptratio < 14.55  to the right, agree=0.871, adj=0.048, (0 split)

Node number 4: 112 observations,    complexity param=0.03218859
  mean=14.18125, MSE=20.13063
  left son=8 (74 obs) right son=9 (38 obs)
  Primary splits:
      nox  < 0.603    to the right, improve=0.4222956, (0 missing)
      dis  < 2.00195  to the left,  improve=0.3268511, (0 missing)
      crim < 5.656595 to the right, improve=0.3192021, (0 missing)
      tax  < 551.5    to the right, improve=0.3173874, (0 missing)
```

```
             ptratio < 19.65    to the right, improve=0.2877833, (0 missing)
       Surrogate splits:
             tax    < 397       to the right, agree=0.875, adj=0.632, (0 split)
             indus  < 16.01     to the right, agree=0.866, adj=0.605, (0 split)
             dis    < 2.38405   to the left,  agree=0.839, adj=0.526, (0 split)
             crim   < 1.40092   to the right, agree=0.812, adj=0.447, (0 split)
             age    < 75        to the right, agree=0.759, adj=0.289, (0 split)

  Node number 5: 87 observations
    mean=20.75172, MSE=9.524336

  Node number 6: 134 observations,    complexity param=0.04919306
    mean=26.84776, MSE=37.08578
    left son=12 (71 obs) right son=13 (63 obs)
    Primary splits:
             rm     < 6.543     to the left,  improve=0.2928071, (0 missing)
             dis    < 2.1398    to the right, improve=0.2080882, (0 missing)
             nox    < 0.618     to the left,  improve=0.1883829, (0 missing)
             lstat  < 4.915     to the right, improve=0.1833796, (0 missing)
             age    < 89.45     to the left,  improve=0.1810813, (0 missing)
    Surrogate splits:
             lstat  < 6.57      to the right, agree=0.701, adj=0.365, (0 split)
             indus  < 4.01      to the right, agree=0.679, adj=0.317, (0 split)
             ptratio < 18.45    to the right, agree=0.672, adj=0.302, (0 split)
             zn     < 29        to the left,  agree=0.649, adj=0.254, (0 split)
             tax    < 276.5     to the right, agree=0.619, adj=0.190, (0 split)

  Node number 7: 21 observations,    complexity param=0.01055154
    mean=44.33333, MSE=46.2746
    left son=14 (10 obs) right son=15 (11 obs)
    Primary splits:
```

⑧ 의사결정나무 분석모형의 성능을 평가하기 위해 참값과 예측값의 평균제곱오차[MSE : Mean Squared Error, (예측값－참값)^{2}의 평균]를 구하면 16.41이다. 참값은 검증 데이터의 medv(dt_result$actual, test$medv)이고 예측값은 predict( ) 함수로 구하며(dt_result$pred), 이를 dt_result 데이터세트에 저장(dt_result$actual, dt_result$pred)하여 평균제곱오차를 구한다[mean((dt_result$pred－dt_result$actual)^2)].

```
> dt_result <- data.frame(actual=test$medv)
> dt_result$pred <- predict(decisiontree_model, newdata=test, type="vector")
> head(dt_result)
   actual    pred
1   24.0  33.24783
2   34.7  33.24783
3   36.2  33.27273
4   22.9  20.75172
5   27.1  18.25000
6   16.5  18.25000
> str(dt_result)
'data.frame':    152 obs. of  2 variables:
 $ actual: num  24 34.7 36.2 22.9 27.1 16.5 15 17.5 13.6 15.2 ...
 $ pred  : num  33.2 33.2 33.3 20.8 18.2 ...
>
> mean((dt_result$pred-dt_result$actual)^2)
[1] 16.40902
>
> summary(dt_result)
      actual          pred
 Min.   : 7.50   Min.   : 9.615
 1st Qu.:16.68   1st Qu.:18.250
 Median :21.20   Median :20.752
 Mean   :22.89   Mean   :22.620
 3rd Qu.:24.55   3rd Qu.:26.934
 Max.   :50.00   Max.   :48.009
```

(3) tree( ) 함수 활용

① tree( ) 함수를 이용한 의사결정나무 분석을 수행하기 위하여 "tree" 패키지를 설치[install.packages("tree"), library(tree)]한다.

② 훈련용 데이터(train)와 tree( ) 함수를 이용하여 의사결정나무 모형(tree_model)을 구축한다. summary(tree_model) 결과를 보면, 주택가격(medv) 설명을 위해 lstat(사회경제적 지위), rm(주택당 평균 방의 개수), nox(질소산화물 비율), age(1940년 이전 소유자(건설자) 점유 비율) 등의 변수들이 모델링에 활용되었음을 알 수 있다.

```
> tree_model <- tree(medv~., data=train)
> tree_model
node), split, n, deviance, yval
      * denotes terminal node

 1) root 354 29580.0 22.380
   2) lstat < 9.95 155 11490.0 29.220
     4) rm < 7.47 134  4969.0 26.850
       8) rm < 6.543 71 2084.0 23.740
        16) dis < 2.0409 5   765.3 34.920 *
        17) dis > 2.0409 66  646.8 22.900 *
       9) rm > 6.543 63  1430.0 30.350
        18) age < 91.3 57   787.0 29.540 *
        19) age > 91.3 6   249.8 38.050 *
     5) rm > 7.47 21   971.8 44.330
      10) ptratio < 17.9 16   254.4 46.790 *
      11) ptratio > 17.9 5   312.7 36.480 *
   3) lstat > 9.95 199  5197.0 17.050
     6) lstat < 14.915 87   828.6 20.750 *
     7) lstat > 14.915 112 2255.0 14.180
      14) nox < 0.603 38   463.5 18.250 *
      15) nox > 0.603 74   839.0 12.090
        30) crim < 9.71509 41   265.5 14.090 *
        31) crim > 9.71509 33   208.1  9.615 *
>
> summary(tree_model)

Regression tree:
tree(formula = medv ~ ., data = train)
Variables actually used in tree construction:
[1] "lstat"   "rm"      "dis"     "age"     "ptratio" "nox"     "crim"
Number of terminal nodes:  10
Residual mean deviance:  13.9 = 4782 / 344
Distribution of residuals:
     Min.   1st Qu.   Median     Mean   3rd Qu.     Max.
-14.58000  -2.03500  0.03146  0.00000  2.00100  15.08000
```

③ 분석 결과의 시각화를 위하여 plot( ) 함수를 이용하여 그래프를 작성한다. 출력결과로부터 주택가격에 가장 큰 영향을 미치는 요인으로 lstat(사회경제적 지위), rm(주택당 평균 방의 개수), nox(질소산화물 비율), age(1940년 이전 소유자 점유 비율)등의 항목이 선정되었다.

④ 분석 결과로부터 lstat 값이 작을수록, rm이 클수록, nox가 작을수록, age가 클수록 주택가격이 큰 값을 가지는 것을 알 수 있다.

```
> plot(tree_model)
> text(tree_model)
```

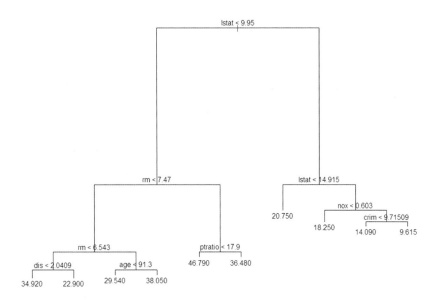

⑤ 검증 데이터의 참값(tree_result$actual, test$medv)과 predict( ) 함수를 이용하여 구한 예측값(tree_result$pred)의 차이(평균제곱오차)를 구하면 17.18로 rpart( ) 함수의 결과(MSE＝16.41)와 큰 차이가 없다.

```
> tree_result <- data.frame(actual=test$medv)
> tree_result$pred <- predict(tree_model, newdata=test, type="vector")
> head(tree_result)
  actual     pred
1   24.0 29.53509
2   34.7 29.53509
3   36.2 29.53509
4   22.9 20.75172
5   27.1 18.25000
6   16.5 18.25000
> str(tree_result)
'data.frame':   152 obs. of  2 variables:
 $ actual: num  24 34.7 36.2 22.9 27.1 16.5 15 17.5 13.6 15.2 ...
 $ pred  : num  29.5 29.5 29.5 20.8 18.2 ...
>
> mean((tree_result$pred-tree_result$actual)^2)
[1] 17.17848
>
> summary(tree_result)
     actual           pred
 Min.   : 7.50   Min.   : 9.615
 1st Qu.:16.68   1st Qu.:18.250
 Median :21.20   Median :20.752
 Mean   :22.89   Mean   :22.523
 3rd Qu.:24.55   3rd Qu.:29.535
 Max.   :50.00   Max.   :46.788
```

연습문제

01 다음은 R에서 제공되는 Titanic 데이터이다. 데이터는 선박 등급(Class), 성별(Sex), 연령대(Age)에 따른 생존자 수(Survived, Freq)로 구성된다. 1912년 4월 10일, 영국의 사우샘프턴을 떠나 미국의 뉴욕으로 향하던 타이타닉호는 4월 15일 빙산과 충돌하여 침몰하였으며, 이 사고로 1,514명이 사망하고 711명(Survived="Yes"인 Freq의 합)이 구조되었다. 아래 순서대로 의사결정나무 분석모형을 구축하고 성능을 평가하시오.

(1) 총 32개의 데이터에 대한 훈련용 데이터(70%)와 검증용 데이터(30%)를 분류하시오.

(2) rpart( ) 함수를 이용하여 종속변수 Survived(Yes, No)에 대한 의사결정나무 분석모형을 구축하고 의사결정나무 그래프를 작성하시오.

(3) 의사결정나무 분석모형에 대한 분류 결과의 정확도를 confusionMatrix( )를 이용하여 구하시오.

(4) 의사결정나무 분석모형 분류 결과의 성능을 평가하기 위한 ROC 곡선을 작성하고 AUC 값을 출력하시오.

```
> data <- data.frame(Titanic)              > str(data)
> data                                     'data.frame':   32 obs. of  5 variables:
   Class    Sex   Age Survived Freq         $ Class   : Factor w/ 4 levels "1st","2nd","3rd",..: 1 2 3 4 1 2 3 4 1 2 ...
1   1st   Male Child       No    0          $ Sex     : Factor w/ 2 levels "Male","Female": 1 1 1 2 2 2 2 1 1 ...
2   2nd   Male Child       No    0          $ Age     : Factor w/ 2 levels "Child","Adult": 1 1 1 1 1 1 1 1 2 2 ...
3   3rd   Male Child       No   35          $ Survived: Factor w/ 2 levels "No","Yes": 1 1 1 1 1 1 1 1 1 1 ...
4  Crew   Male Child       No    0          $ Freq    : num  0 0 35 0 0 0 17 0 118 154 ...
5   1st Female Child       No    0         > summary(data)
6   2nd Female Child       No    0            Class      Sex         Age       Survived       Freq
7   3rd Female Child       No   17          1st :8   Male  :16   Child:16   No :16   Min.   :  0.00
8  Crew Female Child       No    0          2nd :8   Female:16   Adult:16   Yes:16   1st Qu.:  0.75
9   1st   Male Adult       No  118          3rd :8                                   Median : 13.50
10  2nd   Male Adult       No  154          Crew:8                                   Mean   : 68.78
11  3rd   Male Adult       No  387                                                   3rd Qu.: 77.00
12 Crew   Male Adult       No  670                                                   Max.   :670.00
13  1st Female Adult       No    4
14  2nd Female Adult       No   13
15  3rd Female Adult       No   89
16 Crew Female Adult       No    3
17  1st   Male Child      Yes    5
18  2nd   Male Child      Yes   11
19  3rd   Male Child      Yes   13
20 Crew   Male Child      Yes    0
21  1st Female Child      Yes    1
22  2nd Female Child      Yes   13
23  3rd Female Child      Yes   14
24 Crew Female Child      Yes    0
25  1st   Male Adult      Yes   57
26  2nd   Male Adult      Yes   14
27  3rd   Male Adult      Yes   75
28 Crew   Male Adult      Yes  192
29  1st Female Adult      Yes  140
30  2nd Female Adult      Yes   80
31  3rd Female Adult      Yes   76
32 Crew Female Adult      Yes   20
```

📋 정답 및 해설

(1) 난수 발생 초기화(set.seed(1234)후, sample( ) 함수를 이용하여 훈련용 데이터(train, 70%)와 검증용 데이터(test, 30%)를 분류한다.

```
> set.seed(1234)
> id <- sample(1:nrow(data), as.integer(0.7*nrow(data)))
> train <- data[id,]
> head(train)
   Class    Sex   Age Survived Freq
28  Crew   Male Adult      Yes  192
16  Crew Female Adult       No    3
26  2nd   Male Adult      Yes   14
22  2nd Female Child      Yes   13
5   1st Female Child       No    0
12 Crew   Male Adult       No  670
> test <- data[-id,]
> head(test)
   Class    Sex   Age Survived Freq
1   1st   Male Child       No    0
3   3rd   Male Child       No   35
10  2nd   Male Adult       No  154
11  3rd   Male Adult       No  387
13  1st Female Adult       No    4
18  2nd   Male Child      Yes   11
```

(2) rpart( ) 함수로 의사결정나무 분석모형(Survived 변수 예측)을 구축하고 rpart.plot( )으로 의사결정나무를 작성한다.

```
> decision_model <- rpart(Survived~., data=train)
> decision_model
n= 22

node), split, n, loss, yval, (yprob)
      * denotes terminal node

1) root 22 11 No (0.5000000 0.5000000)
  2) Freq< 4 7  1 No (0.8571429 0.1428571) *
  3) Freq>=4 15  5 Yes (0.3333333 0.6666667) *
>
> rpart.plot(decision_model)
```

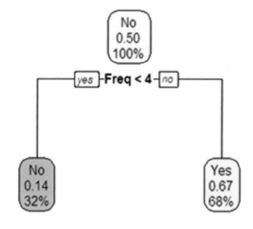

(3) 검증용 데이터(test)를 이용하여 예측(dt_result$pred)하고, 실젯값(dt_result$actual)과 비교한다. confusionMatrix( )
로 구한 혼동행렬로부터 예측모형의 정확도는 Accuracy＝40%이다.

```
> dt_result <- data.frame(actual=test$Survived)
> dt_result$pred <- predict(decision_model, newdata=test, type="class")
> dt_result
   actual pred
1      No   No
2      No  Yes
3      No  Yes
4      No  Yes
5      No  Yes
6     Yes  Yes
7     Yes  Yes
8     Yes   No
9     Yes   No
10    Yes  Yes
> predict_table <- table(dt_result$pred, dt_result$actual)
> predict_table

      No Yes
  No   1   2
  Yes  4   3
> confusionMatrix(predict_table)
Confusion Matrix and Statistics

      No Yes
  No   1   2
  Yes  4   3

               Accuracy : 0.4
                 95% CI : (0.1216, 0.7376)
    No Information Rate : 0.5
    P-Value [Acc > NIR] : 0.8281

                  Kappa : -0.2

 Mcnemar's Test P-Value : 0.6831

            Sensitivity : 0.2000
            Specificity : 0.6000
         Pos Pred Value : 0.3333
         Neg Pred Value : 0.4286
             Prevalence : 0.5000
         Detection Rate : 0.1000
   Detection Prevalence : 0.3000
      Balanced Accuracy : 0.4000

       'Positive' Class : No
```

(4) plot.roc( )로 ROC 곡선을 작성하고 roc( ) 명령어로 AUC＝0.4임을 알 수 있다. 따라서 rpart( )로 구축한 의사결정나무 분석모형은 판별능력이 없는 것으로 보인다.

```
> plot.roc(dt_result$actual, as.integer(dt_result$pred), legacy.axes=TRUE)
```

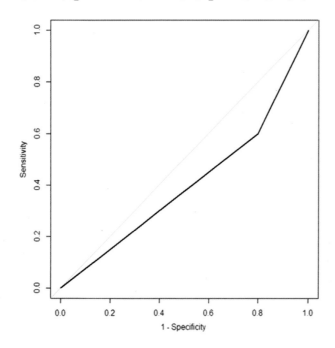

```
> result <- roc(dt_result$actual, as.integer(dt_result$pred))
Setting levels: control = No, case = Yes
Setting direction: controls < cases
> result

Call:
roc.default(response = dt_result$actual, predictor = as.integer(dt_result$pred))

Data: as.integer(dt_result$pred) in 5 controls (dt_result$actual No) < 5 cases (dt_result$actual Yes).
Area under the curve: 0.4
>
> result$auc
Area under the curve: 0.4
```

02 다음은 R에서 제공되는 Seatbelts 데이터이다. 데이터는 영국에서 1969~1984년 사이 발생한 교통사고 관련 자료이다. (사고발생건수, 앞좌석 승객 수, 뒷좌석 승객 수, 주행거리, 휘발유 가격)=(drivers, front, rear, kms, PetrolPrice)의 독립변수들과 사망자 수(DriversKilled, 종속변수) 사이의 의사결정나무 분석모형을 설정하기 위해 데이터 프레임 구조로 자료를 저장(data)한다. 아래 순서대로 사망자 수에 대한 의사결정나무 예측 분석모형을 구축하고 성능을 평가하시오.

(1) 총 192개의 데이터에 대한 훈련용 데이터(70%)와 검증용 데이터(30%)를 분류하시오.

(2) rpart( ) 함수를 이용하여 종속변수 DriversKilled(사망자 수)에 대한 의사결정나무 분석모형을 구축하고 의사결정나무 그래프를 작성하시오.

(3) rpart( ) 함수를 이용한 예측모형의 성능을 평균제곱오차(MSE ; Mean Squared Error)를 이용하여 구하시오.

(4) tree( ) 함수를 이용하여 사망자 수를 예측하기 위한 의사결정나무 분석모형과 그래프를 작성하시오.

(5) tree( ) 함수를 이용하여 구축한 의사결정나무 분석모형의 성능(MSE)을 rpart( ) 모형의 MSE 값과 비교하시오.

```
> head(Seatbelts)
     DriversKilled drivers front rear   kms PetrolPrice VanKilled law
[1,]           107    1687   867  269  9059   0.1029718        12   0
[2,]            97    1508   825  265  7685   0.1023630         6   0
[3,]           102    1507   806  319  9963   0.1020625        12   0
[4,]            87    1385   814  407 10955   0.1008733         8   0
[5,]           119    1632   991  454 11823   0.1010197        10   0
[6,]           106    1511   945  427 12391   0.1005812        13   0
> str(Seatbelts)
 Time-Series [1:192, 1:8] from 1969 to 1985: 107 97 102 87 119 106 110 106 107 134 ...
 - attr(*, "dimnames")=List of 2
  ..$ : NULL
  ..$ : chr [1:8] "DriversKilled" "drivers" "front" "rear" ...

 > summary(Seatbelts)
  DriversKilled       drivers         front           rear           kms
  Min.   : 60.0    Min.   :1057   Min.   : 426.0   Min.   :224.0   Min.   : 7685
  1st Qu.:104.8    1st Qu.:1462   1st Qu.: 715.5   1st Qu.:344.8   1st Qu.:12685
  Median :118.5    Median :1631   Median : 828.5   Median :401.5   Median :14987
  Mean   :122.8    Mean   :1670   Mean   : 837.2   Mean   :401.2   Mean   :14994
  3rd Qu.:138.0    3rd Qu.:1851   3rd Qu.: 950.8   3rd Qu.:456.2   3rd Qu.:17203
  Max.   :198.0    Max.   :2654   Max.   :1299.0   Max.   :646.0   Max.   :21626
   PetrolPrice        VanKilled           law
  Min.   :0.08118   Min.   : 2.000   Min.   :0.0000
  1st Qu.:0.09258   1st Qu.: 6.000   1st Qu.:0.0000
  Median :0.10448   Median : 8.000   Median :0.0000
  Mean   :0.10362   Mean   : 9.057   Mean   :0.1198
  3rd Qu.:0.11406   3rd Qu.:12.000   3rd Qu.:0.0000
  Max.   :0.13303   Max.   :17.000   Max.   :1.0000
```

(1) sample( ) 함수를 이용하여 훈련용 데이터(train, 70%)와 검증용 데이터(test, 30%)를 분류한다.

```
> data <- data.frame(Seatbelts)
> set.seed(1234)
> id <- sample(1:nrow(data), as.integer(0.7*nrow(data)))
> train <- data[id,]
> head(train)
    DriversKilled drivers front rear   kms PetrolPrice VanKilled law
28            117    1623   893  427 12281  0.09470959        13   0
80            106    1543   884  511 16905  0.11450120         6   0
150           105    1385   736  382 17559  0.11386064         4   0
101           108    1394   742  298 15287  0.10302743        10   0
111           116    1563   808  355 15021  0.08675736        10   0
137            95    1453   765  424 18117  0.11063818         8   0
> test <- data[-id,]
> head(test)
   DriversKilled drivers front rear    kms PetrolPrice VanKilled law
1            107    1687   867  269  9059   0.1029718        12   0
3            102    1507   806  319  9963   0.1020625        12   0
5            119    1632   991  454 11823   0.1010197        10   0
7            110    1559  1004  522 13460   0.1037740        11   0
12           180    2148  1113  437  9267   0.1019972        14   0
13           125    1752   925  316  9130   0.1012746        14   0
```

(2) rpart( ) 함수를 이용하여 훈련용 데이터로부터 DriversKilled(사망자 수)를 예측하기 위한 의사결정나무 분석모형을 구축
한다. rpart.plot( ) 함수로 시각화 그래프를 작성한다.

```
> decisiontree_model <- rpart(DriversKilled~., data=train)
> decisiontree_model
n= 134

node), split, n, deviance, yval
      * denotes terminal node

 1) root 134 92006.2100 121.65670
   2) drivers< 1734 90 18195.1600 106.62220
     4) drivers< 1405.5 23  2927.9130  90.78261
       8) front< 624 14  1058.3570  85.21429 *
       9) front>=624 9   760.2222  99.44444 *
     5) drivers>=1405.5 67  7515.7610 112.05970
      10) drivers< 1560.5 39  3780.9740 108.64100 *
      11) drivers>=1560.5 28  2644.1070 116.82140 *
   3) drivers>=1734 44 11856.6400 152.40910
     6) drivers< 2195.5 37  6130.9730 147.97300
      12) drivers< 1970.5 19  2142.1050 141.31580 *
      13) drivers>=1970.5 18  2258.0000 155.00000 *
     7) drivers>=2195.5 7  1148.8570 175.85710 *
```

```
> rpart.plot(decisiontree_model)
```

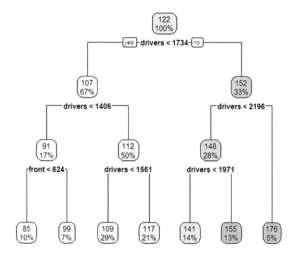

(3) rpart( )로 구축한 의사결정나무 분석모형의 MSE = 183.030이다.

```
> dt_result <- data.frame(actual=test$DriversKilled)
> dt_result$pred <- predict(decisiontree_model, newdata=test, type="vector")
> head(dt_result)
  actual     pred
1    107 116.8214
2    102 108.6410
3    119 116.8214
4    110 108.6410
5    180 155.0000
6    125 141.3158
>
> mean((dt_result$pred-dt_result$actual)^2)
[1] 183.0313
> summary(dt_result)
     actual          pred
 Min.   : 82.0   Min.   : 85.21
 1st Qu.:111.0   1st Qu.:108.64
 Median :120.0   Median :116.82
 Mean   :125.4   Mean   :126.15
 3rd Qu.:137.5   3rd Qu.:141.32
 Max.   :190.0   Max.   :175.86
```

(4) tree( ) 함수를 이용하여 구축한 의사결정나무 분석모형은 다음과 같다.

```
> tree_model <- tree(DriversKilled~., data=train)
> tree_model
node), split, n, deviance, yval
      * denotes terminal node

  1) root 134 92010.0 121.70
    2) drivers < 1734 90 18200.0 106.60
      4) drivers < 1405.5 23  2928.0  90.78
        8) front < 624 14  1058.0  85.21 *
        9) front > 624 9   760.2  99.44 *
      5) drivers > 1405.5 67  7516.0 112.10
       10) drivers < 1560.5 39  3781.0 108.60 *
       11) drivers > 1560.5 28  2644.0 116.80 *
    3) drivers > 1734 44 11860.0 152.40
      6) drivers < 2203 38  6296.0 148.30
       12) drivers < 1970.5 19  2142.0 141.30 *
       13) drivers > 1970.5 19  2292.0 155.30 *
      7) drivers > 2203 6   891.3 178.30 *
>
> summary(tree_model)

Regression tree:
tree(formula = DriversKilled ~ ., data = train)
Variables actually used in tree construction:
[1] "drivers" "front"
Number of terminal nodes:  7
Residual mean deviance:  106.8 = 13570 / 127
Distribution of residuals:
    Min.   1st Qu.   Median    Mean  3rd Qu.    Max.
 -25.2100  -7.3160  -0.2312  0.0000  6.6030  27.6800
```

```
> plot(tree_model)
> text(tree_model)
```

(5) tree( ) 함수로 구축한 의사결정나무 분석모형의 예측 성능은 MSE = 182.75로 rpart( ) 모형의 성능과 유사하다.

```
> dt_result <- data.frame(actual=test$DriversKilled)
> dt_result$pred <- predict(tree_model, newdata=test, type="vector")
> head(dt_result)
  actual     pred
1    107 116.8214
2    102 108.6410
3    119 116.8214
4    110 108.6410
5    180 155.3158
6    125 141.3158
> mean((dt_result$pred-dt_result$actual)^2)
[1] 182.7497
> summary(dt_result)
     actual          pred
 Min.   : 82.0   Min.   : 85.21
 1st Qu.:111.0   1st Qu.:108.64
 Median :120.0   Median :116.82
 Mean   :125.4   Mean   :126.32
 3rd Qu.:137.5   3rd Qu.:141.32
 Max.   :190.0   Max.   :178.33
```

제5장

인공신경망

1 인공신경망의 이해

(1) 인공신경망 분석을 위해 다음 패키지를 이용한다.

install.packages("nnet")	#인공신경망 분석 패키지
install.packages("downloader")	#신경망 분석모형 시각화
install.packages("caret")	#confusionMatrix 행렬 작성
install.packages("neuralnet")	#연속형변수 예측 인공신경망 분석 패키지
install.packages("ModelMetrics")	#MES(혹은 RMSE) 성능평가 지표 계산
library(nnet)	−
library(downloader)	−
library(caret)	−
library(neuralnet)	−
library(ModelMetrics)	−

(2) 인공신경망 또는 신경망 분석(Artificial Neural Network Analysis)은 인간의 두뇌에서 이루어지는 학습과 기억의 과정을 모방하여 다층 구조에서 학습을 통해 문제해결을 위한 최적의 모형을 구축하여 예측하는 분석 기법이다.

(3) 사람 뇌의 뉴런 작용 형태에서 모티브를 얻은 기법으로서, 입력 노드와 은닉 노드, 출력 노드를 구성하여 복잡한 분류나 수치예측 문제를 해결한다.

(4) 생물체의 뇌가 감각 입력 자극에 어떻게 반응하는지에 대한 이해로부터 얻은 힌트를 바탕으로 생물체의 신경망을 모사하여, 입력 신호와 출력 신호 간의 관계를 모형화한다. 즉 뉴런(Neuron), 시냅스(Synapse), 네트워크(Network)로 구성되어 있는 생물학적 신경 시스템이 정보 수용, 연산, 출력의 기능을 수행하며 복잡한 정보를 효율적으로 처리하고 학습하는 기능을 모방한다.

(5) 뇌가 뉴런이라는 세포들의 방대한 연결을 통해 신호를 처리하듯, 인공신경망은 이를 모사한 인공 뉴런(노드)의 네트워크를 구성하여 모형화한다. 생물체의 신경망과 인공신경망을 비교하면 다음과 같다.

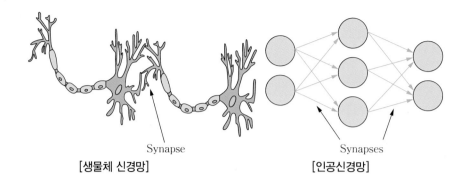

[생물체 신경망]   [인공신경망]

(6) 활성함수(Activation Function) 및 단층 퍼셉트론

① 인공신경망 모형은 단순하게 표현하면 입력 신호(X1, X2, X3)들을 중요도에 따라 가중치(w1, w2, w3)를 부여하여 가중합을 계산하고, 계산된 값에 활성함수(f)를 적용하여 결괏값(y)을 출력하는 형태이다. 이를 표현한 것이 아래의 그림처럼 단층 퍼셉트론(Single Layer Perceptron)이다.

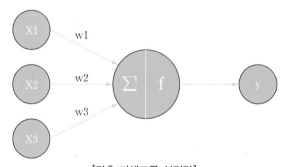

[단층 퍼셉트론 신경망]

② 결괏값(y)은 $y(X) = f(\sum w_i X_i)$의 형태를 가지며, 가중치 w_i로 각 X_i 값을 가중합하여 활성함수 f를 적용한다. 활성함수 $f(x)$는 선형함수, 시그모이드 함수, 포화 선형함수, 쌍곡선 탄젠트 함수, 가우시안 함수 등을 이용한다.

③ 특히 시그모이드 함수(Sigmoid Function)가 많이 사용되며, 시그모이드 함수는 단극성 시그모이드 함수와 양극성 시그모이드 함수가 있다. 단극성 시그모이드 함수는 로지스틱 회귀 분석에서 사용되는 로지스틱 함수와 동일한 형태의 곡선($f(x) = \dfrac{1}{1+e^{-x}}$ $0 \le f(x) \le 1$)이다. 로지스틱 함수는 x값이 작은 영역에서 입력에 민감하게 출력이 크게 변하고, x값이 큰 영역에서는 입력에 덜 민감하게 출력이 변하게 되는 특성을 가진다.

④ 반면, 양극성 시그모이드 함수는 $f(x) = \dfrac{1-e^{-x}}{1+e^{-x}}$ 형태의 곡선으로서, $-1 \le f(x) \le 1$의 출력값을 가진다.

⑤ 단층 퍼셉트론 신경망은 간단하고 이해가 쉽지만, XOR 문제(Exclusive OR, 입력값 중 한 쪽만 1일 때만 출력값이 1이고, 둘 다 같은 값이면 출력값이 0이 되는 문제)와 같은 비선형 문제는 해결할 수 없다. 즉 이 경우 단층 퍼셉트론으로는 어떠한 활성함수를 적용한다고 해도 XOR 논리 연산을 수행할 수 없다.

(7) 다층 퍼셉트론

① XOR 논리 문제를 해결하기 위하여 단층 퍼셉트론에서 은닉층을 추가하여 아래와 같이 다층 신경망(다층 퍼셉트론, Multi-layer Perceptron)을 만들어 XOR 문제를 해결한다.

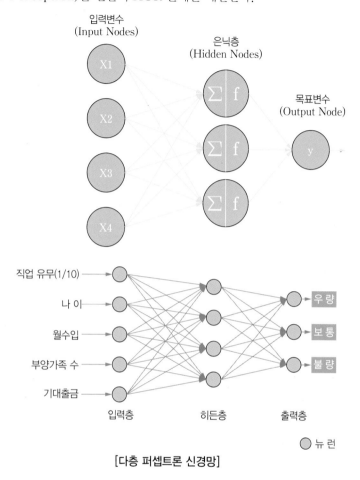

[다층 퍼셉트론 신경망]

② 다층 퍼셉트론 신경망은 입력층(Input Layer), 히든층(Hidden Layer), 출력층(Output Layer)으로 구성된다. 입력층은 입력변수에 일대일로 대응되는 노드인 뉴런(Neuron)들로 구성되며, 히든층에는 입력층의 뉴런과 이들 뉴런의 가중치(Weight)의 결합으로 생성되는 히든층의 뉴런들이 존재한다.

③ 히든층에서의 층(Layer)의 개수에 따라 모형의 복잡도가 결정되며 히든층의 층수가 2개 이상이 되는 경우 다층(Multi Layer) 구조라 한다. 출력층에는 히든층에서의 뉴런과 그들의 가중치가 결합하여 생성되는 뉴런들이 존재하며, 예측하고자 하는 종속변수의 형태에 따라 출력층의 개수가 정해진다. 히든층과 출력층에 존재하는 뉴런은 이전 층에서의 입력값과 가중치의 합을 계산하는 기능과 뉴런의 가중치합을 입력값으로 신호를 출력하는 활성화 함수 기능을 수행한다.

④ 활성 함수(Activation Function, 또는 활성화 함수)는 뉴런의 핵심중에서도 가장 중요한 요소로 신경망을 통과해 온 값을 최종적으로 어떤 값으로 만들지를 결정한다. 인공신경망 분석 기법은 종속변수를 연속형, 이항형 또는 명목형으로 사용하는가에 따라 예측 분석 또는 분류 분석으로 구분된다.

⑤ 복잡한 비선형 분류나 예측 문제가 주어졌을 때 은닉층을 적절히 추가하면 효과적으로 결괏값을 도출하는 인공신경망 모형을 구축할 수 있다. 은닉층을 여러 개 설정한 인공신경망을 딥 신경망이라고 하며, 최근 인공지능 분야에서 많이 활용되고 있다.

⑥ 목표변수에 해당하는 출력층의 노드 수는 목표변수의 속성(클래스) 분류의 수에 의존적이다. 즉, 이항 분류의 경우는 출력층에 단 한 개의 노드를 가지게 되며, K개 속성 클래스의 경우 출력층에 K개의 노드를 가진다.

⑦ 다층 퍼셉트론 신경망에서는 모델을 훈련시키기 위해 역전파 알고리즘(Backpropagation Algorithm)을 이용하여 학습한다. 즉, 훈련 데이터를 이용한 모델 학습 시 실젯값과 예측값 사이의 예측 에러들이 네트워크에 역으로 피드백되어, 이러한 예측 에러를 최소화하기 위해 노드에 연결된 각 네트워크에 가중치를 다시 부여한다. 이러한 프로세스는 예측 에러가 사전에 정의된 임계치 미만으로 낮아질 때까지 반복적으로 수행된다.

(8) 인공신경망 분석의 활용

① 분석 결과의 통찰력을 수립하거나 해석하는 것보다 정교한 예측이 필요한 분야에 적용된다. 분류나 수치예측 문제에 모두 사용되며, 복잡한 비선형 분류 문제에서 우수한 성능을 보인다.

② 음성 및 필기체 인식, 이미지 인식, 주식 흐름 예측, 기후 예측 등의 분야에 많이 활용되고 있다.

③ 최근에는 많은 은닉층을 활용한 딥러닝이 개발되면서 영상 인식, 무인자동차 운전, 드론, 스마트 기기의 자동화 서비스 등 인공지능 서비스 영역으로 확장되고 있다.

2 인공신경망 모형

(1) iris 데이터를 이용한 붓꽃의 분류

① 인공신경망 분석을 위해 사용되는 기본 함수는 nnet( )이다. nnet( ) 함수의 사용("nnet" 패키지 설치) 형식은 다음과 같다. 훈련 데이터와 히든층의 개수를 이용하여 종속변수를 분류(예측)하기 위한 인공신경망을 구성한다.

> **nnet(formula, data, size ...)**
> · formula : 식(종속변수~독립변수)
> · data : 훈련 데이터
> · size : 히든층의 개수

② R에서 제공하는 iris[꽃잎 및 꽃받침의 길이와 너비값에 따른 붓꽃의 품종(Species) 분류] 데이터를 이용하여 훈련 데이터(train)와 검증 데이터(test)를 구성하면 다음과 같다.

```
> head(iris)
  Sepal.Length Sepal.Width Petal.Length Petal.Width Species
1          5.1         3.5          1.4         0.2  setosa
2          4.9         3.0          1.4         0.2  setosa
3          4.7         3.2          1.3         0.2  setosa
4          4.6         3.1          1.5         0.2  setosa
5          5.0         3.6          1.4         0.2  setosa
6          5.4         3.9          1.7         0.4  setosa
>
> id <- sample(1:nrow(iris), as.integer(0.7*nrow(iris)))
> id
  [1]  73  29  57  98  76  39  38  31  95  53  22  40 136  17  84  70   8  68  64  10 133 109  33 131  78  79 101  45  18 141  67
 [32] 108 127  30  16  27  13 150 116 134 106  42 145  51  61  14 124 100 142  46  28  55  89 130  58 123   1  23  63 125  75  72
 [63] 135  56  26 132  20  90  71 122 137  25  52  81  86  87 147  47 128  11  60  85  94 113   7  83   9 144  77  15  19  69 105
 [94]   4  66 111  96 102 110   2  37 129  44  62 139
>
> train <- iris[id, ]
> head(train)
   Sepal.Length Sepal.Width Petal.Length Petal.Width    Species
73          6.3         2.5          4.9         1.5 versicolor
29          5.2         3.4          1.4         0.2     setosa
57          6.3         3.3          4.7         1.6 versicolor
98          6.2         2.9          4.3         1.3 versicolor
76          6.6         3.0          4.4         1.4 versicolor
39          4.4         3.0          1.3         0.2     setosa
>
> test <- iris[-id, ]
> head(test)
   Sepal.Length Sepal.Width Petal.Length Petal.Width Species
3           4.7         3.2          1.3         0.2  setosa
5           5.0         3.6          1.4         0.2  setosa
6           5.4         3.9          1.7         0.4  setosa
12          4.8         3.4          1.6         0.2  setosa
21          5.4         3.4          1.7         0.2  setosa
24          5.1         3.3          1.7         0.5  setosa
```

- iris는 붓꽃의 3가지 유형(setosa, versicolor, virginica)에 대한 꽃잎의 길이(Petal.Length)와 너비(Petal.Width) 그리고 꽃받침의 길이(Sepal.Length)와 너비(Sepal.Width) 데이터(품종별 50개씩 총 150개의 데이터)
- iris 데이터로부터 105개[=150×0.7(70%)]의 표본을 추출(sample( ), nrow(iris)=150)하여 훈련용 데이터(train)에 저장 (train<−iris[id,])
- 나머지 데이터[150−105=45(30%)]를 검증용 데이터로 사용(test<−iris[−id,])
- 훈련용 데이터(train)와 검증용 데이터(test)의 구성에 따라 인공신경망 분석 결과는 서로 다름

③ nnet( ) 함수와 훈련 데이터(train)를 이용하여 인공신경망 모형을 구축한다. 모형에서 히든층의 개수(size)를 2개로 지정한다.

```
> nn_model <- nnet(Species~., data=train, size=2)
# weights:  19
initial  value 117.946132
iter  10 value 82.257026
iter  20 value 52.709014
iter  30 value 48.075417
iter  40 value 26.681929
iter  50 value 7.318306
iter  60 value 5.564503
iter  70 value 5.497701
iter  80 value 5.497163
iter  90 value 5.495036
iter 100 value 5.492479
final  value 5.492479
stopped after 100 iterations
> summary(nn_model)
a 4-2-3 network with 19 weights
options were - softmax modelling
 b->h1 i1->h1 i2->h1 i3->h1 i4->h1
 -7.40 -38.43 -22.28 -18.26  -5.63
 b->h2 i1->h2 i2->h2 i3->h2 i4->h2
  2.09   0.10   0.41  -0.58  -1.17
 b->o1 h1->o1 h2->o1
-38.14  37.39  64.55
 b->o2 h1->o2 h2->o2
  8.15 -36.26   4.38
 b->o3 h1->o3 h2->o3
 29.54  -1.59 -68.92
>
> names(nn_model)
 [1] "n"           "nunits"      "nconn"       "conn"        "nsunits"      "decay"        "entropy"      "softmax"
 [9] "censored"    "value"       "wts"         "convergence" "fitted.values" "residuals"    "lev"          "call"
[17] "terms"       "coefnames"   "xlevels"
```

- 패키지 설치

  install.packages("nnet"), library(nnet)
- nnet( ) 함수를 이용하여 인공신경망 모형(nn_model) 구축
- 종속변수를 붓꽃의 품종(Species)으로 지정하고 훈련 데이터(train)와 히든층의 개수(size=2) 설정

  nnet(Species~., data=train, size=2)
- 19개의 가중치(weights) 설정
- 노드의 수는 (4개−2개−3개)로 설정
- 각 링크별(노드와 노드 연결) 가중치 출력(summary( ) 명령어 이용)

④ 인공신경망 시각화(그래프 작성)를 위하여 깃허브(Github) 소스를 이용한다. 먼저, 패키지를 설치(install. packages("downloader"), library(downloader))하고 source_url( ) 함수를 이용하여 프로그램의 위치를 지정한다. 그리고 plot.nnet(nn_model) 명령어를 이용하여 신경망 그래프를 작성한다.

⊙ 깃허브(Github) 지원 프로그램 소스의 위치를 지정한다.

source_url("https://gist.githubusercontent.com/fawda123/5086859/raw/17fd6d2adec4dbcf5ce750 cbd1f3e0f4be9d8b19/nnet_plot_fun.r", prompt=FALSE)

```
> source_url("https://gist.githubusercontent.com/fawda123/5086859/raw/17fd6d2adec4dbcf5ce750cbd1f3e0f4be9d8b19/nnet_plot_fun.r", prompt=F$
URL 'https://gist.githubusercontent.com/fawda123/5086859/raw/17fd6d2adec4dbcf5ce750cbd1f3e0f4be9d8b19/nnet_plot_fun.r'를 시도합니다
Content type 'text/plain; charset=utf-8' length 8222 bytes
downloaded 8222 bytes

Not checking SHA-1 of downloaded file.
> plot.nnet(nn_model)
```

ⓛ 인공신경망 시각화 : plot.nnet(nn_model) 수행 결과이다.

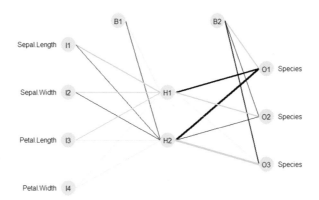

⑤ 인공신경망 분석모형(nn_model)을 검증 데이터(test)에 적용한 결과는 다음과 같다. 검증 데이터에 저장된 품
종값(test$Species)을 data.frame( ) 구조를 이용하여 nn_result에 저장하고, predict( ) 함수와 검증용 데이
터(test)를 이용하여 예측 품종(nn_result$pred)을 저장한다.

```
> nn_result <- data.frame(actual=test$Species)
> nn_result$pred <- predict(nn_model, newdata=test, type="class")
> nn_result
       actual        pred
1      setosa      setosa
2      setosa      setosa
3      setosa      setosa
4      setosa      setosa
5      setosa      setosa
6      setosa      setosa
7      setosa      setosa
8      setosa      setosa
9      setosa      setosa
10     setosa      setosa
11     setosa      setosa
12     setosa      setosa
13     setosa      setosa
14     setosa      setosa
15     setosa      setosa
16     setosa      setosa
17     setosa      setosa
18 versicolor versicolor
19 versicolor versicolor
20 versicolor versicolor
21 versicolor versicolor
22 versicolor versicolor
23 versicolor versicolor
24 versicolor versicolor
25 versicolor versicolor
26 versicolor  virginica
27 versicolor  virginica
28 versicolor versicolor
29 versicolor versicolor
30 versicolor versicolor
31 versicolor versicolor
32  virginica  virginica
33  virginica versicolor
34  virginica  virginica
35  virginica  virginica
36  virginica  virginica
37  virginica  virginica
38  virginica  virginica
39  virginica  virginica
40  virginica  virginica
41  virginica  virginica
42  virginica  virginica
43  virginica  virginica
44  virginica  virginica
45  virginica  virginica
```

- 검증용 데이터(test)의 품종(참값, actual＝test$Species)을 데이터 프레임 구조를 이용하여 nn_result에 저장
- predict( ) 함수와 검증 데이터(test)를 이용하여 품종 예측
- 예측값의 유형은 type＝"class" (품종) 지정
- 예측값(nn_result$pred)을 nn_result에 저장
- nn_result 데이터는 (actual, pred) 두 가지 항목으로 구성되며, actual(참값)과 pred(예측값)를 비교할 수 있음
- 45개의 검증용 데이터에 대하여 모두 정확히 예측하여 100%의 정확도를 보임

⑥ table( )로 nn_result 데이터의 두 가지 항목(nn_result$pred, nn_result$actual)을 서로 비교하여 예측의 정확도를 나타내는 테이블(predict_table)을 작성한다.

```
> predict_table <- table(nn_result$pred, nn_result$actual)
> predict_table

            setosa versicolor virginica
  setosa       16          0         0
  versicolor    0         15         0
  virginica     0          0        14
>
> names(dimnames(predict_table)) <- c("predicted", "actual")
> predict_table
           actual
predicted   setosa versicolor virginica
  setosa       16          0         0
  versicolor    0         15         0
  virginica     0          0        14
>
> nrow(test)
[1] 45
> sum(diag(predict_table))
[1] 45
>
> accuracy <- sum(diag(predict_table)) / nrow(test) * 100
> accuracy
[1] 100
```

- 붓꽃 품종이 예측값(nn_result$pred)과 참값(nn_result$actual)의 비교 결과를 table( ) 함수를 이용하여 요약함
- names( ), dimnames( ) 함수를 이용하여 행의 이름(predicted, 예측값), 열의 이름(actual, 참값)을 지성
- sum( ), diag( )로 예측의 정확도(100%) 평가

⑦ 실젯값(참값)과 예측값을 비교한 결과(nn_result$result는 예측값이 정확하면 "Y", 잘못 예측한 경우 "N"의 값을 가짐)를 nn_result 데이터에 추가한다. sum( ), length( )로 예측의 정확도(predict_prob)를 구한다.

```
> nn_result$result <- ifelse(nn_result$actual==nn_result$pred, "Y", "N")
> nn_result
       actual       pred result
1      setosa     setosa      Y
2      setosa     setosa      Y
3      setosa     setosa      Y
4      setosa     setosa      Y
5      setosa     setosa      Y
6      setosa     setosa      Y
7      setosa     setosa      Y
8      setosa     setosa      Y
9      setosa     setosa      Y
10     setosa     setosa      Y
11     setosa     setosa      Y
12     setosa     setosa      Y
13     setosa     setosa      Y
14     setosa     setosa      Y
15     setosa     setosa      Y
16     setosa     setosa      Y
17 versicolor versicolor      Y
18 versicolor versicolor      Y
19 versicolor versicolor      Y
20 versicolor versicolor      Y
21 versicolor versicolor      Y
22 versicolor versicolor      Y
23 versicolor versicolor      Y
24 versicolor versicolor      Y
25 versicolor versicolor      Y
26 versicolor versicolor      Y
27 versicolor versicolor      Y
28 versicolor versicolor      Y
29 versicolor versicolor      Y
30 versicolor versicolor      Y
31 versicolor versicolor      Y
32  virginica  virginica      Y
33  virginica  virginica      Y
34  virginica  virginica      Y
35  virginica  virginica      Y
36  virginica  virginica      Y
37  virginica  virginica      Y
38  virginica  virginica      Y
39  virginica  virginica      Y
40  virginica  virginica      Y
41  virginica  virginica      Y
42  virginica  virginica      Y
43  virginica  virginica      Y
44  virginica  virginica      Y
45  virginica  virginica      Y
> predict_prob <- sum(nn_result$result=="Y") / length(nn_result$result)
> predict_prob
[1] 1
```

- ifelse( ) 함수를 이용하여 품종의 실젯값(nn_result$actual)과 인공신경망 분석을 이용하여 예측한 예측값(nn_result$pred)을 서로 비교하여 일치하는 경우 "Y", 일치하지 않은 경우 "N"을 nn_result$result 변수에 저장
- length( ) 함수를 이용하여 검증 데이터의 개수(45개)를 구함
- sum( ) 함수를 이용하여 예측값이 정확한 경우의 개수(45개)를 구함
- 예측값이 참값과 동일한(정확하게 예측한) 경우의 비율(정확도, predict_prob)은 100%

⑧ confusionMatrix( )를 이용하여 혼동행렬(Confusion Matrix)을 구한다. 혼동행렬 수행 결과, 인공신경망 분석의 정확도(Accuracy)는 100%이다. confusionMatrix( ) 함수를 이용하기 위해 install.packages("caret"), library(caret)의 패키지를 설치한다.

```
> confusionMatrix(predict_table)
Confusion Matrix and Statistics

           actual
predicted   setosa versicolor virginica
  setosa       16          0         0
  versicolor    0         15         0
  virginica     0          0        14

Overall Statistics

               Accuracy : 1
                 95% CI : (0.9213, 1)
    No Information Rate : 0.3556
    P-Value [Acc > NIR] : < 2.2e-16

                  Kappa : 1

 Mcnemar's Test P-Value : NA

Statistics by Class:

                     Class: setosa Class: versicolor Class: virginica
Sensitivity                 1.0000            1.0000           1.0000
Specificity                 1.0000            1.0000           1.0000
Pos Pred Value              1.0000            1.0000           1.0000
Neg Pred Value              1.0000            1.0000           1.0000
Prevalence                  0.3556            0.3333           0.3111
Detection Rate              0.3556            0.3333           0.3111
Detection Prevalence        0.3556            0.3333           0.3111
Balanced Accuracy           1.0000            1.0000           1.0000
```

- table( ) 함수를 이용하여 구한 predict_table의 결과와 동일한 비교표(예측 및 참값의 비교)를 구할 수 있음
- Accuracy(정확도) = 1(100%)
  1((16+15+14)/(16+15+14)=45/45=1(100%))로 평가

(2) 연속형 변숫값(콘크리트 강도, Strength)을 예측하기 위한 인공신경망

① 연속형 변숫값을 예측하기 위한 인공신경망 분석을 위하여 "neuralnet" 패키지를 이용한다. 연속형 예측 신경망 분석을 위하여 사용되는 함수는 neuralnet( )이며, 사용 방법은 다음과 같다.

neuralnet(formula, data, ...)
- formula : 식(종속변수~독립변수)
- data : 훈련 데이터

② 예시 자료는 UCI에서 제공하는 데이터(archive.ics.uci.edu/ml/datasets/Concrete+Compressive+Strength)를 이용한다. Concrete_Data.csv는 연속형 변수인 콘크리트의 강도(Strength)에 영향을 미치는 것으로 추정되는 요소들인 시멘트(Cement), 슬래그([lag, 용재(찌꺼기)], 애쉬(Ash, 재), 물(Water), 고성능 감수제(Superplasticizer), 굵은 골재(Coarseagg), 미세 골재(Fineagg), 기간(Age), 콘크리트 강도(Strength) 항목으로 총 1,030개의 자료를 포함한다.

- Cement : 시멘트
- Slag : 슬래그
- Ash : 애쉬(재)
- Water : 물
- Superplasticizer : 고성능 감수제
- Coarseagg : 굵은 골재
- Fineagg : 미세 골재
- Age : 기간
- Strength : 콘크리트 강도

	A	B	C	D	E	F	G	H	I
1	Cement	Slag	Ash	Water	Superplas	Coarseagg	Fineagg	Age	Strength
2	540	0	0	162	2.5	1040	676	28	79.99
3	540	0	0	162	2.5	1055	676	28	61.89
4	332.5	142.5	0	228	0	932	594	270	40.27
5	332.5	142.5	0	228	0	932	594	365	41.05
6	198.6	132.4	0	192	0	978.4	825.5	360	44.3
7	266	114	0	228	0	932	670	90	47.03
8	380	95	0	228	0	932	594	365	43.7
9	380	95	0	228	0	932	594	28	36.45
10	266	114	0	228	0	932	670	28	45.85
11	475	0	0	228	0	932	594	28	39.29
12	198.6	132.4	0	192	0	978.4	825.5	90	38.07
13	198.6	132.4	0	192	0	978.4	825.5	28	28.02
14	427.5	47.5	0	228	0	932	594	270	43.01
15	190	190	0	228	0	932	670	90	42.33

```
> setwd("C:/workr")
> data <- read.csv("Concrete_Data.csv", header=T, fileEncoding="EUC-KR")
> head(data)
  Cement  Slag Ash Water Superplasticizer Coarseagg Fineagg Age Strength
1  540.0   0.0   0   162              2.5    1040.0   676.0  28    79.99
2  540.0   0.0   0   162              2.5    1055.0   676.0  28    61.89
3  332.5 142.5   0   228              0.0     932.0   594.0 270    40.27
4  332.5 142.5   0   228              0.0     932.0   594.0 365    41.05
5  198.6 132.4   0   192              0.0     978.4   825.5 360    44.30
6  266.0 114.0   0   228              0.0     932.0   670.0  90    47.03
> summary(data)
     Cement          Slag            Ash             Water       Superplasticizer   Coarseagg        Fineagg           Age
 Min.   :102.0   Min.   :  0.0   Min.   :  0.00   Min.   :121.8   Min.   : 0.000   Min.   : 801.0   Min.   :594.0   Min.   :  1.00
 1st Qu.:192.4   1st Qu.:  0.0   1st Qu.:  0.00   1st Qu.:164.9   1st Qu.: 0.000   1st Qu.: 932.0   1st Qu.:731.0   1st Qu.:  7.00
 Median :272.9   Median : 22.0   Median :  0.00   Median :185.0   Median : 6.400   Median : 968.0   Median :779.5   Median : 28.00
 Mean   :281.2   Mean   : 73.9   Mean   : 54.19   Mean   :181.6   Mean   : 6.205   Mean   : 972.9   Mean   :773.6   Mean   : 45.66
 3rd Qu.:350.0   3rd Qu.:142.9   3rd Qu.:118.30   3rd Qu.:192.0   3rd Qu.:10.200   3rd Qu.:1029.4   3rd Qu.:824.0   3rd Qu.: 56.00
 Max.   :540.0   Max.   :359.4   Max.   :200.10   Max.   :247.0   Max.   :32.200   Max.   :1145.0   Max.   :992.6   Max.   :365.00
    Strength
 Min.   : 2.33
 1st Qu.:23.71
 Median :34.45
 Mean   :35.82
 3rd Qu.:46.13
 Max.   :82.60
> dim(data)
[1] 1030    9
```

③ 전체 중 70%(721개)를 훈련용 데이터(train), 나머지 30%(309개)를 검증용 데이터(test)로 분류한다. 연속형 자료에 대한 정규화 작업을 수행하기 위하여 normalize 변환(Min-max 척도 변환)을 정의하고 각각의 항목에 대한 정규화 자료를 저장하며, 종속변수(Strength)에 대한 값은 정규화 이전의 자료를 학습용 데이터에 저장한다.

```
> id <- sample(1:nrow(data), as.integer(0.7*nrow(data)))
> train <- data[id, ]
> test <- data[-id, ]
>
> normalize <- function (x) {
+ return ((x-min(x))/(max(x)-min(x)))
+ }
>
> norm_train <- as.data.frame(lapply(train, normalize))
> norm_test <- as.data.frame(lapply(test, normalize))
>
> summary(norm_train)
    Cement            Slag              Ash             Water         Superplasticizer    Coarseagg          Fineagg             Age
 Min.   :0.0000   Min.   :0.00000   Min.   :0.0000   Min.   :0.0000   Min.   :0.0000   Min.   :0.0000   Min.   :0.0000   Min.   :0.00000
 1st Qu.:0.2237   1st Qu.:0.00000   1st Qu.:0.0000   1st Qu.:0.4058   1st Qu.:0.0000   1st Qu.:0.3808   1st Qu.:0.3269   1st Qu.:0.01648
 Median :0.3952   Median :0.06678   Median :0.0000   Median :0.6017   Median :0.1863   Median :0.4855   Median :0.4626   Median :0.07418
 Mean   :0.4126   Mean   :0.20915   Mean   :0.2581   Mean   :0.5643   Mean   :0.1889   Mean   :0.5045   Mean   :0.4442   Mean   :0.12510
 3rd Qu.:0.5662   3rd Qu.:0.39789   3rd Qu.:0.5647   3rd Qu.:0.6610   3rd Qu.:0.3168   3rd Qu.:0.6948   3rd Qu.:0.5695   3rd Qu.:0.15110
 Max.   :1.0000   Max.   :1.00000   Max.   :1.0000   Max.   :1.0000   Max.   :1.0000   Max.   :1.0000   Max.   :1.0000   Max.   :1.00000
    Strength
 Min.   :0.0000
 1st Qu.:0.2640
 Median :0.4029
 Mean   :0.4152
 3rd Qu.:0.5362
 Max.   :1.0000
> norm_train$Strength <- train$Strength
> summary(norm_train)
    Cement            Slag              Ash             Water         Superplasticizer    Coarseagg          Fineagg             Age            Strength
 Min.   :0.0000   Min.   :0.00000   Min.   :0.0000   Min.   :0.0000   Min.   :0.0000   Min.   :0.0000   Min.   :0.0000   Min.   :0.00000   Min.   : 2.33
 1st Qu.:0.2237   1st Qu.:0.00000   1st Qu.:0.0000   1st Qu.:0.4058   1st Qu.:0.0000   1st Qu.:0.3808   1st Qu.:0.3269   1st Qu.:0.01648   1st Qu.:23.52
 Median :0.3952   Median :0.06678   Median :0.0000   Median :0.6017   Median :0.1863   Median :0.4855   Median :0.4626   Median :0.07418   Median :34.67
 Mean   :0.4126   Mean   :0.20915   Mean   :0.2581   Mean   :0.5643   Mean   :0.1889   Mean   :0.5045   Mean   :0.4442   Mean   :0.12510   Mean   :35.66
 3rd Qu.:0.5662   3rd Qu.:0.39789   3rd Qu.:0.5647   3rd Qu.:0.6610   3rd Qu.:0.3168   3rd Qu.:0.6948   3rd Qu.:0.5695   3rd Qu.:0.15110   3rd Qu.:45.37
 Max.   :1.0000   Max.   :1.00000   Max.   :1.0000   Max.   :1.0000   Max.   :1.0000   Max.   :1.0000   Max.   :1.0000   Max.   :1.00000   Max.   :82.60
```

④ 정규화된 훈련용 데이터(norm_train)를 이용하여 신경망 예측모형을 구축[neuralnet( ), 은닉층 수(hidden)의 기본값=1]한다. names(model) 명령어로 모형 결과를 확인하며, 연속형 변숫값을 예측하기 위하여 "net.result" 항목을 이용한다.

```
> model <- neuralnet (Strength
+ ~ Cement + Slag + Ash + Water + Superplasticizer + Coarseagg + Fineagg + Age, norm_train)
> str(model)
List of 14
 $ call              : language neuralnet(formula = Strength ~ Cement + Slag + Ash + Water + Superplasticizer + Coarseagg + Fineagg + Age, data = norm_train)
 $ response          : num [1:721, 1] 22.5 54.6 16.89 4.78 44.61 ...
  ..- attr(*, "dimnames")=List of 2
  .. ..$ : chr [1:721] "1" "2" "3" "4" ...
  .. ..$ : chr "Strength"
 $ covariate         : num [1:721, 1:8] 0.4301 0.4642 0.1256 0.1164 0.0911 ...
  ..- attr(*, "dimnames")=List of 2
  .. ..$ : NULL
  .. ..$ : chr [1:8] "Cement" "Slag" "Ash" "Water" ...
 $ model.list        :List of 2
  ..$ response : chr "Strength"
  ..$ variables: chr [1:8] "Cement" "Slag" "Ash" "Water" ...
 $ err.fct           :function (x, y)
  ..- attr(*, "type")= chr "sse"
 $ act.fct           :function (x)
  ..- attr(*, "type")= chr "logistic"
 $ linear.output     : logi TRUE
 $ data              :'data.frame':  721 obs. of  9 variables:
  ..$ Cement          : num [1:721] 0.4301 0.4642 0.1256 0.1164 0.0911 ...
  ..$ Slag            : num [1:721] 0 0.566 0.657 0.284 0.464 ...
  ..$ Ash             : num [1:721] 0.481 0 0 0 0.648 ...
  ..$ Water           : num [1:721] 0.436 0.769 0.661 0.661 0.487 ...
  ..$ Superplasticizer: num [1:721] 0.292 0 0 0 0.339 ...
  ..$ Coarseagg       : num [1:721] 0.466 0.478 0.391 0.253 0.237 ...
  ..$ Fineagg         : num [1:721] 0.6799 0.0928 0.4696 0.8758 0.4799 ...
  ..$ Age             : num [1:721] 0.00549 0.24451 0.01648 0.00549 0.07418 ...
  ..$ Strength        : num [1:721] 22.5 54.6 16.89 4.78 44.61 ...
 $ exclude           : NULL
 $ net.result        :List of 1
  ..$ : num [1:721, 1] 27.41 51.8 16.54 6.71 32.71 ...
 $ weights           :List of 1
  ..$ :List of 2
  .. ..$ : num [1:9, 1] -3.396 4.547 2.759 0.884 -0.707 ...
  .. ..$ : num [1:2, 1] -1.39 57.3
 $ generalized.weights:List of 1
  ..$ : num [1:721, 1:8] -0.09 -0.0066 -0.2179 -0.8253 -0.0605 ...
 $ startweights      :List of 1
  ..$ :List of 2
  .. ..$ : num [1:9, 1] -1.5 1.021 0.131 -0.176 -0.836 ...
  .. ..$ : num [1:2, 1] -0.381 -1.387
```

```
$ result.matrix      : num [1:14, 1] 3.16e+04 9.70e-03 1.94e+04 -3.40 4.55 ...
 ..- attr(*, "dimnames")=List of 2
 .. ..$ : chr [1:14] "error" "reached.threshold" "steps" "Intercept.to.llayhid1" ...
 .. ..$ : NULL
 - attr(*, "class")= chr "nn"
> summary(model)
               Length Class      Mode
call                3  -none-     call
response          721  -none-     numeric
covariate        5768  -none-     numeric
model.list          2  -none-     list
err.fct             1  -none-     function
act.fct             1  -none-     function
linear.output       1  -none-     logical
data                9  data.frame list
exclude             0  -none-     NULL
net.result          1  -none-     list
weights             1  -none-     list
generalized.weights 1  -none-     list
startweights        1  -none-     list
result.matrix      14  -none-     numeric
> names(model)
 [1] "call"                 "response"        "covariate"       "model.list"    "err.fct"             "act.fct"           "linear.output"
 [8] "data"                 "exclude"         "net.result"      "weights"       "generalized.weights" "startweights"      "result.matrix"
```

⑤ 검증용 데이터(test)를 이용하여 인공신경망 모형의 예측값과 실젯값(참값)을 비교한다. 검증 데이터의 참값 (test$Strength)을 데이터 프레임 형식으로 저장(new$actual)하고, 예측값(compute( ) 함수 이용)을 new$predict 항목으로 저장한다. 인공신경망 예측모형에서는 예측값을 산출하기 위하여 compute( )$net. result 항목을 이용(norm_test 데이터에서 test$Strength 항목을 제외하여 예측)한다. plot( )으로 신경망 구조를 시각화하여 나타내며, $Error = \sum(y_i - \widehat{y_i})^2$은 훈련용 데이터에 대한 (실젯값−예측값)^{2}의 합(SSE ; Sum of Squared Error)이며, Steps는 에러함수에 대한 편미분의 조건을 달성하기까지의 훈련과정의 수이다.

```
> new <- data.frame(actual = test$Strength)
> new$predict <- compute(model, norm_test[-length(norm_test)])$net.result
>
> head(new)
  actual  predict
1  61.89 51.46513
2  41.05 55.90896
3  47.03 46.14912
4  36.45 37.55700
5  42.33 45.29525
6  52.91 47.32633
> summary(new)
     actual          predict.V1
 Min.   : 6.88   Min.   : 9.36452
 1st Qu.:24.05   1st Qu.:26.96645
 Median :33.76   Median :38.50828
 Mean   :36.19   Mean   :37.58150
 3rd Qu.:47.82   3rd Qu.:49.91505
 Max.   :79.30   Max.   :55.90896
```

```
> plot(model)
```

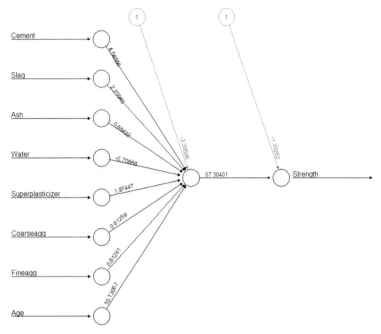

Error: 31565.277845 Steps: 19380

⑥ 인공신경망 분석(예측)모형의 성능을 평가하기 위해 아래 지표값을 평가한다. 그리고 cor( ) 함수를 이용하여 예측값과 실젯값의 상관관계를 확인하고, 이 값이 1에 가까울수록 예측의 정확도가 높음을 알 수 있으며, 구축 모형은 0.8195633 정도로 성능이 우수하다.

구 분	성능평가 지표
평균 예측 오차 ME(Mean of Errors)	• 예측오차의 산술 평균 • $ME = \dfrac{\sum\limits_{i=1}^{n}(y_i - \widehat{y_i})}{n}$
표준오차 RMSE(Root Mean of Squared Errors)	• 평균제곱오차(MSE) : 오차를 제곱하여 n으로 나눈 값 • $MSE = \dfrac{\sum\limits_{i=1}^{n}(y_i - \widehat{y_i})^2}{n}$ • 평균제곱오차를 제곱근하여 구함 • $ZMSE = \sqrt{MSE} = \sqrt{\dfrac{\sum\limits_{i=1}^{n}(y_i - \widehat{y_i})^2}{n}}$
평균 절대오차 MAE(Mean of Absolute Errors)	• 오차의 절댓값에 대한 평균 • $MAE = \dfrac{\sum\limits_{i=1}^{n}\lvert y_i - \widehat{y_i}\rvert}{n}$
평균 백분오차 비율 MPE(Mean of Percentage Errors)	• 상대적 의미의 오차 크기에 대한 평균 • $MPE = \dfrac{1}{n}\sum\limits_{i=1}^{n}\dfrac{y_i - \widehat{y_i}}{y_i}$

평균 절대 백분오차 비율 MAPE(Mean of Absolute Percentage Errors)	• 예측오차에 절댓값 사용 • 상대적 오차 크기에 대한 절댓값의 평균 • $MAPE = \dfrac{1}{n} \sum\limits_{i=1}^{n} \left\| \dfrac{y_i - \widehat{y_i}}{y_i} \right\|$

```
> sum(new$actual-new$predict)
[1] -430.9125
> sum(abs(new$actual-new$predict))
[1] 2225.728
>
> cor(new$predict, new$actual)
          [,1]
[1,] 0.8195633
>
> me <- mean(new$actual-new$predict)
> me
[1] -1.394539
>
> mse <- mean((new$actual-new$predict)*(new$actual-new$predict))
> mse
[1] 90.40819
>
> rmse <- sqrt(mse)
> rmse
[1] 9.508322
>
> mae <- mean(abs(new$actual-new$predict))
> mae
[1] 7.203004
>
> mpe <- mean((new$actual-new$predict) / new$actual)
> mpe
[1] -0.1344441
>
> mape <- mean(abs((new$actual-new$predict)/new$actual))
> mape
[1] 0.2554326
```

⑦ plot( ), abline( ), lm( ) 함수를 이용하여 실젯값(X축, new$actual)과 예측값(Y축, new$predict) 사이의 관계를 시각화하여 확인한다.

```
> plot(new$actual, new$predict)
> abline(lm(new$predict ~ new$actual))
```

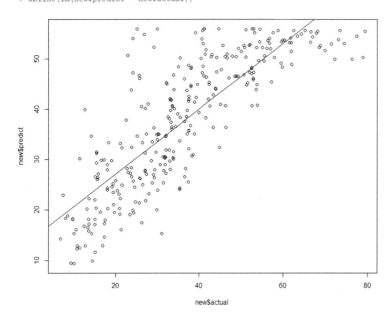

⑧ 은닉층의 수(hidden=c(3,2))를 조정(첫 번째 은닉층 3개 layer, 두 번째 은닉층 2개 layer)하여 모형을 구축하면 다음과 같다. "ModelMetrics" 패키지를 이용하면 예측 분석모형에 대한 성능평가 지표인 MSE(Mean of Squared Errors)와 RMSE(Root MSE)를 함수로 구할 수 있다. 본 예제에서는 은닉층의 수를 늘리더라도 성능이 개선되지 않으며, 주어진 데이터에 대하여 경험적 과정을 거쳐 최적(혹은 바람직한)의 은닉층 수를 찾는 일이 필요하다.

```
> model <- neuralnet(Strength
+ ~ Cement + Slag + Ash + Water + Superplasticizer + Coarseagg + Fineagg + Age, data=norm_train, hidden=c
>
> plot(model)
```

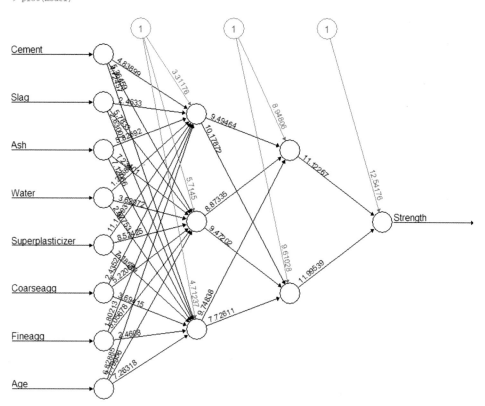

Error: 102036.393638   Steps: 153

```
> new <- data.frame(actual=test$Strength)
> new$predict <- compute(model, norm_test[-length(norm_test)])$net.result
>
> mse(new$actual, new$predict)
[1] 269.0232
>
> rmse(new$actual, new$predict)
[1] 16.40193
```

01 다음(train_commerce.csv)은 (ID, Warehouse_block, Mode_of_Shipment, Customer_care_calls, Customer_rating, Cost_of_the_Product, Prior_purchases, Product_importance, Gender, Discount_offered, Weight_in_gms, Reached.on.Time_Y.N)의 12가지 항목에 대한 10,999명의 고객 구매 자료로 해당 사이트(www.kaggle.com/prachi13/customer−analytics?select=Train.csv)에서 다운로드한다. 전체 데이터들 중 70%(7,699)를 훈련용 데이터(train)로, 나머지 3,300의 행 자료를 검증용 자료(test)로 저장한다. 훈련용 데이터를 이용하여 고객 주문 물품이 제 시간에 도착하는지 여부(Reached.on.Time_Y.N의 값이 1이면 제 시간 도착, 0이면 제 시간에 도착하지 않음)를 예측(요인변수로 변경하여 예측)한다. 아래의 순서대로 작업을 수행하여 인공신경망 모형을 구축하고 성능분석 결과(정확도 및 오류율)를 출력하시오(단, "nnet", "downloader", "e1071", "caret" 패키지를 이용한다).

(1) 훈련용 데이터와 nnet( ) 함수를 이용하여 인공신경망 모형을 구축하시오(단, 모형 구축 시 히든층은 2개로 지정한다).

(2) plot.nnet( ) 함수를 이용하여 인공신경망의 시각화 그래프를 나타내시오.

(3) 검증용 데이터를 이용하여 Reached.on.Time_Y.N의 값을 예측하시오. 검증용 데이터에서의 참값(실젯값)과 예측값을 서로 비교하고, table( ) 함수를 이용하여 비교표를 작성하시오.

(4) 혼동행렬(confusionMatrix)을 출력하시오.

(5) table( ) 함수를 이용하여 나타낸 비교표를 이용하여 예측의 정확도(Accuracy)와 에러율을 구하고 혼동행렬에서의 값과 비교하시오.

(6) 분석 결과[참값(실젯값), 예측값]를 result_reached.csv 파일로 저장하시오.

	A	B	C	D	E	F	G	H	I	J	K	L
1	ID	Warehouse_block	Mode_of_Shipment	Customer_care_calls	Customer_rating	Cost_of_the_Product	Prior_purchases	Product_importance	Gender	Discount_offered	Weight_in_gms	Reached.on.Time_Y.N
2	1 D	Flight		4	2	177	3 low		F	44	1233	1
3	2 F	Flight		4	5	216	2 low		M	59	3088	1
4	3 A	Flight		2	2	183	4 low		M	48	3374	1
5	4 B	Flight		3	3	176	4 medium		M	10	1177	1
6	5 C	Flight		2	2	184	3 medium		F	46	2484	1
7	6 F	Flight		3	1	162	3 medium		F	12	1417	1
8	7 D	Flight		3	4	250	3 low		F	3	2371	1
9	8 F	Flight		4	1	233	2 low		F	48	2804	1
10	9 A	Flight		3	4	150	3 low		F	11	1861	1
11	10 B	Flight		3	2	164	3 medium		F	29	1187	1
12	11 C	Flight		3	4	189	2 medium		M	12	2888	1
13	12 F	Flight		4	5	232	3 medium		F	32	3253	1
14	13 D	Flight		3	5	198	3 medium		F	1	3667	1
15	14 F	Flight		4	4	275	3 high		M	29	2602	1

```
> setwd("C:/workr")
> data <- read.csv("train_commerce.csv", header=T, fileEncoding="EUC-KR")
> head(data)
  ID Warehouse_block Mode_of_Shipment Customer_care_calls Customer_rating Cost_of_the_Product Prior_purchases Product_importance Gender
1  1               D            Flight                   4               2                 177               3                low      F
2  2               F            Flight                   4               5                 216               2                low      M
3  3               A            Flight                   2               2                 183               4                low      M
4  4               B            Flight                   3               3                 176               4             medium      M
5  5               C            Flight                   2               2                 184               3             medium      F
6  6               F            Flight                   3               1                 162               3             medium      F
  Discount_offered Weight_in_gms Reached.on.Time_Y.N
1               44          1233                   1
2               59          3088                   1
3               48          3374                   1
4               10          1177                   1
5               46          2484                   1
6               12          1417                   1
> data <- data[,2:12]
> data$Reached.on.Time_Y.N <- as.factor(data$Reached.on.Time_Y.N)
> dim(data)
[1] 10999    11
> id <- sample(1:nrow(data), as.integer(0.7*nrow(data)))
> train <- data[id, ]
> test <- data[-id, ]
> head(train)
     Warehouse_block Mode_of_Shipment Customer_care_calls Customer_rating Cost_of_the_Product Prior_purchases Product_importance Gender
1352               F             Road                   5               5                 245               4             medium      F
3620               F             Ship                   3               1                 210               2                low      M
9002               F             Ship                   3               3                 200               3                low      M
211                D             Ship                   2               1                 127               3                low      F
1654               B           Flight                   5               3                 260               2               high      F
2610               F           Flight                   4               1                 157               3             medium      M
     Discount_offered Weight_in_gms Reached.on.Time_Y.N
1352               12          2225                   1
3620                9          4580                   0
9002                3          5739                   0
211                15          1522                   1
1654               63          2715                   1
2610               31          1712                   1
> dim(train)
[1] 7699   11

> head(test)
   Warehouse_block Mode_of_Shipment Customer_care_calls Customer_rating Cost_of_the_Product Prior_purchases Product_importance Gender
1                D           Flight                   4               2                 177               3                low      F
12               F           Flight                   4               5                 232               3             medium      F
15               A           Flight                   4               3                 152               3                low      M
17               C           Flight                   3               4                 143               2             medium      F
19               D             Ship                   5               5                 239               3               high      M
24               F             Ship                   4               3                 211               3               high      M
   Discount_offered Weight_in_gms Reached.on.Time_Y.N
1                44          1233                   1
12               32          3253                   1
15               43          1009                   1
17                6          1194                   1
19               18          2495                   1
24               12          3922                   1
> dim(test)
[1] 3300   11
```

(1) 훈련용 데이터(train)을 이용하여 nnet( )으로 인공신경망 모형을 구축(Hidden layer: size=2)한다.

```
> nn_model <- nnet(Reached.on.Time_Y.N~., data=train, size=2)
# weights:  35
initial  value 6450.974656
final  value 5179.237732
converged
```

(2) plot.nnet( ) 명령어를 이용하여 인공신경망을 시각화하여 나타낸다.

```
> source_url("https://gist.githubusercontent.com/fawda123/5086859/raw/17fd6d2adec4dbcf5ce750cbd1f3e0f4be9d8b19/nnet_plot_fun.r", prompt=FALSE)
URL 'https://gist.githubusercontent.com/fawda123/5086859/raw/17fd6d2adec4dbcf5ce750cbd1f3e0f4be9d8b19/nnet_plot_fun.r'를 시도합니다
Content type 'text/plain; charset=utf-8' length 8222 bytes
downloaded 8222 bytes

Not checking SHA-1 of downloaded file.
> plot.nnet(nn_model)
```

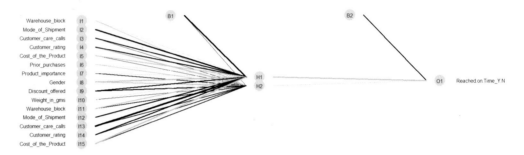

(3) 검증용 데이터(test)를 이용하여 Reached.on.Time_Y.N( )을 예측(pred, 고객 주문 물품이 제 시간에 도착하는지 여부) 하고 이를 실젯값(actual)과 비교한다. 예측결과가 모두 1의 값을 가지므로 0의 값에 대한 예측결과를 입력하여 predict_ table로 저장한다.

```
> nn_result <- data.frame(actual=test$Reached.on.Time_Y.N)
> nn_result$pred <- predict(nn_model, newdata=test, type="class")
> head(nn_result)
  actual pred
1      1    1
2      1    1
3      1    1
4      1    1
5      1    1
6      1    1
> predict_table <- table(nn_result$pred, nn_result$actual)
> predict_table

      0    1
  1 1362 1938
>
> predict_table <- rbind(c(0,0), predict_table)
> predict_table
      0    1
      0    0
1 1362 1938
> rownames(predict_table) <- c(0,1)
> predict_table
      0    1
0     0    0
1 1362 1938
```

(4) 혼동행렬로부터 Accuracy＝58.73%임을 알 수 있다.

```
> confusionMatrix(predict_table)
Confusion Matrix and Statistics

       0    1
0    0    0
1 1362 1938

               Accuracy : 0.5873
                 95% CI : (0.5703, 0.6041)
    No Information Rate : 0.5873
    P-Value [Acc > NIR] : 0.5075

                  Kappa : 0

 Mcnemar's Test P-Value : <2e-16

            Sensitivity : 0.0000
            Specificity : 1.0000
         Pos Pred Value : NaN
         Neg Pred Value : 0.5873
             Prevalence : 0.4127
         Detection Rate : 0.0000
   Detection Prevalence : 0.0000
      Balanced Accuracy : 0.5000

       'Positive' Class : 0
```

(5) predict_table의 값을 이용하여 Accuracy＝58.73을 구한다. 혼동행렬에서 구한 정확도와 일치함을 알 수 있다.

```
> predict_table
       0    1
0    0    0
1 1362 1938
>
> accuracy <- sum(diag(predict_table)) / sum(predict_table) * 100
> accuracy
[1] 58.72727
```

(6) write.csv( ) 명령어로 예측 결과, (실젯값, 예측값)＝(actual, pred)를 작업 폴더에 저장(result_reached.csv)한다.

```
> head(nn_result)
  actual pred
1      1    1
2      1    1
3      1    1
4      1    1
5      1    1
6      1    1
> write.csv(nn_result, "result_reached.csv")
> result <- read.csv("result_reached.csv", header=T)
> View(result)
```

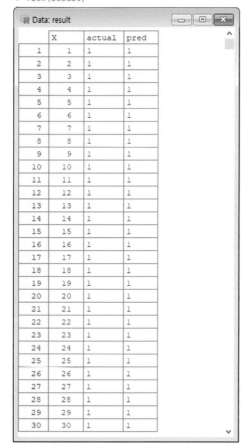

02 mtcars 데이터(1974년 Motor Trend US Magazine에 기록)는 32개 자동차 모델에 대한 디자인과 성능 관련 자료이다. 연비(mpg)를 예측하기 위한 인공신경망 모형을 구축하고자 한다. 아래 순서대로 수행한 결과를 출력하시오. describe( )를 이용한 기술통계량 출력은 "psych" 패키지를 이용한다.

(1) 전체 데이터들 중 70%(22개)를 훈련용 데이터로, 나머지 30%(10개)를 검증용 데이터로 사용한다.

(2) 훈련용 데이터와 neuralnet( ) 함수를 이용하여 인공신경망 모형을 구축하시오(단, 히든층의 개수는 1개로 지정한다).

(3) plot( ) 함수를 이용하여 인공신경망의 시각화 그래프를 나타내시오.

(4) 검증용 데이터를 이용하여 10개의 차량에 대한 mpg(연비)의 값을 예측하시오.

(5) 참값(실젯값, y_i)과 예측값($\widehat{y_i}$)에 대한 다음 예측오차 값을 구하시오.

　① 평균 절대오차(*Mean Absolut Error*), $MAE = \sum_{i=1}^{n} |y_i - \widehat{yi}|$

　② 표준오차(*Root Mean Square Error*), $RMSE = \sqrt{\dfrac{1}{n} \sum_{i=1}^{n} (y_i - \widehat{y_i})^2}$

　③ 평균 절대백분 오차 비율(*Mean Absolute Percentage Error*), $MAPE = \dfrac{1}{n} \sum_{i=1}^{n} \left| \dfrac{y_i - \widehat{y_i}}{y_i} \right|$

(6) 10개의 차량별 검증용 데이터에 대한 연비의 (참값(실젯값), 예측값)을 result_mpg.csv 파일로 저장하시오.

(7) 은닉층의 수를 조정[hidden=c(3,2)]하여 구축된 신경망 모형의 성능을 평가하고 hidden=1인 경우와 비교하시오.

mpg	Miles/(US) gallon	연비
cyl	Number of cylinders	엔진의 기통수
disp	Displacement (cu.in.)	배기량 (cc, 변위)
hp	Gross horsepower	마력
drat	Rear axle ratio	뒤차축비
wt	Weight (1000 lbs)	무게
qsec	1/4 mile time	1/4mile 도달시간
vs	V/S	V engine / Straight engine
am	Transmission (0 = automatic, 1 = manual)	변속기어
gear	Number of forward gears	전진기어 갯수
carb	Number of carburetors	기화기 갯수

```
> head(mtcars)
                   mpg cyl disp  hp drat    wt  qsec vs am gear carb
Mazda RX4         21.0   6  160 110 3.90 2.620 16.46  0  1    4    4
Mazda RX4 Wag     21.0   6  160 110 3.90 2.875 17.02  0  1    4    4
Datsun 710        22.8   4  108  93 3.85 2.320 18.61  1  1    4    1
Hornet 4 Drive    21.4   6  258 110 3.08 3.215 19.44  1  0    3    1
Hornet Sportabout 18.7   8  360 175 3.15 3.440 17.02  0  0    3    2
Valiant           18.1   6  225 105 2.76 3.460 20.22  1  0    3    1

> describe(mtcars)
     vars  n   mean     sd median trimmed    mad   min    max  range  skew kurtosis
mpg     1 32  20.09   6.03  19.20   19.70   5.41 10.40  33.90  23.50  0.61    -0.37
cyl     2 32   6.19   1.79   6.00    6.23   2.97  4.00   8.00   4.00 -0.17    -1.76
disp    3 32 230.72 123.94 196.30  222.52 140.48 71.10 472.00 400.90  0.38    -1.21
hp      4 32 146.69  68.56 123.00  141.19  77.10 52.00 335.00 283.00  0.73    -0.14
drat    5 32   3.60   0.53   3.70    3.58   0.70  2.76   4.93   2.17  0.27    -0.71
wt      6 32   3.22   0.98   3.33    3.15   0.77  1.51   5.42   3.91  0.42    -0.02
qsec    7 32  17.85   1.79  17.71   17.83   1.42 14.50  22.90   8.40  0.37     0.34
vs      8 32   0.44   0.50   0.00    0.42   0.00  0.00   1.00   1.00  0.24    -2.00
am      9 32   0.41   0.50   0.00    0.38   0.00  0.00   1.00   1.00  0.36    -1.92
gear   10 32   3.69   0.74   4.00    3.62   1.48  3.00   5.00   2.00  0.53    -1.07
carb   11 32   2.81   1.62   2.00    2.65   1.48  1.00   8.00   7.00  1.05     1.26
        se
mpg   1.07
cyl   0.32
disp 21.91
hp   12.12
drat  0.09
wt    0.17
qsec  0.32
vs    0.09
am    0.09
gear  0.13
carb  0.29
```

(1) mtcars 데이터들(32개) 중 70%를 훈련용(train, 22개)으로, 30%를 검증용(test, 10개)으로 분류, 저장한다.

```
> id <- sample(1:nrow(mtcars), as.integer(0.7*nrow(mtcars)))
> train <- mtcars[id, ]
> head(train)
                   mpg cyl  disp  hp drat    wt  qsec vs am gear carb
Lotus Europa      30.4   4  95.1 113 3.77 1.513 16.90  1  1    5    2
Dodge Challenger  15.5   8 318.0 150 2.76 3.520 16.87  0  0    3    2
Hornet 4 Drive    21.4   6 258.0 110 3.08 3.215 19.44  1  0    3    1
Honda Civic       30.4   4  75.7  52 4.93 1.615 18.52  1  1    4    2
Fiat X1-9         27.3   4  79.0  66 4.08 1.935 18.90  1  1    4    1
Duster 360        14.3   8 360.0 245 3.21 3.570 15.84  0  0    3    4
> dim(train)
[1] 22 11
>
> test <- mtcars[-id, ]
> head(test)
                    mpg cyl  disp  hp drat   wt  qsec vs am gear carb
Mazda RX4          21.0   6 160.0 110 3.90 2.62 16.46  0  1    4    4
Hornet Sportabout  18.7   8 360.0 175 3.15 3.44 17.02  0  0    3    2
Merc 280C          17.8   6 167.6 123 3.92 3.44 18.90  1  0    4    4
Merc 450SL         17.3   8 275.8 180 3.07 3.73 17.60  0  0    3    3
Cadillac Fleetwood 10.4   8 472.0 205 2.93 5.25 17.98  0  0    3    4
Fiat 128           32.4   4  78.7  66 4.08 2.20 19.47  1  1    4    1
> dim(test)
[1] 10 11
```

(2) 데이터 전처리(정규화) 처리 후, neuralnet( ) 함수를 이용하여 인공신경망 모형(model)을 구축한다.

```
> normalize <- function (x) {
+ return ((x-min(x))/(max(x)-min(x)))
+ }
> norm_train <- as.data.frame(lapply(train, normalize))
> norm_test <- as.data.frame(lapply(test, normalize))
>
> norm_train$mpg <- train$mpg
> summary(norm_train)
      mpg             cyl              disp              hp              drat              wt
 Min.   :10.40   Min.   :0.0000   Min.   :0.0000   Min.   :0.0000   Min.   :0.0000   Min.   :0.0000
 1st Qu.:15.20   1st Qu.:0.0000   1st Qu.:0.1721   1st Qu.:0.1608   1st Qu.:0.1475   1st Qu.:0.3281
 Median :19.20   Median :0.5000   Median :0.4314   Median :0.2986   Median :0.3779   Median :0.4921
 Mean   :19.67   Mean   :0.5682   Mean   :0.4188   Mean   :0.3463   Mean   :0.3576   Mean   :0.4502
 3rd Qu.:22.80   3rd Qu.:1.0000   3rd Qu.:0.6214   3rd Qu.:0.4523   3rd Qu.:0.5196   3rd Qu.:0.5662
 Max.   :30.40   Max.   :1.0000   Max.   :1.0000   Max.   :1.0000   Max.   :1.0000   Max.   :1.0000
      qsec             vs               am               gear             carb
 Min.   :0.0000   Min.   :0.0000   Min.   :0.0000   Min.   :0.0000   Min.   :0.0000
 1st Qu.:0.2744   1st Qu.:0.0000   1st Qu.:0.0000   1st Qu.:0.0000   1st Qu.:0.1429
 Median :0.3386   Median :0.0000   Median :0.0000   Median :0.2500   Median :0.1429
 Mean   :0.3807   Mean   :0.4091   Mean   :0.3636   Mean   :0.3409   Mean   :0.2727
 3rd Qu.:0.4804   3rd Qu.:1.0000   3rd Qu.:1.0000   3rd Qu.:0.5000   3rd Qu.:0.4286
 Max.   :1.0000   Max.   :1.0000   Max.   :1.0000   Max.   :1.0000   Max.   :1.0000
> model <- neuralnet (mpg
+ ~ cyl + disp + hp + drat + wt + qsec + vs + am + gear + carb, norm_train)
> str(model)
List of 14
 $ call            : language neuralnet(formula = mpg ~ cyl + disp + hp + drat + wt + qsec + vs + am + gear + carb, da$
 $ response        : num [1:22, 1] 30.4 15.5 21.4 30.4 27.3 14.3 15.2 15 13.3 14.7 ...
  ..- attr(*, "dimnames")=List of 2
  .. ..$ : chr [1:22] "1" "2" "3" "4" ...
  .. ..$ : chr "mpg"
 $ covariate       : num [1:22, 1:10] 0 1 0.5 0 0 1 1 1 1 1 ...
  ..- attr(*, "dimnames")=List of 2
  .. ..$ : NULL
  .. ..$ : chr [1:10] "cyl" "disp" "hp" "drat" ...
 $ model.list      :List of 2
  ..$ response : chr "mpg"
  ..$ variables: chr [1:10] "cyl" "disp" "hp" "drat" ...
 $ err.fct         :function (x, y)
  ..- attr(*, "type")= chr "sse"
 $ act.fct         :function (x)
  ..- attr(*, "type")= chr "logistic"
 $ linear.output   : logi TRUE
 $ data            :'data.frame':   22 obs. of  11 variables:
  ..$ mpg : num [1:22] 30.4 15.5 21.4 30.4 27.3 14.3 15.2 15 13.3 14.7 ...
  ..$ cyl : num [1:22] 0 1 0.5 0 0 1 1 1 1 1 ...
  ..$ disp: num [1:22] 0.05049 0.6305 0.47437 0 0.00859 ...
  ..$ hp  : num [1:22] 0.2155 0.3463 0.2049 0 0.0495 ...
  ..$ drat: num [1:22] 0.465 0 0.147 1 0.608 ...
  ..$ wt  : num [1:22] 0 0.5132 0.4352 0.0261 0.1079 ...
  ..$ qsec: num [1:22] 0.277 0.273 0.583 0.472 0.518 ...
  ..$ vs  : num [1:22] 1 0 1 1 1 0 0 0 0 0 ...
```

(3) plot(model)으로 인공신경망 구조를 확인한다.

```
> plot(model)
```

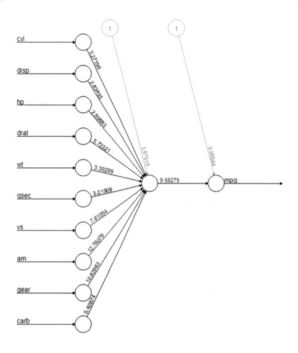

(4) 10개의 검증용 데이터들 중 첫 번째 항목(norm_test[−1])을 제외한 데이터를 이용하여 연비의 (실젯값, 예측값)＝(new$actual, new$predict)을 저장(new)한다. 각각의 항목에 대하여 mpg＝19.66823으로 동일하게 예측하였다.

```
> new <- data.frame(actual = test$mpg)
> new$predict <- compute(model, norm_test[-1])$net.result
> new
   actual  predict
1    21.0 19.66823
2    18.7 19.66823
3    17.8 19.66823
4    17.3 19.66823
5    10.4 19.66823
6    32.4 19.66823
7    33.9 19.66823
8    21.5 19.66823
9    15.8 19.66823
10   21.4 19.66823
>
> summary(new)
     actual         predict.V1
 Min.   :10.40   Min.   :19.668227
 1st Qu.:17.43   1st Qu.:19.668228
 Median :19.85   Median :19.668228
 Mean   :21.02   Mean   :19.668228
 3rd Qu.:21.48   3rd Qu.:19.668228
 Max.   :33.90   Max.   :19.668228
```

(5) (실젯값, 예측값)에 대한 예측오차(MAE, RMSE, MAPE)를 각각 다음과 같이 구한다.

```
> mae <- mean(abs(new$actual-new$predict))
> mae
[1] 5.02
>
> mse <- mean((new$actual-new$predict)*(new$actual-new$predict))
> mse
[1] 48.36689
>
> rmse <- sqrt(mse)
> rmse
[1] 6.954631
>
> mape <- mean(abs((new$actual-new$predict)/new$actual))
> mape
[1] 0.2471938
```

(6) 파일 저장 경로를 사전에 설정한 후, write.csv( ) 명령어를 이용하여 수행결과(new)를 저장한다.

```
> new
   actual  predict
1    21.0 19.66823
2    18.7 19.66823
3    17.8 19.66823
4    17.3 19.66823
5    10.4 19.66823
6    32.4 19.66823
7    33.9 19.66823
8    21.5 19.66823
9    15.8 19.66823
10   21.4 19.66823
> setwd("C:/workr")
> write.csv(new, "result_mpg.csv")
> result <- read.csv("result_mpg.csv", header=T)
> View(result)
```

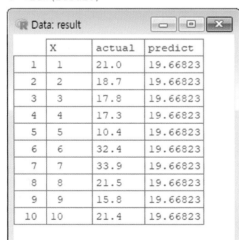

(7) 은닉층의 수를 hidden＝c(3,2)로 지정한 후 수행결과는 다음과 같다. MSE는 48.37 → 25.87, RMSE는 6.95 → 5.09로 감소하였다.

```
> model <- neuralnet (mpg
+ ~ cyl + disp + hp + drat + wt + qsec + vs + am + gear + carb, data=norm_train, hidden=c(3,2))
>
> plot(model)
```

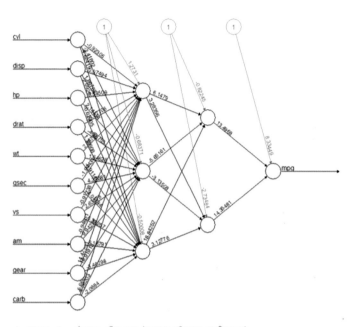

```
> new <- data.frame(actual=test$mpg)
> new$predict <- compute(model, norm_test[-1])$net.result
> new
   actual   predict
1    21.0 21.952280
2    18.7 13.834153
3    17.8 13.934715
4    17.3  8.586213
5    10.4  8.508041
6    32.4 30.387936
7    33.9 30.387830
8    21.5 27.626286
9    15.8 13.536262
10   21.4 30.378722
> summary(new)
     actual          predict.V1
 Min.   :10.40   Min.   : 8.508041
 1st Qu.:17.43   1st Qu.:13.610735
 Median :19.85   Median :17.943497
 Mean   :21.02   Mean   :19.913244
 3rd Qu.:21.48   3rd Qu.:29.690613
 Max.   :33.90   Max.   :30.387936
>
> mse(new$actual, new$predict)
[1] 25.86904
> rmse(new$actual, new$predict)
[1] 5.086162
```

```
> plot(new$actual, new$predict)
> abline(lm(new$predict ~ new$actual))
```

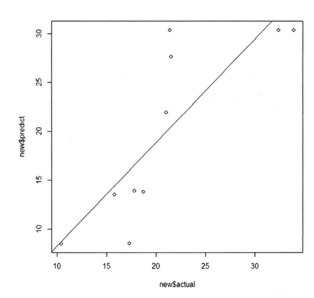

제6장

서포트벡터머신

1 서포트벡터머신의 이해

(1) 서포트벡터머신 분석을 위해 다음 패키지를 이용한다.

install.packages("e1071")	#SVM 분석
install.packages("psych")	#기술통계량 분석
install.packages("caret")	#혼동행렬(confusion matrix) 분석
install.packages("pROC")	#ROC(Receiver Operating Characteristic) Curve 분석
install.packages("faraway")	#pima(PimaIndiansDiabetes) 데이터세트 활용
library(e1071)	−
library(psych)	−
library(caret)	−
library(pROC)	−
library(faraway)	

(2) 서포트벡터머신(SVM ; Support Vector Machine)은 입력 데이터를 집단으로 분리하고 분석하는 기계학습 알고리즘으로서 데이터 분리를 위해 데이터의 반대 집단에서 가장 멀리 떨어진 서포트벡터(Support Vector)를 찾아 두 집단으로 나누는 기준인 초평면(Hyperplane)을 설정하고, 여백(Margin)을 고려하여 분류하는 기법이다.

(3) SVM에서는 서로 다른 분류에 속한 데이터들 사이의 간격(Margin)이 최대화되는 평면을 찾아 이를 기준으로 분류 결과를 찾는다.

(4) 분류 경계와 실제 데이터들 사이의 거리가 가장 크도록 하는 것으로 다음과 같이 크게 선형 분류와 비선형 분류로 구분된다. 선형 분류기에서는 두 개의 그룹을 분류할 때, 두 그룹 간 margin이 최대가 되게 하는 하이퍼플레인(Hyperplane)을 찾는다. 반면 선형 분리가 불가능한 경우 고차원의 특정 공간에서 데이터를 분리하는 커널(Kernel) 함수를 사용(Kernel Trick)하여 비선형 문제를 해결한다. 커널 함수란 주어진 데이터를 고차원 특정 공간으로 사상(Mapping)해주는 함수이다.

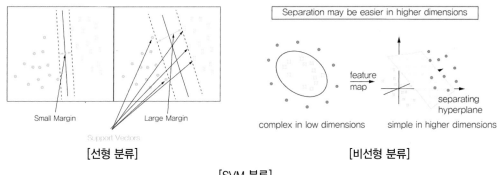

[선형 분류]　　　　　　　　　[비선형 분류]

[SVM 분류]

(5) SVM은 기계학습 분야 중 하나로 텍스트 분류, 패턴인식, 자료분석을 위한 지도 학습 모형이며, 주로 분류와 회귀 분석을 위해 사용된다. 두 카테고리 중 어느 하나에 속한 데이터의 집합이 주어졌을 때, SVM 알고리즘은 주어진 데이터 집합을 바탕으로 하여 새로운 데이터가 어느 카테고리에 속할지 판단하는 비확률적 이진 선형 분류 모델을 제공한다.

(6) SVM은 예측의 정확도가 비교적 높고 사용이 쉽다는 장점을 가지고 있으며, 신경망과 비교하여 과적합 (Overfitting)의 정도가 덜하다는 특징이 있다. 반면, 커널 함수의 적절한 파라미터를 설정하기 위해 여러 번 테스트해야 최적화 모형을 만들 수 있어 모형 구축시간이 오래 걸린다는 단점과 결과에 대한 설명력이 다른 기법들에 비하여 다소 떨어진다는 특징을 가진다.

2 서포트벡터머신 모형

(1) SVM 분석을 위해 e1071 패키지의 svm( ) 함수를 이용한다. svm( )은 분류 분석과 회귀(예측)분석을 지원하며, 훈련용 데이터(data), 분석 유형(type), 커널 함수 형식(kernel) 및 관련 파라미터(cost, gamma)를 설정한다.

svm(formula, data, type=, kernel=, cost=, gamma=)
- formula : 식(종속변수~독립변수)
- data : 훈련 데이터
- type : 분석 유형
    - 분류 분석 : C – classification
    - 예측(회귀) 분석 : eps－regression
- kernel : 커널 함수 형식
    - 선형 : linear
    - 방사형 : radial
    - 다항 : polynomial
    - 시그모이드 : sigmoid
- cost, gamma : 커널 함수 파라미터

(2) 선형 분류의 경우 별도의 파라미터를 지정하지 않는다. 비선형 분류 즉, 커널 함수를 이용하는 경우 커널 함수의 형식과 관련된 파라미터를 지정한다. 커널 함수는 방사형(RBF ; Radial Basis Function), 다항(Polynomial), 시그모이드(Sigmoid) 방식 등이 있으며, 파라미터에 대한 세부적인 정의는 다음과 같다. 각 파라미터들은 커널 함수의 변수(모수)에 해당되며, 커널 함수와 관련된 파라미터 값을 입력받아 수식을 구성하고 분류 작업을 수행한다.

구 분		주요 파라미터
선형 분류(Linear)		커널 함수를 적용하지 않는 방식
비선형 분류(Nonlinear) (Kernel 함수 이용)	방사형(RBF)	cost, gamma
	다항(Polynomial)	cost, gamma, coef, degree
	시그모이드(Sigmoid)	cost, gamma, coef

- cost : 과적합 방지 정도를 지정하는 파라미터(기본값=1)
- gamma : 하나의 데이터 표본이 영향력을 행사하는 거리를 결정하는 파라미터(기본값=1)
- degree : 특성 공간(feature space)의 차원 개수로 다항 커널 함수 수식의 모수(기본값=3)
- coef : 다항과 시그모이드 커널 함수 수식의 모수(기본값=0)

(3) 대표적인 사용 예를 보면 선형 분류는 주로 텍스트마이닝에서의 문서 분류에서 주로 발생하는 희박행렬(Sparse Matrix) 방식의 자료 처리에 사용된다. 비선형 분류 방법들 중 방사형(RBF)은 자료에 관한 사전 정보가 없을 때 일반적으로 사용되며, 다항(Polynomial) 비선형 분류기는 이미지 처리, 시그모이드 커널 함수는 딥러닝 신경망에 대한 프록시(Proxy, 딥러닝에서 신경망 기법을 이용한 주 분석 이전에 처리하는 역할로, 일종의 전처리에 해당)에서 주로 사용된다.

(4) SVM 분석

① iris 데이터를 이용한 SVM 분석을 위하여 e1071 패키지를 설치[install.packages("e1071"), library(e1071)] 한다. iris 데이터는 꽃잎의 길이(Petal.Length)와 너비(Petal.Width) 그리고 꽃받침의 길이(Scpal.Length) 와 너비(Sepal.Width)에 따라 붓꽃의 3가지 품종(setosa, versicolor, virginica)을 구분한다. "psych" 패키지 설치 후, describe( ) 함수를 이용하여 각 항목(변수)들에 대한 기술통계량을 확인한다.

```
> install.packages("e1071")
--- 현재 세션에서 사용할 CRAN 미러를 선택해 주세요 ---
URL 'https://cran.yu.ac.kr/bin/windows/contrib/4.2/e1071_1.7-11.zip'을 시도합니다
Content type 'application/zip' length 660491 bytes (645 KB)
downloaded 645 KB

패키지 'e1071'를 성공적으로 압축해제하였고 MD5 sums 이 확인되었습니다

다운로드된 바이너리 패키지들은 다음의 위치에 있습니다
        C:\Users\Public\Documents\ESTsoft\CreatorTemp\RtmpAFL410\downloaded_packages
> library(e1071)
>
> install.packages("psych")
URL 'https://cran.yu.ac.kr/bin/windows/contrib/4.2/psych_2.2.5.zip'을 시도합니다
Content type 'application/zip' length 3791484 bytes (3.6 MB)
downloaded 3.6 MB

패키지 'psych'를 성공적으로 압축해제하였고 MD5 sums 이 확인되었습니다

다운로드된 바이너리 패키지들은 다음의 위치에 있습니다
        C:\Users\Public\Documents\ESTsoft\CreatorTemp\RtmpAFL410\downloaded_packages
> library(psych)
```

```
> head(iris)
  Sepal.Length Sepal.Width Petal.Length Petal.Width Species
1          5.1         3.5          1.4         0.2  setosa
2          4.9         3.0          1.4         0.2  setosa
3          4.7         3.2          1.3         0.2  setosa
4          4.6         3.1          1.5         0.2  setosa
5          5.0         3.6          1.4         0.2  setosa
6          5.4         3.9          1.7         0.4  setosa
> summary(iris)
  Sepal.Length    Sepal.Width     Petal.Length    Petal.Width          Species
 Min.   :4.300   Min.   :2.000   Min.   :1.000   Min.   :0.100   setosa    :50
 1st Qu.:5.100   1st Qu.:2.800   1st Qu.:1.600   1st Qu.:0.300   versicolor:50
 Median :5.800   Median :3.000   Median :4.350   Median :1.300   virginica :50
 Mean   :5.843   Mean   :3.057   Mean   :3.758   Mean   :1.199
 3rd Qu.:6.400   3rd Qu.:3.300   3rd Qu.:5.100   3rd Qu.:1.800
 Max.   :7.900   Max.   :4.400   Max.   :6.900   Max.   :2.500
>
> describe(iris)
             vars   n mean   sd median trimmed  mad min max range  skew kurtosis   se
Sepal.Length    1 150 5.84 0.83   5.80    5.81 1.04 4.3 7.9   3.6  0.31    -0.61 0.07
Sepal.Width     2 150 3.06 0.44   3.00    3.04 0.44 2.0 4.4   2.4  0.31     0.14 0.04
Petal.Length    3 150 3.76 1.77   4.35    3.76 1.85 1.0 6.9   5.9 -0.27    -1.42 0.14
Petal.Width     4 150 1.20 0.76   1.30    1.18 1.04 0.1 2.5   2.4 -0.10    -1.36 0.06
Species*        5 150 2.00 0.82   2.00    2.00 1.48 1.0 3.0   2.0  0.00    -1.52 0.07
```

② iris 데이터를 data(데이터 프레임)에 저장하고 표본 추출값을 고정[set.seed(1234)]한다. data의 70%(150×0.7=105개)를 훈련용 데이터(train)로 저장하기 위하여 sample( ) 함수를 이용하고 나머지 30%(45개)의 데이터를 검증용 데이터(test)로 분류한다.

```
> data <- iris
> set.seed(1234)
>
> idxs <- sample(1:nrow(data), as.integer(0.7*nrow(data)))
> head(idxs)
[1]  28  80 101 111 137 133
> idxs
 [1]  28  80 101 111 137 133 144 132  98 103  90  70  79 116  14 126  62   4 143  40  93 122   5  66 135  47 131
[28] 123  84  48 108   3  87  41 115 100  72  32  42  43   2 138  54  49 102  56  51   6 107 130  96 106  57   8
[55]  26  17  63  97  22  35 117 149 119  86 142  10  55  92  25  88  50 139  20 140  94  71  61 104 109  27 121
[82]  60  65  36 150  19   9 134  30  52  95  38  83 141  21 105 113  13  69 110 118  73  16  11  67
>
> train <- data[idxs, ]
> test <- data[-idxs, ]
> head(train)
    Sepal.Length Sepal.Width Petal.Length Petal.Width    Species
28           5.2         3.5          1.5         0.2     setosa
80           5.7         2.6          3.5         1.0 versicolor
101          6.3         3.3          6.0         2.5  virginica
111          6.5         3.2          5.1         2.0  virginica
137          6.3         3.4          5.6         2.4  virginica
133          6.4         2.8          5.6         2.2  virginica
>
> head(test)
   Sepal.Length Sepal.Width Petal.Length Petal.Width Species
1           5.1         3.5          1.4         0.2  setosa
7           4.6         3.4          1.4         0.3  setosa
12          4.8         3.4          1.6         0.2  setosa
15          5.8         4.0          1.2         0.2  setosa
18          5.1         3.5          1.4         0.3  setosa
23          4.6         3.6          1.0         0.2  setosa
```

③ svm( ) 함수를 이용하여 품종(Species)에 대한 분류 분석(type="C−classification")을 수행한다. 커널 함수로 방사형(RBF)을 이용하는 경우 필요한 파라미터로 cost=10, gamma=0.1로 지정한다.

```
> svmModel <- svm(Species~., train, type="C-classification", kernel="radial", cost=10, gamma=0.1)
> svmModel

Call:
svm(formula = Species ~ ., data = train, type = "C-classification", kernel = "radial", cost = 10,
    gamma = 0.1)


Parameters:
   SVM-Type:  C-classification
 SVM-Kernel:  radial
       cost:  10

Number of Support Vectors:  26
> summary(svmModel)

Call:
svm(formula = Species ~ ., data = train, type = "C-classification", kernel = "radial", cost = 10,
    gamma = 0.1)


Parameters:
   SVM-Type:  C-classification
 SVM-Kernel:  radial
       cost:  10

Number of Support Vectors:  26

 ( 3 13 10 )


Number of Classes:  3

Levels:
 setosa versicolor virginica
```

④ 분류 분석에 대한 정확도 검증을 위하여 검증용 데이터(test)를 이용한다. 검증용 데이터의 품종 (test$Species)을 새로운 데이터(new 데이터 프레임의 actual)로 저장하고 SVM 분석을 통해 예측된 품종 (new 데이터 프레임의 predict)을 예측값(new$predict)으로 저장한다. 45개의 검증용 데이터들에 대한 분석 결과, 26번과 35번 데이터에 대하여 잘못된 분류 결과를 보여줌을 알 수 있다. 즉 26번 데이터의 실젯값은 versicolor 품종이지만 virginica로 잘못 분류하였고, 35번 데이터는 실젯값="virginica", 예측값 ="versicolor"이다. 따라서 $(45-2)/45 \times 100 = 43/45 \times 100$은 95.6%의 정확도를 보인다.

```
> new <- data.frame(actual=test$Species)
> new$predict <- predict(svmModel, test, decision.values=TRUE)
> new
      actual     predict
1     setosa      setosa
2     setosa      setosa
3     setosa      setosa
4     setosa      setosa
5     setosa      setosa
6     setosa      setosa
7     setosa      setosa
8     setosa      setosa
9     setosa      setosa
10    setosa      setosa
11    setosa      setosa
12    setosa      setosa
13    setosa      setosa
14    setosa      setosa
15    setosa      setosa
16    setosa      setosa
17 versicolor versicolor
18 versicolor versicolor
19 versicolor versicolor
20 versicolor versicolor
21 versicolor versicolor
22 versicolor versicolor
23 versicolor versicolor
24 versicolor versicolor
25 versicolor versicolor
26 versicolor  virginica
27 versicolor versicolor
28 versicolor versicolor
29 versicolor versicolor
30 versicolor versicolor
31 versicolor versicolor
32 versicolor versicolor
33  virginica  virginica
34  virginica  virginica
35  virginica versicolor
36  virginica  virginica
37  virginica  virginica
38  virginica  virginica
39  virginica  virginica
40  virginica  virginica
41  virginica  virginica
42  virginica  virginica
43  virginica  virginica
44  virginica  virginica
45  virginica  virginica
```

⑤ table( )로 predict_table을 작성한다. 실젯값(actual)과 예측값(predict)의 성능을 확인할 수 있으며, 실젯값은 versicolor이지만 virginica로 잘못 분류한 경우(26번 데이터)와 실젯값이 virginica인데 versicolor로 잘못 분류한 경우(35번 데이터)가 확인된다. 행과 열의 이름을 작성하기 위하여 names( ), dimnames( ) 함수를 이용한다. 분류 예측의 정확도를 계산하기 위하여 new$result 항목을 새로 정의하여 정확하게 분류한 경우 "Y", 잘못 분류한 경우에 대해 "N"으로 저장[ifelse( ) 함수 이용]한다. new$result="Y"인 경우의 합이 정확하게 예측한 경우이며, 예측한 총 데이터의 수는 length(new$result)이므로 정확도=sum(new$result=="Y")/length(new$result)는 95.6%이다.

```
> predict_table <- table(new$predict, new$actual)
> predict_table

            setosa versicolor virginica
  setosa        16          0         0
  versicolor     0         15         1
  virginica      0          1        12
> names(dimnames(predict_table)) <- c("predicted", "actual")
> predict_table
            actual
predicted    setosa versicolor virginica
  setosa        16          0         0
  versicolor     0         15         1
  virginica      0          1        12

> new$result <- ifelse(new$actual==new$predict, "Y", "N")
> head(new)
  actual predict result
1 setosa  setosa      Y
2 setosa  setosa      Y
3 setosa  setosa      Y
4 setosa  setosa      Y
5 setosa  setosa      Y
6 setosa  setosa      Y
> summary(new)
      actual          predict        result
 setosa    :16   setosa    :16   Length:45
 versicolor:16   versicolor:16   Class :character
 virginica :13   virginica :13   Mode  :character

> predict_prob <- sum(new$result=="Y") / length(new$result)
> predict_prob
[1] 0.9555556
> sum(new$result=="Y")
[1] 43
> length(new$result)
[1] 45
```

⑥ 혼동행렬(confusion matrix)을 구하기 위해 "caret" 패키지를 설치한다. confusionMatrix( ) 함수를 이용하여 predict_table 결과와 동일한 테이블을 얻을 수 있으며, Accuracy＝0.9556이 분류 예측의 성능(정확도)이다.

```
> install.packages("caret")
URL 'https://cran.yu.ac.kr/bin/windows/contrib/4.2/caret_6.0-92.zip'을 시도합니다
Content type 'application/zip' length 3578170 bytes (3.4 MB)
downloaded 3.4 MB

패키지 'caret'를 성공적으로 압축해제하였고 MD5 sums 이 확인되었습니다

다운로드된 바이너리 패키지들은 다음의 위치에 있습니다
        C:\Users\Public\Documents\ESTsoft\CreatorTemp\RtmpAFL410\downloaded_packages
> library(caret)
필요한 패키지를 로딩중입니다: ggplot2

다음의 패키지를 부착합니다: 'ggplot2'

The following objects are masked from 'package:psych':

    %+%, alpha

필요한 패키지를 로딩중입니다: lattice

> confusionMatrix(predict_table)
Confusion Matrix and Statistics

          actual
predicted  setosa versicolor virginica
  setosa       16          0         0
  versicolor    0         15         1
  virginica     0          1        12

Overall Statistics

               Accuracy : 0.9556
                 95% CI : (0.8485, 0.9946)
    No Information Rate : 0.3556
    P-Value [Acc > NIR] : < 2.2e-16

                  Kappa : 0.933

 Mcnemar's Test P-Value : NA

Statistics by Class:

                     Class: setosa Class: versicolor Class: virginica
Sensitivity                 1.0000            0.9375           0.9231
Specificity                 1.0000            0.9655           0.9688
Pos Pred Value              1.0000            0.9375           0.9231
Neg Pred Value              1.0000            0.9655           0.9688
Prevalence                  0.3556            0.3556           0.2889
Detection Rate              0.3556            0.3333           0.2667
Detection Prevalence        0.3556            0.3556           0.2889
Balanced Accuracy           1.0000            0.9515           0.9459
```

⑦ ROC(Receiver Operating Characteristic) Curve를 작성하기 위하여 "pROC" 패키지를 이용한다. 실젯값 (new$actual)과 예측값(new$predict를 정수값으로 변환)을 이용한 ROC 곡선은 다음과 같다. legacy. axes＝TRUE 옵션을 이용하여 $1-$Speificity(＝$1-$특이도＝FP rate)의 값에 대한 TP rate(Sensitivity) 의 변화를 확인한다. legacy.axes＝FALSE인 경우 x축은 Specificity(특이도)가 된다.

```
> install.packages("pROC")
URL 'https://cran.yu.ac.kr/bin/windows/contrib/4.2/pROC_1.18.0.zip'을 시도합니다
Content type 'application/zip' length 1158044 bytes (1.1 MB)
downloaded 1.1 MB

패키지 'pROC'를 성공적으로 압축해제하였고 MD5 sums 이 확인되었습니다
경고: 패키지 'pROC'의 이전설치를 삭제할 수 없습니다
경고: 'pROC'를 복구하였습니다

다운로드된 바이너리 패키지들은 다음의 위치에 있습니다
        C:\Users\Public\Documents\ESTsoft\CreatorTemp\RtmpAFL410\downloaded_packages
경고메시지(들):
file.copy(savedcopy, lib, recursive = TRUE)에서:
  C:\Program Files\R\R-4.2.1\library\00LOCK\pROC\libs\x64\pROC.dll를 C:\Program Files\R\R-4.2.1\library\pROC\libs\x64\pR$
> library(pROC)
Type 'citation("pROC")' for a citation.

다음의 패키지를 부착합니다: 'pROC'

The following objects are masked from 'package:stats':

    cov, smooth, var

> plot.roc(new$actual, as.integer(new$predict), legacy.axes=TRUE)
```

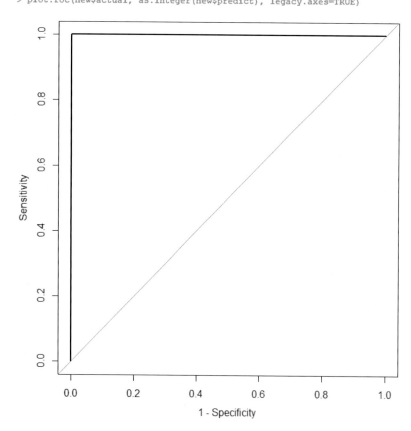

⑧ SVM 모형의 성능을 개선하기 위하여 튜닝(Tuning) 작업을 수행한다. 즉, 여러 번의 테스트 작업을 거쳐 RBF 커널 함수에서 지정된 cost, gamma 파라미터들에 대한 최적의 값을 도출한다. 이를 위하여 tune( ) 함수를 이용하며, cost_range( )와 gamma_range( )의 범위 값을 지정하여 최적의 파라미터 값을 구한다. tune( ) 함수 수행 결과 cost=10, gamma=0.1이 최적(best parameters)임을 알 수 있다.

```
> cost_range <- 10^(-1:2)
> cost_range
[1]   0.1   1.0   10.0 100.0
>
> gamma_range <- c(.1, 5, 1, 2)
> gamma_range
[1] 0.1 5.0 1.0 2.0
>
> svmTune <- tune(svm, train.x=Species~., data=train, kernel="radial", ranges=list(cost=cost_range, gamma=gamma_range))
> svmTune

Parameter tuning of 'svm':

- sampling method: 10-fold cross validation

- best parameters:
 cost gamma
   10   0.1

- best performance: 0.03

> summary(svmTune)

Parameter tuning of 'svm':

- sampling method: 10-fold cross validation

- best parameters:
 cost gamma
   10   0.1

- best performance: 0.03

- Detailed performance results:
    cost gamma      error dispersion
1    0.1   0.1 0.14454545 0.09842189
2    1.0   0.1 0.03909091 0.05053433
3   10.0   0.1 0.03000000 0.06749486
4  100.0   0.1 0.03909091 0.05053433
5    0.1   5.0 0.74090909 0.16173134
6    1.0   5.0 0.10727273 0.09789333
7   10.0   5.0 0.09727273 0.07937427
8  100.0   5.0 0.09727273 0.07937427
9    0.1   1.0 0.12545455 0.10565290
10   1.0   1.0 0.05909091 0.08389617
11  10.0   1.0 0.06727273 0.07892762
12 100.0   1.0 0.05727273 0.06542227
13   0.1   2.0 0.26000000 0.12168091
14   1.0   2.0 0.07818182 0.07846086
15  10.0   2.0 0.07727273 0.08920113
16 100.0   2.0 0.07727273 0.08920113
```

⑨ cost＝10, gamma＝0.1로 지정하여 새로운 모형(newsvmModel)의 성능을 분석하면 다음과 같다. 본 데이터세트에 대해서는 성능이 개선되지 않고 앞의 모형(svmModel)과 성능이 동일하다.

```
> newsvmModel <- svm(Species~., train, type="C-classification", kernel="radial", cost=10, gamma=0.1)
>
> new <- data.frame(actual=test$Species)
> new$predict <- predict(newsvmModel, test, decision.values=TRUE)
> predict_table <- table(new$predict, new$actual)
> confusionMatrix(predict_table)
Confusion Matrix and Statistics

            setosa versicolor virginica
  setosa        16          0         0
  versicolor     0         15         1
  virginica      0          1        12

Overall Statistics

               Accuracy : 0.9556
                 95% CI : (0.8485, 0.9946)
    No Information Rate : 0.3556
    P-Value [Acc > NIR] : < 2.2e-16

                  Kappa : 0.933

 Mcnemar's Test P-Value : NA

Statistics by Class:

                     Class: setosa Class: versicolor Class: virginica
Sensitivity                 1.0000            0.9375           0.9231
Specificity                 1.0000            0.9655           0.9688
Pos Pred Value              1.0000            0.9375           0.9231
Neg Pred Value              1.0000            0.9655           0.9688
Prevalence                  0.3556            0.3556           0.2889
Detection Rate              0.3556            0.3333           0.2667
Detection Prevalence        0.3556            0.3556           0.2889
Balanced Accuracy           1.0000            0.9515           0.9459
```

01 iris 데이터에 대하여 Species가 "setosa"와 "versicolor"인 경우에 대해서만 데이터세트를 구성(data)하여 서포트벡터머신(SVM) 분석을 수행하시오.

정답 및 해설

subset( ) 함수를 이용하여 (setosa, versicolor) 품종 데이터를 분류(data)한 후, 훈련용 데이터(train)와 검증용 데이터(test)를 구성한다. svm( )에서 cost=10, gamma=0.1로 지정 후 모형을 구축하고 (실젯값, 예측값)을 new 데이터 프레임으로 저장한다. 혼동행렬 결과로부터 분류모형의 정확도가 우수(100% 분류 예측 성공)함을 알 수 있다.

```
> data <- subset(iris, Species=="setosa" | Species=="versicolor")
> summary(data)
  Sepal.Length    Sepal.Width     Petal.Length    Petal.Width         Species
 Min.   :4.300   Min.   :2.000   Min.   :1.000   Min.   :0.100   setosa    :50
 1st Qu.:5.000   1st Qu.:2.800   1st Qu.:1.500   1st Qu.:0.200   versicolor:50
 Median :5.400   Median :3.050   Median :2.450   Median :0.800   virginica : 0
 Mean   :5.471   Mean   :3.099   Mean   :2.861   Mean   :0.786
 3rd Qu.:5.900   3rd Qu.:3.400   3rd Qu.:4.325   3rd Qu.:1.300
 Max.   :7.000   Max.   :4.400   Max.   :5.100   Max.   :1.800
>
> id <- sample(1:nrow(data), as.integer(0.7*nrow(data)))
> train <- data[id, ]
> test <- data[-id, ]
>
> svmModel <- svm(Species~., train, type="C-classification", kernel="radial", cost=10, gamma=0.1)
> new <- data.frame(actual=test$Species)
> new$predict <- predict(svmModel, test, decision.values=TRUE)
> predict_table <- table(new$predict, new$actual)

> predict_table

             setosa versicolor virginica
  setosa         15          0         0
  versicolor      0         15         0
  virginica       0          0         0
> confusionMatrix(predict_table)
Confusion Matrix and Statistics

             setosa versicolor virginica
  setosa         15          0         0
  versicolor      0         15         0
  virginica       0          0         0

Overall Statistics

               Accuracy : 1
                 95% CI : (0.8843, 1)
    No Information Rate : 0.5
    P-Value [Acc > NIR] : 9.313e-10

                  Kappa : 1

 Mcnemar's Test P-Value : NA

Statistics by Class:

                     Class: setosa Class: versicolor Class: virginica
Sensitivity                    1.0               1.0               NA
Specificity                    1.0               1.0                1
Pos Pred Value                 1.0               1.0               NA
Neg Pred Value                 1.0               1.0               NA
Prevalence                     0.5               0.5                0
Detection Rate                 0.5               0.5                0
Detection Prevalence           0.5               0.5                0
Balanced Accuracy              1.0               1.0               NA
```

02 아래는 당뇨환자 관련 데이터세트("faraway" 패키지 이용)이다. test(1이면 당뇨병 양성, 0이면 당뇨병 음성) 결과에 대한 예측을 위해 SVM 분석을 수행하시오.

(1) 총 768개의 데이터들 중 70%를 훈련용, 30%를 검증용 데이터로 분류하고 (pregnant, glucose, triceps, insulin)에 대한 당뇨병 test 분류 결과를 나타내시오.

(2) (pregnant, glucose, triceps)에 대한 당뇨병 test 분류 분석 결과를 나타내시오.

(3) (pregnant, glucose, insulin)에 대한 당뇨병 test 분류 분석 결과를 나타내시오.

(4) 각각의 SVM 분석 수행 결과에 대한 정확도(Accuracy) 및 AUC 값을 서로 비교하시오.

> • pregnant : 임신 횟수
> • glucose : 포도당 부하 검사 수치(혈당 농도)
> • triceps : 피하지방 측정값(mm)
> • insulin : 혈청 인슐린 측정값(mm U/ml)
> • test : 당뇨 여부(pos(1, 양성) 또는 neg(0, 음성))

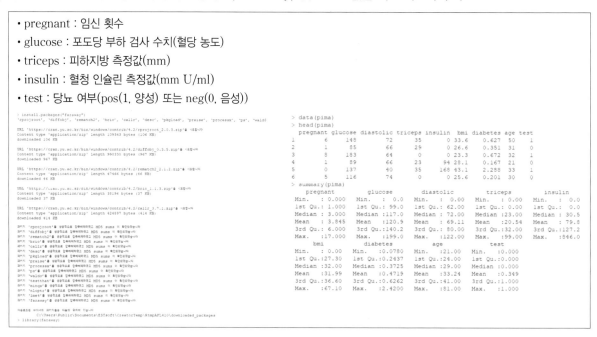

(1) subset( ) 함수를 이용하여 분석 대상의 항목을 추출하고, 훈련용(train)과 검증용(test) 데이터 분류 후, svm( )으로 SVM 분석모형을 구축한다. 혼동행렬로부터, 정확도(Accuracy)=0.7662이고 AUC=0.72280이다.

```
> data <- subset(pima, select=c(pregnant, glucose, triceps, insulin, test))
> id <- sample(1:nrow(data), as.integer(0.7*nrow(data)))
> train <- data[id, ]
> test <- data[-id, ]
>
> svmModel1 <- svm(test~., train, type="C-classification", kernel="radial", cost=10, gamma=0.1)
> new <- data.frame(actual=test$test)
> new$predict <- predict(svmModel1, test, decision.values=TRUE)
> predict_table <- table(new$predict, new$actual)
> confusionMatrix(predict_table)
Confusion Matrix and Statistics

     0   1
 0 130  35
 1  19  47

               Accuracy : 0.7662
                 95% CI : (0.7063, 0.8192)
    No Information Rate : 0.645
    P-Value [Acc > NIR] : 4.847e-05

                  Kappa : 0.4661

 Mcnemar's Test P-Value : 0.04123

            Sensitivity : 0.8725
            Specificity : 0.5732
         Pos Pred Value : 0.7879
         Neg Pred Value : 0.7121
             Prevalence : 0.6450
         Detection Rate : 0.5628
   Detection Prevalence : 0.7143
      Balanced Accuracy : 0.7228

       'Positive' Class : 0

> plot.roc(new$actual, as.integer(new$predict), legacy.axes=TRUE)
```

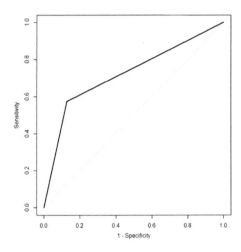

```
> result <- roc(new$actual, as.integer(new$predict))
Setting levels: control = 0, case = 1
Setting direction: controls < cases
> result

Call:
roc.default(response = new$actual, predictor = as.integer(new$predict))

Data: as.integer(new$predict) in 149 controls (new$actual 0) < 82 cases (new$actual 1).
Area under the curve: 0.7228
> result$auc
Area under the curve: 0.7228
```

(2) 동일한 방법으로 (pregnant, glucose, triceps) 항목을 이용한 SVM 모형에서의 test 예측 결과는 다음과 같다.
Accuracy=0.7186, AUC=0.6524이다.

```
> data <- subset(pima, select=c(pregnant, glucose, triceps, test))
> id <- sample(1:nrow(data), as.integer(0.7*nrow(data)))
> train <- data[id, ]
> test <- data[-id, ]
>
> svmModel2 <- svm(test~., train, type="C-classification", kernel="radial", cost=10, gamma=0.1)
> new <- data.frame(actual=test$test)
> new$predict <- predict(svmModel2, test, decision.values=TRUE)
> predict_table <- table(new$predict, new$actual)
> confusionMatrix(predict_table)
Confusion Matrix and Statistics

       0   1
 0   131  44
 1    21  35

               Accuracy : 0.7186
                 95% CI : (0.6559, 0.7756)
    No Information Rate : 0.658
    P-Value [Acc > NIR] : 0.029151

                  Kappa : 0.3278

 Mcnemar's Test P-Value : 0.006357

            Sensitivity : 0.8618
            Specificity : 0.4430
         Pos Pred Value : 0.7486
         Neg Pred Value : 0.6250
             Prevalence : 0.6580
         Detection Rate : 0.5671
   Detection Prevalence : 0.7576
      Balanced Accuracy : 0.6524

       'Positive' Class : 0

> plot.roc(new$actual, as.integer(new$predict), legacy.axes=TRUE)
```

```
> result <- roc(new$actual, as.integer(new$predict))
Setting levels: control = 0, case = 1
Setting direction: controls < cases
> result

Call:
roc.default(response = new$actual, predictor = as.integer(new$predict))

Data: as.integer(new$predict) in 152 controls (new$actual 0) < 79 cases (new$actual 1).
Area under the curve: 0.6524
> result$auc
Area under the curve: 0.6524
```

(3) 동일한 방법으로 (pregnant, glucose, insulin) 항목을 이용한 SVM 모형에서의 test 예측 결과는 다음과 같다. Accuracy＝0.7576, AUC＝0.6895이다.

```
> data <- subset(pima, select=c(pregnant, glucose, insulin, test))
> id <- sample(1:nrow(data), as.integer(0.7*nrow(data)))
> train <- data[id, ]
> test <- data[-id, ]
>
> svmModel3 <- svm(test~., train, type="C-classification", kernel="radial", cost=10, gamma=0.1)
> new <- data.frame(actual=test$test)
> new$predict <- predict(svmModel3, test, decision.values=TRUE)
> predict_table <- table(new$predict, new$actual)
> confusionMatrix(predict_table)
Confusion Matrix and Statistics

     0   1
 0 138  37
 1  19  37

               Accuracy : 0.7576
                 95% CI : (0.697, 0.8114)
    No Information Rate : 0.6797
    P-Value [Acc > NIR] : 0.005892

                  Kappa : 0.405

 Mcnemar's Test P-Value : 0.023103

            Sensitivity : 0.8790
            Specificity : 0.5000
         Pos Pred Value : 0.7886
         Neg Pred Value : 0.6607
             Prevalence : 0.6797
         Detection Rate : 0.5974
   Detection Prevalence : 0.7576
      Balanced Accuracy : 0.6895

       'Positive' Class : 0

> plot.roc(new$actual, as.integer(new$predict), legacy.axes=TRUE)
```

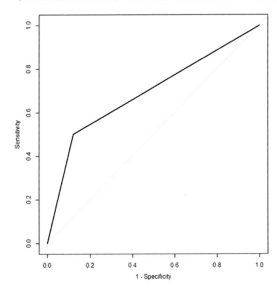

```
> result <- roc(new$actual, as.integer(new$predict))
Setting levels: control = 0, case = 1
Setting direction: controls < cases
> result

Call:
roc.default(response = new$actual, predictor = as.integer(new$predict))

Data: as.integer(new$predict) in 157 controls (new$actual 0) < 74 cases (new$actual 1).
Area under the curve: 0.6895
> result$auc
Area under the curve: 0.6895
```

(4) 앞에서 수행한 세 가지 SVM 모형에 대한 성능평가 결과는 다음과 같다. 보다 많은 항목을 고려하여 당뇨여부를 예측하는 모형의 성능이 다소 우수함을 알 수 있으며, triceps(피하지방 측정값) 항목보다 insulin(혈청 인슐린 측정값) 변수를 이용하여 당뇨 여부를 예측하는 것이 바람직함을 알 수 있다.

고려항목	(pregnant, glucose triceps, insulin)	(pregnant,gluocose,triceps)	(pregnant,glucose,insulin)
정확도(Accuracy)	0.7662	0.7186	0.7576
AUC	0.7228	0.6524	0.6895

04 mtcars 데이터는 다음과 같다. 엔진의 유형(vs)을 분류하기 위한 SVM 분석을 수행하시오.

(1) 종속변수를 vs(0은 V−shaped 엔진, 1은 Straight 엔진으로 구분), 독립변수를 mpg(연비), hp(마력), 배기량 (disp)으로 하는 SVM 분석을 수행하시오. 전체 데이터의 70%는 훈련용, 30%를 검증용으로 사용하며, 최적 파라미터를 구하고 성능을 서로 비교하시오.

(2) SVM 분석결과에 대한 정확도(Accuracy)와 AUC 값을 서로 비교하시오.

```
> mtcars
                     mpg cyl  disp  hp drat    wt  qsec vs am gear carb
Mazda RX4           21.0   6 160.0 110 3.90 2.620 16.46  0  1    4    4
Mazda RX4 Wag       21.0   6 160.0 110 3.90 2.875 17.02  0  1    4    4
Datsun 710          22.8   4 108.0  93 3.85 2.320 18.61  1  1    4    1
Hornet 4 Drive      21.4   6 258.0 110 3.08 3.215 19.44  1  0    3    1
Hornet Sportabout   18.7   8 360.0 175 3.15 3.440 17.02  0  0    3    2
Valiant             18.1   6 225.0 105 2.76 3.460 20.22  1  0    3    1
Duster 360          14.3   8 360.0 245 3.21 3.570 15.84  0  0    3    4
Merc 240D           24.4   4 146.7  62 3.69 3.190 20.00  1  0    4    2
Merc 230            22.8   4 140.8  95 3.92 3.150 22.90  1  0    4    2
Merc 280            19.2   6 167.6 123 3.92 3.440 18.30  1  0    4    4
Merc 280C           17.8   6 167.6 123 3.92 3.440 18.90  1  0    4    4
Merc 450SE          16.4   8 275.8 180 3.07 4.070 17.40  0  0    3    3
Merc 450SL          17.3   8 275.8 180 3.07 3.730 17.60  0  0    3    3
Merc 450SLC         15.2   8 275.8 180 3.07 3.780 18.00  0  0    3    3
Cadillac Fleetwood  10.4   8 472.0 205 2.93 5.250 17.98  0  0    3    4
Lincoln Continental 10.4   8 460.0 215 3.00 5.424 17.82  0  0    3    4
Chrysler Imperial   14.7   8 440.0 230 3.23 5.345 17.42  0  0    3    4
Fiat 128            32.4   4  78.7  66 4.08 2.200 19.47  1  1    4    1
Honda Civic         30.4   4  75.7  52 4.93 1.615 18.52  1  1    4    2
Toyota Corolla      33.9   4  71.1  65 4.22 1.835 19.90  1  1    4    1
Toyota Corona       21.5   4 120.1  97 3.70 2.465 20.01  1  0    3    1
Dodge Challenger    15.5   8 318.0 150 2.76 3.520 16.87  0  0    3    2
AMC Javelin         15.2   8 304.0 150 3.15 3.435 17.30  0  0    3    2
Camaro Z28          13.3   8 350.0 245 3.73 3.840 15.41  0  0    3    4
Pontiac Firebird    19.2   8 400.0 175 3.08 3.845 17.05  0  0    3    2
Fiat X1-9           27.3   4  79.0  66 4.08 1.935 18.90  1  1    4    1
Porsche 914-2       26.0   4 120.3  91 4.43 2.140 16.70  0  1    5    2
Lotus Europa        30.4   4  95.1 113 3.77 1.513 16.90  1  1    5    2
Ford Pantera L      15.8   8 351.0 264 4.22 3.170 14.50  0  1    5    4
Ferrari Dino        19.7   6 145.0 175 3.62 2.770 15.50  0  1    5    6
Maserati Bora       15.0   8 301.0 335 3.54 3.570 14.60  0  1    5    8
Volvo 142E          21.4   4 121.0 109 4.11 2.780 18.60  1  1    4    2
```

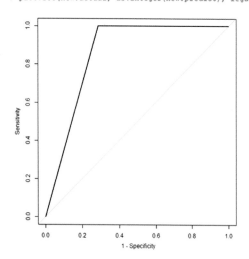

정답 및 해설

(1) vs 항목을 요인 변수로 변경 후, (mpg, hp, disp, vs) 항목을 이용한다. cost=10, gamma=0.1로 지정 후, svm( )을 이용하여 SVM 분류모형을 구축하고 (실젯값, 예측값)을 new에 저장한다. 검증용 데이터(test)에 대한 성능 분석 결과, Accuracy=0.8, AUC=0.8571이다. tune( ) 함수를 이용하여 최적의 cost=1, gamma=0.1을 구하고 이를 이용하여 새로운 SVM 모형(newsvm)을 구축한다. 그러나, newsvm 모형의 성능은 svmModel(cost=10, gamma=0.1)과 동일함을 알 수 있다.

```
> data <- mtcars
> data$vs <- as.factor(data$vs)
>
> data <- subset(data, select=c(mpg, hp, disp, vs))
> id <- sample(1:nrow(data), as.integer(0.7*nrow(data)))
> train <- data[id, ]
> test <- data[-id, ]
>
> svmModel <- svm(vs~., train, type="C-classification", kernel="radial", cost=10, gamma=0.1)
> new <- data.frame(actual=test$vs)
> new$predict <- predict(svmModel, test, decision.values=TRUE)
> predict_table <- table(new$predict, new$actual)
> confusionMatrix(predict_table)
Confusion Matrix and Statistics

   0 1
 0 5 0
 1 2 3

               Accuracy : 0.8
                 95% CI : (0.4439, 0.9748)
    No Information Rate : 0.7
    P-Value [Acc > NIR] : 0.3828

                  Kappa : 0.6

 Mcnemar's Test P-Value : 0.4795

            Sensitivity : 0.7143
            Specificity : 1.0000
         Pos Pred Value : 1.0000
         Neg Pred Value : 0.6000
             Prevalence : 0.7000
         Detection Rate : 0.5000
   Detection Prevalence : 0.5000
      Balanced Accuracy : 0.8571

       'Positive' Class : 0

> plot.roc(new$actual, as.integer(new$predict), legacy.axes=TRUE)
```

```
> result <- roc(new$actual, as.integer(new$predict))
Setting levels: control = 0, case = 1
Setting direction: controls < cases
> result

Call:
roc.default(response = new$actual, predictor = as.integer(new$predict))

Data: as.integer(new$predict) in 7 controls (new$actual 0) < 3 cases (new$actual 1).
Area under the curve: 0.8571
> result$auc
Area under the curve: 0.8571


> cost_range <- 10^(-1:2)
> gamma_range <- c(.1, 5, 1, 2)
> svmTune <- tune(svm, train.x=vs~., data=train, kernel="radial", ranges=list(cost=cost_range, gamma=gamma_range))
>
> svmTune

Parameter tuning of 'svm':

- sampling method: 10-fold cross validation

- best parameters:
 cost gamma
    1   0.1

- best performance: 0.08333333

> summary(svmTune)

Parameter tuning of 'svm':

- sampling method: 10-fold cross validation

- best parameters:
 cost gamma
    1   0.1

- best performance: 0.08333333

- Detailed performance results:
    cost gamma      error dispersion
1    0.1   0.1 0.45000000  0.4972145
2    1.0   0.1 0.08333333  0.1800206
3   10.0   0.1 0.08333333  0.1800206
4  100.0   0.1 0.11666667  0.1932503
5    0.1   5.0 0.50000000  0.4714045
6    1.0   5.0 0.11666667  0.1932503
7   10.0   5.0 0.21666667  0.2363561
8  100.0   5.0 0.21666667  0.2363561
9    0.1   1.0 0.45000000  0.4972145
10   1.0   1.0 0.08333333  0.1800206
11  10.0   1.0 0.11666667  0.1932503
12 100.0   1.0 0.35000000  0.2539807
13   0.1   2.0 0.45000000  0.4972145
14   1.0   2.0 0.08333333  0.1800206
15  10.0   2.0 0.16666667  0.2222222
16 100.0   2.0 0.30000000  0.2698880
```

```
> newsvm <- svm(vs~., train, type="C-classification", kernel="radial", cost=1, gamma=0.1)
> new <- data.frame(actual=test$vs)
> new$predict <- predict(newsvm, test, decision.values=TRUE)
> predict_table <- table(new$predict, new$actual)
> confusionMatrix(predict_table)
Confusion Matrix and Statistics


    0 1
  0 5 0
  1 2 3

                Accuracy : 0.8
                  95% CI : (0.4439, 0.9748)
     No Information Rate : 0.7
     P-Value [Acc > NIR] : 0.3828

                   Kappa : 0.6

 Mcnemar's Test P-Value : 0.4795

             Sensitivity : 0.7143
             Specificity : 1.0000
          Pos Pred Value : 1.0000
          Neg Pred Value : 0.6000
              Prevalence : 0.7000
          Detection Rate : 0.5000
    Detection Prevalence : 0.5000
       Balanced Accuracy : 0.8571

        'Positive' Class : 0

> plot.roc(new$actual, as.integer(new$predict), legacy.axes=TRUE)
```

```
> result <- roc(new$actual, as.integer(new$predict))
Setting levels: control = 0, case = 1
Setting direction: controls < cases
> result

Call:
roc.default(response = new$actual, predictor = as.integer(new$predict))

Data: as.integer(new$predict) in 7 controls (new$actual 0) < 3 cases (new$actual 1).
Area under the curve: 0.8571
> result$auc
Area under the curve: 0.8571
```

(2) (cost, gamma)＝(10, 0.1)인 경우와 (1, 0.1)인 경우와 성능은 Accuracy＝0.8, AUC＝0.8571로 동일하다.

제7장

연관성 분석

1 연관성 분석의 이해

(1) 연관성 분석을 위해 다음 패키지를 이용한다.

install.packages("arules")	#연관성 분석
install.packages("arulesViz")	#연관관계 그래프 작성
library(arules)	−
library(arulesViz)	−

(2) 연관성 분석(Association Analysis)은 동시 또는 순차적으로 발생하는 이벤트 패턴을 파악하는 방법으로 상품 및 서비스 구매나 사건의 발생에 대한 패턴 분석을 하는 데 사용된다. 즉, 연관성 분석은 데이터 내에 존재하는 항목 간의 연관규칙(Association Rule)을 발견하는 과정으로서 상품을 구매하거나 서비스를 제공받는 등의 일련의 거래나 사건들의 연관성 규칙을 찾는다.

(3) 연관성 분석은 마케팅에서 고객의 장바구니에 담겨져 있는 품목들 사이의 관계를 알아내는 데 사용되며, 이런 의미에서 장바구니 분석(MBA : Market Basket Analysis)이라고도 한다.

(4) 대표적인 활용 사례로 월마트 장바구니 분석을 들 수 있다. 월마트에서는 맥주를 구매할 때 기저귀를 같이 구매한다는 규칙(남성이 마트에 들러 물건을 살 때 아내의 부탁으로 아이 기저귀를 구매하면서 동시에 본인이 마실 맥주를 구매함)을 찾아내어 상품을 인접한 곳에 배치함으로써 고객의 편리함을 높이고 구매액을 증가시켰다.

(5) 연관성 분석은 아래와 같이 다양한 산업 분야와 상품 및 서비스 거래에 대한 마케팅 전략 수립에 활용되고 있다.

〈연관성 분석 활용 분야〉

구 분	활용 분야
유통업 상품 진열 (Product Display)	• 구매가능성 분석을 통한 효율적인 상품 배치 및 고객 동선 재설계 • 장바구니 분석을 통해 상품 추천, 상품 진열, 상품 패키징, 번들링, 홈쇼핑의 방송 순서, 카탈로그 배치 등에 활용
온라인 쇼핑몰	• 온라인 쇼핑몰, 인터넷 서점, 온라인 여행사 등에서 연관 규칙을 이용하여 책이나 상품 추천
교차 판매 (Cross Selling)	• 상품들 사이의 연관성 분석을 통한 상품 교차 판매 규칙 제공
부정탐지 (Fraud Detection)	• 상당히 높은 신뢰도를 갖는 규칙에 대해 특정 고객에게 해당 규칙이 적용되지 않은 경우 부정 거래로 판단

카탈로그 디자인 (Catalog Design)	• 상품의 배치, 패키지 상품의 구성, 쿠폰 발행, 카탈로그 구성, 신상품의 카테고리 선정
서비스업	• 백화점, 호텔 등 서비스업 분야에서 연관규칙을 찾아내어 고객들이 특정 서비스를 받은 후 다음에 어떤 서비스를 원하는지 미리 알 수 있고, 이를 통해 고객의 서비스 향상(서비스 선제안)
금융 및 보험사	• 은행이나 신용카드사에서 고객들의 기존 금융 서비스 내역으로부터 대출과 같은 특정한 서비스를 받을 가능성이 높은 고객들을 식별 • 정상적인 청구 패턴과 다른 패턴을 보이는 고객을 찾아 추가 조사 실시
의료 분야	• 암 데이터 분석에서 단백질 서열과 자주 발견되는 DNA 패턴을 찾거나 사전 증상과 질병들 사이의 연관 관계 식별

(6) 연관 규칙을 찾아내기 위해 사용되는 지표로 지지도(Support), 신뢰도(Confidence), 향상도(Lift)가 있다.

① **지지도(Support)** : 규칙의 중요성에 대한 칙도로 두 품목 A와 B의 시시노는 전체 거래 항목 중 항목 A와 항목 B가 동시에 포함하는 거래의 비율로서 품목 A, B를 다 포함하는 거래가 어느 정도인지를 나타내며, 전체 구매 경향을 파악한다. 지지도의 값이 클수록 두 품목 A와 B는 자주 발생하는 거래를 의미한다.

$$\text{지지도(“}Support\text{”)} = P(A \cap B) = \frac{A, B\ \text{동시에 포함된 거래수}}{\text{전체거래수}} = \frac{n(A \cap B)}{N}$$

② **신뢰도(Confidence)** : 신뢰성에 대한 지표로 항목 A가 일어난 상황 하에서 항목 B가 일어날 확률, 즉 조건부 확률로 A를 구매한 경우, 이 중에서 얼마나 항목 B 구매로 이어지는지를 의미한다. 즉 품목 A가 포함된 거래 중에서 품목 B를 포함하는 거래의 비율을 측정한다. 신뢰도의 값이 클수록 A 구매 시 B 구매율이 높다.

$$\text{신뢰도(“}Confidence\text{”)} = \frac{P(A \cap B)}{P(A)} = \frac{A, B\ \text{동시에 포함된 거래수}}{A\text{를 포함하는 전체거래수}} = P(B|A)$$

③ **향상도(Lift)** : 품목 A를 구매한 경우 그 거래가 항목 B를 포함하는 경우에 대한 항목 B를 임의로 구매되는 경우의 비율로 품목 A와 B의 구매 패턴이 독립적인지, 아니면 서로 관계가 있는지를 나타낸다. 즉, 향상도는 품목 B를 구매한 고객 대비 품목 A를 구매한 후, 품목 B를 구매하는 고객에 대한 확률이다. Lift 값이 1보다 크면 품목 간 양의 상관관계(햄버거, 콜라)가 있으며, Lift 값이 0보다 작은 경우 품목 간 음의 상관관계(지사제, 변비약)가 있다고 해석한다. Lift＝0이면 품목들 사이 독립적인 관계(자동차, 치약)에 있다고 해석한다.

$$\text{향상도(“}Lift\text{”)} = \frac{P(B|A)}{P(B)} = \frac{A, B\ \text{동시에 포함된 거래수}}{A\text{를 포함하는 거래수} \times B\text{를 포함하는 거래수}} = \frac{P(A \cap B)}{P(A)P(B)}$$

④ 연관성 분석의 주요 지표를 정리하면 다음과 같다.

〈연관성 분석의 주요 지표〉

개 념	산 식	설 명
지지도(Support)	$support(A \rightarrow B) = P(A \cap B)$	• 전체 거래 중에서 A와 B를 모두 포함하는 경우의 확률 • 전체적인 거래 규모에 대한 값 • 값이 클수록 자주 발생하는 거래 • 규칙의 중요성에 대한 척도
신뢰도(Confidence)	$confidence(A \rightarrow B)$ $= p(B\|A) = \dfrac{P(A \cap B)}{P(A)}$	• 항목 A가 일어난 상황 하에서 항목 B가 일어날 확률(조건부 확률) • A를 구매한 경우, 이 중에서 얼마나 항목 B 구매로 이어지는지를 의미 • 값이 클수록 A 구매 시 B 구매율이 높음 • 규칙의 신뢰성에 대한 척도
향상도(Lift)	$lift(A \rightarrow B)$ $= \dfrac{confidence(A \rightarrow B)}{P(B)}$ $= \dfrac{P(A\|BA)}{P(B)} = \dfrac{P(A \cap B)}{P(A)P(B)}$	• 항목 A를 구매한 경우 그 거래가 항목 B를 포함하는 경우와 항목 B가 임의로 구매되는 경우의 비 • 항목 A와 B의 구매 패턴이 독립적인지, 서로 상관이 있는지를 의미 • 값이 1보다 크면 관련도 높음 • 값이 1이면 관련성 없음 • 값이 1보다 작으면 A 선택 시 B 선택 안 함

(7) 연관성 분석은 지지도가 일정 수준 이상인 품목에 대해서 실시하며, 이후 신뢰도를 구하고 향상도를 분석함으로써 새로운 규칙(연관성)을 발견한다.

2 연관성 분석모형

(1) 연관성 분석을 위하여 apriori( ) 함수를 이용하며, 지지도(supp), 신뢰도(conf) 등에 대한 파라미터 값을 사전에 지정한다. 사전에 지정된 파라미터 값을 이용하여 지지도와 신뢰도가 사전에 지정된 값 이상인 연관 규칙들을 찾는다.

apriori(data, parameter=, appearance=, control=)
• data : 거래 데이터(transactions)
• parameter : 연관관계 지표 조건 지정(예 : supp=0.001, conf=0.08)
• appearance : 특정 품목에 대한 연관관계 지정
• control : 알고리즘 성능 제어

(2) 연관성 분석을 위해 "arules", "arulesViz" 패키지를 이용한다.

```
> install.packages("arules")
URL 'https://cran.yu.ac.kr/bin/windows/contrib/4.2/arules_1.7-3.zip'을 시도합니다
Content type 'application/zip' length 2599518 bytes (2.5 MB)
downloaded 2.5 MB

패키지 'arules'를 성공적으로 압축해제하였고 MD5 sums 이 확인되었습니다

다운로드된 바이너리 패키지들은 다음의 위치에 있습니다
        C:\Users\Public\Documents\ESTsoft\CreatorTemp\RtmpAFL410\downloaded_packages
> library(arules)
필요한 패키지를 로딩중입니다: Matrix

다음의 패키지를 부착합니다: 'arules'

The following objects are masked from 'package:base':

    abbreviate, write

> install.packages("arulesViz")
'tweenr', 'polyclip', 'TSP', 'qap', 'gclus', 'registry', 'ggforce', 'ggrepel', 'tidygraph', 'graphlayouts', 'seria$

URL 'https://cran.yu.ac.kr/bin/windows/contrib/4.2/tweenr_1.0.2.zip'을 시도합니다
Content type 'application/zip' length 638408 bytes (623 KB)
downloaded 623 KB

URL 'https://cran.yu.ac.kr/bin/windows/contrib/4.2/polyclip_1.10-0.zip'을 시도합니다
Content type 'application/zip' length 390354 bytes (381 KB)
downloaded 381 KB

URL 'https://cran.yu.ac.kr/bin/windows/contrib/4.2/TSP_1.2-1.zip'을 시도합니다
Content type 'application/zip' length 946458 bytes (924 KB)
downloaded 924 KB

URL 'https://cran.yu.ac.kr/bin/windows/contrib/4.2/qap_0.1-2.zip'을 시도합니다
Content type 'application/zip' length 529596 bytes (517 KB)
downloaded 517 KB

URL 'https://cran.yu.ac.kr/bin/windows/contrib/4.2/gclus_1.3.2.zip'을 시도합니다
Content type 'application/zip' length 416306 bytes (406 KB)
downloaded 406 KB

URL 'https://cran.yu.ac.kr/bin/windows/contrib/4.2/registry_0.5-1.zip'을 시도합니다
Content type 'application/zip' length 197294 bytes (192 KB)
downloaded 192 KB

URL 'https://cran.yu.ac.kr/bin/windows/contrib/4.2/ggforce_0.3.3.zip'을 시도합니다
Content type 'application/zip' length 2227519 bytes (2.1 MB)
downloaded 2.1 MB

URL 'https://cran.yu.ac.kr/bin/windows/contrib/4.2/ggrepel_0.9.1.zip'을 시도합니다
Content type 'application/zip' length 729632 bytes (712 KB)
downloaded 712 KB

다운로드된 바이너리 패키지들은 다음의 위치에 있습니다
        C:\Users\Public\Documents\ESTsoft\CreatorTemp\RtmpAFL410\downloaded_packages
> library(arulesViz)
```

(3) data(Groceries) 명령어로 데이터를 불러온다. Groceries는 169개의 품목에 대한 총 9,835개의 거래 자료이다. itemFrequencyPlot( ) 그래프를 이용(거래 품목 빈도분석)하여 상위 20개 거래 품목을 그림으로 나타낸다. "whole milk"가 2,513개, "other vegetables"가 1,903개로 가장 많고, "rolls/buns", "soda", "yogurt" 순이다.

```
> data(Groceries)
> data <- Groceries
> head(data)
transactions in sparse format with
 6 transactions (rows) and
 169 items (columns)
> summary(data)
transactions as itemMatrix in sparse format with
 9835 rows (elements/itemsets/transactions) and
 169 columns (items) and a density of 0.02609146

most frequent items:
      whole milk other vegetables     rolls/buns          soda        yogurt        (Other)
            2513            1903           1809          1715          1372          34055

element (itemset/transaction) length distribution:
sizes
   1    2    3    4    5    6    7    8    9   10   11   12   13   14   15   16   17   18   19   20   21   22   23   24   26   27   28
2159 1643 1299 1005  855  645  545  438  350  246  182  117   78   77   55   46   29   14   14    9   11    4    6    1    1    1    1
  29   32
   3    1

   Min. 1st Qu.  Median    Mean 3rd Qu.    Max.
  1.000   2.000   3.000   4.409   6.000  32.000

includes extended item information - examples:
        labels  level2            level1
1 frankfurter sausage meat and sausage
2      sausage sausage meat and sausage
3   liver loaf sausage meat and sausage
```

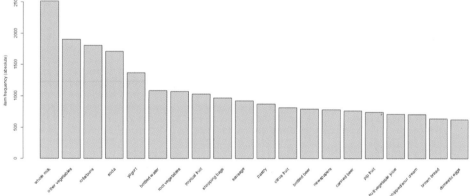

(4) apriori( )를 이용하여 연관성 분석을 수행하며, 지지도(supp)＝0.001, 신뢰도(conf)＝0.08 이상인 연관 규칙을 찾은 결과 총 34,927개의 규칙(rules)이 있다. inspect( ) 함수를 이용하여 상위 20개의 연관 규칙과 각 규칙들에 대한 지지도(support), 신뢰도(confidence), 향상도(lift), 개수(count)를 확인한다.

```
> rule <- apriori(data, parameter=list(supp=0.001, conf=0.08))
Apriori

Parameter specification:
 confidence minval smax arem  aval originalSupport maxtime support minlen maxlen target  ext
       0.08    0.1    1 none FALSE            TRUE       5   0.001      1     10  rules TRUE

Algorithmic control:
 filter tree heap memopt load sort verbose
    0.1 TRUE TRUE  FALSE TRUE    2    TRUE

Absolute minimum support count: 9

set item appearances ...[0 item(s)] done [0.00s].
set transactions ...[169 item(s), 9835 transaction(s)] done [0.00s].
sorting and recoding items ... [157 item(s)] done [0.00s].
creating transaction tree ... done [0.00s].
checking subsets of size 1 2 3 4 5 6 done [0.01s].
writing ... [34927 rule(s)] done [0.01s].
creating S4 object  ... done [0.01s].
> rule
set of 34927 rules

> inspect(rule[1:20])
     lhs                    rhs                 support    confidence coverage    lift     count
[1]  {}                  => {bottled beer}      0.080528724 0.08052872 1.000000000 1.000000  792
[2]  {}                  => {pastry}            0.088967972 0.08896797 1.000000000 1.000000  875
[3]  {}                  => {citrus fruit}      0.082765633 0.08276563 1.000000000 1.000000  814
[4]  {}                  => {shopping bags}     0.098525674 0.09852567 1.000000000 1.000000  969
[5]  {}                  => {sausage}           0.093950178 0.09395018 1.000000000 1.000000  924
[6]  {}                  => {bottled water}     0.110523640 0.11052364 1.000000000 1.000000 1087
[7]  {}                  => {tropical fruit}    0.104931368 0.10493137 1.000000000 1.000000 1032
[8]  {}                  => {root vegetables}   0.108998475 0.10899847 1.000000000 1.000000 1072
[9]  {}                  => {soda}              0.174377224 0.17437722 1.000000000 1.000000 1715
[10] {}                  => {yogurt}            0.139501779 0.13950178 1.000000000 1.000000 1372
[11] {}                  => {rolls/buns}        0.183934926 0.18393493 1.000000000 1.000000 1809
[12] {}                  => {other vegetables}  0.193492628 0.19349263 1.000000000 1.000000 1903
[13] {}                  => {whole milk}        0.255516014 0.25551601 1.000000000 1.000000 2513
[14] {honey}            => {whole milk}        0.001118454 0.73333333 0.001525165 2.870009   11
[15] {soap}             => {whole milk}        0.001118454 0.42307692 0.002643620 1.655775   11
[16] {tidbits}          => {soda}              0.001016777 0.43478261 0.002338587 2.493345   10
[17] {tidbits}          => {rolls/buns}        0.001220132 0.52173913 0.002338587 2.836542   12
[18] {cocoa drinks}     => {whole milk}        0.001321810 0.59090909 0.002236909 2.312611   13
[19] {snack products}   => {soda}              0.001118454 0.36666667 0.003050330 2.102721   11
[20] {snack products}   => {rolls/buns}        0.001118454 0.36666667 0.003050330 1.993459   11
```

(5) sort( )로 총 34,927개 규칙에 대한 신뢰도(confidence) 값을 내림차순으로 정렬한다. 정렬 결과는 confidence＝1인 값을 가지는 연관 규칙을 먼저 보여준다.

```
> rule <- sort(rule, by="confidence", decreasing=TRUE)
> inspect(rule[1:20])
      lhs                                                        rhs                  support     confidence coverage    lift
[1]  {rice, sugar}                                           => {whole milk}      0.001220132 1          0.001220132 3.913649
[2]  {canned fish, hygiene articles}                         => {whole milk}      0.001118454 1          0.001118454 3.913649
[3]  {root vegetables, butter, rice}                         => {whole milk}      0.001016777 1          0.001016777 3.913649
[4]  {root vegetables, whipped/sour cream, flour}            => {whole milk}      0.001728521 1          0.001728521 3.913649
[5]  {butter, soft cheese, domestic eggs}                    => {whole milk}      0.001016777 1          0.001016777 3.913649
[6]  {citrus fruit, root vegetables, soft cheese}            => {other vegetables} 0.001016777 1          0.001016777 5.168156
[7]  {pip fruit, butter, hygiene articles}                   => {whole milk}      0.001016777 1          0.001016777 3.913649
[8]  {root vegetables, whipped/sour cream, hygiene articles} => {whole milk}      0.001016777 1          0.001016777 3.913649
[9]  {pip fruit, root vegetables, hygiene articles}          => {whole milk}      0.001016777 1          0.001016777 3.913649
[10] {cream cheese , domestic eggs, sugar}                   => {whole milk}      0.001118454 1          0.001118454 3.913649
[11] {curd, domestic eggs, sugar}                            => {whole milk}      0.001016777 1          0.001016777 3.913649
[12] {cream cheese , domestic eggs, napkins}                 => {whole milk}      0.001118454 1          0.001118454 3.913649
[13] {pip fruit, whipped/sour cream, brown bread}            => {other vegetables} 0.001118454 1          0.001118454 5.168156
[14] {tropical fruit, grapes, whole milk, yogurt}            => {other vegetables} 0.001016777 1          0.001016777 5.168156
[15] {ham, tropical fruit, pip fruit, yogurt}                => {other vegetables} 0.001016777 1          0.001016777 5.168156
[16] {ham, tropical fruit, pip fruit, whole milk}            => {other vegetables} 0.001118454 1          0.001118454 5.168156
[17] {tropical fruit, root vegetables, yogurt, oil}          => {whole milk}      0.001118454 1          0.001118454 3.913649
[18] {root vegetables, other vegetables, yogurt, oil}        => {whole milk}      0.001423488 1          0.001423488 3.913649
[19] {root vegetables, other vegetables, butter, white bread}=> {whole milk}      0.001016777 1          0.001016777 3.913649
[20] {pork, other vegetables, butter, whipped/sour cream}    => {whole milk}      0.001016777 1          0.001016777 3.913649
      count
[1]  12
[2]  11
[3]  10
[4]  17
[5]  10
[6]  10
[7]  10
[8]  10
[9]  10
[10] 11
[11] 10
[12] 11
[13] 11
[14] 10
[15] 10
[16] 11
[17] 11
[18] 14
[19] 10
[20] 10
```

(6) "whole milk" 구매 전, 구매 품목을 알아보기 위해 apriori( ) 함수를 이용하고 "appearance＝list (default＝lhs, rhs＝"whole milk")" 파라미터를 지정한다. 동일하게 confidence 값 기준으로 정렬(오름차순 정렬)된 순서를 확인하면, {rice, sugar} 구매 후, {whole milk}를 구매한 거래가 support값이 0.00122로 가장 큰 값을 가진다. 따라서 {rice, sugar}와 {whole milk}는 연관성이 높아 상품 배열 시 서로 가까운 곳에 배치할 필요가 있다.

```
> rulemilk <- apriori(data, parameter=list(supp=0.001, conf=0.08), appearance=list(default="lhs", rhs="whole milk"))
Apriori

Parameter specification:
 confidence minval smax arem  aval originalSupport maxtime support minlen maxlen target   ext
       0.08    0.1    1 none FALSE            TRUE       5   0.001      1     10  rules TRUE

Algorithmic control:
 filter tree heap memopt load sort verbose
    0.1 TRUE TRUE  FALSE TRUE    2    TRUE

Absolute minimum support count: 9

set item appearances ...[1 item(s)] done [0.00s].
set transactions ...[169 item(s), 9835 transaction(s)] done [0.00s].
sorting and recoding items ... [157 item(s)] done [0.00s].
creating transaction tree ... done [0.00s].
checking subsets of size 1 2 3 4 5 6 done [0.01s].
writing ... [3765 rule(s)] done [0.00s].
creating S4 object  ... done [0.00s].
```

```
> inspect(rulemilk[1:20])
     lhs                       rhs            support     confidence coverage    lift      count
[1]  {}                     => {whole milk} 0.255516014 0.2555160  1.000000000 1.0000000 2513
[2]  {honey}                => {whole milk} 0.001118454 0.7333333  0.001525165 2.8700093   11
[3]  {soap}                 => {whole milk} 0.001118454 0.4230769  0.002643620 1.6557746   11
[4]  {cocoa drinks}         => {whole milk} 0.001321810 0.5909091  0.002236909 2.3126108   13
[5]  {pudding powder}       => {whole milk} 0.001321810 0.5652174  0.002338587 2.2120625   13
[6]  {cooking chocolate}    => {whole milk} 0.001321810 0.5200000  0.002541942 2.0350975   13
[7]  {nuts/prunes}          => {whole milk} 0.001220132 0.3636364  0.003355363 1.4231451   12
[8]  {potato products}      => {whole milk} 0.001220132 0.4285714  0.002846975 1.6772782   12
[9]  {artif. sweetener}     => {whole milk} 0.001118454 0.3437500  0.003253686 1.3453169   11
[10] {canned fruit}         => {whole milk} 0.001321810 0.4062500  0.003253686 1.5899199   13
[11] {rum}                  => {whole milk} 0.001728521 0.3863636  0.004473818 1.5120917   17
[12] {meat spreads}         => {whole milk} 0.001321810 0.3095238  0.004270463 1.2113676   13
[13] {skin care}            => {whole milk} 0.001626843 0.4571429  0.003558719 1.7890967   16
[14] {specialty fat}        => {whole milk} 0.001220132 0.3333333  0.003660397 1.3045497   12
[15] {sparkling wine}       => {whole milk} 0.001016777 0.1818182  0.005592272 0.7115726   10
[16] {tea}                  => {whole milk} 0.001626843 0.4210526  0.003863752 1.6478522   16
[17] {abrasive cleaner}     => {whole milk} 0.001626843 0.4571429  0.003558719 1.7890967   16
[18] {photo/film}           => {whole milk} 0.002338587 0.2527473  0.009252669 0.9891640   23
[19] {liver loaf}           => {whole milk} 0.002135231 0.4200000  0.005083884 1.6437326   21
[20] {curd cheese}          => {whole milk} 0.002338587 0.4600000  0.005083884 1.8002786   23

> rulemilk <- sort(rulemilk, decreasing=TRUE, by="confidence")
> inspect(rulemilk[1:20])
     lhs                                                                        rhs            support     confidence coverage    lift     count
[1]  {rice, sugar}                                                           => {whole milk} 0.001220132 1          0.001220132 3.913649 12
[2]  {canned fish, hygiene articles}                                         => {whole milk} 0.001118454 1          0.001118454 3.913649 11
[3]  {root vegetables, butter, rice}                                         => {whole milk} 0.001016777 1          0.001016777 3.913649 10
[4]  {root vegetables, whipped/sour cream, flour}                            => {whole milk} 0.001728521 1          0.001728521 3.913649 17
[5]  {butter, soft cheese, domestic eggs}                                    => {whole milk} 0.001016777 1          0.001016777 3.913649 10
[6]  {pip fruit, butter, hygiene articles}                                   => {whole milk} 0.001016777 1          0.001016777 3.913649 10
[7]  {root vegetables, whipped/sour cream, hygiene articles}                 => {whole milk} 0.001016777 1          0.001016777 3.913649 10
[8]  {pip fruit, root vegetables, hygiene articles}                          => {whole milk} 0.001016777 1          0.001016777 3.913649 10
[9]  {cream cheese , domestic eggs, sugar}                                   => {whole milk} 0.001118454 1          0.001118454 3.913649 11
[10] {curd, domestic eggs, sugar}                                            => {whole milk} 0.001016777 1          0.001016777 3.913649 10
[11] {cream cheese , domestic eggs, napkins}                                 => {whole milk} 0.001118454 1          0.001118454 3.913649 11
[12] {tropical fruit, root vegetables, yogurt, oil}                          => {whole milk} 0.001118454 1          0.001118454 3.913649 11
[13] {root vegetables, other vegetables, yogurt, oil}                        => {whole milk} 0.001423488 1          0.001423488 3.913649 14
[14] {root vegetables, other vegetables, butter, white bread}                => {whole milk} 0.001016777 1          0.001016777 3.913649 10
[15] {pork, other vegetables, butter, whipped/sour cream}                    => {whole milk} 0.001016777 1          0.001016777 3.913649 10
[16] {other vegetables, butter, whipped/sour cream, domestic eggs}           => {whole milk} 0.001220132 1          0.001220132 3.913649 12
[17] {citrus fruit, whipped/sour cream, rolls/buns, pastry}                  => {whole milk} 0.001016777 1          0.001016777 3.913649 10
[18] {pip fruit, root vegetables, other vegetables, bottled water}           => {whole milk} 0.001118454 1          0.001118454 3.913649 11
[19] {sausage, tropical fruit, root vegetables, rolls/buns}                  => {whole milk} 0.001016777 1          0.001016777 3.913649 10
[20] {tropical fruit, root vegetables, other vegetables, yogurt, oil}        => {whole milk} 0.001016777 1          0.001016777 3.913649 10
```

(7) plot( )으로 "whole milk" 구매 전, 거래 품목 상위 50개 품목별 연관 관계 그래프를 작성하여 시각적 분석이 가능하다. 상위 50개 거래 품목에 대한 지지도(support)와 향상도(lift)의 크기에 따라 거래 품목이 표현된다.

```
> plot(rulemilk[1:50], method="graph", main="Top 50 Association Rules with Whole Milk")
경고: Unknown control parameters: main
Available control parameters (with default values):
layout    = stress
circular      = FALSE
ggraphdots    = NULL
edges     = <environment>
nodes     = <environment>
nodetext      = <environment>
colors    = c("#EE0000FF", "#EEEEEEFF")
engine    = ggplot2
max       = 100
verbose   = FALSE
```

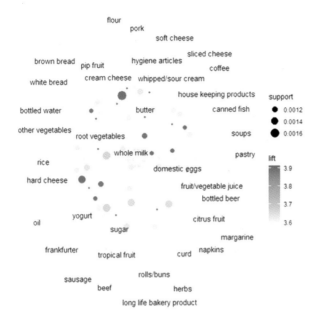

(8) plot( )으로 연관성 분석 결과를 시각화한다. 평행 좌표(parallel coordinates)를 이용하여 상위 50개 품목 거래
들에 대한 연관관계 그래프를 작성한다.

```
> plot(rulemilk, method="grouped")
```

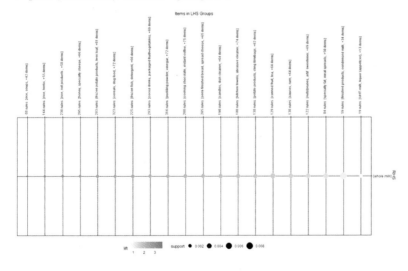

```
> plot(rulemilk[1:50], method="paracoord", control=list(reorder=TRUE))
```

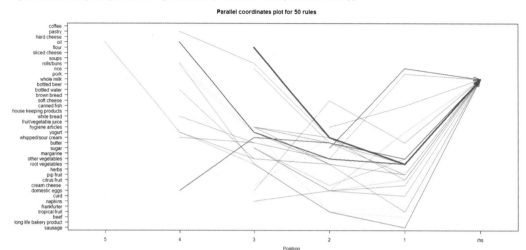

Parallel coordinates plot for 50 rules

01 거래번호별 구매 항목(품목) 데이터를 이용하여 연관성 분석을 수행하시오(단, 지지도는 0.001, 신뢰도는 0.08 이상으로 지정한다).

(1) 거래 항목들에 대한 빈도 분석 결과를 나타내시오.

(2) inspect( ) 함수를 이용하여 연관 규칙 결과를 나타내시오.

(3) 기저귀를 사기 전에 구매하는 항목을 나타내시오.

(4) 기저귀를 사기 전에 구매하는 항목에 대해 confidence 값이 큰 순서대로 나타내시오.

(5) plot( ) 함수를 이용하여 품목별 연관관계 그래프를 작성하시오.

(6) 평행좌표(parallel coordinates)를 작성하여 거래 품목들 사이의 연관관계를 나타내시오.

거래번호	항목 1	항목 2	항목 3	항목 4
1	맥 주	기저귀	노 트	볼 펜
2	맥 주	기저귀	노 트	—
3	맥 주	기저귀	볼 펜	—
4	기저귀	노 트	볼 펜	—
5	맥 주	기저귀	볼 펜	—
6	기저귀	볼 펜	—	—
7	볼 펜	—	—	—

8	노 트	볼 펜	—	—
9	맥 주	볼 펜	—	—
10	기저귀	노 트	—	—

📑 정답 및 해설

(1) 거래번호별로 (구매＝1, 구매하지 않음＝0)으로 나타내면 다음과 같다. 먼저, 거래 자료를 데이터 프레임으로 저장하고 sapply( ) 함수를 이용하여 논리형 자료 변환 후, as(data, 'transactions')로 거래형 자료로 변환한다. itemFrequencyPlot( ) 함수를 이용하여 상품별 거래빈도 수를 확인할 수 있으며, X4(볼펜, 8개), X2(기저귀, 7개), X1(맥주, 5개)＝X3(노트, 5개)의 순으로 거래 빈도가 많다.

거래번호	맥주(X1)	기저귀(X2)	노트(X3)	볼펜(X4)
t1	1	1	1	1
t2	1	1	1	0
t3	1	1	0	1
t4	0	1	1	1
t5	1	1	0	1
t6	0	1	0	1
t7	0	0	0	1
t8	0	0	1	1
t9	1	0	0	1
t10	0	1	1	0

```
> t1 <- c(1, 1, 1, 1)
> t2 <- c(1, 1, 1, 0)
> t3 <- c(1, 1, 0, 1)
> t4 <- c(0, 1, 1, 1)
> t5 <- c(1, 1, 0, 1)
> t6 <- c(0, 1, 0, 1)
> t7 <- c(0, 0, 0, 1)
> t8 <- c(0, 0, 1, 1)
> t9 <- c(1, 0, 0, 1)
> t10 <- c(0, 1, 1, 0)
>
> data <- data.frame(rbind(t1, t2, t3, t4, t5, t6, t7, t8, t9, t10))
> head(data)
   X1 X2 X3 X4
t1  1  1  1  1
t2  1  1  1  0
t3  1  1  0  1
t4  0  1  1  1
t5  1  1  0  1
t6  0  1  0  1
> data <- sapply(data, as.logical)
> data <- as(data, 'transactions')
> head(data)
transactions in sparse format with
 6 transactions (rows) and
 4 items (columns)
```

```
> itemFrequencyPlot(data, topN=4, type="absolute")
```

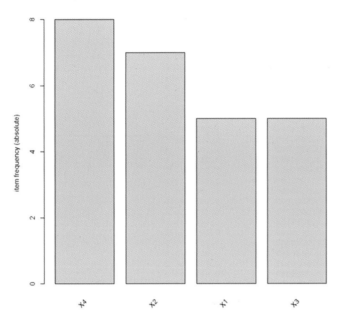

(2) apriori( )를 이용하여 연관성 분석을 수행하며, 지지도(supp)＝0.001, 신뢰도(conf)＝0.08 이상인 연관 규칙을 찾은 결과 총 32개의 규칙(rules)이 있다. inspect( ) 함수를 이용하여 연관 규칙과 각 규칙들에 대한 지지도(support), 신뢰도 (confidence), 향상도(lift), 개수(count)를 확인하며, sort( )로 정렬 결과(confidence＝1인 결과부터 보여줌)를 확인한다.

```
> rule <- apriori(data, parameter=list(supp=0.001, conf=0.08))
Apriori

Parameter specification:
 confidence minval smax arem  aval originalSupport maxtime support minlen maxlen target   ext
       0.08    0.1    1 none FALSE            TRUE       5   0.001      1     10  rules TRUE

Algorithmic control:
 filter tree heap memopt load sort verbose
    0.1 TRUE TRUE  FALSE TRUE    2    TRUE

Absolute minimum support count: 0

set item appearances ...[0 item(s)] done [0.00s].
set transactions ...[4 item(s), 10 transaction(s)] done [0.00s].
sorting and recoding items ... [4 item(s)] done [0.00s].
creating transaction tree ... done [0.00s].
checking subsets of size 1 2 3 4 done [0.00s].
writing ... [32 rule(s)] done [0.00s].
creating S4 object  ... done [0.00s].
> rule
set of 32 rules
```

```
> inspect(rule)
     lhs                rhs   support confidence coverage lift      count
[1]  {}            => {X3} 0.5  0.5000000  1.0      1.0000000 5
[2]  {}            => {X1} 0.5  0.5000000  1.0      1.0000000 5
[3]  {}            => {X2} 0.7  0.7000000  1.0      1.0000000 7
[4]  {}            => {X4} 0.8  0.8000000  1.0      1.0000000 8
[5]  {X3}          => {X1} 0.2  0.4000000  0.5      0.8000000 2
[6]  {X1}          => {X3} 0.2  0.4000000  0.5      0.8000000 2
[7]  {X3}          => {X2} 0.4  0.8000000  0.5      1.1428571 4
[8]  {X2}          => {X3} 0.4  0.5714286  0.7      1.1428571 4
[9]  {X3}          => {X4} 0.3  0.6000000  0.5      0.7500000 3
[10] {X4}          => {X3} 0.3  0.3750000  0.8      0.7500000 3
[11] {X1}          => {X2} 0.4  0.8000000  0.5      1.1428571 4
[12] {X2}          => {X1} 0.4  0.5714286  0.7      1.1428571 4
[13] {X1}          => {X4} 0.4  0.8000000  0.5      1.0000000 4
[14] {X4}          => {X1} 0.4  0.5000000  0.8      1.0000000 4
[15] {X2}          => {X4} 0.5  0.7142857  0.7      0.8928571 5
[16] {X4}          => {X2} 0.5  0.6250000  0.8      0.8928571 5
[17] {X1, X3}      => {X2} 0.2  1.0000000  0.2      1.4285714 2
[18] {X2, X3}      => {X1} 0.2  0.5000000  0.4      1.0000000 2
[19] {X1, X2}      => {X3} 0.2  0.5000000  0.4      1.0000000 2
[20] {X1, X3}      => {X4} 0.1  0.5000000  0.2      0.6250000 1
[21] {X3, X4}      => {X1} 0.1  0.3333333  0.3      0.6666667 1
[22] {X1, X4}      => {X3} 0.1  0.2500000  0.4      0.5000000 1
[23] {X2, X3}      => {X4} 0.2  0.5000000  0.4      0.6250000 2
[24] {X3, X4}      => {X2} 0.2  0.6666667  0.3      0.9523810 2
[25] {X2, X4}      => {X3} 0.2  0.4000000  0.5      0.8000000 2
[26] {X1, X2}      => {X4} 0.3  0.7500000  0.4      0.9375000 3
[27] {X1, X4}      => {X2} 0.3  0.7500000  0.4      1.0714286 3
[28] {X2, X4}      => {X1} 0.3  0.6000000  0.5      1.2000000 3
[29] {X1, X2, X3}  => {X4} 0.1  0.5000000  0.2      0.6250000 1
[30] {X1, X3, X4}  => {X2} 0.1  1.0000000  0.1      1.4285714 1
[31] {X2, X3, X4}  => {X1} 0.1  0.5000000  0.2      1.0000000 1
[32] {X1, X2, X4}  => {X3} 0.1  0.3333333  0.3      0.6666667 1

> rule <- sort(rule, by="confidence", decreasing=TRUE)
> inspect(rule)
     lhs                rhs   support confidence coverage lift      count
[1]  {X1, X3}      => {X2} 0.2  1.0000000  0.2      1.4285714 2
[2]  {X1, X3, X4}  => {X2} 0.1  1.0000000  0.1      1.4285714 1
[3]  {}            => {X4} 0.8  0.8000000  1.0      1.0000000 8
[4]  {X3}          => {X2} 0.4  0.8000000  0.5      1.1428571 4
[5]  {X1}          => {X2} 0.4  0.8000000  0.5      1.1428571 4
[6]  {X1}          => {X4} 0.4  0.8000000  0.5      1.0000000 4
[7]  {X1, X2}      => {X4} 0.3  0.7500000  0.4      0.9375000 3
[8]  {X1, X4}      => {X2} 0.3  0.7500000  0.4      1.0714286 3
[9]  {X2}          => {X4} 0.5  0.7142857  0.7      0.8928571 5
[10] {}            => {X2} 0.7  0.7000000  1.0      1.0000000 7
[11] {X3, X4}      => {X2} 0.2  0.6666667  0.3      0.9523810 2
[12] {X4}          => {X2} 0.5  0.6250000  0.8      0.8928571 5
[13] {X3}          => {X4} 0.3  0.6000000  0.5      0.7500000 3
[14] {X2, X4}      => {X1} 0.3  0.6000000  0.5      1.2000000 3
[15] {X2}          => {X3} 0.4  0.5714286  0.7      1.1428571 4
[16] {X2}          => {X1} 0.4  0.5714286  0.7      1.1428571 4
[17] {}            => {X3} 0.5  0.5000000  1.0      1.0000000 5
[18] {}            => {X1} 0.5  0.5000000  1.0      1.0000000 5
[19] {X4}          => {X1} 0.4  0.5000000  0.8      1.0000000 4
[20] {X2, X3}      => {X1} 0.2  0.5000000  0.4      1.0000000 2
[21] {X1, X2}      => {X3} 0.2  0.5000000  0.4      1.0000000 2
[22] {X1, X3}      => {X4} 0.1  0.5000000  0.2      0.6250000 1
[23] {X2, X3}      => {X4} 0.2  0.5000000  0.4      0.6250000 2
[24] {X1, X2, X3}  => {X4} 0.1  0.5000000  0.2      0.6250000 1
[25] {X2, X3, X4}  => {X1} 0.1  0.5000000  0.2      1.0000000 1
[26] {X3}          => {X1} 0.2  0.4000000  0.5      0.8000000 2
[27] {X1}          => {X3} 0.2  0.4000000  0.5      0.8000000 2
[28] {X2, X4}      => {X3} 0.2  0.4000000  0.5      0.8000000 2
[29] {X4}          => {X3} 0.3  0.3750000  0.8      0.7500000 3
[30] {X3, X4}      => {X1} 0.1  0.3333333  0.3      0.6666667 1
[31] {X1, X2, X4}  => {X3} 0.1  0.3333333  0.3      0.6666667 1
[32] {X1, X4}      => {X3} 0.1  0.2500000  0.4      0.5000000 1
```

(3) apriori( ) 함수를 이용하여 기저귀(X2) 구매 전 구매 거래 항목(8개)은 다음과 같다.

```
> rulex2 <- apriori(data, parameter=list(supp=0.001,conf=0.08),appearance=list(default="lhs", rhs="X2"))
Apriori

Parameter specification:
 confidence minval smax arem  aval originalSupport maxtime support minlen maxlen target  ext
       0.08    0.1    1 none FALSE            TRUE       5   0.001      1     10  rules TRUE

Algorithmic control:
 filter tree heap memopt load sort verbose
    0.1 TRUE TRUE  FALSE TRUE    2    TRUE

Absolute minimum support count: 0

set item appearances ...[1 item(s)] done [0.00s].
set transactions ...[4 item(s), 10 transaction(s)] done [0.00s].
sorting and recoding items ... [4 item(s)] done [0.00s].
creating transaction tree ... done [0.00s].
checking subsets of size 1 2 3 4 done [0.00s].
writing ... [8 rule(s)] done [0.00s].
creating S4 object  ... done [0.00s].
> inspect(rulex2)
    lhs            rhs  support confidence coverage lift      count
[1] {}          => {X2} 0.7     0.7000000  1.0      1.0000000 7
[2] {X3}        => {X2} 0.4     0.8000000  0.5      1.1428571 4
[3] {X1}        => {X2} 0.4     0.8000000  0.5      1.1428571 4
[4] {X4}        => {X2} 0.5     0.6250000  0.8      0.8928571 5
[5] {X1, X3}    => {X2} 0.2     1.0000000  0.2      1.4285714 2
[6] {X3, X4}    => {X2} 0.2     0.6666667  0.3      0.9523810 2
[7] {X1, X4}    => {X2} 0.3     0.7500000  0.4      1.0714286 3
[8] {X1, X3, X4} => {X2} 0.1    1.0000000  0.1      1.4285714 1
```

(4) 기저귀(X2) 구매 전 구매 항목에 대한 정렬 결과(confidence 값이 큰 순서)는 다음과 같다. confidence＝1인 항목은 (X1, X3)＝(맥주, 노트), (X1, X3, X4)＝(맥주, 노트, 볼펜)이다.

```
> rulex2 <- sort(rulex2, decreasing=TRUE, by="confidence")
> rulex2
set of 8 rules
> inspect(rulex2)
    lhs             rhs  support confidence coverage lift      count
[1] {X1, X3}     => {X2} 0.2     1.0000000  0.2      1.4285714 2
[2] {X1, X3, X4} => {X2} 0.1     1.0000000  0.1      1.4285714 1
[3] {X3}         => {X2} 0.4     0.8000000  0.5      1.1428571 4
[4] {X1}         => {X2} 0.4     0.8000000  0.5      1.1428571 4
[5] {X1, X4}     => {X2} 0.3     0.7500000  0.4      1.0714286 3
[6] {}           => {X2} 0.7     0.7000000  1.0      1.0000000 7
[7] {X3, X4}     => {X2} 0.2     0.6666667  0.3      0.9523810 2
[8] {X4}         => {X2} 0.5     0.6250000  0.8      0.8928571 5
```

(5) plot( ) 함수를 이용하여 X2 구매와 관련된 거래 품목들의 lift, support 기준 연관관계 그래프를 작성한다.

```
> plot(rulex2, method="graph", main="Top Association Rules with X2_Diapers")
```

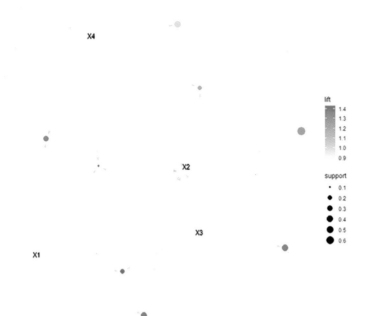

(6) plot( )에서 method="grouped" 옵션을 이용하여 각 구매 항목별 lift, support의 크기를 확인한다. 그리고 method="paracoord" 옵션으로 X2 구매 전 거래 항목을 시각적(평행좌표, parallel coordinates)으로 확인한다.

```
> plot(rulex2, method="grouped")
```

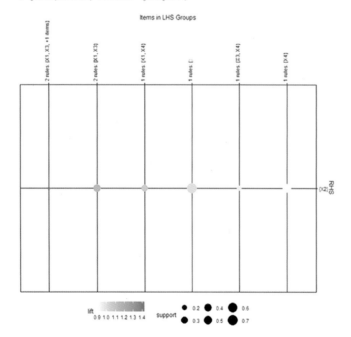

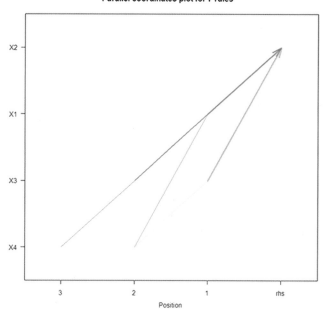

Parallel coordinates plot for 7 rules

02 아래는 S 회사 문서의 이동 경로이며 기획(planning), 예산(budget), 인사(personnel), 총무(admin), 생산(product), 유통(distribution), 재고관리(inventory) 부서들 사이의 문서 경로이다. 지지도는 0.001, 신뢰도는 0.08 이상으로 지정하여 연관성 분석을 수행하시오.

(1) 문서 항목들에 대한 빈도 분석 결과를 나타내시오.

(2) inspect( ) 함수를 이용하여 연관 규칙 결과를 나타내시오.

(3) planning 부서에 도착하기 전 처리되는 문서 항목을 나타내시오.

(4) planning 부서에 도착하기 전 처리되는 문서 항목에 대해 confidence 값이 큰 순서대로 나타내시오.

(5) plot( ) 함수를 이용하여 문서별 연관관계 그래프를 작성하시오.

(6) 평행좌표(parallel coordinates)를 작성하여 문서 항목들 사이의 연관관계를 나타내시오.

문서번호	항목 1	항목 2	항목 3	항목 4	항목 5
1	budget	planning	personnel	admin	—
2	personnel	planning	distribution	admin	—
3	personnel	planning	distribution	product	admin
4	product	distribution	inventory	budget	planning
5	personnel	planning	distribution	admin	—
6	inventory	product	distribution	budget	admin
7	planning	personnel	budget	product	admin
8	inventory	planning	budget	product	—
9	admin	budget	planning	product	inventory
10	distribution	inventory	product	budget	planning

정답 및 해설

(1) 문서의 이동경로를 (0, 1) 데이터로 나타내면 다음과 같다. sapply( ), as( ) 함수를 이용하여 거래 데이터로 변환한 후, itemFrequencyPlot( ) 명령어를 이용하여 각 부서별 처리 문서의 빈도수를 확인한다. X1(9건), X2=X4=X5(7건), X6(6건)의 순으로 처리해야 할 문서가 많음을 알 수 있다.

경로	planning (X1)	budget (X2)	personnel (X3)	admin (X4)	product (X5)	distribution (X6)	inventory (X7)
t1	1	1	1	1	0	0	0
t2	1	0	1	1	0	1	0
t3	1	0	1	1	1	1	0
t4	1	1	0	0	1	1	1
t5	1	0	1	1	0	1	0
t6	0	1	0	1	1	1	1
t7	1	1	1	1	1	0	0
t8	1	1	0	0	1	0	1
t9	1	1	0	1	1	0	1
t10	1	1	0	0	1	1	1

```
> t1 <- c(1, 1, 1, 1, 0, 0, 0)
> t2 <- c(1, 0, 1, 1, 0, 1, 0)
> t3 <- c(1, 0, 1, 1, 1, 1, 0)
> t4 <- c(1, 1, 0, 0, 1, 1, 1)
> t5 <- c(1, 0, 1, 1, 0, 1, 0)
> t6 <- c(0, 1, 0, 1, 1, 1, 1)
> t7 <- c(1, 1, 1, 1, 1, 0, 0)
> t8 <- c(1, 1, 0, 0, 1, 0, 1)
> t9 <- c(1, 1, 0, 1, 1, 0, 1)
> t10 <- c(1, 1, 0, 0, 1, 1, 1)
>
> data <- data.frame(rbind(t1, t2, t3, t4, t5, t6, t7, t8, t9, t10))
> data <- sapply(data, as.logical)
> data <- as(data, 'transactions')
> head(data)
transactions in sparse format with
 6 transactions (rows) and
 7 items (columns)

> itemFrequencyPlot(data, topN=7, type="absolute")
```

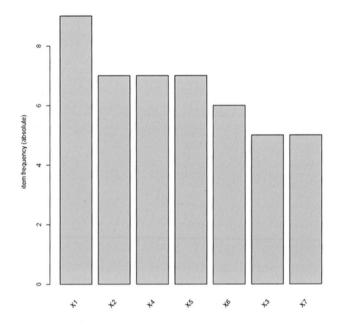

(2) apriori( )를 이용하여 연관성 분석을 수행하며, 지지도(supp)=0.001, 신뢰도(conf)=0.08 이상인 연관 규칙을 찾은 결과 총 239개의 규칙(rules)이 있다. inspect( ) 함수를 이용하여 연관 규칙과 각 규칙들에 대한 지지도(support), 신뢰도(confidence), 항상도(lift), 개수(count)를 확인하며, sort( )로 정렬 결과(confidence=1인 결과부터 보여줌)를 확인한다.

```
> rule <- apriori(data, parameter=list(supp=0.001, conf=0.08))
Apriori

Parameter specification:
 confidence minval smax arem  aval originalSupport maxtime support minlen maxlen target  ext
       0.08    0.1    1 none FALSE            TRUE       5   0.001      1     10  rules TRUE

Algorithmic control:
 filter tree heap memopt load sort verbose
    0.1 TRUE TRUE  FALSE TRUE    2    TRUE

Absolute minimum support count: 0

set item appearances ...[0 item(s)] done [0.00s].
set transactions ...[7 item(s), 10 transaction(s)] done [0.00s].
sorting and recoding items ... [7 item(s)] done [0.00s].
creating transaction tree ... done [0.00s].
checking subsets of size 1 2 3 4 5 done [0.00s].
writing ... [239 rule(s)] done [0.00s].
creating S4 object  ... done [0.00s].
> rule
set of 239 rules


> inspect(rule)
      lhs          rhs    support confidence coverage lift       count
[1]   {}        => {X3} 0.5      0.5000000  1.0      1.0000000  5
[2]   {}        => {X7} 0.5      0.5000000  1.0      1.0000000  5
[3]   {}        => {X6} 0.6      0.6000000  1.0      1.0000000  6
[4]   {}        => {X4} 0.7      0.7000000  1.0      1.0000000  7
[5]   {}        => {X2} 0.7      0.7000000  1.0      1.0000000  7
[6]   {}        => {X5} 0.7      0.7000000  1.0      1.0000000  7
[7]   {}        => {X1} 0.9      0.9000000  1.0      1.0000000  9
[8]   {X3}      => {X6} 0.3      0.6000000  0.5      1.0000000  3
[9]   {X6}      => {X3} 0.3      0.5000000  0.6      1.0000000  3
[10]  {X3}      => {X4} 0.5      1.0000000  0.5      1.4285714  5
[11]  {X4}      => {X3} 0.5      0.7142857  0.7      1.4285714  5
[12]  {X3}      => {X2} 0.2      0.4000000  0.5      0.5714286  2
[13]  {X2}      => {X3} 0.2      0.2857143  0.7      0.5714286  2
[14]  {X3}      => {X5} 0.2      0.4000000  0.5      0.5714286  2
[15]  {X5}      => {X3} 0.2      0.2857143  0.7      0.5714286  2
[16]  {X3}      => {X1} 0.5      1.0000000  0.5      1.1111111  5
[17]  {X1}      => {X3} 0.5      0.5555556  0.9      1.1111111  5
[18]  {X7}      => {X6} 0.3      0.6000000  0.5      1.0000000  3
[19]  {X6}      => {X7} 0.3      0.5000000  0.6      1.0000000  3
[20]  {X7}      => {X4} 0.2      0.4000000  0.5      0.5714286  2
[21]  {X4}      => {X7} 0.2      0.2857143  0.7      0.5714286  2
[22]  {X7}      => {X2} 0.5      1.0000000  0.5      1.4285714  5
[23]  {X2}      => {X7} 0.5      0.7142857  0.7      1.4285714  5
[24]  {X7}      => {X5} 0.5      1.0000000  0.5      1.4285714  5
[25]  {X5}      => {X7} 0.5      0.7142857  0.7      1.4285714  5
[26]  {X7}      => {X1} 0.4      0.8000000  0.5      0.8888889  4
[27]  {X1}      => {X7} 0.4      0.4444444  0.9      0.8888889  4
[28]  {X6}      => {X4} 0.4      0.6666667  0.6      0.9523810  4
[29]  {X4}      => {X6} 0.4      0.5714286  0.7      0.9523810  4
[30]  {X6}      => {X2} 0.3      0.5000000  0.6      0.7142857  3
[31]  {X2}      => {X6} 0.3      0.4285714  0.7      0.7142857  3
[32]  {X6}      => {X5} 0.4      0.6666667  0.6      0.9523810  4
[33]  {X5}      => {X6} 0.4      0.5714286  0.7      0.9523810  4
[34]  {X6}      => {X1} 0.5      0.8333333  0.6      0.9259259  5
[35]  {X1}      => {X6} 0.5      0.5555556  0.9      0.9259259  5
[36]  {X4}      => {X2} 0.4      0.5714286  0.7      0.8163265  4
[37]  {X2}      => {X4} 0.4      0.5714286  0.7      0.8163265  4
[38]  {X4}      => {X5} 0.4      0.5714286  0.7      0.8163265  4
[39]  {X5}      => {X4} 0.4      0.5714286  0.7      0.8163265  4
[40]  {X4}      => {X1} 0.6      0.8571429  0.7      0.9523810  6
[41]  {X1}      => {X4} 0.6      0.6666667  0.9      0.9523810  6
[42]  {X2}      => {X5} 0.6      0.8571429  0.7      1.2244898  6
[43]  {X5}      => {X2} 0.6      0.8571429  0.7      1.2244898  6
```

```
[44] {X2}            => {X1} 0.6    0.8571429  0.7   0.9523810 6
[45] {X1}            => {X2} 0.6    0.6666667  0.9   0.9523810 6
[46] {X5}            => {X1} 0.6    0.8571429  0.7   0.9523810 6
[47] {X1}            => {X5} 0.6    0.6666667  0.9   0.9523810 6
[48] {X3, X6}        => {X4} 0.3    1.0000000  0.3   1.4285714 3
[49] {X3, X4}        => {X6} 0.3    0.6000000  0.5   1.0000000 3
[50] {X4, X6}        => {X3} 0.3    0.7500000  0.4   1.5000000 3
[51] {X3, X6}        => {X5} 0.1    0.3333333  0.3   0.4761905 1
[52] {X3, X5}        => {X6} 0.1    0.5000000  0.2   0.8333333 1
[53] {X5, X6}        => {X3} 0.1    0.2500000  0.4   0.5000000 1

> rule <- sort(rule, by="confidence", decreasing=TRUE)
> inspect(rule)
        lhs              rhs  support confidence coverage lift      count
[1]  {X3}            => {X4} 0.5    1.0000000  0.5   1.4285714 5
[2]  {X3}            => {X1} 0.5    1.0000000  0.5   1.1111111 5
[3]  {X7}            => {X2} 0.5    1.0000000  0.5   1.4285714 5
[4]  {X7}            => {X5} 0.5    1.0000000  0.5   1.4285714 5
[5]  {X3, X6}        => {X4} 0.3    1.0000000  0.3   1.4285714 3
[6]  {X3, X6}        => {X1} 0.3    1.0000000  0.3   1.1111111 3
[7]  {X2, X3}        => {X4} 0.2    1.0000000  0.2   1.4285714 2
[8]  {X3, X5}        => {X4} 0.2    1.0000000  0.2   1.4285714 2
[9]  {X3, X4}        => {X1} 0.5    1.0000000  0.5   1.1111111 5
[10] {X1, X3}        => {X4} 0.5    1.0000000  0.5   1.4285714 5
[11] {X2, X3}        => {X1} 0.2    1.0000000  0.2   1.1111111 2
[12] {X3, X5}        => {X1} 0.2    1.0000000  0.2   1.1111111 2
[13] {X6, X7}        => {X2} 0.3    1.0000000  0.3   1.4285714 3
[14] {X2, X6}        => {X7} 0.3    1.0000000  0.3   2.0000000 3
[15] {X6, X7}        => {X5} 0.3    1.0000000  0.3   1.4285714 3
[16] {X4, X7}        => {X2} 0.2    1.0000000  0.2   1.4285714 2
[17] {X4, X7}        => {X5} 0.2    1.0000000  0.2   1.4285714 2
[18] {X2, X7}        => {X5} 0.5    1.0000000  0.5   1.4285714 5
[19] {X5, X7}        => {X2} 0.5    1.0000000  0.5   1.4285714 5
[20] {X1, X7}        => {X2} 0.4    1.0000000  0.4   1.4285714 4
[21] {X1, X7}        => {X5} 0.4    1.0000000  0.4   1.4285714 4
[22] {X2, X6}        => {X5} 0.3    1.0000000  0.3   1.4285714 3
[23] {X3, X5, X6}    => {X4} 0.1    1.0000000  0.1   1.4285714 1
[24] {X3, X4, X6}    => {X1} 0.3    1.0000000  0.3   1.1111111 3
[25] {X1, X3, X6}    => {X4} 0.3    1.0000000  0.3   1.4285714 3
[26] {X1, X4, X6}    => {X3} 0.3    1.0000000  0.3   2.0000000 3
[27] {X3, X5, X6}    => {X1} 0.1    1.0000000  0.1   1.1111111 1
[28] {X2, X3, X5}    => {X4} 0.1    1.0000000  0.1   1.4285714 1
[29] {X2, X3, X4}    => {X1} 0.2    1.0000000  0.2   1.1111111 2
[30] {X1, X2, X3}    => {X4} 0.2    1.0000000  0.2   1.4285714 2
[31] {X3, X4, X5}    => {X1} 0.2    1.0000000  0.2   1.1111111 2
[32] {X1, X3, X5}    => {X4} 0.2    1.0000000  0.2   1.4285714 2
[33] {X2, X3, X5}    => {X1} 0.1    1.0000000  0.1   1.1111111 1
[34] {X4, X6, X7}    => {X2} 0.1    1.0000000  0.1   1.4285714 1
[35] {X2, X4, X6}    => {X7} 0.1    1.0000000  0.1   2.0000000 1
[36] {X4, X6, X7}    => {X5} 0.1    1.0000000  0.1   1.4285714 1
[37] {X2, X6, X7}    => {X5} 0.3    1.0000000  0.3   1.4285714 3
[38] {X5, X6, X7}    => {X2} 0.3    1.0000000  0.3   1.4285714 3
[39] {X2, X5, X6}    => {X7} 0.3    1.0000000  0.3   2.0000000 3
[40] {X1, X6, X7}    => {X2} 0.2    1.0000000  0.2   1.4285714 2
[41] {X1, X2, X6}    => {X7} 0.2    1.0000000  0.2   2.0000000 2
[42] {X1, X6, X7}    => {X5} 0.2    1.0000000  0.2   1.4285714 2
[43] {X2, X4, X7}    => {X5} 0.2    1.0000000  0.2   1.4285714 2
[44] {X4, X5, X7}    => {X2} 0.2    1.0000000  0.2   1.4285714 2
[45] {X1, X4, X7}    => {X2} 0.1    1.0000000  0.1   1.4285714 1
[46] {X1, X4, X7}    => {X5} 0.1    1.0000000  0.1   1.4285714 1
[47] {X1, X2, X7}    => {X5} 0.4    1.0000000  0.4   1.4285714 4
[48] {X1, X5, X7}    => {X2} 0.4    1.0000000  0.4   1.4285714 4
[49] {X2, X4, X6}    => {X5} 0.1    1.0000000  0.1   1.4285714 1
[50] {X1, X2, X6}    => {X5} 0.2    1.0000000  0.2   1.4285714 2
[51] {X3, X4, X5, X6} => {X1} 0.1   1.0000000  0.1   1.1111111 1
[52] {X1, X3, X5, X6} => {X4} 0.1   1.0000000  0.1   1.4285714 1
```

(3) apriori( ) 함수를 이용하여 X1(planning, 기획) 부서와 함께 문서가 처리되는 부서들을 확인한다.

```
> rulex1 <- apriori(data, parameter=list(supp=0.001, conf=0.08),appearance=list(default="lhs",rhs="X1"))
Apriori

Parameter specification:
 confidence minval smax arem  aval originalSupport maxtime support minlen maxlen target  ext
       0.08    0.1    1 none FALSE            TRUE       5   0.001      1     10  rules TRUE

Algorithmic control:
 filter tree heap memopt load sort verbose
    0.1 TRUE TRUE  FALSE TRUE    2    TRUE

Absolute minimum support count: 0

set item appearances ...[1 item(s)] done [0.00s].
set transactions ...[7 item(s), 10 transaction(s)] done [0.00s].
sorting and recoding items ... [7 item(s)] done [0.00s].
creating transaction tree ... done [0.00s].
checking subsets of size 1 2 3 4 5 done [0.00s].
writing ... [38 rule(s)] done [0.00s].
creating S4 object  ... done [0.00s].

> inspect(rulex1)
     lhs                    rhs   support confidence coverage lift      count
[1]  {}                  => {X1} 0.9     0.9000000  1.0      1.0000000 9
[2]  {X3}                => {X1} 0.5     1.0000000  0.5      1.1111111 5
[3]  {X7}                => {X1} 0.4     0.8000000  0.5      0.8888889 4
[4]  {X6}                => {X1} 0.5     0.8333333  0.6      0.9259259 5
[5]  {X4}                => {X1} 0.6     0.8571429  0.7      0.9523810 6
[6]  {X2}                => {X1} 0.6     0.8571429  0.7      0.9523810 6
[7]  {X5}                => {X1} 0.6     0.8571429  0.7      0.9523810 6
[8]  {X3, X6}            => {X1} 0.3     1.0000000  0.3      1.1111111 3
[9]  {X3, X4}            => {X1} 0.5     1.0000000  0.5      1.1111111 5
[10] {X2, X3}            => {X1} 0.2     1.0000000  0.2      1.1111111 2
[11] {X3, X5}            => {X1} 0.2     1.0000000  0.2      1.1111111 2
[12] {X6, X7}            => {X1} 0.2     0.6666667  0.3      0.7407407 2
[13] {X4, X7}            => {X1} 0.1     0.5000000  0.2      0.5555556 1
[14] {X2, X7}            => {X1} 0.4     0.8000000  0.5      0.8888889 4
[15] {X5, X7}            => {X1} 0.4     0.8000000  0.5      0.8888889 4
[16] {X4, X6}            => {X1} 0.3     0.7500000  0.4      0.8333333 3
[17] {X2, X6}            => {X1} 0.2     0.6666667  0.3      0.7407407 2
[18] {X5, X6}            => {X1} 0.3     0.7500000  0.4      0.8333333 3
[19] {X2, X4}            => {X1} 0.3     0.7500000  0.4      0.8333333 3
[20] {X4, X5}            => {X1} 0.3     0.7500000  0.4      0.8333333 3
[21] {X2, X5}            => {X1} 0.5     0.8333333  0.6      0.9259259 5
[22] {X3, X4, X6}        => {X1} 0.3     1.0000000  0.3      1.1111111 3
[23] {X3, X5, X6}        => {X1} 0.1     1.0000000  0.1      1.1111111 1
[24] {X2, X3, X4}        => {X1} 0.2     1.0000000  0.2      1.1111111 2
[25] {X3, X4, X5}        => {X1} 0.2     1.0000000  0.2      1.1111111 2
[26] {X2, X3, X5}        => {X1} 0.1     1.0000000  0.1      1.1111111 1
[27] {X2, X6, X7}        => {X1} 0.2     0.6666667  0.3      0.7407407 2
[28] {X5, X6, X7}        => {X1} 0.2     0.6666667  0.3      0.7407407 2
[29] {X2, X4, X7}        => {X1} 0.1     0.5000000  0.2      0.5555556 1
[30] {X4, X5, X7}        => {X1} 0.1     0.5000000  0.2      0.5555556 1
[31] {X2, X5, X7}        => {X1} 0.4     0.8000000  0.5      0.8888889 4
[32] {X4, X5, X6}        => {X1} 0.1     0.5000000  0.2      0.5555556 1
[33] {X2, X5, X6}        => {X1} 0.2     0.6666667  0.3      0.7407407 2
[34] {X2, X4, X5}        => {X1} 0.2     0.6666667  0.3      0.7407407 2
[35] {X3, X4, X5, X6}    => {X1} 0.1     1.0000000  0.1      1.1111111 1
[36] {X2, X3, X4, X5}    => {X1} 0.1     1.0000000  0.1      1.1111111 1
[37] {X2, X5, X6, X7}    => {X1} 0.2     0.6666667  0.3      0.7407407 2
[38] {X2, X4, X5, X7}    => {X1} 0.1     0.5000000  0.2      0.5555556 1
```

(4) sort( ) 함수를 이용하여 confidence의 값이 큰 순서대로 정렬한 결과를 확인한다.

```
> rulex1 <- sort(rulex1, decreasing=TRUE, by="confidence")
> rulex1
set of 38 rules
> inspect(rulex1)
     lhs                     rhs   support confidence coverage lift      count
[1]  {X3}                 => {X1}  0.5     1.0000000  0.5      1.1111111 5
[2]  {X3, X6}             => {X1}  0.3     1.0000000  0.3      1.1111111 3
[3]  {X3, X4}             => {X1}  0.5     1.0000000  0.5      1.1111111 5
[4]  {X2, X3}             => {X1}  0.2     1.0000000  0.2      1.1111111 2
[5]  {X3, X5}             => {X1}  0.2     1.0000000  0.2      1.1111111 2
[6]  {X3, X4, X6}         => {X1}  0.3     1.0000000  0.3      1.1111111 3
[7]  {X3, X5, X6}         => {X1}  0.1     1.0000000  0.1      1.1111111 1
[8]  {X2, X3, X4}         => {X1}  0.2     1.0000000  0.2      1.1111111 2
[9]  {X3, X4, X5}         => {X1}  0.2     1.0000000  0.2      1.1111111 2
[10] {X2, X3, X5}         => {X1}  0.1     1.0000000  0.1      1.1111111 1
[11] {X3, X4, X5, X6}     => {X1}  0.1     1.0000000  0.1      1.1111111 1
[12] {X2, X3, X4, X5}     => {X1}  0.1     1.0000000  0.1      1.1111111 1
[13] {}                   => {X1}  0.9     0.9000000  1.0      1.0000000 9
[14] {X4}                 => {X1}  0.6     0.8571429  0.7      0.9523810 6
[15] {X2}                 => {X1}  0.6     0.8571429  0.7      0.9523810 6
[16] {X5}                 => {X1}  0.6     0.8571429  0.7      0.9523810 6
[17] {X6}                 => {X1}  0.5     0.8333333  0.6      0.9259259 5
[18] {X2, X5}             => {X1}  0.5     0.8333333  0.6      0.9259259 5
[19] {X7}                 => {X1}  0.4     0.8000000  0.5      0.8888889 4
[20] {X2, X7}             => {X1}  0.4     0.8000000  0.5      0.8888889 4
[21] {X5, X7}             => {X1}  0.4     0.8000000  0.5      0.8888889 4
[22] {X2, X5, X7}         => {X1}  0.4     0.8000000  0.5      0.8888889 4
[23] {X4, X6}             => {X1}  0.3     0.7500000  0.4      0.8333333 3
[24] {X5, X6}             => {X1}  0.3     0.7500000  0.4      0.8333333 3
[25] {X2, X4}             => {X1}  0.3     0.7500000  0.4      0.8333333 3
[26] {X4, X5}             => {X1}  0.3     0.7500000  0.4      0.8333333 3
[27] {X6, X7}             => {X1}  0.2     0.6666667  0.3      0.7407407 2
[28] {X2, X6}             => {X1}  0.2     0.6666667  0.3      0.7407407 2
[29] {X2, X6, X7}         => {X1}  0.2     0.6666667  0.3      0.7407407 2
[30] {X5, X6, X7}         => {X1}  0.2     0.6666667  0.3      0.7407407 2
[31] {X2, X5, X6}         => {X1}  0.2     0.6666667  0.3      0.7407407 2
[32] {X2, X4, X5}         => {X1}  0.2     0.6666667  0.3      0.7407407 2
[33] {X2, X5, X6, X7}     => {X1}  0.2     0.6666667  0.3      0.7407407 2
[34] {X4, X7}             => {X1}  0.1     0.5000000  0.2      0.5555556 1
[35] {X2, X4, X7}         => {X1}  0.1     0.5000000  0.2      0.5555556 1
[36] {X4, X5, X7}         => {X1}  0.1     0.5000000  0.2      0.5555556 1
[37] {X4, X5, X6}         => {X1}  0.1     0.5000000  0.2      0.5555556 1
[38] {X2, X4, X5, X7}     => {X1}  0.1     0.5000000  0.2      0.5555556 1
```

(5) plot( ) 함수를 이용하여 X1 부서와 관련된 부서들의 lift, support 기준 연관관계 그래프를 작성한다.

```
> plot(rulex1, method="graph", main="Top Association Rules with X1_Planning")
```

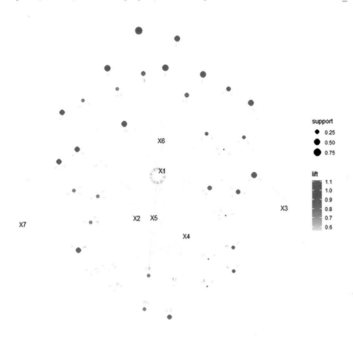

(6) plot( )에서 method="grouped" 옵션을 이용하여 각 항목별 lift, support의 크기를 확인한다. 그리고 method="paracoord" 옵션으로 X1 부서 관련 항목을 시각적(평행좌표, parallel coordinates)으로 확인한다.

```
> plot(rulex1, method="grouped")
```

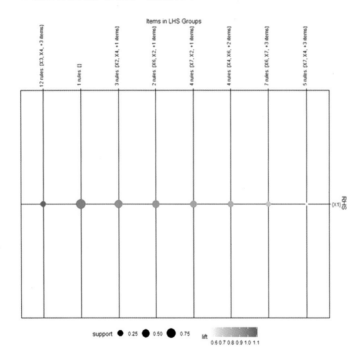

```
> plot(rulex1, method="paracoord", control=list(reorder=TRUE))
```

Parallel coordinates plot for 37 rules

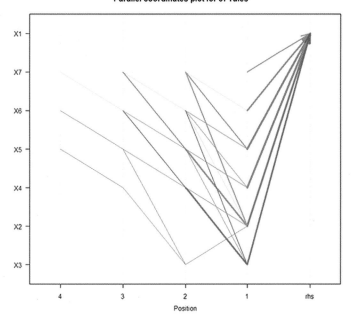

제8장
군집 분석

1 군집 분석의 이해

(1) 군집 분석을 위하여 다음 패키지를 이용한다.

install.packages("MASS")	#Boston(보스턴 주택가격) 데이터 활용
library(MASS)	–

(2) 군집 분석(Clustering Analysis)은 각 개체의 유사성을 측정하여 높은 대상 집단을 분류하고, 군집에 속한 개체들의 유사성과 서로 다른 군집에 속한 개체 간의 상이성을 규명하는 통계 분석 방법이다. 즉, 비슷한 특성을 가진 개체를 합쳐가면서 최종적으로 유사 특성의 그룹을 발굴하는 데 사용된다. 예를 들어 인스타그램에서 주로 사진과 카메라에 대해 이야기하는 사용자 그룹이 있을 수 있고, 자동차에 대해 관심이 있는 사용자 그룹이 있을 수 있으며, 이러한 관심사나 취미에 따른 사용자 그룹을 군집 분석을 통해 분류한다.

(3) 각 개체들에 대한 사전 지식 없이 유사성(similarity, 유사도, 거리 등)에 근거하여 군집을 분류하는 것으로서 새로운 개체를 독립변수의 값만 가지고 예측한다.

(4) 아래와 같이 유사한 특성을 가지고 있는 고객들끼리 고객 그룹(고객群)에 대한 군집을 도출하고 이 경우 그룹(집단) 내 동질성과 그룹들 사이의 이질성을 유사도를 이용하여 분류한다. 대표적으로 마케팅 전략 수립 시 고객의 세분화를 위해 많이 사용되며, 군집별로 추가분석을 실시하기 전 고객 분류를 위해 활용된다.

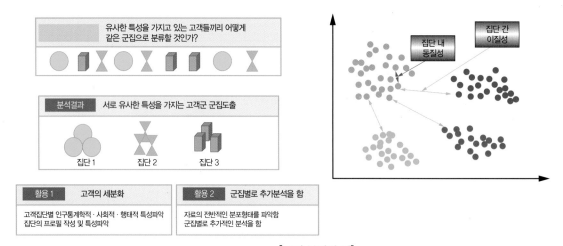

[군집 분석의 예]

(5) 군집 분석은 크게 계층적 군집 분석과 비계층적(분할적) 군집 분석으로 나누며, 계층적 군집 분석(Hierarchical Clustering Analysis)이란 주로 자료의 크기가 작은 경우 이용되고, 개별 대상들 사이의 거리에 의하여 가장 가까이에 있는 대상들로부터 시작하여 결합해 감으로써 나무 모양의 계층구조를 형성한다. 계층적 군집 분석에서는 주로 덴드로그램(Dendrogram, 개체들이 결합되는 순서를 나타내는 트리 형태의 구조)을 이용하여 군집이 형성되는 과정을 명확히 파악할 수 있다.

(6) 자료의 크기가 큰 경우 비계층적 군집 분석(Non-Hierarchical 또는 Partitional Clustering Analysis)을 이용하며, 구하고자 하는 군집의 수를 정한 상태에서 설정된 군집의 중심에 가장 가까운 개체를 하나씩 포함해 가는 방식으로서 많은 자료를 빠르고 쉽게 분류할 수 있으나, 군집의 수를 미리 정해 주어야 하고, 군집을 형성하기 위한 초기값에 따라 군집 결과가 달라지는 단점이 있다.

(7) 자료의 크기가 작은 경우 계층적 군집 분석, 자료 크기가 크거나 하나의 개체가 여러 군집에 포함되는(중복 비계층적) 경우 비계층적 군집 분석을 이용한다. 군집 분석 방법을 요약하면 다음과 같다.

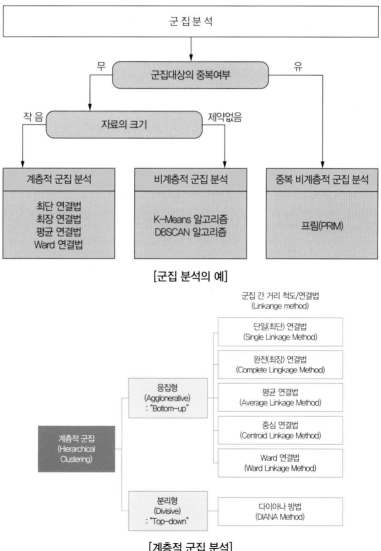

[군집 분석의 예]

[계층적 군집 분석]

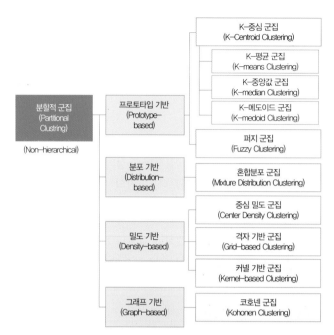

[비계층적 군집 분석]

〈군집 간 유사성 측정 방법〉

계층적 군집 분석	최단 연결법	• n*n 거리 행렬에서 거리가 가장 가까운 데이터를 묶어서 군집 형성
	최장 연결법	• 최단 연결법과 같은 방법이나 거리가 먼 데이터나 군집을 묶어서 형성
	평균 연결법	• 최단 연결법으로 군집을 수행하는데 그 거리를 구하는 방식이 평균을 이용
	Ward 연결법	• 군집 내 편차들의 제곱합을 최소화하는 방식으로 군집 수행
비계층적 군집 분석	K−Means 알고리즘	• K개의 중심값을 선정하고 중심값과 다른 데이터 간의 거리를 이용하여 분류를 수행하는 비지도학습
	DBSCAN 알고리즘	• 임의의 클러스터 중심을 이동시키며 중심으로부터 정해진 반경 거리 내에 최소 데이터 포인트 개수를 확인하며 밀도 기반으로 군집화를 수행하는 알고리즘
중복 군집 분석	프림(PRIM)	• Patient Rule Introduction Method • 규칙에 의한 군집화(Clustering)와 목적함수(object function) 값의 최적화를 동시에 실시하면서 오차를 줄인 알고리즘

[군집 분석의 유형 및 유사성 측정 방법]

(8) 대상 특성에 대한 유사성을 측정하기 위해 다음과 같은 거리 측정 방법을 이용한다.

〈군집 간 거리 측정 방법〉

구 분	거리 측정 방법
민코프스키 (Minkowski)	• 거리를 산정하는 일반식에 함수에 포함된 지수들을 조정하여 다양한 방식의 거리 측정 $dist(x_i,\ x_j) = ((x_{i1}-x_{j1})^h + \cdots + (x_{ir}-x_{jr})^h)^{\frac{1}{h}}$
유클리디안 (Euclidean)	• 민코프스키 거리측정에서 h＝2인 경우 변수 값들의 차이를 제곱하여 합산한 거리, 다차원 공간에서 최단 직선거리로 사용 $dist(x_i,\ x_j) = ((x_{i1}-x_{j1})^2 + \cdots + (x_{ir}-x_{jr})^2)^{\frac{1}{2}}$ $= \sqrt{((x_{i1}-x_{j1})^2 + \cdots + (x_{ir}-x_{jr})^2)}$
맨해튼 (Manhattan)	• 민코프스키 거리측정에서 h＝1인 경우 • 변수 값들의 차이를 절댓값으로 하여 합한 거리 $dist(x_i,\ x_j) = (|x_{i1}-x_{j1}| + \cdots + |x_{ir}-x_{jr}|)$
제곱 유클리디안 (Squared Euclidean)	• 유클리디안 거리를 제곱한 거리 $dist(x_i,\ x_j) = (x_{i1}-x_{j1})^2 + \cdots + (x_{ir}-x_{jr})^2$
가중치 유클리디안 (Weighted Euclidean)	• 가중치를 적용한 유클리디안 거리 $dist(x_i,\ x_j) = (w_i(x_{i1}-x_{j1})^2 + \cdots + w_r(x_{ir}-x_{jr})^2)^{\frac{1}{2}}$ $= \sqrt{(w_i(x_{i1}-x_{j1})^2 + \cdots + w_r(x_{ir}-x_{jr})^2)}$
체비셰프 (Chebychev)	• 거리 중 최대 거리값 • 변수 값의 최대 차이의 최댓값인 거리 $dist(x_i,\ x_j) = \max_k |x_{ik}-x_{jk}|$
캔버라 (Canberra)	• 변수 값들의 차이(절댓값)를 변수 값들의 합산 거리(절댓값)로 나눈 값 $dist(x_i,\ x_j) = \sum_{k=1}^{r} \dfrac{|x_{ik}-x_{jk}|}{|x_{ik}+x_{jk}|}$

(9) 계층적 군집화에서 두 군집 사이의 거리를 이용하여 군집을 연결하는 방법으로서 최단 연결법, 최장 연결법, 평균 연결법, 중앙값 연결법, 중심 연결법, 와드 연결법 등이 있다.

〈군집 연결 방법〉

구 분	연결 방법
최단연결법 또는 단일연결법 (Single Linkage)	군집에서 선택된 하나의 관측치와 나머지의 다른 관측치 또는 군집과의 거리를 계산하여 가장 가까운 거리에 있는 군집 또는 관측치를 연결하여 군집 형성 $d_{(UV)W} = \min(d_{UW}, d_{VW})$
최장 연결법 또는 완전 연결법 (Complete Linkage)	군집에서 선택된 하나의 관측치와 나머지의 다른 관측치 또는 군집과의 거리를 계산하여 가장 멀리 떨어진 거리에 있는 군집 또는 관측치를 연결하여 군집 형성 $d_{(UV)W} = \max(d_{UW}, d_{VW})$
평균 연결법 (Average Linkage)	군집 내의 모든 관측들의 평균과 나머지의 다른 관측치 또는 군집과의 거리를 계산하여 최단 거리에 있는 군집 또는 관측치를 연결하여 군집 형성 $d_{(UV)W} = \dfrac{\sum_{x_i \in (U,V)} \sum_{x_j \in W} d(x_i, x_j)}{n_{(UV)} n_W}$
중심 연결법 (Centroid Linkage)	군집 내의 관측늘의 중심과 나머지의 다른 관측치 또는 군집의 중심과의 거리를 계산하여 최단 거리에 있는 군집 또는 관측치를 연결하여 군집 형성 $d(G_1, G_2) = \|\overline{x_1} - \overline{x_2}\|$
중앙값 연결법 (Median Linkage)	평균 연결법과 유사한 방법으로 자료가 연속형 변수가 아닌 경우에 평균 대신에 중앙값을 기준으로 연결 $\qquad d_{(uv)W} = Median\{x_i \in (u,v), x_j \in w\}$
와드 연결법 (Ward Linkage)	군집 평균과 군집 내 유클리디언 최소 증가 방식으로 군집 간의 거리에 기반을 두는 다른 연결법과는 달리 군집 내 오차제곱합(SSE ; Sum of Squares)에 기초하여 군집 형성 각 군집의 SSE_i와 전체 군집의 SSE $SSE_i = \sum\limits_{j=1}^{n_i} \sum\limits_{k=1}^{m} (x_{ijk} - \overline{x}_{jk})^2$ $SSE = SSE_i = \sum\limits_{i=1}^{K} \sum\limits_{j=1}^{n_i} \sum\limits_{k=1}^{m} (x_{ijk} - \overline{x}_{jk})$ 두 군집의 병합으로 인한 SSE의 증가분(정보의 손실)이 최소가 되도록 군집을 병합시켜 새로운 군집 형성

(10) 최단연결법(Single Linkage) : 군집들 사이에 속하는 데이터 중 가장 가까운 데이터들의 거리로 군집 간의 거리를 정의하여 군집을 구성하는 예를 설명하면 다음과 같다.

① 5개 데이터의 좌표를 다음과 같이 가정한다.

데이터	A	B	C	D	E
(x_1, x_2)	(1, 5)	(2, 4)	(4, 6)	(4, 3)	(5, 3)

② 군집 간 거리측정은 제곱 유클리드(Squared Euclidean) 척도를 사용하며 각각의 데이터들 사이의 유클리드 제곱 거리를 구하면 다음과 같다. 따라서 A, B, C, D, E 데이터들 중 가장 가까운 데이터는 D와 E로 (D, E)를 하나의 군집으로 처리한다.

유클리드 제곱 거리	A	B	C	D	E
A	0				
B	2	0			
C	10	8	0		
D	13	5	9	0	
E	20	10	10	①	0

③ A, B, C 데이터와 (D, E) 군집의 거리는 (A, B, C) 각각의 데이터와 D와 E 중 가까운 데이터의 거리로 정의하여 군집과 데이터들 사이의 거리를 측정하면 다음과 같다. 가장 가까운 데이터인 (A, B)를 하나의 군집으로 처리한다.

유클리드 제곱 거리	A	B	C	(D, E)
A	0			
B	②	0		
C	10	8	0	
(D, E)	13	5	9	0

④ 위와 같은 과정을 반복하여 군집 (A, B), C, (D, E) 사이의 거리를 측정한다. 여기서 (A, B)와 (D, E) 사이의 거리는 두 군집에서 가장 가까운 데이터인 B와 D 사이의 거리로 측정한다.

유클리드 제곱 거리	(A, B)	C	(D, E)
(A, B)	0		
C	8	0	
(D, E)	5	9	0

⑤ 따라서 계층적 군집 분석 결과를 덴드로그램으로 나타내면 다음과 같다. 군집은 (A, B), C (D, E) 3개로 분류된다. 각각의 숫자는 최단거리 값이다.

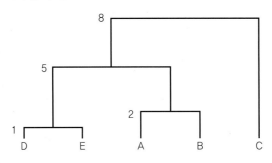

2 군집 분석모형

(1) 계층적 군집 분석을 위하여 R에서는 hclust( )와 dist( ) 함수를 제공한다. hclust( )에서는 dist( ) 함수에 의해 생성된 거리 행렬과 군집방법을 지정한다. 그리고 dist( ) 함수를 이용하여 거리 측정법을 지정(method)한다.

> **hclust(d, method="complete", ...)**
> • d : dist( ) 함수에 의해 생성된 거리 행렬
> • method : 군집방법
> • single : 최단 연결법
> • complete: 최장 연결법
> • average: 평균 연결법
> • centroid : 중심 연결법
> • median: 중위수 연결법
> • ward.D, wardD2: 와드 연결법
>
> **dist(x, method="euclidean", ...)**
> • x : 행렬 또는 데이터 프레임
> • method : 거리 측정법
> • minkowski : 민코프스키
> • euclidean: 유클리디안
> • manhattan: 맨해튼
> • maximum : 체비셰프
> • canberra: 캔버라

(2) 군집 분석을 위해 iris 데이터를 이용한다. iris는 붓꽃의 생육 데이터(150개 데이터＝품종별 50개×3개 품종)이다. 꽃잎의 길이(Petal.Length)와 너비(Petal.Width) 그리고 꽃받침의 길이(Sepal.Length)와 너비(Sepal.Width)에 따라 붓꽃의 3가지 품종(setosa, versicolor, virginica)을 구분한다.

```
> head(iris)
  Sepal.Length Sepal.Width Petal.Length Petal.Width Species
1          5.1         3.5          1.4         0.2  setosa
2          4.9         3.0          1.4         0.2  setosa
3          4.7         3.2          1.3         0.2  setosa
4          4.6         3.1          1.5         0.2  setosa
5          5.0         3.6          1.4         0.2  setosa
6          5.4         3.9          1.7         0.4  setosa
> summary(iris)
  Sepal.Length    Sepal.Width     Petal.Length    Petal.Width
 Min.   :4.300   Min.   :2.000   Min.   :1.000   Min.   :0.100
 1st Qu.:5.100   1st Qu.:2.800   1st Qu.:1.600   1st Qu.:0.300
 Median :5.800   Median :3.000   Median :4.350   Median :1.300
 Mean   :5.843   Mean   :3.057   Mean   :3.758   Mean   :1.199
 3rd Qu.:6.400   3rd Qu.:3.300   3rd Qu.:5.100   3rd Qu.:1.800
 Max.   :7.900   Max.   :4.400   Max.   :6.900   Max.   :2.500
       Species
 setosa    :50
 versicolor:50
 virginica :50
```

Iris Setosa　　**Iris Versicolor**　　**Iris Virginica**

- 독립변수(cm)
  꽃받침의 길이(Sepal.Length), 너비(Sepal.Width)
  꽃잎의 길이(Petal.Length), 너비(Petal.Width)
- 종속변수(붓꽃의 품종, Species)
  setosa(1), versicolor(2), virginica(3)

(3) iris 데이터 중 14개 데이터를 이용하며, 유클리디안(Euclidean) 거리 측정 방법을 지정한다. 각 항목별 거리(유클리디안) 값(거리행렬, dx)은 다음과 같다.

```
> dx <- dist(iris[1:14, 1:4], method="euclidean")
> dx
           1         2         3         4         5         6         7         8         9
2  0.5385165
3  0.5099020 0.3000000
4  0.6480741 0.3316625 0.2449490
5  0.1414214 0.6082763 0.5099020 0.6480741
6  0.6164414 1.0908712 1.0862780 1.1661904 0.6164414
7  0.5196152 0.5099020 0.2645751 0.3316625 0.4582576 0.9949874
8  0.1732051 0.4242641 0.4123106 0.5000000 0.2236068 0.7000000 0.4242641
9  0.9219544 0.5099020 0.4358899 0.3000000 0.9219544 1.4594520 0.5477226 0.7874008
10 0.4690416 0.1732051 0.3162278 0.3162278 0.5291503 1.0099505 0.4795832 0.3316625 0.5567764
11 0.3741657 0.8660254 0.8831761 1.0000000 0.4242641 0.3464102 0.8660254 0.5000000 1.2845233
12 0.3741657 0.4582576 0.3741657 0.3741657 0.3464102 0.8124038 0.3000000 0.2236068 0.6708204
13 0.5916080 0.1414214 0.2645751 0.2645751 0.6403124 1.1618950 0.4898979 0.4690416 0.4242641
14 0.9949874 0.6782330 0.5000000 0.5196152 0.9746794 1.5716234 0.6164414 0.9055385 0.3464102
          10        11        12        13
2
3
4
5
6
7
8
9
10
11 0.7874008
12 0.3464102 0.6782330
13 0.1732051 0.9327379 0.4582576
14 0.7280110 1.3674794 0.8185353 0.5830952
```

(4) 군집 연결 방법에 따라 r1~r6까지 hclust( ) 함수를 이용하여 클러스터링을 수행한다.

```
> r1 <- hclust(dx, method="single")
> r1

Call:
hclust(d = dx, method = "single")

Cluster method   : single
Distance         : euclidean
Number of objects: 14

> r2 <- hclust(dx, method="complete")
> r2

Call:
hclust(d = dx, method = "complete")

Cluster method   : complete
Distance         : euclidean
Number of objects: 14

> r3 <- hclust(dx, method="average")
> r3

Call:
hclust(d = dx, method = "average")

Cluster method   : average
Distance         : euclidean
Number of objects: 14
```

```
> r4 <- hclust(dx, method="centroid")
> r4

Call:
hclust(d = dx, method = "centroid")

Cluster method   : centroid
Distance         : euclidean
Number of objects: 14

> r5 <- hclust(dx, method="median")
> r5

Call:
hclust(d = dx, method = "median")

Cluster method   : median
Distance         : euclidean
Number of objects: 14

> r6 <- hclust(dx, method="ward.D")
> r6

Call:
hclust(d = dx, method = "ward.D")

Cluster method   : ward.D
Distance         : euclidean
Number of objects: 14
```

(5) 군집 분석 결과를 덴드로그램으로 나타내기 위해 par( ), plot( )을 이용한다. 각각의 군집 방법에 따라 서로 다른 결과를 나타낸다.

```
> par(mfrow=c(3, 2))
> plot(r1, hang=-1, main="Single")
> plot(r2, hang=-1, main="Complete")
> plot(r3, hang=-1, main="Average")
> plot(r4, hang=-1, main="Centroid")
> plot(r5, hang=-1, main="Median")
> plot(r6, hang=-1, main="Ward")
```

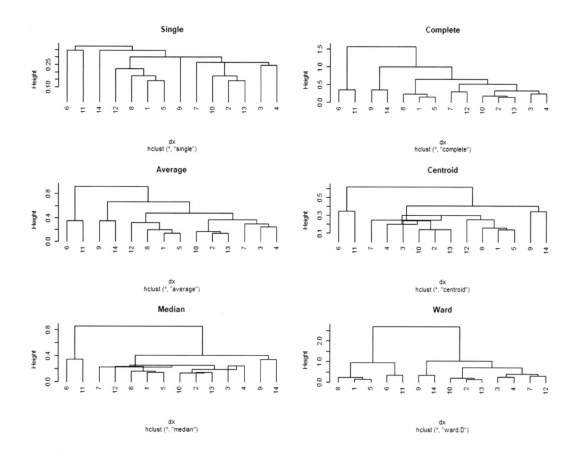

(6) 대표적인 비계층적 군집 분석 기법으로 k-평균 군집 분석(k-means Clustering Analysis)이 사용된다. k-평균 군집 분석은 주어진 데이터들에 대한 사전 정보 없이 지정한 군집의 숫자에 따라 대상들을 군집들에 할당하여 분류하는 통계적 방법이다.

① k-평균 군집 분석을 위하여 사전에 군집의 수(centers, k)를 지정한다. 즉 데이터 탐색적 차원에서 계층적 군집 분석을 통해 군집의 수를 먼저 산출하고 k-평균 군집 분석을 수행한다.

② kmeans( ) 함수를 이용하여 k-평균 군집 분석을 수행한다. 여기서 x는 분석대상의 데이터 프레임, centers는 군집의 수이다.

kmeans(x, centers, ...)
  • x : 숫자형 행렬 또는 데이터 프레임
  • centers : 군집의 수

③ 군집의 수(centers)를 3으로 가정하여 iris 데이터(14개 데이터)에 대한 k-평균 군집 분석 수행 결과를 나타내면 다음과 같다. 분석 결과, 3개의 군집에 각각 4, 8, 2개로 표본이 군집화되었고 세부적으로 군집화 벡터(Clustering Vector)를 보면 14개의 표본이 3개의 군집 중에 하나에 속해 있는 것을 확인할 수 있다.

```
> kmeans <- kmeans(iris[1:14, 1:4], 3)
> kmeans
K-means clustering with 3 clusters of sizes 4, 8, 2

Cluster means:
  Sepal.Length Sepal.Width Petal.Length Petal.Width
1       5.2250       3.675         1.50      0.2500
2       4.7875       3.200         1.45      0.1875
3       4.3500       2.950         1.25      0.1500

Clustering vector:
 1  2  3  4  5  6  7  8  9 10 11 12 13 14
 1  2  2  2  1  1  2  2  3  2  1  2  2  3

Within cluster sum of squares by cluster:
[1] 0.3050 0.4575 0.0600
 (between_SS / total_SS =  71.7 %)

Available components:

[1] "cluster"      "centers"      "totss"        "withinss"     "tot.withinss" "betweenss"    "size"
[8] "iter"         "ifault"
> summary(kmeans)
              Length Class  Mode
cluster       14     -none- numeric
centers       12     -none- numeric
totss          1     -none- numeric
withinss       3     -none- numeric
tot.withinss   1     -none- numeric
betweenss      1     -none- numeric
size           3     -none- numeric
iter           1     -none- numeric
ifault         1     -none- numeric
```

01 USArrests 데이터는 미국 50개 주에서 1973년에 발생한 살인(Murder), 폭행(Assault), 강간(Rape) 범죄를 주민 100,000명 당 체포된 사람의 수로 나타내었으며, UrbanPop은 도시 인구의 비율(%)이다. 유클리디안 거리를 이용하여 계층적 군집 분석 결과(주별 범죄 경향에 따른 6가지 군집 분석)를 덴드로그램으로 나타내시오(단, 도시 인구의 비율 값이 높은 15개의 주를 대상으로 분류한다).

```
> head(USArrests)
           Murder Assault UrbanPop Rape
Alabama      13.2     236       58 21.2
Alaska       10.0     263       48 44.5
Arizona       8.1     294       80 31.0
Arkansas      8.8     190       50 19.5
California     9.0     276       91 40.6
Colorado      7.9     204       78 38.7
> summary(USArrests)
     Murder          Assault         UrbanPop          Rape
 Min.   : 0.800   Min.   : 45.0   Min.   :32.00   Min.   : 7.30
 1st Qu.: 4.075   1st Qu.:109.0   1st Qu.:54.50   1st Qu.:15.07
 Median : 7.250   Median :159.0   Median :66.00   Median :20.10
 Mean   : 7.788   Mean   :170.8   Mean   :65.54   Mean   :21.23
 3rd Qu.:11.250   3rd Qu.:249.0   3rd Qu.:77.75   3rd Qu.:26.18
 Max.   :17.400   Max.   :337.0   Max.   :91.00   Max.   :46.00
> str(USArrests)
'data.frame':   50 obs. of  4 variables:
 $ Murder  : num  13.2 10 8.1 8.8 9 7.9 3.3 5.9 15.4 17.4 ...
 $ Assault : int  236 263 294 190 276 204 110 238 335 211 ...
 $ UrbanPop: int  58 48 80 50 91 78 77 72 80 60 ...
 $ Rape    : num  21.2 44.5 31 19.5 40.6 38.7 11.1 15.8 31.9 25.8 ...
```

```
> USArrests
              Murder Assault UrbanPop Rape
Alabama         13.2     236       58 21.2
Alaska          10.0     263       48 44.5
Arizona          8.1     294       80 31.0
Arkansas         8.8     190       50 19.5
California        9.0     276       91 40.6
Colorado         7.9     204       78 38.7
Connecticut      3.3     110       77 11.1
Delaware         5.9     238       72 15.8
Florida         15.4     335       80 31.9
Georgia         17.4     211       60 25.8
Hawaii           5.3      46       83 20.2
Idaho            2.6     120       54 14.2
Illinois        10.4     249       83 24.0
Indiana          7.2     113       65 21.0
Iowa             2.2      56       57 11.3
Kansas           6.0     115       66 18.0
Kentucky         9.7     109       52 16.3
Louisiana       15.4     249       66 22.2
Maine            2.1      83       51  7.8
Maryland        11.3     300       67 27.8
Massachusetts    4.4     149       85 16.3
Michigan        12.1     255       74 35.1
Minnesota        2.7      72       66 14.9
Mississippi     16.1     259       44 17.1
Missouri         9.0     178       70 28.2
Montana          6.0     109       53 16.4
Nebraska         4.3     102       62 16.5
Nevada          12.2     252       81 46.0
New Hampshire    2.1      57       56  9.5
New Jersey       7.4     159       89 18.8
New Mexico      11.4     285       70 32.1
New York        11.1     254       86 26.1
```

order( ) 함수를 이용하여 UrbanPop 값이 높은 15개의 주 데이터를 저장(data)하고, dist( ) 함수로 항목별 거리 데이터(euclidean)를 구한다. hclust( )의 method 옵션을 이용하여 군집 연결 방법에 따른 클러스터링을 수행하고 plot( )으로 덴드로그램을 작성한다.

```
> data <- USArrests[order(-USArrests$UrbanPop), ]
> data <- data[1:15, ]
> data
```

	Murder	Assault	UrbanPop	Rape
California	9.0	276	91	40.6
New Jersey	7.4	159	89	18.8
Rhode Island	3.4	174	87	8.3
New York	11.1	254	86	26.1
Massachusetts	4.4	149	85	16.3
Hawaii	5.3	46	83	20.2
Illinois	10.4	249	83	24.0
Nevada	12.2	252	81	46.0
Arizona	8.1	294	80	31.0
Florida	15.4	335	80	31.9
Texas	12.7	201	80	25.5
Utah	3.2	120	80	22.9
Colorado	7.9	204	78	38.7
Connecticut	3.3	110	77	11.1
Ohio	7.3	120	75	21.4

```
> dx <- dist(data[1:15,1:4], method="euclidean")
> dx
              California New Jersey Rhode Island New York Massachusetts   Hawaii  Illinois   Nevada  Arizona  Florida    Texas     Utah Colorado Connecticut
New Jersey    119.041169
Rhode Island  107.213106  18.848077
New York       26.900929  95.399057    82.323326
Massachusetts 129.524708  11.456439    26.343880 105.673696
Hawaii        231.071093 113.187323   128.628224 208.186095    103.097139
Illinois       32.718802  90.399336    77.048621   6.236986    100.495224 203.099606
Nevada         26.746962  97.344132    87.285337  20.645096    107.554312 207.733603  22.366046
Arizona        23.194180 135.850396   122.418871  40.853519    145.875906 248.268967  45.697812 44.797433
Florida        60.980735 176.897174   163.312461  81.542198    187.043738 289.428575  86.558708 84.255860 41.654532
Texas          77.380230  43.794749    34.063617  53.365907     53.689198 155.296008  48.171984 54.977268 93.275988 134.179917
Utah          157.492635  40.453059    56.375527 134.404799     30.182777  74.139733 129.240280 134.311615 174.257338 215.533849  81.596630
Colorado       73.197131  50.420829    43.879494  52.278102     59.900000 159.179176  47.669068 48.834209 90.351148 131.405822  14.501034 85.625522
Connecticut   169.277110  51.196680    64.837104 145.268166     40.165284  64.952367 139.906469 146.551083 185.159526 226.303005  92.659160 15.755951 98.081191
Ohio          157.998513  41.518309    56.980874 134.586515     31.231715  74.467711 129.311136 134.495985 174.338177 215.466610  81.436908  6.637771 85.817539   15.036289
```

```
> r1 <- hclust(dx, method="single")
> r1

Call:
hclust(d = dx, method = "single")

Cluster method   : single
Distance         : euclidean
Number of objects: 15

> r2 <- hclust(dx, method="complete")
> r2

Call:
hclust(d = dx, method = "complete")

Cluster method   : complete
Distance         : euclidean
Number of objects: 15

> r3 <- hclust(dx, method="average")
> r3

Call:
hclust(d = dx, method = "average")

Cluster method   : average
Distance         : euclidean
Number of objects: 15
```

```
> r4 <- hclust(dx, method="centroid")
> r4

Call:
hclust(d = dx, method = "centroid")

Cluster method   : centroid
Distance         : euclidean
Number of objects: 15

> r5 <- hclust(dx, method="median")
> r5

Call:
hclust(d = dx, method = "median")

Cluster method   : median
Distance         : euclidean
Number of objects: 15

> r6 <- hclust(dx, method="ward.D")
> r6

Call:
hclust(d = dx, method = "ward.D")

Cluster method   : ward.D
Distance         : euclidean
Number of objects: 15
```

```
> par(mfrow=c(3,2))
> plot(r1, hang=-1, main="Single")
> plot(r2, hang=-1, main="Complete")
> plot(r3, hang=-1, main="Average")
> plot(r4, hang=-1, main="Centroid")
> plot(r5, hang=-1, main="Median")
> plot(r6, hang=-1, main="Ward")
```

02 1번 문제에서 사용된 데이터(USArrests)에 대하여 k−평균 군집 분석 수행결과를 나타내시오(단, 군집의 수는 3개로 지정한다).

정답 및 해설

군집의 수(centers)를 3으로 가정하여 15개 데이터에 대한 k−평균 군집 분석 수행 결과를 나타내면 다음과 같다. 분석 결과, 3 개의 군집에 각각 3, 7, 5개로 표본이 군집화되었고 세부적으로 군집화 벡터(Clustering Vector)를 보면 15개의 표본이 3개의 군집 중에 하나에 속해 있는 것을 확인할 수 있다.
- 군집 1(3개) : California, Arizona, Florida
- 군집 2(7개) : New Jersey, Rhode Island, Massachusetts, Hawaii, Utah, Connecticut, Ohio
- 군집 3(5개) : New York, Illinois, Nevada, Texas, Colorado

```
> kmeans <- kmeans(data[1:15, 1:4], 3)
> kmeans
K-means clustering with 3 clusters of sizes 3, 7, 5

Cluster means:
     Murder  Assault UrbanPop  Rape
1 10.83333 301.6667 83.66667 34.50
2  4.90000 125.4286 82.28571 17.00
3 10.86000 232.0000 81.60000 32.06

Clustering vector:
   California   New Jersey Rhode Island     New York Massachusetts        Hawaii     Illinois       Nevada      Arizona      Florida
            1            2            2            3            2            2            3            3            1            1
        Texas         Utah     Colorado  Connecticut         Ohio
            3            3            3            2            2

Within cluster sum of squares by cluster:
[1]  1997.240 11007.903  3351.344
 (between_SS / total_SS =  82.3 %)

Available components:

[1] "cluster"      "centers"      "totss"        "withinss"     "tot.withinss" "betweenss"    "size"         "iter"         "ifault"
> summary(kmeans)
             Length Class  Mode
cluster      15     -none- numeric
centers      12     -none- numeric
totss         1     -none- numeric
withinss      3     -none- numeric
tot.withinss  1     -none- numeric
betweenss     1     -none- numeric
size          3     -none- numeric
iter          1     -none- numeric
ifault        1     -none- numeric
```

03 MASS 패키지에서 제공되는 Boston은 보스턴 지역의 주택관련 데이터이다. (crim, rm, tax, ptratio, medv) 변수들에 대한 군집 분석 수행결과를 나타내시오[단, 범죄율(crim)이 높은 상위 15개의 데이터를 이용한다].

(1) 유클리디안 거리를 이용하여 계층적 군집 분석 결과(주거특성에 따른 6가지 군집 분석)를 덴드로그램으로 나타내시오.

(2) 군집의 수를 3으로 지정하여 k−평균 군집 분석을 수행하고 덴드로그램 분석 결과(계층적 군집 분석)와 서로 비교하시오.

- crim : 범죄율(자치시별 1인 기준)
- zn : 25,000평방 피트 초과 거주지역 비율
- indus : 비소매 상업지역 면적(비율)
- chas : 찰스 강의 경계에 위치한 경우는 1, 아니면 0
- nox : 일산화질소 농도
- rm : 주택당 방수
- age : 1940년 이전에 건축된 주택의 비율
- dis : 직업센터의 거리
- rad : 방사형 고속도로까지의 거리
- tax : 재산세율
- ptratio : 학생/교수 비율
- black : 인구 중 흑인 비율
- lstat : 인구 중하위 계층 비율
- medv : 본인 소유의 주택가격(중앙값, $1000)

```
> install.packages("MASS")
--- 현재 세션에서 사용할 CRAN 미러를 선택해 주세요 ---
URL 'https://cran.yu.ac.kr/bin/windows/contrib/4.2/MASS_7.3-58.zip'을 시도합니다
Content type 'application/zip' length 1172894 bytes (1.1 MB)
downloaded 1.1 MB

패키지 'MASS'를 성공적으로 압축해제하였고 MD5 sums 이 확인되었습니다

다운로드된 바이너리 패키지들은 다음의 위치에 있습니다
        C:\Users\Public\Documents\ESTsoft\CreatorTemp\RtmpuEE9ye\downloaded_packages
> library(MASS)
```

```
> head(Boston)
     crim zn indus chas   nox    rm  age    dis rad tax ptratio  black lstat medv
1 0.00632 18  2.31    0 0.538 6.575 65.2 4.0900   1 296    15.3 396.90  4.98 24.0
2 0.02731  0  7.07    0 0.469 6.421 78.9 4.9671   2 242    17.8 396.90  9.14 21.6
3 0.02729  0  7.07    0 0.469 7.185 61.1 4.9671   2 242    17.8 392.83  4.03 34.7
4 0.03237  0  2.18    0 0.458 6.998 45.8 6.0622   3 222    18.7 394.63  2.94 33.4
5 0.06905  0  2.18    0 0.458 7.147 54.2 6.0622   3 222    18.7 396.90  5.33 36.2
6 0.02985  0  2.18    0 0.458 6.430 58.7 6.0622   3 222    18.7 394.12  5.21 28.7
> summary(Boston)
      crim                zn             indus            chas               nox               rm
 Min.   : 0.00632   Min.   :  0.00   Min.   : 0.46   Min.   :0.00000   Min.   :0.3850   Min.   :3.561
 1st Qu.: 0.08205   1st Qu.:  0.00   1st Qu.: 5.19   1st Qu.:0.00000   1st Qu.:0.4490   1st Qu.:5.886
 Median : 0.25651   Median :  0.00   Median : 9.69   Median :0.00000   Median :0.5380   Median :6.208
 Mean   : 3.61352   Mean   : 11.36   Mean   :11.14   Mean   :0.06917   Mean   :0.5547   Mean   :6.285
 3rd Qu.: 3.67708   3rd Qu.: 12.50   3rd Qu.:18.10   3rd Qu.:0.00000   3rd Qu.:0.6240   3rd Qu.:6.623
 Max.   :88.97620   Max.   :100.00   Max.   :27.74   Max.   :1.00000   Max.   :0.8710   Max.   :8.780
      age              dis              rad              tax            ptratio           black
 Min.   :  2.90   Min.   : 1.130   Min.   : 1.000   Min.   :187.0   Min.   :12.60   Min.   :  0.32
 1st Qu.: 45.02   1st Qu.: 2.100   1st Qu.: 4.000   1st Qu.:279.0   1st Qu.:17.40   1st Qu.:375.38
 Median : 77.50   Median : 3.207   Median : 5.000   Median :330.0   Median :19.05   Median :391.44
 Mean   : 68.57   Mean   : 3.795   Mean   : 9.549   Mean   :408.2   Mean   :18.46   Mean   :356.67
 3rd Qu.: 94.08   3rd Qu.: 5.188   3rd Qu.:24.000   3rd Qu.:666.0   3rd Qu.:20.20   3rd Qu.:396.23
 Max.   :100.00   Max.   :12.127   Max.   :24.000   Max.   :711.0   Max.   :22.00   Max.   :396.90
     lstat            medv
 Min.   : 1.73   Min.   : 5.00
 1st Qu.: 6.95   1st Qu.:17.02
 Median :11.36   Median :21.20
 Mean   :12.65   Mean   :22.53
 3rd Qu.:16.95   3rd Qu.:25.00
 Max.   :37.97   Max.   :50.00
```

📖 정답 및 해설

(1) order( ) 명령어로 범죄율 상위 15개의 데이터를 추출하고, 분석 대상의 항목을 데이터(data)에 저장한다. dist( )로 항목별 유클리디안 거리를 구하고 hclust( ), plot( )으로 군집 결과를 확인한다.

```
> data <- Boston[order(-Boston$crim),]
> data <- data[1:15,]
> data <- subset(data, select=c(crim, rm, tax, ptratio, medv))
> data
        crim    rm tax ptratio medv
381 88.9762 6.968 666    20.2 10.4
419 73.5341 5.957 666    20.2  8.8
406 67.9208 5.683 666    20.2  5.0
411 51.1358 5.757 666    20.2 15.0
415 45.7461 4.519 666    20.2  7.0
405 41.5292 5.531 666    20.2  8.5
399 38.3518 5.453 666    20.2  5.0
428 37.6619 6.202 666    20.2 10.9
414 28.6558 5.155 666    20.2 16.3
418 25.9406 5.304 666    20.2 10.4
401 25.0461 5.987 666    20.2  5.6
404 24.8017 5.349 666    20.2  8.3
387 24.3938 4.652 666    20.2 10.5
379 23.6482 6.380 666    20.2 13.1
388 22.5971 5.000 666    20.2  7.4
```

```
> dx <- dist(data, method="euclidean")
> dx
             381        419        406        411        415        405        399        428        414        418        401        404        387        379
419   15.557653
406   21.774781   6.784115
411   38.138201  23.241425  19.538211
415   43.432697  27.883342  22.295116   9.725303
405   47.506766  32.009141  26.623104  11.601200   4.588724
399   50.934125  35.390511  29.569895  16.233394   7.716737   4.727785
428   51.322453  35.934451  30.833105  14.090919   9.132184   4.600679   5.987233
414   60.635366  45.507747  40.862073  22.525603  19.467225  15.056753  14.892657  10.553011
418   63.057559  47.624864  42.327779  25.615685  20.110546  15.705603  13.535881  11.766277   6.496500
401   64.117549  48.593488  42.879976  27.732388  20.799159  16.742477  13.329922  13.685563  11.323081   4.930174
404   64.229258  48.738757  43.246484  27.176116  21.001114  16.729686  13.946542  13.148093   8.882101   2.389376   2.785099
387   64.623991  49.187012  43.885222  27.140479  21.637662  17.274101  15.023893  13.364317   7.215099   1.681575   5.120324   2.343542
379   65.386415  50.072667  45.012875  27.560230  22.999784  18.482721  16.812649  14.186454   6.067675   3.701739   7.639278   5.043166   3.209658
388   66.475995  50.965222  45.392337  29.543027  23.157452  18.971462  15.942891  15.512672  10.767631   4.502378   3.195586   2.406670   3.599894   5.958121
```

```
> r1 <- hclust(dx, method="single")
> r2 <- hclust(dx, method="complete")
> r3 <- hclust(dx, method="average")
> r4 <- hclust(dx, method="centroid")
> r5 <- hclust(dx, method="median")
> r6 <- hclust(dx, method="ward.D")
```

```
> par(mfrow=c(3,2))
> plot(r1, hang=-1, main="Single")
> plot(r2, hang=-1, main="Complete")
> plot(r3, hang=-1, main="Average")
> plot(r4, hang=-1, main="Centroid")
> plot(r5, hang=-1, main="Median")
> plot(r6, hang=-1, main="Ward")
```

(2) kmeans( ) 함수를 이용하여 3개의 군집 결과(7개, 5개, 3개)를 확인한다.

```
> kmeans <- kmeans(data, 3)
> kmeans
K-means clustering with 3 clusters of sizes 7, 5, 3

Cluster means:
       crim       rm tax ptratio       medv
1 25.01190 5.403857 666    20.2 10.228571
2 42.88496 5.492400 666    20.2  9.280000
3 76.81037 6.202667 666    20.2  8.066667

Clustering vector:
381 419 406 411 415 405 399 428 414 418 401 404 387 379 388
  3   3   3   2   2   2   2   2   1   1   1   1   1   1   1

Within cluster sum of squares by cluster:
[1] 102.7093 186.9226 254.0686
 (between_SS / total_SS =  91.2 %)

Available components:

[1] "cluster"      "centers"      "totss"        "withinss"     "tot.withinss" "betweenss"    "size"         "iter"         "ifault"
```

제9장

k-NN 분류 분석

1 k-NN의 이해

(1) k−NN 분류분석을 위해 아래와 같은 패키지를 이용한다. DMwR(Data Mining with R) 패키지가 필요하나 현재 CRAN repository에서 제외되어, install.packages("DMwR")를 이용한 패키지 설치가 불가능하다. 따라서 의존 패키지들을 먼저 설치한 후, DMwR 패키지를 설치한다. 의존 패키지(dependent packages)란 DMwR 패키지를 동작하기 위해 사전에 요구되는 패키지이다.

install.packages("abind")	
install.packages("zoo")	
install.packages("xts")	#DMwR 패키지의 의존 패키지
install.packages("quantmod")	
install.packages("ROCR")	
install.packages("https://cran.r−project.org/src/contrib/Archive/DMwR/DMwR_0.4.1.tar.gz", repos=NULL, type="source")	#DMwR패키지
install.packages("caret")	#혼동행렬(confusionMatrix) 분석
install.packages("pROC")	#ROC 곡선 작성
install.packages("mlbench")	#데이터세트(PimaIndiansDiabetes, Ionosphere) 이용
library(abind)	−
library(zoo)	−
library(xts)	−
library(quantmod)	−
library(ROCR)	−
library(DMwR)	−
library(caret)	−
library(pROC)	−
library(mlbench)	−

(2) k−최근접 이웃 분석 또는 k−NN(k−Nearest Neighbor)은 분류에 사용되는 비모수 방식(nonparametric method, 모집단에 대한 정보가 없는 경우 사용되는 모수 추정 방법)으로 새로운 데이터가 들어왔을 때 기존 데이터의 그룹 중 어떤 그룹에 속하는지를 분류한다.

(3) 아래 그림에서처럼 가장 가까운 대상 3개(k=3인 경우)를 선택하여 각 그룹에 포함된 대상의 개수를 구하고 그 값이 큰 그룹으로 분류한다. 일반적으로 k는 홀수값을 이용한다.

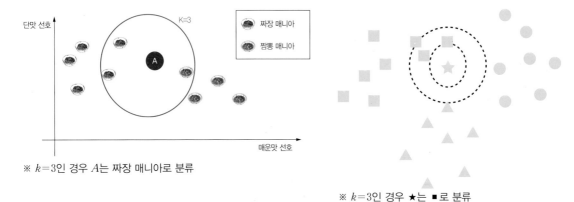

※ k=3인 경우 A는 짜장 매니아로 분류

※ k=3인 경우 ★는 ■로 분류

[k-NN 분류 방법]

(4) k-NN은 분류 알고리즘이 비교적 간단하여 구현하기 쉽고 수치형 자료의 분류 작업에서 성능이 우수하다. 그러나 데이터 양이 많으면 분류 속도가 기하급수적으로 느려지는 단점이 있다.

(5) k값은 분류에 영향을 주는 주변의 개수이다. 일반적으로 k의 값이 커지면 이상적인 분류를 할 수 있으나, 너무 많은 분류 작업을 수행해야 하므로 분류 자체가 불가능한 경우가 발생한다. 따라서 k의 값을 최적화하여야 하는 문제가 있다.

2 k-NN 분석모형

(1) k-NN 분류분석을 위해 사용되는 함수는 knn( )이다. knn( ) 함수의 사용 형식은 다음과 같다. 훈련 데이터(train)를 이용하고 독립변수 값을 이용하여 종속변수를 분류(예측)하기 위한 k-NN 분류 분석모형을 구축한다.

> **knn(train, test, cl, k, l, prob=, use.all=)**
> • train : 훈련 데이터
> • test : 검증 데이터
> • cl : 훈련 데이터의 그룹 정보(factor)
> • k : k값
> • l : 명확한 결정(분류)을 위한 최소 유효 수
> • prob : 당첨 비율 반환값
> • use.all : k번째의 최댓값에 해당하는 거리 포함 여부

(2) 분류분석의 예로서 iris[꽃잎 및 꽃받침의 길이와 너비에 따른 붓꽃의 품종(Species) 분류] 데이터를 이용하여 훈련 데이터(train, 70%, 105개)와 검증 데이터(test, 30%, 45개)를 구성한다.

```
> id <- sample(1:nrow(iris), as.integer(0.7*nrow(iris)))
> train <- iris[id, ]
> test <- iris[-id, ]
> nrow(train)
[1] 105
> nrow(test)
[1] 45
```

(3) knn( ) 함수로 모형을 구축하며, 훈련 데이터(train[,1:4], 검증 데이터(test[,1:4]), 훈련 데이터 그룹 정보 (train[,5]), k=3, prob=TRUE(분류결과에 포함)로 지정한다.

```
> k <- 3
> model <- knn(train[,1:4], test[,1:4], train[,5], k=3, prob=TRUE)
> model
 [1] setosa     setosa     setosa     setosa     setosa     setosa     setosa     setosa     setosa     setosa     setosa     setosa     setosa     setosa     setosa     setosa
[17] setosa     versicolor versicolor versicolor versicolor versicolor versicolor versicolor virginica  versicolor versicolor versicolor versicolor versicolor versicolor versicolor
[33] virginica  virginica  virginica  virginica  virginica  virginica  virginica  virginica  virginica  virginica  virginica  virginica  virginica
attr(,"prob")
 [1] 1.0000000 1.0000000 1.0000000 1.0000000 1.0000000 1.0000000 1.0000000 1.0000000 1.0000000 1.0000000 1.0000000 1.0000000 1.0000000 1.0000000 1.0000000 1.0000000
[18] 1.0000000 0.6666667 1.0000000 0.7500000 1.0000000 1.0000000 1.0000000 1.0000000 1.0000000 1.0000000 1.0000000 1.0000000 1.0000000 1.0000000 1.0000000 1.0000000
[35] 1.0000000 1.0000000 1.0000000 1.0000000 0.6666667 1.0000000 1.0000000 1.0000000 1.0000000 1.0000000 0.6666667
Levels: setosa versicolor virginica
> summary(model)
    setosa versicolor  virginica
        17         14         14
> str(model)
 Factor w/ 3 levels "setosa","versicolor",..: 1 1 1 1 1 1 1 1 1 1 ...
 - attr(*, "prob")= num [1:45] 1 1 1 1 1 1 1 1 1 1 ...
```

(4) 검증용 데이터(test)를 이용하여 구축된 모형의 성능을 평가한다. (실젯값, 예측값)=(new$actual, new$predict)를 new 데이터 프레임에 저장하고 행과 열의 이름을 저장(names( ), dimnames( ) 이용)한다. 정확도 평가 결과 정확도=95.6%, 에러율=4.4%이다.

```
> new <- data.frame(actual = test$Species)
> new$predict <- model
> table <- table(new$predict, new$actual)
> names(dimnames(table)) <- c("Predicted", "Actual(Observed)")
> table
           Actual(Observed)
Predicted   setosa versicolor virginica
  setosa        17          0         0
  versicolor     0         13         1
  virginica      0          1        13
>
> accuracy <- sum(sum(diag(table))) / nrow(test) * 100
> accuracy
[1] 95.55556
> error <- 100 - accuracy
> error
[1] 4.444444
```

(5) "caret" 패키지 설치 후, 혼동행렬(confusionMatrix( ))을 이용하여 구한 Accuracy(정확도)=95.6이다.

```
> confusionMatrix(table)
Confusion Matrix and Statistics

            Actual(Observed)
Predicted   setosa versicolor virginica
  setosa       17          0         0
  versicolor    0         13         1
  virginica     0          1        13

Overall Statistics

               Accuracy : 0.9556
                 95% CI : (0.8485, 0.9946)
    No Information Rate : 0.3778
    P-Value [Acc > NIR] : 2.61e-16

                  Kappa : 0.933

 Mcnemar's Test P-Value : NA

Statistics by Class:

                     Class: setosa Class: versicolor Class: virginica
Sensitivity                 1.0000            0.9286           0.9286
Specificity                 1.0000            0.9677           0.9677
Pos Pred Value              1.0000            0.9286           0.9286
Neg Pred Value              1.0000            0.9677           0.9677
Prevalence                  0.3778            0.3111           0.3111
Detection Rate              0.3778            0.2889           0.2889
Detection Prevalence        0.3778            0.3111           0.3111
Balanced Accuracy           1.0000            0.9482           0.9482
```

(6) "pROC" 패키지 설치 후, ROC 곡선과 AUC 값을 구한다. AUC=1로서 구축된 모형의 분류 성능이 우수하다.

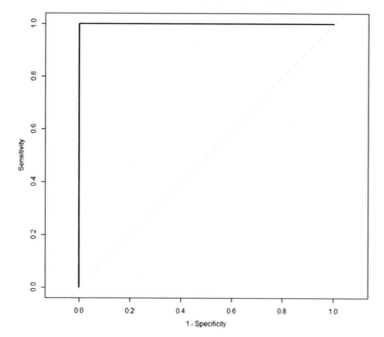

```
> plot.roc(new$actual, as.integer(new$predict), legacy.axes=TRUE)
```

```
> result <- roc(new$actual, as.integer(new$predict))
Setting levels: control = setosa, case = versicolor
Setting direction: controls < cases

> result

Call:
roc.default(response = new$actual, predictor = as.integer(new$predict))

Data: as.integer(new$predict) in 17 controls (new$actual setosa) < 14 cases (new$actual versicolor).
Area under the curve: 1
> names(result)
 [1] "percent"           "sensitivities"     "specificities"     "thresholds"        "direction"         "cases"             "controls"          "fun.sesp"
 [9] "auc"               "call"              "original.predictor" "original.response" "predictor"         "response"          "levels"
> result$auc
Area under the curve: 1
```

(7) 신규 자료, (Sepal.Length, Sepal.Width, Petal.Length, Petal.Width)＝(5.1, 3.7, 1.5, 0.3)에 대한 kNN 분류 결과(Species＝setosa 품종으로 분류)는 다음과 같다.

```
> head(iris)
  Sepal.Length Sepal.Width Petal.Length Petal.Width Species
1          5.1         3.5          1.4         0.2  setosa
2          4.9         3.0          1.4         0.2  setosa
3          4.7         3.2          1.3         0.2  setosa
4          4.6         3.1          1.5         0.2  setosa
5          5.0         3.6          1.4         0.2  setosa
6          5.4         3.9          1.7         0.4  setosa
>
> newdata <- data.frame(5.1, 3.7, 1.5, 0.3)
> names(newdata) <- c("Sepal.Width", "Sepal.Length", "Petal.Width", "Petal.Length")
> newdata
  Sepal.Width Sepal.Length Petal.Width Petal.Length
1         5.1          3.7         1.5          0.3
>
> predict_newdata <- knn(train[,1:4], newdata[,1:4], train[,5], k=3, prob=TRUE)
> predict_newdata
[1] setosa
attr(,"prob")
[1] 1
Levels: setosa versicolor virginica
```

01 "mlbench" 패키지에서 제공하는 데이터(PimaIndiansDiabetes, 피마 인디언 당뇨 발생 여부 관련 데이터)를 이용하여 이항형 변수(당뇨병 발생, diabetes="pos" 혹은 "neg")에 대한 kNN 모형(k−Nearest Neighbor, k−최근접 이웃 분석)의 성능을 평가하시오.

(1) knn( ) 함수를 이용하여 kNN(k−Nearest Neighbor, k−최근접 이웃 분석) 분석모형을 구축하시오(단, 전체 데이터의 70%를 훈련용으로, 나머지 30%를 검증용 데이터로 이용하고 k=2로 지정한다).

(2) 구축된 모형을 이용하여 검증용 데이터에 대하여 (실젯값, 예측값)을 new 데이터 프레임으로 저장하고 이를 "생년월일.csv" 파일로 저장하시오. new 데이터 프레임을 이용하여 table( ) 함수로 비교표를 작성하고 정확도(Accuracy)를 구하시오.

(3) "caret" 패키지를 설치하여 혼동행렬(Confusion Matrix)을 구하고 정확도를 출력하여 위의 결과와 비교하시오.

(4) "pROC" 패키지를 설치하여 ROC 곡선을 시각화로 나타내고 AUC 값을 출력하시오.

(5) (pregnant, glucose, pressure, triceps, insulin, mass, pedigree, age)=(4, 120, 70, 21, 80, 32, 0.5, 35) 값에 대한 kNN 분류 결과를 출력하시오.

- 9개의 변수
  - pregnant : 임신 횟수
  - glucose : 포도당 부하 검사 수치(혈당 농도)
  - pressure : 최소 혈압(mm Hg)
  - triceps : 피하지방 측정값(mm)
  - insulin : 혈청 인슐린 측정값(mm U/ml)
  - mass : 체질량 지수(BMI＝몸무게(kg)/키(m2))
  - pedigree : 당뇨 내역 가중치 값
  - age : 나이
  - diabetes : 당뇨 여부(pos(1, 양성) 또는 neg(0, 음성))
- 총 768개의 데이터 : 양성(pos)＝268, 음성(neg)＝500개의 데이터로 구성

```
> data(PimaIndiansDiabetes)
> data <- data.frame(PimaIndiansDiabetes)
> head(data)
  pregnant glucose pressure triceps insulin mass pedigree age diabetes
1        6     148       72      35       0 33.6    0.627  50      pos
2        1      85       66      29       0 26.6    0.351  31      neg
3        8     183       64       0       0 23.3    0.672  32      pos
4        1      89       66      23      94 28.1    0.167  21      neg
5        0     137       40      35     168 43.1    2.288  33      pos
6        5     116       74       0       0 25.6    0.201  30      neg
> summary(data)
    pregnant         glucose         pressure         triceps         insulin           mass
 Min.   : 0.000   Min.   :  0.0   Min.   :  0.00   Min.   : 0.00   Min.   :  0.0   Min.   : 0.00
 1st Qu.: 1.000   1st Qu.: 99.0   1st Qu.: 62.00   1st Qu.: 0.00   1st Qu.:  0.0   1st Qu.:27.30
 Median : 3.000   Median :117.0   Median : 72.00   Median :23.00   Median : 30.5   Median :32.00
 Mean   : 3.845   Mean   :120.9   Mean   : 69.11   Mean   :20.54   Mean   : 79.8   Mean   :31.99
 3rd Qu.: 6.000   3rd Qu.:140.2   3rd Qu.: 80.00   3rd Qu.:32.00   3rd Qu.:127.2   3rd Qu.:36.60
 Max.   :17.000   Max.   :199.0   Max.   :122.00   Max.   :99.00   Max.   :846.0   Max.   :67.10
    pedigree           age         diabetes
 Min.   :0.0780   Min.   :21.00   neg:500
 1st Qu.:0.2437   1st Qu.:24.00   pos:268
 Median :0.3725   Median :29.00
 Mean   :0.4719   Mean   :33.24
 3rd Qu.:0.6262   3rd Qu.:41.00
 Max.   :2.4200   Max.   :81.00
> dim(data)
[1] 768   9
```

(1) 70%의 데이터를 훈련용(train), 30%의 데이터를 검증용(test)으로 분류하고, knn( ) 함수를 이용하여 kNN 모형을 구축 (model)한다. 전체 231개의 검증용 데이터에 대하여 음성(neg)=156개, 양성(pos)=75개로 분류하였다.

```
> id <- sample(1:nrow(data), as.integer(0.7*nrow(data)))
> train <- data[id, ]
> test <- data[-id, ]
>
> model <- knn(train[,1:8], test[,1:8], train[,9], k=2, prob=TRUE)
> model
  [1] neg neg neg pos neg neg pos neg neg neg neg neg pos neg neg pos pos pos pos neg pos neg neg neg neg neg pos neg neg neg pos neg neg neg neg
 [41] neg neg neg neg neg neg neg pos neg neg pos neg neg neg neg neg neg neg pos neg pos neg neg neg neg neg neg neg neg neg neg neg neg neg neg
 [81] neg neg pos neg neg neg neg pos neg neg neg neg pos neg neg neg neg pos pos neg neg neg pos neg neg neg pos neg neg pos neg pos neg neg pos pos
[121] pos neg neg neg neg neg neg neg neg neg pos neg neg neg neg neg neg neg neg pos pos neg pos pos neg pos neg neg neg neg neg pos neg neg pos pos
[161] neg neg neg neg neg neg neg neg neg neg pos pos neg neg pos neg pos neg neg neg neg neg neg pos neg neg neg pos neg neg neg pos neg pos neg neg
[201] neg neg neg neg neg neg neg neg neg neg neg neg neg pos neg neg pos neg neg pos neg neg pos neg pos neg neg neg
attr(,"prob")
  [1] 0.5 0.5 1.0 1.0 1.0 1.0 0.5 1.0 0.5 1.0 1.0 1.0 1.0 1.0 1.0 0.5 0.5 1.0 0.5 0.5 0.5 0.5 1.0 1.0 1.0 1.0 1.0 1.0 1.0 0.5 1.0 1.0 0.5 1.0 1.0 1.0
 [41] 0.5 1.0 1.0 1.0 1.0 1.0 1.0 1.0 1.0 1.0 0.5 1.0 1.0 1.0 0.5 0.5 1.0 0.5 0.5 0.5 0.5 1.0 1.0 1.0 1.0 1.0 1.0 1.0 0.5 1.0 1.0 1.0 1.0 1.0 0.5 1.0
 [81] 1.0 1.0 1.0 1.0 1.0 1.0 1.0 0.5 1.0 1.0 1.0 1.0 0.5 1.0 0.5 0.5 1.0 0.5 0.5 1.0 1.0 1.0 1.0 1.0 1.0 0.5 1.0 1.0 1.0 1.0 1.0 0.5 1.0 1.0 0.5 1.0
[121] 0.5 0.5 1.0 0.5 1.0 0.5 1.0 0.5 1.0 0.5 0.5 1.0 1.0 1.0 1.0 1.0 0.5 1.0 1.0 0.5 1.0 0.5 1.0 1.0 0.5 1.0 0.5 1.0 1.0 1.0 1.0 1.0 1.0 1.0 1.0 1.0
[161] 0.5 1.0 0.5 1.0 1.0 1.0 1.0 1.0 0.5 0.5 1.0 0.5 1.0 0.5 0.5 1.0 1.0 1.0 1.0 0.5 1.0 0.5 1.0 0.5 1.0 1.0 0.5 1.0 1.0 1.0 1.0 1.0 1.0 1.0 1.0
[201] 1.0 1.0 1.0 1.0 0.5 1.0 0.5 0.5 0.5 0.5 0.5 0.5 0.5 1.0 1.0 1.0 0.5 1.0 1.0 0.5 1.0 0.5 0.5 0.5 1.0 1.0 1.0
Levels: neg pos
> summary(model)
neg pos
156  75
> str(model)
 Factor w/ 2 levels "neg","pos": 1 1 1 2 1 1 2 1 1 1 ...
 - attr(*, "prob")= num [1:231] 0.5 0.5 1 1 1 0.5 1 0.5 1 1 ...
```

(2) 검증용 데이터(test)에 대한 (실젯값, 예측값)을 new 데이터 프레임에 저장하고 이 결과를 984015.csv로 저장한다. View( ) 수행결과를 통해 최종적인 예측결과를 확인한다. 정확도=62.34%이다.

```
> new <- data.frame(actual = test$diabetes)
> new$predict <- model
> table <- table(new$predict, new$actual)
> names(dimnames(table)) <- c("Predicted", "Actual(Observed)")
> table
          Actual(Observed)
Predicted neg pos
      neg 112  44
      pos  43  32
>
> setwd("C:/workr")
> write.csv(new, "980415.csv")
> result <- read.csv("980415.csv", header=T)
> View(result)
```

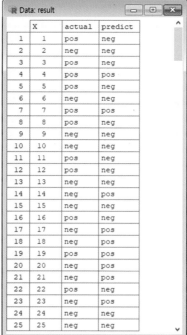

```
> accuracy <- sum(sum(diag(table))) / nrow(test) * 100
> accuracy
[1] 62.33766
> error <- 100 - accuracy
> error
[1] 37.66234
```

(3) confusionMatrix( ) 수행 결과 정확도＝62.34%이다.

```
> confusionMatrix(table)
Confusion Matrix and Statistics

          Actual(Observed)
Predicted neg pos
     neg 112  44
     pos  43  32

                Accuracy : 0.6234
                  95% CI : (0.5575, 0.6861)
     No Information Rate : 0.671
     P-Value [Acc > NIR] : 0.9451

                   Kappa : 0.1441

 Mcnemar's Test P-Value : 1.0000

             Sensitivity : 0.7226
             Specificity : 0.4211
          Pos Pred Value : 0.7179
          Neg Pred Value : 0.4267
              Prevalence : 0.6710
          Detection Rate : 0.4848
    Detection Prevalence : 0.6753
       Balanced Accuracy : 0.5718

        'Positive' Class : neg
```

(4) plot.roc( ) 함수를 이용하여 ROC 곡선을 작성하고, roc( ) 수행 결과, AUC＝0.5718로 다소 성능이 부족한 분류모형으로
평가된다.

```
> plot.roc(new$actual, as.integer(new$predict), legacy.axes=TRUE)
```

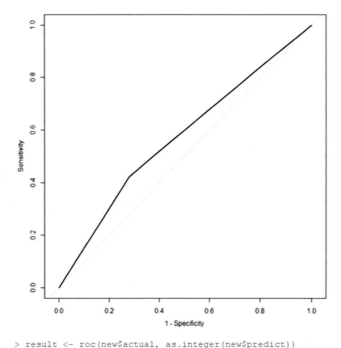

```
> result <- roc(new$actual, as.integer(new$predict))
Setting levels: control = neg, case = pos
Setting direction: controls < cases
> result

Call:
roc.default(response = new$actual, predictor = as.integer(new$predict))

Data: as.integer(new$predict) in 155 controls (new$actual neg) < 76 cases (new$actual pos).
Area under the curve: 0.5718
> result$auc
Area under the curve: 0.5718
```

(5) 신규 자료, (pregnant, glucose, pressure, triceps, insulin, mass, pedigree, age)＝(4, 120, 70, 21, 80, 32, 0.5, 35)에
대한 k－NN 분류 결과[diabetes＝pos(양성)으로 분류]는 다음과 같다.

```
> newdata <- data.frame(4, 120, 70, 21, 80, 32, 0.5, 35)
> names(newdata) <- c("pregnant", "glucose", "pressure", "triceps", "insulin", "mass", "pedigree", "age")
> newdata
  pregnant glucose pressure triceps insulin mass pedigree age
1        4     120       70      21      80   32      0.5  35
>
> predict_newdata <- knn(train[,1:8], newdata[,1:8], train[,9], k=2, prob=TRUE)
> predict_newdata
[1] pos
attr(,"prob")
[1] 0.5
Levels: neg pos
```

02 "mlbench" 패키지에서 제공하는 Ionosphere는 대기의 이온층(전리층) 상태(good, bad)를 34가지 항목 (V1~V34)을 기준으로 분류한 데이터이다. (V1, V2)를 제외한 데이터(V3~V34)를 이용하여 이온층의 상태 (Class)를 kNN 분석모형을 이용하여 분류하시오.

(1) knn( ) 함수를 이용하여 kNN(k−Nearest Neighbor, k−최근접 이웃 분석) 분석모형을 구축하시오(단, 전체 데 이터의 70%를 훈련용으로, 나머지 30%를 검증용 데이터로 이용하고 k=2로 지정한다).

(2) 구축된 모형을 이용하여 검증용 데이터에 대하여 (실젯값, 예측값)을 new 데이터 프레임으로 저장하고 이를 "생년 월일.csv" 파일로 저장하시오. new 데이터 프레임을 이용하여 table( ) 함수로 비교표를 작성하고 정확도 (Accuracy)를 구하시오.

(3) "caret" 패키지를 설치하여 혼동행렬(Confusion Matrix)을 구하고 정확도를 출력하여 위의 결과와 비교하시오.

(4) "pROC" 패키지를 설치하여 ROC 곡선을 시각화로 나타내고 AUC 값을 출력하시오.

(5) V3~V34의 값들에 대한 중위수(Median)를 구하고 이들 값에 대한 k−NN 분류 결과를 출력하시오.

```
> data(Ionosphere)
> data <- data.frame(Ionosphere)
> head(data)
  V1 V2      V3       V4      V5       V6       V7       V8       V9     V10     V11      V12      V13      V14
1  1  0 0.99539 -0.05889 0.85243  0.02306  0.83398 -0.37708  1.00000 0.03760 0.85243 -0.17755  0.59755 -0.44945
2  1  0 1.00000 -0.18829 0.93035 -0.36156 -0.10868 -0.93597  1.00000 -0.04549 0.50874 -0.67743  0.34432 -0.69707
3  1  0 1.00000 -0.03365 1.00000  0.00485  1.00000 -0.12062  0.88965 0.01198 0.73082  0.05346  0.85443  0.00827
4  1  0 1.00000 -0.45161 1.00000  1.00000  0.71216 -1.00000  0.00000 0.00000 0.00000  0.00000  0.00000  0.00000
5  1  0 1.00000 -0.02401 0.94140  0.06531  0.92106 -0.23255  0.77152 -0.16399 0.52798 -0.20275  0.56409 -0.00712
6  1  0 0.02337 -0.00592 -0.09924 -0.11949 -0.00763 -0.11824  0.14706 0.06637 0.03786 -0.06302  0.00000  0.00000
      V15      V16     V17      V18     V19      V20      V21      V22      V23      V24      V25      V26
1  0.60536 -0.38223 0.84356 -0.38542 0.58212 -0.32192  0.56971 -0.29674  0.36946 -0.47357  0.56811 -0.51171
2 -0.51685 -0.97515 0.05499 -0.62237 0.33109 -1.00000 -0.13151 -0.45300 -0.18056 -0.35734 -0.20332 -0.26569
3  0.54591  0.00299 0.83775 -0.13644 0.75535 -0.08540  0.70887 -0.27502  0.43385 -0.12062  0.57528 -0.40220
4 -1.00000  0.14516 0.54094 -0.39330 -1.00000 -0.54467 -0.69975  1.00000  0.00000  0.00000  1.00000  0.90695
5  0.34395 -0.27457 0.52940 -0.21780 0.45107 -0.17813  0.05982 -0.35575  0.02309 -0.52879  0.03286 -0.65158
6 -0.04572 -0.15540 -0.00343 -0.10196 -0.11575 -0.05414  0.01838  0.03669  0.01519  0.00888  0.03513 -0.01535
      V27      V28     V29      V30      V31      V32      V33      V34 Class
1  0.41078 -0.46168 0.21266 -0.34090  0.42267 -0.54487  0.18641 -0.45300  good
2 -0.20468 -0.18401 -0.19040 -0.11593 -0.16626 -0.06288 -0.13738 -0.02447   bad
3  0.58984 -0.22145 0.43100 -0.17365  0.60436 -0.24180  0.56045 -0.38238  good
4  0.51613  1.00000 1.00000 -0.20099  0.25682  1.00000 -0.32382  1.00000   bad
5  0.13290 -0.53206 0.02431 -0.62197 -0.05707 -0.59573 -0.04608 -0.65697  good
6 -0.03240  0.09223 -0.07859  0.00732  0.00000  0.00000 -0.00039  0.12011   bad
> data <- subset(data, select=c(-V1, -V2))
> head(data)
       V3       V4      V5       V6       V7       V8       V9     V10     V11      V12      V13      V14     V15
1 0.99539 -0.05889 0.85243  0.02306  0.83398 -0.37708 1.00000 0.03760 0.85243 -0.17755  0.59755 -0.44945  0.60536
2 1.00000 -0.18829 0.93035 -0.36156 -0.10868 -0.93597 1.00000 -0.04549 0.50874 -0.67743  0.34432 -0.69707 -0.51685
3 1.00000 -0.03365 1.00000  0.00485  1.00000 -0.12062 0.88965 0.01198 0.73082  0.05346  0.85443  0.00827  0.54591
4 1.00000 -0.45161 1.00000  1.00000  0.71216 -1.00000 0.00000 0.00000 0.00000  0.00000  0.00000  0.00000 -1.00000
5 1.00000 -0.02401 0.94140  0.06531  0.92106 -0.23255 0.77152 -0.16399 0.52798 -0.20275  0.56409 -0.00712  0.34395
6 0.02337 -0.00592 -0.09924 -0.11949 -0.00763 -0.11824 0.14706 0.06637 0.03786 -0.06302  0.00000  0.00000 -0.04572
       V16     V17      V18     V19      V20      V21      V22      V23      V24      V25      V26      V27
1 -0.38223 0.84356 -0.38542 0.58212 -0.32192  0.56971 -0.29674  0.36946 -0.47357  0.56811 -0.51171  0.41078
2 -0.97515 0.05499 -0.62237 0.33109 -1.00000 -0.13151 -0.45300 -0.18056 -0.35734 -0.20332 -0.26569 -0.20468
3  0.00299 0.83775 -0.13644 0.75535 -0.08540  0.70887 -0.27502  0.43385 -0.12062  0.57528 -0.40220  0.58984
4  0.14516 0.54094 -0.39330 -1.00000 -0.54467 -0.69975  1.00000  0.00000  0.00000  1.00000  0.90695  0.51613
5 -0.27457 0.52940 -0.21780 0.45107 -0.17813  0.05982 -0.35575  0.02309 -0.52879  0.03286 -0.65158  0.13290
6 -0.15540 -0.00343 -0.10196 -0.11575 -0.05414  0.01838  0.03669  0.01519  0.00888  0.03513 -0.01535 -0.03240
       V28     V29      V30      V31      V32      V33      V34 Class
1 -0.46168 0.21266 -0.34090  0.42267 -0.54487  0.18641 -0.45300  good
2 -0.18401 -0.19040 -0.11593 -0.16626 -0.06288 -0.13738 -0.02447   bad
3 -0.22145 0.43100 -0.17365  0.60436 -0.24180  0.56045 -0.38238  good
4  1.00000 1.00000 -0.20099  0.25682  1.00000 -0.32382  1.00000   bad
5 -0.53206 0.02431 -0.62197 -0.05707 -0.59573 -0.04608 -0.65697  good
6  0.09223 -0.07859  0.00732  0.00000  0.00000 -0.00039  0.12011   bad
> summary(data)
       V3                V4                V5                V6                V7                V8
 Min.   :-1.0000   Min.   :-1.00000   Min.   :-1.0000   Min.   :-1.0000   Min.   :-1.0000   Min.   :-1.00000
 1st Qu.: 0.4721   1st Qu.:-0.06474   1st Qu.: 0.4127   1st Qu.:-0.0248   1st Qu.: 0.2113   1st Qu.:-0.05484
 Median : 0.8711   Median : 0.01631   Median : 0.8092   Median : 0.0228   Median : 0.7287   Median : 0.01471
 Mean   : 0.6413   Mean   : 0.04437   Mean   : 0.6011   Mean   : 0.1159   Mean   : 0.5501   Mean   : 0.11936
 3rd Qu.: 1.0000   3rd Qu.: 0.19418   3rd Qu.: 1.0000   3rd Qu.: 0.3347   3rd Qu.: 0.9692   3rd Qu.: 0.44567
 Max.   : 1.0000   Max.   : 1.00000   Max.   : 1.0000   Max.   : 1.0000   Max.   : 1.0000   Max.   : 1.00000
       V9               V10               V11               V12               V13              V14
 Min.   :-1.00000   Min.   :-1.00000   Min.   :-1.00000   Min.   :-1.00000   Min.   :-1.0000   Min.   :-1.00000
 1st Qu.: 0.08711   1st Qu.:-0.04807   1st Qu.: 0.02112   1st Qu.:-0.06527   1st Qu.: 0.0000   1st Qu.:-0.07372
 Median : 0.68421   Median : 0.01829   Median : 0.66798   Median : 0.02825   Median : 0.6441   Median : 0.03027
 Mean   : 0.51185   Mean   : 0.18135   Mean   : 0.47618   Mean   : 0.15504   Mean   : 0.4008   Mean   : 0.09341
 3rd Qu.: 0.95324   3rd Qu.: 0.53419   3rd Qu.: 0.95790   3rd Qu.: 0.48237   3rd Qu.: 0.9555   3rd Qu.: 0.37486
 Max.   : 1.00000   Max.   : 1.00000   Max.   : 1.00000   Max.   : 1.00000   Max.   : 1.0000   Max.   : 1.00000
       V15               V16               V17              V18                V19               V20
 Min.   :-1.0000   Min.   :-1.00000   Min.   :-1.0000   Min.   :-1.000000   Min.   :-1.0000   Min.   :-1.00000
 1st Qu.: 0.0000   1st Qu.:-0.08170   1st Qu.: 0.0000   1st Qu.:-0.225690   1st Qu.: 0.0000   1st Qu.:-0.23467
 Median : 0.6019   Median :-0.00000   Median : 0.5909   Median : 0.000000   Median : 0.5762   Median : 0.00000
 Mean   : 0.3442   Mean   : 0.07113   Mean   : 0.3819   Mean   :-0.003617   Mean   : 0.3594   Mean   :-0.02402
 3rd Qu.: 0.9193   3rd Qu.: 0.30897   3rd Qu.: 0.9357   3rd Qu.: 0.195285   3rd Qu.: 0.8993   3rd Qu.: 0.13437
 Max.   : 1.0000   Max.   : 1.00000   Max.   : 1.0000   Max.   : 1.000000   Max.   : 1.0000   Max.   : 1.00000
       V21               V22                V23               V24              V25               V26
 Min.   :-1.0000   Min.   :-1.000000   Min.   :-1.0000   Min.   :-1.00000   Min.   :-1.0000   Min.   :-1.00000
 1st Qu.: 0.0000   1st Qu.:-0.243870   1st Qu.: 0.0000   1st Qu.:-0.36689   1st Qu.: 0.0000   1st Qu.:-0.33239
 Median : 0.4991   Median : 0.000000   Median : 0.5318   Median :-0.00000   Median : 0.5539   Median :-0.01505
 Mean   : 0.3367   Mean   : 0.008296   Mean   : 0.3625   Mean   :-0.05741   Mean   : 0.3961   Mean   :-0.07119
 3rd Qu.: 0.8949   3rd Qu.: 0.188760   3rd Qu.: 0.9112   3rd Qu.: 0.16463   3rd Qu.: 0.9052   3rd Qu.: 0.15676
 Max.   : 1.0000   Max.   : 1.000000   Max.   : 1.0000   Max.   : 1.00000   Max.   : 1.0000   Max.   : 1.00000
       V27               V28               V29              V30               V31              V32
 Min.   :-1.0000   Min.   :-1.00000   Min.   :-1.0000   Min.   :-1.00000   Min.   :-1.0000   Min.   :-1.000000
 1st Qu.: 0.2864   1st Qu.:-0.44316   1st Qu.: 0.0000   1st Qu.:-0.23689   1st Qu.: 0.0000   1st Qu.:-0.242595
 Median : 0.7082   Median :-0.01769   Median : 0.4966   Median :-0.00000   Median : 0.4428   Median : 0.000000
 Mean   : 0.5416   Mean   :-0.06954   Mean   : 0.3784   Mean   :-0.02791   Mean   : 0.3525   Mean   :-0.003794
 3rd Qu.: 0.9999   3rd Qu.: 0.15354   3rd Qu.: 0.8835   3rd Qu.: 0.15407   3rd Qu.: 0.8576   3rd Qu.: 0.200120
 Max.   : 1.0000   Max.   : 1.00000   Max.   : 1.0000   Max.   : 1.00000   Max.   : 1.0000   Max.   : 1.000000
       V33               V34            Class
 Min.   :-1.0000   Min.   :-1.00000   bad :126
 1st Qu.: 0.0000   1st Qu.:-0.16535   good:225
 Median : 0.4096   Median : 0.00000
 Mean   : 0.3494   Mean   : 0.01448
 3rd Qu.: 0.8138   3rd Qu.: 0.17166
 Max.   : 1.0000   Max.   : 1.00000
> dim(data)
[1] 351  33
```

(1) 70%의 데이터를 훈련용(train), 30%의 데이터를 검증용(test)으로 분류하고, knn( ) 함수를 이용하여 kNN 모형을 구축 (model)한다. 전체 106개의 검증용 데이터에 대하여 good＝79, bad＝27개로 분류하였다.

```
> id <- sample(1:nrow(data), as.integer(0.7*nrow(data)))
> train <- data[id, ]
> test <- data[-id, ]
>
> model <- knn(train[,1:32], test[,1:32], train[,33], k=2, prob=TRUE)
> model
  [1] good bad  good good good bad  bad  good good good good good good good good good bad  bad  good bad  good bad  good good good good good bad  good good good
 [32] good good good bad  good good bad  good good good good good good good good bad  bad  bad  good good bad  bad  bad  bad  good bad  good good good bad  bad  good
 [63] good bad  good bad  bad  good good good good good good good bad  bad  good good good good good good good good good bad  good good good good
 [94] good good good good good good good good good good good good good
attr(,"prob")
  [1] 1.0000000 0.5000000 1.0000000 1.0000000 1.0000000 1.0000000 1.0000000 1.0000000 1.0000000 1.0000000 1.0000000 1.0000000 1.0000000 1.0000000 1.0000000
 [16] 1.0000000 0.5000000 0.5000000 1.0000000 1.0000000 1.0000000 1.0000000 1.0000000 1.0000000 1.0000000 1.0000000 1.0000000 0.5000000 1.0000000 0.5000000
 [31] 1.0000000 1.0000000 1.0000000 1.0000000 1.0000000 1.0000000 1.0000000 1.0000000 1.0000000 1.0000000 0.5000000 1.0000000 1.0000000 1.0000000 0.5000000
 [46] 1.0000000 1.0000000 1.0000000 1.0000000 1.0000000 1.0000000 1.0000000 0.5000000 1.0000000 1.0000000 1.0000000 0.5000000 1.0000000 1.0000000 1.0000000
 [61] 1.0000000 1.0000000 1.0000000 0.5000000 1.0000000 1.0000000 1.0000000 1.0000000 1.0000000 1.0000000 1.0000000 1.0000000 1.0000000 1.0000000 1.0000000
 [76] 1.0000000 1.0000000 1.0000000 1.0000000 1.0000000 0.6666667 1.0000000 1.0000000 1.0000000 1.0000000 1.0000000 1.0000000 1.0000000 1.0000000 1.0000000
 [91] 1.0000000 1.0000000 1.0000000 1.0000000 0.5000000 1.0000000 1.0000000 1.0000000 1.0000000 1.0000000 1.0000000 1.0000000 1.0000000 1.0000000 1.0000000
[106] 1.0000000
Levels: bad good
> summary(model)
 bad good
  27   79
> str(model)
 Factor w/ 2 levels "bad","good": 2 1 2 2 2 1 1 2 2 2 ...
 - attr(*, "prob")= num [1:106] 1 0.5 1 1 1 1 1 1 1 1 ...
```

(2) 검증용 데이터(test)에 대한 (실젯값, 예측값)을 new 데이터 프레임에 저장하고 이 결과를 970211.csv로 저장한다. View ( )를 통해 최종적인 예측결과를 확인한다. 정확도＝84.91%이다.

```
> new <- data.frame(actual = test$Class)
> new$predict <- model
> table <- table(new$predict, new$actual)
> names(dimnames(table)) <- c("Predicted", "Actual(Observed)")
> table
          Actual(Observed)
Predicted bad good
     bad   25    2
     good  14   65
>
> setwd("C:/workr")
> write.csv(new, "970211.csv")
> result <- read.csv("970211.csv", header=T)
> View(result)
```

```
> accuracy <- sum(sum(diag(table))) / nrow(test) * 100
> accuracy
[1] 84.90566
> error <- 100 - accuracy
> error
[1] 15.09434
```

(3) 혼동행렬(confusionMatrix) 수행 결과로부터 정확도＝84.91%임을 알 수 있다.

```
> confusionMatrix(table)
Confusion Matrix and Statistics

          Actual(Observed)
Predicted bad good
     bad   25    2
     good  14   65

               Accuracy : 0.8491
                 95% CI : (0.7665, 0.9112)
    No Information Rate : 0.6321
    P-Value [Acc > NIR] : 6.9e-07

                  Kappa : 0.6532

 Mcnemar's Test P-Value : 0.00596

            Sensitivity : 0.6410
            Specificity : 0.9701
         Pos Pred Value : 0.9259
         Neg Pred Value : 0.8228
             Prevalence : 0.3679
         Detection Rate : 0.2358
   Detection Prevalence : 0.2547
      Balanced Accuracy : 0.8056

       'Positive' Class : bad
```

(4) kNN 분류모형의 AUC＝1로 성능이 우수한 모형으로 평가된다.

```
> plot.roc(new$actual, as.integer(new$predict), legacy.axes=TRUE)
```

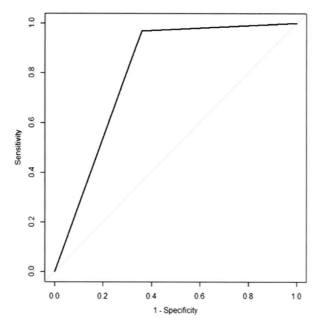

```
> result <- roc(new$predict, as.integer(new$predict))
Setting levels: control = bad, case = good
Setting direction: controls < cases
> result

Call:
roc.default(response = new$predict, predictor = as.integer(new$predict))

Data: as.integer(new$predict) in 27 controls (new$predict bad) < 79 cases (new$predict good).
Area under the curve: 1
> result$auc
Area under the curve: 1
```

(5) 신규 자료[V3～V34 항목의 중위수(median)]에 대한 kNN 분류 결과(good으로 분류)는 다음과 같다.

```
> newdata <- apply(data[,-33], 2, median)
> newdata
       V3       V4       V5       V6       V7       V8       V9      V10      V11      V12      V13      V14      V15      V16      V17      V18      V19      V20      V21
  0.87111  0.01631  0.80920  0.02280  0.72873  0.01471  0.65421  0.01829  0.66798  0.02825  0.64407  0.03027  0.60194  0.00000  0.59091  0.00000  0.57619  0.00000  0.49909
      V22      V23      V24      V25      V26      V27      V28      V29      V30      V31      V32      V33      V34
  0.00000  0.53176  0.00000  0.55389 -0.01505  0.70824 -0.01769  0.49664  0.00000  0.44277  0.00000  0.40956  0.00000
> predict_newdata <- knn(train[,1:32], newdata, train[,33], k=2, prob=TRUE)
> predict_newdata
[1] good
attr(,"prob")
[1] 1
Levels: bad good
```

MEMO

좋은 책을 만드는 길, 독자님과 함께하겠습니다.
· ·

빅데이터분석기사 실기 R 심화

개정1판1쇄 발행	2024년 06월 20일 (인쇄 2024년 05월 29일)
초 판 발 행	2023년 01월 05일 (인쇄 2022년 10월 12일)
발 행 인	박영일
책 임 편 집	이해욱
편 저	장희선
편 집 진 행	김은영
표지디자인	하연주
편집디자인	김예슬 · 곽은슬
발 행 처	(주)시대고시기획
출 판 등 록	제10-1521호
주 소	서울시 마포구 큰우물로 75 [도화동 538 성지 B/D] 9F
전 화	1600-3600
팩 스	02-701-8823
홈 페 이 지	www.sdedu.co.kr

I S B N	979-11-383-7081-3 (13000)
정 가	45,000원

다년간 누적된 합격의 DATA!

시대에듀

빅데이터분석기사 시리즈

빅데이터분석기사 필기
한권으로 끝내기

❶ 핵심이론 + 확인 문제 구성으로 이론 완벽 복습 가능
❷ 단원별 적중예상문제로 실전감각 UP
❸ 2021~2023년 총 6회분의 최신 기출복원문제 수록

빅데이터분석기사 실기(R)
한권으로 끝내기

빅데이터분석기사 실기(파이썬)
한권으로 끝내기

❶ 2023년 변경된 출제유형 완벽 반영
❷ 2021~2023년 총 6회분의 최신 기출복원문제 수록
❸ 유형별 단원종합문제 + 합격모의고사 2회분
❹ 자사 홈페이지를 통해 예제 파일 제공

※ 도서의 이미지 및 구성은 변경될 수 있습니다.

실무에 쓰이는 고급 데이터 분석

시대에듀
데이터 분야 심화과정

빅데이터분석기사
실기 R 심화

빅데이터 활용서 Ⅰ · Ⅱ

① 실기대비 및 실무용 심화 도서

② 챕터별 연습문제 및 단원종합문제 수록

③ 편리한 학습을 위해 찾아보기(색인) 제공

④ [부록] R 데이터세트 수록

① R을 이용한 중 · 고급 데이터 분석의 바이블

② 샘플 데이터를 통한 실전 데이터 분석 학습 가능

③ 빅데이터 분야 유일, 시뮬레이션 및 최적화 제시

※ 도서의 이미지 및 구성은 변경될 수 있습니다.

나는 이렇게 합격했다

당신의 합격 스토리를 들려주세요
추첨을 통해 선물을 드립니다

베스트 리뷰
갤럭시탭 / 버즈 2

상/하반기 추천 리뷰
상품권 / 스벅커피

인터뷰 참여
백화점 상품권

이벤트 참여방법

합격수기

시대에듀와 함께한
도서 or 강의 **선택** ▶ 나만의 합격 노하우
정성껏 **작성** ▶ 상반기/하반기
추첨을 통해 **선물 증정**

인터뷰

시대에듀와 함께한
강의 **선택** ▶ 합격증명서 or
자격증 사본 **첨부**,
간단한 **소개 작성** ▶ 인터뷰 완료 후
백화점 상품권 증정

이벤트 참여방법
다음 합격의 주인공은 바로 여러분입니다!

QR코드 스캔하고 ▷ ▷ ▷ ▶
이벤트 **참여**하여 **푸짐**한 경품받자!

합격의 공식
시대에듀

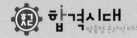 

BIG DATA

2023년 변경된
출제유형을 반영한 최신개정판

빅데이터 분석기사

편저 장희선

신규 유형 대비
작업형 제3유형
★
제6회 시험부터
적용되는
변경된 출제유형 반영

실기 R 심화

BIG DATA

① 고급 데이터 분석모형
② 데이터 모형 평가
③ [부록] R 데이터세트

2권

시대에듀

PROFILE

▌ 장희선

現 평택대학교 융합소프트웨어학과 교수
    IEIE Transactions on Smart Processing & Computing, Associate Editor
    IAFOR Journal of Education 편집 위원
    경기도, 서울시, 평택시, 한국산업기술진흥원 정보화 자문 위원
前 The State University of New Jersey(Rutgers) 교환 교수
    한국과학기술원(KAIST) 산업 및 시스템공학과 공학 박사
    한국전자통신연구원(ETRI) 선임연구원
    정보통신기획평가원 주간기술동향 편집 위원

관심분야 : 빅데이터, 인공지능, 스마트 모빌리티, 이동통신 시스템 및 서비스 정보시스템,
Mobility Management(위치등록, 핸드오버) 알고리즘 최적화

끝까지 책임진다! 시대에듀!
QR코드를 통해 도서 출간 이후 발견된 오류나 개정법령, 변경된 시험 정보, 최신기출문제, 도서 업데이트 자료 등이 있는지 확인해
보세요! 시대에듀 합격 스마트 앱을 통해서도 알려 드리고 있으니 구글 플레이나 앱 스토어에서 다운받아 사용하세요.
또한, 파본 도서인 경우에는 구입하신 곳에서 교환해 드립니다.

편집진행 김은영 | **표지디자인** 하연주 | **본문디자인** 김예슬·곽은슬

빅데이터
분석기사

심 화

실기 | R

시대에듀

시험안내

⬡ 빅데이터분석기사란?

빅데이터 이해를 기반으로 빅데이터 분석 기획, 빅데이터 수집 · 저장 · 처리, 빅데이터 분석 및 시각화를 수행하는 실무자

⬡ 주요 업무

Duty(책무) 능력단위	Task(작업) 능력단위요소		
A. 분석 기획	A1 분석과제 정의하기	A2 데이터 이해하기	A3 분석 계획하기
B. (빅데이터 처리) 수집 및 전처리	B1 빅데이터 수집 및 추출, 생성하기	B2 빅데이터 정제하기	–
C. (빅데이터 처리) 탐색 및 초기분석	C1 빅데이터 탐색하기	C2 빅데이터 저장 또는 적재하기	–
D. (빅데이터 분석) 빅데이터 모형 설계	D1 연관성 및 군집 분석하기	D2 확률모형 검토하기	D3 모형 및 필요자료 선정하기
E. (빅데이터 분석) 빅데이터 모형 적합	E1 자료 전처리하기	E2 분석 알고리즘 구축하기	E3 적합 결과 도출하기
F. (빅데이터 분석) 빅데이터 모형 평가	F1 자료 타당성 검토하기	F2 모형 타당성 검토하기	F3 적합 타당성 검토하기
G. 결과 활용	G1 분석결과 해석하기	G2 분석결과 표현하기	G3 분석결과 적용 및 검증하기

※ 출처 : 빅데이터분석기사 국가기술자격 종목 개발 연구(한국산업인력공단)

⬡ 전 망

❶ 앞으로 빅데이터 분석에 대한 관심이 꾸준하게 증가할 것으로 전망
❷ 정보화, 세계화, 모바일 서비스 등의 확대로 빅데이터 분석가의 활용영역이 증가
❸ 경제, 사회, 공공 등의 부문에서 활용 사례가 꾸준히 증가
❹ 기업, 금융, 의료, 지역, 환경 등의 다양한 영역들 사이에서 융합 가속화로 빅데이터 분석 업무가 중요
❺ 인공지능 서비스의 보편화로 빅데이터 분석의 중요도 상승

⬡ 빅데이터 분석 관련 국가직무능력표준(NCS)

소분류	세분류	능력단위	
정보기술 전략 · 계획	빅데이터 분석	• 빅데이터 분석결과 시각화 • 탐색적 데이터 분석 • 빅데이터 분석 모델링 • 빅데이터 분석 플로우 구성	• 분석 데이터 전처리 • 분석 데이터 피처(Feature) 엔지니어링 • 빅데이터 분석결과 평가 • 데이터 분석 기초 기술 활용
	빅데이터 기획	• 빅데이터 서비스 기획 • 빅데이터 분석 기획 • 빅데이터 성과관리 기획 • 빅데이터 운영 기획	• 빅데이터 환경 분석 • 빅데이터 기술 플랫폼 기획 • 빅데이터 활용 기획
정보기술 개발	빅데이터 플랫폼 구축	• 빅데이터 플랫폼 요구사항 분석 • 빅데이터 수집 시스템 개발 • 빅데이터 처리 시스템 개발 • 빅데이터 품질관리 시스템 개발	• 빅데이터 플랫폼 아키텍쳐 설계 • 빅데이터 저장 시스템 개발 • 빅데이터 분석 시스템 개발 • 빅데이터 플랫폼 테스트
정보기술 운영	빅데이터 운영 · 관리	• 빅데이터 플랫폼 운영 정책 수립 • 빅데이터 서비스 운영 관리 • 빅데이터 솔루션 운영 관리 • 빅데이터 품질관리 • 빅데이터 모델 운영	• 빅데이터 서비스 운영 계획 • 빅데이터 솔루션 운영 계획 • 빅데이터 플랫폼 모니터링 • 빅데이터 플로우 관리 • 빅데이터 처리 운영

⬡ 직무유형

❶ 데이터 엔지니어(Data Engineer) : 데이터를 원활하게 공급, 저장, 처리, 분석, 시각화

❷ 데이터 과학자(Data Scientist) : 통계, 데이터 모델링, 분석 및 알고리즘 연구개발

❸ 비즈니스 분석가(Business Analyst) : 데이터 중심의 의사결정 지원

⬡ 진출분야

❶ 대기업, 국 · 공영 기업 연구소, 각종 단체 등

❷ 기타 민간 중소기업 창업, 광고회사 마케팅, 기획회사 등

❸ 정부기관 민간 통계 컨설팅 기관, 리서치 기관 등

❹ 의회, 정당, 연구 기관, 언론, 금융 기관, 기타 컨설팅 기관 등

시험안내

⬡ 시행처 및 접수처

구 분	내 용
시행처	한국데이터산업진흥원(kdata.or.kr)
접수처	데이터자격검정센터(www.dataq.or.kr)

⬡ 검정기준

대용량의 데이터 집합으로부터 유용한 정보를 찾고 결과를 예측하기 위해 목적에 따라 분석기술과 방법론을 기반으로 정형/비정형 대용량 데이터를 구축, 탐색, 분석하고 시각화하는 업무를 수행할 수 있는 능력 보유의 유·무

⬡ 시험과목

구 분	시험과목	주요 항목
실기시험	빅데이터 분석실무	데이터 수집 작업
		데이터 전처리 작업
		데이터 모형 구축 작업
		데이터 모형 평가 작업

⬡ 검정방법 및 합격기준

유 형		문항 수(개)	문항당 배점(점)	총점(점)	시험시간	합격기준
작업형	제1유형	3	10	30	180분 (3시간)	총점 100점 중 60점 이상이면 합격
	제2유형	1	40	40		
	제3유형	2	15	30		
합 계		6	총점 100점			

※ 필기시험 면제기간은 필기합격자 발표일로부터 2년

2024년 시험일정

구 분	필기시험 원서접수	필기시험	필기시험 합격예정자 발표	실기시험 원서접수	실기시험	최종합격자 발표
제8회	03.04~03.08	04.06(토)	04.26(금)	05.20~05.24	06.22(토)	07.12(금)
제9회	08.05~08.09	09.07(토)	09.27(금)	10.28~11.01	11.30(토)	12.20(금)

※ 자격 검정일정은 변경될 수 있으니, 반드시 홈페이지(www.dataq.or.kr)를 확인하시기 바랍니다.

실기 합격률

구 분	응시자	합격자	합격률
제2회	2,124명	1,272명	59.9%
제3회	2,560명	1,551명	60.6%
제4회	2,943명	1,580명	53.7%
제5회	3,321명	1,684명	50.7%
제6회	3,945명	2,092명	53.0%
제7회	4,369명	2,083명	47.7%

응시자격

❶ 대학졸업자 등 또는 졸업예정자(전공 무관)

❷ 3년제 전문대학 졸업자 등으로서 졸업 후 1년 이상 직장경력이 있는 사람(전공, 직무분야 무관)

❸ 2년제 전문대학 졸업자 등으로서 졸업 후 2년 이상 직장경력이 있는 사람(전공, 직무분야 무관)

❹ 기사 등급 이상의 자격을 취득한 사람(종목 무관)

❺ 기사 수준 기술훈련과정 이수자 또는 그 이수예정자(종목 무관)

❻ 산업기사 등급 이상의 자격을 취득한 후 1년 이상 직장경력이 있는 사람(종목, 직무분야 무관)

❼ 산업기사 수준 기술훈련과정 이수자로서 이수 후 2년 이상 직장경력이 있는 사람(종목, 직무분야 무관)

❽ 기능사 등급 이상의 자격을 취득한 후 3년 이상 직장경력이 있는 사람(종목, 직무분야 무관)

❾ 4년 이상 직장경력이 있는 사람(직무분야 무관)

응시 가이드

❖ 본 내용은 한국데이터산업진흥원의 공지(2023.11 기준)를 정리한 것이므로, 응시 전에 홈페이지(www.dataq.or.kr)를 반드시 확인하시기 바랍니다.

◯ 답안제출 및 채점기준

구 분	작업형 제1유형	작업형 제2유형	작업형 제3유형	합 계
문항수 및 배점	3문항/문항당 10점	1문항/40점	2문항/문항당 15점 (소문항 배점 합산)	6문항
총 점	30점	40점	30점	100점

◯ 실기시험 응시환경 및 유의사항

구 분	유의 사항
제공언어	**R, Python** • 문항별로 R 또는 Python 중 언어 선택 가능(단, 한 문항에서 복수 언어 사용 불가능)
제공환경	**클라우드 기반 코딩 플랫폼** • CBT(Computer Based Test) • 크롬(Chrome) 브라우저 사용
답안 제출 방법	• **작업형 제1유형** : 코딩 화면에서 문제를 풀이한 후 별도의 답안제출 화면으로 이동하여 답안 입력 · 제출 • **작업형 제2유형** : 평가용 데이터를 이용한 예측 결과를 csv 파일로 제출 • **작업형 제3유형** : 코딩 화면에서 문제를 풀이한 후 별도의 답안제출 화면으로 이동하여 각 문항별 소문항의 순서대로 답안 입력 · 제출
제약사항	• 코드 라인별 실행 불가능 • 그래프 기능, 단축키, 자동완성 기능 미제공 • 코드 실행 제한시간 1분, 시간 초과 시 강제 실행 취소 • 사전에 제공된 패키지만 이용 가능, 시험 중 추가 설치 불가능(단, help 함수 이용 가능)

※ 실기시험 응시환경 체험은 구름(goor.me/EvH8T)에서 가능합니다.

※ 관련 사항은 변경될 수 있으니 홈페이지(www.dataq.or.kr)를 확인하시기 바랍니다.

◯ 유의사항

❶ 주기적으로 저장하면서 문제 풀기를 권장

❷ 코드는 여러 번 제출이 가능하나, 마지막으로 제출된 코드만 채점

❸ 제1유형, 제3유형은 [제출] 버튼이 없고 별도의 답안제출 화면으로 이동하여 제출

❹ 코드 실행 제한시간 1분, 시간 초과 시 강제 실행 취소

❺ 계산기 등 전자 · 통신기기, 기타 프로그램(메모장, 계산기 등) 사용 불가

❻ 허가되지 않은 사이트(구글, 네이버 등) 접속 불가

4과목

고급 데이터 분석모형

제1장

범주형 자료 분석

1 교차 분석

(1) 범주형 자료 분석을 위해 다음 패키지를 이용한다.

install.packages("gmodels")	#교차 분석(CrossTable( )) 수행
install.packages("vcd")	#데이터(Arthritis, 관절염 치료법 효과 측정 데이터) 이용
install.packages("ggplot2")	#시각화
install.packages("psych")	#기술통계 분석
library(gmodels)	−
library(vcd)	−
library(ggplot2)	−
library(psych)	−

(2) 교차 분석(Cross Tabulation Analysis)은 범주형 자료인 두 개 이상의 변수에 대한 교차 빈도를 표로 나타내 주는 분석 기법이다.

(3) 빈도 분석이 한 개의 변수에 대한 빈도를 측정하는 반면, 교차 분석은 두 개의 변수를 교차한 자료에 대한 빈도를 분석한다.

(4) 예를 들어 백화점 고객들의 직업에 대한 설문조사 결과, 성별과 직업에 대한 교차 분석표는 아래와 같으며, 성별에 따른 직업의 차이가 있는지를 알아보기 위해 교차 분석을 실시한다.

변 수		직 업				합 계
		공무원	농어업	자영업	회사원	
남 성	빈도(명)	9	13	11	15	48
	비율(%)	18.8	27.0	22.9	31.3	100
여 성	빈도(명)	3	0	6	16	25
	비율(%)	12.0	0	24.0	64.0	100

(5) 교차 분석에서는 행과 열로 구성된 교차표(Crosstabs Table)를 작성하여 단순히 교차빈도를 분석할 뿐만 아니라 일반적으로 두 변수 사이의 독립성 여부를 검정하는 카이제곱 검정(Chi-square Test)을 수행한다. 카이제곱 검정을 위한 검정 통계량은 다음과 같은 기대빈도(Expected Frequency, E_{ij})와 실제빈도(Observed Frequency, O_{ij}) 사이의 차이에 의하여 계산된다.

$$\chi^2 = \sum \frac{(O_{ij} - E_{ij})^2}{E_{ij}}$$

(6) 카이제곱 검정 통계량(χ^2)의 값이 크다는 것은 기대빈도와 실제빈도 간의 차이가 크다(서로 독립적)는 것을 의미하며, χ^2 값이 작은 경우 기대빈도와 실제빈도의 차이가 작아 두 변수 사이의 유사성이 높음을 뜻한다.

(7) 교차 분석을 설명하기 위해 아래 데이터(data.csv)를 이용한다. data.csv는 (고객번호, 성별, 연령대, 직업, 주거지역, 쇼핑액, 이용만족도, 월별 쇼핑액, 쿠폰사용횟수, 쿠폰선호도, 품질, 가격, 서비스, 배송, 쇼핑만족도, 소득)에 대한 조사 결과이다.

	A	B	C	D	E	F	G	H	I	J	K	L	M	N	O	P	Q	R
1	고객번호	성별	연령대	직업	주거지역	쇼핑액	이용만족도	쇼핑1월	쇼핑2월	쇼핑3월	쿠폰사용횟수	쿠폰선호도	품질	가격	서비스	배송	쇼핑만족도	소득
2	190105	남자	45-49세	회사원	소도시	195.6	4	76.8	64.8	54	3	예	7	7	1	4	4	4300
3	190106	남자	25-29세	공무원	소도시	116.4	7	44.4	32.4	39.6	6	아니오	7	4	7	7	7	7500
4	190107	남자	50세 이상	자영업	중도시	183.6	4	66	66	51.6	5	예	4	4	3	3	6	2900
5	190108	남자	50세 이상	농어업	소도시	168	4	62.4	52.8	52.8	4	아니오	3	3	4	6	5	5300
6	190109	남자	40-44세	공무원	중도시	169.2	4	63.6	54	51.6	5	아니오	6	4	7	4	6	4000
7	190110	남자	45-49세	자영업	중도시	171.6	5	52.8	66	52.8	4	아니오	5	4	3	4	5	5100
8	190111	여자	50세 이상	공무원	중도시	207.6	4	64.8	88.8	54	4	예	7	7	1	4	5	5700
9	190112	남자	50세 이상	자영업	소도시	201.6	7	56.4	92.4	52.8	3	예	7	7	7	4	4	5900
10	190113	남자	50세 이상	농어업	중도시	111.6	3	64.8	30	16.8	4	아니오	4	2	4	3	5	5100
11	190114	여자	45-49세	회사원	중도시	156	4	51.6	51.6	52.8	0	예	1	4	1	7	1	5700
12	190115	남자	40-44세	회사원	중도시	225.6	5	80.4	92.4	52.8	1	예	5	5	5	5	2	5800
13	190116	남자	30-34세	공무원	중도시	220.8	4	76.8	90	54	5	아니오	5	5	4	6	4	4300
14	190117	남자	35-39세	회사원	대도시	244.8	7	76.8	88.8	79.2	6	아니오	7	4	7	7	7	8700
15	190118	남자	45-49세	농어업	소도시	184.8	6	91.2	67.2	26.4	5	예	5	4	5	6	6	4100

(8) 교차 분석을 위해 작업영역을 설정하고 data.csv를 데이터 프레임(data)으로 저장한다. 교차 분석을 수행하기 위해 필요한 CrossTable( ) 함수의 사용 형식은 다음과 같으며, 이 함수를 사용하기 위해 먼저 "gmodels" 패키지를 설치한다.

```
CrossTable(x, y, digits=3, max.width=5, expected=FALSE, prop.r=TRUE, prop.c=TRUE, prop.t=TRUE,
prop.chisq=TRUE, chisq=FALSE, fisher=FALSE, mcnemar=FALSE, resid=FALSE, sresid=FALSW,
asresid=FALSE, missing.include=FALSE, format=c("SAS", "SPSS"), dnn=NULL, ...)
```
  • x : 숫자형 벡터값
  • y : 숫자형 벡터값
  • digits : 소수점 이하 출력 자리 수
  • expected : 모든 열과 함께 행에 카이스퀘어 값 표시
  • prop.r, prop.c, prop.t : 열, 행 테이블 백분율 포함
  • chisq, fisher, mcnemar : 카이스퀘어, 피셔, 맥네마르 검정 결과 포함
  • format : 출력 형식 지정

```
> setwd("C:/workr")
> data <- read.csv("data.csv", header=T, fileEncoding="EUC-KR")
> head(data)
  고객번호 성별   연령대      직업 주거지역 쇼핑액 이용만족도 쇼핑1월 쇼핑2월 쇼핑3월 쿠폰사용회수 쿠폰선호도 품질
1  190105 남자  45-49세  회사원   소도시  195.6      4       76.8   64.8   54.0        3         예      7
2  190106 남자  25-29세  공무원   소도시  116.4      7       44.4   32.4   39.6        6        아니오    7
3  190107 남자  50세 이상 자영업  중도시  183.6      4       66.0   66.0   51.6        5         예      4
4  190108 남자  50세 이상 농어업  소도시  168.0      4       62.4   52.8   52.8        4        아니오    3
5  190109 남자  40-44세  공무원   중도시  169.2      4       63.6   54.0   51.6        5        아니오    6
6  190110 남자  45-49세  자영업  중도시  171.6      5       52.8   66.0   52.8        4        아니오    5

> install.packages("gmodels")
--- 현재 세션에서 사용할 CRAN 미러를 선택해 주세요 ---
'gdata' (를)을 또한 설치합니다.

URL 'https://cran.yu.ac.kr/bin/windows/contrib/4.2/gmodels_2.18.1.1.zip'를 시도합니다
Content type 'application/zip' length 114322 bytes (111 KB)
downloaded 111 KB

패키지 'gmodels'를 성공적으로 압축해제하였고 MD5 sums 이 확인되었습니다

다운로드된 바이너리 패키지들은 다음의 위치에 있습니다
        C:\tmp\Rtmpqim8eP\downloaded_packages
소스형태의 패키지 'gdata' (를)을 설치합니다.

URL 'https://cran.yu.ac.kr/src/contrib/gdata_2.18.0.1.tar.gz'를 시도합니다
Content type 'application/x-gzip' length 1054317 bytes (1.0 MB)
downloaded 1.0 MB

* installing *source* package 'gdata' ...
** package 'gdata' successfully unpacked and MD5 sums checked
** using staged installation
** R
** data
** inst
** byte-compile and prepare package for lazy loading
** help
*** installing help indices
** building package indices
** installing vignettes
** testing if installed package can be loaded from temporary location
** testing if installed package can be loaded from final location
** testing if installed package keeps a record of temporary installation path
* DONE (gdata)

다운로드한 소스 패키지들은 다음의 위치에 있습니다
        'C:\tmp\Rtmpqim8eP\downloaded_packages'
> library(gmodels)
```

(9) data를 이용하여 성별(data$성별)과 직업(data$직업)에 대한 교차 분석표를 작성하면 다음과 같다. Cell Contents의 내용은 실제빈도(N), 기대빈도(Expected N), 카이스퀘어 값(Chi−square contribution), 행기준 비율(실제빈도/남자의 총수), 열기준 비율(실제빈도/해당직업종사자의 총수), 전체 조사수 대비 비율(실제빈도/조사자의 총수)을 순서대로 나타낸다. 카이제곱 통계량의 값(x^2)은 14.29367이고 자유도(d.f.)＝4이며, 유의확률(p)은 0.006414416이다. 유의확률이 유의수준(0.05)보다 작으므로 귀무가설(성별에 따라 직업은 차이가 없다. 즉 서로 독립적이다)이 기각되며, 따라서 성별과 직업은 서로간에 연관성이 있는 것으로 판단된다.

```
> cross_table <- CrossTable(data$성별, data$직업, digits=3, max.width=5, expected=TRUE, prop.r=TRUE,
+ prop.c=TRUE, prop.t=TRUE, prop.chisq=TRUE, chisq=FALSE, fisher=FALSE, mcnemar=FALSE)

   Cell Contents
|-------------------------|
|                       N |
|              Expected N |
| Chi-square contribution |
|           N / Row Total |
|           N / Col Total |
|         N / Table Total |
|-------------------------|

Total Observations in Table:  90

             | data$직업
    data$성별 |    공무원 |    농어업 |    자영업 |    전문직 |    회사원 | Row Total |
-------------|-----------|-----------|-----------|-----------|-----------|-----------|
          남자 |       9 |      13 |      11 |       7 |      15 |      55 |
             |   7.333 |   7.944 |  10.389 |  10.389 |  18.944 |         |
             |   0.379 |   3.217 |   0.036 |   1.105 |   0.821 |         |
             |   0.164 |   0.236 |   0.200 |   0.127 |   0.273 |   0.611 |
             |   0.750 |   1.000 |   0.647 |   0.412 |   0.484 |         |
             |   0.100 |   0.144 |   0.122 |   0.078 |   0.167 |         |
-------------|-----------|-----------|-----------|-----------|-----------|-----------|
          여자 |       3 |       0 |       6 |      10 |      16 |      35 |
             |   4.667 |   5.056 |   6.611 |   6.611 |  12.056 |         |
             |   0.595 |   5.056 |   0.056 |   1.737 |   1.291 |         |
             |   0.086 |   0.000 |   0.171 |   0.286 |   0.457 |   0.389 |
             |   0.250 |   0.000 |   0.353 |   0.588 |   0.516 |         |
             |   0.033 |   0.000 |   0.067 |   0.111 |   0.178 |         |
-------------|-----------|-----------|-----------|-----------|-----------|-----------|
 Column Total |      12 |      13 |      17 |      17 |      31 |      90 |
             |   0.133 |   0.144 |   0.189 |   0.189 |   0.344 |         |
-------------|-----------|-----------|-----------|-----------|-----------|-----------|


Statistics for All Table Factors


Pearson's Chi-squared test
------------------------------------------------------------
Chi^2 =  14.29367     d.f. =  4     p =  0.006414416
```

2 피셔의 정확도 검정(Fisher Exact Test)

(1) 표본(샘플)의 수가 너무 적거나 분류 범주(카테고리)가 너무 많아 분류표에서 각각의 범주에 속한 빈도 수(도수)가 극도로 작은 경우(일반적으로 기대빈도 수가 5 이하의 셀이 20%를 넘는 경우) 카이제곱 검정 결과의 정확도가 낮다. 이러한 경우 피셔의 정확도 검정을 이용한다.

(2) 관절염의 새로운 치료법에 대한 효과 측정 데이터(Arthritis)를 이용하기 위해 "vcd" 패키지를 이용한다. Arthritis는 (환자ID, 치료법, 성별, 나이, 효과)=(ID, Treatment, Sex, Age, Improved)의 5가지 항목으로 구성되며, 총 84명의 환자에 대한 새로운 치료법(Treated)과 기존 치료법(Placebo)에 대한 3가지 효과 (none, some, marked)=(효과없음, 약간 효과, 확실한 효과)의 측정 결과이다.

```
> install.packages("vcd")
--- 현재 세션에서 사용할 CRAN 미러를 선택해 주세요 ---
'zoo', 'colorspace', 'lmtest' (을)를 또한 설치합니다.

URL 'https://cran.yu.ac.kr/bin/windows/contrib/4.2/zoo_1.8-10.zip'를 시도합니다
Content type 'application/zip' length 1045449 bytes (1020 KB)
downloaded 1020 KB

URL 'https://cran.yu.ac.kr/bin/windows/contrib/4.2/colorspace_2.0-3.zip'를 시도합니다
Content type 'application/zip' length 2630879 bytes (2.5 MB)
downloaded 2.5 MB

URL 'https://cran.yu.ac.kr/bin/windows/contrib/4.2/lmtest_0.9-40.zip'를 시도합니다
Content type 'application/zip' length 405928 bytes (396 KB)
downloaded 396 KB

URL 'https://cran.yu.ac.kr/bin/windows/contrib/4.2/vcd_1.4-10.zip'를 시도합니다
Content type 'application/zip' length 1288343 bytes (1.2 MB)
downloaded 1.2 MB

패키지 'zoo'를 성공적으로 압축해제하였고 MD5 sums 이 확인되었습니다
패키지 'colorspace'를 성공적으로 압축해제하였고 MD5 sums 이 확인되었습니다
패키지 'lmtest'를 성공적으로 압축해제하였고 MD5 sums 이 확인되었습니다
패키지 'vcd'를 성공적으로 압축해제하였고 MD5 sums 이 확인되었습니다

다운로드된 바이너리 패키지들은 다음의 위치에 있습니다
        C:\tmp\RtmpSYfEG7\downloaded_packages
> library(vcd)
필요한 패키지를 로딩중입니다: grid
> Arthritis
   ID Treatment    Sex Age Improved
1  57   Treated   Male  27     Some
2  46   Treated   Male  29     None
3  77   Treated   Male  30     None
4  17   Treated   Male  32   Marked
5  36   Treated   Male  46   Marked
6  23   Treated   Male  58   Marked
7  75   Treated   Male  59     None
8  39   Treated   Male  59   Marked
9  33   Treated   Male  63     None
10 55   Treated   Male  63     None
11 30   Treated   Male  64     None
12  5   Treated   Male  64     Some
13 63   Treated   Male  69     None
14 83   Treated   Male  70   Marked
15 66   Treated Female  23     None
16 40   Treated Female  32     None
17  6   Treated Female  37     Some
18  7   Treated Female  41     None
19 72   Treated Female  41   Marked
20 37   Treated Female  48     None
21 82   Treated Female  48   Marked
22 53   Treated Female  55   Marked
23 79   Treated Female  55   Marked
```

```
> dim(Arthritis)
[1] 84  5
> str(Arthritis)
'data.frame':   84 obs. of  5 variables:
 $ ID       : int  57 46 77 17 36 23 75 39 33 55 ...
 $ Treatment: Factor w/ 2 levels "Placebo","Treated": 2 2 2 2 2 2 2 2 2 2
 $ Sex      : Factor w/ 2 levels "Female","Male": 2 2 2 2 2 2 2 2 2 ...
 $ Age      : int  27 29 30 32 46 58 59 59 63 63 ...
 $ Improved : Ord.factor w/ 3 levels "None"<"Some"<..: 2 1 1 3 3 3 1 3 1 1

> summary(Arthritis)
       ID          Treatment       Sex          Age           Improved
 Min.   : 1.00   Placebo:43   Female:59   Min.   :23.00   None   :42
 1st Qu.:21.75   Treated:41   Male  :25   1st Qu.:46.00   Some   :14
 Median :42.50                            Median :57.00   Marked:28
 Mean   :42.50                            Mean   :53.36
 3rd Qu.:63.25                            3rd Qu.:63.00
 Max.   :84.00                            Max.   :74.00
```

(3) 데이터를 data로 저장하고 CrossTable( ) 함수를 이용("gmodels" 패키지 이용)하여 Fisher 검정을 수행한다. "fisher＝TRUE" 옵션과 "expected＝TRUE" 옵션을 통해 각각의 행과 열에 카이스퀘어(Chi^2) 값을 확인한다. Fisher 검정 결과, 유의확률(0.1093645)>0.05(유의수준)이므로 귀무가설 "성별에 따라 새로운 관절염 치료방법에 효과 개선에 차이가 없다"를 기각할 수 없어, "새로운 관절염 치료방법은 기존 방법과 비교하여 성별에 따른 효과 개선이 있다고 할 수 없다"라는 결론을 얻는다. 그리고 Fisher 검정의 유의수준과 카이제곱 검정의 유의수준의 결과는 다소 다름을 확인할 수 있다.

```
> data <- Arthritis
> head(data)
  ID Treatment  Sex Age Improved
1 57   Treated Male  27     Some
2 46   Treated Male  29     None
3 77   Treated Male  30     None
4 17   Treated Male  32   Marked
5 36   Treated Male  46   Marked
6 23   Treated Male  58   Marked
```

```
> cross_table <- CrossTable(data$Sex, data$Improved, digits=3, max.width=5, expected=TRUE,
+ prop.r=TRUE, prop.c=TRUE, prop.chisq=FALSE, chisq=FALSE, fisher=TRUE, mcnemar=FALSE)


   Cell Contents
|-----------------------|
|                     N |
|            Expected N |
|         N / Row Total |
|         N / Col Total |
|       N / Table Total |
|-----------------------|


Total Observations in Table:  84


             | data$Improved
   data$Sex  |     None  |     Some  |   Marked  | Row Total |
-------------|-----------|-----------|-----------|-----------|
      Female |       25  |       12  |       22  |       59  |
             |   29.500  |    9.833  |   19.667  |           |
             |    0.424  |    0.203  |    0.373  |    0.702  |
             |    0.595  |    0.857  |    0.786  |           |
             |    0.298  |    0.143  |    0.262  |           |
-------------|-----------|-----------|-----------|-----------|
        Male |       17  |        2  |        6  |       25  |
             |   12.500  |    4.167  |    8.333  |           |
             |    0.680  |    0.080  |    0.240  |    0.298  |
             |    0.405  |    0.143  |    0.214  |           |
             |    0.202  |    0.024  |    0.071  |           |
-------------|-----------|-----------|-----------|-----------|
Column Total |       42  |       14  |       28  |       84  |
             |    0.500  |    0.167  |    0.333  |           |
-------------|-----------|-----------|-----------|-----------|


Statistics for All Table Factors


Pearson's Chi-squared test
------------------------------------------------------------
Chi^2 =  4.840678     d.f. =  2     p =  0.08889148
Fisher's Exact Test for Count Data
------------------------------------------------------------
Alternative hypothesis: two.sided
p =  0.1093645
```

(4) 성별에 따른 관절염 치료 효과를 확인하기 위하여 "ggplot2" 패키지를 이용한 ggplot( ) 시각화 결과는 다음과 같다. 기존 치료법(Placebo)과 새로운 치료법(Treated)에 대한 (남성, 여성)별 (None, Some, Marked) 효과에 대한 인원 수(count)를 확인한다. "position" 옵션을 "dodge"(각각 별도 표기)와 "fill"(하나의 열로 표기)로 적용하여 서로 비교한다. 새로운 관절염 치료 방법에 대해 여성이 남성보다 개선의 효과가 다소 높은 것으로 보이나 Fisher 검정 결과를 통해 통계적으로는 유의미한 차이가 있다고 할 수 없다.

```
> ggplot(data, aes(x=Treatment, fill=Improved)) +
+ geom_bar(position="dodge")+
+ facet_wrap(~ Sex)
```

```
> ggplot(data, aes(x=Treatment, fill=Improved)) +
+ geom_bar(position="fill")+
+ facet_wrap(~ Sex)
```

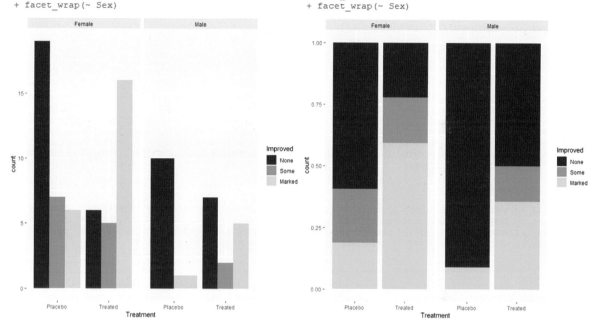

3 콜모고로프-스미르노프 검정(Kolmogorov-Smirnov Test)

(1) 범주별로 나누어진 관측값들과 이와 동일한 범주에서의 가정된 분포(Hypothesized Distribution) 사이의 적합도를 측정하기 위하여 Kolmogorov−Smirnov 검정(K−S 검정)을 이용한다. 즉, 주어진 어떤 표본의 분포가 이론적으로 기대되는 분포(이항, 정규, 포아송 분포 등)와 일치하는지의 여부를 검정할 때 이용된다. 누적관측분포와 이론적 누적분포와의 가장 큰 차이(절댓값)를 이용하여 통계량을 계산한다.

(2) 일반적으로 모수적 통계기법에서는 주어진 자료가 정규분포를 따른다는 것을 가정하며, K−S 검정은 이러한 가정이 옳은지를 판별하는 데 유용하게 이용된다. K−S 검정을 이용하기 위해서 자료가 적어도 순위자료 이상 있어야 하고, 연속적 분포를 가정할 수 있어야 한다.

(3) 예를 들어 아래와 같이 x(정규분포, 50개), y(정규분포, 30개), z[0~1사이 데이터(균등분포), 30개]에 대한 K−S 검정 결과(ks.test( ) 이용)는 다음과 같다. 귀무가설("두 분포는 차이가 없다. 즉 두 분포는 일치한다")에 대한 검정 결과, 유의확률 값(p−value)과 유의수준(5%)에 대한 검정 결과를 해석할 수 있다. 동일한 분포(정규혹은 균등분포)에서 임의로 생성된 데이터의 경우 분포가 일치된다는 판정을 하며, 그렇지 않은 경우 서로 다른 분포로 결론을 얻는다.

① (x, y) : p−value=0.5272>0.05
   귀무가설을 기각할 수 없다(즉, 두 가지 분포는 일치한다).

② (x, z) : p−value＝0.0009116＜0.05

　　귀무가설을 기각한다(즉, 두 가지 분포는 일치하지 않는다).

③ (y, z) : p−value＝0.006548＜0.05

　　귀무가설을 기각한다(즉, 두 가지 분포는 일치하지 않는다).

```
> x <- rnorm(50)
> x
 [1] -1.44246093  2.01052116 -1.56291892  1.07985362 -1.21512060  0.32414974  1.95906909  0.06625788
 [9]  0.63960797 -0.80133039  1.47737067 -0.46743704 -2.78418767  1.24956582 -0.27150339 -0.80104793
[17]  1.98948477  0.64685924  0.56066791  0.66261823  0.14396350  2.19228388  0.60117844  0.73583928
[25]  0.89923260  0.47292334 -0.31501381  0.15771378  0.01850627 -0.77152243 -0.78454678  1.49835717
[33]  0.41383490  0.23051905 -0.98502829  1.26788204 -1.08002615  1.48653505  0.45530737  0.99857078
[41] -1.52322426 -0.06906975  1.18002472 -0.53044466 -0.81683082 -0.21043271  0.37087267 -0.99893644
[49] -1.52555270 -0.12850624
>
> y <- rnorm(30)
> y
 [1] -0.03220377 -1.24316993 -0.31259328  0.62753369  1.38201153 -0.10615799  0.01657283  0.42475135
 [9]  0.21936067  0.64942074 -0.70265382  1.20138482  2.05611609  1.19639164  0.32840864  0.32073417
[17] -1.90961516 -0.10233544  0.59809450 -0.57925621  0.42671831 -0.34542535  0.04802318  1.55257607
[25]  0.28725141 -0.09849807 -1.98252751  1.44043857  0.30520608  0.25346450
>
> z <- runif(30)
> z
 [1] 0.11828671 0.66038280 0.09587178 0.92805661 0.12640330 0.29249494 0.84078839 0.76307919 0.71438702
[10] 0.86945501 0.09248071 0.80275090 0.71830142 0.11412386 0.95873760 0.88728161 0.12528441 0.49988344
[19] 0.69963217 0.85122595 0.15376027 0.95855733 0.73222419 0.32042457 0.89331657 0.99244620 0.88386024
[28] 0.05819630 0.74740036 0.58105505

> ks.test(x, y)

        Exact two-sample Kolmogorov-Smirnov test

data:  x and y
D = 0.18, p-value = 0.5272
alternative hypothesis: two-sided

>
> ks.test(x, z)

        Exact two-sample Kolmogorov-Smirnov test

data:  x and z
D = 0.44, p-value = 0.0009116
alternative hypothesis: two-sided

>
> ks.test(y, z)

        Exact two-sample Kolmogorov-Smirnov test

data:  y and z
D = 0.43333, p-value = 0.006548
alternative hypothesis: two-sided
```

(4) hist( ) 함수를 이용하여 표준 정규분포로부터 추출된 데이터(x)와 균등분포로부터 추출된 데이터(z)에 대한 히스토그램을 확인한다.

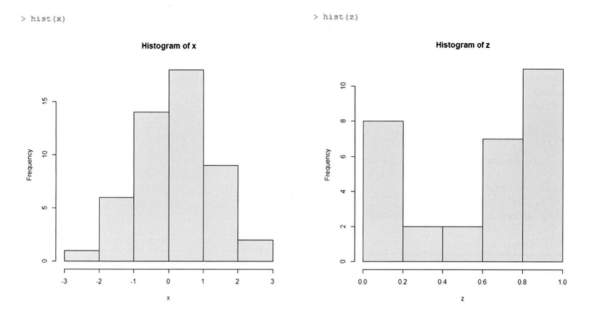

(5) mtcars 데이터의 (qsec, mpg)＝(1/4 mile time, miles per gallon)에 대한 K－S 검정 결과[정규분포(pnorm) 혹은 감마분포(pgamma)와의 일치 여부 판별]는 다음과 같다. 유의확률 값(2.2×10^{-6})이 유의수준(5%)보다 작아 귀무가설을 기각하며, "qsec, mpg 항목은 정규분포(또는 감마분포)를 따른다고 할 수 없다"의 결론을 얻는다.

```
> mtcars
                    mpg cyl  disp  hp drat    wt  qsec vs am gear carb
Mazda RX4          21.0   6 160.0 110 3.90 2.620 16.46  0  1    4    4
Mazda RX4 Wag      21.0   6 160.0 110 3.90 2.875 17.02  0  1    4    4
Datsun 710         22.8   4 108.0  93 3.85 2.320 18.61  1  1    4    1
Hornet 4 Drive     21.4   6 258.0 110 3.08 3.215 19.44  1  0    3    1
Hornet Sportabout  18.7   8 360.0 175 3.15 3.440 17.02  0  0    3    2
Valiant            18.1   6 225.0 105 2.76 3.460 20.22  1  0    3    1
Duster 360         14.3   8 360.0 245 3.21 3.570 15.84  0  0    3    4
Merc 240D          24.4   4 146.7  62 3.69 3.190 20.00  1  0    4    2
Merc 230           22.8   4 140.8  95 3.92 3.150 22.90  1  0    4    2
Merc 280           19.2   6 167.6 123 3.92 3.440 18.30  1  0    4    4
Merc 280C          17.8   6 167.6 123 3.92 3.440 18.90  1  0    4    4
Merc 450SE         16.4   8 275.8 180 3.07 4.070 17.40  0  0    3    3
Merc 450SL         17.3   8 275.8 180 3.07 3.730 17.60  0  0    3    3
Merc 450SLC        15.2   8 275.8 180 3.07 3.780 18.00  0  0    3    3
Cadillac Fleetwood 10.4   8 472.0 205 2.93 5.250 17.98  0  0    3    4
Lincoln Continental 10.4  8 460.0 215 3.00 5.424 17.82  0  0    3    4
Chrysler Imperial  14.7   8 440.0 230 3.23 5.345 17.42  0  0    3    4
Fiat 128           32.4   4  78.7  66 4.08 2.200 19.47  1  1    4    1
Honda Civic        30.4   4  75.7  52 4.93 1.615 18.52  1  1    4    2
Toyota Corolla     33.9   4  71.1  65 4.22 1.835 19.90  1  1    4    1
Toyota Corona      21.5   4 120.1  97 3.70 2.465 20.01  1  0    3    1
Dodge Challenger   15.5   8 318.0 150 2.76 3.520 16.87  0  0    3    2
AMC Javelin        15.2   8 304.0 150 3.15 3.435 17.30  0  0    3    2
Camaro Z28         13.3   8 350.0 245 3.73 3.840 15.41  0  0    3    4
Pontiac Firebird   19.2   8 400.0 175 3.08 3.845 17.05  0  0    3    2
Fiat X1-9          27.3   4  79.0  66 4.08 1.935 18.90  1  1    4    1
Porsche 914-2      26.0   4 120.3  91 4.43 2.140 16.70  0  1    5    2
Lotus Europa       30.4   4  95.1 113 3.77 1.513 16.90  1  1    5    2
Ford Pantera L     15.8   8 351.0 264 4.22 3.170 14.50  0  1    5    4
Ferrari Dino       19.7   6 145.0 175 3.62 2.770 15.50  0  1    5    6
Maserati Bora      15.0   8 301.0 335 3.54 3.570 14.60  0  1    5    8
Volvo 142E         21.4   4 121.0 109 4.11 2.780 18.60  1  1    4    2
```

```
> ks.test(mtcars$qsec, pnorm)

        Asymptotic one-sample Kolmogorov-Smirnov test

data:  mtcars$qsec
D = 1, p-value < 2.2e-16
alternative hypothesis: two-sided

경고메시지(들):
ks.test.default(mtcars$qsec, pnorm)에서:
  Kolmogorov-Smirnov 테스트를 이용할 때는 ties가 있으면 안됩니다
>
> ks.test(mtcars$mpg, pnorm)

        Asymptotic one-sample Kolmogorov-Smirnov test

data:  mtcars$mpg
D = 1, p-value < 2.2e-16
alternative hypothesis: two-sided

경고메시지(들):
ks.test.default(mtcars$mpg, pnorm)에서:
  Kolmogorov-Smirnov 테스트를 이용할 때는 ties가 있으면 안됩니다

> ks.test(mtcars$qsec, pgamma, 3, 2)

        Asymptotic one-sample Kolmogorov-Smirnov test

data:  mtcars$qsec
D = 1, p-value < 2.2e-16
alternative hypothesis: two-sided

경고메시지(들):
ks.test.default(mtcars$qsec, pgamma, 3, 2)에서:
  Kolmogorov-Smirnov 테스트를 이용할 때는 ties가 있으면 안됩니다
>
> ks.test(mtcars$mpg, pgamma, 3, 2)

        Asymptotic one-sample Kolmogorov-Smirnov test

data:  mtcars$mpg
D = 1, p-value < 2.2e-16
alternative hypothesis: two-sided
```

01 교차 분석을 위해 "gmodels" 패키지와 아래 데이터(data.csv)를 이용한다. data.csv는 (고객번호, 성별, 연령대, 직업, 주거지역, 쇼핑액, 이용만족도, 월별 쇼핑액, 쿠폰사용횟수, 쿠폰선호도, 품질, 가격, 서비스, 배송, 쇼핑만족도, 소득)에 대한 조사 결과이다.

(1) 성별에 따른 쿠폰선호도(예, 아니오)의 교차 분석을 수행하고 가설(성별과 쿠폰선호도는 서로 무관하다)을 검정하시오.

(2) 직업에 따른 쿠폰선호도(예, 아니오)의 교차 분석을 수행하고 가설(직업과 쿠폰선호도는 서로 무관하다)을 검정하시오.

(3) 성별에 따른 주거지역(소도시, 중도시, 대도시)의 교차 분석을 수행하고 가설(성별과 주거지역은 서로 무관하다)을 검정하시오.

(4) 직업에 따른 주거지역(소도시, 중도시, 대도시)의 교차 분석을 수행하고 가설(직업과 주거지역은 서로 무관하다)을 검정하시오.

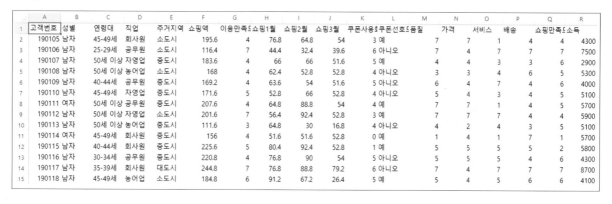

(1) data를 이용하여 성별(data$성별)과 쿠폰선호도(data$쿠폰선호도)에 대한 교차 분석표를 작성한다. CrossTable( ) 함수를 이용하기 위해 "gmodels" 패키지를 설치한다. 분석 결과, 카이제곱 통계량의 값(Chi^2)은 10.10204이고 자유도(d.f.)＝1이며, 유의확률(p)은 0.001481052이다. 유의확률이 유의수준(0.05)보다 작으므로 귀무가설(성별에 따라 쿠폰선호도는 차이가 없다. 즉, 서로 독립적이다)이 기각되어, 성별과 쿠폰선호도는 서로간에 연관성이 있는 것으로 판단된다.

```
> setwd("C:/workr")
> data <- read.csv("data.csv", header=T, fileEncoding="EUC-KR")
> head(data)
  고객번호 성별   연령대      직업 주거지역 쇼핑액 이용만족도 쇼핑1월 쇼핑2월 쇼핑3월
1   190105 남자  45-49세   회사원    소도시  195.6         4    76.8   64.8   54.0
2   190106 남자  25-29세   공무원    소도시  116.4         7    44.4   32.4   39.6
3   190107 남자 50세 이상 자영업    중도시  183.6         4    66.0   66.0   51.6
4   190108 남자 50세 이상 농어업    소도시  168.0         4    62.4   52.8   52.8
5   190109 남자  40-44세   공무원    중도시  169.2         4    63.6   54.0   51.6
6   190110 남자  45-49세   자영업    중도시  171.6         5    52.8   66.0   52.8
  쿠폰사용회수 쿠폰선호도 품질 가격 서비스 배송 쇼핑만족도 소득
1            3         예    7    7      1    4          4 4300
2            6       아니오  7    4      7    7          7 7500
3            5         예    4    4      3    3          6 2900
4            4       아니오  3    3      4    6          5 5300
5            5       아니오  6    4      7    4          6 4000
6            4       아니오  5    4      3    4          5 5100

> cross_table <- CrossTable(data$성별, data$쿠폰선호도, digits=3, max.width=5, expected=TRUE,
+ prop.r=TRUE, prop.c=TRUE, prop.chisq=FALSE, fisher=FALSE, mcnemar=FALSE)


   Cell Contents
|-------------------------|
|                       N |
|              Expected N |
|         N / Row Total |
|         N / Col Total |
|         N / Table Total |
|-------------------------|


Total Observations in Table:  90


               | data$쿠폰선호도
     data$성별 |    아니오 |        예 | Row Total |
---------------|-----------|-----------|-----------|
          남자 |       33 |        22 |        55 |
               |   25.667 |    29.333 |           |
               |    0.600 |     0.400 |     0.611 |
               |    0.786 |     0.458 |           |
               |    0.367 |     0.244 |           |
---------------|-----------|-----------|-----------|
          여자 |        9 |        26 |        35 |
               |   16.333 |    18.667 |           |
               |    0.257 |     0.743 |     0.389 |
               |    0.214 |     0.542 |           |
               |    0.100 |     0.289 |           |
---------------|-----------|-----------|-----------|
  Column Total |       42 |        48 |        90 |
               |    0.467 |     0.533 |           |
---------------|-----------|-----------|-----------|


Statistics for All Table Factors


Pearson's Chi-squared test
------------------------------------------------------------
Chi^2 =  10.10204     d.f. = 1     p =  0.001481052

Pearson's Chi-squared test with Yates' continuity correction
------------------------------------------------------------
Chi^2 =  8.771452     d.f. = 1     p =  0.003059818
```

(2) data를 이용하여 직업(data$직업)과 쿠폰선호도(data$쿠폰선호도)에 대한 교차 분석표를 작성한다. 카이제곱 통계량의 값
(Chi^2)은 1.076394이고 자유도(d.f.)＝4이며, 유의확률(p)은 0.8979993이다. 유의확률이 유의수준(0.05)보다 크므로 귀
무가설(직업에 따라 쿠폰선호도는 차이가 없다. 즉, 서로 독립적이다)을 기각할 수 없어, 직업과 쿠폰선호도는 서로간에 연관
성이 없는 것으로 판단된다.

```
> cross_table <- CrossTable(data$직업, data$쿠폰선호도, digits=3, max.width=5, expected=TRUE,
+ prop.r=TRUE, prop.c=TRUE, prop.chisq=FALSE, fisher=FALSE, mcnemar=FALSE)

   Cell Contents
|-------------------------|
|                       N |
|              Expected N |
|           N / Row Total |
|           N / Col Total |
|         N / Table Total |
|-------------------------|

Total Observations in Table:  90

             | data$쿠폰선호도
   data$직업 |     아니오 |         예 | Row Total |
-------------|-----------|-----------|-----------|
      공무원 |         6 |         6 |        12 |
             |     5.600 |     6.400 |           |
             |     0.500 |     0.500 |     0.133 |
             |     0.143 |     0.125 |           |
             |     0.067 |     0.067 |           |
-------------|-----------|-----------|-----------|
      농어업 |         7 |         6 |        13 |
             |     6.067 |     6.933 |           |
             |     0.538 |     0.462 |     0.144 |
             |     0.167 |     0.125 |           |
             |     0.078 |     0.067 |           |
-------------|-----------|-----------|-----------|
      자영업 |         7 |        10 |        17 |
             |     7.933 |     9.067 |           |
             |     0.412 |     0.588 |     0.189 |
             |     0.167 |     0.208 |           |
             |     0.078 |     0.111 |           |
-------------|-----------|-----------|-----------|
      전문직 |         9 |         8 |        17 |
             |     7.933 |     9.067 |           |
             |     0.529 |     0.471 |     0.189 |
             |     0.214 |     0.167 |           |
             |     0.100 |     0.089 |           |
-------------|-----------|-----------|-----------|
      회사원 |        13 |        18 |        31 |
             |    14.467 |    16.533 |           |
             |     0.419 |     0.581 |     0.344 |
             |     0.310 |     0.375 |           |
             |     0.144 |     0.200 |           |
-------------|-----------|-----------|-----------|
Column Total |        42 |        48 |        90 |
             |     0.467 |     0.533 |           |
-------------|-----------|-----------|-----------|


Statistics for All Table Factors


Pearson's Chi-squared test
------------------------------------------------------------
Chi^2 =  1.076394      d.f. =  4      p =  0.8979993
```

(3) data를 이용하여 성별(data$성별)과 주거지역(data$주거지역)에 대한 교차 분석표를 작성한다. 카이제곱 통계량의 값 (Chi^2)은 0.8766234이고 자유도(d.f.)＝2이며, 유의확률(p)은 0.6451247이다. 유의확률이 유의수준(0.05)보다 크므로 귀무가설(성별에 따라 주거지역은 차이가 없다. 즉, 서로 독립적이다)을 기각할 수 없어, 성별과 주거지역은 서로간에 연관성이 없는 것으로 판단된다.

```
> cross_table <- CrossTable(data$성별, data$주거지역, digits=3, max.width=5, expected=TRUE,
+ prop.r=TRUE, prop.c=TRUE, prop.chisq=FALSE, fisher=FALSE, mcnemar=FALSE)


   Cell Contents
|-------------------------|
|                       N |
|             Expected N |
|          N / Row Total |
|          N / Col Total |
|        N / Table Total |
|-------------------------|


Total Observations in Table:  90


             | data$주거지역
    data$성별 |    대도시 |    소도시 |     중도시 | Row Total |
-------------|-----------|-----------|-----------|-----------|
         남자 |       20 |       20 |       15 |       55 |
             |   22.000 |   18.333 |   14.667 |          |
             |    0.364 |    0.364 |    0.273 |    0.611 |
             |    0.556 |    0.667 |    0.625 |          |
             |    0.222 |    0.222 |    0.167 |          |
-------------|-----------|-----------|-----------|-----------|
         여자 |       16 |       10 |        9 |       35 |
             |   14.000 |   11.667 |    9.333 |          |
             |    0.457 |    0.286 |    0.257 |    0.389 |
             |    0.444 |    0.333 |    0.375 |          |
             |    0.178 |    0.111 |    0.100 |          |
-------------|-----------|-----------|-----------|-----------|
Column Total |       36 |       30 |       24 |       90 |
             |    0.400 |    0.333 |    0.267 |          |
-------------|-----------|-----------|-----------|-----------|


Statistics for All Table Factors


Pearson's Chi-squared test
------------------------------------------------------------
Chi^2 =  0.8766234     d.f. =  2     p =  0.6451247
```

(4) data를 이용하여 직업(data$직업)과 주거지역(data$주거지역)에 대한 교차 분석표를 작성한다. 카이제곱 통계량의 값 (Chi^2)은 19.001480고 자유도(d.f.)＝8이며, 유의확률(p)은 0.014851710다. 유의확률이 유의수준(0.05)보다 작으므로 귀무가설(직업에 따라 주거지역은 차이가 없다. 즉, 서로 독립적이다)이 기각되어, 직업과 주거지역은 서로간에 연관성이 있는 것으로 판단된다.

```
> cross_table <- CrossTable(data$직업, data$주거지역, digits=3, max.width=5, expected=TRUE,
+ prop.r=TRUE, prop.c=TRUE, prop.chisq=FALSE, fisher=FALSE, mcnemar=FALSE)


   Cell Contents
|-----------------------|
|                     N |
|            Expected N |
|         N / Row Total |
|         N / Col Total |
|       N / Table Total |
|-----------------------|


Total Observations in Table:  90


              | data$주거지역
   data$직업  |    대도시 |    소도시 |    중도시 | Row Total |
------------|-----------|-----------|-----------|-----------|
     공무원 |         4 |         4 |         4 |        12 |
              |     4.800 |     4.000 |     3.200 |           |
              |     0.333 |     0.333 |     0.333 |     0.133 |
              |     0.111 |     0.133 |     0.167 |           |
              |     0.044 |     0.044 |     0.044 |           |
------------|-----------|-----------|-----------|-----------|
     농어업 |         1 |         9 |         3 |        13 |
              |     5.200 |     4.333 |     3.467 |           |
              |     0.077 |     0.692 |     0.231 |     0.144 |
              |     0.028 |     0.300 |     0.125 |           |
              |     0.011 |     0.100 |     0.033 |           |
------------|-----------|-----------|-----------|-----------|
     자영업 |         8 |         3 |         6 |        17 |
              |     6.800 |     5.667 |     4.533 |           |
              |     0.471 |     0.176 |     0.353 |     0.189 |
              |     0.222 |     0.100 |     0.250 |           |
              |     0.089 |     0.033 |     0.067 |           |
------------|-----------|-----------|-----------|-----------|
     전문직 |         5 |         9 |         3 |        17 |
              |     6.800 |     5.667 |     4.533 |           |
              |     0.294 |     0.529 |     0.176 |     0.189 |
              |     0.139 |     0.300 |     0.125 |           |
              |     0.056 |     0.100 |     0.033 |           |
------------|-----------|-----------|-----------|-----------|
     회사원 |        18 |         5 |         8 |        31 |
              |    12.400 |    10.333 |     8.267 |           |
              |     0.581 |     0.161 |     0.258 |     0.344 |
              |     0.500 |     0.167 |     0.333 |           |
              |     0.200 |     0.056 |     0.089 |           |
------------|-----------|-----------|-----------|-----------|
Column Total |        36 |        30 |        24 |        90 |
              |     0.400 |     0.333 |     0.267 |           |
------------|-----------|-----------|-----------|-----------|


Statistics for All Table Factors


Pearson's Chi-squared test
------------------------------------------------------------
Chi^2 =  19.00148      d.f. =  8      p =  0.01485171
```

02 mtcars는 1974년 Motor Trend US 잡지에 게재되었던 자료로, 1973~1974년 사이 32개 자동차 모델에 대한 성능 데이터이다. 데이터들 중 vs(엔진 유형, 0은 V−shaped, 1은 Straight), am(트랜스미션 유형, 0은 automatic, 1은 manual), gear(전진 기어의 수), carb(카뷰레이터의 수) 항목을 새로운 데이터 프레임(data)에 저장 후, 교차 분석("gmodels" 패키지의 CrossTable( ) 함수 이용)을 수행하시오.

(1) vs(엔진 유형, 0은 V−shaped, 1은 Straight)와 am(트랜스미션 유형, 0은 automatic, 1은 manual) 사이의 교차 분석을 수행하고 가설(vs 유형과 am 유형은 서로 무관하다)을 검정하시오.

(2) gear(전진 기어의 수)와 carb(카뷰레이터의 수) 사이의 교차 분석을 수행하고 가설(gear와 carb는 서로 무관하다)을 검정하시오.

```
> head(mtcars)                                              > data <- subset(mtcars, select=c(vs, am, gear, carb))
                  mpg cyl disp  hp drat    wt  qsec vs am gear carb    > head(data)
Mazda RX4        21.0   6  160 110 3.90 2.620 16.46  0  1    4    4                      vs am gear carb
Mazda RX4 Wag    21.0   6  160 110 3.90 2.875 17.02  0  1    4    4    Mazda RX4          0  1    4    4
Datsun 710       22.8   4  108  93 3.85 2.320 18.61  1  1    4    1    Mazda RX4 Wag      0  1    4    4
Hornet 4 Drive   21.4   6  258 110 3.08 3.215 19.44  1  0    3    1    Datsun 710         1  1    4    1
Hornet Sportabout 18.7  8  360 175 3.15 3.440 17.02  0  0    3    2    Hornet 4 Drive     1  0    3    1
Valiant          18.1   6  225 105 2.76 3.460 20.22  1  0    3    1    Hornet Sportabout  0  0    3    2
                                                                      Valiant            1  0    3    1
```

(1) data를 이용하여 엔진 유형(data$vs)과 트랜스미션 유형(data$am)에 대한 교차 분석표를 작성한다. 카이제곱 통계량의 값(Chi^2)은 0.9068826이고 자유도(d.f.) = 1이며, 유의확률(p)은 0.3409429이다. 유의확률이 유의수준(0.05)보다 크므로 귀무가설(엔진유형에 따라 트랜스미션의 유형은 차이가 없다. 즉, 서로 독립적이다)을 기각할 수 없어, 엔진과 트랜스미션의 유형은 서로간에 연관성이 없는 것으로 판단된다.

```
> cross_table <- CrossTable(data$vs, data$am, digits=3, max.width=5, expected=TRUE,
+ prop.r=TRUE, prop.c=TRUE, prop.chisq=FALSE, fisher=FALSE, mcnemar=FALSE)


   Cell Contents
|-----------------------|
|                     N |
|            Expected N |
|         N / Row Total |
|         N / Col Total |
|       N / Table Total |
|-----------------------|


Total Observations in Table:   32


             | data$am
     data$vs |         0 |         1 | Row Total |
-------------|-----------|-----------|-----------|
           0 |        12 |         6 |        18 |
             |    10.688 |     7.312 |           |
             |     0.667 |     0.333 |     0.562 |
             |     0.632 |     0.462 |           |
             |     0.375 |     0.188 |           |
-------------|-----------|-----------|-----------|
           1 |         7 |         7 |        14 |
             |     8.312 |     5.688 |           |
             |     0.500 |     0.500 |     0.438 |
             |     0.368 |     0.538 |           |
             |     0.219 |     0.219 |           |
-------------|-----------|-----------|-----------|
Column Total |        19 |        13 |        32 |
             |     0.594 |     0.406 |           |
-------------|-----------|-----------|-----------|


Statistics for All Table Factors


Pearson's Chi-squared test
------------------------------------------------------------
Chi^2 =  0.9068826     d.f. =  1     p =  0.3409429
```

(2) data를 이용하여 전진기어의 수(data$gear)와 카뷰레이터의 수(data$carb)에 대한 교차 분석표를 작성한다. 카이제곱 통계량의 값(Chi^2)은 16.5181이고 자유도(d.f.) = 10이며, 유의확률(p)은 0.08573092이다. 유의확률이 유의수준(0.05)보다 크므로 귀무가설(전진기어의 수에 따라 카뷰레이터의 수는 차이가 없다. 즉, 서로 독립적이다)을 기각할 수 없어, 전진기어의 수와 카뷰레이터의 수는 서로간에 연관성이 없는 것으로 판단된다.

```
> cross_table <- CrossTable(data$gear, data$carb, digits=3, max.width=5, expected=TRUE,
+ prop.r=TRUE, prop.c=TRUE, prop.chisq=FALSE, fisher=FALSE, mcnemar=FALSE)


   Cell Contents
|-----------------------|
|                     N |
|            Expected N |
|         N / Row Total |
|         N / Col Total |
|       N / Table Total |
|-----------------------|


Total Observations in Table:  32


             | data$carb
   data$gear |         1 |         2 |         3 |         4 |         6 |         8 | Row Total |
-------------|-----------|-----------|-----------|-----------|-----------|-----------|-----------|
           3 |         3 |         4 |         3 |         5 |         0 |         0 |        15 |
             |     3.281 |     4.688 |     1.406 |     4.688 |     0.469 |     0.469 |           |
             |     0.200 |     0.267 |     0.200 |     0.333 |     0.000 |     0.000 |     0.469 |
             |     0.429 |     0.400 |     1.000 |     0.500 |     0.000 |     0.000 |           |
             |     0.094 |     0.125 |     0.094 |     0.156 |     0.000 |     0.000 |           |
-------------|-----------|-----------|-----------|-----------|-----------|-----------|-----------|
           4 |         4 |         4 |         0 |         4 |         0 |         0 |        12 |
             |     2.625 |     3.750 |     1.125 |     3.750 |     0.375 |     0.375 |           |
             |     0.333 |     0.333 |     0.000 |     0.333 |     0.000 |     0.000 |     0.375 |
             |     0.571 |     0.400 |     0.000 |     0.400 |     0.000 |     0.000 |           |
             |     0.125 |     0.125 |     0.000 |     0.125 |     0.000 |     0.000 |           |
-------------|-----------|-----------|-----------|-----------|-----------|-----------|-----------|
           5 |         0 |         2 |         0 |         1 |         1 |         1 |         5 |
             |     1.094 |     1.562 |     0.469 |     1.562 |     0.156 |     0.156 |           |
             |     0.000 |     0.400 |     0.000 |     0.200 |     0.200 |     0.200 |     0.156 |
             |     0.000 |     0.200 |     0.000 |     0.100 |     1.000 |     1.000 |           |
             |     0.000 |     0.062 |     0.000 |     0.031 |     0.031 |     0.031 |           |
-------------|-----------|-----------|-----------|-----------|-----------|-----------|-----------|
Column Total |         7 |        10 |         3 |        10 |         1 |         1 |        32 |
             |     0.219 |     0.312 |     0.094 |     0.312 |     0.031 |     0.031 |           |
-------------|-----------|-----------|-----------|-----------|-----------|-----------|-----------|


Statistics for All Table Factors


Pearson's Chi-squared test
------------------------------------------------------------
Chi^2 =  16.5181     d.f. =  10    p =  0.08573092
```

03 "vcd" 패키지에 내장된 BrokenMarriage 데이터를 이용하여 사회적 계급에 따른 이혼율에 차이가 있는지를 (그리고 성별에 따른 이혼율에 차이가 있는지를) 알아보기 위한 카이제곱 검정 그리고 Fisher 검정 결과를 수행하시오. BrokenMarriage는 (빈도 수, 성별, 사회적 계급, 이혼여부)=(Freq, gender, rank, broken)의 4가지 항목에 대한 20명의 데이터이다.

(1) CrossTable( ) 함수를 이용(gmodels 패키지)하여 카이제곱 검정과 Fisher 검정 결과를 출력하고 유의수준 5%에서 가설 검정("사회적 계급에 따라 이혼 여부(이혼율)에 차이가 없다") 결과를 나타내시오.

(2) ggplot( ) 함수를 이용(ggplot2 패키지)하여 사회적 계급에 따른 이혼율을 시각화하여 나타내시오(단, "position=fill" 옵션을 이용한다).

(3) CrossTable( ) 함수를 이용하여 카이제곱 검정과 Fisher 검정 결과를 출력하고 유의수준 5%에서 가설 검정["성별에 따라 이혼 여부(이혼율)에 차이가 없다"] 결과를 나타내시오.

(4) ggplot( ) 함수를 이용하여 성별에 따른 이혼율을 시각화하여 나타내시오(단, "position=dodge" 옵션을 이용한다).

```
> BrokenMarriage                        > dim(BrokenMarriage)
   Freq gender rank broken              [1] 20  4
1    14   male    I    yes              > str(BrokenMarriage)
2   102   male    I     no              'data.frame':  20 obs. of  4 variables:
3    39   male   II    yes              $ Freq  : num  14 102 39 151 42 292 79 293 66 261 ...
4   151   male   II     no              $ gender: Factor w/ 2 levels "male","female": 1 1 1 1 1 1 1 1 1 ...
5    42   male  III    yes              $ rank  : Factor w/ 5 levels "I","II","III",..: 1 1 2 2 3 3 4 4 5 5 ...
6   292   male  III     no              $ broken: Factor w/ 2 levels "yes","no": 1 2 1 2 1 2 1 2 1 2 ...
7    79   male   IV    yes              > summary(BrokenMarriage)
8   293   male   IV     no                   Freq          gender      rank    broken
9    66   male    V    yes              Min.   : 12.0    male  :10   I  :4   yes:10
10  261   male    V     no              1st Qu.: 38.5    female:10   II :4   no :10
11   12 female    I    yes              Median : 79.0                III:4
12   25 female    I     no              Mean   :135.2                IV :4
13   23 female   II    yes              3rd Qu.:178.5                V  :4
14   79 female   II     no              Max.   :557.0
15   37 female  III    yes
16  151 female  III     no
17  102 female   IV    yes
18  557 female   IV     no
19   58 female    V    yes
20  321 female    V     no
```

📋 정답 및 해설

(1) CrossTable( ) 함수에서 "fisher=TRUE" 옵션을 지정하여 수행한다. 카이제곱 검정과 Fisher 검정 결과 유의확률 (p=1)이 유의수준(0.05)보다 크므로 귀무가설[사회적 계급에 따라 이혼 여부(이혼율)에 차이가 없다. 즉, 서로 독립적이다] 을 기각할 수 없어, 사회적 계급과 이혼의 여부는 서로간에 연관성이 없는 것으로 판단된다.

```
> cross_table <- CrossTable(BrokenMarriage$rank, BrokenMarriage$broken, digits=3, max.width=5, expected=TRUE,
+ prop.r=TRUE, prop.c=TRUE, prop.t=TRUE, prop.chisq=FALSE, chisq=FALSE, fisher=TRUE, mcnemar=FALSE)


   Cell Contents
|-----------------------|
|                     N |
|            Expected N |
|        N / Row Total |
|        N / Col Total |
|      N / Table Total |
|-----------------------|


Total Observations in Table:  20


                     | BrokenMarriage$broken
BrokenMarriage$rank |     yes |      no | Row Total |
--------------------|---------|---------|-----------|
                  I |       2 |       2 |         4 |
                    |   2.000 |   2.000 |           |
                    |   0.500 |   0.500 |     0.200 |
                    |   0.200 |   0.200 |           |
                    |   0.100 |   0.100 |           |
--------------------|---------|---------|-----------|
                 II |       2 |       2 |         4 |
                    |   2.000 |   2.000 |           |
                    |   0.500 |   0.500 |     0.200 |
                    |   0.200 |   0.200 |           |
                    |   0.100 |   0.100 |           |
--------------------|---------|---------|-----------|
                III |       2 |       2 |         4 |
                    |   2.000 |   2.000 |           |
                    |   0.500 |   0.500 |     0.200 |
                    |   0.200 |   0.200 |           |
                    |   0.100 |   0.100 |           |
--------------------|---------|---------|-----------|
                 IV |       2 |       2 |         4 |
                    |   2.000 |   2.000 |           |
                    |   0.500 |   0.500 |     0.200 |
                    |   0.200 |   0.200 |           |
                    |   0.100 |   0.100 |           |
--------------------|---------|---------|-----------|
                  V |       2 |       2 |         4 |
                    |   2.000 |   2.000 |           |
                    |   0.500 |   0.500 |     0.200 |
                    |   0.200 |   0.200 |           |
                    |   0.100 |   0.100 |           |
--------------------|---------|---------|-----------|
       Column Total |      10 |      10 |        20 |
                    |   0.500 |   0.500 |           |
--------------------|---------|---------|-----------|


Statistics for All Table Factors


Pearson's Chi-squared test
------------------------------------
Chi^2 = 0     d.f. = 4     p = 1


Fisher's Exact Test for Count Data
------------------------------------
Alternative hypothesis: two.sided
p = 1
```

(2) ggplot( ) 함수에서 "position=fill" 옵션을 지정하여 사회적 계급에 따른 이혼율을 시각화한 결과는 다음과 같다. 사회적 계급(I~V)에 따른 이혼의 여부(broken=yes 또는 no)의 비율에 큰 차이가 없음을 알 수 있다.

```
> ggplot(BrokenMarriage, aes(x=rank, fill=broken)) +
+ geom_bar(position="fill")+
+ facet_wrap(~ rank)
```

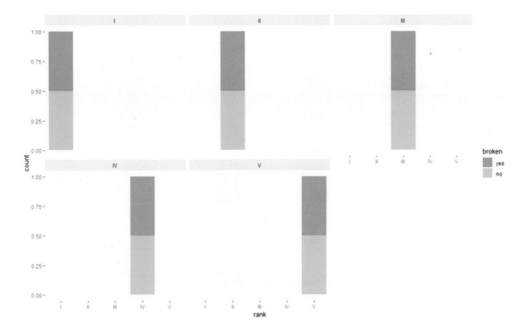

(3) 동일한 방법으로 CrossTable( ) 함수에서 "fisher=TRUE" 옵션을 지정하여 수행한다. 카이제곱 검정과 Fisher 검정 결과 유의확률(p=1)이 유의수준(0.05)보다 크므로 귀무가설[성별에 따라 이혼 여부(이혼율)에 차이가 없다. 즉, 서로 독립적이다]을 기각할 수 없어, 성별과 이혼의 여부는 서로간에 연관성이 없는 것으로 판단된다.

```
> cross_table <- CrossTable(BrokenMarriage$gender, BrokenMarriage$broken, digits=3, max.width=5, expected=TRUE,
+ prop.r=TRUE, prop.c=TRUE, prop.t=TRUE, prop.chisq=FALSE, chisq=FALSE, fisher=TRUE, mcnemar=FALSE)


   Cell Contents
|-----------------------|
|                     N |
|            Expected N |
|         N / Row Total |
|         N / Col Total |
|       N / Table Total |
|-----------------------|


Total Observations in Table:  20


                 | BrokenMarriage$broken
BrokenMarriage$gender |      yes |       no | Row Total |
---------------------|----------|----------|-----------|
            male |        5 |        5 |        10 |
                 |    5.000 |    5.000 |           |
                 |    0.500 |    0.500 |     0.500 |
                 |    0.500 |    0.500 |           |
                 |    0.250 |    0.250 |           |
---------------------|----------|----------|-----------|
          female |        5 |        5 |        10 |
                 |    5.000 |    5.000 |           |
                 |    0.500 |    0.500 |     0.500 |
                 |    0.500 |    0.500 |           |
                 |    0.250 |    0.250 |           |
---------------------|----------|----------|-----------|
    Column Total |       10 |       10 |        20 |
                 |    0.500 |    0.500 |           |
---------------------|----------|----------|-----------|


Statistics for All Table Factors


Pearson's Chi-squared test
------------------------------------------------------------
Chi^2 =  0     d.f. =  1     p =  1

Pearson's Chi-squared test
------------------------------------------------------------
Chi^2 =  0     d.f. =  1     p =  1


Fisher's Exact Test for Count Data
------------------------------------------------------------
Sample estimate odds ratio:  1

Alternative hypothesis: true odds ratio is not equal to 1
p =  1
```

(4) ggplot( ) 함수에서 "position＝dodge" 옵션을 지정하여 성별에 따른 이혼율을 시각화한 결과는 다음과 같다. 성별(male, female)에 따른 이혼의 여부(broken＝yes 또는 no)의 비율에 큰 차이가 없음을 알 수 있다.

```
> ggplot(BrokenMarriage, aes(x=gender, fill=broken)) +
+ geom_bar(position="dodge") +
+ facet_wrap(~ gender)
```

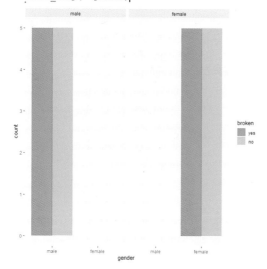

04 morley 데이터(Michelson speed of light data)는 빛의 속도를 측정(광속 실험 데이터, km/sec)한 자료이다. 데이터는 (실험번호(1~5), 각 실험별 수행횟수, 광속(km/sec))=(Expt, Run, Speed)의 세 가지 항목으로 구성되며, 총 100개의 실험 결과이다. 빛의 속도(Speed) 자료가 정규분포를 따르는지를 검정하시오. 기술통계량을 확인하기 위해 describe( ) 함수를 이용하며, "psych" 패키지를 설치한다.

(1) Kolmogorov−Smirnov 검정 결과를 출력하고 정규분포를 따르는지 확인하시오.

(2) hist( ) 함수를 이용하여 시각화 결과를 나타내고 확률분포함수를 구하시오.

```
> morley                    > dim(morley)
    Expt Run Speed           [1] 100    3
001    1   1   850          > str(morley)
002    1   2   740          'data.frame':    100 obs. of  3 variables:
003    1   3   900          $ Expt : int  1 1 1 1 1 1 1 1 1 ...
004    1   4  1070          $ Run  : int  1 2 3 4 5 6 7 8 9 10 ...
005    1   5   930          $ Speed: int  850 740 900 1070 930 850 950 980 980 880
006    1   6   850          > summary(morley)
007    1   7   950               Expt         Run            Speed
008    1   8   980          Min.   :1    Min.   : 1.00   Min.   : 620.0
009    1   9   980          1st Qu.:2    1st Qu.: 5.75   1st Qu.: 807.5
010    1  10   880          Median :3    Median :10.50   Median : 850.0
011    1  11  1000          Mean   :3    Mean   :10.50   Mean   : 852.4
012    1  12   980          3rd Qu.:4    3rd Qu.:15.25   3rd Qu.: 892.5
013    1  13   930          Max.   :5    Max.   :20.00   Max.   :1070.0
014    1  14   650
015    1  15   760          > describe(morley)
016    1  16   810                vars   n  mean    sd median trimmed   mad min  max range  skew kurtosis   se
017    1  17  1000          Expt     1 100   3.0  1.42    3.0    3.00  1.48   1    5     4  0.00    -1.33 0.14
018    1  18  1000          Run      2 100  10.5  5.80   10.5   10.50  7.41   1   20    19  0.00    -1.24 0.58
019    1  19   960          Speed    3 100 852.4 79.01  850.0  852.25 66.72 620 1070   450 -0.02     0.20 7.90
020    1  20   960
021    2   1   960
022    2   2   940
023    2   3   960
024    2   4   940
025    2   5   880
```

(1) morley 데이터의 빛의 속도(Speed)가 정규분포를 따르는지를 확인하기 위해 ks.test( ) 함수를 이용(Kolmogorov−Smirnov 검정)한다. 유의확률 값(2.2×10^{-6})이 유의수준(5%)보다 작아 귀무가설을 기각하며, "Speed 항목은 정규분포를 따른다고 할 수 없다"의 결론을 얻는다.

```
> ks.test(morley$Speed, pnorm)

        Asymptotic one-sample Kolmogorov-Smirnov test

data:  morley$Speed
D = 1, p-value < 2.2e-16
alternative hypothesis: two-sided
```

(2) hist( ) 함수를 이용하여 나타낸 morley$Speed 데이터의 히스토그램은 다음과 같다.

```
> hist(morley$Speed)
```

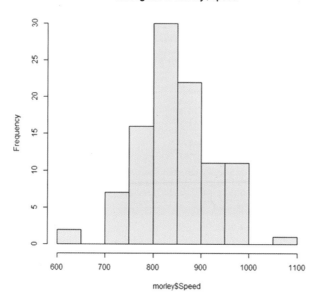

05 ToothGrowth는 기니 국가에서 돼지 성장에 대한 비타민 C의 효과를 측정한 자료이다. 데이터는 (치아의 길이 (microns, 마이크로미터), 비타민 C유형(VC, OJ), 투여량(mg/day))=(len, supp, dose)의 세 가지 항목으로 총 60개의 실험 자료를 포함한다. 비타민 C의 유형(VC, OJ)에 따른 치아의 길이(len)가 동일한 분포(비타민C 유형의 분포와 치아 길이의 분포가 동일한지)를 따르는지를 검정하시오.

(1) 비타민 C의 유형에 따른 치아의 길이가 동일한 분포를 따르는지 알아보기 위한 Kolmogorov−Smirnov 검정 결과를 출력하시오.

(2) ggplot( ) 함수를 이용하여 비타민 C의 유형에 따른 치아의 길이를 시각화하여 나타내시오(단, "position=fill" 옵션을 이용한다).

```
> ToothGrowth                          > dim(ToothGrowth)
     len supp dose                      [1] 60  3
1    4.2   VC  0.5                       > str(ToothGrowth)
2   11.5   VC  0.5                      'data.frame':    60 obs. of  3 variables:
3    7.3   VC  0.5                       $ len : num  4.2 11.5 7.3 5.8 6.4 10 11.2 11.2 5.2 7 ...
4    5.8   VC  0.5                       $ supp: Factor w/ 2 levels "OJ","VC": 2 2 2 2 2 2 2 2 2 2 ...
5    6.4   VC  0.5                       $ dose: num  0.5 0.5 0.5 0.5 0.5 0.5 0.5 0.5 0.5 0.5 ...
6   10.0   VC  0.5                      > summary(ToothGrowth)
7   11.2   VC  0.5                           len            supp         dose
8   11.2   VC  0.5                       Min.   : 4.20   OJ:30   Min.   :0.500
9    5.2   VC  0.5                       1st Qu.:13.07   VC:30   1st Qu.:0.500
10   7.0   VC  0.5                       Median :19.25           Median :1.000
11  16.5   VC  1.0                       Mean   :18.81           Mean   :1.167
12  16.5   VC  1.0                       3rd Qu.:25.27           3rd Qu.:2.000
13  15.2   VC  1.0                       Max.   :33.90           Max.   :2.000
14  17.3   VC  1.0                      > describe(ToothGrowth)
15  22.5   VC  1.0                            vars  n  mean   sd median trimmed  mad min  max range  skew kurtosis   se
16  17.3   VC  1.0                      len      1 60 18.81 7.65  19.25   18.95 9.04 4.2 33.9  29.7 -0.14    -1.04 0.99
17  13.6   VC  1.0                      supp*    2 60  1.50 0.50   1.50    1.50 0.74 1.0  2.0   1.0  0.00    -2.03 0.07
18  14.5   VC  1.0                      dose     3 60  1.17 0.63   1.00    1.15 0.74 0.5  2.0   1.5  0.37    -1.55 0.08
19  18.8   VC  1.0
20  15.5   VC  1.0
21  23.6   VC  2.0
22  18.5   VC  2.0
23  33.9   VC  2.0
24  25.5   VC  2.0
25  26.4   VC  2.0
```

(1) ks.test( ) 검정 결과를 통해 p−value＝$2.62 \times 10^{-14} < 0.05$(유의수준)임을 알 수 있으며, 귀무가설을 기각하게 되어 두 가지 분포는 서로 일치하지 않음을 알 수 있다.

```
> ks.test(ToothGrowth$supp, ToothGrowth$len)

        Exact two-sample Kolmogorov-Smirnov test

data:  ToothGrowth$supp and ToothGrowth$len
D = 1, p-value = 2.62e-14
alternative hypothesis: two-sided
```

(2) ggplot( ) 함수를 이용하여 비타민 C의 유형에 따른 치아의 길이(또는 치아의 길이에 따른 비타민 C의 유형)를 시각화하여 나타내면 다음과 같다.

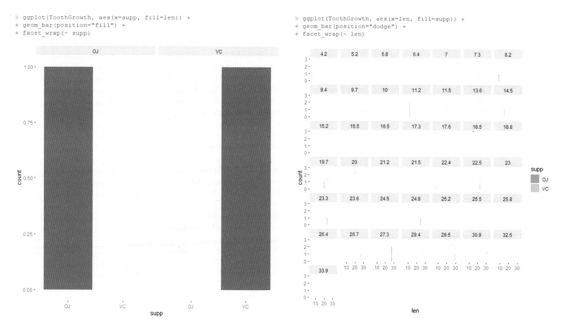

제2장

다변량 분석

1 그룹 분석

(1) 그룹 분석을 위해 다음 패키지를 이용한다.

install.packages("dplyr")	#그룹 분석(group_by( ), summarise( )) 수행
library(dplyr)	—

(2) 그룹 분석(Group Analysis)은 자료를 집단별로 나누어 그룹 함수를 적용하는 분석 방법으로 빈도 분석이 그룹별 빈도만을 산출하는 것에 비하여 그룹 분석은 빈도와 함께 그룹별 특정값에 대한 합계, 평균, 표준편차, 중앙값, 최솟값, 최댓값 등의 정보를 제공한다.

(3) 그룹 분석을 설명하기 위해 아래 데이터(data.csv)를 이용한다. data.csv는 (고객번호, 성별, 연령대, 직업, 주거지역, 쇼핑액, 이용만족도, 월별 쇼핑액, 쿠폰사용횟수, 쿠폰선호도, 품질, 가격, 서비스, 배송, 쇼핑만족도, 소득)에 대한 조사 결과이다.

	A	B	C	D	E	F	G	H	I	J	K	L	M	N	O	P	Q	R
1	고객번호	성별	연령대	직업	주거지역	쇼핑액	이용만족도	쇼핑1월	쇼핑2월	쇼핑3월	쿠폰사용회수	쿠폰선호도	품질	가격	서비스	배송	쇼핑만족도	소득
2	190105	남자	45-49세	회사원	소도시	195.6	4	76.8	64.8	54	3	예	7	7	1	4	4	4300
3	190106	남자	25-29세	공무원	소도시	116.4	7	44.4	32.4	39.6	6	아니오	7	4	7	7	7	7500
4	190107	남자	50세 이상	자영업	중도시	183.6	4	66	66	51.6	5	예	4	4	3	3	6	2900
5	190108	남자	50세 이상	농어업	소도시	168	4	62.4	52.8	52.8	4	아니오	3	3	4	6	5	5300
6	190109	남자	40-44세	공무원	중도시	169.2	4	63.6	54	51.6	5	아니오	6	4	7	4	6	4000
7	190110	남자	45-49세	자영업	중도시	171.6	5	52.8	66	52.8	4	아니오	5	4	3	4	5	5100
8	190111	여자	50세 이상	공무원	중도시	207.6	4	64.8	88.8	54	4	예	7	7	1	4	5	5700
9	190112	남자	50세 이상	자영업	소도시	201.6	7	56.4	92.4	52.8	3	예	7	7	7	4	4	5900
10	190113	남자	50세 이상	농어업	중도시	111.6	3	64.8	30	16.8	4	아니오	4	2	4	3	5	5100
11	190114	여자	45-49세	회사원	중도시	156	4	51.6	51.6	52.8	0	예	1	4	1	7	1	5700
12	190115	남자	40-44세	회사원	중도시	225.6	5	80.4	92.4	52.8	1	예	5	5	5	5	2	5800
13	190116	남자	30-34세	공무원	중도시	220.8	4	76.8	90	54	5	아니오	5	5	5	4	6	4300
14	190117	남자	35-39세	회사원	대도시	244.8	7	76.8	88.8	79.2	6	아니오	7	4	7	7	7	8700
15	190118	남자	45-49세	농어업	소도시	184.8	6	91.2	67.2	26.4	5	예	5	4	5	6	6	4100

(4) 작업영역을 설정하고 data.csv 파일을 데이터 프레임(data)에 저장한다. 그룹 분석을 수행하기 위해 "dplyr" 패키지를 설치한다.

```
> setwd("C:/workr")
> data <- read.csv("data.csv", header=T, fileEncoding="EUC-KR")
> head(data)
  고객번호 성별  연령대     직업 주거지역 쇼핑액 이용만족도 쇼핑1월 쇼핑2월 쇼핑3월 쿠폰사용회수
1  190105 남자 45-49세 회사원   소도시 195.6        4    76.8   64.8   54.0
2  190106 남자 25-29세 공무원   소도시 116.4        7    44.4   32.4   39.6
3  190107 남자 50세 이상 자영업 중도시 183.6        4    66.0   66.0   51.6
4  190108 남자 50세 이상 농어업 소도시 168.0        4    62.4   52.8   52.8
5  190109 남자 40-44세 공무원   중도시 169.2        4    63.6   54.0   51.6
6  190110 남자 45-49세 자영업 중도시 171.6        5    52.8   66.0   52.8
  쿠폰선호도 품질 가격 서비스 배송 쇼핑만족도 소득
1        예    7    7      1    4         4 4300
2      아니오    7    4      7    7         7 7500
3        예    4    4      3    3         6 2900
4      아니오    3    3      4    6         5 5300
5      아니오    6    4      7    4         6 4000
6      아니오    5    4      3    4         5 5100
```

```
> install.packages("dplyr")
--- 현재 세션에서 사용할 CRAN 미러를 선택해 주세요 ---
'purrr', 'generics', 'tidyselect' (들) 또한 설치합니다.
URL 'https://cran.yu.ac.kr/bin/windows/contrib/4.2/purrr_0.3.4.zip'를 시도합니다
Content type 'application/zip' length 409364 bytes (399 KB)
downloaded 399 KB

URL 'https://cran.yu.ac.kr/bin/windows/contrib/4.2/generics_0.1.3.zip'를 시도합니다
Content type 'application/zip' length 79964 bytes (78 KB)
downloaded 78 KB

URL 'https://cran.yu.ac.kr/bin/windows/contrib/4.2/tidyselect_1.1.2.zip'를 시도합니다
Content type 'application/zip' length 206461 bytes (201 KB)
downloaded 201 KB

URL 'https://cran.yu.ac.kr/bin/windows/contrib/4.2/dplyr_1.0.9.zip'를 시도합니다
Content type 'application/zip' length 1298765 bytes (1.2 MB)
downloaded 1.2 MB

패키지 'purrr'를 성공적으로 압축해제하였고 MD5 sums 이 확인되었습니다
패키지 'generics'를 성공적으로 압축해제하였고 MD5 sums 이 확인되었습니다
패키지 'tidyselect'를 성공적으로 압축해제하였고 MD5 sums 이 확인되었습니다
패키지 'dplyr'를 성공적으로 압축해제하였고 MD5 sums 이 확인되었습니다

다운로드된 바이너리 패키지들은 다음의 위치에 있습니다
        C:\tmp\Rtmpe41DFU\downloaded_packages
> library(dplyr)

다음의 패키지를 부착합니다: 'dplyr'

The following objects are masked from 'package:stats':

    filter, lag

The following objects are masked from 'package:base':
```

(5) dplyr 패키지의 group_by( ) 함수와 summarise( ) 함수의 사용 방법은 다음과 같다.

group_by(data, ...)
- data : 데이터 프레임 숫자형 벡터값
- ... : 그룹 대상 필드

summarise(data, sum( ), ...)
- data : 데이터 프레임 숫자형 벡터값
- ... : 함수(적용 필드)
- 함수 : 합계(sum( )), 평균(mean( )), 중앙값(median( ))
  표준편차(sd( )), 분산(var( )), 최솟값(min( ))
  최댓값(max( )), 빈도(n( )) 등

(6) 주거지역별 그룹 분석을 위한 group_by(data, 주거지역)와 summarise( ) 함수의 수행결과는 다음과 같다. 주거지역(대도시, 소도시, 중도시)별로 해당 빈도 수(n( ))와 쇼핑액의 합계[sum(쇼핑액)]를 알 수 있다. 해당 그룹(주거지역)의 빈도 수와 쇼핑액의 합계를 구하기 위해 먼저 group_by( ) 함수를 이용하여 그룹 테이블을 작성(group_table)한다.

```
> group_table <- group_by(data, 주거지역)
> group_table
# A tibble: 90 × 18
# Groups:   주거지역 [3]
   고객번호 성별  연령대      직업    주거지역 쇼핑액 이용만족도 쇼핑1월 쇼핑2월 쇼핑3월 쿠폰사용회수
     <int> <chr> <chr>      <chr>   <chr>   <dbl>      <int>   <dbl>  <dbl>  <dbl>       <int>
 1  190105 남자  45-49세    회사원  소도시   196.          4    76.8   64.8     54           3
 2  190106 남자  25-29세    공무원  소도시   116.          7    44.4   32.4   39.6           6
 3  190107 남자  50세 이상  자영업  중도시   184.          4      66     66   51.6           5
 4  190108 남자  50세 이상  농어업  소도시   168           4    62.4   52.8   52.8           4
 5  190109 남자  40-44세    공무원  중도시   169.          4    63.6     54   51.6           5
 6  190110 남자  45-49세    자영업  중도시   172.          5    52.8     66   52.8           4
 7  190111 여자  50세 이상  공무원  중도시   208.          4    64.8   88.8     54           4
 8  190112 남자  50세 이상  자영업  소도시   202.          7    56.4   92.4   52.8           3
 9  190113 남자  50세 이상  농어업  중도시   112.          3    64.8     30   16.8           4
10  190114 여자  45-49세    회사원  중도시   156           4    51.6   51.6   52.8           0
# ... with 80 more rows, and 7 more variables: 쿠폰선호도 <chr>, 품질 <int>, 가격 <int>, 서비스 <int>,
#    배송 <int>, 쇼핑만족도 <int>, 소득 <int>

> group_sum1 <- summarise(group_table, n=n(), sum(쇼핑액))
> group_sum1
# A tibble: 3 × 3
  주거지역    n `sum(쇼핑액)`
  <chr>   <int>        <dbl>
1 대도시     36         6364.
2 소도시     30         5030.
3 중도시     24         4284
```

(7) (성별, 직업)에 대한 그룹 분석을 수행하기 위해 group_by(data, 성별, 직업) 함수를 수행하여 group_table1을 만들고, summarise( )로 빈도 수와 쇼핑액의 평균[mean(쇼핑액)]을 구한다. 그룹 분석 결과 성별(남자, 여자) 및 직업별로 빈도 수와 평균 쇼핑액을 알 수 있다.

```
> group_table1 <- group_by(data, 성별, 직업)
> head(group_table1)
# A tibble: 6 × 18
# Groups:   성별, 직업 [4]
   고객번호 성별  연령대   직업   주거지역 쇼핑액 이용만족도 쇼핑1월 쇼핑2월 쇼핑3월 쿠폰사용회수 쿠폰선호도
     <int> <chr> <chr>   <chr>  <chr>   <dbl>      <int>   <dbl>  <dbl>  <dbl>       <int> <chr>
1  190105 남자  45-49... 회사... 소도시   196.          4    76.8   64.8     54           3 예
2  190106 남자  25-29... 공무... 소도시   116.          7    44.4   32.4   39.6           6 아니오
3  190107 남자  50세...  자영... 중도시   184.          4      66     66   51.6           5 예
4  190108 남자  50세...  농어... 소도시   168           4    62.4   52.8   52.8           4 아니오
5  190109 남자  40-44... 공무... 중도시   169.          4    63.6     54   51.6           5 아니오
6  190110 남자  45-49... 자영... 중도시   172.          5    52.8     66   52.8           4 아니오
# ... with 6 more variables: 품질 <int>, 가격 <int>, 서비스 <int>, 배송 <int>, 쇼핑만족도 <int>,
#    소득 <int>
>
> group_sum2 <- summarise(group_table1, n=n(), mean(쇼핑액))
`summarise()` has grouped output by '성별'. You can override using the `.groups` argument.
```

```
> group_sum2
# A tibble: 9 × 4
# Groups:   성별 [2]
  성별  직업     n `mean(소핑액)`
  <chr> <chr> <int>        <dbl>
1 남자  공무원     9         164.
2 남자  농어업    13         173.
3 남자  자영업    11         177.
4 남자  전문직     7         186.
5 남자  회사원    15         185.
6 여자  공무원     3         171.
7 여자  자영업     6         194.
8 여자  전문직    10         161.
9 여자  회사원    16         165.
```

2 주성분 분석

(1) 주성분 분석을 위해 다음 패키지를 이용한다.

install.packages("HSAUR")	#heptathlon(1988년 서울 올림픽 육상 여성 7종 경기 데이터)
install.packages("psych")	#기술통계 분석
install.packages("stats")	#주성분 분석(princomp( ))
install.packages("readxl")	#Excel 파일 읽기
library(HSAUR)	−
library(psych)	−
library(stats)	−
library(readxl)	−

(2) 주성분(Principal Component)이란 다변량 자료가 가지고 있는 총 변이의 주요 부분을 함유하고 있는 성분이다. 예를 들어 n명의 학생들에 대한 p개 과목의 성적 $(X_1, X_2, ..., X_p)$을 관찰할 때, 이로부터 학업성취도와 같이 각 학생의 성적들을 '대표'하는 특성을 측정한다고 하자. 이를 위해 평균성적$(\overline{X} \sum_{i=1}^{p} X_i/p)$과 같이 간단한 형태나, 과목의 중요도를 반영하는 가중치를 사용한 가중평균성적$(X_a \sum_{i=1}^{p} a_i X_i, \ a_i : weight)$ 혹은 더욱 일반화한 성적 $(X_f = f(X_1, X_2, ..., X_p))$ 등을 사용할 수 있다. 여기서 '대표'한다는 것이 조사된 학생들의 학업성적들이 가지는 '총 변이를 가장 많이 함축하는 것'을 뜻한다면, 이런 성질을 가지는 특성이 주성분의 의미와 연계된다.

(3) 주성분 분석(PCA ; Principal Component Analysis)이란 서로 연관되어 있는 변수들$(X_1, X_2, ..., X_p)$이 관측되었을 때, 이 변수들이 전체적으로 가지고 있는 정보들을 최대한 확보하는 작은 수의 새로운 변수(주성분)를 생성(혹은 분석)하는 방법이다. 주성분 분석은 이러한 주요 성분을 도출하는 방법과 생성된 주성분의 특징을 분석(또는 통계적 추론 등)하는 과정을 포함한다.

(4) 주성분 분석을 위한 데이터(heptathlon, 1988년 서울 올림픽 육상 여성 7종 경기 데이터)를 이용하기 위해 "HSAUR" 패키지를 설치한다. heptathlon는 8개 항목[hurdles(110m허들), highjump(높이뛰기), shot(포환 던지기), run200m(200m 달리기), longjump(멀리뛰기), javelin(창 던지기), run800m(800m 달리기), score(성적(점수))]에 대한 25명의 성적을 기록하고 있다. 각 변수들에 대한 주요 기술통계 분석 결과(describe( ))를 얻기 위해 "psych" 패키지를 이용한다.

```
> install.packages("HSAUR")
URL 'https://cran.yu.ac.kr/bin/windows/contrib/4.2/HSAUR_1.3-10.zip'를 시도합니다
Content type 'application/zip' length 2155641 bytes (2.1 MB)
downloaded 2.1 MB

패키지 'HSAUR'를 성공적으로 압축해제하였고 MD5 sums 이 확인되었습니다

다운로드된 바이너리 패키지들은 다음의 위치에 있습니다
        C:\tmp\Rtmpe41DFU\downloaded_packages
> library(HSAUR)
필요한 패키지를 로딩중입니다: tools
> heptathlon
                   hurdles highjump  shot run200m longjump javelin run800m score
Joyner-Kersee (USA)  12.69     1.86 15.80   22.56     7.27   45.66  128.51  7291
John (GDR)           12.85     1.80 16.23   23.65     6.71   42.56  126.12  6897
Behmer (GDR)         13.20     1.83 14.20   23.10     6.68   44.54  124.20  6858
Sablovskaite (URS)   13.61     1.80 15.23   23.92     6.25   42.78  132.24  6540
Choubenkova (URS)    13.51     1.74 14.76   23.93     6.32   47.46  127.90  6540
Schulz (GDR)         13.75     1.83 13.50   24.65     6.33   42.82  125.79  6411
Fleming (AUS)        13.38     1.80 12.88   23.59     6.37   40.28  132.54  6351
Greiner (USA)        13.55     1.80 14.13   24.48     6.47   38.00  133.65  6297
Lajbnerova (CZE)     13.63     1.83 14.28   24.86     6.11   42.20  136.05  6252
Bouraga (URS)        13.25     1.77 12.62   23.59     6.28   39.06  134.74  6252
Wijnsma (HOL)        13.75     1.86 13.01   25.03     6.34   37.86  131.49  6205
Dimitrova (BUL)      13.24     1.80 12.88   23.59     6.37   40.28  132.54  6171
Scheider (SWI)       13.85     1.86 11.58   24.87     6.05   47.50  134.93  6137
Braun (FRG)          13.71     1.83 13.16   24.78     6.12   44.58  142.82  6109
Ruotsalainen (FIN)   13.79     1.80 12.32   24.61     6.08   45.44  137.06  6101
Yuping (CHN)         13.93     1.86 14.21   25.00     6.40   38.60  146.67  6087
Hagger (GB)          13.47     1.80 12.75   25.47     6.34   35.76  138.48  5975
Brown (USA)          14.07     1.83 12.69   24.83     6.13   44.34  146.43  5972
Mulliner (GB)        14.39     1.71 12.68   24.92     6.10   37.76  138.02  5746
Hautenauve (BEL)     14.04     1.77 11.81   25.61     5.99   35.68  133.90  5734
Kytola (FIN)         14.31     1.77 11.66   25.69     5.75   39.48  133.35  5686
Geremias (BRA)       14.23     1.71 12.95   25.50     5.50   39.64  144.02  5508
Hui-Ing (TAI)        14.85     1.68 10.00   25.23     5.47   39.14  137.30  5290
Jeong-Mi (KOR)       14.53     1.71 10.83   26.61     5.50   39.26  139.17  5289
Launa (PNG)          16.42     1.50 11.78   26.16     4.88   46.38  163.43  4566
> dim(heptathlon)
[1] 25  8
> str(heptathlon)
'data.frame':   25 obs. of  8 variables:
 $ hurdles : num  12.7 12.8 13.2 13.6 13.5 ...
 $ highjump: num  1.86 1.8 1.83 1.8 1.74 1.83 1.8 1.8 1.83 1.77 ...
 $ shot    : num  15.8 16.2 14.2 15.2 14.8 ...
 $ run200m : num  22.6 23.6 23.1 23.9 23.9 ...
 $ longjump: num  7.27 6.71 6.68 6.25 6.32 6.33 6.37 6.47 6.11 6.28 ...
 $ javelin : num  45.7 42.6 44.5 42.8 47.5 ...
 $ run800m : num  129 126 124 132 128 ...
 $ score   : int  7291 6897 6858 6540 6540 6411 6351 6297 6252 6252 ...
> summary(heptathlon)
    hurdles        highjump          shot          run200m         longjump        javelin         run800m
 Min.   :12.69   Min.   :1.500   Min.   :10.00   Min.   :22.56   Min.   :4.880   Min.   :35.68   Min.   :124.2
 1st Qu.:13.47   1st Qu.:1.770   1st Qu.:12.32   1st Qu.:23.92   1st Qu.:6.050   1st Qu.:39.06   1st Qu.:132.2
 Median :13.75   Median :1.800   Median :12.88   Median :24.83   Median :6.250   Median :40.28   Median :134.7
 Mean   :13.84   Mean   :1.782   Mean   :13.12   Mean   :24.65   Mean   :6.152   Mean   :41.48   Mean   :136.1
 3rd Qu.:14.07   3rd Qu.:1.830   3rd Qu.:14.20   3rd Qu.:25.23   3rd Qu.:6.370   3rd Qu.:44.54   3rd Qu.:138.5
 Max.   :16.42   Max.   :1.860   Max.   :16.23   Max.   :26.61   Max.   :7.270   Max.   :47.50   Max.   :163.4
     score
 Min.   :4566
 1st Qu.:5746
 Median :6137
 Mean   :6091
 3rd Qu.:6351
 Max.   :7291
> describe(heptathlon)
         vars  n    mean     sd  median trimmed    mad     min     max   range  skew kurtosis     se
hurdles     1 25   13.84   0.74   13.75   13.77   0.47   12.69   16.42    3.73  1.55     3.65   0.15
highjump    2 25    1.78   0.08    1.80    1.79   0.04    1.50    1.86    0.36 -1.87     4.25   0.02
shot        3 25   13.12   1.49   12.88   13.10   1.63   10.00   16.23    6.23  0.17    -0.44   0.30
run200m     4 25   24.65   0.97   24.83   24.66   0.99   22.56   26.61    4.05 -0.16    -0.59   0.19
longjump    5 25    6.15   0.47    6.25    6.17   0.22    4.88    7.27    2.39 -0.45     0.94   0.09
javelin     6 25   41.48   3.55   40.28   41.46   3.71   35.68   47.50   11.82  0.15    -1.26   0.71
run800m     7 25  136.05   8.29  134.74  135.30   4.86  124.20  163.43   39.23  1.31     2.43   1.66
score       8 25 6090.60 568.47 6137.00 6105.81 406.23 4566.00 7291.00 2725.00 -0.43     0.58 113.69
```

(5) heptathlon를 "data"로 저장한다. 변수들 중 hurdles, run200m, run800m는 작은 값일수록 좋은 점수이기 때문에 자료를 변형한다. 즉, 높은 값이 좋은 점수가 되도록 각 항목(변수)의 최댓값에서 해당 값을 빼줌으로써 자료를 변환한다.

```
> data <- heptathlon
>
> data$hurdles <- max(data$hurdles) - data$hurdles
> data$run200m <- max(data$run200m) - data$run200m
> data$run800m <- max(data$run800m) - data$run800m
>
> data
                    hurdles highjump  shot run200m longjump javelin run800m score
Joyner-Kersee (USA)    3.73     1.86 15.80    4.05     7.27   45.66   34.92  7291
John (GDR)             3.57     1.80 16.23    2.96     6.71   42.56   37.31  6897
Behmer (GDR)           3.22     1.83 14.20    3.51     6.68   44.54   39.23  6858
Sablovskaite (URS)     2.81     1.80 15.23    2.69     6.25   42.78   31.19  6540
Choubenkova (URS)      2.91     1.74 14.76    2.68     6.32   47.46   35.53  6540
Schulz (GDR)           2.67     1.83 13.50    1.96     6.33   42.82   37.64  6411
Fleming (AUS)          3.04     1.80 12.88    3.02     6.37   40.28   30.89  6351
Greiner (USA)          2.87     1.80 14.13    2.13     6.47   38.00   29.78  6297
Lajbnerova (CZE)       2.79     1.83 14.28    1.75     6.11   42.20   27.38  6252
Bouraga (URS)          3.17     1.77 12.62    3.02     6.28   39.06   28.69  6252
Wijnsma (HOL)          2.67     1.86 13.01    1.58     6.34   37.86   31.94  6205
Dimitrova (BUL)        3.18     1.80 12.88    3.02     6.37   40.28   30.89  6171
Scheider (SWI)         2.57     1.86 11.58    1.74     6.05   47.50   28.50  6137
Braun (FRG)            2.71     1.83 13.16    1.83     6.12   44.58   20.61  6109
Ruotsalainen (FIN)     2.63     1.80 12.32    2.00     6.08   45.44   26.37  6101
Yuping (CHN)           2.49     1.86 14.21    1.61     6.40   38.60   16.76  6087
Hagger (GB)            2.95     1.80 12.75    1.14     6.34   35.76   24.95  5975
Brown (USA)            2.35     1.83 12.69    1.78     6.13   44.34   17.00  5972
Mulliner (GB)          2.03     1.71 12.68    1.69     6.10   37.76   25.41  5746
Hautenauve (BEL)       2.38     1.77 11.81    1.00     5.99   35.68   29.53  5734
Kytola (FIN)           2.11     1.77 11.66    0.92     5.75   39.48   30.08  5686
Geremias (BRA)         2.19     1.71 12.95    1.11     5.50   39.64   19.41  5508
Hui-Ing (TAI)          1.57     1.68 10.00    1.38     5.47   39.14   26.13  5290
Jeong-Mi (KOR)         1.89     1.71 10.83    0.00     5.50   39.26   24.26  5289
Launa (PNG)            0.00     1.50 11.78    0.45     4.88   46.38    0.00  4566
```

(6) princomp( ) 함수를 이용하기 위해 "stats" 패키지를 설치한다. 원래 데이터에서 마지막 항목(score)을 제외하여 hep_data에 저장하고, princomp( )를 이용한 주성분 분석 결과를 pca 변수에 저장한다. cor=T는 상관계수 행렬(cor=F인 경우 공분산 행렬) 지정 옵션이며, scores=T는 각 주성분 점수의 출력 옵션이다. names( )는 주성분 분석 결과의 개체 이름이며, 출력 개체들을 이용하여 주성분 분석 결과를 확인한다.

```
> library(stats)
> hep_data <- data[,-8]
> head(hep_data)
                    hurdles highjump  shot run200m longjump javelin run800m
Joyner-Kersee (USA)    3.73     1.86 15.80    4.05     7.27   45.66   34.92
John (GDR)             3.57     1.80 16.23    2.96     6.71   42.56   37.31
Behmer (GDR)           3.22     1.83 14.20    3.51     6.68   44.54   39.23
Sablovskaite (URS)     2.81     1.80 15.23    2.69     6.25   42.78   31.19
Choubenkova (URS)      2.91     1.74 14.76    2.68     6.32   47.46   35.53
Schulz (GDR)           2.67     1.83 13.50    1.96     6.33   42.82   37.64
>
> pca <- princomp(hep_data, cor=T, scores=T)
> pca
Call:
princomp(x = hep_data, cor = T, scores = T)
```

```
Standard deviations:
   Comp.1    Comp.2    Comp.3    Comp.4    Comp.5    Comp.6    Comp.7
2.1119364 1.0928497 0.7218131 0.6761411 0.4952441 0.2701029 0.2213617


 7  variables and  25 observations.
> names(pca)
[1] "sdev"      "loadings" "center"    "scale"     "n.obs"     "scores"    "call"
> pca$scores
                        Comp.1        Comp.2        Comp.3       Comp.4       Comp.5        Comp.6       Comp.7
Joyner-Kersee (USA)  4.20643487 -1.26802363 -0.37754097  0.02347606  0.43479079 -0.346326436  0.355095715
John (GDR)           2.94161870 -0.53452561 -0.91592007 -0.48525592 -0.71756361  0.242996831  0.146985484
Behmer (GDR)         2.70427114 -0.69275901  0.46864523 -0.69364304  0.10770119 -0.244122993 -0.132321187
Sablovskaite (URS)   1.37105209 -0.70655862 -0.60754535 -0.14357125 -0.46328849  0.093698737 -0.496611559
Choubenkova (URS)    1.38704979 -1.78931718  0.15380883 -0.85318791 -0.70136529  0.128908447  0.244420338
Schulz (GDR)         1.06537236  0.08104469  0.68843980 -0.20981158 -0.75315024 -0.363126022 -0.105546792
Fleming (AUS)        1.12307639  0.33042906  0.07494589 -0.49630590  0.77872466  0.086594045 -0.145817729
Greiner (USA)        0.94221015  0.82345074 -0.82917132 -0.03085250 -0.09274112 -0.154686557  0.034943939
Lajbnerova (CZE)     0.54118484 -0.14933917 -0.16455206  0.62860278 -0.58023795  0.270831605 -0.254738349
Bouraga (URS)        0.77548704  0.53686251 -0.18694589 -0.68132992  1.04254478  0.404571722 -0.020825865

> pca$sdev
   Comp.1    Comp.2    Comp.3    Comp.4    Comp.5    Comp.6    Comp.7
2.1119364 1.0928497 0.7218131 0.6761411 0.4952441 0.2701029 0.2213617
> pca$loadings

Loadings:
         Comp.1 Comp.2 Comp.3 Comp.4 Comp.5 Comp.6 Comp.7
hurdles   0.453  0.158                       0.783  0.380
highjump  0.377  0.248  0.368  0.680               -0.434
shot      0.363 -0.289 -0.676  0.124 -0.512        -0.218
run200m   0.408 -0.260        -0.361  0.650        -0.453
longjump  0.456        -0.139  0.111  0.184 -0.590  0.612
javelin         -0.842  0.472  0.121 -0.135         0.173
run800m   0.375  0.224  0.396 -0.603 -0.504 -0.156

                 Comp.1 Comp.2 Comp.3 Comp.4 Comp.5 Comp.6 Comp.7
SS loadings       1.000  1.000  1.000  1.000  1.000  1.000  1.000
Proportion Var    0.143  0.143  0.143  0.143  0.143  0.143  0.143
Cumulative Var    0.143  0.286  0.429  0.571  0.714  0.857  1.000
> pca$center
 hurdles highjump     shot  run200m longjump  javelin  run800m
  2.5800   1.7820  13.1176   1.9608   6.1524  41.4824  27.3760
```

(7) summary( )로 주성분 분석 결과를 요약하며, 항목들에 대한 (표준편차, 분산비율, 누적분산비율)을 확인한다. 첫 번째 주성분이 63.7%, 두 번째 주성분이 17.1%의 분산비율을 나타내며, 2개 주성분이 총 변이의 80.8%의 정보를 가진다. 각 주성분의 표준편차[(pca$sdev)²]를 제곱하여 고유값(eigen_value)을 얻는다. 고유값이 1보다 큰 값을 가지는 두 개의 주성분(첫 번째 주성분=4.46, 두 번째 주성분=1.19)이 유효한 주성분(즉, 유효한 주성분의 수는 2개)이다.

```
> summary(pca)
Importance of components:
                          Comp.1    Comp.2     Comp.3     Comp.4     Comp.5     Comp.6      Comp.7
Standard deviation     2.1119364 1.0928497 0.72181309 0.67614113 0.49524412 0.27010291 0.221361710
Proportion of Variance 0.6371822 0.1706172 0.07443059 0.06530955 0.03503811 0.01042223 0.007000144
Cumulative Proportion  0.6371822 0.8077994 0.88222998 0.94753952 0.98257763 0.99299986 1.000000000
>
> pca$sdev
    Comp.1    Comp.2    Comp.3    Comp.4    Comp.5    Comp.6    Comp.7
 2.1119364 1.0928497 0.7218131 0.6761411 0.4952441 0.2701029 0.2213617
> eigen_value <- (pca$sdev) ^ 2
> eigen_value
    Comp.1     Comp.2     Comp.3     Comp.4     Comp.5     Comp.6     Comp.7
 4.46027516 1.19432056 0.52101413 0.45716683 0.24526674 0.07295558 0.04900101
```

(8) screeplot( ) 함수를 이용하여 스크리 그림(Scree Plot, 수평축에 주성분 번호를 놓고 수직축에 해당 주성분에 대응하는 고유값을 연결한 그림)을 표현한다. 스크리 그림에서 Variances의 값이 1보다 큰 2개의 주성분을 확인하고, 주성분 분석 결과(pca$loadings[,1:2])를 통해 주성분 계수를 확인한다.

```
> screeplot(pca, type="lines", pch=19, main="Scree Plot")
> pca$loadings[,1:2]
               Comp.1      Comp.2
hurdles    0.4528710  0.15792058
highjump   0.3771992  0.24807386
shot       0.3630725 -0.28940743
run200m    0.4078950 -0.26038545
longjump   0.4562318  0.05587394
javelin    0.0754090 -0.84169212
run800m    0.3749594  0.22448984
```

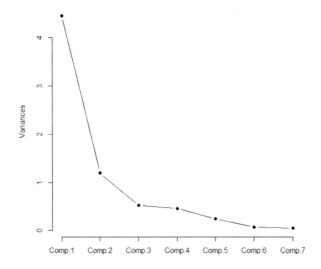

(9) 주성분 계수를 이용한 제1, 제2주성분은 다음과 같다. 주성분 계수(절댓값 기준)를 보면, 제 1주성분(PCA_1)에서 javelin의 계수가 다른 계수값들과 비교하여 상대적으로 작고, 제 2주성분(PCA_2)에서는 javelin의 계수가 상대적으로 중요한 요인으로 작용한다.

$$PCA_1 = 0.453hurdels + 0.377highjump + 0.363shot + 0.408run200m$$
$$+ 0.456longjump + 0.075javelin + 0.375run800m$$
$$PCA_2 = 0.158hurdels + 0.248highjump - 0.289shot - 0.26run200m$$
$$+ 0.056longjump - 0.842javelin + 0.224run800m$$

(10) 각각의 선수들에 대한 두 가지 주성분 값은 pca$scores[,1:2]로 확인(주성분 점수에 대한 행렬도)하며, 이를 시각화하기 위해 biplot( ) 함수를 이용한다. 그래프에서는 첫 번째 주성분을 x축에, 두 번째 주성분을 y축에 나타내고 각 변수(육상 7종 경기)와 각 객체(25명의 선수)의 산점도를 표현[각 선수 이름(레이블)은 빨간색, 주성분계수는 파란색으로 작성]한다. 그림에서 화살표는 각 항목별 주성분 계수의 크기를 나타내는 벡터값이다. 행렬도에서 (highjump, run800m, hurdles, longjump)가 서로 가까운 곳에 위치하며, 벡터의 방향 또한 비슷하다. 그리고 (run200m, shot)이 가깝게 위치하고, javelin은 다른 변수들과 비교하여 다른 방향에 위치하고 있다. 벡터의 값들이 서로 가까운 거리와 방향일수록 변수들의 상관성이 높음을 뜻한다. 또한, 각 개체가 특정 변수에 가깝게 위치할수록 그 개체는 해당 변수와 관련이 높다고 할 수 있다.

```
> pca$scores[,1:2]
                        Comp.1       Comp.2
Joyner-Kersee (USA)    4.20643487  -1.26802363
John (GDR)             2.94161870  -0.53452561
Behmer (GDR)           2.70427114  -0.69275901
Sablovskaite (URS)     1.37105209  -0.70655862
Choubenkova (URS)      1.38704979  -1.78931718
Schulz (GDR)           1.06537236   0.08104469
Fleming (AUS)          1.12307639   0.33042906
Greiner (USA)          0.94221015   0.82345074
Lajbnerova (CZE)       0.54118484  -0.14933917
Bouraga (URS)          0.77548704   0.53686251
Wijnsma (HOL)          0.56773896   1.42507414
Dimitrova (BUL)        1.21091937   0.36106077
Scheider (SWI)        -0.01578005  -0.82307249
Braun (FRG)           -0.00385205  -0.72953750
Ruotsalainen (FIN)    -0.09261899  -0.77877955
Yuping (CHN)           0.14005513   0.54831883
Hagger (GB)           -0.17465745   1.77914066
Brown (USA)           -0.52996001  -0.74195530
Mulliner (GB)         -1.14869009   0.64788023
Hautenauve (BEL)      -1.10808552   1.88531477
Kytola (FIN)          -1.47689483   0.94353198
Geremias (BRA)        -2.05556037   0.09495979
Hui-Ing (TAI)         -2.93969248   0.67514662
Jeong-Mi (KOR)        -3.03136461   0.97939889
Launa (PNG)           -6.39931438  -2.89774561
```

```
> biplot(pca, cex=0.7, col=c("red", "blue"), main="BiPlot")
```

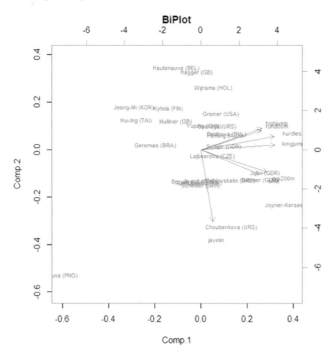

3 인자 분석

(1) 인자 분석을 위해 다음 패키지를 이용한다.

install.packages("stats")	#인자 분석(factanal( ))
install.packages("psych")	#인자 분석(principal( ))
install.packages("GPArotation")	#인자회전
library(stats)	–
lbrary(psych)	–
library(GPArotation)	–

(2) 인자 분석[因子分析, Factor Analysis(FA), 요인 분석]은 인자(또는 요인, factor)라고 불리는 잠재적으로 적은 숫자의 관찰되지 않은 변수(Variables)들로, 관찰된 서로 상관관계를 가지고 있는 변수들 사이의 분산(Variance)을 설명하기 위한 통계학적 방법이다.

(3) 주성분 분석과 인자 분석은 모두 관측된 여러 개의 변수들로부터 소수의 새로운 변수들을 생성하는 방법이다. 주성분 분석은 서로 관련이 있는(즉, 상관계수가 0이 아닌) 변수들의 선형결합을 이용하여 새로운 변수를 만드는 과정으로서 원래 변수들이 가지고 있는 정보의 일정 수준을 확보하도록 소수의 새로운 변수들을 만드는 방법으로 새로 만들어진 변수들이 서로 독립인 특성이 있다.

(4) 반면, 인자 분석이란 여러 개의 서로 관련이 있는 변수들로 측정된 자료에서 그 변수들을 설명할 수 있는 새로운 공통변수를 파악하는 통계적 방법으로 볼 수 있다.

(5) 주성분 분석과 인자 분석의 차이점을 요약하면 다음과 같다.

〈주성분 분석과 인자 분석의 차이점〉

구 분	주성분 분석	인자 분석
변수 생성	관측된 변수들의 선형결합에 의한 새로운 변수 생성	가공의 인자들 생성 후, 관측된 변수들을 가공의 인자들의 선형결합으로 표현
변수들의 순서적 의미	주성분들이 가지고 있는 정보의 크기에 따라 순서가 주어짐	순서의 의미가 없음
오차(Error)	관측된 변수들의 선형결합식이므로 오차항(Error)이 없음	관측된 변수들을 인자들의 선형식으로 설명하며, 설명되지 않은 부분을 오차항 또는 특수인자(Specific Factor)로 정의
주요 변수 및 인자 추정	관련 변수들의 선형결합	주성분 분석 방법으로 인자를 추정하는 경우 주성분 분석에서의 주성분과 동일함

(6) 예를 들어 고등학생 대상(100명)으로 국어, 영어, 수학, 역사, 물리의 5개 과목 시험을 실시하여 성적을 매겼을 때 5개 과목의 성적들을 공통적으로 설명할 수 있는 공통인자(변수)는 "이해력, 분석력, 기억력"의 세 가지를 제시(인자 분석)할 수 있다. 세 가지 인자들이 사전에 주어지면 5개 과목의 성적은 인자들의 선형결합에 의해 표현되고 설명될 수 있다.

(7) 비슷하게 회귀 분석모형에서는 반응변수(종속변수)와 설명변수(독립변수)의 값들이 구체적으로 관측되며, 그 관측결과에 의해 회귀식을 구한다. 반면, 인자 분석에서는 반응변수(5개 과목 성적)의 값들만 관측되고, 설명변수(3개 인자)들은 관측되지 않는 가상의 변수이다.

(8) 인자 분석에서는 이러한 인자들을 생성하고, 생성된 인자들에 대한 해석은 주관적일 수 있다. 따라서 주어진 자료에 가장 적절하도록 해석하는 것이 바람직하다.

(9) p개의 서로 관련이 있는 변수[$X=(X_1, X_2, ..., X_p)$]들을 대상으로 인자 분석을 실시하는 경우 X의 평균[$E(X_i)=\mu_i$], q개의 인자(f_j, Factor)와 오차항(ϵ_p, 특수인자, Specific Factor)을 이용한 인자 분석모형($X-\mu=LF+\epsilon$)은 다음과 같다. 여기서 LF는 인자부하행렬, l_{ij}는 인자부하값(Factor Loadings, 인자부하계수)이다. 인자 분석모형에서 변수 X_1에서 평균을 뺀 값 $X_1-\mu_1$은 q개의 인자($f_1, f_2, ..., f_q$)들의 선형결합($l_{11}f_1+l_{12}f_2 +, ..., +l_{1q}f_q$)과 오차항($\epsilon_1$)의 결합된 형태이며, 인자 분석을 통해 이와 같은 식을 모든 X_i에 대하여 구한다.

$$\begin{Bmatrix} X_1-\mu_1 \\ X_2-\mu_2 \\ ... \\ X_p-\mu_p \end{Bmatrix} = \begin{Bmatrix} l_{11}l_{12}...l_{1q} \\ l_{21}l_{22}...l_{2q} \\ ... \quad ... \\ l_{p1}l_{p2}...l_{pq} \end{Bmatrix} \begin{Bmatrix} f_1 \\ f_2 \\ ... \\ f_q \end{Bmatrix} + \begin{Bmatrix} \epsilon_1 \\ \epsilon_2 \\ ... \\ \epsilon_p \end{Bmatrix}$$

(10) 관측 자료를 이용하여 인자부하값, 특수분산, 공통성을 추정하며, 이를 위해 주성분인자법(Principal Factor Method)과 최우추정법(Maximum Likelihood Method)이 사용된다. 특수분산은 $\sigma_{ii}^2 = l_{i1}^2 + l_{i2}^2 + ... + l_{iq}^2 + \Psi_i$(단, $\sigma_{ii}^2 = Var(X_i)$)에서 Ψ_i값이고 $l_{i1}^2 + l_{i2}^2 + ... + l_{iq}^2$을 공통성(Communality)으로 정의한다.

① **주성분인자법** : 관측값 X의 분산, 공분산 행렬($\sum$), 상관계수행렬(R)의 고유근과 고유벡터를 이용하여 인자부하값(l_{ij})과 특수분산(Ψ_i)을 추정하고, 주성분분석 과정을 이용한다.

② **최우추정법** : X가 다변량 정규분포를 따른다는 가정하에 우도함수(Likelihood Function)를 구하고, 이를 최대화하는 최우추정법으로 인자부하값과 특수분산을 추정한다.

(11) 인자의 수 채택 기준 : 인자의 수는 최대 변수의 수와 같을 수 있다. 그러나 인자 분석의 목적이 최소의 인자를 구하는 것이므로 다음 규칙을 따른다.

① 인자의 수는 상관계수행렬 R의 고유근이 1보다 큰 경우만 채택한다. Jolliffe는 이 기준을 다소 완화하여 고유값 기준으로 0.7을 제안하기도 하였다.

② 통상적으로 $n \geq 50$인 경우, 인자부호의 절댓값 기준으로 인자부하값의 유의성을 다음과 같이 판별하고 의미를 해석한다.

ㄱ 인자부하값>0.3이면 유의함

ㄴ 인자부하값>0.4이면 좀 더 유의함

ㄷ 인자부하값>0.5이면 아주 유의함

(12) 인자회전(Factor Rotation)

① 인자 분석에서는 각 인자에서 변수들의 인자부하값 크기를 이용하여 인자의 특성을 파악한다. 특히 유의한 인자가 2개인 경우에는 인자부하값을 이용하여 각 변수들을 인자 F_1과 인자 F_2를 직교축으로 하는 평면상에 점으로 표현할 수 있다.

② 그러나 어떤 경우에는 두 인자 모두에서 높은 인자부하값을 가지게 되어 인자들의 특성이 쉽게 구분되지 않을 때가 있다. 이런 경우 각 변수들에서 한 인자에 대한 인자부하값을 크게 하면서 동시에 다른 인자에 대한 인자부하값을 작게 하여 인자들에 의한 변수들의 집단화 구분을 할 수 있도록 하는 방법, 즉 인자회전 방법을 이용한다.

③ 인자축을 회전시키는 방법에는 두 축 사이의 직교관계를 유지하도록 회전하는 직교회전(Orthogonal Rotation)과 두 축 사이의 직교관계를 고려하지 않고 인자들에 의한 변수들의 집단화를 실시하는 사각회전(Oblique Rotation) 방법이 사용된다.

〈인자회전 방법〉

구 분	인자회전 방법
직교 회전	• Orthgonal Rotation • 인자축이 직교하도록 축 회전 • VARIMAX : 인자부하행렬의 열(column)을 간소화, 열의 값을 1 또는 0에 가깝도록 회전, 각 열의 인자부하값들의 제곱의 분산을 최대화시킴 • QUARTIMAX : 가능한 한 인자에는 한 변수만이 높은 인자부하값을 갖도록 하고 나머지 변수들은 0에 가까운 적재값을 갖도록 함, 각 인자에 대한 인자부하값들 중에서 큰 값은 더욱 크게, 작은 값은 더욱 작게 축을 회전시킴
사각 회전	• Oblique Rotation • 인자축이 직교가 되지 않더라도 각 변수들의 인자부하값이 한 인자에만 큰 값을 갖도록 축을 회전시킴 • OBLIMIN : 인자들 사이의 상관성 정도를 제어, 즉 인자부하값들이 0 또는 1에 가깝도록 회전, 각 변수들에 대한 인자들의 적재값이 큰 값과 작은 값으로 구분되기 때문에 인자들에 대한 해석에 도움이 됨 • COVARIMIN : 사각회전이면서 VARIMAX의 논리를 따름 • QUARTIMIN : 인자부하행렬에서 각각의 벡터들의 내적의 합이 최소가 되도록 함

(13) 인자 분석을 위해 medFactor.txt 파일을 이용한다. 이 자료는 무료 건강검진 프로그램인 Positive Health Inventory(PHI)에서 측정되었으며, 11개 검진 항목에 대해 128명 대상으로 측정한 자료로 관련 사이트 (datacookbook.kr/39#google_vignette)에서 다운로드한다. 검진 항목은 lung(폐), muscle(근육량), liver(간 기능), skeleton(뼈기능), kidneys(신장), heart(심장), step(기본도약), stamina(기초체력), stretch(유연성), blow(호흡량), urine(소변)이다.

```
▥ medFactor.txt - Windows 메모장
파일(F)  편집(E)  서식(O)  보기(V)  도움말(H)
lung    muscle    liver    skeleton kidneys heart    step    stamina stretch blow    urine
20      16        52       10       24      23       19      20      23      29      67
24      16        52       7        27      16       16      15      31      33      59
19      21        57       18       22      23       16      19      42      40      61
24      21        62       12       31      25       17      17      36      36      77
29      18        62       14       26      27       15      20      33      29      88
18      19        51       15       29      23       19      20      50      37      54
19      27        61       12       19      24       17      11      38      21      72
17      22        57       14       26      23       12      15      40      34      52
24      20        67       14       29      28       18      20      44      37      66
17      26        54       10       27      21       17      16      35      35      75
23      17        44       13       27      22       12      16      25      30      70
21      16        61       12       26      25       19      16      46      36      54
23      21        56       16       25      19       17      17      45      33      52
18      19        43       13       23      23       17      14      33      31      73
4       14        38       12       27      23       14      18      37      34      70
23      28        57       12       16      22       15      19      32      24      26
17      13        51       10       20      17       15      15      39      32      66
18      24        58       10       25      27       15      17      40      34      67
12      20        50       9        30      28       18      15      43      36      85
```

```
> data <- read.table("medFactor.txt", header=T)
> head(data)
  lung muscle liver skeleton kidneys heart step stamina stretch blow urine
1   20     16    52       10      24    23   19      20      23   29    67
2   24     16    52        7      27    16   15      31      33   59
3   19     21    57       18      22    23   16      19      42    40   61
4   24     21    62       12      31    25   17      17      36    36   77
5   29     18    62       14      26    27   15      20      33    29   88
6   18     19    51       15      29    23   19      20      50    37   54
> dim(data)
[1] 128  11
> summary(data)
      lung           muscle          liver          skeleton        kidneys          heart
 Min.   : 4.00   Min.   : 9.00   Min.   :26.00   Min.   : 3.00   Min.   :16.00   Min.   :11.00
 1st Qu.:17.00   1st Qu.:16.00   1st Qu.:50.75   1st Qu.:11.00   1st Qu.:23.00   1st Qu.:22.00
 Median :20.00   Median :19.00   Median :55.00   Median :13.00   Median :26.00   Median :23.00
 Mean   :19.96   Mean   :18.82   Mean   :54.70   Mean   :12.87   Mean   :25.64   Mean   :23.18
 3rd Qu.:23.00   3rd Qu.:22.00   3rd Qu.:60.25   3rd Qu.:15.00   3rd Qu.:29.00   3rd Qu.:25.00
 Max.   :29.00   Max.   :28.00   Max.   :69.00   Max.   :19.00   Max.   :32.00   Max.   :56.00
      step           stamina         stretch          blow            urine
 Min.   : 4.00   Min.   : 7.00   Min.   :16.00   Min.   :17.00   Min.   : 9.00
 1st Qu.:15.00   1st Qu.:14.00   1st Qu.:34.00   1st Qu.:32.00   1st Qu.:59.00
 Median :17.00   Median :16.00   Median :40.00   Median :34.00   Median :67.00
 Mean   :16.17   Mean   :15.87   Mean   :38.81   Mean   :33.54   Mean   :66.91
 3rd Qu.:18.00   3rd Qu.:18.00   3rd Qu.:45.00   3rd Qu.:36.00   3rd Qu.:76.00
 Max.   :20.00   Max.   :20.00   Max.   :51.00   Max.   :41.00   Max.   :93.00
> describe(data)
         vars   n  mean    sd median trimmed   mad min max range  skew kurtosis    se
lung        1 128 19.96  4.46     20   20.17  4.45   4  29    25 -0.74     1.43  0.39
muscle      2 128 18.82  4.09     19   18.78  4.45   9  28    19  0.06    -0.60  0.36
liver       3 128 54.70  7.43     55   55.10  7.41  26  69    43 -0.74     1.23  0.66
skeleton    4 128 12.87  2.99     13   12.98  2.97   3  19    16 -0.41     0.04  0.26
kidneys     5 128 25.64  3.81     26   25.83  4.45  16  32    16 -0.47    -0.40  0.34
heart       6 128 23.18  4.16     23   23.16  2.97  11  56    45  3.42    28.53  0.37
step        7 128 16.17  2.48     17   16.42  1.48   4  20    16 -1.34     3.36  0.22
stamina     8 128 15.87  2.65     16   16.07  2.97   7  20    13 -0.78     0.40  0.23
stretch     9 128 38.81  7.80     40   39.43  7.41  16  51    35 -0.67    -0.09  0.69
blow       10 128 33.54  4.10     34   33.97  2.97  17  41    24 -1.18     2.09  0.36
urine      11 128 66.91 12.57     67   67.52 11.86   9  93    84 -1.04     3.29  1.11
```

(14) 인자 분석을 위해 관련 패키지("psych", "GPArotation")를 설치한다. principal( ) 함수를 이용한 인자 분석 수행 결과는 다음과 같다. principal( )은 주성분인자법을 이용하며, rotate 옵션에 인자회전 방법[none(미적용), varimax, quartimax, promax oblimin, simplimax 등]을 지정한다. 분석 결과, 각 변수별로 PC1 (Unrotated Principal Component), h2(Communalities, 공통성), u2(Uniquenesses, 고유성), com(Complexity of Component Loadings), SS loadings(Sum of Squared Loadings) 등을 알 수 있다. names( ) 명령어로 인자 분석 결과를 확인하며, $values는 고유근을 나타내고 $rotation으로 회전을 적용하지 않았음을 알 수 있다. factor$values로부터 고유근이 1 이상인 경우는 세 번째 인자까지이고 네 번째 인자부터는 고유근이 1보다 작은 값을 나타낸다. 따라서 세 개의 인자를 추출한다.

```
> factor <- principal(data, rotate="none")
> factor
Principal Components Analysis
Call: principal(r = data, rotate = "none")
Standardized loadings (pattern matrix) based upon correlation matrix
          PC1   h2    u2   com
lung     0.60 0.366 0.63   1
muscle   0.32 0.102 0.90   1
liver    0.70 0.490 0.51   1
skeleton 0.58 0.341 0.66   1
kidneys  0.61 0.373 0.63   1
heart    0.47 0.220 0.78   1
step     0.67 0.449 0.55   1
stamina  0.48 0.234 0.77   1
stretch  0.64 0.407 0.59   1
blow     0.59 0.344 0.66   1
urine    0.23 0.054 0.95   1

                  PC1
SS loadings       3.38
Proportion Var    0.31

Mean item complexity =  1
Test of the hypothesis that 1 component is sufficient.

The root mean square of the residuals (RMSR) is  0.12
 with the empirical chi square  211.09  with prob <  1.1e-23

Fit based upon off diagonal values = 0.78>
> names(factor)
 [1] "values"        "rotation"      "n.obs"         "communality"  "loadings"     "fit"          "fit.off"
 [8] "fn"            "Call"          "uniquenesses"  "complexity"   "chi"          "EPVAL"        "R2"
[15] "objective"     "residual"      "rms"           "factors"      "dof"          "null.dof"     "null.model"
[22] "criteria"      "STATISTIC"     "PVAL"          "weights"      "r.scores"     "Vaccounted"   "Structure"
[29] "scores"
> factor$values
 [1] 3.3791814 1.4827707 1.2506302 0.9804771 0.7688022 0.7330511 0.6403994 0.6221934 0.5283718 0.3519301 0.2621928
> factor$rotation
[1] "none"
```

(15) plot( )으로 factor$values에 대한 그래프(Scree Plot)를 작성하면 다음과 같다. 네 번째 인자 이후로 기울기가 완만해지는 것을 확인할 수 있으며, 유효한 인자의 수를 3개로 판정한다.

```
> plot(factor$values, type="b")
```

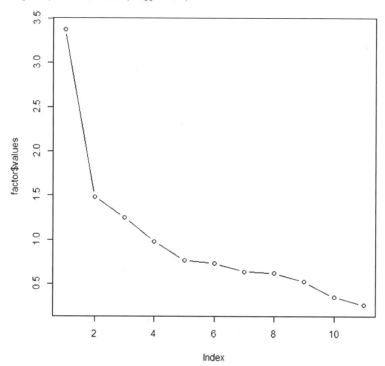

(16) 인자 분석을 위한 VARIMAX(rotate="varimax") 인자회전 방법(직교회전) 적용 결과(주요 요인은 3가지, nfactors=3)는 다음과 같다.

- $h2$: 각 변수의 공통성(Communality)
- $u2$: 고유분산(Uniqueness, Specific Variance, 표준화(정규화)된 특수분산), $u2=1-h2$
- $\sigma_{ii}^2=l_{i1}^2+l_{i2}^2+...+l_{iq}^2+\Psi_i(h2=l_{i1}^2+l_{i2}^2+...+l_{iq}^2,$ Standardized $\Psi_i : u2=1-h2)$
  - $lung : 0.47=0.66^2+0.12^2+0.16^2,$ $u2=1-0.47=0.53$
  - $muscle : 0.64=0.11^2+(-0.09)^2+0.79^2,$ $u2=1-0.64=0.36$
  - $liver : 0.66=0.78^2+0.13^2+0.17^2,$ $u2=1-0.66=0.34$

- $SS\ loadings$: 각 인자에 의해 설명되는 분산의 양 ($SS\ loadings\ of\ RCI=\sum_{i=1}^{p}RCI^2$)
  - $RC1 : 2.39=0.66^2+0.11^2+0.78^2+...+(-0.07)^2$
  - $RC2 : 2.13=0.12^2+(-0.09)^2+0.13^2+...+0.65^2$
  - $RC3 : 1.59=0.16^2+0.79^2+0.17^2+...+(-0.28)^2$
- Proportion Var : 각 인자가 설명하는 총 분산의 비율
  $RC1$이 총 분산의 22%, $RC2$가 19%, $RC3$이 14%
  → 3인자에 의해 설명되는 총 변동은 56% (Cumulative Var)

- 주요 3인자 : 인자부하값이 0.5보다 큰 값을 가지는 변수(아주 유의함) 선택
  - (RC1 : 생물의학, Biomedical)
    liver(0.78), kidneys(0.73), lung(0.66), heart(0.65)
  - (RC2 : 인체기능, Performance)
    blow(0.70), stretch(0.65), urine(0.65), stamina(0.62)
  - (RC3 : 근육골계통력, Muscular−Skeletal Strength)
    muscle(0.79), skeleton(0.76)
- 인자부하값(Standard loadings)으로 원 변수 표현
  - $lung = 0.66 \times factor1 + 0.12 \times factor2 + 0.16 \times factor3 + \epsilon1$
  - $muscle = 0.11 \times factor1 - 0.09 \times factor2 + 0.79 \times factor3 + \epsilon2$

```
> factor_varimax <- principal(data, nfactor=3, rotate="varimax")
> factor_varimax
Principal Components Analysis
Call: principal(r = data, nfactors = 3, rotate = "varimax")
Standardized loadings (pattern matrix) based upon correlation matrix
          RC1   RC2   RC3  h2   u2  com
lung     0.66  0.12  0.16 0.47 0.53 1.2
muscle   0.11 -0.09  0.79 0.64 0.36 1.1
liver    0.78  0.13  0.17 0.66 0.34 1.1
skeleton 0.19  0.29  0.76 0.70 0.30 1.4
kidneys  0.73  0.23 -0.14 0.61 0.39 1.3
heart    0.65 -0.11  0.19 0.46 0.54 1.2
step     0.49  0.48  0.10 0.48 0.52 2.1
stamina  0.02  0.62  0.29 0.47 0.53 1.4
stretch  0.18  0.65  0.34 0.57 0.43 1.7
blow     0.26  0.70 -0.04 0.56 0.44 1.3
urine   -0.07  0.65 -0.28 0.50 0.50 1.4

                     RC1  RC2  RC3
SS loadings         2.39 2.13 1.59
Proportion Var      0.22 0.19 0.14
Cumulative Var      0.22 0.41 0.56
Proportion Explained 0.39 0.35 0.26
Cumulative Proportion 0.39 0.74 1.00

Mean item complexity =  1.4
Test of the hypothesis that 3 components are sufficient.

The root mean square of the residuals (RMSR) is  0.1
 with the empirical chi square  142.78  with prob <  1.8e-18

Fit based upon off diagonal values = 0.85>
> factor_varimax$values
 [1] 3.3791814 1.4827707 1.2506302 0.9804771 0.7688022 0.7330511 0.6403994 0.6221934 0.5283718 0.3519301 0.2621928
> factor_varimax$rotation
[1] "varimax"
```

(17) 결과들 중 factor_varimax$scores 항목으로 인자점수를 확인한다. 인자점수는 회귀 분석 방법으로 구한 결과이며, 그 외 Barlett, Anderson−Rubin 방법 등을 이용하여 인자점수 값을 추정한다. factor_varimax 인자 분석모형에서 각각의 인자점수는 다음과 같다.

$$factor1 = 0.66 \times lung + 0.11 \times muscle + ...(-0.07) \times urine$$
$$factor2 = 0.12 \times lung + (0.09) \times muscle + ...0.65) \times urine$$
$$factor3 = 0.16 \times lung + 0.79 \times muscle + ...(-0.28) \times urine$$

```
> factor_varimax$scores
              RC1          RC2          RC3
 [1,] -0.11970907 -0.257486699 -0.74473196
 [2,]  0.05696634 -0.478461055 -1.53199247
 [3,] -0.59153602  0.895793303  1.52598533
 [4,]  1.20919164  0.317975999 -0.42022213
 [5,]  0.82291043  0.151344844 -0.02988744
 [6,] -0.08606120  1.145191346  0.76290104
 [7,] -0.19637173 -1.798787260  1.26708564
 [8,] -0.23024459 -0.805335361  0.86818753
 [9,]  1.37761021  0.695680807  0.42040992
[10,] -0.26918697  0.159644379  0.10962259
[11,] -0.43878940 -0.828515623 -0.47562224
[12,]  0.82492217  0.203477216 -0.24667509
[13,] -0.17603348  0.078986269  1.27564587
[14,] -0.81961149 -0.270503841 -0.06954685
[15,] -1.91745113  0.667588238 -0.78576275
[16,] -0.68696259 -2.329233643  2.69814674
[17,] -1.27433437  0.094922364 -0.92684600
[18,]  0.12814883 -0.256088287  0.37712109
[19,]  0.10388580  0.761215478 -1.07370222
[20,]  1.38916248  0.746897468 -1.63589921
[21,]  0.65951846  0.443658806  0.83951024
[22,]  0.67469451  0.296067970  0.44348141
[23,]  0.59947628  1.279302103  0.17791225
[24,] -0.30057857  1.035485650  1.72714484
[25,]  0.56492989  0.644504226 -2.01175260
```

(18) biplot( )으로 아래와 같이 행렬도를 작성한다. 행렬도에서는 첫 번째 주성분을 X축, 두 번째 주성분을 Y축으로 하여 각 변수와 개체의 산점도를 확인한다. 각 변수의 화살표는 벡터를 의미한다.

```
> biplot(factor_varimax)
```

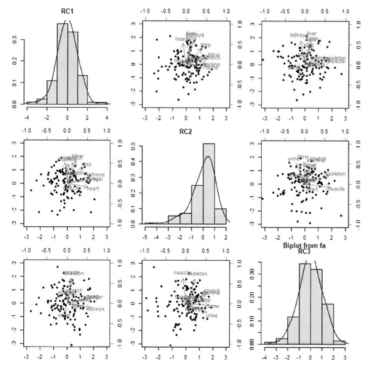

(19) 사각회전 방법에서 주로 사용되는 OBLIMIN(rotate="oblimin") 인자회전 기법의 적용 결과는 다음과 같다. Varimax와 마찬가지로 세 인자에 대해 묶여지는 변수는 동일하며, 다만 인자 적재값이 차이가 나는 것을 확인할 수 있다.

- 인자부하값(Standard loadings)을 이용하여 원 변수 표현
  - $lung = 0.66 \times factor1 + 0.11 \times factor2 + 0.10 \times factor3 + \epsilon_1$
  - $muscle = 0.02 \times factor1 - 0.16 \times factor2 + 0.79 \times factor3 + \epsilon_2$
- factor_varimax$scores : 인자점수 추정값(회귀 분석 방법 이용)
  - $factor1 = 0.66 \times lung + 0.02 \times muscle + ... - 0.09 \times urine$
  - $factor2 = 0.12 \times lung + 0.16 \times muscle + ... + 0.69 \times urine$
  - $factor3 = 0.10 \times lung + 0.79 \times muscle + ... - 0.27 \times urine$

```
> factor_oblimin <- principal(data, nfactor=3, rotate="oblimin", scores=T, method="regression")
> factor_oblimin
Principal Components Analysis
Call: principal(r = data, nfactors = 3, rotate = "oblimin", scores = T,
    method = "regression")
Standardized loadings (pattern matrix) based upon correlation matrix
           TC1   TC2   TC3   h2   u2  com
lung      0.66  0.01  0.10 0.47 0.53 1.0
muscle    0.02 -0.16  0.79 0.64 0.36 1.1
liver     0.79 -0.01  0.09 0.66 0.34 1.0
skeleton  0.06  0.21  0.77 0.70 0.30 1.2
kidneys   0.76  0.12 -0.21 0.61 0.39 1.2
heart     0.66 -0.23  0.12 0.46 0.54 1.3
step      0.45  0.40  0.06 0.48 0.52 2.0
stamina  -0.08  0.61  0.30 0.47 0.53 1.5
stretch   0.08  0.61  0.34 0.57 0.43 1.6
blow      0.21  0.67 -0.06 0.56 0.44 1.2
urine    -0.09  0.69 -0.27 0.50 0.50 1.3

                      TC1  TC2  TC3
SS loadings          2.43 2.04 1.64
Proportion Var       0.22 0.19 0.15
Cumulative Var       0.22 0.41 0.56
Proportion Explained 0.40 0.33 0.27
Cumulative Proportion 0.40 0.73 1.00

 With component correlations of
     TC1  TC2  TC3
TC1 1.00 0.25 0.24
TC2 0.25 1.00 0.09
TC3 0.24 0.09 1.00

Mean item complexity =  1.3
Test of the hypothesis that 3 components are sufficient.

The root mean square of the residuals (RMSR) is  0.1
 with the empirical chi square  142.78  with prob <  1.8e-18

Fit based upon off diagonal values = 0.85>
> factor_oblimin$values
 [1] 3.3791814 1.4827707 1.2506302 0.9804771 0.7688022 0.7330511 0.6403994 0.6221934 0.5283718 0.3519301 0.2621928
> factor_oblimin$rotation
[1] "oblimin"
```

```
> factor_oblimin$scores
             TC1          TC2          TC3
 [1,] -0.23252306  -0.26391026  -0.77351112
 [2,] -0.17229639  -0.46416594  -1.54539480
 [3,] -0.28526371   0.83089647   1.50251465
 [4,]  1.19762342   0.42914110  -0.22225725
 [5,]  0.82960357   0.22608792   0.09586509
 [6,]  0.17664034   1.12898909   0.83993963
 [7,] -0.36090252  -1.81504163   1.06848682
 [8,] -0.27177120  -0.82701594   0.75590152
 [9,]  1.50693468   0.81677522   0.66291416
[10,] -0.22756115   0.13385517   0.08521994
[11,] -0.61223056  -0.86295863  -0.60073854
[12,]  0.81877100   0.27918679  -0.11330659
[13,] -0.03473404   0.05666638   1.24170043
[14,] -0.85550509  -0.34398553  -0.20382415
[15,] -1.85112598   0.49309782  -0.97954176
[16,] -0.78831173  -2.39472730   2.36806122
[17,] -1.32669743  -0.01770981  -1.08040879
[18,]  0.12119858  -0.24503810   0.36757024
[19,]  0.12035998   0.77247747  -0.97977053
[20,]  1.32470625   0.87833291  -1.36042254
[21,]  0.80208424   0.49821871   0.95677543
[22,]  0.75409883   0.35446477   0.55528112
[23,]  0.81406695   1.32791936   0.36775164
[24,]  0.04286330   0.99567580   1.75279351
[25,]  0.46192721   0.70274413  -1.85266295
```

(20) biplot( )으로 작성된 행렬도는 다음과 같고, 각각의 변수와 개체의 산점도를 한눈에 파악할 수 있다.

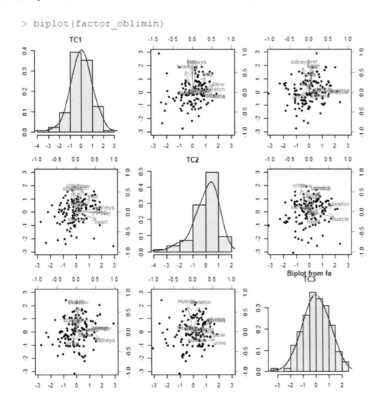

4 다차원 척도법

(1) 다차원 척도법 분석을 위해 다음 패키지를 이용한다.

install.packages("MASS")	#다차원 척도법(isoMDS( )) 수행
library(MASS)	―

(2) 다차원 척도법(MDS ; Multi-Dimensional Scaling)은 자료들 사이의 유사성 또는 비유사성을 측정하여 2차원 또는 3차원 공간상에 점으로 표현하는 방법으로 자료들 사이의 근접성을 시각화하여 데이터 속에 잠재해 있는 패턴이나 구조를 찾아낸다.

(3) 다차원 척도법에서는 분석 대상 변수 값들의 차이를 근간으로 유사성(혹은 비유사성)을 산출하기 때문에 변수 값들은 숫자이어야 한다.

(4) 일반적으로 자료들 간의 거리 계산은 유클리드 거리(Euclidean Distance) 행렬을 이용한다. 유클리드 거리는 변수 값들의 차이를 제곱하여 합산한 거리로 다차원 공간에서 최단의 직선거리이다. 유클리드 거리 측정법은 다음과 같다.

$$Euclidean\ Distance = \sqrt{\sum_{all\,i}(X_{1i}-X_{2i})^2}$$

(5) 다차원 척도법을 설명하기 위해 아래의 데이터(data.csv)를 이용한다. data.csv는 (고객번호, 성별, 연령대, 직업, 주거지역, 쇼핑액, 이용만족도, 월별 쇼핑액, 쿠폰사용횟수, 쿠폰선호도, 품질, 가격, 서비스, 배송, 쇼핑만족도, 소득) 항목의 조사 결과이다.

	A	B	C	D	E	F	G	H	I	J	K	L	M	N	O	P	Q	R
1	고객번호	성별	연령대	직업	주거지역	쇼핑액	이용만족도	쇼핑1월	쇼핑2월	쇼핑3월	쿠폰사용회	쿠폰선호도	품질	가격	서비스	배송	쇼핑만족도	소득
2	190105	남자	45-49세	회사원	소도시	195.6	4	76.8	64.8	54	3	예	7	7	1	4	4	4300
3	190106	남자	25-29세	공무원	소도시	116.4	7	44.4	32.4	39.6	6	아니오	7	4	7	7	7	7500
4	190107	남자	50세 이상	자영업	중도시	183.6	4	66	66	51.6	5	예	4	4	3	3	6	2900
5	190108	남자	50세 이상	농어업	소도시	168	4	62.4	52.8	52.8	4	아니오	3	3	4	6	5	5300
6	190109	남자	40-44세	공무원	중도시	169.2	4	63.6	54	51.6	5	아니오	6	4	7	4	6	4000
7	190110	남자	45-49세	자영업	중도시	171.6	5	52.8	66	52.8	4	아니오	5	4	3	4	5	5100
8	190111	여자	50세 이상	공무원	중도시	207.6	4	64.8	88.8	54	4	예	7	7	1	4	5	5700
9	190112	남자	50세 이상	자영업	소도시	201.6	7	56.4	92.4	52.8	3	예	7	7	7	4	4	5900
10	190113	남자	50세 이상	농어업	중도시	111.6	3	64.8	30	16.8	4	아니오	4	2	4	3	5	5100
11	190114	여자	45-49세	자영업	중도시	156	4	51.6	51.6	52.8	0	예	1	4	1	7	1	5700
12	190115	남자	40-44세	회사원	중도시	225.6	5	80.4	92.4	52.8	1	예	5	5	5	5	2	5800
13	190116	남자	30-34세	공무원	중도시	220.8	4	76.8	90	54	5	아니오	5	5	5	4	6	4300
14	190117	남자	35-39세	회사원	대도시	244.8	7	76.8	88.8	79.2	6	아니오	7	4	7	7	7	8700
15	190118	남자	45-49세	농어업	소도시	184.8	6	91.2	67.2	26.4	5	예	5	4	6	6	6	4100

(6) 작업영역을 설정하고 data.csv 파일을 읽은 후 (고객번호, 성별, 연령대, 직업, 주거지역, 쇼핑액, 이용만족도) 항목을 data에 저장한다. 변수값들은 숫자여야 하므로 명목척도들을 as.factor( )로 요인값으로 변경 후, as.numeric( ) 함수를 이용하여 숫자로 변경·저장한다. 다차원 척도 함수(isoMDS( ))를 사용하기 위해 "MASS" 패키지를 설치한다.

```
> setwd("C:/workr")
> data <- read.csv("data.csv", header=T, fileEncoding="EUC-KR")
>
> data <- subset(data, select=c(고객번호, 성별, 연령대, 직업, 주거지역, 쇼핑액, 이용만족도))
> data$성별 <- as.numeric(as.factor(data$성별))
> data$연령대 <- as.numeric(as.factor(data$연령대))
> data$직업 <- as.numeric(as.factor(data$직업))
> data$주거지역 <- as.numeric(as.factor(data$주거지역))
>
> head(data)
  고객번호 성별 연령대 직업 주거지역 쇼핑액 이용만족도
1  190105    1     5     5        2  195.6          4
2  190106    1     1     1        2  116.4          7
3  190107    1     6     3        3  183.6          4
4  190108    1     6     2        2  168.0          4
5  190109    1     4     1        3  169.2          4
6  190110    1     5     3        3  171.6          5
```

```
> install.packages("MASS")
URL 'https://cran.yu.ac.kr/bin/windows/contrib/4.2/MASS_7.3-57.zip'를 시도합니다
Content type 'application/zip' length 1171376 bytes (1.1 MB)
downloaded 1.1 MB

패키지 'MASS'를 성공적으로 압축해제하였고 MD5 sums 이 확인되었습니다

다운로드된 바이너리 패키지들은 다음의 위치에 있습니다
        C:\tmp\RtmpENc8K0\downloaded_packages
> library(MASS)
```

(7) 다차원 척도 분석을 위한 isoMDS( ) 함수의 사용 방법은 다음과 같다.

isoMDS(d, k=, ...)
- d : 거리구조 데이터
- k : 최대 차원

(8) data 파일에서 고객번호를 제외(data[, −1])하고 행렬 형식으로 저장(as.matrix(data[, −1]))한다. 행렬 자료에 대해 유클리드 거리를 산출(dist(data_matrix))하고 isoMDS(data_distance) 함수를 이용하여 거리 행렬 자료를 이차원 자료로 변경(data_MDS)한다. 이차원 자료로 변경된 data_MDS 데이터의 point 항목값(data_MDS$point)을 기준으로 그래프를 작성한다. 고객번호별로 유사성과 비유사성을 그래프로 확인한다.

```
> data_matrix <- as.matrix(data[,-1])
> head(data_matrix)
  성별 연령대 직업 주거지역 쇼핑액 이용만족도
1    1     5     5        2  195.6          4
2    1     1     1        2  116.4          7
3    1     6     3        3  183.6          4
4    1     6     2        2  168.0          4
5    1     4     1        3  169.2          4
6    1     5     3        3  171.6          5
>
> data_distance <- dist(data_matrix)
> head(data_distance)
[1] 79.45842 12.24745 27.78057 26.73874 24.12468 12.76715
>
> data_MDS <- isoMDS(data_distance)
initial  value 0.542961
iter   5 value 0.497272
iter  10 value 0.466018
iter  15 value 0.455556
iter  20 value 0.443836
final  value 0.441365
converged

> head(data_MDS$point)
        [,1]        [,2]
1  21.410373   0.1759179
2 -57.789656   3.4986931
3   9.394283  -1.3121117
4  -6.193352  -1.8405280
5  -5.014471  -0.4066429
6  -2.641377  -0.4571886
```

```
> plot(data_MDS$point, type="n")
> text(data_MDS$point, labels=data$고객번호)
> abline(v=0, h=0, lty=2, lwd=1)
```

5 정준 상관 분석 (正準相關分析, Canonical Correlation Analysis)

(1) 정준 상관 분석을 위해 다음 패키지를 이용한다.

install.packages("psych")	#기술통계량 분석
install.packages("ggplot2")	#시각화
install.packages("GGally")	#상관 분석
install.packages("CCA")	#정준 상관 분석(cc( ))
library(psych)	—
library(ggplot2)	—
library(GGally)	—
library(CCA)	—

(2) 정준 상관 분석(正準相關分析, Canonical Correlation Analysis)이란 몇 개의 변수들이 집단으로 관측된 두 집단 사이의 연관성(상관성)을 구하는 통계적 분석 방법이다.

(3) 즉, 몇 개의 변수로 이루어진 집단 사이의 연관성에 관심이 있는 경우 여러 개의 변수로 구성된 X 변수들과 여러 개의 변수로 이루어진 Y 변수들 사이의 연관성을 구하는 방법은 X 변수들의 선형결합으로 이루어진 변수와 Y 변수들의 선형결합으로 이루어진 변수들을 만들어 이들의 상관계수로 두 집단 사이의 연관성(상관성)을 유추할 수 있다.

(4) 두 확률변수 집단 $X=(X_1, X_2, ..., X_p)$와 $Y=(Y_1, Y_2, ..., Y_q)$를 n개의 개체로부터 관측될 때 정준 상관 분석은 다음 식에서 선형계수 (α, β)를 찾는 과정$(i=1, 2, ..., n)$이다.

$$U_i=\alpha_{i1}X_1+\alpha_{i2}X_2+...+\alpha_{ip}X_p$$
$$V_i=\beta_{i1}Y+\beta_{i2}Y+...+\beta_{iq}Y_q$$

(5) 아래 자료(experiment.txt)는 새로 개발된 화학약품의 독립변수(X1 : 온도, X2 : 농도, X3 : 시간)에 대한 종속변수(Y1 : 화학실험 후 변화하지 않고 남은 양, Y2 : 화학실험 후 새롭게 생성된 양)의 실험 결과(12번의 실험)이다. (X1, X2, X3)과 (Y1, Y2) 사이의 정준 상관 분석을 수행하여 관측된 두 집단 사이의 연관성을 파악한다.

```
experiment.txt - Windows 메모장
파일(F)  편집(E)  서식(O)  보기(V)  도움말(H)
ID    X1      X2      X3      Y1      Y2
1     162     23.0    3.0     41.5    45.9
2     162     23.0    8.0     33.8    53.3
3     162     30.0    5.0     27.7    57.5
4     162     30.0    8.0     21.7    58.8
5     172     25.0    5.0     19.9    60.6
6     172     25.0    8.0     15.0    58.0
7     172     30.0    5.0     12.2    58.6
8     172     30.0    8.0     4.3     52.4
9     167     27.5    6.5     19.3    56.9
10    177     27.5    6.5     6.4     55.4
11    157     27.5    6.5     37.6    46.9
12    167     32.5    6.5     18.0    57.3
```

```
> setwd("C:/workr")
> data <- read.table("experiment.txt", header=T)
> data
   ID  X1   X2  X3   Y1   Y2
1   1 162 23.0 3.0 41.5 45.9
2   2 162 23.0 8.0 33.8 53.3
3   3 162 30.0 5.0 27.7 57.5
4   4 162 30.0 8.0 21.7 58.8
5   5 172 25.0 5.0 19.9 60.6
6   6 172 25.0 8.0 15.0 58.0
7   7 172 30.0 5.0 12.2 58.6
8   8 172 30.0 8.0  4.3 52.4
9   9 167 27.5 6.5 19.3 56.9
10 10 177 27.5 6.5  6.4 55.4
11 11 157 27.5 6.5 37.6 46.9
12 12 167 32.5 6.5 18.0 57.3
> summary(data)
       ID            X1            X2             X3             Y1             Y2
 Min.   : 1.00   Min.   :157   Min.   :23.00   Min.   :3.000   Min.   : 4.30   Min.   :45.90
 1st Qu.: 3.75   1st Qu.:162   1st Qu.:25.00   1st Qu.:5.000   1st Qu.:14.30   1st Qu.:53.08
 Median : 6.50   Median :167   Median :27.50   Median :6.500   Median :19.60   Median :57.10
 Mean   : 6.50   Mean   :167   Mean   :27.58   Mean   :6.333   Mean   :21.45   Mean   :55.13
 3rd Qu.: 9.25   3rd Qu.:172   3rd Qu.:30.00   3rd Qu.:8.000   3rd Qu.:29.23   3rd Qu.:58.15
 Max.   :12.00   Max.   :177   Max.   :32.50   Max.   :8.000   Max.   :41.50   Max.   :60.60
> describe(data)
   vars  n   mean    sd median trimmed   mad  min   max range skew kurtosis   se
ID    1 12   6.50  3.61    6.5    6.50  4.45  1.0  12.0  11.0  0.00    -1.50 1.04
X1    2 12 167.00  6.03  167.0  167.00  7.41 157.0 177.0  20.0  0.00    -1.42 1.74
X2    3 12  27.58  3.06   27.5   27.55  3.71 23.0  32.5   9.5 -0.15    -1.39 0.88
X3    4 12   6.33  1.59    6.5    6.50  2.22  3.0   8.0   5.0 -0.54    -0.84 0.46
Y1    5 12  21.45 11.76   19.6   21.16 11.49  4.3  41.5  37.2  0.25    -1.25 3.39
Y2    6 12  55.13  4.68   57.1   55.51  2.52 45.9  60.6  14.7 -0.87    -0.69 1.35
```

(6) 시각화와 정준 상관 분석을 위해 관련 패키지(ggplot2, GGally, CCA)를 이용한다. 데이터를 독립변수 그룹 (xdata)과 종속변수 그룹(ydata)으로 나누어 저장한 후, ggpairs( ) 시각화 결과는 다음과 같다. (X2, X3), (Y1, Y2) 사이의 상관관계가 다른 변수들에 비해 다소 유의미하다.

```
> xdata <- data[,c(2:4)]
> xdata
    X1   X2  X3
1  162 23.0 3.0
2  162 23.0 8.0
3  162 30.0 5.0
4  162 30.0 8.0
5  172 25.0 5.0
6  172 25.0 8.0
7  172 30.0 5.0
8  172 30.0 8.0
9  167 27.5 6.5
10 177 27.5 6.5
11 157 27.5 6.5
12 167 32.5 6.5
> ydata <- data[,c(5:6)]
> ydata
    Y1   Y2
1  41.5 45.9
2  33.8 53.3
3  27.7 57.5
4  21.7 58.8
5  19.9 60.6
6  15.0 58.0
7  12.2 58.6
8   4.3 52.4
9  19.3 56.9
10  6.4 55.4
11 37.6 46.9
12 18.0 57.3
```

```
> ggpairs(xdata)                                    > ggpairs(ydata)
```

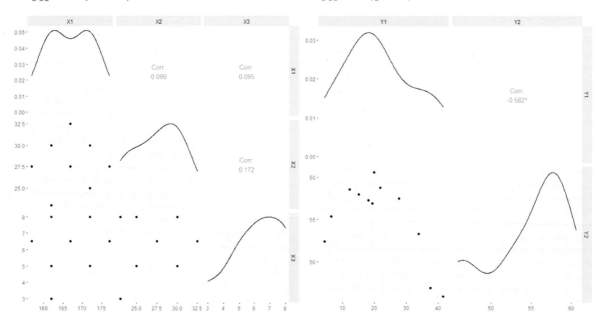

(7) matcor( ) 함수로 두 변수 그룹 객체(xdata, ydata) 사이의 상관계수 행렬을 구한다. (X, Y) 그룹 사이 유의미한 상관관계가 있다.

```
> matcor(xdata, ydata)
$Xcor
            X1          X2          X3
X1  1.00000000  0.09857281  0.09505864
X2  0.09857281  1.00000000  0.17178695
X3  0.09505864  0.17178695  1.00000000

$Ycor
            Y1          Y2
Y1   1.0000000  -0.5822212
Y2  -0.5822212   1.0000000

$XYcor
            X1          X2          X3          Y1          Y2
X1   1.00000000  0.09857281  0.09505864 -0.8698175   0.5009080
X2   0.09857281  1.00000000  0.17178695 -0.4872731   0.3601848
X3   0.09505864  0.17178695  1.00000000 -0.3892286   0.2243497
Y1  -0.86981747 -0.48727311 -0.38922862  1.0000000  -0.5822212
Y2   0.50090799  0.36018482  0.22434975 -0.5822212   1.0000000
```

(8) cc( ) 함수를 이용하여 정준 상관 분석 결과(result)를 저장한다. names(result)로 정준 상관 분석의 결과 객체들의 이름(cor, names, xcoef, ycoef, scores)을 확인한다.

```
> result <- cc(xdata, ydata)
> result
$cor
[1] 0.99009125 0.09285027

$names
$names$Xnames
[1] "X1" "X2" "X3"

$names$Ynames
[1] "Y1" "Y2"

$names$ind.names
 [1] "1"  "2"  "3"  "4"  "5"  "6"  "7"  "8"  "9"  "10" "11" "12"

$xcoef
          [,1]        [,2]
X1 -0.1355657  0.06823046
X2 -0.1212626 -0.31017337
X3 -0.1585513  0.17350695

$ycoef
            [,1]        [,2]
Y1  0.083239052 -0.06333019
Y2 -0.007603168 -0.26270315

$scores
$scores$xscores
            [,1]        [,2]
 [1,]  1.76211964  0.50211915
 [2,]  0.96936333  1.36965389
 [3,]  0.59617892 -1.32208054
 [4,]  0.12052513 -0.80155969
 [5,] -0.15316512  0.91109090
 [6,] -0.62881890  1.43161175
 [7,] -0.75947812 -0.63977594
 [8,] -1.23513191 -0.11925510
 [9,] -0.01631999  0.05476561
[10,] -1.37197703  0.73707020
[11,]  1.33933704 -0.62753899
```

```
$scores$yscores
            [,1]        [,2]
 [1,]  1.739145577  1.1558554
 [2,]  1.041941436 -0.3005054
 [3,]  0.502249913 -1.0175445
 [4,] -0.007068518 -0.9790774
 [5,] -0.170584513 -1.3379488
 [6,] -0.558687634 -0.3446026
 [7,] -0.796318881 -0.3249000
 [8,] -1.406767755  1.8041680
 [9,] -0.192396225 -0.3279490
[10,] -1.254775248  0.8830652
[11,]  1.406910106  1.1401400
[12,] -0.303648260 -0.3507010

$scores$corr.X.xscores
         [,1]       [,2]
X1 -0.8779565  0.3440815
X2 -0.4946925 -0.8609206
X3 -0.3928780  0.1512975

$scores$corr.Y.xscores
         [,1]         [,2]
Y1  0.9896768 -0.002686152
Y2 -0.5994987 -0.073894562

$scores$corr.X.yscores
         [,1]        [,2]
X1 -0.8692570  0.03194806
X2 -0.4897907 -0.07993671
X3 -0.3889850  0.01404801

$scores$corr.Y.yscores
         [,1]        [,2]
Y1  0.9995814 -0.02892994
Y2 -0.6054984 -0.79584653

> names(result)
[1] "cor"    "names"  "xcoef"  "ycoef"  "scores"
```

(9) 결과들 중 result$cor 항목은 작은 군 그룹의 수(Y그룹의 수＝2개) 만큼의 정준상관계수이다. 제1정군상관계수＝0.99009125로 매우 높은 상관관계가 (X, Y) 그룹 사이 존재한다. 그리고 $xcoef, $ycoef 선형결합계수($\alpha$, β)로 정준변수[Canonical Variates, (U, V)]를 표현한다.

```
> names(result)
[1] "cor"    "names"  "xcoef"  "ycoef"  "scores"
> result$cor
[1] 0.99009125 0.09285027

> result$names
$Xnames
[1] "X1" "X2" "X3"

$Ynames
[1] "Y1" "Y2"

$ind.names
 [1] "1"  "2"  "3"  "4"  "5"  "6"  "7"  "8"  "9"  "10" "11" "12"

> result$xcoef
          [,1]        [,2]
X1 -0.1355657  0.06823046
X2 -0.1212626 -0.31017337
X3 -0.1585513  0.17350695
> result$ycoef
            [,1]        [,2]
Y1  0.083239052 -0.06333019
Y2 -0.007603168 -0.26270315
```

(10) 각 케이스들에 대한 정준상관점수는 $scores이며, $xscores는 독립변수(X변수)에 대한 점수이고 $yscores는 종속변수(Y변수) 점수이다.

```
> result$scores
$xscores
              [,1]         [,2]
 [1,]   1.76211964   0.50211915
 [2,]   0.96936333   1.36965389
 [3,]   0.59617892  -1.32208054
 [4,]   0.12052513  -0.80155969
 [5,]  -0.15316512   0.91109090
 [6,]  -0.62881890   1.43161175
 [7,]  -0.75947812  -0.63977594
 [8,]  -1.23513191  -0.11925510
 [9,]  -0.01631999   0.05476561
[10,]  -1.37197703   0.73707020
[11,]   1.33933704  -0.62753899
[12,]  -0.62263300  -1.49610124

$yscores
               [,1]          [,2]
 [1,]   1.739145577   1.1558554
 [2,]   1.041941436  -0.3005054
 [3,]   0.502249913  -1.0175445
 [4,]  -0.007068518  -0.9790774
 [5,]  -0.170584513  -1.3379488
 [6,]  -0.558687634  -0.3446026
 [7,]  -0.796318881  -0.3249000
 [8,]  -1.406767755   1.8041680
 [9,]  -0.192396225  -0.3279490
[10,]  -1.254775248   0.8830652
[11,]   1.406910106   1.1401400
[12,]  -0.303648260  -0.3507010

$corr.X.xscores
          [,1]        [,2]
X1  -0.8779565   0.3440815
X2  -0.4946925  -0.8609206
X3  -0.3928780   0.1512975

$corr.Y.xscores
         [,1]          [,2]
Y1  0.9896768  -0.002686152
Y2 -0.5994987  -0.073894562
```

```
$corr.X.yscores
          [,1]         [,2]
X1  -0.8692570   0.03194806
X2  -0.4897907  -0.07993671
X3  -0.3889850   0.01404801

$corr.Y.yscores
         [,1]         [,2]
Y1  0.9995814  -0.02892994
Y2 -0.6054984  -0.79584653
```

(11) plot( )으로 제1정준변수(제1정준 상관계수 이용)들에 대한 산점도를 나타내면 다음과 같다. 여기서 alpha＝$scores$xscores[,1]이고 beta＝$scores$yscores[,1]이다. 따라서 X그룹과 Y그룹 사이에는 유의미한 선형적 관계가 있다. 즉, 실험조건(온도, 농도, 시간)은 실험결과(화학실험 후 남은 양 혹은 새롭게 생성된 양)에 유의미한 영향을 미친다.

```
> alpha <- result$scores$xscores[,1]
> alpha
 [1]  1.76211964  0.96936333  0.59617892  0.12052513 -0.15316512 -0.62881890 -0.75947812 -1.23513191
 [9] -0.01631999 -1.37197703  1.33933704 -0.62263300
> beta <- result$scores$yscores[,1]
> beta
 [1]  1.739145577  1.041941436  0.502249913 -0.007068518 -0.170584513 -0.558687634 -0.796318881
 [8] -1.406767755 -0.192396225 -1.254775248  1.406910106 -0.303648260
> cor(alpha, beta)
[1] 0.9900912
```

```
> plot(alpha, beta, xlab="X(1) canonical variates", ylab="Y(1) canonical variates", pch=19)
```

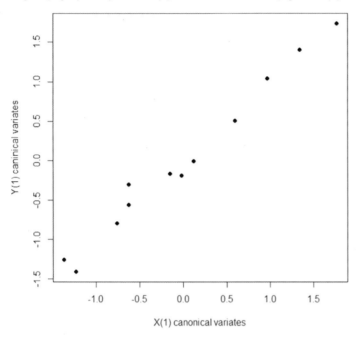

6 판별 분석(Discriminant Analysis)

(1) 판별 분석을 위해 다음 패키지를 이용한다.

install.packages("readxl")	#엑셀 파일 읽기
install.packages("MASS")	#판별 분석(lda( ))
install.packages("klaR")	#판별변수 선택(greedy.wilks( ))
library(readxl)	−
library(MASS)	−
library(klaR)	−

(2) 판별 분석(Discriminant Analysis)이란 결과가 다르게 나타난 개체들의 집단 사이의 유사성과 차이점을 기준으로 아직 결과를 알 수 없는 개체에 대한 결과를 예측하는 방법이다. 즉, 측정된 변수들을 이용하여 각 개체들이 2개 이상의 그룹 중 어느 그룹에 속하는지를 판별한다.

(3) 판별 분석을 수행하기 위해 각 개체는 어느 그룹에 속해 있는지 알려져 있어야 하며, 소속그룹이 이미 알려진 케이스에 대하여 변수들을 측정하고 이들 변수들을 이용하여 각 그룹들을 가장 잘 구분할 수 있는 판별식(두 개 이상의 집단으로 구성되어 있는 자료로부터 공통으로 측정할 수 있는 변수들을 이용하여 각 집단들을 가장 잘 구분할 수 있는 판별함수)을 만들어 분별하는 과정이 포함된다.

(4) 판별 분석의 적용 사례는 다음과 같다.

① 유물 발견 현장에서 새로운 유물이 발견된 경우 (고려, 조선) 중 어느 시대의 유물인지를 판별하고자 할 때, 유물의 특징(크기, 모양 등)을 이용하여 시대를 판별할 수 있는 판별식을 만들어 적용한다.

② 은행에서 기업에 대출하는 경우 (대출 가능, 대출 불가)를 판별할 때 기업의 (자산, 부채, 매출액, 당기 순이익 등)을 이용하여 대출 가능 여부를 판별하는 판별식을 만들어 적용한다.

(5) 판별 분석에서는 판별함수를 이용하여 각 개체들이 소속집단에 얼마나 잘 판별되는가에 대한 판별력을 측정하고, 어느 집단에 속해 있는지를 모르는 새로운 관측값으로부터 판별함수에 포함되는 변수들을 이용하여 이 관측치가 속할 확률이 가장 높은 집단을 판단하는 분석 방법을 포함한다.

(6) 결국, 판별 분석에서는 집단구분을 가장 잘 할 수 있는 판별함수의 작성이 중요하며, 판별함수 작성 시 유의한 변수선택의 기능이 수행된다.

(7) 판별 분석을 위해 필요한 판별함수 계수 추정, 분류 방법, 모형 평가 방법을 요약하면 다음과 같다.

〈판별 분석 방법〉

구 분	개 요
판별함수	• Fisher의 판별함수 (Fisher's Discriminant Function) 　－ $Y = b_1 X_1 + b_2 X_2 + \cdots b_p X_p = b'X$ 　－ 그룹(집단)의 수가 2인 경우 　－ 제1집단의 설명(독립)변수: $X_{G1} = (X_1, X_2, ..., X_p)$ 　－ 제2집단의 설명(독립)변수: $X_{G2} = (X_1, X_2, ..., X_p)$
판별함수 계수 추정	• $b' = (b_1, b_2, ..., b_p)$ 추정 • 사전에 분류된 그룹들을 판별오류가 최소가 되도록 선형함수 작성 • 그룹 내 분산에 비해 상대적으로 그룹 간 분산이 최대가 되도록 판별함수 작성 • $\lambda =$ 그룹 간 분산/그룹 내 분산의 값이 최대가 되도록 b를 구함
분류방법	• 각 그룹의 판별함수의 평균과 새로운 관측값의 판별함수값을 비교하여 분류 • 분류 방법 　－ 분류점(Cut−off Value) 이용 : 두 집단의 가중평균(Y_c) 이용 　－ 분류계수 함수 이용 : 각 그룹별 분류함수 이용, 3개 이상의 그룹에 적용 　－ 사후확률 이용 : 각 그룹에 속할 사후확률(Posterior Probability) 이용 • 판별점수($D=d$)가 주어졌을 때, 그룹 g에 속할 확률($P[G=g \mid D=d]$)이 큰 값에 배정
판별변수	• 판별력이 높은 변수의 선택, 회귀모형 선택 시 변수 선택방법과 유사
판별 분석 과정	• 각 관찰값으로부터 집단구분과 여러 개의 설명(독립)변수들을 측정 • 관찰값이 어느 집단에 속하는지 판별하는 데 도움이 되는 변수들을 설명변수들에서 선택 • 선택된 변수들을 이용하여 판별함수 작성, 집단들을 구분하는 기준 작성 • 판별함수 이용, 집단들이 얼마나 정확하게 구별되는지 확인 • 어느 집단에 속하는지를 알 수 없는 새로운 관측치로부터 구한 설명변수의 값을 이용하여 이 관측값이 어느 집단에 속하는지를 판별

(8) 아래(alcohol.xls)는 세 가지 종류(TYPE)의 알코올(KIRSCH, MIRAB, POIRE)에 대한 6가지 속성 (MEOH, ACET, BU1, MEPR, ACAL, LNPRO1) 자료이다. 자료는 관련 사이트(webcache. googleusercontent.com/search?q=cache:Rw8meWD−MZcJ, helios2.mi.parisdescartes.fr/~obouaziz/ alcohol.xls+&cd=2&hl=ko&ct=clnk&gl=kr)에서 다운로드한다. "readxl" 패키지의 read_excel( ) 함수를 이용하여 data로 저장한다. 6가지 속성을 이용하여 어떤 종류의 알코올인지를 판별하기 위한 판별 분석을 수행한다.

	A	B	C	D	E	F	G
1	TYPE	MEOH	ACET	BU1	MEPR	ACAL	LNPRO1
2	KIRSCH	3.0	15.0	0.2	9.0	9.0	5.86
3	KIRSCH	23.0	13.0	0.8	9.0	2.0	6.67
4	KIRSCH	65.0	96.0	0.4	9.0	4.0	5.31
5	KIRSCH	279.0	66.0	0.9	36.0	4.8	5.45
6	KIRSCH	292.0	210.0	1.1	34.0	8.0	4.08
7	KIRSCH	371.0	414.0	1.2	39.0	9.0	6.22
8	KIRSCH	393.0	287.0	1.8	41.0	9.7	6.47
9	KIRSCH	394.0	217.0	1.0	31.0	8.6	6.31
10	KIRSCH	418.0	62.0	0.8	24.0	7.0	5.83
11	KIRSCH	426.0	204.0	1.3	37.0	8.6	6.07
12	KIRSCH	465.0	267.0	1.5	39.0	17.0	8.01
13	KIRSCH	469.0	226.0	1.6	35.0	8.0	6.21
14	KIRSCH	475.0	172.0	1.9	33.0	14.0	6.30
15	KIRSCH	498.0	343.0	2.3	42.0	21.0	6.59

```
> data <- read_excel("alcohol.xls")
> head(data)
# A tibble: 6 × 7
  TYPE    MEOH  ACET   BU1  MEPR  ACAL LNPRO1
  <chr>  <dbl> <dbl> <dbl> <dbl> <dbl>  <dbl>
1 KIRSCH     3    15   0.2     9     9   5.86
2 KIRSCH    23    13   0.8     9     2   6.67
3 KIRSCH    65    96   0.4     9     4   5.31
4 KIRSCH   279    66   0.9    36   4.8   5.45
5 KIRSCH   292   210   1.1    34     8   4.08
6 KIRSCH   371   414   1.2    39     9   6.22
> summary(data)
     TYPE                 MEOH             ACET             BU1              MEPR            ACAL
 Length:77          Min.   :   3.0   Min.   : 13.0   Min.   : 0.20   Min.   : 9.00   Min.   : 2.00
 Class :character   1st Qu.: 620.0   1st Qu.:127.0   1st Qu.: 9.30   1st Qu.:26.00   1st Qu.: 8.60
 Mode  :character   Median : 910.0   Median :181.0   Median :17.00   Median :33.00   Median :11.00
                    Mean   : 845.6   Mean   :211.7   Mean   :14.74   Mean   :35.76   Mean   :12.51
                    3rd Qu.:1087.0   3rd Qu.:287.0   3rd Qu.:20.00   3rd Qu.:46.00   3rd Qu.:15.00
                    Max.   :1548.0   Max.   :495.0   Max.   :30.00   Max.   :72.00   Max.   :28.00
     LNPRO1
 Min.   :3.300
 1st Qu.:4.280
 Median :5.260
 Mean   :5.301
 3rd Qu.:6.220
 Max.   :8.010
```

(9) "MASS" 패키지의 lda(종속(반응)변수 ~., data=입력데이터) 함수를 이용하여 모형(result)을 구축한다. TYPE은 그룹변수(세 가지 알코올 종류)로 정의하고, 6가지 속성 변수(독립, 설명변수)를 사용하여 판별 분석을 수행한 결과는 다음과 같다.

- Prior probabilities of groups : 각 그룹별 개수에 비례한 사전확률값
- 3개 그룹이므로 2개의 선형 판별함수(Linear Discriminant Function : LD1, LD2)가 출력됨

```
> result <- lda(TYPE ~., data=data)
> result
Call:
lda(TYPE ~ ., data = data)

Prior probabilities of groups:
    KIRSCH    MIRAB    POIRE
0.2337662 0.3766234 0.3896104

Group means:
            MEOH     ACET      BU1      MEPR     ACAL    LNPRO1
KIRSCH  378.6944 218.0167  1.511111 32.06667 11.16667 6.231111
MIRAB   939.1379 247.3448 17.906897 30.55172 12.54138 4.883103
POIRE  1035.4000 173.3667 19.620000 43.00000 13.27333 5.145667

Coefficients of linear discriminants:
                  LD1            LD2
MEOH     3.382089e-03  0.0005710473
ACET    -4.649248e-05 -0.0066573606
BU1      1.322048e-01 -0.0162598664
MEPR    -2.562255e-02  0.0533609640
ACAL    -4.048757e-02  0.0297883525
LNPRO1  -2.791911e-01  0.3894400487

Proportion of trace:
   LD1    LD2
0.9168 0.0832
```

(10) 판별함수를 이용하여 주어진 데이터를 분류하기 위해 predict( ) 명령어를 사용한다. 분류모형에 대한 결과 (class, posterior, x)는 names( )로 확인한다. $posterior 항목으로 세 가지 유형별 사후확률을 구하며, 각각 의 케이스에 대해 사후확률값이 가장 큰 유형으로 분류되었다. 분류모형에 대한 $x는 각 케이스의 판별점수 (LD1, LD2)이다.

```
> predict <- predict(result, newdata=data)
> names(predict)
[1] "class"     "posterior" "x"
> head(predict$class)
[1] KIRSCH KIRSCH KIRSCH KIRSCH KIRSCH KIRSCH
Levels: KIRSCH MIRAB POIRE
> head(predict$posterior)
      KIRSCH        MIRAB         POIRE
1 0.9999932 4.878233e-06 1.882559e-06
2 0.9999838 1.104519e-05 5.137599e-06
3 0.9998621 1.216151e-04 1.626668e-05
4 0.9999067 3.768926e-05 5.562616e-05
5 0.9993267 5.527433e-04 1.205654e-04
6 0.9999181 7.058307e-05 1.131889e-05
> head(predict$x)
        LD1        LD2
1 -4.091901 -0.2497072
2 -3.887575 -0.1277995
3 -3.503543 -1.1199342
4 -3.475565  0.7129591
5 -3.107675 -0.7864612
6 -3.602823 -0.9710812
```

(11) 분석모형의 성능을 평가하기 위해 table( )로 분류표(cross_table)를 작성한다. 분류표에서 전체 중 대각선의 합의 비율이 정분류율(accuracy)이며 정확도＝80.5%, 오류율은 19.5%이다.

```
> cross_table <- table(data$TYPE, predict$class)
> cross_table

        KIRSCH MIRAB POIRE
  KIRSCH    18     0     0
  MIRAB      0    23     6
  POIRE      0     9    21
>
> accuracy <- sum(diag(cross_table)) / sum(cross_table) * 100
> accuracy
[1] 80.51948
>
> error <- 100 - accuracy

> error
[1] 19.48052
```

(12) 판별변수를 선택하기 위하여 "klaR" 패키지를 이용한다. greedy.wilks( ) 함수(유의확률 1%, niveau＝0.01)로 판별변수 선택 결과를 나타내면 다음과 같다. 분류 결과에 많은 영향을 미치는 유의한 판별변수는 (BU1, MEPR, MEOH)이다.

```
> library(klaR)
>
> main_forward <- greedy.wilks(TYPE~., data=data, niveau=0.01)
> main_forward
Formula containing included variables:

TYPE ~ BU1 + MEPR + MEOH
<environment: 0x00000184f1cb8890>


Values calculated in each step of the selection procedure:

  vars Wilks.lambda F.statistics.overall p.value.overall F.statistics.diff p.value.diff
1  BU1    0.2989919             86.74917    3.975561e-20         86.749173 3.975561e-20
2 MEPR    0.2489312             36.65654    3.402765e-21          7.340239 1.235768e-03
3 MEOH    0.2012539             29.49819    7.226240e-23          8.528444 4.692630e-04
```

(13) 유의한 세 가지 판별변수를 적용하여 판별 분석을 새롭게 수행하면 다음과 같다. 세 가지 변수(BU1, MEPR, MEOH)에 대한 결과를 확인할 수 있다.

```
> names(main_forward)
[1] "results" "formula"
>
> result_main <- lda(main_forward$formula, data=data)
> result_main
Call:
lda(main_forward$formula, data = data)

Prior probabilities of groups:
    KIRSCH     MIRAB     POIRE
0.2337662 0.3766234 0.3896104

Group means:
             BU1      MEPR      MEOH
KIRSCH  1.511111 32.06667  378.6944
MIRAB  17.906897 30.55172  939.1379
POIRE  19.620000 43.00000 1035.4000

Coefficients of linear discriminants:
             LD1           LD2
BU1   0.149874251 -0.0313069489
MEPR -0.025447467  0.0759388778
MEOH  0.002809521  0.0002065334

Proportion of trace:
   LD1    LD2
0.9516 0.0484
```

(14) 세 가지 변수로 구축된 판별 분석모형의 성능은 다음과 같다. 6가지의 모든 변수를 고려할 때보다 정확도는 "80.5% → 74.0%"로 낮아지고 오류율(error)은 "19.5% → 25.9%"로 다소 증가한다.

```
> predict_main <- predict(result_main, newdata=data)
> cross_table_main <- table(data$TYPE, predict_main$class)
> cross_table_main

         KIRSCH MIRAB POIRE
  KIRSCH     18     0     0
  MIRAB       0    22     7
  POIRE       1    12    17
>
> accuracy <- sum(diag(cross_table_main)) / sum(cross_table_main) * 100
> accuracy
[1] 74.02597
>
> error <- 100 - accuracy
> error
[1] 25.97403
```

연습문제

01 그룹 분석을 위해 아래 데이터(data.csv)를 이용한다. data.csv는 (고객번호, 성별, 연령대, 직업, 주거지역, 쇼핑액, 이용만족도, 월별 쇼핑액, 쿠폰사용횟수, 쿠폰선호도, 품질, 가격, 서비스, 배송, 쇼핑만족도, 소득)에 대한 조사 결과이다.

(1) (성별, 소득)에 대한 그룹 분석(성별에 따른 소득, "dplyr" 패키지 이용)을 수행하시오. 그룹 분석 시 성별 빈도 수, 소득의 합계, 소득의 평균, 소득의 표준편차, 소득의 최솟값, 소득의 최댓값을 구하시오.

(2) (직업, 주거지역, 쇼핑액, 이용만족도)에 대한 그룹 분석을 수행하시오. 그룹 분석 수행 시 (직업, 주거지역)별 빈도 수, 쇼핑액의 합계, 쇼핑액의 평균, 이용 만족도의 평균, 이용 만족도의 표준편차를 구하시오.

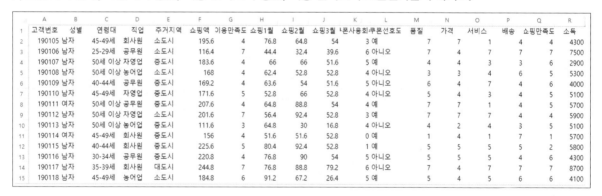

	A	B	C	D	E	F	G	H	I	J	K	L	M	N	O	P	Q	R
1	고객번호	성별	연령대	직업	주거지역	쇼핑액	이용만족도	쇼핑1월	쇼핑2월	쇼핑3월	쿠폰사용횟수	쿠폰선호도	품질	가격	서비스	배송	쇼핑만족도	소득
2	190105	남자	45-49세	회사원	소도시	195.6	4	76.8	64.8	54	3	예	7	7	1	4	4	4300
3	190106	남자	25-29세	공무원	소도시	116.4	7	44.4	32.4	39.6	6	아니오	7	4	7	7	7	7500
4	190107	남자	50세 이상	자영업	중도시	183.6	4	66	66	51.6	5	예	4	4	3	3	6	2900
5	190108	남자	50세 이상	농어업	소도시	168	4	62.4	52.8	52.8	4	아니오	3	3	4	6	5	5300
6	190109	남자	40-44세	공무원	중도시	169.2	4	63.6	54	51.6	5	아니오	6	4	7	4	6	4000
7	190110	남자	45-49세	자영업	중도시	171.6	5	52.8	66	52.8	4	아니오	5	4	3	4	5	5100
8	190111	여자	50세 이상	공무원	중도시	207.6	4	64.8	88.8	54	4	예	7	7	1	4	5	5700
9	190112	남자	50세 이상	자영업	소도시	201.6	7	56.4	92.4	52.8	3	예	7	7	7	4	4	5900
10	190113	남자	50세 이상	농어업	중도시	111.6	3	66	30	16.8	4	아니오	4	2	4	3	5	5100
11	190114	여자	45-49세	회사원	중도시	156	4	51.6	51.6	52.8	0	예	1	4	1	7	1	5700
12	190115	남자	40-44세	회사원	중도시	225.6	5	80.4	92.4	52.8	1	예	5	5	5	5	2	5800
13	190116	남자	30-34세	공무원	중도시	220.8	4	76.8	90	54	5	아니오	5	5	5	4	6	4300
14	190117	남자	35-39세	회사원	대도시	244.8	7	76.8	88.8	79.2	6	아니오	7	4	7	7	7	8700
15	190118	남자	45-49세	농어업	소도시	184.8	6	91.2	67.2	26.4	5	예	5	4	5	6	6	4100

(1) group_by( ) 함수를 이용하여 성별에 따른 소득을 그룹화하고, summarise( ) 함수를 이용하여 성별에 따른 소득금액의 합계, 평균, 표준편차, 최소, 최댓값을 구한다.

```
> setwd("C:/workr")
> data <- read.csv("data.csv", header=T, fileEncoding="EUC-KR")
> group_table <- group_by(data, 성별)
> head(group_table)
# A tibble: 6 × 18
# Groups:   성별 [1]
  고객번호 성별  연령대   직업  주거지역 쇼핑액 이용만족도 쇼핑1월 쇼핑2월 쇼핑3월 쿠폰사용회수 쿠폰선호도  품질   가격
     <int> <chr> <chr>    <chr> <chr>     <dbl>      <dbl>   <dbl>   <dbl>   <dbl>        <int> <chr>     <int> <int>
1   190105 남자  45-49세  회사원 소도시    196.          4    76.8    64.8      54            3 예            7     7
2   190106 남자  25-29세  공무원 소도시    116.          7    44.4    32.4    39.6            6 아니오        7     4
3   190107 남자  50세 이상 자영업 중도시    184.          4      66      66    51.6            5 예            4     4
4   190108 남자  50세 이상 농어업 소도시    168           4    62.4    52.8    52.8            4 아니오        3     3
5   190109 남자  40-44세  공무원 중도시    169.          4    63.6      54    51.6            4 아니오        6     4
6   190110 남자  45-49세  자영업 중도시    172.          5    52.8      66    52.8            4 아니오        5     4
# ... with 4 more variables: 서비스 <int>, 배송 <int>, 쇼핑만족도 <int>, 소득 <int>
> group_summary <- summarise(group_table, n=n(), sum(소득), mean(소득), sd(소득), min(소득), max(소득))
> group_summary
# A tibble: 2 × 7
  성별      n `sum(소득)` `mean(소득)` `sd(소득)` `min(소득)` `max(소득)`
  <chr> <int>      <int>       <dbl>      <dbl>       <int>       <int>
1 남자     55     283750       5159.      1983.         400        9500
2 여자     35     184450       5270       1696.        2300        8500
```

(2) group_by( ) 함수를 이용하여 (직업, 주거지역)에 따른 (쇼핑액, 이용만족도)를 그룹화하고, summarise( ) 함수를 이용하여 필요한 통계량을 구한다.

```
> setwd("C:/workr")
> data <- read.csv("data.csv", header=T, fileEncoding="EUC-KR")
>
> group_table <- group_by(data, 직업, 주거지역)
> head(group_table)
# A tibble: 6 × 18
# Groups:   직업, 주거지역 [5]
  고객번호 성별  연령대  직업  주거지역 쇼핑액 이용만족도 쇼핑1월 쇼핑2월 쇼핑3월 쿠폰사용회수 쿠폰선호도  품질   가격
     <int> <chr> <chr>   <chr> <chr>     <dbl>      <dbl>   <dbl>   <dbl>   <dbl>        <int> <chr>     <int> <int>
1   190105 남자  45-49.. 회사.. 소도시    196.          4    76.8    64.8      54            3 예            7     7
2   190106 남자  25-29.. 공무.. 소도시    116.          7    44.4    32.4    39.6            6 아니오        7     4
3   190107 남자  50세 .. 자영.. 중도시    184.          4      66      66    51.6            5 예            4     4
4   190108 남자  50세 .. 농어.. 소도시    168           4    62.4    52.8    52.8            4 아니오        3     3
5   190109 남자  40-44.. 공무.. 중도시    169.          4    63.6      54    51.6            4 아니오        6     4
6   190110 남자  45-49.. 자영.. 중도시    172.          5    52.8      66    52.8            4 아니오        5     4
# ... with 4 more variables: 서비스 <int>, 배송 <int>, 쇼핑만족도 <int>, 소득 <int>
> group_summary <- summarise(group_table, n=n(), sum(쇼핑액), mean(쇼핑액), mean(이용만족도), sd(이용만족도))
`summarise()` has grouped output by '직업'. You can override using the `.groups` argument.
>
> group_summary
# A tibble: 15 × 7
# Groups:   직업 [5]
   직업   주거지역     n `sum(쇼핑액)` `mean(쇼핑액)` `mean(이용만족도)` `sd(이용만족도)`
   <chr>  <chr>    <int>        <dbl>         <dbl>             <dbl>            <dbl>
 1 공무원 대도시       4          665.          166.              6.25            0.957
 2 공무원 소도시       4          590.          148.              5.5             1.29
 3 공무원 중도시       4          732           183               4.25            0.5
 4 농어업 대도시       1          199.          199.              7              NA
 5 농어업 소도시       9         1562.          174.              5.11            1.05
 6 농어업 중도시       3          481.          160.              4.33            1.15
 7 자영업 대도시       8         1368          171               4.5             1.77
 8 자영업 소도시       3          578.          193.              5               1.73
 9 자영업 중도시       6         1168.          195.              5.5             1.38
10 전문직 대도시       5          883.          177.              5.8             1.30
11 전문직 소도시       9         1469.          163.              5.56            1.42
12 전문직 중도시       3          560.          187.              3.33            2.08
13 회사원 대도시      18         3248.          180.              5.78            1.44
14 회사원 소도시       5          830.          166.              5               1.22
15 회사원 중도시       8         1343.          168.              5.25            1.28
```

02 mtcars는 1974년 Motor Trend US 잡지에 게재되었던 데이터로 1973~1974년 사이 32개 자동차 모델에 대한 성능 데이터이다. 데이터들 중 mpg(연비), hp(마력), vs(엔진 유형, 0은 V−shaped, 1은 Straight), am(트랜스미션 유형, 0은 automatic, 1은 manual) 항목을 데이터 프레임(data)에 저장한 후 그룹 분석을 수행하시오.

(1) (vs, mpg)에 대한 그룹 분석을 수행하시오. 그룹 분석 시 vs(엔진 유형)별 빈도 수, 연비(mpg)의 합계, 연비의 평균, 연비의 표준편차, 연비의 최솟값, 연비의 최댓값을 구하시오.

(2) (vs, am, mpg, hp)에 대한 그룹 분석을 수행하시오. 그룹 분석 시 (엔진 유형, 트랜스미션 유형)별 빈도 수, 연비(mpg)의 합계, 연비의 평균, 마력(hp)의 평균, 마력의 표준편차를 구하시오.

```
> head(mtcars)
                   mpg cyl disp  hp drat    wt  qsec vs am gear carb
Mazda RX4         21.0   6  160 110 3.90 2.620 16.46  0  1    4    4
Mazda RX4 Wag     21.0   6  160 110 3.90 2.875 17.02  0  1    4    4
Datsun 710        22.8   4  108  93 3.85 2.320 18.61  1  1    4    1
Hornet 4 Drive    21.4   6  258 110 3.08 3.215 19.44  1  0    3    1
Hornet Sportabout 18.7   8  360 175 3.15 3.440 17.02  0  0    3    2
Valiant           18.1   6  225 105 2.76 3.460 20.22  1  0    3    1
```

```
> data <- subset(mtcars, select=c(mpg, hp, vs, am))
> head(data)
                   mpg  hp vs am
Mazda RX4         21.0 110  0  1
Mazda RX4 Wag     21.0 110  0  1
Datsun 710        22.8  93  1  1
Hornet 4 Drive    21.4 110  1  0
Hornet Sportabout 18.7 175  0  0
Valiant           18.1 105  1  0
```

📘 정답 및 해설

(1) group_by( ), summarise( ) 함수를 이용하여 엔진유형별(vs)로 연비에 대한 기술통계량을 확인한다.

```
> group_table <- group_by(data, vs)
> head(group_table)
# A tibble: 6 × 4
# Groups:   vs [2]
    mpg    hp    vs    am
  <dbl> <dbl> <dbl> <dbl>
1  21     110     0     1
2  21     110     0     1
3  22.8    93     1     1
4  21.4   110     1     0
5  18.7   175     0     0
6  18.1   105     1     0
>
> group_summary <- summarise(group_table, n=n(), sum(mpg), sd(mpg), min(mpg), max(mpg))
> group_summary
# A tibble: 2 × 6
     vs     n `sum(mpg)` `sd(mpg)` `min(mpg)` `max(mpg)`
  <dbl> <int>      <dbl>     <dbl>      <dbl>      <dbl>
1     0    18       299.      3.86       10.4         26
2     1    14       344.      5.38       17.8       33.9
```

(2) group_by( ), summarise( ) 함수를 이용하여 (엔진유형(vs), 트랜스미션(am))별로 (연비(mpg), 마력(hp))에 대한 기술통계량을 확인한다.

```
> group_table <- group_by(data, vs, am)
> head(group_table)
# A tibble: 6 × 4
# Groups:   vs, am [4]
    mpg    hp    vs    am
  <dbl> <dbl> <dbl> <dbl>
1  21    110     0     1
2  21    110     0     1
3  22.8   93     1     1
4  21.4  110     1     0
5  18.7  175     0     0
6  18.1  105     1     0
>
> group_summary <- summarise(group_table, n=n(), sum(mpg), mean(mpg), mean(hp), sd(hp))
`summarise()` has grouped output by 'vs'. You can override using the `.groups` argument.
>
> group_summary
# A tibble: 4 × 7
# Groups:   vs [2]
     vs    am     n `sum(mpg)` `mean(mpg)` `mean(hp)` `sd(hp)`
  <dbl> <dbl> <int>      <dbl>       <dbl>      <dbl>    <dbl>
1     0     0    12       181.        15.0       194.     33.4
2     0     1     6       118.        19.8       181.     98.8
3     1     0     7       145.        20.7       102.     20.9
4     1     1     7       199.        28.4        80.6    24.1
```

03 다음은 99명의 소비자들에 대해 맥주 구매 시 주요하게 생각하는 요인에 대한 평가 결과(data−mining− tutorials.blogspot.com/2013/01/new−features−for−pca−in−tanagra.html)이다. "readxl" 패키지를 이용하여 파일을 "beer"에 저장하고 주성분 분석을 수행하시오. 데이터는 9가지 요인[(가격, 크기, 알코올, 평판, 색, 향기, 맛)=(cost, size, alcohol, reputat, color, aroma, taste)]에 대한 99명 소비자들의 평가 점수(0~100점)이다.

(1) cor( ) 함수를 이용하여 상관관계 계수 행렬을 구하고 산점도 행렬을 그림(pairs( ))으로 나타내시오.

(2) "cor=F", "scores=T" 옵션을 이용하여 주성분 분석 결과를 나타내시오. summary( ) 함수를 이용하여 주성분 분석 결과(표준편차, 분산비율, 누적분산비율)를 출력하고, 설명력을 가지는 주요 성분을 판별하시오.

(3) Scree Plot을 출력하고 고유값이 1보다 큰 주요 성분을 출력하시오.

(4) 주성분 계수를 이용하여 상관계수행렬을 활용한 주요 성분을 수식으로 표현하시오.

(5) 주성분 점수 및 행렬도(biplot( ))를 출력하시오. 주성분 계수에 대한 벡터값을 해석하고 99명의 맥주 평가 시 주요
성분을 해석하시오.

	A	B	C	D	E	F	G
1	cost	size	alcohol	reputat	color	aroma	taste
2	10	15	20	85	40	30	50
3	100	70	50	30	75	60	80
4	65	30	35	80	80	60	90
5	0	0	20	30	80	90	100
6	10	25	10	100	50	40	60
7	25	35	30	40	45	30	65
8	5	10	15	65	50	65	85
9	20	5	10	40	60	50	95
10	15	10	25	30	95	80	100
11	10	15	20	85	40	30	50
12	100	70	50	30	75	60	80
13	65	30	35	80	80	60	90
14	0	0	20	30	80	90	100
15	10	25	10	100	50	40	60

```
> library(readxl)
> library(psych)
> beer <- read_excel("beer.xls")
> head(beer)
# A tibble: 6 × 7
   cost  size alcohol reputat color aroma taste
  <dbl> <dbl>   <dbl>   <dbl> <dbl> <dbl> <dbl>
1    10    15      20      85    40    30    50
2   100    70      50      30    75    60    80
3    65    30      35      80    80    60    90
4     0     0      20      30    80    90   100
5    10    25      10     100    50    40    60
6    25    35      30      40    45    30    65
> summary(beer)
      cost            size          alcohol         reputat          color
 Min.   :  0.00   Min.   : 0.00   Min.   :10.00   Min.   : 30.00   Min.   :40.00
 1st Qu.: 10.00   1st Qu.:10.00   1st Qu.:15.00   1st Qu.: 30.00   1st Qu.:50.00
 Median : 15.00   Median :15.00   Median :20.00   Median : 40.00   Median :60.00
 Mean   : 27.78   Mean   :22.22   Mean   :23.89   Mean   : 55.56   Mean   :63.89
 3rd Qu.: 25.00   3rd Qu.:30.00   3rd Qu.:30.00   3rd Qu.: 80.00   3rd Qu.:80.00
 Max.   :100.00   Max.   :70.00   Max.   :50.00   Max.   :100.00   Max.   :95.00
     aroma           taste
 Min.   :30.00   Min.   : 50.00
 1st Qu.:40.00   1st Qu.: 65.00
 Median :60.00   Median : 85.00
 Mean   :56.11   Mean   : 80.56
 3rd Qu.:65.00   3rd Qu.: 95.00
 Max.   :90.00   Max.   :100.00
> describe(beer)
        vars  n  mean    sd median trimmed   mad min max range  skew kurtosis   se
cost       1 99 27.78 31.35     15   22.84 14.83   0 100   100  1.37     0.48 3.15
size       2 99 22.22 20.26     15   19.38 14.83   0  70    70  1.22     0.71 2.04
alcohol    3 99 23.89 12.26     20   22.53 14.83  10  50    40  0.80    -0.23 1.23
reputat    4 99 55.56 25.89     40   53.46 14.83  30 100    70  0.46    -1.41 2.60
color      5 99 63.89 18.16     60   63.09 22.24  40  95    55  0.26    -1.35 1.83
aroma      6 99 56.11 19.79     60   55.25 29.65  30  90    60  0.19    -1.08 1.99
taste      7 99 80.56 17.32     85   81.79 22.24  50 100    50 -0.48    -1.21 1.74
> dim(beer)
[1] 99  7
```

(1) cor( ) 함수를 이용하여 항목들 사이의 상관관계 계수를 구하고, pairs( ) 명령어로 각 항목들 사이의 관계를 시각적으로 확인한다.

```
> cor(beer)
              cost        size      alcohol      reputat         color        aroma
cost     1.00000000  0.87839386  0.87701914 -0.17478295   0.32089406 -0.02764234
size     0.87839386  1.00000000  0.82366835 -0.06123364   0.01440715 -0.28623653
alcohol  0.87701914  0.82366835  1.00000000 -0.36051498   0.39769670  0.09767766
reputat -0.17478295 -0.06123364 -0.36051498  1.00000000  -0.52379944 -0.52151496
color    0.32089406  0.01440715  0.39769670 -0.52379944   1.00000000  0.82324397
aroma   -0.02764234 -0.28623653  0.09767766 -0.52151496   0.82324397  1.00000000
taste    0.05398178 -0.30751097  0.05580493 -0.62649560   0.80486985  0.86607319
              taste
cost     0.05398178
size    -0.30751097
alcohol  0.05580493
reputat -0.62649560
color    0.80486985
aroma    0.86607319
taste    1.00000000
>
> pairs(beer)
```

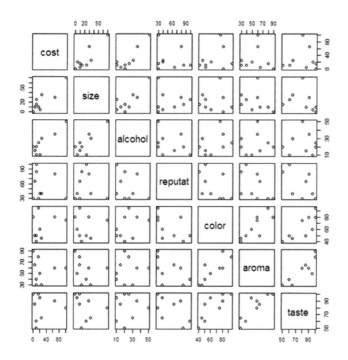

(2) princomp( ) 함수를 이용한 주성분 분석 결과, 고유값이 1보다 큰 주성분은 2개이다.

```
> pca <- princomp(beer, cor=T, scores=T)
> pca
Call:
princomp(x = beer, cor = T, scores = T)

Standard deviations:
    Comp.1    Comp.2    Comp.3    Comp.4    Comp.5    Comp.6    Comp.7
1.8182634 1.6490014 0.7532401 0.4398083 0.3463434 0.2770101 0.1312331

 7  variables and  99 observations.
>
> names(pca)
[1] "sdev"     "loadings" "center"   "scale"    "n.obs"    "scores"   "call"
> summary(pca)
Importance of components:
                          Comp.1      Comp.2     Comp.3     Comp.4     Comp.5     Comp.6
Standard deviation     1.8182634   1.6490014 0.75324015 0.43980829 0.34634341 0.27701007
Proportion of Variance 0.4722974   0.3884580 0.08105296 0.02763305 0.01713625 0.01096208
Cumulative Proportion  0.4722974   0.8607554 0.94180832 0.96944136 0.98657761 0.99753970
                          Comp.7
Standard deviation     0.131233071
Proportion of Variance 0.002460303
Cumulative Proportion  1.000000000
> pca$sdev
    Comp.1    Comp.2    Comp.3    Comp.4    Comp.5    Comp.6    Comp.7
1.8182634 1.6490014 0.7532401 0.4398083 0.3463434 0.2770101 0.1312331
>
> eigen_value <- (pca$sdev)^2
> eigen_value
    Comp.1    Comp.2    Comp.3    Comp.4    Comp.5    Comp.6    Comp.7
3.30608184 2.71920565 0.56737072 0.19343133 0.11995376 0.07673458 0.01722212
```

(3) screeplot( )을 이용하여 스크리 도표를 작성한다. 고유값이 1보다 큰 주성분은 2개임을 알 수 있다.

```
> screeplot(pca, type="lines", pch=19, main="Scree Plot")
> pca$loadings[,1:2]
           Comp.1      Comp.2
cost     0.2777769  0.49510394
size     0.1241572  0.57656039
alcohol  0.3287255  0.45896282
reputat -0.4075844  0.07507413
color    0.4983356 -0.11381309
aroma    0.4323578 -0.31142286
taste    0.4449358 -0.31020896
```

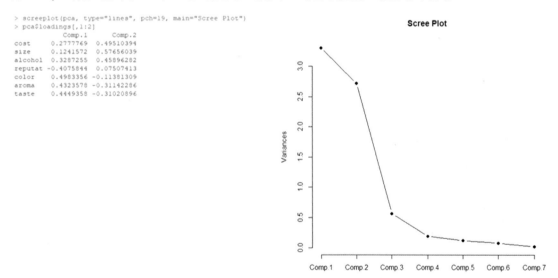

(4) pca$loadings[,1:2]의 결과를 이용하여 2가지 주요 성분을 수식으로 나타내면 다음과 같다. 각 성분들 중 PCA₁은 (color, aroma, taste)을 주요하게 평가하고 있고, PCA₂는 (cost, size, alcohol, reputat)를 중심으로 맥주를 구매하는 것으로 판단된다.

$$PCA_1 = 0.278cost + 0.124size + 0.329alcohol - 0.408reputat$$
$$+0.498color + 0.432aroma + 0.445taste$$
$$PCA_2 = 0.495cost + 0.577size + 0.459alcohol + 0.075reputat$$
$$-0.114color - 0.311aroma - 0.310taste$$

(5) pca$scores[,1:2]로 조사 대상별 주성분 점수를 확인한다. biplot( ) 그래프를 이용하여 2가지 주요성분에 대한 벡터값을 시각적으로 확인한다. 맥주 구매 시 (cost, size, alcohol) 변수는 서로 관련이 높고, (aroma, taste) 변수 사이도 관련이 높은 것으로 평가된다.

```
> pca$scores[,1:2]
          Comp.1     Comp.2
 [1,] -2.7946778  0.5642105
 [2,]  2.4230841  3.2998351
 [3,]  1.0656717  0.9696929
 [4,]  1.6058196 -2.2850359
 [5,] -2.4863400  0.1165319
 [6,] -1.0311501  1.3180912
 [7,] -0.7402130 -1.1513119
 [8,] -0.1720295 -1.3230073
 [9,]  2.1298349 -1.5090065
[10,] -2.7946778  0.5642105
[11,]  2.4230841  3.2998351
[12,]  1.0656717  0.9696929
[13,]  1.6058196 -2.2850359
[14,] -2.4863400  0.1165319
[15,] -1.0311501  1.3180912
[16,] -0.7402130 -1.1513119
[17,] -0.1720295 -1.3230073
[18,]  2.1298349 -1.5090065
[19,] -2.7946778  0.5642105
[20,]  2.4230841  3.2998351
[21,]  1.0656717  0.9696929
[22,]  1.6058196 -2.2850359
[23,] -2.4863400  0.1165319
[24,] -1.0311501  1.3180912
[25,] -0.7402130 -1.1513119
[26,] -0.1720295 -1.3230073
[27,]  2.1298349 -1.5090065
[28,] -2.7946778  0.5642105
[29,]  2.4230841  3.2998351
[30,]  1.0656717  0.9696929
[31,]  1.6058196 -2.2850359
[32,] -2.4863400  0.1165319
[33,] -1.0311501  1.3180912
[34,] -0.7402130 -1.1513119
[35,] -0.1720295 -1.3230073
[36,]  2.1298349 -1.5090065
[37,] -2.7946778  0.5642105
[38,]  2.4230841  3.2998351
[39,]  1.0656717  0.9696929
[40,]  1.6058196 -2.2850359
[41,] -2.4863400  0.1165319
[42,] -1.0311501  1.3180912
[43,] -0.7402130 -1.1513119
[44,] -0.1720295 -1.3230073
[45,]  2.1298349 -1.5090065
[46,] -2.7946778  0.5642105
[47,]  2.4230841  3.2998351
[48,]  1.0656717  0.9696929
[49,]  1.6058196 -2.2850359
[50,] -2.4863400  0.1165319
```

```
> biplot(pca, cex=0.7, col=c("red", "blue"), main="BiPlot")
```

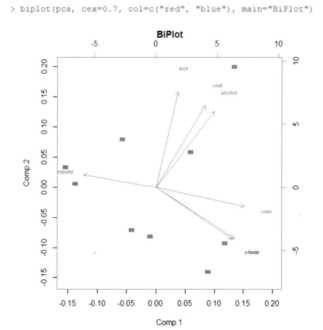

04 state.x77 데이터는 1970년대 미국 50개 주의 인구(Population), 수입(Income), 문맹(Illiteracy), 생활수준기대(Life Exp), 살인(Murder), 고등교육수준(HS Grad), 날씨(Frost), 지역면적(Area)을 나타낸다. 다음 순서대로 인자 분석을 수행하시오.

(1) principal( ) 함수를 이용(rotate="none")하여 인자 분석 결과를 출력하시오. 인자 분석 결과, 고유근 값을 확인하여 고유근 값이 1보다 큰 요인을 구하고 요인의 수를 결정하시오. 요인 분석 결과($values)를 스크리 그림(Scree Plot)으로 나타내시오.

(2) Varimax 인자회전 방법을 적용한 인자 분석 결과와 회귀 분석 방법을 이용한 인자점수를 출력하시오. biplot( ) 함수를 이용하여 주요 인자들에 대한 행렬도를 나타내시오.

(3) Oblimin 인자회전 방법을 적용한 인자 분석 결과와 회귀 분석 방법을 이용한 인자점수를 출력하시오. biplot( ) 함수를 이용하여 주요 인자들에 대한 행렬도를 나타내시오.

```
> data <- state.x77
> head(data)
           Population Income Illiteracy Life Exp Murder HS Grad Frost    Area
Alabama          3615   3624        2.1    69.05   15.1    41.3    20   50708
Alaska            365   6315        1.5    69.31   11.3    66.7   152  566432
Arizona          2212   4530        1.8    70.55    7.8    58.1    15  113417
Arkansas         2110   3378        1.9    70.66   10.1    39.9    65   51945
California      21198   5114        1.1    71.71   10.3    62.6    20  156361
Colorado         2541   4884        0.7    72.06    6.8    63.9   166  103766
> dim(data)
[1] 50  8
> summary(data)
   Population        Income       Illiteracy       Life Exp        Murder
 Min.   :  365   Min.   :3098   Min.   :0.500   Min.   :67.96   Min.   : 1.400
 1st Qu.: 1080   1st Qu.:3993   1st Qu.:0.625   1st Qu.:70.12   1st Qu.: 4.350
 Median : 2838   Median :4519   Median :0.950   Median :70.67   Median : 6.850
 Mean   : 4246   Mean   :4436   Mean   :1.170   Mean   :70.88   Mean   : 7.378
 3rd Qu.: 4968   3rd Qu.:4814   3rd Qu.:1.575   3rd Qu.:71.89   3rd Qu.:10.675
 Max.   :21198   Max.   :6315   Max.   :2.800   Max.   :73.60   Max.   :15.100
    HS Grad         Frost           Area
 Min.   :37.80   Min.   :  0.00   Min.   :  1049
 1st Qu.:48.05   1st Qu.: 66.25   1st Qu.: 36985
 Median :53.25   Median :114.50   Median : 54277
 Mean   :53.11   Mean   :104.46   Mean   : 70736
 3rd Qu.:59.15   3rd Qu.:139.75   3rd Qu.: 81163
 Max.   :67.30   Max.   :188.00   Max.   :566432
> describe(data)
           vars  n     mean       sd   median  trimmed       mad     min      max     range
Population    1 50  4246.42  4464.49  2838.50  3384.28   2890.33  365.00  21198.0  20833.00
Income        2 50  4435.80   614.47  4519.00  4430.08    581.18 3098.00   6315.0   3217.00
Illiteracy    3 50     1.17     0.61     0.95     1.10      0.52    0.50      2.8      2.30
Life Exp      4 50    70.88     1.34    70.67    70.92      1.54   67.96     73.6      5.64
Murder        5 50     7.38     3.69     6.85     7.30      5.19    1.40     15.1     13.70
HS Grad       6 50    53.11     8.08    53.25    53.34      8.60   37.80     67.3     29.50
Frost         7 50   104.46    51.98   114.50   106.80     53.37    0.00    188.0    188.00
Area          8 50 70735.88 85327.30 54277.00 56575.72  35144.29 1049.00 566432.0 565383.00
           skew kurtosis       se
Population  1.92     3.75   631.37
Income      0.20     0.24    86.90
Illiteracy  0.82    -0.47     0.09
Life Exp   -0.15    -0.67     0.19
Murder      0.13    -1.21     0.52
HS Grad    -0.32    -0.88     1.14
Frost      -0.37    -0.94     7.35
Area        4.10    20.39 12067.10
```

(1) principal( ) 함수를 이용하여 수행한 인자 분석 결과, facor$values의 값이 1보다 큰 요인이 3개로 판정되며, plot( )으로 factor$values에 대한 그래프(Scree Plot)를 작성하면 다음과 같다.

```
> factor <- principal(data, rotate="none")
> factor
Principal Components Analysis
Call: principal(r = data, rotate = "none")
Standardized loadings (pattern matrix) based upon correlation matrix
             PC1   h2    u2 com
Population -0.24 0.058 0.94   1
Income      0.57 0.321 0.68   1
Illiteracy -0.89 0.787 0.21   1
Life Exp    0.78 0.610 0.39   1
Murder     -0.84 0.710 0.29   1
HS Grad     0.81 0.649 0.35   1
Frost       0.68 0.460 0.54   1
Area        0.06 0.004 1.00   1

                PC1
SS loadings    3.60
Proportion Var 0.45

Mean item complexity =  1
Test of the hypothesis that 1 component is sufficient.

The root mean square of the residuals (RMSR) is  0.17
 with the empirical chi square  81.95  with prob <  1.8e-09

Fit based upon off diagonal values = 0.83>
> factor$values
[1] 3.5988956 1.6319192 1.1119412 0.7075042 0.3846417 0.3074617 0.1444488 0.1131877

> plot(factor$values, type="b")
```

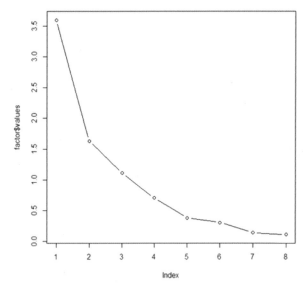

(2) principal( ) 함수에서 rotate="varimax" 옵션의 지정으로 Varimax 인자 회전 방법을 적용한 인자 분석 결과를 확인한다. $scores 항목으로 인자점수를 확인하며, biplot( )으로 3가지 주성분 사이의 관계를 확인한다.

```
> factor_varimax <- principal(data, nfactor=3, rotate="varimax")
> factor_varimax
Principal Components Analysis
Call: principal(r = data, nfactors = 3, rotate = "varimax")
Standardized loadings (pattern matrix) based upon correlation matrix
             RC1   RC2   RC3   h2   u2  com
Population -0.03  0.09  0.90 0.81 0.19  1.0
Income      0.47  0.69  0.26 0.77 0.23  2.1
Illiteracy -0.85 -0.17  0.21 0.80 0.20  1.2
Life Exp    0.87 -0.02  0.06 0.76 0.24  1.0
Murder     -0.87  0.14  0.32 0.88 0.12  1.3
HS Grad     0.67  0.59 -0.07 0.80 0.20  2.0
Frost       0.50  0.20 -0.61 0.66 0.34  2.1
Area       -0.24  0.89 -0.10 0.86 0.14  1.2

                       RC1  RC2  RC3
SS loadings           3.22 1.71 1.41
Proportion Var        0.40 0.21 0.18
Cumulative Var        0.40 0.62 0.79
Proportion Explained  0.51 0.27 0.22
Cumulative Proportion 0.51 0.78 1.00

Mean item complexity =  1.5
Test of the hypothesis that 3 components are sufficient.

The root mean square of the residuals (RMSR) is  0.08
 with the empirical chi square  20.21  with prob <  0.0051

Fit based upon off diagonal values = 0.96>
> factor_varimax$values
[1] 3.5988956 1.6319192 1.1119412 0.7075042 0.3846417 0.3074617 0.1444488 0.1131877
> factor_varimax$rotation
[1] "varimax"
```

```
> factor_varimax$scores
                       RC1         RC2         RC3
Alabama        -1.89283235 -0.64986148  0.25874690
Alaska         -1.54469886  5.51325710 -1.39304472
Arizona        -0.52432067  0.39980571  0.34619021
Arkansas       -1.09961730 -1.14684894 -0.33704730
California      0.50881369  1.22389137  3.59026426
Colorado        0.76709213  0.85925128 -0.49675532
Connecticut     1.17861382 -0.13346268  0.16326808
Delaware        0.18122312 -0.19115299 -0.42645728
Florida        -0.23383420  0.08015832  1.60853236
Georgia        -1.74370394 -0.27905235  0.19754371
Hawaii          0.70779124 -0.38361564  1.06464525
Idaho           0.59981439 -0.02240119 -0.77547239
Illinois        0.09302082  0.52984376  1.14166411
Indiana         0.35969806 -0.21186820  0.07751028
Iowa            1.28356156 -0.12119927 -0.29939076
Kansas          0.99164280  0.17008220 -0.15576845
Kentucky       -1.01059790 -0.94554614 -0.30910490
Louisiana      -2.09976783 -0.79451336  0.27931003
Maine           0.38688762 -0.71645728 -1.35546385
Maryland        0.17785679  0.15977427  0.38789486
Massachusetts   0.96083391 -0.36575658  0.55198580
Michigan        0.01956187  0.32500611  0.78684309
Minnesota       1.31270776  0.01987661 -0.26562485
Mississippi    -2.16891986 -0.96566944 -0.56424913
Missouri       -0.13784615 -0.14521628 -0.01862448
Montana         0.20001057  0.71723627 -1.26066375
Nebraska        1.09363589 -0.01259616 -0.55874617
Nevada         -0.23607199  1.68239174 -1.21160474
New Hampshire   0.79102720 -0.45599413 -1.08182696
New Jersey      0.62846302 -0.09428477  0.78418017
New Mexico     -1.08981151  0.13576901 -1.00042032
New York        0.06926820  0.24972760  2.60404562
North Carolina -1.30241027 -0.70622703  0.06555504
North Dakota    1.15460185 -0.04701968 -0.85584480
Ohio            0.45036934 -0.08483555  0.93592635
Oklahoma        0.05591135 -0.47551872 -0.18169871
Oregon          0.79400022  0.16029173  0.29522516
Pennsylvania    0.31131937 -0.25195185  0.95685363
Rhode Island    0.58982668 -0.96167784 -0.48475794
South Carolina -1.96779719 -0.88834272 -0.42030894
South Dakota    0.92192830 -0.36652971 -1.20822646
```

```
> biplot(factor_varimax)
```

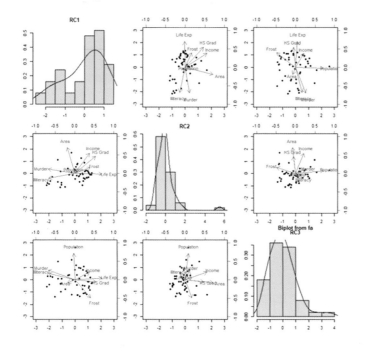

(3) principal( ) 함수에서 rotate="oblimin" 옵션의 지정으로 Oblimin 인자 회전 방법을 적용한 인자 분석 결과를 확인한다. $scores 항목으로 인자점수를 확인하며, biplot( )으로 3가지 주성분 사이의 관계를 확인한다.

```
> factor_oblimin <- principal(data, nfactor=3, rotate="oblimin")
> factor_oblimin
Principal Components Analysis
Call: principal(r = data, nfactors = 3, rotate = "oblimin")
Standardized loadings (pattern matrix) based upon correlation matrix
             TC1   TC2   TC3   h2   u2  com
Population -0.02 -0.02  0.90 0.81 0.19 1.0
Income      0.52  0.57  0.35 0.77 0.23 2.7
Illiteracy -0.87 -0.04  0.10 0.80 0.20 1.0
Life Exp    0.88 -0.18  0.16 0.76 0.24 1.2
Murder     -0.87  0.25  0.22 0.88 0.12 1.3
HS Grad     0.71  0.47  0.03 0.80 0.20 1.7
Frost       0.51  0.19 -0.55 0.66 0.34 2.2
Area       -0.20  0.93 -0.09 0.86 0.14 1.1

                       TC1  TC2  TC3
SS loadings           3.42 1.57 1.36
Proportion Var        0.43 0.20 0.17
Cumulative Var        0.43 0.62 0.79
Proportion Explained  0.54 0.25 0.21
Cumulative Proportion 0.54 0.79 1.00

 With component correlations of
      TC1   TC2   TC3
TC1  1.00  0.11 -0.11
TC2  0.11  1.00  0.10
TC3 -0.11  0.10  1.00

Mean item complexity = 1.5
Test of the hypothesis that 3 components are sufficient.

The root mean square of the residuals (RMSR) is  0.08
 with the empirical chi square  20.21  with prob <  0.0051

Fit based upon off diagonal values = 0.96>
> factor_oblimin$values
[1] 3.5988956 1.6319192 1.1119412 0.7075042 0.3846417 0.3074617 0.1444488 0.1131877
> factor_oblimin$rotation
[1] "oblimin"
```

```
> factor_oblimin$scores
                       TC1         TC2         TC3
Alabama        -1.989203449 -0.55729354  0.19432316
Alaska         -0.468373607  5.62981246 -0.63105592
Arizona        -0.492643171  0.41531171  0.40268594
Arkansas       -1.217983652 -1.07558078 -0.47201727
California      0.253217096  1.07678515  3.71399401
Colorado        0.948631230  0.83345683 -0.38825520
Connecticut     1.113564806 -0.20071625  0.12924188
Delaware        0.199422368 -0.18633404 -0.45027146
Florida        -0.413247173  0.03950602  1.60780815
Georgia        -1.776790377 -0.19305422  0.18088179
Hawaii          0.502289334 -0.45516241  0.99543528
Idaho           0.679009970 -0.02851840 -0.77913072
Illinois        0.035449835  0.48642057  1.20050487
Indiana         0.309312105 -0.23297177  0.04421753
Iowa            1.274954862 -0.17881577 -0.32900815
Kansas          1.017579835  0.12257935 -0.14439922
Kentucky       -1.102258448 -0.88027854 -0.41879173
Louisiana      -2.217404601 -0.69142950  0.19816478
Maine           0.431294749 -0.69095797 -1.44318402
Maryland        0.152119466  0.13734782  0.40335649
Massachusetts   0.815778818 -0.43384412  0.48649757
Michigan       -0.025584349  0.29750521  0.82264095
Minnesota       1.321754894 -0.04065822 -0.27722923
Mississippi    -2.209059827 -0.83090422 -0.65968801
Missouri       -0.155805977 -0.13705539 -0.03594598
Montana         0.464016039  0.74670723 -1.15701067
Nebraska        1.137849159 -0.05188968 -0.56927581
Nevada          0.183863453  1.73138234 -0.97506598
New Hampshire   0.835064338 -0.46129533 -1.14259760
New Jersey      0.504789284 -0.15299623  0.75677961
New Mexico     -0.923737867  0.22582943 -0.95977150
New York       -0.211234397  0.16007010  2.61309652
North Carolina -1.396048246 -0.63833881 -0.01208079
North Dakota    1.228480756 -0.07970413 -0.86906330
Ohio            0.313233086 -0.13915792  0.91068019
Oklahoma        0.001589278 -0.47158115 -0.24376009
Oregon          0.767194328  0.10841802  0.30378871
Pennsylvania    0.147933174 -0.29930653  0.91104964
Rhode Island    0.484656413 -0.97500194 -0.61525480
South Carolina -2.017366324 -0.76905952 -0.50933016
South Dakota    0.992972262 -0.37475498 -1.25768172
Tennessee      -1.115112909 -0.73434990 -0.01883868
Texas          -1.288078779  1.10561374  1.60289798
Utah            1.149046985  0.03966872 -0.69182896
Vermont         0.685793007 -0.62901882 -1.20349285
Virginia       -0.481209027 -0.10080192  0.36295874
Washington      0.829036764  0.14502066  0.69096552
West Virginia  -0.803480643 -1.05075999 -0.92343956
Wisconsin       1.012312290 -0.37715304 -0.20982348
Wyoming         0.512412843  0.81730966 -1.14467646
```

```
> biplot(factor_oblimin)
```

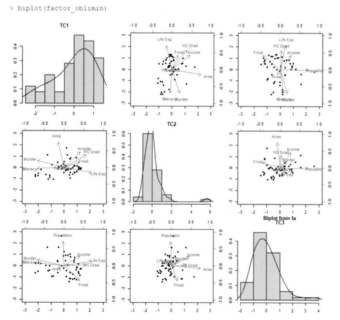

05 다차원 척도법을 위해 아래 데이터(data.csv)를 이용한다. data.csv는 (고객번호, 성별, 연령대, 직업, 주거지역, 쇼핑액, 이용만족도, 월별 쇼핑액, 쿠폰사용횟수, 쿠폰선호도, 품질, 가격, 서비스, 배송, 쇼핑만족도, 소득)에 대한 조사 결과이다.

(1) (성별, 쇼핑액, 이용만족도, 쿠폰사용횟수, 쿠폰선호도, 쇼핑만족도, 소득)에 대한 다차원 척도법을 수행하시오. 다차원 척도법 수행 시 성별을 대상으로 자료들의 근접성 시각화 그래프를 작성하시오.

(2) (직업, 주거지역, 쇼핑액, 가격, 쇼핑만족도, 소득)에 대한 다차원 척도법을 수행하시오. 다차원 척도법 수행 시 직업을 대상으로 자료들의 근접성 시각화 그래프를 작성하시오.

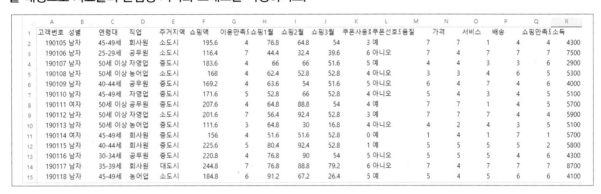

	A	B	C	D	E	F	G	H	I	J	K	L	M	N	O	P	Q	R
1	고객번호	성별	연령대	직업	주거지역	쇼핑액	이용만족되	쇼핑1월	쇼핑2월	쇼핑3월	쿠폰사용형	쿠폰선호되	품질	가격	서비스	배송	쇼핑만족되	소득
2	190105	남자	45-49세	회사원	소도시	195.6	4	76.8	64.8	54	3	예	7	7	1	4	4	4300
3	190106	남자	25-29세	공무원	소도시	116.4	7	44.4	32.4	39.6	6	아니오	7	4	7	7	7	7500
4	190107	남자	50세 이상	자영업	중도시	183.6	4	66	66	51.6	5	예	4	4	3	3	6	2900
5	190108	남자	50세 이상	농어업	소도시	168	4	62.4	52.8	52.8	4	아니오	3	3	4	6	5	5300
6	190109	남자	40-44세	공무원	중도시	169.2	4	63.6	54	51.6	6	아니오	6	4	7	4	6	4000
7	190110	남자	45-49세	자영업	중도시	171.6	5	52.8	66	52.8	4	아니오	5	4	3	4	5	5100
8	190111	여자	50세 이상	공무원	중도시	207.6	4	64.8	88.8	54	4	예	7	7	1	4	5	5700
9	190112	남자	50세 이상	자영업	소도시	201.6	7	56.4	92.4	52.8	3	예	7	7	7	4	4	5900
10	190113	남자	50세 이상	농어업	중도시	111.6	3	66	30	16.8	4	아니오	4	2	4	3	5	5100
11	190114	여자	45-49세	회사원	중도시	156	4	51.6	51.6	52.8	0	예	1	4	1	7	1	5700
12	190115	남자	40-44세	회사원	중도시	225.6	5	80.4	92.4	52.8	1	예	5	5	5	5	2	5800
13	190116	남자	30-34세	공무원	중도시	220.8	4	76.8	90	54	5	아니오	5	5	5	4	6	4300
14	190117	남자	35-39세	회사원	대도시	244.8	7	76.8	88.8	79.2	6	아니오	7	4	7	7	7	8700
15	190118	남자	45-49세	농어업	소도시	184.8	6	91.2	67.2	26.4	5	예	5	4	5	6	6	4100

(1) (성별, 쿠폰선호도) 항목을 숫자로 변경 후, 유클리드 거리를 산출(dist( ))하고, isoMDS( ) 함수를 이용하여 거리 행렬 자료를 이차원 자료로 변경한다. 이차원 자료로 변경된 data_MDS 데이터의 point 항목값(data_MDS$point)을 기준으로 그래프를 작성한다. 성별(남자=1, 여자=2)로 유사성과 비유사성을 그래프로 확인한다.

```
> setwd("C:/workr")
> data <- read.csv("data.csv", header=T, fileEncoding="EUC-KR")
> data <- subset(data, select=c(성별, 쇼핑액, 이용만족도, 쿠폰사용회수, 쿠폰선호도, 쇼핑만족도, 소득))
> data$성별 <- as.numeric(as.factor(data$성별))
> data$쿠폰선호도 <- as.numeric(as.factor(data$쿠폰선호도))
> head(data)
  성별 쇼핑액 이용만족도 쿠폰사용회수 쿠폰선호도 쇼핑만족도 소득
1    1 195.6         4            3          2          4 4300
2    1 116.4         7            6          1          7 7500
3    1 183.6         4            5          2          6 2900
4    1 168.0         4            4          1          5 5300
5    1 169.2         4            5          1          6 4000
6    1 171.6         5            4          1          5 5100
>
> data_matrix <- as.matrix(data)
> head(data_matrix)
  성별 쇼핑액 이용만족도 쿠폰사용회수 쿠폰선호도 쇼핑만족도 소득
1    1 195.6         4            3          2          4 4300
2    1 116.4         7            6          1          7 7500
3    1 183.6         4            5          2          6 2900
4    1 168.0         4            4          1          5 5300
5    1 169.2         4            5          1          6 4000
6    1 171.6         5            4          1          5 5100
>
> data_distance <- dist(data_matrix)
> head(data_distance)
[1] 3200.9843 1400.0543 1000.3823  301.1743  800.3624 1400.0525
> data_MDS <- isoMDS(data_distance)
initial  value 0.001940
final  value 0.001939
converged
> head(data_MDS$point)
          [,1]        [,2]
1    902.15993 -23.873675
2  -2297.61026  64.101290
3   2302.18767 -15.717525
4    -97.76046   6.469145
5   1202.23137   1.700217
6    102.22896   2.318638

> plot(data_MDS$point, type="n")
> text(data_MDS$point, labels=data$성별)
> abline(v=0, h=0, lty=2, lwd=1)
```

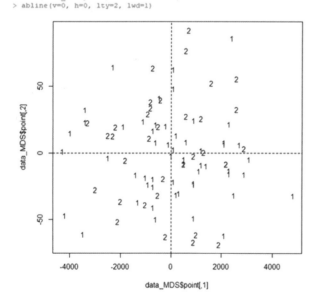

(2) (직업, 주거지역) 항목을 숫자로 변경 후, 유클리드 거리를 산출(dist( ))하고, isoMDS( ) 함수를 이용하여 거리 행렬 자료를 이차원 자료로 변경한다. 이차원 자료로 변경된 data_MDS 데이터의 point 항목값(data_MDS$point)을 기준으로 그래프를 작성한다. 직업별로 유사성과 비유사성을 그래프로 확인한다.

```
> setwd("C:/workr")
> data <- read.csv("data.csv", header=T, fileEncoding="EUC-KR")
> data <- subset(data, select=c(직업, 주거지역, 쇼핑액, 가격, 쇼핑만족도, 소득))
> data$직업 <- as.numeric(as.factor(data$직업))
> data$주거지역 <- as.numeric(as.factor(data$주거지역))
> head(data)
  직업 주거지역 쇼핑액 가격 쇼핑만족도 소득
1    5        2  195.6    7          4 4300
2    1        2  116.4    4          7 7500
3    3        3  183.6    4          6 2900
4    2        2  168.0    3          5 5300
5    1        3  169.2    4          6 4000
6    3        3  171.6    4          5 5100
> data_matrix <- as.matrix(data)
> data_disance <- dist(data_matrix)
> head(data_distance)
[1] 3200.9843 1400.0543 1000.3823  301.1743  800.3624 1400.0525
> data_MDS <- isoMDS(data_distance)
initial  value 0.001940
final  value 0.001939
converged
> head(data_MDS$point)
        [,1]        [,2]
1   902.15993 -23.873675
2 -2297.61026  64.101290
3  2302.18767 -15.717525
4   -97.76046   6.469145
5  1202.23137   1.700217
6   102.22896   2.318638

> plot(data_MDS$point, type="n")
> text(data_MDS$point, labels=data$직업)
> abline(v=0, h=0, lty=2, lwd=1)
```

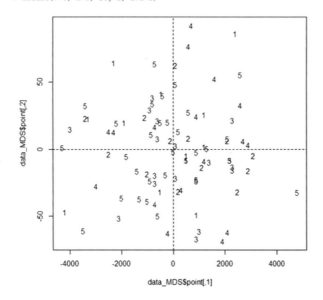

06 iris는 붓꽃의 생육 데이터(150개 데이터=품종별 50개×3개 품종)이다. 꽃잎의 길이(Petal.Length)와 너비(Petal.Width) 그리고 꽃받침의 길이(Sepal.Length)와 너비(Sepal.Width)에 따라 붓꽃의 3가지 품종(setosa, versicolor, virginica)을 구분한다.

(1) (Sepal.Length, Petal.Length, Species)에 대한 다차원 척도법을 수행하시오. data1에 대한 다차원 척도법 수행 시 붓꽃의 3가지 품종(setosa, versicolor, virginica)을 대상으로 자료들의 근접성 시각화 그래프를 작성하시오.

(2) (Sepal.Width, Petal.Width, Species)에 대한 다차원 척도법을 수행하시오. data2에 대한 다차원 척도법 수행 시 붓꽃의 3가지 품종(setosa, versicolor, virginica)을 대상으로 자료들의 근접성 시각화 그래프를 작성하시오.

```
> head(iris)
  Sepal.Length Sepal.Width Petal.Length Petal.Width Species
1          5.1         3.5          1.4         0.2  setosa
2          4.9         3.0          1.4         0.2  setosa
3          4.7         3.2          1.3         0.2  setosa
4          4.6         3.1          1.5         0.2  setosa
5          5.0         3.6          1.4         0.2  setosa
6          5.4         3.9          1.7         0.4  setosa
```

```
> data1 <- subset(iris, select=c(Sepal.Length, Petal.Length, Species))
> head(data1)
  Sepal.Length Petal.Length Species
1          5.1          1.4  setosa
2          4.9          1.4  setosa
3          4.7          1.3  setosa
4          4.6          1.5  setosa
5          5.0          1.4  setosa
6          5.4          1.7  setosa
>
> data2 <- subset(iris, select=c(Sepal.Width, Petal.Width, Species))
> head(data2)
  Sepal.Width Petal.Width Species
1         3.5         0.2  setosa
2         3.0         0.2  setosa
3         3.2         0.2  setosa
4         3.1         0.2  setosa
5         3.6         0.2  setosa
6         3.9         0.4  setosa
```

(1) 붓꽃 품종(Species) 항목을 숫자로 변경 후, 유클리드 거리를 산출(dist( ))하고, isoMDS( ) 함수를 이용하여 거리 행렬 자료를 이차원 자료로 변경한다. 이차원 자료로 변경된 data_MDS 데이터의 point 항목값(data_MDS$point)을 기준으로 그래프를 작성한다. 품종별로 유사성과 비유사성(Sepal.Length와 Petal.Length 항목 사이의 관계)을 그래프로 확인한다.

```
> data1 <- subset(iris, select=c(Sepal.Length, Petal.Length, Species))
> data1$Species <- as.numeric(as.factor(data1$Species))
> data_matrix <- as.matrix(data1)
> data_distance <- dist(data_matrix)
> data_MDS <- isoMDS(data_distance)
isoMDS(data_distance)에서 다음과 같은 에러가 발생했습니다:
  1와 18 객체를 사이의 거리가 0 또는 음수입니다
> head(data_MDS$point)
          [,1]       [,2]
1    902.15993 -23.873675
2  -2297.61026  64.101290
3   2302.18767 -15.717525
4    -97.76046   6.469145
5   1202.23137   1.700217
6    102.22896   2.318638
>
> plot(data_MDS$point, type="n")
> text(data_MDS$point, labels=data1$Species)
> abline(v=0, h=0, lty=2,lwd=1)
```

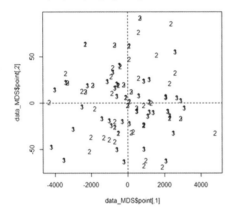

(2) 붓꽃 품종(Species) 항목을 숫자로 변경 후, 유클리드 거리를 산출(dist( ))하고, isoMDS( ) 함수를 이용하여 거리 행렬 자료를 이차원 자료로 변경한다. 이차원 자료로 변경된 data_MDS 데이터의 point 항목값(data_MDS$point)을 기준으로 그래프를 작성한다. 품종별로 유사성과 비유사성(Sepal.Width와 Petal.Width 항목 사이의 관계)을 그래프로 확인한다.

```
> data2 <- subset(iris, select=c(Sepal.Width, Petal.Width, Species))
> data2$Species <- as.numeric(as.factor(data2$Species))
> data_matrix <- as.matrix(data2)
> data_distance <- dist(data_matrix)
> data_MDS <- isoMDS(data_distance)
isoMDS(data_distance)에서 다음과 같은 에러가 발생했습니다:
  8와 12 객체를 사이의 거리가 0 또는 음수입니다
> head(data_MDS$point)
          [,1]       [,2]
1    902.15993 -23.873675
2  -2297.61026  64.101290
3   2302.18767 -15.717525
4    -97.76046   6.469145
5   1202.23137   1.700217
6    102.22896   2.318638
```

```
> plot(data_MDS$point, type="n")
> text(data_MDS$point, labels=data2$Species)
> abline(v=0, h=0, lty=2,lwd=1)
```

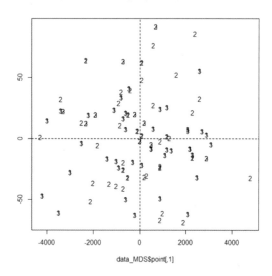

07 30쌍의 부부를 대상으로 상대편에 대한 선호도(정성적 평가 항목 5가지 측정)를 5점 척도(1점 : 전혀아니다~5점 : 매우 그렇다)로 조사한 자료는 다음(relation.csv)과 같다. (남편(X), 부인(Y))그룹 사이 조사결과에 대한 정준 상관 분석을 수행하시오.

(1) 남편그룹(X), 부인그룹(Y)을 구분하여 데이터를 저장하고, ggpairs( ) 함수를 이용한 시각화(변수들 사이 산점도) 결과를 나타내시오.

(2) matcor( ) 함수를 이용하여 두 변수군 객체(X, Y)의 상관계수 행렬을 구하시오.

(3) cc( ) 함수를 이용한 정준 상관 분석 수행 결과를 출력하시오. 4개의 정준상관계수 값을 구하시오.

(4) 각 실험 데이터(케이스)별로 정준상관점수 결과를 구하시오.

(5) plot( ) 함수를 이용하여 제1정준상관계수에 대한 산점도를 출력하시오.

	A	B	C	D	E	F	G	H
1	X1	X2	X3	X4	Y1	Y2	Y3	Y4
2	2	3	5	5	4	4	5	5
3	5	5	4	4	4	5	5	5
4	4	5	5	5	4	4	5	5
5	4	3	4	4	4	5	5	5
6	3	3	5	5	4	4	5	5
7	3	3	4	5	3	3	4	4
8	3	4	4	4	4	3	5	4
9	4	4	5	5	3	4	5	5
10	4	5	5	4	4	4	5	4
11	4	4	3	3	3	4	4	4
12	4	4	5	5	4	5	5	5
13	5	5	4	4	5	5	5	5
14	4	4	4	4	4	4	5	5
15	4	3	5	5	4	4	4	4

```
> data <- read.csv("relation.csv", header=T)
> data
   X1 X2 X3 X4 Y1 Y2 Y3 Y4
1   2  3  5  5  4  4  5  5
2   5  5  4  4  4  5  5  5
3   4  5  5  5  4  4  5  5
4   4  3  4  4  4  5  5  5
5   3  3  5  5  4  4  5  5
6   3  3  4  5  3  3  4  4
7   3  4  4  4  4  3  5  4
8   4  4  5  5  3  4  5  5
9   4  5  5  4  4  4  5  4
10  4  4  3  3  3  4  4  4
11  4  4  5  5  4  5  5  5
12  5  5  4  4  5  5  5  5
13  4  4  4  4  4  4  5  5
14  4  3  5  5  4  4  4  4
15  4  4  5  5  4  4  5  5
16  3  3  4  5  3  4  4  4
17  4  5  4  5  5  5  5  5
18  5  5  5  5  4  5  4  4
19  5  5  4  4  3  4  4  4
20  4  4  4  5  3  4  4  4
21  4  4  4  5  3  4  4  4
22  4  4  4  4  4  5  4  4
23  3  4  5  5  2  5  5  5
24  5  3  5  5  3  4  5  5
25  5  5  3  3  4  3  5  5
26  3  3  4  4  4  4  4  4
27  4  4  4  4  4  5  5  5
28  3  3  5  5  3  4  4  4
29  4  4  3  3  4  4  5  4
30  4  4  5  5  4  4  5  5
> summary(data)
       X1              X2              X3              X4             Y1              Y2
 Min.   :2.00    Min.   :3.000   Min.   :3.000   Min.   :3.0    Min.   :2.000   Min.   :3.00
 1st Qu.:3.25    1st Qu.:3.000   1st Qu.:4.000   1st Qu.:4.0    1st Qu.:3.250   1st Qu.:4.00
 Median :4.00    Median :4.000   Median :4.000   Median :4.5    Median :4.000   Median :4.00
 Mean   :3.90    Mean   :3.967   Mean   :4.333   Mean   :4.4    Mean   :3.833   Mean   :4.10
 3rd Qu.:4.00    3rd Qu.:4.750   3rd Qu.:5.000   3rd Qu.:5.0    3rd Qu.:4.000   3rd Qu.:4.75
 Max.   :5.00    Max.   :5.000   Max.   :5.000   Max.   :5.0    Max.   :5.000   Max.   :5.00
       Y3              Y4
 Min.   :4.000   Min.   :4.000
 1st Qu.:4.000   1st Qu.:4.000
 Median :5.000   Median :5.000
 Mean   :4.633   Mean   :4.533
 3rd Qu.:5.000   3rd Qu.:5.000
 Max.   :5.000   Max.   :5.000
```

(1) 남편그룹(X), 부인그룹(Y) 데이터를 분류하고 ggpairs( ) 명령어로 변수들 사이의 관계를 시각적으로 나타낸다. 남편그룹(X)에 대해서는 (X1, X2), (X3, X4) 항목 사이, 부인그룹(Y)에서는 (Y3, Y4) 항목 사이 상호 관계가 높음을 알 수 있다.

```
> xdata <- data[,c(1:4)]
> head(xdata)
  X1 X2 X3 X4
1  2  3  5  5
2  5  5  4  4
3  4  5  5  5
4  4  3  4  4
5  3  3  5  5
6  3  3  4  5
> ydata <- data[,c(5:8)]
> head(ydata)
  Y1 Y2 Y3 Y4
1  4  4  5  5
2  4  5  5  5
3  4  4  5  5
4  4  5  5  5
5  4  4  5  5
6  3  3  4  4
```

```
> ggpairs(xdata)
```

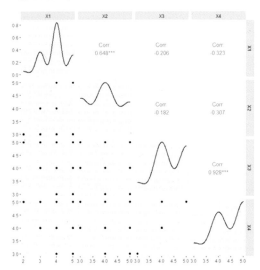

```
> ggpairs(ydata)
```

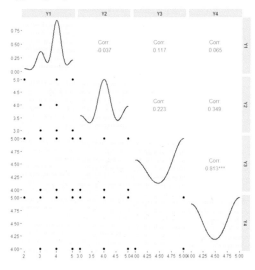

(2) matcor( ) 함수로 두 변수 그룹 객체(xdata, ydata) 사이의 상관계수 행렬을 구한다.

```
> matcor(xdata, ydata)
$Xcor
           X1          X2          X3          X4
X1  1.0000000   0.6475451  -0.2062680  -0.3232928
X2  0.6475451   1.0000000  -0.1819028  -0.3073779
X3 -0.2062680  -0.1819028   1.0000000   0.9280323
X4 -0.3232928  -0.3073779   0.9280323   1.0000000

$Ycor
            Y1           Y2          Y3          Y4
Y1  1.00000000  -0.03727643  0.1174358  0.06482037
Y2 -0.03727643   1.00000000  0.2232569  0.34915131
Y3  0.11743578   0.22325691  1.0000000  0.81342125
Y4  0.06482037   0.34915131  0.8134213  1.00000000

$XYcor
            X1          X2          X3           X4           Y1          Y2          Y3          Y4
X1  1.00000000   0.6475451  -0.2062680  -0.32329280   0.22754954  0.22659684  0.08343951  0.14328422
X2  0.64754507   1.0000000  -0.1819028  -0.30737787   0.31175587  0.21118427  0.24221167  0.13623068
X3 -0.20626800  -0.1819028   1.0000000   0.92803234  -0.17418541  0.23653108  0.17742102  0.27420425
X4 -0.32329280  -0.3073779   0.9280323   1.00000000  -0.29250897  0.13902205  0.04171195  0.16116459
Y1  0.22754954   0.3117559  -0.1741854  -0.29250897   1.00000000 -0.03727643  0.11743578  0.06482037
Y2  0.22659684   0.2111843   0.2365311   0.13902205  -0.03727643  1.00000000  0.22325691  0.34915131
Y3  0.08343951   0.2422117   0.1774210   0.04171195   0.11743578  0.22325691  1.00000000  0.81342125
Y4  0.14328422   0.1362307   0.2742042   0.16116459   0.06482037  0.34915131  0.81342125  1.00000000
```

(3) cc( ) 함수를 이용하여 정준 상관 분석을 수행하고, $cor 항목의 결과로 4개의 정준상관계수 값을 구한다.

```
> result <- cc(xdata, ydata)
> result$cor
[1] 0.57171745 0.41849872 0.23434620 0.08951739
> result$names
$Xnames
[1] "X1" "X2" "X3" "X4"

$Ynames
[1] "Y1" "Y2" "Y3" "Y4"

$ind.names
 [1] "1"  "2"  "3"  "4"  "5"  "6"  "7"  "8"  "9"  "10" "11" "12" "13" "14" "15" "16" "17" "18" "19"
[20] "20" "21" "22" "23" "24" "25" "26" "27" "28" "29" "30"

> result$xcoef
          [,1]       [,2]       [,3]       [,4]
X1  0.2557598 -1.0603068 -1.3868216  0.1022908
X2 -0.8644017  0.5675475  0.7840453  1.1847443
X3 -2.7751753 -0.9286730  0.6080398 -3.0574370
X4  2.6790244 -0.4355155  0.1317456  3.4125871
> result$ycoef
          [,1]       [,2]       [,3]       [,4]
Y1 -0.8486164  0.4447808 -1.0536680 -0.2430588
Y2 -0.7000489 -0.6275586 -0.1220296  1.3197047
Y3 -1.7437834  1.7142362  2.5059221  0.5815438
Y4  0.8205495 -2.3807870 -1.3532251 -2.1025247
```

(4) $xcoef, $ycoef 계수를 이용하여 정준상관점수를 구하면 다음과 같다.

```
> result$scores
$xscores
              [,1]        [,2]       [,3]        [,4]
 [1,]  0.10694255  0.58552898  2.3614578 -1.33034437
 [2,] -0.75843069 -0.09610781 -0.9707017  0.99086646
 [3,] -1.11034135 -0.39998951  1.1559052  1.24372578
 [4,]  0.71461297 -0.17089610 -1.1519708 -1.48091292
 [5,]  0.36270230 -0.47477780  0.9746362 -1.22805360
 [6,]  3.13787764  0.45389516  0.3665964  1.82938338
 [7,] -0.40554850  1.45695822  1.0188961 -0.39845939
 [8,] -0.24593965 -0.96753705  0.3718599  0.05898148
 [9,] -1.11034135 -0.39998951  1.1559052  1.24372578
[10,] -0.05363784  1.76083992 -1.1077109 -0.65131871
[11,] -0.24593965 -0.96753705  0.3718599  0.05898148
[12,] -0.75843069 -0.09610781 -0.9707017  0.99086646
[13,] -0.14978874  0.39665144 -0.3679255 -0.29616862
[14,]  0.61846206 -1.53508459 -0.4121854 -1.12576282
[15,] -0.24593965 -0.96753705  0.3718599  0.05898148
[16,]  3.13787764  0.45389516  0.3665964  1.82938338
[17,] -1.01419045  0.96419897  0.4161199  0.88857569
[18,] -0.85458159 -1.46029629 -0.2309164  1.34601656
[19,] -0.75843069 -0.09610781 -0.9707017  0.99086646
[20,] -0.14978874  0.39665144 -0.3679255 -0.29616862
[21,] -0.14978874  0.39665144 -0.3679255 -0.29616862
[22,] -0.14978874  0.39665144 -0.3679255 -0.29616862
[23,] -0.50169940  0.09276973  1.7586815 -0.04330929
[24,]  0.87422182 -2.59539137 -1.7990070 -1.02347205
[25,] -0.66227979  1.26808068 -1.7104871  0.63571637
[26,]  0.45885321  0.88941068  0.2348508 -1.58320369
[27,] -0.14978874  0.39665144 -0.3679255 -0.29616862
[28,]  0.36270230 -0.47477780  0.9746362 -1.22805360
[29,] -0.05363784  1.76083992 -1.1077109 -0.65131871
[30,] -0.24593965 -0.96753705  0.3718599  0.05898148
```

```
$yscores
              [,1]        [,2]          [,3]        [,4]
 [1,] -0.3278953 -0.3455946  0.123924657 -0.9404258
 [2,] -1.0279442 -0.9731532  0.001895096  0.3792790
 [3,] -0.3278953 -0.3455946  0.123924657 -0.9404258
 [4,] -1.0279442 -0.9731532  0.001895096  0.3792790
 [5,] -0.3278953 -0.3455946  0.123924657 -0.9404258
 [6,]  2.1440038  0.5037338  0.146925246 -0.4960907
 [7,] -0.4483960  2.6627509  1.599179346 -0.1576058
 [8,]  0.5207211 -0.7903755  1.177592609 -0.6973669
 [9,] -1.1484448  2.0351923  1.477149785  1.1620989
[10,]  1.4439550 -0.1238247  0.024895685  0.8236140
[11,] -1.0279442 -0.9731532  0.001895096  0.3792790
[12,] -1.8765606 -0.5283724 -1.051772856  0.1362202
[13,] -0.3278953 -0.3455946  0.123924657 -0.9404258
[14,]  0.5953386  0.3209561 -1.028772267  0.5805552
[15,] -0.3278953 -0.3455946  0.123924657 -0.9404258
[16,]  1.4439550 -0.1238247  0.024895685  0.8236140
[17,] -1.8765606 -0.5283724 -1.051772856  0.1362202
[18,] -0.1047103 -0.3066025 -1.150801828  1.9002599
[19,]  1.4439550 -0.1238247  0.024895685  0.8236140
[20,]  0.4467711  1.3932955 -1.960410658 -0.9822084
[21,]  0.4467711  1.3932955 -1.960410658 -0.9822084
[22,] -0.1047103 -0.3066025 -1.150801828  1.9002599
[23,]  0.6692886 -1.8627149  2.109230999  0.8653966
[24,]  0.5207211 -0.7903755  1.177592609 -0.6973669
[25,]  0.3721536  0.2819639  0.245954218 -2.2601305
[26,]  0.5953386  0.3209561 -1.028772267  0.5805552
[27,] -0.3278953 -0.3455946  0.123924657 -0.9404258
[28,]  1.4439550 -0.1238247  0.024895685  0.8236140
[29,] -1.1484448  2.0351923  1.477149785  1.1620989
[30,] -0.3278953 -0.3455946  0.123924657 -0.9404258
```

```
$corr.X.xscores
           [,1]        [,2]       [,3]        [,4]
X1 -0.44007190 -0.3019229 -0.7756835  0.33688933
X2  0.75743450  0.1150437 -0.1821847  0.61633325
X3 -0.07649693 -0.7994346  0.5923247 -0.06483796
X4  0.24582427 -0.7367198  0.6177094  0.12348848
```

```
$corr.Y.xscores
          [,1]       [,2]         [,3]        [,4]
Y1 -0.3711807  0.14510015 -0.148505670 -0.02131562
Y2 -0.2781971 -0.27666729 -0.004413976  0.05109715
Y3 -0.3939650 -0.08313928  0.132449134 -0.03649999
Y4 -0.2738844 -0.27179870  0.055420777 -0.04843692
```

```
$corr.X.yscores
           [,1]        [,2]        [,3]         [,4]
X1 -0.25159679 -0.12635434 -0.18177848  0.030157455
X2 -0.43303852  0.04814563 -0.04269429  0.055172547
X3 -0.04373463 -0.33456235  0.13880905 -0.005804126
X4  0.14054202 -0.30831631  0.14475785  0.011054367
```

(5) plot( )으로 제1정준변수(제1정준상관계수 이용)들에 대한 산점도를 나타내면 다음과 같다. 여기서 alpha＝$scores $xscores[,1]이고 beta＝$scores$yscores[,1]이다. 따라서 X그룹과 Y그룹 사이에는 다소 선형적 관계가 있음을 알 수 있다.

```
> alpha <- result$scores$xscores[,1]
> alpha
 [1]  0.10694255 -0.75843069 -1.11034135  0.71461297  0.36270230  3.13787764 -0.40554850 -0.24593965
 [9] -1.11034135 -0.05363784 -0.24593965 -0.75843069 -0.14978874  0.61846206 -0.24593965  3.13787764
[17] -1.01419045 -0.85458159 -0.75843069 -0.14978874 -0.14978874 -0.14978874 -0.50169940  0.87422182
[25] -0.66227979  0.45885321 -0.14978874  0.36270230 -0.05363784 -0.24593965
> beta <- result$scores$yscores[,1]
> beta
 [1] -0.3278953 -1.0279442 -0.3278953 -1.0279442 -0.3278953  2.1440038 -0.4483960  0.5207211
 [9] -1.1484448  1.4439550 -1.0279442 -1.8765606 -0.3278953  0.5953386 -0.3278953  1.4439550
[17] -1.8765606 -0.1047103  1.4439550  0.4467711  0.4467711 -0.1047103  0.6692886  0.5207211
[25]  0.3721536  0.5953386 -0.3278953  1.4439550 -1.1484448 -0.3278953
> cor(alpha, beta)
[1] 0.5717174
```

```
> plot(alpha, beta, xlab="X(1) canonical variates", ylab="Y(1) canonical variates", pch=19)
```

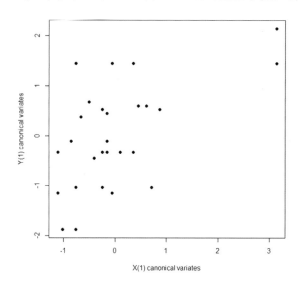

08 붓꽃 생육 데이터를 이용하여 판별 분석을 수행한다. 네 가지 변수(Sepal.Length, Sepal.Width, Petal.Length, Petal.Width)를 이용하여 Species=(setosa, versicolor)의 2가지 그룹을 판별하시오.

(1) lda( ) 함수로 나머지 네가지 변수를 모두 이용한 판별 분석모형을 구축하고 결과를 출력하시오.

(2) predict( ) 함수를 이용하여 각각의 케이스에 대한 사후확률값과 판별점수를 출력하시오.

(3) 분류표를 작성하고, 정확도 및 오류율을 구하시오.

(4) greedy.wilks( ) 함수를 이용하여 주요(유의한) 판별변수를 선택(유의확률=1%)하시오.

(5) 선택된 판별변수를 이용하여 판별 분석모형을 다시 구축하고 성능 분석 결과(정확도 및 오류율)를 나타내시오. 네 가지 변수를 모두 고려하였을 때와 성능을 비교하시오.

```
> data <- subset(iris, Species==c("setosa", "versicolor"))
> dim(data)
[1] 50  5
> head(data)
   Sepal.Length Sepal.Width Petal.Length Petal.Width Species
1           5.1         3.5          1.4         0.2  setosa
3           4.7         3.2          1.3         0.2  setosa
5           5.0         3.6          1.4         0.2  setosa
7           4.6         3.4          1.4         0.3  setosa
9           4.4         2.9          1.4         0.2  setosa
11          5.4         3.7          1.5         0.2  setosa
> str(data)
'data.frame':   50 obs. of  5 variables:
 $ Sepal.Length: num  5.1 4.7 5 4.6 4.4 5.4 4.8 5.8 5.4 5.7 ...
 $ Sepal.Width : num  3.5 3.2 3.6 3.4 2.9 3.7 3 4 3.9 3.8 ...
 $ Petal.Length: num  1.4 1.3 1.4 1.4 1.4 1.5 1.4 1.2 1.3 1.7 ...
 $ Petal.Width : num  0.2 0.2 0.2 0.3 0.2 0.2 0.1 0.2 0.4 0.3 ...
 $ Species     : Factor w/ 3 levels "setosa","versicolor",..: 1 1 1 1 1 1 1 1 1 1 ..
> summary(data)
  Sepal.Length    Sepal.Width     Petal.Length    Petal.Width          Species
 Min.   :4.400   Min.   :2.300   Min.   :1.000   Min.   :0.100   setosa    :25
 1st Qu.:5.000   1st Qu.:2.800   1st Qu.:1.400   1st Qu.:0.200   versicolor:25
 Median :5.450   Median :3.050   Median :2.600   Median :0.700   virginica : 0
 Mean   :5.452   Mean   :3.122   Mean   :2.834   Mean   :0.764
 3rd Qu.:5.875   3rd Qu.:3.475   3rd Qu.:4.200   3rd Qu.:1.300
 Max.   :6.700   Max.   :4.100   Max.   :5.100   Max.   :1.700
> describe(data)
             vars  n mean   sd median trimmed  mad min max range skew kurtosis   se
Sepal.Length    1 50 5.45 0.61   5.45    5.44 0.67 4.4 6.7   2.3 0.18    -0.82 0.09
Sepal.Width     2 50 3.12 0.48   3.05    3.12 0.52 2.3 4.1   1.8 0.09    -0.89 0.07
Petal.Length    3 50 2.83 1.44   2.60    2.79 1.93 1.0 5.1   4.1 0.11    -1.82 0.20
Petal.Width     4 50 0.76 0.56   0.70    0.74 0.74 0.1 1.7   1.6 0.15    -1.77 0.08
Species*        5 50 1.50 0.51   1.50    1.50 0.74 1.0 2.0   1.0 0.00    -2.04 0.07
```

📖 정답 및 해설

(1) lda( ) 함수를 이용하여 (setosa, versicolor) 품종을 구분(LD1 선형 판별함수)하기 위한 판별 분석모형을 구축한다.

```
> result <- lda(Species~., data=data)
경고메시지(들) :
lda.default(x, grouping, ...)에서: group virginica is empty
> result
Call:
lda(Species ~ ., data = data)

Prior probabilities of groups:
    setosa versicolor
       0.5        0.5

Group means:
           Sepal.Length Sepal.Width Petal.Length Petal.Width
setosa            5.024       3.480        1.456       0.228
versicolor        5.880       2.764        4.212       1.300

Coefficients of linear discriminants:
                     LD1
Sepal.Length   0.2229541
Sepal.Width   -2.5214307
Petal.Length   1.5629371
Petal.Width    3.8769049
```

(2) 판별함수를 이용하여 주어진 데이터를 분류하기 위해 predict( ) 명령어를 사용한다. 분류모형에 대한 결과(class, posterior, x)는 names( )로 확인한다. $posterior 항목으로 세 가지 유형별 사후확률을 구하며, 각각의 케이스에 대해 사후확률값이 가장 큰 유형으로 분류되었다. 분류모형에 대한 $x는 각 케이스의 판별점수(LD1)이다.

```
> predict <- predict(result, newdata=data)
> names(predict)
[1] "class"      "posterior" "x"
> head(predict$class)
[1] setosa setosa setosa setosa setosa setosa
Levels: setosa versicolor virginica
> head(predict$posterior)
    setosa    versicolor
1        1 1.585539e-25
3        1 3.320692e-23
5        1 8.984972e-27
7        1 3.983655e-23
9        1 2.309480e-19
11       1 8.379691e-27
> head(predict$x)
         LD1
1  -5.459407
3  -4.948453
5  -5.733845
7  -4.931050
9  -4.102616
11 -5.740513
```

(3) 분석모형의 성능을 평가하기 위해 table( )로 분류표(cross_table)를 작성한다. 분류표에서 전체 중 대각선의 합의 비율이 정분류율(accuracy)이며 정확도＝100%, 오류율은 0%이다.

```
> cross_table <- table(data$Species, predict$class)
> cross_table

             setosa versicolor virginica
  setosa         25          0         0
  versicolor      0         25         0
  virginica       0          0         0
>
> accuracy <- sum(diag(cross_table)) / sum(cross_table) * 100
> accuracy
[1] 100
>
> error <- 100 - accuracy
> error
[1] 0
```

(4) 판별변수를 선택하기 위하여 "klaR" 패키지를 이용한다. greedy.wilks( ) 함수(유의확률 1%, niveau＝0.01)로 판별변수 선택 결과를 나타내면 다음과 같다. 분류 결과에 많은 영향을 미치는 유의한 판별변수는 (Petal.Length, Sepal.Width, Petal.Width)이다.

```
> main_forward <- greedy.wilks(Species~., data=data, niveau=0.01)
> main_forward
Formula containing included variables:

Species ~ Petal.Length + Sepal.Width + Petal.Width
<environment: 0x000001b0808d46f0>


Values calculated in each step of the selection procedure:

          vars Wilks.lambda F.statistics.overall p.value.overall F.statistics.diff p.value.diff
1 Petal.Length   0.06137286             734.1046     9.631145e-31         734.10464 9.631145e-31
2  Sepal.Width   0.04017658             561.4179     1.560861e-33          24.79617 8.642157e-06
3  Petal.Width   0.03404101             435.1038     9.314329e-34           8.29107 5.980720e-03
```

(5) 세 가지 변수로 구축된 판별 분석모형의 성능은 다음과 같다. 4가지의 모든 변수를 고려할 때의 경우와 동일한 성능(정확도 ＝100%)을 보인다.

```
> names(main_forward)
[1] "results" "formula"
>
> result_main <- lda(main_forward$formula, data=data)
경고메시지(들):
lda.default(x, grouping, ...)에서: group virginica is empty
> result_main
Call:
lda(main_forward$formula, data = data)

Prior probabilities of groups:
    setosa versicolor
       0.5        0.5

Group means:
           Petal.Length Sepal.Width Petal.Width
setosa            1.456       3.480       0.228
versicolor        4.212       2.764       1.300

Coefficients of linear discriminants:
                   LD1
Petal.Length  1.681830
Sepal.Width  -2.358156
Petal.Width   3.838688
>
> predict_main <- predict(result_main, newdata=data)
> cross_table_main <- table(data$Species, predict_main$class)
> cross_table_main

             setosa versicolor virginica
  setosa         25          0         0
  versicolor      0         25         0
  virginica       0          0         0
>
> accuracy <- sum(diag(cross_table_main)) / sum(cross_table_main) * 100
> accuracy
[1] 100
>
> error <- 100 - accuracy
> error
[1] 0
```

제3장

시계열 분석

1 시계열 분석의 이해

(1) 시계열 자료를 분석하기 위해 다음 패키지를 이용한다.

install.packages("forecast")	#시계열 자료 분석
library(forecast)	—

(2) 시계열 자료란 시간의 흐름에 따라 관측된 데이터이다. 시계열 분석(Time Series Analysis)을 위해 기본적으로 자료들은 정상성(Stationarity)을 만족해야 한다. 정상성이란 "평균이 일정하다", "분산이 시점에 의존하지 않는다", "공분산은 단지 시차에만 의존하고 시점 자체에는 의존하지 않는다"는 세 가지 특징을 가진다. 이 세 가지 정상성 조건 중 하나라도 만족하지 못하는 경우 비정상 시계열 자료라 하고 비정상성 자료의 경우 변수 변환 등을 통해 정상성 성질을 만족할 수 있도록 한다.

(3) 실제 대부분의 시계열 자료는 비정상성 시계열 데이터가 많으며, 이러한 비정상성 특징을 확인하기 위해 시계열 자료의 그림을 통해 이상점(Outlier)과 개입(Intervention)이 있는지 확인하고, 정상성 만족 여부와 개략적인 추세 유무를 관찰한다.

(4) 추세 유무 관찰 후, 만약 추세가 확인되는 경우 평균이 일정하지 않다면 차분(Difference, 현 시점 자료에서 이전 시점 자료를 빼는 것, 연이은 값의 차이 계산)을 통해, 분산이 일정하지 않다면 변수 변환(Transformation)을 통해 비정상 시계열을 가공하여 정상성 특징을 갖도록 한다.

(5) 시계열 자료는 추세, 계절성, 주기성, 자기상관, 백색잡음 등의 특성이 있으며, 자료의 특성 분석 후 정상성 시계열 자료로 변환하고 적합한 모형(정상성을 가진 시계열 모형의 경우 자기회귀, 이동평균, 자기회귀이동평균 모형 등 활용)을 사용하여 모형을 진단하고 예측한다.

〈시계열 자료의 특성〉

추세(Trend)	데이터의 값이 증가하거나 감소하는 형태가 존재할 때 추세가 있다고 한다.
계절성(Seasonality)	시계열에서 계절성의 패턴이 존재한다는 것은 해마다 어떤 특정한 때에 또는 매주일 특정 요일에 특정 패턴이 나타나는 것과 같이 계절성 요인이 시계열에 영향을 줄 때 계절성 패턴이 존재한다고 한다.
주기성(Cycle)	고정되지 못하고 증가하거나 감소하는 형태로 나타날 때 주기가 있다고 하고 주로 경제 상황에서 이런 형태가 나타난다. 계절성 자료와 비교하여 주기성 자료는 보통 주기적인 변화를 가지나 변화가 계절에 의한 것이 아니고, 주기가 긴 경우의 변동 자료에서의 패턴을 나타낼 때 사용된다.
자기상관(Auto-correlation)	시계열이 시차값 사이에 선형관계를 측정하는 것을 자기상관이라 한다. ACF(Auto-correlation Function, 자기상관함수) 값은 시계열들이 과거와 얼마나 강한 영향을 받고 있는지를 나타낸다.
백색잡음(White Noise)	자기상관이 없는 시계열을 백색잡음이라고 한다. 백색잡음 시계열의 경우 자기상관이 0에 가깝고 백색잡음에서는 시계열에 대해서 ACF의 뾰족한 막대의 95%가 $\pm2/\sqrt{T}$(T : 시계열 길이)에 들어갈 것을 기대한다.

시계열자료 특성분석 → 정상성 시계열로 변환

정상성 시계열 변환 → 비정상 시계열 → 정상성 시계열 : 평균 정상화 : 차분 / 비정상 시계열 → 정상성 시계열 : 분산 정상화 : 로그 → 차분

모형 식별과 추정

모형 생성 → 모형 생성 : 시계열 모형 생성의 대표적인 방법(현재 가장 많이 이용)

모형 진단 → – 정상성을 가진 시계열 모형 / 자기회귀모형(AR), 이동평균모형(MA), 자기회귀이동평균모형(ARIMA)

미래예측 → – 비정상성을 가진 시계열 모형(차수 적용) / 자기회귀누적이동평균모형(ARIMA)

[시계열 분석 절차]

[시계열 자료의 특성 및 분석 절차]

(6) 자료의 특성에 따라 다음과 같이 다양한 시계열 분석모형을 적용한다.

① 회귀모형(Regression Model)

㉠ 시계열 회귀모형은 시계열 y를 예측하는 데 다른 시계열 x와 선형관계에 있다는 가정을 기본으로 해서 만들어진 모형이다. 예를 들어 광고비용에 따라서 매출 변화를 예측하는 경우에서 사용될 수 있다. 이때 y를 목표예상변수라고 하고 이것은 일반적으로 종속변수 또는 반응변수라고 한다. 여기에서 x는 예측변수, 독립변수, 설명변수라고 한다.

㉡ 단순선형회귀 : 목표예상변수 y와 예측변수 x 사이에 선형관계를 이룬다는 가정 하에 제시된 모델이다. 이 경우 시계열 모델은 아래와 같다.

$$y_t = \beta_0 + \beta_1 x_t + \epsilon_t$$

여기에서 β_0 : 절편, β_1 : 기울기이다.

㉢ 다중선형회귀 : 목표예상변수 y와 두 개 이상의 독립변수 x를 가진 회귀모델을 다중선형회귀 모델이라 한다. 이 경우 모델은 아래와 같다.

$$y_t = \beta_0 + \beta_1 x_{1,t} + \beta_2 x_{2,t} + \cdots + \beta_k x_{k,t} + \epsilon_t$$

여기에서 $x_1, \cdots, x_k$: 예측변수

β_0 : 절편

$\beta_1, \cdots, \beta_k$: 회귀계수이다.

② 최소제곱 추정법(Least Square Model)

　㉠ 선형회귀모델로 제시된 회귀식의 회귀계수의 추정을 위해서 최소제곱 추정법을 이용한다.

　㉡ 최소제곱 추정법은 오차의 합을 최소화하여 계수를 효과적으로 선택하는 방법으로서 오차제곱합을 통해서 각각의 회귀계수에 대한 편미분을 통해서 회귀계수를 추정한다.

최소제곱 추정법

$$\sum_{t=1}^{T}\epsilon_t^2 = \sum_{t=1}^{T}(y_t - \beta_0 - \beta_1 x_{1,t} - \beta_2 x_{2,t} - \cdots - \beta_k x_{k,t})^2$$

③ 자기회귀 모형(AR ; Autoregressive Model)

　㉠ 자기회귀모형은 현 시점의 자료를 p 시점 전의 과거 자료로 설명할 수 있다. $AR(p)$모형이라고 한다.

　㉡ 자기회귀모형은 현시점이 시계열 자료에 몇 번째 과거의 자료까지가 영향을 주는지 알아내야 한다. 현시점에 시계열 자료에 과거 1시점 이전의 자료만 영향을 준다면 AR(1)모형이라 할 수 있으며 $Z_t = \phi Z_{t-1} + a_t$로 모형화할 수 있다.

　㉢ 자기회귀모형은 자기상관함수(ACF)와 부분자기상관함수(PACF ; Partial Autocorrelation Function)을 이용해서 모델을 식별한다.

AR모형

$$Z_t = \phi Z_{t-1} + \phi_2 Z_{t-2} + \cdots + \phi_p Z_{t-p} + a_t$$

Z_t : 현 시점의 시계열 자료

$Z_{t-1}, \cdots Z_{t-p}$: 과거 시계열 자료

ϕ_p : p 시점이 현재 시점에 영향을 주는 정도를 나타내는 모수

a_t : 백색잡음, 오차항

여기에서 백색잡음과정 a_t는 독립이고 같은 분포를 따르며 평균이 0이고 분산이 σ_a^2인 확률 변수이다.

④ 이동평균 모형 (MA ; Moving Average Model)

　㉠ 이동평균모형은 현 시점의 자료를 유한개의 백색잡음의 선형 결합으로 표현하고 항상 정상성을 만족하므로 정상성의 가정이 따로 필요 없는 모델이다.

　㉡ 1차 이동평균모형, MA(1)은 $Z_t = a_t - \theta_1 a_{t-1}$이다.

　㉢ 이동평균모형은 자기상관함수(ACF)와 부분자기상관함수(PACF)을 이용해서 모델을 식별한다.

MA모형

$$Z_t = a_t - \theta_1 a_{t-1} - \theta_2 a_{t-2} - \cdots - \theta_q a_{t-q}$$

Z_t : 현 시점의 시계열 자료

$MA(2)$모형은 아래와 같다.

$Z_t = a_t - \theta_1 a_{t-1} - \theta_2 a_{t-2}$

⑤ 자기회귀 누적이동평균 모형(ARIMA ; Auto-Regressive Integrated Moing Average)

 ㉠ ARIMA모형은 비정상 시계열 모형이기 때문에 차분이나 변환을 통해 AR모형이나 MA모형, ARIMA(Autoregressive Moving Average)모형을 정상화할 수 있으며 ARIMA(p, d, q)모형의 경우 p, d, q에 따라서 모형이 결정된다. 여기에서 d는 ARIMA모형에서 ARIMA모형으로 정상화할 때 몇 번 차분을 했는지의 의미이다. 그리고 p는 AR모형과 관련이 있으며, q는 MA모형과 관련이 있다.

 ㉡ ARIMA(p, d, q)에서 d는 ARIMA에서 ARIMA로 정상화할 때 몇 번 차분을 했는지를 의미하므로 $d=0$이라는 것은 ARMA(p, q)모형으로 정상성을 만족한다.

 ㉢ 정상성(Stationarity)이란 해당 시계열이 시간과 무관한 것으로 추세나 계절성의 경우는 정상성이라고 볼 수 없고, 백색잡음 시계열은 정상성을 나타낸다고 할 수 있다.

 ㉣ ARIMA 분석모형

 • 지수평활 분석 모델이 데이터의 추세와 계절성에 대한 것을 기초로 한다면 ARIMA 모델은 데이터에 나타나는 자기상관을 표현하는 것을 목적으로 사용하며 시계열에서 가장 많이 사용된다.

 • 후방이동기호 : 후방이동 연산자 B는 시계열 시차를 다룰 때 유용한 것으로 $By_t = y_{t-1}$로서, 즉 여기에서 B는 데이터를 한 시점 뒤로 옮기는 효과를 나타내고 B를 y_t에 두 번 적용하면 데이터를 뒤로 두 시점 옮기게 된다. 즉, $B(By_t) = B^2 y_t = y_{t-2}$로 나타난다.

 • 후방이동 연산자는 차분과 연계된다.
   - 1차 차분은 아래와 같다.

$$y_t' = y_t - y_{t-1} = y_t - By_t = (1-B)y_t$$

   - 2차 차분을 구하면 아래와 같다.

$$y_t'' = y_t - 2y_{t-1} + y_{t-2} = (1 - 2B + B^2)y_t = (1-B)^2 y_t$$

   - 위의 결과를 이용하면 m차 차분은 다음과 같다.

$$(1-B)^m y_t$$

 ㉤ 비계절성 ARIMA 모형

 • 자기회귀와 이동평균 모형을 결합하면 비계절성 ARIMA 모형이 된다.

 • ARIMA 모형식은 아래와 같다.

$$y_t' = \phi_1 y_{t-1}' + \phi_2 y_{t-2}' + \cdots + \phi_p y_{t-p}' + \theta_1 \epsilon_{t-1} + \cdots + \theta_q \epsilon_{t-q} + a_t$$

여기에서 y_t' : 차분을 구한 시계열이다.

a_t : 백색잡음

이 경우 $ARIMA(p, d, q)$ 모델이라고 한다.

여기에서 p : 자기회귀부분의 차수

d : 1차 차분이 포함된 정도

q : 이동 평균 부분의 차수

⑥ 지수평활법(Exponential Smoothing)
  ㉠ 지수평활법은 예측값을 과거 관측값의 가중평균을 통해서 구할 수 있는 방법으로 과거 시간이 오래될수록 지수적으로 감소하는 가중치를 적용하며 가장 최근의 관측값일수록 높은 가중치를 적용하는 모델로 비즈니스에 많이 활용된다.
  ㉡ 단순지수평활
    • 단순기법
      – 시계열 자료 중 추세나 계절성 패턴이 없는 경우에 사용하는 것으로 단순기법과 평균기법으로 나눈다.
      – 단순기법을 사용할 경우 모든 미래 예측값은 시계열의 마지막 관측값과 같은 경우로서 수식은 아래와 같다.

        단순기법
        $$\widehat{y_{T+h|T}} = y_T$$

      – 이것은 가장 최근 값이 가장 중요한 값이고 이전 관측값은 미래 예측에 정보를 제공하지 못한다는 가정에서 제시된 모델이다.
    • 평균기법
      – 모든 미래 예측치가 관측된 자료의 평균을 사용하는 것으로 수식은 아래와 같다.

        평균기법
        $$\widehat{y_{T+h|T}} = \frac{1}{T}\sum_{t=1}^{T} y_t$$

      – 평균기법을 사용하는 것은 관측된 값들이 미래를 예측하는 데 모두 중요하다고 생각하고 똑같은 가중치를 적용하는 경우이다.
    • 단순지수 평활법
      – 오래된 자료보다는 최근의 자료가 더 중요한 역할을 미친다는 가정 하에 가중치가 지수적으로 감소하는 형태로 예측치를 계산하는 방법으로 수식은 아래와 같다.

        단순지수 평활기법
        $$\widehat{y_{T+h|T}} = \alpha y_T + \alpha(1-\alpha)y_{T-1} + \alpha(1-\alpha)^2 y_{T-2+}\cdots$$
        여기에서 $0 \leq \alpha \leq 1$이다.
        이 경우 α은 평활매개변수이다.

      – 시간 $T+1$에 대한 한 단계 앞 예측치는 시계열 자료 $y_1\cdots$, y_T에서 모든 관측값을 가중 평균하여 얻게 되는 가중치가 감소하는 비율은 매개변수로 조절한다.

- 가중평균기법 : 시간 $T+1$의 예측이 y_T, $\widehat{y_{T|T-1}}$의 가중평균으로 예측값을 구하는 모델이다. 이 경우 수식은 아래와 같다.

가중평균기법

$$\widehat{y_{T+h|T}} = \alpha y_T + \alpha(1-\alpha)\widehat{y_{T|T-1}}$$

여기에서 $0 \leq \alpha \leq 1$이다

이 경우 α는 평활매개변수이다.

⑦ Box-Jenkins 모형

    ㉠ 시계열 분석에서 박스-젠킨스 방법에서는 자동회귀이동평균(ARMA) 또는 자동회귀누적이동평균(ARIMA) 모형을 적용하여 시계열 과거값에 대한 시계열 모형의 최적합을 찾는다.

    ㉡ 단기예측 방법으로서 변수에 관한 정보가 부족하거나 너무 많은 변수가 영향을 미치고 있는 경우에 과학적 예측치를 구한다.

    ㉢ 모형 선정, 매개변수 추정, 적합성 검정의 3단계를 반복적으로 수행함으로써 최적 모형에 이르게 하며, 최소의 가능한 모형으로부터 시작하여 부적절한 부분을 제거시켜 나가면서 시행착오의 과정을 최소화한다.

    ㉣ 즉, 시계열의 정상성(차분 분석)과 계절성을 먼저 확인하고 자기회귀 및 이동평균 항의 차수(매개변수 p, q)를 식별하며, 최종적으로 자기상관 및 부분 자기상관 분석을 통하여 적합성을 검증하게 된다.

(7) 시계열 분석은 경기 예측, 판매 예측, 주식시장 분석, 예산 및 투자 분석, 교통 수요 예측 등과 함께 다음과 같이 다양한 분야에 활용된다.

① **기존 사실에 대한 결과 규명** : 주별, 월별, 분기별, 연도별 분석을 통해 고객의 구매 패턴을 분석한다.

② **시계열 자료 특성 규명** : 시계열에 영향을 주는 일반적인 요소(추세, 계절, 순환, 불규칙 등)의 분해 및 분석을 한다.

③ **가까운 미래에 대한 시나리오 규명** : 시계열 자료분석을 통한 미래 데이터 예측, 예를 들어 탄소배출 억제를 성공했을 때와 실패했을 때 지구 온난화는 얼마나 심각해질 것인가를 분석한다.

④ **변수들 사이의 관계 규명** : 주요 변수들 사이의 관계 규명, 예를 들어 국가 경제와 주가지수 사이의 관계 규명, 경기 선행지수와 종합 주가지수 사이의 관계를 분석한다.

⑤ **변수 제어 결과 규명** : 주요 변수 제어 시 다른 변수에 미치는 영향 예측, 입력 변수의 제어(조작)를 통한 미래 예측 결과 통제, 예를 들어 판매 촉진에 영향을 미치는 주요 변숫값을 조작할 경우 판매에 미치는 영향을 분석한다.

2 시계열 분석모형

(1) 정상성 자료 변환 : AirPassengers는 1949년부터 1960년까지 12년 동안의 월별 항공기 탑승 승객 수를 나타내는 시계열 자료이다.

```
> AirPassengers
     Jan Feb Mar Apr May Jun Jul Aug Sep Oct Nov Dec
1949 112 118 132 129 121 135 148 148 136 119 104 118
1950 115 126 141 135 125 149 170 170 158 133 114 140
1951 145 150 178 163 172 178 199 199 184 162 146 166
1952 171 180 193 181 183 218 230 242 209 191 172 194
1953 196 196 236 235 229 243 264 272 237 211 180 201
1954 204 188 235 227 234 264 302 293 259 229 203 229
1955 242 233 267 269 270 315 364 347 312 274 237 278
1956 284 277 317 313 318 374 413 405 355 306 271 306
1957 315 301 356 348 355 422 465 467 404 347 305 336
1958 340 318 362 348 363 435 491 505 404 359 310 337
1959 360 342 406 396 420 472 548 559 463 407 362 405
1960 417 391 419 461 472 535 622 606 508 461 390 432
```

```
> data <- data.frame(AirPassengers)
> head(data)
  AirPassengers
1           112
2           118
3           132
4           129
5           121
6           135
>
> summary(data)
 AirPassengers
 Min.   :104.0
 1st Qu.:180.0
 Median :265.5
 Mean   :280.3
 3rd Qu.:360.5
 Max.   :622.0
```

① ts.plot( ) 함수로 월별 승객수에 대한 시계열 자료(data)를 확인(비정상성 자료)한다. AirPassengers 데이터에 대해 log( )함수와 diff( ) 차분 함수를 적용하여 정상성의 시계열 데이터(로그＋차분)를 확보한다.

```
> par(mfrow=c(1,2))
> ts.plot(data)
```

```
> datadiff <- diff(log(AirPassengers))
> plot(datadiff)
```

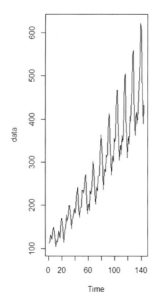
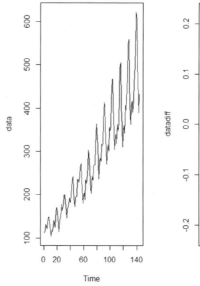
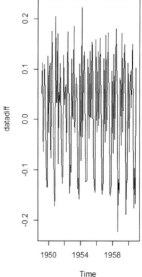

② datadiff 데이터는 승객 수의 로그함수 값의 차분값으로 정상성 성질을 가진다.

```
> datadiff
             Jan          Feb          Mar          Apr          May          Jun          Jul          Aug
1949                0.052185753  0.112117298 -0.022989518 -0.064021859  0.109484233  0.091937495  0.000000000
1950 -0.025752496  0.091349779  0.112477983 -0.043485112 -0.076961041  0.175632569  0.131852131  0.000000000
1951  0.035091320  0.033901552  0.171148256 -0.088033349  0.053744276  0.034289073  0.111521274  0.000000000
1952  0.029675768  0.051293294  0.069733338 -0.064193158  0.010989122  0.175008910  0.053584246  0.050858417
1953  0.010256500  0.000000000  0.185717146 -0.004246291 -0.025863511  0.059339440  0.082887660  0.029852963
1954  0.014815086 -0.081678031  0.223143551 -0.034635497  0.030371098  0.120627988  0.134477914 -0.030254408
1955  0.055215723 -0.037899273  0.136210205  0.007462721  0.003710579  0.154150680  0.144581229 -0.047829088
1956  0.021353124 -0.024956732  0.134884268 -0.012698583  0.015848192  0.162204415  0.099191796 -0.019560526
1957  0.028987537 -0.045462374  0.167820466 -0.022728251  0.019915310  0.172887525  0.097032092  0.004291852
1958  0.011834458 -0.066894235  0.129592829 -0.039441732  0.042200354  0.180943197  0.121098097  0.028114301
1959  0.066021101 -0.051293294  0.171542423 -0.024938948  0.058840500  0.116724274  0.149296301  0.019874186
1960  0.029199155 -0.064378662  0.069163360  0.095527123  0.023580943  0.125287761  0.150673346 -0.026060107
             Sep          Oct          Nov          Dec
1949 -0.084557388 -0.133531393 -0.134732594  0.126293725
1950 -0.073203404 -0.172245905 -0.154150680  0.205443974
1951 -0.078369067 -0.127339422 -0.103989714  0.128381167
1952 -0.146603474 -0.090060824 -0.104778951  0.120363682
1953 -0.137741925 -0.116202008 -0.158901283  0.110348057
1954 -0.123344547 -0.123106058 -0.120516025  0.120516025
1955 -0.106321592 -0.129875081 -0.145067965  0.159560973
1956 -0.131769278 -0.148532688 -0.121466281  0.121466281
1957 -0.144914380 -0.152090098 -0.129013003  0.096799383
1958 -0.223143551 -0.118092489 -0.146750091  0.083510633
1959 -0.188422419 -0.128913869 -0.117168974  0.112242855
1960 -0.176398538 -0.097083405 -0.167251304  0.102278849
>
> summary(datadiff)
    Min.  1st Qu.   Median     Mean  3rd Qu.     Max.
-0.22314 -0.08002  0.01482  0.00944  0.10588  0.22314
```

(2) **시계열 요소 분해 시각화** : AirPassengers 데이터에 대한 시계열 요소를 확인하기 위해 stl( ) 함수를 이용한다. 계절(seasonal), 추세(trend), 잔차(remainder) 요소에 대한 시각화 결과를 확인한다.

```
> ts_feature <- stl(AirPassengers, s.window="periodic")
> plot(ts_feature)
```

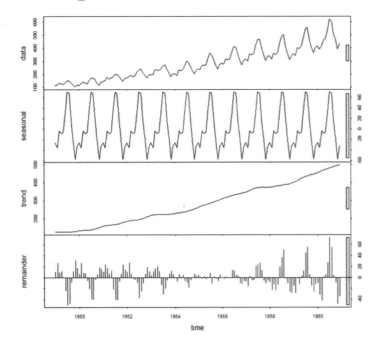

(3) AirPassengers의 월별 승객 수에 대한 결과(ts.plot( ))와 로그 함수 변환을 수행하지 않고 차분만을 고려한 시 각화 결과(diff( ))는 다음과 같다.

```
> par(mfrow=c(1,2))
> ts.plot(AirPassengers)
> plot(diff(AirPassengers))
```

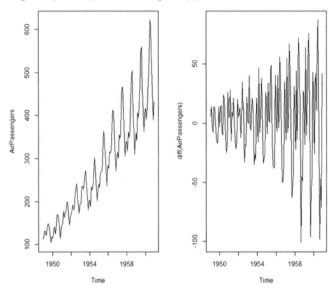

(4) 시계열 분석을 위해 "forecast" 패키지를 이용한다. 차분 수행 전 데이터(AirPassengers)에 대한 ARIMA모형 수행 결과(auto.arima( ))는 다음과 같다. ARIMA(p, d, q) 모형에서의 각 파라미터(p, d, q) 값으로 적용 모형 을 예측한다.

① ARIMA(p, d, q) : p는 AR모형, q는 MA모형과 관련되며, d는 정상화할 때 몇 번 차분을 했는지를 나타낸다.

② ARIMA(0, d, q)는 MA(q)모형이며, ARIMA(p, d, 0)은 AR(p)모형을 따른다.

③ ARIMA(p, 0, q)모형은 ARMA(p, q)모형을 따른다. 여기서 $d=0$이면 정상성을 만족한다.

④ 아래 결과로부터 ARIMA(2, 1, 1)모형을 적용하고 seasonal 요인[(0, 1, 0)]을 고려해야 함을 알 수 있다.

```
> install.packages("forecast")
--- 현재 세션에서 사용할 CRAN 미러를 선택해 주세요 ---
'xts', 'TTR', 'curl', 'quadprog', 'quantmod', 'fracdiff', 'timeDate', 'tseries', 'urca', $

URL 'https://cran.yu.ac.kr/bin/windows/contrib/4.2/xts_0.12.1.zip'을 시도합니다
Content type 'application/zip' length 897203 bytes (876 KB)
downloaded 876 KB

URL 'https://cran.yu.ac.kr/bin/windows/contrib/4.2/TTR_0.24.3.zip'을 시도합니다
Content type 'application/zip' length 519880 bytes (507 KB)
downloaded 507 KB

URL 'https://cran.yu.ac.kr/bin/windows/contrib/4.2/curl_4.3.2.zip'을 시도합니다
Content type 'application/zip' length 2616995 bytes (2.5 MB)
downloaded 2.5 MB

URL 'https://cran.yu.ac.kr/bin/windows/contrib/4.2/quadprog_1.5-8.zip'을 시도합니다
Content type 'application/zip' length 36699 bytes (35 KB)
downloaded 35 KB
```

```
> library(forecast)
Registered S3 method overwritten by 'quantmod':
  method            from
  as.zoo.data.frame zoo
> tsmodel <- auto.arima(AirPassengers)
> tsmodel
Series: AirPassengers
ARIMA(2,1,1)(0,1,0)[12]

Coefficients:
         ar1     ar2      ma1
      0.5960  0.2143  -0.9819
s.e.  0.0888  0.0880   0.0292

sigma^2 = 132.3:  log likelihood = -504.92
AIC=1017.85   AICc=1018.17   BIC=1029.35
```

⑤ arima( ) 함수로 ARIMA(2, 1, 1) 모형을 생성하고 자기상관함수(ACF ; Autocorrelation Function)에 대한 모형을 진단하기 위하여 tsdiag( ) 명령어를 이용한다. 자기상관함수(ACF) 확인 결과, 잔차값들이 임계치안에 포함되어 있으므로, 자기상관관계가 없다. 따라서 시계열 자료를 이용하여 적용한 ARIMA( ) 모형(formodel)은 자기상관관계가 없는 적합한 모형이다.

```
> formodel <- arima(AirPassengers, c(2,1,1), seasonal=list(order=c(0,1,0)))
> formodel

Call:
arima(x = AirPassengers, order = c(2, 1, 1), seasonal = list(order = c(0, 1,
    0)))

Coefficients:
         ar1     ar2      ma1
      0.5960  0.2143  -0.9819
s.e.  0.0888  0.0880   0.0292

sigma^2 estimated as 129.3:  log likelihood = -504.92,  aic = 1017.85

> tsdiag(formodel)
```

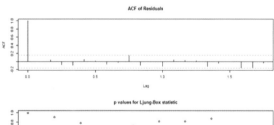

⑥ 또한, p-values 값이 모두 0 이상이므로 모형이 통계적으로 적절(카이제곱 검정 방법으로 유의수준 5%에서 p-value≥0.05이면 모형은 통계적으로 적절함)하다. Box.test( ) 함수를 이용한 잔차들에 대한 모형 진단 결과(카이제곱 검정), p-value=0.9879로 유의수준(5%)보다 큰 값을 가져 시계열 분석모형이 통계적으로 적절함을 확인한다.

```
> Box.test(formodel$residuals, lag=1, type="Ljung")

        Box-Ljung test

data:  formodel$residuals
X-squared = 0.00022916, df = 1, p-value = 0.9879
```

⑦ 적합한 모형임을 확인한 후, forecast( ) 함수를 이용하여 6개월(h=6, 1960년 이후 6개월 동안의 승객 수), 2년(h=24, 1960년 이후 2년 동안의 승객 수) 시점의 시계열 자료를 예측한다. 참고로 1960년 이전의 자료는 승객 수에 대한 실제 데이터이다.

```
> par(mfrow=c(1,2))
> model1 <- forecast(formodel, h=6)
> plot(model1)
>
> model2 <- forecast(formodel, h=24)
> plot(model2)
```

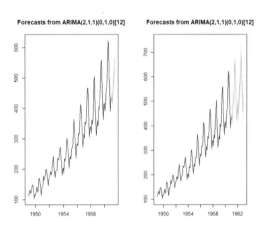

⑧ 시계열 자료(model1, model2)를 이용하여 구체적인 승객 수 데이터를 확인한다.

```
> model1
         Point Forecast     Lo 80     Hi 80     Lo 95     Hi 95
Jan 1961       445.6349  431.0602  460.2096  423.3449  467.9249
Feb 1961       420.3950  403.2901  437.4999  394.2353  446.5547
Mar 1961       449.1983  429.9964  468.4002  419.8315  478.5651
Apr 1961       491.8399  471.2668  512.4131  460.3760  523.3039
May 1961       503.3945  481.8075  524.9814  470.3801  536.4088
Jun 1961       566.8624  544.5241  589.2008  532.6989  601.0260


> summary(model1)

Forecast method: ARIMA(2,1,1)(0,1,0)[12]

Model Information:

Call:
arima(x = AirPassengers, order = c(2, 1, 1), seasonal = list(order = c(0, 1,
      0)))

Coefficients:
         ar1     ar2      ma1
      0.5960  0.2143  -0.9819
s.e.  0.0888  0.0880   0.0292

sigma^2 estimated as 129.3:  log likelihood = -504.92,  aic = 1017.85

Error measures:
                  ME     RMSE      MAE       MPE      MAPE      MASE        ACF1
Training set  1.3423  10.84619  7.86754  0.420698  2.800458  0.245628  -0.00124847

Forecasts:
         Point Forecast     Lo 80     Hi 80     Lo 95     Hi 95
Jan 1961       445.6349  431.0602  460.2096  423.3449  467.9249
Feb 1961       420.3950  403.2901  437.4999  394.2353  446.5547
Mar 1961       449.1983  429.9964  468.4002  419.8315  478.5651
Apr 1961       491.8399  471.2668  512.4131  460.3760  523.3039
May 1961       503.3945  481.8075  524.9814  470.3801  536.4088
Jun 1961       566.8624  544.5241  589.2008  532.6989  601.0260
```

```
> model2
         Point Forecast     Lo 80     Hi 80     Lo 95     Hi 95
Jan 1961       445.6349  431.0602  460.2096  423.3449  467.9249
Feb 1961       420.3950  403.2901  437.4999  394.2353  446.5547
Mar 1961       449.1983  429.9964  468.4002  419.8315  478.5651
Apr 1961       491.8399  471.2668  512.4131  460.3760  523.3039
May 1961       503.3945  481.8075  524.9814  470.3801  536.4088
Jun 1961       566.8624  544.5241  589.2008  532.6989  601.0260
Jul 1961       654.2602  631.3491  677.1713  619.2207  689.2997
Aug 1961       638.5975  615.2426  661.9523  602.8793  674.3156
Sep 1961       540.8837  517.1791  564.5883  504.6307  577.1368
Oct 1961       494.1266  470.1420  518.1113  457.4453  530.8080
Nov 1961       423.3327  399.1204  447.5450  386.3031  460.3623
Dec 1961       465.5076  441.1073  489.9079  428.1906  502.8246
Jan 1962       479.2908  449.3477  509.2340  433.4967  525.0850
Feb 1962       454.1768  422.0924  486.2613  405.1079  503.2458
Mar 1962       483.0870  449.1302  517.0438  431.1545  535.0195
Apr 1962       525.8193  490.5237  561.1149  471.8393  579.7992
May 1962       537.4507  501.1099  573.7915  481.8722  593.0292
Jun 1962       600.9839  563.8256  638.1423  544.1551  657.8127
Jul 1962       688.4370  650.6242  726.2499  630.6072  746.2669
Aug 1962       672.8213  634.4762  711.1664  614.1776  731.4651
Sep 1962       575.1475  536.3623  613.9326  515.8307  634.4642
Oct 1962       528.4242  489.2695  567.5788  468.5423  588.3060
Nov 1962       457.6590  418.1894  497.1285  397.2954  518.0225
Dec 1962       499.8582  460.1162  539.6002  439.0780  560.6383

> summary(model2)

Forecast method: ARIMA(2,1,1)(0,1,0)[12]

Model Information:

Call:
arima(x = AirPassengers, order = c(2, 1, 1), seasonal = list(order = c(0, 1,
      0)))

Coefficients:
         ar1     ar2      ma1
      0.5960  0.2143  -0.9819
s.e.  0.0888  0.0880   0.0292

sigma^2 estimated as 129.3:  log likelihood = -504.92,  aic = 1017.85

Error measures:
                  ME     RMSE      MAE       MPE      MAPE      MASE        ACF1
Training set  1.3423  10.84619  7.86754  0.420698  2.800458  0.245628  -0.00124847

Forecasts:
         Point Forecast     Lo 80     Hi 80     Lo 95     Hi 95
Jan 1961       445.6349  431.0602  460.2096  423.3449  467.9249
Feb 1961       420.3950  403.2901  437.4999  394.2353  446.5547
Mar 1961       449.1983  429.9964  468.4002  419.8315  478.5651
Apr 1961       491.8399  471.2668  512.4131  460.3760  523.3039
May 1961       503.3945  481.8075  524.9814  470.3801  536.4088
Jun 1961       566.8624  544.5241  589.2008  532.6989  601.0260
Jul 1961       654.2602  631.3491  677.1713  619.2207  689.2997
Aug 1961       638.5975  615.2426  661.9523  602.8793  674.3156
Sep 1961       540.8837  517.1791  564.5883  504.6307  577.1368
Oct 1961       494.1266  470.1420  518.1113  457.4453  530.8080
Nov 1961       423.3327  399.1204  447.5450  386.3031  460.3623
Dec 1961       465.5076  441.1073  489.9079  428.1906  502.8246
Jan 1962       479.2908  449.3477  509.2340  433.4967  525.0850
Feb 1962       454.1768  422.0924  486.2613  405.1079  503.2458
Mar 1962       483.0870  449.1302  517.0438  431.1545  535.0195
Apr 1962       525.8193  490.5237  561.1149  471.8393  579.7992
May 1962       537.4507  501.1099  573.7915  481.8722  593.0292
Jun 1962       600.9839  563.8256  638.1423  544.1551  657.8127
Jul 1962       688.4370  650.6242  726.2499  630.6072  746.2669
Aug 1962       672.8213  634.4762  711.1664  614.1776  731.4651
Sep 1962       575.1475  536.3623  613.9326  515.8307  634.4642
Oct 1962       528.4242  489.2695  567.5788  468.5423  588.3060
Nov 1962       457.6590  418.1894  497.1285  397.2954  518.0225
Dec 1962       499.8582  460.1162  539.6002  439.0780  560.6383
```

연습문제

01 nottem은 1920~1939년 사이 Nottingham 지역의 월별 평균 온도(Fahrenheit)를 나타낸다. 1940년 이후 6개월 동안, 그리고 2년 동안의 온도를 예측하시오.

(1) stl( ) 함수를 이용하여 계절, 추세, 잔차 요인에 대한 시각화 결과를 나타내시오.

(2) auto.arima( ) 함수를 이용하여 적합한 모형(ARIMA모형의 파라미터)을 찾으시오.

(3) arima( ) 함수를 이용하여 시계열 모형을 생성하고 tsdiag( ) 함수를 이용하여 자기상관함수(ACF)에 의한 모형의 적합성을 진단하시오. 유의수준=5%에서 모형의 적합성을 판별하시오.

(4) Box.test( ) 함수를 이용하여 ARIMA( )모형의 적합성을 판별(유의수준=5%)하시오.

(5) 6개월 후(h=6), 2년 후(h=24)에 대한 평균 온도를 예측하고 예측 결과를 그래프로 나타내시오.

```
> nottem
     Jan  Feb  Mar  Apr  May  Jun  Jul  Aug  Sep  Oct  Nov  Dec
1920 40.6 40.8 44.4 46.7 54.1 58.5 57.7 56.4 54.3 50.5 42.9 39.8
1921 44.2 39.8 45.1 47.0 54.1 58.7 66.3 59.9 57.0 54.2 39.7 42.8
1922 37.5 38.7 39.5 42.1 55.7 57.8 56.8 54.3 54.3 47.1 41.8 41.7
1923 41.8 40.1 42.9 45.8 49.2 52.7 64.2 59.6 54.4 49.2 36.3 37.6
1924 39.3 37.5 38.3 45.5 53.2 57.7 60.8 58.2 56.4 49.8 44.4 43.6
1925 40.0 40.5 40.8 45.1 53.8 59.4 63.5 61.0 53.0 50.0 38.1 36.3
1926 39.2 43.4 43.4 48.9 50.6 56.8 62.5 62.0 57.5 46.7 41.6 39.8
1927 39.4 38.5 45.3 47.1 51.7 55.0 60.4 60.5 54.7 50.3 42.3 35.2
1928 40.8 41.1 42.8 47.3 50.9 56.4 62.2 60.5 55.4 50.2 43.0 37.3
1929 34.8 31.3 41.0 43.9 53.1 56.9 62.5 60.3 59.8 49.2 42.9 41.9
1930 41.6 37.1 41.2 46.9 51.2 60.4 60.1 61.6 57.0 50.9 43.0 38.8
1931 37.1 38.4 38.4 46.5 53.5 58.4 60.6 58.2 53.8 46.6 45.5 40.6
1932 42.4 38.4 40.3 44.6 50.9 57.0 62.1 63.5 56.3 47.3 43.6 41.8
1933 36.2 39.3 44.5 48.7 54.2 60.8 65.5 64.9 60.1 50.2 42.1 35.8
1934 39.4 38.2 40.4 46.9 53.4 59.6 66.5 60.4 59.2 51.2 42.8 45.8
1935 40.0 42.6 43.5 47.1 50.0 60.5 64.6 64.0 56.8 48.6 44.2 36.4
1936 37.3 35.0 44.0 43.9 52.7 58.6 60.0 61.1 58.1 49.6 41.6 41.3
1937 40.8 41.0 38.4 47.4 54.1 58.6 61.4 61.8 56.3 50.9 41.4 37.1
1938 42.1 41.2 47.3 46.6 52.4 59.0 59.6 60.4 57.0 50.7 47.8 39.2
1939 39.4 40.9 42.4 47.8 52.4 58.0 60.7 61.8 58.2 46.7 46.6 37.8
> summary(nottem)
   Min. 1st Qu.  Median    Mean 3rd Qu.    Max.
  31.30   41.55   47.35   49.04   57.00   66.50
```

(1) 시계열 요소 분해 시각화 : nottem 데이터에 대한 시계열 요소를 확인하기 위해 stl( ) 함수를 이용한다. 계절(seasonal), 추세(trend), 잔차(remainder) 요소에 대한 시각화 결과를 확인한다.

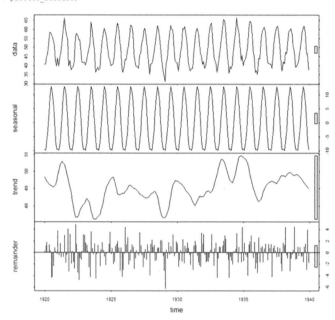

```
> ts_feature <- stl(nottem, s.window="periodic")
> plot(ts_feature)
```

(2) auto.arima( ) 함수를 이용하여 적절한 모형을 찾는다. 분석 결과, ARIMA(1, 0, 2)모형을 적용하고 seasonal 요인[(1, 1, 2)]을 고려해야 함을 알 수 있다.

```
> tsmodel <- auto.arima(nottem)
> tsmodel
Series: nottem
ARIMA(1,0,2)(1,1,2)[12] with drift

Coefficients:
          ar1     ma1     ma2     sar1     sma1     sma2   drift
       0.1562  0.0898  0.1113  -0.5324  -0.4925  -0.2391  0.004
s.e.   0.3699  0.3651  0.1139   0.1911   0.2071   0.1880  0.004

sigma^2 = 5.22:  log likelihood = -516.48
AIC=1048.96    AICc=1049.62    BIC=1076.4
```

(3) arima( ) 함수로 ARIMA(1, 0, 2)모형을 생성하고 자기상관함수(ACF ; Autocorrelation Function)에 대한 모형을 진 단하기 위하여 tsdiag( ) 명령어를 이용한다. 자기상관함수(ACF) 확인 결과, 잔차값들이 임계치 안에 포함되어 있으므로, 자기상관관계가 없다. 따라서 시계열 자료를 이용하여 적용한 ARIMA( ) 모형(formodel)은 자기상관관계가 없는 적합한 모형이다. 또한, p−values 값(p values for Ljung−Box statistic)이 모두 0 이상이므로 모형이 통계적으로 적절(카이제 곱 검정 방법으로 유의수준 5%에서 p−value≥0.05이면 모형은 통계적으로 적절함)하다.

```
> formodel <- arima(nottem, c(1,0,2), seasonal=list(order=c(1,1,2)))
> formodel

Call:
arima(x = nottem, order = c(1, 0, 2), seasonal = list(order = c(1, 1, 2)))

Coefficients:
         ar1     ma1     ma2     sar1     sma1     sma2
      0.1799  0.0721  0.1081  -0.5289  -0.4869  -0.2256
s.e.  0.3725  0.3683  0.1172   0.1898   0.2054   0.1847

sigma^2 estimated as 5.095:  log likelihood = -516.94,  aic = 1047.87
>
> tsdiag(formodel)
```

Standardized Residuals

ACF of Residuals

p values for Ljung-Box statistic

(4) Box.test( ) 함수를 이용한 잔차들에 대한 모형 진단 결과(카이제곱 검정), p−value＝0.9801로 유의수준(5%)보다 큰 값 을 가져 시계열 분석모형이 통계적으로 적절함을 확인한다.

```
> Box.test(formodel$residuals, lag=1, type="Ljung")

        Box-Ljung test

data:  formodel$residuals
X-squared = 0.00062182, df = 1, p-value = 0.9801
```

(5) 적합한 모형임을 확인한 후, forecast( ) 함수를 이용하여 6개월(h=6, 1940년 이후 6개월 동안의 승객 수), 2년(h=24, 1940년 이후 2년 동안의 승객 수) 시점의 시계열 자료를 예측한다.

```
> par(mfrow=c(1,2))
> model1 <- forecast(formodel, h=6)
> plot(model1)
>
> model2 <- forecast(formodel, h=24)
> plot(model2)
```

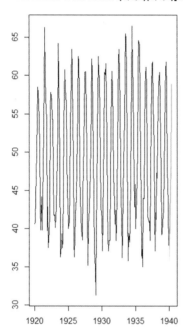

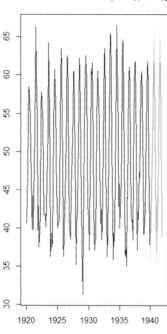

02   fdeaths 데이터는 1974년부터 1979년까지 영국에서 폐 관련 질병으로 사망한 사람의 수(월별 사망자 수, 명)로서 총 72개의 시계열 자료이다. 6개월 후 그리고 2년 후의 사망자 수를 예측하시오.

(1) stl( ) 함수를 이용하여 계절, 추세, 잔차 요인에 대한 시각화 결과를 나타내시오.

(2) auto.arima( ) 함수를 이용하여 적합한 모형(ARIMA모형의 파라미터)을 찾으시오.

(3) arima( ) 함수를 이용하여 시계열 모형을 생성하고 tsdiag( ) 함수를 이용하여 자기상관함수(ACF)에 의한 모형의 적합성을 진단하시오. 유의수준=5%에서 모형의 적합성을 판별하시오.

(4) Box.test( ) 함수를 이용하여 ARIMA( )모형의 적합성을 판별(유의수준=5%)하시오.

(5) 6개월 후(h=6), 2년 후(h=24)에 대한 사망자 수를 예측하고 예측 결과를 그래프로 나타내시오.

```
> fdeaths
      Jan  Feb  Mar  Apr  May  Jun  Jul  Aug  Sep  Oct  Nov  Dec
1974  901  689  827  677  522  406  441  393  387  582  578  666
1975  830  752  785  664  467  438  421  412  343  440  531  771
1976  767 1141  896  532  447  420  376  330  357  445  546  764
1977  862  660  663  643  502  392  411  348  387  385  411  638
1978  796  853  737  546  530  446  431  362  387  430  425  679
1979  821  785  727  612  478  429  405  379  393  411  487  574
>
> summary(fdeaths)
   Min. 1st Qu.  Median    Mean 3rd Qu.    Max.
  330.0   411.0   512.0   560.7   681.5  1141.0
```

(1) 시계열 요소 분해 시각화 : fdeaths 데이터에 대한 시계열 요소를 확인하기 위해 stl( ) 함수를 이용한다. 계절(seasonal), 추세(trend), 잔차(remainder) 요소에 대한 시각화 결과를 확인한다.

```
> ts_feature <- stl(fdeaths, s.window="periodic")
> plot(ts_feature)
```

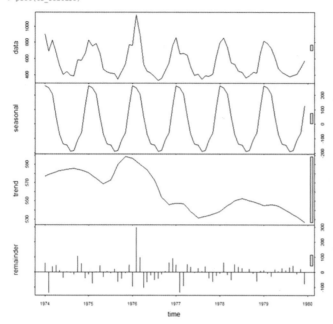

(2) auto.arima( ) 함수를 이용하여 적절한 모형을 찾는다. 분석 결과, ARIMA(0, 0, 0)모형을 적용하고 seasonal 요인[(2, 1, 0)]을 고려해야 함을 알 수 있다.

```
> tsmodel <- auto.arima(fdeaths)
> tsmodel
Series: fdeaths
ARIMA(0,0,0)(2,1,0)[12] with drift

Coefficients:
          sar1     sar2    drift
      -0.8721  -0.4950  -0.9642
s.e.   0.1266   0.1298   0.4139

sigma^2 = 5887:  log likelihood = -349.88
AIC=707.76   AICc=708.49   BIC=716.14
```

(3) arima( ) 함수로 ARIMA(0, 0, 0)모형을 생성하고 자기상관함수(ACF ; Autocorrelation Function)에 대한 모형을 진단하기 위하여 tsdiag( ) 명령어를 이용한다. 자기상관함수(ACF) 확인 결과, 잔차값들이 임계치 안에 포함되어 있으므로, 자기상관관계가 없다. 따라서 시계열 자료를 이용하여 적용한 ARIMA( )모형(formodel)은 자기상관관계가 없는 적합한 모형이다. 또한, p−values 값(p values for Ljung−Box statistic)이 모두 0 이상이므로 모형이 통계적으로 적절(카이제곱 검정 방법으로 유의수준 5%에서 p−value≥0.05이면 모형은 통계적으로 적절함)하다.

```
> formodel <- arima(fdeaths, c(0,0,0), seasonal=list(order=c(2,1,0)))
> formodel

Call:
arima(x = fdeaths, order = c(0, 0, 0), seasonal = list(order = c(2, 1, 0)))

Coefficients:
         sar1     sar2
      -0.7878  -0.3923
s.e.   0.1328   0.1380

sigma^2 estimated as 6363:  log likelihood = -352.2,  aic = 710.41
>
> tsdiag(formodel)
```

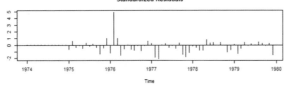

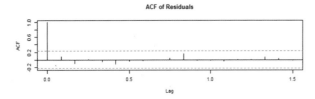

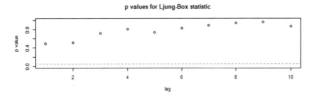

(4) Box.test( ) 함수를 이용한 잔차들에 대한 모형 진단 결과(카이제곱 검정), p−value＝0.4924로 유의수준(5%)보다 큰 값을 가져 시계열 분석모형이 통계적으로 적절함을 확인한다.

```
> Box.test(formodel$residuals, lag=1, type="Ljung")

        Box-Ljung test

data:  formodel$residuals
X-squared = 0.47125, df = 1, p-value = 0.4924
```

(5) 적합한 모형임을 확인한 후, forecast( ) 함수를 이용하여 6개월(h＝6, 1980년 이후 6개월 동안의 사망자 수), 2년(h＝24, 1980년 이후 2년 동안의 사망자 수) 시점의 시계열 자료를 예측한다.

```
> par(mfrow=c(1,2))
> model1 <- forecast(formodel, h=6)
> plot(model1)
>
> model2 <- forecast(formodel, h=24)
> plot(model2)
```

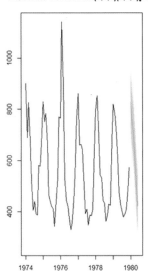

Forecasts from ARIMA(0,0,0)(2,1,0)[12]

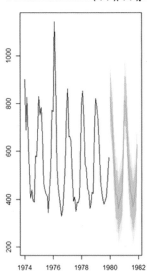

Forecasts from ARIMA(0,0,0)(2,1,0)[12]

03 P 백화점의 월별 매출액 조사 결과(단위 : 억원)는 다음과 같다. 향후 1년, 그리고 2년 후의 매출액을 예측하시오.

(1) stl( ) 함수를 이용하여 계절, 추세, 잔차 요인에 대한 시각화 결과를 나타내시오.

(2) auto.arima( ) 함수를 이용하여 적합한 모형(ARIMA모형의 파라미터)을 찾으시오.

(3) arima( ) 함수를 이용하여 시계열 모형을 생성하고 tsdiag( ) 함수를 이용하여 자기상관함수(ACF)에 의한 모형의 적합성을 진단하시오. 유의수준=5%에서 모형의 적합성을 판별하시오.

(4) Box.test( ) 함수를 이용하여 ARIMA( ) 모형의 적합성을 판별(유의수준=5%)하시오.

(5) 1년 후(h=12), 2년 후(h=24)에 대한 월별 매출액을 예측하고 예측 결과를 그래프로 나타내시오.

구 분	Jan	Feb	Mar	Apr	May	Jun	Jul	Aug	Sep	Oct	Nov	Dec
2020년	45	56	45	43	69	75	58	59	66	64	62	65
2021년	55	49	67	55	71	78	71	65	69	43	70	75
2022년	56	56	65	55	82	85	75	77	77	69	79	89

(1) ts( ) 함수를 이용하여 36개의 시계열 자료를 입력한다. tsdata 데이터에 대한 시계열 요소를 확인하기 위해 stl( ) 함수를 이용한다. 계절(seasonal), 추세(trend), 잔차(remainder) 요소에 대한 시각화 결과를 확인한다.

```
> data <- c(45,56,45,43,69,75,58,59,66,64,62,65,
+ 55,49,67,55,71,78,71,65,69,43,70,75,
+ 56,56,65,55,82,85,75,77,77,69,79,89)
>
> length(data)
[1] 36
>
> tsdata <- ts(data, start=c(2020,1), frequency=12)
> tsdata
     Jan Feb Mar Apr May Jun Jul Aug Sep Oct Nov Dec
2020  45  56  45  43  69  75  58  59  66  64  62  65
2021  55  49  67  55  71  78  71  65  69  43  70  75
2022  56  56  65  55  82  85  75  77  77  69  79  89
> class(tsdata)
[1] "ts"
>
> ts_feature <- stl(tsdata, s.window="periodic")
> plot(ts_feature)
```

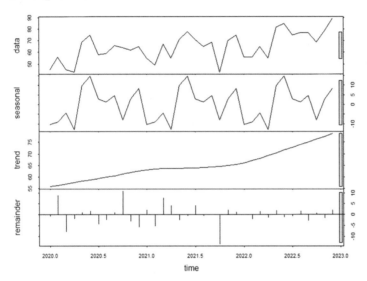

(2) auto.arima( ) 함수를 이용하여 적절한 모형을 찾는다. 분석 결과, ARIMA(0, 0, 0)모형을 적용하고 seasonal 요인[(1, 1, 0)]을 고려해야 함을 알 수 있다.

```
> tsmodel <- auto.arima(tsdata)
> tsmodel
Series: tsdata
ARIMA(0,0,0)(1,1,0)[12] with drift

Coefficients:
         sar1    drift
      -0.7573  0.5486
s.e.   0.1232  0.0759

sigma^2 = 38.17:  log likelihood = -81.83
AIC=169.66   AICc=170.86   BIC=173.19
```

(3) arima( ) 함수로 ARIMA(0, 0, 0)모형을 생성하고 자기상관함수(ACF ; Autocorrelation Function)에 대한 모형을 진단하기 위하여 tsdiag( ) 명령어를 이용한다. 자기상관함수(ACF) 확인 결과, 잔차값들이 임계치 안에 포함되어 있으므로, 자기상관관계가 없다. 따라서 시계열 자료를 이용하여 적용한 ARIMA( )모형(formodel)은 자기상관관계가 없는 적합한 모형이다. 또한, p−values 값(p values for Ljung−Box statistic)이 모두 0 이상이므로 모형이 통계적으로 적절(카이제곱 검정 방법으로 유의수준 5%에서 p−value≥0.05이면 모형은 통계적으로 적절함)하다.

```
> formodel <- arima(tsdata, c(0,0,0), seasonal=list(order=c(1,1,0)))
> formodel

Call:
arima(x = tsdata, order = c(0, 0, 0), seasonal = list(order = c(1, 1, 0)))

Coefficients:
        sar1
      -0.1502
s.e.   0.2822

sigma^2 estimated as 122.6:  log likelihood = -91.9,  aic = 187.79
>
> tsdiag(formodel)
```

(4) Box.test( ) 함수를 이용한 잔차들에 대한 모형 진단 결과(카이제곱 검정), p−value=0.3921로 유의수준(5%)보다 큰 값을 가져 시계열 분석모형이 통계적으로 적절함을 확인한다.

```
> Box.test(formodel$residuals, lag=1, type="Ljung")

        Box-Ljung test

data:  formodel$residuals
X-squared = 0.73235, df = 1, p-value = 0.3921
```

(5) 적합한 모형임을 확인한 후, forecast( ) 함수를 이용하여 1년(h=12, 2023년 이후 1년 동안의 백화점 월별 매출액), 2년
(h=24, 2023년 이후 2년 동안의 매출액) 시점의 시계열 자료를 예측한다.

```
> par(mfrow=c(1,2))
> model1 <- forecast(formodel, h=12)
> plot(model1)
>
> model2 <- forecast(formodel, h=24)
> plot(model2)
```

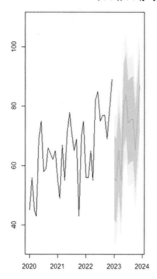

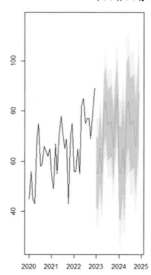

제4장
베이지안 기법

1 베이지안 기법의 이해

(1) 단순 베이즈 분류 분석을 위해 다음 패키지를 이용한다.

install.packages("e1071")	#단순 베이즈 분류 분석 패키지 설치
install.packages("caret")	#confusionMatrix(혼동행렬) 분석
install.packages("pROC")	#ROC 곡선 작성
library(e1071)	−
library(caret)	−
library(pROC)	−

(2) 분류 기법은 설명하고자 하는 종속변수(혹은 목적변수, 반응변수, 결과변수, 표적변수)가 이산형이나 명목형 형태의 특정 속성 카테고리로 구분할 수 있는 경우 사용되며, 머신러닝 기반 데이터 분석에서 가장 일반적이고 자주 접하게 되는 문제이다.

(3) 분류목적의 머신러닝 알고리즘은 광범위한 일상영역 및 비즈니스 문제에 활용된다. 주요 분야는 스팸 메일 분류, 기업 부도 및 정상 예측, 고객 이탈 및 유지 예측, 고객 신용등급 판별, 특정 질병(예 암, 심장병 등) 발생 여부 예측, 특정 마케팅 이벤트에 대한 고객 반응여부 예측, 고객의 구매 여부 예측 등이 있다.

(4) 단순 베이즈 분류 분석(Naive Bayes Classifier)은 기계학습의 지도 학습을 이용한 가장 단순한 분석 기법이다. 분류를 위하여 베이즈의 정리(Bayes's Theorem)를 기본으로 하며, 사용되는 자료의 특성값들이 서로 독립적이라고 가정하여 처리한다.

(5) 베이즈 정리에 근거하여, 종속변수가 발생할 조건부 확률을 사전확률과 우도 함수의 곱으로 표현하여 어떤 분류항목에 속할지 확률이 높게 계산되는 쪽으로 분류하는 기법으로서 모든 관측값은 서로 다른 관측값과 통계적으로 독립적으로 발생한다고 가정[별다른 확신없이 가정하므로 Naive(지식이 없는, 경험이 없는, 단순한) 모형이라고 함]한다.

(6) iris는 Edgar Anderson에 의해 작성된 것으로 붓꽃의 생육 데이터(150개 데이터＝품종별 50개×3개 품종)이다. 꽃잎의 길이(Petal.Length)와 너비(Petal.Width) 그리고 꽃받침의 길이(Sepal.Length)와 너비(Sepal.Width)에 따라 붓꽃의 3가지 품종(setosa, versicolor, virginica)을 구분한다.

(7) 단순 베이즈 분류 분석모형을 통해 네 가지 독립변수(꽃받침과 꽃잎의 길이 및 너비)를 이용하여 해당 붓꽃이 세 가지 품종(setosa, versicolor, virginica) 중 어느 품종인지를 예측한다.

2 단순 베이즈 분류 분석(Naive Bayes Classifier)

(1) 단순 베이즈 분류 분석을 위해 사용되는 기본 함수는 naiveBayes( )이다. naiveBayes( ) 함수의 사용 형식은 다음과 같다. 훈련 데이터(data)와 독립변수를 이용하여 종속변수를 분류하기 위한 단순 베이즈 분류 분석모형을 구축한다.

> **naiveBayes(formula, data, ...)**
> • formula : 식(종속변수~독립변수)
> • data : 훈련 데이터

(2) iris 데이터를 훈련 데이터(train)와 검증 데이터(test)로 분류하면 다음과 같다.

```
> head(iris)
  Sepal.Length Sepal.Width Petal.Length Petal.Width Species
1          5.1         3.5          1.4         0.2  setosa
2          4.9         3.0          1.4         0.2  setosa
3          4.7         3.2          1.3         0.2  setosa
4          4.6         3.1          1.5         0.2  setosa
5          5.0         3.6          1.4         0.2  setosa
6          5.4         3.9          1.7         0.4  setosa
>
> id <- sample(1:nrow(iris), as.integer(0.7*nrow(iris)))
> train <- iris[id,]
> head(train)
    Sepal.Length Sepal.Width Petal.Length Petal.Width    Species
99           5.1         2.5          3.0         1.1 versicolor
83           5.8         2.7          3.9         1.2 versicolor
25           4.8         3.4          1.9         0.2     setosa
120          6.0         2.2          5.0         1.5  virginica
21           5.4         3.4          1.7         0.2     setosa
8            5.0         3.4          1.5         0.2     setosa
>
> test <- iris[-id,]
> head(test)
   Sepal.Length Sepal.Width Petal.Length Petal.Width Species
3           4.7         3.2          1.3         0.2  setosa
5           5.0         3.6          1.4         0.2  setosa
12          4.8         3.4          1.6         0.2  setosa
20          5.1         3.8          1.5         0.3  setosa
22          5.1         3.7          1.5         0.4  setosa
26          5.0         3.0          1.6         0.2  setosa
```

- iris는 붓꽃의 3가지 유형(setosa, versicolor, virginica)에 대한 꽃잎의 길이(Petal.Length)와 너비(Petal.Width) 그리고 꽃받침의 길이(Sepal.Length)와 너비(Sepal.Width) 데이터를 나타냄(품종별 50개씩 총 150개의 데이터)
- iris 데이터로부터 105개[=150×0.7(70%)]의 표본을 추출[sample( ), nrow(iris)=150]하여 훈련용 데이터(train)에 저장 (train<−iris[id,])
- 나머지 데이터[150−105=45(30%)]를 검증용 데이터로 사용(test<−iris[−id,])
- 훈련용 데이터(train)와 검증용 데이터(test)의 구성에 따라 분류 분석 결과는 서로 다름

(3) naiveBayes( )와 훈련 데이터(train)를 이용하여 단순 베이즈 분류 분석모형(e1071 패키지 이용)을 구축한다.

```
> naive_model <- naiveBayes(Species~., train)
> naive_model

Naive Bayes Classifier for Discrete Predictors

Call:
naiveBayes.default(x = X, y = Y, laplace = laplace)

A-priori probabilities:
Y
    setosa versicolor  virginica
 0.3619048  0.3238095  0.3142857

Conditional probabilities:
           Sepal.Length
Y                [,1]      [,2]
  setosa     5.023684 0.3766382
  versicolor 5.902941 0.5518483
  virginica  6.596970 0.6247424

           Sepal.Width
Y                [,1]      [,2]
  setosa     3.413158 0.3849683
  versicolor 2.726471 0.3510235
  virginica  2.960606 0.3561420

           Petal.Length
Y                [,1]      [,2]
  setosa     1.452632 0.1766610
  versicolor 4.176471 0.5021522
  virginica  5.551515 0.5820874

           Petal.Width
Y                [,1]      [,2]
  setosa     0.250000 0.1108932
  versicolor 1.308824 0.2035557
  virginica  2.000000 0.2861381

> summary(naive_model)
          Length Class  Mode
apriori   3      table  numeric
tables    4      -none- list
levels    3      -none- character
isnumeric 4      -none- logical
call      4      -none- call
```

- 세 가지 품종에 대한 사전확률(priori probabilities) 값 출력
- 조건부 확률(conditional probabilities) 출력
  - 꽃받침의 길이(Sepal.Length)
  - 꽃받침의 너비(Sepal.Width)
  - 꽃잎의 길이(Petal.Length)
  - 꽃잎의 너비(Petal.Width)에 따른 품종(setosa, versicolor, virginica)별 조건부 확률 출력(사후 확률)
- summary( )로 naive_model 출력 결과 요약 정보 확인

(4) 실젯값(actual)을 new 데이터 프레임에 저장하고 predict( ) 함수와 검증 데이터(test)를 이용하여 예측값(pred)을 구한다.

```
> new <- data.frame(actual=test$Species)
> head(new)
  actual
1 setosa
2 setosa
3 setosa
4 setosa
5 setosa
6 setosa
>
> new$pred <- predict(naive_model, test)
> head(new)
  actual   pred
1 setosa setosa
2 setosa setosa
3 setosa setosa
4 setosa setosa
5 setosa setosa
6 setosa setosa
```

- test 데이터의 Species 열의 값을 new 데이터 프레임에 저장(actual)
- predict( )와 test 데이터를 이용하여 단순 베이즈 분류 분석모형의 예측값(new$pred)을 new 데이터 프레임에 저장
- new 데이터에 실젯값(actual)과 예측값(pred)이 저장되어 서로 비교할 수 있음

(5) table( )로 new 데이터의 두 가지 항목(new$actual, new$pred)을 서로 비교하여 예측의 정확도를 나타내는 테이블(predict_table)을 작성한다.

```
> predict_table <- table(new$pred, new$actual)
> predict_table

            setosa versicolor virginica
  setosa        12          0         0
  versicolor     0         14         1
  virginica      0          2        16
> names(dimnames(predict_table)) <- c("predicted", "observed")
> predict_table
            observed
predicted    setosa versicolor virginica
  setosa         12          0         0
  versicolor      0         14         1
  virginica       0          2        16
```

- 붓꽃 품종의 참값(new$actual)과 나이브 베이즈 분류 분석을 이용한 예측값(new$pred)의 비교 결과를 table( ) 함수를 이용하여 요약
- names( ), dimnames( ) 함수를 이용하여 행의 이름(observed, 참값), 열이 이름(predicted, 예측값)을 지정

(6) 실젯값(참값)과 예측값을 비교한 결과(new$result는 예측값이 정확하면 "Y", 잘못 예측한 경우 "N"의 값을 가짐)를 new 데이터에 새롭게 추가한다. sum( ), length( )로 예측의 정확도(predict_prob)를 구한다.

```
> new$result <- ifelse(new$actual==new$pred, "Y", "N")
> new
      actual       pred result
1     setosa     setosa      Y
2     setosa     setosa      Y
3     setosa     setosa      Y
4     setosa     setosa      Y
5     setosa     setosa      Y
6     setosa     setosa      Y
7     setosa     setosa      Y
8     setosa     setosa      Y
9     setosa     setosa      Y
10    setosa     setosa      Y
11 versicolor versicolor      Y
12 versicolor versicolor      Y
13 versicolor versicolor      Y
14 versicolor versicolor      Y
15 versicolor versicolor      Y
16 versicolor versicolor      Y
17 versicolor versicolor      Y
18 versicolor versicolor      Y
19 versicolor versicolor      Y
20 versicolor  virginica      N
21 versicolor  virginica      N
22 versicolor versicolor      Y
23 versicolor versicolor      Y
24 versicolor versicolor      Y
25 versicolor versicolor      Y
26 versicolor versicolor      Y
27 versicolor versicolor      Y
28 versicolor versicolor      Y
29 versicolor versicolor      Y
30  virginica  virginica      Y
31  virginica  virginica      Y
32  virginica  virginica      Y
33  virginica  virginica      Y
34  virginica  virginica      Y
35  virginica  virginica      Y
36  virginica  virginica      Y
37  virginica  virginica      Y
38  virginica  virginica      Y
39  virginica versicolor      N
40  virginica  virginica      Y
41  virginica  virginica      Y
42  virginica  virginica      Y
43  virginica  virginica      Y
44  virginica  virginica      Y
45  virginica  virginica      Y
> predict_prob <- sum(new$result=="Y") / length(new$result)
> predict_prob
[1] 0.9333333
```

- ifelse( ) 함수를 이용하여 품종의 실젯값(new$actual)과 나이브 베이즈 분류 분석을 이용한 예측값(new$pred)을 서로 비교하여 일치하는 경우 "Y", 일치하지 않은 경우 "N"을 new$result 변수에 저장
- length( ) 함수를 이용하여 검증 데이터의 개수(45=12−14+16)를 구함
- sum( ) 함수를 이용하여 예측값이 정확한 경우의 개수(42개)를 구함
- 예측값이 정확한 경우의 비율(정확도, predict_prob)은 93.3%(4245×100%)임

(7) confusionMatrix( )를 이용한 혼동행렬(Confusion Matrix)을 구한다. 수행 결과, 분석모형의 정확도 (Accuracy)는 93.3%이다. confusionMatrix( ) 함수를 이용하기 위해 사전에 install.packages("caret"), library(caret)의 패키지가 필요하다.

```
> confusionMatrix(predict_table)
Confusion Matrix and Statistics

          observed
predicted   setosa versicolor virginica
  setosa        12          0         0
  versicolor     0         14         1
  virginica      0          2        16

Overall Statistics

              Accuracy : 0.9333
                95% CI : (0.8173, 0.986)
    No Information Rate : 0.3778
    P-Value [Acc > NIR] : 6.255e-15

                 Kappa : 0.8989

 Mcnemar's Test P-Value : NA

Statistics by Class:

                     Class: setosa Class: versicolor Class: virginica
Sensitivity                 1.0000            0.8750           0.9412
Specificity                 1.0000            0.9655           0.9286
Pos Pred Value              1.0000            0.9333           0.8889
Neg Pred Value              1.0000            0.9333           0.9630
Prevalence                  0.2667            0.3556           0.3778
Detection Rate              0.2667            0.3111           0.3556
Detection Prevalence        0.2667            0.3333           0.4000
Balanced Accuracy           1.0000            0.9203           0.9349
```

- table( ) 함수를 이용하여 구한 predict_table의 결과와 동일한 비교표(예측 및 참값의 비교)를 구할 수 있음
- Accuracy(정확도) = 0.9333(93.3%)

0.93333((12+14+16)/(12+14+1+2+16)=42/45=0.9333(93.3%))으로 평가

(8) 신규 자료(new_iris)에 대한 예측 결과(setosa)를 출력하면 다음과 같다.

```
> new_iris <- data.frame(5.1, 3.7, 1.5, 0.3)
> names(new_iris) <- c("Sepal.Width", "Sepal.Length", "Petal.Width", "Petal.Length")
> new_iris
  Sepal.Width Sepal.Length Petal.Width Petal.Length
1         5.1          3.7         1.5          0.3
>
> predict(naive_model, new_iris)
[1] versicolor
Levels: setosa versicolor virginica
```

- 새로운 데이터(new_iris) 구성
  − Sepal.Width = 5.1
  − Sepal.Length = 3.7
  − Petal.Width = 1.5
  − Petal.Length = 0.3
- 단순 베이즈 모형을 이용하여 예측한 값은 setosa임을 알 수 있음

(9) ROC(Receiver Operating Characteristic) Curve

① ROC 곡선을 작성하기 위하여 필요한 패키지(install.packages("pROC"), library(pROC))를 설치한다.

② 실젯값(actual)과 예측값(predicted를 정수값으로 변환)을 이용한 ROC 곡선은 다음과 같다. legacy. axes＝TRUE 옵션을 이용하여 $1-$Speificity($=1-$특이도$=$FP rate)의 값에 대한 TP rate(Sensitivity)의 변화를 확인한다. legacy.axes＝FALSE로 지정하는 경우 x축은 Specificity(특이도)가 된다.

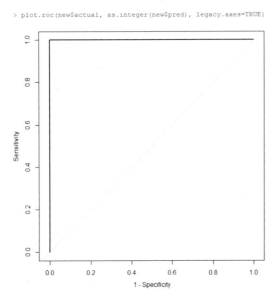

```
> plot.roc(new$actual, as.integer(new$pred), legacy.axes=TRUE)
```

(10) AUC(Area under the ROC Curve)

① AUC는 ROC 곡선의 아래 부분의 면적으로 분석모형의 성능을 나타내는 지표이며, AUC＝0.9~1.0 사이의 값을 가질 때 분석모형의 성능이 뛰어나고, AUC＝0.8~0.9일 때 우수한 모형으로 평가하며, AUC＝0.7~0.8 일 때 분석모형 성능은 보통(양호)으로 평가한다.

② AUC 값은 roc( ) 함수를 이용하여 구한다.

```
> result_validation <- roc(new$actual, as.integer(new$pred))
Setting levels: control = setosa, case = versicolor
Setting direction: controls < cases
경고메시지(들):
roc.default(new$actual, as.integer(new$pred)) 에서:
  'response' has more than two levels. Consider setting 'levels' explicitly or using 'multiclass.roc' instead
> result_validation

Call:
roc.default(response = new$actual, predictor = as.integer(new$pred))

Data: as.integer(new$pred) in 12 controls (new$actual setosa) < 16 cases (new$actual versicolor).
Area under the curve: 1
>
> result_validation$auc
Area under the curve: 1
```

- roc( ) 함수로 AUC＝1의 값을 구하며, 단순 베이즈 분류모형식의 성능이 매우 우수한 것으로 판정
- roc( ) 함수 결괏값의 auc 변수를 이용하여 result_validation$auc로 auc 값만 출력할 수 있음

연습문제

01 "mlbench" 패키지에서 제공하는 데이터세트(PimaIndiansDiabetes, 피마 인디언 당뇨 발생 여부 관련 데이터)를 이용하여 이항형 변수(당뇨병 발생, diabetes="pos" 혹은 "neg")에 대한 단순 베이즈 분류 분석(Naive Bayes Classifier)을 수행하시오.

(1) naiveBayes( ) 함수를 이용하여 단순 베이즈 분류 분석모형을 구축하시오. 전체 데이터 중 70%를 훈련용, 나머지 30%를 검증용 데이터로 이용한다.

(2) 검증 데이터를 이용하여 모형의 (실젯값, 예측값)을 구하고 데이터 프레임(new)으로 저장하시오. 그리고 new 결과를 "생년월일.csv" 파일로 저장하시오.

(3) 혼동행렬을 이용하여 예측의 정확도를 구하고, ROC 곡선과 AUC 값을 구하시오.

> • 9개의 변수
> − pregnant : 임신 횟수
> − glucose : 포도당 부하 검사 수치(혈당 농도)
> − pressure : 최소 혈압(mm Hg)
> − triceps : 피하지방 측정값(mm)
> − insulin : 혈청 인슐린 측정값(mm U/ml)
> − mass : 체질량 지수(BMI＝몸무게(kg)/키(m^2))
> − pedigree : 당뇨 내역 가중치 값
> − age : 나이
> − diabetes : 당뇨 여부(pos(1, 양성) 또는 neg(0, 음성))
> • 총 768개의 데이터 : 양성(pos)＝268, 음성(neg)＝500개의 데이터로 구성

```
> data(PimaIndiansDiabetes)
> data <- data.frame(PimaIndiansDiabetes)
> head(data)
  pregnant glucose pressure triceps insulin mass pedigree age diabetes
1        6     148       72      35       0 33.6    0.627  50      pos
2        1      85       66      29       0 26.6    0.351  31      neg
3        8     183       64       0       0 23.3    0.672  32      pos
4        1      89       66      23      94 28.1    0.167  21      neg
5        0     137       40      35     168 43.1    2.288  33      pos
6        5     116       74       0       0 25.6    0.201  30      neg
> summary(data)
    pregnant          glucose          pressure          triceps          insulin            mass
 Min.   : 0.0     Min.   :  0.0    Min.   :  0.00    Min.   : 0.00    Min.   :  0.0    Min.   : 0.00
 1st Qu.: 1.000   1st Qu.: 99.0    1st Qu.: 62.00    1st Qu.: 0.00    1st Qu.:  0.0    1st Qu.:27.30
 Median : 3.000   Median :117.0    Median : 72.00    Median :23.00    Median : 30.5    Median :32.00
 Mean   : 3.845   Mean   :120.9    Mean   : 69.11    Mean   :20.54    Mean   : 79.8    Mean   :31.99
 3rd Qu.: 6.000   3rd Qu.:140.2    3rd Qu.: 80.00    3rd Qu.:32.00    3rd Qu.:127.2    3rd Qu.:36.60
 Max.   :17.000   Max.   :199.0    Max.   :122.00    Max.   :99.00    Max.   :846.0    Max.   :67.10
    pedigree            age          diabetes
 Min.   :0.0780    Min.   :21.00    neg:500
 1st Qu.:0.2437    1st Qu.:24.00    pos:268
 Median :0.3725    Median :29.00
 Mean   :0.4719    Mean   :33.24
 3rd Qu.:0.6262    3rd Qu.:41.00
 Max.   :2.4200    Max.   :81.00
> dim(data)
[1] 768   9
```

📖 정답 및 해설

(1) sample( ) 함수를 이용하여 70%의 데이터를 훈련용(train), 나머지 30%를 검증용(test)로 저장한다. naiveBayes( ) 함수
를 이용하여 단순 베이즈 분류 분석모형(naive_model)을 구축한다.

```
> id <- sample(1:nrow(data), as.integer(0.7*nrow(data)))
> train <- data[id,]
> test <- data[-id,]
>
> naive_model <- naiveBayes(diabetes~., train)
> naive_model

Naive Bayes Classifier for Discrete Predictors

Call:
naiveBayes.default(x = X, y = Y, laplace = laplace)

A-priori probabilities:
Y
      neg       pos
0.6405959 0.3594041

Conditional probabilities:
    pregnant
Y         [,1]     [,2]
  neg 3.476744 3.086609
  pos 4.829016 3.755106

    glucose
Y         [,1]     [,2]
  neg 110.1512 26.81272
  pos 142.6891 30.31736

    pressure
Y         [,1]     [,2]
  neg 68.52616 18.48140
  pos 70.60622 21.88132

    triceps
Y         [,1]     [,2]
  neg 18.20640 14.71184
  pos 21.86528 17.17534

    insulin
Y         [,1]     [,2]
  neg  67.4564 102.3831
  pos 100.9948 137.9208

    mass
Y         [,1]     [,2]
  neg 29.87762 7.818647
  pos 35.24093 6.976750

    pedigree
Y         [,1]     [,2]
  neg 0.4267355 0.2920734
  pos 0.5223161 0.3161010

    age
Y         [,1]     [,2]
  neg 31.83430 12.18176
```

(2) 검증 데이터(test)를 이용하여 분류 분석모형의 (실젯값, 예측값)을 구하고 new 데이터 프레임으로 저장한다. write.csv( ) 명령어를 이용하여 생년월일.csv(980415.csv) 파일로 저장하고, read.csv( ), View( )로 수행결과를 확인한다.

```
> new <- data.frame(actual=test$diabetes)
> new$pred <- predict(naive_model, test)
> head(new)
  actual pred
1    neg  neg
2    neg  neg
3    pos  pos
4    pos  neg
5    pos  neg
6    pos  pos
>
> setwd("C:/workr")
> write.csv(new, "980415.csv")
> result <- read.csv("980415.csv", header=T)
> View(result)
```

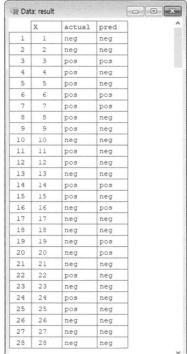

	X	actual	pred
1	1	neg	neg
2	2	neg	neg
3	3	pos	pos
4	4	pos	neg
5	5	pos	neg
6	6	pos	pos
7	7	pos	neg
8	8	pos	neg
9	9	pos	neg
10	10	neg	neg
11	11	pos	neg
12	12	pos	neg
13	13	neg	neg
14	14	pos	pos
15	15	pos	neg
16	16	neg	pos
17	17	neg	neg
18	18	neg	neg
19	19	neg	pos
20	20	neg	pos
21	21	neg	neg
22	22	pos	neg
23	23	neg	neg
24	24	pos	neg
25	25	pos	neg
26	26	neg	neg
27	27	neg	neg
28	28	neg	neg

(3) table( ) 함수를 이용하여 (실젯값, 예측값)의 차이를 확인하고, confusionMatrix( ) 함수로 혼동행렬을 작성한다. 분류모형의 예측 정확도는 74.46%(=(130+42)/(130+33+26+42)×100%=172/231×100%)이다. roc( ) 함수로 구한 AUC=0.6967로 데이터 분석모형의 성능이 보통으로 판정된다.

```
> predict_table <- table(new$pred, new$actual)    > plot.roc(new$actual, as.integer(new$pred), legacy.axes=TRUE)
> predict_table

      neg pos
  neg 130  33
  pos  26  42
> confusionMatrix(predict_table)
Confusion Matrix and Statistics

      neg pos
  neg 130  33
  pos  26  42

               Accuracy : 0.7446
                 95% CI : (0.6833, 0.7995)
    No Information Rate : 0.6753
    P-Value [Acc > NIR] : 0.01342

                  Kappa : 0.4031

 Mcnemar's Test P-Value : 0.43472

            Sensitivity : 0.8333
            Specificity : 0.5600
         Pos Pred Value : 0.7975
         Neg Pred Value : 0.6176
             Prevalence : 0.6753
         Detection Rate : 0.5628
   Detection Prevalence : 0.7056
      Balanced Accuracy : 0.6967

       'Positive' Class : neg

> result_validation <- roc(new$actual, as.integer(new$pred))
Setting levels: control = neg, case = pos
Setting direction: controls < cases
> result_validation

Call:
roc.default(response = new$actual, predictor = as.integer(new$pred))

Data: as.integer(new$pred) in 156 controls (new$actual neg) < 75 cases (new$actual pos).
Area under the curve: 0.6967
>
> result_validation$auc
Area under the curve: 0.6967
```

02 아래 자료(train_commerce.csv)는 (ID, Warehouse_block, Mode_of_Shipment, Customer_care_calls, Customer_rating, Cost_of_the_Product, Prior_purchases, Product_importance, Gender, Discount_offered, Weight_in_gms, Reached.on.Time_Y.N)의 12가지 항목에 대한 10,999명의 고객 구매 자료로 해당 사이트(www.kaggle.com/prachi13/customer−analytics?select=Train.csv)에서 다운 로드한다. 12개 항목들 중 (Customer_care_calls, Customer_rating, Cost_of_the_Product, Weight_in_gms)=(고객전화 건수, 고객등급, 구매액, 상품무게)를 독립변수로 사용하고 종속변수로 고객이 주문한 물품 이 제 시간에 도착하는지 여부(Reached.on.Time_Y.N의 값이 1이면 제 시간에 도착, 0이면 제 시간에 도착하지 않음)를 분류(예측)한다.

(1) naiveBayes( ) 함수를 이용하여 단순 베이즈 분류 분석모형을 구축하시오. 전체 데이터 중 70%를 훈련용, 나머지 30%를 검증용 데이터로 분류한다.

(2) 검증 데이터를 이용하여 모형의 (실젯값, 예측값)을 구하고 데이터 프레임(new)으로 저장하시오. 그리고 new 결과 를 "생년월일.csv" 파일로 저장하시오.

(3) 혼동행렬을 이용하여 예측의 정확도를 구하고, ROC 곡선과 AUC 값을 구하시오.

	A	B	C	D	E	F	G	H	I	J	K	L
1	ID	Warehouse_block	Mode_of_Shipment	Customer_care_calls	Customer_rating	Cost_of_the_Product	Prior_purchases	Product_importance	Gender	Discount_offered	Weight_in_gms	Reached.on.Time_Y.N
2	1	D	Flight	4	2	177	3	low	F	44	1233	1
3	2	F	Flight	4	5	216	2	low	M	59	3088	1
4	3	A	Flight	2	2	183	4	low	M	48	3374	1
5	4	B	Flight	3	3	176	4	medium	M	10	1177	1
6	5	C	Flight	2	2	184	3	medium	F	46	2484	1
7	6	F	Flight	3	1	162	3	medium	F	12	1417	1
8	7	D	Flight	3	4	250	3	low	F	3	2371	1
9	8	F	Flight	4	1	233	2	low	F	48	2804	1
10	9	A	Flight	3	4	150	3	low	F	11	1861	1
11	10	B	Flight	3	2	164	3	medium	F	29	1187	1
12	11	C	Flight	3	4	189	2	medium	M	12	2888	1
13	12	F	Flight	4	5	232	3	medium	F	32	3253	1
14	13	D	Flight	3	5	198	3	medium	F	1	3667	1
15	14	F	Flight	4	4	275	3	high	M	29	2602	1

```
> setwd("C:/workr")
> data <- read.csv("train_commerce.csv", header=T, fileEncoding="UTF-8")
> head(data)
  ID Warehouse_block Mode_of_Shipment Customer_care_calls Customer_rating Cost_of_the_Product Prior_purchases
1  1               D           Flight                   4               2                 177               3
2  2               F           Flight                   4               5                 216               2
3  3               A           Flight                   2               2                 183               4
4  4               B           Flight                   3               3                 176               4
5  5               C           Flight                   2               2                 184               3
6  6               F           Flight                   3               1                 162               3
  Product_importance Gender Discount_offered Weight_in_gms Reached.on.Time_Y.N
1                low      F               44          1233                   1
2                low      M               59          3088                   1
3                low      M               48          3374                   1
4             medium      M               10          1177                   1
5             medium      F               46          2484                   1
6             medium      F               12          1417                   1
>
> data <- subset(data, select=c(Customer_care_calls, Customer_rating, Cost_of_the_Product, Weight_in_gms, Reached.on.Time_Y.N))
> head(data)
  Customer_care_calls Customer_rating Cost_of_the_Product Weight_in_gms Reached.on.Time_Y.N
1                   4               2                 177          1233                   1
2                   4               5                 216          3088                   1
3                   2               2                 183          3374                   1
4                   3               3                 176          1177                   1
5                   2               2                 184          2484                   1
6                   3               1                 162          1417                   1
> dim(data)
[1] 10999     5
```

(1) 먼저, 고객이 주문한 물품이 제 시간에 도착하는지 여부(Reached.on.Time_Y.N의 값이 1이면 제 시간에 도착, 0이면 제 시간에 도착하지 않음) 항목을 요인변수로 변환(as.factor( ))한다. sample( ) 함수를 이용하여 70%의 데이터를 훈련용(train), 나머지 30%를 검증용(test)으로 저장한다. naiveBayes( ) 함수를 이용하여 단순 베이즈 분류 분석모형(naive_model)을 구축한다.

```
> data$Reached.on.Time_Y.N <- as.factor(data$Reached.on.Time_Y.N)
> str(data)
'data.frame':   10999 obs. of  5 variables:
 $ Customer_care_calls: int  4 4 2 3 2 3 3 4 3 3 ...
 $ Customer_rating    : int  2 5 2 3 2 1 4 1 4 2 ...
 $ Cost_of_the_Product: int  177 216 183 176 184 162 250 233 150 164 ...
 $ Weight_in_gms      : int  1233 3088 3374 1177 2484 1417 2371 2804 1861 1187 ...
 $ Reached.on.Time_Y.N: Factor w/ 2 levels "0","1": 2 2 2 2 2 2 2 2 2 2 ...
>
> id <- sample(1:nrow(data), as.integer(0.7*nrow(data)))
> train <- data[id,]
> test <- data[-id,]
>
> naive_model <- naiveBayes(Reached.on.Time_Y.N~., train)
> naive_model

Naive Bayes Classifier for Discrete Predictors

Call:
naiveBayes.default(x = X, y = Y, laplace = laplace)

A-priori probabilities:
Y
        0         1
0.4051175 0.5948825

Conditional probabilities:
   Customer_care_calls
Y        [,1]      [,2]
  0 4.155499 1.182454
  1 4.000218 1.113459

   Customer_rating
Y        [,1]      [,2]
  0 2.962809 1.408269
  1 2.991921 1.406681

   Cost_of_the_Product
Y        [,1]      [,2]
  0 214.5338 47.69918
  1 207.4153 48.22325

   Weight_in_gms
Y        [,1]      [,2]
  0 4159.859 1580.838
  1 3276.057 1583.588
```

(2) 검증 데이터(test)를 이용하여 분류 분석모형의 (실젯값, 예측값)을 구하고 new 데이터 프레임으로 저장한다. write.csv( ) 명령어를 이용하여 생년월일.csv(970211.csv) 파일로 저장하고, read.csv( ), View( )로 수행결과를 확인한다.

```
> new <- data.frame(actual=test$Reached.on.Time_Y.N)
> new$pred <- predict(naive_model, test)
> head(new)
  actual pred
1      1    1
2      1    1
3      1    1
4      1    1
5      1    1
6      1    1
>
> setwd("C:/workr")
> write.csv(new, "970211.csv")
> result <- read.csv("970211.csv", header=T)
> View(result)
```

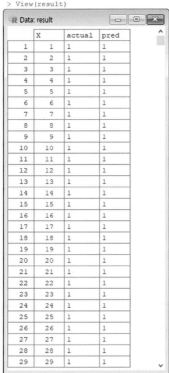

	X	actual	pred
1	1	1	1
2	2	1	1
3	3	1	1
4	4	1	1
5	5	1	1
6	6	1	1
7	7	1	1
8	8	1	1
9	9	1	1
10	10	1	1
11	11	1	1
12	12	1	1
13	13	1	1
14	14	1	1
15	15	1	1
16	16	1	1
17	17	1	1
18	18	1	1
19	19	1	1
20	20	1	1
21	21	1	1
22	22	1	1
23	23	1	1
24	24	1	1
25	25	1	1
26	26	1	1
27	27	1	1
28	28	1	1
29	29	1	1

(3) table( ) 함수를 이용하여 (실젯값, 예측값)의 차이를 확인하고, confusionMatrix( ) 함수로 혼동행렬을 작성한다. 분류모형의 예측 정확도는 64%(=(488+1624)/(488+359+829+1624)×100%=2112/3300×100%)이다. roc( ) 함수로 구한 AUC=0.5948로 데이터 분석모형의 성능이 다소 부족한 것으로 판정된다.

```
> predict_table <- table(new$pred, new$actual)
> predict_table

      0    1
  0  488  359
  1  829 1624
>
> confusionMatrix(predict_table)
Confusion Matrix and Statistics

      0    1
  0  488  359
  1  829 1624

               Accuracy : 0.64
                 95% CI : (0.6234, 0.6564)
    No Information Rate : 0.6009
    P-Value [Acc > NIR] : 2.171e-06

                  Kappa : 0.2016

 Mcnemar's Test P-Value : < 2.2e-16

            Sensitivity : 0.3705
            Specificity : 0.8190
         Pos Pred Value : 0.5762
         Neg Pred Value : 0.6620
             Prevalence : 0.3991
         Detection Rate : 0.1479
   Detection Prevalence : 0.2567
      Balanced Accuracy : 0.5948

       'Positive' Class : 0
```

```
> plot.roc(new$actual, as.integer(new$pred), legacy.axes=TRUE)
Setting levels: control = 0, case = 1
Setting direction: controls < cases
```

```
> result_validation <- roc(new$actual, as.integer(new$pred))
Setting levels: control = 0, case = 1
Setting direction: controls < cases
> result_validation

Call:
roc.default(response = new$actual, predictor = as.integer(new$pred))

Data: as.integer(new$pred) in 1317 controls (new$actual 0) < 1983 cases (new$actual 1).
Area under the curve: 0.5948
>
> result_validation$auc
Area under the curve: 0.5948
```

1 딥러닝의 이해

(1) 심층 신경망의 특징

① 딥러닝 분석을 위하여 다음 패키지를 이용한다.

install.packages("dslabs")	#MNIST 데이터 활용(손글씨 이미지)
install.packages("deepnet")	#nn.train( ), nn.predict( ), 딥러닝 모형 구축
install.packages("mltools")	#one_hot( ) 인코딩
install.packages("data.table")	#as.data.table( ) 테이블 구조 변환
install.packages("MASS")	#Boston(보스턴 지역의 주택가격) 데이터 활용
insall.packages("MLmetrics")	#MAPE(Mean Absolute Percentage Error) 분석
library(dslabs)	—
library(deepnet)	—
library(mltools)	—
library(data.table)	—
library(MASS)	—
library(MLmetrics)	—

② 딥러닝(Deep Learning)이란 머신러닝과 신경망의 한 분야로 여러 개의 은닉층을 가진 심층신경망(DNN ; Deep Neural Network)을 기반으로 한다. 일반적으로 딥러닝은 영상이나 음성 등 대량의 데이터로부터 특징을 추출하여 학습하며, 영상인식, 음성인식 등의 패턴인식 분야에 좋은 성능을 나타낸다.

③ '딥러닝'이라는 용어는 1965년 Alexey Ivakhnenko가 일반적인 지도학습의 딥러닝 알고리즘을 발표하면서 처음으로 소개되었고 1986년 Rina Dechter에 의해 머신러닝 학회에서 관심을 가지게 되었다. 1971년에는 8개의 은닉층이 있는 딥 네트워크로 데이터 처리를 위한 학습 방법을 발표하고, 1989년 Yann LeCun 등이 역전파 알고리즘을 이용한 손으로 쓴 우편번호 인식을 위한 심층신경망을 제안하였으며, 당시 컴퓨팅 시스템으로는 신경망 학습을 위해 3일이 소요되어 현실적인 한계를 들어 내었다.

④ 이후 2006년 Geoff Hinton 교수 등이 여러 층의 네트워크를 한 번에 한 층씩 효과적으로 학습할 수 있는 알고리즘을 제안하면서 다시 관심을 갖게 되었으며, 2010년 대규모의 음성인식 분야에 딥러닝 기술이 적용되기 시작하였다. 그리고 하드웨어 기술의 발전이 딥러닝 분야의 발전을 가져오게 된 중요한 계기가 되었으며, 특히 Nvidia의 GPU(Graphics Processing Unit)가 기존의 딥러닝을 100배 더 빠르게 처리하면서 알고리즘의 실행 시간을 단축할 수 있게 되었다.

⑤ 딥러닝 분야는 2016년 바둑게임에서 알파고가 이세돌을 4:1로 이기면서 사회적으로 큰 이슈가 되었다. 딥러닝을 사용하는 심층신경망에는 컨볼루션 신경망(합성곱 신경망), 순환 신경망, 제한된 볼쯔만 머신, 심층 신뢰 신경망, 생성적 적대 신경망 등이 있으며 주요 특징을 요약하면 다음과 같다.

〈딥러닝 심층신경망의 주요 특징〉

구 분	주요 특징
컨볼루션 신경망 (Convolutional Neural Network)	• 합성곱 신경망(CNN), 합성곱 연산 사용 • 3차원 데이터의 공간적 정보 유지 • 동물의 시신경 구조와 유사하게 뉴런 사이의 연결 패턴 형성 모형 • 특징 지도(Feature Map)를 이용한 학습 • 컴퓨터 비전, 영상 분석 및 인식에 많이 사용
순환 신경망 (Recurrent Neural Network)	• 순차적 정보가 담긴 데이터에서 규칙적인 패턴 인식 • 노드 간 연결이 순환 구조를 가짐(RNN) • 시간에 따라 변하는 특징을 가지는 데이터 처리 • 필기체 텍스트, 음성 인식, 음악(작사, 작곡), 언어 번역, 주가 예측 등 순차적 데이터 처리 분야 활용
제한된 볼쯔만 머신 (Restricted Boltzmann Machine)	• Hinton 제안(RBM), 비지도 학습 • 입력 집합에 대한 확률 분포 학습 신경망 • 확률은 에너지 함수 형태로 표현(에너지 최소화) • 다른 심층 신경망의 학습을 돕기 위해 사용 • 방향성이 없는 가시적 층과 은닉층으로 구성 • 분류, 선형회귀 분석, 필터링, 특징값 학습, 차원축소 등에 활용
심층 신뢰 신경망 (Deep Belief Network)	• 다층의 잠재 변수로 표현하는 은닉층으로 구성(DBN) 사전에 훈련된 RBM을 여러 층으로 쌓아 올린 구조 • 레이블이 없는 데이터에 대한 비지도 학습 • 부분 이미지에서 전체를 연상하는 일반화 과정 실현 • 손으로 쓴 글씨 인식, 음성의 감성인식 시스템에 활용
생성적 적대 신경망 (Generative Adversarial Network)	• Ian Goodfellow 제안, 차세대 딥러닝 알고리즘 • 제로섬 게임 틀 내에서 서로 경쟁하는 두 개의 신경망에 의해 구현 • 진짜 같은 가짜 생성 모델과 이에 대한 진위를 판별하는 모델의 경쟁을 통해 진짜 같은 가짜 이미지 생성 • 학습 패턴을 이용한 영상, 음성 생성 및 복원 • 컴퓨터 게임, 패션, 광고 등에 활용

(2) 합성곱 신경망(CNN ; Convolutional Neural Network)

① CNN에서는 사람의 시각 세포가 인식하는 것처럼 이미지 전체를 보는 것이 아니라 아래 그림에서처럼 뉴런들이 부분을 보고 조합하는 방식을 이용한다.

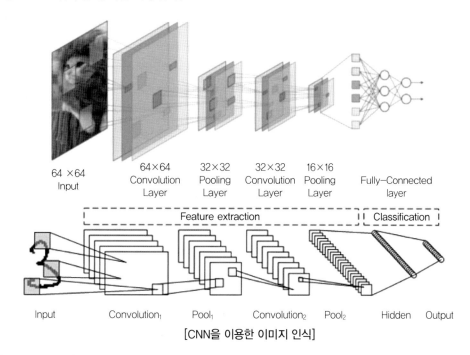

[CNN을 이용한 이미지 인식]

② 합성곱(Convolution) : 합성곱 연산은 두 함수 f, q 가운데 하나의 함수를 반전(Reverse), 전이(Shift)시킨 다음, 다른 하나의 함수와 곱한 결과를 적분하는 것이다.

③ 채널(Channel) : 각각의 이미지 픽셀은 컬러의 경우 RGB 3개의 실수로 표현한 3차원 데이터이다. 즉 컬러 이미지는 3개의 채널로 구성되며, 흑백 이미지는 2차원 데이터로 1개 채널로 구성된다.

④ 필터(Filter) : 이미지의 특징을 찾아내기 위한 공용 파라미터로서 커널(Kernel)이라고도 한다. 일반적으로 (4, 4)나 (3, 3)과 같은 정사각형 행렬이며, CNN에서 학습의 대상이다.

⑤ 스트라이드(Stride) : 필터는 입력 데이터를 지정한 간격으로 순회하면서 합성곱을 계산한다. 지정된 간격으로 필터를 순회하는 간격을 Stride라고 한다.

⑥ 피처 맵 (Feature Map) : 입력 데이터가 여러 채널을 가질 경우 필터는 각 채널을 순회하며 합성곱을 계산한 후 채널별로 피처 맵을 만든다. 그리고 각 채널의 피처 맵을 합산하여 최종 피처 맵으로 반환한다. 입력 데이터는 채널 수와 상관없이 필터별로 1개의 피처 맵이 만들어진다.

⑦ 패딩(Padding) : CNN에서 필터와 스트라이드를 이용하면 피처 맵의 크기는 입력 데이터보다 작아지게 된다. 이러한 문제를 해결하기 위해 출력 데이터가 줄어드는 것을 방지하기 위한 방법이 패딩이다. 패딩은 입력 데이터의 외각에 지정된 픽셀만큼 특정 값으로 채워 넣는다. 보통 패딩값을 0으로 채워 넣는 경우가 많다.

⑧ 예를 들어 아래 그림과 같이 3개의 채널을 갖는 입력 데이터가 (4, 4)이고 필터가 (3, 3), 스트라이드가 1, 패딩이 0인 경우의 피처 맵(2, 2)을 구할 수 있다.

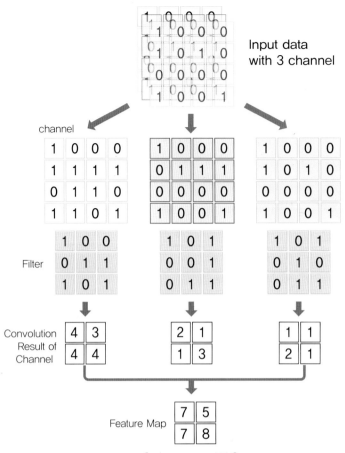

[Feature Map 생성]

⑨ 입력 데이터에 대한 필터의 크기와 Stride 크기에 따라서 Feature Map의 크기가 결정된다. 즉 H : 입력 데이터 높이, W : 입력 데이터 폭, FH : 필터 데이터 높이, FW : 필터 폭, S : Stride 크기, P : Padding 사이즈라고 할 때 출력 데이터의 높이(OH)와 폭(OW)은 다음과 같다.

    ⊙ Feature Map의 높이(OH ; Output Height) $= (H+2P-FH) / S + 1$

    © Feature Map의 폭(OW ; Output Width) $= (W+2P-FW) / S + 1$

(3) 강화학습(Reinforcement Learning)

① 기계학습의 한 영역으로서 행동심리학에서 영감을 받았으며, 어떤 환경 안에서 정의된 에이전트가 현재의 상태를 인식하여, 선택 가능한 행동들 중 보상을 최대화하는 행동 혹은 행동 순서를 선택하는 방법이다.

② 강화학습에서 다루는 환경은 주로 마코프 결정과정(MDP ; Markov Decision Process)으로 주어진다. 차이점은 강화학습은 마코프 결정과정에 대한 지식을 요구하지 않는다는 점과 크기가 매우 커서 결정론적 방법을 적용할 수 없는 규모의 마코프 결정과정 문제를 다룬다는 점이다.

③ 강화학습은 또한 입출력 쌍으로 이루어진 훈련집합이 제시되지 않으며, 잘못된 행동에 대해서도 명시적으로 정정이 일어나지 않는다는 점에서 일반적인 지도학습과 다르다.

④ 대신, 강화학습의 초점은 학습 과정에서의 On-line 성능이며, 이는 탐색(Exploration)과 이용 (Exploitation)의 균형을 맞추며 향상된다. 즉 아직 조사되지 않은 영역을 탐험(탐색)하는 것과 이미 알고 있는 지식을 이용하는 것의 균형을 찾아간다.

⑤ 게임 이론, 제어 이론, 운용 과학, 정보 이론, 시뮬레이션 기반 최적화, 다중 에이전트 시스템, 유전 알고리즘 등의 분야에 적용된다.

(4) 활성화 함수(Activation Function)

① 딥러닝의 인공신경망에서는 입력받은 데이터를 다음 층으로 출력하기 위해 활성화 함수가 사용된다.

② 인공신경망에서 뉴런은 층으로 구성되고, 층은 여러 개의 노드로 구성된다. 하나의 노드는 1개 이상의 노드와 연결되어 있고 데이터 입력을 받게 되며, 연결강도 가중치의 합을 구하고 활성화 함수를 통해 가중치 크기에 따라 출력한다.

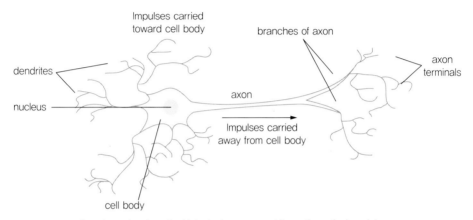

A cartoon drawing of a biological neuron and its mathematical model.

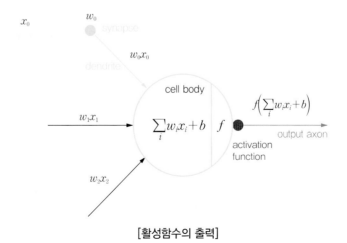

[활성함수의 출력]

③ 활성화 함수는 주로 비선형 함수를 이용한다. 선형 함수를 사용할 경우 은닉층이 없는 네트워크로 표현되어 층을 깊게 하는 의미가 줄어든다.

④ 활성화 함수는 출력값의 (양수, 음수)에 따라 단극성(출력값이 양수), 양극성(출력값이 양수, 음수 모두 가능)으로 분류된다.

⑤ 그리고 사용되는 함수 형태에 따라 계단(Step), 시그모이드(Sigmoid), ReLU(Rectified Linear Unit), ELU(Exponential Linear Unit), Softmax, Hyperbolic Tangent(tanh, 쌍곡선 탄젠트)로 분류된다.

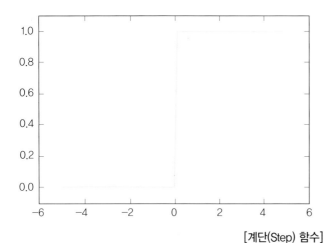

- 임계치 기준으로 가중합의 활성화 여부 결정
- 0 혹은 1의 이산적인 값 출력
- 기울기가 무한대($x = 0$)인 구간에서 미분 불가
- 가중치의 업데이트 과정에서 문제 발생
- 단일 퍼셉트론의 활성화 함수로만 사용
- 딥러닝의 활성화 함수로는 부적절

[계단(Step) 함수]

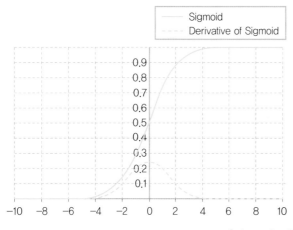

- 시그모이드(Sigmoid) 함수(또는 로지스틱 함수)
- S자 형태, S자 곡선
- 정의역 : 실수 전체
- 유한한 구간 (a, b) 사이의 한정된 값 반환, a와 b는 주로 0과 1을 사용함
- 정의역의 절댓값이 클수록 미분값=0으로 수렴
- 가중치가 업데이트되지 않고 소실되는 기울기 손실(*Gradient Vanishing*)

[시그모이드 함수]

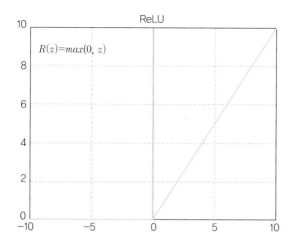

- ReLU(Rectified Linear Unit) 함수
- 입력값 ≤ 0이면 0, 입력값>0이면 입력값 그대로(선형 함수) 출력
- Gradient Vanishing 현상 해결, 단순하고 성능이 우수함
- 가중합이 음수인 노드들은 다시 활성화하지 않는 Dying ReLU(Dead Neuron) 현상 발생
- 이를 해결하기 위해 0 이하의 값에서도 기울기를 가지는 Leaky ReLU(입력값이 음수일 때 $y=0.01x$), Parametric ReLU($y=ax$) 함수 사용

[ReLU(Rectified Linear Unit) 함수]

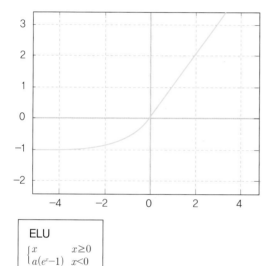

- ELU(Exponential Linear Unit) 함수
- ReLU와 형태가 유사함
- 입력값이 0인 지점이 sharp point가 아니므로 0에서도 미분 가능
- 0 이하 입력의 모든 출력이 0이 아니라 0으로 수렴하는 형태의 함수, Dying ReLU 현상 해결
- 선형함수로 구성된 ReLU에 비해 Exponential Function을 계산해야 하는 비용 발생

$$\sigma(Z)_j = \frac{e^{zj}}{\sum_{k=1}^{k} e^{zk}}$$

- 소프트웨어(Softmax) 함수
- 출력값이 0~1 사이로 정규화됨
- 모든 출력값의 총합이 항상 1이 되는 특성을 가짐
- 주로 인공신경망의 출력층에서 사용
- 다중 클래스(세 개 이상)를 분류하는 목적으로 사용
- 여러 개의 클래스에 대해 예측 결과를 정규화하여 확률값으로 표현해 줌(분류될 클래스가 K개라 할 때, K 차원의 벡터를 입력받아, 각 클래스에 속할 확률 추정), 'j번일 확률/전체 확률'로 확률 추정, 확률의 총합=1이므로 어떤 분류에 속할 확률이 가장 높은지를 쉽게 인지할 수 있음
- 지수함수(e^{zj})는 단조 증가 함수(계속 증가함)이므로 인자들의 대소 관계는 불변(지수함수 값과 확률값)
- 지수함수 적용으로 작은 값의 차이라도 구별될 정도로 큰 출력값 확보
- 지수함수의 미분은 원래값과 동일하므로 미분값 적용이 편리함

[ELU(Exponential Linear Unit) 함수]

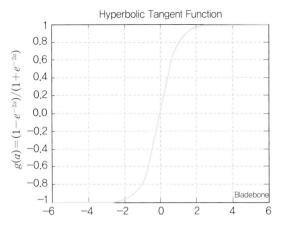

[쌍곡선 탄젠트(Hyperbolic Tangent) 함수]

- 쌍곡선 탄젠트[Hyperbolic Tangent(tanh)] 함수
- 시그모이드 함수 재활용
- 출력값이 $-1 \sim +1$의 범위를 가짐
- $\tanh x = \sinh x / \cosh x = (e^x - e^{-x})/(e^x + e^{-x})$
- 중앙값 $= 0$, 경사하강법 사용 시 시그모이드 함수에서 발생하는 편향 이동이 발생하지 않음
- 기울기가 양수, 음수 모두 나올 수 있기 때문에 시그모이드 함수보다 학습 효율성이 높음
- 시그모이드 함수보다 범위가 넓기 때문에 출력값의 변화 폭이 더 크고, Gradient Vanishing 증상이 적음

(5) 경사하강법 (Gradient Descent)

① 심층 인공신경망 구조에서 비용함수를 최소화하고 가중치(Weights)를 조절하기 위한 방법으로 경사하강법을 사용한다.

② 경사하강법(GD ; Gradient Descent, Steepest Descent)은 함수 값이 낮아지는 방향으로 독립변수 값을 변형시켜 가면서 최종적으로 최소 함수값을 갖는 독립변수의 값을 찾는 방법(함수의 최솟값을 찾는 문제 활용)이다.

③ 미분계수 $=0$인 지점을 찾는 방식이 아닌 Gradient Descent를 이용해 함수의 최솟값을 찾는 이유는 실제 분석 대상의 함수들은 Closed form이 아니거나 함수의 형태가 복잡해(비선형 함수의 경우) 미분계수와 그 근을 구하기 어렵고, 실제 미분계수를 계산하는 과정을 컴퓨터로 구현하는 것에 비해 Gradient Descent 방법은 컴퓨터로 비교적 쉽게 구현할 수 있으며, 데이터 양이 많은 경우 Gradient Descent와 같은 Iterative한 방법을 통해 해를 구하면 계산량 측면에서 보다 효율적으로 해를 구할 수 있기 때문이다.

④ Gradient Descent에서는 함수의 기울기(Gradient)를 이용해 x의 값을 어디로 옮겼을 때 함수가 최솟값을 찾는지 알아본다. 기울기가 양수라는 것은 x값이 커질수록 함수 값이 커진다는 것을 의미하고, 반대로 기울기가 음수인 경우 x값이 커질수록 함수의 값이 작아진다는 것을 의미한다. 그리고 기울기의 값이 크다는 것은 가파르다는 것을 의미하고 x의 위치가 최솟값(또는 최댓값)에 해당되는 x좌표로부터 멀리 떨어져 있는 것을 의미한다.

⑤ 이러한 성질을 이용하여, 특정 포인트 x에서 x가 커질수록 함숫값이 커지는 경우라면(기울기 부호 $=$ 양수), 음의 방향으로 x를 옮겨야 하고, 반대로 x에서 x가 커질수록 함숫값이 작아지는 경우라면(기울기 부호 $=$ 음수), 양의 방향으로 x를 옮긴다.

⑥ 이 논리를 수식으로 표현하면 다음과 같다. $x(i+1) = x(i) - 이동거리 \times 기울기부호 = x(i) - a\dfrac{df}{dx}(x(i)) = x(i) - a \nabla f(x(i))$. 여기서 $x(i)$는 i번째 계산된 x의 좌표, $x(i+1)$은 $(i+1)$번째 계산된 x의 좌표이다. a는 이동거리로 Gradient의 크기(step size)로서 사용자가 조절(Step size가 너무 작으면 이동하는 거리가 너무 작아 수렴하지 못하고 너무 크면 발산하게 되므로 적절한 크기를 지정)한다.

⑦ 인공신경망의 매개변수를 θ라고 할 때, 인공신경망에서 내놓는 결괏값과 실제 결괏값 사이의 차이를 정의하는 함수(Loss Function, 손실함수, 비용함수, Cost Function)를 $J(\theta)$라 한다. Gradient Descent 방법을 이용하여 $\theta(i+1)=\theta(i)-\alpha\triangledown J(\theta i)$ 변화식으로 $J(\theta)$의 값을 최소화하는 θ를 찾는다.

⑧ Loss Function을 계산할 때 전체(Batch) 훈련용 데이터세트를 사용하는 것을 Batch Gradient Descent라 한다. 이 경우 한 번 step을 수행할 때 전체 데이터에 대해 비용함수를 계산해야 하므로 너무 많은 계산량이 문제가 된다.

⑨ 이를 방지하기 위해 Stochastic Gradient Descent(SGD) 방법을 사용하며, 이 방법에서는 전체 데이터 대신 일부 데이터의 모음(Mini−batch)에 대해서만 비용함수를 계산한다. SGD 방법은 다소 부정확할 수 있으나, 계산 속도가 빠르기 때문에 더 많은 step을 갈 수 있고, 여러 번 반복할 경우 Batch Gradient Descent의 결과와 유사한 결과로 수렴한다. 또한, Local Minima에 빠지지 않고 더 좋은 방향으로 수렴할 가능성도 높다.

⑩ 그러나 단순한 SDG를 이용하여 인공신경망을 학습시키는 것에는 이동속도가 현저하게 늦고, 방향을 제대로 잡지 못하며, 이상한 곳에서 수렴하여 이동하지 못하는 한계가 있다. 따라서 SDG를 변형한 Momentum, NAG(Nesterov Accelerated Gradient), Adagrad(Adaptive Gradient), RMSProp, AdaDelta, Adam(Adaptive MomentEstimation) 등의 알고리즘들이 사용된다.

　㉠ Momentum : Gradient Descent를 통해 이동하는 과정에 일종의 '관성'을 준다. 현재 Gradient를 통해 이동하는 방향과는 별개로, 과거에 이동했던 방식을 기억하면서 그 방향으로 일정 정도를 추가적으로 이동한다.

　㉡ NAG(Nesterov Accelerated Gradient) : Momentum 방식을 기초로 한 방식이지만, Mementum 방식에 비해 보다 효과적으로 이동한다. Momentum 방식의 경우 멈춰야 할 시점에서도 관성에 의해 훨씬 멀리 갈수도 있다는 단점이 존재하는 반면, NAG에서는 적절한 시점에서 제동을 거는 데에 용이하다.

　㉢ Adagrad(Adaptive Gradient) : 변수들을 update할 때 각각의 변수마다 Step size를 다르게 설정해서 이동한다. 지금까지 많이 변화하지 않은 변수들은 Step size를 크게 하고, 지금까지 많이 변화했던 변수들은 Step size를 작게 한다. Adagrad에서는 학습이 오래 진행될 경우 Step size가 너무 작아져서 결국 거의 움직이지 않게 된다.

　㉣ RMSProp(Root Mean Square Proportion) : Adagrad의 단점을 보완하기 위해 제안되었으며, 최근 변화량의 변수 간 상대적인 크기 차이를 유지하기 위해 지수평균을 이용한다.

　㉤ AdaDelta : RMSProp와 유사하게 Adagrad의 단점을 보완하기 위해 제안되었으며, Step size 변화값의 제곱의 지수평균값을 이용한다.

　㉥ Adam(Adaptive Moment Estimation) : RMSProp와 Momentum 방식을 합친 알고리즘으로서 기울기의 지수평균(Momentum), 기울기 제곱값의 지수평균(RMSProp)을 이용한다.

　㉦ 산을 내려올 때 작은 오솔길을 찾기 위한 방법과 비교하여 알고리즘별 특징을 요약하면 다음과 같다.

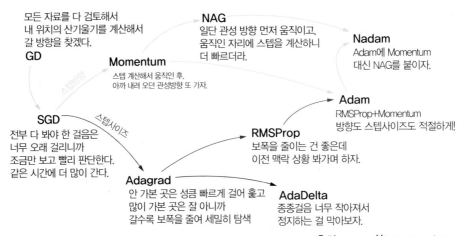

모든 자료를 다 검토해서
내 위치의 산기울기를 계산해서
갈 방향을 찾겠다.

GD

NAG
일단 관성 방향 먼저 움직이고,
움직인 자리에 스텝을 계산하니
더 빠르더라.

Nadam
Adam에 Momentum
대신 NAG를 붙이자.

Momentum
스텝 계산해서 움직인 후,
아까 내려 오던 관성방향 또 가자.

Adam
RMSProp+Momentum
방향도 스텝사이즈도 적절하게!

SGD
전부 다 봐야 한 걸음은
너무 오래 걸리니까
조금만 보고 빨리 판단한다.
같은 시간에 더 많이 간다.

RMSProp
보폭을 줄이는 건 좋은데
이전 맥락 상황 봐가며 하자.

Adagrad
안 가본 곳은 성큼 빠르게 걸어 훑고
많이 가본 곳은 잘 아니까
갈수록 보폭을 줄여 세밀히 탐색

AdaDelta
종종걸음 너무 작아져서
정지하는 걸 막아보자.

출처 : https://light-tree.tistory.com/141

[Stochastic Gradient Descent 기법]

(6) 숫자 이미지 분류

① 이미지 분류는 다중분류 방법 중의 하나로서 다중분류에서는 입력 데이터들에 대해 목표치(라벨)별로 여러 개로 분류한다. 숫자 이미지를 분류하는 경우 미국 국립 표준기술연구소(National Institute of Standards and Technology, NIST)에서 제공하는 MNIST(Modified NIST) 데이터베이스에 저장된 필기체 숫자를 학습 데이터로 이용한다. MNIST 필기체 숫자들은 연구소 직원과 중등학교 학생들의 데이터를 추가하여 만든 것으로서 다양한 이미지 처리 시스템 학습에 활용된다.

② MNIST에는 6만개의 학습용 데이터와 1만 개의 테스트 데이터가 저장되어 있다. 각 숫자 이미지는 가로×세로$=28 \times 28$ pixels로 $0 \sim 255(2^8 = 256)$의 숫자로 표현된다.

③ '2'라는 필기체 숫자 이미지를 가로와 세로로 구분(28×28 pixels)한 픽셀 단위의 $784(=28 \times 28)$개 입력 데이터가 주어지면, 은닉층을 거쳐 $0 \sim 9$의 10개 숫자에 대응하는 10개 출력 노드에서 3번째 노드에 1이 출력되도록 학습한다.

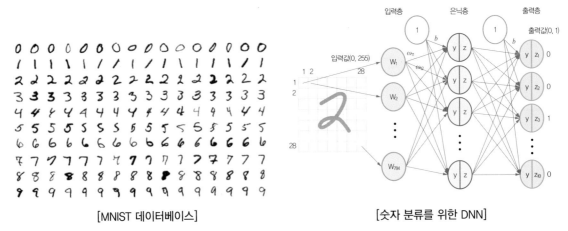

[MNIST 데이터베이스]

[숫자 분류를 위한 DNN]

[MNIST 데이터베이스 및 DNN 사례]

2 딥러닝 분석모형

(1) 이미지 인식 : MNIST 손글씨 데이터를 이용한 이미지 인식 방법을 설명하면 다음과 같다.

① MNIST 데이터를 이용하기 위하여 "dslabs" 패키지를 설치한다. MNIST 데이터는 손으로 쓴 0~9 사이의 숫자 이미지를 가로와 세로로 각각 28개의 픽셀로 쪼개어 총 784개($=28 \times 28$) 픽셀별로 0~255($2^8 = 256$) 밝기의 그레이스케일(Grayscale)로 만든 것이다. 60,000개의 학습용 데이터(train.images)와 10,000개의 테스트용 데이터(test.images)가 있다. 딥러닝 분석("deepnet"), 원-핫 인코딩("mltools"), 테이블 변환("data.table")을 위해 필요한 패키지를 설치한다.

```
> install.packages("dslabs")
--- 현재 세션에서 사용할 CRAN 미러를 선택해 주세요 ---
URL 'https://cran.yu.ac.kr/bin/windows/contrib/4.2/dslabs_0.7.4.zip'을 시도합니다
Content type 'application/zip' length 4699465 bytes (4.5 MB)
downloaded 4.5 MB

패키지 'dslabs'를 성공적으로 압축해제하였고 MD5 sums 이 확인되었습니다

다운로드된 바이너리 패키지들은 다음의 위치에 있습니다
        C:\tmp\Rtmp2hiQpG\downloaded_packages
> library(dslabs)
> install.packages("data.table")
URL 'https://cran.yu.ac.kr/bin/windows/contrib/4.2/data.table_1.14.2.zip'을 시도합니다
Content type 'application/zip' length 2242746 bytes (2.1 MB)
downloaded 2.1 MB

패키지 'data.table'을 성공적으로 압축해제하였고 MD5 sums 이 확인되었습니다

다운로드된 바이너리 패키지들은 다음의 위치에 있습니다
        C:\tmp\Rtmp2hiQpG\downloaded_packages
> library(data.table)
data.table 1.14.2 using 4 threads (see ?getDTthreads).  Latest news: r-datatable.com

> mnist <- read_mnist()
> summary(mnist)
      Length Class  Mode
train 2      -none- list
test  2      -none- list
> str(mnist)
List of 2
 $ train:List of 2
  ..$ images: int [1:60000, 1:784] 0 0 0 0 0 0 0 0 0 0 ...
  ..$ labels: int [1:60000] 5 0 4 1 9 2 1 3 1 4 ...
 $ test :List of 2
  ..$ images: int [1:10000, 1:784] 0 0 0 0 0 0 0 0 0 0 ...
  ..$ labels: int [1:10000] 7 2 1 0 4 1 4 9 5 9 ...

> data <- data.frame(mnist)
> head(data)
```

```
> install.packages("deepnet")
URL 'https://cran.yu.ac.kr/bin/windows/contrib/4.2/deepnet_0.2.1.zip'을 시도합니다
Content type 'application/zip' length 61162 bytes (59 KB)
downloaded 59 KB

패키지 'deepnet'를 성공적으로 압축해제하였고 MD5 sums 이 확인되었습니다

다운로드된 바이너리 패키지들은 다음의 위치에 있습니다
        C:\tmp\Rtmp2hiQpG\downloaded_packages
> library(deepnet)
> install.packages("mltools")
URL 'https://cran.yu.ac.kr/bin/windows/contrib/4.2/mltools_0.3.5.zip'을 시도합니다
Content type 'application/zip' length 111252 bytes (108 KB)
downloaded 108 KB

패키지 'mltools'를 성공적으로 압축해제하였고 MD5 sums 이 확인되었습니다

다운로드된 바이너리 패키지들은 다음의 위치에 있습니다
        C:\tmp\Rtmp2hiQpG\downloaded_packages
> library(mltools)
```

	train.images.1	train.images.2	train.images.3	train.images.4	train.images.5	train.images.6	train.images.7
1	0	0	0	0	0	0	0
2	0	0	0	0	0	0	0
3	0	0	0	0	0	0	0
4	0	0	0	0	0	0	0
5	0	0	0	0	0	0	0
6	0	0	0	0	0	0	0

	train.images.8	train.images.9	train.images.10	train.images.11	train.images.12	train.images.13
1	0	0	0	0	0	0
2	0	0	0	0	0	0
3	0	0	0	0	0	0
4	0	0	0	0	0	0
5	0	0	0	0	0	0
6	0	0	0	0	0	0

	train.images.14	train.images.15	train.images.16	train.images.17	train.images.18	train.images.19
1	0	0	0	0	0	0
2	0	0	0	0	0	0
3	0	0	0	0	0	0
4	0	0	0	0	0	0
5	0	0	0	0	0	0
6	0	0	0	0	0	0

```
        train.images.20 train.images.21 train.images.22 train.images.23 train.images.24 train.images.25
1                     0               0               0               0               0               0
2                     0               0               0               0               0               0
3                     0               0               0               0               0               0
4                     0               0               0               0               0               0
5                     0               0               0               0               0               0
6                     0               0               0               0               0               0
        train.images.26 train.images.27 train.images.28 train.images.29 train.images.30 train.images.31
1                     0               0               0               0               0               0
2                     0               0               0               0               0               0
3                     0               0               0               0               0               0
4                     0               0               0               0               0               0
5                     0               0               0               0               0               0
6                     0               0               0               0               0               0
        train.images.32 train.images.33 train.images.34 train.images.35 train.images.36 train.images.37
1                     0               0               0               0               0               0
2                     0               0               0               0               0               0
3                     0               0               0               0               0               0
4                     0               0               0               0               0               0
5                     0               0               0               0               0               0
6                     0               0               0               0               0               0
```

② MNIST는 아래와 같이 train.images(학습용 60,000개)와 test.images(검증용 10,000개)로 구분된다. 각각의 행은 784개의 픽셀에 대해 해당되는 그레이스케일(0~255의 값)을 저장하며, 실제 숫자 0~9까지는 labels에 저장된다.

	학습용 데이터(train.images)						검증용 데이터(test.images)				
	images 1	images 2	...	images 784	labels 실제숫자 (0~9)		images 1	images 2	...	images 784	labels 실제숫자 (0~9)
1						1					
2						2					
...						...					
60,000						10,000					

③ 학습용 데이터를 (images, labels)=(x_train, y_train)으로 저장하고 검증용 데이터를 (images, labels)=(x_test, y_test)에 저장한다. dim( ), length( ) 함수를 이용하여 행렬(벡터)의 크기를 확인한다.

```
> x_train <- mnist$train$images              > dim(x_train)
> y_train <- mnist$train$labels              [1] 60000    784
>                                            > length(y_train)
> str(x_train)                               [1] 60000
 int [1:60000, 1:784] 0 0 0 0 0 0 0 0 ...    >
> str(y_train)                               > dim(x_test)
 int [1:60000] 5 0 4 1 9 2 1 3 1 4 ...       [1] 10000    784
>                                            > length(y_test)
> x_test <- mnist$test$images                [1] 10000
> y_test <- mnist$test$labels

> str(x_test)
 int [1:10000, 1:784] 0 0 0 0 0 0 0 0 ...
> str(y_test)
 int [1:10000] 7 2 1 0 4 1 4 9 5 9 ...
```

④ R의 기본함수인 image( )를 이용하여 이미지 데이터를 확인한다. y_train[ ], y_test[ ]는 라벨(labels)에 저장된 숫자 0~9이다.

```
> image(1:28, 1:28, matrix(x_train[4,], nrow=28)[,28:1], col=gray(seq(0,1,0.05)), xlab="", ylab="")
> y_train[4]
[1] 1
```

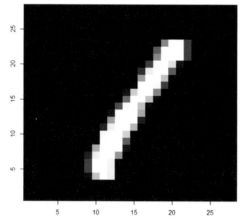

```
> image(1:28, 1:28, matrix(x_test[10,], nrow=28)[,28:1], col=gray(seq(0,1,0.05)), xlab="", ylab="")
> y_test[10]
[1] 9
```

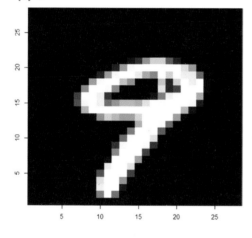

⑤ 학습용과 검증용 데이터를 정규화하기 위하여 최댓값(255)으로 나눈 값(0에서 1까지의 값을 가짐)을 각각의 데이터세트(x_train, x_test)에 저장한다. 정규화 방법 중 표준화 정규화 방법에서는 $y_i = (x_i - min)/(max - min)$으로 최댓값(255)과 최솟값(0)을 이용하여 정규화한다.

```
> x_train <- x_train/255
> x_train[1,]
  [1] 0.000000000 0.000000000 0.000000000 0.000000000 0.000000000 0.000000000 0.000000000 0.000000000
  [9] 0.000000000 0.000000000 0.000000000 0.000000000 0.000000000 0.000000000 0.000000000 0.000000000
 [17] 0.000000000 0.000000000 0.000000000 0.000000000 0.000000000 0.000000000 0.000000000 0.000000000
 [25] 0.000000000 0.000000000 0.000000000 0.000000000 0.000000000 0.000000000 0.000000000 0.000000000
 [33] 0.000000000 0.000000000 0.000000000 0.000000000 0.000000000 0.000000000 0.000000000 0.000000000
 [41] 0.000000000 0.000000000 0.000000000 0.000000000 0.000000000 0.000000000 0.000000000 0.000000000
 [49] 0.000000000 0.000000000 0.000000000 0.000000000 0.000000000 0.000000000 0.000000000 0.000000000
 [57] 0.000000000 0.000000000 0.000000000 0.000000000 0.000000000 0.000000000 0.000000000 0.000000000
 [65] 0.000000000 0.000000000 0.000000000 0.000000000 0.000000000 0.000000000 0.000000000 0.000000000
 [73] 0.000000000 0.000000000 0.000000000 0.000000000 0.000000000 0.000000000 0.000000000 0.000000000
 [81] 0.000000000 0.000000000 0.000000000 0.000000000 0.000000000 0.000000000 0.000000000 0.000000000
 [89] 0.000000000 0.000000000 0.000000000 0.000000000 0.000000000 0.000000000 0.000000000 0.000000000
 [97] 0.000000000 0.000000000 0.000000000 0.000000000 0.000000000 0.000000000 0.000000000 0.000000000
[105] 0.000000000 0.000000000 0.000000000 0.000000000 0.000000000 0.000000000 0.000000000 0.000000000
[113] 0.000000000 0.000000000 0.000000000 0.000000000 0.000000000 0.000000000 0.000000000 0.000000000
[121] 0.000000000 0.000000000 0.000000000 0.000000000 0.000000000 0.000000000 0.000000000 0.000000000
[129] 0.000000000 0.000000000 0.000000000 0.000000000 0.000000000 0.000000000 0.000000000 0.000000000
[137] 0.000000000 0.000000000 0.000000000 0.000000000 0.000000000 0.000000000 0.000000000 0.000000000
[145] 0.000000000 0.000000000 0.000000000 0.000000000 0.000000000 0.000000000 0.000000000 0.000000000
[153] 0.011764706 0.070588235 0.070588235 0.070588235 0.494117647 0.533333333 0.686274510 0.101960784
[161] 0.650980392 1.000000000 0.968627451 0.498039216 0.000000000 0.000000000 0.000000000 0.000000000
[169] 0.000000000 0.000000000 0.000000000 0.000000000 0.000000000 0.000000000 0.000000000 0.000000000
[177] 0.117647059 0.141176471 0.368627451 0.603921569 0.666666667 0.992156863 0.992156863 0.992156863
[185] 0.992156863 0.992156863 0.882352941 0.674509804 0.992156863 0.949019608 0.764705882 0.250980392

> x_test <- x_test/255
> x_test[1,]
  [1] 0.000000000 0.000000000 0.000000000 0.000000000 0.000000000 0.000000000 0.000000000 0.000000000
  [9] 0.000000000 0.000000000 0.000000000 0.000000000 0.000000000 0.000000000 0.000000000 0.000000000
 [17] 0.000000000 0.000000000 0.000000000 0.000000000 0.000000000 0.000000000 0.000000000 0.000000000
 [25] 0.000000000 0.000000000 0.000000000 0.000000000 0.000000000 0.000000000 0.000000000 0.000000000
 [33] 0.000000000 0.000000000 0.000000000 0.000000000 0.000000000 0.000000000 0.000000000 0.000000000
 [41] 0.000000000 0.000000000 0.000000000 0.000000000 0.000000000 0.000000000 0.000000000 0.000000000
 [49] 0.000000000 0.000000000 0.000000000 0.000000000 0.000000000 0.000000000 0.000000000 0.000000000
 [57] 0.000000000 0.000000000 0.000000000 0.000000000 0.000000000 0.000000000 0.000000000 0.000000000
 [65] 0.000000000 0.000000000 0.000000000 0.000000000 0.000000000 0.000000000 0.000000000 0.000000000
 [73] 0.000000000 0.000000000 0.000000000 0.000000000 0.000000000 0.000000000 0.000000000 0.000000000
 [81] 0.000000000 0.000000000 0.000000000 0.000000000 0.000000000 0.000000000 0.000000000 0.000000000
 [89] 0.000000000 0.000000000 0.000000000 0.000000000 0.000000000 0.000000000 0.000000000 0.000000000
 [97] 0.000000000 0.000000000 0.000000000 0.000000000 0.000000000 0.000000000 0.000000000 0.000000000
[105] 0.000000000 0.000000000 0.000000000 0.000000000 0.000000000 0.000000000 0.000000000 0.000000000
[113] 0.000000000 0.000000000 0.000000000 0.000000000 0.000000000 0.000000000 0.000000000 0.000000000
[121] 0.000000000 0.000000000 0.000000000 0.000000000 0.000000000 0.000000000 0.000000000 0.000000000
[129] 0.000000000 0.000000000 0.000000000 0.000000000 0.000000000 0.000000000 0.000000000 0.000000000
[137] 0.000000000 0.000000000 0.000000000 0.000000000 0.000000000 0.000000000 0.000000000 0.000000000
[145] 0.000000000 0.000000000 0.000000000 0.000000000 0.000000000 0.000000000 0.000000000 0.000000000
[153] 0.000000000 0.000000000 0.000000000 0.000000000 0.000000000 0.000000000 0.000000000 0.000000000
[161] 0.000000000 0.000000000 0.000000000 0.000000000 0.000000000 0.000000000 0.000000000 0.000000000
[169] 0.000000000 0.000000000 0.000000000 0.000000000 0.000000000 0.000000000 0.000000000 0.000000000
[177] 0.000000000 0.000000000 0.000000000 0.000000000 0.000000000 0.000000000 0.000000000 0.000000000
[185] 0.000000000 0.000000000 0.000000000 0.000000000 0.000000000 0.000000000 0.000000000 0.000000000
```

⑥ 학습용 데이터에 대한 라벨(labels, y_train, 0~9)을 딥러닝의 출력값으로 변환하기 위하여 as.factor( ) 함수를 이용하여 요인값으로 변경한다. 딥러닝 출력층을 설계하기 위하여 원-핫 인코딩(One-hot encoding) 방법을 이용한다. 원-핫 인코딩에서는 각 숫자들에 대응하는 출력 노드는 1, 나머지는 0이 출력되도록 목표치를 설정하여 학습한다. 예를 들어 입력 숫자가 2인 경우 3번째 위치에 있는 노드만 1, 나머지 노드들은 0이 된다. 요인을 테이블 구조로 변환[as.data.table(Z)]후, one_hot( ) 함수를 이용하여 원-핫 인코딩 결과를 Z에 저장한다.

```
> Z <- as.factor(y_train)
> str(Z)
 Factor w/ 10 levels "0","1","2","3",..: 6 1 5 2 10 3 2 4 2 5 ...
> summary(Z)
   0    1    2    3    4    5    6    7    8    9
5923 6742 5958 6131 5842 5421 5918 6265 5851 5949
> head(Z)
[1] 5 0 4 1 9 2
Levels: 0 1 2 3 4 5 6 7 8 9
```

```
> Z <- one_hot(as.data.table(Z))
> str(Z)
Classes 'data.table' and 'data.frame':     60000 obs. of  10 variables:
 $ Z_0: int  0 1 0 0 0 0 0 0 0 0 ...
 $ Z_1: int  0 0 0 1 0 0 1 0 1 0 ...
 $ Z_2: int  0 0 0 0 0 1 0 0 0 0 ...
 $ Z_3: int  0 0 0 0 0 0 0 1 0 0 ...
 $ Z_4: int  0 0 1 0 0 0 0 0 0 1 ...
 $ Z_5: int  1 0 0 0 0 0 0 0 0 0 ...
 $ Z_6: int  0 0 0 0 0 0 0 0 0 0 ...
 $ Z_7: int  0 0 0 0 0 0 0 0 0 0 ...
 $ Z_8: int  0 0 0 0 0 0 0 0 0 0 ...
 $ Z_9: int  0 0 0 0 1 0 0 0 0 0 ...
 - attr(*, ".internal.selfref")=<externalptr>
> summary(Z)
      Z_0              Z_1              Z_2              Z_3              Z_4               Z_5
 Min.   :0.00000   Min.   :0.0000   Min.   :0.0000   Min.   :0.0000   Min.   :0.00000   Min.   :0.00000
 1st Qu.:0.00000   1st Qu.:0.0000   1st Qu.:0.0000   1st Qu.:0.0000   1st Qu.:0.00000   1st Qu.:0.00000
 Median :0.00000   Median :0.0000   Median :0.0000   Median :0.0000   Median :0.00000   Median :0.00000
 Mean   :0.09872   Mean   :0.1124   Mean   :0.0993   Mean   :0.1022   Mean   :0.09737   Mean   :0.09035
 3rd Qu.:0.00000   3rd Qu.:0.0000   3rd Qu.:0.0000   3rd Qu.:0.0000   3rd Qu.:0.00000   3rd Qu.:0.00000
 Max.   :1.00000   Max.   :1.0000   Max.   :1.0000   Max.   :1.0000   Max.   :1.00000   Max.   :1.00000
      Z_6              Z_7              Z_8               Z_9
 Min.   :0.0000   Min.   :0.0000   Min.   :0.00000   Min.   :0.00000
 1st Qu.:0.0000   1st Qu.:0.0000   1st Qu.:0.00000   1st Qu.:0.00000
 Median :0.0000   Median :0.0000   Median :0.00000   Median :0.00000
 Mean   :0.09863   Mean   :0.1044   Mean   :0.09752   Mean   :0.09915
 3rd Qu.:0.00000  3rd Qu.:0.0000   3rd Qu.:0.00000   3rd Qu.:0.00000
 Max.   :1.00000  Max.   :1.0000   Max.   :1.00000   Max.   :1.00000
> head(Z)
   Z_0 Z_1 Z_2 Z_3 Z_4 Z_5 Z_6 Z_7 Z_8 Z_9
1:   0   0   0   0   0   1   0   0   0   0
2:   1   0   0   0   0   0   0   0   0   0
3:   0   0   0   0   1   0   0   0   0   0
4:   0   1   0   0   0   0   0   0   0   0
5:   0   0   0   0   0   0   0   0   0   1
6:   0   0   1   0   0   0   0   0   0   0
```

⑦ 행렬로 변환하기 위해 as.matrix( )를 이용하며, 학습용 데이터 라벨을 저장(y_train2)한다.

```
> y_train2 <- as.matrix(Z)
> str(y_train2)
 int [1:60000, 1:10] 0 1 0 0 0 0 0 0 0 0 ...
 - attr(*, "dimnames")=List of 2
  ..$ : NULL
  ..$ : chr [1:10] "Z_0" "Z_1" "Z_2" "Z_3" ...
> summary(y_train2)
      Z_0              Z_1              Z_2              Z_3              Z_4               Z_5
 Min.   :0.00000   Min.   :0.0000   Min.   :0.0000   Min.   :0.0000   Min.   :0.00000   Min.   :0.00000
 1st Qu.:0.00000   1st Qu.:0.0000   1st Qu.:0.0000   1st Qu.:0.0000   1st Qu.:0.00000   1st Qu.:0.00000
 Median :0.00000   Median :0.0000   Median :0.0000   Median :0.0000   Median :0.00000   Median :0.00000
 Mean   :0.09872   Mean   :0.1124   Mean   :0.0993   Mean   :0.1022   Mean   :0.09737   Mean   :0.09035
 3rd Qu.:0.00000   3rd Qu.:0.0000   3rd Qu.:0.0000   3rd Qu.:0.0000   3rd Qu.:0.00000   3rd Qu.:0.00000
 Max.   :1.00000   Max.   :1.0000   Max.   :1.0000   Max.   :1.0000   Max.   :1.00000   Max.   :1.00000
      Z_6              Z_7              Z_8               Z_9
 Min.   :0.00000   Min.   :0.0000   Min.   :0.00000   Min.   :0.00000
 1st Qu.:0.00000   1st Qu.:0.0000   1st Qu.:0.00000   1st Qu.:0.00000
 Median :0.00000   Median :0.0000   Median :0.00000   Median :0.00000
 Mean   :0.09863   Mean   :0.1044   Mean   :0.09752   Mean   :0.09915
 3rd Qu.:0.00000   3rd Qu.:0.0000   3rd Qu.:0.00000   3rd Qu.:0.00000
 Max.   :1.00000   Max.   :1.0000   Max.   :1.00000   Max.   :1.00000
> head(y_train2)
     Z_0 Z_1 Z_2 Z_3 Z_4 Z_5 Z_6 Z_7 Z_8 Z_9
[1,]   0   0   0   0   0   1   0   0   0   0
[2,]   1   0   0   0   0   0   0   0   0   0
[3,]   0   0   0   0   1   0   0   0   0   0
[4,]   0   1   0   0   0   0   0   0   0   0
[5,]   0   0   0   0   0   0   0   0   0   1
[6,]   0   0   1   0   0   0   0   0   0   0
> y_train2[1,]
Z_0 Z_1 Z_2 Z_3 Z_4 Z_5 Z_6 Z_7 Z_8 Z_9
  0   0   0   0   0   1   0   0   0   0
```

```
> y_train2[2,]
Z_0 Z_1 Z_2 Z_3 Z_4 Z_5 Z_6 Z_7 Z_8 Z_9
  1   0   0   0   0   0   0   0   0   0
> y_train2[5,]
Z_0 Z_1 Z_2 Z_3 Z_4 Z_5 Z_6 Z_7 Z_8 Z_9
  0   0   0   0   0   0   0   0   0   1
```

```
> y_train2[3,]
Z_0 Z_1 Z_2 Z_3 Z_4 Z_5 Z_6 Z_7 Z_8 Z_9
  0   0   0   0   1   0   0   0   0   0
> y_train2[4,]
Z_0 Z_1 Z_2 Z_3 Z_4 Z_5 Z_6 Z_7 Z_8 Z_9
  0   1   0   0   0   0   0   0   0   0
> y_train2[6,]
Z_0 Z_1 Z_2 Z_3 Z_4 Z_5 Z_6 Z_7 Z_8 Z_9
  0   0   1   0   0   0   0   0   0   0
```

⑧ 딥러닝 모형을 구축하기 위하여 nn.train( ) 함수를 이용한다. 딥러닝에서는 과적합을 방지하기 위하여 드롭아웃(Drop−out, 데이터 학습 시 뉴런의 연결을 임의로 삭제, 데이터 검증을 위해서는 적용하지 않음)의 비율을 사전에 정의한다.

> **nn.train (x=, y=, hidden=c( ), activationfun=, output=, numepochs=,**
>   **hidden_dropout=, visible_dropout=)**
> - x : 훈련용 데이터
> - y : 훈련용 라벨(출력)
> - hidden : 은닉층의 수, 각 층의 노드 수
> - activationfun : 은닉층의 활성화 함수
> - output : 출력층의 활성화 함수
> - numepochs : 학습 반복의 수
> - hidden_dropout : 은닉층의 드롭아웃 비율(0~1)
> - visible_dropout : 입력층의 드롭아웃 비율(0~1)

⑨ 은닉층 활성화 함수를 시그모이드(sigm), 출력층 활성화 함수를 소프트맥스(softmax)로 지정하여 심층신경망 모델(dnn)을 구축하면 다음과 같다. hidden=c(300, 150, 50)으로 지정(은닉층, 각 층의 노드 수에 대한 벡터값, 은닉층은 3개이고 각 은닉층별 노드 수는 300, 150, 50개로 지정)하고 학습 반복의 수=100, 드롭아웃은 지정하지 않는다. 데이터 양이 많은 경우 데이터 학습에 많은 시간이 소요된다.

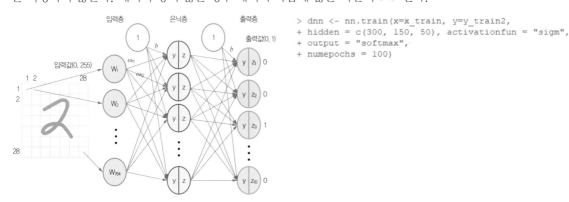

```
> dnn <- nn.train(x=x_train, y=y_train2,
+ hidden = c(300, 150, 50), activationfun = "sigm",
+ output = "softmax",
+ numepochs = 100)
```

⑩ 구축 모형(dnn)과 검증 데이터(x_test)를 이용하여 예측한 결과[predict<−nn.predict(dnn, x_test)]는 다음과 같다. 각 행의 결과(Z벡터)는 Z_0 ~ Z_9에 저장되며 (0, 1)의 값을 가진다. 각 행에서 가장 큰 값을 가지는 열의 위치를 추출하기 위해 apply(predict, 1, which.max) 함수를 이용(predict_number)하고, 1~10를 0~9로 변환하기 위하여 "predict_label<−predict_number−1"을 수행하여 예측값(predict_label)을 구한다.

```
> predict <- nn.predict(dnn, x_test)
> head(predict)
            Z_0          Z_1          Z_2          Z_3          Z_4          Z_5          Z_6          Z_7
[1,] 9.521753e-13 8.277122e-11 1.112285e-10 3.365222e-11 3.491524e-13 1.947147e-15 2.924619e-20 1.000000e+00
[2,] 2.858378e-09 3.625248e-08 9.999998e-01 1.181431e-07 4.303634e-12 5.915936e-12 7.934287e-10 1.559773e-09
[3,] 4.821628e-16 9.999996e-01 4.679290e-09 4.156501e-11 2.323954e-07 1.830904e-11 5.065213e-11 1.342070e-07
[4,] 9.999988e-01 1.566897e-12 1.340972e-07 3.284825e-09 1.929097e-09 4.063746e-07 6.456937e-07 6.992087e-09
[5,] 2.782675e-09 3.747601e-07 2.041647e-09 3.159679e-13 9.999983e-01 1.323224e-09 2.524513e-08 8.452757e-08
[6,] 1.566871e-15 9.999961e-01 4.501777e-09 1.276875e-10 6.475613e-07 3.256514e-12 1.806933e-11 3.202969e-06
            Z_8          Z_9
[1,] 4.456250e-16 2.310791e-08
[2,] 2.541845e-09 1.277982e-14
[3,] 2.227446e-08 2.413801e-12
[4,] 9.047892e-10 3.651230e-08
[5,] 1.431207e-09 1.209189e-06
[6,] 2.126224e-08 2.708928e-11

> summary(predict)
      Z_0              Z_1              Z_2               Z_3               Z_4
 Min.   :0.00000   Min.   :0.00e+00   Min.   :0.0000000   Min.   :0.0000000   Min.   :0.0000000
 1st Qu.:0.00000   1st Qu.:0.00e+00   1st Qu.:0.0000000   1st Qu.:0.0000000   1st Qu.:0.0000000
 Median :0.00000   Median :0.00e+00   Median :0.0000000   Median :0.0000000   Median :0.0000000
 Mean   :0.09872   Mean   :1.14e-01   Mean   :0.1028726   Mean   :0.1008839   Mean   :0.0978396
 3rd Qu.:0.00000   3rd Qu.:1.00e-07   3rd Qu.:0.0000001   3rd Qu.:0.0000001   3rd Qu.:0.0000002
 Max.   :1.00000   Max.   :1.00e+00   Max.   :1.0000000   Max.   :1.0000000   Max.   :0.9999999
      Z_5              Z_6              Z_7              Z_8              Z_9
 Min.   :0.0000000   Min.   :0.0000000   Min.   :0.00e+00   Min.   :0.00e+00   Min.   :0.0000000
 1st Qu.:0.0000000   1st Qu.:0.0000000   1st Qu.:0.00e+00   1st Qu.:0.00e+00   1st Qu.:0.0000000
 Median :0.0000000   Median :0.0000000   Median :0.00e+00   Median :0.00e+00   Median :0.0000000
 Mean   :0.0889227   Mean   :0.0954684   Mean   :1.02e-01   Mean   :9.76e-02   Mean   :0.1017064
 3rd Qu.:0.0000001   3rd Qu.:0.0000001   3rd Qu.:3.00e-07   3rd Qu.:1.00e-07   3rd Qu.:0.0000002
 Max.   :1.0000000   Max.   :0.9999996   Max.   :1.00e+00   Max.   :1.00e+00   Max.   :1.0000000

> predict_number <- apply(predict, 1, which.max)
> head(predict_number)
[1] 8 3 2 1 5 2
> summary(predict_number)
   Min. 1st Qu.  Median    Mean 3rd Qu.    Max.
  1.000   3.000   5.000   5.442   8.000  10.000
>
> predict_label <- predict_number - 1
> head(predict_label)
[1] 7 2 1 0 4 1
> summary(predict_label)
   Min. 1st Qu.  Median    Mean 3rd Qu.    Max.
  0.000   2.000   4.000   4.442   7.000   9.000

> predict_label[1:1000]
  [1] 7 2 1 0 4 1 4 9 4 9 0 6 9 0 1 5 9 7 3 4 9 6 6 5 4 0 7 4 0 1 3 1 3 4 7 2 7 1 2 1 1 7 4 2 3 5 1 2 4 4 6 3
 [53] 5 5 6 0 4 1 9 5 7 8 9 3 7 4 6 4 3 0 7 0 2 9 1 7 3 2 9 7 7 6 2 7 8 4 7 3 6 1 3 6 9 3 1 4 9 7 6 9 6 0 5 4
[105] 5 9 2 1 9 4 8 7 3 9 7 4 4 4 9 2 5 4 7 6 7 9 0 5 8 5 6 6 5 7 8 1 0 1 6 4 6 7 3 1 7 1 8 2 0 1 9 9 5 5 1 5
[157] 6 0 3 4 4 6 5 4 6 5 4 5 1 4 4 7 2 3 2 7 1 8 1 8 1 8 5 0 8 9 2 5 0 1 1 1 0 9 0 3 1 6 4 2 3 6 1 1 1 3 9 5
[209] 2 9 4 5 9 3 9 0 3 6 5 5 7 2 2 7 1 2 8 4 1 7 3 3 8 8 7 9 2 2 4 1 5 9 8 7 2 3 0 6 4 2 4 1 9 5 7 7 2 8 2 6
[261] 8 5 7 7 9 1 8 1 8 0 3 0 1 9 9 4 1 8 2 1 2 9 7 5 9 2 6 4 1 5 8 2 9 2 0 4 0 0 2 8 4 7 1 2 4 0 2 7 4 3 3 0
[313] 0 3 1 9 6 5 2 5 9 7 9 3 0 4 2 0 7 1 1 2 1 5 3 3 9 7 8 6 3 1 3 8 1 0 5 1 3 1 5 5 6 1 8 5 1 7 9 4 6 2 2
[365] 5 0 6 5 6 3 7 2 0 8 8 5 4 1 1 4 0 7 3 7 6 1 6 2 1 9 2 8 6 1 9 5 2 5 4 4 2 3 8 8 2 4 5 0 3 1 7 7 5 7 9 7
[417] 1 9 2 1 4 2 9 2 0 4 9 1 4 8 1 8 4 5 9 8 8 3 7 6 0 0 3 0 2 0 6 9 9 5 3 3 2 3 9 1 2 6 8 0 5 6 6 6 3 8 8 2
[469] 7 5 8 9 6 1 8 4 1 2 5 9 7 8 9 1 9 5 2 3 7 0 9 4 0 6 3 9 5 2 1 3 1 3 6 5 7 4 2 2 6 3 2 6 5 4
[521] 8 9 7 1 3 0 3 8 3 1 9 3 4 4 6 4 2 1 8 2 5 4 8 8 4 0 0 2 3 2 7 7 0 8 7 4 4 7 9 6 9 0 9 8 0 4 6 0 6 3 5 4
[573] 8 3 3 9 3 3 3 7 8 0 2 2 1 7 0 6 5 4 3 8 0 9 6 3 8 0 9 9 6 8 6 8 5 7 8 6 0 2 4 0 2 2 3 1 9 7 5 1 0 8 4 6
[625] 2 6 7 9 3 2 9 8 2 2 9 2 7 3 5 9 1 8 0 2 0 5 2 1 3 7 6 7 1 2 5 8 0 3 7 2 4 0 9 1 8 6 7 7 4 3 4 9 1 9 5 1
[677] 7 3 9 7 6 9 1 3 7 8 3 3 6 7 2 4 5 8 5 1 1 4 4 3 1 0 7 7 0 7 9 4 4 8 5 5 4 0 8 2 1 0 8 4 8 0 4 0 6 1 7 3
[729] 2 6 7 2 6 9 3 1 4 6 2 5 4 2 0 6 2 1 7 3 4 1 0 5 4 3 1 1 7 4 9 9 4 8 4 0 2 4 5 1 1 6 4 7 1 9 4 2 4 1 5 5
[781] 3 8 3 1 4 5 6 8 9 4 1 5 3 8 0 3 2 5 1 2 8 3 4 4 0 8 8 3 3 1 7 3 5 9 6 3 2 6 1 3 6 0 7 2 1 7 1 4 2 4 2 1
[833] 7 9 6 1 1 2 4 8 1 7 7 4 8 0 7 3 1 3 1 0 7 7 0 3 5 5 2 7 6 6 9 2 8 3 5 2 2 5 6 0 8 2 9 2 8 8 8 8 7 4 9 3
[885] 0 6 6 3 2 1 3 2 2 9 3 0 0 5 7 8 1 4 4 6 0 2 9 1 4 7 4 9 7 3 9 8 8 4 7 1 2 1 2 2 3 2 3 2 3 9 1 7 4 0 3 5 5
[937] 8 6 5 2 6 7 6 6 3 2 7 9 1 1 7 4 6 4 9 5 1 3 3 4 7 8 9 1 1 0 9 1 4 4 5 4 0 6 2 2 3 1 5 1 2 0 3 8 1 2 6 7
[989] 1 6 2 3 9 0 1 2 2 0 8 9
```

⑪ 실젯값(y_test)과 예측값(predict_label)을 비교하기 위해 table( )을 이용하여 cross_table을 작성한다. cross_table로부터 딥러닝 모형에 대한 성능평가 결과를 확인할 수 있으며, 검증 데이터(x_test)에 대한 평가 결과, 정확도=98.24%이다. 한편, "pROC" 패키지와 "caret" 패키지를 이용하여 작성된 혼동행렬 (confusionMatrix( ))로도 동일한 결과를 확인할 수 있다.

```
> cross_table <- table(y_test, predict_label)
> head(cross_table)
       predict_label
y_test    0    1    2    3    4    5    6    7    8    9
     0  970    0    1    0    2    1    3    0    2    1
     1    0 1128    1    1    0    1    1    1    1    1
     2    1    3 1014    6    1    0    0    2    5    0
     3    1    0    3  992    0    5    0    3    4    2
     4    1    0    2    0  959    0    5    2    0   13
     5    3    0    0    6    2  873    3    1    1    3
>
> summary(cross_table)
Number of cases in table: 10000
Number of factors: 2
Test for independence of all factors:
        Chisq = 86492, df = 81, p-value = 0

> cross_table
       predict_label
y_test    0    1    2    3    4    5    6    7    8    9
     0  970    0    1    0    2    1    3    0    2    1
     1    0 1128    1    1    0    1    1    1    1    1
     2    1    3 1014    6    1    0    0    2    5    0
     3    1    0    3  992    0    5    0    3    4    2
     4    1    0    2    0  959    0    5    2    0   13
     5    3    0    0    6    2  873    3    1    1    3
     6    3    3    2    0    2    5  940    0    3    0
     7    1    3    6    2    1    0    0 1006    3    6
     8    4    0    1    2    3    2    1    2  954    5
     9    3    2    0    1    6    2    0    4    3  988
>
> accuracy <- sum(diag(cross_table)) / sum(cross_table) * 100
> accuracy
[1] 98.24
```

```
> install.packages("pROC")
URL 'https://cran.yu.ac.kr/bin/windows/contrib/4.2/pROC_1.18.0.zip'을 시도합니다
Content type 'application/zip' length 1158117 bytes (1.1 MB)
downloaded 1.1 MB
```

패키지 'pROC'를 성공적으로 압축해제하였고 MD5 sums 이 확인되었습니다

다운로드된 바이너리 패키지들은 다음의 위치에 있습니다
```
        C:\tmp\Rtmp2hiQpG\downloaded_packages
> library(pROC)
Type 'citation("pROC")' for a citation.
```

다음의 패키지를 부착합니다: 'pROC'

```
The following objects are masked from 'package:stats':

    cov, smooth, var

> install.packages("caret")
URL 'https://cran.yu.ac.kr/bin/windows/contrib/4.2/caret_6.0-92.zip'을 시도합니다
Content type 'application/zip' length 3578271 bytes (3.4 MB)
downloaded 3.4 MB
```

패키지 'caret'를 성공적으로 압축해제하였고 MD5 sums 이 확인되었습니다

다운로드된 바이너리 패키지들은 다음의 위치에 있습니다
```
        C:\tmp\Rtmp2hiQpG\downloaded_packages
> library(caret)
```
필요한 패키지를 로딩중입니다: ggplot2
필요한 패키지를 로딩중입니다: lattice

```
> confusionMatrix(cross_table)
Confusion Matrix and Statistics

       predict_label
y_test    0    1    2    3    4    5    6    7    8    9
     0  970    0    1    0    2    1    3    0    2    1
     1    0 1128    1    1    0    1    1    1    1    1
     2    1    3 1014    6    1    0    0    2    5    0
     3    1    0    3  992    0    5    0    3    4    2
     4    1    0    2    0  959    0    5    2    0   13
     5    3    0    0    6    2  873    3    1    1    3
     6    3    3    2    0    2    5  940    0    3    0
     7    1    3    6    2    1    0    0 1006    3    6
     8    4    0    1    2    3    2    1    2  954    5
     9    3    2    0    1    6    2    0    4    3  988

Overall Statistics

               Accuracy : 0.9824
                 95% CI : (0.9796, 0.9849)
    No Information Rate : 0.1139
    P-Value [Acc > NIR] : < 2.2e-16

                  Kappa : 0.9804

 Mcnemar's Test P-Value : NA

Statistics by Class:

                     Class: 0 Class: 1 Class: 2 Class: 3 Class: 4 Class: 5 Class: 6 Class: 7 Class: 8 Class: 9
Sensitivity            0.9828   0.9903   0.9845   0.9822   0.9826   0.9820   0.9864   0.9853   0.9775   0.9696
Specificity            0.9989   0.9992   0.9980   0.9980   0.9975   0.9979   0.9980   0.9975   0.9978   0.9977
Pos Pred Value         0.9898   0.9938   0.9826   0.9822   0.9766   0.9787   0.9812   0.9786   0.9795   0.9792
Neg Pred Value         0.9981   0.9988   0.9982   0.9980   0.9981   0.9982   0.9986   0.9983   0.9976   0.9966
Prevalence             0.0987   0.1139   0.1030   0.1010   0.0976   0.0889   0.0953   0.1021   0.0976   0.1019
Detection Rate         0.0970   0.1128   0.1014   0.0992   0.0959   0.0873   0.0940   0.1006   0.0954   0.0988
Detection Prevalence   0.0980   0.1135   0.1032   0.1010   0.0982   0.0892   0.0958   0.1028   0.0974   0.1009
Balanced Accuracy      0.9908   0.9948   0.9912   0.9901   0.9900   0.9900   0.9922   0.9914   0.9876   0.9836
```

(2) 드롭아웃 적용 시 이미지 인식 결과

① nn.train( ) 함수를 이용하여 입력층에서는 드롭아웃을 지정하지 않고(visible_dropout=0), 은닉층에서는 드롭아웃 비율을 30%(hidden_dropout=0.3)로 지정한 후, 딥러닝 모형을 구축하면 다음과 같다.

```
> install.packages("dslabs")
--- 현재 세션에서 사용할 CRAN 미러를 선택해 주세요 ---
URL 'https://cran.yu.ac.kr/bin/windows/contrib/4.2/dslabs_0.7.4.zip'를 시도합니다
Content type 'application/zip' length 4699465 bytes (4.5 MB)
downloaded 4.5 MB

패키지 'dslabs'를 성공적으로 압축해제하였고 MD5 sums 이 확인되었습니다

다운로드된 바이너리 패키지들은 다음의 위치에 있습니다
        C:\tmp\RtmpOst3i4\downloaded_packages
> library(dslabs)
> install.packages("deepnet")
URL 'https://cran.yu.ac.kr/bin/windows/contrib/4.2/deepnet_0.2.1.zip'를 시도합니다
Content type 'application/zip' length 61162 bytes (59 KB)
downloaded 59 KB

패키지 'deepnet'를 성공적으로 압축해제하였고 MD5 sums 이 확인되었습니다

다운로드된 바이너리 패키지들은 다음의 위치에 있습니다
        C:\tmp\RtmpOst3i4\downloaded_packages
> library(deepnet)
> install.packages("mltools")
URL 'https://cran.yu.ac.kr/bin/windows/contrib/4.2/mltools_0.3.5.zip'를 시도합니다
Content type 'application/zip' length 111252 bytes (108 KB)
downloaded 108 KB

패키지 'mltools'를 성공적으로 압축해제하였고 MD5 sums 이 확인되었습니다

다운로드된 바이너리 패키지들은 다음의 위치에 있습니다
        C:\tmp\RtmpOst3i4\downloaded_packages
> library(mltools)
> install.packages("data.table")
URL 'https://cran.yu.ac.kr/bin/windows/contrib/4.2/data.table_1.14.2.zip'를 시도합니다
Content type 'application/zip' length 2242746 bytes (2.1 MB)
downloaded 2.1 MB

패키지 'data.table'를 성공적으로 압축해제하였고 MD5 sums 이 확인되었습니다
경고: 패키지 'data.table'의 이전설치를 삭제할 수 없습니다
경고: 'data.table'를 복구하였습니다

다운로드된 바이너리 패키지들은 다음의 위치에 있습니다
        C:\tmp\RtmpOst3i4\downloaded_packages
경고메시지(들):
file.copy(savedcopy, lib, recursive = TRUE)에서:
  C:\Program Files\R\R-4.2.1\library\00LOCK\data.table\libs\x64\datatable.dll를 C:\Program Files\R\R-4.2.$
> library(data.table)
data.table 1.14.2 using 4 threads (see ?getDTthreads).  Latest news: r-datatable.com
```

["dslabs", "deepnet", "mltools", "data.table" 패키지 설치]

```
> mnist <- read_mnist()
>
> x_train <- mnist$train$images
> y_train <- mnist$train$labels
>
> x_test <- mnist$test$images
> y_test <- mnist$test$labels
>
> x_train <- x_train / 255
>
> Z <- as.factor(y_train)
>
> Z <- one_hot(as.data.table(Z))
>
> y_train2 <- as.matrix(Z)
```

[훈련용(train), 검증용(test) 데이터 분류, 정규화, 테이블 변환
후 one-hot encoding, 행렬로 변환]

```
> start <- Sys.time()
> start
[1] "2022-07-16 18:59:56 KST"
>
> dnn2 <- nn.train(x=x_train, y=y_train2,
+ hidden = c(300, 150, 50), activationfun = "sigm",
+ output = "softmax",
+ numepochs = 100,
+ hidden_dropout = 0.3,
+ visible_dropout = 0)
####loss on step 10000 is : 0.043825
####loss on step 20000 is : 0.062810
####loss on step 30000 is : 0.017210
####loss on step 40000 is : 0.027779
####loss on step 50000 is : 0.000390
####loss on step 60000 is : 0.022108
> end <- Sys.time()
> end
[1] "2022-07-16 19:49:17 KST"
> time.elapsed <- difftime(end, start, units="mins")
> time.elapsed
Time difference of 49.35451 mins
```

[딥러닝 모형 구축, 학습 수행 시간=49분]

```
> predict <- nn.predict(dnn2, x_test)
> predict_number <- apply(predict, 1, which.max)
> predict_label <- predict_number - 1
> cross_table <- table(y_test, predict_label)
> cross_table
       predict_label
y_test    0    1    2    3    4    5    6    7    8    9
     0  966    1    2    0    0    2    5    3    1    0
     1    0 1126    0    4    0    3    1    1    0    0
     2    2    2 1011    6    1    0    2    8    0    0
     3    0    0    5  994    0    5    0    4    1    1
     4    0    2    4    0  958    0    4    7    0    7
     5    2    0    0    9    1  874    1    1    2    2
     6    3    3    2    1    4    5  939    0    1    0
     7    1    3    7    2    0    0    0 1015    0    0
     8    4    4    7   38    6   11    6    7  886    5
     9    2    3    0    9   14    2    0   11    0  968
```

[모형 검증, 실제-예측값 비교]

② "pROC", "caret" 패키지를 이용하여 혼동행렬을 확인하며 성능평가 결과, 정확도(accuracy)는 97.37%로, 드롭아웃을 지정하지 않은 모형의 결과(98.24%)보다 정확도가 다소 낮아짐(데이터를 학습하면서 뉴런의 연결을 임의로 삭제)을 알 수 있다.

```
> library(pROC)
Type 'citation("pROC")' for a citation.

다음의 패키지를 부착합니다: 'pROC'

The following objects are masked from 'package:stats':

    cov, smooth, var

> install.packages("caret")
URL 'https://cran.yu.ac.kr/bin/windows/contrib/4.2/caret_6.0-92.zip'을 시도합니다
Content type 'application/zip' length 3578271 bytes (3.4 MB)
downloaded 3.4 MB

패키지 'caret'를 성공적으로 압축해제하였고 MD5 sums 이 확인되었습니다

다운로드된 바이너리 패키지들은 다음의 위치에 있습니다
            C:\tmp\RtmpOst3i4\downloaded_packages
> library(caret)
필요한 패키지를 로딩중입니다: ggplot2
필요한 패키지를 로딩중입니다: lattice

> confusionMatrix(cross_table)
Confusion Matrix and Statistics

      predict_label
y_test    0    1    2    3    4    5    6    7    8    9
     0  966    1    2    0    0    2    5    3    1    0
     1    0 1126    0    4    0    3    1    1    0    0
     2    2    2 1011    6    1    0    2    8    0    0
     3    0    0    5  994    0    5    0    4    1    1
     4    0    2    4    0  958    0    4    7    0    7
     5    2    0    0    9    1  874    1    1    2    2
     6    3    3    2    1    4    5  939    0    1    0
     7    1    3    7    2    0    0    0 1015    0    0
     8    4    4    7   38    6   11    6    7  886    5
     9    2    3    0    9   14    2    6   11    0  968

Overall Statistics

               Accuracy : 0.9737
                 95% CI : (0.9704, 0.9767)
    No Information Rate : 0.1144
    P-Value [Acc > NIR] : < 2.2e-16

                  Kappa : 0.9708

 Mcnemar's Test P-Value : NA

Statistics by Class:

                     Class: 0 Class: 1 Class: 2 Class: 3 Class: 4 Class: 5 Class: 6 Class: 7 Class: 8
Sensitivity            0.9857   0.9843   0.9740   0.9351   0.9736   0.9690   0.9802   0.9603   0.9944
Specificity            0.9984   0.9990   0.9977   0.9982   0.9980   0.9973   0.9980   0.9979   0.9985   0.9903
Pos Pred Value         0.9857   0.9921   0.9797   0.9842   0.9756   0.9798   0.9802   0.9874   0.9097
Neg Pred Value         0.9984   0.9980   0.9970   0.9923   0.9971   0.9969   0.9979   0.9953   0.9994
Prevalence             0.0980   0.1144   0.1038   0.1063   0.0984   0.0902   0.0958   0.1057   0.0891
Detection Rate         0.0966   0.1126   0.1011   0.0994   0.0958   0.0874   0.0939   0.1015   0.0886
Detection Prevalence   0.0980   0.1135   0.1032   0.1010   0.0982   0.0892   0.0958   0.1028   0.0974
Balanced Accuracy      0.9921   0.9916   0.9858   0.9666   0.9855   0.9835   0.9890   0.9794   0.9924
                     Class: 9
Sensitivity            0.9847
Specificity            0.9955
Pos Pred Value         0.9594
Neg Pred Value         0.9983
Prevalence             0.0983
Detection Rate         0.0968
Detection Prevalence   0.1009
Balanced Accuracy      0.9901
>
> accuracy <- sum(diag(cross_table)) / sum(cross_table) * 100
> accuracy
[1] 97.37
```

(3) 주택가격 예측

① 보스턴 지역의 주택가격 데이터(Boston)를 이용하여 주택가격에 영향을 미치는 주요 변수를 찾아내고 (훈련용, 검증용) 데이터를 구분하여 주택가격을 예측하는 딥러닝 모형을 구축한다.

② "MASS" 패키지를 이용하여 Boston(1970년 보스턴 지역 주택가격) 데이터를 확인한다. crim(범죄율), zn(거주자 비율), indus(비소매업자 면적 비율), chas(더미 변수) 등을 포함하여 총 14개의 변수에 대한 506개의 측정값을 저장하며, medv는 주택가격의 중앙값(median value of owner-occupied homes, 단위 : 1000달러)이다.

- crim : 지역(town) 범죄 비율
- zn : 25,000 ft2당 거주자 비율
- indus : 지역(town)당 비소매업자의 토지 면적(에이커) 비율
- chas : 찰스 강 지역에 대한 더미 변수(dummy variable : 강의 경계에 위치하면 1, 그렇지 않으면 0)
- nox : 질소 산화물(NOx) 농도
- rm : 주택당 평균 방의 수
- age : 1940년 이전에 지어진 소유자 점유 단위의 비율
- dis : 5개의 보스턴 고용센터까지의 가중 평균 거리
- rad : 방사형 고속도로의 접근성 지수
- tax : $10,000당 재산세율
- ptratio : 지역(town)의 학생-교사 비율
- black : $1000(Bk-0.63)^2$, Bk는 지역(town)의 흑인 비율
- lstat : 인구의 하위 계층 비율(퍼센트)
- mediv : 주택 가격($1000 단위)

```
> install.packages("MASS")

  There is a binary version available but the source version is later:
     binary source needs_compilation
MASS 7.3-57 7.3-58               TRUE

  Binaries will be installed
URL 'https://cran.yu.ac.kr/bin/windows/contrib/4.2/MASS_7.3-57.zip'를 시도합니다
Content type 'application/zip' length 1171049 bytes (1.1 MB)
downloaded 1.1 MB

패키지 'MASS'를 성공적으로 압축해제하였고 MD5 sums 이 확인되었습니다
경고: 패키지 'MASS'의 이전설치를 삭제할 수 없습니다
경고: 'MASS'를 복구하였습니다

다운로드된 바이너리 패키지들은 다음의 위치에 있습니다
           C:\tmp\RtmpOst3i4\downloaded_packages
경고메시지(들):
file.copy(savedcopy, lib, recursive = TRUE) 에서:
  C:\Program Files\R\R-4.2.1\library\00LOCK\MASS\libs\x64\MASS.dll를 C:\Program Files\R\R-4.2.1\library\MASS\li$
> library(MASS)

> head(Boston)
     crim zn indus chas   nox    rm  age    dis rad tax ptratio  black lstat medv
1 0.00632 18  2.31    0 0.538 6.575 65.2 4.0900   1 296    15.3 396.90  4.98 24.0
2 0.02731  0  7.07    0 0.469 6.421 78.9 4.9671   2 242    17.8 396.90  9.14 21.6
3 0.02729  0  7.07    0 0.469 7.185 61.1 4.9671   2 242    17.8 392.83  4.03 34.7
4 0.03237  0  2.18    0 0.458 6.998 45.8 6.0622   3 222    18.7 394.63  2.94 33.4
5 0.06905  0  2.18    0 0.458 7.147 54.2 6.0622   3 222    18.7 396.90  5.33 36.2
6 0.02985  0  2.18    0 0.458 6.430 58.7 6.0622   3 222    18.7 394.12  5.21 28.7
> summary(Boston)
      crim                zn             indus            chas              nox               rm             age              dis
 Min.   : 0.00632   Min.   :  0.00   Min.   : 0.46   Min.   :0.00000   Min.   :0.3850   Min.   :3.561   Min.   :  2.90   Min.   : 1.130
 1st Qu.: 0.08205   1st Qu.:  0.00   1st Qu.: 5.19   1st Qu.:0.00000   1st Qu.:0.4490   1st Qu.:5.886   1st Qu.: 45.02   1st Qu.: 2.100
 Median : 0.25651   Median :  0.00   Median : 9.69   Median :0.00000   Median :0.5380   Median :6.208   Median : 77.50   Median : 3.207
 Mean   : 3.61352   Mean   : 11.36   Mean   :11.14   Mean   :0.06917   Mean   :0.5547   Mean   :6.285   Mean   : 68.57   Mean   : 3.795
 3rd Qu.: 3.67708   3rd Qu.: 12.50   3rd Qu.:18.10   3rd Qu.:0.00000   3rd Qu.:0.6240   3rd Qu.:6.623   3rd Qu.: 94.08   3rd Qu.: 5.188
 Max.   :88.97620   Max.   :100.00   Max.   :27.74   Max.   :1.00000   Max.   :0.8710   Max.   :8.780   Max.   :100.00   Max.   :12.127
      rad              tax           ptratio          black            lstat            medv
 Min.   : 1.000   Min.   :187.0   Min.   :12.60   Min.   :  0.32   Min.   : 1.73   Min.   : 5.00
 1st Qu.: 4.000   1st Qu.:279.0   1st Qu.:17.40   1st Qu.:375.38   1st Qu.: 6.95   1st Qu.:17.02
 Median : 5.000   Median :330.0   Median :19.05   Median :391.44   Median :11.36   Median :21.20
 Mean   : 9.549   Mean   :408.2   Mean   :18.46   Mean   :356.67   Mean   :12.65   Mean   :22.53
 3rd Qu.:24.000   3rd Qu.:666.0   3rd Qu.:20.20   3rd Qu.:396.23   3rd Qu.:16.95   3rd Qu.:25.00
 Max.   :24.000   Max.   :711.0   Max.   :22.00   Max.   :396.90   Max.   :37.97   Max.   :50.00
```

③ 딥러닝 모형 구축을 위해 관련 패키지("dslabs", "deepnet", "mltools", "data.table", "pROC", "caret")를 이용한다. 주요변수[범죄율(crim), 평균 방의 수(rm), 고속도로 접근성(rad)]에 따른 주택가격의 변화(상관성) 분석 결과, (방의 수, 주택가격) 변수 사이 상관성이 매우 높음(즉, 방의 수가 많을수록 주택가격이 높다)을 확인할 수 있다.

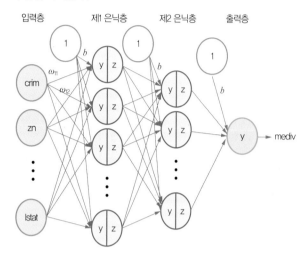

[주택가격 예측을 위한 딥러닝 모형]

```
> plot(Boston$crim, Boston$medv, xlab="Crime Rate", ylab="Median Value of Homes($1000)")
```

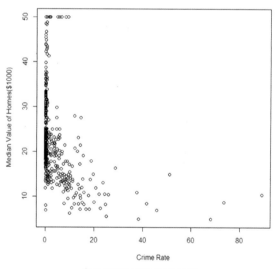

[범죄율에 따른 주택가격]

```
> plot(Boston$rm, Boston$medv, xlab="Number of Rooms", ylab="Median Value of Homes($1000)")
```

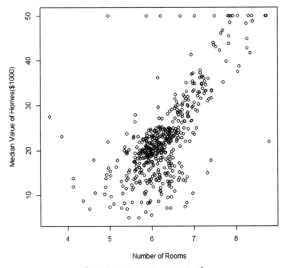

[방의 수에 따른 주택가격]

```
> plot(Boston$rad, Boston$medv, xlab="Accessibility of Highways", ylab="Median Value of Homes($1000)")
```

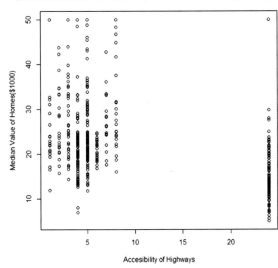

[고속도로 접근성 지수에 따른 주택가격]

④ 정규화 작업을 위해 각 열(변수)별로 최댓값(maxs), 최솟값(mins)을 구한다. scale(Boston, center＝mins, scale＝maxs－mins) 함수를 이용하여 변수를 (0, 1) 사이의 값으로 정규화한다. *scale* 함수에서 데이터들은 $y_i = \dfrac{x_i - \min}{\max - \min} = \dfrac{x_i - center}{scale}$ 로 정규화된다.

```
> maxs <- apply(Boston, 2, max)
> maxs
      crim      zn   indus    chas     nox      rm     age     dis     rad     tax ptratio   black
   88.9762 100.0000 27.7400  1.0000  0.8710  8.7800 100.0000 12.1265 24.0000 711.0000 22.0000 396.9000
     lstat    medv
   37.9700  50.0000
> mins <- apply(Boston, 2, min)
> mins
      crim      zn   indus    chas     nox      rm     age     dis     rad     tax ptratio
   0.00632  0.00000 0.46000 0.00000 0.38500 3.56100 2.90000 1.12960 1.00000 187.00000 12.60000
     black   lstat    medv
   0.32000 1.73000 5.00000
> data <- scale(Boston, center = mins, scale = maxs - mins)
> head(data)
        crim   zn    indus chas       nox        rm       age       dis        rad        tax  ptratio
1 0.0000000000 0.18 0.06781525    0 0.3148148 0.5775053 0.6416066 0.2692031 0.00000000 0.20801527 0.2872340
2 0.0002359225 0.00 0.24230205    0 0.1728395 0.5479977 0.7826982 0.3489620 0.04347826 0.10496183 0.5531915
3 0.0002356977 0.00 0.24230205    0 0.1728395 0.6943859 0.5993821 0.3489620 0.04347826 0.10496183 0.5531915
4 0.0002927957 0.00 0.06304985    0 0.1502058 0.6585553 0.4418126 0.4485446 0.08695652 0.06679389 0.6489362
5 0.0007050701 0.00 0.06304985    0 0.1502058 0.6871048 0.5283213 0.4485446 0.08695652 0.06679389 0.6489362
6 0.0002644715 0.00 0.06304985    0 0.1502058 0.5497222 0.5746653 0.4485446 0.08695652 0.06679389 0.6489362
        black      lstat       medv
1 1.0000000 0.08967991 0.4222222
2 1.0000000 0.20447020 0.3688889
3 0.9897373 0.06346578 0.6600000
4 0.9942761 0.03338852 0.6311111
5 1.0000000 0.09933775 0.6933333
6 0.9929901 0.09602649 0.5266667
> summary(data)
      crim                zn               indus              chas                nox                rm
 Min.   :0.0000000   Min.   :0.0000   Min.   :0.0000   Min.   :0.00000   Min.   :0.0000   Min.   :0.0000
 1st Qu.:0.0008511   1st Qu.:0.0000   1st Qu.:0.1734   1st Qu.:0.00000   1st Qu.:0.1317   1st Qu.:0.4454
 Median :0.0028121   Median :0.0000   Median :0.3383   Median :0.00000   Median :0.3148   Median :0.5073
 Mean   :0.0405441   Mean   :0.1136   Mean   :0.3914   Mean   :0.06917   Mean   :0.3492   Mean   :0.5219
 3rd Qu.:0.0412585   3rd Qu.:0.1250   3rd Qu.:0.6466   3rd Qu.:0.00000   3rd Qu.:0.4918   3rd Qu.:0.5868
 Max.   :1.0000000   Max.   :1.0000   Max.   :1.0000   Max.   :1.00000   Max.   :1.0000   Max.   :1.0000
      age               dis               rad               tax             ptratio            black
 Min.   :0.0000   Min.   :0.00000   Min.   :0.0000   Min.   :0.0000   Min.   :0.0000   Min.   :0.0000
 1st Qu.:0.4338   1st Qu.:0.08826   1st Qu.:0.1304   1st Qu.:0.1756   1st Qu.:0.5106   1st Qu.:0.9457
 Median :0.7683   Median :0.18895   Median :0.1739   Median :0.2729   Median :0.6862   Median :0.9862
 Mean   :0.6764   Mean   :0.24238   Mean   :0.3717   Mean   :0.4222   Mean   :0.6229   Mean   :0.8986
 3rd Qu.:0.9390   3rd Qu.:0.36909   3rd Qu.:1.0000   3rd Qu.:0.9141   3rd Qu.:0.8085   3rd Qu.:0.9983
 Max.   :1.0000   Max.   :1.00000   Max.   :1.0000   Max.   :1.0000   Max.   :1.0000   Max.   :1.0000
     lstat             medv
 Min.   :0.0000   Min.   :0.0000
 1st Qu.:0.1440   1st Qu.:0.2672
 Median :0.2657   Median :0.3600
 Mean   :0.3014   Mean   :0.3896
 3rd Qu.:0.4201   3rd Qu.:0.4444
 Max.   :1.0000   Max.   :1.0000
```

⑤ 총 506개 데이터들 중 80%(506×0.8＝405개)를 훈련용으로, 나머지 101개(＝506−405)를 검증용으로 사용한다. 훈련용 데이터를 (x_train, y_train), 검증용 데이터를 (x_test, y_test)로 구분하며, 여기서 (x_train, x_test)는 13개 항목(독립변수)이고 (y_train, y_test)는 주택가격(종속변수)이다. 딥러닝 모형(dnn)에서 활성화 함수는 각각 시그모이드(은닉층)와 선형(linear, 출력층) 함수를 이용한다.

```
> n <- nrow(data)
> n
[1] 506
> set.seed(1234)
>
> idx <- sample(1:n, round(0.8*n, 0))
> length(idx)
[1] 405
> head(idx)
[1] 284 336 406 101 492 111
>
> x_train <- data[idx, 1:13]
> y_train <- data[idx, 14]
>
> x_test <- data[-idx, 1:13]
> y_test <- data[-idx, 14]
```

```
> start <- Sys.time()
> start
[1] "2022-07-16 20:07:23 KST"
>
> dnn <- nn.train(x = x_train, y = y_train,
+ hidden = c(10, 6, 3), activationfun = "sigm",
+ output = "linear",
+ numepochs = 2000)
####loss on step 10000 is : 0.002196
>
> end <- Sys.time()
> end
[1] "2022-07-16 20:08:37 KST"
>
> time.elapsed <- difftime(end, start, units="mins")
> time.elapsed
Time difference of 1.241239 mins
```

⑥ dnn 모형을 이용하여 nn.predict( ) 함수로 예측한 값을 predict에 저장한다. 역 정규화 작업 수행 후, 검증 데이터에 대한 주택가격(예측)을 predict_value에 저장한다. $y_i = \dfrac{x_i - \min}{\max - \min}$ 를 이용하여 정규화 작업을 수행하였으므로 주택가격은 $x_i = y_i \times (\max - \min) + \min$ 이다.

```
> predict <- nn.predict(dnn, x_test)
> predict
         [,1]
1    0.5973032
5    0.5839552
7    0.3943582
8    0.3113912
9    0.1946153
11   0.3036436
23   0.2679349
25   0.2726367
27   0.2740096
32   0.3125800
37   0.3800873
44   0.4749839
45   0.4198879
46   0.3924396
48   0.2955407
51   0.3628600
55   0.2597862
56   0.6229882
69   0.3064336
81   0.5610146
82   0.5040630
109  0.3841647
110  0.3224683
112  0.4775754
113  0.3277166
119  0.3227857
121  0.3520613
128  0.2527014
129  0.3117827
135  0.2284171
139  0.2292656
144  0.2034925
154  0.2764017
```

```
> predict_value <- predict * ( maxs[14] - mins[14] ) + mins[14]
> predict_value
         [,1]
1    31.87864
5    31.27798
7    22.74612
8    19.01261
9    13.75769
11   18.66396
23   17.05707
25   17.26865
27   17.33043
32   19.06610
37   22.10393
44   26.37428
45   23.89496
46   22.65978
48   18.29933
51   21.32870
55   16.69038
56   33.03447
69   18.78951
81   30.24566
82   27.68283
109  22.28741
110  19.51107
112  26.49089
113  19.74725
119  19.52536
121  20.84276
128  16.37156
129  19.03022
135  15.27877
139  15.31695
144  14.15716
154  17.43808
```

```
> summary(predict)                        > summary(predict_value)
       V1                                         V1
 Min.    :0.1648                           Min.    :12.41
 1st Qu.:0.2937                            1st Qu.:18.22
 Median :0.3657                            Median :21.46
 Mean    :0.4108                           Mean    :23.49
 3rd Qu.:0.5041                            3rd Qu.:27.68
 Max.    :0.9440                           Max.    :47.48
> length(predict)                          > length(predict_value)
[1] 101                                    [1] 101
```

⑦ 검증데이터에 대한 실젯값을 actual에 저장(역정규화 수행 후)하고 plot( )으로 (실젯값, 예측값)을 그래프로 작성하면 다음과 같다. 그래프에서 $y=x$의 선상에 위치하는 경우 정확한 예측 수행 결과(정확하게 예측함)이다.

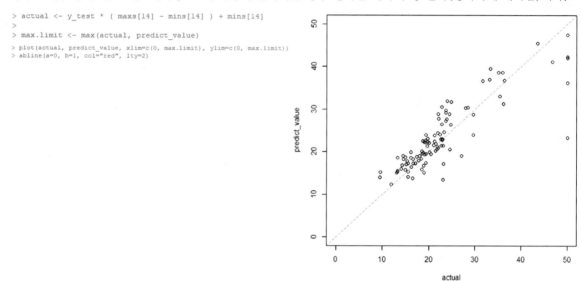

```
> actual <- y_test * ( maxs[14] - mins[14] ) + mins[14]
>
> max.limit <- max(actual, predict_value)
> plot(actual, predict_value, xlim=c(0, max.limit), ylim=c(0, max.limit))
> abline(a=0, b=1, col="red", lty=2)
```

⑧ 실젯값과 예측값의 차이를 확인하기 위해 즉, 딥러닝 모형의 성능을 평가하기 위해 평균절대대비오차(MAPE ; Mean Absoute Percentage Error), $MAPE = \frac{1}{n} \sum_{i=1}^{n} \left| \frac{A_i - F_i}{A_i} \right| \times 100(\%)$[여기서 A_i는 실젯값(actual), F_i 는 예측값(predict_value)]를 이용한다. MAPE( ) 함수를 이용하기 위해 "MLmetrics" 패키지를 이용한다. 성능분석 결과, 구축된 딥러닝 모형(dnn)은 약 13.8%의 에러율을 보인다.

```
> install.packages("MLmetrics")
'caTools', 'gplots', 'ROCR' (을)를 또한 설치합니다.

URL 'https://cran.yu.ac.kr/bin/windows/contrib/4.2/caTools_1.18.2.zip'을 시도합니다
Content type 'application/zip' length 246154 bytes (240 KB)
downloaded 240 KB

URL 'https://cran.yu.ac.kr/bin/windows/contrib/4.2/gplots_3.1.3.zip'을 시도합니다
Content type 'application/zip' length 603114 bytes (588 KB)
downloaded 588 KB

URL 'https://cran.yu.ac.kr/bin/windows/contrib/4.2/ROCR_1.0-11.zip'을 시도합니다
Content type 'application/zip' length 458283 bytes (447 KB)
downloaded 447 KB

URL 'https://cran.yu.ac.kr/bin/windows/contrib/4.2/MLmetrics_1.1.1.zip'을 시도합니다
Content type 'application/zip' length 74985 bytes (73 KB)
downloaded 73 KB

패키지 'caTools'를 성공적으로 압축해제하였고 MD5 sums 이 확인되었습니다
패키지 'gplots'를 성공적으로 압축해제하였고 MD5 sums 이 확인되었습니다
패키지 'ROCR'를 성공적으로 압축해제하였고 MD5 sums 이 확인되었습니다
패키지 'MLmetrics'를 성공적으로 압축해제하였고 MD5 sums 이 확인되었습니다

다운로드된 바이너리 패키지들은 다음의 위치에 있습니다
        C:\tmp\RtmpOst3i4\downloaded_packages
> library(MLmetrics)

다음의 패키지를 부착합니다: 'MLmetrics'

The following objects are masked from 'package:caret':

    MAE, RMSE

The following object is masked from 'package:base':

    Recall

> mape <- MAPE(predict_value, actual) * 100
> mape
[1] 13.8447
>
> str(mape)
 num 13.8
```

제5장 딥러닝 분석 **157**

01 iris는 Edgar Anderson에 의해 작성된 것으로 붓꽃의 생육 데이터(150개 데이터=품종별 50개×3개 품종)이다. 꽃잎의 길이(Petal.Length)와 너비(Petal.Width) 그리고 꽃받침의 길이(Sepal.Length)와 너비(Sepal.Width)에 따라 붓꽃의 3가지 품종(setosa, versicolor, virginica)을 구분한다. 꽃잎의 길이(Petal.Length)와 너비(Petal.Width), 꽃받침의 길이(Sepal.Length)와 너비(Sepal.Width)를 입력 노드로, 종(Species)을 출력노드로 하는 심층신경망 모형을 구축하시오.

(1) (Sepal.Length, Sepal.Width), (Petal.Length, Petal.Width) 변수에 대한 최댓값을 구하고 각각의 항목에 대해 정규화 작업을 수행한 데이터를 저장하시오.

(2) 전체 데이터(iris)들 중에서 학습용 데이터(x_train, y_train)와 검증용 데이터(x_test, y_test)를 구분하시오. [단, 전체 데이터들 중 80%(120개)를 훈련용, 나머지 20%(30개)를 검증용 데이터로 사용하며, y_train, y_test는 종속변수(Species)의 값(라벨, labels)이다].

(3) 출력 데이터(종속변수)에 대해 요인변환, 테이블 구조 변환, 원−핫 인코딩, 행렬변환 작업을 수행하시오.

(4) nn.train( ) 함수를 이용하여 심층신경망 모형(dnn)을 구축하시오[단, 은닉층의 수는 c(200, 100, 30), 은닉층의 활성화 함수=시그모이드, 출력층의 활성화 함수=소프트맥스, 학습 반복 수=100을 사용하고 학습을 위해 필요한 컴퓨팅 시간을 출력하시오].

(5) nn.predict( ) 함수를 이용하여 심층신경망 모형(dnn)의 예측값을 출력하시오. 각 행에서 가장 큰 값의 열 위치를 추출하고, 열의 위치를 0~2의 숫자 라벨로 변환한 후 이를 출력하시오.

(6) 교차표(cross_table)를 작성하여 실젯값과 예측값을 출력하시오.

(7) 혼동행렬(confusionMatrix( ))을 출력하고 교차표와 서로 비교하시오.

(8) sum( ), diag( ) 함수를 이용하여 정확도를 평가하시오.

(9) 입력층의 드롭아웃 비율=10%, 은닉층의 드롭아웃 비율=20%로 지정하여 심층신경망 모형을 구축하고 정확도를 구하여 드롭아웃 비율을 지정하지 않은 경우의 성능과 비교하시오.

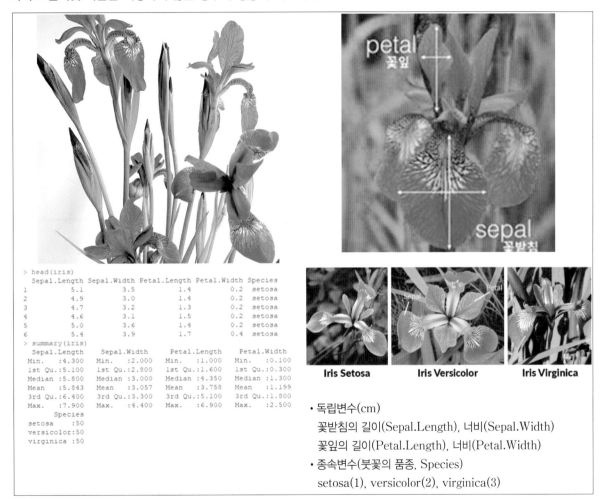

```
> head(iris)
  Sepal.Length Sepal.Width Petal.Length Petal.Width Species
1          5.1         3.5          1.4         0.2  setosa
2          4.9         3.0          1.4         0.2  setosa
3          4.7         3.2          1.3         0.2  setosa
4          4.6         3.1          1.5         0.2  setosa
5          5.0         3.6          1.4         0.2  setosa
6          5.4         3.9          1.7         0.4  setosa
> summary(iris)
  Sepal.Length    Sepal.Width     Petal.Length    Petal.Width
 Min.   :4.300   Min.   :2.000   Min.   :1.000   Min.   :0.100
 1st Qu.:5.100   1st Qu.:2.800   1st Qu.:1.600   1st Qu.:0.300
 Median :5.800   Median :3.000   Median :4.350   Median :1.300
 Mean   :5.843   Mean   :3.057   Mean   :3.758   Mean   :1.199
 3rd Qu.:6.400   3rd Qu.:3.300   3rd Qu.:5.100   3rd Qu.:1.800
 Max.   :7.900   Max.   :4.400   Max.   :6.900   Max.   :2.500
       Species
 setosa    :50
 versicolor:50
 virginica :50
```

Iris Setosa　　**Iris Versicolor**　　**Iris Virginica**

- 독립변수(cm)
  꽃받침의 길이(Sepal.Length), 너비(Sepal.Width)
  꽃잎의 길이(Petal.Length), 너비(Petal.Width)
- 종속변수(붓꽃의 품종, Species)
  setosa(1), versicolor(2), virginica(3)

(1) (Sepal.Length, Sepal.Width), (Petal.Length, Petal.Width) 변수에 대한 최댓값을 구하고 각각의 항목에 대해 정규화 작업을 수행한 데이터를 저장(data)한다.

```
> data <- iris
> max(data$Sepal.Length)
[1] 7.9
> max(data$Sepal.Width)
[1] 4.4
> max(data$Petal.Length)
[1] 6.9
> max(data$Petal.Width)
[1] 2.5
>
> data$Sepal.Length <- data$Sepal.Length / max(data$Sepal.Length)
> data$Sepal.Width <- data$Sepal.Width / max(data$Sepal.Width)
> data$Petal.Length <- data$Petal.Length / max(data$Petal.Length)
> data$Petal.Width <- data$Petal.Width / max(data$Petal.Width)
> str(data)
'data.frame':    150 obs. of  5 variables:
 $ Sepal.Length: num  0.646 0.62 0.595 0.582 0.633 ...
 $ Sepal.Width : num  0.795 0.682 0.727 0.705 0.818 ...
 $ Petal.Length: num  0.203 0.203 0.188 0.217 0.203 ...
 $ Petal.Width : num  0.08 0.08 0.08 0.08 0.08 0.16 0.12 0.08 0.08 0.04 ...
 $ Species     : Factor w/ 3 levels "setosa","versicolor",..: 1 1 1 1 1 1 1 1 1 1 ...
> summary(data)
  Sepal.Length     Sepal.Width      Petal.Length     Petal.Width          Species
 Min.   :0.5443   Min.   :0.4545   Min.   :0.1449   Min.   :0.0400   setosa    :50
 1st Qu.:0.6456   1st Qu.:0.6364   1st Qu.:0.2319   1st Qu.:0.1200   versicolor:50
 Median :0.7342   Median :0.6818   Median :0.6304   Median :0.5200   virginica :50
 Mean   :0.7397   Mean   :0.6948   Mean   :0.5446   Mean   :0.4797
 3rd Qu.:0.8101   3rd Qu.:0.7500   3rd Qu.:0.7391   3rd Qu.:0.7200
 Max.   :1.0000   Max.   :1.0000   Max.   :1.0000   Max.   :1.0000
> head(data)
  Sepal.Length Sepal.Width Petal.Length Petal.Width Species
1    0.6455696   0.7954545    0.2028986        0.08  setosa
2    0.6202532   0.6818182    0.2028986        0.08  setosa
3    0.5949367   0.7272727    0.1884058        0.08  setosa
4    0.5822785   0.7045455    0.2173913        0.08  setosa
5    0.6329114   0.8181818    0.2028986        0.08  setosa
6    0.6835443   0.8863636    0.2463768        0.16  setosa
```

(2) 난수 발생 초기화[set.seed(1234)] 후, 전체 데이터(iris)들 중에서 학습용 데이터(x_train, y_train)와 검증용 데이터(x_test, y_test)를 구분한다. 전체 데이터들 중 80%(120개)를 훈련용, 나머지 20%(30개)를 검증용 데이터로 사용하며, y_train, y_test는 종속변수(Species)의 값(라벨, labels, 붓꽃의 품종)이다. 딥러닝 모형을 구축하기 위해 x_train, x_test를 matrix 데이터 구조로 변환한다.

```
> set.seed(1234)
> id <- sample(1:nrow(data), as.integer(0.8*nrow(data)))
> x_train <- data[id, 1:4]
> y_train <- data[id, 5]
> head(x_train)
    Sepal.Length Sepal.Width Petal.Length Petal.Width
28     0.6582278   0.7954545    0.2173913        0.08
80     0.7215190   0.5909091    0.5072464        0.40
101    0.7974684   0.7500000    0.8695652        1.00
111    0.8227848   0.7272727    0.7391304        0.80
137    0.7974684   0.7727273    0.8115942        0.96
133    0.8101266   0.6363636    0.8115942        0.88
> head(y_train)
[1] setosa     versicolor virginica  virginica  virginica  virginica
Levels: setosa versicolor virginica
>
> x_test <- data[-id, 1:4]
> y_test <- data[-id, 5]
> head(x_test)
    Sepal.Length Sepal.Width Petal.Length Petal.Width
1      0.6455696   0.7954545    0.2028986        0.08
7      0.5822785   0.7727273    0.2028986        0.12
12     0.6075949   0.7727273    0.2318841        0.08
15     0.7341772   0.9090909    0.1739130        0.08
18     0.6455696   0.7954545    0.2028986        0.12
23     0.5822785   0.8181818    0.1449275        0.08
> head(y_test)
[1] setosa setosa setosa setosa setosa setosa
Levels: setosa versicolor virginica
>
> x_train <- as.matrix(x_train)
> x_test <- as.matrix(x_test)
```

(3) 출력 데이터(종속변수)에 대해 요인변환(as.factor( )), 테이블 구조 변환(as.data.table( )), 원-핫 인코딩(one_hot( )), 행렬변환(as.matrix( )) 작업을 수행한다.

```
> Z <- as.factor(y_train)
> Z <- one_hot(as.data.table(Z))
> summary(Z)
    Z_setosa          Z_versicolor       Z_virginica
 Min.   :0.0000    Min.   :0.00      Min.   :0.0000
 1st Qu.:0.0000    1st Qu.:0.00      1st Qu.:0.0000
 Median :0.0000    Median :0.00      Median :0.0000
 Mean   :0.3083    Mean   :0.35      Mean   :0.3417
 3rd Qu.:1.0000    3rd Qu.:1.00      3rd Qu.:1.0000
 Max.   :1.0000    Max.   :1.00      Max.   :1.0000
> Z
     Z_setosa Z_versicolor Z_virginica
  1:        1            0           0
  2:        0            1           0
  3:        0            0           1
  4:        0            0           1
  5:        0            0           1
---
116:        0            0           1
117:        0            1           0
118:        1            0           0
119:        0            1           0
120:        0            0           1
```

```
> y_train2 <- as.matrix(Z)
> y_train2
      Z_setosa Z_versicolor Z_virginica
 [1,]        1            0            0
 [2,]        0            1            0
 [3,]        0            0            1
 [4,]        0            0            1
 [5,]        0            0            1
 [6,]        0            0            1
 [7,]        0            0            1
 [8,]        0            0            1
 [9,]        0            1            0
[10,]        0            0            1
[11,]        0            1            0
[12,]        0            1            0
[13,]        0            1            0
[14,]        0            0            1
[15,]        1            0            0
[16,]        0            0            1
[17,]        0            1            0
[18,]        1            0            0
[19,]        0            0            1
[20,]        1            0            0
[21,]        0            1            0
[22,]        0            0            1
[23,]        1            0            0
[24,]        0            1            0
```

(4) 훈련용 데이터(x_train)와 nn.train( ) 함수를 이용하여 심층신경망 모형(dnn)을 구축한다. 은닉층의 수는 c(200, 100, 30), 은닉층의 활성화 함수＝시그모이드(sigm), 출력층의 활성화 함수＝소프트맥스(softmax), 학습 반복 수＝100을 사용하고 학습을 위해 필요한 컴퓨팅 시간(difftime( ))을 출력한다.

```
> start <- Sys.time()
> start
[1] "2022-07-17 09:58:48 KST"
>
> dnn <- nn.train (x = x_train, y = y_train2,
+ hidden = c(200, 100, 30), activationfun="sigm",
+ output = "softmax",
+ numepochs = 100)
>
> end <- Sys.time()
> end
[1] "2022-07-17 09:59:17 KST"
>
> time.elapsed <- difftime(end, start, units="mins")
> time.elapsed
Time difference of 0.4855012 mins
```

(5) nn.predict( ) 함수를 이용하여 심층신경망 모형(dnn)의 예측값을 구하고, 각 행에서 가장 큰 값의 열 위치를 추출한다. 열의 위치를 숫자 라벨로 변환하여 품종을 분류(본 예제에서는 모두 3번 품종으로 분류)한다. 검증용 데이터에 대한 분류 결과를 new 데이터 프레임(new$actual, new$pred)으로 저장한다.

```
> predict <- nn.predict(dnn, x_test)
> predict
      Z_setosa Z_versicolor Z_virginica
1    0.2514394    0.3635334   0.3850272
7    0.2514377    0.3635337   0.3850286
12   0.2514353    0.3635345   0.3850301
15   0.2514442    0.3635324   0.3850233
18   0.2514336    0.3635354   0.3850310
23   0.2514582    0.3635268   0.3850151
31   0.2514316    0.3635356   0.3850328
33   0.2514486    0.3635306   0.3850208
34   0.2514438    0.3635326   0.3850236
37   0.2514382    0.3635340   0.3850278
39   0.2514438    0.3635312   0.3850251
44   0.2514110    0.3635433   0.3850458
45   0.2514162    0.3635416   0.3850422
53   0.2512311    0.3636060   0.3851630
74   0.2512599    0.3635953   0.3851448
75   0.2512643    0.3635941   0.3851416
77   0.2512374    0.3636035   0.3851591
78   0.2512170    0.3636107   0.3851723
81   0.2512950    0.3635827   0.3851224
82   0.2513040    0.3635795   0.3851165
85   0.2512584    0.3635958   0.3851459
112  0.2511953    0.3636179   0.3851869
120  0.2512263    0.3636065   0.3851672
124  0.2512147    0.3636111   0.3851742
127  0.2512201    0.3636093   0.3851706
128  0.2512206    0.3636092   0.3851702
136  0.2511363    0.3636391   0.3852245
145  0.2511514    0.3636338   0.3852148
147  0.2512031    0.3636150   0.3851819
148  0.2511951    0.3636182   0.3851866
>
> predict_number <- apply(predict, 1, which.max)
> predict_number
  1   7  12  15  18  23  31  33  34  37  39  44  45  53  74  75  77  78  81  82  85 112 120 124 127
  3   3   3   3   3   3   3   3   3   3   3   3   3   3   3   3   3   3   3   3   3   3   3   3   3
128 136 145 147 148
  3   3   3   3   3

> predict_number <- apply(predict, 1, which.max)
> predict_number
  1   7  12  15  18  23  31  33  34  37  39  44  45  53  74  75  77  78  81  82  85 112 120 124 127
  3   3   3   3   3   3   3   3   3   3   3   3   3   3   3   3   3   3   3   3   3   3   3   3   3
128 136 145 147 148
  3   3   3   3   3
> y_test <- as.factor(as.integer(y_test))
> new <- data.frame(actual=y_test)
> new$pred <- as.factor(predict_number)
> head(new)
  actual pred
1      1    3
2      1    3
3      1    3
4      1    3
5      1    3
6      1    3
```

(6) 교차표(cross_table)를 작성하고 (실젯값, 예측값)을 비교한다. 분석 결과, 분석모형은 $13/(13+8+9) \times 100\% = 43.33\%$의 정확도를 보임을 알 수 있다.

```
> cross_table <- table(new$pred, new$actual)
> cross_table

    1  2  3
  3 13  8  9
>
> cross_table <- rbind(cross_table, c(0,0,0), c(0,0,0))
> rownames(cross_table) <- c(1,2,3)
> cross_table
    1 2 3
1 13 8 9
2  0 0 0
3  0 0 0
```

(7) confusionMatrix( )로 혼동행렬을 구한다. 교차표와 동일한 결과(Accuracy=43.33%)를 얻는다.

```
> confusionMatrix(cross_table)
Confusion Matrix and Statistics

    1  2  3
1 13  8  9
2  0  0  0
3  0  0  0


Overall Statistics

               Accuracy : 0.4333
                 95% CI : (0.2546, 0.6257)
    No Information Rate : 0.4333
    P-Value [Acc > NIR] : 0.5697

                  Kappa : 0

 Mcnemar's Test P-Value : NA

Statistics by Class:

                     Class: 1 Class: 2 Class: 3
Sensitivity            1.0000   0.0000      0.0
Specificity            0.0000   1.0000      1.0
Pos Pred Value         0.4333      NaN      NaN
Neg Pred Value            NaN   0.7333      0.7
Prevalence             0.4333   0.2667      0.3
Detection Rate         0.4333   0.0000      0.0
Detection Prevalence   1.0000   0.0000      0.0
Balanced Accuracy      0.5000   0.5000      0.5
```

(8) sum( ), diag( ) 함수를 이용하여 정확도를 평가하면 정확도(accuracy)=43.33%이다.

```
> cross_table
    1 2 3
1 13 8 9
2  0 0 0
3  0 0 0
>
> accuracy <- sum(diag(cross_table)) / sum(cross_table) * 100
> accuracy
[1] 43.33333
```

(9) 입력층의 드롭아웃 비율(visible_dropout)＝10%, 은닉층의 드롭아웃 비율(hidden_dropout)＝20%로 지정하여 심층신 경망 모형을 구축하고 정확도를 구하면 다음과 같다. 드롭아웃 비율을 지정하지 않은 경우의 성능과 동일(정확도＝43.33%) 하다.

```
> data <- iris
> data$Sepal.Length <- data$Sepal.Length / max(data$Sepal.Length)
> data$Sepal.Width <- data$Sepal.Width / max(data$Sepal.Width)
> data$Petal.Length <- data$Petal.Length / max(data$Petal.Length)
>
> data$Petal.Width <- data$Petal.Width / max(data$Petal.Width)
> set.seed(1234)
> id <- sample(1:nrow(data), as.integer(0.8*nrow(data)))
> x_train <- data[id, 1:4]
> y_train <- data[id, 5]
> x_test <- data[-id, 1:4]
> y_test <- data[-id, 5]
> x_train <- as.matrix(x_train)
> x_test <- as.matrix(x_test)
>
> Z <- as.factor(y_train)
> Z <- one_hot(as.data.table(Z))
> y_train2 <- as.matrix(Z)
>
> dnn2 <- nn.train (x=x_train, y=y_train2,
+ hidden = c(200, 100, 30), activationfun="sigm",
+ output = "softmax",
+ numepochs = 100,
+ hidden_dropout = 0.2,
+ visible_dropout = 0.1)
>
> predict <- nn.predict(dnn2, x_test)
> predict_number <- apply(predict, 1, which.max)
> predict_number
    1   7  12  15  18  23  31  33  34  37  39  44  45  53  74  75  77  78  81  82  85 112 120 124 127
    3   3   3   3   3   3   3   3   3   3   3   3   3   3   3   3   3   3   3   3   3   3   3   3   3
 128 136 145 147 148
    3   3   3   3   3
>
> y_test <- as.factor(as.integer(y_test))
> new <- data.frame(actual=y_test)
> new$pred <- as.factor(predict_number)
> head(new)
  actual pred
1      1    3
2      1    3
3      1    3
4      1    3
5      1    3
6      1    3
> cross_table <- table(new$pred, new$actual)
> cross_table

     1  2  3
  3 13  8  9
```

02 Seatbelts는 아래와 같이 영국에서 1969~1984년 사이 발생한 교통사고 관련 데이터이다. 각 항목은 (DriversKilled, drivers, front, rear, kms, PetrolPrice, VanKilled, law)=(사망자 수, 운전자 수, 앞좌석 승객 수, 뒷좌석 승객 수, 주행거리, 휘발유 가격, 밴자동차사망자 수, 법 적용유무(0,1))를 나타낸다. 종속변수(DriversKilled)를 예측하기 위한 심층신경망 모형을 구축하시오.

(1) Seatbelts를 데이터 프레임으로 저장하시오. (주행거리, 사망자 수)=(kms, DriversKilled), (앞좌석 승객 수, 사망자 수)=(front, DriversKilled)에 대한 상관관계를 그래프로 나타내시오.

(2) 각각의 항목(변수)들에 대한 최댓값, 최솟값을 구하고 각 열별로 정규화 작업을 수행하시오.

(3) 전체 데이터(Seatbelts)의 80%를 훈련용(153개), 나머지 20%를 검증용(39개)으로 분류하여 저장하시오[단, 훈련용 데이터는 (x_train, y_train), 검증용 데이터는 (x_test, y_test)로 구분하고 y_train, y_test는 사망자 수(종속변수, DriversKilled)의 값이 저장된다].

(4) nn.train( ) 함수를 이용하여 딥러닝 모형(dnn)을 설계하시오. 은닉층의 수=c(20, 7, 5), 은닉층의 활성화 함수=시그모이드, 출력층의 활성화 함수=선형, 학습 반복수=2000을 지정하시오.

(5) nn.predict( ) 함수를 이용하여 사망자수를 예측하고 역정규화 작업 수행 후, 사망자 수를 출력하시오.

(6) 실젯값(y_test)과 예측 데이터를 서로 비교(실젯값과 예측값의 분포를 이용한 선형성 평가)하여 나타내시오.

(7) 딥러닝 모형의 성능을 알아보기 위해 평균절대대비오차(MAPE ; Mean Absoute Percentage Error)를 구하시오.

```
> length(Seatbelts)
[1] 1536
> summary(Seatbelts)
 DriversKilled     drivers         front           rear            kms          PetrolPrice
 Min.   : 60.0   Min.   :1057   Min.   : 426.0   Min.   :224.0   Min.   : 7685   Min.   :0.08118
 1st Qu.:104.8   1st Qu.:1462   1st Qu.: 715.5   1st Qu.:344.8   1st Qu.:12685   1st Qu.:0.09258
 Median :118.5   Median :1631   Median : 828.5   Median :401.5   Median :14987   Median :0.10448
 Mean   :122.8   Mean   :1670   Mean   : 837.2   Mean   :401.2   Mean   :14994   Mean   :0.10362
 3rd Qu.:138.0   3rd Qu.:1851   3rd Qu.: 950.8   3rd Qu.:456.2   3rd Qu.:17203   3rd Qu.:0.11406
 Max.   :198.0   Max.   :2654   Max.   :1299.0   Max.   :646.0   Max.   :21626   Max.   :0.13303
   VanKilled          law
 Min.   : 2.000   Min.   :0.0000
 1st Qu.: 6.000   1st Qu.:0.0000
 Median : 8.000   Median :0.0000
 Mean   : 9.057   Mean   :0.1198
 3rd Qu.:12.000   3rd Qu.:0.0000
 Max.   :17.000   Max.   :1.0000
> str(Seatbelts)
 Time-Series [1:192, 1:8] from 1969 to 1985: 107 97 102 87 119 106 110 106 107 134 ...
 - attr(*, "dimnames")=List of 2
  ..$ : NULL
  ..$ : chr [1:8] "DriversKilled" "drivers" "front" "rear" ...
```

```
> Seatbelts
         DriversKilled drivers front rear   kms PetrolPrice VanKilled law
Jan 1969           107    1687   867  269  9059  0.10297181        12   0
Feb 1969            97    1508   825  265  7685  0.10236300         6   0
Mar 1969           102    1507   806  319  9963  0.10206249        12   0
Apr 1969            87    1385   814  407 10955  0.10087330         8   0
May 1969           119    1632   991  454 11823  0.10101967        10   0
Jun 1969           106    1511   945  427 12391  0.10058119        13   0
Jul 1969           110    1559  1004  522 13460  0.10377398        11   0
Aug 1969           106    1630  1091  536 14055  0.10407640         6   0
Sep 1969           107    1579   958  405 12106  0.10377398        10   0
Oct 1969           134    1653   850  437 11372  0.10302640        16   0
Nov 1969           147    2152  1109  434  9834  0.10273011        13   0
Dec 1969           180    2148  1113  437  9267  0.10199719        14   0
Jan 1970           125    1752   925  316  9130  0.10127456        14   0
Feb 1970           134    1765   903  311  8933  0.10070398         6   0
Mar 1970           110    1717  1006  351 11000  0.10013961         8   0
Apr 1970           102    1558   892  362 10733  0.09862110        11   0
May 1970           103    1575   990  486 12912  0.09834929         7   0
Jun 1970           111    1520   866  429 12926  0.09808018        13   0
Jul 1970           120    1805  1095  551 13990  0.09727921        13   0
Aug 1970           129    1800  1204  646 14926  0.09741062        11   0
```

정답 및 해설

(1) Seatbelts 자료를 데이터 프레임으로 저장(data)하고, plot( ) 함수를 이용하여 상관관계를 그래프로 작성한다. 앞좌석 승객 수(data$front)가 많을수록 사망자 수(data$DriversKilled)가 증가함을 알 수 있다.

```
> data <- data.frame(Seatbelts)
>
> plot(data$kms, data$DriversKilled, xlab="Diving Distance", ylab="Drivers Killed")
```

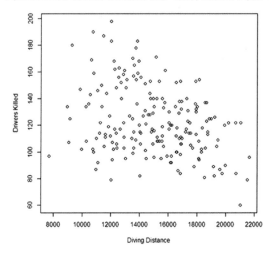

```
> plot(data$front, data$DriversKilled, xlab="Front's Customers", ylab="Drivers Killed")
```

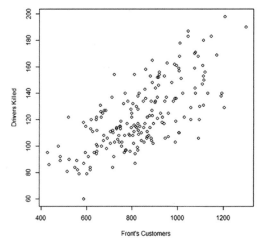

<area>제5장 딥러닝 분석 **167**</area>

(2) 각각의 항목들에 대한 (최댓값, 최솟값)을 구하고 scale( ) 함수를 이용하여 각 항목별로 정규화 작업을 수행한다.

```
> maxs <- apply(data, 2, max)
> maxs
DriversKilled      drivers         front          rear           kms  PetrolPrice    VanKilled
 1.980000e+02 2.654000e+03  1.299000e+03  6.460000e+02  2.162600e+04 1.330274e-01 1.700000e+01
          law
 1.000000e+00
> mins <- apply(data, 2, min)
> mins
DriversKilled      drivers         front          rear           kms  PetrolPrice    VanKilled
 6.000000e+01 1.057000e+03  4.260000e+02  2.240000e+02  7.685000e+03 8.117889e-02 2.000000e+00
          law
 0.000000e+00
>
> data <- scale(data, center=mins, scale=maxs-mins)
> head(data)
     DriversKilled   drivers     front      rear       kms PetrolPrice VanKilled law
[1,]     0.3405797 0.3944897 0.5051546 0.1066351 0.09855821   0.4203189 0.6666667   0
[2,]     0.2681159 0.2824045 0.4570447 0.0971564 0.00000000   0.4085767 0.2666667   0
[3,]     0.3043478 0.2817783 0.4352806 0.2251185 0.16340291   0.4027809 0.6666667   0
[4,]     0.1956522 0.2053851 0.4444444 0.4336493 0.23455993   0.3798451 0.4000000   0
[5,]     0.4275362 0.3600501 0.6471936 0.5450237 0.29682232   0.3826681 0.5333333   0
[6,]     0.3333333 0.2842830 0.5945017 0.4810427 0.33756545   0.3742112 0.7333333   0
> summary(data)
 DriversKilled       drivers           front             rear             kms
 Min.   :0.0000   Min.   :0.0000   Min.   :0.0000   Min.   :0.0000   Min.   :0.0000
 1st Qu.:0.3243   1st Qu.:0.2534   1st Qu.:0.3316   1st Qu.:0.2861   1st Qu.:0.3587
 Median :0.4239   Median :0.3594   Median :0.4611   Median :0.4206   Median :0.5238
 Mean   :0.4551   Mean   :0.3840   Mean   :0.4710   Mean   :0.4199   Mean   :0.5243
 3rd Qu.:0.5652   3rd Qu.:0.4970   3rd Qu.:0.6011   3rd Qu.:0.5504   3rd Qu.:0.6827
 Max.   :1.0000   Max.   :1.0000   Max.   :1.0000   Max.   :1.0000   Max.   :1.0000
  PetrolPrice        VanKilled           law
 Min.   :0.0000   Min.   :0.0000   Min.   :0.0000
 1st Qu.:0.2198   1st Qu.:0.2667   1st Qu.:0.0000
 Median :0.4493   Median :0.4000   Median :0.0000
 Mean   :0.4329   Mean   :0.4705   Mean   :0.1198
 3rd Qu.:0.6341   3rd Qu.:0.6667   3rd Qu.:0.0000
 Max.   :1.0000   Max.   :1.0000   Max.   :1.0000
```

(3) 전체 데이터 중(192개) 80%를 훈련용(153개), 나머지 20%를 검증용(39개)로 저장하고, 훈련용 데이터를 (x_train, y_train)으로 검증용 데이터를 (x_test, y_test)로 분류한다.

```
> dim(data)
[1] 192    8
>
> set.seed(1234)
> id <- sample(1:nrow(data), as.integer(0.8*nrow(data)))
>
> x_train <- data[id, 2:8]
> y_train <- data[id, 1]
>
> x_test <- data[-id, 2:8]
> y_test <- data[-id, 1]
>
> dim(x_train)
[1] 153    7
> dim(x_test)
[1] 39    7
```

(4) 은닉층의 수＝c(20, 7, 5), 은닉층의 활성화 함수＝시그모이드, 출력층의 활성화 함수＝선형, 학습 반복 수＝2000을 지정하고, nn.train( ) 함수를 이용하여 딥러닝 모형(dnn)을 설계한다.

```
> dnn <- nn.train ( x = x_train, y = y_train,
+ hidden = c(20, 7, 5), activationfun="sigm",
+ output = "linear",
+ numepochs = 2000)
>
> summary(dnn)
                   Length Class  Mode
input_dim              1  -none- numeric
output_dim             1  -none- numeric
hidden                 3  -none- numeric
size                   5  -none- numeric
activationfun          1  -none- character
learningrate           1  -none- numeric
momentum               1  -none- numeric
learningrate_scale     1  -none- numeric
hidden_dropout         1  -none- numeric
visible_dropout        1  -none- numeric
output                 1  -none- character
W                      4  -none- list
vW                     4  -none- list
B                      4  -none- list
vB                     4  -none- list
post                   5  -none- list
pre                    5  -none- list
e                     54  -none- numeric
L                   4000  -none- numeric
> names(dnn)
 [1] "input_dim"          "output_dim"        "hidden"             "size"             "activationfun"
 [6] "learningrate"       "momentum"          "learningrate_scale" "hidden_dropout"    "visible_dropout"
[11] "output"             "W"                 "vW"                 "B"                 "vB"
[16] "post"               "pre"               "e"                  "L"
> str(dnn)
List of 19
 $ input_dim         : int 7
 $ output_dim        : num 1
 $ hidden            : num [1:3] 20 7 5
 $ size              : num [1:5] 7 20 7 5 1
 $ activationfun     : chr "sigm"
 $ learningrate      : num 0.8
 $ momentum          : num 0.5
 $ learningrate_scale: num 1
 $ hidden_dropout    : num 0
 $ visible_dropout   : num 0
 $ output            : chr "linear"
 $ W                 :List of 4
  ..$ : num [1:20, 1:7] 0.1113 -0.0986 0.0733 -0.0362 -0.0357 ...
  .. ..- attr(*, "dimnames")=List of 2
  .. .. ..$ : NULL
  .. .. ..$ : chr [1:7] "drivers" "front" "rear" "kms" ...
  ..$ : num [1:7, 1:20] 0.0127 -0.1172 0.0534 0.0437 -0.0616 ...
  ..$ : num [1:5, 1:7] -0.169 -0.108 -0.144 -0.186 -0.174 ...
  ..$ : num [1, 1:5] 0.1045 0.0946 0.1146 0.0731 0.0625
 $ vW                :List of 4
  ..$ : num [1:20, 1:7] -1.11e-05 1.37e-05 -1.10e-06 -3.05e-06 7.04e-06 ...
```

(5) nn.predict( ) 함수를 이용하여 사망자 수를 예측하고 역정규화 작업 수행 후, 사망자 수를 predict_value로 구한다.

```
> predict <- nn.predict(dnn, x_test)        > predict_value <- predict * (maxs[1] - mins[1]) + mins[1]
> predict                                    > predict_value
            [,1]                                         [,1]
 [1,] 0.4282176                               [1,] 119.0940
 [2,] 0.4282322                               [2,] 119.0960
 [3,] 0.4282868                               [3,] 119.1036
 [4,] 0.4282415                               [4,] 119.0973
 [5,] 0.4282187                               [5,] 119.0942
 [6,] 0.4282220                               [6,] 119.0946
 [7,] 0.4283161                               [7,] 119.1076
 [8,] 0.4282477                               [8,] 119.0982
 [9,] 0.4282267                               [9,] 119.0953
[10,] 0.4282266                              [10,] 119.0953
[11,] 0.4282562                              [11,] 119.0994
[12,] 0.4282158                              [12,] 119.0938
[13,] 0.4283090                              [13,] 119.1066
[14,] 0.4282314                              [14,] 119.0959
[15,] 0.4282450                              [15,] 119.0978
[16,] 0.4282513                              [16,] 119.0987
[17,] 0.4282883                              [17,] 119.1038
[18,] 0.4281759                              [18,] 119.0883
[19,] 0.4282069                              [19,] 119.0926
[20,] 0.4281669                              [20,] 119.0870
[21,] 0.4281508                              [21,] 119.0848
[22,] 0.4281420                              [22,] 119.0836
[23,] 0.4281702                              [23,] 119.0875
[24,] 0.4282108                              [24,] 119.0931
[25,] 0.4282435                              [25,] 119.0976
[26,] 0.4282119                              [26,] 119.0932
[27,] 0.4282016                              [27,] 119.0918
[28,] 0.4282414                              [28,] 119.0973
[29,] 0.4282439                              [29,] 119.0977
[30,] 0.4281648                              [30,] 119.0867
[31,] 0.4281766                              [31,] 119.0884
[32,] 0.4281087                              [32,] 119.0790
[33,] 0.4281225                              [33,] 119.0809
[34,] 0.4281097                              [34,] 119.0791
[35,] 0.4281122                              [35,] 119.0795
[36,] 0.4281263                              [36,] 119.0814
[37,] 0.4281100                              [37,] 119.0792
[38,] 0.4280732                              [38,] 119.0741
[39,] 0.4280762                              [39,] 119.0745
> summary(predict)                           > summary(predict_value)
        V1                                           V1
 Min.   :0.4281                               Min.   :119.1
 1st Qu.:0.4282                               1st Qu.:119.1
 Median :0.4282                               Median :119.1
 Mean   :0.4282                               Mean   :119.1
 3rd Qu.:0.4282                               3rd Qu.:119.1
 Max.   :0.4283                               Max.   :119.1
> length(predict)                            > length(predict_value)
[1] 39                                       [1] 39
```

(6) 선형성 평가를 통해 실젯값(actual)과 예측 데이터(predict_value)를 서로 비교한다.

```
> actual <- y_test * (maxs[1]-mins[1]) + mins[1]
>
> max.limit <- max(actual, predict_value)
>
> plot(actual, predict_value, xlim=c(0,max.limit), ylim=c(0, max.limit))
> abline(a=0, b=1, col="red", lty=2)
```

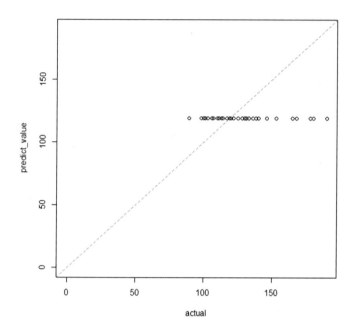

(7) 평균절대오차(mape ; mean absolute percentage error)를 구하면 mape＝13.3%이다.

```
> mape <- MAPE(predict_value, actual) * 100
> mape
[1] 13.33224
>
> str(mape)
 num 13.3
```

제6장

텍스트 마이닝

1 텍스트 마이닝의 이해

(1) 텍스트 마이닝은 NCS기반 학습 모듈(LM2001010508) 기반으로 작성되었으며, 텍스트 마이닝 기반 데이터 분석을 위해 다음 패키지를 이용한다.

install.packages("tm")	#텍스트 마이닝 분석
install.packages("twitteR")	#감성 분석
install.packages("ROAuth")	#데이터 수집(트위터 API와 R 연동)
install.packages("plyr")	#데이터 분할, 적용 및 조합
install.packages("stringr")	#문자열 처리
install.packages("psych")	#기술 통계량 분석
install.packages("ggvis")	#산점도 시각화
install.packages("class")	#K−NN 분류 분석
install.packages("gmodels")	#분류 예측값 비교(CrossTable( ))
install.packages("caret")	#혼동행렬 분석(confusionMatrix( ))
install.packages("pROC")	#ROC curve 분석
install.packages("mlbench")	#PimaIndiansDiabetes 데이터 사용
install.packages("openNLP")	#자연어 처리(날짜, 장소명, 금액, 조직명, 퍼센트, 인명 등 추출)
install.packages("NLP")	#자연어 처리
install.packages("wordcloud")	#문자 시각화
install.packages("RColorBrewer")	#색상 활용
install.packages("sp")	#시각화(공간 데이터 처리, spatial data)
library(tm)	−
library(twitteR)	−
library(ROAuth)	−
library(plyr)	−
library(stringr)	−
library(psych)	−
library(ggvis)	−
library(class)	−

library(gmodels)	—
library(caret)	—
library(pROC)	—
library(mlbench)	—
library("openNLP")	—
library("NLP")	—
library(wordcloud)	—
library(RColorBrewer)	—
library(sp)	—

(2) 텍스트 분석 및 텍스트 마이닝을 요약하면 다음과 같다.

〈텍스트 분석 및 텍스트 마이닝〉

구 분	주요 개념
텍스트 분석	• ICT 기술의 발달에 따라 잠재적 활용 가치가 높은 정보들이 정형, 비정형의 데이터 형태로 급증하고 있음 • 의사결정에 도움을 주는 데이터를 찾아 분석하는 작업의 중요성이 높아지고 있음 • 최근 SNS의 활성화로 많은 기업이 텍스트 데이터 분석을 통해 기업 경영과 관련된 의사결정에 활용하고자 노력하고 있음
텍스트 마이닝 정의	• (Wikipedia) 텍스트 마이닝(또는 텍스트 분석)은 비정형 텍스트 데이터로부터 유용한 정보를 추출하는 기술
특 징	• 자연어로 구성된 비구조적인 데이터(비정형 데이터)를 대상으로 개체명(인명, 지역명 등), 패턴 혹은 단어−문장 관계 정보 추출 • 데이터 마이닝(Data Mining) : 구조적인 데이터(정형 데이터)를 대상으로 유용하고 가치 있는 패턴 추출

(3) 텍스트 분석 절차를 요약하면 다음과 같다. 텍스트 분석을 위하여 6단계 절차를 수행하며, 업무 특성에 따라 세부 항목을 변경하여 분석 절차를 기획한다.

[텍스트 분석 6단계 절차]

분석 절차	수행 작업
요구사항 분석	• 분석 대상에 대한 사용자 요구사항 이해 및 문서화 • 텍스트 분석 목적에 적합한 해결 방법 검토 • 정확하고 일관성있게 사용자의 요구사항을 이해하고 문서화 작업 수행
텍스트 수집	• 수집 대상 데이터 선정, 수집 세부계획 수립, 업무 특성 및 목적에 적합한 데이터 수집 • 수집 가능성, 이용 목적에 맞는 데이터 항목 포함 여부, 개인정보 침해 여부, 수집 주기, 수집 비용 등 관련 사항 검토 • 세부 수집 계획서 작성, 사전 테스트 진행 및 데이터 수집 • 텍스트 수집 주요 기술

구 분	특 징	비 고
Crawling	• SNS, 뉴스, 웹 정보 등 인터넷상에서 제공되는 웹 문서·정보 수집 • URL 링크를 따라가며 반복적으로 수집	웹 문서 수집
Scraping	• 크롤러와 달리 하나의 웹사이트(혹은 문서)에 대하여 정보 수집	웹 문서 수집
FTP	• TCP/IP 프로토콜을 활용하는 인터넷 서버로부터 각종 파일을 송수신 • 보안을 강화하기 위해 SFTP 사용 고려 • 서버 간 연동 시에는 전용 네트워크 구축 고려	FILE 수집
오픈 API	• 서비스, 정보, 데이터 등을 어디서나 쉽게 이용할 수 있도록 개방된 API로 데이터 수집방식 제공 • 다양한 애플리케이션을 개발할 수 있도록 개발자와 사용자에게 공개	실시간 데이터 수집
RSS	• RSS는 웹 기반 최신의 정보를 공유하기 위한 XML 기반 콘텐츠 배급 프로토콜	콘텐츠 수집

분석 절차	수행 작업
텍스트 저장 및 전처리	• 데이터 처리 기술 및 데이터 저장 방식 선정 • 데이터 저장 계획서 작성(데이터 수집 주기, 저장·관리·백업 방식, 테스트 계획 등 포함) • 수집 데이터로부터 불필요한 항목(불용어 등)을 제거하고 대상 텍스트의 품질 향상 작업 수행 • 데이터 전처리 및 후처리 기법(데이터 필터링, 변환, 정제, 통합 등) 활용 • 데이터 저장의 유연성, 확장성을 고려하여 적합한 데이터베이스 선정 및 구축
텍스트 분석	• 텍스트 분석 소프트웨어(또는 패키지) 활용 • 수집·저장된 데이터 분석 및 서비스 제공 • 문제 정의, 시스템 환경(소프트웨어 포함) 분석, 텍스트 분석 방법론 등 계획 수립 • 입력 데이터에 형태소 분석, 불용어 처리를 통한 키워드 추출, 단어−문서관계 표현 등 일련의 전처리 과정 수행 후 진행 • 텍스트 분류, 텍스트 군집, 텍스트 요약 등의 방법 사용 • 최근 검색엔진 등에서 사용자의 입력 검색어에 대한 연관 검색어 제공(재현율 향상)을 위한 연관 단어 분석 등이 사용되고 있음
텍스트 분석서비스 제공	• 텍스트 분석 결과 시각화 제공, 사람들이 쉽게 활용할 수 있도록 시각화 제공 • 시각화 자료 : 분석 과정에서 오류 부분에 대한 파악, 수정, 보완을 용이하게 함 • 태그 클라우드, 지도, 차트 등 이용 • 분석 결과를 쉽게 검색할 수 있도록 지원
산출물 관리 및 공유	• 업무 효율성 제고를 위해 현업 구성원과 공유 • 각 분석 단계 계획서 등의 문서화 및 버전 관리 • 개인정보 처리(비식별화, 암호화 등) 및 보안관리 • 수집 데이터 및 분석 결과 유출 방지 • 안전한 활용 계획 수립 및 추진

(4) 텍스트 마이닝 수행 작업을 요약하면 다음과 같다.

① **요구사항 분석 명세서 작성** : 사용자 면담, 설문조사, 각종 문서 검토 등을 통해 사용자 요구사항을 파악한다. 사용자 요구사항을 기반으로 텍스트 분석 목적, 분석 대상에 대한 성능 및 제약 조건 등을 문서화(명시)하고 요구사항이 제대로 반영되었는지 검토한다.

② **수행 계획서 작성** : 수집 대상 텍스트를 선정하고 데이터 수집을 위한 세부 수집 계획을 수립한다. 수집 계획을 문서화하고 버전 관리 번호를 부여함으로써 산출물을 관리한다.

〈데이터 수집 시 고려사항〉

구 분	주요 고려사항
대상 데이터 선정	• 대상 데이터의 수집 가능성, 정확성, 보안, 비용, 주기 등 검토 • 수집가능성 : 대상 텍스트의 가용성 및 수집 기술의 활용 가능성 검토 • 정확성 : 이용 목적에 필요한 세부 데이터 항목들의 포함 여부 검토 • 보안 : 개인정보 유출 및 침해 문제 • 수집 비용 : 데이터 수집 비용(돈, 시간 등), 비용 대비 데이터 활용도 및 중요도 평가 • 수집 주기 : 이용 목적에 적합한 데이터 수집 주기
텍스트 수집 기술	• 데이터 유형 고려, 이용 목적에 적합한 수집 기술 선정 • Crawling : 웹에서 수집 가능한 문서(블로그 등) • FTP : 파일 형태의 텍스트 • Open API : 실시간 텍스트 데이터 • RSS : 텍스트 제공 사이트가 자주 업데이트 되는 경우
세부 수집 계획서 작성	• 수집 가능성, 정확성, 보안, 비용, 주기 등의 고려사항 반영 • 세부 수집 계획서 작성
데이터 수집	• 사전 테스트 진행 • 수집 대상 텍스트에 대한 데이터 수집

③ **텍스트 저장 및 산출물 관리를 위한 수행 계획서 작성** : 수집 텍스트의 저장 및 관리에 적합한 저장 방식을 선정하고 데이터베이스 구축을 위한 세부 계획을 수립한다. 수립된 저장 계획을 문서화하고 버전 관리 번호를 부여하여 산출물을 관리한다.

〈데이터 저장 방법 및 고려사항〉

구 분	텍스트 데이터 저장 방법 및 고려사항
관계형 Database	• 관계형 DB 테이블에 저장 • 수집 대상 텍스트를 사전 검토하여 DB 스키마 설계 수행 • 저장 테이블의 컬럼에 맞도록 텍스트 데이터 추출 및 저장 • 가장 보편화된 방법으로 우수한 성능 및 안정성 보장
NoSQL Database	• 제품에 따라 문서, 그래프, 키-값, 컬럼 형식 등 다양한 데이터 저장 방법 제공 • 몽고 DB : 문서 기반 데이터 저장, JSON, XML 등과 같이 반구조화된(semi-structured) 텍스트 데이터 저장 • 확장성, 고가용성, 대용량 저장 등의 특징을 가짐 • 성능 향상을 위해 scale out 기능(서버 노드를 추가하여 처리 능력 향상) 및 분산병렬처리 기술 등이 필요
주요 고려사항	• 데이터 보관 주기, 백업 방식, 저장 공간 확대 등 반영 • 세부 저장계획서 작성 : 데이터를 저장하기 위한 최대 저장 공간 크기 및 저장 기간 등을 고려하여 계획서 작성, 특히 관계형 DB는 솔루션별로 가용 공간이 다르므로 솔루션 업체에서 제공하는 설계 가이드 등을 참고 • 데이터 저장 계획서에 따라 사전 테스트 진행, 데이터베이스 구축 및 데이터 저장 • 데이터 수집 및 운영 관련 데이터베이스 모니터링 계획 수립 : 구축된 데이터베이스 관리 및 오류 대응 체계 마련, 주기적인 데이터 수집 및 운영 관련 모니터링 수행, 대용량 데이터인 경우 필요하면 저장 공간 확장 방안 마련

④ 텍스트 분석 및 산출물 관리 수행 계획서 작성 : 데이터 분석을 위한 시스템 환경 및 방법론 등 세부 분석 계획을 수립한다. 그리고 수립된 분석 계획을 문서화하고 버전 관리 번호를 부여함으로써 산출물 관리를 수행한다.

〈텍스트 분석 및 산출물 관리 방안〉

구 분	주요 수행 작업
데이터 분석 시나리오 작성	• 텍스트 분석 목적, 분석 절차, 분석 방법론 등 세부 데이터 분석 시나리오 구성 • 사용자 관점의 텍스트 분석 시나리오 구성 　－ 국내외 선행 사례 연구를 통해 텍스트 분석에 대한 이해도 제고 및 분석 시나리오의 실현 가능성 검토, 시사점 도출 　－ 실현 가능성과 도출된 시사점을 기반으로 분석 시나리오 작성 　－ 분석 목적, 분석 절차, 분석 방법론 명시 • 명확한 문제 인식 후 적합한 텍스트 분석 기법 선정
텍스트 분류 Classification	• 임의의 텍스트(문서)를 미리 정의된 카테고리 혹은 클래스로 분류 • 텍스트 자동 분류를 위하여 텍스트 분류기 학습(Training, 학습용 텍스트를 활용하여 각 카테고리에 대한 특성 정보를 미리 정의)이 선행되어야 함 • 도메인 전문가가 학습용 텍스트를 사용하여 미리 정의된 카테고리로 분류 • 텍스트(문서)가 입력되면 텍스트 분류기는 입력 텍스트로부터 특성 정보(키워드, 키워드 가중치 등)를 추출하여 카테고리의 특성 정보와 비교 • 입력 정보와 카테고리의 유사도 고려, 적합한 분류 선정 • 텍스트 분류는 훈련 데이터(학습 데이터)를 기반으로 수행되기 때문에 지도 학습(Supervised Learning)으로 분류(머신러닝) • 분류기 학습 과정에서 미리 정의된 카테고리와 학습용 데이터를 활용하여 텍스트 분류 모델 학습, 이후 텍스트 분류기가 입력 텍스트에 가장 적합한 카테고리 선정 및 분류 • 정적인(미리 정해진) 카테고리에 따른 텍스트 분류
텍스트 군집 Clustering	• 텍스트 특성을 분석하여 내용 혹은 형태가 유사한 텍스트들을 군집화 • 텍스트에 따라 동적으로 군집이 이루어지게 함 • 미리 정의된 카테고리 정보가 없으므로 비지도학습(Unsupervised Learning) • 하나의 텍스트 집합을 데이터 간의 유사도에 근거하여 여러 개의 부분 집합(Cluster)으로 분할 • 몇 개로 군집이 생성되어야 하는지에 대한 정보 기반으로 수행

텍스트 요약 Summarization	• 대상 텍스트가 가진 주요 의미 유지, 텍스트 길이를 효과적으로 줄여 사용자들에게 짧고 간결하게 주요 정보 제공 • 주요 문장 추출 방식 및 주요 정보 기반 새로운 문장 생성 방식으로 구분 • 문장 및 문단의 중요도 판단 방법 : 자연어 이해 기반 및 통계적 방법(단어 빈도, 단어 위치, 문장 길이 등) 이용 • 추출 요약 : 문서에 존재하는 단어나 구, 문장 등을 추출하는 기법으로 키워드를 포함하고 있는 문장 등을 변경없이 그대로 추출, 요약문의 가독성이 낮음 • 생성 요약 : 가독성 보완을 위해 문서의 내용을 압축 및 재구성하여 새로운 요약문 생성, 가독성은 개선되지만 자연어에 대한 이해 및 새로운 문장 생성 기술이 필수적으로 요구됨 추출 요약
소프트웨어 및 프로그래밍 언어 실행 환경 구축 계획 수립	• 텍스트 분석을 위한 시스템 기능과 성능 요구사항 분석 • 조직 내부의 데이터 관리 정책과 부합되는지, 보안 이슈 유무 파악
세부 분석 계획 수립	• 분석 시나리오와 데이터 분석 환경 조사 결과 반영 • 수립된 분석 계획 문서화, 버전 관리 번호 부여 • 산출물 관리 수행

⑤ 텍스트 분석에서 도출된 산출물을 현업 구성원에게 공유하기 위한 문서화 및 버전관리 방안을 수립한다. 산출물 관리 계획에 따라 산출물 문서화 및 버전 관리 작업을 수행한다.

(5) 형태소 분석 : 형태소란 의미가 있는 최소의 단위로 더 이상 분리가 불가능한 가장 작은 의미 요소이다. 일반적으로 문법적, 관계적인 뜻을 나타내는 단어 또는 단어의 부분이다. 형태소 분석이란, 주어진 단어 또는 어절을 구성하는 각 형태소를 분리한 후, 분리된 형태소의 기본형 및 품사 정보를 추출하는 것이다.

① 예를 들어 "나는 보리밥을 먹었다"의 문장에서 "나", "는", "보리", "밥", "을" "먹", "었", "다"의 형태소로 나눌 수 있다. 주어진 문장을 어절, 단어 등과 같이 더 작은 단위로 나누어 분석하면 어떤 부분이 형태소인지 쉽게 구별할 수 있다.

〈어절, 단어 및 형태소의 분류〉

구 분	형태소의 분류
어 절	• 한국어의 경우 뛰어쓰기 기준으로 어절 구분 • "나는", "보리밥을", "먹었다"로 3개의 어절로 분류 • 텍스트 처리 기술 중 파싱(Parsing) 기법 활용 • Parsing : 입력 텍스트를 의미 있는 토큰으로 분해하고 문장 구조(파싱 트리, 구문 트리) 생성, 일반적으로 문장 부호 중심으로 문장 분리
단 어	• 어절 구성 단위, 하나의 어절은 하나 혹은 두 개이상의 단어로 구성 • 한국어의 경우 '조사'와 같은 단어들이 존재하므로 하나의 어절은 더 작은 단위의 단어로 구분 • "나는" 어절 : 대명사, "나"+주격 조사 "는"의 2개의 단어로 구성

형태소	• 의미가 있는 최소 단위, 단어는 하나 혹은 두 개 이상의 형태소로 구성
	• "나는" : 2개의 단어로 구성되어 있으면서 2개의 형태소로 구성
	• 영어의 경우 하나의 단어가 하나의 형태소에 해당(단어를 분리하지 않음)
	• 용언("~하다", "~했다" 등) : 어간과 어미 부분으로 나눔(형태소로 간주)
	• 어간을 분리하기 위해 스테밍(Stemming) 기법 활용
	• Stemming : 형태소 분석 대상 단어를 추출하기 위해 어형이 변형된 단어로부터 어간 분리
	  − "cats", "catty"의 어간: "cat" 추출
	  − "잡히다", "잡히고"의 어간 : "잡히" 추출
	• 문장, 어절, 단어, 형태소의 계층 구조
	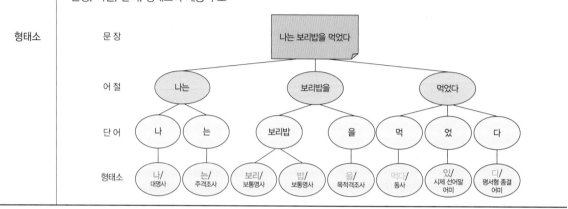

② **형태소 분석 방법** : 일반적으로 형태소 분석기를 구현하는 것은 다양한 사전과 품사 태깅을 위한 높은 수준의 관련 지식 및 프로그래밍 기술을 필요로 한다. 대부분의 텍스트 마이닝에서는 형태소 분석기를 구현하지 않고, 오픈소스 형태로 제공되는 형태소 분석기를 이용한다. 예를 들어 꼬꼬마 한국어 형태소 분석기(kkma.snu.ac.kr) 사용 방법은 다음과 같다.

〈형태소 분석 방법〉

구 분	형태소 분석 방법
단어 분리 및 품사 부여	• 전처리 과정에서 추출된 어절에 대하여 사전을 참고하여 단어 분리 및 품사 부여 • 효과적인 형태소 분석을 위해 다양한 사전이 필요 • 말뭉치(세종 말뭉치 등), 문법 형태소 사전, 어휘 형태소 사전, 전문 용어 사전, 사용자 정의 사전 등이 활용
형태소 분석 후보 생성	• 사전을 참고하여 발생 가능한 모든 형태소 분석 후보 생성 • "나는 서울시청에 간다"에 대한 형태소 분석 후보 나/대명사　는/조사　서울시청/일반명사　에/조사　갈/동사　ㄴ다/종결어미 날/동사　는/어말어미　　　　　　　　　　가/동사 나/동사　는/어말어미

최종 품사
결정
	• 형태소 분석 후보 중에서 문맥에 가장 적합한 품사 선택
	• 입력 문장에 대한 최종 품사 결정
	• 의미적 모호성(혹은 중의성)을 내포하는 단어는 2가지 이상의 분석 결과 처리
	• "나는"의 경우 다음과 같이 3가지 의미적 모호성을 가짐
	   − "나(대명사, I)" + "는(주격조사)"
	   − "날(동사, Fly)" + "는(어말어미)"
	   − "나(동사, Produce)" + "는(어말어미)"
	• 의미적 모호성을 갖는 형태소는 단독으로 그 의미를 파악하는 것이 어려움
	• 주어진 문장의 앞뒤 문맥에 따라 적합한 의미 파악
	• 품사의 모호성을 제거하기 위해 통계적 방법 및 규칙 기반 방법 적용
	• 규칙기반 방법 적용 결과 : "나/대명사"+"는/조사"+"서울시청/일반명사"+"에/조사"+"가/동사"+"ㄴ다/
	종결어미"
	
	나/대명사　는/조사　→　서울시청/일반명사　에/조사　　갈/동사　ㄴ다/종결어미
	날/동사　는/어말어미　　　　　　　　　　　　　　　　　가/동사　ㄴ다/종결어미
	나/동사　는/어말어미

텍스트 후처리	• 형태소 분석 결과에서 특이한 언어 현상 처리를 위한 후처리(Post−Processing) • 복합명사, 사전 미등록어, 줄임말 등과 같은 특이한 언어 현상 처리 − "서울시청"은 복합명사로 "서울"과 "시청"으로 분리 − 후처리 작업을 통해 복합 명사 판별, 더 작은 형태소로 분리 • 후처리 결과: "나/대명사"+"는/조사"+"서울/일반명사"+"시청/일반명사"+"에/조사"+"가/동 사"+"ㄴ다/종결어미" 나/대명사　는/조사　→　서울/일반명사　시청/일반명사　에/조사　　갈/동사　ㄴ다/종결어미 날/동사　는/어말어미　　　　　　　　　　　　　　　　　　　　　가/동사　ㄴ다/종결어미 나/동사　는/어말어미

| 형태소
분석기
(꼬꼬마) | • 한국어 형태소 분석기 : kkma.snu.ac.kr
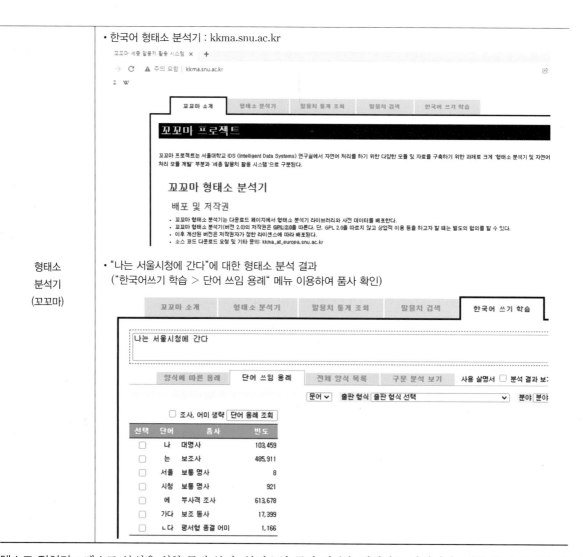
• "나는 서울시청에 간다"에 대한 형태소 분석 결과
("한국어쓰기 학습 > 단어 쓰임 용례" 메뉴 이용하여 품사 확인) |

③ **텍스트 전처리** : 텍스트 분석을 위한 문장 분리, 불필요한 문장 성분을 제거하는 과정이다. 예를 들어 영어권 텍스트의 경우 문장 안에 대소문자가 혼용되어 있으므로 분석의 용이성을 높이고자 대문자를 소문자로 변환한다. 일반적으로 텍스트 전처리 수행 작업은 문장 분리, 불필요한 문장 성분 제거, 어절 분리 등이다.

〈텍스트 전처리 작업〉

구 분	전처리 작업 내용
문장 분리	• 입력 텍스트로부터 문장 부호(마침표, 쉼표 등) 기준으로 문장 분리 • 영어의 경우 대문자를 소문자로 변환
불필요한 문장 성분 제거	• 분리된 문장에서 문장 부호, 특수 문자, 숫자 등 형태소 분석 이전에 불필요한 문장 성분 제거

어절 분리	• 분리된 문장에서 어절 분리, 띄어쓰기 기준으로 분리 • 전처리 과정 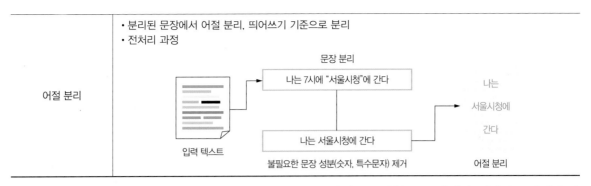

④ **품사 태깅** : 하나의 단어가 여러 품사를 가질 수 있으므로, 품사의 모호성(혹은 중의성)을 제거하는 과정이 필요하다. 품사의 모호성 제거과정을 품사 태깅(Part-Of-Speech Tagging, POS Tagging)이라 한다. 품사 태깅을 위하여 일반적으로 통계적 모델인 '은닉 마르코프 모델(HMM ; Hidden Markov Model)'을 이용한다. HMM 모델에서는 형태소 분석 결과에서 각 형태소의 앞뒤 문맥에 가장 적합한 품사를 확률적 방법으로 선택한다.

〈품사 태깅 방법〉

구 분	품사 태깅 예시 및 수행 방법
예 시	• "나는 학교에 간다"라는 입력 텍스트에 대해 형태소 분석 결과(분석 후보) 생성 • 가장 적합한 품사 태깅 • "나는": "날/동사, 는/어말어미", "나/동사, 는/어말어미" → "나/대명사, 는/조사"로 품사 태깅 • "간다": "갈/동사, ㄴ다/종결어미" → "가/동사, ㄴ다/종결어미"로 품사 태깅 • "나는 학교에 간다"의 품사 태깅 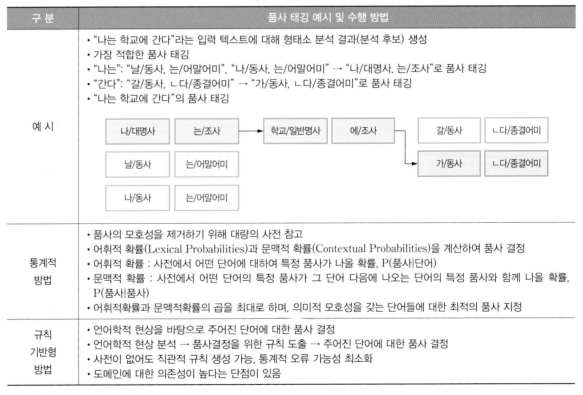
통계적 방법	• 품사의 모호성을 제거하기 위해 대량의 사전 참고 • 어휘적 확률(Lexical Probabilities)과 문맥적 확률(Contextual Probabilities)을 계산하여 품사 결정 • 어휘적 확률 : 사전에서 어떤 단어에 대하여 특정 품사가 나올 확률, P(품사|단어) • 문맥적 확률 : 사전에서 어떤 단어의 특정 품사가 그 단어 다음에 나오는 단어의 특정 품사와 함께 나올 확률, P(품사|품사) • 어휘적확률과 문맥적확률의 곱을 최대로 하며, 의미적 모호성을 갖는 단어들에 대한 최적의 품사 지정
규칙 기반형 방법	• 언어학적 현상을 바탕으로 주어진 단어에 대한 품사 결정 • 언어학적 현상 분석 → 품사결정을 위한 규칙 도출 → 주어진 단어에 대한 품사 결정 • 사전이 없어도 직관적 규칙 생성 가능, 통계적 오류 가능성 최소화 • 도메인에 대한 의존성이 높다는 단점이 있음

2 텍스트 분석

(1) 텍스트 마이닝을 위해 "tm" 패키지를 설치[install.packages("tm"), library(tm)]한다. 예제로 Jarena의 일대기에 대한 내용을 서술한 텍스트(github.com/rOpenGov/dh−methods−in−r/blob/master/data/nlp/anb−jarena−lee.txt)를 이용(jarena.txt)한다.

```
> install.packages("tm")
'NLP', 'slam', 'xml2', 'BH' (을) 또한 설치합니다.

URL 'https://cran.yu.ac.kr/bin/windows/contrib/4.2/NLP_0.2-1.zip'을 시도합니다
Content type 'application/zip' length 390473 bytes (381 KB)
downloaded 381 KB

URL 'https://cran.yu.ac.kr/bin/windows/contrib/4.2/slam_0.1-50.zip'을 시도합니다
Content type 'application/zip' length 189375 bytes (184 KB)
downloaded 184 KB

URL 'https://cran.yu.ac.kr/bin/windows/contrib/4.2/xml2_1.3.3.zip'을 시도합니다
Content type 'application/zip' length 1574445 bytes (1.5 MB)
downloaded 1.5 MB

URL 'https://cran.yu.ac.kr/bin/windows/contrib/4.2/BH_1.78.0-0.zip'을 시도합니다
Content type 'application/zip' length 20390317 bytes (19.4 MB)
downloaded 19.4 MB

URL 'https://cran.yu.ac.kr/bin/windows/contrib/4.2/tm_0.7-8.zip'을 시도합니다
Content type 'application/zip' length 1158874 bytes (1.1 MB)
downloaded 1.1 MB

패키지 'NLP'를 성공적으로 압축해제하였고 MD5 sums 이 확인되었습니다
패키지 'slam'를 성공적으로 압축해제하였고 MD5 sums 이 확인되었습니다
패키지 'xml2'를 성공적으로 압축해제하였고 MD5 sums 이 확인되었습니다
패키지 'BH'를 성공적으로 압축해제하였고 MD5 sums 이 확인되었습니다
패키지 'tm'를 성공적으로 압축해제하였고 MD5 sums 이 확인되었습니다

다운로드된 바이너리 패키지들은 다음의 위치에 있습니다
        C:\tmp\RtmpCwxrif\downloaded_packages
>
> library(tm)
필요한 패키지를 로딩중입니다: NLP

다음의 패키지를 부착합니다: 'NLP'

The following object is masked from 'package:ggplot2':

    annotate
```

(jarena.txt)

In 1804, after several months of profound spiritual anxiety, Jarena Lee moved from New Jersey to Philadelphia. There she labored as a domestic and worshiped among white congregations of Roman Catholics and mixed congregations of Methodists. On hearing an inspired sermon by the Reverend Richard Allen, founder of the Bethel African Methodist Episcopal Church, Lee joined the Methodists. She was baptized in 1807. Prior to her baptism, she experienced the various physical and emotional stages of conversion: terrifying visions of demons and eternal perdition; extreme feelings of ecstasy and depression; protracted periods of meditation, fasting, and prayer; ennui and fever; energy and vigor. In 1811 she married Joseph Lee, who pastored an African−American church in Snow Hill, New Jersey. They had six children, four of whom died in infancy.

① 파일(jarena.txt)이 저장된 작업영역을 지정[setwd("C:/workr")]하고 readLines( )으로 텍스트 파일을 읽은 후, print( ) 함수를 이용하여 내용을 확인한다. VectorSource( ) 함수를 이용하여 벡터형으로 변환된 파일을 vtext로 저장한다.

```
> setwd("C:/workr")
> getwd()
[1] "C:/workr"
> text <- readLines("jarena.txt")
> print(text)
 [1] "In 1804, after several months of profound spiritual anxiety, Jarena Lee"
 [2] "moved from New Jersey to Philadelphia. There she labored as a domestic"
 [3] "and worshiped among white congregations of Roman Catholics and mixed"
 [4] "congregations of Methodists. On hearing an inspired sermon by the"
 [5] "Reverend Richard Allen, founder of the Bethel African Methodist"
 [6] "Episcopal Church, Lee joined the Methodists. She was baptized in 1807."
 [7] "Prior to her baptism, she experienced the various physical and emotional"
 [8] "stages of conversion: terrifying visions of demons and eternal"
 [9] "perdition; extreme feelings of ecstasy and depression; protracted"
[10] "periods of meditation, fasting, and prayer; ennui and fever; energy and"
[11] "vigor. In 1811 she married Joseph Lee, who pastored an African-American"
[12] "church in Snow Hill, New Jersey. They had six children, four of whom"
[13] "died in infancy."

> summary(text)
   Length     Class      Mode
       13 character character
```

```
> vtext <- VectorSource(text)
> vtext
$encoding
[1] ""

$length
[1] 13

$position
[1] 0

$reader
function (elem, language, id)
{
    if (!is.null(elem$uri))
        id <- basename(elem$uri)
    PlainTextDocument(elem$content, id = id, language = language)
}
<bytecode: 0x0000025e5c551aa0>
<environment: namespace:tm>

$content
 [1] "In 1804, after several months of profound spiritual anxiety, Jarena Lee"
 [2] "moved from New Jersey to Philadelphia. There she labored as a domestic"
 [3] "and worshiped among white congregations of Roman Catholics and mixed"
 [4] "congregations of Methodists. On hearing an inspired sermon by the"
 [5] "Reverend Richard Allen, founder of the Bethel African Methodist"
 [6] "Episcopal Church, Lee joined the Methodists. She was baptized in 1807."
 [7] "Prior to her baptism, she experienced the various physical and emotional"
 [8] "stages of conversion: terrifying visions of demons and eternal"
 [9] "perdition; extreme feelings of ecstasy and depression; protracted"
[10] "periods of meditation, fasting, and prayer; ennui and fever; energy and"
[11] "vigor. In 1811 she married Joseph Lee, who pastored an African-American"
[12] "church in Snow Hill, New Jersey. They had six children, four of whom"
[13] "died in infancy."

attr(,"class")
[1] "VectorSource" "SimpleSource" "Source"
```

② 텍스트 마이닝 분석에서 문서의 집합은 코퍼스(Corpus)로 표현되며, 코퍼스(Corpus)란 언어학에서 구조를 이루고 있는 텍스트 문서들의 집합이다. 벡터형으로 변환된 문서(vtext)를 Corpus형으로 변환하기 위해 Corpus(vtext) 함수를 이용하고, 코퍼스형으로 변환된 문서를 ctext에 저장한다. 문장부호를 제거[tm_map(ctext, removePunctuation)]하고 특정 문자(숫자 등) 제거[tm_map(ctext, removeWords, c( ))]후, 대문자를 소문자로 변환[tm_map(ctext, tolower)]한 파일을 ctext에 저장한다.

```
> ctext <- Corpus(vtext)
> ctext
<<SimpleCorpus>>
Metadata:  corpus specific: 1, document level (indexed): 0
Content:  documents: 13
> summary(ctext)
   Length Class             Mode
1  2      PlainTextDocument list
2  2      PlainTextDocument list
3  2      PlainTextDocument list
4  2      PlainTextDocument list
5  2      PlainTextDocument list
6  2      PlainTextDocument list
7  2      PlainTextDocument list
8  2      PlainTextDocument list
9  2      PlainTextDocument list
10 2      PlainTextDocument list
11 2      PlainTextDocument list
12 2      PlainTextDocument list
13 2      PlainTextDocument list
```

```
> ctext <- tm_map(ctext, removePunctuation)
경고메시지(들):
tm_map.SimpleCorpus(ctext, removePunctuation)에서:
  transformation drops documents
> ctext
<<SimpleCorpus>>
Metadata:  corpus specific: 1, document level (indexed): 0
Content:  documents: 13

> ctext <- tm_map(ctext, removeWords, c("1804", "1807", "1811"))
경고메시지(들):
tm_map.SimpleCorpus(ctext, removeWords, c("1804", "1807", "1811"))에서:
  transformation drops documents

> ctext
<<SimpleCorpus>>
Metadata:  corpus specific: 1, document level (indexed): 0
Content:  documents: 13

> ctext <- tm_map(ctext, tolower)
경고메시지(들):
tm_map.SimpleCorpus(ctext, tolower)에서: transformation drops documents
> ctext
<<SimpleCorpus>>
Metadata:  corpus specific: 1, document level (indexed): 0
Content:  documents: 13
```

③ 텍스트 전처리(문장부호 제거, 숫자 제거, 소문자 변환) 수행 후, strwrap( ) 함수를 이용하여 각 행별 텍스트를 확인한다. vtext 파일과 전처리 작업 후, 변환된 ctext 파일을 비교하면 "," 제거, 숫자 삭제(1804, 1807, 1811), 소문자 변환 등의 작업 처리 결과가 확인된다.

```
> strwrap(vtext)
 [1] ""
 [2] "13"
 [3] "0"
 [4] "function (elem, language, id) { if (!is.null(elem$uri)) id <- basename(elem$uri)"
 [5] "PlainTextDocument(elem$content, id = id, language = language) }"
 [6] "c(\"In 1804, after several months of profound spiritual anxiety, Jarena Lee\", \"moved from New Jersey"
 [7] "to Philadelphia. There she labored as a domestic\", \"and worshiped among white congregations of"
 [8] "Roman Catholics and mixed\", \"congregations of Methodists. On hearing an inspired sermon by the\","
 [9] "\"Reverend Richard Allen, founder of the Bethel African Methodist\", \"Episcopal Church, Lee joined"
[10] "the Methodists. She was baptized in 1807.\", \"Prior to her baptism, she experienced the various"
[11] "physical and emotional\", \"stages of conversion: terrifying visions of demons and eternal\","
[12] "\"perdition; extreme feelings of ecstasy and depression; protracted\", \"periods of meditation,"
[13] "fasting, and prayer; ennui and fever; energy and\", \"vigor. In 1811 she married Joseph Lee, who"
[14] "pastored an African-American\", \"church in Snow Hill, New Jersey. They had six children, four of"
[15] "whom\", \"died in infancy.\")"

> strwrap(ctext)
 [1] "c(\"in after several months of profound spiritual anxiety jarena lee\", \"moved from new jersey to"
 [2] "philadelphia there she labored as a domestic\", \"and worshiped among white congregations of roman"
 [3] "catholics and mixed\", \"congregations of methodists on hearing an inspired sermon by the\", \"reverend"
 [4] "richard allen founder of the bethel african methodist\", \"episcopal church lee joined the methodists"
 [5] "she was baptized in \", \"prior to her baptism she experienced the various physical and emotional\","
 [6] "\"stages of conversion terrifying visions of demons and eternal\", \"perdition extreme feelings of"
 [7] "ecstasy and depression protracted\", \"periods of meditation fasting and prayer ennui and fever"
 [8] "energy and\", \"vigor in she married joseph lee who pastored an africanamerican\", \"church in snow"
 [9] "hill new jersey they had six children four of whom\", \"died in infancy\")"
[10] "list(language = \"en\")"
[11] "list()"
```

```
> strwrap(ctext[[1]])
[1] "in after several months of profound spiritual anxiety jarena lee"
> strwrap(ctext[[2]])
[1] "moved from new jersey to philadelphia there she labored as a domestic"
> strwrap(ctext[[3]])
[1] "and worshiped among white congregations of roman catholics and mixed"
> strwrap(ctext[[4]])
[1] "congregations of methodists on hearing an inspired sermon by the"
> strwrap(ctext[[5]])
[1] "reverend richard allen founder of the bethel african methodist"
> strwrap(ctext[[6]])
[1] "episcopal church lee joined the methodists she was baptized in"
> strwrap(ctext[[7]])
[1] "prior to her baptism she experienced the various physical and emotional"
> strwrap(ctext[[8]])
[1] "stages of conversion terrifying visions of demons and eternal"
> strwrap(ctext[[9]])
[1] "perdition extreme feelings of ecstasy and depression protracted"
> strwrap(ctext[[10]])
[1] "periods of meditation fasting and prayer ennui and fever energy and"
> strwrap(ctext[[11]])
[1] "vigor in she married joseph lee who pastored an africanamerican"
> strwrap(ctext[[12]])
[1] "church in snow hill new jersey they had six children four of whom"
> strwrap(ctext[[13]])
[1] "died in infancy"
> strwrap(ctext[[14]])
x$content[[i]]에서 다음과 같은 에러가 발생했습니다:철자의 허용 범위를 벗어났습니다
```

④ 텍스트 전처리 과정을 통해 추출된 입력 문장(ctext)에 대해 형태소 분석을 수행한다. 전처리 과정과 유사하게 형태소도 다양한 도구를 활용하여 분석할 수 있다. 꼬꼬마 형태소 분석기를 사용한 형태소 분석 결과는 다음과 같다. ctext 문장에 대해 단어와 사용 빈도 수(자체 사전 데이터베이스에서의 빈도 수)를 확인한다. 해당 단어를 선택하면 단어의 뜻을 확인(네이버 사전 링크 연결)할 수 있다.

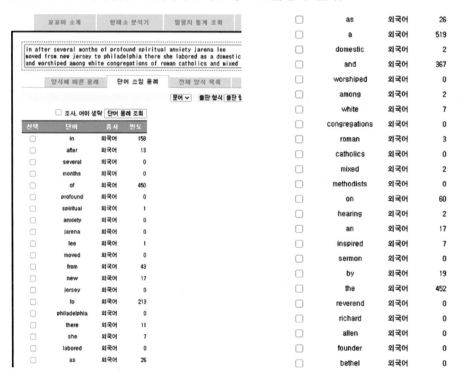

☐	african	외국어	0
☐	methodist	외국어	0
☐	episcopal	외국어	0
☐	church	외국어	3
☐	joined	외국어	0
☐	was	외국어	11
☐	baptized	외국어	0
☐	prior	외국어	0
☐	her	외국어	0
☐	baptism	외국어	0
☐	experienced	외국어	0
☐	various	외국어	1
☐	physical	외국어	2
☐	emotional	외국어	0
☐	stages	외국어	0
☐	conversion	외국어	2
☐	terrifying	외국어	0
☐	visions	외국어	0
☐	demons	외국어	0
☐	eternal	외국어	0
☐	perdition	외국어	0
☐	extreme	외국어	0
☐	feelings	외국어	0
☐	ecstasy	외국어	1
☐	depression	외국어	1
☐	protracted	외국어	0
☐	periods	외국어	2
☐	meditation	외국어	0

☐	fasting	외국어	0
☐	prayer	외국어	0
☐	ennui	외국어	0
☐	fever	외국어	0
☐	energy	외국어	3
☐	vigor	외국어	0
☐	married	외국어	6
☐	joseph	외국어	0
☐	who	외국어	8
☐	pastored	외국어	0
☐	africanamerican	외국어	0
☐	snow	외국어	3
☐	hill	외국어	0
☐	they	외국어	11
☐	had	외국어	6
☐	six	외국어	2
☐	children	외국어	3
☐	four	외국어	5
☐	whom	외국어	1
☐	died	외국어	1
☐	infancy	외국어	0

NAVER 영어사전 ◀ ▶ 큰창 내단(

infancy ▼ 검색

'infancy' 에 대한 검색결과

◉ 전체 ○ 단어/숙어 ○ 본문 ○ 예문 ○ 유의(

단어/숙어 (46건)

infancy 미국·영국 [ˈɪnfənsi] ◀ **영국식** ◀ ▶
[명사] 유아기
- to die in infancy ◀

(2) 키워드 추출 : 분석 목적 및 데이터 특성에 따라 단어들에 대한 가용어 및 불용어 처리를 통해 키워드를 추출한다.

① 텍스트로 이루어진 문서(혹은 문장)들은 단어나 단어의 집합인 문자열로 표현되며, 이들은 불용어, 가용어, 키워드로 분류된다. 키워드 추출 방법을 요약하면 다음과 같다.

〈키워드 추출 개요〉

구분	개요

주요
개념
	• 불용어 : 입력 문서를 이루는 단어 성분 중 문서의 정보(의미)를 표현하지 못하는 단어, 즉 문서와 관련성이 없는
	 것으로 간주하는 단어, 한국어의 경우 대표적인 불용어는 '조사'
	   − 예를 들어 "나는 보리밥을 먹었다"에서 사용되는 조사인 "는", "을"은 문장의 정보를 표현하지 못하며, 일반적
	     으로 많은 문서에서 사용되고 있는 단어
	   − 영어의 경우 대표적인 불용어는 "관사", "전치사" 등, 예를 들어 "a", "the", "on", "with" 등은 문서(혹은 문장)
	     의 주제와 관련성이 낮음
	   − 불용어들은 문서 내에서 발생 빈도가 높아 키워드로 오해할 수 있음
	   − 해당 문서의 정보를 정확히 표현하지 못하므로 불용어로 간주
	• 가용어 : 문서를 구성하는 단어 중 불용어가 아닌 단어
	• 키워드 : 가용어 중 문서의 중심이 되는 주제어, 문서내에서 발생빈도가 높은 단어

불용어 처리	• 형태소 분석 결과로 입력된 단어들에 대해 저장된 불용어 사전(불용어가 저장된 데이터베이스)을 참조하여 불필요 한 키워드 제거 • 형태소 분석 결과를 불용어 사전에서 검색→일치하면 삭제→최적의 가용어만 추출 • 한국어 불용사전 : 조사, 어미 등 포함 • 영어 불용사전 : 관사, 전치사, be 동사 등 포함

키워드
추출 절차
	• 입력 문서에 대한 형태소 분석, 불용어 처리 등의 전처리 과정을 거쳐 추출
	• 텍스트 분석 결과의 정확도와 관련성이 높음
	• 키워드 추출이 적용되지 않은 검색 엔진 : 조사, 관사 등이 검색어로 입력되는 경우 사용자의 의도와 상관없이 해당
	 검색어(조사, 관사)가 포함된 문서 검색되어 품질 저하
	• 가용어 추출 및 텍스트 마이닝 절차
	
	   − 입력 문서에 대한 형태소 분석, 불용어 처리(불용어 사전 활용)
	   − 가용어 리스트(나, 보리, 밥, 먹다) 추출
	   − 키워드 리스트 : 추출된 가용어 중에서 문장 내의 가중치에 따라 키워드 선정
	   − 추출된 키워드는 가중치 정보 포함
	   − (키워드, 가중치)은 입력 텍스트의 특성(다른 텍스트와 구분하는 요소) 규명
	   − (키워드, 가중치) : (보리 0.6, 밥 0.4)
	   − 선정된 키워드: 텍스트 분류, 텍스트 군집, 텍스트 요약 등에 사용

② R 패키지에 내장된 영문 불용어 사전을 사용하여 불용어를 처리하기 위해 tm_map[ctext, removeWords, stopwords("english")] 함수를 수행하고 이를 stopwordtext에 저장한다. ctext 파일에서 불용어(관사, 전치사 등)가 제거되어 stopwordtext에 저장되었다.

```
> strwrap(ctext)
 [1] "c(\"in after several months of profound spiritual anxiety jarena lee\", \"moved from new jersey to"
 [2] "philadelphia there she labored as a domestic\", \"and worshiped among white congregations of roman"
 [3] "catholics and mixed\", \"congregations of methodists on hearing an inspired sermon by the\", \"reverend"
 [4] "richard allen founder of the bethel african methodist\", \"episcopal church lee joined the methodists"
 [5] "she was baptized in \", \"prior to her baptism she experienced the various physical and emotional\","
 [6] "\"stages of conversion terrifying visions of demons and eternal\", \"perdition extreme feelings of"
 [7] "ecstasy and depression protracted\", \"periods of meditation fasting and prayer ennui and fever"
 [8] "energy and\", \"vigor in she married joseph lee who pastored an africanamerican\", \"church in snow"
 [9] "hill new jersey they had six children four of whom\", \"died in infancy\")"
[10] "list(language = \"en\")"
[11] "list()"
>
> stopwordtext <- tm_map(ctext, removeWords, stopwords("english"))
경고메시지(들):
tm_map.SimpleCorpus(ctext, removeWords, stopwords("english"))에서:
  transformation drops documents
>
> strwrap(stopwordtext)
 [1] "c(\" several months profound spiritual anxiety jarena lee\", \"moved new jersey philadelphia labored"
 [2] "domestic\", \" worshiped among white congregations roman catholics mixed\", \"congregations methodists"
 [3] "hearing inspired sermon \", \"reverend richard allen founder bethel african methodist\", \"episcopal"
 [4] "church lee joined methodists baptized \", \"prior baptism experienced various physical emotional\","
 [5] "\"stages conversion terrifying visions demons eternal\", \"perdition extreme feelings ecstasy"
 [6] "depression protracted\", \"periods meditation fasting prayer ennui fever energy \", \"vigor married"
 [7] "joseph lee pastored africanamerican\", \"church snow hill new jersey six children four \", \"died"
 [8] "infancy\")"
 [9] "list(language = \"en\")"
[10] "list()"

> strwrap(ctext[[1]])
[1] "in after several months of profound spiritual anxiety jarena lee"
> strwrap(stopwordtext[[1]])
[1] "several months profound spiritual anxiety jarena lee"
> strwrap(ctext[[2]])
[1] "moved from new jersey to philadelphia there she labored as a domestic"
> strwrap(stopwordtext[[2]])
[1] "moved new jersey philadelphia labored domestic"
> strwrap(ctext[[3]])
[1] "and worshiped among white congregations of roman catholics and mixed"
> strwrap(stopwordtext[[3]])
[1] "worshiped among white congregations roman catholics mixed"
> strwrap(ctext[[10]])
[1] "periods of meditation fasting and prayer ennui and fever energy and"
> strwrap(stopwordtext[[10]])
[1] "periods meditation fasting prayer ennui fever energy"
> strwrap(ctext[[12]])
[1] "church in snow hill new jersey they had six children four of whom"
> strwrap(stopwordtext[[12]])
[1] "church snow hill new jersey six children four"
> strwrap(ctext[[13]])
[1] "died in infancy"
> strwrap(stopwordtext[[13]])
[1] "died infancy"
```

③ 불용어가 제거된 stopwordtext 파일을 TextDocument로 변환하여 doc 파일에 저장한다. doc 파일(1번부터 13번 행까지의 문장)을 행렬로 변환하기 위하여 DocumentTermMatrix( ) 함수를 이용한다. 그리고 as.matrix( ) 함수를 이용하여 자료의 형을 변환(문서는 행으로 각 단어는 열로 변환되어 dtm2에 저장)한다.

```
> doc <- tm_map(stopwordtext, PlainTextDocument)
경고메시지(들):
tm_map.SimpleCorpus(stopwordtext, PlainTextDocument)에서:
  transformation drops documents
>
> doc
<<SimpleCorpus>>
Metadata:  corpus specific: 1, document level (indexed): 0
Content:  documents: 2
> doc[[1]]
<<PlainTextDocument>>
Metadata:  7
Content:  chars: 672
> strwrap(doc)
 [1] "list(content = c(\" several months profound spiritual anxiety jarena lee\", \"moved new jersey"
 [2] "philadelphia labored domestic\", \" worshiped among white congregations roman catholics mixed\","
 [3] "\"congregations methodists hearing inspired sermon \", \"reverend richard allen founder bethel african"
 [4] "methodist\", \"episcopal church lee joined methodists baptized \", \"prior baptism experienced various"
 [5] "physical emotional\", \"stages conversion terrifying visions demons eternal\", \"perdition extreme"
 [6] "feelings ecstasy depression protracted\", \"periods meditation fasting prayer ennui fever energy \","
 [7] "\"vigor married joseph lee pastored africanamerican\", \"church snow hill new jersey six children four"
 [8] "\", \"died infancy\"), meta = list(author = character(0), datetimestamp = list(sec = 10.7502300739288,"
 [9] "min = 50, hour = 2, mday = 17, mon = 6, year = 122, wday = 0, yday = 197, isdst = 0), description ="
[10] "character(0), heading = character(0), id = character(0), language = character(0), origin ="
[11] "character(0)))"
[12] "list(language = \"en\")"
[13] "list()"
```

```
> dtm <- DocumentTermMatrix(doc[1:13])
> dtm
<<DocumentTermMatrix (documents: 13, terms: 100)>>
Non-/sparse entries: 110/1190
Sparsity           : 92%
Maximal term length: 17
Weighting          : term frequency (tf)
```

```
> dtm2 <- as.matrix(dtm)
> dtm2
```

Docs	"church	"congregations	"died	"episcopal	"moved	"perdition	"periods	"prior	"reverend	"stages	"vigor
content	1	1	1	1	1	1	1	1	1	1	1
meta	0	0	0	0	0	0	0	0	0	0	0
<NA>	0	0	0	0	0	0	0	0	0	0	0
<NA>	0	0	0	0	0	0	0	0	0	0	0
<NA>	0	0	0	0	0	0	0	0	0	0	0
<NA>	0	0	0	0	0	0	0	0	0	0	0
<NA>	0	0	0	0	0	0	0	0	0	0	0
<NA>	0	0	0	0	0	0	0	0	0	0	0
<NA>	0	0	0	0	0	0	0	0	0	0	0
<NA>	0	0	0	0	0	0	0	0	0	0	0
<NA>	0	0	0	0	0	0	0	0	0	0	0
<NA>	0	0	0	0	0	0	0	0	0	0	0

Docs	african	africanamerican",	allen	among	anxiety	baptism	baptized	bethel	c("	catholics	children	church
content	1	1	1	1	1	1	1	1	1	1	1	1
meta	0	0	0	0	0	0	0	0	0	0	0	0
<NA>	0	0	0	0	0	0	0	0	0	0	0	0
<NA>	0	0	0	0	0	0	0	0	0	0	0	0

④ 문서 내 각 단어의 발생빈도를 측정(colSums( ) 함수)하고 오름차순 정렬 결과를 확인한다.

```
> freq <- colSums(dtm2)
> freq
          "church    "congregations            "died        "episcopal            "moved        "perdition
                1                 1                1                 1                 1                 1
         "periods            "prior        "reverend           "stages            "vigor           african
                1                 1                1                 1                 1                 1
  africanamerican",            allen            among           anxiety           baptism          baptized
                1                 1                1                 1                 1                 1
           bethel              c("         catholics          children            church     congregations
                1                 1                1                 1                 1                 1
       conversion           demons       depression         domestic",           ecstasy       emotional",
                1                 1                1                 1                 1                 1
           energy            ennui        eternal",       experienced            extreme           fasting
                1                 1                1                 1                 1                 1
         feelings            fever           founder             four           hearing              hill
                1                 1                1                 1                 1                 1
        infancy")          inspired           jarena            jersey            joined            joseph
                1                 1                1                 2                 1                 1
          labored              lee             lee",           married        meditation       methodist",
                1                 2                1                 1                 1                 1
      methodists          mixed",            months               new          pastored      philadelphia
                2                 1                1                 2                 1                 1
         physical           prayer         profound      protracted",           richard             roman
                1                 1                1                 1                 1                 1
           sermon          several              six              snow         spiritual        terrifying
                1                 1                1                 1                 1                 1
          various          visions            white         worshiped      0), 10.7502300739288,
                1                 1                1                 1                               1
             122,              17,             197,              50,     character(0))     character(0),
                1                 1                1                 1                 1                 5
    datetimestamp      description          heading             hour            isdst          language
                1                 1                1                 1                 1                 1
     list(author         list(sec             mday              min              mon            origin
                1                 1                1                 1                 1                 1
             wday             yday             year             null
                1                 1                1               11
> freq <- sort(freq, decreasing=T)
> freq
             null     character(0),           jersey              lee        methodists               new
               11                 5                2                2                 2                 2
          "church    "congregations            "died        "episcopal            "moved        "perdition
                1                 1                1                 1                 1                 1
         "periods            "prior        "reverend           "stages            "vigor           african
                1                 1                1                 1                 1                 1
  africanamerican",            allen            among           anxiety           baptism          baptized
                1                 1                1                 1                 1                 1
           bethel              c("         catholics          children            church     congregations
                1                 1                1                 1                 1                 1
       conversion           demons       depression         domestic",           ecstasy       emotional",
                1                 1                1                 1                 1                 1
           energy            ennui        eternal",       experienced            extreme           fasting
                1                 1                1                 1                 1                 1
         feelings            fever           founder             four           hearing              hill
                1                 1                1                 1                 1                 1
        infancy")          inspired           jarena            joined            joseph           labored
                1                 1                1                 1                 1                 1
            lee",           married        meditation       methodist",          mixed",            months
                1                 1                1                 1                 1                 1
         pastored      philadelphia         physical           prayer          profound      protracted",
                1                 1                1                 1                 1                 1
          richard            roman            sermon          several               six              snow
                1                 1                1                 1                 1                 1
        spiritual        terrifying          various          visions             white         worshiped
                1                 1                1                 1                 1                 1
   0), 10.7502300739288,             122,              17,             197,              50,
                               1                 1                1                 1                 1
    character(0))     datetimestamp      description          heading             hour            isdst
                1                 1                1                 1                 1                 1
         language      list(author         list(sec             mday              min              mon
                1                 1                1                 1                 1                 1
           origin             wday             yday             year
                1                 1                1                 1
```

⑤ 발생빈도가 높은 단어를 다음과 같이 출력한다. barplot( ) 함수를 이용하여 막대 그래프 형태로 출력하고 발생 빈도가 높은 키워드를 확인한다.

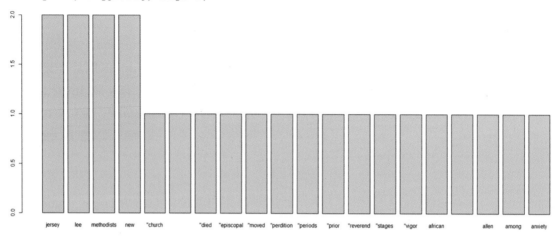

```
> freq[3:7]
      jersey        lee methodists             new    "church
           2          2         2               2          1
> barplot(freq[3:22], lags=3)
```

(3) 말뭉치 작성

① **말뭉치의 개념** : 일정 규모 이상의 크기를 갖추고 내용상으로 다양성과 균형성이 확보된 자료의 집합체로 정의 되며, 다음의 의미를 가진다.
   ㉠ 대규모 언어 데이터베이스
   ㉡ 인간의 음성 언어(문어, 구어)를 대용량 컴퓨터에 저장하고 이를 필요에 따라 가공하여 언어 연구에 사용하 는 것
   ㉢ 컴퓨터가 판독할 수 있는 형태(Machine-Readable Form)로 저장된 자연어의 용례들과 이들 용례에 대 한 부속 정보
   ㉣ 전산학적으로 말뭉치는 글로 표현된 자료에 대하여 텍스트 정제, 통합, 변환의 절차를 거쳐서 구조화된 형태 의 자료를 의미함

② 말뭉치란, 언어를 연구하는 각 분야에서 필요로 하는 연구 재료로서 언어의 본질적인 모습을 총체적으로 드러 내 보여줄 수 있는 자료의 집합이다. 연구 목적에 따라 작게는 소설 한 편에서부터 수십억 어절 이상의 말 또는 글로 표현된 각종 자료 모음을 말뭉치로 볼 수 있다.

③ 말뭉치는 가공 및 작성 방법에 따라 다음과 같이 분류된다.

구 분	말뭉치 종류
가공 방법	• 원시 말뭉치(Raw Corpus) : 텍스트를 컴퓨터 가독형 자료로 만들어 데이터베이스에 저장 • 분석 말뭉치(Tagged Corpus) : 수집된 텍스트 데이터베이스를 형태소 분석이나 어휘, 품사 정보, 문헌, 내용 등으로 분류할 수 있도록 인공적으로 가공

작성
방법
	• 텍스트 내용의 변화 여부
	  − 샘플 말뭉치 : 텍스트를 일정량만 수집, 텍스트의 내용 고정
	  − 모니터 말뭉치 : 변화하는 언어의 실태 추적, 낡은 자료를 제외하고 항상 새로운 정보 수집, 최신 언어 정보를 데이터베이스에 저장
	• 연구 목적
	  − 범용 말뭉치 : 여러 가지 연구목적에 이용, 종합적 · 포괄적으로 작성
	  − 특수목적 말뭉치 : 특정 언어 혹은 특정 집단의 언어 연구
	• 채취 샘플
	  − 공시 말뭉치 : 공시 자료 대상 (어떤 한 시기의 현상 및 특징)
	  − 통시 말뭉치 : 통시 자료 대상 (여러 시대에 걸친 현상 및 특징)
	• 언어 매체
	  − 문자언어 말뭉치 : 문자 언어에서 샘플을 채록하여 작성
	  − 음성언어 말뭉치 : 음성 언어를 문자화하여 채록 및 작성

기 타	• 병렬 말뭉치 : 같은 내용을 2개 국어 이상 병렬시켜 작성 −예 : 원본 영어 소설＋한국어 번역본의 데이터로 말뭉치 작성(한영 소설어의 병렬 말뭉치)

④ 구어체(참여자 대화 내용)에 대한 말뭉치 작성 작업의 수행 절차는 다음과 같다. 일반적으로 말뭉치 구축 작업은 숙련된 인력, 많은 시간 및 비용이 요구되므로, 기존에 구축되어 공개된 말뭉치(꼬꼬다, kkma.snu.ac.kr)를 활용한다.

〈말뭉치 작성 작업〉

구 분	말뭉치 작성

자료 수집
계획서
	• 말뭉치 가공 및 작성 방법에 따른 자료 수집 계획서 작성
	• 고려사항
	  − 주제(교육 · 사업 · 정치 · 공공 · 문화 · 일상용 말뭉치 주제)
	  − 언어적 특성(실시간성, 스크립트) − 전달매체(방송, 전화, 대면)
	  − 수집 장소(오프라인, 온라인) − 참여자 변인(연령, 성, 지역, 직업)
	  − 상호 작용성(독백, 대화) − 공공성(공적, 사적)

자료 수집	• 이용목적에 적합한 자료 선정, 적절한 수집 기술 활용 자료(구어) 수집 • 녹음(디지털 녹음기 사용), 이용 동의(문서) • 화자의 특성과 담화 상황에 대한 기록 : 이름, 직업, 나이, 성별, 출신지, 참여 간 관계 등 기록(화자 정보지) • 녹음 날짜, 장소, 분량, 담화 유형, 대본 유무 등 기재(담화 상황 정보지)

문자화 및 정리	• 녹음자료 문자화 및 정리 • 구어 문자 표현 방법의 예(단어 및 운율) (표 1) (표 2)

문자화 및 정리	* 녹음자료 문자화 및 정리	

		구 분	문자 표현
문자화 및 정리	단 어	원 칙	철자법 준수를 기본으로, 특징적인 발음 반영
		띄어쓰기	맞춤법 규정대로 복합명사 · 합성동사 목록 작성
		축약형	발음을 살려 적고 ( ) 안에 표준형을 명시
		방언형	표준형이 있는 경우 ( )에 표시, 없는 경우 〈da×/da〉 사용
		끊어진 단어(부분 반복)	그렇=그렇게
		담화표지	어−, 저−
	운 율	내려가는 억양(진술의 끝)	.
		올라가는 억양(질문의 끝)	?
		계속되는 억양(짧은 휴지)	,
		활기에 넘치는 기운찬 어조	!
		끊어진 억양 단위	—
		휴 지	(2.3) 2.3초의 휴지
		장 음	:;
		강 세	'

마크업 작업	• 컴퓨터가 읽을 수 있는 기호로 바꾸는 마크업 작업 수행 • 마크업 : 대화 참여자, 대화 장면에 대한 정보를 주는 헤더 작업, 사람이 인지할 수 있는 기호를 기계가 인지할 수 있는 기호로 변경 • 전사(Transcribing, 음성→문자기록) 작업에서는 간단한 기호 사용, 마크업 작업에서 구체적인 용어와 기호 사용, 기계가 읽을 수 있는 자료로 변환

• 발화 진행, 준음성, 인용 및 불투명한 부분 표현 방법의 예

	구 분	문자 표현
발화 진행 상화	화자 명시	일련 번호(혹은 알파벳 순)
	익명성	〈name〉, 〈tel−num〉
	차례 시작	:
	중 복	[ ]
	억양 단위의 연속성	&
준음성과 기타소리	사람의 목에서 나는 소리	〈vocal desc = '웃음, 하하'〉
	사람의 몸에서 나는 소리	〈kinesics desc = '박수, 짝짝'〉
	사물의 소리	〈sound desc = '전화벨소리'〉
	웃으면서 말하는 부분	〈 · 정말 재밌다. · 〉
	박수치면서 말하는 부분	〈 · 진짜 잘 하네. · 〉
인용과 텍스트 종류	인용	〈Q인간은 생각하는 존재다.Q〉
	자료를 읽는 부분	〈R한국인의 대화는 ~ 특징이 있다.R〉
	자막으로 처리된 부분	〈W W〉
불분명한 부분	잘 안 들리는 음절	X
	잘 안 들리는 부분	〈X X〉
	전혀 안 들리는 부분	…
옮긴이의 설명	—	〈note〉〈/note〉

(왼쪽 구분열 셀: **구어에 대한 문자 표현 방법**)

(4) 단어와 문서 관계 표현

① 단어−문서(또는 문서−단어) 행렬 : 여러 개의 단어가 모여, 하나의 문서를 구성한다. 각 단어는 문서의 의미를 나타내는 가장 기본적인 단위이다. 이러한 관계를 단어−문서(또는 문서−단어) 행렬로 표현한다. 보통 단어는 정제된 말뭉치에 포함된 단어와 대상 문서의 관계를 행렬로 표현하고, 단어가 행을 구성하며 문서가 열을 구성하는 행렬(단어−문서 행렬)로 작성한다.

② 단어−문서 행렬은 하나의 문서 내에 포함된 각 단어 간의 연관 관계를 고려하지 않는 "단어 집합(Bag of Words)" 형태로 표현한 추상화된 텍스트 모델의 일종이다. 단어−문서 행렬은 데이터 구조의 단순성으로 인해, 문서 간의 유사도 측정이 용이하여 텍스트 분석 기법(분류, 군집화, 요약 등)에 널리 활용된다.

③ 단어−문서 행렬에서 행렬의 값을 표현하기 위해 대상 문서 내에 말뭉치 단어가 포함되어 있는지를 점검하여 0(불포함), 1(포함)의 관계를 나타낸다. 예를 들어 아래와 같은 입력 텍스트(문서)들에 대한 단어−문서 행렬을 표현할 수 있으며, 작성 시 단어의 발생 빈도 등은 고려하지 않는다.

입력 텍스트 1 : "파스타 먹방, 강남 파스타 데이트"
입력 텍스트 2 : "강남 버스 파스타 맛집"
입력 테스트 3 : "강남 버스, 강남 파스타, 강남 맛집

	입력 텍스트 1	입력 텍스트 2	입력 테스트 3
파스타	1	1	1
먹방	1	0	0
강남	1	1	1
데이트	1	0	0
버스	0	1	1
맛집	0	1	1
...	...	...	...

대상 텍스트 ←

↑ 말뭉치에서 추출된 단어들

[단어−문서 행렬 작성의 예]

④ 문서 내에서 단어의 포함 여부만을 활용하여 단어−문서 관계를 표현할 경우 하나의 문서에서 각 단어의 중요도를 판단하기가 어렵다. 단어와 문서 사이의 관계를 표현하고 단어의 중요도를 판단하기 위한 가중치 계산 과정을 요약하면 다음과 같다. 이를 활용하여 문서 내에서 키워드를 추출하거나 문서들 사이의 유사도를 측정한다.

〈단어−문서 관계 표현 및 가중치 계산〉

구 분	단어−문서 관계 표현 및 가중치 산출
단어 빈도 (TF ; Term Frequency)	• 입력 텍스트 1과 2 : 강남 1번 사용 • 입력 텍스트 3 : 강남 3번 사용 → "강남"과 관련성이 높은 텍스트 • 단어빈도 : 특정한 단어가 문서 내에서 얼마나 자주 등장하는지를 나타냄 $TF = \dfrac{\text{문서 내 단어 수}}{\text{문서 내 모든 단어 수}}$: TF가 높을수록 문서에서 중요한 단어로 판단
역문서 빈도 (IDF ; Inverse Document Frequency)	• 문서 빈도(DF ; Document Frequency) : 특정 단어를 포함하고 있는 문서의 수 − 영어의 전치사, be 동사, 관사 등은 거의 모든 문서에서 자주 등장하여 DF값이 높음 • 역문서 빈도(IDF) : 문서빈도의 역수값 $IDF = \log\left(\dfrac{\text{전체 문서 수}}{\text{단어를 포함한 문서 수}}\right)$: IDF가 낮은 것은 해당 단어가 여러 문서에서 자주 사용됨

<table>
<tr><td colspan="2">가중치
(TF−IDF)</td><td>

• 각 단어의 가중치(빈도) = TF×IDF

입력 텍스트 1 : "파스타 먹방, 강남 파스타 데이트"
입력 텍스트 2 : "강남 버스 파스타 맛집"
입력 테스트 3 : "강남 버스, 강남 파스타, 강남 맛집"

</td></tr>
</table>

	입력 텍스트 1	입력 텍스트 2	입력 테스트 3	대상 텍스트
파스타	0	0	0	←
먹방	0.24	0	0	
강남	0	0	0	
데이트	0.24	0	0	
버스	0	0.044	0.029	
맛집	0	0.044	0.029	
...	...	...	...	

↑ 말뭉치에서 추출된 단어들

가중치 산출

단 어	단어의 수			TF			DF	IDF	가중치(TF−IDF)		
파스타	2	1	1	2/5	1/4	1/6	3/3	0	0	0	0
먹방	1	0	0	1/5	0	0	1/3	log3	0.09	0	0
강남	1	1	3	1/5	1/4	3/6	3/3	0	0	0	0
데이트	1	0	0	1/5	0	0	1/3	log3	0.09	0	0
버스	0	1	1	0	1/4	1/6	2/3	log(3/2)	0	0.04	0.03
맛집	0	1	1	0	1/4	1/6	2/3	log(3/2)	0	0.04	0.03
합계	5	4	6	1	1	1	—				

• 파스타 : 입력텍스트1에서 2번 사용, 단어 포함 문서의 수=3, TF=2/5, IDF=log(3/3)=0, TF−IDF=0, 즉 파스타는 입력텍스트 1에서 중요한 단어가 아님, 파스타는 모든 문서에서 사용되기 때문에 TF−IDF=0(입력 텍스트 1, 2, 3의 특성을 표현하는 데 부적절한 단어이며, 영어의 관사 또는 한국어의 조사 등에 해당되는 단어로 평가)
• 데이트 : 입력텍스트 1에서 1번 사용, 단어 포함 문서의 수=1, TF=1/5, IDF=log3, TF−IDF=0.09, 데이트는 입력텍스트 1에서 0.09의 중요도를 갖는 단어

(5) **단어사전 및 분류 체계 구축** : 텍스트 분석 목표 및 계획에 맞추어 토픽별로 단어 분류 체계를 구성하고 분류 항목에 포함될 키워드를 정의한다. 텍스트에 내포된 의미에 따라 자연어 처리 및 의미 인식, 문맥 기반의 정보 추출을 통해 적합한 분류 체계 카테고리를 구축한다.

① **카테고리 키워드 개념** : 문서 분류의 품질을 결정짓는 가장 중요한 요소는 각 카테고리의 의미를 잘 표현하는 키워드 집합을 선정하고 정의하는 것이다. 아울러 구축된 분류 체계의 개별 카테고리를 정확하게 정의하는 것도 중요하다. 카테고리 및 분류 체계 구축 시 고려사항을 요약하면 다음과 같다.

〈**카테고리 및 분류 체계 구축 시 고려사항**〉

구 분	주요 고려사항
키워드 집합 선정	• 머신러닝 연구 분야 중 자동 분류 엔진 학습 과정에서 활용 • 도메인 전문가에 의한 방법 　− 장점 : 키워드 집합의 품질 우수 　− 단점 : 키워드의 양이 제한적, 많은 비용과 노력 소요 • 문헌[도서, 인터넷(위키피디아) 등] 참고 방법 　− 장점 : 비용과 노력이 절감 　− 단점 : 상대적으로 품질이 낮음

분류 체계 구축	• 목표에 적합한 분류 체계 구축 • 구축된 분류 체계의 개별 카테고리를 정확하게 정의 • 텍스트 분석 목표에 따라 동일한 카테고리라도 서로 다른 키워드로 정의되기도 함 → 응용프로그램의 성능에 영향을 미침 　🅔 아동용 카테고리가 장난감 관련 문서 분류인지 혹은 의류 관련 문서 분류인지를 정확하게 정의

② **텍스트 분석 기반 카테고리 구축** : 입력 텍스트(훈련 데이터)를 이용한 카테고리 분류 정보 추출 과정은 다음과 같다.

〈카테고리 구축 사례〉

구 분	카테고리 구축
사례	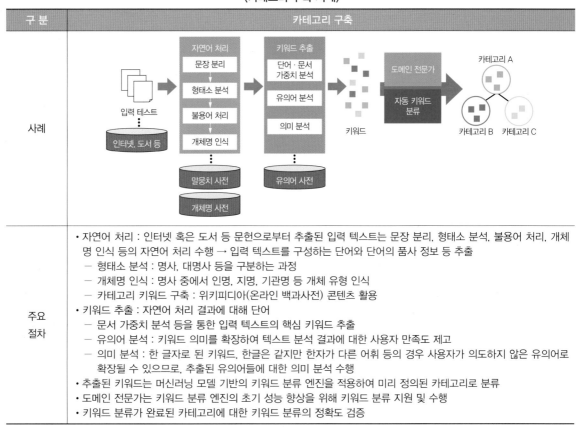
주요 절차	• 자연어 처리 : 인터넷 혹은 도서 등 문헌으로부터 추출된 입력 텍스트는 문장 분리, 형태소 분석, 불용어 처리, 개체명 인식 등의 자연어 처리 수행 → 입력 텍스트를 구성하는 단어와 단어의 품사 정보 등 추출 　－ 형태소 분석 : 명사, 대명사 등을 구분하는 과정 　－ 개체명 인식 : 명사 중에서 인명, 지명, 기관명 등 개체 유형 인식 　－ 카테고리 키워드 구축 : 위키피디아(온라인 백과사전) 콘텐츠 활용 • 키워드 추출 : 자연어 처리 결과에 대해 단어 　－ 문서 가중치 분석 등을 통한 입력 텍스트의 핵심 키워드 추출 　－ 유의어 분석 : 키워드 의미를 확장하여 텍스트 분석 결과에 대한 사용자 만족도 제고 　－ 의미 분석 : 한 글자로 된 키워드, 한글은 같지만 한자가 다른 어휘 등의 경우 사용자가 의도하지 않은 유의어로 확장될 수 있으므로, 추출된 유의어들에 대한 의미 분석 수행 • 추출된 키워드는 머신러닝 모델 기반의 키워드 분류 엔진을 적용하여 미리 정의된 카테고리로 분류 • 도메인 전문가는 키워드 분류 엔진의 초기 성능 향상을 위해 키워드 분류 지원 및 수행 • 키워드 분류가 완료된 카테고리에 대한 키워드 분류의 정확도 검증

③ 카테고리 키워드 구축과정을 요약하면 다음과 같다.

〈카테고리 키워드 구축〉

구 분	키워드 구축
입력 텍스트 준비	• 입력 텍스트 : 분석 목적 및 수집 용이성, 가공 가능성 여부 등 고려, 선정 • 위키피디아, 디비피디아(DBpedia) 등 온라인에서 제공하는 텍스트 자료 활용
자연어 처리	• 입력 텍스트 → 문장 분해(문장부호 중심으로 문장 분리) • 형태소 분석 수행(꼬꼬마 형태소 분석기 활용 또는 직접 구현)
불용어 제거	• 한국어의 경우 '조사' 등 제거 • 영어의 경우 '전치사', '관사' 등 불용어 제거

개체명 인식	• 인명, 지명, 기관명 등의 개체명에 대한 별도의 태깅 정보 추가 • (예) "영희는 스파게티를 좋아한다" → 텍스트 분석의 목적 : 행위 주체 파악 → 형태소 분석 : 영희/일반명사, 스파게티/일반명사 추출 → 문서 내 가중치 동일(주요 키워드 구분이 어려움) → 개체명 인식 결과 정보 활용 : 영희가 행위의 주체(즉, 사람/인명)
핵심 키워드 추출	• 형태소에 대해 가중치 분석을 통한 핵심 키워드 추출 • 단어-문서 행렬 작성 → 문서 내 각 단어의 가중치(TF-IDF) 분석 → 각 단어에 대한 유의어 분석 → 단어 의 가중치 조정 • 가중치가 높은 단어에 대한 의미분석 수행 • 의미의 중복성 혹은 모호성이 있는 경우 가중치 조정 • 최종 가중치 기반으로 가중치가 높은 단어 Top N개를 키워드로 선정 • 선정된 키워드에 대한 유의어 분석 및 의미 분석 수행 → 키워드 확장 수행 • 의미분석 수행 이유 : 단순 유의어 확장이 아닌, 의미적 연관성을 높이기 위함
분류 체계 구성	• 추출된 키워드 현황 분석 • 추출된 키워드들에 대한 최적의 분류 체계 구축
키워드 구축	• 추출된 키워드에 대한 키워드 분류 엔진 적용 → 각 카테고리에 대한 키워드 구축
키워드 제거	• 카테고리별로 구축된 키워드 검증 • 카테고리의 특성을 반영하지 못하거나 의미적 모호성이 있는 키워드 제거

3 감성 분석 (Sentiment Analysis)

(1) 텍스트 분석 사전 구축 : 주제어와의 유사 표현 및 동의어 처리를 위한 유의어 사전과 규칙(rule)을 작성하고 이를 토대로 긍정(또는 부정) 판단을 위한 감성 분석 사전을 구축한다. 그리고 추출된 텍스트 정보를 데이터베이스에 저장(또는 파일로 저장)하여 텍스트 분석 사전을 구축한다.

① 유의어 사전 : 유의어란 "서로 의미상 유사한 관계를 맺고 있으면서 동일한 문장 안에서 대체가 가능한 어휘"이다. 유의어 사전은 주어진 어휘를 의미의 유사성에 따라 분류한 자료집이며, 텍스트 분석에서 주제어와의 유사표현 및 동의어 처리를 위해 사용된다.

〈유의어 사전 구축 방법〉

구 분	구축 방법
유의어 사전 구축	• 낱말 유의어 사전(m.wordnet.co.kr) : 실생활에서 활용될 수 있는 어휘를 중심으로 최대한 많은 유의어를 확보한 국 내 최대 규모의 유의어 사전 • '가격'에 대한 낱말 유의어 사전 예시(1차 유의어/2차 유의어) 　- 값어치(값, 가치, 진가), 요금(사용료, 값, 대금), 금액(값, 액수) • 예문 속에서 대체가 가능한 유의어 제시 방법 　- "시중 가격보다 15퍼센트 정도 싼 가격입니다" → 유의어 : 값, 가액, 물가, 시가 • 유의어 사전 구축 : 데이터베이스 저장, 활용 가능한 파일 형태로 저장하여 텍스트 분석 과정 중 활용
규 칙	• 교체 규칙 　- 동의어 식별 : 문맥 속에서 단어를 후보 단어로 교체 　- "달리다", "뛰다"는 유의 관계 그러나 "택시가 달린다"를 "택시가 뛴다"로 교체할 경우 의미가 어색함 • 배열 규칙 　- 동의성 정도가 모호한 단어들을 하나의 계열로 배열하여 정도를 파악 　- "접시-대접-사발" 단어의 배열 : 의미 차이 확인 후 텍스트 분석 목적에 적합한 유의어 정의

② 감성 분석 사전 : 특정 대상에 대해 소비자가 느끼는 감성(긍정, 부정)과 그 이유를 분석해 주는 감성 분석이 최근 온라인 마케팅 등의 분야에서 관심을 가지고 있다. 감성 분석은 사전이 얼마나 많은 양의 정제된 감성어를 포함하고 있는지에 따라 분석 결과의 품질이 달라진다. 감성 분석 사전을 구축하기 위해 다양한 머신러닝 기법이 사용되며, 정확성을 높이기 위해 효율적인 알고리즘들이 제시되고 있다. 감성 분석 사전은 데이터 수집 → 주관성 탐지 → 극성 탐지의 3단계로 이루어진다.

〈감성 분석 사전 구축 방법〉

구 분	구축 방법
데이터 수집	• 개인 블로그, 게시판, SNS, 온라인 상품 리뷰 등 사용자가 자신의 감성을 표현하는 데이터를 대상으로 함
주관성 탐지	• 주관적인 텍스트 및 표현을 추출하고 분류하는 작업 • 사용자의 감성이 포함되지 않고 단순 사실만을 진술하는 객관적인 문장 제거 • 컴퓨터가 판단할 수 없으므로 사람이 직접 참여함

극성 탐지	• 추출된 표현이 "긍정", "부정", "중립"인지 판단, 극성 정도(점수, 빈도 수 등)를 정량화
	• 머신러닝 기법 이용 : 사용자들이 부여한 극성 데이터(상품 리뷰의 평점 등) 기반으로 학습
	• 학습이 완료된 머신러닝 모형의 훈련 데이터를 감성 분석 사전으로 활용
	• 예(상품 리뷰) : "이 노트북은 선명한 스크린 해상도를 가지고 있어서 눈이 피로하지 않다는 장점이 있지만, 너무 무거워서 이동하기 힘들다"
	  − 긍정 : 해상도 속성
	  − 부정 : 무게 속성
	• 감성 분석 사전은 데이터베이스 혹은 Open API 형태로 제공
	• 감성 분석 사전 구축 절차
	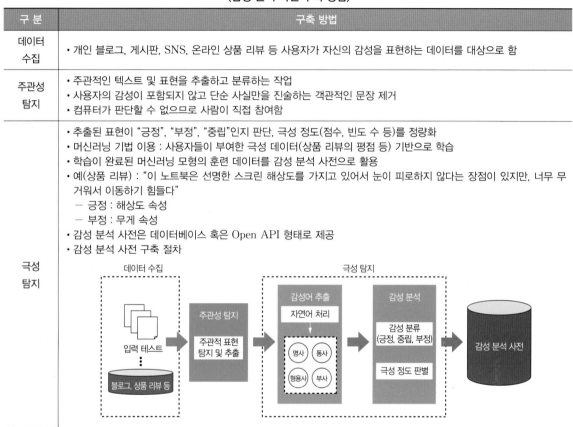

(2) 감성 분석 수행 사례

① 감성 분석을 위해 필요한 패키지("twitteR", "ROAuth", "plyr", "stringr")를 설치한다.

```
> install.packages("twitteR")
'sys', 'askpass', 'openssl', 'rjson', 'DBI', 'httr'(을) 또한 설치합니다.

URL 'https://cran.yu.ac.kr/bin/windows/contrib/4.2/sys_3.4.zip'을 시도합니다
Content type 'application/zip' length 46645 bytes (45 KB)
downloaded 45 KB

URL 'https://cran.yu.ac.kr/bin/windows/contrib/4.2/askpass_1.1.zip'을 시도합니다
Content type 'application/zip' length 72255 bytes (70 KB)
downloaded 70 KB

URL 'https://cran.yu.ac.kr/bin/windows/contrib/4.2/openssl_2.0.2.zip'을 시도합니다
Content type 'application/zip' length 2645976 bytes (2.5 MB)
downloaded 2.5 MB

URL 'https://cran.yu.ac.kr/bin/windows/contrib/4.2/rjson_0.2.21.zip'을 시도합니다
Content type 'application/zip' length 461107 bytes (450 KB)
downloaded 450 KB

URL 'https://cran.yu.ac.kr/bin/windows/contrib/4.2/DBI_1.1.3.zip'을 시도합니다
Content type 'application/zip' length 767497 bytes (749 KB)
downloaded 749 KB

URL 'https://cran.yu.ac.kr/bin/windows/contrib/4.2/httr_1.4.3.zip'을 시도합니다
Content type 'application/zip' length 519312 bytes (507 KB)
downloaded 507 KB

URL 'https://cran.yu.ac.kr/bin/windows/contrib/4.2/twitteR_1.1.9.zip'을 시도합니다
Content type 'application/zip' length 601096 bytes (587 KB)
downloaded 587 KB

패키지 'sys'를 성공적으로 압축해제하였고 MD5 sums 이 확인되었습니다
패키지 'askpass'를 성공적으로 압축해제하였고 MD5 sums 이 확인되었습니다
패키지 'openssl'를 성공적으로 압축해제하였고 MD5 sums 이 확인되었습니다
패키지 'rjson'를 성공적으로 압축해제하였고 MD5 sums 이 확인되었습니다
패키지 'DBI'를 성공적으로 압축해제하였고 MD5 sums 이 확인되었습니다
패키지 'httr'를 성공적으로 압축해제하였고 MD5 sums 이 확인되었습니다
패키지 'twitteR'를 성공적으로 압축해제하였고 MD5 sums 이 확인되었습니다

다운로드된 바이너리 패키지들은 다음의 위치에 있습니다
        C:\tmp\RtmpCwxrif\downloaded_packages
> library(twitteR)

> install.packages("ROAuth")
URL 'https://cran.yu.ac.kr/bin/windows/contrib/4.2/ROAuth_0.9.6.zip'을 시도합니다
Content type 'application/zip' length 133522 bytes (130 KB)
downloaded 130 KB

패키지 'ROAuth'를 성공적으로 압축해제하였고 MD5 sums 이 확인되었습니다

다운로드된 바이너리 패키지들은 다음의 위치에 있습니다
        C:\tmp\RtmpCwxrif\downloaded_packages
> library(ROAuth)
>
> install.packages("plyr")
URL 'https://cran.yu.ac.kr/bin/windows/contrib/4.2/plyr_1.8.7.zip'을 시도합니다
Content type 'application/zip' length 1153779 bytes (1.1 MB)
downloaded 1.1 MB

패키지 'plyr'를 성공적으로 압축해제하였고 MD5 sums 이 확인되었습니다
경고: 패키지 'plyr'의 이전설치를 삭제할 수 없습니다
경고: 'plyr'를 복구하였습니다

다운로드된 바이너리 패키지들은 다음의 위치에 있습니다
        C:\tmp\RtmpCwxrif\downloaded_packages
경고메시지(들):
file.copy(savedcopy, lib, recursive = TRUE) 에서:
  C:\Program Files\R\R-4.2.1\library\00LOCK\plyr\libs\x64\plyr.dll를 C:\Program Files\R\R-4.2.1$

> library(plyr)

다음의 패키지를 부착합니다: 'plyr'

The following object is masked from 'package:twitteR':

    id

> install.packages("stringr")
URL 'https://cran.yu.ac.kr/bin/windows/contrib/4.2/stringr_1.4.0.zip'을 시도합니다
Content type 'application/zip' length 216353 bytes (211 KB)
downloaded 211 KB

패키지 'stringr'를 성공적으로 압축해제하였고 MD5 sums 이 확인되었습니다

다운로드된 바이너리 패키지들은 다음의 위치에 있습니다
        C:\tmp\RtmpCwxrif\downloaded_packages
> library(stringr)
```

② 감성 분석을 위해 apple사를 언급하거나 태깅한 트윗 1,500건의 데이터(pubdata.tistory.com/34)를 이용한다. apple.RData를 작업 폴더(C:/workr)에 저장하고 트윗 데이터의 1~2행 데이터를 확인(apple.tweets[1:2])한다. 긍정(positive-words.txt) 및 부정(negative-words.txt) 단어가 저장된 텍스트 파일(.txt)을 작업 폴더에 저장한다.

```
←  →  C  🔒 pubdata.tistory.com/34

⠿  앱  W

Twitter api를 통해 데이터를 받고 전처리해야 한다.
코드에서 사용할 데이터를 제공한다.
일정 기간 중 apple, samsung을 언급하거나 태깅한 1500건의 데이터이며, RData로 되
어 있어
R Studio에서 Open File - apple.RData, samsung.RData를 읽어 환경변수에 등록한 후
아래 코드를 확인할 수 있다.
▤ apple.RData
▤ samsung.RData


http://www.cs.uic.edu/ 에서 제공하는 긍정, 부정 단어를 목록을 첨부한다


▤ negative-words.txt
▤ positive-words.txt

> setwd("C:/workr")
> getwd()
[1] "C:/workr"
> load("C:/workr/apple.RData")
> length(apple.tweets)
[1] 1500
> apple.tweets[1:2]
[[1]]
[1] "NorthIsUp: "Hey Siri, lay down a beat" - @apple this needs to happen"

[[2]]
[1] "FPiednoel: The @apple #watch statistics. https://t.co/hTpJlilaZ0 https://t.co/jnz6hxoKd2"
```

③ 1,500건의 트윗 본문을 apple.txt에 저장하고 데이터를 확인한다. 감성 분석을 위해 필요한 긍정(positive-words.txt) 및 부정 사전(negative-words.txt) 데이터를 작업 폴더에 저장한다.

```
> apple.txt <- lapply(apple.tweets, function(t) {t$getText()})
> head(apple.txt, 2)
[[1]]
[1] ""Hey Siri, lay down a beat" - @apple this needs to happen"

[[2]]
[1] "The @apple #watch statistics. https://t.co/hTpJlilaZ0 https://t.co/jnz6hxoKd2"
```

```
positive-words.txt - Windows 메모장
파일(F) 편집(E) 서식(O) 보기(V) 도움
acclaim
acclaimed
acclamation
accolade
accolades
accommodative
accomodative
accomplish
accomplished
accomplishment
accomplishments
accurate
accurately
achievable
achievement
achievements
achievible
acumen
adaptable
```

[긍정 사전 데이터(positive-words.txt)]

```
negative-words.txt - Windows 메모장
파일(F) 편집(E) 서식(O) 보기(V) 도·
abused
abuses
abusive
abysmal
abysmally
abyss
accidental
accost
accursed
accusation
accusations
accuse
accuses
accusing
accusingly
acerbate
acerbic
acerbically
ache
ached
aches
achey
aching
acrid
acridly
acridness
acrimonious
acrimoniously
acrimony
adamant
```

[부정 사전 데이터(negative-words.txt)]

④ 작업영역에 저장된 긍정 및 부정 사전을 읽어들여 pos.word(2,006개 단어), neg.word(4,783개 단어)에 저장한다. c( ) 함수를 이용하여 긍정 및 부정 단어를 사전에 추가한다.

```
> pos.word = scan("C:/workr/positive-words.txt", what="character", comment.char=";")
Read 2006 items
> neg.word <- scan("C:/workr/negative-words.txt", what="character", comment.char=";")
Read 4783 items
>
> pos.word <- c(pos.word, "upgrade")
> neg.word <- c(neg.word, "wait", "waiting")
```

⑤ 의미 없는 데이터를 제거하고, 단어의 발생 빈도 등을 기반으로 감성 분석값을 반환하는 함수(score_
sentiment)를 정의한다.

```
> score_sentiment <- function (sentences, pos.word, neg.word, .progress='none')
+ {
+ require(plyr)
+ require(stringr)
+ score <- laply(sentences, function(sentence, pos.word, neg.word) {
+ sentence <- gsub('[[:punct:]]', "", sentence)
+ sentence <- gsub('[[:cntrl:]]', "", sentence)
+ sentence <- gsub('\\d+', "", sentence)
+ sentence <- tolower(sentence)
+ word.list <- str_split(sentence, '\\s+')
+ words <- unlist(word.list)
+ pos.match <- match(words, pos.word)
+ neg.match <- match(words, neg.word)
+ pos.match <- !is.na(pos.match)
+ neg.match <- !is.na(neg.match)
+ score <- sum(pos.match) - sum(neg.match)
+ return(score)
+ }, pos.word, neg.word, .progress=.progress)
+ score.df <- data.frame(score=score, text=sentences)
+ return (score.df)
+ }
>
> apple.score <- score_sentiment(apple.txt, pos.word, neg.word, .progress='text')
 |=================================================================| 100%
```

- gsub( ) ; 의미 없는 데이터(리트윗, 특수 문자 등) 제거
- tolower( ) : 대문자를 소문자로 변환
- match( ) : 입력 텍스트와 사전 데이터 비교
- !is.na( ) : 사전 데이터와 일치하는 경우 위치 정보 확인
- score <- sum(pos.match) - sum(neg.match) : (긍정단어수-부정단어수)의 값(score)을 극성 정보로 활용, 즉 score>0
  이면 긍정으로 판별, score<0이면 부정으로 판별, score=0이면 중립으로 판별

⑥ 저장된 텍스트에 대한 극성 정보값(apple.score[ ])을 확인한다.

```
> apple.score[1]
      score
1         0
2         0
3        -2
4         0
5         0
6         0
7         0
8         0
9         0
10       -1
11       -1
12        0
13        1
14        0
15        0
16       -1
17        0
18        0
19        0
20        0
21        0
```

```
> str(apple.score)
'data.frame':   1500 obs. of  1501 variables:
 $ score                                                                              $
 $ text..Hey.Siri..lay.down.a.beat.....apple.this.needs.to.happen.                    $
 $ text..The..apple..watch.statistics..https...t.co.hTpJlilaZ0.https...t.co.jnz6hxoKd2. $
 $ text..tim.cook..apple.how.the.fuck.u.gonna.tell.me.you.have.an.anal.beads.emoji..xed.xa0.xbd.xed.xb3.xbf.but.no.e$
 $ text..RT..MIAuniverse..someone.just.found.a.phone..apple.and.sent.me.this.Hi.DEF.link..gt...nhttps...t.co.oLdnZSD4$
 $ text..Apple.s.next.iPhone.reportedly.ditches.the.headphone.jack..n.Apple..BCGT.https...t.co.bDzHkgQxhl.           $
 $ text..RT..richard_sussman...Apple..Banks.in.Talks.on..Mobile.Person.to.Person.Payment.Service...WSJ.https...t.co.2$
 $ text..RT..Dazeinfo..Apple.Watch.2..What.To.Expect.Specs..Price.And.Launch.Date...Dazeinfo.https...t.co.QYQNyxLTei.$
 $ text..RT..MIAuniverse..someone.just.found.a.phone..apple.and.sent.me.this.Hi.DEF.link..gt...nhttps...t.co.oLdnZSD4$
 $ text..Apple..新入社員必修.富士通株式会社さん..n初めての全員防察署姿..今日は陽がさしても何しても寒いです.午前中は.$
 $ text..RT.._laurenbreaux..I.seriously.hate.this.new.macbook.update..apple.         $
 $ text..I.seriously.hate.this.new.macbook.update..apple.                            $
 $ text..Apple..amp...Dropbox...Where.are.my..iPadPro.apps.for..XCode..amp...Mailbox.$
 $ text..apple.déjame.escribir.malas.palabras.a.mi.gusto..parece.que.soy.mormón.cristiano.testigo.de.la.luz...Pinch$
 $ text..Apple..acmadotgov..xntrik..ooh.discovered.an.iOS.report.spam.button.        $
 $ text..RT..MIAuniverse..someone.just.found.a.phone..apple.and.sent.me.this.Hi.DEF.link..gt...nhttps...t.co.oLdnZSD4$
 $ text..my.phone.just.randomly.erased.all.my.texts..smh..apple.                     $
 $ text..Apple.Watch.2..What.To.Expect.Specs..Price.And.Launch.Date...Dazeinfo.https...t.co.H3RLrcUp9E..apple..applew$
 $ text..Apple.Watch.2..What.To.Expect.Specs..Price.And.Launch.Date...Dazeinfo.https...t.co.llHNHsrZZj..apple..applew$
 $ text..Apple.Watch.2..What.To.Expect.Specs..Price.And.Launch.Date...Dazeinfo.https...t.co.pymtMHmlmG..apple..applew$
 $ text..Apple.Watch.2..What.To.Expect.Specs..Price.And.Launch.Date...Dazeinfo.https...t.co.QYQNyxLTei..apple..applew$
```

⑦ hist( )를 이용하여 apple.score에 저장된 값을 히스트그램으로 표현한다. 긍정으로 판별된 텍스트와 부정으로 판별된 텍스트의 분포를 확인한다.

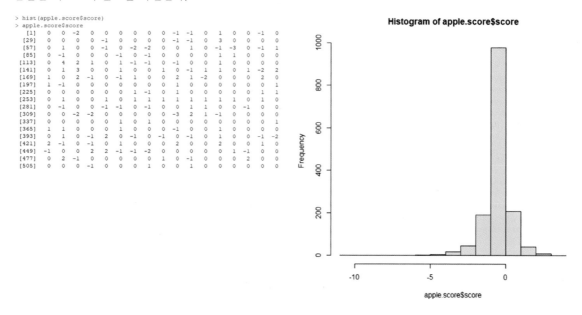

⑧ 평균 감성 분석값[mean(apple.score$score) = −0.034]이 음수로 다수 부정적인 의견이 있음이 확인된다. "psych" 패키지를 이용하여 감성 분석에 대한 기술통계량(describe( ))을 확인한다. length( ), sum( )으로 긍정 비율(17.3%), 부정 비율(17.5%), 중립 비율(65.3%)을 구하고, 중립의 비율이 상대적으로 높음을 확인할 수 있다.

```
> mean(apple.score$score)
[1] -0.034
> describe(apple.score$score)
    vars    n  mean   sd median trimmed mad min max range  skew kurtosis   se
X1     1 1500 -0.03 0.91      0       0   0 -11   4    15 -1.66    17.19 0.02
> summary(apple.score$score)
   Min. 1st Qu.  Median    Mean 3rd Qu.    Max.
-11.000   0.000   0.000  -0.034   0.000   4.000

> length(apple.score$score)
[1] 1500

> plus <- sum(apple.score$score > 0)
> plus
[1] 259
> minus <- sum(apple.score$score < 0)
> minus
[1] 262
```

```
> zero <- sum(apple.score$score == 0)
> zero
[1] 979
>
> plus_ratio <- plus / length(apple.score$score)
> plus_ratio
[1] 0.1726667
>
> minus_ratio <- minus / length(apple.score$score)
> minus_ratio
[1] 0.1746667
>
> zero_ratio <- zero / length(apple.score$score)
> zero_ratio
[1] 0.6526667
```

(3) 텍스트 분류

분류된 텍스트 항목에 따라 텍스트 집계, 판별, 예측 등을 수행하며, 텍스트 분석 목적 및 해결하고자 하는 이슈에 따라 분석된 텍스트 분류 결과에서 적합한 의미나 인사이트를 도출한다. 텍스트 분석 결과를 효과적으로 나타내기 위해 필요한 시각화나 문서화 작업을 수행한다. 텍스트 분석을 위해 k-NN, 의사결정나무, SVM, 나이브 베이즈 등의 방법을 이용한다.

① 텍스트 분류는 임의의 입력 텍스트에 대해 사전에 정의된 카테고리로 분류하는 작업이다. 이를 위해 미리 정의된 카테고리 및 카테고리별 키워드 정보가 필요하다.

② 텍스트 분류는 입력 텍스트에 포함된 단어들이 어떤 것들이 있는지, 해당 단어가 어떤 가중치(TF-IDF)를 갖는지 확인 후, 가장 적합한 카테고리를 결정한다. 예를 들어 임의의 입력 텍스트가 "과학기술" 분야인지, "문화관광" 분야인지를 단어의 가중치 기반으로 결정한다.

③ 최근 정보통신 및 인터넷 기술의 발전으로 텍스트 정보들의 양이 급증함에 따라, 텍스트 분류는 중요한 문제로 관심을 가지게 되었다.

④ 텍스트 분석(분류) 작업을 위해 k-NN(Nearest-Neighbor), 의사결정나무(Decision Tree), SVM(Support Vector Machine), 나이브 베이즈(Naive Bayes) 모형 등이 사용된다.

〈텍스트 분석 방법〉

구 분	텍스트 분석 방법
k-NN	• 분류되지 않은 임의의 입력 텍스트에 대하여 미리 정의된 카테고리로 분류된 k개의 텍스트 데이터들과 유사도 측정 • 유사도 측정결과를 토대로 가장 비슷한 카테고리로 입력 텍스트 분류 • 훈련(학습) 데이터 : 미리 정의된 카테고리로 분류된 텍스트 • k의 값에 따라 분류 결과가 달라지므로 적정한 k값 선정이 중요 • k=2의 경우 k-NN 사례(입력 텍스트 : T_1, T_2, T_3의 분류) • 유클리디안 거리(Euclidean Distance) : k개의 인접한 텍스트를 찾는 방법으로서 두 점을 잇는 최소 거리 측정 • 임의의 노드 (p, q)에 대한 유클리디안 거리(p, q는 각각 노드 p, q의 속성값) $$dist(p, q)=\sqrt{(p_1-q_1)^2+(p_2-q_2)^2+\cdots+(p_n-q_n)^2}$$ • K-NN 모형의 장단점

장 점	단 점
• 간단하고 효과적으로 입력값을 분류 • 데이터에 대한 기본적인 분포 가정이 없음 • 학습과정이 빠름	• K개의 최인접 데이터를 찾기 위한 비교 비용(시간, 시스템 메모리 등)이 많이 소요됨 • 분류 시간이 오래 걸림

구 분	텍스트 분석 방법

의사
결정
나무
	• 훈련 데이터를 이용하여 의사결정나무(트리) 모형 생성 후 입력 데이터에 대한 값 예측
	• 사례 : 외부환경에 따른 활동 여부 결정
	  — 외부환경 : 날씨(맑음, 흐림, 비), 온도(낮음, 적정, 높음), 습도(낮음, 적정, 높음)
	  — 과거의 외부환경에 따른 활동 여부 기록(학습) 이용, 의사결정트리 생성
	  — 임의의 외부환경 입력 데이터에 대한 활동 여부 예측 및 결정
	• 의사결정나무 생성 알고리즘
	  — 훈련 데이터 분석, 데이터를 가장 잘 분류할 수 있는 속성을 의사결정트리의 노드로 선정, 의사결정트리 구축
	  — 하위 분류 속성(노드) 또는 훈련 데이터가 없을 때까지 각 자식노드에 대해 위 과정을 반복하여 의사결정트리 구축
	• 훈련 데이터를 가장 잘 분류하는 속성 선정기준 : 세부 알고리즘에 따라 다름
	  — ID3(Iterative Dichotomiser, 반복적 이분 알고리즘) : 엔트로피(Entropy, 데이터 혼잡도) 기반으로 노드 선정, 서로 다른 분류의 데이터들이 많이 섞여 있으면 엔트로피가 높고, 같은 분류의 데이터들이 많이 있으면 엔트로피는 낮음, 엔트로피가 높은 상태에서 낮은 상태가 되도록 최적의 분류 속성 선정(트리 구축)
	  — 엔트로피의 정의(S : 주어진 데이터세트, C_i : 분류값들의 집합, $freq(C_i, S)$: S에서 분류 C_i에 속하는 데이터 수, $|S|$: 주어진 집합의 데이터 개수)
	$$Entropy=\sum_{i=1}^{m} p_i\log_2(p_i), p_i\frac{freq(C_i, S)}{|S|}$$

- 의사결정나무 구축 사례 : 외부환경에 따른 활동 여부 결정

학습 데이터

ID	날 씨	기 온	습 도	활동 여부
1	맑 음	높 음	높 음	X
2	맑 음	낮 음	적 정	O
3	흐 림	높 음	높 음	X
4	비	적 정	높 음	O
5	비	낮 음	적 정	O
...	...	...	...	...

ID3 트리 생성
알고리즘

의사결정트리 모델

신규 입력 데이터

ID	날 씨	기 온	습 도	활동여부
20	맑 음	높 음	높 음	?

**의사
결정
나무**

- 의사결정나무의 장단점

장 점	단 점
• 분류 결과가 트리 구조로 표현되므로 결과를 쉽게 이해할 수 있음 • 수치 자료와 범주 자료에 모두 적용할 수 있음 • 일부 명제가 손상되더라도 안정적으로 동작 • 대규모의 데이터 세트에서도 잘 동작 • 자료를 가공할 필요가 거의 없음(정규화 및 임의의 변수 생성, 제거 등이 불필요)	• 의사결정트리는 각 노드에서의 부분 최적값에 빠지기 쉬움 • 훈련 데이터를 정확히 일반화하지 못할 경우, 의사결정 트리가 복잡해질 수 있음 • 의사결정트리는 각 노드에서 한 개의 속성만을 비교하기 때문에 일부 데이터에서 분류 정확도가 낮아질 수 있음 • 훈련 데이터의 개수, 노드 선정에 따라 의사결정트리 모델이 크게 달라질 수 있음

SVM

- 카테고리 분류 경계로부터 각각의 카테고리 사이의 거리(마진, Margin, 각 카테고리의 데이터 벡터들로부터 주어진 분류 경계까지의 거리 중 가장 짧은 것)가 가장 크도록 분류 경계 결정
- 서포트 벡터(Support Vector) : 가장 짧은 선형 분류 함수 벡터
- 분류 경계와 실제 텍스트 사이의 거리가 가장 크도록 선형 분류 함수 설정
- 벡터 공간에서 훈련 데이터들의 확률 분포를 분석하고, 카테고리 사이의 거리를 최대로 하는 분류 경계(선형 분류 함수)를 찾음
- 카테고리 사이의 거리를 크게 설정하면 임의의 입력 텍스트에 대한 분류 정확도를 높일 수 있음
- 추정된 선형 분류 함수를 활용하여 임의의 입력 텍스트 분류
- SVM 모형의 예시

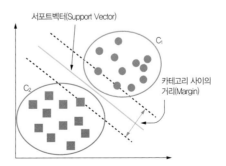

SVM
• SVM 모형의 장단점

장 점	단 점
• 다차원 벡터 공간에서 효과적임 • 훈련 데이터의 수보다 차원의 수가 큰 경우에 효과적임 • 전체 훈련 데이터와 비교가 아닌, 서포트 벡터와의 거리만 비교하면 되므로 임의의 입력 데이터 분류가 빠름	• 대용량 훈련 데이터에 대하여 학습 시간이 많이 소요됨

나이브 베이즈
• 속성들 사이의 독립을 가정한 베이즈 정리를 기반으로 함(확률 분류기)
• 속성의 독립 : 하나의 문서를 분류할 수 있게 하는 속성(벡터 공간 모델에서 각 단어) 사이에서 발생할 수 있는 연관성이 없음을 가정, 각 속성이 문서가 임의의 카테고리에 속할 확률에 독립적으로 기여함
• 단어들의 집합으로 이루어진 임의의 문서를 미리 정의된 카테고리 중 하나로 분류하는 텍스트 분류에서 정확도가 우수함
• N개의 단어로 이루어진 문서 → 사전에 정의된 카테고리 C로 분류할 확률 계산 → 가장 확률값이 큰 카테고리로 분류
• 베이즈 정리 : 이미 알고 있는 확률 이용하여 원하는 확률 계산

$$- \ P(C|w_1, w_2, ..., w_N) = \frac{P(w_1, w_2, ..., w_N|C)P(C)}{P(w_1, w_2, ..., w_N)}$$: 단어 집합(문서)이 주어졌을 때 카테고리 C에 속할 확률

$- \ P(C|w_1, w_2, ..., w_N)$, $P(C)$: 모든 카테고리에 대한 분류 확률 계산에서 동일한 값을 가짐

$- \ P(w_, w_2, ..., w_N|C) = P(w_1|C)P(w_2|C)...P(w_N|C)$: 모든 단어가 독립이라고 가정(문제를 단순화($Naive$)), 카테고리 C에서 각 단어의 확률값은 이미 알고 있으므로 나이브 베이즈 분류 확률값 계산 가능

• 나이브 베이즈 모형의 장단점

장 점	단 점
• 데이터세트가 매우 클 경우 효율적으로 학습할 수 있음 • 훈련 데이터의 양이 적음 • 속성들 사이의 독립을 가정함에도 불구하고, 많은 복잡한 문제에서 높은 정확도를 가짐	• 입력값이 훈련 데이터에 존재하지 않으면 확률값은 0으로 계산됨 • 확률값은 1보다 작으므로 입력 벡터를 구성하는 요소(단어 수)가 많으면, 확률값이 너무 작아져서 비교가 어려운 underflow 현상이 발생함

(4) k-NN 텍스트 분류

① k-NN 모형을 이용한 텍스트 분류 분석을 위해 필요한 패키지("ggvis", "class", "gmodels")를 설치한다.

```
> install.packages("ggvis")
'assertthat' (을) 또한 설치합니다.

URL 'https://cran.yu.ac.kr/bin/windows/contrib/4.2/assertthat_0.2.1.zip'를 시도합니다
Content type 'application/zip' length 54799 bytes (53 KB)
downloaded 53 KB

URL 'https://cran.yu.ac.kr/bin/windows/contrib/4.2/ggvis_0.4.7.zip'를 시도합니다
Content type 'application/zip' length 1153350 bytes (1.1 MB)
downloaded 1.1 MB

패키지 'assertthat'를 성공적으로 압축해제하였고 MD5 sums 이 확인되었습니다
패키지 'ggvis'를 성공적으로 압축해제하였고 MD5 sums 이 확인되었습니다

다운로드된 바이너리 패키지들은 다음의 위치에 있습니다
            C:\tmp\RtmpCwxrif\downloaded_packages
> library(ggvis)

다음의 패키지를 부착합니다: 'ggvis'

The following object is masked from 'package:ggplot2':

    resolution

> install.packages("class")
URL 'https://cran.yu.ac.kr/bin/windows/contrib/4.2/class_7.3-20.zip'를 시도합니다
Content type 'application/zip' length 97262 bytes (94 KB)
downloaded 94 KB

패키지 'class'를 성공적으로 압축해제하였고 MD5 sums 이 확인되었습니다
경고: 패키지 'class'의 이전설치를 삭제할 수 없습니다
경고: 'class'를 복구하였습니다

다운로드된 바이너리 패키지들은 다음의 위치에 있습니다
            C:\tmp\RtmpCwxrif\downloaded_packages
경고메시지(들):
file.copy(savedcopy, lib, recursive = TRUE) 에서:
  C:\Program Files\R\R-4.2.1\library\00LOCK\class\libs\x64\class.dll로 C:\Program Files\R\R-4.2.1\library\class\lib
> library(class)
```

```
> install.packages("gmodels")
URL 'https://cran.yu.ac.kr/bin/windows/contrib/4.2/gmodels_2.18.1.1.zip'을 시도합니다
Content type 'application/zip' length 114297 bytes (111 KB)
downloaded 111 KB

패키지 'gmodels'를 성공적으로 압축해제하였고 MD5 sums 이 확인되었습니다

다운로드된 바이너리 패키지들은 다음의 위치에 있습니다
        C:\tmp\RtmpCwxrif\downloaded_packages
> library(gmodels)

다음의 패키지를 부착합니다: 'gmodels'

The following object is masked from 'package:pROC':

    ci
```

② R에 내장된 iris 데이터를 이용한다. iris는 세 가지 종류의 붓꽃(setosa, virginica, versicolor)으로 분류된 150개의 행(record)으로 구성된 데이터이다. 붓꽃의 종류에 따라 꽃받침 길이(Sepal.Length), 너비(Sepal.Width), 꽃잎의 길이(Petal.Length), 너비(Petal.Width) 정보를 가진다. 텍스트 분류 분석을 위해 꽃받침 길이, 꽃받침 너비, 꽃잎의 길이, 꽃잎의 너비를 각각 하나의 레코드로 구성된 문서로 가정한다.

```
> head(iris)
  Sepal.Length Sepal.Width Petal.Length Petal.Width Species
1          5.1         3.5          1.4         0.2  setosa
2          4.9         3.0          1.4         0.2  setosa
3          4.7         3.2          1.3         0.2  setosa
4          4.6         3.1          1.5         0.2  setosa
5          5.0         3.6          1.4         0.2  setosa
6          5.4         3.9          1.7         0.4  setosa
> str(iris)
'data.frame':   150 obs. of  5 variables:
 $ Sepal.Length: num  5.1 4.9 4.7 4.6 5 5.4 4.6 5 4.4 4.9 ...
 $ Sepal.Width : num  3.5 3 3.2 3.1 3.6 3.9 3.4 3.4 2.9 3.1 ...
 $ Petal.Length: num  1.4 1.4 1.3 1.5 1.4 1.7 1.4 1.5 1.4 1.5 ...
 $ Petal.Width : num  0.2 0.2 0.2 0.2 0.2 0.4 0.3 0.2 0.2 0.1 ...
 $ Species     : Factor w/ 3 levels "setosa","versicolor",..: 1 1 1 1 1 1 1 1 1 1 ...
> summary(iris)
  Sepal.Length    Sepal.Width     Petal.Length    Petal.Width          Species
 Min.   :4.300   Min.   :2.000   Min.   :1.000   Min.   :0.100   setosa    :50
 1st Qu.:5.100   1st Qu.:2.800   1st Qu.:1.600   1st Qu.:0.300   versicolor:50
 Median :5.800   Median :3.000   Median :4.350   Median :1.300   virginica :50
 Mean   :5.843   Mean   :3.057   Mean   :3.758   Mean   :1.199
 3rd Qu.:6.400   3rd Qu.:3.300   3rd Qu.:5.100   3rd Qu.:1.800
 Max.   :7.900   Max.   :4.400   Max.   :6.900   Max.   :2.500
```

③ 변수들 사이의 상관관계를 확인하기 위해 산점도를 이용한다. 산점도 결과로부터 (꽃잎의 길이, 꽃잎의 너비)＝(Petal.Length, Petal.Width) 사이 비례 관계(즉 꽃잎의 길이가 길수록 너비가 넓다)가 있다는 사실을 확인한다. 반면, (꽃받침의 길이, 꽃받침의 너비)＝(Sepal.Length, Sepal.Width) 사이에는 상관관계가 없다.

```
> iris %>% ggvis(~Sepal.Length, ~Sepal.Width, fill=~Species) %>% layer_points()
```

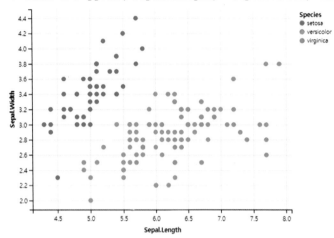

```
> iris %>% ggvis(~Petal.Length, ~Petal.Width, fill=~Species) %>% layer_points()
```

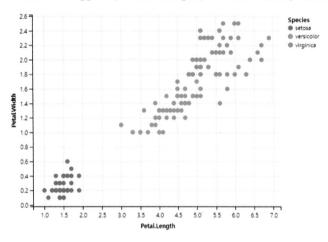

④ 변수(Sepal.Length, Sepal.Width, Petal.Length, Petal.Width)에 대한 정규화(Normalization) 변환을 위해 아래와 같은 함수(function( ))을 이용한다. 정규화는 $(x-\min)/(\max-\min)$을 이용하여 각각의 변수 값들이 (0, 1) 사이에 존재하도록 한다. iris에 대한 (최소, 최대) 값들이 정규화 작업 후, 모두 (0, 1) 사이의 값들로 정규화(iris_norm)된 것을 확인한다.

```
> normalize <- function(x) {
+ num <- x - min(x)
+ denom <- ( max(x) - min(x) )
+ return (num/denom)
+ }
```

```
> iris_norm <- as.data.frame(lapply(iris[1:4], normalize))
>
> summary(iris)
  Sepal.Length     Sepal.Width     Petal.Length    Petal.Width          Species
 Min.   :4.300   Min.   :2.000   Min.   :1.000   Min.   :0.100   setosa    :50
 1st Qu.:5.100   1st Qu.:2.800   1st Qu.:1.600   1st Qu.:0.300   versicolor:50
 Median :5.800   Median :3.000   Median :4.350   Median :1.300   virginica :50
 Mean   :5.843   Mean   :3.057   Mean   :3.758   Mean   :1.199
 3rd Qu.:6.400   3rd Qu.:3.300   3rd Qu.:5.100   3rd Qu.:1.800
 Max.   :7.900   Max.   :4.400   Max.   :6.900   Max.   :2.500

> summary(iris_norm)
  Sepal.Length     Sepal.Width     Petal.Length    Petal.Width
 Min.   :0.0000   Min.   :0.0000   Min.   :0.0000   Min.   :0.00000
 1st Qu.:0.2222   1st Qu.:0.3333   1st Qu.:0.1017   1st Qu.:0.08333
 Median :0.4167   Median :0.4167   Median :0.5678   Median :0.50000
 Mean   :0.4287   Mean   :0.4406   Mean   :0.4675   Mean   :0.45806
 3rd Qu.:0.5833   3rd Qu.:0.5417   3rd Qu.:0.6949   3rd Qu.:0.70833
 Max.   :1.0000   Max.   :1.0000   Max.   :1.0000   Max.   :1.00000
```

⑤ 훈련용과 검증용 데이터를 결정하기 위하여 시드를 설정[set.seed(1234)]하고, 전체 데이터들(150개) 중 70%(150×0.7=105개)를 훈련용(ids=1 할당)으로, 나머지 30%(=150×0.3=45개)를 검증용(ids=2 할당)으로 지정하여 훈련용 데이터(iris_train)와 검증용 데이터(iris_test)로 구분한다. 실제 지정결과는 훈련용 데이터 112개, 검증용 데이터는 38개의 레코드로 구성되었음을 확인["psych" 패키지 설치 후 describe( ) 함수 이용]할 수 있다.

```
> set.seed(1234)
> ids <- sample(2, nrow(iris_norm), replace=TRUE, prob=c(0.7, 0.3))
> head(ids)
[1] 1 1 1 1 2 1
> ids
  [1] 1 1 1 1 2 1 1 1 1 1 1 1 2 1 2 1 1 1 1 1 1 1 1 1 1 2 1 2 2 1 1 1 1
 [63] 1 1 1 1 2 1 1 1 1 2 1 2 1 1 1 1 1 1 1 2 1 1 1 2 1 2 1 1 1 1 1
[125] 1 1 1 1 1 2 1 1 1 2 1 2 1 1 2 1 2 1 1 1 1 2 1 2 1
> summary(ids)
   Min. 1st Qu.  Median    Mean 3rd Qu.    Max.
  1.000   1.000   1.000   1.253   1.750   2.000
>
> iris_train <- iris_norm[ids==1, 1:4]
> head(iris_train)
  Sepal.Length Sepal.Width Petal.Length Petal.Width
1   0.22222222   0.6250000   0.06779661  0.04166667
2   0.16666667   0.4166667   0.06779661  0.04166667
3   0.11111111   0.5000000   0.05084746  0.04166667
4   0.08333333   0.4583333   0.08474576  0.04166667
6   0.30555556   0.7916667   0.11864407  0.12500000
7   0.08333333   0.5833333   0.06779661  0.08333333
> summary(iris_train)
  Sepal.Length     Sepal.Width     Petal.Length    Petal.Width
 Min.   :0.02778   Min.   :0.08333   Min.   :0.00000   Min.   :0.00000
 1st Qu.:0.22222   1st Qu.:0.33333   1st Qu.:0.09746   1st Qu.:0.08333
 Median :0.40278   Median :0.41667   Median :0.55085   Median :0.50000
 Mean   :0.42287   Mean   :0.44940   Mean   :0.45596   Mean   :0.44271
 3rd Qu.:0.58333   3rd Qu.:0.58333   3rd Qu.:0.69492   3rd Qu.:0.70833
 Max.   :1.00000   Max.   :0.91667   Max.   :1.00000   Max.   :1.00000

> describe(iris_train)
             vars   n mean   sd median trimmed  mad  min  max range skew kurtosis   se
Sepal.Length    1 112 0.42 0.23   0.40    0.41 0.27 0.03 1.00  0.97 0.39    -0.54 0.02
Sepal.Width     2 112 0.45 0.18   0.42    0.44 0.19 0.08 0.92  0.83 0.29    -0.31 0.02
Petal.Length    3 112 0.46 0.30   0.55    0.45 0.35 0.00 1.00  1.00 -0.17   -1.48 0.03
Petal.Width     4 112 0.44 0.32   0.50    0.43 0.43 0.00 1.00  1.00 -0.02   -1.37 0.03
>
> describe(iris_test)
             vars  n mean   sd median trimmed  mad  min  max range skew kurtosis   se
Sepal.Length    1 38 0.45 0.23   0.49    0.44 0.29 0.00 0.94  0.94 0.05    -0.82 0.04
Sepal.Width     2 38 0.41 0.18   0.42    0.41 0.12 0.00 1.00  1.00 0.38     1.32 0.03
Petal.Length    3 38 0.50 0.29   0.60    0.51 0.23 0.02 0.97  0.95 -0.55   -1.18 0.05
Petal.Width     4 38 0.50 0.32   0.54    0.51 0.37 0.00 0.96  0.96 -0.33   -1.29 0.05
```

```
> iris_test <- iris_norm[ids==2, 1:4]
> head(iris_test)
  Sepal.Length Sepal.Width Petal.Length Petal.Width
5    0.1944444   0.6666667   0.06779661  0.04166667
14   0.0000000   0.4166667   0.01694915  0.00000000
16   0.3888889   1.0000000   0.08474576  0.12500000
26   0.1944444   0.4166667   0.10169492  0.04166667
28   0.2500000   0.6250000   0.08474576  0.04166667
29   0.2500000   0.5833333   0.06779661  0.04166667
> summary(iris_test)
  Sepal.Length     Sepal.Width     Petal.Length    Petal.Width
 Min.   :0.0000   Min.   :0.0000   Min.   :0.01695   Min.   :0.0000
 1st Qu.:0.2500   1st Qu.:0.3333   1st Qu.:0.17373   1st Qu.:0.1875
 Median :0.4167   Median :0.4167   Median :0.60169   Median :0.5417
 Mean   :0.4459   Mean   :0.4145   Mean   :0.50134   Mean   :0.5033
 3rd Qu.:0.6042   3rd Qu.:0.5000   3rd Qu.:0.72034   3rd Qu.:0.7812
 Max.   :0.9444   Max.   :1.0000   Max.   :0.96610   Max.   :0.9583
```

⑥ 훈련용과 검증용 데이터에 대한 요인값(품종, Species, factor)을 각각 iris_train_label, iris_test_label에 저장한다. knn( ) 함수를 이용하여 k−NN 분류모형(k=3)을 구축(predict)하고, 유클리디안 거리 기반으로 최인접 이웃을 선정한다. 검증용 데이터(38개의 레코드)에 대한 예측값을 predict에 저장한다. 분류 결과, seosa=10개, versicolor=14개, virginica=14개로 분류됨을 확인한다.

```
> iris_train_label <- iris[ids==1, 5]
> head(iris_train_label)
[1] setosa setosa setosa setosa setosa setosa
Levels: setosa versicolor virginica
>
> summary(iris_train_label)
    setosa versicolor  virginica
        40         38         34
>
> iris_test_label <- iris[ids==2, 5]
> head(iris_test_label)
[1] setosa setosa setosa setosa setosa setosa
Levels: setosa versicolor virginica
>
> summary(iris_test_label)
    setosa versicolor  virginica
        10         12         16
> predict <- knn(train=iris_train, test=iris_test, cl=iris_train_label, k=3)
> predict
 [1] setosa     setosa     setosa     setosa     setosa     setosa     setosa     setosa     setosa     setosa     versicolor
[12] versicolor versicolor versicolor versicolor versicolor versicolor versicolor versicolor versicolor versicolor versicolor
[23] virginica  virginica  virginica  virginica  versicolor virginica  virginica  virginica  virginica  virginica  versicolor
[34] virginica  virginica  virginica  virginica  virginica
Levels: setosa versicolor virginica
> summary(predict)
    setosa versicolor  virginica
        10         14         14
```

⑦ CrossTable( ) 함수로 검증용 데이터의 레이블(참값, iris_test_label)과 예측값(predict)을 비교하면 다음과 같다. 총 38개의 검증용 데이터에 대하여 setosa 26.3%, versicolor 36.8%, virginica 36.8%로 예측하였고, 실제 참값은 setosa 26.3%, versicolor 31.6%, virginica 42.1%이다. 따라서 setosa, versicolor은 정확하게 예측하였으나 virginica를 versicolor로 잘못 예측한 경우가 2개이다. 즉, 전체 virginica 16개 중 virginica로 정확하게 예측한 경우가 14개, versicolor로 잘못 예측한 경우가 2개이다.

```
> cross_table <- CrossTable(x=iris_test_label, y=predict, prob.chisq=FALSE)
```

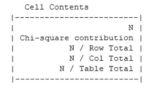

```
   Cell Contents
|-----------------------|
|                     N |
| Chi-square contribution |
|           N / Row Total |
|           N / Col Total |
|         N / Table Total |
|-----------------------|


Total Observations in Table:  38
```

```
              | predict
iris_test_label |   setosa | versicolor |  virginica | Row Total |
----------------|----------|------------|------------|-----------|
        setosa  |       10 |          0 |          0 |        10 |
                |   20.632 |      3.684 |      3.684 |           |
                |    1.000 |      0.000 |      0.000 |     0.263 |
                |    1.000 |      0.000 |      0.000 |           |
                |    0.263 |      0.000 |      0.000 |           |
----------------|----------|------------|------------|-----------|
    versicolor  |        0 |         12 |          0 |        12 |
                |    3.158 |     12.992 |      4.421 |           |
                |    0.000 |      1.000 |      0.000 |     0.316 |
                |    0.000 |      0.857 |      0.000 |           |
                |    0.000 |      0.316 |      0.000 |           |
----------------|----------|------------|------------|-----------|
     virginica  |        0 |          2 |         14 |        16 |
                |    4.211 |      2.573 |     11.145 |           |
                |    0.000 |      0.125 |      0.875 |     0.421 |
                |    0.000 |      0.143 |      1.000 |           |
                |    0.000 |      0.053 |      0.368 |           |
----------------|----------|------------|------------|-----------|
   Column Total |       10 |         14 |         14 |        38 |
                |    0.263 |      0.368 |      0.368 |           |
----------------|----------|------------|------------|-----------|


> summary(cross_table)
         Length Class Mode
t        9      table numeric
prop.row 9      table numeric
prop.col 9      table numeric
prop.tbl 9      table numeric
```

⑧ "caret" 패키지를 이용하여 혼동행렬(confusionMatrix( ))을 작성하고, CrossTable( )과 동일한 결과를 얻을 수 있다.

```
> table_result <- table(predict, iris_test_label)
> table_result
            iris_test_label
predict      setosa versicolor virginica
  setosa         10          0         0
  versicolor      0         12         2
  virginica       0          0        14
>
> confusionMatrix(table_result)
Confusion Matrix and Statistics

            iris_test_label
predict      setosa versicolor virginica
  setosa         10          0         0
  versicolor      0         12         2
  virginica       0          0        14

Overall Statistics

               Accuracy : 0.9474
                 95% CI : (0.8225, 0.9936)
    No Information Rate : 0.4211
    P-Value [Acc > NIR] : 7.335e-12

                  Kappa : 0.9202

 Mcnemar's Test P-Value : NA

Statistics by Class:

                     Class: setosa Class: versicolor Class: virginica
Sensitivity                 1.0000            1.0000           0.8750
Specificity                 1.0000            0.9231           1.0000
Pos Pred Value              1.0000            0.8571           1.0000
Neg Pred Value              1.0000            1.0000           0.9167
Prevalence                  0.2632            0.3158           0.4211
Detection Rate              0.2632            0.3158           0.3684
Detection Prevalence        0.2632            0.3684           0.3684
Balanced Accuracy           1.0000            0.9615           0.9375
```

⑨ "pROC" 패키지를 이용하여 ROC 곡선을 작성하며, roc( ) 함수를 이용하여 AUC 값(AUC＝1)을 확인한다.

```
> plot.roc(iris_test_label, as.integer(predict), legacy.axes=TRUE)
```

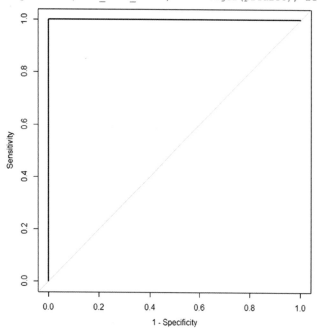

```
> result_validation <- roc(iris_test_label, as.integer(predict))
Setting levels: control = setosa, case = versicolor
Setting direction: controls < cases
경고메시지(들):
roc.default(iris_test_label, as.integer(predict))에서:
  'response' has more than two levels. Consider setting 'levels' explicitly or using 'multiclass.roc' instead
> result_validation

Call:
roc.default(response = iris_test_label, predictor = as.integer(predict))

Data: as.integer(predict) in 10 controls (iris_test_label setosa) < 12 cases (iris_test_label versicolor).
Area under the curve: 1
>
> result_validation$auc
Area under the curve: 1
```

(5) 정형 데이터 추출 및 텍스트 데이터 결합 : 데이터 분석 목표 및 계획에 따라 필요한 정형 데이터를 추출하고 텍스트 데이터와 결합하여 분석해야 하는 경우가 있다. 이 경우 데이터 유형을 사전에 정의하고 다양한 정형·비정형 데이터 결합 방식(기술)을 통해 "데이터 수집 → 데이터 처리 → 데이터 분석 및 인사이트 도출 → 공유 및 문서화"의 절차를 수행한다.

① 일반적으로 데이터는 정형, 반정형, 비정형 데이터로 구분된다.

    ㉠ 정형 데이터(Structured Data) : 고정된 필드(혹은 속성)에 저장된 데이터, 관계형 데이터베이스 및 스프레드시트(엑셀 등) 저장 데이터

    ㉡ 반정형 데이터(Semi-Structured Data) : 정형 데이터와 달리 고정된 필드에 저장되어 있지 않지만, 메타 데이터나 데이터 스키마 정보를 포함하는 데이터로 XML, HTML 등의 형식으로 저장

ⓒ 비정형 데이터(Unstructured Data) : 고정된 필드 및 메타데이터(스키마)가 정의되어 있지 않은 데이터로 텍스트 분석이 가능한 텍스트 문서 및 이미지 · 동영상 · 음성 데이터 등

② 고객 정보(성별, 나이, 거주지, 구매 이력 등) 및 상품별 매출 정보 등의 정형화된 데이터 분석을 기반으로 고객 관리를 수행하던 기업들이 (고객의 반응, 선호도, 감정 데이터) 등의 비정형 데이터를 수집(SNS 등을 통해 수집)하고 분석하여 가치 있는 데이터를 추출함으로써 기업의 판매 전략 수립에 효과적으로 대응하고 있다. 정형－비정형 데이터 결합은 크게 4단계로 이루어진다.

〈정형－비정형 데이터 결합 분석〉

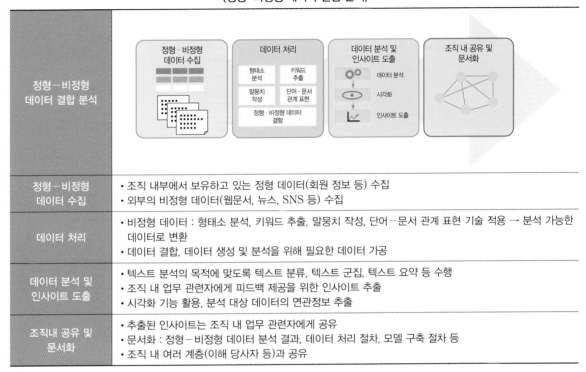

정형－비정형 데이터 결합 분석	(그림)
정형－비정형 데이터 수집	• 조직 내부에서 보유하고 있는 정형 데이터(회원 정보 등) 수집 • 외부의 비정형 데이터(웹문서, 뉴스, SNS 등) 수집
데이터 처리	• 비정형 데이터 : 형태소 분석, 키워드 추출, 말뭉치 작성, 단어－문서 관계 표현 기술 적용 → 분석 가능한 데이터로 변환 • 데이터 결합, 데이터 생성 및 분석을 위해 필요한 데이터 가공
데이터 분석 및 인사이트 도출	• 텍스트 분석의 목적에 맞도록 텍스트 분류, 텍스트 군집, 텍스트 요약 등 수행 • 조직 내 업무 관련자에게 피드백 제공을 위한 인사이트 추출 • 시각화 기능 활용, 분석 대상 데이터의 연관정보 추출
조직내 공유 및 문서화	• 추출된 인사이트는 조직 내 업무 관련자에게 공유 • 문서화 : 정형－비정형 데이터 분석 결과, 데이터 처리 절차, 모델 구축 절차 등 • 조직 내 여러 계층(이해 당사자 등)과 공유

③ **정형－비정형 데이터 의미 연결** : 정형 데이터로 제공되는 데이터를 비정형 텍스트 데이터와 의미상으로 연결함으로써 정형－비정형 데이터를 결합한다. 대표적으로 시맨틱 웹서비스 등에서 활용하는 방법으로 정형화 데이터의 다양한 비정형 데이터(웹문서, 뉴스, SNS 등)들의 연관도 측정 및 연결을 통해 데이터의 활용성을 높인다. 정형(사자의 속성)－비정형 데이터(문서 내 표현)의 의미 연결의 예를 나타내면 다음과 같다. 정형 데이터로 6가지(학명, 명칭, 강, 목, 과, 분포지역) 메타 데이터를 가진 "사자" 인스턴스(Instance)와 메타 데이터에서 추출된 키워드를 포함하고 있는 문서들 사이의 연결 구조를 보여준다. 문서들은 웹문서, 뉴스, SNS 등 다양한 텍스트 문서로 해당 키워드의 의미를 구체화 혹은 부연 설명을 위해 활용(위키피디아 등)된다.

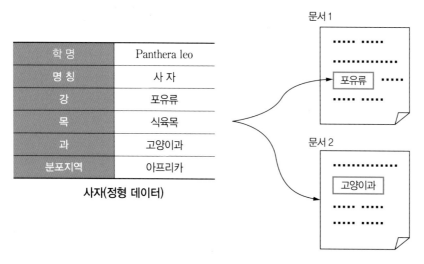

학 명	Panthera leo
명 칭	사 자
강	포유류
목	식육목
과	고양이과
분포지역	아프리카

사자(정형 데이터)

문서 1

포유류

문서 2

고양이과

[정형−비정형 데이터의 의미 연결 사례]

④ 비정형 데이터의 정형화 : 웹문서, 뉴스, SNS 등에서 비정형 데이터로 제공되는 텍스트 데이터에 대하여 기존에 학습한 텍스트 분석 기술을 통해 다양한 의미 개체(Named Entity) 도출, 단어−문서 관계 도출, 감성 정보 등의 정형 데이터를 추출한다. 정형화된 데이터를 조직 내에서 활용 중인 DBMS에 저장하여 비정형 데이터를 정형 데이터로 변환한다. 그리고 기존 조직 내에서 보유하고 있는 정형 데이터와 결합하여 의미있는 정보를 추출한다. 비정형 데이터를 정형 데이터로 변환하는 경우, 이미 검증된 데이터 마이닝 및 데이터 처리 기술을 적용하여 데이터들 사이의 의미 관계 등을 추출한다.

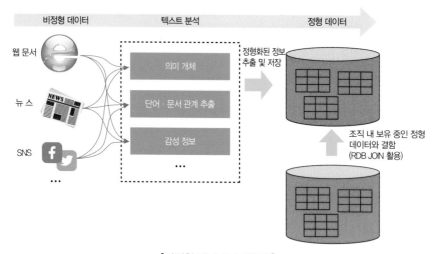

[비정형 데이터의 정형화]

(6) 정형 데이터 추출 : 예제 텍스트(jarena.txt, github.com/rOpenGov/dh-methods-in-r/blob/master/data/nlp/anb-jarena-lee.txt)를 이용한 정형 데이터(자주 사용되는 단어 등) 추출 과정은 다음과 같다.

① 자연어 처리를 위한 패키지("tm", "stringr", "wordcloud", "NLP", "RColorBrewer", "sp")를 설치한다.

```
> install.packages("tm")
--- 현재 세션에서 사용할 CRAN 미러를 선택해 주세요 ---
URL 'https://cran.yu.ac.kr/bin/windows/contrib/4.2/tm_0.7-8.zip'을 시도합니다
Content type 'application/zip' length 1158874 bytes (1.1 MB)
downloaded 1.1 MB

패키지 'tm'를 성공적으로 압축해제하였고 MD5 sums 이 확인되었습니다

다운로드된 바이너리 패키지들은 다음의 위치에 있습니다
        C:\tmp\Rtmpiw7Edf\downloaded_packages
> library(tm)
필요한 패키지를 로딩중입니다: NLP
> install.packages("stringr")
URL 'https://cran.yu.ac.kr/bin/windows/contrib/4.2/stringr_1.4.0.zip'을 시도합니다
Content type 'application/zip' length 216353 bytes (211 KB)
downloaded 211 KB

패키지 'stringr'를 성공적으로 압축해제하였고 MD5 sums 이 확인되었습니다

다운로드된 바이너리 패키지들은 다음의 위치에 있습니다
        C:\tmp\Rtmpiw7Edf\downloaded_packages
> library(stringr)

> install.packages("wordcloud")
URL 'https://cran.yu.ac.kr/bin/windows/contrib/4.2/wordcloud_2.6.zip'을 시도합니다
Content type 'application/zip' length 438535 bytes (428 KB)
downloaded 428 KB

패키지 'wordcloud'를 성공적으로 압축해제하였고 MD5 sums 이 확인되었습니다

다운로드된 바이너리 패키지들은 다음의 위치에 있습니다
        C:\tmp\Rtmpiw7Edf\downloaded_packages
> library(wordcloud)
필요한 패키지를 로딩중입니다: RColorBrewer
> install.packages("NLP")
경고: 패키지 'NLP'가 사용중이므로 설치되지 않을 것입니다
> library(NLP)
> install.packages("RColorBrewer")
경고: 패키지 'RColorBrewer'가 사용중이므로 설치되지 않을 것입니다
> library(RColorBrewer)
> install.packages("sp")
URL 'https://cran.yu.ac.kr/bin/windows/contrib/4.2/sp_1.5-0.zip'을 시도합니다
Content type 'application/zip' length 1793385 bytes (1.7 MB)
downloaded 1.7 MB

패키지 'sp'를 성공적으로 압축해제하였고 MD5 sums 이 확인되었습니다

다운로드된 바이너리 패키지들은 다음의 위치에 있습니다
        C:\tmp\Rtmpiw7Edf\downloaded_packages
> library(sp)
```

② 예제 텍스트(jarena.txt)가 저장된 작업영역("C:/workr")을 지정하고 readLines( )로 텍스트 파일을 읽는다.

```
jarena.txt - Windows 메모장                                    –   □   ×
파일(F) 편집(E) 서식(O) 보기(V) 도움말(H)
In 1804, after several months of profound spiritual anxiety, Jarena Lee
moved from New Jersey to Philadelphia. There she labored as a domestic
and worshiped among white congregations of Roman Catholics and mixed
congregations of Methodists. On hearing an inspired sermon by the
Reverend Richard Allen, founder of the Bethel African Methodist
Episcopal Church, Lee joined the Methodists. She was baptized in 1807.
Prior to her baptism, she experienced the various physical and emotional
stages of conversion: terrifying visions of demons and eternal
perdition; extreme feelings of ecstasy and depression; protracted
periods of meditation, fasting, and prayer; ennui and fever; energy and
vigor. In 1811 she married Joseph Lee, who pastored an African-American
church in Snow Hill, New Jersey. They had six children, four of whom
died in infancy.
```

```
> setwd("C:/workr")
> getwd()
[1] "C:/workr"
>
> data <- readLines("jarena.txt")
> print(data)
 [1] "In 1804, after several months of profound spiritual anxiety, Jarena Lee"
 [2] "moved from New Jersey to Philadelphia. There she labored as a domestic"
 [3] "and worshiped among white congregations of Roman Catholics and mixed"
 [4] "congregations of Methodists. On hearing an inspired sermon by the"
 [5] "Reverend Richard Allen, founder of the Bethel African Methodist"
 [6] "Episcopal Church, Lee joined the Methodists. She was baptized in 1807."
 [7] "Prior to her baptism, she experienced the various physical and emotional"
 [8] "stages of conversion: terrifying visions of demons and eternal"
 [9] "perdition; extreme feelings of ecstasy and depression; protracted"
[10] "periods of meditation, fasting, and prayer; ennui and fever; energy and"
[11] "vigor. In 1811 she married Joseph Lee, who pastored an African-American"
[12] "church in Snow Hill, New Jersey. They had six children, four of whom"
[13] "died in infancy."
> data
 [1] "In 1804, after several months of profound spiritual anxiety, Jarena Lee"
 [2] "moved from New Jersey to Philadelphia. There she labored as a domestic"
 [3] "and worshiped among white congregations of Roman Catholics and mixed"
 [4] "congregations of Methodists. On hearing an inspired sermon by the"
 [5] "Reverend Richard Allen, founder of the Bethel African Methodist"
 [6] "Episcopal Church, Lee joined the Methodists. She was baptized in 1807."
 [7] "Prior to her baptism, she experienced the various physical and emotional"
 [8] "stages of conversion: terrifying visions of demons and eternal"
 [9] "perdition; extreme feelings of ecstasy and depression; protracted"
[10] "periods of meditation, fasting, and prayer; ennui and fever; energy and"
[11] "vigor. In 1811 she married Joseph Lee, who pastored an African-American"
[12] "church in Snow Hill, New Jersey. They had six children, four of whom"
[13] "died in infancy."
```

③ 데이터 전처리 과정으로 paste( ) 함수를 이용(collapse="" 옵션 지정)하여 1개의 라인으로 문서를 재구성한
다. 대문자를 소문자로 변경(tolower( ))하고, 문서 내 불용어를 삭제(stopwords( ))한다. 불필요한 공백을
제거(stripWhitespace( ))하고, str_split( ) 함수로 문자열을 단어들의 조각으로 분리한다. str_split( ) 사용
시 설정된 옵션, pattern="/s+"는 "뒤에 공백하나 띄우기" 기능이다. 전처리 작업 후, 저장된 문서(data)의
속성은 리스트(list) 자료구조이다. 이를 문자열(벡터형식)로 바꾸기 위해 unlist( )를 이용하며, 변경 후
"character" 형식의 벡터 자료구조로 변경됨을 알 수 있다.

```
> data <- paste(data, collapse="")
> data
[1] "In 1804, after several months of profound spiritual anxiety, Jarena Leemoved from New Jers$

> data <- tolower(data)
> data
[1] "in 1804, after several months of profound spiritual anxiety, jarena leemoved from new jers$
> data <- removeWords(data, stopwords())
> data
[1] " 1804,  several months  profound spiritual anxiety, jarena leemoved  new jersey  philadelp$
>
> data <- stripWhitespace(data)
> data
[1] " 1804, several months profound spiritual anxiety, jarena leemoved new jersey philadelphia.$
>
> data <- str_split(data, pattern="/s+")
> data
[[1]]
[1] " 1804, several months profound spiritual anxiety, jarena leemoved new jersey philadelphia.$

> class(data)
[1] "list"
> data <- unlist(data)
> class(data)
[1] "character"
>
> str(data)
 chr " 1804, several months profound spiritual anxiety, jarena leemoved new jersey philadelphia$
> summary(data)
   Length    Class      Mode
        1 character character
```

④ wordcloud( ) 함수를 이용하여 전처리된 데이터를 시각화하면 아래와 같이 문장 내 언급된 횟수에 따라 글자의 크기를 조정하여 나타낸다.

```
> wordcloud(data)
```

⑤ min.freq 옵션을 지정하여 문장 내에서 최소 언급된 횟수(min.freq＝2, 2회 이상)에 따른 시각화를 표현한다.

```
> wordcloud(data, min.freq=2)
```

⑥ 폰트의 크기와 색상을 이용하여 표현하는 경우 scale＝c(최저폰트, 최고폰트) 크기를 지정하고, color 옵션을 이용한다.

```
> wordcloud(data, random.order=FALSE, scale=c(3,0.5), color=rainbow(3))
```

(7) 한글 텍스트 마이닝

① 한글 문서 텍스트 분석을 위해 "KoNLP" 패키지가 필요하다. KoNLP(Korean Natural Language Processing) 패키지는 R에서 한국어 처리를 위해 제작된 유일한 패키지로 한글 처리 작업에서 가장 일반적으로 사용되어 왔다. KoNLP 패키지는 텍스트 마이닝을 위해 필요한 형태소 분석 기능으로 명사 및 특정 품사 추출 함수들과 한글 사전 기능을 제공한다. 그러나 KoNLP 패키지는 2020년 2월 이후 CRAN Project 사이트에서 제외되어 install.packages("KoNLP")로 설치가 불가능하다. 따라서 RStudio를 이용한 "KoNLP" 패키지 강제 설치 방법을 이용하며, 향후 CRAN 사이트에서 한국어 처리 패키지가 포함되는 경우 필요한 관련 패키지를 설치·사용(본 절의 내용은 KoNLP 패키지 설치 방법에 따라 향후 변경될 수 있음)한다. 먼저, Rstudio를 아래와 같이 실행한다.

② [File]−[New File]−[R Script] 메뉴를 이용하여 R script 입력창을 활성화한다. 그리고 install. packages("KoNLP")를 수행(Script 창에 입력 후 [Ctrl]+[Enter]를 누르거나, [Console] 화면에 명령어를 직접 입력)하면, 아래와 같이 CRAN 프로젝트에서 더 이상 지원하고 있지 않음을 알 수 있다.

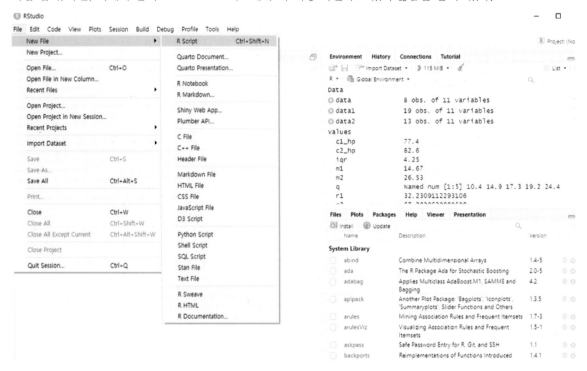

```
> install.packages("KoNLP")
'C:/Users/Administrator/AppData/Local/R/win-library/4.2'의 위치에 패키지(들)을
설치합니다.
(왜냐하면 'lib'가 지정되지 않았기 때문입니다)
warning in install.packages :
  package 'KoNLP' is not available for this version of R

A version of this package for your version of R might be available elsewher
e,
see the ideas at
https://cran.r-project.org/doc/manuals/r-patched/R-admin.html#Installing-pac
kages
```

③ CRAN 지원 사이트(cran.r－project.org/src/contrib/Archive/KoNLP)에서 가장 최신 버전의 KoNLP 패키지 파일(KoNLP 0.80.2.tar.gz)을 다운로드한다.

④ R studio에서 [packages]－[install] 메뉴를 선택하여 저장된 패키지(KoNLP)를 설치한다. 이 경우 Rstudio에서 지정한 [Install to Library] 경로를 그대로 사용한다.

⑤ 아래와 같이 KoNLP 패키지 설치 후, "Fail to install scala−library−2.11.8.jar" 에러가 발생하는 경우, 위에서 지정된 경로(C:/users/Administrator/AppData/Local/R/win−library/4.2/KoNLP/java)에 scala−library−2.11.8.jar 파일(https://repo1.maven.org/maven2/org/scala−lang/scala−library/2.11.8/에서 다운로드)을 저장한다.

```
> install.packages("KoNLP")
'C:/Users/Administrator/AppData/Local/R/win-library/4.2'의 위치에 패키지(들)을 설치합니다.
(왜냐하면 'lib'가 지정되지 않았기 때문입니다)
warning in install.packages :
  package 'KoNLP' is not available for this version of R

A version of this package for your version of R might be available elsewhere,
see the ideas at
https://cran.r-project.org/doc/manuals/r-patched/R-admin.html#Installing-packages
> install.packages("C:/workr/KoNLP_0.80.2.tar.gz", repos = NULL, type = "source")
'C:/Users/Administrator/AppData/Local/R/win-library/4.2'의 위치에 패키지(들)을 설치합니다.
(왜냐하면 'lib'가 지정되지 않았기 때문입니다)
* installing *source* package 'KoNLP' ...
** package 'KoNLP' successfully unpacked and MD5 sums checked
** using staged installation
** R
** data
** inst
** byte-compile and prepare package for lazy loading
** help
*** installing help indices
** building package indices
** installing vignettes
** testing if installed package can be loaded from temporary location
Fail to install scala-library-2.11.8.jar. Recommand to install library manually in C:/Users/Administrator/AppData/Local/R/win-library/4.2/00LOCK-KoNL
P/00new/KoNLP/java
** testing if installed package can be loaded from final location
Fail to install scala-library-2.11.8.jar. Recommand to install library manually in C:/Users/Administrator/AppData/Local/R/win-library/4.2/KoNLP/java
** testing if installed package keeps a record of temporary installation path
* DONE (KoNLP)
```

← → C   🔒 repo1.maven.org/maven2/org/scala-lang/scala-library/2.11.8/

W   RICS 한국통신학회 종합...

org/scala-lang/scala-library/2.11.8

../

scala-library-2.11.8-javadoc.jar	2016-03-04 15:26	21970519
scala-library-2.11.8-javadoc.jar.asc	2016-03-04 15:26	473
scala-library-2.11.8-javadoc.jar.asc.md5	2016-03-04 15:26	32
scala-library-2.11.8-javadoc.jar.asc.sha1	2016-03-04 15:26	40
scala-library-2.11.8-javadoc.jar.md5	2016-03-04 15:26	32
scala-library-2.11.8-javadoc.jar.sha1	2016-03-04 15:26	40
scala-library-2.11.8-sources.jar	2016-03-04 15:26	911686
scala-library-2.11.8-sources.jar.asc	2016-03-04 15:26	473
scala-library-2.11.8-sources.jar.asc.md5	2016-03-04 15:26	32
scala-library-2.11.8-sources.jar.asc.sha1	2016-03-04 15:26	40
scala-library-2.11.8-sources.jar.md5	2016-03-04 15:26	32
scala-library-2.11.8-sources.jar.sha1	2016-03-04 15:26	40
scala-library-2.11.8.jar	2016-03-04 15:26	5744974
scala-library-2.11.8.jar.asc	2016-03-04 15:26	473
scala-library-2.11.8.jar.asc.md5	2016-03-04 15:26	32
scala-library-2.11.8.jar.asc.sha1	2016-03-04 15:26	40
scala-library-2.11.8.jar.md5	2016-03-04 15:26	32
scala-library-2.11.8.jar.sha1	2016-03-04 15:26	40
scala-library-2.11.8.pom	2016-03-04 15:26	1426
scala-library-2.11.8.pom.asc	2016-03-04 15:26	473
scala-library-2.11.8.pom.asc.md5	2016-03-04 15:26	32
scala-library-2.11.8.pom.asc.sha1	2016-03-04 15:26	40
scala-library-2.11.8.pom.md5	2016-03-04 15:26	32
scala-library-2.11.8.pom.sha1	2016-03-04 15:26	40

⑥ library(KoNLP) 명령어를 실행하면 "Checking user defined dictionary!"가 수행되며, useNIADic( ) 명
령어를 이용하여 한글 텍스트 마이닝을 위해 필요한 983,012개의 words를 설치한다. 주어진 문장에서 명사를
추출하기 위해 사용되는 extractNoun( ) 함수를 수행하여 기능을 확인한다.

```
> install.packages("C:/workr/KoNLP_0.80.2.tar.gz", repos = NULL, type = "source")
'C:/Users/Administrator/AppData/Local/R/win-library/4.2'의 위치에 패키지(들)을 설치합니다.
(왜냐하면 'lib'가 지정되지 않았기 때문입니다)
* installing *source* package 'KoNLP' ...
** package 'KoNLP' successfully unpacked and MD5 sums checked
** using staged installation
** R
** data
** inst
** byte-compile and prepare package for lazy loading
** help
*** installing help indices
** building package indices
** installing vignettes
** testing if installed package can be loaded from temporary location
Fail to install scala-library-2.11.8.jar. Recommand to install library manually in C:/Users/Administrator/AppData/Local/R/win-library/4.2/00LOCK-KON
LP/00new/KoNLP/java
** testing if installed package can be loaded from final location
Fail to install scala-library-2.11.8.jar. Recommand to install library manually in C:/Users/Administrator/AppData/Local/R/win-library/4.2/KoNLP/java
** testing if installed package keeps a record of temporary installation path
* DONE (KoNLP)
> library(KoNLP)
Checking user defined dictionary!

> useNIADic()
Backup was just finished!
Downloading package from url: https://github.com/haven-jeon/NIADic/releases/download/0.0.1/NIADic_0.0.1.tar.gz
These packages have more recent versions available.
It is recommended to update all of them.
which would you like to update?

 1: All
 2: CRAN packages only
 3: None
 4: pillar     (1.7.0   -> 1.8.0) [CRAN]
 5: stringi    (1.7.6   -> 1.7.8) [CRAN]
 6: htmltools  (0.5.2   -> 0.5.3) [CRAN]
 7: sass       (0.4.1   -> 0.4.2) [CRAN]
 8: tibble     (3.1.7   -> 3.1.8) [CRAN]
 9: bslib      (0.3.1   -> 0.4.0) [CRAN]
10: Rcpp       (1.0.8.3 -> 1.0.9) [CRAN]

Enter one or more numbers, or an empty line to skip updates: 1
```

```
* installing *source* package 'NIADic' ...
** using staged installation
** R
** inst
** byte-compile and prepare package for lazy loading
** help
*** installing help indices
** building package indices
** installing vignettes
** testing if installed package can be loaded from temporary location
** testing if installed package can be loaded from final location
** testing if installed package keeps a record of temporary installation path
* DONE (NIADic)
983012 words dictionary was built.

> extractNoun("빅데이터 분석기사 교재는 시대고시 기획에서 출간하는 교재가 적중률이 가장 높습니다.")
 [1] "빅데이터"   "분석"      "기사"      "교재"      "시대고"    "시"        "기획"      "출간"      "하"       "교재"      "적중률"
```

⑦ 한글 문서에 대한 텍스트 마이닝 분석을 설명하기 위해 윤보선 대통령의 연설문(C:\workr\p2_address.txt, www.pa.go.kr/research/contents/speech/index.jsp)을 이용한다.

제2공화국의 초대 대통령으로 영욕의 당선을 얻은 이제 나의 감격은 선서식을 거행하는 오늘에는 영광된 의무감과 무거운 책임감으로 변해졌습니다. 비록 엄숙해야 할 식전이기는 하나 감격과 책임감이 교차되는 이 순간에 있어 벅차오르는 소회의 일단을 간단히 말씀드리는 것을 허물치 마시기를 바라는 바입니다.

첫째, 나같이 부족하고 무능한 사람을 제2공화국의 대통령으로 뽑아주신 국회의원제위에게 송구하 면서도 감사하다는 말씀을 아울러 올리는 바입니다.

둘째, 내가 사랑하여 마지않는 국민제위에게 방금 정중하게 선서한 바와 같이 국민의 복리를 위해서 는 내 신명을 걸기로 했거니와 이제부터는 국민을 위한 정부라기보다도 진실로 국민의 정부이오니 현명하신 국민의 건설적인 비판과 적극적인 협조가 없이는 오늘의 난국을 타개할 도리가 없는가 합니다.

오늘날 정치의 책임이 행정부에게만 있는 것이 아니라 피치자인 국민에게도 분담되어 있다는 것을 재확인해 주기를 바라는 바입니다.

셋째, 앞으로 구성되는 정부는 적극적이고 강력한 정책 수행을 하여야만 하겠습니다. 그러기 위하여는 당파를 초월해서라도 먼저 적재적소의 인물본위로 내각의 자세를 갖추고 슬기로운 지혜와 향기로운 인화로서 혼연일체의 행정의 미를 거두어야겠습니다. 거룩한 4월혁명이 한 개 정당의 집권의 전리품이 아니요 대다수 국민의 민권탈환의 금자탑이요 빈곤해방의 기점이라 할진대 오고가는 집권보다도 하나도 둘도 그리고 셋도 있을 수 있고 얻을 수도 있는 정당이나 단체보다도 오직 하나밖에 다시 없는 국민과 영원히 존재해야 하는 국가를 위해서는 모두를 다 마치는 것이 젊은 학도들이 흘린 고귀한 피의 값을 보상하는 길인가 합니다.

4월혁명으로부터 정치적 자유의 유산을 물려받은 제2공화국정부는 이제는 국민이 잘 먹고 잘 살 수 있는 경제적 자유를 마련하지 않으면 안되겠습니다.

경제적 자유에 뿌리를 박지 않는 정치적 자유는 마치 꽃병에 꽂힌 꽃과 같이 곧 시들어지는 것입니다. 피를 무서워했던 독재는 정녕코 물러났기에 오늘 우리의 정치활동은 자유로왔습니다

그러나 독재에 따라다니던 경제부패는 아직도 그대로 남아있어 이 소탕작업은 그 여정이 요원하고 험준 한데다가 이제는 고갈될 대로 고갈된 나라 살림살이가 누란의 위기에 봉착하고 있습니다. 이 경제적 위기를 극복하지 못하는 날에는 한낱 내각의 수명만이 아니라 국가의 운명이 또한 여기 달려있다 하겠습니다. 정부의 시책은 경제제일주의로 나가야겠고 현명한 국민에게는 내핍과 절제, 그리고 창의와 노력이 요청되는 바입니다.행정부는 독재가 뿌리었던 반민주성과 부패독소를 조속히 제고하고 민주주의 원칙 밑에서 과감한 혁신행정을 수행해야 하겠습니다.

민주유산이 별로 없는 후진국인 우리나라에서는 지키는 것보다는 새로운 것을 만들어 내는 적극적이고 창의적인 행정을 하여 좋은 전통과 역사를 이룩하여야겠습니다. 그리고 정권의 잉여가치를 감소시켜 정권만능주의를 근절해야겠습니다.

다음에는 외교정책을 혁신해야겠습니다. 자유진영의 두통거리라는 낙인까지 찍힌 이정권 외교는 무정견, 무정책의 연속이었고 마침내 세계 우방으로부터 고아 취급을 받아왔던 것은 가슴아팠던 사실이었습니다. 지리적인 조건으로 말미암아 역사적으로 보아 항상 주변 강대국 사이의 세력 관계에 따라 국가 운명이 좌우되게 마련인 처지에다가 설상가상 격으로 국내 정치의 불안정으로 인하여 힘의 진공상태를 빚어낸 까닭에 대외관계에 있어서의 올바른 한국의 자태는 우리 자신을 위해서만이 아니라 동북아 국제평화에도 중대한 영향을 주었던 것을 새삼스럽게 말할 필요도 없거니와, 국민 경제에 집결되는 외교행정면에까지 이승만 전대통령의 개인적인 특징을 발휘하여 국가적 손실을 초래했을 뿐만 아니라 결국은 그 외교 정책을 합리화하고 국내의 불평불만을 외로 돌려 국내의 정치적 위기를 피하는 낡은 방법만 사용하였던 식민적 외교를 일언하였습니다.

외교란 원래 협상과 거래를 사명으로 하여 어디까지나 한 국가의 실질적 이익을 중심으로 타국과의 대립되는 이익을 평화적인 수단으로 하는 것이어야 합니다. 그것이 오늘날의 민주주의적인 외교라 하겠습니다. 우리는 새로운 외교정책과 새로운 체제를 갖추어 새로운 외교활동을 재개발하여야 하겠습니다. 이 외에도 드리고 싶은 말씀 너무도 많습니다.

오늘은 간단히 인사말씀으로 대신하겠습니다.

⑧ **데이터 전처리** : 추가적으로 문자열 처리 패키지("stringr"), 워드 클라우드 시각화 패키지("wordcloud"), 색상 지원 패키지("RColorBrewer")를 설치하고, 작업 영역을 지정[setwd("C:/workr")]한다.

```
> install.packages("stringr")
Error in install.packages : Updating loaded packages

Restarting R session...

> install.packages("stringr")
'C:/Users/Administrator/AppData/Local/R/win-library/4.2'의 위치에 패키지(들)을 설치합니다.
(왜냐하면 'lib'가 지정되지 않았기 때문입니다)
trying URL 'https://cran.rstudio.com/bin/windows/contrib/4.2/stringr_1.4.0.zip'
Content type 'application/zip' length 216178 bytes (211 KB)
downloaded 211 KB

패키지 'stringr'를 성공적으로 압축해제하였고 MD5 sums 이 확인되었습니다

다운로드된 바이너리 패키지들은 다음의 위치에 있습니다
        C:\Users\Public\Documents\ESTsoft\CreatorTemp\Rtmp0YhHc1\downloaded_packages
> library(stringr)
> install.packages("wordcloud")
'C:/Users/Administrator/AppData/Local/R/win-library/4.2'의 위치에 패키지(들)을 설치합니다.
(왜냐하면 'lib'가 지정되지 않았기 때문입니다)
trying URL 'https://cran.rstudio.com/bin/windows/contrib/4.2/wordcloud_2.6.zip'
Content type 'application/zip' length 438489 bytes (428 KB)
downloaded 428 KB

패키지 'wordcloud'를 성공적으로 압축해제하였고 MD5 sums 이 확인되었습니다

다운로드된 바이너리 패키지들은 다음의 위치에 있습니다
        C:\Users\Public\Documents\ESTsoft\CreatorTemp\Rtmp0YhHc1\downloaded_packages
> library(wordcloud)
필요한 패키지를 로딩중입니다: RColorBrewer
> install.packages("RColorBrewer")
Error in install.packages : Updating loaded packages

Restarting R session...

> install.packages("RColorBrewer")
'C:/Users/Administrator/AppData/Local/R/win-library/4.2'의 위치에 패키지(들)을 설치합니다.
(왜냐하면 'lib'가 지정되지 않았기 때문입니다)
trying URL 'https://cran.rstudio.com/bin/windows/contrib/4.2/RColorBrewer_1.1-3.zip'
Content type 'application/zip' length 55837 bytes (54 KB)
downloaded 54 KB

패키지 'RColorBrewer'를 성공적으로 압축해제하였고 MD5 sums 이 확인되었습니다

다운로드된 바이너리 패키지들은 다음의 위치에 있습니다
        C:\Users\Public\Documents\ESTsoft\CreatorTemp\RtmpqCjzSM\downloaded_packages
> library(RColorBrewer)
> setwd("C:/workr")
> getwd()
[1] "C:/workr"
```

㉠ 한글 인코딩(혹은 디코딩)을 위해 아래와 같은 명령어를 수행하고, readLines( )으로 데이터를 저장 (address)한 후, Null 값 제거 후 구두점을 제거하는 데이터 정제 작업을 수행한다.

```
> Sys.getlocale()
[1] "LC_COLLATE=Korean_Korea.949;LC_CTYPE=Korean_Korea.949;LC_MONETARY=Korean_Korea.949;LC_NUMERIC=C;LC_TIME=Korean_Korea.949"
> Sys.setlocale("LC_ALL", "C")
[1] "C"
> Sys.setlocale("LC_ALL", "Korean")
[1] "LC_COLLATE=Korean_Korea.949;LC_CTYPE=Korean_Korea.949;LC_MONETARY=Korean_Korea.949;LC_NUMERIC=C;LC_TIME=Korean_Korea.949"
Warning message:
In Sys.setlocale("LC_ALL", "Korean") :
  using locale code page other than 65001 ("UTF-8") may cause problems
> head(address)
[1] "제2공화국의 초대 대통령으로 당선을 얻은 이제 나의 감격은 선서식을 거행하는 오늘에는 영광된 의무감과 무거운 책임감으로 변하였습니다. 비록 엄숙해야 할 식전이기는 하나 감격과 책임감이 교차되는 이 순간에 있어 벅차오르는 소회의 일단을 간단히 말씀드리는 것을 허물치 마시기를 바라는 바입니다."
[2] ""
[3] "첫째, 나같이 부족하고 무능한 사람을 제2공화국의 대통령으로 뽑아주신 국회의원제위에게 송구스러운 면서도 감사하다는 말씀을 아울러 올리는 바입니다."
[4] ""
[5] "둘째, 내가 사랑하여 마지않는 국민제위에게 방금 정중하게 선서한 바와 같이 국민의 복리를 위하여 온 내 신명을 걸기로 맹세하나이 이제부터는 국민을 위한 정부라기보다도 진실로 국민의 정부이오니 현명하신 국민의 건설적인 비판과 적극적인 협조가 같이하는 오늘의 난국을 타개할 도리가 없다고 합니다."
[6] ""
> str(address)
 chr [1:23] "제2공화국의 초대 대통령으로 명예의 당선을 얻은 이제 나의 감격은 선서식을 거행하는 오늘에는 영광된 의무감과 무거"| __truncated__ "" ...
> summary(address)
   Length     Class      Mode
       23 character character
```

```
> address <- address[address != ""]
> head(address)
[1] "제2공화국의 초대 대통령으로 영욕의 당선을 얻은 이제 나의 감격은 선서식을 거행하는 오늘에서 명랑한 의무감과 무거운 책임감으로 변화했습니다. 비록 엄숙해야 할 식전이기는 하나 감격과 책임감이 교차되는 이 순간에 있어 백자오른은 소회의 일
단을 간단히 말씀드리는 것을 허락이 마시기를 바라는 바입니다."

[2] "첫째, 나길이 부족하고 무능한 사람을 제2공화국의 대통령으로 뽑아주신 국회의원제위에게 앙구하 면서도 감사하다는 말씀을 아울러 올리는 바입니다."

[3] "둘째, 내가 사랑하여 마지않는 국민제위에게 방공 정중하게 선서한 바와 같이 국민의 뿌리를 위하여 쓴 내 신명을 말기를 한거니와 이제부터는 국민을 위한 정부라기보다도 진실로 국민의 정부이오니 현명하신 국민의 건설적인 비판과 적극적인 협조가
없이는 오늘의 난국을 타개될 표리가 없는가 합니다."

[4] "오늘날 정치의 책임이 행정부에만 있는 것이 아니라 피치자인 국민에게도 분담되어 있다는 것을 재확인해 주기를 바라는 바입니다."

[5] "셋째, 앞으로 구성되는 정부는 적극적이고 강력한 정치 수행을 하여야만 하겠습니다. 그러기 위하여는 당파를 초월해서라도 먼저 적재적소의 인물본위로 내각의 자세를 갖추고 슬기로운 지혜와 향기로운 인화로서 통연일체의 행정의 미를 거두어야겠습
니다. 거룩한 4월혁명이 한 개 정당의 집권의 전리품이 아니요 대다수 국민의 민족탈환과 긍지탈의로 비근해탈의 기점이라 할진대 오고가는 집원보다도 하나둘 울도 그리고 셋도 올 수 있고 올 수도 있는 정당이나 단체보다도 오직 하나밖에 다시 없는
국민을 명원히 존재하여 쓰는 국가를 위하여서는 모두를 다 바치는 것이 의무한 우리 학도들이 불린 고귀한 피의 값을 보상하는 길인가 합니다."

[6] "4월혁명으로부터 정치적 자유와 유산을 물려받은 제2공화국정부는 이제는 국민이 잘 먹고 잘 살 수 있는 경제적 자유를 마련하지 않으면 안되겠습니다."

> address <- gsub("[[:punct:]]", "", address)
> head(address)
[1] "제2공화국의 초대 대통령으로 영욕의 당선을 얻은 이제 나의 감격은 선서식을 거행하는 오늘에서 명랑한 의무감과 무거운 책임감으로 변화했습니다 비록 엄숙해야 할 식전이기는 하나 감격과 책임감이 교차되는 이 순간에 있어 백자오른은 소회의 일
단을 간단히 말씀드리는 것을 허락이 마시기를 바라는 바입니다"

[2] "첫째 나길이 부족하고 무능한 사람을 제2공화국의 대통령으로 뽑아주신 국회의원제위에게 앙구하 면서도 감사하다는 말씀을 아울러 올리는 바입니다"

[3] "둘째 내가 사랑하여 마지않는 국민제위에게 방공 정중하게 선서한 바와 같이 국민의 뿌리를 위하여 쓴 내 신명을 말기를 한거니와 이제부터는 국민을 위한 정부라기보다도 진실로 국민의 정부이오니 현명하신 국민의 건설적인 비판과 적극적인 협조가
없이는 오늘의 난국을 타개될 표리가 없는가 합니다"

[4] "오늘날 정치의 책임이 행정부에만 있는 것이 아니라 피치자인 국민에게도 분담되어 있다는 것을 재확인해 주기를 바라는 바입니다"

[5] "셋째 앞으로 구성되는 정부는 적극적이고 강력한 정치 수행을 하여야만 하겠습니다 그러기 위하여는 당파를 초월해서라도 먼저 적재적소의 인물본위로 내각의 자세를 갖추고 슬기로운 지혜와 향기로운 인화로서 통연일체의 행정의 미를 거두어야겠습
니다 거룩한 4월혁명이 한 개 정당의 집권의 전리품이 아니요 대다수 국민의 민족탈환과 긍지탈의로 비근해탈의 기점이라 할진대 오고가는 집원보다도 하나둘 울도 그리고 셋도 올 수 있고 올 수도 있는 정당이나 단체보다도 오직 하나밖에 다시 없는
국민을 명원히 존재하여 쓰는 국가를 위하여서는 모두를 다 바치는 것이 의무한 우리 학도들이 불린 고귀한 피의 값을 보상하는 길인가 합니다"

[6] "4월혁명으로부터 정치적 자유와 유산을 물려받은 제2공화국정부는 이제는 국민이 잘 먹고 잘 살 수 있는 경제적 자유를 마련하지 않으면 안되겠습니다"
```

ⓒ sapply( ) 함수(적용대상 함수인 extractNoun을 한 번에 처리)를 수행하여 명사를 추출하고 addNouns에 저장한다.

```
> addNouns <- sapply(address, extractNoun, USE.NAMES=F)
> head(addNouns)
[[1]]
 [1] "제2공화국"   "초대"       "대통령"     "영욕"       "당선"       "나"         "감격"       "선서식"     "거행"       "하"         "오늘"
[12] "명랑"       "의무감"     "책임감"     "엄숙"       "식전"       "하나"       "감격"       "책임감"     "교차"       "되"         "순간"
[23] "백자오른은" "소회"       "일"         "단"         "것"         "치"         "바"

[[2]]
 [1] "첫째"       "나"         "부족"       "무능한"     "사람"       "제2공화국"  "대통령"     "국회의원"   "제위"       "앙구"       "하"         "면"
[13] "말씀"       "바"

[[3]]
 [1] "둘째"       "나"         "사랑"       "국민"       "제위"       "정중"       "선서"       "한"         "바"         "국민"       "뿌리"       "내"         "신명"       "국민"       "정부"       "진실"
[17] "국민"       "정부"       "이오"       "현명"       "하신"       "국민"       "건설적"     "비판"       "적극"       "적"         "협조"       "오늘"       "난국"       "타개"       "될"         "도리"

[[4]]
 [1] "오늘"       "날"         "정치"       "책임"       "행정부"     "것"         "피치자"     "국민"       "분담"       "되"         "것"         "재확인"     "해"         "바"

[[5]]
 [1] "셋째"       "앞"         "구성"       "되"         "정부"       "적극"       "적"         "강력"       "한"         "정책"       "수행"       "당파"
[13] "초월"       "해서"       "적재적소"   "인물본위"   "내각"       "자세"       "슬기"       "로운"       "지혜"       "향기"       "로운"       "인화"
[25] "통연일체"   "행정"       "미"         "것"         "한"         "이오"       "4월혁명이"  "한"         "개"         "정당"       "집권"       "전리품"     "대다수"
[37] "국민"       "민족"       "탈환"       "긍지탈"     "이오"       "비근"       "해탈"       "기점"       "할진대"     "국가"       "하나"       "것"         "학도"
[49] "쓰"         "수"         "수"         "정당"       "단체"       "하나"       "국민"       "명재"       "국가"       "모두"       "것"         "학도"
[61] "불이"       "고귀"       "한"         "피"         "값"         "보상"       "하"         "길"

[[6]]
 [1] "4월혁명으로부터" "정치"       "적"         "자유"       "유산"       "제2공화국"  "정부"       "국민"
 [9] "잘"         "수"         "경제"       "적"         "자유"       "마련"       "하지"       "안되겠습니"

> str(addNouns)
List of 12
 $ : chr [1:30] "제2공화국" "초대" "대통령" "영욕" ...
 $ : chr [1:14] "첫째" "나" "부족" "무능한" ...
 $ : chr [1:32] "둘째" "나" "사랑" "국민" ...
 $ : chr [1:14] "오늘" "날" "정치" "책임" ...
 $ : chr [1:68] "셋째" "앞" "구성" "되" ...
 $ : chr [1:16] "4월혁명으로부터" "정치" "적" "자유" ...
 $ : chr [1:17] "경제" "적" "자유" "뿌리" ...
 $ : chr [1:56] "독재" "경제" "부패" "소탕" ...
 $ : chr [1:20] "민주" "유산" "후진국" "우리나라" ...
 $ : chr [1:94] "다음" "외교정책" "혁신" "자유" ...
 $ : chr [1:32] "외교" "협상" "거래" "사" ...
 $ : chr [1:4] "오늘" "인사" "말씀" "대신하겠습니"
>
> summary(addNouns)
      Length Class  Mode
 [1,] 30     -none- character
 [2,] 14     -none- character
 [3,] 32     -none- character
 [4,] 14     -none- character
 [5,] 68     -none- character
 [6,] 16     -none- character
 [7,] 17     -none- character
 [8,] 56     -none- character
 [9,] 20     -none- character
[10,] 94     -none- character
[11,] 32     -none- character
[12,]  4     -none- character
```

ⓒ 단어들만 별도로 저장하기 위해 unlist( ) 함수를 이용하고, 이를 addNounsList에 저장한다. 수행 결과로부터 총 397개의 명사가 연설문에서 추출되었음을 확인한다.

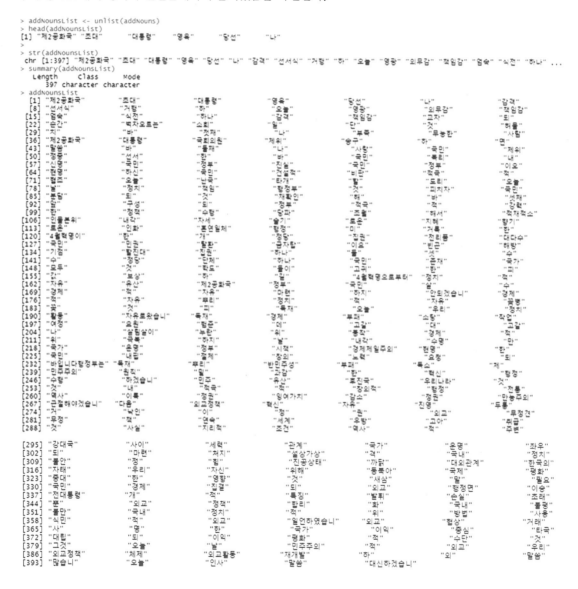

㉣ 불용어 단어를 제거하기 위해 stopword 변수를 이용한다. 본 예제에서는 추출된 명사에서 별도의 불용어를 제거하지 않으며, 만약 불용어를 제거하고자 한다면, stopword 변수에 등록[stopword<－c("저는", "우리는", "그리고", "그러나")]하여 사용한다. 2단어 이상의 명사들만 활용하기 위하여 Filter( ) 함수를 이용하여 최종적으로 2글자 이상의 단어들을 addLastData(총 297개)에 등록한다.

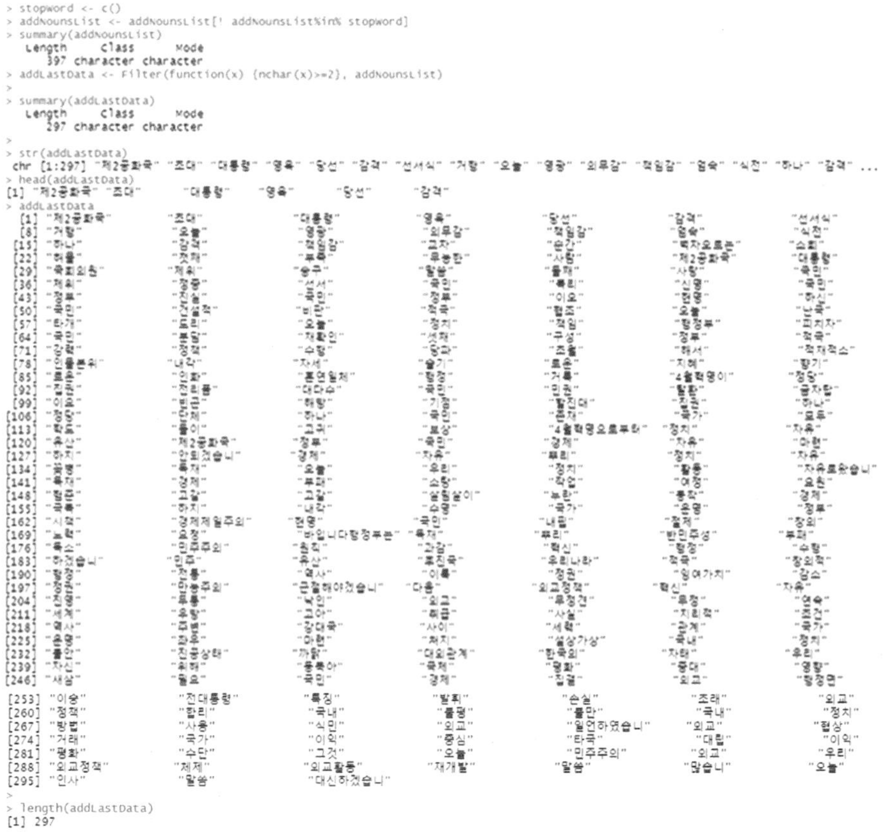

```
> stopword <- c()
> addNounsList <- addNounsList[! addNounsList%in% stopword]
> summary(addNounsList)
   Length    Class     Mode
      397 character character
> addLastData <- Filter(function(x) (nchar(x)>=2), addNounsList)
>
> summary(addLastData)
   Length    Class     Mode
      297 character character
>
> str(addLastData)
 chr [1:297] "제2공화국" "초대" "대통령" "영웅" "당선" "감격" "선서식" "거창" "오늘" "영광" "외무감" "책임감" "엄숙" "식전" "하나" "감격" ...
> head(addLastData)
[1] "제2공화국" "초대"      "대통령"    "영웅"      "당선"      "감격"
> addLastData
```

(단어 목록 출력 - 일부 생략)

```
> length(addLastData)
[1] 297
```

⑨ 데이터 분석 : addLastData에 저장된 2단어 이상 단어들의 목록을 이용하여 데이터를 분석한다. 빈도 분석을 위해 "descr" 패키지를 이용하고 freq( ) 함수로 빈도 분석 결과를 그래프로 확인한다.

```
> install.packages("descr")
'C:/Users/Administrator/AppData/Local/R/win-library/4.2'의 위치에 패키지(들)을 설치합니다.
(왜냐하면 'lib'가 지정되지 않았기 때문입니다)
trying URL 'https://cran.rstudio.com/bin/windows/contrib/4.2/descr_1.1.5.zip'
Content type 'application/zip' length 174285 bytes (170 KB)
downloaded 170 KB

패키지 'descr'를 성공적으로 압축해제하였고 MD5 sums 이 확인되었습니다

다운로드된 바이너리 패키지들은 다음의 위치에 있습니다
        C:\Users\Public\Documents\ESTsoft\CreatorTemp\Rtmp0SAkeo\downloaded_packages
> library(descr)
>
> freq <- freq(addLastData, plot=TRUE)
```

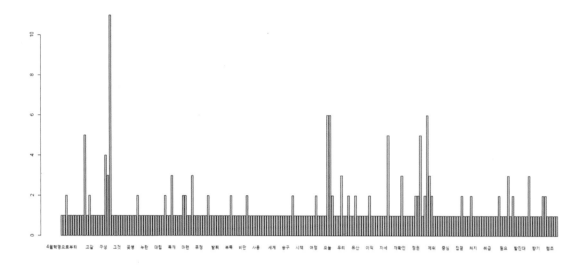

㉠ freq를 데이터 프레임으로 변환·저장(freq_data) 후, 단어 빈도 수(freq_data$Frequency) 기준으로 내림차순 정렬하여 빈도 수가 높은 단어 순서대로 확인한다. 총 297개의 명사들 중 "국민"이라는 단어가 11번 (전체 단어의 3.7%), "오늘"과 "외교"가 각각 6번(2%) 언급된다.

```
> freq_data <- data.frame(freq)
> head(freq_data)
             Frequency   Percent
4월혁명으로부터       1 0.3367003
4월혁명이            1 0.3367003
감격               2 0.6734007
감소               1 0.3367003
강대국             1 0.3367003
강력               1 0.3367003
> freq_data <- freq_data[order(freq_data$Frequency, decreasing=TRUE),]
> head(freq_data)
         Frequency   Percent
Total          297 100.000000
국민             11   3.703704
오늘              6   2.020202
외교              6   2.020202
정치              6   2.020202
경제              5   1.683502
> summary(freq_data)
    Frequency          Percent
 Min.   :  1.000   Min.   :  0.3367
 1st Qu.:  1.000   1st Qu.:  0.3367
 Median :  1.000   Median :  0.3367
 Mean   :  2.737   Mean   :  0.9217
 3rd Qu.:  1.000   3rd Qu.:  0.3367
 Max.   :297.000   Max.   :100.0000
```

```
> freq_data
             Frequency    Percent
Total              297 100.0000000
국민                11   3.7037037
오늘                 6   2.0202020
외교                 6   2.0202020
정치                 6   2.0202020
경제                 5   1.6835017
정부                 5   1.6835017
국가                 4   1.3468013
복지                 3   1.0101010
국무총리              3   1.0101010
형평리                3   1.0101010
적국                 3   1.0101010
제2공화국             3   1.0101010
하나                 3   1.0101010
항입의규정              3   1.0101010
고맙습니다             2   0.6734007
내일                 2   0.6734007
대통령               2   0.6734007
동일체규정              2   0.6734007
따름주의              2   0.6734007
부조리               2   0.6734007
수출입               2   0.6734007
역사정책              2   0.6734007
외교정책              2   0.6734007
이념               2   0.6734007
재정               2   0.6734007
지방정국             2   0.6734007
황이정의             2   0.6734007
감격               2   0.6734007
광우창조지역감         2   0.6734007
혁신정책             2   0.6734007
4월혁명으로부터         1   0.3367003
4월혁명이            1   0.3367003
감소                1   0.3367003
강대국              1   0.3367003
거래한률             1   0.3367003
거래적              1   0.3367003
경제재밀무회          1   0.3367003
다수               1   0.3367003
```

ⓛ 워드 클라우드 시각화를 위해 table( ) 함수로 주제어(명사) 빈도 수를 Listwordcount에 저장한다.

```
> Listwordcount <- table(addLastData)
> str(Listwordcount)
 'table' int [1:216(1d)] 1 1 2 1 1 1 1 1 1 1 ...
 - attr(*, "dimnames")=List of 1
 ..$ addLastData: chr [1:216] "4월혁명으로부터" "4월혁명이" "감격" "감소" ...
> summary(Listwordcount)
Number of cases in table: 297
Number of factors: 1
> head(Listwordcount)
addLastData
4월혁명으로부터        4월혁명이            감격            감소          강대국            강력
         1               1              2             1              1              1
```

```
> Listwordcount
addLastData
4월혁명으로부터    4월혁명이       감격     2   감소     1   강대국     1   강력     1   거래     1
        1
자룸     1   거탕     1   건설적   1   경제     1   경제제일주의 1 고갈  1   고귀   1
고아     1   과감     1   관계     1   교자     5   구성     1   국가     4   국내   3
국민    11   국제     1   국회의원 1   그것     1   국추     1   근절해야겠습니 1 금자탑 1
기름     1   까닭     1   꿈병     1   낙인     1   난국     1   내각     1   내립   1
노력     1   누란     1   다룸     1   당선     1   당파     1   대수     1   대다수 1
대림     1   대신하겠습니 1 대외관계 1   대통령   2   도리     1   독소     1   독재   1
동북아   1   두통     1   등재     1   풀이     2   토론     1   마련     1   만능주의 1
않습니   1   많음     1   민주주의 바입니다당정부는 1 반민주성 1 무장     1   무정견   1   인천   1
민족     1                 번창     1                발휘     1   방법     1   벽차오르는 1
보상     1   뿌리     1   비단     1   부류     1   부재     2   분담     1   불안   1
불안     1   불평     1   비단     1   빈곤     1   푸리     1   사람     1   사랑   1
사실     1   사용     1   사이     1   살림살이 1   새삼     1   선서     1   선서식 1
설상가상   1 세계     1   세척     1   셋째     1   소망     1   소회     1   손실   1
숭구     1   수단     1   수명     1   수탕     1   순간     1   슬기     1   시작   1
식민     1   식전     1   신명     1   안되겠습니 1 엄숙     1   여정     1   역사   1
연속     1   영장     1   영육     1   영향     1   요율     6   외교     1   외교정책 1
외교통상 1   요천     1   요청     1   우리     1   우리나라 1   우방     6   운영   1
원칙     1   위해     1   유산     1   외무감   3   이룸     1   이상     1   이요   1
이요     1   이익     1   인물본위 1   인사     1   인화     1   일언하였습니 1 잉여가치 1
자세     1   자신     1   자유     1   자유로왔습니 1 자태     1   작업     1   재개발 1
재확인   1   적극     1   적재적소 1   전대통령 1   전리품   1   전통     6   절제   1
정관     1   정당     1   정부     5   정중     1   정책     1   정치     1   제2공화국 1
체워     1   조건     1   존재     1   좌우     1   주변     1   중대     6   중심   1
치최적   1   지혜     1   진공상태 1   진실     1   진영     1   집결     1   집권   1
```

ⓒ 테이블 형태로 변환된 (단어, 빈도 수) 데이터(Listwordcount)를 이용하여 워드 클라우드 시각화 (wordcloud( ) 함수 이용)를 수행한다. 수행 명령어를 요약하면 다음과 같다. 워드 클라우드 시각화 결과를 통해 연설문에서 빈도 수가 높은 수의 단어를 중앙에 배치하고 큰 글씨로 표시하여 사람들이 직관적으로 주제어를 인지할 수 있도록 도움을 준다.

- names(Listwordcount) : Listwordcount 파일에 저장된 단어(문자) 이름 출력
- freq＝Listwordcount : Listwordcount 파일에 저장된 단어(문자)의 빈도 수 적용
- scale＝c(5, 0.2) : c(최대빈도, 최소빈도)의 폰트 크기 지정
- rot.per＝0.1 : 90도 회전해서 보여줄 단어의 비율(10%) 지정
- min.freq＝1, max.words＝100 : 빈도 수가 1 이상, 100 미만으로 지정
- random.order＝F : F(False)이면 최대빈도 단어를 중앙에 배치, T(True)이면 랜덤 배치
- random.color＝T : T(True)이면 색상 랜덤하게 지정, F(False)이면 빈도순으로 지정
- colors＝brewer.pal(11, "Paired") : 사용 색상 개수(11개), 색상 타입(Paired) 이름 지정

```
> wordcloud(names(Listwordcount), freq=Listwordcount, scale=c(5,0.2), rot.per=0.1, min.freq=1, max.words=100,
+ random.order = F,
+ random.color = T,
+ colors = brewer.pal(11, "Paired"))
```

(8) 네이버 영화 사이트(movie.naver.com/movie/point/af/list.naver)에서 한글로 기록된 영화 후기 자료를 이용한 감성 분석(영화에 대한 "긍정" 혹은 "부정" 의견 분석) 결과는 다음과 같다. 영화는 "Mission Impossible: Fallout (2018년 상영)"의 후기 자료("C:/workr/all.reviews.txt")를 이용한다. 그리고 텍스트 마이닝에서 사용되었던 패키지("KoNLP", "descr")를 이용한다.

```
all.reviews - Windows 메모장
파일(F) 편집(E) 서식(O) 보기(V) 도움말(H)
공감누르면 7편때 애인이랑 볼수잇음
톰 크루즈가 30년째 톱스타인 이유
탐 크루즈가 고생하는거보니 막판엔 눈물 나올라했음. 영화비 8천원에 이렇게 보는게 미안할정도. 나 나이 먹는거보다 탐 크루즈가 나이먹는게
인랑 따위랑 비교가안돼
시사회에서 봤는데 난 이즘되면 톰 크루즈의 한계는 진짜 어디까진지 궁금하다.
야 니들 이런 힐리웃대작과 한국영화가 같은 관람료인게 정상이라고 생각하나? 한국영화는 그냥 4000원이 적당하다.
박평식형님이 7점줬다 믿고보자
미션임파서블 앞 시리즈 하나도 안봤는데 이해할수있나요? ㅠㅠ 보는걸추천하면 공감, 앞 시리즈 모르면 반대 비공감 해주세요.. ㅠㅠ
관람객헬기 조정도 직접하고 초반에 프랑스 상공 위에서 떨어지는 장면도 직접 했다네요. 대스타 이름값 합니다. 영화룰 보시면 탐크루즈가 존
아니 도대체 이 형님은 못하는게 뭐야~ 암벽등반은 기본이고 하다하다 헬기조종씬까지ㅋ 시원시원하이 최고였음~ 만수무강하시고 칠순까지 ㄷ
이영화가 인랑보다 관객이 적으면 말이되나
CG가 판치는 영화계에 이 얼마나 신선한 아날로그적인 액션인가.늙어가는 톰 크루즈 보다 임파서블 시리즈를 못 할까봐 걱정이 된다.
시사회로 봤다. 무더위에 시원시원한 액션보고 싶으면 최고라고 생각한다.
이 시리즈에서 만큼은 영화가 감독의 예술이 아니다.
시리즈의 최고작이다.
최고의 액션, 노 스턴트, 시원하고 짜릿하다. 월타 gv로 봤고 강추합니다
역시 이 영화는 끝날때까지 끝난게 아니죠.
음악만으로도 설렌다..빰빰 빰빠 빰빠 빰빰빠~~~~♡♡♡♡
형... 미안한데 7편도 내줘야겠어요
관람객올해 본 영화중 최고네요
방금보고나왔는데 아 대박 진짜 역대급 말이 안나온다 이건 극장에서 안보면 미친거다
헨리형 dc에서 애먹다가 이쪽에서오니 보기좋네♡
관람객역시 톰크루즈다.말해서 뭐하나...
```

① 작업영역을 지정하고 영화 후기 문서를 review에 저장한다. 문서에서 (명사, 형용사)를 추출하기 위하여 ko.words 함수를 정의한다.

  ㉠ SimplePos09( ) : KoNLP 패키지에서는 명사뿐만 아니라 형용사도 포함하여 단어를 추출한다.

  ㉡ SimplePos09( )는 문장의 형태소들을 9가지의 품사로 구분해 태그를 달아주는 함수이며, 형태소들을 구분하여 좀 더 세부적인 품사로 태그를 달아준다.

  ㉢ str_match( ) 함수를 이용하여 추출된 형태소에서 한글 명사 및 용언을 추출하고 용언에 "다"를 첨부한다.

  ㉣ gsub( ) 함수를 이용하여 단어의 공백을 삭제한다.

```r
> setwd("C:/workr")
> options("width"=500)
> review <- readLines("all.reviews.txt")
> head(review)
[1] "공감누르면 7편때 애인이랑 볼수잇음"
    "톰 크루즈가 30년째 톱스타인 이유"

[3] "탐 크루즈가 고생하는거보니 막판엔 눈물 나올라했음. 영화비 8천원에 이렇게 보는게 미안할정도. 나 나이 먹는거보다 탐 크루즈가 나이먹는게 아 실음. 미션임파서블 오해요해 보고싶어하는. 본명 미션 흘러버렸가 아쉬며도 님..." "인랑 따위랑 비교가안돼"

[5] "시사회에서 봤는데 난 이즘되면 톰 크루즈의 한계는 진짜 어디까진지 궁금하다."
"야 니들 이런 힐리웃대작과 한국영화가 같은 관람료인게 정상이라고 생각하나? 한국영화는 그냥 4000원이 적당하다."

> ko.words <- function(doc) {
+ d <- as.character(doc)
+ pos <- paste(SimplePos09(d))
+ extracted <- str_match(pos, '([가-힣]+)/[NP]')
+ extracted[,2] <- ifelse(str_detect(extracted[,1], "/P"), paste(extracted[,2], '다'),
+ paste(extracted[,2]))
+ extracted[,2] <- gsub(" ", "", extracted[,2])
+ keyword <- extracted[,2]
+ keyword[!is.na(keyword)]
+ }
>
> reviewTermList <- sapply(review, ko.words, USE.NAMES=F)
> head(reviewTermList)
[[1]]
[1] "공감누르면" "편"        "애인"      "볼수잇"    "음"

[[2]]
[1] "톰"    "크루즈" "년"    "톱스타" "유"

[[3]]
 [1] "타다"          "크루즈"        "고생하는거보니" "막판"        "눈물"      "나올라했음"    "영화비"      "천원"
 [9] "이렇다"        "보다"          "미안할정도"    "나"          "나"        "먹는거보다"    "타다"        "크루즈"
[17] "나이먹는게"    "싫다"          "미션임파서블"  "보다"        "미션"      "클리어할거"    "알다"        "심"

[[4]]
[1] "인"    "따위"    "비교가안" "되다"

[[5]]
[1] "시사회"  "보다"      "나다"      "이즘되"    "톰"      "크루즈"      "한계"      "진짜"      "어디까진지" "궁금"

[[6]]
 [1] "들"      "힐리웃대작과" "한국영화"  "같다"      "관람료"    "정상"      "생각"      "한국영화"    "원"
[10] "적당"
```

② unlist( )로 추출 단어들을 reviewTerm에 저장한다. 빈도 수를 그래프로 확인하기 위해 freq( ) 함수를 이용하고 plot＝TRUE 옵션으로 단어의 빈도 수를 확인한다.

```
> reviewTerm <- unlist(reviewTermList)
> freq <- freq(reviewTerm, plot=TRUE)
```

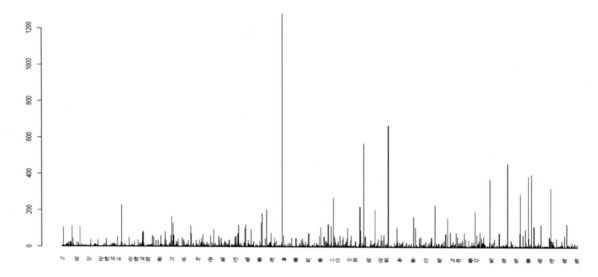

③ 추출 단어는 총 31,173개이다. stopword 변수를 이용하여 영화 후기에서의 불용어(혹은 부적절한 표현의 단어 등)를 정의하고 이를 제거하여 총 27,550개의 단어를 reviewTerm에 저장한다.

```
> head(reviewTerm)
[1] "공감누르면" "편"        "애인"      "볼수잇"     "옴"        "톰"
> summary(reviewTerm)
   Length    Class     Mode
   31173 character character
> length(reviewTerm)
[1] 31173

> stopword <- c('영화', '톰', '크루즈', '시리즈', '톰크루즈', '하다', '보다')
> reviewTerm <- reviewTerm[! reviewTerm%in% stopword]
> head(reviewTerm)
[1] "공감누르면" "편"        "애인"      "볼수잇"     "옴"        "년"
> summary(reviewTerm)
   Length    Class     Mode
   27550 character character
> length(reviewTerm)
[1] 27550
```

④ 불용어 제거 후, 단어의 빈도 수를 확인하면 다음과 같다. 빈도 수 기준으로 내림차순 정렬 후, 정렬된 데이터를 확인할 수 있으며, "액션"의 빈도 수가 571번으로 가장 많고 그 다음으로 "최고", "진짜", "있다", "관람객역시"의 순서이다.

```
> freq <- freq(reviewTerm, plot=TRUE)
```

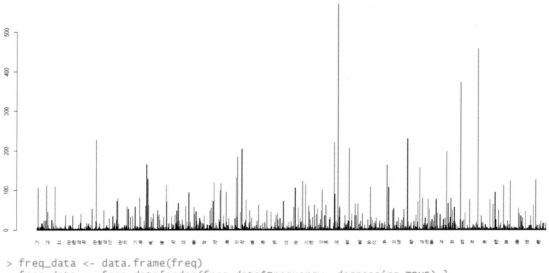

```
> freq_data <- data.frame(freq)
> freq_data <- freq_data[order(freq_data$Frequency, decreasing=TRUE),]
> head(freq_data)
            Frequency      Percent
Total          27550  100.0000000
액션              571    2.0725953
최고              458    1.6624319
진짜              373    1.3539020
있다              230    0.8348457
관람객역시          228    0.8275862
>
> rownum <- length(rownames(freq_data))
> rownum
[1] 7445
>
> summary(freq_data)
   Frequency              Percent
 Min.   :    1.000   Min.   :  0.00363
 1st Qu.:    1.000   1st Qu.:  0.00363
 Median :    1.000   Median :  0.00363
 Mean   :    7.401   Mean   :  0.02686
 3rd Qu.:    2.000   3rd Qu.:  0.00726
 Max.   :27550.000   Max.   :100.00000
>
> str(freq_data)
'data.frame':   7445 obs. of  2 variables:
 $ Frequency: num  27550 571 458 373 230 ...
 $ Percent  : num  100 2.073 1.662 1.354 0.835 ...
```

⑤ 감성사전을 구축하기 위하여 작성된 단어 빈도표에 pos_neg 열을 추가하고 "word.csv" 파일로 저장 후, 각각의 추출 단어에 대한 긍정(P), 부정(N)을 입력하여 저장하고 이를 감성사전으로 이용한다.

```
> word_table <- freq_data
> head(word_table)
              Frequency      Percent
Total             27550  100.0000000
액션                 571    2.0725953
최고                 458    1.6624319
진짜                 373    1.3539020
있다                 230    0.8348457
관람객역시            228    0.8275862
>
> word_table$pos_neg <- ""
> write.csv(word_table, "word.csc", fileEncoding="EUC-KR")
```

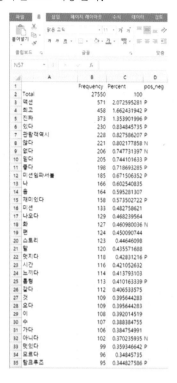

⑥ 감성사전으로 긍정(posword) 및 부정(negword) 단어를 구분한다. 감성사전 자료와 텍스트의 문서를 서로 비교하여 긍정적 감성점수(pos_count)와 부정적 감성점수(neg_count)를 구한다.

```
> word_dic <- read.csv("word.csv", header=T, fileEncoding="EUC-KR")
> head(word_dic)
           X Frequency       Percent pos_neg
1      Total     27550  100.0000000
2       액션       571    2.0725953       P
3       최고       458    1.6624319       P
4       진짜       373    1.3539020       P
5       있다       230    0.8348457       P
6  관람객역시       228    0.8275862       P
>
> posword <- as.vector(t(subset(word_dic, pos_neg == "P")[1]))
> head(posword)
[1] "액션"        "최고"         "진짜"        "있다"         "관람객역시"  "믿다"
>
> negword <- as.vector(t(subset(word_dic, pos_neg == "N")[1]))
> head(negword)
[1] "않다"   "없다"   "화"      "아니다" "늙다"    "실망"
```

```
> pos_count <- c()
> neg_count <- c()
>
> for (i in 1:rownum) {
+ if (rownames(freq_data)[i] %in% posword == TRUE)
+ pos_count[i] <- freq_data$Frequency[i]
+ else if (rownames(freq_data)[i] %in% negword == TRUE)
+ neg_count[i] <- freq_data$Frequency[i]
+ }
>
> pos_count <- sum(pos_count[!is.na(pos_count)])
> neg_count <- sum(neg_count[!is.na(neg_count)])
>
> pos_count
[1] 3926
>
> neg_count
[1] 1026
```

⑦ pie( ) 함수로 파이차트를 작성하여, 영화에 대한 긍정적 감성 79%, 부정적 의견 21%임을 확인한다.

```
> data <- c(pos_count, neg_count)
> ratio <- round(data/sum(data)*100)
> Label <- c("Positive(긍정)", "Negative(부정)")
> lbls <- paste(Label, ratio, "%", sep=" ")
> pie(data, labels=lbls, main="Mission Impossible(Fallout): Sentimental Analysis")
```

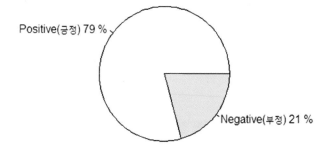

Mission Impossible(Fallout): Sentimental Analysis

연습문제

01 Joseph Conrad에 의해 작성된 Heart of Darkness의 일부 내용(heartofdarkness.txt)을 이용하여 텍스트 마이닝 분석 결과를 시각화하여 나타내시오. 텍스트는 관련 사이트(www.gutenberg.org/files/219/219-h/219-h.htm)에서 다운로드한다.

(1) 필요한 패키지를 설치하고, 텍스트 데이터에 대한 전처리 과정을 수행하시오(단, 데이터 전처리는 아래와 같은 과정으로 수행한다).

    1) 1개 라인으로 구성(paste( ))

    2) 소문자로 변경(tolower( ))

    3) 불용어 삭제 처리(removeWords( ))

    4) 불필요한 공백 삭제(stripWhitespace( ))

    5) 리스트 자료구조를 벡터(문자열)로 변경(unlist( ))

(2) wordcloud( ) 함수를 이용하여 문자 데이터 언급횟수에 비례한 시각화 결과를 나타내시오(단, 언급횟수가 5 이상인 경우를 지정한다).

```
> setwd("C:/workr")
> text <- readLines("heartofdarkness.txt")
> print(text)
 [1] "The Nellie, a cruising yawl, swung to her anchor without a flutter of the sails, and was at rest."
 [2] "In the offing the sea and the sky were welded together without a joint, and"
 [3] "in the luminous space the tanned sails of the barges drifting up"
 [4] "with the tide seemed to stand still in red clusters of canvas sharply peaked, with gleams of varnished sprits."
 [5] "A haze rested on the low shores that ran out to sea in vanishing flatness."
 [6] "We four affectionately watched his back as he stood in the bows looking to seaward."
 [7] "On the whole river there was nothing that looked half so nautical. He resembled a pilot,"
 [8] "which to a seaman is trustworthiness personified."
 [9] "It was difficult to realize his work was not out there in the luminous estuary, but behind him, within the brooding gloom."
[10] "Between us there was, as I have already said somewhere, the bond of the sea."
> summary(text)
   Length     Class      Mode
       10 character character
> str(text)
 chr [1:10] "The Nellie, a cruising yawl, swung to her anchor without a flutter of the sails, and was at rest." "In the offing the sea and the sky were welded together without a joint, and" ...
> class(text)
[1] "character"
```

(1) 자연어 처리를 위한 패키지("tm", "stringr", "wordcloud", "NLP", "RColorBrewer", "sp")를 이용한다. paste( ), tolower( ), removeWords( ), stripWhitespace( ), str_split( )을 이용하여 전처리 작업을 수행하고 unlist( )로 자료 구조를 변환한다.

```
> text <- paste(text, collapse="")
> text <- tolower(text)
> text
[1] "the nellie, a cruising yawl, swung to her anchor without a flutter of the sails, and was at rest.in the offing the sea and the sky were welded together without a joint, andin the luminous space the tanned sails of the barge?
> text <- removeWords(text, stopwords())
> text
[1] " nellie,  cruising yawl,  swung   anchor without  flutter   sails,    rest.  offing  sea   sky  welded together without  joint, andin  luminous  space  tanned sails   barges drifting upwith  tide seemed  stand  still  red clus?
> text <- stripWhitespace(text)
> text
[1] " nellie, cruising yawl, swung anchor without flutter sails, rest. offing sea sky welded together without joint, andin luminous space tanned sails barges drifting upwith tide seemed stand still red clusters canvas sharply pe?
> text <- str_split(text, pattern="/s+")
> text
[[1]]
[1] " nellie, cruising yawl, swung anchor without flutter sails, rest. offing sea sky welded together without joint, andin luminous space tanned sails barges drifting upwith tide seemed stand still red clusters canvas sharply pe?

> class(text)
[1] "list"
> text <- unlist(text)
> class(text)
[1] "character"
>
> str(text)
chr " nellie, cruising yawl, swung anchor without flutter sails, rest. offing sea sky welded together without joint," __truncated__
> summary(text)
   Length     Class      Mode
        1 character character
```

(2) wordcloud( ) 함수를 이용하여 언급 회수가 5 이상(min.freq=5)인 워드 클라우드 시각화 결과를 나타낸다. rainbow( ) 옵션을 이용하여 서로 다른 색상을 지정하여 나타낼 수도 있다.

```
> wordcloud(text, min.freq=5)
```

```
> wordcloud(text, min.freq=5, random.order=FALSE, scale=c(3, 0.5), color=rainbow(3))
```

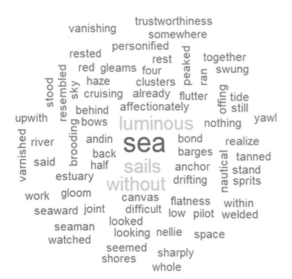

02   이승만 대통령 취임사(www.pa.go.kr/research/contents/speech/index.jsp)를 이용(leeaddress.txt)한
     텍스트 마이닝 분석 결과를 워드 클라우드 시각화로 나타내시오.

(1) 텍스트 데이터 정제 작업(데이터 내 Null 원소 제거)을 수행하고 결과를 출력하시오.

(2) 명사 단어들만 추출하고 unlist( ) 함수를 이용하여 단어들을 저장하고 2단어 이상의 단어만 필터링(Filter( ) 함수)
    하고 저장된 단어의 수를 출력하시오.

(3) 추출된 단어들에 대한 빈도표를 그림으로 나타내시오.

(4) 테이블 형태의 자료로 변환하여 저장하고 wordcloud( ) 함수를 이용하여 워드 클라우드 시각화 결과를 출력하시오.

대통령 취임사(大統領就任辭)

연설일자	1948.07.24	대통령	이승만	연설장소	국내
유형	취임사	출처	『대통령이승만박사담화집』, 공보처, 1953	원문보기 +	

여러 번 죽었던 이 몸이 하나님의 은혜와 동포의 애호(愛護)로 지금까지 살아오다가 오늘에 이와 같이 영광스러운 추대(推戴)를 받은 나로서는 일변(一邊) 감격(感激)한 마음과 일변 심당(心當)키 어려운 책임을 지고 두려운 생각을 금하기 어렵습니다. 기쁨이 극(極)하면 우슴으로 변하여 눈물이 된다는 것을 글에서 보고 말을 들었든 것입니다. 요사이 나의 치하(致賀)하는 남여동포가 모다 눈물을 씻으며 고개를 돌립니다. 각처에서 축전 오는 것을 보면 모다 눈물을 금하기 어렵다합니다. 나는 본래 나의 감상으로 남에게 촉감(觸感)될 말을 하지 않기로 매양 힘쓰는 사람입니다. 그러나 목석간담(木石肝膽)이 아닌만치 빼에 맺히는 눈물을 금하기 어려읍니다. 이것은 다름이 아니라 40년 전에 잃었던 나라를 다시 찾는 것이요 죽었던 민족이 다시 사는 것이 오날 이에서 표면(表面)되는 까닭입니다.

대통령 선서하는 이 자리에서 하나님과 동포 앞에서 나의 직무를 다하기로 일층(一層) 더 결심하며 맹서합니다. 따라서 여러 동포들도 오늘 한층 더 분발해서 각각 자기의 몸을 잊어버리고 민족전체의 행복을 위하여 대한민국의 국민 된 영광스럽고 신성한 직책을 다 하도록 마음으로 맹서하기를 바랍니다. 여러분이 나에게 맡기는 직책은 누구나 한사람의 힘으로 성공할 수는 없는 것입니다. 이 중대한 책임을 내가 용감히 부담할 때에 내 기능이나 지혜를 믿고 나서는 것이 결코 아니며 전혀 애국남여의 협의 합력함으로만 진행할 수 있는 것을 믿는 바입니다. 이번 우리 총선거의 대성공을 모든 우방들이 칭찬하기에 이른 것은 우리애국남여가 단순한 애국성신으로 각각 직책을 다한 연고(緣故)입니다. 그 결과로 국회성립이 또한 완전무결한 민주주의제로 조직되어 2, 3 정당이 그 안에 대표가 되었고 무소속과 좌익색태(左翼色態)로 주목받은 대의원이 또한 여럿이 있게 된 것입니다.

기왕 경험으로 추측하면 이 많은 국회의원 중에서 사상충돌로 분쟁분열을 염려한 사람들이 없지 않았던 것입니다. 그러나 중대 문제에 대하여 종종 극렬한 쟁론(爭論)이 있다가도 필경(畢竟) 표결될 때에는 다 공정한 자유의견을 표시하여 순리적으로 진행하게 되므로 헌법제정과 정부조직법을 다 민의대로 통과된 후에 아무 이의 없이 다 복종하게 되므로 이 중대한 일을 조속한 한도 내에 원만히 채결하여 오늘 이 자리에 이렇게 된 것이니 국회의원 일동과 전문위원 여러분의 애국성심으로 우리가 다 감복하지 않을 수 없는 일입니다. 나는 국회의장의 책임을 사면하고 국회에서 다시 의장을 선거할 것인데 만일 국회의원 중에서 정부처장으로 임명될 분이 있게 되면 그 후임자는 각기 소관투표구(所管投票區)에서 갱선(更選)하게 될 것이니 원만히 표결된 후에 의장은 선거할듯하며 그동안은 부의장 두 분이 업무를 대임(代任)할 것입니다. 따라서 이 부의장 두 분이 그동안 의장을 보좌해서 각 방면으로 도와 협의 진행케 하신 것을 또한 감사히 생각하는 바입니다.

정답 및 해설

(1) 공백을 제거한 텍스트를 address에 저장한다.

```
> address <- readLines("leeaddress.txt", encoding="EUC-KR")
Warning message:
In readLines("leeaddress.txt", encoding = "EUC-KR") :
  incomplete final line found on 'leeaddress.txt'
> head(address)
[1] "여러 번 죽었던 이 몸이 하나님의 은혜와 동포의 애호(愛護)로 지금까지 살아오다가 오늘에 이와 같이 영광스러운 추대(推戴)를 받은 나로서는 일변(一邊) 감격(感激)한 마음과 일변 심당(心當)키 어려운 책임을 지고 두려운 생각을 금하기 어렵습니다. 기쁨이 극(極)하면 우슴으로 변하여 눈물이 된다는 것을 글에서 보고 말을 들었든 것입니다. 요사이 나의 치하(致賀)하는 남여동포가 모다 눈물을 씻으며 고개를 돌립니다. 각처에서 축전 오는 것을 보면 모다 눈물을 금하기 어렵다합니다. 나는 본래 나의 감상으로 남에게 촉감(觸感)될 말을 하지 않기로 매양 힘쓰는 사람입니다. 그러나 목석간담(木石肝膽)이 아닌만치 빼에 맺히는 눈물을 금하기 어려읍니다. 이것은 다름이 아니라 40년 전에 잃었던 나라를 다시 찾는 것이요 죽었던 민족이 다시 사는 것이 오날 이에서 표면(表面)되는 까닭입니다."
[2] ""


[3] ""


[4] "대통령 선서하는 이 자리에서 하나님과 동포 앞에서 나의 직무를 다하기로 일층(一層) 더 결심하며 맹서합니다."


[5] "따라서 여러 동포들도 오늘 한층 더 분발해서 각각 자기의 몸을 잊어버리고 민족전체의 행복을 위하여 대한민국의 국민 된 영광스럽고 신성한 직책을 다 하도록 마음으로 맹서하기를 바랍니다."


[6] "여러분이 나에게 맡기는 직책은 누구나 한사람의 힘으로 성공할 수는 없는 것입니다. "


> str(address)
 chr [1:50] "여러 번 죽었던 이 몸이 하나님의 은혜와 동포의 애호(愛護)로 지금까지 살아오다가 오늘에 이와 같이 영광스러운 추대"| __truncated__ "" "" ...
> summary(address)
   Length     Class      Mode 
       50 character character 
```

```
> address <- address[address != ""]
> head(address)
[1] "여러 번 죽었던 이 몸이 하나님의 은혜와 동포의 애호(愛護)로 지금까지 살아오다가 오늘에 이와 같이 영광스러운 추대(推戴)를 받은 나로서는 일변(一邊) 감격(感激)한 마음과 일변 심당(心當)키 어려운 책임을 지고 두려운 생각을 금하기 어렵습니다. 기왕이 국(國)하면 우심으로 변하여 눈물이 흐른다는 것을 글에서 읽고 말을 들었던 것입니다. 요사이 나의 치하(致賀)하는 남여동포가 모다 눈물을 씻으며 고개를 숙입니다. 작처여러 축전 오는 것을 보면 모다 눈물을 금하기 어렵다합니다. 나는 본래 나의 감상을 남에게 축담(逐談)을 털을 까지 싫으며 ..."
[2] "대통령 선서하는 이 자리에서 하나님과 동포 앞에서 나의 직무를 다하기로 일층(一層) 더 결심하며 맹서합니다."

[3] "따라서 여러 동포들도 오늘 한층 더 분발해서 각각 자기의 몸을 잊어버리고 민족전체의 행복을 위하여 대한민국의 국민 된 영광스럽고 신성한 직책을 다 하도록 마음으로 맹서하기를 바랍니다."

[4] "여러분이 나에게 맡기는 직책은 누구나 한사람의 힘으로 성공할 수는 없는 것입니다."

[5] "이 중대한 책임을 내가 용감히 부담할 때에 내 기능이나 지혜를 믿고 나서는 것이 결코 아니며 전혀 애국남여의 합의 합력함으로만 진행할 수 있는 것을 믿는 바입니다."

[6] "이번 우리 총선거에 대성공을 모든 우방들이 칭찬하기에 이른 것은 우리애국남여가 단순한 애국정신으로 각각 직책을 다한 연고(緣故)입니다."
```

(2) sapply( ), extractNoun 명령어를 이용하여 명사를 추출하고, 2단어 이상의 명사를 addLastData에 저장(총 389개)한다.

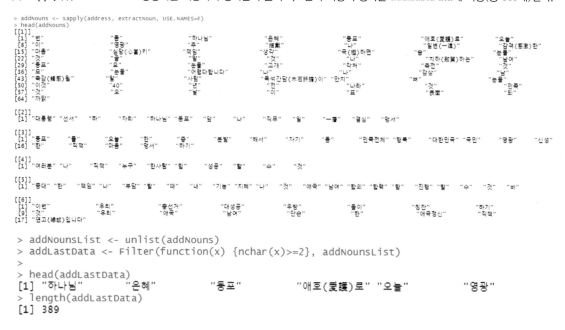

```
> addNounsList <- unlist(addNouns)
> addLastData <- Filter(function(x) {nchar(x)>=2}, addNounsList)
>
> head(addLastData)
[1] "하나님"        "은혜"        "동포"        "애호(愛護)로" "오늘"        "영광"
> length(addLastData)
[1] 389
```

(3) freq( ) 함수를 이용하여 addLastData에 저장된 단어의 빈도 수를 그래프로 나타낸다.

```
> freq <- freq(addLastData, plot=TRUE)
```

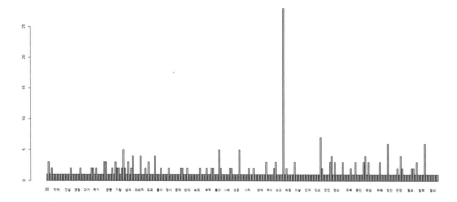

```
> freq_data <- data.frame(freq)
> freq_data <- freq_data[order(freq_data$Frequency, decreasing=TRUE),]
> head(freq_data)
        Frequency    Percent
Total         389 100.000000
우리           28   7.197943
자리            7   1.799486
진선            6   1.542416
해서            6   1.542416
나라            5   1.285347
> summary(freq_data)
   Frequency           Percent
 Min.   :  1.000   Min.   :  0.2571
 1st Qu.:  1.000   1st Qu.:  0.2571
 Median :  1.000   Median :  0.2571
 Mean   :  3.137   Mean   :  0.8064
 3rd Qu.:  2.000   3rd Qu.:  0.5141
 Max.   :389.000   Max.   :100.0000

> freq_data
              Frequency    Percent
Total               389 100.0000000
우리                 28   7.1979434
자리                  7   1.7994859
진선                  6   1.5424165
해서                  6   1.5424165
나라                  5   1.2853470
사람                  5   1.2853470
세계                  5   1.2853470
분대를우                4   1.0282776
표부                  4   1.0282776
통령20진                4   1.0282776
경화                  4   1.0282776
                     4   1.0282776
40                   3   0.7712082
북회의청               3   0.7712082
기관소                 3   0.7712082
남대한인국              3   0.7712082
여오외청20신             3   0.7712082
대력임영               3   0.7712082
치                   3   0.7712082
영협와                 3   0.7712082
적후하가               3   0.7712082
결향그구               3   0.7712082
                     3   0.7712082
당                    2   0.5141388
산제가안               2   0.5141388
통축항기              2   0.5141388
녀구                  2   0.5141388
까남부                 2   0.5141388
대다양               2   0.5141388
민미               2   0.5141388
반복리               2   0.5141388
부외장               2   0.5141388
분별                  2   0.5141388
                     2   0.5141388
                     2   0.5141388
                     2   0.5141388
                     2   0.5141388
                     2   0.5141388
                     2   0.5141388
                     2   0.5141388
                     2   0.5141388
                     2   0.5141388
```

(4) addLastData를 테이블 구조의 자료로 변환 후 저장(Listwordcount)하고, wordcloud( ) 함수를 이용하여 워드 클라우드 시각화 결과를 나타낸다.

```
> Listwordcount <- table(addLastData)
>
> wordcloud(names(Listwordcount), freq=Listwordcount, scale=c(5,0.2), rot.per=0.1, min.freq=1, max.words=100,
+ random.order = F,
+ random.color = T,
+ colors = brewer.pal(11, "Paired"))
```

제7장

앙상블 분석

///

1 앙상블 분석의 이해

(1) 앙상블 분석을 위하여 다음 패키지를 이용한다.

install.packages("adabag")	#배깅 및 부스팅 분석
install.packages("ada")	#부스팅 분석(Ada 알고리즘)
install.packages("randomForest")	#랜덤포레스트(Random Forest) 분석
install.packages("caret")	#랜덤포레스트(train( )) 분석
install.packages("party")	#랜덤포레스트(cforest( )) 분석
install.packages("mlbench")	#PimaIndiansDiabetes(당뇨병 관련 데이터) 활용
install.packages("rpart")	#stagec(전립선암 관련 데이터) 활용
library(adabag)	−
library(ada)	−
library(randomForest)	−
library(caret)	−
library(party)	−
library(mlbench)	
library(rpart)	

(2) 앙상블(Ensemble, 프랑스어)은 2인 이상이 하는 노래나 연주를 뜻하며, 조화, 전체적인 어울림 등을 의미하는 용어로 사용된다.

(3) 앙상블 분석(Ensemble Analysis)에서는 여러 분류모형에 의한 결과를 종합하여 분류의 정확도를 높인다. 이를 위해 새로운 자료에 대한 분류 예측값들의 가중 투표(Weighted Vote)를 통한 분류를 수행한다. 그리고 표본 추출에 있어 데이터에서 여러 개의 훈련용 데이터세트를 만들어 각각의 데이터세트에서 하나의 분류기를 만드는 과정으로 분석을 수행한다.

(4) 일반적으로 어떤 데이터의 값을 분류(또는 예측)할 때, 하나의 모형을 사용하는 것보다 여러 개의 모형을 조화롭게 학습시켜 그 모형들의 분류 결과들을 이용하면 더 정확한 분류모형이 된다.

(5) 앙상블 분석에서 데이터를 조절하는 방법(또는 데이터 학습)으로 배깅(Bagging)과 부스팅(Boosting) 기법이 있으며, 대표적으로 랜덤포레스트(Random Forest)는 배깅과 Feature의 임의 선택(Random Selection)을 결합한 앙상블 분석 기법 중 하나이다.

(6) 배깅(Bagging)은 Bootstrap Aggregation을 의미하며 샘플을 여러 번 뽑아(Bootstrap) 각 모형을 학습시켜 결과물을 집계(Aggregation)한다.

(7) 부스팅(Boosting)은 가중치를 활용하여 약 분류기를 강 분류기로 만든다. 부스팅에서는 처음 모형이 분류(또는 예측)를 하면 그 분류 결과에 따라 데이터에 가중치가 부여되고, 부여된 가중치가 다음 모형에 영향을 준다. 잘못 분류된 데이터에 집중하여 새로운 분류 규칙을 만드는 단계를 반복한다. 배깅, 부스팅 및 랜덤포레스트에 대한 개념을 요약하면 다음과 같다.

<배깅, 부스팅 및 랜덤포레스트 개념>

구 분	주요 개념
배깅 및 부스팅	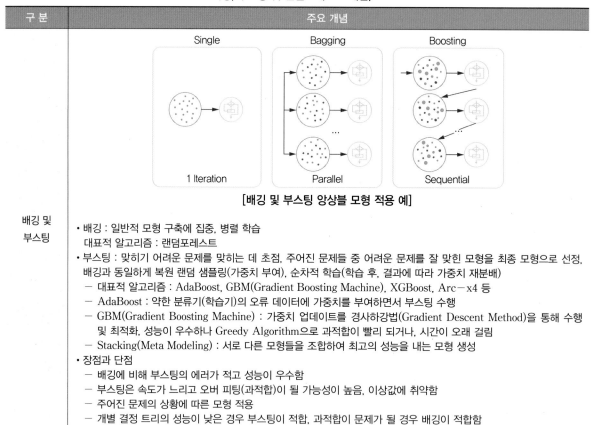 [배깅 및 부스팅 앙상블 모형 적용 예] • 배깅 : 일반적 모형 구축에 집중, 병렬 학습 　대표적 알고리즘 : 랜덤포레스트 • 부스팅 : 맞히기 어려운 문제를 맞히는 데 초점, 주어진 문제들 중 어려운 문제를 잘 맞힌 모형을 최종 모형으로 선정, 배깅과 동일하게 복원 랜덤 샘플링(가중치 부여), 순차적 학습(학습 후, 결과에 따라 가중치 재분배) 　─ 대표적 알고리즘 : AdaBoost, GBM(Gradient Boosting Machine), XGBoost, Arc─x4 등 　─ AdaBoost : 약한 분류기(학습기)의 오류 데이터에 가중치를 부여하면서 부스팅 수행 　─ GBM(Gradient Boosting Machine) : 가중치 업데이트를 경사하강법(Gradient Descent Method)을 통해 수행 및 최적화, 성능이 우수하나 Greedy Algorithm으로 과적합이 빨리 되거나, 시간이 오래 걸림 　─ Stacking(Meta Modeling) : 서로 다른 모형들을 조합하여 최고의 성능을 내는 모형 생성 • 장점과 단점 　─ 배깅에 비해 부스팅의 에러가 적고 성능이 우수함 　─ 부스팅은 속도가 느리고 오버 피팅(과적합)이 될 가능성이 높음, 이상값에 취약함 　─ 주어진 문제의 상황에 따른 모형 적용 　─ 개별 결정 트리의 성능이 낮은 경우 부스팅이 적합, 과적합이 문제가 될 경우 배깅이 적합함

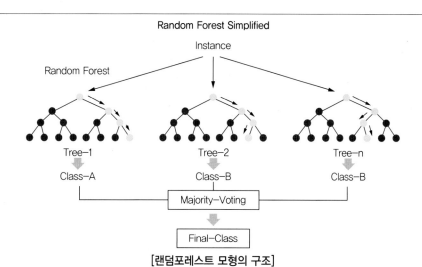

Random Forest Simplified

[랜덤포레스트 모형의 구조]

랜덤
포레스트

- 배깅의 개념과 속성(또는 변수)의 임의 선택(Random Selection)을 결합
- 배깅에 랜덤 과정 추가 : 훈련과정에서 구성한 다수의 결정트리로부터 분류 결과 출력
- 원 자료 → 부트스트랩 샘플 추출 → 각 부트스트랩 샘플에 대해 트리 형성 → 예측변수 임의 추출 → 추출된 변수 내에서 최적의 분할 구축
- 새로운 자료에 대한 예측 : 분류의 경우 다수결(Majority Voting), 회귀의 경우 평균
- 의사결정나무 생성 방법을 이용하여 결과를 Majority Voting 등의 방법을 통해 종합
- 알고리즘이 비교적 단순, 과적합의 가능성이 낮음
- 의사결정나무를 만들기 위한 메모리 사용량이 많음
- 학습 데이터의 양이 증가한다고 해도 성능이 급격하게 향상되지 않음

2 배깅 및 부스팅

(1) 배깅(Bagging)

① iris는 Edgar Anderson에 의해 작성된 것으로 붓꽃의 생육 데이터(150개 데이터＝품종별 50개×3개 품종)이다. 꽃잎의 길이(Petal.Length)와 너비(Petal.Width) 그리고 꽃받침의 길이(Sepal.Length)와 너비(Sepal.Width)에 따라 붓꽃의 3가지 품종(setosa, versicolor, virginica)을 구분한다.

```
> head(iris)
  Sepal.Length Sepal.Width Petal.Length Petal.Width Species
1          5.1         3.5          1.4         0.2  setosa
2          4.9         3.0          1.4         0.2  setosa
3          4.7         3.2          1.3         0.2  setosa
4          4.6         3.1          1.5         0.2  setosa
5          5.0         3.6          1.4         0.2  setosa
6          5.4         3.9          1.7         0.4  setosa
> summary(iris)
  Sepal.Length    Sepal.Width     Petal.Length    Petal.Width         Species
 Min.   :4.300   Min.   :2.000   Min.   :1.000   Min.   :0.100   setosa    :50
 1st Qu.:5.100   1st Qu.:2.800   1st Qu.:1.600   1st Qu.:0.300   versicolor:50
 Median :5.800   Median :3.000   Median :4.350   Median :1.300   virginica :50
 Mean   :5.843   Mean   :3.057   Mean   :3.758   Mean   :1.199
 3rd Qu.:6.400   3rd Qu.:3.300   3rd Qu.:5.100   3rd Qu.:1.800
 Max.   :7.900   Max.   :4.400   Max.   :6.900   Max.   :2.500
```

| [Setosa] | [Versicolor] | [Virginica] |

- 독립변수(cm)
  - 꽃받침의 길이(Sepal.Length), 너비(Sepal.Width)
  - 꽃잎의 길이(Petal.Length), 너비(Petal.Width)
- 종속변수(붓꽃의 품종, Species)
  setosa(1), versicolor(2), virginica(3)

② bagging( ) 함수를 사용하기 위해 "adabag" 패키지를 이용한다. bagging( ) 함수의 사용 형식은 다음과 같다. 종속변수(Species, 붓꽃 품종), 데이터(iris), 반복횟수(mfinal)는 10으로 지정한다.

bagging(종속변수~., data=, mfinal=)
- 종속변수 : 분류(예측)하고자 하는 변수명
- data : 데이터세트
- mfinal : 배깅(또는 부스팅) 반복횟수(사용되는 트리의 개수)로 정수값을 가짐

```
> install.packages("adabag")
--- 현재 세션에서 사용할 CRAN 미러를 선택해 주세요 ---
'doParallel'(를)을 또한 설치합니다.

URL 'https://cran.yu.ac.kr/bin/windows/contrib/4.2/doParallel_1.0.17.zip'을 시도합니다
Content type 'application/zip' length 191862 bytes (187 KB)
downloaded 187 KB

URL 'https://cran.yu.ac.kr/bin/windows/contrib/4.2/adabag_4.2.zip'을 시도합니다
Content type 'application/zip' length 121879 bytes (119 KB)
downloaded 119 KB

패키지 'doParallel'를 성공적으로 압축해제하였고 MD5 sums 이 확인되었습니다
패키지 'adabag'를 성공적으로 압축해제하였고 MD5 sums 이 확인되었습니다

다운로드된 바이너리 패키지들은 다음의 위치에 있습니다
        C:\tmp\Rtmp06CS8G\downloaded_packages
> library(adabag)
필요한 패키지를 로딩중입니다: rpart
필요한 패키지를 로딩중입니다: caret
필요한 패키지를 로딩중입니다: ggplot2
필요한 패키지를 로딩중입니다: lattice
필요한 패키지를 로딩중입니다: foreach
필요한 패키지를 로딩중입니다: doParallel
필요한 패키지를 로딩중입니다: iterators
필요한 패키지를 로딩중입니다: parallel
```

```
> bag <- bagging(Species~., data=iris, mfinal=10)
> summary(bag)
          Length Class   Mode
formula      3   formula call
trees       10   -none-  list
votes      450   -none-  numeric
prob       450   -none-  numeric
class      150   -none-  character
samples   1500   -none-  numeric
importance   4   -none-  numeric
terms        3   terms   call
call         4   -none-  call
>
> head(bag)
$formula
Species ~ .

$trees
$trees[[1]]
n= 150

node), split, n, loss, yval, (yprob)
      * denotes terminal node

1) root 150 93 setosa (0.38000000 0.33333333 0.28666667)
  2) Petal.Length< 2.45 57  0 setosa (1.00000000 0.00000000 0.00000000) *
  3) Petal.Length>=2.45 93 43 versicolor (0.00000000 0.53763441 0.46236559)
    6) Petal.Width< 1.75 53  3 versicolor (0.00000000 0.94339623 0.05660377) *
    7) Petal.Width>=1.75 40  0 virginica (0.00000000 0.00000000 1.00000000) *

$trees[[2]]
n= 150

node), split, n, loss, yval, (yprob)
      * denotes terminal node

 1) root 150 93 virginica (0.29333333 0.32666667 0.38000000)
   2) Petal.Width< 1.6 97 48 versicolor (0.45360825 0.50515464 0.04123711)
     4) Petal.Length< 2.45 44  0 setosa (1.00000000 0.00000000 0.00000000) *
     5) Petal.Length>=2.45 53  4 versicolor (0.00000000 0.92452830 0.07547170)
       10) Petal.Length< 4.8 46  0 versicolor (0.00000000 1.00000000 0.00000000) *
       11) Petal.Length>=4.8 7  3 virginica (0.00000000 0.42857143 0.57142857) *
   3) Petal.Width>=1.6 53  0 virginica (0.00000000 0.00000000 1.00000000) *

$trees[[3]]
n= 150

node), split, n, loss, yval, (yprob)
      * denotes terminal node

1) root 150 91 setosa (0.39333333 0.36000000 0.24666667)
  2) Petal.Length< 2.45 59  0 setosa (1.00000000 0.00000000 0.00000000) *
```

③ 배깅 모형(bag) 수행 결과 중, bag$importance는 분류 작업에서 변수의 상대적 중요도이며, bag$trees는 배깅 반복횟수에 따른 의사결정나무 구조이다. 반복횟수(mfinal)는 10으로 최종적인 분류 결과는 bag$trees[[10]]에 저장된다. plot( ), text( ) 함수를 이용하여 분류결과를 나타내며, Petal.Length<2.35인 경우 setosa 품종, Petal.Length≥2.35이면서 Petal.Width≥1.75인 경우 virginica 품종으로 분류된다.

```
> bag$importance
Petal.Length  Petal.Width  Sepal.Length  Sepal.Width
   68.56747     31.43253       0.00000      0.00000
> bag$trees[[1]]
n= 150

node), split, n, loss, yval, (yprob)
      * denotes terminal node

1) root 150 93 setosa (0.38000000 0.33333333 0.28666667)
  2) Petal.Length< 2.45 57  0 setosa (1.00000000 0.00000000 0.00000000) *
  3) Petal.Length>=2.45 93 43 versicolor (0.00000000 0.53763441 0.46236559)
    6) Petal.Width< 1.75 53  3 versicolor (0.00000000 0.94339623 0.05660377) *
    7) Petal.Width>=1.75 40  0 virginica (0.00000000 0.00000000 1.00000000) *
>
> bag$trees[[10]]
n= 150

node), split, n, loss, yval, (yprob)
      * denotes terminal node

 1) root 150 94 setosa (0.37333333 0.26666667 0.36000000)
   2) Petal.Length< 2.35 56  0 setosa (1.00000000 0.00000000 0.00000000) *
   3) Petal.Length>=2.35 94 40 virginica (0.00000000 0.42553191 0.57446809)
     6) Petal.Width< 1.75 45  5 versicolor (0.00000000 0.88888889 0.11111111)
      12) Petal.Length< 4.95 38  1 versicolor (0.00000000 0.97368421 0.02631579) *
      13) Petal.Length>=4.95 7  3 virginica (0.00000000 0.42857143 0.57142857) *
     7) Petal.Width>=1.75 49  0 virginica (0.00000000 0.00000000 1.00000000) *
> plot(bag$trees[[10]])
> text(bag$trees[[10]])
```

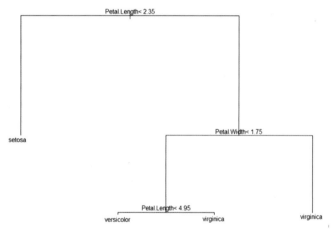

④ 배깅 모형(bag)의 성능을 평가하기 위해 iris 데이터에 대한 분류결과를 나타내면 다음과 같다. 성능 분석 결과, 분류의 정확도(Accuracy)는 97.3%, 에러율(Error)은 2.7%이다. confusionMatrix( ) 함수를 이용하여 혼동행렬을 구하며, 동일한 결과를 확인한다.

```
> predict_bagging <- predict(bag, newdata=iris)
> cross_table <- table(predict_bagging$class, iris[,5])
> cross_table

            setosa versicolor virginica
  setosa       50          0         0
  versicolor    0         47         1
  virginica     0          3        49
> accuracy <- sum(diag(cross_table)) / sum(cross_table) * 100
> accuracy
[1] 97.33333
> error <- 100 - accuracy
> error
[1] 2.666667
> conf <- confusionMatrix(cross_table)
> conf
Confusion Matrix and Statistics

            setosa versicolor virginica
  setosa       50          0         0
  versicolor    0         47         1
  virginica     0          3        49

Overall Statistics

               Accuracy : 0.9733
                 95% CI : (0.9331, 0.9927)
    No Information Rate : 0.3333
    P-Value [Acc > NIR] : < 2.2e-16

                  Kappa : 0.96

 Mcnemar's Test P-Value : NA

Statistics by Class:

                     Class: setosa Class: versicolor Class: virginica
Sensitivity                 1.0000            0.9400           0.9800
Specificity                 1.0000            0.9900           0.9700
Pos Pred Value              1.0000            0.9792           0.9423
Neg Pred Value              1.0000            0.9706           0.9898
Prevalence                  0.3333            0.3333           0.3333
Detection Rate              0.3333            0.3133           0.3267
Detection Prevalence        0.3333            0.3200           0.3467
Balanced Accuracy           1.0000            0.9650           0.9750
```

⑤ 반복횟수(mfinal)를 100으로 조정한 결과는 다음과 같다. Petal.Length<2.7인 경우로 변경되어 분류됨을 알 수 있으나, 정확도(Accuracy)는 97.3%로 동일한 결과를 얻는다. 반복횟수를 적절히 조절하여 정확도가 개선되는 최적의 반복횟수를 찾아 배깅 모형을 구축한다.

```
> bag2 <- bagging(Species~., data=iris, mfinal=100)
> bag2$importance
Petal.Length  Petal.Width Sepal.Length  Sepal.Width
    78.17677     21.82323      0.00000      0.00000
>
> bag2$trees[[100]]
n= 150

node), split, n, loss, yval, (yprob)
      * denotes terminal node

1) root 150 98 setosa (0.34666667 0.32666667 0.32666667)
  2) Petal.Length< 2.7 52   0 setosa (1.00000000 0.00000000 0.00000000) *
  3) Petal.Length>=2.7 98 49 versicolor (0.00000000 0.50000000 0.50000000)
    6) Petal.Width< 1.7 52   3 versicolor (0.00000000 0.94230769 0.05769231) *
    7) Petal.Width>=1.7 46   0 virginica (0.00000000 0.00000000 1.00000000) *

> plot(bag2$trees[[100]])
> text(bag2$trees[[100]])
```

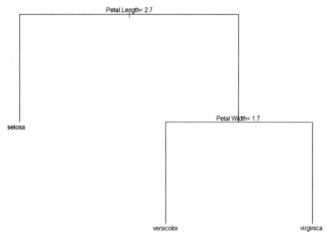

```
> predict2 <- predict(bag2, newdata=iris)
> cross_table2 <- table(bag2$class, iris[,5])
> cross_table2

            setosa versicolor virginica
  setosa        50          0         0
  versicolor     0         47         1
  virginica      0          3        49
>
> accuracy <- sum(diag(cross_table2)) / sum(cross_table2) * 100
> accuracy
[1] 97.33333
>
> error <- 100 - accuracy
> error
[1] 2.666667
```

```
> confusionMatrix(cross_table2)
Confusion Matrix and Statistics

          setosa versicolor virginica
setosa        50          0         0
versicolor     0         47         1
virginica      0          3        49

Overall Statistics

               Accuracy : 0.9733
                 95% CI : (0.9331, 0.9927)
    No Information Rate : 0.3333
    P-Value [Acc > NIR] : < 2.2e-16

                  Kappa : 0.96

 Mcnemar's Test P-Value : NA

Statistics by Class:

                     Class: setosa Class: versicolor Class: virginica
Sensitivity                 1.0000            0.9400           0.9800
Specificity                 1.0000            0.9900           0.9700
Pos Pred Value              1.0000            0.9792           0.9423
Neg Pred Value              1.0000            0.9706           0.9898
Prevalence                  0.3333            0.3333           0.3333
Detection Rate              0.3333            0.3133           0.3267
Detection Prevalence        0.3333            0.3200           0.3467
Balanced Accuracy           1.0000            0.9650           0.9750
```

(2) 부스팅(Boosting)

① 배깅과 유사하나 Bootstrap(부트스트랩) 표본을 구성하는 재 표본 과정에서 각 자료에 동일한 확률을 부여하는 것이 아니라 분류가 잘못된 데이터에 더 큰 가중을 두어 표본을 추출한다.

② 부스팅에서는 부트스트랩 표본을 추출하여 분류기를 만든 후, 그 분류결과를 이용하여 각 데이터가 추출될 확률을 조정하고, 다음 부트스트랩 표본을 추출하는 과정을 반복한다.

③ "adabag" 패키지에 있는 boosting( ) 함수를 이용(AdaBoosting 알고리즘 적용)한다. 종속변수(Species), 데이터(iris), 부스팅 반복횟수(10회)를 지정하여 부스팅 모형(bst)을 구축한다.

> boosting(종속변수~., data=, boos=TRUE, mfinal=)
> • 종속변수 : 분류(예측)하고자 하는 변수명
> • data : 데이터세트
> • boos : 부트스트랩 표본의 가중치 지정
> • mfinal : 배깅(또는 부스팅) 반복횟수(사용되는 트리의 개수)로 정수값을 가짐

```
> bst <- boosting(Species~., data=iris, boos=TRUE, mfinal=10)
> str(bst)
List of 9
 $ formula   :Class 'formula'  language Species ~ .
  .. ..- attr(*, ".Environment")=<environment: R_GlobalEnv>
 $ trees     :List of 10
  ..$ :List of 14
  .. ..$ frame        :'data.frame':    5 obs. of  9 variables:
  .. .. ..$ var       : chr [1:5] "Petal.Length" "<leaf>" "Petal.Width" "<leaf>" ...
  .. .. ..$ n         : int [1:5] 150 52 98 53 45
  .. .. ..$ wt        : num [1:5] 150 52 98 53 45
  .. .. ..$ dev       : num [1:5] 98 0 48 3 0
  .. .. ..$ yval      : num [1:5] 1 1 2 2 3
  .. .. ..$ complexity: num [1:5] 0.51 0.01 0.459 0 0.01
  .. .. ..$ ncompete  : int [1:5] 3 0 3 0 0
  .. .. ..$ nsurrogate: int [1:5] 3 0 3 0 0
  .. .. ..$ yval2     : num [1:5, 1:8] 1 1 2 2 3 52 52 0 0 0 ...
  .. .. ..- attr(*, "dimnames")=List of 2
  .. .. .. .. ..$ : NULL
  .. .. .. .. ..$ : chr [1:8] "" "" "" "" ...
  .. ..$ where        : Named int [1:150] 4 4 4 2 5 2 5 2 2 2 ...
  .. .. ..- attr(*, "names")= chr [1:150] "75" "73" "78" "16" ...
  .. ..$ call         : language rpart(formula = formula, data = data[boostrap, -1], control = control)
  .. ..$ terms        :Classes 'terms', 'formula'  language Species ~ Sepal.Length + Sepal.Width + Petal.Length$
  .. .. .. ..- attr(*, "variables")= language list(Species, Sepal.Length, Sepal.Width, Petal.Length, Petal.Width)
  .. .. .. ..- attr(*, "factors")= int [1:5, 1:4] 0 1 0 0 0 0 0 1 0 0 ...
  .. .. .. .. ..- attr(*, "dimnames")=List of 2
  .. .. .. .. .. ..$ : chr [1:5] "Species" "Sepal.Length" "Sepal.Width" "Petal.Length" ...
  .. .. .. .. .. ..$ : chr [1:4] "Sepal.Length" "Sepal.Width" "Petal.Length" "Petal.Width"
  .. .. .. ..- attr(*, "term.labels")= chr [1:4] "Sepal.Length" "Sepal.Width" "Petal.Length" "Petal.Width"
  .. .. .. ..- attr(*, "order")= int [1:4] 1 1 1 1
  .. .. .. ..- attr(*, "intercept")= int 1
  .. .. .. ..- attr(*, "response")= int 1
  .. .. .. ..- attr(*, ".Environment")=<environment: R_GlobalEnv>
  .. .. .. ..- attr(*, "predvars")= language list(Species, Sepal.Length, Sepal.Width, Petal.Length, Petal.Width)
  .. .. .. ..- attr(*, "dataClasses")= Named chr [1:5] "factor" "numeric" "numeric" "numeric" ...
  .. .. .. .. ..- attr(*, "names")= chr [1:5] "Species" "Sepal.Length" "Sepal.Width" "Petal.Length" ...
  .. ..$ cptable      : num [1:3, 1:5] 0.51 0.459 0.01 0 1 ...
  .. .. .. ..- attr(*, "dimnames")=List of 2
  .. .. .. .. ..$ : chr [1:3] "1" "2" "3"
  .. .. .. .. ..$ : chr [1:5] "CP" "nsplit" "rel error" "xerror" ...
  .. ..$ method       : chr "class"
  .. ..$ parms        :List of 3
  .. .. .. ..$ prior: num [1:3(1d)] 0.347 0.333 0.32
  .. .. .. ..- attr(*, "dimnames")=List of 1
  .. .. .. .. ..$ : chr [1:3] "1" "2" "3"
  .. .. ..$ loss : num [1:3, 1:3] 0 1 1 1 0 1 1 1 0
  .. .. ..$ split: num 1
  .. ..$ control      :List of 9
  .. .. ..$ minsplit     : int 20
  .. .. ..$ minbucket    : num 7
  .. .. ..$ cp           : num 0.01

> summary(bst)
           Length Class    Mode
formula      3    formula  call
trees       10    -none-   list
weights     10    -none-   numeric
votes      450    -none-   numeric
prob       450    -none-   numeric
class      150    -none-   character
importance   4    -none-   numeric
terms        3    terms    call
call         5    -none-   call
```

④ 부스팅 모형(bst) 수행 결과 중, bst$importance는 분류 작업에서 변수의 상대적 중요도이며, bst$trees는 부스팅 반복횟수에 따른 의사결정나무의 구조이다. 반복횟수(mfinal)는 10이므로 최종적인 분류 결괏값은 bst$trees[[10]]에 저장된다.

```
> bst$importance
Petal.Length  Petal.Width Sepal.Length  Sepal.Width
   62.381289    22.575324     5.644401     9.398986
>
> bst$trees
[[1]]
n= 150

node), split, n, loss, yval, (yprob)
      * denotes terminal node

1) root 150 98 setosa (0.34666667 0.33333333 0.32000000)
  2) Petal.Length< 2.6 52   0 setosa (1.00000000 0.00000000 0.00000000) *
  3) Petal.Length>=2.6 98 48 versicolor (0.00000000 0.51020408 0.48979592)
    6) Petal.Width< 1.75 53   3 versicolor (0.00000000 0.94339623 0.05660377) *
    7) Petal.Width>=1.75 45   0 virginica (0.00000000 0.00000000 1.00000000) *

[[2]]
n= 150

node), split, n, loss, yval, (yprob)
      * denotes terminal node

 1) root 150 99 setosa (0.3400000 0.3400000 0.3200000)
   2) Petal.Length< 2.45 51   0 setosa (1.0000000 0.0000000 0.0000000) *
   3) Petal.Length>=2.45 99 48 versicolor (0.0000000 0.5151515 0.4848485)
     6) Petal.Length< 5.05 59   9 versicolor (0.0000000 0.8474576 0.1525424)
      12) Petal.Width< 1.6 47   1 versicolor (0.0000000 0.9787234 0.0212766) *
      13) Petal.Width>=1.6 12   4 virginica (0.0000000 0.3333333 0.6666667) *
     7) Petal.Length>=5.05 40   1 virginica (0.0000000 0.0250000 0.9750000) *

[[3]]
n= 150

node), split, n, loss, yval, (yprob)
      * denotes terminal node

1) root 150 91 virginica (0.24000000 0.36666667 0.39333333)
  2) Petal.Length< 2.6 36   0 setosa (1.00000000 0.00000000 0.00000000) *
  3) Petal.Length>=2.6 114 55 virginica (0.00000000 0.48245614 0.51754386)
    6) Petal.Length< 4.85 51   4 versicolor (0.00000000 0.92156863 0.07843137) *
    7) Petal.Length>=4.85 63   8 virginica (0.00000000 0.12698413 0.87301587) *

[[9]]
n= 150

node), split, n, loss, yval, (yprob)
      * denotes terminal node

 1) root 150 77 virginica (0.1266667 0.3866667 0.4866667)
   2) Petal.Length< 2.45 19   0 setosa (1.0000000 0.0000000 0.0000000) *
   3) Petal.Length>=2.45 131 58 virginica (0.0000000 0.4427481 0.5572519)
     6) Petal.Length< 5.25 106 48 versicolor (0.0000000 0.5471698 0.4528302)
      12) Petal.Width< 1.65 55 12 versicolor (0.0000000 0.7818182 0.2181818)
       24) Petal.Length< 4.95 29   0 versicolor (0.0000000 1.0000000 0.0000000) *
       25) Petal.Length>=4.95 26 12 versicolor (0.0000000 0.5384615 0.4615385)
         50) Petal.Width>=1.55 14   0 versicolor (0.0000000 1.0000000 0.0000000) *
         51) Petal.Width< 1.55 12   0 virginica (0.0000000 0.0000000 1.0000000) *
      13) Petal.Width>=1.65 51 15 virginica (0.0000000 0.2941176 0.7058824)
       26) Sepal.Length>=6.6 11   2 versicolor (0.0000000 0.8181818 0.1818182) *
       27) Sepal.Length< 6.6 40   6 virginica (0.0000000 0.1500000 0.8500000)
         54) Sepal.Width>=3.1 8   2 versicolor (0.0000000 0.7500000 0.2500000) *
         55) Sepal.Width< 3.1 32   0 virginica (0.0000000 0.0000000 1.0000000) *
     7) Petal.Length>=5.25 25   0 virginica (0.0000000 0.0000000 1.0000000) *
```

```
[[10]]
n= 150

node), split, n, loss, yval, (yprob)
      * denotes terminal node

  1) root 150 62 virginica (0.04000000 0.37333333 0.58666667)
    2) Petal.Width< 1.85 114 58 versicolor (0.05263158 0.49122807 0.45614035)
      4) Petal.Width< 1.35 20  6 versicolor (0.30000000 0.70000000 0.00000000)
        8) Sepal.Width>=2.95 8  2 setosa (0.75000000 0.25000000 0.00000000) *
        9) Sepal.Width< 2.95 12  0 versicolor (0.00000000 1.00000000 0.00000000) *
      5) Petal.Width>=1.35 94 42 virginica (0.00000000 0.44680851 0.55319149)
       10) Sepal.Width>=3.05 11  0 versicolor (0.00000000 1.00000000 0.00000000) *
       11) Sepal.Width< 3.05 83 31 virginica (0.00000000 0.37349398 0.62650602)
         22) Sepal.Length>=5.95 67 31 virginica (0.00000000 0.46268657 0.53731343)
           44) Petal.Width< 1.75 54 23 versicolor (0.00000000 0.57407407 0.42592593)
             88) Petal.Width>=1.65 14  0 versicolor (0.00000000 1.00000000 0.00000000) *
             89) Petal.Width< 1.65 40 17 virginica (0.00000000 0.42500000 0.57500000)
              178) Sepal.Length< 6.25 22  7 versicolor (0.00000000 0.68181818 0.31818182)
                356) Sepal.Width>=2.65 12  0 versicolor (0.00000000 1.00000000 0.00000000) *
                357) Sepal.Width< 2.65 10  3 virginica (0.00000000 0.30000000 0.70000000) *
              179) Sepal.Length>=6.25 18  2 virginica (0.00000000 0.11111111 0.88888889) *
           45) Petal.Width>=1.75 13  0 virginica (0.00000000 0.00000000 1.00000000) *
         23) Sepal.Length< 5.95 16  0 virginica (0.00000000 0.00000000 1.00000000) *
    3) Petal.Width>=1.85 36  0 virginica (0.00000000 0.00000000 1.00000000) *
```

⑤ plot( ), text( ) 함수를 이용하여 의사결정나무 분류결과를 나타내며, Petal.Width≥1.85인 경우 virginica 품종, (Petal.Width<1.35, Sepal.Width≥2.95)인 경우 setosa 품종 등으로 배깅의 결과와 비교하여 부스팅 모형에서보다 더 세부적으로 붓꽃의 품종이 분류된다.

```
> plot(bst$trees[[10]])
> text(bst$trees[[10]])
```

⑥ 부스팅 수행 결과, 모든 품종의 붓꽃을 정확하게 분류하였다. 정확도는 100%(에러율＝0%)이며 혼동행렬에서도 동일한 결과가 확인된다.

```
> predict_bst <- predict(bst, newdata=iris)
> cross_table <- table(predict_bst$class, iris[,5])
> cross_table

            setosa versicolor virginica
  setosa        50          0         0
  versicolor     0         50         0
  virginica      0          0        50
> accuracy <- sum(diag(cross_table)) / sum(cross_table) * 100
> accuracy
[1] 100
>
> error <- 100 - accuracy
> error
[1] 0
> conf <- confusionMatrix(cross_table)
> conf
Confusion Matrix and Statistics

            setosa versicolor virginica
  setosa        50          0         0
  versicolor     0         50         0
  virginica      0          0        50

Overall Statistics

                Accuracy : 1
                  95% CI : (0.9757, 1)
     No Information Rate : 0.3333
     P-Value [Acc > NIR] : < 2.2e-16

                   Kappa : 1

 Mcnemar's Test P-Value : NA

Statistics by Class:

                     Class: setosa Class: versicolor Class: virginica
Sensitivity                 1.0000            1.0000           1.0000
Specificity                 1.0000            1.0000           1.0000
Pos Pred Value              1.0000            1.0000           1.0000
Neg Pred Value              1.0000            1.0000           1.0000
Prevalence                  0.3333            0.3333           0.3333
Detection Rate              0.3333            0.3333           0.3333
Detection Prevalence        0.3333            0.3333           0.3333
Balanced Accuracy           1.0000            1.0000           1.0000
```

(3) 훈련용 및 검증용 데이터 활용

① 전체 데이터를 훈련용(70%의 데이터)과 검증용(30%의 데이터)으로 구분하고 배깅 모형을 이용(bagging( ))한 분류 결과는 다음과 같다. 분류결과의 정확도는 93.3%이다.

```
> set.seed(1234)
> ids <- sample(1:nrow(iris), as.integer(0.7*nrow(iris)))
> train <- iris[ids, ]
> test <- iris[-ids, ]
>
> bag <- bagging(Species~., data=train, mfinal=10)
> bag$importance
Petal.Length  Petal.Width Sepal.Length  Sepal.Width
    89.27133     10.72867      0.00000      0.00000
>
> bag$trees[[10]]
n= 105

node), split, n, loss, yval, (yprob)
      * denotes terminal node

1) root 105 65 virginica (0.32380952 0.29523810 0.38095238)
  2) Petal.Length< 2.6 34  0 setosa (1.00000000 0.00000000 0.00000000) *
  3) Petal.Length>=2.6 71 31 virginica (0.00000000 0.43661972 0.56338028)
    6) Petal.Length< 4.75 31  1 versicolor (0.00000000 0.96774194 0.03225806) *
    7) Petal.Length>=4.75 40  1 virginica (0.00000000 0.02500000 0.97500000) *
>
> model <- predict(bag, test)
> new <- data.frame(actual=test$Species)
> new$predict <- model$class
> head(new)
  actual predict
1 setosa  setosa
2 setosa  setosa
3 setosa  setosa
4 setosa  setosa
5 setosa  setosa
6 setosa  setosa
> summary(new)
      actual       predict
 setosa    :16   Length:45
 versicolor:16   Class :character
 virginica :13   Mode  :character
> cross_table <- table(new$predict, new$actual)
> cross_table

            setosa versicolor virginica
  setosa        16          0         0
  versicolor     0         14         1
  virginica      0          2        12
> accuracy <- sum(diag(cross_table)) / sum(cross_table) * 100
> accuracy
[1] 93.33333
```

② 전체 데이터를 훈련용(70%의 데이터)과 검증용(30%의 데이터)으로 구분하고 부스팅 모형을 이용(boosting( ))한 분류 결과는 다음과 같다. 분류결과의 정확도는 95.6%이다.

```
> set.seed(1234)
> ids <- sample(1:nrow(iris), as.integer(0.7*nrow(iris)))
> train <- iris[ids,]
> test <- iris[-ids,]
>
> bst <- boosting(Species~., data=train, mfinal=10)
> bst$importance
Petal.Length  Petal.Width Sepal.Length  Sepal.Width
   61.180449    23.010693     9.508298     6.300560
> bst$trees[[10]]
n= 105

node), split, n, loss, yval, (yprob)
      * denotes terminal node

1) root 105 49 virginica (0.06666667 0.40000000 0.53333333)
  2) Petal.Length< 5 55 23 versicolor (0.12727273 0.58181818 0.29090909)
     4) Sepal.Length>=5.45 38  6 versicolor (0.00000000 0.84210526 0.15789474)
     5) Sepal.Length< 5.45 17  7 virginica (0.41176471 0.00000000 0.58823529)
  3) Petal.Length>=5 50 10 virginica (0.00000000 0.20000000 0.80000000)
     6) Sepal.Length< 6.05 10  0 versicolor (0.00000000 1.00000000 0.00000000)
     7) Sepal.Length>=6.05 40  0 virginica (0.00000000 0.00000000 1.00000000)
> model <- predict(bst, test)
> new <- data.frame(actual=test$Species)
> new$predict <- model$class
> head(new)
  actual predict
1 setosa  setosa
2 setosa  setosa
3 setosa  setosa
4 setosa  setosa
5 setosa  setosa
6 setosa  setosa
> summary(new)
      actual        predict
 setosa    :16   Length:45
 versicolor:16   Class :character
 virginica :13   Mode  :character
> cross_table <- table(new$predict, new$actual)

             setosa versicolor virginica
  setosa         16          0         0
  versicolor      0         15         1
  virginica       0          1        12
> accuracy <- sum(diag(cross_table)) / sum(cross_table) * 100
> accuracy
[1] 95.55556
```

(4) Ada 알고리즘을 적용한 부스팅 방법

① Ada 알고리즘을 적용한 부스팅 방법의 성능을 분석하기 위해 "ada" 패키지를 이용한다. iris 데이터에서 setosa 품종을 제외한 (versicolor, virginica) 두 가지 품종에 대한 데이터를 저장(data)한다.

```
> install.packages("ada")
URL 'https://cran.yu.ac.kr/bin/windows/contrib/4.2/ada_2.0-5.zip'을 시도합니다
Content type 'application/zip' length 735196 bytes (717 KB)
downloaded 717 KB

패키지 'ada'를 성공적으로 압축해제하였고 MD5 sums 이 확인되었습니다

다운로드된 바이너리 패키지들은 다음의 위치에 있습니다
          C:\tmp\Rtmp06CS8G\downloaded_packages
> library(ada)
> data <- iris[iris$Species != 'setosa',]
> summary(data)
  Sepal.Length    Sepal.Width     Petal.Length    Petal.Width          Species
 Min.   :4.900   Min.   :2.000   Min.   :3.000   Min.   :1.000   setosa    : 0
 1st Qu.:5.800   1st Qu.:2.700   1st Qu.:4.375   1st Qu.:1.300   versicolor:50
 Median :6.300   Median :2.900   Median :4.900   Median :1.600   virginica :50
 Mean   :6.262   Mean   :2.872   Mean   :4.906   Mean   :1.676
 3rd Qu.:6.700   3rd Qu.:3.025   3rd Qu.:5.525   3rd Qu.:2.000
 Max.   :7.900   Max.   :3.800   Max.   :6.900   Max.   :2.500
> str(data)
'data.frame':   100 obs. of  5 variables:
 $ Sepal.Length: num  7 6.4 6.9 5.5 6.5 5.7 6.3 4.9 6.6 5.2 ...
 $ Sepal.Width : num  3.2 3.2 3.1 2.3 2.8 2.8 3.3 2.4 2.9 2.7 ...
 $ Petal.Length: num  4.7 4.5 4.9 4 4.6 4.5 4.7 3.3 4.6 3.9 ...
 $ Petal.Width : num  1.4 1.5 1.5 1.3 1.5 1.3 1.6 1 1.3 1.4 ...
 $ Species     : Factor w/ 3 levels "setosa","versicolor",..: 2 2 2 2 2 2 2 2
> head(data)
   Sepal.Length Sepal.Width Petal.Length Petal.Width    Species
51          7.0         3.2          4.7         1.4 versicolor
52          6.4         3.2          4.5         1.5 versicolor
53          6.9         3.1          4.9         1.5 versicolor
54          5.5         2.3          4.0         1.3 versicolor
55          6.5         2.8          4.6         1.5 versicolor
56          5.7         2.8          4.5         1.3 versicolor
```

② as.factor( ), as.numeric( ) 함수를 이용하여 두 개의 품종으로 요인화한다.

```
> data[,5]
  [1] versicolor versicolor versicolor versicolor versicolor versicolor versicolor versicolor versicolor versicolor
 [11] versicolor versicolor versicolor versicolor versicolor versicolor versicolor versicolor versicolor versicolor
 [21] versicolor versicolor versicolor versicolor versicolor versicolor versicolor versicolor versicolor versicolor
 [31] versicolor versicolor versicolor versicolor versicolor versicolor versicolor versicolor versicolor versicolor
 [41] versicolor versicolor versicolor versicolor versicolor versicolor versicolor versicolor versicolor versicolor
 [51] virginica  virginica  virginica  virginica  virginica  virginica  virginica  virginica  virginica  virginica
 [61] virginica  virginica  virginica  virginica  virginica  virginica  virginica  virginica  virginica  virginica
 [71] virginica  virginica  virginica  virginica  virginica  virginica  virginica  virginica  virginica  virginica
 [81] virginica  virginica  virginica  virginica  virginica  virginica  virginica  virginica  virginica  virginica
 [91] virginica  virginica  virginica  virginica  virginica  virginica  virginica  virginica  virginica  virginica
Levels: setosa versicolor virginica
> data[,5] <- as.factor((levels(data[,5])[2:3])[as.numeric(data[,5])-1])
> data[,5]
  [1] versicolor versicolor versicolor versicolor versicolor versicolor versicolor versicolor versicolor versicolor
 [11] versicolor versicolor versicolor versicolor versicolor versicolor versicolor versicolor versicolor versicolor
 [21] versicolor versicolor versicolor versicolor versicolor versicolor versicolor versicolor versicolor versicolor
 [31] versicolor versicolor versicolor versicolor versicolor versicolor versicolor versicolor versicolor versicolor
 [41] versicolor versicolor versicolor versicolor versicolor versicolor versicolor versicolor versicolor versicolor
 [51] virginica  virginica  virginica  virginica  virginica  virginica  virginica  virginica  virginica  virginica
 [61] virginica  virginica  virginica  virginica  virginica  virginica  virginica  virginica  virginica  virginica
 [71] virginica  virginica  virginica  virginica  virginica  virginica  virginica  virginica  virginica  virginica
 [81] virginica  virginica  virginica  virginica  virginica  virginica  virginica  virginica  virginica  virginica
 [91] virginica  virginica  virginica  virginica  virginica  virginica  virginica  virginica  virginica  virginica
Levels: versicolor virginica
```

③ 60%의 데이터(60개)를 훈련용(train), 40% 데이터(40개)를 검증용(test)으로 구분한다. setdiff( )는 차집합(set difference)을 구하는 함수이며, ada( ) 함수(데이터 학습)에서 nu＝1은 부스팅을 위한 축소(shrinkage) 모수이고, type＝"discrete"에서 부스팅 알고리즘(real, gentle 방식)을 지정한다. 학습된 모형(adabst)을 이용하여 addtest( )로 모형을 구축하며, 검증 데이터(data[test, −5], Species 변수 제외 항목)와 레이블 데이터(data[test, 5])를 지정한다.

```
> set.seed(1234)
> train <- sample(1:nrow(data), floor(0.6*nrow(data)), FALSE)
> test <- setdiff(1:nrow(data), train)
>
> adabst <- ada(Species~., data=data[train,], iter=20, nu=1, type="discrete")
> model <- addtest(adabst, data[test, -5], data[test, 5])
> model
Call:
ada(Species ~ ., data = data[train, ], iter = 20, nu = 1, type = "discrete")

Loss: exponential Method: discrete   Iteration: 20

Final Confusion Matrix for Data:
            Final Prediction
True value   versicolor virginica
  versicolor         30         0
  virginica           0        30

Train Error: 0

Out-Of-Bag Error:  0.067  iteration= 10

Additional Estimates of number of iterations:

train.err1 train.kap1 test.errs2 test.kaps2
        20         20         13         13
```

④ plot( )으로 오차와 일치도를 평가[훈련용(Training), 검증용(Testing) 데이터에 대해 작성]한다. 카파계수(Cohen's Kappa Coefficient)는 −1부터 1까지의 값을 가지며, 0은 관측된 클래스와 예측된 클래스 사이의 합의점이 전혀 없음(분류 또는 예측이 틀렸음)을 뜻한다. 반면에 1은 (관측, 예측)이 완벽히 일치함을 의미하며, 음수값은 (관측, 예측)이 전혀 정 반대에 있음을 뜻한다. 결론적으로 카파값은 크면 클수록 분류 또는 예측 모형이 바람직하다고 평가한다. Train(훈련용), Test1(검증용) 데이터에 대해 Kappa 계수가 0.8 이상으로 효과적인 모형으로 평가된다.

```
> plot(model, TRUE, TRUE)
```

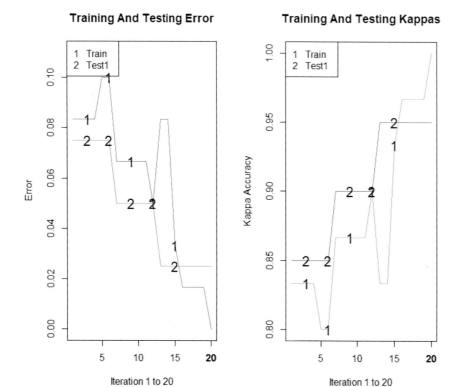

⑤ varplot( ) 그래프는 변수의 중요도(importance) 그림이다. Petal.Width 변수가 분류에 가장 중요한 변수로 사용되었음을 보여준다.

```
> varplot(model)
```

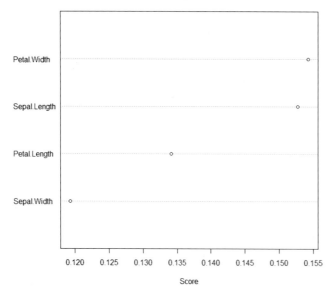

⑥ pairs( ) 함수를 이용하여 두 예측변수의 조합별로 분류된 결과를 확인한다. 그래프를 이용하여 두 가지 품종 (versicolor, virginica)에 대한 분류 결과(원, 삼각형 모양)를 네 가지 변수(Sepal.Length, Sepal.Width, Petal.Length, Petal.Width)에 대하여 확인할 수 있다.

㉠ 훈련용 데이터에 대한 분류 결과

```
> pairs(model, data[train, -5], maxvar=4)
```

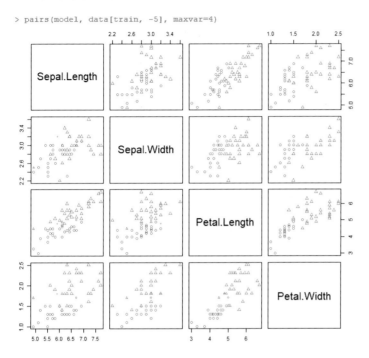

㉡ 검증용 데이터에 대한 분류 결과

```
> pairs(model, data[test, -5], maxvar=4)
```

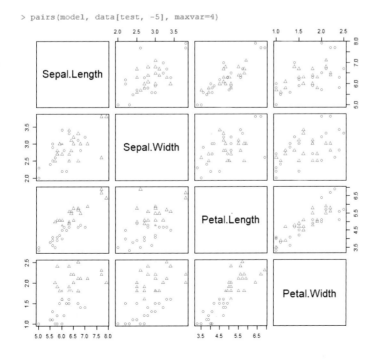

3 랜덤포레스트(Random Forest)

(1) 앙상블 분석모형의 하나로 랜덤포레스트는 배깅에 랜덤 과정을 추가한 방법이다. 즉, 원 자료로부터 부트스트랩 샘플을 추출하고 각 부트스트랩 샘플에 대해 트리를 형성해 나가는 과정은 배깅과 유사하다.

(2) 그러나 각 노드마다 모든 예측변수 내에서 최적의 분할(split)을 선택하는 방법 대신 예측 변수들을 임의로 추출하고, 추출된 변수 내에서 최적의 분할을 만들어 나가는 방법을 이용한다. 즉, 모든 변수를 사용하면 배깅이 되고, 임의로 추출해서 분할하는 경우 랜덤포레스트 모형이 된다.

(3) 새로운 자료에 대한 예측은 분류(classification)의 경우 다수결(majority votes)로, 회귀 분석(regression)의 경우에는 평균을 취하며, 이는 다른 앙상블 모형과 동일하다.

(4) "randomForest" 패키지를 이용하여 랜덤포레스트 모형을 구축한다. 전체 iris 데이터들 중 70%(105개)를 훈련용(train)으로, 30%(45개)를 검증용(test)으로 저장한다. randomForest( ) 함수를 이용하여 종속변수(Species), 훈련용 데이터(train), 트리의 수(ntree), 근접도 행렬(proximity) 활용 옵션(동일한 최종 노드에 포함되는 빈도에 기초하여 모형 설계)을 지정한다.

> **randomForest(종속변수~., data=, ntree=, proximity=)**
> * 종속변수 : 분류(예측)하고자 하는 변수
> * data : 데이터세트
> * ntree : 트리의 수
> * proximity=TRUE : 객체들 간의 근접도 행렬 제공, 동일한 최종 노드에 포함되는 빈도에 기초함

```
> install.packages("randomForest")
URL 'https://cran.yu.ac.kr/bin/windows/contrib/4.2/randomForest_4.7-1.1.zip'을 시도합니다
Content type 'application/zip' length 222235 bytes (217 KB)
downloaded 217 KB

패키지 'randomForest'를 성공적으로 압축해제하였고 MD5 sums 이 확인되었습니다

다운로드된 바이너리 패키지들은 다음의 위치에 있습니다
          C:\tmp\Rtmp06CS8G\downloaded_packages
> library(randomForest)
randomForest 4.7-1.1
Type rfNews() to see new features/changes/bug fixes.

다음의 패키지를 부착합니다: 'randomForest'

The following object is masked from 'package:ggplot2':

    margin

> set.seed(1234)
> ids <- sample(2, nrow(iris), replace=TRUE, prob=c(0.7, 0.3))
> ids
  [1] 1 1 1 2 1 1 1 1 1 1 1 1 2 1 2 1 1 1 1 1 1 1 1 1 2 1 2 2 1 1 1 1 1 1 2 1 1 2 2 1 1 1 1 1 1 1 1 1 2 1 1 2 1 1 1
 [57] 1 2 1 2 2 1 1 1 1 1 1 1 1 1 2 1 2 1 1 1 1 1 1 1 2 1 1 1 1 2 1 1 1 1 2 1 2 1 2 2 1 1 1 1 1 1 1 1 2 1 1 1 1 1 1 1 2 1
[113] 2 1 1 2 1 2 2 2 2 2 1 1 1 1 1 2 1 1 1 2 1 2 1 1 2 1 2 1 1 1 1 2 1 2 1
>
> train <- iris[ids==1, ]
> test <- iris[ids==2, ]
>
> rf_model <- randomForest(Species~., data=train, ntree=100, proximity=TRUE)
> cross_table <- table(predict(rf_model), train$Species)
```

(5) 분류결과를 확인(cross_table)하고, 오류율(class.error)과 함께 OOB(Out−of−bag) 추정치를 확인한다. 랜덤포레스트 모형에서는 별도의 검증용 데이터를 사용하지 않더라도 부트스트랩 샘플링 과정에서 제외된(out−of−bag) 자료를 이용하여 검증을 실시할 수 있다. OOB 데이터는 부트스트랩을 통한 임의 중복추출 시 훈련 데이터세트에 속하지 않는 데이터이며, OOB 오차(error rate)는 데이터의 실젯값과 각 트리로부터 나온 예측 결과 사이의 오차이다.

```
> cross_table

            setosa versicolor virginica
  setosa        40          0         0
  versicolor     0         35         2
  virginica      0          3        32
>
> print(rf_model)

Call:
 randomForest(formula = Species ~ ., data = train, ntree = 100,       proximity = TRUE)
               Type of random forest: classification
                     Number of trees: 100
No. of variables tried at each split: 2

        OOB estimate of  error rate: 4.46%
Confusion matrix:
           setosa versicolor virginica class.error
setosa         40          0         0  0.00000000
versicolor      0         35         3  0.07894737
virginica       0          2        32  0.05882353
```

(6) plot( )으로 트리 수(ntree)에 따른 종속변수(Species)의 범주별 오분류율을 확인할 수 있으며, 그래프는 세 가지 품종에 대한 오분류와 전체 오분류율에 대한 결과를 보여준다.

```
> plot(rf_model)
```

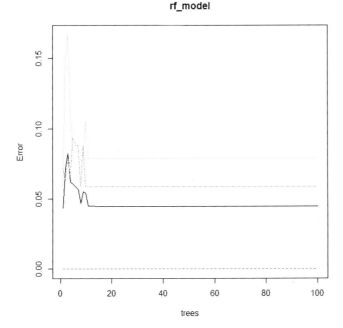

(7) 붓꽃의 품종을 결정짓는 데 영향을 미치는 변수들 중 어떤 변수가 더 영향을 미치는지 확인하기 위해 importance( )와 varImpPlot( ) 함수를 이용한다. Petal.Length(34.3) → Petal.Width(31.5) → Sepal. Length(6.3)→Sepal.Width(1.8)의 순으로 변수의 중요도가 확인된다. 지니지수[또는 지니계수(Gini Index), 그래프 결과에서 MeanDecreaseGini 값]는 노드의 불순도(Impurity, 불확실성, Uncertainty)를 나타내는 값으로 데이터의 통계적 분산 정도를 정량화해서 표현한 값이며, 지니지수가 높을수록 데이터가 분산되어 있음(불순도가 높음)을 의미한다. 랜덤포레스트 분류에서는 불순도의 감소가 클수록 순수도(Homogeneity)가 증가하여 해당 변수로부터 분할이 일어날 때 불순도의 감소가 얼마나 일어나는지를 나타내는 지니지수를 이용한다.

```
> importance(rf_model)
          MeanDecreaseGini
Sepal.Length      6.254300
Sepal.Width       1.813532
Petal.Length     34.262190
Petal.Width      31.487121
>
> varImpPlot(rf_model)
```

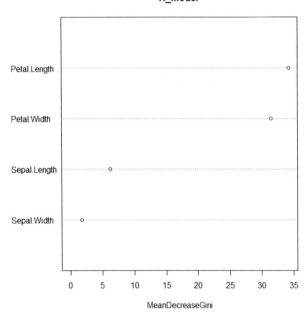

(8) plot( )과 margin( ) 명령어로 전체 데이터(150개) 중 70%(105개)의 분류 결과를 확인한다. 마진(margin)은 랜덤포레스트의 분류기 가운데 정분류를 수행한 비율에서 다른 클래스로 분류한 비율의 최대치를 뺀 값이며, 양(positive)의 마진은 정확한 분류, 음(negative)은 잘못 분류한 결과이다. 105개 중 5개 항목이 잘못 분류되었음이 확인된다.

```
> plot(margin(rf_model))
```

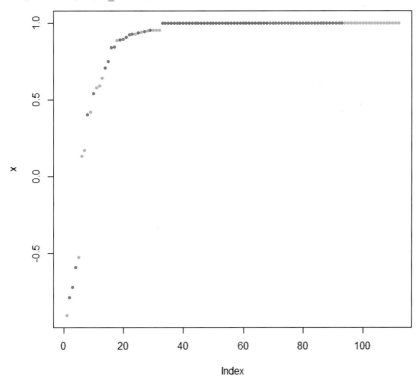

(9) 구축 모형(rf_model)을 검증용 데이터(test, 45개 데이터)에 적용한 결과는 다음과 같다. 검증용 데이터에 대한 분류결과의 정확도는 94.7%이다.

```
> predict <- predict(rf_model, newdata=test)
> cross_table <- table(predict, test$Species)
> cross_table

predict      setosa versicolor virginica
  setosa        10          0         0
  versicolor     0         12         2
  virginica      0          0        14
>
> accuracy <- sum(diag(cross_table)) / sum(cross_table) * 100
> accuracy
[1] 94.73684
>
> error <- 100 - accuracy
> error
[1] 5.263158
```

(10) train( ) 함수를 이용한 랜덤포레스트 모형

① "caret" 패키지의 train( ) 함수를 이용한 랜덤포레스트 모형을 구축한다. iris에서 훈련용(train)과 검증용 (test) 데이터를 분류한다.

```
> set.seed(1234)
> ids <- sample(2, nrow(iris), replace=TRUE, prob=c(0.7, 0.3))
>
> train <- iris[ids==1, ]
> test <- iris[iris==2, ]
```

② train( ) 함수와 훈련용 데이터(train)를 이용하여 모형(rf_model)을 구축한다.

> **train(종속변수~., data=, method="rf", trControl=trainControl( ), prox=, allowParallel=)**
> - 종속변수 : 분류 및 예측 변수
> - data : 훈련용 데이터
> - method="rf" : 랜덤포레스트 지정
> - trControl=trainControl( ) : 5-fold 교차검증 방법(cv; cross-validation)
> - prox : 객체들 간의 근접도 행렬 제공(proximity)
> - allowParallel : 병렬처리 지정

```
> rf_model <- train(Species~., data=train, method="rf", trControl=trainControl(method="cv", number=5), prox=TRUE, allowParallel=TRUE)
> print(rf_model)
Random Forest

112 samples
  4 predictor
  3 classes: 'setosa', 'versicolor', 'virginica'

No pre-processing
Resampling: Cross-Validated (5 fold)
Summary of sample sizes: 89, 89, 91, 90, 89
Resampling results across tuning parameters:

  mtry  Accuracy   Kappa
  2     0.9540373  0.9308600
  3     0.9635611  0.9450963
  4     0.9635611  0.9450963

Accuracy was used to select the optimal model using the largest value.
The final value used for the model was mtry = 3.
```

③ 구축 모형의 항목(rf_model$finalModel)을 이용하여 모형의 정확도(100-5.36=94.64%)를 평가한다.

```
> print(rf_model$finalModel)

Call:
 randomForest(x = x, y = y, mtry = min(param$mtry, ncol(x)), proximity = TRUE,    allowParallel = TRUE)
               Type of random forest: classification
                     Number of trees: 500
No. of variables tried at each split: 3

        OOB estimate of  error rate: 5.36%
Confusion matrix:
           setosa versicolor virginica class.error
setosa         40          0         0  0.00000000
versicolor      0         35         3  0.07894737
virginica       0          3        31  0.08823529
```

④ 정확도를 그래프로 확인하며, 검증용 데이터에 대한 모형 적용 결과, 정확도는 94.7%이다.

```
> plot(rf_model)
```

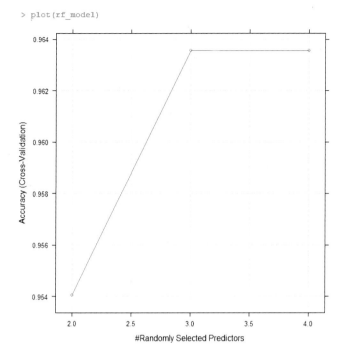

```
> predict <- predict(rf_model, newdata=test)
> cross_table <- table(predict, test$Species)
> cross_table

predict      setosa versicolor virginica
  setosa         10          0         0
  versicolor      0         12         2
  virginica       0          0        14
>
> accuracy <- sum(diag(cross_table)) / sum(cross_table) * 100
> accuracy
[1] 94.73684
>
> error <- 100 - accuracy
> error
[1] 5.263158
```

(11) cforest( ) 함수를 이용한 랜덤포레스트 모형

① "party" 패키지의 cforest( ) 함수 이용 방법은 다음과 같다. 종속변수와 훈련용 데이터를 이용하여 모형을 구
축(rf_model)한다.

> **cforest(종속변수~., data=)**
> • 종속변수 : 분류 및 예측 변수
> • data : 훈련용 데이터

```
> install.packages("party")
'TH.data', 'libcoin', 'matrixStats', 'multcomp', 'modeltools', 'strucchange', 'coin', 'sandwic$

URL 'https://cran.yu.ac.kr/bin/windows/contrib/4.2/TH.data_1.1-1.zip'을 시도합니다
Content type 'application/zip' length 8806879 bytes (8.4 MB)
downloaded 8.4 MB

URL 'https://cran.yu.ac.kr/bin/windows/contrib/4.2/libcoin_1.0-9.zip'을 시도합니다
Content type 'application/zip' length 959979 bytes (937 KB)
downloaded 937 KB

URL 'https://cran.yu.ac.kr/bin/windows/contrib/4.2/matrixStats_0.62.0.zip'을 시도합니다
Content type 'application/zip' length 503228 bytes (491 KB)
downloaded 491 KB

URL 'https://cran.yu.ac.kr/bin/windows/contrib/4.2/multcomp_1.4-19.zip'을 시도합니다
Content type 'application/zip' length 742556 bytes (725 KB)
downloaded 725 KB

URL 'https://cran.yu.ac.kr/bin/windows/contrib/4.2/modeltools_0.2-23.zip'을 시도합니다
Content type 'application/zip' length 208064 bytes (203 KB)
downloaded 203 KB

URL 'https://cran.yu.ac.kr/bin/windows/contrib/4.2/strucchange_1.5-3.zip'을 시도합니다
Content type 'application/zip' length 947297 bytes (925 KB)
downloaded 925 KB

URL 'https://cran.yu.ac.kr/bin/windows/contrib/4.2/coin_1.4-2.zip'을 시도합니다
Content type 'application/zip' length 1423988 bytes (1.4 MB)
downloaded 1.4 MB

URL 'https://cran.yu.ac.kr/bin/windows/contrib/4.2/sandwich_3.0-2.zip'을 시도합니다
Content type 'application/zip' length 1453269 bytes (1.4 MB)
downloaded 1.4 MB

URL 'https://cran.yu.ac.kr/bin/windows/contrib/4.2/party_1.3-10.zip'을 시도합니다
Content type 'application/zip' length 890206 bytes (869 KB)
downloaded 869 KB

> library(party)
필요한 패키지를 로딩중입니다: grid
필요한 패키지를 로딩중입니다: mvtnorm
필요한 패키지를 로딩중입니다: modeltools
필요한 패키지를 로딩중입니다: stats4
필요한 패키지를 로딩중입니다: strucchange
필요한 패키지를 로딩중입니다: zoo
> set.seed(1234)
> ids <- sample(2, nrow(iris), replace=TRUE, prob=c(0.7, 0.3))
>
> train <- iris[ids==1,]

> test <- iris[ids==2,]
>
> rf_model <- cforest(Species~., data=train)

> rf_model

          Random Forest using Conditional Inference Trees

Number of trees:  500

Response:  Species
Inputs: Sepal.Length, Sepal.Width, Petal.Length, Petal.Width
Number of observations:  112
```

② 구축 모형(rf_model)을 검증 데이터에 적용한 결과, 94.7%의 정확도(에러율＝5.3%)를 확인할 수 있다.

```
> predict <- predict(rf_model, newdata=test, OOB=TRUE, type="response")
> predict
 [1] setosa     setosa     setosa     setosa     setosa     setosa     setosa     setosa     setosa
[10] setosa     versicolor versicolor versicolor versicolor versicolor versicolor versicolor versicolor
[19] versicolor versicolor versicolor versicolor virginica  virginica  virginica  virginica  versicolor
[28] virginica  virginica  virginica  virginica  virginica  virginica  versicolor virginica  virginica  virginica
[37] virginica  virginica
Levels: setosa versicolor virginica
> cross_table <- table(predict, test$Species)
> cross_table

predict      setosa versicolor virginica
  setosa        10         0         0
  versicolor     0        12         2
  virginica      0         0        14
> accuracy <- sum(diag(cross_table)) / sum(cross_table) * 100
> accuracy
[1] 94.73684
> error <- 100 - accuracy

> error
[1] 5.263158
```

③ plot(predict) 함수로 각 품종에 대한 예측 결과를 확인한다. setosa 품종은 10개, versicolor와 virginica 품종은 각각 14개이다.

```
> plot(predict)
```

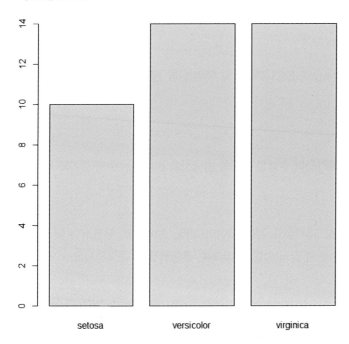

01 다음은 PimaIndiansDiabetes 데이터이다. PimaIndiansDiabetes는 9개의 변수와 768개의 데이터로 이루어져 있으며, 미국 애리조나 주(또는 멕시코)에 거주하였던 피마 인디언들에 대한 당뇨병 발생 요인 분석 자료이다. 종속변수(diabetes, 당뇨병 여부)의 분류 예측을 위한 앙상블 분석모형을 수행하시오.

(1) bagging( ) 함수를 이용(반복횟수(mfinal)=10)하여 종속변수(diabetes, 당뇨병 진단)를 분류[pos(양성), neg(음성)] 하시오. 배깅 모형(bag)을 이용하여 변수의 중요도를 평가(bag$importance)하고 최종적인 분류 결괏값(bag$trees[[10]])을 출력하시오. plot( )과 text( ) 함수를 이용하여 의사결정나무 분류결과를 그림으로 나타내시오.

(2) predict( ) 함수를 이용하여 배깅 분류모형(bag)의 성능(정확도 및 에러율)을 평가하고 혼동행렬 결괏값을 출력하시오.

(3) 배깅모형에서 반복횟수(mfinal)를 100으로 증가하여 수행한 결과를 출력하고 mfinal=10의 결과와 비교하시오.

(4) mfinal=100으로 지정하고 훈련 데이터(70%, 538명)와 검증 데이터(30%, 230명)로 구분하여 배깅 모형(bag_model)을 구축한 후, 검증 데이터에 대한 성능분석 결과(정확도, 에러율, 혼동행렬)를 출력하시오.

(5) boosting( ) 함수를 이용(AdaBoosting 알고리즘 적용)하여 부스팅 모형(boosting_model)을 구축(mfinal=10)하시오. 구축된 모형을 이용하여 변수의 중요도(boosting_model$importance)와 최종적인 분류 결괏값(boosting_model$trees[[10]])을 출력하시오. plot( )과 text( ) 함수를 이용하여 의사결정나무 분류결과를 그림으로 나타내시오.

(6) predict( ) 함수를 이용하여 부스팅 분류모형(boosting_model)의 성능(정확도 및 에러율)을 평가하고 혼동행렬 결괏값을 출력하시오.

(7) mfinal=100으로 지정하고 훈련 데이터(70%, 538명)와 검증 데이터(30%, 230명)로 구분하여 부스팅 모형 (boosting_model)을 구축하고 검증 데이터들에 대한 성능분석 결과(정확도, 에러율, 혼동행렬)를 출력하시오.

(8) Ada 알고리즘을 적용한 부스팅 모형(adamodel)을 구축하시오[단, pima 데이터에서 (pos, neg)의 두 가지 종속 변수(diabetes)를 고려하고, 훈련용(70%) 및 검증용(30%) 데이터로 구분하여 검증용 데이터에 대한 수행 결과 (OOB 에러율 및 정확도)를 출력하시오].

(9) Ada 알고리즘을 적용한 모형(adamodel)의 결과로부터 plot( ) 함수를 이용하여 오차와 일치도를 평가(Kappa Coefficient)하고 varplot( ) 함수를 이용하여 변수의 중요도를 그래프로 표현하시오.

(10) Ada 알고리즘을 적용한 모형(adamodel)의 결과로부터 pairs( ) 함수를 이용하여 두 가지 분류 예측 변수(pos, neg)에 대한 분류 결과를 주요 네 가지 변수(maxvar=4)에 대하여 확인하시오.

(11) 랜덤포레스트 모형(rf_model) 구축 함수인 randomForest( )를 이용한 성능분석 결과(혼동행렬, OOB 에러율 및 정확도)를 출력하시오. 데이터는 훈련용(70%)과 검증용(30%)으로 구분하고 검증용 데이터에 대한 분석 결과를 출력한다.

(12) 랜덤포레스트 모형(rf_model)에 대한 수행결과(범주별 오분류율)를 plot( ) 함수를 이용하여 그래프로 출력하시오.

(13) 랜덤포레스트 수행 결과로부터 변수의 중요도 평가 결과를 impotance( )와 varImpPlot( ) 함수를 이용하여 나타 내시오.

(14) 랜덤포레스트 수행 결과로부터 분류 결과를 plot( ), margin( ) 함수를 이용하여 나타내시오.

(15) "**caret**" 패키지를 이용한 랜덤포레스트 모형 수행 결과(train( ) 함수 이용, 정확도, plot( ) 함수 수행 출력)를 출력하시오. 훈련용(70%)과 검증용(30%) 데이터로 구분하고 검증용 데이터에 대한 모형 분석 결과를 나타낸다.

(16) "**party**" 패키지를 이용한 랜덤포레스트 모형 수행 결과(cforest( ) 함수 이용, 정확도, plot( ) 함수 수행 결과)를 출력하시오.

• 필요한 패키지 및 라이브러리

> install.packages("mlbench")
> library(mlbench)

• 9개의 변수
  − pregnant : 임신 횟수
  − glucose : 포도당 부하 검사 수치(혈당 농도)
  − pressure : 최소 혈압(mm Hg)
  − triceps : 피하지방 측정값(mm)
  − insulin : 혈청 인슐린 측정값(mm U/ml)
  − mass : 체질량 지수(BMI＝몸무게(kg)/키(m²))
  − pedigree : 당뇨 내역 가중치 값
  − age : 나이
  − diabetes : 당뇨 여부(pos(1, 양성) 또는 neg(0, 음성))
• 총 768개의 데이터 : 양성(pos)＝268, 음성(neg)＝500개의 데이터로 구성

```
> install.packages("mlbench")
URL 'https://cran.yu.ac.kr/bin/windows/contrib/4.2/mlbench_2.1-3.zip'을 시도합니다
Content type 'application/zip' length 1054232 bytes (1.0 MB)
downloaded 1.0 MB

패키지 'mlbench'를 성공적으로 압축해제하였고 MD5 sums 이 확인되었습니다

다운로드된 바이너리 패키지들은 다음의 위치에 있습니다
        C:\tmp\Rtmp4kkxcc\downloaded_packages
> library(mlbench)
>
> data(PimaIndiansDiabetes)
> pima <- PimaIndiansDiabetes
>
> head(pima)
  pregnant glucose pressure triceps insulin mass pedigree age diabetes
1        6     148       72      35       0 33.6    0.627  50      pos
2        1      85       66      29       0 26.6    0.351  31      neg
3        8     183       64       0       0 23.3    0.672  32      pos
4        1      89       66      23      94 28.1    0.167  21      neg
5        0     137       40      35     168 43.1    2.288  33      pos
6        5     116       74       0       0 25.6    0.201  30      neg
>
> summary(PimaIndiansDiabetes)
    pregnant         glucose         pressure         triceps         insulin           mass
 Min.   : 0.000   Min.   :  0.0   Min.   :  0.00   Min.   : 0.00   Min.   :  0.0   Min.   : 0.00
 1st Qu.: 1.000   1st Qu.: 99.0   1st Qu.: 62.00   1st Qu.: 0.00   1st Qu.:  0.0   1st Qu.:27.30
 Median : 3.000   Median :117.0   Median : 72.00   Median :23.00   Median : 30.5   Median :32.00
 Mean   : 3.845   Mean   :120.9   Mean   : 69.11   Mean   :20.54   Mean   : 79.8   Mean   :31.99
 3rd Qu.: 6.000   3rd Qu.:140.2   3rd Qu.: 80.00   3rd Qu.:32.00   3rd Qu.:127.2   3rd Qu.:36.60
 Max.   :17.000   Max.   :199.0   Max.   :122.00   Max.   :99.00   Max.   :846.0   Max.   :67.10
    pedigree           age         diabetes
 Min.   :0.0780   Min.   :21.00   neg:500
 1st Qu.:0.2437   1st Qu.:24.00   pos:268
 Median :0.3725   Median :29.00
 Mean   :0.4719   Mean   :33.24
 3rd Qu.:0.6262   3rd Qu.:41.00
 Max.   :2.4200   Max.   :81.00
> dim(pima)
[1] 768   9
```

(1) bagging( ) 함수를 이용(반복회수(mfinal)＝10)하여 종속변수[diabetes, 당뇨병 진단]를 분류(pos(양성), neg(음성)]하는 모형(bag)을 구축한다. bag$importance 출력 결과, glucose(49.6)＞age(16)＞mass(16.5)＞pedigree(7.3) 순으로 평가된다. plot( )과 text( ) 함수를 이용하여 의사결정나무 분류결과를 시각화(bag$trees[[10]])하여 나타낸다. 주요 변수 순으로 분류모형이 구축됨을 알 수 있다.

```
> bag <- bagging(diabetes~., data=pima, mfinal=10)
> bag$importance
          age    glucose     insulin       mass   pedigree    pregnant   pressure    triceps
15.7786124 49.6365328  0.5973575 16.4802752  7.2910683  2.6108245  6.0980693  1.5072600
> bag$trees[[10]]
n= 768

node), split, n, loss, yval, (yprob)
      * denotes terminal node

 1) root 768 284 neg (0.63020833 0.36979167)
   2) glucose< 127.5 473  98 neg (0.79281184 0.20718816)
     4) age< 28.5 260  24 neg (0.90769231 0.09230769) *
     5) age>=28.5 213  74 neg (0.65258216 0.34741784)
      10) glucose< 99.5 79  12 neg (0.84810127 0.15189873) *
      11) glucose>=99.5 134  62 neg (0.53731343 0.46268657)
        22) mass< 26.25 17   0 neg (1.00000000 0.00000000) *
        23) mass>=26.25 117  55 neg (0.47008547 0.52991453)
          46) pedigree< 0.5485 82  34 neg (0.58536585 0.41463415)
            92) pressure>=67 60  17 neg (0.71666667 0.28333333)
             184) pregnant>=2.5 51  10 neg (0.80392157 0.19607843) *
             185) pregnant< 2.5 9   2 pos (0.22222222 0.77777778) *
            93) pressure< 67 22   5 pos (0.22727273 0.77272727) *
          47) pedigree>=0.5485 35   7 pos (0.20000000 0.80000000) *
   3) glucose>=127.5 295 109 pos (0.36949153 0.63050847)
     6) mass< 29.85 78  28 neg (0.64102564 0.35897436)
      12) age>=53.5 19   1 neg (0.94736842 0.05263158) *
      13) age< 53.5 59  27 neg (0.54237288 0.45762712)
        26) age< 41 47  16 neg (0.65957447 0.34042553) *
        27) age>=41 12   1 pos (0.08333333 0.91666667) *
     7) mass>=29.85 217  59 pos (0.27188940 0.72811060)
      14) age< 30.5 83  36 pos (0.43373494 0.56626506)
        28) pressure>=77 30   7 neg (0.76666667 0.23333333) *
        29) pressure< 77 53  13 pos (0.24528302 0.75471698)
          58) pedigree< 0.183 7   2 neg (0.71428571 0.28571429) *
          59) pedigree>=0.183 46   8 pos (0.17391304 0.82608696) *
      15) age>=30.5 134  23 pos (0.17164179 0.82835821)
        30) pedigree>=1.407 7   1 neg (0.85714286 0.14285714) *
        31) pedigree< 1.407 127  17 pos (0.13385827 0.86614173) *

> plot(bag$trees[[10]])
> text(bag$trees[[10]])
```

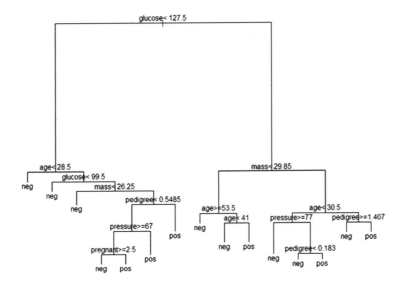

(2) 배깅 분류모형(bag)의 정확도＝85.7%, 에러율＝14.3%이며 혼동행렬의 결과와 일치한다.

```
> predict_bag <- predict(bag, newdata=pima)
> cross_table <- table(predict_bag$class, pima[,9])
> cross_table

      neg pos
  neg 456  66
  pos  44 202
> accuracy <-sum(diag(cross_table)) / sum(cross_table) * 100
> accuracy
[1] 85.67708
> error <- 100 - accuracy
> error
[1] 14.32292
> confusionMatrix(cross_table)
Confusion Matrix and Statistics

      neg pos
  neg 456  66
  pos  44 202

               Accuracy : 0.8568
                 95% CI : (0.83, 0.8808)
    No Information Rate : 0.651
    P-Value [Acc > NIR] : < 2e-16

                  Kappa : 0.6787

 Mcnemar's Test P-Value : 0.04526

            Sensitivity : 0.9120
            Specificity : 0.7537
         Pos Pred Value : 0.8736
         Neg Pred Value : 0.8211
             Prevalence : 0.6510
         Detection Rate : 0.5938
   Detection Prevalence : 0.6797
      Balanced Accuracy : 0.8329

       'Positive' Class : neg
```

(3) 배깅모형에서 반복횟수(mfinal)를 100으로 증가하여 수행한 결과, mfinal＝10의 결과(85.7%)와 비교하여 정확도＝85.5%
로 거의 동일함을 알 수 있다.

```
> bag <- bagging(diabetes~., data=pima, mfinal=100)
> bag$importance
      age  glucose  insulin     mass pedigree pregnant pressure  triceps
12.263315 49.920933 2.414311 16.597515 8.559205 3.306629 4.642219 2.295873
> plot(bag$trees[[10]])
> text(bag$trees[[10]])
```

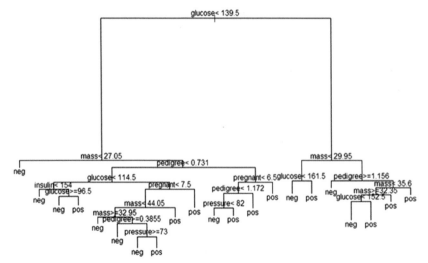

```
> predict_bag <- predict(bag, newdata=pima)
> cross_table <- table(predict_bag$class, pima[,9])
> cross_table

      neg pos
  neg 464  75
  pos  36 193
> accuracy <-sum(diag(cross_table)) / sum(cross_table) * 100
> accuracy
[1] 85.54688
> error <- 100 - accuracy
> error
[1] 14.45312
> confusionMatrix(cross_table)
Confusion Matrix and Statistics


      neg pos
  neg 464  75
  pos  36 193

               Accuracy : 0.8555
                 95% CI : (0.8286, 0.8796)
    No Information Rate : 0.651
    P-Value [Acc > NIR] : < 2e-16

                  Kappa : 0.6708

 Mcnemar's Test P-Value : 0.00031

            Sensitivity : 0.9280
            Specificity : 0.7201
         Pos Pred Value : 0.8609
         Neg Pred Value : 0.8428
             Prevalence : 0.6510
         Detection Rate : 0.6042
   Detection Prevalence : 0.7018
      Balanced Accuracy : 0.8241

       'Positive' Class : neg
```

(4) mfinal=100으로 지정하고 훈련 데이터(70%, 538명)와 검증 데이터(30%, 230명)로 구분하여 배깅 모형을 구축(bag_model)한 후, 검증 데이터에 대한 성능분석 결과(정확도, 에러율, 혼동행렬)를 출력하면 다음과 같다. 분석 결과, 정확도 =74.9%, 에러율=25.1%이다.

```
> set.seed(1234)
> ids <- sample(1:nrow(pima), as.integer(0.7*nrow(pima)))
> train <- pima[ids, ]
> test <- pima[-ids, ]
>
> bag_model <- bagging(diabetes~., data=train, mfinal=100)
> bag_model$importance
      age  glucose   insulin     mass  pedigree  pregnant  pressure   triceps
10.759443 49.728719  3.749309 14.376124 11.417905  3.837453  3.297962  2.833085
> model <- predict(bag_model, test)
> new <- data.frame(actual = test$diabetes)
> new$predict <- model$class
> head(new)
  actual predict
1    pos     pos
2    pos     pos
3    neg     neg
4    pos     neg
5    neg     neg
6    pos     pos
> cross_table <- table(new$predict, new$actual)
> cross_table

      neg pos
  neg 120  39
  pos  19  53
> accuracy <- sum(diag(cross_table)) / sum(cross_table) * 100
> accuracy
[1] 74.89177
> error <- 100 - accuracy
> error
[1] 25.10823
```

```
> confusionMatrix(cross_table)
Confusion Matrix and Statistics

       neg pos
  neg  120  39
  pos   19  53

               Accuracy : 0.7489
                 95% CI : (0.6878, 0.8035)
    No Information Rate : 0.6017
    P-Value [Acc > NIR] : 1.806e-06

                  Kappa : 0.4562

 Mcnemar's Test P-Value : 0.0126

            Sensitivity : 0.8633
            Specificity : 0.5761
         Pos Pred Value : 0.7547
         Neg Pred Value : 0.7361
             Prevalence : 0.6017
         Detection Rate : 0.5195
   Detection Prevalence : 0.6883
      Balanced Accuracy : 0.7197

       'Positive' Class : neg
```

(5) boosting( ) 함수를 이용(AdaBoosting 알고리즘 적용)하여 부스팅 모형(boosting_model)을 구축(mfinal＝10)한다. 구축된 모형을 이용하여 변수의 중요도(boosting_model$importance)를 평가하면 glucose(25.5)＞age(12.6)＞mass(19.1)＞pedigree(16.9) 순으로 평가된다. plot( )과 text( ) 함수를 이용하여 의사결정나무 분류결과를 시각화(boosting_model$trees[[10]])하여 나타낸다. 주요 변수 순으로 분류모형이 구축됨을 알 수 있다.

```
> boosting_model <- boosting(diabetes~., data=pima, boos=TRUE, mfinal=10)
> boosting_model$importance
       age   glucose   insulin      mass  pedigree  pregnant  pressure    triceps
 12.636436 25.547182  7.072858 19.052962 16.921299  6.100465  8.554506   4.114293
> boosting_model$trees[[10]]
n= 768

node), split, n, loss, yval, (yprob)
      * denotes terminal node

  1) root 768 369 neg (0.51953125 0.48046875)
    2) glucose< 89.5 66  10 neg (0.84848485 0.15151515) *
    3) glucose>=89.5 702 343 pos (0.48860399 0.51139601)
      6) pedigree>=1.416 21   3 neg (0.85714286 0.14285714) *
      7) pedigree< 1.416 681 325 pos (0.47723935 0.52276065)
       14) mass< 26.35 98  36 neg (0.63265306 0.36734694)
         28) pregnant< 2.5 35   1 neg (0.97142857 0.02857143) *
         29) pregnant>=2.5 63  28 pos (0.44444444 0.55555556)
           58) pressure>=73 17   2 neg (0.88235294 0.11764706) *
           59) pressure< 73 46  13 pos (0.28260870 0.71739130)
            118) glucose< 106 8   0 neg (1.00000000 0.00000000) *
            119) glucose>=106 38   5 pos (0.13157895 0.86842105) *
       15) mass>=26.35 583 263 pos (0.45111492 0.54888508)
         30) pedigree< 0.7335 489 234 pos (0.47852761 0.52147239)
           60) pedigree>=0.279 278 126 neg (0.54676259 0.45323741)
            120) pedigree< 0.3095 48   9 neg (0.81250000 0.18750000) *
            121) pedigree>=0.3095 230 113 pos (0.49130435 0.50869565)
              242) pressure< 59 24   2 neg (0.91666667 0.08333333) *
              243) pressure>=59 206  91 pos (0.44174757 0.55825243)
                486) glucose< 167.5 185  89 pos (0.48108108 0.51891892)
                  972) insulin>=100.5 89  34 neg (0.61797753 0.38202247)
                   1944) pedigree>=0.6895 16   0 neg (1.00000000 0.00000000) *
                   1945) pedigree< 0.6895 73  34 neg (0.53424658 0.46575342)
                     3890) mass>=42.6 13   1 neg (0.92307692 0.07692308) *
                     3891) mass< 42.6 60  27 pos (0.45000000 0.55000000)
                       7782) triceps< 37 41  17 neg (0.58536585 0.41463415)
                        15564) insulin< 126.5 8   0 neg (1.00000000 0.00000000) *
                        15565) insulin>=126.5 33  16 pos (0.48484848 0.51515152)
                          31130) insulin>=167.5 19   5 neg (0.73684211 0.26315789)
                          31131) insulin< 167.5 14   2 pos (0.14285714 0.85714286) *
                       7783) triceps>=37 19   3 pos (0.15789474 0.84210526) *
                  973) insulin< 100.5 96  34 pos (0.35416667 0.64583333)
                   1946) pressure>=81 22   6 neg (0.72727273 0.27272727) *
                   1947) pressure< 81 74  18 pos (0.24324324 0.75675676)
                487) glucose>=167.5 21   2 pos (0.09523810 0.90476190) *
           61) pedigree< 0.279 211  82 pos (0.38862559 0.61137441)
            122) age>=53 21   5 neg (0.76190476 0.23809524) *
            123) age< 53 190  66 pos (0.34736842 0.65263158)
              246) glucose>=102.5 167  64 pos (0.38323353 0.61676647)
                492) glucose< 107 14   2 neg (0.85714286 0.14285714) *
                493) glucose>=107 153  52 pos (0.33986928 0.66013072) *
              247) glucose< 102.5 23   2 pos (0.08695652 0.91304348) *
         31) pedigree>=0.7335 94  29 pos (0.30851064 0.69148936)
           62) mass>=44.05 12   4 neg (0.66666667 0.33333333) *
           63) mass< 44.05 82  21 pos (0.25609756 0.74390244) *
```

```
> plot(boosting_model$trees[[10]])
> text(boosting_model$trees[[10]])
```

glucose< 89.5

neg

pedigree>=1.416

neg

mass< 26.35

pregnant< 2.5
pressure>=73
neg
glucose< 106
neg
neg pos

pedigree>=0.279

pedigree< 0.7335

mass>=44.05
neg pos

pedigree< 0.3095
pressure< 59
neg

age>=53
glucose< 102.5
neg glucose< 107
pos
neg pos

glucose< 167.5
insulin>=166.5
pos

pedigree>=0.6895
mass>=42.6
neg
triceps< 37
neg insulin< 126.5
insulin>=167.5
neg pos
pressure>=81
neg pos

neg pos

(6) predict( ) 함수를 이용하여 평가한 Boosting 모형(boosting_model)의 정확도＝94%, 에러율＝6%이다.

```
> predict_boosting <- predict(boosting_model, newdata=pima)
> cross_table <- table(predict_boosting$class, pima[,9])
> cross_table

      neg pos
  neg 481  27
  pos  19 241
> accuracy <- sum(diag(cross_table)) / sum(cross_table) * 100
> accuracy
[1] 94.01042
> error <- 100 - accuracy
> error
[1] 5.989583
> confusionMatrix(cross_table)
Confusion Matrix and Statistics

      neg pos
  neg 481  27
  pos  19 241

               Accuracy : 0.9401
                 95% CI : (0.9209, 0.9558)
    No Information Rate : 0.651
    P-Value [Acc > NIR] : <2e-16

                  Kappa : 0.8673

 Mcnemar's Test P-Value : 0.302

            Sensitivity : 0.9620
            Specificity : 0.8993
         Pos Pred Value : 0.9469
         Neg Pred Value : 0.9269
             Prevalence : 0.6510
         Detection Rate : 0.6263
   Detection Prevalence : 0.6615
      Balanced Accuracy : 0.9306

       'Positive' Class : neg
```

(7) 훈련 데이터와 검증용 데이터를 구분하여 모형을 구축한 후, 평가한 결과 검증 데이터에 대한 분류모형의 정확도＝69.7%, 에러율＝30.3%이다.

```
> set.seed(1234)
> ids <- sample(1:nrow(pima), as.integer(0.7*nrow(pima)))
> train <- pima[ids, ]
> test <- pima[-ids, ]
>
> boosting_model <- boosting(diabetes~., data=train, mfinal=100)
> boosting_model$importance
      age   glucose   insulin      mass  pedigree  pregnant  pressure   triceps
12.883402 18.708425  7.106279 16.009763 19.900241  7.518890 10.522253  7.350748
> plot(boosting_model$trees[[100]])
> text(boosting_model$trees[[100]])
```

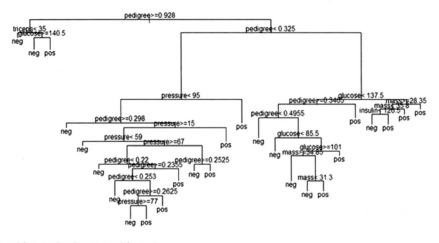

```
> model <- predict(boosting_model, test)
> new <- data.frame(actual = test$diabetes)
> new$predict <- model$class
> head(new)
  actual predict
1    pos     pos
2    pos     pos
3    neg     neg
4    pos     neg
5    neg     neg
6    pos     pos
> cross_table <- table(new$predict, new$actual)
> cross_table

      neg pos
  neg 111  42
  pos  28  50
> accuracy <- sum(diag(cross_table)) / sum(cross_table) * 100
> accuracy
[1] 69.69697
> error <- 100 - accuracy
> error
[1] 30.30303
> confusionMatrix(cross_table)
Confusion Matrix and Statistics

      neg pos
  neg 111  42
  pos  28  50

               Accuracy : 0.697
                 95% CI : (0.6333, 0.7555)
    No Information Rate : 0.6017
    P-Value [Acc > NIR] : 0.001679

                  Kappa : 0.3511

 Mcnemar's Test P-Value : 0.120233

            Sensitivity : 0.7986
            Specificity : 0.5435
         Pos Pred Value : 0.7255
         Neg Pred Value : 0.6410
             Prevalence : 0.6017
         Detection Rate : 0.4805
   Detection Prevalence : 0.6623
      Balanced Accuracy : 0.6710

       'Positive' Class : neg
```

(8) ada( ) 함수를 이용하여 구축한 Ada 부스팅 모형(adamodel)의 OOB 에러율＝11%, 정확도＝66.7%이다.

```
> set.seed(1234)
> id <- sample(1:nrow(pima), as.integer(0.7*nrow(pima)))
> train <- pima[id, ]
> test <- pima[-id, ]
>
> adamodel <- ada(diabetes~., data=train, iter=20, nu=1, type="discrete")
> model <- addtest(adamodel, test[,-9], test$diabetes)
> model
Call:
ada(diabetes ~ ., data = train, iter = 20, nu = 1, type = "discrete")

Loss: exponential Method: discrete   Iteration: 20

Final Confusion Matrix for Data:
           Final Prediction
True value neg pos
       neg 352   9
       pos  14 162

Train Error: 0.043

Out-Of-Bag Error:  0.11  iteration= 20

Additional Estimates of number of iterations:

train.err1 train.kap1 test.errs2 test.kaps2
        19         19          4          4
```

```
> model <- predict(adamodel, test)
> new <- data.frame(actual=test$diabetes)
> new$predict <- model
> head(new)
  actual predict
1    pos     pos
2    pos     pos
3    neg     neg
4    pos     neg
5    neg     neg
6    pos     neg
> cross_table <- table(new$predict, new$actual)
> cross_table

      neg pos
  neg 114  52
  pos  25  40
> accuracy <- sum(diag(cross_table)) / sum(cross_table) * 100
> accuracy
[1] 66.66667
> error <- 100 - accuracy
> error
[1] 33.33333
> confusionMatrix(cross_table)
Confusion Matrix and Statistics

      neg pos
  neg 114  52
  pos  25  40

               Accuracy : 0.6667
                 95% CI : (0.6019, 0.7271)
    No Information Rate : 0.6017
    P-Value [Acc > NIR] : 0.024763

                  Kappa : 0.2682

 Mcnemar's Test P-Value : 0.003047

            Sensitivity : 0.8201
            Specificity : 0.4348
         Pos Pred Value : 0.6867
         Neg Pred Value : 0.6154
             Prevalence : 0.6017
         Detection Rate : 0.4935
   Detection Prevalence : 0.7186
      Balanced Accuracy : 0.6275

       'Positive' Class : neg
```

(9) plot( ) 함수를 이용하여 작성한 Kappa Coefficient 분석 결과, 훈련용 데이터와 비교하여 검증용 데이터에 대한 분류 정확도가 다소 낮다. varplot( )을 이용하여 변수의 중요도를 평가한 결과, pedigree, pressure, mass, glucose 순으로 평가된다.

```
> model <- addtest(adamodel, test[,-9], test$diabetes)
> plot(model, TRUE, TRUE)
```

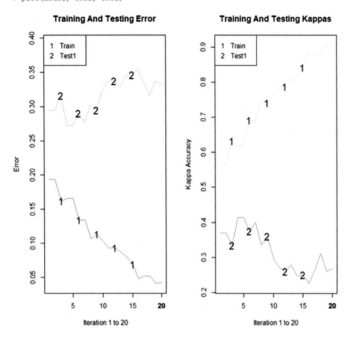

```
> varplot(model)
```

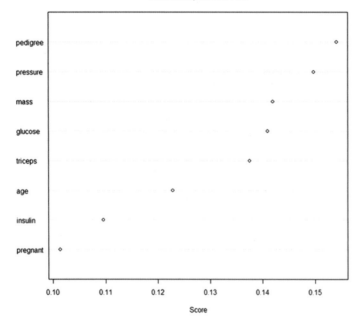

(10) pairs( ) 함수를 이용하여 예측 변수에 대한 분류 결과(주요 네가지 변수)를 훈련용 데이터와 검증용 데이터에 대해 나타내면 다음과 같다.

```
> pairs(model, train[,-9], maxvar=4)
```

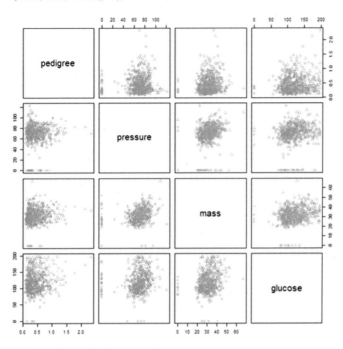

```
> pairs(model, test[,-9], maxvar=4)
```

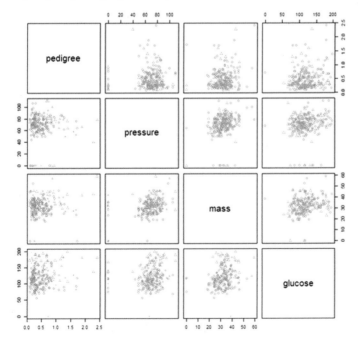

(11) randomForest( ) 함수를 이용한 랜덤포레스트 모형의 정확도＝73.2%, OOB 에러율＝25.5%이다.

```
> set.seed(1234)
> id <- sample(1:nrow(pima), as.integer(0.7*nrow(pima)))
> train <- pima[id, ]
> test <- pima[-id, ]
>
> rf_model <- randomForest(diabetes~., data=train, ntree=100, proximity=TRUE)
> print(rf_model)

Call:
 randomForest(formula = diabetes ~ ., data = train, ntree = 100,      proximity = TRUE)
               Type of random forest: classification
                     Number of trees: 100
No. of variables tried at each split: 2

        OOB estimate of  error rate: 25.51%
Confusion matrix:
    neg pos class.error
neg 309  52   0.1440443
pos  85  91   0.4829545
> new <- data.frame(actual=test$diabetes)
> new$predict <- predict(rf_model, test)
> head(new)
  actual predict
1    pos     pos
2    pos     pos
3    neg     neg
4    pos     neg
5    neg     neg
6    pos     pos
> cross_table <- table(new$predict, new$actual)
> cross_table

      neg pos
  neg 118  41
  pos  21  51


> confusionMatrix(cross_table)
Confusion Matrix and Statistics


      neg pos
  neg 118  41
  pos  21  51

               Accuracy : 0.7316
                 95% CI : (0.6696, 0.7876)
    No Information Rate : 0.6017
    P-Value [Acc > NIR] : 2.457e-05

                  Kappa : 0.4187

 Mcnemar's Test P-Value : 0.01582

            Sensitivity : 0.8489
            Specificity : 0.5543
         Pos Pred Value : 0.7421
         Neg Pred Value : 0.7083
             Prevalence : 0.6017
         Detection Rate : 0.5108
   Detection Prevalence : 0.6883
      Balanced Accuracy : 0.7016

       'Positive' Class : neg
```

(12) plot( ) 함수를 이용하여 항목별 트리의 수(trees)에 따른 오분류율을 나타낸다.

```
> plot(rf_model)
```

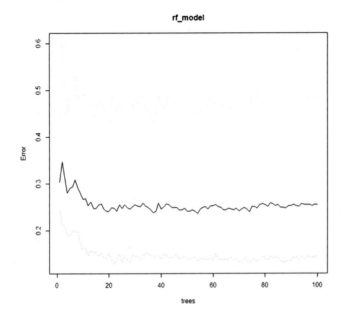

(13) 분류를 위한 주요 변수를 알아보기 위해 importance( ), varImpPlot( )을 이용한다. 분류를 위해 glucose, mass, age, pedigree 항목이 주요하게 작용되었음을 알 수 있다.

```
> importance(rf_model)
         MeanDecreaseGini
pregnant        18.94838
glucose         59.68063
pressure        19.72589
triceps         16.85891
insulin         18.62747
mass            36.58717
pedigree        30.52561
age             34.17873
>
> varImpPlot(rf_model)
```

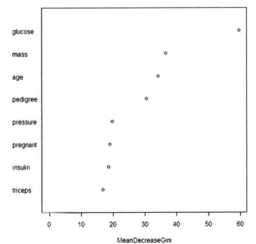

(14) plot( )과 margin( ) 명령어로 분류 결과를 확인한다. 마진(margin)은 랜덤포레스트의 분류기 가운데 정분류를 수행한 비율에서 다른 클래스로 분류한 비율의 최대치를 뺀 값이며, 양(positive)의 마진은 정확한 분류, 음(negative)은 잘못 분류한 결과이다.

```
> plot(margin(rf_model))
```

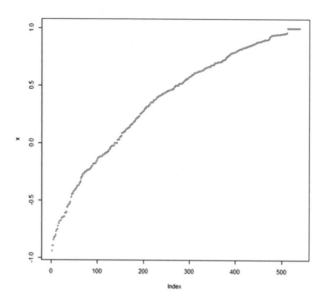

(15) train( ) 함수를 이용한 분류모형의 성능은 정확도＝74.03%(검증 데이터)이다.

```
> set.seed(1234)
> id <- sample(1:nrow(pima), as.integer(0.7*nrow(pima)))
> train <- pima[id, ]
> test <- pima[-id, ]
>
> trainmodel <- train(diabetes~., data=train, method="rf", trControl=trainControl(method="cv",number=5),prox=TRUE,allowParallel=TRUE)
> print(trainmodel)
Random Forest

537 samples
  8 predictor
  2 classes: 'neg', 'pos'

No pre-processing
Resampling: Cross-Validated (5 fold)
Summary of sample sizes: 430, 430, 430, 430, 428
Resampling results across tuning parameters:

  mtry  Accuracy   Kappa
  2     0.7617423  0.4275481
  5     0.7655835  0.4442224
  8     0.7674526  0.4510240

Accuracy was used to select the optimal model using the largest value.
The final value used for the model was mtry = 8.
> print(trainmodel$finalModel)

Call:
 randomForest(x = x, y = y, mtry = min(param$mtry, ncol(x)), proximity = TRUE,        allowParallel = TRUE)
               Type of random forest: classification
                     Number of trees: 500
No. of variables tried at each split: 8

        OOB estimate of  error rate: 23.84%
Confusion matrix:
    neg pos class.error
neg 311  50   0.1385042
pos  78  98   0.4431818
```

```
> plot(trainmodel)
```

```
> predict <- predict(trainmodel, newdata=test)
> cross_table <- table(predict, test$diabetes)
> cross_table

predict neg pos
    neg 116   37
    pos  23   55
> confusionMatrix(cross_table)
Confusion Matrix and Statistics


predict neg pos
    neg 116   37
    pos  23   55

                Accuracy : 0.7403
                  95% CI : (0.6787, 0.7956)
    No Information Rate : 0.6017
    P-Value [Acc > NIR] : 6.955e-06

                   Kappa : 0.4438

 Mcnemar's Test P-Value : 0.09329

             Sensitivity : 0.8345
             Specificity : 0.5978
          Pos Pred Value : 0.7582
          Neg Pred Value : 0.7051
              Prevalence : 0.6017
          Detection Rate : 0.5022
    Detection Prevalence : 0.6623
       Balanced Accuracy : 0.7162

        'Positive' Class : neg
```

(16) cforest( ) 함수를 이용한 분석모형의 정확도＝74.5%이다. plot( ) 함수를 이용하여 각 항목에 대한 분류 결과를 확인한다.

```
> set.seed(1234)
> id <- sample(1:nrow(pima), as.integer(0.7*nrow(pima)))
> train <- pima[id, ]
> test <- pima[-id, ]
>
> cforestmodel <- cforest(diabetes~., data=train)
> print(cforestmodel)

        Random Forest using Conditional Inference Trees

Number of trees:  500

Response:  diabetes
Inputs:  pregnant, glucose, pressure, triceps, insulin, mass, pedigree, age
Number of observations:  537

> predict <- predict(cforestmodel, newdata=test, OOB=TRUE, type="response")
> cross_table <- table(predict, test$diabetes)
> cross_table

predict neg pos
    neg 120  40
    pos  19  52
> confusionMatrix(cross_table)
Confusion Matrix and Statistics

predict neg pos
    neg 120  40
    pos  19  52

              Accuracy : 0.7446
                95% CI : (0.6833, 0.7995)
   No Information Rate : 0.6017
   P-Value [Acc > NIR] : 3.553e-06

                 Kappa : 0.4457

Mcnemar's Test P-Value : 0.00922

           Sensitivity : 0.8633
           Specificity : 0.5652
        Pos Pred Value : 0.7500
        Neg Pred Value : 0.7324
            Prevalence : 0.6017
        Detection Rate : 0.5195
  Detection Prevalence : 0.6926
     Balanced Accuracy : 0.7143

      'Positive' Class : neg

> plot(predict)
```

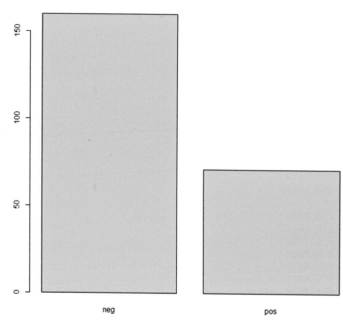

제8장
비모수 통계

1 비모수 통계 분석의 이해

(1) 비모수 통계 분석을 위하여 다음 패키지를 이용한다.

install.packages("BSDA")	#부호 검정(SIGN.test( ))
library(BSDA)	–

(2) 비모수 통계(Nonparametric Statistics, 非母數統計)는 통계학에서 모수에 대한 가정을 전제로 하지 않고 모집단의 형태에 관계없이 주어진 데이터에서 직접 확률을 계산하여 통계학적 검정을 하는 분석기법으로 다음과 같은 특징을 가진다.

① 가정을 만족시키지 못한 상태에서 그대로 모수(母數) 통계 분석을 함으로써 발생할 수 있는 오류를 줄일 수 있다.

② 질적척도(Qualitative Scale, 명목 및 서열척도의 경우 주로 해당, 자료를 평균으로 사용할 수 없으며, 측정하기는 쉽지만 고급 통계 분석이 어려움)로 측정된 자료도 분석 가능하다. 예를 들어 자료가 서열(순위) 척도로 주어지는 경우 순위를 이용한 비모수적 방법이 자료 분석에 있어 보다 더 유용하다.

③ 비교적 신속하고 쉽게 통계량을 구할 수 있으며, 결과에 대한 해석 및 이해가 용이하다. 즉, 통계량에 대해 직관적으로 이해하기 쉬워 깊은 수리적 이론 배경이 없이도 쉽게 접근이 가능하다.

④ 많은 표본을 추출하기 어려운 경우에 사용하기 적합하며, 통계량의 계산이 비교적 단순하다.

(3) 반면, 비모수적 통계 분석은 다음과 같은 한계점을 가진다.

① 비모수적 통계량의 분포와 대립가설하에서의 비모수적 검정 통계량의 분포가 복잡하여 정확한 소표본 분포가 아닌, 점근분포(Asymptotic Distribution)의 성질에 의존해야 하는 경우가 많다.

② 특정분포의 가정하에서 도출된 모수적 절차에 비해 그 특정분포하에서는 효율이 떨어진다.

③ 통계량의 계산이 단순하기는 하지만 지루하고, 단순 반복적 작업을 요구하는 경우가 많다.

(4) 일반적으로 모수적 방법을 적용할 수 없는 경우(즉, 정규성 검정에서 정규분포를 따르지 않거나 표본의 수가 10 이하인 소규모인 경우, 정규분포를 가정할 수 없는 경우, 중심극한정리를 적용할 수 없는 경우 등) 또는 자료를 크기 순으로 배열하여 순위를 매긴 후, 다음 순위의 합을 통해 차이를 서로 비교하고자 할 때 비모수적 통계 분석 방법을 이용한다.

(5) 분석대상의 변수 유형, 표본 수 및 대응 표본의 여부에 따라 아래와 같이 다양한 검정 방법이 사용된다.

〈비모수 가설 검정〉

구 분	1표본	대응 표본이 없음		대응 표본이 있음	
		2표본	다표본	2표본	다표본
연속변수 (정량척도)	(평균)t검정 (분포)S－W 검정 (분포)K－S 검정	(평균)t검정 (분산)F검정 (분포)K－S 검정	(평균)1원배치분산 분석 (분산)Bartlett 검정	(평균)t검정	2원배치 분산 분석
이산변수 (질적척도)	K－S 검정	(중심)윌콕슨 검정 (분산)A－B 검정 (분산)Mood 검정 (분포)K－S 검정	(중심)K－W 검정 (분산)F－K 검정	(대표값)부호 검정 (중심)윌콕슨 검정(부호부 순위합)	(중심)Friedman 검정 (중심)Quade 검정
분할표	이항검정	카이제곱 검정 Fisher(정확)검정	카이제곱 검정 Fisher(정확)검정 C－M－H 검정	(대표값)부호 검정 (독립성)McNemar 검정	Cochran Q검정

- A－B : Ansari－Bradley 검정
- C－M－H : Cochran－Mantel－Haenszei 검정
- F－K : Fligner－Killeen 검정
- K－S : Kolmogorov－Smirnov 검정
- K－W : Kruskal－Wallis (순위합) 검정
- S－W : Shapiro－Wilk 검정

(6) R에는 다양한 검정함수를 제공하며, "가설설정 → 유의수준 결정 → 검정통계량 계산(검정함수 이용) → 유의확률 계산 → 판정(유의확률이 유의수준보다 작으면 귀무가설 기각)"의 절차로 검정을 수행한다.

〈검정함수 및 귀무가설〉

검정 함수	검정 방법	귀무가설(H_0)
ansari.test( )	Ansari－Bradley 검정	두 모집단의 산포도가 같다.
bartlette.test( )	Bartlett 검정	각 집단의 모분산에 차이가 없다.
binom.test( )	이항 검정	표본비율이 모비율과 같다.
chisq.test( )	Pearson 카이제곱 검정	• 표본비율이 모비율과 같다(인수가 벡터인 경우) • 두 개의 요인이 독립이다(인수가 2x2 이상의 행렬인 경우).
cor.test( )	Spearman 순위상관계수	모상관이 0이다(서로 상관관계가 없다).
fisher.test( )	Fisher 직접확률 검정	두 개의 속성이 서로 독립이다.
fligner.test( )	Fligner－Killeen 검정	각 집단의 모분산에 차이가 없다.
friedman.test( )	Friedman 순위합 검정	각 집단의 분포의 중심위치에 차이가 없다(대응 표본이 있는 경우).
kruskal.test( )	Kruskal－Wallis 순위합 검정	각 집단의 분포의 중심위치에 차이가 없다(대응 표본이 없는 경우).
ks.test( )	Kolmogorov－Smirnov 검정	• 분포는 지정된 이론분포와 같다(1표본의 경우). • 두 분포는 같다(2표본의 경우).

mantelhaen.test( )	Cochran—Mantel—Haenszel 검정	두 조의 명의척도(대상을 수치화할 수 없고 단어나 이름만으로 나타내는 척도, 주로 명목척도) 데이터가 각 층별로 독립적이다.
mcnemar.test( )	McNemar 검정	모비율에 차이가 없다.
mood.test( )	Mood 검정	두 모집단의 산포도가 같다.
oneway.test( )	일원배치 분산 분석	각 집단의 모평균에 차이가 없다.
quade.test( )	Quade 검정	각 집단의 분포의 중심위치에 차이가 없다.
prop.test( )	비율의 동일성 검정	두 집단의 비율에 차이가 없다.
prop.trend.test( )	경향성 검정	집단 내에서 로그 오즈비(Odds ratio, Logit)의 변화가 없다.
shapiro.test( )	Shapiro—Wilk 정규성 검정	모집단 분포는 정규분포이다.
SIGN.test( )	부호 검정(Sign Test)	평균은 중앙값이다.
t.test( )	t 검정	• 표본평균이 모평균과 같다(1표본의 경우). • 두 집단의 평균에 차이가 없다(2표본의 경우).
var.test( )	F 검정	각 집단의 분산에 차이가 없다.
wilcox.test( )	월콕슨의 순위합 검정	• 표본 중앙값이 모 중앙값과 같다(1표본의 경우). • 두 집단의 중앙값에 차이가 없다(2표본의 경우).

2 가설 검정

(1) 부호 검정(Sign Test) : 부호 검정은 위치모수(평균, 중앙값 등)를 검정하기 위한 비모수적 방법으로서 검정통계량을 구하기 위해 관찰된 표본 중 평균(또는 중앙값)을 초과하는 수가 몇 개인지를 파악한다(부호 계산).

① 부호 검정을 위해 "BSDA" 패키지를 이용하고, SIGN.test(데이터, md＝평균 또는 중앙값, alternative＝대립가설) 함수를 이용한다.

② 예를 들어 x＝(25, 16, 44, 82, 36, 58, 18)의 데이터에 대한 귀무가설(평균은 35이다) 및 대립가설(평균은 35보다 크다)에 대한 부호 검정 결과(md＝35, alternative＝"greater")는 다음과 같다. 검정 결과 p－value(유의확률)＝0.5＞0.05(유의수준)이므로 귀무가설을 기각할 수 없어, "평균은 35이다"의 "기존의 입장을 유지하는 것이 바람직하다"는 결론을 얻는다.

```
> install.packages("BSDA")
--- 현재 세션에서 사용할 CRAN 미러를 선택해 주세요 ---
URL 'https://cran.yu.ac.kr/bin/windows/contrib/4.2/BSDA_1.2.1.zip'을 시도합니다
Content type 'application/zip' length 890760 bytes (869 KB)
downloaded 869 KB

패키지 'BSDA'를 성공적으로 압축해제하였고 MD5 sums 이 확인되었습니다

다운로드된 바이너리 패키지들은 다음의 위치에 있습니다
        C:\tmp\RtmpY77xM7\downloaded_packages
> library(BSDA)
필요한 패키지를 로딩중입니다: lattice

다음의 패키지를 부착합니다: 'BSDA'

The following object is masked from 'package:datasets':

    Orange
```

```
> x <- c(25, 16, 44, 82, 36, 58, 18)
> x
[1] 25 16 44 82 36 58 18
>
> SIGN.test(x, md=35, alternative="greater")

            One-sample Sign-Test

data:  x
s = 4, p-value = 0.5
alternative hypothesis: true median is greater than 35
95 percent confidence interval:
 17.54286      Inf
sample estimates:
median of x
         36

Achieved and Interpolated Confidence Intervals:

                  Conf.Level  L.E.pt  U.E.pt
Lower Achieved CI     0.9375 18.0000     Inf
Interpolated CI       0.9500 17.5429     Inf
Upper Achieved CI     0.9922 16.0000     Inf
```

③ 부호 검정 결과(sign)를 sign$p.value(유의확률), sign$method(부호 검정), sign$alternative(대립가설)의 항목으로 확인한다.

```
> sign <- SIGN.test(x, md=35, alternative="greater")
> str(sign)
List of 10
 $ statistic          : Named int 4
 ..- attr(*, "names")= chr "s"
 $ parameter          : NULL
 $ p.value            : num 0.5
 $ conf.int           : num [1:2] 17.5 Inf
 ..- attr(*, "conf.level")= num 0.95
 $ estimate           : Named num 36
 ..- attr(*, "names")= chr "median of x"
 $ null.value         : Named num 35
 ..- attr(*, "names")= chr "median"
 $ alternative        : chr "greater"
 $ method             : chr "One-sample Sign-Test"
 $ data.name          : chr "x"
 $ Confidence.Intervals: num [1:3, 1:3] 0.938 0.95 0.992 18 17.543 ...
 ..- attr(*, "dimnames")=List of 2
 .. ..$ : chr [1:3] "Lower Achieved CI" "Interpolated CI" "Upper Achieved CI"
 .. ..$ : chr [1:3] "Conf.Level" "L.E.pt" "U.E.pt"
 - attr(*, "class")= chr "htest_S"
```

```
> summary(sign)
                     Length Class  Mode
statistic            1      -none- numeric
parameter            0      -none- NULL
p.value              1      -none- numeric
conf.int             2      -none- numeric
estimate             1      -none- numeric
null.value           1      -none- numeric
alternative          1      -none- character
method               1      -none- character
data.name            1      -none- character
Confidence.Intervals 9      -none- numeric
> sign$p.value
[1] 0.5
> sign$method
[1] "One-sample Sign-Test"
> sign$alternative
[1] "greater"
```

④ AirPassengers 데이터는 1949년에서 1960년까지 월별 항공기 이용자수(단위: 1,000명)이다. 데이터에 대한 귀무가설[월별 이용자 수의 평균은 200(천명)이다] 및 대립가설[월별 이용자 수의 평균은 200(천명)보다 크다]에 대한 부호 검정 결과(md=200, alternative="greater")는 다음과 같다. 검정 결과, p−value(유의확률)$=3.89 \times 10^{-5} < 0.05$(유의수준)로 귀무가설을 기각한다. 따라서 "월별 이용자 수의 평균은 200(천명)보다 크다"고 할 수 있다. AirPassengers 데이터에 대한 월별 평균은 280.3(천명)이고 최소 104(천명), 최대 622(천명)이다.

```
> AirPassengers
      Jan Feb Mar Apr May Jun Jul Aug Sep Oct Nov Dec
1949 112 118 132 129 121 135 148 148 136 119 104 118
1950 115 126 141 135 125 149 170 170 158 133 114 140
1951 145 150 178 163 172 178 199 199 184 162 146 166
1952 171 180 193 181 183 218 230 242 209 191 172 194
1953 196 196 236 235 229 243 264 272 237 211 180 201
1954 204 188 235 227 234 264 302 293 259 229 203 229
1955 242 233 267 269 270 315 364 347 312 274 237 278
1956 284 277 317 313 318 374 413 405 355 306 271 306
1957 315 301 356 348 355 422 465 467 404 347 305 336
1958 340 318 362 348 363 435 491 505 404 359 310 337
1959 360 342 406 396 420 472 548 559 463 407 362 405
1960 417 391 419 461 472 535 622 606 508 461 390 432

> str(sign_test)
List of 10
 $ statistic           : Named int 96
  ..- attr(*, "names")= chr "s"
 $ parameter           : NULL
 $ p.value             : num 3.9e-05
 $ conf.int            : num [1:2] 235 Inf
  ..- attr(*, "conf.level")= num 0.95
 $ estimate            : Named num 266
  ..- attr(*, "names")= chr "median of x"
 $ null.value          : Named num 200
  ..- attr(*, "names")= chr "median"
 $ alternative         : chr "greater"
 $ method              : chr "One-sample Sign-Test"
 $ data.name           : chr "AirPassengers"
 $ Confidence.Intervals: num [1:3, 1:3] 0.944 0.95 0.96 235 235 ...
  ..- attr(*, "dimnames")=List of 2
  .. ..$ : chr [1:3] "Lower Achieved CI" "Interpolated CI" "Upper Achieved CI"
  .. ..$ : chr [1:3] "Conf.Level" "L.E.pt" "U.E.pt"
 - attr(*, "class")= chr "htest_S"
> summary(sign_test)
                    Length Class  Mode
statistic           1      -none- numeric
parameter           0      -none- NULL
p.value             1      -none- numeric
conf.int            2      -none- numeric
estimate            1      -none- numeric
null.value          1      -none- numeric
alternative         1      -none- character
method              1      -none- character
data.name           1      -none- character
Confidence.Intervals 9     -none- numeric
```

```
> sign_test <- SIGN.test(AirPassengers, md=200, alternative="greater")
> sign_test

        One-sample Sign-Test

data: AirPassengers
s = 96, p-value = 3.9e-05
alternative hypothesis: true median is greater than 200
95 percent confidence interval:
 235 Inf
sample estimates:
median of x
      265.5

Achieved and Interpolated Confidence Intervals:

                  Conf.Level L.E.pt U.E.pt
Lower Achieved CI     0.9435    235    Inf
Interpolated CI       0.9500    235    Inf
Upper Achieved CI     0.9601    235    Inf

> sign_test$p.value
[1] 3.899557e-05
> sign_test$method
[1] "One-sample Sign-Test"
> sign_test$alternative
[1] "greater"
> summary(AirPassengers)
   Min. 1st Qu.  Median    Mean 3rd Qu.    Max.
  104.0   180.0   265.5   280.3   360.5   622.0
```

(2) 비율 및 이항검정 : 두 집단의 비율에 차이가 없는지 또는 표본비율이 모비율과 차이가 없는지 등을 확인하기 위해 비율 및 이항검정을 수행한다.

① (평택, 안성)=(300명, 250명)을 대상으로 새로운 짬뽕 메뉴에 대한 선호도 조사 결과 각각 (평택, 안성)=(245명, 157명)이 맛이 있다고 답하였다. 새로운 짬뽕 메뉴가 좋다고 답한 사람의 비율에 차이가 있는지를 검정하기 위하여 prop.test( ) 함수를 이용하며, prop.test(긍정적 답변자 수, 전체 표본의 수)로 지정한다. 귀무가설(두 집단의 비율에 차이가 없다)과 대립가설(두 집단의 비율에 차이가 있다)에 대한 검정 결과, 유의수준=$1.11 \times 10^{-6} < 0.05$로 귀무가설을 기각하여, "두 집단의 비율에 차이가 있다"라는 결론(즉, 평택과 안성 지역에서 새로운 짬뽕 메뉴에 대한 선호도가 유의미한 차이가 있다)을 얻는다.

```
> total <- c(300, 250)
> zzam <- c(245, 157)
> prop <- prop.test(zzam, total)
> prop

        2-sample test for equality of proportions with continuity correction

data:  zzam out of total
X-squared = 23.729, df = 1, p-value = 1.109e-06
alternative hypothesis: two.sided
95 percent confidence interval:
 0.1107917 0.2665417
sample estimates:
   prop 1    prop 2
0.8166667 0.6280000
```

```
> str(prop)
List of 9
 $ statistic  : Named num 23.7
  ..- attr(*, "names")= chr "X-squared"
 $ parameter  : Named num 1
  ..- attr(*, "names")= chr "df"
 $ p.value    : num 1.11e-06
 $ estimate   : Named num [1:2] 0.817 0.628
  ..- attr(*, "names")= chr [1:2] "prop 1" "prop 2"
 $ null.value : NULL
 $ conf.int   : num [1:2] 0.111 0.267
  ..- attr(*, "conf.level")= num 0.95
 $ alternative: chr "two.sided"
 $ method     : chr "2-sample test for equality of proportions with continuity correction"
 $ data.name  : chr "zzam out of total"
 - attr(*, "class")= chr "htest"
> summary(prop)
            Length Class  Mode
statistic   1      -none- numeric
parameter   1      -none- numeric
p.value     1      -none- numeric
estimate    2      -none- numeric
null.value  0      -none- NULL
conf.int    2      -none- numeric
alternative 1      -none- character
method      1      -none- character
data.name   1      -none- character
```

② 평택에 사는 10명에게 새로운 짬뽕 메뉴에 대한 선호도를 Likert's 척도(5점 척도 : 1점은 매우 나쁘다, 5점은 매우 좋다)로 조사하였다. 새로운 짬뽕을 먹기 전 식당 메뉴에 대한 선호도와 새로운 짬뽕을 7번 먹은 후의 짬뽕 메뉴에 대한 먹은 후 선호도를 평가한다. 새로운 짬뽕 메뉴의 선호도에 대한 비율의 차이가 있는지를 확인하기 위해 binom.test((먹기 전 선호도가 높은 사람의 수), (먹은 후 선호도가 높은 사람의 수)) 함수를 이용한다. 귀무가설(먹기 전·후의 비율에 차이가 없다)과 대립가설(먹기 전·후의 비율에 차이가 있다)에 대한 검정 결과 유의수준=1>0.05로 귀무가설을 기각할 수 없으며, "먹기 전과 후의 비율에 차이가 없다"라는 결론(즉, 새롭게 개발한 짬뽕 메뉴로 인하여 짬뽕 가게의 선호도가 향상되지는 않았다)을 얻는다.

구 분	1	2	3	4	5	6	7	8	9	10
먹기 전	3	1	1	2	4	2	4	5	3	2
먹은 후	2	1	2	1	5	1	5	5	3	1
차이 (전−후)	−1	0	−1	1	−1	1	−1	0	0	1

```
> x <- c(3, 1, 1, 2, 4, 2, 4, 5, 3, 2)
> y <- c(2, 1, 2, 1, 5, 1, 5, 5, 3, 1)
>
> binom <- binom.test(c(length(x[x>y]), length(x[x<y])))
> binom

        Exact binomial test

data:  c(length(x[x > y]), length(x[x < y]))
number of successes = 4, number of trials = 7, p-value = 1
alternative hypothesis: true probability of success is not equal to 0.5
95 percent confidence interval:
 0.1840516 0.9010117
sample estimates:
probability of success
             0.5714286
```

```
> str(binom)
List of 9
 $ statistic  : Named num 4
  ..- attr(*, "names")= chr "number of successes"
 $ parameter  : Named num 7
  ..- attr(*, "names")= chr "number of trials"
 $ p.value    : num 1
 $ conf.int   : num [1:2] 0.184 0.901
  ..- attr(*, "conf.level")= num 0.95
 $ estimate   : Named num 0.571
  ..- attr(*, "names")= chr "probability of success"
 $ null.value : Named num 0.5
  ..- attr(*, "names")= chr "probability of success"
 $ alternative: chr "two.sided"
 $ method     : chr "Exact binomial test"
 $ data.name  : chr "c(length(x[x > y]), length(x[x < y]))"
 - attr(*, "class")= chr "htest"
> summary(binom)
            Length Class  Mode
statistic   1      -none- numeric
parameter   1      -none- numeric
p.value     1      -none- numeric
conf.int    2      -none- numeric
estimate    1      -none- numeric
null.value  1      -none- numeric
alternative 1      -none- character
method      1      -none- character
data.name   1      -none- character
```

(3) 윌콕슨 순위합 검정

① 미국의 화학자이자 통계학자인 프랭크 윌콕슨(Frank Wilcoxon)에 의해 도입되고 Mann−Whitney에 의해서 발전(2표본, two−sample Wilcoxon test)되어 맨−휘트니 검정이라고도 한다.

② 두 모집단에 대한 분포의 가정이 어렵거나 표본이 순위로밖에 표현할 수 없을 때, 두 모집단의 확률 분포가 동일한지에 대한 가설 검정이 필요할 때 사용된다.

③ 1표본의 경우 귀무가설은 "표본 중앙값은 모중앙값과 같다"로 설정하고 2표본의 경우 "두 집단의 중앙값에 차이가 없다"로 지정하여 검정을 수행한다.

④ 삼성과 애플에서 판매하는 스마트폰에 대한 평가(5단계, 1점은 매우 나쁘다, 5점은 매우 좋다) 결과[각 점수에 응답한 사람의 수(명)]가 다음과 같을 때 두 집단의 조사결과에 대하여 차이가 있는지를 검정하기 위해 윌콕슨 순위합 검정 방법을 이용한다.

구분(점수)	1점	2점	3점	4점	5점	합 계
삼성(명)	3	2	9	11	8	33
애플(명)	4	8	10	6	4	32

⑤ c( ), rep( )로 데이터를 입력하고 윌콕슨 검정을 위하여 wilcox.test( ) 함수를 이용한다. wilcox.test( ) 사용 시 exact 옵션은 정확한 p−value(유의수준) 계산이 필요한 경우 T(TRUE), 점근 정규성을 사용하여 계산되어지는 경우 F(FALSE)로 지정한다. correct 옵션은 p−value 계산 시 정규분포 근사화에 대한 연속성 수정(continuity correction)을 적용하는 경우 TRUE, 그렇지 않고 연속성 수정을 하지 않는 경우 FALSE로 지정한다. 검정 결과, 유의확률(p−value)＝0.02887＜0.05(유의수준)이므로 귀무가설은 기각되어, "두 집단의 대푯값(중앙값 또는 평균)에 차이가 있다"라는 결론을 얻는다. conf.int＝TRUE 옵션으로 95% 신뢰구간을 구한다. boxplot( )으로 박스플롯(Box Plot, 상자그림) 확인 결과, samsung 데이터의 중앙값(median)과 최솟값(minimum)이 apple과 비교하여 다소 높으며, 최댓값(maximum)은 큰 차이가 없음을 알 수 있다.

```
> samsung <- c(rep(1,3), rep(2,2), rep(3,9), rep(4,11), rep(5,8))
> apple <- c(rep(1,4), rep(2,8), rep(3,10), rep(4,6), rep(5,4))
>
> samsung
 [1] 1 1 1 2 2 3 3 3 3 3 3 3 3 3 4 4 4 4 4 4 4 4 4 4 4 5 5 5 5 5 5 5 5
> apple
 [1] 1 1 1 1 2 2 2 2 2 2 2 2 3 3 3 3 3 3 3 3 3 3 4 4 4 4 4 4 5 5 5 5
> sum(samsung)
[1] 118
> sum(apple)
[1] 94
> wilcox <- wilcox.test(samsung, apple, exact=F, correct=F)
> wilcox

        Wilcoxon rank sum test

data:  samsung and apple
W = 690, p-value = 0.02887
alternative hypothesis: true location shift is not equal to 0
```

```
> wilcox2 <- wilcox.test(samsung, apple, exact=F, conf.int=TRUE)
> wilcox2

        Wilcoxon rank sum test with continuity correction

data:  samsung and apple
W = 690, p-value = 0.02936
alternative hypothesis: true location shift is not equal to 0
95 percent confidence interval:
 0.0000100699 1.0000406769
sample estimates:
difference in location
              0.9999571
```

```
> boxplot(samsung, apple, names=c("samsung", "apple"), ylim=c(0,12), cex.axis=2)
```

⑥ 크루스칼－왈리스 검정(Kruskal－Wallis Test) : 다표본의 경우 Kruskal－Wallis 검정을 이용한다. 화웨이
가 판매하고 있는 스마트폰에 대한 평가를 추가한 검정 결과는 다음과 같다. 유의수준(p－value)＝
0.02202＜0.05(유의확률)로 귀무가설("각 집단의 분포에 차이가 없다")을 기각하여, (삼성, 애플, 화웨이) 집
단 간에 스마트폰의 선호도 평가결과에 유의한 차이가 있음을 알 수 있다. 박스 플롯(Box Plot, 상자그림) 결
과로부터, (apple, huawei) 집단 사이에는 큰 차이가 없으나, samsung 스마트폰에 대한 선호도가 다른 회사
의 제품과 차이가 있음을 알 수 있다.

구분(점수)	1점	2점	3점	4점	5점	합 계
삼성(명)	3	2	9	11	8	33
애플(명)	4	8	10	6	4	32
화웨이(명)	5	9	10	5	4	33

```
> samsung <- c(rep(1,3), rep(2,2), rep(3,9), rep(4,11), rep(5,8))
> apple <- c(rep(1,4), rep(2,8), rep(3,10), rep(4,6), rep(5,4))
> huawei <- c(rep(1,5), rep(2,9), rep(3,10), rep(4,5), rep(5,4))
>
> samsung
 [1] 1 1 1 2 2 3 3 3 3 3 3 3 3 3 4 4 4 4 4 4 4 4 4 4 4 5 5 5 5 5 5 5 5
> apple
 [1] 1 1 1 1 2 2 2 2 2 2 2 2 3 3 3 3 3 3 3 3 3 3 4 4 4 4 4 4 5 5 5 5
> huawei
 [1] 1 1 1 1 1 2 2 2 2 2 2 2 2 2 3 3 3 3 3 3 3 3 3 3 4 4 4 4 4 5 5 5 5
> sum(samsung)
[1] 118
> sum(apple)
[1] 94
> sum(huawei)
[1] 93
> length(samsung)
[1] 33
> length(apple)
[1] 32
> length(huawei)
[1] 33

> analysis <- tapply(data$score, data$group, summary)
> analysis
$`1`
   Min. 1st Qu.  Median    Mean 3rd Qu.    Max.
  1.000   3.000   4.000   3.576   4.000   5.000

$`2`
   Min. 1st Qu.  Median    Mean 3rd Qu.    Max.
  1.000   2.000   3.000   2.938   4.000   5.000

$`3`
   Min. 1st Qu.  Median    Mean 3rd Qu.    Max.
  1.000   2.000   3.000   2.818   4.000   5.000
```

```
> score <- c(samsung, apple, huawei)
> score
 [1] 1 1 1 2 2 3 3 3 3 3 3 3 3 3 4 4 4 4 4 4 4 4 4 4 4 5 5 5 5 5 5 5 5 1 1 1 1 2 2 2 2 2 2 2 2 3 3 3 3 3 3 3 3 3 3 4 4 4 4 4 4 5 5 5 5 1 1 1 1 1 2 2 2 2 2 2 2 2 2 3 3 3 3 3 3 3 3 3 3 4 4 4 4 4 5 5 5 5
> groupid <- c(rep(1,33), rep(2,32), rep(3,33))
> groupid
 [1] 1 1 1 1 1 1 1 1 1 1 1 1 1 1 1 1 1 1 1 1 1 1 1 1 1 1 1 1 1 1 1 1 1 2 2 2 2 2 2 2 2 2 2 2 2 2 2 2 2 2 2
[52] 2 2 2 2 2 2 2 2 2 2 2 2 2 3 3 3 3 3 3 3 3 3 3 3 3 3 3 3 3 3 3 3 3 3 3 3 3 3 3 3 3 3 3 3 3 3 3
> data <- data.frame(groupid, score)
> head(data)
  groupid score
1       1     1
2       1     1
3       1     1
4       1     2
5       1     2
6       1     3
> str(data)
'data.frame':   98 obs. of  2 variables:
 $ groupid: num  1 1 1 1 1 1 1 1 1 1 ...
 $ score  : num  1 1 1 2 2 3 3 3 3 3 ...
> summary(data)
    groupid         score
 Min.   :1   Min.   :1.000
 1st Qu.:1   1st Qu.:2.000
 Median :2   Median :3.000
 Mean   :2   Mean   :3.112
 3rd Qu.:3   3rd Qu.:4.000
 Max.   :3   Max.   :5.000
> kruskal <- kruskal.test(score~groupid, data)
> kruskal

        Kruskal-Wallis rank sum test

data:  score by groupid
Kruskal-Wallis chi-squared = 7.6319, df = 2, p-value = 0.02202

> summary(kruskal)
          Length Class  Mode
statistic 1      -none- numeric
parameter 1      -none- numeric
p.value   1      -none- numeric
method    1      -none- character
data.name 1      -none- character
```

```
> boxplot(samsung, apple, huawei, names=c("samsung", "apple", "huawei"), ylim=c(0,12), cex.axis=3)
```

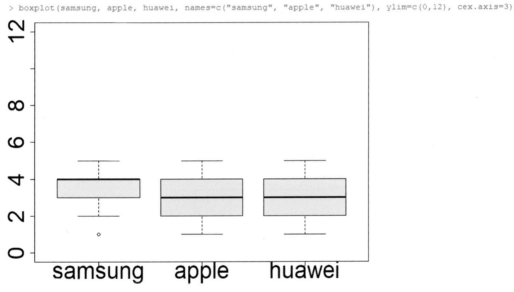

⑦ 프리드만 검정 (Friedman Test) : 대응되는 표본이 3개 이상인 경우 모집단의 평균에 대한 동일성 검정을 위해 프리드만 검정이 사용된다. 현대 자동차에서 판매하고 있는 세 가지 차량 모델(소나타, 아반테, 그랜저)에 대하여 소비자 10명에게 선호도 순위를 조사한 결과(1 : 낮음, 2 : 보통, 3 : 높음으로 측정, 순위가 동일한 경우 평균으로 계산)는 다음과 같다. 검정 결과, 유의수준(p−value)=0.08314>0.05(유의확률)로 귀무가설(차량 모델에 대한 선호도에 대한 차이가 없다)을 기각할 수 없어, "세 개 차량에 대해 소비자의 차이가 없다"는 결론을 얻는다.

구 분	1	2	3	4	5	6	7	8	9	10
소나타	2	1	1	2	2	3	2.5	3	1	1
아반테	1	2	2	1	1	2	2	2	2	2
그랜저	3	3	3	3	3	1	2.5	1	3	3

```
> sonata <- c(2, 1, 1, 2, 2, 3, 2.5, 3, 1, 1)
> avante <- c(1, 2, 2, 1, 1, 2, 2, 2, 2, 2)
> grandeur <- c(3, 3, 3, 3, 3, 1, 2.5, 1, 3, 3)
>
> sum(sonata)
[1] 18.5
> sum(avante)
[1] 17
> sum(grandeur)
[1] 25.5
>
> length(sonata)
[1] 10
> length(avante)
[1] 10
> length(grandeur)
[1] 10
>
> data <- c(sonata, avante, grandeur)
> data
 [1] 2.0 1.0 1.0 2.0 2.0 3.0 2.5 3.0 1.0 1.0 1.0 2.0
[27] 2.5 1.0 3.0 3.0

> treat <- factor(c(rep("S", length(sonata)), rep("A", length(avante)), rep("G", length(grandeur))))
> treat
 [1] S S S S S S S S S S A A A A A A A A A A G G G G G G G G G G
Levels: A G S

> block <- factor(c(rep(1:10, 3)))
> block
 [1] 1 2 3 4 5 6 7 8 9 10 1 2 3 4 5 6 7 8 9 10 1 2 3 4 5 6 7 8 9 10
Levels: 1 2 3 4 5 6 7 8 9 10
>
> te <- friedman.test(data, treat, block)
> te

        Friedman rank sum test

data:  data, treat and block
Friedman chi-squared = 4.9744, df = 2, p-value = 0.08314

> boxplot(sonata, avante, grandeur, names=c("sonata", "avante", "grandeur"), ylim=c(0,4), cex.axis=3)
```

(4) 상관계수 검정

① 상관 분석(Correlation Analysis)에 사용되는 상관계수(Correlation Coefficient) 검정을 위해 피어슨(Pearson), 켄달(Kendall), 스피어만(Spearman) 등의 검정 방법을 이용한다.

② 상관계수 검정에서 귀무가설은 "상관관계가 없다(즉, 상관계수=0이다 혹은 모상관이 0이다)"로 지정하고 cor.test( ) 함수를 이용한다. 수학 선생님께서 지도하는 A, B반에 대한 수학 기말고사 성적이 다음과 같을 때 (A, B) 반의 수학 성적은 상호 상관관계가 있는지를 검정한다.

구 분	1	2	3	4	5	6	7	8	9	10
A반	70	72	62	64	71	76	60	65	74	72
B반	70	74	65	68	72	74	61	66	76	75

③ cor.test( ) 사용 시 method 옵션에서 pearson(피어슨 적률 상관계수), kendall(켄달 순위 상관계수), spearman(스피어만 순위 상관계수) 중 하나를 지정한다. pearson 검정 결과, $p-value = 2.656 \times 10^{-5} < 0.05$로 귀무가설은 기각되어 "(A, B) 반의 수학 기말고사 성적에는 유의한 상관관계가 존재한다(A와 B반의 수학 기말고사 성적 사이에는 상호 관련성이 있으며, A반 수학성적이 높을수록 B반 수학성적도 높다)"는 결론을 얻는다. 회귀 분석모형(lm( ))을 이용한 결과에서도 A반의 수학 성적이 높을수록 B반 학생들의 수학 성적도 높은 경향을 나타내는 것으로 파악된다.

```
> a <- c(70, 72, 62, 64, 71, 76, 60, 65, 74, 72)
> b <- c(70, 74, 65, 68, 72, 74, 61, 66, 76, 75)
>
> cor <- cor.test(a, b, method="pearson")
> cor

        Pearson's product-moment correlation

data:  a and b
t = 8.5685, df = 8, p-value = 2.656e-05
alternative hypothesis: true correlation is not equal to 0
95 percent confidence interval:
 0.7957471 0.9883181
sample estimates:
      cor
0.9496011
```

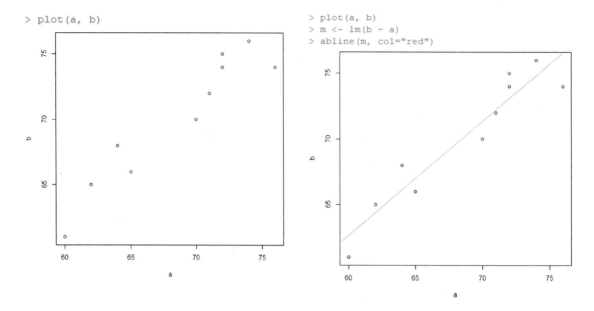

```
> plot(a, b)
```

```
> plot(a, b)
> m <- lm(b ~ a)
> abline(m, col="red")
```

④ A와 B반 수학 성적 사이의 상관계수는 cor(a, b)로 구하며, 상관계수＝0.95로 (A, B)반의 성적 사이에는 높은 상관관계가 존재한다. lm( ) 회귀 분석모형의 결과로 회귀식의 기울기와 y절편과 함께 유의수준(p－value)을 확인한다.

```
> m

Call:
lm(formula = b ~ a)

Coefficients:
(Intercept)            a
    10.5128       0.8686
```

```
> summary(m)

Call:
lm(formula = b ~ a)

Residuals:
    Min      1Q  Median      3Q     Max
-2.5278 -1.2303  0.2241  1.1438  1.9467

Coefficients:
            Estimate Std. Error t value Pr(>|t|)
(Intercept)  10.5128     6.9739   1.507     0.17
a             0.8686     0.1014   8.568 2.66e-05 ***
---
Signif. codes:  0 '***' 0.001 '**' 0.01 '*' 0.05 '.' 0.1 ' ' 1

Residual standard error: 1.655 on 8 degrees of freedom
Multiple R-squared:  0.9017,    Adjusted R-squared:  0.8895
F-statistic: 73.42 on 1 and 8 DF,  p-value: 2.656e-05

>
> cor(a, b)
[1] 0.9496011
```

(5) 카이제곱 및 피셔 검정

① 독립변수와 종속변수가 모두 범주형인 경우 교차 분석(2개 또는 그 이상의 범주 변인들에 근거한 케이스들의 중복된 빈도 분포 분석)을 통해 독립성 검정을 실시하며, 카이제곱 교차 분석은 실제로 나온 관찰빈도와 각 셀에서 통계적으로 기대할 수 있는 빈도(기대빈도, 모집단의 빈도 모수와 일치하는 값) 간에 얼마만큼의 차이가 있는지를 카이제곱 분포를 참조해 통계적으로 검증한다.

② 교차 분석 시 카이제곱 검정은 기대도수가 작을 때 적절치 않으며, 보통 기대도수가 5 미만인 칸이 전체의 20%를 초과할 때 카이제곱 검정 대신, 피셔의 정확도 검정(Fisher Exact Test)을 이용한다. 만약, 도수를 구한 데이터에서 짝지은 표본(예를 들어 각각의 셀에 대한 처리 결과를 전·후로 비교하는 문제)에 대해서는 맥니마 검정(McNemar Test)을 이용한다.

③ P대학에서 교양과목으로 제1외국어와 제2외국어를 신청한 학생들의 학점 취득 현황 자료가 다음과 같을 때 "제1외국어의 학점취득과 제2외국어의 학점취득 사이에 관련이 있는지"에 대한 검정 결과(귀무가설 : "제1외국어의 학점취득과 제2외국어의 학점취득 사이에는 관련이 없다")는 다음과 같다. 카이제곱 검정 결과, 유의확률 $(p-value)=0.007968<0.05$(유의수준)로 유의수준 5%에서 귀무가설은 기각된다. 피셔 검정 결과도 $p-value=0.005089<0.05$로 귀무가설은 기각되어 "제1외국어의 학점취득과 제2외국어의 학점취득 사이에는 상호 관련성이 있다."의 결론을 얻는다.

구 분		제1외국어		합계(명)
		학점 취득	학점 취득 불가	
제2외국어	학점 취득	14	8	22
	학점 취득 불가	4	17	21
합계(명)		18	25	43

```
> data <- matrix(c(14, 8, 4, 17), ncol=2, byrow=T)
> data
     [,1] [,2]
[1,]   14    8
[2,]    4   17
> chisq.test(data)

        Pearson's Chi-squared test with Yates' continuity correction

data:  data
X-squared = 7.0406, df = 1, p-value = 0.007968

>
> fisher.test(data)

        Fisher's Exact Test for Count Data

data:  data
p-value = 0.005089
alternative hypothesis: true odds ratio is not equal to 1
95 percent confidence interval:
  1.56789 39.54979
sample estimates:
odds ratio
  7.051895
```

(6) 분산 분석

① 분산 분석(ANOVA ; Analysis of Variance, 변량 분석)에서는 통계학에서 두 개 이상 다수의 집단을 서로 비교할 때 집단 내의 분산, 총 평균 그리고 각 집단의 평균의 차이에 의해 생긴 집단 간 분산의 비교를 통해 만들어진 F분포(분산의 비교를 통해 얻어진 분포 비율, F=(집단 간 변동)/(집단 내 변동) 또는 F=(표본평균 간 변동)/(표본 내 변동))를 이용하여 가설을 검정한다.

② P전자상거래 업체는 3개 지역(서울, 평택, 제주)에 있는 고객 9명을 대상으로 판매 제품에 대한 선호도를 평가(1~10점)하였다. 3개 지역 사이의 선호도 평균에 차이가 있는지를 알아보기 위한 분산 분석 수행 결과는 다음과 같다. c( ) 함수를 이용하여 저장하고 지역을 구분하기 위하여 id 변수를 이용한다. oneway.test( ) 검정 결과, 유의확률(p−value)=1>0.05(유의수준)로 귀무가설을 기각할 수 없어 "3개 지역에 대한 판매 제품의 선호도에는 유의한 차이가 없다"의 결론을 얻는다. 분산 분석표는 anova( )와 lm( ) 함수로 구한다.

구 분	1	2	3	4	5	6	7	8	9
서 울	7	6	3	9	2	1	8	4	5
평 택	1.09	2.92	4.9	6.08	7.92	8.94	7.01	4.06	2.12
제 주	9.01	1.10	1.96	2.98	6.1	4.09	4.92	6.88	7.97

```
> seoul <- c(7, 6, 3, 9, 2, 1, 8, 4, 5)
> pt <- c(1.09, 2.92, 4.9, 6.08, 7.92, 8.94, 7.01, 4.06, 2.12)
> jeju <- c(9.01, 1.1, 1.96, 2.98, 6.1, 4.09, 4.92, 6.88, 7.97)
>
>
> data <- c(seoul, pt, jeju)
> id <- c(rep(1, 9), rep(2, 9), rep(3, 9))
> data
 [1] 7.00 6.00 3.00 9.00 2.00 1.00 8.00 4.00 5.00 1.09 2.92 4.90 6.08 7.92 8.94 7.01 4.06 2.12 9.01
[22] 2.98 6.10 4.09 4.92 6.88 7.97
> id
 [1] 1 1 1 1 1 1 1 1 1 2 2 2 2 2 2 2 2 2 3 3 3 3 3 3 3 3 3
>
> oneway.test(data ~ id, var=T)

        One-way analysis of means

data:  data and id
F = 6.526e-06, num df = 2, denom df = 24, p-value = 1

> anova(lm(data ~ id))
Analysis of Variance Table

Response: data
          Df Sum Sq Mean Sq F value Pr(>F)
id         1   0.00  0.0000       0 0.9993
Residuals 25 177.07  7.0828
```

③ 그룹을 구분하기 위한 id 변수를 새로 정의하지 않고 stack( ) 함수를 이용할 수도 있다. stack( )으로 데이터를 저장하는 경우 values(값), ind(그룹 이름, 도시 이름)의 두 변수를 가진 데이터 프레임으로 변환된다.

```
> data_frame <- data.frame(seoul, pt, jeju)
> data_frame
  seoul   pt jeju
1     7 1.09 9.01
2     6 2.92 1.10
3     3 4.90 1.96
4     9 6.08 2.98
5     2 7.92 6.10
6     1 8.94 4.09
7     8 7.01 4.92
8     4 4.06 6.88
9     5 2.12 7.97
>
> mydata <- stack(data_frame)
> mydata
   values   ind
1    7.00 seoul
2    6.00 seoul
3    3.00 seoul
4    9.00 seoul
5    2.00 seoul
6    1.00 seoul
7    8.00 seoul
8    4.00 seoul
9    5.00 seoul
10   1.09    pt
11   2.92    pt
12   4.90    pt
13   6.08    pt
14   7.92    pt
15   8.94    pt
16   7.01    pt
17   4.06    pt
18   2.12    pt
19   9.01  jeju
20   1.10  jeju
21   1.96  jeju
22   2.98  jeju
23   6.10  jeju
24   4.09  jeju
25   4.92  jeju
26   6.88  jeju
27   7.97  jeju
```

```
> oneway.test(mydata$values ~ mydata$ind, var=T)

            One-way analysis of means

data:  mydata$values and mydata$ind
F = 6.526e-06, num df = 2, denom df = 24, p-value = 1

> anova(lm(mydata$values ~ mydata$ind))
Analysis of Variance Table

Response: mydata$values
            Df  Sum Sq Mean Sq F value Pr(>F)
mydata$ind   2    0.00  0.0000       0      1
Residuals   24 177.07  7.3779
```

(7) 정규성 검정

① 정규성 검정(Normality Test)에서는 주어진 데이터의 분포가 정규분포(Normal Distribution)를 따르는지를 검정한다. 통계학에서 사용되는 여러 검정 방법들은 데이터의 정규분포를 가정하고 수행되기 때문에 데이터 자체의 정규성을 사전에 확인하는 과정이 요구된다.

② 중심극한정리(Central Limit Theorem, 표본의 크기가 커질수록 표본 평균의 분포는 모집단의 분포 모양과 관계없이 정규분포에 가까워짐, 이 경우 표본평균은 모집단의 모평균과 같고, 표본 표준편차는 모표준편차를 표본 크기의 제곱근으로 나눈 값을 가짐)에 의해 표본의 수가 30이 넘어가면 데이터(표본의 평균 등)는 정규분포에 가까워진다. 그러나 경우에 따라서는 표본의 수가 30이 넘어가더라도 데이터의 특이성에 의해 정규분포를 반드시 따르지 않을 수도 있기 때문에 정규성 검정을 이용하여 데이터의 정규분포를 확인한다.

③ 어떤 데이터(보통 연속형 변수)가 정규분포를 따르는지를 확인하기 위해 아래 함수가 사용된다.

〈정규성 검정 방법〉

구분(함수)	개 요
qqnorm(x)	• x에 대한 기대 정규 순위 점수(Rank Score)를 작성하고 주로 데이터가 정규분포를 따르는지 조사하는 데 사용 • 산포도의 점이 거의 직선상에 그려지면 해당 데이터는 정규분포를 따른다고 판단
qqline(x)	• qqnorm( )에 의해 작성된 그래프에서 데이터의 3사분위점과 1사분위점을 연결하는 직선 작성
qqplot(x, y)	• x의 확률점에 대한 y의 확률점(Q−Q Plot, Quantile−Quantile Plot) 작성
ecdf( )	• 경험적(누적) 분포함수[Empirical (Cumulative) Distribution Function, 표본(누적)분포함수] 작성, 반복 시행을 통해 확률변수가 일정 값을 넘지 않을 확률 유추
shapiro.test( )	• Shapiro−Wilk 검정, 정규분포를 따르는지 조사(검정)
ks.test( )	• Kolmogorov−Smirnov 검정, 정규분포를 따르는지 조사(검정)

④ rt( ) 함수로 t−분포로부터 자유도가 10(df=10)인 50개의 난수를 생성한다. 50개 데이터가 정규분포를 따르는지 알아보기 위해 정규성 검정을 실시한다. ecdf( ), plot( )으로 작성된 경험적 누적분포함수는 다음과 같다.

```
> data <- rt(50, df=10)
> data
 [1] -0.26831331 -0.01114630  0.75206633  2.72860479  3.08714981 -1.28096972  2.11931820  1.23042956  0.26397709
[10]  1.09602957  1.02521309 -0.77103797 -1.56710743 -3.26765791 -0.35410583 -0.33563151  0.06752837 -1.46893999
[19] -1.04061472  0.73543816 -0.16043297 -0.32568473 -1.48183579  2.37363200 -0.91627990  2.04810014  1.21603144
[28] -0.82108507 -0.13313746  0.27185019  0.80822642 -0.25573543 -0.72215029 -1.60512108  1.14397726 -0.46805054
[37] -1.35066620 -2.62689159 -2.86147705  0.63624939  0.13160813 -0.08261242  0.73799646 -0.68240552  2.94956370
[46]  0.30528306 -0.13724132 -0.09361657  0.11057003 -0.81502654
>
> data_emp <- ecdf(data)
> data_emp
Empirical CDF
Call: ecdf(data)
 x[1:50] = -3.2677, -2.8615, -2.6269,  ..., 2.9496, 3.0871
>
> plot(data_emp, do.point=FALSE, verticals=TRUE)
```

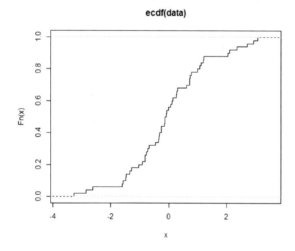

⑤ ecdf( )로 작성된 경험적누적분포와 정규분포(lines( ))의 누적분포를 같이 표현하면 다음과 같다. Cauchy 분포에 대한 누적분포함수의 그림과 비교하여 주어진 50개의 데이터는 정규분포에 가까움을 알 수 있다.

```
> plot(data_emp, do.point=FALSE, verticals=TRUE)      > plot(data_emp, do.point=FALSE, verticals=TRUE)
> z <- c(-5:5)                                        > z <- c(-5:5)
> lines(z, pnorm(z))                                  > lines(z, pcauchy(z))
```

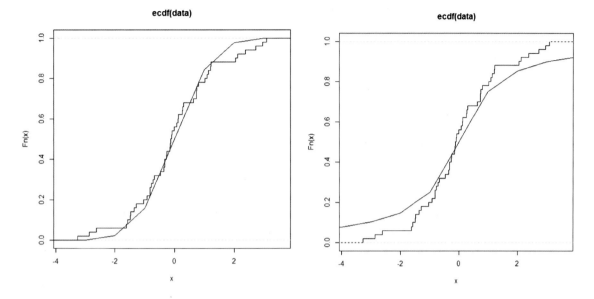

⑥ 50개 데이터에 대한 정규성 검정을 위해 qqnorm( )과 par( ) 함수를 이용하여 작성한 그래프는 다음과 같다. par( ) 사용 시 가로와 세로의 비율을 똑같이 설정[pty="s"(plot type="square")]하며, qqline( )으로 데이터의 3사분위점과 1사분위점을 연결하는 직선(이론적 분포의 직선)을 표현한다. 그래프에서 원으로 표시된 점은 50개 난수에 대한 데이터(표본)이며, 직선은 이론적 분포(정규분포)로부터 구해진 데이터로 표본이 직선(이론적 분포)에 가까울수록 정규분포를 따른다고 판단한다.

```
> par(pty="s")
> qqnorm(data)
> qqline(data)
```

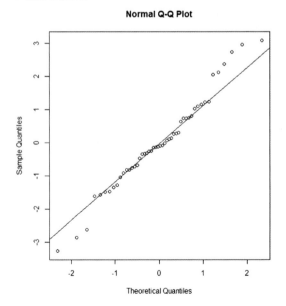

⑦ 50개 데이터에 대한 Shapiro-Wilk와 Kolmogorov-Smirnov 정규성 검정 결과는 다음과 같다. Kolmogorov-Smirnov 검정 결과, 유의확률이 유의수준(5%)보다 큰 값을 나타내므로 귀무가설("주어진 데이터의 분포는 정규분포를 따른다")을 기각할 수 없어 "주어진 데이터는 정규분포를 따른다"의 결론을 얻는다. 그러나, Shapiro-Wilk 검정 결과에서는 주어진 데이터가 정규분포를 따른다고 볼 수 없다.

```
> shapiro.test(data)

        Shapiro-Wilk normality test

data:  data
W = 0.97642, p-value = 0.4129

>
> ks.test(data, "pnorm", mean=mean(data), sd=sd(data))

        Exact one-sample Kolmogorov-Smirnov test

data:  data
D = 0.092297, p-value = 0.7532
alternative hypothesis: two-sided
```

(8) 다중 검정 분석

① 다중 검정 분석(Multiple Testing Analysis)에서는 여러 검정을 동시에 수행한다. 예를 들어 증상이 다른 두 환자 집단 사이에 유의한 변수들(유전자 변수 등)을 식별하기 위해 유전자 개수만큼의 가설을 검정하는 경우 사용된다. 고전적 검정은 단일 가설을 검정하는 것에 관심이 있지만, 다중 검정 분석에서는 방대한 데이터가 많이 생성됨에 따라 여러 개의 가설을 동시에 검정한다.

② 동시에 여러 개의 가설을 검정하는 경우 Type I 에러(제1종 오류, 귀무가설을 잘못 기각하는 오류)의 발생 확률이 높아진다. 이를 다중검정의 문제라고 하며, 전체 오류율을 유지하기 위해 여러 가지 조정 방법(Bonferroni, Holm, Benjamini-Hochberg, Hommel, False Discovery Rate 조정 기법 등)들이 사용된다.

〈다중 검정 분석 기법〉

구분(함수)	개 요
p.adjust( )	p값의 벡터를 지정하면, 다중 검정을 위해 보정된 p 값의 벡터 반환
pairwise.prop.test( )	다중 비교 보정 후 그룹 수준 간 비율 비교
pairwise.t.test( )	다중 비교 보정 후 그룹 수준 간 t검정에 의한 비교
pairwise.wilcox.test( )	다중 비교 보정 후 그룹수준의 각 조합마다 윌콕슨 순위합 검정 시행

③ ToothGrowth 데이터를 이용한 다중 검정 분석 결과를 요약하면 다음과 같다. ToothGrowth는 비타민 C(OJ, VC의 두 가지 유형)의 복용(dose, mg/day)에 따른 60마리 돼지들의 치아 길이[len, microns(마이크로미터)] 측정 자료이다. 귀무가설("하루 비타민C 투여량과 치아의 길이와는 상관이 없다")에 대한 다중 검정 분석 결과(p.adj="holm" 지정), 유의확률이 유의수준(5%)보다 작아 귀무가설을 기각(하루 비타민C 투여량은 치아의 길이에 유의한 영향을 미친다)한다.

```
> data <- ToothGrowth
> head(data)
   len supp dose
1  4.2   VC  0.5
2 11.5   VC  0.5
3  7.3   VC  0.5
4  5.8   VC  0.5
5  6.4   VC  0.5
6 10.0   VC  0.5
> str(data)
'data.frame':   60 obs. of  3 variables:
 $ len : num  4.2 11.5 7.3 5.8 6.4 10 11.2 11.2 5.2 7 ...
 $ supp: Factor w/ 2 levels "OJ","VC": 2 2 2 2 2 2 2 2 2 2 ...
 $ dose: num  0.5 0.5 0.5 0.5 0.5 0.5 0.5 0.5 0.5 0.5 ...
> summary(data)
      len            supp          dose
 Min.   : 4.20   OJ:30   Min.   :0.500
 1st Qu.:13.07   VC:30   1st Qu.:0.500
 Median :19.25           Median :1.000
 Mean   :18.81           Mean   :1.167
 3rd Qu.:25.27           3rd Qu.:2.000
 Max.   :33.90           Max.   :2.000
> describe(data)
      vars  n  mean   sd median trimmed  mad min  max range skew kurtosis   se
len      1 60 18.81 7.65  19.25   18.95 9.04 4.2 33.9  29.7 -0.14    -1.04 0.99
supp*    2 60  1.50 0.50   1.50    1.50 0.74 1.0  2.0   1.0  0.00    -2.03 0.07
dose     3 60  1.17 0.63   1.00    1.15 0.74 0.5  2.0   1.5  0.37    -1.55 0.08
> result <- pairwise.t.test(data$len, data$dose, p.adj="holm")
> result$p.value
             0.5            1
1 1.339450e-08           NA
2 4.408602e-16 1.442603e-05
>
> result


        Pairwise comparisons using t tests with pooled SD

data:  data$len and data$dose

  0.5     1
1 1.3e-08 -
2 4.4e-16 1.4e-05

P value adjustment method: holm
```

01 women 데이터는 미국 여성(30~39세) 15명에 대한 평균 키(inches)와 몸무게(pounds, lbs)이다. 부호 검정 방법을 이용하여 (키, 몸무게)에 대한 가설 검정 결과를 출력하시오.

(1) 키에 대한 귀무가설(키는 평균 50inches이다)과 대립가설(키는 평균 50inches보다 크다)에 대한 부호 검정 결과(유의확률, 귀무가설 채택 및 기각)를 출력하고 해석하시오.

(2) 몸무게에 대한 귀무가설(몸무게는 평균 136lbs이다)과 대립가설(몸무게는 평균 136lbs보다 크다)에 대한 부호 검정 결과(유의수준, 귀무가설 채택 및 기각)를 출력하고 해석하시오.

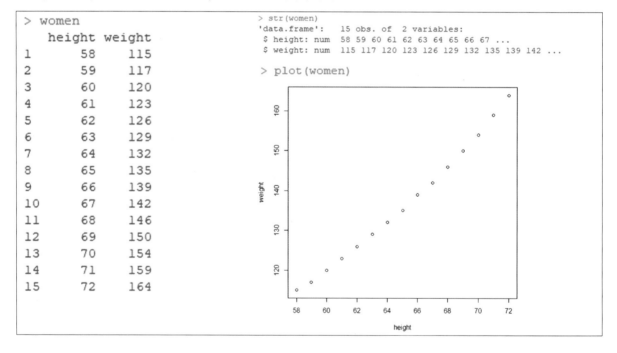

(1) SIGN.test( )를 이용한 부호 검정 결과, 유의확률(p−value)=$3.052×10^{-5}$<0.05이므로 귀무가설을 기각하게 되어 키는
평균 50inches보다 큰 것으로 판정(키의 평균=65inches)된다.

```
> SIGN.test(women$height, md=50, alternative="greater")

        One-sample Sign-Test

data:  women$height
s = 15, p-value = 3.052e-05
alternative hypothesis: true median is greater than 50
95 percent confidence interval:
 61.77832      Inf
sample estimates:
median of x
        65

Achieved and Interpolated Confidence Intervals:

                 Conf.Level  L.E.pt U.E.pt
Lower Achieved CI    0.9408 62.0000    Inf
Interpolated CI      0.9500 61.7783    Inf
Upper Achieved CI    0.9824 61.0000    Inf

>
> describe(women$height)
   vars  n mean   sd median trimmed  mad min max range skew kurtosis   se
X1    1 15   65 4.47     65      65 5.93  58  72    14    0    -1.44 1.15
```

(2) SIGN.test( )를 이용한 부호 검정 결과, 유의확률(p−value)=0.6964>0.05이므로 귀무가설을 기각할 수 없어 몸무게는
평균 136lbs 정도 되는 것으로 판정(몸무게 평균=136.73lbs)된다.

```
> SIGN.test(women$weight, md=136, alternative="greater")

        One-sample Sign-Test

data:  women$weight
s = 7, p-value = 0.6964
alternative hypothesis: true median is greater than 136
95 percent confidence interval:
 125.3349      Inf
sample estimates:
median of x
       135

Achieved and Interpolated Confidence Intervals:

                 Conf.Level   L.E.pt U.E.pt
Lower Achieved CI    0.9408 126.0000    Inf
Interpolated CI      0.9500 125.3349    Inf
Upper Achieved CI    0.9824 123.0000    Inf

> describe(women$weight)
   vars  n   mean   sd median trimmed   mad min max range skew kurtosis se
X1    1 15 136.73 15.5    135  136.31 17.79 115 164    49 0.23    -1.34  4
```

02 USArrests 데이터는 미국 50개 주에 대한 (Murder, Assault, UrbanPop, Rape)=(살인죄, 폭행죄, 도시 인구 비율, 강간죄)의 통계(사람의 수 및 비율, 1973년 기준)이다. 각각의 주별로 (살인죄, 폭행죄, 강간죄)에 대한 비율의 차이가 있는지 prop.test( ) 검정 결과를 출력하고 결과를 해석하시오.

(1) 도시인구 비율에 따라 살인죄의 비율의 차이가 있는지 검정하시오[단, 귀무가설은 "주별(집단별)로 살인죄의 비율에 차이가 없다", 그리고 대립가설은 "주별(집단별)로 살인죄의 비율에 차이가 있다"로 지정한다].

(2) 도시인구 비율에 따라 강간죄의 비율의 차이가 있는지 검정하시오[단, 귀무가설은 "주별(집단별)로 강간죄의 비율에 차이가 없다", 그리고 대립가설은 "주별(집단별)로 강간죄의 비율에 차이가 있다"로 지정한다].

```
> USArrests
              Murder Assault UrbanPop Rape
Alabama         13.2     236       58 21.2
Alaska          10.0     263       48 44.5
Arizona          8.1     294       80 31.0
Arkansas         8.8     190       50 19.5
California        9.0     276       91 40.6
Colorado         7.9     204       78 38.7
Connecticut      3.3     110       77 11.1
Delaware         5.9     238       72 15.8
Florida         15.4     335       80 31.9
Georgia         17.4     211       60 25.8
Hawaii           5.3      46       83 20.2
Idaho            2.6     120       54 14.2
Illinois        10.4     249       83 24.0
Indiana          7.2     113       65 21.0
Iowa             2.2      56       57 11.3
Kansas           6.0     115       66 18.0
Kentucky         9.7     109       52 16.3
Louisiana       15.4     249       66 22.2
Maine            2.1      83       51  7.8
Maryland        11.3     300       67 27.8
Massachusetts    4.4     149       85 16.3
Michigan        12.1     255       74 35.1
Minnesota        2.7      72       66 14.9
Mississippi     16.1     259       44 17.1
Missouri         9.0     178       70 28.2
Montana          6.0     109       53 16.4
Nebraska         4.3     102       62 16.5
Nevada          12.2     252       81 46.0
```

```
> head(USArrests)
           Murder Assault UrbanPop Rape
Alabama      13.2     236       58 21.2
Alaska       10.0     263       48 44.5
Arizona       8.1     294       80 31.0
Arkansas      8.8     190       50 19.5
California     9.0     276       91 40.6
Colorado      7.9     204       78 38.7
> str(USArrests)
'data.frame':   50 obs. of  4 variables:
 $ Murder  : num  13.2 10 8.1 8.8 9 7.9 3.3 5.9 15.4 17.4 ...
 $ Assault : int  236 263 294 190 276 204 110 238 335 211 ...
 $ UrbanPop: int  58 48 80 50 91 78 77 72 80 60 ...
 $ Rape    : num  21.2 44.5 31 19.5 40.6 38.7 11.1 15.8 31.9 25.8 ...
> summary(USArrests)
     Murder          Assault         UrbanPop          Rape
 Min.   : 0.800   Min.   : 45.0   Min.   :32.00   Min.   : 7.30
 1st Qu.: 4.075   1st Qu.:109.0   1st Qu.:54.50   1st Qu.:15.07
 Median : 7.250   Median :159.0   Median :66.00   Median :20.10
 Mean   : 7.788   Mean   :170.8   Mean   :65.54   Mean   :21.23
 3rd Qu.:11.250   3rd Qu.:249.0   3rd Qu.:77.75   3rd Qu.:26.18
 Max.   :17.400   Max.   :337.0   Max.   :91.00   Max.   :46.00
```

정답 및 해설

(1) prop.test( )를 이용하며, 귀무가설(두 집단의 비율에 차이가 없다)과 대립가설(두 집단의 비율에 차이가 있다)에 대한 검정 결과, 유의수준$=1.21\times10^{-14}<0.05$로 귀무가설을 기각하여, "두 집단의 비율에 차이가 있다"라는 결론[즉, 도시 지역별로 살인죄의 수(Murder)에 유의미한 차이가 있다]을 얻는다.

```
> prop.test(USArrests$Murder, USArrests$UrbanPop)

        50-sample test for equality of proportions without continuity correction

data:  USArrests$Murder out of USArrests$UrbanPop
X-squared = 166.07, df = 49, p-value = 1.21e-14
alternative hypothesis: two.sided
sample estimates:
     prop 1      prop 2      prop 3      prop 4      prop 5      prop 6      prop 7      prop 8
 0.22758621  0.20833333  0.10125000  0.17600000  0.09890110  0.10128205  0.04285714  0.08194444
     prop 9     prop 10     prop 11     prop 12     prop 13     prop 14     prop 15     prop 16
 0.19250000  0.29000000  0.06385542  0.04814815  0.12530120  0.11076923  0.03859649  0.09090909
    prop 17     prop 18     prop 19     prop 20     prop 21     prop 22     prop 23     prop 24
 0.18653846  0.23333333  0.04117647  0.16865672  0.05176471  0.16351351  0.04090909  0.36590909
    prop 25     prop 26     prop 27     prop 28     prop 29     prop 30     prop 31     prop 32
 0.12857143  0.11320755  0.06935484  0.15061728  0.03750000  0.08314607  0.16285714  0.12906977
    prop 33     prop 34     prop 35     prop 36     prop 37     prop 38     prop 39     prop 40
 0.28888889  0.01818182  0.09733333  0.09705882  0.07313433  0.08750000  0.03908046  0.30000000
    prop 41     prop 42     prop 43     prop 44     prop 45     prop 46     prop 47     prop 48
 0.08444444  0.22372881  0.15875000  0.04000000  0.06875000  0.13492063  0.05479452  0.14615385
    prop 49     prop 50
 0.03939394  0.11333333
```

(2) prop.test( )를 이용한 검정 결과, 유의수준$=2.2\times10^{-16}<0.05$로 귀무가설을 기각하여, "두 집단의 비율에 차이가 있다"라는 결론[즉, 도시 지역별로 강간죄의 수(Rape)에 유의미한 차이가 있다]을 얻는다.

```
> prop.test(USArrests$Rape, USArrests$UrbanPop)

        50-sample test for equality of proportions without continuity correction

data:  USArrests$Rape out of USArrests$UrbanPop
X-squared = 254.07, df = 49, p-value < 2.2e-16
alternative hypothesis: two.sided
sample estimates:
   prop 1    prop 2    prop 3    prop 4    prop 5    prop 6    prop 7    prop 8    prop 9
0.3655172 0.9270833 0.3875000 0.3900000 0.4461538 0.4961538 0.1441558 0.2194444 0.3987500
  prop 10   prop 11   prop 12   prop 13   prop 14   prop 15   prop 16   prop 17   prop 18
0.4300000 0.2433735 0.2629630 0.2891566 0.3230769 0.1982456 0.2727273 0.3134615 0.3363636
  prop 19   prop 20   prop 21   prop 22   prop 23   prop 24   prop 25   prop 26   prop 27
0.1529412 0.4149254 0.1917647 0.4743243 0.2257576 0.3886364 0.4028571 0.3094340 0.2661290
  prop 28   prop 29   prop 30   prop 31   prop 32   prop 33   prop 34   prop 35   prop 36
0.5679012 0.1696429 0.2112360 0.4585714 0.3034884 0.3577778 0.1659091 0.2853333 0.2941176
  prop 37   prop 38   prop 39   prop 40   prop 41   prop 42   prop 43   prop 44   prop 45
0.4373134 0.2069444 0.0954023 0.4687500 0.2844444 0.4559322 0.3187500 0.2862500 0.3500000
  prop 46   prop 47   prop 48   prop 49   prop 50
0.3285714 0.3589041 0.2384615 0.1636364 0.2600000
```

03 A사에서 새로 개발된 스프레이 모기약에 대한 성능분석 결과는 다음과 같다. 두 가지 서로 다른 방법으로 실험 (A, B)하였으며, 각각의 데이터는 모기가 죽을 확률의 순위이다. 윌콕슨 검정 방법을 이용하여 실험 A와 B 사이의 실험 방법에 차이가 있는지를 검정하시오.

(1) 유의확률(p-value)을 구하기 위해 점근 정규성을 사용(exact=F)하고 정규성 가정을 위해 필요한 연속성 수정을 적용하지 않는 경우(correct=F)를 가정한다. 검정 결과와 신뢰구간(95%)을 출력하시오.

(2) 상자그림(Box Plot)으로 실험 A, B 사이 순위의 차이를 서로 비교하시오.

실험 A	3	8	10	12	13	14	15	16
실험 B	1	2	4	5	6	7	9	11

📖 정답 및 해설

(1) 윌콕슨 함수(wilcox.test( ))를 이용한 검정 결과, 유의확률(p-value)=0.01571<0.05(유의수준)이므로 귀무가설은 기각되어, "두 집단(실험 A, 실험 B)의 대푯값(중앙값 또는 평균)에 차이가 있다"라는 결론을 얻는다. conf.int=TRUE 옵션으로 95% 신뢰구간(1, 10)을 구한다.

```
> a <- c(3, 8, 10, 12, 13, 14, 15, 16)
> b <- c(1, 2, 4, 5, 6, 7, 9, 11)
> sum(a)
[1] 91
> sum(b)
[1] 45
>
> wilcox.test(a, b, exact=F, correct=F)

        Wilcoxon rank sum test

data:  a and b
W = 55, p-value = 0.01571
alternative hypothesis: true location shift is not equal to 0

>
> wilcox.test(a, b, exact=F, conf.int=TRUE)

        Wilcoxon rank sum test with continuity correction

data:  a and b
W = 55, p-value = 0.01813
alternative hypothesis: true location shift is not equal to 0
95 percent confidence interval:
  1.000023 10.000022
sample estimates:
difference in location
              6
```

(2) boxplot( )으로 박스 플롯(Box Plot, 상자그림) 확인 결과, 실험 A(Exp.A) 데이터의 중앙값(median)과 최솟값
   (minimum)이 실험 B(Exp.B)와 비교하여 다소 높음을 알 수 있다.

```
> boxplot(a, b, names=c("Exp.A", "Exp.B"), ylim=c(0, 16), cex.axis=2)
```

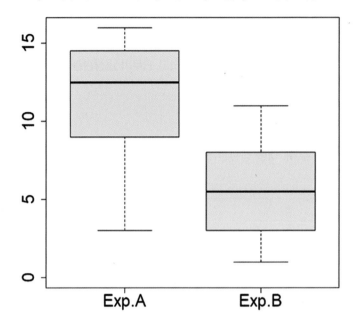

04 정부에서 친환경 작물로 개발한 식물에 대한 저항성 테스트 결과는 다음과 같다. 저항성에서 1은 약한 저항, 5는 강한 저항이며, 데이터는 저항성에 대한 관찰 결과 얻은 최대 잎의 수이다. (저항성, 잎의 수)에 대한 상관계수 검정을 수행하시오.

(1) cor.test( )를 이용하여 피어슨 및 스피어만 상관계수 검정 결과를 출력하고 귀무가설(상관관계가 없다. 즉, 상관계수 =0이다 혹은 모상관이 0이다.)에 대한 검정 결과를 출력 및 해석하시오.

(2) plot( ), lm( ), abline( )으로 (저항성, 잎의 수)에 대한 상관관계 그래프를 작성하고 두 변수 사이의 상관계수(cor ( ) 함수 이용)를 구하시오.

저항성	1	2	3	4	5
잎의 수	5	4	6	7	8

📋 **정답 및 해설**

(1) pearson 검정 결과, p-value=0.03739<0.05로 귀무가설은 기각되어 "(저항성, 잎의 수) 사이에는 유의한 상관관계가 존재한다(저항성과 잎의 수 사이에는 상호 관련성이 있으며, 저항성이 높을수록 잎의 수가 많은 경향이 있다)."

```
> a <- c(1, 2, 3, 4, 5)
> b <- c(5, 4, 6, 7, 8)
> cor.test(a, b, method="pearson")

        Pearson's product-moment correlation

data:  a and b
t = 3.5762, df = 3, p-value = 0.03739
alternative hypothesis: true correlation is not equal to 0
95 percent confidence interval:
 0.08610194 0.99343752
sample estimates:
cor
0.9

>
> cor.test(a, b, method="spearman")

        Spearman's rank correlation rho

data:  a and b
S = 2, p-value = 0.08333
alternative hypothesis: true rho is not equal to 0
sample estimates:
rho
0.9
```

(2) 회귀 분석모형(lm( ))을 이용한 결과에서도 저항성이 높을수록 잎의 수가 많은 경향을 나타내는 것으로 파악[상관계수 (cor(a, b))＝0.9]된다.

```
> plot(a, b)
> m <- lm(b ~ a)
> abline(m, col="red")
```

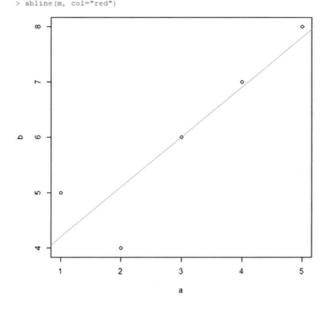

```
> cor(a, b)
[1] 0.9
```

05 P대학 병원에서 환자 10명 대상으로 두 가지 당뇨병 처방 약품에 대한 (반응, 무반응) 여부를 아래와 같이 조사하였다. 처방 약품들에 대한 (반응, 무반응) 사이의 교차 분석을 수행하시오.

(1) 카이제곱 검정 결과를 출력하고 귀무가설의 기각여부를 설명하시오.

(2) 피셔의 정확도 검정 결과를 출력하고 귀무가설의 기각여부를 설명하시오. 그리고 카이제곱 검정 결과와 서로 비교하시오.

구 분	반 응	무반응	합계(명)
약품 1	1	4	5
약품 2	3	2	5
합계(명)	4	6	10

📖 정답 및 해설

(1) 카이제곱 검정 결과(chisq.test( )), 유의확률(p−value)＝0.5186＞0.05(유의수준)로 유의수준 5%에서 귀무가설을 기각할 수 없다. 따라서 "약품 1과 2 사이에는 큰 차이가 없다"의 결론을 얻는다.

```
> data <- matrix(c(1, 4, 3, 2), ncol=2, byrow=T)
> data
     [,1] [,2]
[1,]    1    4
[2,]    3    2
>
> chisq.test(data)

        Pearson's Chi-squared test with Yates' continuity correction

data:  data
X-squared = 0.41667, df = 1, p-value = 0.5186
```

(2) 피셔 검정 결과(fisher.test( ))도 p−value＝0.5238＞0.05로 귀무가설을 기각할 수 없어 "약품 1과 2 사이에는 큰 차이가 없다"의 결론(카이제곱 검정과 동일한 결론)을 얻는다.

```
> fisher.test(data)

        Fisher's Exact Test for Count Data

data:  data
p-value = 0.5238
alternative hypothesis: true odds ratio is not equal to 1
95 percent confidence interval:
 0.002560407 4.586187647
sample estimates:
odds ratio
 0.2033268
```

06 P회사 제품은 3개 지역 공장(울산, 안성, 제주)에서 제조된다. 한 달 동안 무작위로 4개 Block을 선택하여 불량품 여부를 조사한 결과, 아래와 같이 각 Block에서 불량품(개수)들이 조사되었다. 3개 지역 공장들의 제조 제품에 대한 불량품의 개수가 차이가 있는지 알아보기 위한 분산 분석을 수행하시오.

(1) 3개 지역을 구분하기 위한 그룹 id를 지정하여 데이터를 저장하고 oneway.test( )를 이용한 분산 분석 결과를 출력하고 결과를 해석하시오.

(2) anova( ), lm( ) 함수를 이용하여 분산 분석표를 작성하시오.

(3) stack( )으로 값(values), 그룹(ind) 두 변수를 가진 데이터 프레임을 새로 저장하여 분산 분석 결과를 출력하고 귀무가설의 채택 여부를 설명하시오. 그리고 분산 분석표를 작성하시오.

Block	1	2	3	4
울산	11	10	8	7
안성	8	7	5	4
제주	5	4	2	1

📋 정답 및 해설

(1) oneway.test( ) 검정 결과, 유의확률($p-value$)=0.004058<0.05(유의수준)로 귀무가설을 기각하게 되어 "3개 지역에 대한 불량품의 개수에는 유의한 차이가 있다."의 결론을 얻는다.

```
> ulsan <- c(11, 10, 8, 7)
> anseong <- c(8, 7, 5, 4)
> jeju <- c(5, 4, 2, 1)
>
> data <- c(ulsan, anseong, jeju)
> id <- c(rep(1, 4), rep(2, 4), rep(3, 4))
> data
 [1] 11 10  8  7  8  7  5  4  5  4  2  1
> id
 [1] 1 1 1 1 2 2 2 2 3 3 3 3
>
> oneway.test(data ~ id, var=T)

        One-way analysis of means

data:  data and id
F = 10.8, num df = 2, denom df = 9, p-value = 0.004058
```

(2) anova( )와 lm( ) 함수를 이용하여 분산 분석표를 구한다.

```
> anova(lm(data ~ id))
Analysis of Variance Table

Response: data
          Df Sum Sq Mean Sq F value    Pr(>F)
id         1     72      72      24 0.0006241 ***
Residuals 10     30       3
---
Signif. codes:  0 '***' 0.001 '**' 0.01 '*' 0.05 '.' 0.1 ' ' 1
```

(3) 그룹을 구분하기 위한 id 변수를 새로 정의하지 않고 stack( ) 함수를 이용할 수도 있다. stack( )으로 데이터를 저장하는 경우 values(값), ind(그룹 이름, 도시 이름)의 두 변수를 가진 데이터 프레임으로 변환된다. oneway.test( ) 검정 결과, 동일한 결론(불량품 개수에 대하여 지역별로 유의한 차이가 있음)을 얻는다.

```
> data_frame <- data.frame(ulsan, anseong, jeju)
> data_frame
  ulsan anseong jeju
1    11       8    5
2    10       7    4
3     8       5    2
4     7       4    1
>
> mydata <- stack(data_frame)
> mydata
   values     ind
1      11   ulsan
2      10   ulsan
3       8   ulsan
4       7   ulsan
5       8 anseong
6       7 anseong
7       5 anseong
8       4 anseong
9       5    jeju
10      4    jeju
11      2    jeju
12      1    jeju
>
> oneway.test(mydata$values ~ mydata$ind, var=T)

        One-way analysis of means

data:  mydata$values and mydata$ind
F = 10.8, num df = 2, denom df = 9, p-value = 0.004058

>
> anova(lm(mydata$values ~ mydata$ind))
Analysis of Variance Table

Response: mydata$values
           Df Sum Sq Mean Sq F value   Pr(>F)
mydata$ind  2     72  36.000    10.8 0.004058 **
Residuals   9     30   3.333
---
Signif. codes:  0 '***' 0.001 '**' 0.01 '*' 0.05 '.' 0.1 ' ' 1
```

07 감마분포로부터 발생된 50개의 난수 데이터(data)를 이용하여 정규성 검정을 수행하시오.

(1) ecdf( ) 함수를 이용하여 경험적 분포함수를 그래프로 나타내시오.

(2) 경험적 분포함수와의 비교를 위하여 정규분포와 코시분포의 누적분포함수(이론적 분포)를 그래프로 출력하시오.

(3) qqnorm( ), qqline( )으로 추출된 표본이 직선(이론적 분포)에 가까운지를 판별하시오.

(4) Shapiro−Wilk 검정 결과를 출력하고 귀무가설의 채택 여부를 판정하시오.

(5) Kolmogorov−Smirnov 검정 결과를 출력하고 귀무가설의 채택 여부를 판정하시오.

```
> data <- rgamma(50, shape=1, scale=2)
> data
 [1]  0.6492174  0.4921765  1.2039149  1.8891472 10.4299773  0.3961991  5.4190148  0.6432950
 [9]  3.5326706  1.4323015  1.4018638  1.2482913  2.9414601  0.8421704  2.2260483  1.9918762
[17]  0.7838610  1.2013226  0.6752863  0.2894267  2.8613748  8.8139731  0.6839087  1.2958702
[25]  0.7175455  1.2751727  0.6743285  2.8459592  0.2564341  1.3791749  1.2898721  0.3916688
[33]  1.1033230  0.3113593  1.3631521  4.6649886  7.7982265  2.0676344  2.4810066  3.8566574
[41]  0.4106256  0.5579120  3.5653672  2.3877532  1.7005139  0.3339422  0.4500009  0.8446278
[49]  0.2462553  0.6733798
> summary(data)
   Min. 1st Qu.  Median    Mean 3rd Qu.    Max.
 0.2463  0.6553  1.2617  1.9398  2.3473 10.4300
> describe(data)
   vars  n mean   sd median trimmed  mad  min   max range skew kurtosis   se
X1    1 50 1.94 2.18   1.26    1.46 1.11 0.25 10.43 10.18 2.24     4.96 0.31
```

(1) ecdf( ) 함수를 이용하여 경험적 분포확률값을 구하고, plot( )으로 시각화하여 확인한다.

```
> data_emp <- ecdf(data)
> data_emp
Empirical CDF
Call: ecdf(data)
 x[1:50] = 0.24626, 0.25643, 0.28943,  ...,  8.814,  10.43
>
> plot(data_emp, do.point=FALSE, verticals=TRUE)
```

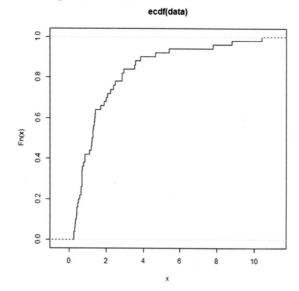

(2) ecdf( )로 작성된 경험적누적분포와 정규분포(lines( ))의 누적분포를 같이 표현하면 다음과 같다. Cauchy 분포에 대한 누적분포함수의 그림과 비교하여 주어진 50개의 데이터는 Cauchy 분포에 가까움을 알 수 있다.

```
> plot(data_emp, do.point=FALSE, verticals=TRUE)
> z <- c(-1:12)
> lines(z, pnorm(z))
```

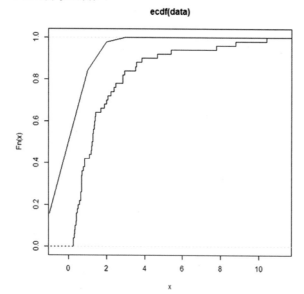

```
> plot(data_emp, do.point=FALSE, verticals=TRUE)
> z <- c(-1:12)
> lines(z, pcauchy(z))
```

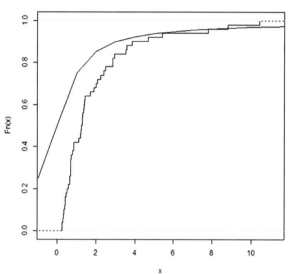

(3) 50개 데이터에 대한 정규성 검정을 위해 qqnorm( )과 par( ) 함수를 이용하여 작성한 그래프는 다음과 같다. qqline( )으로 데이터의 3사분위점과 1사분위점을 연결하는 직선(이론적 분포의 직선)을 표현한다. 그래프에서 원으로 표시된 점은 50개 난수에 대한 데이터(표본)이며, 직선은 이론적 분포(정규분포)로부터 구해진 데이터로 표본이 직선(이론적 분포)에 가까울수록 정규분포를 따른다고 판단한다.

```
> par(pty="s")
> qqnorm(data)
> qqline(data)
```

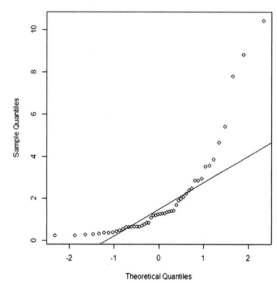

(4) 50개 데이터에 대한 Shapiro—Wilk 정규성 검정 결과는 다음과 같다. 검정 결과 유의확률이 유의수준(5%)보다 작아 귀무가설을 기각하게 되어 주어진 데이터가 정규분포를 따른다고 볼 수 없다.

```
> shapiro.test(data)

        Shapiro-Wilk normality test

data:  data
W = 0.70699, p-value = 1.107e-08
```

(5) Kolmogorov—Smirnov 정규성 검정 결과는 다음과 같다. 검정 결과, 위와 동일하게 귀무가설을 기각하게 되어 주어진 데이터가 정규분포를 따른다고 볼 수 없다.

```
> ks.test(data, "pnorm", mean=mean(data), sd=sd(data))

        Exact one-sample Kolmogorov-Smirnov test

data:  data
D = 0.2322, p-value = 0.007465
alternative hypothesis: two-sided
```

08 Puromycin 데이터는 효소 작용에 대한 반응 속도[농도(conc), 반응률(rate), 상태(treated, untreated)]를 나타낸다. 농도에 따른 반응률이 유의한 차이가 있는지를 판별하기 위한 다중 검정 분석을 수행하시오.

(1) pairwise.t.test( ) 함수(p.adj="holm" 옵션 지정)를 이용한 다중 검정 분석 결과를 출력하고 유의확률을 이용하여 귀무가설의 채택 여부를 결정하시오.

(2) pairwise.t.test( ) 함수(p.adj="bonferroni" 옵션 지정)를 이용한 다중 검정 분석 결과를 출력하고 유의확률을 이용하여 귀무가설의 채택 여부를 결정하시오.

```
> Puromycin
   conc rate    state
1  0.02   76  treated
2  0.02   47  treated
3  0.06   97  treated
4  0.06  107  treated
5  0.11  123  treated
6  0.11  139  treated
7  0.22  159  treated
8  0.22  152  treated
9  0.56  191  treated
10 0.56  201  treated
11 1.10  207  treated
12 1.10  200  treated
13 0.02   67 untreated
14 0.02   51 untreated
15 0.06   84 untreated
16 0.06   86 untreated
17 0.11   98 untreated
18 0.11  115 untreated
19 0.22  131 untreated
20 0.22  124 untreated
21 0.56  144 untreated
22 0.56  158 untreated
23 1.10  160 untreated
> str(Puromycin)
'data.frame':   23 obs. of  3 variables:
 $ conc : num  0.02 0.02 0.06 0.06 0.11 0.11 0.22 0.22 0.56 0.56 ...
 $ rate : num  76 47 97 107 123 139 159 152 191 201 ...
 $ state: Factor w/ 2 levels "treated","untreated": 1 1 1 1 1 1 1 1 1 1 ...
 - attr(*, "reference")= chr "A1.3, p. 269"
> summary(Puromycin)
      conc            rate           state
 Min.   :0.0200   Min.   : 47.0   treated  :12
 1st Qu.:0.0600   1st Qu.: 91.5   untreated:11
 Median :0.1100   Median :124.0
 Mean   :0.3122   Mean   :126.8
 3rd Qu.:0.5600   3rd Qu.:158.5
 Max.   :1.1000   Max.   :207.0
> describe(Puromycin)
       vars  n   mean    sd median trimmed   mad   min   max  range skew kurtosis   se
conc      1 23   0.31  0.36   0.11    0.26  0.13  0.02   1.1   1.08 1.21     0.06 0.08
rate      2 23 126.83 47.51 124.00  126.89 51.89 47.00 207.0 160.00 0.08    -1.11 9.91
state*    3 23   1.48  0.51   1.00    1.47  0.00  1.00   2.0   1.00 0.08    -2.08 0.11
>
> dim(Puromycin)
[1] 23  3
```

정답 및 해설

(1) pairwise.t.test( ) 함수를 이용한 검정 결과(p.adj="holm")는 다음과 같다. 귀무가설("처방 효소의 농도와 반응률에는 상관이 없다")에 대한 다중 검정 분석 결과, 농도에 따라 유의확률이 유의수준(5%)보다 작은 경우가 많아 귀무가설을 기각(효소 농도와 반응률에는 유의한 차이가 있다)한다.

```
> result <- pairwise.t.test(Puromycin$rate, Puromycin$conc, p.adj="holm")
> result

        Pairwise comparisons using t tests with pooled SD

data:  Puromycin$rate and Puromycin$conc

      0.02    0.06    0.11    0.22    0.56
0.06 0.11700 -       -       -       -
0.11 0.00366 0.22727 -       -       -
0.22 0.00015 0.01562 0.22727 -       -
0.56 2.3e-06 0.00016 0.00596 0.11700 -
1.1  1.2e-06 5.6e-05 0.00144 0.02572 0.29747

P value adjustment method: holm
> result$p.value
                0.02          0.06         0.11       0.22       0.56
0.06 1.170038e-01           NA           NA         NA         NA
0.11 3.661828e-03 2.272735e-01           NA         NA         NA
0.22 1.454167e-04 1.562330e-02 0.227273504         NA         NA
0.56 2.281511e-06 1.602281e-04 0.005963330 0.11700384         NA
1.1  1.191010e-06 5.612441e-05 0.001435189 0.02571908 0.297466
```

(2) p.adj="bonferroni"의 경우에도 비슷한 결과(효소 농도와 반응률 사이 유의한 관계가 있음)를 얻는다.

```
> result <- pairwise.t.test(Puromycin$rate, Puromycin$conc, p.adj="bonferroni")
> result

        Pairwise comparisons using t tests with pooled SD

data:  Puromycin$rate and Puromycin$conc

      0.02    0.06    0.11    0.22    0.56
0.06 0.35101 -       -       -       -
0.11 0.00610 1.00000 -       -       -
0.22 0.00018 0.03348 1.00000 -       -
0.56 2.4e-06 0.00022 0.01118 0.42462 -
1.1  1.2e-06 6.5e-05 0.00215 0.06430 1.00000

P value adjustment method: bonferroni
> result$p.value
                0.02          0.06         0.11       0.22 0.56
0.06 3.510115e-01           NA           NA         NA   NA
0.11 6.103047e-03 1.000000e+00           NA         NA   NA
0.22 1.817709e-04 3.347850e-02 1.000000000         NA   NA
0.56 2.444476e-06 2.184929e-04 0.011181243 0.42462023   NA
1.1  1.191010e-06 6.475894e-05 0.002152783 0.06429771    1
```

324 빅데이터분석기사 실기대비+실무활용

제9장

소셜 네트워크 분석

1 소셜 네트워크 분석의 이해

(1) 소셜 네트워크 분석을 위하여 다음 패키지를 이용한다.

install.packages("igraph")	#네트워크 그래프 지원
install.packages("stringr")	#문자열 처리
install.packages("rgl")	#3차원 그림 그리기
install.packages("statnet")	#네트워크 분석
install.packages("RSiena")	#네트워크 시각화
library(igraph)	—
library(stringr)	—
library(rgl)	—
library(statnet)	—
library(RSiena)	—

(2) 소셜 네트워크 분석(Social Network Analysis) 또는 사회연결망 분석이란 사회 연결망 데이터를 활용하여 사회 연결망과 사회 구조 등을 과학적으로 분석하는 방법이다.

(3) 기술 발전과 더불어 사회 객체들 사이의 관계는 더욱 복잡하고, 정교하게 변화하였다. 이런 관계들을 통해 특정 네트워크의 구조나 개인(노드, node) 간의 상호관계 등을 파악하는 것이 소셜 네트워크 분석의 목표이며, 이를 위해 수치화, 통계화, 그래프를 통한 시각화 등을 이용하고, 이러한 일련의 과정을 통해 발견된 임의의 형태나 패턴을 분석함으로써 사회구조, 연결망, 관계성, 그룹 또는 개인의 속성을 파악한다.

(4) 소셜 네트워크 분석에서는 다수의 점과 이들을 연결하는 선으로 구성된 네트워크로 나타나는 사회 구조를 분석하며, 노드 사이의 거리를 2차원 평면으로 표시하고, 그들 사이의 관계를 선으로 표시함으로써 데이터만으로는 그 유형을 파악하기 어려운 연결 구조를 한눈에 파악할 수 있도록 한다.

(5) 지금까지 다양한 학문과 연구에서 활용되어 왔으며, 마케팅 등 경영학에서도 강력한 전략으로서 활용되고 있다. 특히 개인의 영향력, 관심사, 성향 및 행동 패턴, 소문의 중심인 Influencer를 파악하고 도출된 인맥 정보들은 효과적인 판매 전략을 수립하기 위해 필요한 기본 정보로 사용된다.

(6) 네트워크(Network)란 "다수의 점과 점들을 연결하는 다수의 선으로 구성된 망"이다. 네트워크는 아래와 같이 객체를 나타내는 노드(정점, node, vertex)와 객체들 사이의 관계를 표현하는 선(링크, link, edge)으로 구성된다.

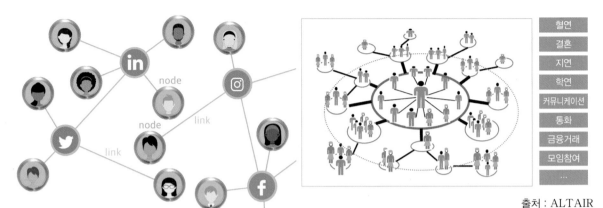

출처 : ALTAIR

[사람들 사이에 존재하는 다양한 관계를 표현하는 네트워크]

(7) 네트워크 구조 및 각 객체들의 영향력을 분석하기 위하여 그래프 이론 등 다양한 분석 지표들을 사용한다.

〈네트워크 분석을 위한 주요 개념 및 평가 지표〉

주요 용어	• 방향성에 따른 네트워크 　－ 방향 네트워크 : 객체 간의 방향성이 있는 경우, 송신자와 수신자가 존재 　－ 무방향 네트워크 : 객체 관계의 존재 자체를 말하며, 특정한 방향성이 없는 관계 • 가중치 그래프 : 노드를 연결하는 링크에 가중치를 할당한 네트워크(그래프)로 가중치는 링크의 정도 차이를 의미 • 차수(degree) : 노드에 연결된 링크들의 수, 해당 노드가 다른 노드들과 얼마나 많이 연결되어 있는가에 대한 측정지표, 방향 그래프의 경우 진입차수와 진출차수로 구분 • 허브(Hub) : 노드 중에서 가장 높은 차수를 가지고 있는 노드 • 차수의 분포(Degree Distribution) : 그래프에서 차수를 가지는 노드의 비율 • 대다수 노드가 유사한 수의 링크를 가지는 경우 Random Graph가 그려짐(즉, 특별히 영향력이 큰 노드가 없음) • 척도 없는 그래프(Scale-free Graph) : 대부분의 노드가 소수의 링크를 가지고 있으나 몇 개의 노드가 거대한 링크를 가지는 경우 • 노드(node)의 수와 에지(edge)의 수는 네트워크에서의 노드와 연결선 수를 의미, 네트워크의 전체적인 규모를 분석하기 위해 사용, 즉 노드가 많은 네트워크는 규모가 큰 네트워크를 의미하며, 연결선 수가 많은 네트워크는 밀도가 높은 네트워크를 의미
중심성	• Centrality : 그래프 혹은 네트워크에서 노드의 상대적 중요성을 나타내는 척도로 각 노드가 네트워크 구조 내에서 얼마나 중심에 위치해 있는지를 나타냄 • 노드 중 누가 중심인지, 어디에 네트워크가 집중되어 있는지를 평가 • 집중력이 높으면 영향력이 높음 • 객체가 전체 네트워크에서 얼마나 중심에 가까이 자리잡고 있는지를 나타내는 지표 • 네트워크 분석에서 객체가 가지고 있는 영향력을 분석하는 데 많이 사용 　－ 연결 중심성(Degree Centrality) : 연결된 선이 많은 노드(연결된 노드 수가 많을수록 연결 중심성 증가), 중요 노드, 한 노드가 다른 노드들과 직접적으로 연결되어 있는지 측정 　－ 근접 중심성(Closeness Centrality) : 다른 노드들과 근접할수록 중요한 노드로 평가, 간접적인 연결을 포함한 중심성 측정 지표 　－ 중개 중심성(Betweenness Centrality) : 노드 간 중재점에 있는 노드를 중요한 노드로 평가, 노드를 경유하는 최단 경로의 개수로 정의, 매개자로서의 역할 정도 측정, 상이한 집단 간을 연결하는 노드일수록 매개 중심성이 높으며, 경로의 끝에 있는 노드의 경우 두 노드 간의 최단거리가 존재하지 않으므로 중개 중심성은 0으로 평가 　－ 고유벡터 중심성(Eigenvector Centrality) : 중요한 노드와 연결된 노드를 중요 노드로 평가

밀 도	• Density : 네트워크에서 노드 간의 전반적인 연결 정도 수준을 의미함 • 밀도는 네트워크의 전체적인 구조를 분석하기 위해 사용 • 최대 가능한 링크 개수에 대한 실제 링크 개수의 비, (실제 존재하는 링크 수)/(모든 노드가 연결되어 있다는 가정하의 링크 수), 0~1사이의 값을 가짐, 노드 간에 링크들이 얼마나 밀집되어 있는지를 판단하기 위해 사용

원-모드

• 모드(Mode) : 네트워크 분석의 대상이 되는 객체, 즉 네크워크 상에 노드들인 소셜 엔터티(Social Entities)의 집합
• One-mode Social Network Analysis : 동일 차원의 객체로 불리는 소셜 엔터티들로 구성된 소셜 네트워크 분석 기법, 친구나 동료들 간의 네트워크, 개인 인맥 또는 회사들 간의 비즈니스 관계 표현 분석 방법
• 동일 차원의 사람 또는 집단인 객체들 간의 관계 테이블(Relationship Table) 구성
• 근접 매트릭스(Adjacency Matrix) 생성
• 근접 매트릭스를 이용하여 네트워크 그래프 작성

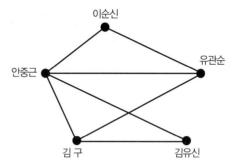

[원-모드 소셜 네트워크]

사 람	사 람	사 람	사 람
이순신	안중근	김 구	김유신
이순신	유관순	김유신	김 구
안중근	이순신	김유신	안중근
안중근	유관순	유관순	이순신
안중근	김유신	유관순	안중근
안중근	김 구	유관순	김 구
김 구	안중근	−	−
김 구	유관순	−	−

[관계 테이블, Relationship Table]

구 분	이순신	안중근	김 구	김유신	유관순
이순신	−	1	0	0	1
안중근	1	−	1	1	1
김 구	0	1	−	1	1
김유신	0	1	1	−	0
유관순	1	1	1	0	−

[근접 매트릭스, Adjacency Matrix]

투-모드

Two-mode Social Network Analysis : 두 개의 소셜 엔터티 집합 간의 관계 데이터로부터 생성된 소셜 네트워크 분석 기법, 개인 회원과 동호회, 영화배우와 소속사, 기업과 문화재단 관계와 같이 차원이 다른 2개의 소셜 엔터티 집합들이 결합된 소셜 네크워크

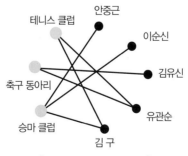

[투-모드 소셜 네트워크]

2 원-모드

(1) 원모드 소셜 네트워크 분석 : 원－모드 소셜네트워크 분석을 위해 한국영화진흥위원회에서 제공하는 한국영화 제작상황판의 자료(www.kobis.or.kr/kobis/business/mast/mvie/searchPrdtList.do)를 이용("C:/workr/movies.csv")한다.

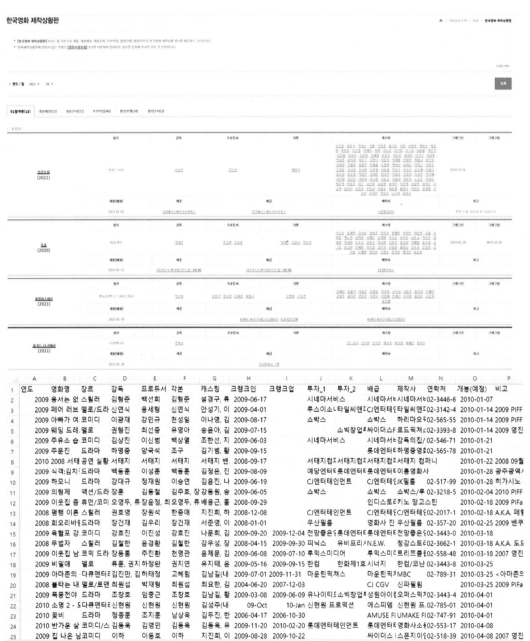

① 네트워크 그래프 지원 패키지("igraph"), 데이터 정제 작업(문자열 처리) 패키지("stringr"), 3차원 그림 그리기를 위한 패키지("rgl")를 설치한다.

```
> install.packages("igraph")
--- 현재 세션에서 사용할 CRAN 미러를 선택해 주세요 ---
URL 'https://cran.yu.ac.kr/bin/windows/contrib/4.2/igraph_1.3.4.zip'를 시도합니다
Content type 'application/zip' length 5839976 bytes (5.6 MB)
downloaded 5.6 MB

패키지 'igraph'를 성공적으로 압축해제하였고 MD5 sums 이 확인되었습니다

다운로드된 바이너리 패키지들은 다음의 위치에 있습니다
        C:\tmp\Rtmp6PPI3g\downloaded_packages
> library(igraph)

다음의 패키지를 부착합니다: 'igraph'

The following objects are masked from 'package:stats':

    decompose, spectrum

The following object is masked from 'package:base':

    union

> install.packages("stringr")
URL 'https://cran.yu.ac.kr/bin/windows/contrib/4.2/stringr_1.4.0.zip'를 시도합니다
Content type 'application/zip' length 216691 bytes (211 KB)
downloaded 211 KB

패키지 'stringr'를 성공적으로 압축해제하였고 MD5 sums 이 확인되었습니다

다운로드된 바이너리 패키지들은 다음의 위치에 있습니다
        C:\tmp\Rtmp6PPI3g\downloaded_packages
> library(stringr)
> install.packages("rgl")
URL 'https://cran.yu.ac.kr/bin/windows/contrib/4.2/rgl_0.109.6.zip'를 시도합니다
Content type 'application/zip' length 4365478 bytes (4.2 MB)
downloaded 4.2 MB

패키지 'rgl'를 성공적으로 압축해제하였고 MD5 sums 이 확인되었습니다

다운로드된 바이너리 패키지들은 다음의 위치에 있습니다
        C:\tmp\Rtmp6PPI3g\downloaded_packages
> library(rgl)
```

② 작업영역을 설정[setwd("C:/workr")]하고 read.csv( )로 movies.csv 파일을 data에 저장한다.

```
> setwd("C:/workr")
> getwd()
[1] "C:/workr"
> data <- read.csv("movies.csv", header=T, fileEncoding="EUC-KR")
> head(data)
  연도          영화명        장르  감독 표현투자  각본              캐스팅  크랭크인
1 2009     휴서는 없다     스릴러 김형운  백선희 김형운 설경구, 독상범, 판혜진 2009-06-17
2 2009   피어 허로 멜로/드라마 신연식  송세형 신연식             안성기, 이하나 2009-04-01
3 2009 아빠가 여자를 좋아해   로미디 이울제  강연구 천성일           이나영, 김지석 2009-08-17
4 2009       픽셀 드레스       멜로 군형진  최선웅 유명아             송윤아, 김영재 2009-07-15
5 2009   주유소 습격사건 2   코미디 김상진  이신범 박상열             조판선, 지현우 2009-06-03
6 2009         우훈진       드라마 하명홍  양국석  조구             길기범, 황보유 2009-09-15
  크랭크업       시네마서비스                    배급                              제작사
1                 시네마서비스 시네마서비스/미드림엔트윅퍼스/파일이언에스
2   후스이스니도스  타일비연피  CJ엔터테인먼트             쇼박스           타일비연피
3                   쇼박스                      쇼박스                        하리마오픽쳐스
4                 소빅장업투자      바이어스FNH                              로드픽쳐스
5                 시네마서비스                          감독위집/시네마서비스
6               투매엔터테인먼트                하명홍영화재작소/형진시네마
  연락처 개봉.예정.                              비고
1 02-3446-6561 2010-01-07
2 02-3142-4262 2010-01-14 2009 PIFF 초청작/콘텐츠진흥원 재작지원작
3 02-565-5501 2010-01-14                   2009 PIFF 초청작
4 02-3393-8514 2010-01-14       2009 영진위 한국영화재작지원작
5 02-546-7100 2010-01-21
6 02-565-7800 2010-01-21
```

	연도	영화명	장르	감독	프로듀서	각본
1	2009	용서는 없다	스릴러	김형준	박선희	김형준
2	2009	페어 러브	멜로/드라마	신연식	용세영	신연식
3	2009	아빠가 여자를 좋아해	코미디	이광재	강신구	천성일
4	2009	웨딩 드레스	멜로	권형진	최선웅	유영아
5	2009	주유소 습격사건 2	코미디	김상진	이신범	박상열
6	2009	투혼	드라마	라광훈	양극석	조구
7	2010	2008 서태지 심포니 위드 통가 카메라 로열필하모닉	공연 실황 다큐멘터리	서태지	서태지	서태지
8	2009	식객: 김치전쟁	드라마	백동훈	이상훈	백동훈
9	2009	하모니	드라마	강대규	정라본	이승연
10	2009	의형제	액션/드라마	장훈	김동욱	김주호, 장민석 외
11	2009	이웃집 좀비	호러/코미디	오영두, 류훈, 홍영근, 장윤정	장윤정, 최슬희	오영두, 류훈, 홍영근, 장윤정
12	2008	평행 이론	스릴러	권호영	장윤석	한후야
13	2008	회오리바람	드라마	장건재	김수리	장건재
14	2009	특별한 장도단	코미디	강효진	이진성	강효진
15	2008	무법자	스릴러	김철한	손경룡	김철한
16	2009	이웃집 남자	코믹 드라마	강윤홍	주진황	천영근
17	2009	비밀애	멜로	류훈, 공지연	파경완	공지연
18	2009	아이폰의 눈물	다큐멘터리	김진만, 김현철	이라정	고혜림
19	2008	불타는 내 마음	멜로/로맨스	최원섭	박재형	최원섭

③ data 파일은 16개의 항목과 99개의 자료로 구성되어 있다.

```
> str(data)
'data.frame':   99 obs. of  16 variables:
 $ 연도     : int  2009 2009 2009 2009 2009 2009 2010 2009 2009 2009 ...
 $ 영화명    : chr  "용서는 없다" "페어 러브" "아빠가 여자를 좋아해" "웨딩 드레스" ...
 $ 장르     : chr  "스릴러" "멜로/드라마" "코미디" "멜로" ...
 $ 감독     : chr  "김형준" "신연식" "이광재" "권형진" ...
 $ 프로듀서   : chr  "박선희" "용세영" "강신구" "최선웅 " ...
 $ 각본     : chr  "김형준" "신연식" "천성일" "유영아" ...
 $ 캐스팅    : chr  "설경구, 류승범, 한혜진" "안성기, 이하나" "이나영, 김지석" "송윤아, 김명곤" ...
 $ 크랭크인   : chr  "2009-06-17" "2009-04-01" "2009-08-17" "2009-07-15" ...
 $ 크랭크업   : chr  "" "" "" "" ...
 $ 투자_1   : chr  "시네마서비스" "투스이소니도스" "쇼박스" "" ...
 $ 투자_2   : chr  "" "타일씨앤피" "" "소빅창업투자" ...
 $ 배급     : chr  "시네마서비스" "CJ엔터테인먼트" "쇼박스" "싸이더스FNH" ...
 $ 제작사    : chr  "시네마서비스/머드림엔드프저스/타일이엔에스" "타일씨앤피" "하리마오픽처스" "로드픽처스" ...
 $ 연락처    : chr  "02-3446-6561" "02-3142-4262" "02-565-5501" "02-3393-8514" ...
 $ 개봉.예정.: chr  "2010-01-07" "2010-01-14" "2010-01-14" "2010-01-14" ...
 $ 비고     : chr  "" "2009 PIFF 초청작/콘텐츠진흥원 제작지원작" "2009 PIFF 초청작" "2009 영진위 한국영화제작$
> summary(data)
      연도         영화명            장르             감독             프로듀서           각본
 Min.   :2007   Length:99          Length:99          Length:99          Length:99          Length:99
 1st Qu.:2009   Class :character   Class :character   Class :character   Class :character   Class :character
 Median :2009   Mode  :character   Mode  :character   Mode  :character   Mode  :character   Mode  :character
 Mean   :2009
 3rd Qu.:2010
 Max.   :2010
     캐스팅           크랭크인          크랭크업           투자_1           투자_2
 Length:99          Length:99          Length:99          Length:99          Length:99
 Class :character   Class :character   Class :character   Class :character   Class :character
 Mode  :character   Mode  :character   Mode  :character   Mode  :character   Mode  :character


      배급             제작사            연락처          개봉.예정.           비고
 Length:99          Length:99          Length:99          Length:99          Length:99
 Class :character   Class :character   Class :character   Class :character   Class :character
 Mode  :character   Mode  :character   Mode  :character   Mode  :character   Mode  :character


> dim(data)
[1] 99 16
```

④ 원－모드 소셜네트워크 분석을 수행하기 위해 객체들 사이의 관계 테이블을 작성[동일 영화에 출연(캐스팅)하면 관계＝1, 동일 영화에 출연하지 않은 경우 관계＝0으로 설정]한다.

- relation_table <－ NULL : 관계 테이블 초기화
- v <－ unlist(strsplit(as.character(data$캐스팅[i]), split＝",")) : 각 영화별 출연 영화배우(캐스팅)의 벡터 자료 생성
- n_row <－ length(v) : 영화별 출연자의 수를 행의 수로 지정
- n_col <－ length(v) : 영화별 출연자의 수를 열의 수로 지정
- mat <－ matrix(1, nrow_n_row, ncol_n_col) : (행, 열)의 수를 (출연자 수, 출연자 수)로 한 행렬 생성(값＝1로 저장)
- colnames(mat) <－ v : 열의 이름 지정(출연 배우)
- rownames(mat) <－ v : 행의 이름 지정(출연 배우)
- tmp <－ get.data.frame(graph_from_adjacency_matrix(mat, mode＝"lower")) : 무방향 네트워크(그래프) 생성 (mode＝"lower")
- ralation_table <－ rbind(relation_table, tmp) : 각각의 행(결과)을 relation_table에 추가

```
> relation_table <- NULL
> for (i in 1:nrow(data)) {
+ v <- unlist(strsplit(as.character(data$캐스팅[i]), split=","))
+ n_row <- length(v)
+ n_col <- length(v)
+ mat <- matrix(1, nrow=n_row, ncol=n_col)
+ colnames(mat) <- v
+ rownames(mat) <- v
+ tmp <- get.data.frame(graph_from_adjacency_matrix(mat, mode="lower"))
+ relation_table <- rbind(relation_table, tmp)
+ }
>
> head(relation_table)
      from      to
1    설경구   설경구
2    설경구   류승범
3    류승범   류승범
4    설경구   한혜진
5    류승범   한혜진
6    한혜진   한혜진
> str(relation_table)
'data.frame':   736 obs. of  2 variables:
 $ from: chr  "설경구" "설경구" " 류승범" "설경구" ...
 $ to  : chr  "설경구" " 류승범" " 류승범" " 한혜진" ...
> summary(relation_table)
      from                to
 Length:736        Length:736
 Class :character   Class :character
 Mode  :character   Mode  :character
```

⑤ 관계 테이블로부터 데이터를 정제하고 전처리 과정을 수행한다. trimws( ) 함수를 이용하여 데이터 내 공백을 제거하고, 동일한 이름의 경우 삭제 후, NA(Not Applicable 혹은 Not Available) 자료를 제거한다.

- relation_table$from <－ trimws(relation_table$from) : 데이터(출연배우 이름) 내 공백 제거
- relation_table$to <－ trimws(relation_table$to) : 데이터(출연배우 이름) 내 공백 제거
- relation_table <－ subset(relation_table, from != $to) : 각 행에서 동일한 이름의 경우 제거
- relation_table <－ na.omit(relation_table) : NA 자료 제거

```
> relation_table$from <- trimws(relation_table$from)
> relation_table$to <- trimws(relation_table$to)
> relation_table <- subset(relation_table, from != to)
> relation_table <- na.omit(relation_table)
>
> head(relation_table)
        from      to
2    설경구  류승범
4    설경구  한혜진
5    류승범  한혜진
8    안성기  이하나
11   이나영  김지석
14   송윤아  김명국
>
> str(relation_table)
'data.frame':    425 obs. of  2 variables:
 $ from: chr  "설경구" "설경구" "류승범" "안성기" ...
 $ to  : chr  "류승범" "한혜진" "한혜진" "이하나" ...
> summary(relation_table)
     from                to
 Length:425         Length:425
 Class :character   Class :character
 Mode  :character   Mode  :character
```

⑥ 소셜 네트워크 객체(object) 생성을 위해 graph_from_data_frame( ) 함수(directedF, 무방향성 옵션 설정)를 이용하고 근접 매트릭스(Adjacency Matrix) 결과를 확인한다. as_adjacency_matrix( ) 함수를 이용하여 근접 매트릭스 결과를 별도로 확인할 수 있다.

- g <− graph_from_data_frame(relation_table, directed=F) : 객체(object) 생성
- gmat <− as_adjacency_matrix(g) : 근접 매트릭스 생성

```
> g <- graph_from_data_frame(relation_table, directed=F)
> head(g)
6 x 280 sparse Matrix of class "dgCMatrix"
   [[ 280개의 열이름 '설경구', '류승범', '안성기' ...를 제거합니다 ]]

설경구  . 1 . . . . . . . . . . . . . . . . . . . . . . . . . . . . . . .
류승범  1 . . . . . . . . . . . . . . . . . . . . . . . . . . . . . . . 1
안성기  . . . . . . . . . . . . . . . . . . . . . . . . . . . . . . . .
이나영  . . . . . . . . . . . . . . . . . . . . . . . . . . . . . . . .
송윤아  . . . . . . . . . . . . . . . . . . . . . . . . . . . . . . . .
조한선  . . . . . . . . . . . . . . . . . . . . . . . . . . . . . . . .

설경구  . . . . . . . . . . . . . . . . . . . . . . . . . . . . . . . .
류승범  . . . . . . . . . . . . . . . . . . . . . . . . 1 . . . . . . . .
안성기  . . . . . . . . . . . . . . . . . . . . . . . . . . . . . . . .
이나영  . . . . . . . . . . . . . . . . . . . . . . . . . . . . . . . .
송윤아  . . . . . . . . . . . . . . . . . . . . . . . . . . . . . . . .
조한선  . . . . . . . . . . . . . . . . . . . . . . . . . . . . . . . .
```

```
> gmat <- as_adjacency_matrix(g)
> head(gmat)
6 x 280 sparse Matrix of class "dgCMatrix"
    [[ 280개의 열이름 '설경구', '류승범', '안성기' ...를 제거합니다 ]]

설경구 . 1 . . . . . . . . . . . . . . . . . . . . . . . . . . . . . . . . . . . . . . . . . . . .
류승범 1 . . . . . . . . . . . . . . . . . . . . . . . . . . . . . . . . . . . . . . 1 . .
안성기 . . . . . . . . . . . . . . . . . . . . . . . . . . . . . . . . . . . . . . . . . . . . .
이나영 . . . . . . . . . . . . . . . . . . . . . . . . . . . . . . . . . . . . . . . . . . . . .
송윤아 . . . . . . . . . . . . . . . . . . . . . . . . . . . . . . . . . . . . . . . . . . . . .
조한선 . . . . . . . . . . . . . . . . . . . . . . . . . . . . . . . . . . . . . . . . . . . . .

설경구 . . . . . . . . . . . . . . . . . . . . . . . . . . . . . . . . . . . . . . . . . . . . .
류승범 . . . . . . . . . . . . . . . . . . . . . . . . . . . . . . 1 . . . . . . . . . . . . . .
안성기 . . . . . . . . . . . . . . . . . . . . . . . . . . . . . . . . . . . . . . . . . . . . .
이나영 . . . . . . . . . . . . . . . . . . . . . . . . . . . . . . . . . . . . . . . . . . . . .
송윤아 . . . . . . . . . . . . . . . . . . . . . . . . . . . . . . . . . . . . . . . . . . . . .
조한선 . . . . . . . . . . . . . . . . . . . . . . . . . . . . . . . . . . . . . . . . . . . . .
> str(g)
Class 'igraph'  hidden list of 10
 $ : num 280
 $ : logi FALSE
 $ : num [1:425] 1 196 196 197 198 199 200 201 8 9 ...
 $ : num [1:425] 0 0 1 2 3 4 5 6 7 7 ...
 $ : num [1:425] 0 8 9 10 11 12 13 19 30 33 ...
 $ : num [1:425] 0 324 325 1 327 397 137 399 401 2 ...
 $ : num [1:281] 0 0 1 1 1 1 1 1 1 2 ...
 $ : num [1:281] 0 5 11 12 13 14 18 19 23 26 ...
 $ :List of 4
  ..$ : num [1:3] 1 0 1
  ..$ : Named list()
  ..$ :List of 1
  .. ..$ name: chr [1:280] "설경구" "류승범" "안성기" "이나영" ...
  ..$ : list()
 $ :<environment: 0x00000201937c7818>
> summary(g)
IGRAPH e45312e UN-- 280 425 --
+ attr: name (v/c)
>
> str(gmat)
Formal class 'dgCMatrix' [package "Matrix"] with 6 slots
  ..@ i       : int [1:848] 1 151 152 196 264 0 42 82 109 132 ...
  ..@ p       : int [1:281] 0 5 12 13 14 15 19 20 24 28 ...
  ..@ Dim     : int [1:2] 280 280
  ..@ Dimnames:List of 2
  .. ..$ : chr [1:280] "설경구" "류승범" "안성기" "이나영" ...
  .. ..$ : chr [1:280] "설경구" "류승범" "안성기" "이나영" ...
  ..@ x       : num [1:848] 1 1 1 1 1 1 1 1 1 ...
  ..@ factors : list()
> summary(gmat)
  Length    Class     Mode
   78400 dgCMatrix       S4
```

⑦ 소셜 네트워크 그래프를 작성하기 위해 plot( )과 네트워크 표현에서 가장 많이 사용되는 "layout=layout. fruchterman.reingold" 알고리즘을 이용한다. vertex.size=2는 노드의 크기이며, edge.arrow.size=2는 화살표 크기이다.

```
> plot(g, layout=layout.fruchterman.reingold, vertex.size=2, edge.arrow.size=2)
```

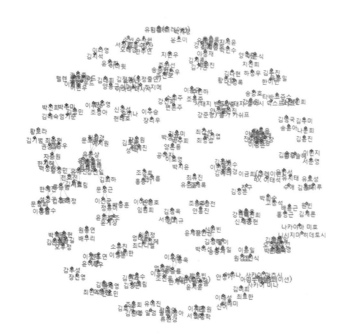

⑧ 다른 유형의 그래프를 작성하기 위해 "layout" 옵션(circle, grid, random, kamada.kawai 등)을 달리한다.

```
> plot(g, layout=layout.circle, vertex.size=2, edge.arrow.size=2)          > plot(g, layout=layout.grid, vertex.size=2, edge.arrow.size=2)
```

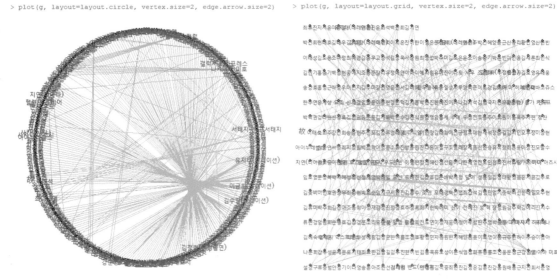

[layout.circle]   [layout.grid]

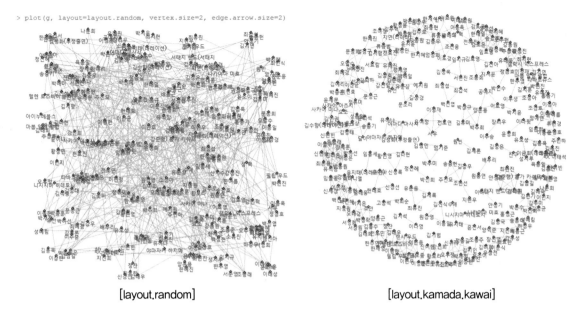

```
> plot(g, layout=layout.kamada.kawai, vertex.size=2, edge.arrow.size=2)
```

```
> plot(g, layout=layout.random, vertex.size=2, edge.arrow.size=2)
```

[layout.random]   [layout.kamada.kawai]

⑨ 원－모드 소셜네트워크에서의 성능 분석 지표는 다음과 같다.

- vcount(*g*) : 노드(vertex, node)의 수
- ecount(*g*) : 엣지(edge, link)의 수
- graph.density(*g*) : 네트워크 밀도(density, 노드들 사이 연결가능한 총 수 대비 실제 연결수)
- degree(*g*) : 연결 정도 중심성(연결된 노드들의 수), normalized＝TRUE는 정규화 값 출력
- closeness(*g*) : 근접 중심성(노드들과의 근접 거리 기준)

```
> vcount(g)
[1] 280
> ecount(g)
[1] 425
> graph.density(g)
[1] 0.0108807
> igraph::degree(g)
           설경구             류승범             안성기             이나영
               5                 7                 1                 1
           송윤아             조한선       김기범 서태지 밴드 (서태지)
               1                 4                 1                 4
           안성훈             김석훈             최현진             김정은
               4                 4                 4                 1
           김윤진             강동원             배용준             지진희
               1                 1                 1                 3
           서준영             나문희             강우성             윤제문
               1                 2                 1                 1
           유지태             최요한             김남길             김두진
               2                 1                 1                 2
           판이빈             김동욱             유오성             이종식
               2                 1                 2                 2
           엄정화             류승룡             조진웅             문성근
                                 7                 3                 4
           강신일       나카야마 미효             김혜숙             박지운
               9                 1                 1                 1
    결혁시 익스프레스         박윤수             성혜림             김정군
               1                 3                 3                 3
           판여름             조경효             황정민             차승원
               2                                   6                 6
           판지혜             양은용             이효영             이동규
                                 5                 3                 3
           주민하             이주승             이정아             류현경
               2                 2                 2                 2
           임원희             손병호             김상경             윤소이
               2                 3                 3                 3
           유준상       마돈 알얼 필립         윤정희             현도연
              10                 1                 1                 3
           이정재             윤여정             이유성             판주영
               3                 3                 2                 2
           박충훈       아마다 마사시     아마자키 하지메         유하나
```

```
> igraph::degree(g, normalized=TRUE)
        설경구              류승범              안성기              이나영              송윤아              조한선
   0.017921147         0.025089606         0.003584229         0.003584229         0.003584229         0.014336918
        김기범   서태지 밴드 (서태지           안성훈              김석중              최현진              김정은
   0.003584229         0.014336918         0.014336918         0.014336918         0.014336918         0.003584229
        김윤진              강동원              배용근              지진희              서준영              나문희
   0.003584229         0.003584229         0.003584229         0.010752688         0.003584229         0.007168459
        감우성              윤제문              유지태              최요한              김남길              김두진
   0.003584229         0.003584229         0.007168459         0.003584229         0.003584229         0.007168459
        한이빈              김동욱              유요성              이윤식              엄정화              류승룡
   0.007168459         0.007168459         0.007168459         0.007168459         0.010752688         0.025089606
        조진웅              문성근              강신일         나카야마 미호           김혜수              박지윤
   0.010752688         0.014336918         0.032258065         0.003584229         0.003584229         0.003584229
   갤럭시 익스프레스         박은수              성혜림              김정군              한여름              조경효
   0.003584229         0.010752688         0.010752688         0.010752688         0.007168459         0.007168459
        황정민              차승원              한지혜              양은용              이효정              이동규
   0.021505376         0.021505376         0.010752688         0.017921147         0.010752688         0.007168459
        주민하              이주승              이형아              류형경              임원희              손병호
   0.007168459         0.003584229         0.007168459         0.007168459         0.007168459         0.007168459
        김상경              문소리              유준상       마틈 알엄 필립           윤정희              전도연
   0.010752688         0.010752688         0.035842294         0.003584229         0.003584229         0.010752688
        이정재              윤여정              이우성              한주영              박종훈         야마다 마사시
   0.010752688         0.010752688         0.007168459         0.007168459         0.003584229         0.010752688
   야마자키 하지메          유하나              김유미              박주희              김진아              조동희
   0.010752688         0.010752688         0.010752688         0.010752688         0.007168459         0.007168459
        이성재              강성진              정경효              추상록              최지현              박해미
   0.028673835         0.017921147         0.025089606         0.017921147         0.017921147         0.007168459
        신이               전혜진              성 혁               장성원              김주혁              김예리
> igraph::closeness(g)
        설경구              류승범              안성기              이나영              송윤아              조한선
   0.008547009         0.011235955         1.000000000         1.000000000         1.000000000         0.250000000
        김기범   서태지 밴드 (서태지           안성훈              김석중              최현진              김정은
   1.000000000         0.250000000         0.250000000         0.250000000         0.250000000         1.000000000
        김윤진              강동원              배용근              지진희              서준영              나문희
   0.333333333         1.000000000         1.000000000         0.333333333         1.000000000         0.500000000
        감우성              윤제문              유지태              최요한              김남길              김두진
   1.000000000         0.058823529         0.500000000         1.000000000         1.000000000         0.500000000
        한이빈              김동욱              유요성              이윤식              엄정화              류승룡
   0.500000000         0.500000000         0.500000000         0.250000000         0.043478261         0.066666667
        조진웅              문성근              강신일         나카야마 미호           김혜수              박지윤
   0.043478261         0.009259259         0.011627907         1.000000000         1.000000000         0.071428571
> igraph::closeness(g, normalized=TRUE)
        설경구              류승범              안성기              이나영              송윤아              조한선
   0.3076923           0.4044944           1.0000000           1.0000000           1.0000000           1.0000000
        김기범   서태지 밴드 (서태지           안성훈              김석중              최현진              김정은
   1.0000000           1.0000000           1.0000000           1.0000000           1.0000000           1.0000000
        김윤진              강동원              배용근              지진희              서준영              나문희
   0.6666667           1.0000000           1.0000000           1.0000000           1.0000000           1.0000000
        감우성              윤제문              유지태              최요한              김남길              김두진
   1.0000000           0.4117647           1.0000000           1.0000000           1.0000000           1.0000000
        한이빈              김동욱              유요성              이윤식              엄정화              류승룡
   1.0000000           1.0000000           1.0000000           0.7500000           0.4782609           0.7333333
        조진웅              문성근              강신일         나카야마 미호           김혜수              박지윤
   0.4782609           0.3333333           0.4186047           1.0000000           1.0000000           0.4285714
```

⑩ 중개 중심성(betweenness( ))과 고유벡터 중심성(eigen_centrality( )) 수행 결과는 다음과 같다.

- betweenness(g) : 중개 중심성(노드 간 경로를 기준으로 산정)
- eigen_centrality(g) : 고유벡터 중심성(중요한 노드와 연결된 노드 기준, 연결 노드의 중요성 기준)

```
> igraph::betweenness(g)
        설경구              류승범              안성기              이나영              송윤아              조한선
         99                 213                  0                   0                   0                   3
        김기범   서태지 밴드 (서태지           안성훈              김석중              최현진              김정은
          0                   0                   0                   0                   0                   0
        김윤진              강동원              배용근              지진희              서준영              나문희
          0                   0                   0                   2                   0                   1
        감우성              윤제문              유지태              최요한              김남길              김두진
          0                   0                   1                   0                   0                   0
        한이빈              김동욱              유요성              이윤식              엄정화              류승룡
          0                   0                   0                   0                   0                  36
```

```
> igraph::betweenness(g, normalized=TRUE)
        설경구          류승범          안성기          이나영          송윤아          조한선
   2.552796e-03    5.492380e-03    0.000000e+00    0.000000e+00    0.000000e+00    7.735747e-05
        김기범    서태지 밴드 (서태지)          안성훈          김석중          최현진          김정은
   0.000000e+00    0.000000e+00    0.000000e+00    0.000000e+00    0.000000e+00    0.000000e+00
        김윤진          강동원          배용근          지진희          서준영          나문희
   0.000000e+00    0.000000e+00    0.000000e+00    5.157165e-05    0.000000e+00    2.578582e-05
        강우성          윤제문          유지태          최요한          김남길          김두진
   0.000000e+00    0.000000e+00    2.578582e-05    0.000000e+00    0.000000e+00    0.000000e+00
        한이빈          김동욱          유오성          이문식          엄정화          류승룡
   0.000000e+00    0.000000e+00    0.000000e+00    0.000000e+00    0.000000e+00    9.282896e-04

> eigen_centrality(g)
$vector
        설경구          류승범          안성기          이나영          송윤아          조한선
   3.864097e-16    1.040834e-15    0.000000e+00    0.000000e+00    0.000000e+00    1.989190e-16
        김기범    서태지 밴드 (서태지)          안성훈          김석중          최현진          김정은
   0.000000e+00    2.326644e-16    2.361991e-16    2.336001e-16    2.116323e-16    0.000000e+00
        김윤진          강동원          배용근          지진희          서준영          나문희
   8.864134e-18    0.000000e+00    0.000000e+00    9.262016e-17    0.000000e+00    1.936720e-17
```

⑪ 네트워크 중심성 평가 지표에 대한 내림차순 정렬 결과를 이용하여 영화 배우들의 중심성 순위를 파악한다.

- 연결 정도 중심성(degree) 순위 : 유해진 → 유준상 → 강신일 → 이성재 → 방동원 → 진다은
- 중개 중심성(betweenness) 순위 : 유해진 → 강신일 → 류승범 → 문성근 → 황정민 → 정유미
- 고유벡터 중심성(eigenvector) 순위 : 설경구 → 류승범 → 안성기 → 이나영 → 송윤아 → 조한선

```
> df <- data.frame(degree=igraph::degree(g, normalized=TRUE))
> head(df)
              degree
설경구  0.017921147
류승범  0.025089606
안성기  0.003584229
이나영  0.003584229
송윤아  0.003584229
조한선  0.014336918
> df$name <- rownames(df)
> head(df)
              degree   name
설경구  0.017921147 설경구
류승범  0.025089606 류승범
안성기  0.003584229 안성기
이나영  0.003584229 이나영
송윤아  0.003584229 송윤아
조한선  0.014336918 조한선
> rownames(df) <- NULL
> head(df)
        degree   name
1  0.017921147 설경구
2  0.025089606 류승범
3  0.003584229 안성기
4  0.003584229 이나영
5  0.003584229 송윤아
6  0.014336918 조한선
> df <- df[order(-df$degree), ]
> head(df)
          degree   name
110 0.04659498 유해진
57  0.03584229 유준상
33  0.03225806 강신일
73  0.02867384 이성재
144 0.02867384 방동원
145 0.02867384 진다은
```

```
> df <- data.frame(between=igraph::betweenness(g, normalized=TRUE))
> head(df)
              between
설경구  2.552796e-03
류승범  5.492380e-03
안성기  0.000000e+00
이나영  0.000000e+00
송윤아  0.000000e+00
조한선  7.735747e-05
> df$name <- rownames(df)
> head(df)
              between   name
설경구  2.552796e-03 설경구
류승범  5.492380e-03 류승범
안성기  0.000000e+00 안성기
이나영  0.000000e+00 이나영
송윤아  0.000000e+00 송윤아
조한선  7.735747e-05 조한선
> rownames(df) <- NULL
> head(df)
        between   name
1  2.552796e-03 설경구
2  5.492380e-03 류승범
3  0.000000e+00 안성기
4  0.000000e+00 이나영
5  0.000000e+00 송윤아
6  7.735747e-05 조한선
> df <- df[order(-df$between), ]
> head(df)
          between   name
110 0.008741394 유해진
33  0.005776024 강신일
2   0.005492380 류승범
32  0.004641448 문성근
43  0.004641448 황정민
165 0.003377943 정유미
```

```
> df <- data.frame(eigen=eigen_centrality(g))
> head(df)
       eigen.vector eigen.value eigen.options.bmat eigen.options.n eigen.options.which eigen.options.nev eigen.options.tol
설경구  1.665335e-16           8                  I             280                  LA                 1                 0
류승범  2.071260e-15           8                  I             280                  LA                 1                 0
안성기  0.000000e+00           8                  I             280                  LA                 1                 0
이나영  0.000000e+00           8                  I             280                  LA                 1                 0
송윤아  0.000000e+00           8                  I             280                  LA                 1                 0
조한선  0.000000e+00           8                  I             280                  LA                 1                 0
       eigen.options.ncv eigen.options.ldv eigen.options.ishift eigen.options.maxiter eigen.options.nb eigen.options.mode
설경구                  0                 0                    1                  1000                1                  1
류승범                  0                 0                    1                  1000                1                  1
안성기                  0                 0                    1                  1000                1                  1
이나영                  0                 0                    1                  1000                1                  1
송윤아                  0                 0                    1                  1000                1                  1
조한선                  0                 0                    1                  1000                1                  1

> df$name <- rownames(df)
> head(df)
       eigen.vector eigen.value eigen.options.bmat eigen.options.n eigen.options.which eigen.options.nev eigen.options.tol
설경구  1.665335e-16           8                  I             280                  LA                 1                 0
류승범  2.071260e-15           8                  I             280                  LA                 1                 0
안성기  0.000000e+00           8                  I             280                  LA                 1                 0
이나영  0.000000e+00           8                  I             280                  LA                 1                 0
송윤아  0.000000e+00           8                  I             280                  LA                 1                 0
조한선  0.000000e+00           8                  I             280                  LA                 1                 0
       eigen.options.ncv eigen.options.ldv eigen.options.ishift eigen.options.maxiter eigen.options.nb eigen.options.mode
설경구                  0                 0                    1                  1000                1                  1
류승범                  0                 0                    1                  1000                1                  1
안성기                  0                 0                    1                  1000                1                  1
이나영                  0                 0                    1                  1000                1                  1
송윤아                  0                 0                    1                  1000                1                  1
조한선                  0                 0                    1                  1000                1                  1

> df <- df[order(-df$eigen.value),]
> head(df)
       eigen.vector eigen.value eigen.options.bmat eigen.options.n eigen.options.which eigen.options.nev eigen.options.tol
설경구  1.665335e-16           8                  I             280                  LA                 1                 0
류승범  2.071260e-15           8                  I             280                  LA                 1                 0
안성기  0.000000e+00           8                  I             280                  LA                 1                 0
이나영  0.000000e+00           8                  I             280                  LA                 1                 0
송윤아  0.000000e+00           8                  I             280                  LA                 1                 0
조한선  0.000000e+00           8                  I             280                  LA                 1                 0
 eigen.options.start eigen.options.sigma eigen.options.sigmai eigen.options.info eigen.options.iter
                   1                   0                    0                  0                  3
                   1                   0                    0                  0                  3
                   1                   0                    0                  0                  3
                   1                   0                    0                  0                  3
                   1                   0                    0                  0                  3
                   1                   0                    0                  0                  3
 eigen.options.nconv eigen.options.numop eigen.options.numopb eigen.options.numreo    name
                   1                  40                    0                   29 설경구
                   1                  40                    0                   29 류승범
                   1                  40                    0                   29 안성기
                   1                  40                    0                   29 이나영
                   1                  40                    0                   29 송윤아
                   1                  40                    0                   29 조한선
```

(2) Gephi를 이용한 시각화

① R의 그래프 기능을 이용하여 네트워크 관계도를 작성하는 경우 노드 수가 많을 때 그래프가 작고 복잡하여 시각화 분석에 어려움이 있다. 일반적으로 전용 시각화 프로그램으로서 많이 사용되고 있는 Gephi를 이용한 시각화 방법을 설명한다. Gephi는 NetBeans Platform에서 자바로 작성된 소셜 네트워크 분석과 시각화를 지원하는 오픈소스 무료 소프트웨어 패키지로 해당 사이트(gephi.org)에서 다운로드한다. Gephi 시각화를 위해 사용될 ".csv" 파일을 저장하기 위하여 관계 테이블(relation_table)을 저장하고 Weight＝1 항목 추가 후, (Source, Target, Weight)을 write.csv( )으로 저장(edges.csv)한다. 파일 저장 시 Gephi 플랫폼에서의 한글 처리 방식을 적용하여 fileEncoding＝"UTF－8"로 설정한다.

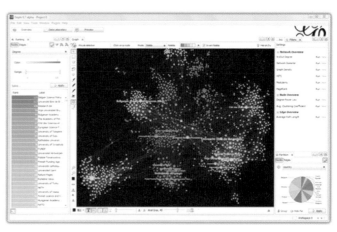

```
> edges <- relation_table
> head(edges)
     from       to
2   설경구 류승범
4   설경구 한혜진
5   류승범 한혜진
8   안성기 이하나
11  이나영 김지석
14  송윤아 김명국
> edges$weight <- 1
> colnames(edges) <- c("Source", "Target", "Weight")
> head(edges)
    Source Target Weight
2   설경구 류승범      1
4   설경구 한혜진      1
5   류승범 한혜진      1
8   안성기 이하나      1
11  이나영 김지석      1
14  송윤아 김명국      1
>
> write.csv(edges, "edges.csv", row.names=FALSE, fileEncoding="EUC-KR")
```

② Gephi 수행 후 [New Project]를 선택한다. [Data Laboratory]－[Import Spreadsheet] 메뉴를 이용하여
"edges.csv" 파일을 불러온다.

③ (Source, Target, Weight) 항목을 확인하고 [다음]을 선택한다. [Import settings]에서 Time
representation 옵션(Intervals)과 Weight 옵션(Double)을 지정하고 [마침]을 선택한다.

④ [No issue found during import]를 확인하고 [OK]를 선택하면 아래와 같이 (Id, Label, Interval) 결과 화면이 생성된다. 각각의 노드에 레이블(영화배우 이름)을 설정하기 위해 화면 아래 [Copy data to other column] 메뉴에서 [Id]를 선택한다.

⑤ [Copy data from 'Id' Copy to:]에서 "Label"을 지정한다. 모든 설정이 완료되면 아래와 같이 [Overview] 탭을 이용하여 네트워크 그래프를 확인할 수 있다.

⑥ 그래프 하단의 [Font] 메뉴로 노드(레이블)의 폰트와 크기를 변경할 수 있다. [Layout]에서 [Fruchterman Reingold] 레이아웃으로 기본적인 그래프를 얻을 수 있다. 그 외에도 Gephi 플랫폼은 다양한 레이아웃 작성 알고리즘(Force Atlas, Label Adjust, Noverlap, OpenOrd, Rotate 등)을 제공한다.

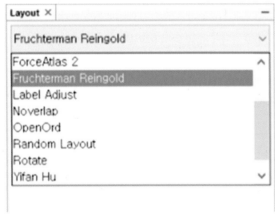

⑦ [Fruchterman Reingold] 적용 결과는 아래와 같다.

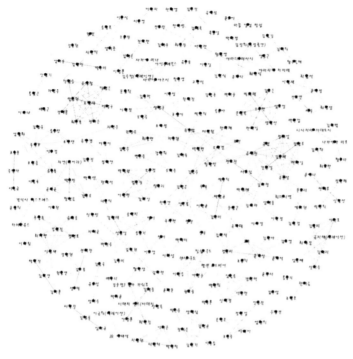

[Fruchterman Reingold 레이아웃 그래프]

⑧ [Layout]에서 제공되는 알고리즘 적용 결과는 다음과 같다.

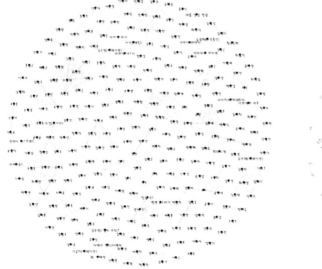

[Label Adjust]   [Yifan Hu]

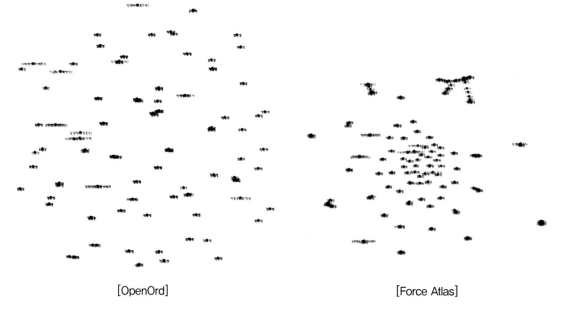

[OpenOrd]   [Force Atlas]

⑨ 네트워크 성능 평가 지표들은 [Statistics] 탭을 통해 확인할 수 있으며, 그래프에 적용하기 위해 [Filters] 탭을
   이용한다.

⑩ [Statistics] 탭에서 [Eigenvector Centrality] 평가지표를 선택하고 [Filters]에 등록 후, [Appearance] 탭에서 최소 크기(1)와 최대 크기(100)를 조정하여 [Apply]를 선택하면 각각의 노드들에 대해 [Eigenvector Centrality]의 크기를 반영한 도식화 작업 결과를 얻을 수 있다.

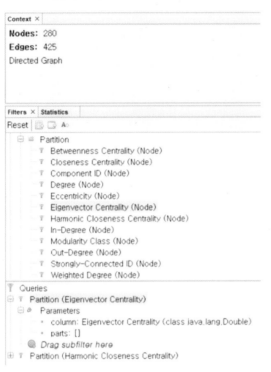

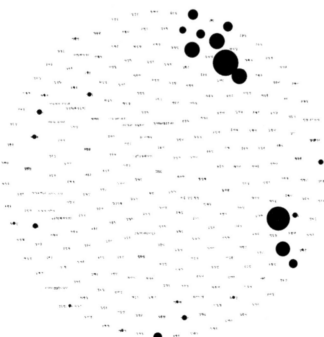

3 투-모드

(1) **투-모드 소셜 네트워크 분석** : 두 개의 서로 다른 차원(소셜 엔터티, Social Entities)이 존재하는 경우 (시작 변수, 종점 변수)가 포함된 데이터를 이용하여 관계 테이블(Relation Table)을 작성한 후, 근접 매트릭스(Adjacency Matrix) 분석을 수행하고 네트워크 그래프를 작성한다.

(2) 두 개의 소셜 엔터티(환자번호, 의사명)가 있는 데이터(patients.csv)를 이용하고, 원－모드 소셜 네트워크 분석을 위해 사용했던 "igraph", "stringr", "rgl" 패키지를 설치한다. 작업영역 지정 후, read.csv( )로 데이터를 저장 (data) 한다. data는 5개 항목(환자번호, 내원일, 진료과, 의사사번, 의사명)으로 구성되어 있으며, 총 706개의 환자 데이터를 저장하고 있다.

	A	B	C	D	E
1	환자번호	내원일	진료과	의사사번	의사명
2	308769	20180131	NS	131111	이상찬
3	190997	20180131	NS	131111	이상찬
4	56674	20180131	OS	141111	백인석
5	326401	20180131	TH	112511	황명준
6	79547	20180131	M3	151111	봉준형
7	296850	20180131	TH	112511	황명준
8	326766	20180131	ER	117013	황인재
9	33320	20180131	F1	112111	황명준
10	66685	20180131	M2	161111	고석규
11	165541	20180131	OS	141111	백인석
12	145047	20180131	M1	191111	김기동
13	275899	20180131	NS	131111	이상찬
14	18514	20180131	NS	131111	이상찬
15	322936	20180131	RM	171111	남수진
16	326597	20180131	M4	181111	이상찬
17	8172	20180131	M3	151111	봉준형
18	11522	20180131	M3	151111	봉준형
19	18596	20180131	M3	151111	봉준형
20	24874	20180131	M3	151111	봉준형

```
> options("width"=1000)
> data <- read.csv("patients.csv", header=T, fileEncoding="EUC-KR")
> head(data)
   환자번호   내원일 진료과 의사사번 의사명
1   308769 20180131     NS   131111 이상찬
2   190997 20180131     NS   131111 이상찬
3    56674 20180131     OS   141111 백인석
4   326401 20180131     TH   112511 황명준
5    79547 20180131     M3   151111 봉준형
6   296850 20180131     TH   112511 황명준
> str(data)
'data.frame':    706 obs. of  5 variables:
 $ 환자번호: int  308769 190997 56674 326401 79547 296850 326766 33320 66685 165541 ...
 $ 내원일  : int  20180131 20180131 20180131 20180131 20180131 20180131 20180131 20180131 20180131 20180131 ...
 $ 진료과  : chr  "NS" "NS" "OS" "TH" ...
 $ 의사사번: int  131111 131111 141111 112511 151111 112511 117013 112111 161111 141111 ...
 $ 의사명  : chr  "이상찬" "이상찬" "백인석" "황명준" ...
> summary(data)
    환자번호          내원일           진료과             의사사번          의사명
 Min.   :  2321   Min.   :20180131   Length:706         Min.   :109789   Length:706
 1st Qu.: 65184   1st Qu.:20180131   Class :character   1st Qu.:114111   Class :character
 Median :147204   Median :20180131   Mode  :character   Median :117611   Mode  :character
 Mean   :163042   Mean   :20180132                      Mean   :134803
 3rd Qu.:272496   3rd Qu.:20180131                      3rd Qu.:151111
 Max.   :326774   Max.   :20180201                      Max.   :191111
> dim(data)
[1] 706   5
```

(3) (data$환자번호, data$의사명) 항목을 이용하여 (patient, doctor) 데이터 프레임을 생성하고 이를 관계 테이블로 저장(relation_table)한다. 환자번호에 대한 자료 저장 시 의사명과 구분하기 위하여 환자번호 앞에 'P' 문자를 추가한다. (patient, doctor) 사이 관계와 graph_from_data_frame( ) 함수를 이용하여 소셜 네트워크 오브젝트 (g)를 생성하고 근접 매트릭스 결과[as_adjacency_matrix(g)]를 확인(관계가 있는 경우 1, 관계가 없는 경우 0)한다.

```
> relation_table <- data.frame(patient=paste0("P", data$환자번호), doctor=data$의사명)
> head(relation_table)
  patient doctor
1 P308769 이상찬
2 P190997 이상찬
3  P56674 백인석
4 P326401 황명준
5  P79547 봉준형
6 P296850 황명준

> g <- graph_from_data_frame(relation_table, directed=F)
> head(g)
6 x 705 sparse Matrix of class "dgCMatrix"
   [[ 705개의 열이름 'P308769', 'P190997', 'P56674' ...를 제거합니다 ]]

P308769 . . . . . . . . . . . . . . . . . . . . . . . . . . .
P190997 . . . . . . . . . . . . . . . . . . . . . . . . . . .
P56674  . . . . . . . . . . . . . . . . . . . . . . . . . . .
P326401 . . . . . . . . . . . . . . . . . . . . . . . . . . .
P79547  . . . . . . . . . . . . . . . . . . . . . . . . . . .
P296850 . . . . . . . . . . . . . . . . . . . . . . . . . . .

> str(g)
Class 'igraph'  hidden list of 10
 $ : num 705
 $ : logi FALSE
 $ : num [1:706] 682 682 683 684 685 684 686 684 687 683 ...
 $ : num [1:706] 0 1 2 3 4 5 6 7 8 9 ...
 $ : num [1:706] 0 1 11 12 14 19 27 42 50 51 ...
 $ : num [1:706] 0 1 2 3 4 5 6 7 8 9 ...
 $ : num [1:706] 0 0 0 0 0 0 0 0 0 0 ...
 $ : num [1:706] 0 1 2 3 4 5 6 7 8 9 ...
 $ :List of 4
  ..$ : num [1:3] 1 0 1
  ..$ : Named list()
  ..$ :List of 1
  .. ..$ name: chr [1:705] "P308769" "P190997" "P56674" "P326401" ...
  ..$ : list()
 $ :<environment: 0x000002019dfaa650>
```

```
> summary(g)
IGRAPH 18a96c9 UN-- 705 706 --
+ attr: name (v/c)
> as_adjacency_matrix(g)
705 x 705 sparse Matrix of class "dgCMatrix"
   [[ 62개의 열이름 'P308769', 'P190997', 'P56674' ...를 제거합니다 ]]

P308769 . . . . . . . . . . . . . . . . . . . . . . . . .
P190997 . . . . . . . . . . . . . . . . . . . . . . . . .
P56674  . . . . . . . . . . . . . . . . . . . . . . . . .
P326401 . . . . . . . . . . . . . . . . . . . . . . . . .
P79547  . . . . . . . . . . . . . . . . . . . . . . . . .
P296850 . . . . . . . . . . . . . . . . . . . . . . . . .
P326766 . . . . . . . . . . . . . . . . . . . . . . . . .
```

(4) 노드 이름(node_name<−V(g)$name)을 이용하여 환자의 경우 "P", 의사의 경우 의사명의 "성"을 gubun에 저장한다. gubun으로부터 그래프 작성에 필요한 노드의 (색상, 크기, 이름)＝(colors, sizes, n_names)를 지정한다. 환자의 경우 (빨강색, 2폰트, 이름 나타내지 않음)＝(red, 2, NA)로 지정하고 의사의 경우 (녹색, 8, 의사명)＝(green, 8, node_name[i])으로 지정한다.

```
> node_name <- V(g)$name
> head(node_name)
[1] "P308769" "P190997" "P56674" "P326401" "P79547" "P296850"
> tail(node_name)
[1] "김의황" "표인호" "길이상" "송미선" "김O규" "김민용"
>
> gubun <- str_sub(node_name, start=1, end=1)
> head(gubun)
[1] "P" "P" "P" "P" "P" "P"
> tail(gubun)
[1] "김" "표" "길" "송" "김" "김"

> tail(gubun)
[1] "김" "표" "길" "송" "김" "김"

> colors <- c()
> for (i in 1:length(gubun)) {
+ if (gubun[i] == 'P') {
+ colors <- c(colors, "red")
+ } else {
+ colors <- c(colors, "green")
+ }
+ }
>
> head(colors)
[1] "red" "red" "red" "red" "red" "red"
> tail(colors)
[1] "green" "green" "green" "green" "green" "green"
```

```
> sizes <- c()
> for (i in 1:length(gubun)) {
+ if (gubun[i] == 'P') {
+ sizes <- c(sizes, 2)
+ } else {
+ sizes <- c(sizes, 8)}
+ }
>
> head(sizes)
[1] 2 2 2 2 2
> tail(sizes)
[1] 8 8 8 8 8

> n_names <- c()
> for (i in 1:length(gubun)) {
+ if (gubun[i] == 'P') {
+ n_names <- c(n_names, NA)
+ } else {
+ n_names <- c(n_names, node_name[i])
+ }
+ }
>
> head(n_names)
[1] NA NA NA NA NA NA
> tail(n_names)
[1] "김의황" "표인호" "길이상" "송미선" "김O규" "김민용"
```

(5) plot( )과 앞에서 지정된 노드의 (색상, 크기, 이름)을 이용하여 그래프를 작성한다. 투−모드 소셜 네트워크로 작성된 그래프에서 의사는 초록색, 환자는 빨간색 노드로 표기되고 일부 의사들은 환자를 매개로 연결되어 있다.

```
> plot(g, layout=layout.fruchterman.reingold, vertex.size=sizes, edge.arrow.size=0.5, vertex.color=colors, vertex.label=n_names)
```

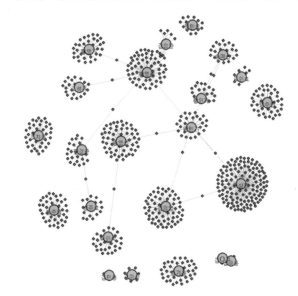

(6) 3차원 네트워크 그래프를 작성하기 위하여 "rgl" 패키지를 이용한다. "layout..ruchterman.reingold"와 "layout. kamada.kawai" 레이아웃에 대한 3차원 소셜 네트워크 그래프는 다음과 같다.

```
> coords <- layout.fruchterman.reingold(g, dim=3)
> open3d()
> rglplot(g, vertex.size=3, vertex.label=NA, vertex.size=sizes, vertex.color=colors, edge.arrow.size=2, layout=coords)
```

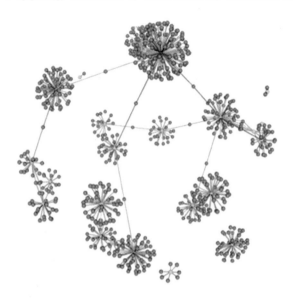

```
> coords <- layout.kamada.kawai(g, dim=3)
> open3d()
> rglplot(g, vertex.size=3, vertex.label=NA, vertex.size=sizes, vertex.color=colors, edge.arrow.size=2, layout=coords)
```

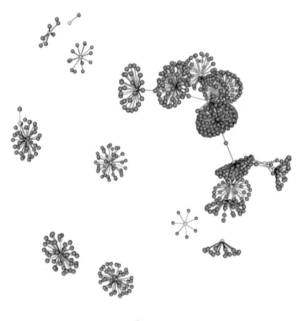

4 네트워크 분석

(1) 네트워크 분석(Network Analysis) : 사회적 현상 및 자연 현상을 네트워크 형태로 모델링하고 그 특성을 분석하는 방법으로서 객체의 중심성과 여러 가지 성능지표를 평가한다. 네트워크 분석은 그래프 이론(Graph Theory, 객체들 사이의 관계들을 표현한 그래프 혹은 네트워크 분석 이론)을 기본으로 하며, 링크(Link, Edge)에 정량적 가중치를 적용하기도 한다. 네트워크 형식으로 이뤄진 데이터들이 워낙 다양하게 있어 사회, 생물, 물리, 통계, 컴퓨터 공학 등의 분야에서 사용되고, 최근에는 SNS의 발전과 더불어 사회에 관련된 데이터들을 분석하기 위해 많이 활용되고 있다.

(2) 네트워크 분석 및 시각화를 위해 관련 패키지("igraph", "stringr", "rgl", "statnet", "RSiena")를 설치한다. graph( ), vertex(또는 vertices)( ), edges( )로 다양한 네트워크(그래프)를 표현하며, data.frame( ), graph_from_data_frame( ) 함수를 이용하여 "시작 노드(start)→도착 노드(end)"를 지정함으로써 일반적인 그래프 표현이 가능하다.

```
> g_ring <- graph(edges=NULL, n=NULL, directed=F)
> g_ring <- g_ring + vertex("a", shape="circle", size=40)

> g_ring <- g_ring + vertex("b", "c", "d", "e", shape="circle", size=40)
> g_ring <- g_ring + edges("a", "b", "b", "c", "c", "d", "d", "e", "e", "a")
> plot(g_ring)
```

```
> g_yshape <- graph(edges=NULL, n=NULL, directed=F)
> g_yshape <- g_yshape + vertices("a", "b", "c", "d", "e", shape="circle", size=40)

> g_yshape <- g_yshape + edges("a", "b", "a", "c", "a", "c", "a", "d", "d", "e")
> plot(g_yshape)
```

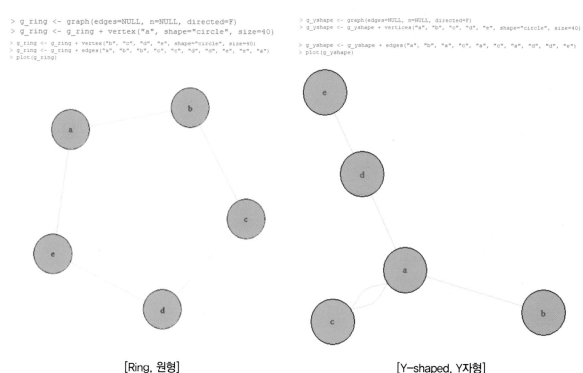

[Ring, 원형]　　　　　　　　　[Y-shaped, Y자형]

```
> df <- data.frame(start=c('a', 'a', 'b', 'c', 'd', 'e', 'f', 'f', 'f', 'f'),
+ end=c('a', 'b', 'c', 'd', 'e', 'e', 'a', 'b', 'c', 'e'))
> g <- graph_from_data_frame(df)
> g
IGRAPH a8c9758 DN-- 6 10 --
+ attr: name (v/c)
+ edges from a8c9758 (vertex names):
 [1] a->a a->b b->c c->d d->e e->e f->a f->b f->c f->e
> df
  start end
1     a   a
2     a   b
3     b   c
4     c   d
5     d   e
6     e   e
7     f   a
8     f   b
9     f   c
10    f   e
> plot(g)
```

```
> g_star <- graph(edges=NULL, n=NULL, directed=F)
> g_star <- g_star + vertex("a", shape="circle", size=40)

> g_star <- g_star + vertices("b", "c", "d", "e", shape="circle", size=40)
> g_star <- g_star + edges("a", "b", "a", "c", "a", "d", "a", "e")
> plot(g_star)
```

[Star, 스타형]

[Graph, 혼합형]

(3) 방향성을 지정하지 않을 경우 "directed=F" 옵션을 지정한다. V(gu) 함수로 그래프의 주요 특성과 항목 (names, class, graph)을 확인한다.

```
> gu <- graph_from_data_frame(df, directed=F)
> plot(gu)
```

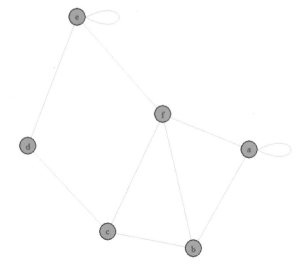

```
> v <- V(gu)
> v
+ 6/6 vertices, named, from 2a63f4e:
[1] a b c d e f
> attributes(v)
$names
[1] "a" "b" "c" "d" "e" "f"

$class
[1] "igraph.vs"

$env
<weak reference>

$graph
[1] "2a63f4ee-1099-11ed-8000-010000000000"

> str(v)
 'igraph.vs' Named int [1:6] 1 2 3 4 5 6
 - attr(*, "names")= chr [1:6] "a" "b" "c" "d" ...
 - attr(*, "env")=<weakref>
 - attr(*, "graph")= chr "2a63f4ee-1099-11ed-8000-010000000000"
```

(4) 노드들 사이의 최단 거리를 구하기 위해 shortest_paths( )(노드들 사이 최단거리), shortest.paths( )(각 노드별 최단거리) 함수를 이용한다. 방향성 그래프(g)와 무방향성 그래프(gu)에 따라 서로 다른 결과(최단거리)를 제시한다.

```
> shortest_paths(gu, from="a", to="e")      > shortest_paths(gu, from="a", to="d")
$vpath                                        $vpath
$vpath[[1]]                                   $vpath[[1]]
+ 3/6 vertices, named, from 2a63f4e:          + 4/6 vertices, named, from 2a63f4e:
[1] a f e                                     [1] a b c d


$epath                                        $epath
NULL                                          NULL

$predecessors                                 $predecessors
NULL                                          NULL

$inbound_edges                                $inbound_edges
NULL                                          NULL
```

[무방향성 그래프(gu), a-e 최단거리]

[무방향성 그래프(gu), a-d 최단거리]

제9장 소셜 네트워크 분석 **355**

```
> shortest_paths(g, from="a", to="d")
$vpath
$vpath[[1]]
+ 4/6 vertices, named, from d04f0b2:
[1] a b c d


$epath
NULL


$predecessors
NULL


$inbound_edges
NULL
```

[방향성 그래프(g), a-d 최단거리]

```
> shortest.paths(gu)
  a b c d e f
a 0 1 2 3 2 1
b 1 0 1 2 2 1
c 2 1 0 1 2 1
d 3 2 1 0 1 2
e 2 2 2 1 0 1
f 1 1 1 2 1 0
```

[무 방향성 그래프(gu), 노드들 사이 최단거리]

```
> shortest_paths(g, from="a", to="e")
$vpath
$vpath[[1]]
+ 5/6 vertices, named, from d04f0b2:
[1] a b c d e


$epath
NULL


$predecessors
NULL


$inbound_edges
NULL
```

[방향성 그래프(g), a-e 최단거리]

```
> shortest.paths(g)
  a b c d e f
a 0 1 2 3 2 1
b 1 0 1 2 2 1
c 2 1 0 1 2 1
d 3 2 1 0 1 2
e 2 2 2 1 0 1
f 1 1 1 2 1 0
```

[방향성 그래프(g), 노드들 사이 최단거리]

(5) 데이터 프레임(df)을 이용하여 관계 테이블을 생성(relation_table)하고 전처리 작업(공백제거, 동일 자료 제거, NA 자료 제거)후, 무방향성 그래프를 작성한다. plot( ), rglplot( )으로 소셜 네트워크 그래프를 표현한다.

```
> relation_table <- df
> relation_table
   start end
1      a   a
2      a   b
3      b   c
4      c   d
5      d   e
6      e   e
7      f   a
8      f   b
9      f   c
10     f   e
> relation_table$start < trimws(relation_table$start)
 [1] FALSE FALSE FALSE FALSE FALSE FALSE FALSE FALSE FALSE FALSE
> relation_table$end < trimws(relation_table$end)
 [1] FALSE FALSE FALSE FALSE FALSE FALSE FALSE FALSE FALSE FALSE
```

```
> relation_table <- subset(relation_table, start != end)
> relation_table <- na.omit(relation_table)
> relation_table
   start end
2      a   b
3      b   c
4      c   d
5      d   e
7      f   a
8      f   b
9      f   c
10     f   e
> g_rev <- graph_from_data_frame(relation_table, directed=F)
> g_rev
IGRAPH 57bd90d UN-- 6 8 --
+ attr: name (v/c)
+ edges from 57bd90d (vertex names):
[1] a--b b--c c--d d--e a--f b--f c--f f--e
> as_adjacency_matrix(g_rev)
6 x 6 sparse Matrix of class "dgCMatrix"
  a b c d f e
a . 1 . . 1 .
b 1 . 1 . 1 .
c . 1 . 1 1 .
d . . 1 . . 1
f 1 1 1 . . 1
e . . . 1 1 .

> plot(g_rev, layout=layout.fruchterman.reingold, vertex.size=5, edge.arrow.size=5)
```

```
> rglplot(g_rev, vertex.size=l0, vertex.color="red", edge.arrow.size=5, layout=coords)
```

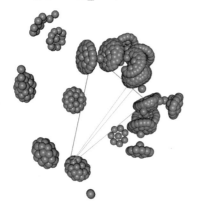

(6) 주요 성능지표를 평가하면 다음과 같다. 방향성 그래프(g)와 무방향성 그래프(gu)에 대한 노드수(vcount), 에지 수(ecount), 밀도(graph.density), 연결 중심성(degree), 근접 중심성(closeness), 중개 중심성 (betweenness), 고유벡터 중심성(eigen_centrality)을 평가한다. eccentricity는 해당 노드가 자신 이외의 노 드와의 거리 중 가장 큰 값을 구하는 지표로 mode='in'인 경우 들어오는 거리, mode='out'은 나가는 거리 중 가장 큰 값(방향성과 무방향성 그래프에 대해 각각 서로 다른 결과를 보임)이다. 반면, coreness는 노드들을 그룹 화하는 함수로서 노드들을 그룹으로 묶었을 때 최소 k개(본 예제에서는 k=2) 만큼의 그룹 내의 다른 노드 (entities)와 연결 관계를 가지는 경우를 나타낸다.

```
> vcount(g)                                       > vcount(gu)
[1] 6                                             [1] 6
> ecount(g)                                       > ecount(gu)
[1] 10                                            [1] 10
> graph.density(g)                                > graph.density(gu)
[1] 0.3333333                                     [1] 0.6666667
> igraph::degree(g)                               > igraph::degree(gu)
a b c d e f                                       a b c d e f
4 3 3 2 4 4                                       4 3 3 2 4 4
> igraph::degree(g, normalized=T)                 > igraph::degree(gu, normalized=T)
  a   b   c   d   e   f                             a   b   c   d   e   f
0.8 0.6 0.6 0.4 0.8 0.8                           0.8 0.6 0.6 0.4 0.8 0.8
> igraph::closeness(g)                            > igraph::closeness(gu)
        a         b         c         d         e         f           a         b         c         d         e         f
0.1000000 0.1666667 0.3333333 1.0000000       NaN 0.1666667   0.1111111 0.1428571 0.1428571 0.1111111 0.1250000 0.1666667
> igraph::closeness(g, normalized=T)              > igraph::closeness(gu, normalized=T)
        a         b         c         d         e         f           a         b         c         d         e         f
0.4000000 0.5000000 0.6666667 1.0000000       NaN 0.8333333   0.5555556 0.7142857 0.7142857 0.5555556 0.6250000 0.8333333
> igraph::betweenness(g)                          > igraph::betweenness(gu)
a b c d e f                                               a         b         c         d         e         f
0 3 5 3 0 0                                       0.0000000 0.8333333 2.1666667 0.5000000 0.8333333 3.6666667
> igraph::betweenness(g, normalized=T)            > igraph::betweenness(gu, normalized=T)
   a    b    c    d    e    f                             a         b         c         d         e         f
0.00 0.15 0.25 0.15 0.00 0.00                    0.00000000 0.08333333 0.21666667 0.05000000 0.08333333 0.36666667
> igraph::eigen_centrality(g)                     > igraph::eigen_centrality(gu)
$vector                                           $vector
        a         b         c         d         e         f           a         b         c         d         e         f
1.0000000 0.6785243 0.5421424 0.3815230 0.8065002 0.8563676   1.0000000 0.6785243 0.5421424 0.3815230 0.8065002 0.8563676

$value                                            $value
[1] 3.534892                                      [1] 3.534892

$options                                          $options
$options$bmat                                     $options$bmat
[1] "I"                                           [1] "I"

$options$n                                        $options$n
[1] 6                                             [1] 6

$options$which                                    $options$which
[1] "LA"                                          [1] "LA"

$options$nev                                      $options$nev
[1] 1                                             [1] 1

                                                  $options$tol
                                                  [1] 0
```

```
> eccentricity(g)
a b c d e f
3 2 2 3 2 2
> eccentricity(g, mode='in')
a b c d e f
1 1 2 3 4 0
> eccentricity(g, mode='out')
a b c d e f
4 3 2 1 0 2
> coreness(g)
a b c d e f
2 2 2 2 2 2
```

[방향성 그래프(g)]

```
> eccentricity(gu)
a b c d e f
3 2 2 3 2 2
> eccentricity(gu, mode='in')
a b c d e f
3 2 2 3 2 2
> eccentricity(gu, mode='out')
a b c d e f
3 2 2 3 2 2
> coreness(gu)
a b c d e f
2 2 2 2 2 2
```

[무방향성 그래프(gu)]

(7) 중심성(Centrality)은 네트워크에서 노드별로 중요한 정도를 표시하는 척도로, 대표적으로 degree, betweenness, closeness를 사용한다. degree는 노드가 다른 노드들과 얼마나 많은 관계를 가지고 있는지를 나타내며, 노드에 연결된 링크의 수(degree( ))를 (전체 노드−1)로 나누어 계산한다. betweeness는 노드가 에지와 에지 사이에 얼마나 많이 등장하는지를 평가하며, 이 값이 클수록 임의의 두 노드 사이에 연관될 가능성이 높다. closeness는 해당 노드에서 다른 노드들로 도달하기까지의 거리가 얼마나 되는지를 평가한다. 아래는 세 가지 중심성 평가 지표를 두 개의 그래프(방향성, 무방향성)에 대해 평가한 결과이다.

```
> degree <- igraph::degree(g)
> between <- igraph::betweenness(g)
> close <- igraph::closeness(g, normalized=T)
>
> v <- V(g)
>
> central.df <- data.frame(degree=degree/(length(names(v))-1), between, close)
> central.df
  degree between    close
a   0.8       0 0.4000000
b   0.6       3 0.5000000
c   0.6       5 0.6666667
d   0.4       3 1.0000000
e   0.8       0      NaN
f   0.8       0 0.8333333
```

[방향성 그래프(g)]

```
> degree <- igraph::degree(gu)
> between <- igraph::betweenness(gu)
> close <- igraph::closeness(gu, normalized=T)
>
> v <- V(gu)
>
> central.df <- data.frame(degree=degree/(length(names(v))-1), between, close)
> central.df
  degree   between     close
a   0.8 0.0000000 0.5555556
b   0.6 0.8333333 0.7142857
c   0.6 2.1666667 0.7142857
d   0.4 0.5000000 0.5555556
e   0.8 0.8333333 0.6250000
f   0.8 3.6666667 0.8333333
```

[무방향성 그래프(gu)]

01 미국 스탠포드 대학 Stanford Large Network Dataset Collection의 Social Network Dataset(snap. stanford.edu/data/?gclid=Cj0KCQiArt6PBhCoARIsAMF5wai − BJMHjlf720t3JcvPuZ66VwWsfwIDvsL_GQI841lGMu8VJPqFBWgaAvQlEALw_wcB)에 있는 페이스북 사용자들 사이 네트워크 데이터 파일(facebook.txt)은 다음과 같다. 파일에서는 첫 번째 열의 사용자가 두 번째 열의 사용자와 서로 연결되어 있음을 나타낸다. 파일을 읽어 들이고 소셜 네트워크 분석을 수행하시오.

(1) 관계 테이블을 작성하고 필요한 전처리 작업(열값의 공백제거, 동일 자료 제거, NA 자료 제거)을 수행한 후 결과를 출력하시오.

(2) 소셜 네트워크 오브젝트(g)를 생성하고 근접 매트릭스(Adjacency Matrix) 결괏값을 출력하시오.

(3) plot( ) 함수를 이용하여 소셜 네트워크 그래프를 작성하시오(단, 레이아웃은 "fruchterman.reingold" 알고리즘을 적용한다).

(4) 소셜 네트워크 분석의 성능을 평가하기 위한 주요 지표(노드 수, 에지 수, 네트워크 밀도, 연결 중심성, 근접 중심성, 고유벡터 중심성)를 출력하고 각각의 지표값을 내림차순 정렬하여 나타내시오.

(5) "rgl" 패키지를 이용하여 3차원 그래프를 출력(layout.kamada.kawai 옵션 이용)하시오.

Stanford Large Network Dataset Collection

- Social networks : online social networks, edges represent interactions between people
- Networks with ground-truth communities : ground-truth network communities in social and information networks
- Communication networks : email communication networks with edges representing communication
- Citation networks : nodes represent papers, edges represent citations
- Collaboration networks : nodes represent scientists, edges represent collaborations (co-authoring a paper)
- Web graphs : nodes represent webpages and edges are hyperlinks
- Amazon networks : nodes represent products and edges link commonly co-purchased products
- Internet networks : nodes represent computers and edges communication
- Road networks : nodes represent intersections and edges roads connecting the intersections
- Autonomous systems : graphs of the internet
- Signed networks : networks with positive and negative edges (friend/foe, trust/distrust)
- Location-based online social networks : social networks with geographic check-ins
- Wikipedia networks, articles, and metadata : talk, editing, voting, and article data from Wikipedia
- Temporal networks : networks where edges have timestamps
- Twitter and Memetracker : memetracker phrases, links and 467 million Tweets
- Online communities : data from online communities such as Reddit and Flickr
- Online reviews : data from online review systems such as BeerAdvocate and Amazon
- User actions : actions of users on social platforms
- Face-to-face communication networks : networks of face-to-face (non-online) interactions
- Graph classification datasets : disjoint graphs from different classes

SNAP networks are also available from SuiteSparse Matrix Collection by Tim Davis.

SNAP for C++
SNAP for Python
SNAP Datasets
BIOSNAP Datasets
What's new
People
Papers
Projects
Citing SNAP
Links
About
Contact us

Open positions

Open research positions
in **SNAP** group are
available at
undergraduate,
graduate and
postdoctoral levels.

Social networks

Name	Type	Nodes	Edges	Description
ego-Facebook	Undirected	4,039	88,234	Social circles from Facebook (anonymized)
ego-Gplus	Directed	107,614	13,673,453	Social circles from Google+
ego-Twitter	Directed	81,306	1,768,149	Social circles from Twitter

```
> setwd("C:/workr")
> facebook <- read.table("facebook.txt")
> head(facebook)
  V1 V2
1  0  1
2  0  2
3  0  3
4  0  4
5  0  5
6  0  6
> str(facebook)
'data.frame':   88234 obs. of  2 variables:
 $ V1: int  0 0 0 0 0 0 0 0 0 0 ...
 $ V2: int  1 2 3 4 5 6 7 8 9 10 ...
> summary(facebook)
      V1             V2
 Min.   :   0   Min.   :   1
 1st Qu.:1160   1st Qu.:1600
 Median :1983   Median :2259
 Mean   :1865   Mean   :2154
 3rd Qu.:2423   3rd Qu.:2631
 Max.   :4031   Max.   :4038
>
> dim(facebook)
[1] 88234     2
```

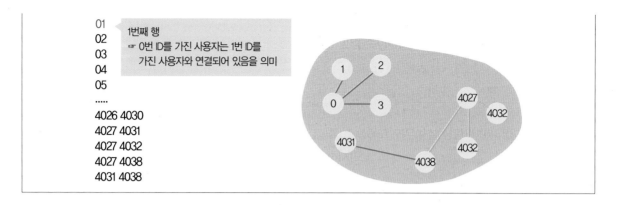

정답 및 해설

(1) 열값의 공백 제거(trimws), 동일 자료 제거(subset), NA 자료 제거(na.omit)의 전처리 작업을 수행한 후, 결과를
facebook에 저장한다.

```
> facebook$V1 <- trimws(facebook$V1)
> facebook$V2 <- trimws(facebook$V2)
> facebook <- subset(facebook, V1 != V2)
> facebook <- na.omit(facebook)
> head(facebook)
  V1 V2
1  0  1
2  0  2
3  0  3
4  0  4
5  0  5
6  0  6
> str(facebook)
'data.frame':   88234 obs. of  2 variables:
 $ V1: chr  "0" "0" "0" "0" ...
 $ V2: chr  "1" "2" "3" "4" ...
> summary(facebook)
      V1                  V2
 Length:88234       Length:88234
 Class :character    Class :character
 Mode  :character    Mode  :character
> dim(facebook)
[1] 88234       2
```

(2) graph_from_data_frame( )으로 소셜 네트워크 오브젝트(g)를 생성하고 as_adjacency_matrix( )을 이용하여 근접 매트릭스(Adjacency Matrix) 결괏값(gmat)을 구한다.

```
> g <- graph_from_data_frame(facebook, directed=F)
> head(g)
6 x 4039 sparse Matrix of class "dgCMatrix"
  [[ 4039개의 열이름 '0', '1', '2' ...를 제거합니다 ]]

0 . 1 1 1 1 1 1 1 1 1 1 1 1 1 1 1 1 1 1 1 1 1 1 1 1 1 1 1 1 1 1 1 1 1 1 1 1 1 1 1 1 1 1 1 1 1 1 1 1
1 1 . . . . . . . . . . . . . . . . . . . . . . . . . . . . . . . . . 1 . . . . 1 1 . .
2 1 . . . . . . . . . . . 1 . . . . . . . . . . . . . . . . . . . . . . . . . . . . . . .
3 1 . . . . . 1 . . . . . . . . . . . 1 1 . . . . . . . . . . . . . . . . . . . . . . . .
4 1 . . . . . . . . . . . . . . . . . . . . . . . . . . . . . . . . . . . . . . . . . . .
5 1 . . . . . . . . . . . . . . . . . . . . . . . . . . . . . . . . . . . . . . . . . . .

0 1 1 1 1 1 1 1 1 1 1 1 1 1 1 1 1 1 1 1 1 1 1 1 1 1 1 1 1 1 1 1 1 1 1 1 1 1 1 1 1 1 1 1 1 1 1 1 1 1
1 . . . . . . . . . . . 1 . . . . . . . . 1 . . 1 . . . . . . . . . . . . . . . . . . . .
2 . . . . . . . . . . . . . . . . . . . . . . . . . . . . . . . . . . . . . . . . . . . .
3 . . . . . . . 1 . . 1 . . . . . 1 . . . . . . . . . . . . . . . . . . . . . . . . . . .
4 . . . . . . . . . . . . . 1 . . . . . . . . . . . . . . . . . . . . . . . . . . . . . .
5 . . . . . . . . . . . . . . . . . . . . . . . . . . . . 1 . . . . . . . . . . . . . . .

0 1 1 1 1 1 1 1 1 1 1 1 1 1 1 1 1 1 1 1 1 1 1 1 1 1 1 1 1 1 1 1 1 1 1 1 1 1 1 1 1 1 1 1 1 1 1 1 1 1
1 . . . . . . 1 . . . . . . . . . . 1 . . . . . . . . . . . . . . . . . . . . . . . . . .
2 . . . 1 1 . . . . . . . . . . . . . . . . . . . . . . . . . . . . . . . . . . . . . . .
3 . . . . . . . 1 . . . . . . . . . . 1 . . . . . . . . . . . . . . . . . . . . . . . . .
4 . . . . . . . . . . . . . . . . . . . . . . 1 . . . . . . . . . . . . . . . . . . . . .
5 . . . . . . 1 . . . . . . . . . . . . . . . . . . . . . . . . . . . . . . . . . 1 1 . .

0 1 1 1 1 1 1 1 1 1 1 1 1 1 1 1 1 1 1 1 1 1 1 1 1 1 1 1 1 1 1 1 1 1 1 1 1 1 1 1 1 1 1 1 1 1 1 1 1 1
1 . . . . . . . . . . . . . . . . . . . . . . . . 1 . . . . . . . . . . . . . . . . . . .
2 . . . . . . . . . . . . . . . . . . . . . . . . . . . . . . . . . . . . . . . . . . . .
3 . . . . . 1 . . . . . . . . . . . 1 . . . . 1 . . . . . . . . . . . . . . . . . . . . .
4 . . . . . . . . . . . . . . 1 . . . . 1 . . . . . . . . . . . . . . . . . . . . . . . .
5 . . . . . 1 . . . . . . . . . . 1 . . . . 1 . . . . . . . . . . . . . . . . . . . . . .

0 1 1 1 1 1 1 1 1 1 1 1 1 1 1 1 1 1 1 1 1 1 1 1 1 1 1 1 1 1 1 1 1 1 1 1 1 1 1 1 1 1 1 1 1 1 1 1 1 1
1 . . . . . . . . . . . . . . . . . . 1 . . . . . . . . . . . . . . . . . . . . . . . . 1
2 . . . . 1 . . . . . . . . . . . . . . . . . . . . . . . . . . . . . . . . . . . . . . .
3 . . . . . 1 . . . . . . . . . . . . . . . . . . . . . . . . . . . . . . . . . 1 . . . 1
4 1 . . . . . . . . . . . . . . . . . . . . . . . . . . . . . . . 1 . 1 . . . .
5 . . . . . . . . . . . . . . . . . . . . . . . . . . . . . . . . . . . . . . . . . . . .
```

```
> str(g)
Class 'igraph'  hidden list of 10
 $ : num 4039
 $ : logi FALSE
 $ : num [1:88234] 1 2 3 4 5 6 7 8 9 10 ...
 $ : num [1:88234] 0 0 0 0 0 0 0 0 0 0 ...
 $ : num [1:88234] 0 1 2 3 4 5 6 7 8 372 ...
 $ : num [1:88234] 0 1 2 3 4 5 6 7 8 9 ...
 $ : num [1:4040] 0 0 1 2 3 4 5 6 7 8 ...
 $ : num [1:4040] 0 347 363 372 388 397 409 414 433 440 ...
 $ :List of 4
  ..$ : num [1:3] 1 0 1
  ..$ : Named list()
  ..$ :List of 1
  .. ..$ name: chr [1:4039] "0" "1" "2" "3" ...
  ..$ : list()
 $ :<environment: 0x000001b0e8655f20>
> summary(g)
IGRAPH c23324a UN-- 4039 88234 --
+ attr: name (v/c)
```

```
> gmat <- as_adjacency_matrix(g)
> head(gmat)
6 x 4039 sparse Matrix of class "dgCMatrix"
   [[ 4039개의 열이름 '0', '1', '2' ...를 제거합니다 ]]

0 . 1 1 1 1 1 1 1 1 1 1 1 1 1 1 1 1 1 1 1 1 1 1 1 1 1 1 1 1 1 1 1 1 1 1 1 1 1 1 1 1 1 1 1 1 1
1 1 . . . . . . . . . . . . . . . . . . . . . . . . . . . . . . . . . 1 . . . . 1 1 . .
2 1 . . . . . . . . . . . . . 1 . . . . . . . . . . . . . . . . . . . . . . . . . . . .
3 1 . . . . . . 1 . . . . . . . . . 1 1 . . . . . . . . . . . . . . . . . . . . . . . .
4 1 . . . . . . . . . . . . . . . . . . . . . . . . . . . . . . . . . . . . . . . . . .
5 1 . . . . . . . . . . . . . . . . . . . . . . . . . . . . . . . . . . . . . . . . . .

0 1 1 1 1 1 1 1 1 1 1 1 1 1 1 1 1 1 1 1 1 1 1 1 1 1 1 1 1 1 1 1 1 1 1 1 1 1 1 1 1 1 1 1 1 1 1
1 . . . . . . . . . . . 1 . . . . . . . . . . 1 . . 1 . . . . . . . . . . . . . . . . . .
2 . . . . . . . . . . . . . . . . . . . . . . . . . . . . . . . . . . . . . . . . . . . .
3 . . . . 1 . . 1 . . . . . . . . . 1 . . . . . . . . . . . . . . . . . . . . . . . . . .
4 . . . . . . . 1 . . . . . . . . . . . . . . . . . . . . . . . . . . . . . . . . . . . .
5 . . . . . . . . . . . . . . . . . . . . . . . . . . . 1 . . . . . . . . . . . . . . . .

0 1 1 1 1 1 1 1 1 1 1 1 1 1 1 1 1 1 1 1 1 1 1 1 1 1 1 1 1 1 1 1 1 1 1 1 1 1 1 1 1 1 1 1 1 1 1
1 . . . . . 1 . . . . 1 . . . 1 . . . . . . . . . . . . . . . . . . . . . 1 . . . . . . .
2 . . 1 1 . . . . . . . . . . . . . . . . . . . . . . . . . . . . . . . . . . . . . . . .
3 . . . . . . 1 . . . . . . . . . . . . . . . . . . 1 . . . . . . . . . . . . . . . . . .
4 . . . . . . . . . . . . . . . . . . . . . . . . . . . . . . . . . 1 . . . . . . . . . .
5 . . . . . . 1 . . . . . . . . . . . . . . . . . . . . . . . . . . . . . . . . 1 1 . . .

0 1 1 1 1 1 1 1 1 1 1 1 1 1 1 1 1 1 1 1 1 1 1 1 1 1 1 1 1 1 1 1 1 1 1 1 1 1 1 1 1 1 1 1 1 1 1
1 . . . . . . . . . . . . . . . . . . . . . . . . . 1 . . . . . . . . . . . . . . . . . .
2 . . . . . . . . . . . . . . . . . . . . . . . . . . . . . . . . . . . . . . . . . . . .
3 . . . . . 1 . . . . . . . . . . 1 . . . . . . . . . 1 . . . . . . . . . . . . . . . . .
4 . . . . . . . 1 . . . . . . . . . . 1 . . . . . . . . . . . . . . . . . . . . . . . . .
5 . . . . . 1 . . . . . . . 1 . . . . 1 . . . . . . . . . . 1 . . . . . . 1 . . . . . . .

0 1 1 1 1 1 1 1 1 1 1 1 1 1 1 1 1 1 1 1 1 1 1 1 1 1 1 1 1 1 1 1 1 1 1 1 1 1 1 1 1 1 1 1 1 1 1
1 . . . . . . . . . . . 1 . . . . . . . . . . . . . . . . . . . . . . . . . . . . . . . 1
2 . . . . . . . . . . . . . . . . . . . . . . . . . . . . . . . . . . . . . . . . . . . .
3 . . . . 1 . . . . . . . . . . . . . . . . . . . . . . . . . . . . . . . . . . 1 . . . 1
4 1 . . . . . . . . . . . . . . . . . . . . . . . . . . . . . . . . . . . 1 . 1 . . . . .
5 . . . . . 1 . . . . . . . . . . . . . . . . . . . . . . . . . . . . . . . . . . . . . .
> str(gmat)
Formal class 'dgCMatrix' [package "Matrix"] with 6 slots
  ..@ i       : int [1:176468] 1 2 3 4 5 6 7 8 9 10 ...
  ..@ p       : int [1:4040] 0 347 364 374 391 401 414 420 440 448 ...
  ..@ Dim     : int [1:2] 4039 4039
  ..@ Dimnames:List of 2
  .. ..$ : chr [1:4039] "0" "1" "2" "3" ...
  .. ..$ : chr [1:4039] "0" "1" "2" "3" ...
  ..@ x       : num [1:176468] 1 1 1 1 1 1 1 1 1 1 ...
  ..@ factors : list()
> summary(gmat)
  Length     Class      Mode
 16313521 dgCMatrix       S4
```

(3) plot( ) 함수를 이용하여 소셜 네트워크 그래프를 작성한다(레이아웃은 "fruchterman.reingold" 알고리즘 적용).

```
> plot(g, layout=layout.fruchterman.reingold, vertex.size=2, edge.arrow.size=2)
```

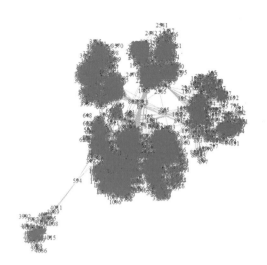

(4) 소셜 네트워크 분석의 성능을 평가하기 위한 주요 지표들을 다음과 같이 구한다. 각각은 노드의 수(vcount), 에지 수
(ecount), 네트워크 밀도(graph.density), 연결 중심성(degree), 근접 중심성(closeness) 중개 중심성(betweenness),
고유벡터 중심성(eigen_centrality)을 나타낸다. order( ) 함수를 이용하여 지표값을 내림차순 정렬하여 나타낸다.

```
> vcount(g)
[1] 4039
> ecount(g)
[1] 88234
> graph.density(g)
[1] 0.01081996
> igraph::degree(g)
   0    1    2    3    4    5    6    7    8    9   10   13   14   16   17   19   20   21   22   23   24   25   26   27   28   29   30   31
 347   17   10   17   10   13    6   20    8   57   10   31   15    9   13   16   15   65   11   17   16   69   68    5   13   13   17   23
  52   53   54   55   56   57   58   59   60   61   62   63   64   65   66   67   68   69   70   71   72   73   75   76   77   78   79   80
   2   31    8   17   78   15   12   19    8    3   26    6    7   12   15   76    9   10    2    3   24   10   14    3    6    9   12   23
  98   99  100  101  102  103  104  105  106  107  108  109  110  111  112  113  115  116  117  118  119  120  121  122  123  124  125  126
  49   13    9   16   32   14    8 1045   13   37    5   14    3   40   21   17    6   36   62    4   12   63   18    4    4    7
 145  146  147  148  149  150  151  152  153  154  155  156  158  159  160  161  162  163  164  165  166  167  168  169  170  171  172  173
   2   10    6   20   14   11    7    5    2    2    3   12   25   14    2   25    8    6    3   11    4    7   11   38   46   22   41   12
 194  195  196  197  198  199  200  201  202  203  204  206  207  208  211  212  213  214  216  217  218  219  220  221  222  223  224  225
  19    9   13   16   12   47   57    4    4   57   22    4    3    7   30   18   39   17    2    8    9    6    4    8   11   27   28   10
 248  249  250  251  252  254  257  258  259  260  261  262  263  265  266  268  269  271  272  273  274  275  276  277  280  281  284  285
  21   24    5   14   65   17   18   15    8    8   38    4    7   27   18   11    6   73   45    9   14   10   18   65   43   16   16   47
 313  314  315  318  319  320  322  323  324  325  326  329  330  331  333  334  339  348  349  350  351  352  353  354  355  356  357  359
  37   13   56   11    8   21   72   39   26   39   19   30   16   20    8   28   27  229    5   21    5   23  102   26   39    3   18   26
 377  378  379  380  381  382  383  384  385  386  387  388  389  390  391  392  393  394  395  396  397  398  399  400  402  403  404  405
   2   62    2   11   12   12    3    4    8    3   36   38   48    6   61   39    7   36   77   27   47   33    8   73   57   20   51   11
 423  424  425  426  427  428  429  430  431  432  433  434  435  436  437  438  439  440  441  442  443  444  445  446  448  449  450  451
  57   17   19   18    9  115   10   38   71   55   10   33   10   60   10   71   43   14    8   12    2   47   27   18    3   10   22   25
 470  471  472  473  474  475  476  477  478  479  480  481  482  483  484  485  486  487  488  489  490  491  492  493  494  495  496  497
  16   31    5   32   20  122    6   12    8   37    7   27   34  231  107    5   16   33   28   24   13   11   65   56   23   23   40   83
 515  516  517  518  519  520  521  522  523  524  525  526  527  528  529  531  532  534  536  537  538  539  540  541  542  543  544  545
  61   20  104   19   25   50   15   11   43   64   69   98   46   13    9   40   10    8   22   40   87   22    8   10   58   21   67   46
 573  574  575  576  577  578  579  580  581  582  583  584  586  587  588  589  590  591  592  594  595  596  597  598  599  600  601  603
  32   11   12   14   22   24   39    2   21   25    5    7   10   14   21   14   46   41    8   19   46   22   16   23   24   25   18
 626  627  628  629  630  631  632  633  634  635  636  637  639  640  641  643  644  645  646  647  649  650  651  653  654  655  657  658
  14   24   12   11   39   11   22   15   16   22   25  115   11   23   66   24   25   29   13   19    5   22   73   28   33    6    7   24
 688  689  690  691  693  694  695  696  697  698  699  700  701  702  703  704  705  706  707  708  709  710  711  712  713  714  715  716
```

```
> igraph::degree(g, normalized=T)
          0            1            2            3            4            5            6            7            8            9
0.0859336305 0.0042100050 0.0024764735 0.0042100050 0.0024764735 0.0032194156 0.0014858841 0.0049529470 0.0019811788 0.0141158990
         10           13           14           16           17           19           20           21           22           23
0.0024764735 0.0076770679 0.0037147103 0.0022288262 0.0032194156 0.0039623576 0.0037147103 0.0160970778 0.0027241209 0.0042100050
         24           25           26           27           28           29           30           31           32           33
0.0039623576 0.0170876672 0.0168400198 0.0012382368 0.0032194156 0.0032194156 0.0042100050 0.0056958891 0.0014858841 0.0004952947
         34           35           36           38           39           40           41           44           45           46
0.0012382368 0.0004952947 0.0027241209 0.0022288262 0.0037147103 0.0108964834 0.0059435364 0.0014858841 0.0029717682 0.0012382368
         47           48           49           50           51           52           53           54           55           56
0.0004952947 0.0054482417 0.0009905894 0.0027241209 0.0017335315 0.0004952947 0.0076770679 0.0019811788 0.0042100050 0.0193164933
         57           58           59           60           61           62           63           64           65           66
0.0037147103 0.0029717682 0.0047052997 0.0019811788 0.0007429421 0.0064388311 0.0014858841 0.0017335315 0.0029717682 0.0037147103
         67           68           69           70           71           72           73           75           76           77
0.0188211986 0.0022288262 0.0024764735 0.0004952947 0.0007429421 0.0059435364 0.0024764735 0.0034670629 0.0007429421 0.0014858841
         78           79           80           81           82           83           84           85           86           87
0.0022288262 0.0029717682 0.0056958891 0.0007429421 0.0084200099 0.0017335315 0.0032194156 0.0034670629 0.0014858841 0.0032194156
         88           89           90           91           92           93           94           95           96           97
0.0049529470 0.0019811788 0.0004952947 0.0019811788 0.0052005944 0.0019811788 0.0054482417 0.0014858841 0.0022288262 0.0007429421
         98           99          100          101          102          103          104          105          106          107
0.0121347202 0.0032194156 0.0022288262 0.0047052997 0.0014858841 0.0039623576 0.0079247152 0.0034670629 0.0019811788 0.2587914809
        108          109          110          111          112          113          115          116          117          118
0.0032194156 0.0091629520 0.0012382368 0.0034670629 0.0007429421 0.0099058940 0.0052005944 0.0042100050 0.0014858841 0.0089153046
        119          120          121          122          123          124          125          126          127          128
0.0153541357 0.0009905894 0.0029717682 0.0156017831 0.0044576523 0.0009905894 0.0009905894 0.0017335315 0.0039623576 0.0069341258
        129          130          131          132          133          134          135          136          137          139
0.0017335315 0.0039623576 0.0017335315 0.0039623576 0.0044576523 0.0047052997 0.0024764735 0.0329370976 0.0039623576 0.0022288262
        140          141          142          143          144          145          146          147          148          149
0.0027241209 0.0069341258 0.0106488361 0.0029717682 0.0037147103 0.0004952947 0.0024764735 0.0014858841 0.0049529470 0.0034670629
        150          152          153          154          155          156          158          159          160
0.0027241209 0.0017335315 0.0012382368 0.0004952947 0.0004952947 0.0007429421 0.0029717682 0.0061911838 0.0034670629 0.0004952947
        161          162          163          164          165          166          167          168          169          170
0.0061911838 0.0019811788 0.0014858841 0.0007429421 0.0027241209 0.0009905894 0.0017335315 0.0027241209 0.0094105993 0.0113917781
        171          172          173          174          175          176          177          178          180          181
0.0054482417 0.0101535414 0.0029717682 0.0009905894 0.0042100050 0.0034670629 0.0027241209 0.0032194156 0.0049529470 0.0024764735
        182          184          185          186          187          188          189          190          192          193

> igraph::closeness(g)
          0            1            2            3            4            5            6            7            8            9
8.750438e-05 6.472911e-05 6.469979e-05 6.472911e-05 6.469979e-05 6.471235e-05 6.468305e-05 6.804573e-05 6.469142e-05 6.489714e-05
         10           13           14           16           17           19           20           21           22           23
6.469979e-05 6.478782e-05 6.472073e-05 6.469561e-05 6.471235e-05 6.472492e-05 6.472073e-05 6.825473e-05 6.470398e-05 6.472911e-05
         24           25           26           27           28           29           30           31           32           33
6.472492e-05 6.494772e-05 6.494350e-05 6.467887e-05 6.471235e-05 6.471235e-05 6.472911e-05 6.475426e-05 6.468305e-05 6.466632e-05
         34           35           36           38           39           40           41           44           45           46
7.511455e-05 6.466632e-05 6.470398e-05 6.469561e-05 6.472073e-05 6.484243e-05 6.475845e-05 6.468305e-05 6.470817e-05 6.467887e-05
         47           48           49           50           51           52           53           54           55           56
6.466632e-05 6.475006e-05 6.467469e-05 6.470398e-05 6.468724e-05 6.466632e-05 6.478782e-05 6.469142e-05 6.472911e-05 6.831534e-05
         57           58           59           60           61           62           63           64           65           66
6.472073e-05 9.841551e-05 6.473749e-05 6.469142e-05 6.467050e-05 6.476684e-05 6.468305e-05 6.910372e-05 6.470817e-05 6.472073e-05
         67           68           69           70           71           72           73           75           76           77
6.830601e-05 6.469561e-05 6.469979e-05 6.466632e-05 6.467050e-05 6.475845e-05 6.469979e-05 6.471654e-05 6.467050e-05 6.468305e-05
         78           79           80           81           82           83           84           85           86           87
6.469561e-05 6.470817e-05 6.634820e-05 6.467050e-05 6.480041e-05 6.468724e-05 6.471235e-05 6.471654e-05 6.468305e-05 6.801333e-05
         88           89           90           91           92           93           94           95           96           97
6.474168e-05 6.469142e-05 6.466632e-05 6.469142e-05 6.474587e-05 6.469142e-05 6.475006e-05 6.468305e-05 6.469561e-05 6.467050e-05
         98           99          100          101          102          103          104          105          106          107
6.486346e-05 6.471235e-05 6.469561e-05 6.473749e-05 6.468305e-05 6.802721e-05 6.479202e-05 6.471654e-05 6.469142e-05 1.138434e-04
        108          109          110          111          112          113          115          116          117          118
6.471235e-05 6.481301e-05 6.467887e-05 6.471654e-05 6.467050e-05 6.482562e-05 6.474587e-05 6.472911e-05 6.468305e-05 6.480881e-05
        119          120          121          122          123          124          125          126          127          128
6.936737e-05 6.797172e-05 6.470817e-05 6.824551e-05 6.473330e-05 6.467469e-05 6.797172e-05 6.468724e-05 6.472492e-05 6.477523e-05
        129          130          131          132          133          134          135          136          137          139
6.468724e-05 6.472492e-05 6.468724e-05 6.472492e-05 6.473330e-05 6.473749e-05 6.469979e-05 7.285444e-05 6.472492e-05 6.469561e-05
        140          141          142          143          144          145          146          147          148          149
6.470398e-05 6.477523e-05 6.483823e-05 6.470817e-05 6.472073e-05 6.466632e-05 6.799946e-05 6.468305e-05 6.474168e-05 6.471654e-05
        150          151          152          153          154          155          156          158          159          160
6.912283e-05 6.468724e-05 6.467887e-05 6.466632e-05 6.466632e-05 6.467050e-05 6.800871e-05 6.476264e-05 6.471654e-05 6.466632e-05
        161          162          163          164          165          166          167          168          169          170
6.476264e-05 6.469142e-05 6.627344e-05 6.467050e-05 6.470398e-05 6.629981e-05 6.468724e-05 6.470398e-05 6.812917e-05 6.485084e-05
        171          172          173          174          175          176          177          178          180          181
9.175154e-05 6.482982e-05 7.158196e-05 6.467469e-05 6.472911e-05 6.471654e-05 6.470398e-05 6.471235e-05 6.474168e-05 6.469979e-05
```

```
> igraph::closeness(g, normalized=T)
        0         1         2         3         4         5         6         7         8         9        10        13        14        16
0.3533427 0.2613761 0.2612578 0.2613761 0.2612578 0.2613085 0.2611902 0.2747686 0.2612240 0.2620546 0.2612578 0.2616132 0.2613423 0.2612409
       17        19        20        21        22        23        24        25        26        27        28        29        30        31
0.2613085 0.2613592 0.2613423 0.2756126 0.2612747 0.2613761 0.2613592 0.2622589 0.2622418 0.2611733 0.2613085 0.2613085 0.2613761 0.2614777
       32        33        34        35        36        38        39        40        41        44        45        46        47        48
0.2611902 0.2611226 0.3033126 0.2611226 0.2612747 0.2612409 0.2613423 0.2618337 0.2614946 0.2611902 0.2612916 0.2611733 0.2611226 0.2614608
       49        50        51        52        53        54        55        56        57        58        59        60        61        62
0.2611564 0.2612747 0.2612071 0.2611226 0.2616132 0.2612240 0.2613761 0.2758574 0.2613423 0.3974018 0.2614100 0.2612240 0.2611395 0.2615285
       63        64        65        66        67        68        69        70        71        72        73        75        76        77
0.2611902 0.2790408 0.2612916 0.2613423 0.2758197 0.2612409 0.2612578 0.2611226 0.2611395 0.2614946 0.2612578 0.2613254 0.2611395 0.2611902
       78        79        80        81        82        83        84        85        86        87        88        89        90        91
0.2612409 0.2612916 0.2679140 0.2611395 0.2616641 0.2612071 0.2613085 0.2613254 0.2611902 0.2746378 0.2614269 0.2612240 0.2611226 0.2612240
       92        93        94        95        96        97        98        99       100       101       102       103       104       105
0.2614438 0.2612240 0.2614608 0.2611902 0.2612409 0.2611395 0.2619187 0.2613085 0.2612409 0.2614100 0.2611902 0.2746939 0.2616302 0.2613254
      106       107       108       109       110       111       112       113       115       116       117       118       119       120
0.2612240 0.4596995 0.2613085 0.2617150 0.2611733 0.2613254 0.2611395 0.2617658 0.2614438 0.2613761 0.2611902 0.2616980 0.2801054 0.2744698
      121       122       123       124       125       126       127       128       129       130       131       132       133       134
0.2612916 0.2755750 0.2613931 0.2611564 0.2744698 0.2612071 0.2613592 0.2615624 0.2612071 0.2613592 0.2612071 0.2613592 0.2613931 0.2614100
      135       136       137       139       140       141       142       143       144       145       146       147       148       149
0.2612578 0.2941862 0.2613592 0.2612409 0.2612747 0.2615624 0.2618168 0.2612916 0.2613423 0.2611226 0.2745818 0.2611902 0.2614269 0.2613254
      150       151       152       153       154       155       156       158       159       160       161       162       163       164
0.2791180 0.2612071 0.2611733 0.2611226 0.2611226 0.2611395 0.2746192 0.2615116 0.2613254 0.2611226 0.2615116 0.2612240 0.2676122 0.2611395
      165       166       167       168       169       170       171       172       173       174       175       176       177       178
0.2612747 0.2677186 0.2612071 0.2612747 0.2751056 0.2618677 0.3704927 0.2617828 0.2890480 0.2611564 0.2613761 0.2613254 0.2612747 0.2613085
      180       181       182       184       185       186       187       188       189       190       192       193       194       195
0.2614269 0.2612578 0.2611395 0.2613931 0.2615285 0.2618337 0.2613592 0.2619017 0.2790408 0.2611564 0.2611733 0.2611733 0.2614100 0.2612409
      196       197       198       199       200       201       202       203       204       206       207       208       211       212
0.2613085 0.2613592 0.2854921 0.2618847 0.2620546 0.2611564 0.2675767 0.2620546 0.2614608 0.2611564 0.2611395 0.2612071 0.2615963 0.2613931
      213       214       216       217       218       219       220       221       222       223       224       225       226       227
0.2751243 0.2613761 0.2611226 0.2790601 0.2612409 0.2611902 0.2611564 0.2612240 0.2612747 0.2615454 0.2615624 0.2612578 0.2613254 0.2613423

> igraph::betweenness(g)
           0            1            2            3            4            5            6            7            8            9
1.192496e+06 2.268564e+01 6.190476e-01 1.373447e+01 1.500000e+00 1.798016e+01 2.000000e-01 1.388052e+02 2.250000e+02 1.341136e+02
          10           13           14           16           17           19           20           21           22           23
4.064543e-01 1.436375e+02 4.550433e+00 1.628466e+00 3.347222e+01 4.126667e+01 5.537338e+00 7.645558e+03 5.463418e+00 5.591667e+01
          24           25           26           27           28           29           30           31           32           33
1.114484e+00 4.391667e+02 1.577517e+02 2.500000e-01 3.107179e+01 1.137416e+01 1.116208e+01 4.020449e+01 0.000000e+00 0.000000e+00
          34           35           36           38           39           40           41           44           45           46
2.935955e+04 0.000000e+00 2.222222e-01 5.986268e+00 7.782807e+00 1.124476e+02 3.809048e+01 0.000000e+00 2.465054e+01 0.000000e+00
          47           48           49           50           51           52           53           54           55           56
0.000000e+00 4.312418e+01 1.500000e+00 4.185767e+00 7.500000e-01 0.000000e+00 8.842888e+01 2.944048e+01 1.480248e+02 8.844048e+03
          57           58           59           60           61           62           63           64           65           66
1.251869e+01 6.875950e+05 5.929471e+02 6.150636e-01 5.000000e-01 2.336058e+01 0.000000e+00 1.045034e+02 5.619033e+02 7.777606e-01
          67           68           69           70           71           72           73           75           76           77
7.432235e+03 1.200000e+00 1.617175e+02 0.000000e+00 0.000000e+00 1.477324e+01 4.904004e+00 2.077692e+00 0.000000e+00 2.083333e+00
          78           79           80           81           82           83           84           85           86           87
0.000000e+00 1.701106e-01 1.300866e+03 5.000000e-01 5.998288e+01 7.500000e-01 1.135355e+01 4.101945e+00 0.000000e+00 3.770404e+02
          88           89           90           91           92           93           94           95           96           97
3.708444e+01 2.700000e+00 0.000000e+00 2.250000e+00 5.577525e+00 7.666667e+00 1.742688e+01 5.000000e-01 6.386880e+00 3.333333e-01
          98           99          100          101          102          103          104          105          106          107
5.503978e+01 6.652381e+01 4.333333e+00 6.431349e+00 0.000000e+00 7.677180e+02 2.457873e+01 3.328335e+00 2.965873e+00 3.916560e+06
         108          109          110          111          112          113          115          116          117          118
2.837734e+00 4.717348e+01 0.000000e+00 1.246587e+01 0.000000e+00 4.262275e+01 2.717186e+01 9.420274e+00 1.708333e+00 4.641385e+01
         119          120          121          122          123          124          125          126          127          128
1.241300e+04 3.646301e+02 8.485574e+00 6.078599e+03 4.012338e+00 1.333333e+00 6.713150e+01 1.375000e+00 5.192496e+00 1.983668e+01
         129          130          131          132          133          134          135          136          137          139
3.666667e-01 2.060001e+01 0.000000e+00 1.616880e+01 1.470909e+01 5.154388e+00 0.000000e+00 2.190123e+05 1.722460e+01 1.000000e-01
         140          141          142          143          144          145          146          147          148          149
7.468254e-01 2.188848e+01 4.212106e+01 9.385714e+00 6.876623e+00 0.000000e+00 1.152138e+03 2.000000e-01 1.959262e+01 2.986508e+00
         150          151          152          153          154          155          156          158          159          160
7.763430e+02 2.777778e-01 1.500000e+00 0.000000e+00 0.000000e+00 3.333333e-01 1.347101e+03 3.906386e+01 9.384163e+00 0.000000e+00
         161          162          163          164          165          166          167          168          169          170
1.959609e+01 4.761905e-01 2.061356e+02 1.428571e+01 2.755249e+00 3.559524e+00 3.666667e-01 2.555384e+00 3.278217e+03 9.843316e+01
         171          172          173          174          175          176          177          178          180          181
1.262740e+05 6.827736e+01 2.959524e+04 3.333333e-01 2.697619e+01 2.613745e+00 2.535714e+00 1.117673e+01 7.426966e+00 1.500000e+00
         182          184          185          186          187          188          189          190          192          193
```

```
> igraph::betweenness(g, normalized=T)
           0            1            2            3            4            5            6            7            8            9
1.463059e-01 2.783274e-06 7.595021e-08 1.685066e-06 1.840332e-07 2.205964e-06 2.453776e-08 1.702985e-04 2.760498e-07 1.645424e-05
          10           13           14           16           17           19           20           21           22           23
4.986740e-08 1.762272e-06 5.582872e-07 1.997946e-07 4.106667e-07 5.062958e-06 6.793693e-07 9.380244e-04 6.703002e-07 6.860349e-06
          24           25           26           27           28           29           30           31           32           33
1.367347e-07 5.388083e-05 1.935437e-05 3.067220e-08 3.812161e-07 1.395482e-06 1.369463e-06 4.932641e-06 0.000000e+00 0.000000e+00
          34           35           36           38           39           40           41           44           45           46
3.602088e-03 0.000000e+00 2.726418e-08 7.344481e-07 9.548633e-07 1.379606e-05 4.673275e-06 0.000000e+00 3.024346e-07 0.000000e+00
          47           48           49           50           51           52           53           54           55           56
0.000000e+00 5.290854e-06 1.840332e-07 5.135468e-07 9.201660e-08 0.000000e+00 1.084923e-05 3.612017e-07 1.816099e-07 1.085066e-03
          57           58           59           60           61           62           63           64           65           66
1.535903e-06 8.436021e-02 7.274797e-07 7.546142e-08 6.134440e-08 2.866082e-06 0.000000e+00 1.282140e-05 6.893924e-07 9.542252e-08
          67           68           69           70           71           72           73           75           76           77
9.118521e-07 1.472266e-07 1.984093e-07 0.000000e+00 0.000000e+00 1.812511e-06 6.016664e-07 2.549096e-07 0.000000e+00 2.556017e-07
          78           79           80           81           82           83           84           85           86           87
0.000000e+00 2.087067e-08 1.596017e-04 6.134440e-08 7.359228e-06 9.201660e-08 1.392953e-06 5.032628e-07 0.000000e+00 4.625864e-05
          88           89           90           91           92           93           94           95           96           97
4.549846e-06 3.312598e-07 0.000000e+00 2.760498e-07 6.842999e-07 9.406142e-08 2.138084e-06 6.134440e-08 7.835986e-07 4.089627e-08
          98           99          100          101          102          103          104          105          106          107
6.752765e-06 8.161727e-07 5.316515e-07 7.890545e-07 0.000000e+00 9.419041e-05 3.015535e-06 4.083494e-07 3.638794e-07 4.805181e-01
         108          109          110          111          112          113          115          116          117          118
3.481582e-07 5.787658e-06 0.000000e+00 1.529423e-06 0.000000e+00 5.229334e-06 3.333683e-06 1.155762e-06 2.095934e-07 5.694459e-06
         119          120          121          122          123          124          125          126          127          128
1.522936e-03 4.473603e-05 1.041085e-06 7.457760e-04 4.922690e-07 1.635851e-07 8.236284e-06 1.686971e-07 6.370612e-07 2.433738e-06
         129          130          131          132          133          134          135          136          137          139
4.498589e-08 2.527391e-06 0.000000e+00 1.983771e-06 1.804641e-06 6.323857e-07 0.000000e+00 2.687036e-02 2.113266e-06 1.226888e-08
         140          141          142          143          144          145          146          147          148          149
9.162711e-08 2.685472e-06 5.167782e-06 1.151522e-06 8.436847e-07 0.000000e+00 1.413544e-04 2.453776e-08 2.403795e-06 3.664111e-07
         150          151          152          153          154          155          156          158          159          160
9.524859e-05 3.408022e-08 1.840332e-07 0.000000e+00 0.000000e+00 4.089627e-08 1.652742e-04 4.792699e-06 1.151332e-06 0.000000e+00
         161          162          163          164          165          166          167          168          169          170
2.404221e-06 5.842324e-08 2.529053e-05 1.752697e-08 3.380382e-07 4.367137e-07 4.498589e-08 3.135171e-07 4.022005e-04 1.207665e-05
         171          172          173          174          175          176          177          178          180          181
1.549241e-02 8.376868e-06 3.631004e-03 4.089627e-08 3.309677e-06 3.206773e-07 3.111038e-07 1.371260e-06 9.112056e-07 1.840332e-07
         182          184          185          186          187          188          189          190          192          193

> igraph::eigen_centrality(g)
$vector
           0            1            2            3            4            5            6            7            8            9
3.472899e-04 6.258107e-06 2.270065e-06 6.875723e-06 2.273515e-06 1.232637e-05 2.207131e-06 2.690825e-04 2.233813e-06 2.309291e-05
          10           13           14           16           17           19           20           21           22           23
8.004960e-06 1.147656e-06 2.342672e-06 2.671090e-06 2.314319e-06 2.352189e-06 2.340999e-06 2.719879e-04 1.078972e-06 2.365470e-06
          24           25           26           27           28           29           30           31           32           33
2.532312e-06 2.180690e-06 2.433647e-05 3.965936e-06 2.313234e-06 2.994439e-06 1.001253e-06 1.514418e-05 2.208874e-06 2.152082e-06
          34           35           36           38           39           40           41           44           45           46
4.231343e-05 2.152948e-06 2.397962e-06 7.494033e-06 5.026341e-06 1.860865e-06 2.468127e-06 2.212813e-06 8.025194e-06 2.196539e-06
          47           48           49           50           51           52           53           54           55           56
2.162023e-06 4.982590e-06 2.178844e-06 4.603477e-06 2.439205e-06 2.152338e-06 9.677046e-06 2.589268e-06 1.038144e-05 2.761763e-04
          57           58           59           60           61           62           63           64           65           66
4.338860e-06 6.174000e-03 5.354228e-06 7.672625e-06 2.166905e-06 1.089751e-05 4.251808e-06 2.703986e-06 6.268247e-06 1.326398e-05
          67           68           69           70           71           72           73           75           76           77
2.794010e-04 2.252538e-06 6.216190e-06 2.152688e-06 2.166734e-06 7.589064e-06 2.576444e-06 9.865735e-06 2.288091e-06 2.470872e-06
          78           79           80           81           82           83           84           85           86           87
2.250121e-06 5.208101e-06 6.027698e-06 2.400844e-06 9.293007e-06 2.439205e-06 4.578463e-06 6.441353e-06 2.210763e-06 2.656166e-04
          88           89           90           91           92           93           94           95           96           97
8.082710e-06 2.234872e-06 2.152164e-06 2.233813e-06 2.665691e-06 2.238215e-06 4.446982e-06 2.206967e-06 4.230337e-06 2.166025e-06
          98           99          100          101          102          103          104          105          106          107
1.944121e-05 2.308027e-06 2.745563e-06 2.590009e-06 2.210421e-06 2.629105e-04 1.495272e-05 6.639317e-06 4.155319e-06 1.753212e-03
         108          109          110          111          112          113          115          116          117          118
4.200545e-06 1.998395e-05 2.193609e-06 2.325364e-06 2.166740e-06 1.564671e-05 2.425911e-06 2.370831e-06 4.047250e-06 1.312793e-05
         119          120          121          122          123          124          125          126          127          128
2.147974e-05 2.536958e-04 7.695364e-06 2.752297e-04 8.672152e-06 2.285132e-06 2.552820e-06 4.044299e-06 4.235291e-06 1.608493e-05
         129          130          131          132          133          134          135          136          137          139
5.724098e-06 6.304111e-06 2.223501e-06 6.600941e-06 6.946591e-06 1.045360e-05 2.372251e-06 4.081263e-02 2.352744e-06 2.370489e-06
         140          141          142          143          144          145          146          147          148          149
2.285719e-06 1.110357e-05 2.092016e-05 2.292686e-06 2.342344e-06 2.152164e-06 2.572040e-04 2.207131e-06 6.885373e-06 2.326616e-06
         150          151          152          153          154          155          156          158          159          160
4.485699e-06 2.226706e-06 3.821850e-06 2.245896e-06 2.152419e-06 2.166737e-06 2.575065e-04 1.226140e-05 4.484091e-06 2.174211e-06
         161          162          163          164          165          166          167          168          169          170
2.046011e-05 2.240787e-06 2.394721e-06 3.875596e-06 6.147668e-06 2.205995e-06 2.222578e-06 7.738263e-06 2.697370e-04 1.922427e-05
         171          172          173          174          175          176          177          178          180          181
5.604384e-05 1.175279e-05 5.112797e-06 2.180003e-06 2.532377e-06 5.156820e-06 2.279766e-06 6.257390e-06 2.691057e-06 2.273515e-06
         182          184          185          186          187          188          189          190          192          193
```

```
> df <- data.frame(degree=igraph::degree(g, normalized=TRUE))
> df <- df[order(-df$degree), ]
> head(df)
[1] 0.25879148 0.19613670 0.18697375 0.13546310 0.08593363 0.07280832
>
> df <- data.frame(between=igraph::betweenness(g, normalized=TRUE))
> df <- df[order(-df$between), ]
> head(df)
[1] 0.4805181 0.3377974 0.2361154 0.2292953 0.1490151 0.1463059
>
> df <- data.frame(eigen=igraph::eigen_centrality(g))
> df <- df[order(-df$eigen.value), ]
> head(df)
  eigen.vector eigen.value eigen.options.bmat eigen.options.n eigen.options.which eigen.options.nev eigen.options.tol eigen.options.ncv
0 3.472899e-04    162.3739                  I            4039                   LA                 1                 0                  0
1 6.258107e-06    162.3739                  I            4039                   LA                 1                 0                  0
2 2.270065e-06    162.3739                  I            4039                   LA                 1                 0                  0
3 6.875723e-06    162.3739                  I            4039                   LA                 1                 0                  0
4 2.273515e-06    162.3739                  I            4039                   LA                 1                 0                  0
5 1.232637e-05    162.3739                  I            4039                   LA                 1                 0                  0
  eigen.options.ldv eigen.options.ishift eigen.options.maxiter eigen.options.nb eigen.options.mode eigen.options.start eigen.options.sigma
0                 0                    1                  1000                1                  1                   1                   0
1                 0                    1                  1000                1                  1                   1                   0
2                 0                    1                  1000                1                  1                   1                   0
3                 0                    1                  1000                1                  1                   1                   0
4                 0                    1                  1000                1                  1                   1                   0
5                 0                    1                  1000                1                  1                   1                   0
  eigen.options.sigmai eigen.options.info eigen.options.iter eigen.options.nconv eigen.options.numop eigen.options.numopb
0                    0                  0                  2                   1                  30                    0
1                    0                  0                  2                   1                  30                    0
2                    0                  0                  2                   1                  30                    0
3                    0                  0                  2                   1                  30                    0
4                    0                  0                  2                   1                  30                    0
5                    0                  0                  2                   1                  30                    0
  eigen.options.numreo
0                   29
1                   29
2                   29
3                   29
4                   29
5                   29
```

(5) layout.kamada.kawai( ), open3d( ), rglplot( ) 함수를 이용(rgl 패키지 이용)하여 3차원 그래프를 시각화하여 나타낸다.

```
> coords <- layout.kamada.kawai(g, dim=3)
> open3d()
wgl
  1
> rglplot(g, vertex.size=3, vertex.label=NA, vertex.size=2, vertex.color="red", edge.arrow.size=2, layout=coords)
```

02 동아리에 가입된 학생들의 자료는 다음과 같다. 투－모드 소셜 네트워크 분석을 수행하시오.

(1) (동아리, 사람)에 대한 관계 테이블을 작성하시오.

(2) 소셜 네트워크 오브젝트(g)를 생성하고 근접 매트릭스(Adjacency Matrix)를 출력하시오.

(3) 네트워크 노드의 이름을 출력하고 동아리 이름의 (색상, 크기)=(red, 10)으로 지정하고 사람 이름은 (색상, 크기)=(green, 5)로 지정 후, 네트워크 그래프를 출력하시오(단, layout.fruchterman.reingold 레이아웃을 적용한다).

(4) "rgl" 패키지를 이용하여 3차원 그래프를 출력하시오(단, layout은 fruchterman.reingold을 적용한다).

구 분	축구 동아리 (soccer, s1)	테니스 동아리 (tennis, s2)	등산 동아리 (climb, s3)
이순신(Lee1)	1	1	0
안중근(An)	1	0	0
김구(Kim1)	0	1	0
김유신(Kim2)	0	0	1
유관순(Ryu)	0	1	1
윤보선(Yun1)	1	1	1
장면(Jang)	1	1	0
윤봉길(Yun2)	1	0	1
박열(Park)	1	1	1
이성계(Lee2)	1	0	0

(1) 데이터 프레임 구조를 이용하여 (동아리, 사람)에 대한 데이터를 저장(relation_table)한다.

```
> relation_table <- data.frame(rbind(c("s1", "Lee1"), c("s2", "Lee1"),
+ c("s1", "An"), c("s2", "Kim1"), c("s3", "Kim2"),
+ c("s2", "Ryu"), c("s3", "Ryu"),
+ c("s1", "Yun1"), c("s2", "Yun1"), c("s3", "Yun1"),
+ c("s1", "Jang"), c("s2", "Jang"),
+ c("s1", "Yun2"), c("s3", "Yun2"),
+ c("s1", "Park"), c("s2", "Park"), c("s3", "Park"),
+ c("s1", "Lee2")))
> relation_table
    X1    X2
1   s1  Lee1
2   s2  Lee1
3   s1    An
4   s2  Kim1
5   s3  Kim2
6   s2   Ryu
7   s3   Ryu
8   s1  Yun1
9   s2  Yun1
10  s3  Yun1
11  s1  Jang
12  s2  Jang
13  s1  Yun2
14  s3  Yun2
15  s1  Park
16  s2  Park
17  s3  Park
18  s1  Lee2
```

(2) graph_from_data_frame( )을 이용하여 네트워크 오브젝트(g)를 생성하고 as_adjacency_matrix( )로 근접 매트릭스를 작성한다.

```
> g <- graph_from_data_frame(relation_table, directed=F)
> head(g)
6 x 13 sparse Matrix of class "dgCMatrix"
   [[ 13개의 열이들 's1', 's2', 's3' ...를 제거합니다 ]]

s1    . . . 1 1 . . . 1 1 1 1 1
s2    . . . 1 . 1 . 1 1 1 . 1 .
s3    . . . . . . 1 1 1 . 1 1 .
Lee1  1 1 . . . . . . . . . . .
An    1 . . . . . . . . . . . .
Kim1  . 1 . . . . . . . . . . .
```

```
> as_adjacency_matrix(g)
13 x 13 sparse Matrix of class "dgCMatrix"
   [[ 13개의 열이름 's1', 's2', 's3' ...를 제거합니다 ]]

s1   . . . 1 1 . . . 1 1 1 1 1
s2   . . . 1 . 1 . 1 1 1 . 1 .
s3   . . . . . 1 1 1 . 1 1 .
Lee1 1 1 . . . . . . . . . . .
An   1 . . . . . . . . . . . .
Kim1 . 1 . . . . . . . . . . .
Kim2 . . 1 . . . . . . . . . .
Ryu  . 1 1 . . . . . . . . . .
Yun1 1 1 1 . . . . . . . . . .
Jang 1 1 . . . . . . . . . . .
Yun2 1 . 1 . . . . . . . . . .
Park 1 1 1 . . . . . . . . . .
Lee2 1 . . . . . . . . . . . .
> summary(g)
IGRAPH 0dbc987 UN-- 13 18 --
+ attr: name (v/c)
> str(g)
Class 'igraph'  hidden list of 10
 $ : num 13
 $ : logi FALSE
 $ : num [1:18] 3 3 4 5 6 7 7 8 8 8 ...
 $ : num [1:18] 0 1 0 1 2 1 2 0 1 2 ...
 $ : num [1:18] 0 1 2 3 4 5 6 7 8 9 ...
 $ : num [1:18] 0 2 7 10 12 14 17 1 3 5 ...
 $ : num [1:14] 0 0 0 0 2 3 4 5 7 10 ...
 $ : num [1:14] 0 7 13 18 18 18 18 18 18 18 ...
 $ :List of 4
  ..$ : num [1:3] 1 0 1
  ..$ : Named list()
  ..$ :List of 1
  .. ..$ name: chr [1:13] "s1" "s2" "s3" "Lee1" ...
  ..$ : list()
 $ :<environment: 0x0000020140aeef58>
```

(3) 동아리와 사람 이름을 구분하기 위한 (색상, 크기)를 지정하고, plot( )으로 시각화 그래프를 작성한다.

```
> node_name <- V(g)$name
> head(node_name)
[1] "s1"    "s2"    "s3"    "Lee1"  "An"    "Kim1"
> gubun <- str_sub(node_name, start=1, end=1)
> head(gubun)
[1] "s" "s" "s" "L" "A" "K"
> tail(gubun)
[1] "R" "Y" "J" "Y" "P" "L"
>
> colors <- c()
> for (i in 1:length(gubun)) {
+ if (gubun[i] == 's') {
+ colors <- c(colors, "red")
+ } else {
+ colors <- c(colors, "green")
+ }
+ }
>
> head(colors)
[1] "red"    "red"    "red"    "green" "green" "gree:
> tail(colors)
[1] "green" "green" "green" "green" "green" "gree:
>
> sizes <- c()
> for (i in 1:length(gubun)) {
+ if (gubun[i] == 's') {
+ sizes <- c(sizes, 10)
+ } else {
+ sizes <- c(sizes, 5)
+ }
+ }
>
> head(sizes)
[1] 10 10 10  5  5  5
> tail(sizes)
[1] 5 5 5 5 5 5
> n_names <- c()
> for (i in 1:length(gubun)) {
+ if (gubun[i] == 's') {
+ n_names <- c(n_names, NA)
+ } else {
+ n_names <- c(n_names, node_name[i])
+ }
+ }
> head(n_names)
[1] NA     NA     NA     "Lee1" "An"   "Kim1"
> tail(n_names)
[1] "Ryu"  "Yun1" "Jang" "Yun2" "Park" "Lee2"
```

```
> plot(g, layout=layout.fruchterman.reingold, vertex.size=sizes, edge.arrow.size=0.5, vertex.color=colors, vertex.label=n_names)
```

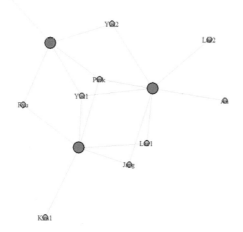

(4) rglplot( )을 이용하여 3차원 그래프를 작성한다.

```
> coords <- layout.fruchterman.reingold(g, dim=3)
> open3d()
wgl
  1
> rglplot(g, vertex.size=3, vertex.label=NA, vertex.size=sizes, vertex.color=colors, edge.arrow.size=2, layout=coords)
```

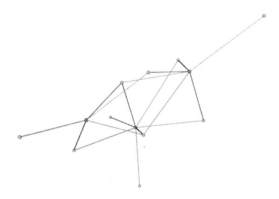

```
> coords <- layout.kamada.kawai(g, dim=3)
> open3d()
wgl
  2
> rglplot(g, vertex.size=3, vertex.label=NA, vertex.size=sizes, vertex.color=colors, edge.arrow.size=2, layout=coords)
```

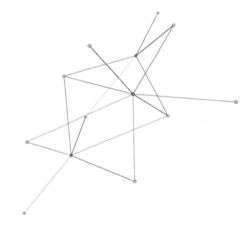

03 최근 1년 동안 공동 작업한 가수들의 뮤지션 정보("C:/workr/feat.csv")를 이용하여 네트워크 분석을 수행하시오.

(1) 방향성 그래프(from→to, g)와 무방향성 그래프(gu)를 생성하시오. plot( ) 함수를 이용하여 그래프를 출력하고 서로 비교하시오.

(2) 방향성 그래프와 무방향성 그래프의 경우 각각의 노드들에 대한 최단 경로를 출력하시오.

(3) 방향성 그래프의 경우 에픽하이에서 더콰이엇 사이의 최단 경로를 출력하시오.

(4) 무방향성 그래프의 경우 HIGH4와 MINO 사이의 최단 경로를 출력하시오.

(5) 방향성 그래프와 무방향성 그래프에 대한 (degree, betweenness, closeness) 중심성 척도를 출력하고 서로 비교하시오.

(6) 방향성 그래프와 무방향성 그래프에 대한 eccentricity(mode='in' 또는 'out'), coreness 척도를 구하고 서로 비교하시오.

	A	B
1	from	to
2	아이유	G-DRAGON
3	에픽하이	아이유
4	에픽하이	오혁
5	아이유	오혁
6	HIGH4	아이유
7	에픽하이	MINO
8	에픽하이	사이먼 도미닉
9	에픽하이	더콰이엇
10	에픽하이	수현
11	MINO	사이먼 도미닉
12	MINO	더콰이엇
13	사이먼 도미닉	더콰이엇

```
> setwd("C:/workr")
> options("width"=500)
> data <- read.csv("feat.csv", header=T, fileEncoding="EUC-KR")
> data
            from            to
1         아이유      G-DRAGON
2       에픽하이        아이유
3       에픽하이          오혁
4         아이유          오혁
5         HIGH4        아이유
6       에픽하이          MINO
7       에픽하이  사이먼 도미닉
8       에픽하이      더콰이엇
9       에픽하이          수현
10          MINO  사이먼 도미닉
11          MINO      더콰이엇
12 사이먼 도미닉      더콰이엇
```

(1) graph_from_data_frame( )을 이용하여 방향성(directed＝T, g), 무방향성(directed＝F, gu) 그래프를 생성하고 plot( )으로 이를 시각화하여 표현한다.

```
> data$from <- trimws(data$from)
> data$to <- trimws(data$to)
> data <- subset(data, from != to)
> data <- na.omit(data)
> data
           from            to
1          아이유      G-DRAGON
2         에픽하이          아이유
3         에픽하이            오혁
4          아이유            오혁
5          HIGH4          아이유
6         에픽하이          MINO
7    에픽하이  사이먼 도미닉
8         에픽하이        더콰이엇
9         에픽하이            수현
10         MINO  사이먼 도미닉
11         MINO        더콰이엇
12 사이먼 도미닉      더콰이엇
> g <- graph_from_data_frame(data, directed=T)
> gu <- graph_from_data_frame(data, directed=F)

> plot(g, layout=layout.fruchterman.reingold, vertex.size=2, edge.arrow.size=2)
```

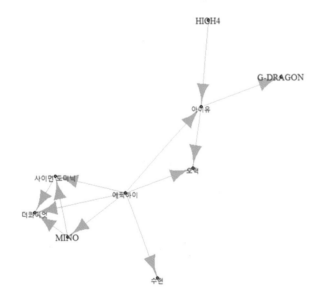

```
> plot(gu, layout=layout.fruchterman.reingold, vertex.size=2, edge.arrow.size=2)
```

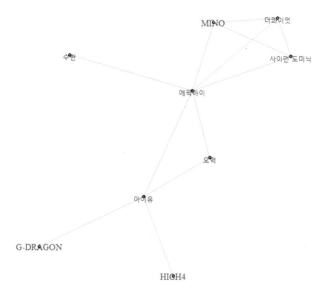

(2) shortest.paths( )를 이용하여 노드들 사이의 최단경로를 확인한다.

```
> shortest.paths(g)
```

	아이유	에픽하이	HIGH4	MINO	사이먼 도미닉	G-DRAGON	오혁	더콰이엇	수현
아이유	0	1	1	2	2	1	1	2	2
에픽하이	1	0	2	1	1	2	1	1	1
HIGH4	1	2	0	3	3	2	2	3	3
MINO	2	1	3	0	1	3	2	1	2
사이먼 도미닉	2	1	3	1	0	3	2	1	2
G-DRAGON	1	2	2	3	3	0	2	3	3
오혁	1	1	2	2	2	2	0	2	2
더콰이엇	2	1	3	1	1	3	2	0	2
수현	2	1	3	2	2	3	2	2	0

```
>
> shortest.paths(gu)
```

	아이유	에픽하이	HIGH4	MINO	사이먼 도미닉	G-DRAGON	오혁	더콰이엇	수현
아이유	0	1	1	2	2	1	1	2	2
에픽하이	1	0	2	1	1	2	1	1	1
HIGH4	1	2	0	3	3	2	2	3	3
MINO	2	1	3	0	1	3	2	1	2
사이먼 도미닉	2	1	3	1	0	3	2	1	2
G-DRAGON	1	2	2	3	3	0	2	3	3
오혁	1	1	2	2	2	2	0	2	2
더콰이엇	2	1	3	1	1	3	2	0	2
수현	2	1	3	2	2	3	2	2	0

(3) shortest_paths( )를 이용하여 방향성 그래프(g)에서 에픽하이-더콰이엇 사이의 최단 경로(직접 연결)를 확인한다.

```
> shortest_paths(g, from='에픽하이', to='더콰이엇')
$vpath
$vpath[[1]]
+ 2/9 vertices, named, from 8ale832:
[1] 에픽하이 더콰이엇


$epath
NULL

$predecessors
NULL

$inbound_edges
NULL
```

(4) 무방향성 그래프(gu)에서 HIGH4-MINO 사이의 경로(HIGH4-아이유-에픽하이-MINO)를 확인한다.

```
> shortest_paths(gu, from='HIGH4', to='MINO')
$vpath
$vpath[[1]]
+ 4/9 vertices, named, from 956e4da:
[1] HIGH4     아이유     에픽하이 MINO


$epath
NULL

$predecessors
NULL

$inbound_edges
NULL
```

(5) igraph 패키지에서 제공하는 (degree(연결), betweenness(중개), closeness(근접)) 중심성, eigen_centrality(고유벡터 중심성) 척도값을 확인한다.

```
> igraph::degree(g)
       아이유       예찍하이                HIGH4          MINO 사이언 도미닉          G-DRAGON
          4            6               1               3               3               1
       오혁       더콰이엇                 수현
          2            3               1
> igraph::betweenness(g)
       아이유       예찍하이                HIGH4          MINO 사이언 도미닉          G-DRAGON
          3            0               0               0               0               0
       오혁       더콰이엇                 수현
          0            0               0
> igraph::closeness(g)
       아이유       예찍하이                HIGH4          MINO 사이언 도미닉          G-DRAGON
      0.500        0.125           0.200           0.500           1.000             NaN
       오혁       더콰이엇                 수현
        NaN          NaN             NaN
>
> igraph::degree(gu)
       아이유       예찍하이                HIGH4          MINO 사이언 도미닉          G-DRAGON
          4            6               1               3               3               1
       오혁       더콰이엇                 수현
          2            3               1
> igraph::betweenness(gu)
       아이유       예찍하이                HIGH4          MINO 사이언 도미닉          G-DRAGON
         13           19               0               0               0               0
       오혁       더콰이엇                 수현
          0            0               0
> igraph::closeness(gu)
       아이유       예찍하이                HIGH4          MINO 사이언 도미닉          G-DRAGON
 0.08333333   0.10000000      0.05263158      0.06666667      0.06666667      0.05263158
       오혁       더콰이엇                 수현
 0.07142857   0.06666667      0.05882353

> eigen_centrality(g)
$vector
       아이유       예찍하이        HIGH4           MINO 사이언 도미닉          G-DRAGON
  0.5143645    1.0000000     0.1513364       0.7148910       0.7148910       0.1513364
       오혁       더콰이엇         수현
  0.4455567    0.7148910     0.2942202

$value
[1] 3.398815

$options
$options$bmat
[1] "I"

$options$n
[1] 9

$options$which
[1] "LA"

$options$nev
[1] 1

$options$tol
[1] 0

$options$ncv
[1] 0

$options$ldv
[1] 0

$options$ishift
[1] 1

$options$maxiter
[1] 1000

$options$nb
[1] 1

$options$mode
[1] 1
```

```
> eigen_centrality(gu)
$vector
        아이유       여록하이       HIGH4      MINO 사이먼 도미닉     G-DRAGON
     0.5143645    1.0000000    0.1513364    0.7148910    0.7148910    0.1513364
        요혁       더블아옷        수현
     0.4455567    0.7148910    0.2942202


$value
[1] 3.398815

$options
$options$bmat
[1] "I"

$options$n
[1] 9

$options$which
[1] "LA"

$options$nev
[1] 1

$options$tol
[1] 0

$options$ncv
[1] 0

$options$ldv
[1] 0

$options$ishift
[1] 1

$options$maxiter
[1] 1000

$options$nb
[1] 1

$options$mode
[1] 1

$options$start
[1] 1
```

(6) eccentricity는 해당 노드가 자신 이외의 노드와의 거리 중 가장 큰 값을 구하는 지표로 mode='in'인 경우 들어오는 거리, mode='out'은 나가는 거리 중 가장 큰 값(방향성과 무방향성 그래프에 대해 각각 서로 다른 결과를 보임)이다. 반면, coreness는 노드들을 그룹화하는 함수로서 노드들을 그룹으로 묶었을 때 최소 k개 만큼(k=1,2,3)의 그룹 내의 다른 노드(entities)와 연결 관계를 가지는 경우를 나타낸다.

```
> eccentricity(g)
   아이유      에픽하이      HIGH4         MINO 사이먼 도미닉    G-DRAGON
     2            2            3             3             3              3
   오혁      더콰이엇        수현
     2            3            3
> eccentricity(g, mode='in')
   아이유      에픽하이      HIGH4         MINO 사이먼 도미닉    G-DRAGON
     1            0            0             1             1              2
   오혁      더콰이엇        수현
     2            1
> eccentricity(g, mode='out')
   아이유      에픽하이      HIGH4         MINO 사이먼 도미닉    G-DRAGON
     1            2            2             1             1              0
   오혁      더콰이엇        수현
     0            0            0
>
> eccentricity(gu)
   아이유      에픽하이      HIGH4         MINO 사이먼 도미닉    G-DRAGON
     2            2            3             3             3              3
   오혁      더콰이엇        수현
     2            3            3
> eccentricity(gu, mode='in')
   아이유      에픽하이      HIGH4         MINO 사이먼 도미닉    G-DRAGON
     2            2            3             3             3              3
   오혁      더콰이엇        수현
     2            3            3
> eccentricity(gu, mode='out')
   아이유      에픽하이      HIGH4         MINO 사이먼 도미닉    G-DRAGON
     2            2            3             3             3              3
   오혁      더콰이엇        수현
     2            3            3
> coreness(g)
   아이유      에픽하이      HIGH4         MINO 사이먼 도미닉    G-DRAGON
     2            3            1             3             3              1
   오혁      더콰이엇        수현
     2            3            1
> coreness(gu)
   아이유      에픽하이      HIGH4         MINO 사이먼 도미닉    G-DRAGON
     2            3            1             3             3              1
   오혁      더콰이엇        수현
     2            3            1
```

MEMO

5과목

데이터 모형 평가

분류 분석모형 평가

1 평가 지표

(1) 범주형 변수의 분류 예측값에 대한 데이터 분석모형의 성능을 평가하기 위해 다음 패키지를 이용한다.

install.packages("psych")	#기술통계량 분석(describe( ))
install.packages("caret")	#혼동행렬(Confusion Matrix) 분석
install.packages("pROC")	#ROC 곡선
install.packages("e1071")	#SVM 분석
install.packages("adabag")	#배깅 및 부스팅 분석
install.packages("ada")	#부스팅 분석(Ada 알고리즘)
install.packages("randomForest")	#랜덤포레스트(Random Forest) 분석
install.packages("party")	#랜덤포레스트(cforest( )) 분석
library(psych)	—
library(caret)	—
library(pROC)	—
library(e1071)	—
library(adabag)	—
library(ada)	—
library(randomForest)	—
library(party)	—

(2) 혼동행렬(Confusion Matrix)

① 분류를 위한 데이터 분석모형의 성능을 평가하기 위해 혼동행렬(Confusion Matrix)이 사용되며, 혼돈행렬, 정오행렬, 오분류표 등으로도 불린다.

② 다음과 같이 혼동행렬은 지도 학습을 통해 모델링한 "분류모형이 예측한 값(Predicted Class)"과 레이블되어 있는 "원래의 값(Actual Class)" 사이의 관계를 나타낸 표이다. 이 표를 통해 데이터 분석모형의 정확도 (Accurcy), 정밀도(Precision), 민감도(Precision), F1−Score(F−Measure) 등을 평가한다.

		Predicted Class		
		Positive	Negative	
Actual Class	Positive	True Positive(TP)	False Negative(FN) Type II Error	Sensitivity $\dfrac{TP}{(TP+FN)}$
	Negative	False Negative(FN) Type I Error	Ture Negative(TN)	Specificity $\dfrac{TN}{(TN+FP)}$
		Precision $\dfrac{TP}{(TP+FP)}$	Negative Predictive Value $\dfrac{TN}{(TN+FN)}$	Accuracy $\dfrac{TP+TN}{(TP+TN+FP+FN)}$

[혼동행렬(Confusion Matrix)]

③ 혼동행렬에서 대각선에 있는 칸(True Positive · Negative)의 경우, 예측과 실제 범주값이 일치하여 올바르게 예측한 경우이다. 반면, 대각선 외의 칸은 그 결과가 일치하지 않는 경우로 모형이 부정확하게 예측한 사례이다.

④ 혼동행렬을 이용하여 각각의 경우에 대한 비율을 구함으로써 알고리즘의 성능을 평가한다. 머신러닝 기반의 데이터 분석의 경우, 혼동행렬을 이용한 성능평가 지표를 요약하면 다음과 같다.

〈분류를 위한 데이터 분석모형의 성능평가 지표〉

지표	계산식	의미
오차 비율 (Error Rate)	$(FP+FN)$ $/(TP+FP+FN+TN)$	• 오류율 • 분류 범주를 잘못 분류한 비율 $=1-$정확도 • 전체 데이터 수에서 잘못 분류한 데이터 수의 비율
정확도 (Accuracy)	$(TP+TN)$ $/(TP+FP+FN+TN)$	• 분류 범주를 정확하게 예측한 비율 [전체 중 참긍정(TP), 참부정(TN) 비율] • $1-$오류율(오차비율, Error Rate) • 전체 중에서 올바르게 실제 범주를 추정한 전체 비율 • 오류율과는 상반된 개념
민감도 (Sensitivity)	$TP/(TP+FN)$	• 긍정(Positive)인 범주 중 긍정으로 올바르게 예측(True Positive)한 비율 • 참 긍정률(TP rate) • Recall(재현율), Hit Ratio라고도 부름 • 실제 참인 경우를 참으로 분류하여 판정하는 비율 예 특정 질병에 대해 실제 질병이 있는 경우를 양성으로 판정하는 비율
특이도 (Specificity)	$TN/(TN+FP)$	• 부정(Negative)인 범주 중 부정으로 올바르게 예측(True Negative)한 비율 $=1-$거짓긍정률(FP rate) • 실제 거짓인 경우를 거짓으로 분류하여 판정하는 비율
정밀도 (Precision)	$TP/(TP+FP)$	• 긍정(Positive)으로 예측한 비율 중에서 실제 긍정(True Positive)의 비율

거짓 긍정률 (FP rate)	$FP/(TN+FP)$	• 부정(Negative)인 범주 중 긍정으로 잘못 예측(False Positive)한 비율 　= 1−특이도
카파 값 (Kappa Value 또는 Kappa Statistics)	$\dfrac{Pr(a)-Pr(e)}{1-Pr(e)}$	• Pr(a) : 정확확률(Accuracy), 정확도 　Pr(e) : 오차확률(Error Rate), 오차비율 • 모델의 예측값과 실젯값이 우연히 일치할 확률을 제외한 뒤의 값 • 0~1의 값을 가짐 • 1에 가까울수록 모델의 예측값과 실젯값이 정확히 일치 • 0에 가까울수록 모델의 예측값과 실젯값이 불일치
F−Measure	$2TP/(2TP+FN+FP)$	• 정밀도와 민감도(재현율)를 하나로 합한 성능평가지표 • 정밀도와 민감도의 조화 평균 • 0~1사이의 범위를 가짐 • 정밀도와 민감도 양쪽 다 클 때 F−Measure도 큰 값을 보임

(3) ROC(Receiver Operating Characteristics)

① ROC(Receiver Operating Characteristics, 수신자 조작 특성, 반응자 작용 특성, 수용자 반응 특성)는 혼동 행렬을 이용한 성능평가 지표들 중 거짓긍정률(FP Rate, 1−Specificity)과 참긍정률(TP Rate)을 이용하여 표현한 곡선이다.

② 아래 그림처럼 FP Rate(FPR)와 TP Rate(TPR) 사이의 관계를 그래프로 표현함으로써 목표변수 범주 값 분류 시 긍정 범주(Positive)와 부정 범주(Negative)를 판단하는 기준치의 변화에 따른 참긍정과 거짓긍정 비율이 어떻게 변화하는지를 알 수 있다.

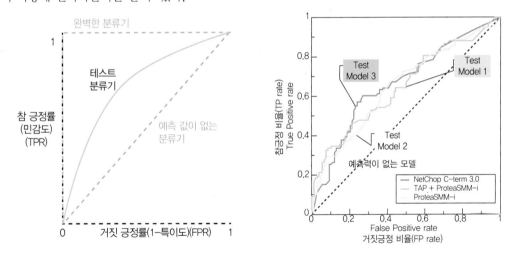

[ROC(Receiver Operating Characteristics) 곡선]

③ 평가결과, TP Rate 값이 클수록, FP Rate 값이 작을수록 성능이 우수한 모형으로 평가한다. 따라서 FP Rate가 동일한 값을 가지는 경우, TP Rate의 값이 클수록 성능이 우수한 모형이며, 동일한 TP Rate에 대해 FP Rate의 값이 작을수록 성능이 우수하다고 평가한다.

④ ROC 그래프 표현 결과가 대각선일 때 분석모형은 참긍정과 거짓긍정을 제대로 구별하지 못하므로 바람직하지 않은 모형(예측력이 없는 모형)이다.

⑤ 따라서 위 그래프에서 Test Model 3이 Model 1 혹은 Model 2보다 성능이 우수한 모형이다.

(4) AUC(Area Under the ROC Curve)

① AUC(Area Under the ROC Curve)는 ROC 곡선 아래 영역이며, 아래 그림처럼 ROC 곡선의 (0,0)에서 (1,1)까지 곡선 아래 부분의 면적을 나타낸다.

② AUC는 가능한 모든 분류 임곗값에서 성능의 집계 측정값을 제공한다. AUC의 범위는 0~1이며, 값이 클수록 정확한 예측 성능을 나타내는 분석모형이다.

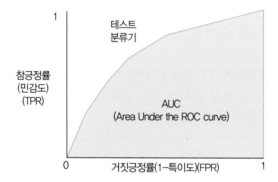

AUC 범위	해 석
0.9~1.0	뛰어남
0.8~0.9	우수함
0.7~0.8	양호함
0.6~0.7	불량함
0.5~0.6	판별능력이 없음

(5) 예제 데이터

아래(train_commerce.csv)는 (ID, Warehouse_block, Mode_of_Shipment, Customer_care_calls, Customer_rating, Cost_of_the_Product, Prior_purchases, Product_importance, Gender, Discount_offered, Weight_in_gms, Reached.on.Time_Y.N)의 12가지 항목에 대한 10,999명의 고객 구매 자료로 해당 사이트(www.kaggle.com/prachi13/customer−analytics?select＝Train.csv)에서 다운로드한다.

12개 항목들 중 (Customer_care_calls, Customer_rating, Cost_of_the_Product, Weight_in_gms)＝(고객 전화 건수, 고객등급, 구매액, 상품무게)를 독립변수로 사용하고, 종속변수로 고객이 주문한 물품이 제 시간에 도착하는지 여부(Reached.on.Time_Y.N의 값이 1이면 제 시간에 도착, 0이면 제 시간에 도착하지 않음)를 예측한다.

```
> setwd("C:/workr")
> data <- read.csv("train_commerce.csv", header=T, fileEncoding="EUC-KR")
> head(data)
  ID Warehouse_block Mode_of_Shipment Customer_care_calls Customer_rating Cost_of_the_Product Prior_purchases
1 1               D            Flight                   4               2                 177               3
2 2               F            Flight                   4               5                 216               2
3 3               A            Flight                   2               2                 183               4
4 4               B            Flight                   3               3                 176               4
5 5               C            Flight                   2               2                 184               3
6 6               F            Flight                   3               1                 162               3
  Product_importance Gender Discount_offered Weight_in_gms Reached.on.Time_Y.N
1                low      F               44          1233                   1
2                low      M               59          3088                   1
3                low      M               48          3374                   1
4             medium      M               10          1177                   1
5             medium      F               46          2484                   1
6             medium      F               12          1417                   1
> data <- subset(data, select=c(Customer_care_calls, Customer_rating, Cost_of_the_Product, Weight_in_gms, Reached.on.Time_Y.N))
> head(data)
  Customer_care_calls Customer_rating Cost_of_the_Product Weight_in_gms Reached.on.Time_Y.N
1                   4               2                 177          1233                   1
2                   4               5                 216          3088                   1
3                   2               2                 183          3374                   1
4                   3               3                 176          1177                   1
5                   2               2                 184          2484                   1
6                   3               1                 162          1417                   1
> dim(data)
[1] 10999     5
```

2 로지스틱 회귀 분석

(1) 모형 구축

① glm( ) 함수(Generalized Linear Models)를 이용하여 로지스틱 회귀 분석모형을 구축하면 다음과 같다. 유의수준 평가결과, (Customer_care_calls, Cost_of_the_Product, Weight_in_gms)의 항목이 유의한 변수임을 확인한다.

```
> str(data)
'data.frame':   10999 obs. of  5 variables:
 $ Customer_care_calls: int  4 4 2 3 2 3 3 4 3 ...
 $ Customer_rating    : int  2 5 2 3 2 1 4 1 4 2 ...
 $ Cost_of_the_Product: int  177 216 183 176 184 162 250 233 150 164 ...
 $ Weight_in_gms      : int  1233 3088 3374 1177 2484 1417 2371 2804 1861 1187 ...
 $ Reached.on.Time_Y.N: int  1 1 1 1 1 1 1 1 1 1 ...
> model <- glm(Reached.on.Time_Y.N ~., data=data)
> model

Call:  glm(formula = Reached.on.Time_Y.N ~ ., data = data)

Coefficients:
        (Intercept)  Customer_care_calls       Customer_rating  Cost_of_the_Product        Weight_in_gms
          1.309e+00           -5.616e-02             5.135e-03           -7.473e-04           -9.438e-05

Degrees of Freedom: 10998 Total (i.e. Null);  10994 Residual
Null Deviance:      2647
Residual Deviance: 2385         AIC: 14410
> summary(model)

Call:
glm(formula = Reached.on.Time_Y.N ~ ., data = data)

Deviance Residuals:
    Min       1Q   Median       3Q      Max
-0.9959  -0.4893   0.1813   0.4073   0.7704

Coefficients:
                      Estimate Std. Error t value Pr(>|t|)
(Intercept)          1.309e+00  2.867e-02  45.657  < 2e-16 ***
Customer_care_calls -5.616e-02  4.246e-03 -13.228  < 2e-16 ***
Customer_rating      5.135e-03  3.142e-03   1.634    0.102
Cost_of_the_Product -7.473e-04  9.776e-05  -7.644 2.28e-14 ***
Weight_in_gms       -9.438e-05  2.829e-06 -33.358  < 2e-16 ***
---
Signif. codes:  0 '***' 0.001 '**' 0.01 '*' 0.05 '.' 0.1 ' ' 1

(Dispersion parameter for gaussian family taken to be 0.2169442)

    Null deviance: 2646.9  on 10998  degrees of freedom
Residual deviance: 2385.1  on 10994  degrees of freedom
AIC: 14413

Number of Fisher Scoring iterations: 2
```

② summary( ) 결과를 이용하여 Coefficients 값을 구하고, 다음과 같은 로지스틱 회귀모형식을 설정한다.

$$y = 1.309 - 0.05616 Customer\ care\ calls + 0.005135 Customer\ rating$$
$$- 0.0007473 Cost\ of\ the\ Product - 0.00009438 Weight\ in\ gms$$

(2) 모형 평가

① 실젯값(new$actual)과 예측값(new$predict)을 비교하기 위해 데이터 프레임(new)을 구성한다. 총 10,999개의 데이터들 중 6,951개의 예측값이 일치하여 63.19665%($=6951/10999 \times 100$)의 정확도를 나타낸다.

```
> new <- data.frame(actual=data$Reached.on.Time_Y.N)
> new$predict <- round(predict(model, data[, 1:4]), 0)
> head(new)
  actual predict
1      1       1
2      1       1
3      1       1
4      1       1
5      1       1
6      1       1
> accuracy <- as.logical(new$predict==new$actual)
> sum(accuracy)
[1] 6951
> nrow(data) - sum(accuracy)
[1] 4048
> mean(accuracy)
[1] 0.6319665
>
> dim(data)
[1] 10999     5
```

② table( ) 함수를 이용하여 (실젯값, 예측값)의 차이를 확인하고, sum( )과 diag( ) 명령어로 정확도를 구한다. "caret" 패키지를 설치하여 혼동행렬(confusionMatrix( ))을 구할 수 있으며, 정확도(Accuracy=0.632)를 확인한다. 정확도 외에도 혼동행렬 결과로부터 Kappa(카파값), Sensitivity(민감도), Specificity(특이도), Detection Rate 등의 성능지표값을 확인할 수 있다.

```
> table <- table(new$predict, new$actual)
> table

       0    1
  0 1859 1471
  1 2577 5092
> accuracy <- sum(diag(table)) / sum(table)
> accuracy
[1] 0.6319665
>
> error <- 1 - accuracy
> error
[1] 0.3680335
```

```
> confusionMatrix(table)
Confusion Matrix and Statistics

       0    1
  0 1859 1471
  1 2577 5092

               Accuracy : 0.632
                 95% CI : (0.6229, 0.641)
    No Information Rate : 0.5967
    P-Value [Acc > NIR] : 1.859e-14

                  Kappa : 0.2031

 Mcnemar's Test P-Value : < 2.2e-16

            Sensitivity : 0.4191
            Specificity : 0.7759
         Pos Pred Value : 0.5583
         Neg Pred Value : 0.6640
             Prevalence : 0.4033
         Detection Rate : 0.1690
   Detection Prevalence : 0.3028
      Balanced Accuracy : 0.5975

       'Positive' Class : 0
```

$\text{Accuracy} = \dfrac{TP + TN}{TP + FP + FN + TN}$	$\text{Kappa} = \dfrac{Pr(a) - Pr(e)}{1 - Pr(e)} = \dfrac{Accuracy - ErrorRate}{1 - ErrorRate}$
$\text{Sensitivity(Recall)} = \dfrac{TP}{TP + FN}$	$\text{Specificity} = \dfrac{TN}{FP + TN}$
$\text{Pos Pred Value} = \dfrac{TP}{TP + FP}$	$\text{Neg Pred Value} = \dfrac{TN}{TN + FN}$
$\text{Prevalence} = \dfrac{FN + TP}{TP + FP + FN + TN}$	$\text{Detection Rate} = \dfrac{TP}{TP + FP + FN + TN}$
$\text{Detection Prevalence} = \dfrac{TP + FP}{TP + FP + FN + TN}$	$\text{Balanced Accuracy} = \dfrac{Recall + Specificity}{2}$

③ "pROC" 패키지를 이용하여 ROC(Receiver Operating Characteristics) 곡선을 작성한다. AUC(Area under the ROC Curve)는 ROC 곡선 아래 면적으로 glm( ) 함수를 이용하여 구축된 로지스틱 회귀모형식은 다소 판별 능력이 부족한 모형으로 평가된다.

```
> plot.roc(new$actual, as.integer(new$predict), legacy.axes=TRUE)
Setting levels: control = 0, case = 1
Setting direction: controls < cases
```

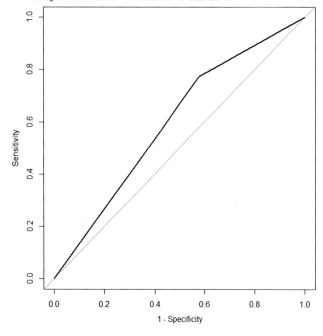

```
> result <- roc(new$actual, as.integer(new$predict))
Setting levels: control = 0, case = 1
Setting direction: controls < cases
> result

Call:
roc.default(response = new$actual, predictor = as.integer(new$predict))

Data: as.integer(new$predict) in 4436 controls (new$actual 0) < 6563 cases (new$actual 1).
Area under the curve: 0.5975
>
> names(result)
 [1] "percent"          "sensitivities"    "specificities"    "thresholds"       "direction"        "cases"
 [7] "controls"         "fun.sesp"         "auc"              "call"             "original.predictor" "original.response"
[13] "predictor"        "response"         "levels"
>
> result$auc
Area under the curve: 0.5975
```

3 서포트벡터머신

(1) 모형 구축

① "e1071" 패키지 설치 후, 서포트벡터머신(SVM ; Support Vector Machine) 모형을 구축한다. 먼저, as.factor( )로 종속변수(Reached.on.Time_Y.N)를 요인변수로 변환하고, 전체 데이터들 중 70%(7,699개)를 훈련용 데이터(train)로, 나머지 30%(3,300개)를 검증용 데이터(test)로 분류한다. svm( ) 함수를 이용하여 Reached.on.Time_Y.N에 대한 분류 분석(type="C-classification")을 수행한다. 커널 함수로 방사형(RBF)을 이용하며, cost=10, gamma=0.1을 지정한다.

```
> data$Reached.on.Time_Y.N <- as.factor(data$Reached.on.Time_Y.N)
> str(data)
'data.frame':   10999 obs. of  5 variables:
 $ Customer_care_calls: int  4 4 2 3 2 3 3 4 3 3 ...
 $ Customer_rating    : int  2 5 2 3 2 1 4 1 4 2 ...
 $ Cost_of_the_Product: int  177 216 183 176 184 162 250 233 150 164 ...
 $ Weight_in_gms      : int  1233 3088 3374 1177 2484 1417 2371 2804 1861 1187 ...
 $ Reached.on.Time_Y.N: Factor w/ 2 levels "0","1": 2 2 2 2 2 2 2 2 2 2 ...
> id <- sample(1:nrow(data), as.integer(0.7*nrow(data)))
> train <- data[id, ]
> test <- data[-id, ]
> model <- svm(Reached.on.Time_Y.N ~., train, type="C-classification", kernel="radial", cost=10, gamma=0.1)
> model

Call:
svm(formula = Reached.on.Time_Y.N ~ ., data = train, type = "C-classification", kernel = "radial", cost = 10, gamma = 0.1)


Parameters:
   SVM-Type:  C-classification
 SVM-Kernel:  radial
       cost:  10

Number of Support Vectors:  5290

> summary(model)

Call:
svm(formula = Reached.on.Time_Y.N ~ ., data = train, type = "C-classification", kernel = "radial", cost = 10, gamma = 0.1)
```

```
Parameters:
   SVM-Type:  C-classification
 SVM-Kernel:  radial
       cost:  10

Number of Support Vectors:  5290

 ( 2641 2649 )


Number of Classes:  2

Levels:
 0 1
```

(2) 모형 평가

① SVM 모형에 대한 예측의 정확도를 평가하기 위하여 다음과 같은 데이터 프레임(new)을 구성한다. 혼동행렬 (confusionMatrix( ))로부터 예측의 정확도는 66.52%로 평가된다.

```
> new <- data.frame(actual=test$Reached.on.Time_Y.N)
> new$predict <- predict(model, test, decision.values=TRUE)
> head(new)
  actual predict
1      1       1
2      1       1
3      1       1
4      1       1
5      1       1
6      1       1
>
> table <- table(new$predict, new$actual)
> table

      0    1
  0  996  763
  1  342 1199
>
> confusionMatrix(new$predict, new$actual)
Confusion Matrix and Statistics

          Reference
Prediction   0    1
         0  996  763
         1  342 1199

               Accuracy : 0.6652
                 95% CI : (0.6488, 0.6813)
    No Information Rate : 0.5945
    P-Value [Acc > NIR] : < 2.2e-16

                  Kappa : 0.3386

 Mcnemar's Test P-Value : < 2.2e-16

            Sensitivity : 0.7444
            Specificity : 0.6111
         Pos Pred Value : 0.5662
         Neg Pred Value : 0.7781
             Prevalence : 0.4055
         Detection Rate : 0.3018
   Detection Prevalence : 0.5330
      Balanced Accuracy : 0.6778

       'Positive' Class : 0
```

② "pROC" 패키지를 이용하여 ROC 곡선을 작성한다. AUC는 ROC 곡선 아래 면적(0.6778)으로 svm( ) 함수를 이용하여 구축된 SVM 모형에 대한 판별 능력을 알 수 있다.

```
> plot.roc(new$actual, as.integer(new$predict), legacy.axes=TRUE)
Setting levels: control = 0, case = 1
Setting direction: controls < cases
```

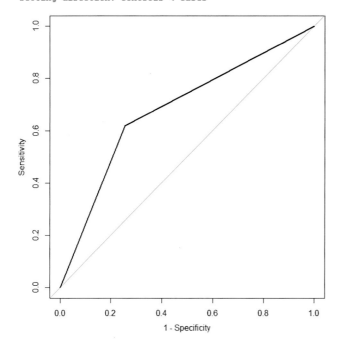

```
> result <- roc(new$actual, as.integer(new$predict))
Setting levels: control = 0, case = 1
Setting direction: controls < cases
>
> result

Call:
roc.default(response = new$actual, predictor = as.integer(new$predict))

Data: as.integer(new$predict) in 1338 controls (new$actual 0) < 1962 cases (new$actual 1).
Area under the curve: 0.6778
> result$auc
Area under the curve: 0.6778
```

(3) 성능 개선

① tune.svm( ) 함수를 이용하여 SVM 모형의 성능 개선을 위한 최적의 파라미터(cost, gamma)를 구한다. gamma=(0.1, 2), cost=(5, 15)에 대한 검토 결과, best parameters는 cost=15, gamma=0.1이다. 훈련 데이터에서 데이터들이 많은 경우 튜닝과정은 시간이 다소 오래 걸리며, (gamma, cost) 파라미터에 대한 최적 값을 구하기 위하여 보다 많은 파라미터 값의 범위를 비교할 필요가 있다. 본 예제에서는 각각 2개의 값에 대해서만 비교하여 최적의 파라미터를 산출하는 과정을 나타내었다.

```
> svmtune <- tune.svm(factor(Reached.on.Time_Y.N) ~., data=train, gamma=c(.1, 2), cost=c(5, 15))
> svmtune

Parameter tuning of 'svm':

- sampling method: 10-fold cross validation

- best parameters:
 gamma cost
   0.1   15

- best performance: 0.3265364

> summary(svmtune)

Parameter tuning of 'svm':

- sampling method: 10-fold cross validation

- best parameters:
 gamma cost
   0.1   15

- best performance: 0.3265364

- Detailed performance results:
  gamma cost     error dispersion
1   0.1    5 0.3299135 0.01647359
2   2.0    5 0.3438112 0.02004991
3   0.1   15 0.3265364 0.01729553
4   2.0   15 0.3473175 0.01958535
```

② cost=15, gamma=0.1 파라미터를 이용하여 SVM 모형을 새롭게 구축한다.

```
> model <- svm(Reached.on.Time_Y.N ~., train, type="C-classification", kernel="radial", cost=15, gamma=0.1)
> model

Call:
svm(formula = Reached.on.Time_Y.N ~ ., data = train, type = "C-classification", kernel = "radial", cost = 15, gamma = 0.1)


Parameters:
   SVM-Type:  C-classification
 SVM-Kernel:  radial
       cost:  15

Number of Support Vectors:  5263

> summary(model)

Call:
svm(formula = Reached.on.Time_Y.N ~ ., data = train, type = "C-classification", kernel = "radial", cost = 15, gamma = 0.1)


Parameters:
   SVM-Type:  C-classification
 SVM-Kernel:  radial
       cost:  15

Number of Support Vectors:  5263

 ( 2630 2633 )


Number of Classes:  2

Levels:
 0 1
```

③ 동일한 방법으로 (실젯값, 예측값)을 구하고 혼동행렬을 이용하여 정확도＝66.42%로 성능이 약간 개선되었음을 알 수 있다.

```
> new <- data.frame(actual=test$Reached.on.Time_Y.N)
> new$predict <- predict(model, test, decision.values=TRUE)
> confusionMatrix(new$predict, new$actual)
Confusion Matrix and Statistics

          Reference
Prediction   0    1
         0 998  768
         1 340 1194

               Accuracy : 0.6642
                 95% CI : (0.6478, 0.6804)
    No Information Rate : 0.5945
    P-Value [Acc > NIR] : < 2.2e-16

                  Kappa : 0.3373

 Mcnemar's Test P-Value : < 2.2e-16

            Sensitivity : 0.7459
            Specificity : 0.6086
         Pos Pred Value : 0.5651
         Neg Pred Value : 0.7784
             Prevalence : 0.4055
         Detection Rate : 0.3024
   Detection Prevalence : 0.5352
      Balanced Accuracy : 0.6772

       'Positive' Class : 0
```

④ plot.roc( ), roc( )로 ROC 곡선과 AUC 값을 비교할 수 있으며, AUC는 큰 변화가 없다.

```
> plot.roc(new$actual, as.integer(new$predict), legacy.axes=TRUE)
Setting levels: control = 0, case = 1
Setting direction: controls < cases
```

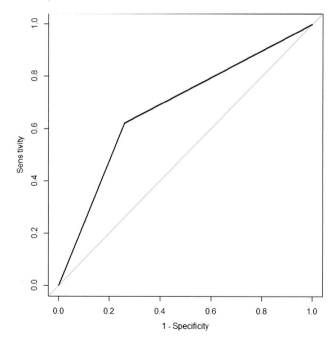

```
> result <- roc(new$actual, as.integer(new$predict))
Setting levels: control = 0, case = 1
Setting direction: controls < cases
> result

Call:
roc.default(response = new$actual, predictor = as.integer(new$predict))

Data: as.integer(new$predict) in 1338 controls (new$actual 0) < 1962 cases (new$actual 1).
Area under the curve: 0.6772
>
> result$auc
Area under the curve: 0.6772
```

4 베이지안 기법(단순 베이즈 분류 분석)

(1) 모형 구축

70%의 데이터를 훈련용 데이터(train)로, 나머지 30%를 검증용 데이터(test)로 분류 후, naiveBayes( )와 훈련 데이터(train)를 이용하여 단순 베이즈 분류 분석모형을 구축한다.

```
> id <- sample(1:nrow(data), as.integer(0.7*nrow(data)))
> train <- data[id, ]
> test <- data[-id, ]
>
> model <- naiveBayes(Reached.on.Time_Y.N ~ ., train)
> model

Naive Bayes Classifier for Discrete Predictors

Call:
naiveBayes.default(x = X, y = Y, laplace = laplace)

A-priori probabilities:
Y
        0         1
0.4038187 0.5961813

Conditional probabilities:
   Customer_care_calls
Y       [,1]      [,2]
  0 4.150209 1.160378
  1 4.005882 1.120428

   Customer_rating
Y       [,1]      [,2]
  0 2.982953 1.410123
  1 3.025708 1.420745

   Cost_of_the_Product
Y       [,1]      [,2]
  0 214.2194 48.12027
  1 207.6826 47.98336

   Weight_in_gms
Y       [,1]      [,2]
  0 4176.416 1580.114
  1 3290.218 1584.413

> summary(model)
          Length Class  Mode
apriori   2      table  numeric
tables    4      -none- list
levels    2      -none- character
isnumeric 4      -none- logical
call      4      -none- call
```

(2) 모형 평가

① (실젯값, 예측값)을 new 데이터 프레임으로 저장하고 혼동행렬을 이용하여 정확도(63.67%)를 평가한다.

```
> new <- data.frame(actual=test$Reached.on.Time_Y.N)
> new$predict <- predict(model, test)
> head(new)
  actual predict
1      1       1
2      1       1
3      1       1
4      1       1
5      1       1
6      1       1
> confusionMatrix(new$predict, new$actual)
Confusion Matrix and Statistics

          Reference
Prediction   0    1
         0  491  363
         1  836 1610

               Accuracy : 0.6367
                 95% CI : (0.62, 0.6531)
    No Information Rate : 0.5979
    P-Value [Acc > NIR] : 2.66e-06

                  Kappa : 0.1976

 Mcnemar's Test P-Value : < 2.2e-16

            Sensitivity : 0.3700
            Specificity : 0.8160
         Pos Pred Value : 0.5749
         Neg Pred Value : 0.6582
             Prevalence : 0.4021
         Detection Rate : 0.1488
   Detection Prevalence : 0.2588
      Balanced Accuracy : 0.5930

       'Positive' Class : 0
```

② (실젯값, 예측값)을 이용하여 ROC 곡선과 AUC 면적(=0.593)을 구하면 다음과 같다.

```
> plot.roc(new$actual, as.integer(new$predict), legacy.axes=TRUE)
Setting levels: control = 0, case = 1
Setting direction: controls < cases
```

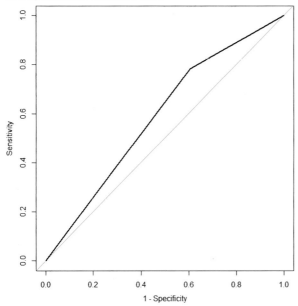

```
> result <- roc(new$actual, as.integer(new$predict))
Setting levels: control = 0, case = 1
Setting direction: controls < cases
> result

Call:
roc.default(response = new$actual, predictor = as.integer(new$predict))

Data: as.integer(new$predict) in 1327 controls (new$actual 0) < 1973 cases (new$actual 1).
Area under the curve: 0.593
>
> result$auc
Area under the curve: 0.593
```

5 앙상블 분석

(1) 배 깅

① 전체 데이터 중 70%를 훈련용(train), 나머지 30%를 검증용(test)으로 분류한다. "adabag" 패키지 설치 후, bagging( ) 함수를 이용하여 모형(bag)을 구축한다. mfinal은 10(배깅 반복횟수, 사용 트리의 개수)으로 지정한다. 최종 분류기준값은 bag$tree[[10]]에 저장되며, plot( ), text( ) 함수를 이용하여 의사결정나무 구조를 표현한다.

```
> id <- sample(1:nrow(data), as.integer(0.7*nrow(data)))
> train <- data[id, ]
> test <- data[-id, ]
>
> bag <- bagging(Reached.on.Time_Y.N ~., train, mfinal=10)
> plot(bag$tree[[10]])
> text(bag$tree[[10]])
```

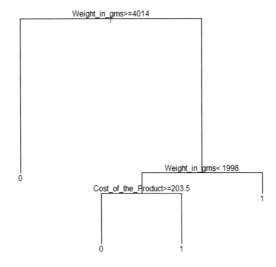

② 검증용 데이터(test)를 이용하여 구축된 모형의 (실젯값, 예측값)을 구하여 성능을 평가한다. 혼동행렬을 이용하기 위하여 new\$predict를 요인변수로 변환하며, 평가결과 배깅 모형의 정확도는 68.52%이다.

```
> new <- data.frame(actual=test$Reached.on.Time_Y.N)
> predict <- predict(bag, test)
> new$predict <- predict$class
> head(new)
  actual predict
1      1       1
2      1       1
3      1       1
4      1       1
5      1       1
6      1       1
>
> new$predict <- as.factor(new$predict)
> str(new)
'data.frame':   3300 obs. of  2 variables:
 $ actual : Factor w/ 2 levels "0","1": 2 2 2 2 2 2 2 2 2 2 ...
 $ predict: Factor w/ 2 levels "0","1": 2 2 2 2 2 2 2 2 2 2 ...
>
> confusionMatrix(new$predict, new$actual)
Confusion Matrix and Statistics

          Reference
Prediction    0    1
         0 1302 1005
         1   34  959

               Accuracy : 0.6852
                 95% CI : (0.669, 0.701)
    No Information Rate : 0.5952
    P-Value [Acc > NIR] : < 2.2e-16

                  Kappa : 0.4147

 Mcnemar's Test P-Value : < 2.2e-16

            Sensitivity : 0.9746
            Specificity : 0.4883
         Pos Pred Value : 0.5644
         Neg Pred Value : 0.9658
             Prevalence : 0.4048
         Detection Rate : 0.3945
   Detection Prevalence : 0.6991
      Balanced Accuracy : 0.7314

       'Positive' Class : 0
```

③ ROC 곡선과 ACU 값을 구하면 다음과 같다. AUC=0.7314으로 분석모형의 성능이 양호하다.

```
> plot.roc(new$actual, as.integer(new$predict), legacy.axes=TRUE)
Setting levels: control = 0, case = 1
Setting direction: controls < cases
```

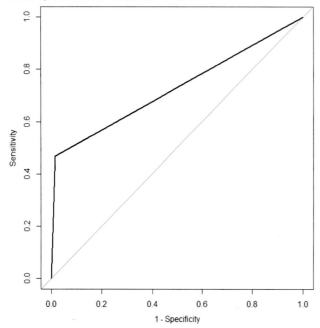

```
> result <- roc(new$actual, as.integer(new$predict))
Setting levels: control = 0, case = 1
Setting direction: controls < cases
> result

Call:
roc.default(response = new$actual, predictor = as.integer(new$predict))

Data: as.integer(new$predict) in 1336 controls (new$actual 0) < 1964 cases (new$actual 1).
Area under the curve: 0.7314
>
> result$auc
Area under the curve: 0.7314
```

④ 배깅 반복횟수(사용 트리의 개수)를 100으로 증가시키는 경우(mfinal＝100) 수행결과는 다음과 같으며, 성능이 크게 변하지 않음을 확인할 수 있다.

```
> bag <- bagging(Reached.on.Time_Y.N ~., train, mfinal=100)
> new <- data.frame(actual=test$Reached.on.Time_Y.N)
> new$predict <- as.factor(predict(bag, test)$class)
> confusionMatrix(new$predict, new$actual)
Confusion Matrix and Statistics

          Reference
Prediction    0    1
         0 1299 1003
         1   37  961

               Accuracy : 0.6848
                 95% CI : (0.6687, 0.7007)
    No Information Rate : 0.5952
    P-Value [Acc > NIR] : < 2.2e-16

                  Kappa : 0.4138

 Mcnemar's Test P-Value : < 2.2e-16

            Sensitivity : 0.9723
            Specificity : 0.4893
         Pos Pred Value : 0.5643
         Neg Pred Value : 0.9629
             Prevalence : 0.4048
         Detection Rate : 0.3936
   Detection Prevalence : 0.6976
      Balanced Accuracy : 0.7308

       'Positive' Class : 0

>
> roc(new$actual, as.integer(new$predict))$auc
Setting levels: control = 0, case = 1
Setting direction: controls < cases
Area under the curve: 0.7308
```

(2) 부스팅

① boosting( ) 함수를 이용하여 모형을 구축(bst, AdaBoosting 알고리즘 적용)하면 다음과 같다. 부스팅 반복 횟수를 100으로 지정(mfinal=100)하고 plot( ), text( )로 의사결정나무 구조(Weight_in_gms와 Cost+of+the+Product 항목 기준으로 분류)를 확인한다.

```
> bst <- boosting(Reached.on.Time_Y.N ~., train, boos=TRUE, mfinal=100)
> plot(bst$tree[[100]])
> text(bst$tree[[100]])
```

② 구축된 부스팅 모형의 성능은 정확도=67.85%, AUC=0.7104이다.

```
> new <- data.frame(actual=test$Reached.on.Time_Y.N
> new$predict <- as.factor(predict(bst, test)$class
> confusionMatrix(new$predict, new$actual)
Confusion Matrix and Statistics

          Reference
Prediction    0    1
         0 1173  898
         1  163 1066

               Accuracy : 0.6785
                 95% CI : (0.6622, 0.6944)
    No Information Rate : 0.5952
    P-Value [Acc > NIR] : < 2.2e-16

                  Kappa : 0.3867

 Mcnemar's Test P-Value : < 2.2e-16

            Sensitivity : 0.8780
            Specificity : 0.5428
         Pos Pred Value : 0.5664
         Neg Pred Value : 0.8674
             Prevalence : 0.4048
         Detection Rate : 0.3555
   Detection Prevalence : 0.6276
      Balanced Accuracy : 0.7104

       'Positive' Class : 0

>
> roc(new$actual, as.integer(new$predict))$auc
Setting levels: control = 0, case = 1
Setting direction: controls < cases
Area under the curve: 0.7104
```

③ "ada" 패키지 설치 후, ada( ) 함수를 이용한 결과(Ada 부스팅 알고리즘 적용)는 다음과 같다. 정확도는 67.18%, AUC는 0.7001이다.

```
> adabst <- ada(Reached.on.Time_Y.N ~., train, iter=20, nu=1, type="discrete")
> new <- data.frame(actual = test$Reached.on.Time_Y.N)
> new$predict <- predict(adabst, test)
> confusionMatrix(new$predict, new$actual)
Confusion Matrix and Statistics

          Reference
Prediction    0    1
         0 1134  881
         1  202 1083

               Accuracy : 0.6718
                 95% CI : (0.6555, 0.6878)
    No Information Rate : 0.5952
    P-Value [Acc > NIR] : < 2.2e-16

                  Kappa : 0.3702

 Mcnemar's Test P-Value : < 2.2e-16

            Sensitivity : 0.8488
            Specificity : 0.5514
         Pos Pred Value : 0.5628
         Neg Pred Value : 0.8428
             Prevalence : 0.4048
         Detection Rate : 0.3436
   Detection Prevalence : 0.6106
      Balanced Accuracy : 0.7001

       'Positive' Class : 0

>
> roc(new$actual, as.integer(new$predict))$auc
Setting levels: control = 0, case = 1
Setting direction: controls < cases
Area under the curve: 0.7001
```

(3) 랜덤포레스트

① 랜덤포레스트 모형을 구축하기 위해 "randomForest" 패키지를 이용한다. 훈련용(70%, train)과 검증용 (30%, test) 데이터로 분류하고, randomForest( ) 함수로 랜덤포레스트 모형을 구축(rfmodel)한다. 트리의 수(ntree)=100, proximity=TRUE(객체들 간의 근접도 행렬 제공, 동일한 최종 노드에 포함되는 빈도에 기초)로 지정한다. plot( ) 함수를 이용하여 트리의 수(ntree)에 따른 종속변수(Reached.on.Time_Y.N)의 오분류율(범주별 및 전체 오류율 시각화)을 확인한다.

```
> id <- sample(1:nrow(data), as.integer(0.7*nrow(data)))
> train <- data[id, ]
> test <- data[-id, ]
> rfmodel <- randomForest(Reached.on.Time_Y.N ~., train, ntree=100, proximity=TRUE)
> rfmodel

Call:
 randomForest(formula = Reached.on.Time_Y.N ~ ., data = train,      ntree = 100, proximity = TRUE)
               Type of random forest: classification
                     Number of trees: 100
No. of variables tried at each split: 2

        OOB estimate of  error rate: 34.76%
Confusion matrix:
     0    1 class.error
0 2032 1081   0.3472535
1 1595 2991   0.3477976
```

```
> plot(rfmodel)
```

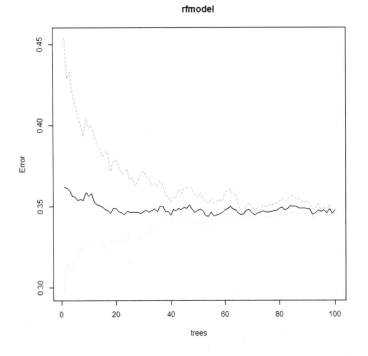

② 종속변수에 영향을 미치는 정도를 알아보기 위해 importance( ), varImpPlot( ) 함수를 이용한다. Weight_in_gms, Cost_of_the_Product 항목이 다른 변수와 비교하여 종속변수에 미치는 중요도가 높음을 알 수 있다. plot( ), margin( ) 결과로부터 분류의 정확도(양의 마진은 정확한 분류, 음의 마진은 잘못 분류된 결과)를 확인한다.

```
> importance(rfmodel)
                     MeanDecreaseGini
Customer_care_calls          225.8887
Customer_rating              250.8582
Cost_of_the_Product          988.0929
Weight_in_gms               1956.5535
>
> varImpPlot(rfmodel)
```

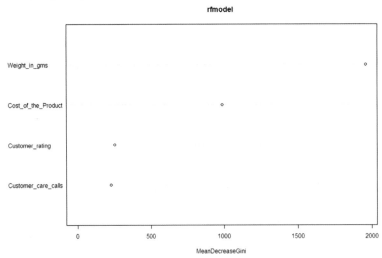

```
> plot(margin(rfmodel))
```

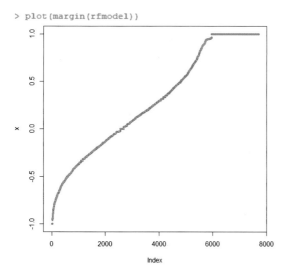

③ 검증용 데이터(test)를 이용한 랜덤포레스트 모형의 성능은 정확도=65%, AUC=0.6474이다.

```
> new <- data.frame(actual = test$Reached.on.Time_Y.N)
> new$predict <- predict(rfmodel, test)
> confusionMatrix(new$predict, new$actual)
Confusion Matrix and Statistics

          Reference
Prediction    0    1
         0  839  671
         1  484 1306

               Accuracy : 0.65
                 95% CI : (0.6334, 0.6663)
    No Information Rate : 0.5991
    P-Value [Acc > NIR] : 1.010e-09

                  Kappa : 0.288

 Mcnemar's Test P-Value : 4.426e-08

            Sensitivity : 0.6342
            Specificity : 0.6606
         Pos Pred Value : 0.5556
         Neg Pred Value : 0.7296
             Prevalence : 0.4009
         Detection Rate : 0.2542
   Detection Prevalence : 0.4576
      Balanced Accuracy : 0.6474

       'Positive' Class : 0

>
> roc(new$actual, as.integer(new$predict))$auc
Setting levels: control = 0, case = 1
Setting direction: controls < cases
Area under the curve: 0.6474
```

④ "caret" 패키지에서 제공되는 train( ) 함수를 이용하여 구축된 랜덤포레스트 모형의 성능 분석 결과는 다음과 같다. 여기서 method="rf"(랜덤포레스트), trControl=trainControl( )는 5-fold : (cv:cross-validation), prox : 객체들 간의 근접도 행렬 제공(proximity), allowParallel : 병렬처리 지정을 의미한다. plot( )으로 훈련용 데이터에 대한 모형의 정확도를 그래프로 확인할 수 있으며, 검증용 데이터에 대한 모형 검증 결과 정확도=65.52%, AUC=0.6533이다.

```
> model <- train(Reached.on.Time_Y.N ~., train, method="rf", trControl=trainControl(method="cv", number=5), prox=TRUE, allowParallel=TRUE)
> plot(model)
```

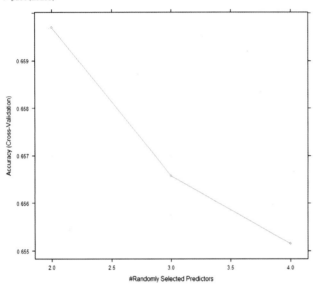

```
> new <- data.frame(actual = test$Reached.on.Time_Y.N)
> new$predict <- predict(model, test)
> confusionMatrix(new$predict, new$actual)
Confusion Matrix and Statistics

          Reference
Prediction    0    1
         0  852  667
         1  471 1310

               Accuracy : 0.6552
                 95% CI : (0.6387, 0.6714)
    No Information Rate : 0.5991
    P-Value [Acc > NIR] : 1.909e-11

                  Kappa : 0.2993

 Mcnemar's Test P-Value : 7.449e-09

            Sensitivity : 0.6440
            Specificity : 0.6626
         Pos Pred Value : 0.5609
         Neg Pred Value : 0.7355
             Prevalence : 0.4009
         Detection Rate : 0.2582
   Detection Prevalence : 0.4603
      Balanced Accuracy : 0.6533

       'Positive' Class : 0

>
> roc(new$actual, as.integer(new$predict))$auc
Setting levels: control = 0, case = 1
Setting direction: controls < cases
Area under the curve: 0.6533
```

⑤ "party" 패키지에서 제공되는 cforest( ) 함수를 이용한 랜덤포레스트 모형의 성능 분석 결과는 다음과 같다. 분석 결과, 정확도＝66.12%, AUC＝0.668이며, plot( ) 함수를 이용하여 각각의 범주에 대해 예측한 값의 수를 확인한다.

```
> id <- sample(1:nrow(data), as.integer(0.7*nrow(data)))
> train <- data[id, ]
> test <- data[-id, ]
>
> model <- cforest(Reached.on.Time_Y.N ~., train)

> predict <- predict(model, newdata=test, OOB=TRUE, type="response")
> new <- data.frame(actual = test$Reached.on.Time_Y.N)
> new$predict <- predict
> confusionMatrix(new$predict, new$actual)
Confusion Matrix and Statistics

          Reference
Prediction    0    1
         0  962  719
         1  399 1220

               Accuracy : 0.6612
                 95% CI : (0.6448, 0.6774)
    No Information Rate : 0.5876
    P-Value [Acc > NIR] : < 2.2e-16

                  Kappa : 0.3246

 Mcnemar's Test P-Value : < 2.2e-16

            Sensitivity : 0.7068
            Specificity : 0.6292
         Pos Pred Value : 0.5723
         Neg Pred Value : 0.7536
             Prevalence : 0.4124
         Detection Rate : 0.2915
   Detection Prevalence : 0.5094
      Balanced Accuracy : 0.6680

       'Positive' Class : 0

>
> roc(new$actual, as.integer(new$predict))$auc
Setting levels: control = 0, case = 1
Setting direction: controls < cases
Area under the curve: 0.668

> plot(predict)
```

연습문제

1 "mlbench" 패키지에서 제공하는 데이터세트(PimaIndiansDiabetes, 피마 인디언 당뇨 발생 여부 관련 데이터)를 이용하여 이항형 변수(당뇨병 발생, diabetes="pos" 혹은 "neg")에 대한 분류모형의 성능을 평가하시오 (단, 모형 구축 시 훈련용 데이터는 70%, 나머지 30%는 검증용 데이터로 사용한다).

(1) 로지스틱 회귀 분석

1) glm( ) 함수를 이용하여 로지스틱 회귀모형을 구축하고, 회귀계수 값을 이용하여 로지스틱 회귀모형식을 작성하시오.

2) (실젯값, 예측값)을 구하고 데이터 프레임(new)으로 저장한 후, "생년월일.csv" 파일로 저장하시오. 예측의 정확도를 혼동행렬의 값을 통해 나타내시오.

3) ROC 곡선을 시각화하여 나타내고 AUC 값을 구하시오.

(2) 서포트벡터머신(SVM)

1) svm( ) 함수를 이용하여 SVM 모형을 구축하시오[단, 전체 데이터들 중 70%를 훈련용으로, 나머지 30%를 검증용 데이터로 사용하며, (cost, gamma)=(10, 0.1)을 이용한다. 구축된 모형의 성능(정확도)을 혼동행렬을 이용하여 구하시오].

2) tune.svm( ) 함수를 이용하여 최적의 파라미터(cost, gamma) 값을 구하시오. 최적의 파라미터 값을 이용하여 SVM 모형을 새롭게 구축하고, 모형의 성능을 평가하시오. 기존 모형과의 성능을 비교하시오.

3) 새롭게 구현된 SVM 모형에 대한 ROC 곡선, AUC 값을 출력하시오. 그리고 (실젯값, 예측값)의 결과를 "생년월일.csv" 파일로 저장하시오.

(3) 베이지안 기법

1) naiveBayes( ) 함수를 이용하여 단순 베이즈 분류 분석모형을 구축하시오.

2) 단순 베이즈 분류 분석모형에 대한 혼동행렬, ROC, AUC 값을 출력하시오. 그리고 (실젯값, 예측값)의 결과를 "생년월일.csv" 파일로 저장하시오.

(4) 앙상블 분석

1) "adabag" 패키지 설치 후, bagging( ) 함수를 이용한 랜덤포레스트 모형을 구축하고 성능(혼동행렬, 정확도, ROC, AUC)을 평가하시오.

2) "adabag" 패키지 설치 후, boosting( ) 함수를 이용한 랜덤포레스트 모형을 구축하고 성능(혼동행렬, 정확도, ROC, AUC)을 평가하시오.

3) "randomForest" 패키지 설치 후, randomForest( ) 함수를 이용한 랜덤포레스트 모형을 구축하고 성능(혼동행렬, 정확도, ROC, AUC)을 평가하시오.

4) "caret" 패키지 설치 후, train( ) 함수를 이용한 랜덤포레스트 모형을 구축하고 성능(혼동행렬, 정확도, ROC, AUC)을 평가하시오.

5) "party" 패키지 설치 후, cforest( ) 함수를 이용한 랜덤포레스트 모형을 구축하고 성능(혼동행렬, 정확도, ROC, AUC)을 평가하시오.

6) 앙상블 분석 결과들에 대한 (정확도, AUC)의 성능 결과를 서로 비교하시오.

- 9개의 변수
  - pregnant : 임신 횟수
  - glucose : 포도당 부하 검사 수치(혈당 농도)
  - pressure : 최소 혈압(mm Hg)
  - triceps : 피하지방 측정값(mm)
  - insulin : 혈청 인슐린 측정값(mm U/ml)
  - mass : 체질량 지수(BMI＝몸무게(kg)/키(m2))
  - pedigree : 당뇨 내역 가중치 값
  - age : 나이
  - diabetes : 당뇨 여부(pos(1, 양성) 또는 neg(0, 음성))
- 총 768개의 데이터: 양성(pos)＝268, 음성(neg)＝500개의 데이터로 구성

```
> data(PimaIndiansDiabetes)
> data <- data.frame(PimaIndiansDiabetes)
> head(data)
  pregnant glucose pressure triceps insulin mass pedigree age diabetes
1        6     148       72      35       0 33.6    0.627  50      pos
2        1      85       66      29       0 26.6    0.351  31      neg
3        8     183       64       0       0 23.3    0.672  32      pos
4        1      89       66      23      94 28.1    0.167  21      neg
5        0     137       40      35     168 43.1    2.288  33      pos
6        5     116       74       0       0 25.6    0.201  30      neg
> summary(data)
    pregnant         glucose        pressure         triceps          insulin           mass
 Min.   : 0.000   Min.   :  0.0   Min.   :  0.00   Min.   : 0.00   Min.   :  0.0   Min.   : 0.00
 1st Qu.: 1.000   1st Qu.: 99.0   1st Qu.: 62.00   1st Qu.: 0.00   1st Qu.:  0.0   1st Qu.:27.30
 Median : 3.000   Median :117.0   Median : 72.00   Median :23.00   Median : 30.5   Median :32.00
 Mean   : 3.845   Mean   :120.9   Mean   : 69.11   Mean   :20.54   Mean   : 79.8   Mean   :31.99
 3rd Qu.: 6.000   3rd Qu.:140.2   3rd Qu.: 80.00   3rd Qu.:32.00   3rd Qu.:127.2   3rd Qu.:36.60
 Max.   :17.000   Max.   :199.0   Max.   :122.00   Max.   :99.00   Max.   :846.0   Max.   :67.10
    pedigree           age         diabetes
 Min.   :0.0780   Min.   :21.00   neg:500
 1st Qu.:0.2437   1st Qu.:24.00   pos:268
 Median :0.3725   Median :29.00
 Mean   :0.4719   Mean   :33.24
 3rd Qu.:0.6262   3rd Qu.:41.00
 Max.   :2.4200   Max.   :81.00
> dim(data)
[1] 768   9
```

1-1) glm( ) 함수를 이용하여 로지스틱 회귀모형을 구축하고, 회귀계수 값을 이용하여 로지스틱 회귀모형식을 구하면 다음과 같다.

$$y = 0.1461057 + 0.0205919 pregnant + 0.0059203 glucose - 0.0023319 pressure$$
$$+ 0.0001545 triceps - 0.0001805 insulin + 0.0132440 mass$$
$$+ 0.1472374 pedigree + 0.0026214 age$$

```
> data$diabetes <- as.numeric(data$diabetes)
> model <- glm(diabetes~., data=data)
> model

Call:  glm(formula = diabetes ~ ., data = data)

Coefficients:
(Intercept)     pregnant      glucose     pressure      triceps      insulin         mass     pedigree          age
  0.1461057    0.0205919    0.0059203   -0.0023319    0.0001545   -0.0001805    0.0132440    0.1472374    0.0026214

Degrees of Freedom: 767 Total (i.e. Null);  759 Residual
Null Deviance:         174.5
Residual Deviance: 121.6          AIC: 783.8
> summary(model)

Call:
glm(formula = diabetes ~ ., data = data)

Deviance Residuals:
     Min        1Q    Median        3Q       Max
-1.01348  -0.29513  -0.09541   0.32112   1.24160

Coefficients:
              Estimate Std. Error t value Pr(>|t|)
(Intercept)  0.1461057  0.0854850   1.709  0.08783 .
pregnant     0.0205919  0.0051300   4.014 6.56e-05 ***
glucose      0.0059203  0.0005151  11.493  < 2e-16 ***
pressure    -0.0023319  0.0008116  -2.873  0.00418 **
triceps      0.0001545  0.0011122   0.139  0.88954
insulin     -0.0001805  0.0001498  -1.205  0.22857
mass         0.0132440  0.0020878   6.344 3.85e-10 ***
pedigree     0.1472374  0.0450539   3.268  0.00113 **
age          0.0026214  0.0015486   1.693  0.09092 .
---
Signif. codes:  0 '***' 0.001 '**' 0.01 '*' 0.05 '.' 0.1 ' ' 1

(Dispersion parameter for gaussian family taken to be 0.1601684)

    Null deviance: 174.48  on 767  degrees of freedom
Residual deviance: 121.57  on 759  degrees of freedom
AIC: 783.82

Number of Fisher Scoring iterations: 2
```

1-2) (실젯값, 예측값)을 구하고 데이터 프레임(new)으로 저장하고 예측값=0인 경우를 1로 변환(ifelse( ) 이용)한다. 혼동행렬로부터 정확도=78.39%임을 알 수 있다. write.csv( )을 이용하여 980415.csv 파일로 결과를 저장한다.

```
> new <- data.frame(actual = data$diabetes)
> new$predict <- round(predict(model, data[, 1:8]), 0)
> summary(new)
     actual         predict
 Min.   :1.000   Min.   :0.000
 1st Qu.:1.000   1st Qu.:1.000
 Median :1.000   Median :1.000
 Mean   :1.349   Mean   :1.268
 3rd Qu.:2.000   3rd Qu.:2.000
 Max.   :2.000   Max.   :2.000
>
> new$predict <- ifelse(new$predict==0, 1, new$predict)
> head(new)
  actual predict
1      2       2
2      1       1
3      2       2
4      1       1
5      2       2
6      1       1
>
> table <- table(new$predict, new$actual)
> table

      1   2
  1 447 113
  2  53 155
> confusionMatrix(table)
Confusion Matrix and Statistics

      1   2
  1 447 113
  2  53 155

               Accuracy : 0.7839
                 95% CI : (0.753, 0.8125)
    No Information Rate : 0.651
    P-Value [Acc > NIR] : 7.051e-16

                  Kappa : 0.4982

 Mcnemar's Test P-Value : 4.666e-06

            Sensitivity : 0.8940
            Specificity : 0.5784
         Pos Pred Value : 0.7982
         Neg Pred Value : 0.7452
             Prevalence : 0.6510
         Detection Rate : 0.5820
   Detection Prevalence : 0.7292
      Balanced Accuracy : 0.7362

       'Positive' Class : 1
```

```
> setwd("C:/workf")
> write.csv(new, "980415.csv")
> result <- read.csv("980415.csv", header=T)
> View(result)
```

	X	actual	predict
1	1	2	2
2	2	1	1
3	3	2	2
4	4	1	1
5	5	2	2
6	6	1	1
7	7	2	1
8	8	1	2
9	9	2	2
10	10	2	2
11	11	1	1
12	12	2	2
13	13	1	2
14	14	2	2
15	15	2	2
16	16	2	1
17	17	1	1
18	18	2	1
19	19	2	1
20	20	2	1
21	21	1	1
22	22	1	1
23	23	2	2
24	24	2	1
25	25	2	2
26	26	2	1
27	27	2	2
28	28	1	1
29	29	1	1
30	30	1	1
31	31	1	1
32	32	2	2
33	33	1	1
34	34	1	1
35	35	1	1

1-3) plot.roc( )로 ROC 곡선을 작성하고 roc( )로 AUC=0.7362(양호한 분류 모형으로 평가)이다.

```
> plot.roc(new$actual, as.integer(new$predict), legacy.axes=TRUE)
Setting levels: control = 1, case = 2
Setting direction: controls < cases
```

```
> roc(new$actual, as.integer(new$predict))$auc
Setting levels: control = 1, case = 2
Setting direction: controls < cases
Area under the curve: 0.7362
```

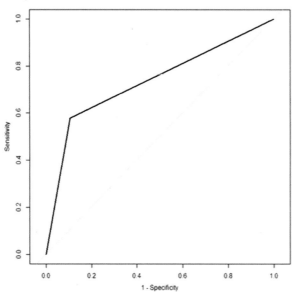

2−1) svm( ) 함수를 이용하여 SVM 모형을 구축하고 (cost, gamma)=(10, 0.1)을 이용한다. 정확도=75.76%이다.

```
> id <- sample(1:nrow(data), as.integer(0.7*nrow(data)))
> train <- data[id, ]
> test <- data[-id, ]
> model <- svm(diabetes~., train, type="C-classification", kernel="radial", cost=10, gamma=0.1)
> model

Call:
svm(formula = diabetes ~ ., data = train, type = "C-classification", kernel = "radial", cost = 10, gamma = 0.1)


Parameters:
   SVM-Type:  C-classification
 SVM-Kernel:  radial
       cost:  10

Number of Support Vectors:  300

> summary(model)

Call:
svm(formula = diabetes ~ ., data = train, type = "C-classification", kernel = "radial", cost = 10, gamma = 0.1)


Parameters:
   SVM-Type:  C-classification
 SVM-Kernel:  radial
       cost:  10

Number of Support Vectors:  300

 ( 151 149 )


Number of Classes:  2

Levels:
 1 2
> new <- data.frame(actual = test$diabetes)
> new$predict <- predict(model, test, decision.values=TRUE)
> head(new)
  actual predict
1      2       1
2      1       1
3      1       1
4      1       1
5      2       2
6      1       2
>
> table <- table(new$predict, new$actual)
> table

      1   2
  1 136  31
  2  25  39
> confusionMatrix(table)
Confusion Matrix and Statistics

      1   2
  1 136  31
  2  25  39

               Accuracy : 0.7576
                 95% CI : (0.697, 0.8114)
    No Information Rate : 0.697
    P-Value [Acc > NIR] : 0.02487

                  Kappa : 0.4118

 Mcnemar's Test P-Value : 0.50404

            Sensitivity : 0.8447
            Specificity : 0.5571
         Pos Pred Value : 0.8144
         Neg Pred Value : 0.6094
             Prevalence : 0.6970
         Detection Rate : 0.5887
   Detection Prevalence : 0.7229
      Balanced Accuracy : 0.7009

       'Positive' Class : 1
```

2－2) tune.svm( ) 함수를 이용하여 최적의 파라미터 gamma＝0.1, cost＝5를 구한다. 최적의 파라미터 값을 이용하여 SVM 모형을 새롭게 구축하고, 모형의 성능을 평가하면 정확도＝77.06%로 약간 개선되었다.

```
> svmtune <- tune.svm(factor(diabetes)~., data=train, gamma=c(.1, 2), cost=c(5, 15)
> svmtune

Parameter tuning of 'svm':

- sampling method: 10-fold cross validation

- best parameters:
 gamma cost
   0.1    5

- best performance: 0.2513627

> summary(svmtune)

Parameter tuning of 'svm':

- sampling method: 10-fold cross validation

- best parameters:
 gamma cost
   0.1    5

- best performance: 0.2513627

- Detailed performance results:
  gamma cost     error dispersion
1   0.1    5 0.2513627 0.05106091
2   2.0    5 0.3761006 0.05260239
3   0.1   15 0.2681342 0.03499576
4   2.0   15 0.3761006 0.05260239

> model <- svm(diabetes~., train, type="C-classification", kernel="radial", cost=5, gamma=0.1)
> new <- data.frame(actual = test$diabetes)
> new$predict <- predict(model, test, decision.values=TRUE)
> table <- table(new$predict, new$actual)
> table

    1   2
1 139  31
2  22  39
> confusionMatrix(table)
Confusion Matrix and Statistics

    1   2
1 139  31
2  22  39

               Accuracy : 0.7706
                 95% CI : (0.7109, 0.8232)
    No Information Rate : 0.697
    P-Value [Acc > NIR] : 0.007914

                  Kappa : 0.4364

 Mcnemar's Test P-Value : 0.271818

            Sensitivity : 0.8634
            Specificity : 0.5571
         Pos Pred Value : 0.8176
         Neg Pred Value : 0.6393
             Prevalence : 0.6970
         Detection Rate : 0.6017
   Detection Prevalence : 0.7359
      Balanced Accuracy : 0.7102

       'Positive' Class : 1
```

2-3) plot.roc( )로 ROC 곡선을 작성하고 roc( )을 이용하여 AUC＝0.7102(양호한 분류 모형)을 확인한다. (실젯값, 예측값)의 결과(new 데이터 프레임)를 "생년월일.csv" 파일로 저장하고 확인한다.

```
> plot.roc(new$actual, as.integer(new$predict), legacy.axes=TRUE)
Setting levels: control = 1, case = 2
Setting direction: controls < cases
```

```
> setwd("C:/workr")
> write.csv(new, "980415.csv")
> result <- read.csv("980415.csv", header=T)
> View(result)
```

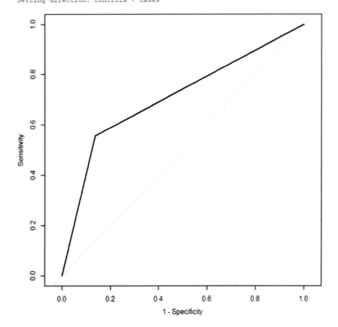

	X	actual	predict
1	1	2	1
2	2	1	1
3	3	1	1
4	4	1	1
5	5	2	2
6	6	1	2
7	7	1	1
8	8	1	1
9	9	1	1
10	10	1	1
11	11	2	1
12	12	1	1
13	13	1	1
14	14	2	2
15	15	2	2
16	16	1	1
17	17	1	1
18	18	1	1
19	19	1	1
20	20	1	1
21	21	1	1
22	22	1	1
23	23	1	1
24	24	1	1
25	25	1	1
26	26	1	2
27	27	2	2
28	28	1	1
29	29	1	1
30	30	2	1
31	31	2	1
32	32	1	1
33	33	1	1
34	34	1	1
35	35	1	1

```
> roc(new$actual, as.integer(new$predict))$auc
Setting levels: control = 1, case = 2
Setting direction: controls < cases
Area under the curve: 0.7102
```

3-1) naiveBayes( ) 함수를 이용하여 단순 베이즈 분류 분석모형을 구축(model)한다.

```
> id <- sample(1:nrow(data), as.integer(0.7*nrow(data)))
> train <- data[id, ]
> test <- data[-id, ]
>
> model <- naiveBayes(diabetes~., train)
> model

Naive Bayes Classifier for Discrete Predictors

Call:
naiveBayes.default(x = X, y = Y, laplace = laplace)

A-priori probabilities:
Y
        1         2
0.6461825 0.3538175

Conditional probabilities:
   pregnant
Y      [,1]      [,2]
  1 3.40634 3.073148
  2 4.70000 3.704637

   glucose
Y      [,1]      [,2]
  1 111.0346 26.02609
  2 141.7737 32.86973

   pressure
Y      [,1]      [,2]
  1 67.61671 18.56515
  2 69.33684 22.00631

   triceps
Y      [,1]      [,2]
  1 19.32565 14.88591
  2 22.46316 17.88163

   insulin
Y       [,1]      [,2]
  1  73.14697 106.1865
  2 104.55263 146.9247

   mass
Y      [,1]      [,2]
  1 29.93343 8.079449
  2 34.94316 6.870590
```

```
> summary(model)
          Length Class  Mode
apriori   2      table  numeric
tables    8      -none- list
levels    2      -none- character
isnumeric 8      -none- logical
call      4      -none- call
```

3-2) 단순 베이즈 분류 분석모형에 대한 성능평가 결과, 정확도=77.92%, AUC=0.7328(양호한 분류 모형으로 평가)이다.

```
> new <- data.frame(actual=test$diabetes)
> new$predict <- predict(model, test)
> head(new)
  actual predict
1      1       1
2      2       2
3      1       1
4      2       1
5      1       1
6      1       2
> table <- table(new$predict, new$actual)
> table

      1   2
  1 134  32
  2  19  46
> confusionMatrix(table)
Confusion Matrix and Statistics

      1   2
  1 134  32
  2  19  46

               Accuracy : 0.7792
                 95% CI : (0.7201, 0.831)
    No Information Rate : 0.6623
    P-Value [Acc > NIR] : 6.946e-05

                  Kappa : 0.4854

 Mcnemar's Test P-Value : 0.09289

            Sensitivity : 0.8758
            Specificity : 0.5897
         Pos Pred Value : 0.8072
         Neg Pred Value : 0.7077
             Prevalence : 0.6623
         Detection Rate : 0.5801
   Detection Prevalence : 0.7186
      Balanced Accuracy : 0.7328

       'Positive' Class : 1
```

```
> plot.roc(new$actual, as.integer(new$predict), legacy.axes=TRUE)
Setting levels: control = 1, case = 2
Setting direction: controls < cases
```

```
> roc(new$actual, as.integer(new$predict))$auc
Setting levels: control = 1, case = 2
Setting direction: controls < cases
Area under the curve: 0.7328
```

```
> setwd("C:/workr")
> write.csv(new, "980415.csv")
> result <- read.csv("980415.csv", header=T)
> View(result)
```

	X	actual	predict
1	1	1	1
2	2	2	2
3	3	1	1
4	4	2	1
5	5	1	1
6	6	1	2
7	7	2	2
8	8	1	1
9	9	1	2
10	10	2	2
11	11	2	2
12	12	2	2
13	13	1	1
14	14	1	2
15	15	2	1
16	16	2	2
17	17	2	2
18	18	1	1
19	19	2	2
20	20	1	1
21	21	2	2
22	22	1	2
23	23	1	1
24	24	2	1
25	25	1	1
26	26	1	1
27	27	2	1
28	28	1	1
29	29	1	1
30	30	1	1
31	31	1	1
32	32	1	1
33	33	2	2
34	34	1	1
35	35	2	2

4-1) "adabag" 패키지 설치 후, bagging( ) 함수를 이용한 분석모형을 구축(종속변수를 요인화 변수로 변환(as.factor(data$diabetes)))한다. 성능평가 결과 정확도=75.76%, AUC=0.7117이다.

```
> data$diabetes <- as.factor(data$diabetes)
> id <- sample(1:nrow(data), as.integer(0.7*nrow(data)))
> train <- data[id, ]
> test <- data[-id, ]
>
> bag <- bagging(diabetes ~., train, mfinal=10)
>
> plot(bag$tree[[10]])
> text(bag$tree[[10]])
```

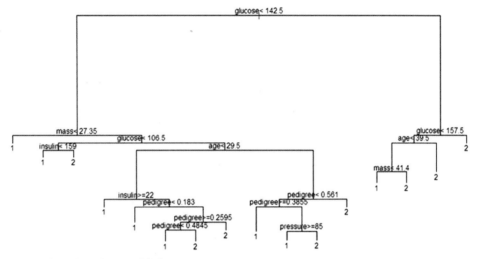

```
> new <- data.frame(actual = test$diabetes)
> predict <- predict(bag, test)
> new$predict <- predict$class
> head(new)
  actual predict
1      1       1
2      2       2
3      2       1
4      2       2
5      1       1
6      1       1
> new$predict <- as.factor(new$predict)
> confusionMatrix(new$predict, new$actual)
Confusion Matrix and Statistics

          Reference
Prediction   1   2
         1 130  35
         2  21  45

               Accuracy : 0.7576
                 95% CI : (0.697, 0.8114)
    No Information Rate : 0.6537
    P-Value [Acc > NIR] : 0.0004261

                  Kappa : 0.4416

 Mcnemar's Test P-Value : 0.0823522

            Sensitivity : 0.8609
            Specificity : 0.5625
         Pos Pred Value : 0.7879
         Neg Pred Value : 0.6818
             Prevalence : 0.6537
         Detection Rate : 0.5628
   Detection Prevalence : 0.7143
      Balanced Accuracy : 0.7117

       'Positive' Class : 1
```

```
> plot.roc(new$actual, as.integer(new$predict), legacy.axes=TRUE)
Setting levels: control = 1, case = 2
Setting direction: controls < cases
```

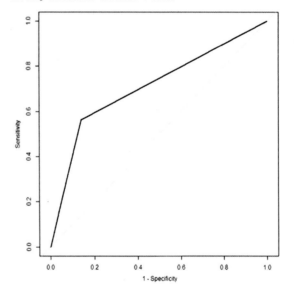

```
> roc(new$actual, as.integer(new$predict))$auc
Setting levels: control = 1, case = 2
Setting direction: controls < cases
Area under the curve: 0.7117
```

4-2) "adabag" 패기지 설치 후, boosting( ) 함수를 이용한 분석모형을 구축한다. 평가 결과, 정확도＝76.19%, AUC＝0.718
이다.

```
> bst <- boosting(diabetes ~., train, boos=TRUE, mfinal=10)
> plot(bst$tree[[10]])
> text(bst$tree[[10]])
```

```
> new <- data.frame(actual = test$diabetes)
> new$predict <- as.factor(predict(bst, test)$class)
> head(new)
  actual predict
1      1       1
2      2       2
3      2       1
4      2       2
5      1       1
6      1       1
>
> confusionMatrix(new$predict, new$actual)
Confusion Matrix and Statistics

          Reference
Prediction   1   2
         1 130  34
         2  21  46

               Accuracy : 0.7619
                 95% CI : (0.7016, 0.8153)
    No Information Rate : 0.6537
    P-Value [Acc > NIR] : 0.0002482

                  Kappa : 0.4532

 Mcnemar's Test P-Value : 0.1056454

            Sensitivity : 0.8609
            Specificity : 0.5750
         Pos Pred Value : 0.7927
         Neg Pred Value : 0.6866
             Prevalence : 0.6537
         Detection Rate : 0.5628
   Detection Prevalence : 0.7100
      Balanced Accuracy : 0.7180

       'Positive' Class : 1
```

```
> plot.roc(new$actual, as.integer(new$predict), legacy.axes=TRUE)
Setting levels: control = 1, case = 2
Setting direction: controls < cases
```

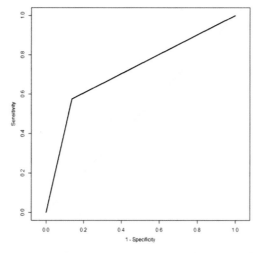

```
> roc(new$actual, as.integer(new$predict))$auc
Setting levels: control = 1, case = 2
Setting direction: controls < cases
Area under the curve: 0.718
```

4-3) "randomForest" 패키지 설치 후, randomForest( ) 함수를 이용한 분석모형(rfmodel)을 구축한다. 종속변수에 영향을 미치는 정도를 알아보기 위해 importance( ), varImpPlot( ) 함수를 이용한다. glucose, mass, age, pedigree 항목이 다른 변수와 비교하여 종속변수에 미치는 중요도가 높음을 알 수 있다. plot( ), margin( ) 결과로부터 분류의 정확도(양의 마진은 정확한 분류, 음의 마진은 잘못 분류된 결과)를 확인한다. 성능평가 결과, 정확도=74.46%, AUC=0.69이다.

```
> rfmodel <- randomForest(diabetes~., train, ntree=100, proximity=TRUE)
> rfmodel

Call:
 randomForest(formula = diabetes ~ ., data = train, ntree = 100,      proximity = TRUE)
               Type of random forest: classification
                     Number of trees: 100
No. of variables tried at each split: 2

        OOB estimate of  error rate: 21.04%
Confusion matrix:
    1   2 class.error
1 302  47  0.1346705
2  66 122  0.3510638
> plot(rfmodel)
```

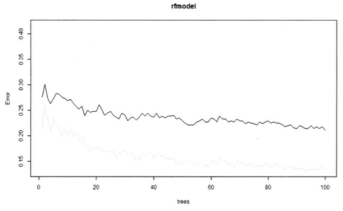

```
> importance(rfmodel)
         MeanDecreaseGini
pregnant       23.44877
glucose        59.37852
pressure       20.97310
triceps        17.53123
insulin        13.86178
mass           46.10023
pedigree       29.44785
age            31.24028
```

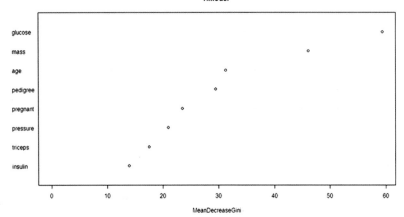

> plot(margin(rfmodel))

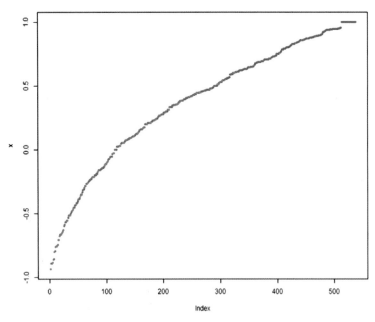

```
> new <- data.frame(actual = test$diabetes)
> new$predict <- predict(rfmodel, test)
> head(new)
  actual predict
1      1       1
2      2       1
3      2       1
4      2       2
5      1       1
6      1       1
> confusionMatrix(new$predict, new$actual)
Confusion Matrix and Statistics

          Reference
Prediction   1    2
         1 131   39
         2  20   41

               Accuracy : 0.7446
                 95% CI : (0.6833, 0.7995)
    No Information Rate : 0.6537
    P-Value [Acc > NIR] : 0.00189

                  Kappa : 0.4025

 Mcnemar's Test P-Value : 0.01911

            Sensitivity : 0.8675
            Specificity : 0.5125
         Pos Pred Value : 0.7706
         Neg Pred Value : 0.6721
             Prevalence : 0.6537
         Detection Rate : 0.5671
   Detection Prevalence : 0.7359
      Balanced Accuracy : 0.6900

       'Positive' Class : 1

>
> roc(new$actual, as.integer(new$predict))$auc
Setting levels: control = 1, case = 2
Setting direction: controls < cases
Area under the curve: 0.69

> plot.roc(new$actual, as.integer(new$predict), legacy.axes=TRUE)
Setting levels: control = 1, case = 2
Setting direction: controls < cases
```

4-4) "caret" 패키지 설치 후, train( ) 함수를 이용한 랜덤포레스트 모형을 구축한다. 성능평가 결과, 정확도＝73.59%, AUC＝0.6863이다.

```
> model <- train(diabetes~., train, method="rf", trControl=trainControl(method="cv", number=5), prox=TRUE, allowParallel=TRUE)
> plot(model)
```

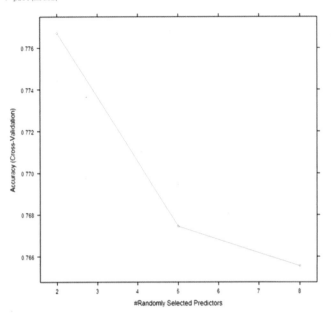

```
> new <- data.frame(actual = test$diabetes)
> new$predict <- predict(model, test)
> head(new)
   actual predict
1      1      1
2      2      2
3      2      1
4      2      2
5      1      1
6      1      1
> confusionMatrix(new$predict, new$actual)
Confusion Matrix and Statistics

          Reference
Prediction   1   2
         1 128  38
         2  23  42

               Accuracy : 0.7359
                 95% CI : (0.6741, 0.7916)
    No Information Rate : 0.6537
    P-Value [Acc > NIR] : 0.004587

                  Kappa : 0.3899

 Mcnemar's Test P-Value : 0.073050

            Sensitivity : 0.8477
            Specificity : 0.5250
         Pos Pred Value : 0.7711
         Neg Pred Value : 0.6462
             Prevalence : 0.6537
         Detection Rate : 0.5541
   Detection Prevalence : 0.7186
      Balanced Accuracy : 0.6863

       'Positive' Class : 1

>
> roc(new$actual, as.integer(new$predict))$auc
Setting levels: control = 1, case = 2
Setting direction: controls < cases
Area under the curve: 0.6863
```

```
> plot.roc(new$actual, as.integer(new$predict), legacy.axes=TRUE)
Setting levels: control = 1, case = 2
Setting direction: controls < cases
```

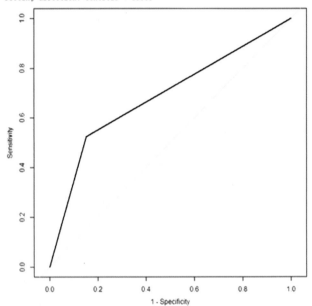

4−5) "party" 패키지 설치 후, cforest( ) 함수를 이용한 랜덤포레스트 모형을 구축한다. 성능평가 결과, 정확도＝75.32%, AUC＝0.70840이다.

```
> model <- cforest(diabetes~., train)
> new <- data.frame(actual = test$diabetes)
> new$predict <- predict(model, newdata=test, OOB=TRUE, type="response")
> head(new)
  actual predict
1      1       1
2      2       2
3      2       1
4      2       2
5      1       1
6      1       1
>
> confusionMatrix(new$predict, new$actual)
Confusion Matrix and Statistics

          Reference
Prediction   1   2
         1 129  35
         2  22  45

               Accuracy : 0.7532
                 95% CI : (0.6924, 0.8074)
    No Information Rate : 0.6537
    P-Value [Acc > NIR] : 0.0007155

                  Kappa : 0.4334

 Mcnemar's Test P-Value : 0.1119614

            Sensitivity : 0.8543
            Specificity : 0.5625
         Pos Pred Value : 0.7866
         Neg Pred Value : 0.6716
             Prevalence : 0.6537
         Detection Rate : 0.5584
   Detection Prevalence : 0.7100
      Balanced Accuracy : 0.7084

       'Positive' Class : 1

>
> roc(new$actual, as.integer(new$predict))$auc
Setting levels: control = 1, case = 2
Setting direction: controls < cases
Area under the curve: 0.7084

> plot.roc(new$actual, as.integer(new$predict), legacy.axes=TRUE)
Setting levels: control = 1, case = 2
Setting direction: controls < cases
```

```
> plot(predict(model, newdata=test, OOB=TRUE, type="response"))
```

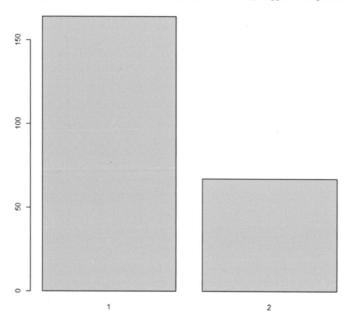

4−6) 앙상블 분석 결과를 요약하면 다음과 같다. 비교 결과, 정확도와 AUC는 부스팅 알고리즘(boosting( ) 함수 이용)이 가장 높다(정확도＝76.19%, AUC＝0.7180). 그러나 이 결과는 (훈련용, 검증용) 데이터세트가 바뀌면 달라질 수 있으며, (정확도, AUC)외에도 다른 성능평가 지표값을 참고하여 적절한 데이터 분석모형을 선택해야 한다.

구 분	배 깅	부스팅	랜덤포레스트		
패키지	adabag	adabag	randomForest	caret	party
함 수	bagging( )	boosting( ) AdaBoost 알고리즘	randomForest( )	train( )	cforest( )
정확도(%)	75.76	76.19	74.46	73.59	75.32
AUC	0.7117	0.7180	0.6900	0.6863	0.7084

제2장

예측 분석모형 평가

1 평가 지표

(1) 종속변수(반응변수)가 연속형인 경우 변수에 대한 예측값의 정확도[실젯값(참값)과의 차이]를 평가하기 위하여 다양한 성능평가 지표(평균오차, 표준오차, 평균 절대오차 등)를 이용한다.

(2) 대표적인 예측 데이터 분석모형으로서 회귀 분석, 의사결정나무, 인공신경망 분석모형에 대한 성능평가 지표를 구해 비교한다.

(3) 연속형 변수의 예측값에 대한 데이터 분석모형의 성능을 평가하기 위해 다음 패키지를 이용한다.

install.packages("forecast")	#예측분석의 성능평가 지표 계산(accuracy( ))
install.packages("psych")	#기술통계량 분석(describe( ))
install.packages("party")	#연속형 변수 예측을 위한 의사결정나무 분석
install.packages("rpart")	#rpart( ) 함수를 이용한 의사결정나무 분석
install.packages("rpart.plot")	#rpart.plot( ) 시각화(의사결정나무 분석 결과)
install.packages("tree")	#tree( ) 함수를 이용한 의사결정나무 분석
install.packages("mlbench")	#PimaIndiansDiabetes 데이터 활용
install.packages("caret")	#혼동행렬(Confusion Matrix) 분석
install.packages("neuralnet")	#연속형 변수의 예측분석을 위한 인공신경망 분석
install.packages("pROC")	#ROC 곡선
install.packages("MASS")	#Boston 데이터세트 이용
library(forecast)	−
library(psych)	−
library(party)	−
library(rpart)	−
library(rpart.plot)	−
library(tree)	−
library(mlbench)	−
library(caret)	−

library(pROC)	−
library(neuralnet)	−
library(MASS)	−

(4) 회귀 분석을 포함하여 여러 가지 데이터 분석모형[n개의 데이터, 참값(실젯값) y_i에 대한 예측값 $\widehat{y_i}$, 오차 $e_i = y_i - \widehat{y_i}$]의 성능을 평가하기 위하여 다양한 평가 지표들이 활용된다.

〈예측 모형의 성능평가 지표〉

구 분	성능평가 지표
평균 예측 오차 ME(Mean of Errors)	• 예측오차의 산술 평균 • $ME = \dfrac{\sum\limits_{i=1}^{n}(y_i - \widehat{y_i})}{n}$
표준오차 RMSE(Root Mean of Squared Errors)	• 평균제곱오차(MSE) : 오차를 제곱하여 n으로 나눈 값 • $MSE = \dfrac{\sum\limits_{i=1}^{n}(y_i - \widehat{y_i})^2}{n}$ • 평균제곱오차를 제곱근하여 구함 • $RMSE = \sqrt{MSE} = \sqrt{\dfrac{\sum\limits_{i=1}^{n}(y_i - \widehat{y_i})^2}{n}}$
평균 절대오차 MAE(Mean of Absolute Errors)	• 오차의 절댓값에 대한 평균 • $MAE = \dfrac{\sum\limits_{i=1}^{n}|y_i - \widehat{y_i}|}{n}$
평균 백분오차 비율 MPE(Mean of Percentage Errors)	• 상대적 의미의 오차 크기에 대한 평균 • $MPE = \dfrac{1}{n}\sum\limits_{i=1}^{n}\dfrac{y_i - \widehat{y_i}}{y_i}$
평균 절대 백분오차 비율 MAPE(Mean of Absolute Percentage Errors)	• 예측오차에 절댓값 • 상대적 오차 크기에 대한 절댓값의 평균 • $MAPE = \dfrac{1}{n}\sum\limits_{i=1}^{n}\left|\dfrac{y_i - \widehat{y_i}}{y_i}\right|$
평균 절대 척도 비율 MASE(Mean of Absolute Scaled Errors)	• 데이터를 척도화한 기준값 • 기준값들에 대한 예측오차의 절댓값 평균 • 오차(예측값과 실젯값의 차이)를 평소에 움직이는 평균 변동폭으로 나눈 값 • $MASE = \dfrac{1}{n}\sum\limits_{i=1}^{n}\dfrac{|e_i|}{\dfrac{1}{n-1}\sum\limits_{i=2}^{n}|y_i - y_{i-1}|} = \dfrac{\sum\limits_{i=1}^{n}|y_i - \widehat{y_i}|}{\dfrac{n}{n-1}\sum\limits_{i=2}^{n}|y_i - y_{i-1}|}$

(5) mtcars 데이터(1974년 Motor Trend US Magazine에 기록)는 아래와 같이 32개 자동차 모델에 대한 디자인과 성능 관련 자료이다. 연속형 종속변수인 연비(mpg)를 예측하기 위한 데이터 분석모형을 구축하고 성능을 분석한다.

mpg	Miles/(US) gallon	연비
cyl	Number of cylinders	엔진의 기통수
disp	Displacement (cu.in.)	배기량 (cc, 변위)
hp	Gross horsepower	마력
drat	Rear axle ratio	뒤차축비
wt	Weight (1000 lbs)	무게
qsec	1/4 mile time	1/4mile 도달시간
vs	V/S	V engine / Straight engine
am	Transmission (0 = automatic, 1 = manual)	변속기어
gear	Number of forward gears	전진기어 갯수
carb	Number of carburetors	기화기 갯수

```
> head(mtcars)
                   mpg cyl disp  hp drat    wt  qsec vs am gear carb
Mazda RX4         21.0   6  160 110 3.90 2.620 16.46  0  1    4    4
Mazda RX4 Wag     21.0   6  160 110 3.90 2.875 17.02  0  1    4    4
Datsun 710        22.8   4  108  93 3.85 2.320 18.61  1  1    4    1
Hornet 4 Drive    21.4   6  258 110 3.08 3.215 19.44  1  0    3    1
Hornet Sportabout 18.7   8  360 175 3.15 3.440 17.02  0  0    3    2
Valiant           18.1   6  225 105 2.76 3.460 20.22  1  0    3    1
>
> describe(mtcars)
     vars  n   mean     sd median trimmed    mad   min    max  range skew kurtosis    se
mpg     1 32  20.09   6.03  19.20   19.70   5.41 10.40  33.90  23.50 0.61    -0.37  1.07
cyl     2 32   6.19   1.79   6.00    6.23   2.97  4.00   8.00   4.00 -0.17   -1.76  0.32
disp    3 32 230.72 123.94 196.30  222.52 140.48 71.10 472.00 400.90 0.38    -1.21 21.91
hp      4 32 146.69  68.56 123.00  141.19  77.10 52.00 335.00 283.00 0.73    -0.14 12.12
drat    5 32   3.60   0.53   3.70    3.58   0.70  2.76   4.93   2.17 0.27    -0.71  0.09
wt      6 32   3.22   0.98   3.33    3.15   0.77  1.51   5.42   3.91 0.42    -0.02  0.17
qsec    7 32  17.85   1.79  17.71   17.83   1.42 14.50  22.90   8.40 0.37     0.34  0.32
vs      8 32   0.44   0.50   0.00    0.42   0.00  0.00   1.00   1.00 0.24    -2.00  0.09
am      9 32   0.41   0.50   0.00    0.38   0.00  0.00   1.00   1.00 0.36    -1.92  0.09
gear   10 32   3.69   0.74   4.00    3.62   1.48  3.00   5.00   2.00 0.53    -1.07  0.13
carb   11 32   2.81   1.62   2.00    2.65   1.48  1.00   8.00   7.00 1.05     1.26  0.29
```

2 회귀 분석

(1) 다중 회귀 분석을 수행하기 위해 lm( ) 함수를 이용한다. 연비(mpg)에 영향을 미치는 주요 항목으로 (disp, hp, drat, wt, qsec)=(배기량, 마력, 뒤 차축비, 무게, 1/4마일 도달시간)를 선정하고 이에 대한 회귀모형식을 구축하면 다음과 같다.

```
> model <- lm(mpg ~ disp+hp+drat+wt+qsec, mtcars)
> summary(model)

Call:
lm(formula = mpg ~ disp + hp + drat + wt + qsec, data = mtcars)

Residuals:
    Min      1Q  Median      3Q     Max
-3.5404 -1.6701 -0.4264  1.1320  5.4996

Coefficients:
            Estimate Std. Error t value Pr(>|t|)
(Intercept) 16.53357   10.96423   1.508  0.14362
disp         0.00872    0.01119   0.779  0.44281
hp          -0.02060    0.01528  -1.348  0.18936
drat         2.01578    1.30946   1.539  0.13579
wt          -4.38546    1.24343  -3.527  0.00158 **
qsec         0.64015    0.45934   1.394  0.17523
---
Signif. codes:  0 '***' 0.001 '**' 0.01 '*' 0.05 '.' 0.1 ' ' 1

Residual standard error: 2.558 on 26 degrees of freedom
Multiple R-squared:  0.8489,    Adjusted R-squared:  0.8199
F-statistic: 29.22 on 5 and 26 DF,  p-value: 6.892e-10
```

회귀모형식

$\beta_0 = 16.53357$

$mpg = 16.53357 + 0.00872disp - 0.02060hp + 2.01578drat - 4.38546wt + 0.64015qsec$

(2) 회귀모형식을 이용하여 독립변수에 대한 예측값(new$predict)과 실젯값(mtcars$mpg)을 비교하면 다음과 같다. "forecast" 패키지에서 제공하는 accuracy( ) 함수를 이용하여 예측모형(단순 회귀 분석모형)의 성능을 평가하기 위한 5개의 성능지표 값(ME, RMSE, MAE, MPE, MAPE)을 확인한다. cor( )로 두 값(실젯값, 예측값) 사이의 상관관계 값(0.9213657)을 통해 모형의 적절성을 확인하며, 이 값은 1에 가까울수록 분석모형의 성능이 우수함을 뜻한다.

```
> new <- data.frame(actual = mtcars$mpg)
> new$predict <- 16.53357+0.00872*mtcars$disp-0.0206*mtcars$hp+2.01578*mtcars$drat-4.38546*mtcars$wt+0.64015*mtcars$qsec
> new
   actual   predict
1    21.0 22.571276
2    21.0 21.811467
3    22.8 25.059207
4    21.4 21.071195
5    18.7 18.226848
6    18.1 19.666264
7    14.3 15.580308
8    24.4 22.787205
9    22.8 24.551440
10   19.2 19.991862
11   17.8 20.375952
12   16.4 14.708778
13   17.3 16.327865
14   15.2 16.364652
15   10.4 10.818877
16   10.4  9.783848
17   14.7  9.854469
18   32.4 26.900325
```

```
19    30.4 30.833329
20    33.9 29.012819
21    21.5 25.040271
22    15.5 17.142594
23    15.2 18.454697
24    13.3 15.081974
25    19.2 16.677636
26    27.3 27.700202
27    26.0 25.943512
28    30.4 26.817867
29    15.8 18.042748
30    19.7 19.264694
31    15.0 13.083249
32    21.4 23.343357
> accuracy(new$actual, new$predict)
                   ME      RMSE      MAE      MPE     MAPE
Test set -0.0002878662 2.305761 1.839693 -0.6147432 9.826083
> cor(new$actual, new$predict)
[1] 0.9213657
```

(3) 실젯값(new$actual)과 회귀 분석모형을 이용한 예측값(new$predict) 사이의 관계를 시각화하여 나타내면 다음과 같다.

```
> plot(new$actual, new$predict)
> abline(lm(new$predict~new$actual))
```

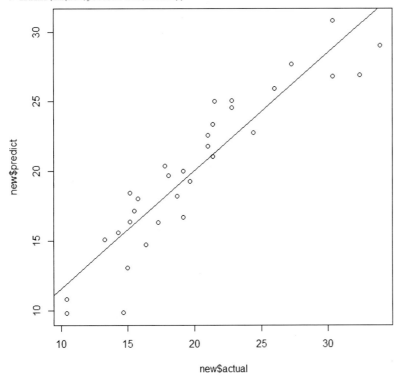

3 의사결정나무

(1) 의사결정나무를 이용한 예측모형을 구축하기 위해 "party" 패키지에서 제공하는 ctree( ) 함수를 이용한다. mtcars 데이터(총 32개)에서 70%를 훈련용 데이터(22개), 30%를 검증용 데이터(10개)로 분류하고, 훈련용 데이터를 이용하여 의사결정나무 모형(model)을 구축한다. 의사결정나무 분석 결과의 시각화를 위하여 plot( )을 이용하며, wt(차의 무게) 기준(3.15 이하 및 초과) 그리고 이후 분류 결과에 대한 Box-plot 결과를 확인한다.

```
> id <- sample(1:nrow(mtcars), as.integer(0.7*nrow(mtcars)))
> train <- mtcars[id, ]
> test <- mtcars[-id, ]
>
> model <- ctree(mpg ~ disp+hp+drat+wt+qsec, train)
> summary(model)
    Length    Class      Mode
         1  BinaryTree     S4
> str(model)
Formal class 'BinaryTree' [package "party"] with 10 slots
  ..@ data               :Formal class 'ModelEnvFormula' [package "modeltools"] with 5 slots
  .. .. ..@ env    :<environment: 0x0000017891b07b78>
  .. .. ..@ get    :function (which, data = NULL, frame = parent.frame(), envir = MEF@env)
  .. .. ..@ set    :function (which = NULL, data = NULL, frame = parent.frame(), envir = MEF@env)
  .. .. ..@ hooks  : list()
  .. .. ..@ formula:List of 2
  .. .. .. ..$ response: language ~mpg
  .. .. .. ..$ input   : language ~disp + hp + drat + wt + qsec
  ..@ responses          :Formal class 'ResponseFrame' [package "party"] with 14 slots
  .. .. ..@ test_trafo     : num [1:22, 1] 22.8 14.7 19.2 30.4 17.3 10.4 13.3 21.5 24.4 19.2 ...
  .. .. .. ..- attr(*, "dimnames")=List of 2
  .. .. .. .. ..$ : NULL
  .. .. .. .. ..$ : chr "V1"
  .. .. ..@ predict_trafo  : num [1:22, 1] 22.8 14.7 19.2 30.4 17.3 10.4 13.3 21.5 24.4 19.2 ...
  .. .. .. ..- attr(*, "dimnames")=List of 2
  .. .. .. .. ..$ : NULL
> model

        Conditional inference tree with 2 terminal nodes

Response:  mpg
Inputs: disp, hp, drat, wt, qsec
Number of observations:  22

1) wt <= 3.15; criterion = 1, statistic = 16.619
  2)*  weights = 7
1) wt > 3.15
  3)*  weights = 15

> plot(model)
```

(2) 의사결정나무 분석모형의 성능을 평가하기 위하여 검증용 데이터의 참값(test$mpg)과 예측값(new$predict)을 비교하면 다음과 같다. cor( ) 결과, 상관관계 값이 작아 모형의 예측 정확도가 낮은 것으로 평가된다. accuracy( ) 함수를 이용한 주요 성능지표를 보면, RMSE는 4.95로 다소 높은 값을 보이며, plot( ) 함수를 이용한 시각화 결과에서도 참값(new$actual)과 예측값(new$predict) 사이의 차이가 확인된다.

```
> new <- data.frame(actual = test$mpg)
> new$predict <- predict(model, test)
> new
   actual      mpg
1    21.0 27.25714
2    21.0 27.25714
3    22.8 27.25714
4    14.3 16.65333
5    17.8 16.65333
6    15.2 16.65333
7    33.9 27.25714
8    15.2 16.65333
9    19.7 27.25714
10   21.4 27.25714
> sum(new$actual-new$predict)
[1] -27.85619
> sum(abs(new$actual-new$predict))
[1] 43.43524
>
> cor(new$actual, new$predict)
            mpg
[1,] 0.7006516
>
> accuracy(new$actual, new$predict)
                 ME     RMSE      MAE      MPE     MAPE
Test set 2.785619 4.947638 4.343524 11.18067 17.43198

> plot(new$actual, new$predict)
> abline(lm(new$predict~new$actual))
```

(3) 의사결정나무 분석 기법 중 하나인 "rpart"와 "rpart.plot" 패키지를 이용(rpart( ) 함수 이용)한 분석결과는 다음과 같다. ctree( ) 함수를 이용한 예측 결과와 비교하여 RMSE＝4.51로 큰 차이가 없음을 알 수 있다.

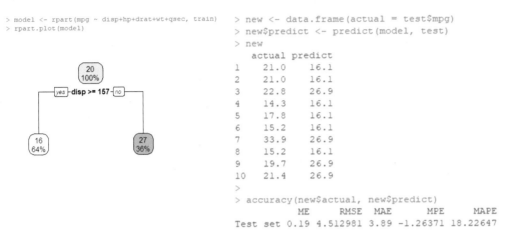

```
> model <- rpart(mpg ~ disp+hp+drat+wt+qsec, train)
> rpart.plot(model)
```

```
> new <- data.frame(actual = test$mpg)
> new$predict <- predict(model, test)
> new
   actual predict
1    21.0    16.1
2    21.0    16.1
3    22.8    26.9
4    14.3    16.1
5    17.8    16.1
6    15.2    16.1
7    33.9    26.9
8    15.2    16.1
9    19.7    26.9
10   21.4    26.9
>
> accuracy(new$actual, new$predict)
            ME     RMSE  MAE      MPE     MAPE
Test set 0.19 4.512981 3.89 -1.26371 18.22647
```

(4) tree( ) 함수를 이용("tree" 패키지 이용)한 결과는 다음과 같다. RMSE는 4.28로 예측 결과에 대한 성능이 다소 개선된다.

```
> model <- tree(mpg ~ disp+hp+drat+wt+qsec, train)
> plot(model)
> text(model)
```

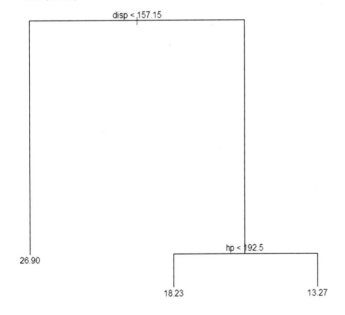

```
> new <- data.frame(actual = test$mpg)
> new$predict <- predict(model, test)
> new
   actual  predict
1    21.0 18.22500
2    21.0 18.22500
3    22.8 26.90000
4    14.3 13.26667
5    17.8 18.22500
6    15.2 18.22500
7    33.9 26.90000
8    15.2 18.22500
9    19.7 26.90000
10   21.4 26.90000
>
> accuracy(new$actual, new$predict)
                 ME     RMSE      MAE      MPE     MAPE
Test set 0.9691667 4.276107 3.685833 3.371773 16.22456
```

4 인공신경망

(1) 연비(mpg)를 예측하기 위해 (disp, hp, drat, wt, qsec) 항목을 이용하고 항목별로 최소─최대 데이터 변환 (Min─Max Normalization)을 통해 데이터를 정규화하고 neuralnet 패키지에서 제공하는 neuralnet( ) 함수 (은닉층의 수=1)를 이용하여 모형(model)을 구축한다. $Error = \sum(y_i - \widehat{y_i})^2$로서 훈련용 데이터에 대한 (실젯 값─예측값)^{2}의 합(SSE ; Sum of Squared Error)이다. 그리고 Steps는 에러함수의 모든 절대 편미분이 임곗값 (보통 0.01)보다 작게 될 때까지의 훈련 과정의 수이다.

```
> normalize <- function (x) {
+ return ((x-min(x))/(max(x)-min(x)))
+ }
>
> norm_train <- as.data.frame(lapply(train, normalize))
> norm_test <- as.data.frame(lapply(test, normalize))
> norm_train$mpg <- train$mpg
>
> model <- neuralnet(mpg ~ disp+hp+drat+wt+qsec, norm_train)
```

```
> plot(model)
```

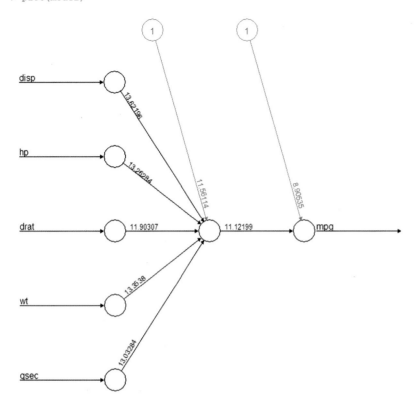

Error: 418.891818 Steps: 127

(2) 은닉층의 수가 1개인 경우 검증용 데이터(test)를 이용하여 실젯값(참값, new$actual)과 예측값(new$predict)
을 비교하면 다음과 같다. 10개의 검증용 데이터들에 대하여 예측값을 모두 20.02734로 제시하고 있다.
"forecast" 패키지 설치 후, accuracy( ) 함수를 이용하여 성능평가 지표를 확인하며, cor( )로 (실젯값, 예측값)
사이의 상관관계(1에 가까울수록 예측의 정확도가 높음)를 확인한다. 구축 모형에 대한 주요 결과들은 names( )
를 통해 알 수 있고 훈련 데이터를 이용한 학습과정 중 계산된 주요한 결과들은 $result.matrix를 통해 제공된다.

```
> new <- data.frame(actual = test$mpg)
> new$predict <- compute(model, norm_test[-length(norm_test)])$net.result
> new
    actual  predict
1     21.0 20.02734
2     21.0 20.02734
3     22.8 20.02734
4     14.3 20.02734
5     17.8 20.02734
6     15.2 20.02734
7     33.9 20.02734
8     15.2 20.02734
9     19.7 20.02734
10    21.4 20.02734
```

```
> accuracy(new$actual, new$predict)
                ME     RMSE  MAE    MPE       MAPE
Test set -0.2026631 5.370212 3.79 -1.011932 18.92413
>
> sum(new$actual - new$predict)
[1] 2.026631
>
> sum(abs(new$actual - new$predict))
[1] 37.9
>
> cor(new$actual, new$predict)
            [,1]
[1,] -0.3552465
>
> names(model)
 [1] "call"                "response"            "covariate"       "model.list"        "err.fct"
 [6] "act.fct"             "linear.output"       "data"            "exclude"           "net.result"
[11] "weights"             "generalized.weights" "startweights"    "result.matrix"
>
> model$result.matrix
                          [,1]
error                   4.188918e+02
reached.threshold       1.412259e-03
steps                   1.270000e+02
Intercept.to.1layhid1   1.156114e+01
disp.to.1layhid1        1.362196e+01
hp.to.1layhid1          1.326284e+01
drat.to.1layhid1        1.190307e+01
wt.to.1layhid1          1.335380e+01
qsec.to.1layhid1        1.303284e+01
Intercept.to.mpg        8.905348e+00
1layhid1.to.mpg         1.112199e+01
```

(3) 인공신경망의 성능을 개선하기 위하여 은닉층의 수를 (3, 3)으로 구성한 모형의 성능은 다음과 같다. 훈련 과정 중 Error의 값이 감소하고 검증용 데이터에 대해서도 성능지표가 개선(예를 들어 RMSE의 값이 5.37에서 4.91로 감소)되었음을 확인할 수 있다.

```
> model <- neuralnet(mpg ~ disp+hp+drat+wt+qsec, norm_train, hidden=c(3,3))
>
> new <- data.frame(actual = test$mpg)
> new$predict <- compute(model, norm_test[-length(norm_test)])$net.result
> new
   actual   predict
1    21.0 15.385355
2    21.0 18.212170
3    22.8 20.502444
4    14.3  8.525164
5    17.8 22.981075
6    15.2  8.298594
7    33.9 30.125627
8    15.2 12.096044
9    19.7 14.704281
10   21.4 15.111860
>
> accuracy(new$actual, new$predict)
                ME     RMSE      MAE      MPE      MAPE
Test set -3.635739 4.906883 4.671954 -30.51394 35.02294
```

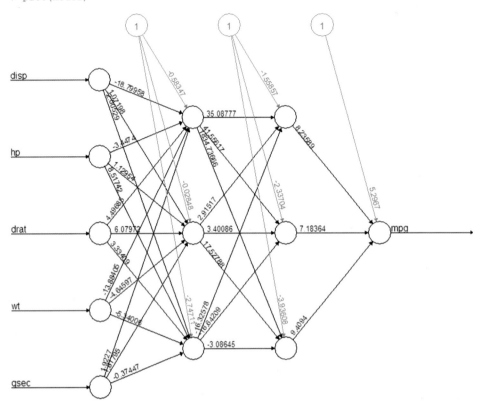

Error: 8.336101   Steps: 19194

(4) 은닉층의 수가 (4, 4)로 구성된 모형에 대한 결과는 다음과 같다. RMSE=2.88로 성능이 개선되었음을 확인할 수 있다. 주어진 데이터(훈련, 검증)에 대하여 경험적 과정을 거쳐 최적(혹은 바람직한)의 은닉층 수를 찾는 일이 사전에 검토되어야 한다.

```
> model <- neuralnet(mpg ~ disp+hp+drat+wt+qsec, norm_train, hidden=c(4,4))
>
> new <- data.frame(actual = test$mpg)
> new$predict <- compute(model, norm_test[-length(norm_test)])$net.result
>
> new
   actual  predict
1    21.0 19.53894
2    21.0 19.53907
3    22.8 24.13061
4    14.3 12.76071
5    17.8 19.53736
6    15.2 12.76071
7    33.9 30.13987
8    15.2 14.35425
9    19.7 12.76186
10   21.4 19.87913
>
> accuracy(new$actual, new$predict)
                 ME     RMSE      MAE       MPE     MAPE
Test set -1.689748 2.875451 2.303342 -11.21106 14.0924

> plot(model)
```

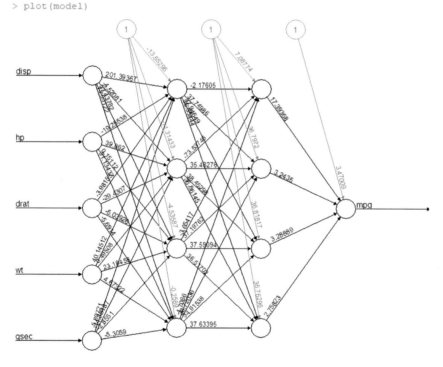

Error: 19.757535   Steps: 29527

5 시계열 분석

(1) 판매금액에 대한 시계열 데이터(BJsales)를 이용하여 시계열 분석모형을 구축한다. "forecast" 패키지에서 제공하는 auto.arima( ) 함수를 이용하여 ARIMA(1,1,1)모형을 확인한다.

```
> summary(BJsales)
   Min. 1st Qu.  Median    Mean 3rd Qu.    Max.
  198.6   212.6   220.7   230.0   254.7   263.3
> str(BJsales)
 Time-Series [1:150] from 1 to 150: 200 200 199 199 199 ...
> head(BJsales)
Time Series:
Start = 1
End = 6
Frequency = 1
[1] 200.1 199.5 199.4 198.9 199.0 200.2
>
> data <- data.frame(BJsales)
> head(data)
  BJsales
1   200.1
2   199.5
3   199.4
4   198.9
5   199.0
6   200.2
>
> dim(data)
[1] 150   1
> model <- auto.arima(data)
> model
Series: data
ARIMA(1,1,1)

Coefficients:
        ar1      ma1
      0.8800  -0.6415
s.e.  0.0644   0.1035

sigma^2 = 1.8:  log likelihood = -254.37
AIC=514.74   AICc=514.9   BIC=523.75
```

(2) arima( ) 함수를 이용하여 ARIMA(1,1,1)모형을 구축하고 자기상관함수(ACF ; Autocorrelation Function) 모형을 진단하기 위하여 tsdiag( ) 함수를 이용한다. 자기상관함수(ACF) 확인 결과, 잔차값들이 임계치 안에 포함되어 있으므로 자기상관관계가 없음을 알 수 있다. 따라서 시계열 자료를 이용하여 적용한 ARIMA( ) 모형 (formodel)은 자기상관관계가 없는 적합한 모형으로 평가된다. Box.test( ) 함수를 이용한 검정 결과 p$-$value$=0.7456>0.05$(5% 유의수준)로 시계열 분석모형이 통계적으로 적절함을 확인한다.

```
> formodel <- arima(data, c(1,1,1))
> formodel

Call:
arima(x = data, order = c(1, 1, 1))

Coefficients:
         ar1      ma1
      0.8800  -0.6415
s.e.  0.0644   0.1035

sigma^2 estimated as 1.775:  log likelihood = -254.37,  aic = 514.74

> tsdiag(formodel)
```

Standardized Residuals

ACF of Residuals

p values for Ljung-Box statistic

```
> Box.test(formodel$residuals, lag=1, type="Ljung")

        Box-Ljung test

data:  formodel$residuals
X-squared = 0.10523, df = 1, p-value = 0.7456
```

(3) 모형 진단을 통해 적합한 모형임을 확인한 후 forecast( ) 함수를 이용하여 h＝2 시점까지(model1), 그리고 h＝8 시점(model2)까지의 데이터(판매액)를 예측한다.

```
> par(mfrow=c(1,2))
> model1 <- forecast(formodel, h=2)
> plot(model1)
>
> model2 <- forecast(formodel, h=8)
> plot(model2)

> model1
    Point Forecast     Lo 80     Hi 80     Lo 95     Hi 95
151        262.8620  261.1544  264.5696  260.2504  265.4736
152        263.0046  260.2863  265.7229  258.8474  267.1618
> model2
    Point Forecast     Lo 80     Hi 80     Lo 95     Hi 95
151        262.8620  261.1544  264.5696  260.2504  265.4736
152        263.0046  260.2863  265.7229  258.8474  267.1618
153        263.1301  259.4549  266.8052  257.5094  268.7508
154        263.2405  258.6270  267.8540  256.1847  270.2963
155        263.3377  257.7980  268.8773  254.8655  271.8099
156        263.4232  256.9695  269.8768  253.5532  273.2932
157        263.4984  256.1445  270.8524  252.2515  274.7453
158        263.5647  255.3256  271.8037  250.9641  276.1652
```

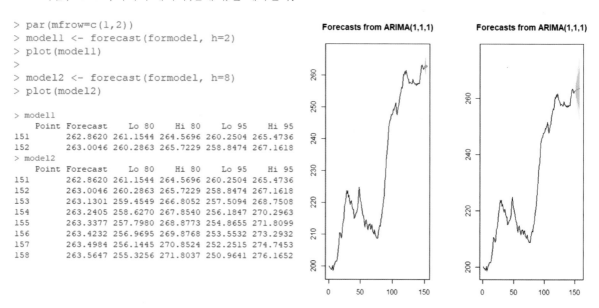

6 이항형 변수 예측

(1) "mlbench" 패키지에서 제공하는 데이터(PimaIndiansDiabetes, 피마 인디언 당뇨 발생 여부 관련 데이터)를 이용하여 이항형 변수(당뇨병 발생, diabetes＝"pos" 혹은 "neg")에 대한 예측 모형(의사결정나무)의 성능을 평가한다.

```
> data(PimaIndiansDiabetes)
> data <- data.frame(PimaIndiansDiabetes)
> head(data)
  pregnant glucose pressure triceps insulin mass pedigree age diabetes
1        6     148       72      35       0 33.6    0.627  50      pos
2        1      85       66      29       0 26.6    0.351  31      neg
3        8     183       64       0       0 23.3    0.672  32      pos
4        1      89       66      23      94 28.1    0.167  21      neg
5        0     137       40      35     168 43.1    2.288  33      pos
6        5     116       74       0       0 25.6    0.201  30      neg
> summary(data)
    pregnant         glucose         pressure         triceps         insulin           mass          pedigree           age
 Min.   : 0.000   Min.   :  0.0   Min.   :  0.00   Min.   : 0.00   Min.   :  0.0   Min.   : 0.00   Min.   :0.0780   Min.   :21.00
 1st Qu.: 1.000   1st Qu.: 99.0   1st Qu.: 62.00   1st Qu.: 0.00   1st Qu.:  0.0   1st Qu.:27.30   1st Qu.:0.2437   1st Qu.:24.00
 Median : 3.000   Median :117.0   Median : 72.00   Median :23.00   Median : 30.5   Median :32.00   Median :0.3725   Median :29.00
 Mean   : 3.845   Mean   :120.9   Mean   : 69.11   Mean   :20.54   Mean   : 79.8   Mean   :31.99   Mean   :0.4719   Mean   :33.24
 3rd Qu.: 6.000   3rd Qu.:140.2   3rd Qu.: 80.00   3rd Qu.:32.00   3rd Qu.:127.2   3rd Qu.:36.60   3rd Qu.:0.6262   3rd Qu.:41.00
 Max.   :17.000   Max.   :199.0   Max.   :122.00   Max.   :99.00   Max.   :846.0   Max.   :67.10   Max.   :2.4200   Max.   :81.00
 diabetes
 neg:500
 pos:268

>
> dim(data)
[1] 768   9
```

- **9개의 변수**
  - pregnant : 임신 횟수
  - glucose : 포도당 부하 검사 수치(혈당 농도)
  - pressure : 최소 혈압(mm Hg)
  - triceps : 피하지방 측정값(mm)
  - insulin : 혈청 인슐린 측정값(mm U/ml)
  - mass : 체질량 지수[BMI＝몸무게(kg)/키(m^2)]
  - pedigree : 당뇨 내역 가중치 값
  - age : 나이
  - diabetes : 당뇨 여부[pos(1, 양성) 또는 neg(0, 음성)]
- **총 768개의 데이터** : 양성(pos)＝268, 음성(neg)＝500개의 데이터로 구성

(2) data(PimaIndiansDiabetes) 명령어를 이용하여 데이터세트를 불러오고 데이터 프레임 형식으로 저장(data)한다. str( ) 명령어를 이용하여 예측 변수(diabetes)가 요인형 변수(factor)임을 확인한다.

```
> data(PimaIndiansDiabetes)
> data <- data.frame(PimaIndiansDiabetes)
> class(data)
[1] "data.frame"
> head(data)
  pregnant glucose pressure triceps insulin mass pedigree age diabetes
1        6     148       72      35       0 33.6    0.627  50      pos
2        1      85       66      29       0 26.6    0.351  31      neg
3        8     183       64       0       0 23.3    0.672  32      pos
4        1      89       66      23      94 28.1    0.167  21      neg
5        0     137       40      35     168 43.1    2.288  33      pos
6        5     116       74       0       0 25.6    0.201  30      neg
> str(data)
'data.frame':	768 obs. of  9 variables:
 $ pregnant: num  6 1 8 1 0 5 3 10 2 8 ...
 $ glucose : num  148 85 183 89 137 116 78 115 197 125 ...
 $ pressure: num  72 66 64 66 40 74 50 0 70 96 ...
 $ triceps : num  35 29 0 23 35 0 32 0 45 0 ...
 $ insulin : num  0 0 0 94 168 0 88 0 543 0 ...
 $ mass    : num  33.6 26.6 23.3 28.1 43.1 25.6 31 35.3 30.5 0 ...
 $ pedigree: num  0.627 0.351 0.672 0.167 2.288 ...
 $ age     : num  50 31 32 21 33 30 26 29 53 54 ...
 $ diabetes: Factor w/ 2 levels "neg","pos": 2 1 2 1 2 1 2 1 2 2 ...
```

(3) 의사결정나무 분석(tree( ) 함수 이용)을 위해 "tree" 패키지를 이용하고, 혼동행렬을 구하기 위해 (confusionMatrix( ) 함수) "caret" 패키지를 설치한다. 전체 데이터들(768개) 중 70%(537개)를 훈련용 데이터 (train)로, 나머지 30%(231개)를 검증용 데이터(test)로 분류한다. tree( ) 함수를 이용하여 모형을 구축(model)하고, plot( )과 text( ) 함수를 이용하여 의사결정나무 분류 구조를 시각화로 표현한다.

```
> id <- sample(1:nrow(data), as.integer(0.7*nrow(data)))
> train <- data[id, ]
> test <- data[-id, ]
>
> model <- tree(diabetes~., train)
> summary(model)

Classification tree:
tree(formula = diabetes ~ ., data = train)
Variables actually used in tree construction:
[1] "glucose" "mass"     "age"         "insulin" "pressure"
Number of terminal nodes:  10
Residual mean deviance:  0.8612 = 453.9 / 527
Misclassification error rate: 0.2123 = 114 / 537
> names(model)
[1] "frame"   "where"   "terms"   "call"    "y"         "weights"
> nrow(train)
[1] 537
> nrow(test)
[1] 231
> plot(model)
> text(model)
```

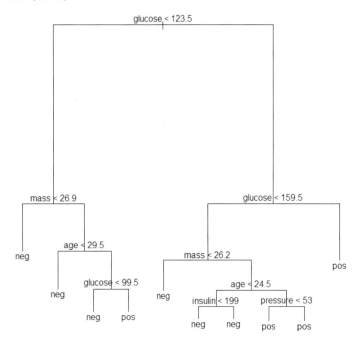

(4) 검증용 데이터(test)를 이용하여 (예측값, 실젯값)=(new$predict, new$actual)을 구하고 혼동행렬 함수 (confusionMatrx( ), "caret" 패키지)를 이용하여 정확도(Accuracy=74.03%)를 구한다. table( ) 함수를 이용하여 예측의 정확도(혹은 에러율)를 구할 수 있으며, 결과(정확도)가 동일함을 알 수 있다.

```
> new <- data.frame(actual = test$diabetes)
> new$predict <- predict(model, test, type='class')
> head(new)
  actual predict
1    pos     neg
2    neg     neg
3    pos     pos
4    pos     neg
5    pos     pos
6    neg     pos
>
> confusionMatrix(new$predict, new$actual)
Confusion Matrix and Statistics

          Reference
Prediction neg pos
       neg 111  19
       pos  41  60

               Accuracy : 0.7403
                 95% CI : (0.6787, 0.7956)
    No Information Rate : 0.658
    P-Value [Acc > NIR] : 0.004463
```

```
                  Kappa : 0.4591

 Mcnemar's Test P-Value : 0.006706

            Sensitivity : 0.7303
            Specificity : 0.7595
         Pos Pred Value : 0.8538
         Neg Pred Value : 0.5941
             Prevalence : 0.6580
         Detection Rate : 0.4805
   Detection Prevalence : 0.5628
      Balanced Accuracy : 0.7449

       'Positive' Class : neg

>
> table <- table(new$predict, new$actual)
> table

      neg pos
  neg 111  19
  pos  41  60
> accuracy <- sum(diag(table)) / nrow(test)
> accuracy
[1] 0.7402597
> error <- 1 - accuracy
> error
[1] 0.2597403
```

(5) "pROC" 패키지 설치 후, plot.roc( )로 ROC(Receiver Operating Characteristic) 곡선을 작성하여 성능을 평가한다. 그리고 roc( ) 명령어로 AUC(Area Under the ROC)의 값이 0.7449 정도(성능이 양호한 모형)됨을 확인한다.

```
> plot.roc(new$actual, as.integer(new$predict), legacy.axes=TRUE)
Setting levels: control = neg, case = pos
Setting direction: controls < cases
```

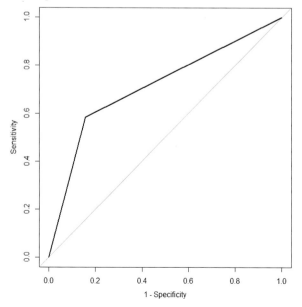

```
> result <- roc(new$actual, as.integer(new$predict))
Setting levels: control = neg, case = pos
Setting direction: controls < cases
> result

Call:
roc.default(response = new$actual, predictor = as.integer(new$predict))

Data: as.integer(new$predict) in 152 controls (new$actual neg) < 79 cases (new$actual pos).
Area under the curve: 0.7449
> names(result)
 [1] "percent"          "sensitivities"    "specificities"    "thresholds"       "direction"        "cases"            "controls"
 [8] "fun.sesp"         "auc"              "call"             "original.predictor" "original.response" "predictor"        "response"
[15] "levels"
>
> result$auc
Area under the curve: 0.7449
```

(6) 의사결정나무 모형의 성능을 개선하기 위해 과적합 문제를 해결한다. 즉, 오차를 크게 하거나 부적절한 추론 규칙을 가지고 있는 불필요한 가지를 제거하기 위하여 cv.tree( ) 함수를 이용한다. 분류가 잘못된(misclass)된 size를 식별하기 위하여 아래와 같이 FUN＝prune.misclass 옵션을 이용한다. 결과로부터 size가 5~8의 범위에서 misclass의 수가 가장 작게 되므로 이 값을 이용(best＝8)하여 의사결정나무 모형을 새롭게 구축한다.

```
> cvtree <- cv.tree(model, FUN=prune.misclass)
> plot(cvtree)
```

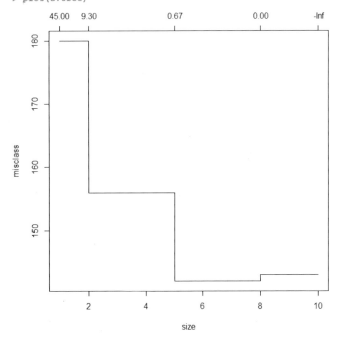

(7) prune.misclass( ) 함수(best=8)를 이용하여 최적의 가지치기 작업을 수행한 의사결정나무 모형을 구축
(prunetree)하고 plot( ), text( ) 함수[pretty=0이면, 분류되는 분할 속성의 (동일한 수준) 이름을 변경하지 않
음]를 이용하여 새로운 의사결정나무 분석모형을 확인한다.

```
> prunetree <- prune.misclass(model, best=8)
> plot(prunetree)
> text(prunetree, pretty=0)
```

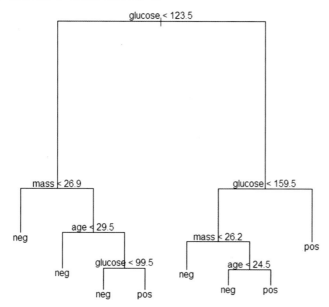

(8) 가지치기를 수행한 의사결정나무 모형에 대한 성능을 평가하기 위하여 (실젯값, 예측값)을 구한다. 혼동행렬 평가
결과, 정확도(74.03%)가 앞의 결과와 동일함을 알 수 있다.

```
> new <- data.frame(actual = test$diabetes)
> new$predict <- predict(prunetree, test, type='cla
> head(new)
  actual predict
1    pos     neg
2    neg     neg
3    pos     pos
4    pos     neg
5    pos     pos
6    neg     pos
> confusionMatrix(new$predict, new$actual)
Confusion Matrix and Statistics

          Reference
Prediction neg pos
       neg 111  19
       pos  41  60

               Accuracy : 0.7403
                 95% CI : (0.6787, 0.7956)
    No Information Rate : 0.658
    P-Value [Acc > NIR] : 0.004463
```

```
                    Kappa : 0.4591

 Mcnemar's Test P-Value : 0.006706

            Sensitivity : 0.7303
            Specificity : 0.7595
         Pos Pred Value : 0.8538
         Neg Pred Value : 0.5941
             Prevalence : 0.6580
         Detection Rate : 0.4805
   Detection Prevalence : 0.5628
      Balanced Accuracy : 0.7449

       'Positive' Class : neg
```

(9) "pROC" 패키지 설치 후, plot.roc( ) 함수를 이용하여 ROC(Receiver Operating Characteristic) 곡선을 작성한다. 그리고 roc( ) 명령어로 AUC(Area Under the ROC)의 값이 0.7449(가지치기 전의 결과와 동일)임을 알 수 있다.

```
> plot.roc(new$actual, as.integer(new$predict), legacy.axes=TRUE)
Setting levels: control = neg, case = pos
Setting direction: controls < cases
```

```
> result <- roc(new$actual, as.integer(new$predict))
Setting levels: control = neg, case = pos
Setting direction: controls < cases
> result

Call:
roc.default(response = new$actual, predictor = as.integer(new$predict))

Data: as.integer(new$predict) in 152 controls (new$actual neg) < 79 cases (new$actual pos).
Area under the curve: 0.7449
> names(result)
 [1] "percent"            "sensitivities"      "specificities"      "thresholds"          "direction"          "cases"             "controls"
 [8] "fun.sesp"           "auc"                "call"               "original.predictor" "original.response"  "predictor"         "response"
[15] "levels"
>
> result$auc
Area under the curve: 0.7449
```

제2장

연습문제

01 Boston 데이터를 이용하기 위하여 install.packages("MASS"), library(MASS) 명령어로 MASS 패키지를 설치한다. Boston 데이터는 14개의 항목(변수)에 대해 506개의 데이터를 포함한다. medv(주택가격)를 예측하기 위하여 주요 변수를 (crim, rm, age, ptratio, black)로 선정한다. 다음 순서대로 예측 모형(연속형 변수 예측)을 구축하고 성능을 평가하시오.

(1) 다중 회귀 분석모형을 구축하고 회귀모형식을 이용하여 medv에 대한 예측값을 구하시오. 그리고 accuracy( ) 함수를 이용하여 5개의 성능평가 지표(ME, RMSE, MAE, MPE, MAPE) 값을 구하시오.

(2) 의사결정나무 분석모형을 ctree( ), rpart( ), tree( ) 함수를 이용하여 각각 구하고 검증용 데이터를 이용하여 medv 값을 예측하시오. accuracy( ) 함수를 이용하여 성능평가 지표를 구하시오(단, 훈련용 데이터는 70%, 검증용 데이터는 30%로 지정한다).

(3) neuralnet( ) 함수를 이용하여 인공신경망 분석모형을 구축하고 검증용 데이터를 이용하여 medv 값을 예측하시오. accuracy( ) 함수를 이용하여 성능평가 지표를 구하시오(단, 훈련용 데이터는 70%, 검증용 데이터는 30%로 지정한다).

- Boston 데이터를 사용하기 위한 MASS 패키지 설치

  install.packages("MASS"), library(MASS)
- 14개의 변수들에 대한 506개의 데이터
  - crim : 범죄율
  - zn : 주택용지 비율
  - indus : non－retail 비즈니스 영역 비율
  - chas : Charles 강의 경계 여부(0 또는 1)
  - nox : 질소 산화물 비율
  - rm : 주택당 평균 방의 개수
  - age : 1940년 이전 소유자(건설자) 점유 비율
  - dis : 5개 주요 지점과의 가중평균 거리
  - rad : 고속도로 접근성 지수
  - tax : 재산세 비율
  - ptratio : 초중학교 선생님 비율
  - black : 흑인의 비율
  - lstat : 사회경제적 지위 (lower status of the population, %)
  - medv : 주택가격의 중앙값(median)

```
> head(Boston)
     crim zn indus chas   nox    rm  age    dis rad tax ptratio  black lstat medv
1 0.00632 18  2.31    0 0.538 6.575 65.2 4.0900   1 296    15.3 396.90  4.98 24.0
2 0.02731  0  7.07    0 0.469 6.421 78.9 4.9671   2 242    17.8 396.90  9.14 21.6
3 0.02729  0  7.07    0 0.469 7.185 61.1 4.9671   2 242    17.8 392.83  4.03 34.7
4 0.03237  0  2.18    0 0.458 6.998 45.8 6.0622   3 222    18.7 394.63  2.94 33.4
5 0.06905  0  2.18    0 0.458 7.147 54.2 6.0622   3 222    18.7 396.90  5.33 36.2
6 0.02985  0  2.18    0 0.458 6.430 58.7 6.0622   3 222    18.7 394.12  5.21 28.7

> str(Boston)
'data.frame':   506 obs. of  14 variables:
 $ crim   : num  0.00632 0.02731 0.02729 0.03237 0.06905 ...
 $ zn     : num  18 0 0 0 0 12.5 12.5 12.5 12.5 ...
 $ indus  : num  2.31 7.07 7.07 2.18 2.18 7.87 7.87 7.87 7.87 ...
 $ chas   : int  0 0 0 0 0 0 0 0 0 0 ...
 $ nox    : num  0.538 0.469 0.469 0.458 0.458 0.458 0.524 0.524 0.524 0.524 ...
 $ rm     : num  6.58 6.42 7.18 7 7.15 ...
 $ age    : num  65.2 78.9 61.1 45.8 54.2 58.7 66.6 96.1 100 85.9 ...
 $ dis    : num  4.09 4.97 4.97 6.06 6.06 ...
 $ rad    : int  1 2 2 3 3 3 5 5 5 5 ...
 $ tax    : num  296 242 242 222 222 222 311 311 311 311 ...
 $ ptratio: num  15.3 17.8 17.8 18.7 18.7 18.7 15.2 15.2 15.2 15.2 ...
 $ black  : num  397 397 393 395 397 ...
 $ lstat  : num  4.98 9.14 4.03 2.94 5.33 ...
 $ medv   : num  24 21.6 34.7 33.4 36.2 28.7 22.9 27.1 16.5 18.9 ...
```

(1) subset( )으로 필요한 항목을 추출하고, lm( ) 함수를 이용하여 회귀모형식을 다음과 같이 구한다. accuracy( )로
RMSE=5.61임을 확인할 수 있고, 회귀모형식(medv)과 predict( ) 함수를 이용한 예측 결과가 동일함을 확인한다.

$$\beta_0 = -7.193591$$
$$medv = -7.193591 - 0.113189crim + 7.144548rm - 0.034958age - 0.968243ptratio + 0.015424black$$

```
> data <- subset(Boston, select=c(crim, rm, age, ptratio, black, medv))
> head(data)
     crim    rm  age ptratio  black medv
1 0.00632 6.575 65.2    15.3 396.90 24.0
2 0.02731 6.421 78.9    17.8 396.90 21.6
3 0.02729 7.185 61.1    17.8 392.83 34.7
4 0.03237 6.998 45.8    18.7 394.63 33.4
5 0.06905 7.147 54.2    18.7 396.90 36.2
6 0.02985 6.430 58.7    18.7 394.12 28.7
>
> model <- lm(medv ~ crim+rm+age+ptratio+black, data)
> summary(model)

Call:
lm(formula = medv ~ crim + rm + age + ptratio + black, data = data)

Residuals:
    Min      1Q  Median      3Q     Max
-16.254  -2.919  -0.828   1.768  39.502

Coefficients:
             Estimate Std. Error t value Pr(>|t|)
(Intercept) -7.193591   4.135022  -1.740 0.082532 .
crim        -0.113189   0.033659  -3.363 0.000831 ***
rm           7.144548   0.388765  18.378  < 2e-16 ***
age         -0.034958   0.009873  -3.541 0.000437 ***
ptratio     -0.968243   0.128729  -7.522 2.53e-13 ***
black        0.015424   0.003020   5.106 4.68e-07 ***
---
Signif. codes:  0 '***' 0.001 '**' 0.01 '*' 0.05 '.' 0.1 ' ' 1

Residual standard error: 5.639 on 500 degrees of freedom
Multiple R-squared:  0.6278,    Adjusted R-squared:  0.624
F-statistic: 168.6 on 5 and 500 DF,  p-value: < 2.2e-16

> new <- data.frame(actual = data$medv)
> new$predict <- predict(model, data)
> head(new)
  actual  predict
1   24.0 28.80936
2   21.6 24.80720
3   34.7 30.82511
4   33.4 29.17970
5   36.2 29.98145
6   28.7 24.66306
>
> accuracy(new$actual, new$predict)
                  ME     RMSE      MAE       MPE     MAPE
Test set 8.668716e-14 5.605743 3.581906 -10.01903 33.89407
> cor(new$actual, new$predict)
[1] 0.7923129
>
> new$predict_regression <- -7.193591-0.113189*data$crim+7.144548*data$rm-0.034958*data$age-0.968243*data$ptratio+0.015424*data$black
> head(new)
  actual  predict predict_regression
1   24.0 28.80936           28.80950
2   21.6 24.80720           24.80733
3   34.7 30.82511           30.82525
4   33.4 29.17970           29.17984
5   36.2 29.98145           29.98160
6   28.7 24.66306           24.66320
>
> sum(new$predict-new$predict_regression)
[1] -0.06135377
> cor(new$predict, new$predict_regression)
[1] 1
```

(2) 의사결정나무 분석 수행 결과는 다음과 같다. 각 분석모형에 대한 RMSE는 ctree=5.81, rpart=5.42, tree=5.42로 비슷한 예측 성능을 보인다.

```
> id <- sample(1:nrow(data), as.integer(0.7*nrow(data)))
> train <- data[id, ]
> test <- data[-id, ]
>
> ctreemodel <- ctree(medv ~ crim+rm+age+ptratio+black, train)
> new <- data.frame(actual = test$medv)
> new$predict <- predict(ctreemodel, test)
> head(new)
  actual    medv
1   24.0 32.1000
2   18.9 20.0243
3   23.1 20.7200
4   17.5 20.0243
5   18.2 20.7200
6   19.6 20.0243
>
> accuracy(new$actual, new$predict)
                   ME      RMSE      MAE       MPE     MAPE
Test set -0.2678439 5.806635 3.603097 -4.014446 19.49586

> rpartmodel <- rpart(medv ~ crim+rm+age+ptratio+black, train)
> new <- data.frame(actual = test$medv)
> new$predict <- predict(rpartmodel, test)
> head(new)
  actual  predict
1   24.0 28.17209
2   18.9 18.48991
3   23.1 22.33367
4   17.5 18.48991
5   18.2 22.33367
6   19.6 18.48991
>
> accuracy(new$actual, new$predict)
                    ME      RMSE      MAE       MPE     MAPE
Test set -0.07274724 5.424157 3.438306 -2.157201 17.84068

> treemodel <- tree(medv ~ crim+rm+age+ptratio+black, train)
> new <- data.frame(actual = test$medv)
> new$predict <- predict(rpartmodel, test)
> head(new)
  actual  predict
1   24.0 28.17209
2   18.9 18.48991
3   23.1 22.33367
4   17.5 18.48991
5   18.2 22.33367
6   19.6 18.48991
>
> accuracy(new$actual, new$predict)
                    ME      RMSE      MAE       MPE     MAPE
Test set -0.07274724 5.424157 3.438306 -2.157201 17.84068
```

(3) neuralnet( )을 이용하여 인공신경망 모형을 구축하여 medv 예측 모형의 성능을 분석한다. 은닉층의 수가 1개인 경우와 hidden=c(3,3)의 경우의 성능은 RMSE=8.54로 동일하다.

```
> normalize <- function (x) {
+ return (x-min(x))/(max(x)-min(x))
+ }
>
> norm_train <- as.data.frame(lapply(train, normalize))
> norm_test <- as.data.frame(lapply(test, normalize))
> norm_train$medv <- train$medv
>
> neuralmodel <- neuralnet(medv ~ crim+rm+age+ptratio+black, norm_train)

> plot(neuralmodel)
```

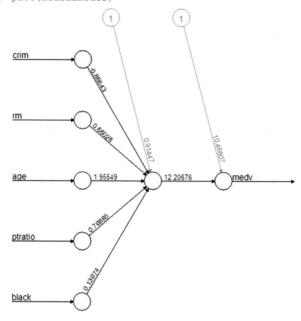

Error: 15814.273122 Steps: 126

```
> new <- data.frame(actual = test$medv)
> new$predict <- compute(neuralmodel, norm_test[-length(norm_test)])$net.result
> head(new)
  actual  predict
1   24.0 22.67483
2   18.9 22.67483
3   23.1 22.67483
4   17.5 22.67483
5   18.2 22.67483
6   19.6 22.67483
> accuracy(new$actual, new$predict)
                ME     RMSE      MAE      MPE     MAPE
Test set 0.472857 8.544757 6.327251 2.085383 27.90429
```

```
> neuralmodel <- neuralnet(medv ~ crim+rm+age+ptratio+black, norm_train, hidden=c(3,3))
> plot(neuralmodel)
```

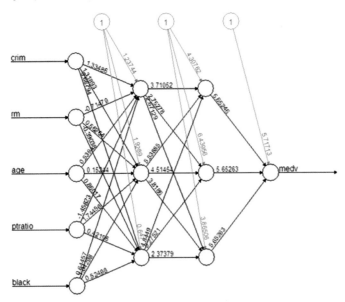

Error: 15814.273122 Steps: 96

```
> new <- data.frame(actual = test$medv)
> new$predict <- compute(neuralmodel, norm_test[-length(norm_test)])$net.result
> head(new)
  actual  predict
1   24.0 22.67484
2   18.9 22.67484
3   23.1 22.67484
4   17.5 22.67484
5   18.2 22.67484
6   19.6 22.67484
>
> accuracy(new$actual, new$predict)
                ME      RMSE      MAE      MPE     MAPE
Test set 0.4728615 8.544757 6.327253 2.085402 27.90429
```

02 R에서 제공되는 EuStockMarkets 데이터는 1991~1998년 사이 유럽의 주식 시세를 나타내는 시계열 자료이다. 다음 순서대로 시계열 분석 결과를 나타내시오(단, 유럽의 주요 증권 지표들 중 독일 프랑크푸르트 증권 지수(DAX, Deutscher Aktien Index, German Stock Index)d 대한 시계열 자료를 분석한다).

(1) DAX 시계열 자료에 대하여 auto.arima( ), arima( ) 함수를 이용하여 ARIMA 시계열 분석모형을 구축하시오.

(2) 자기상관함수(ACF)를 구하여 모형을 진단하고 Box.test( ) 검정 결과를 통하여 시계열 예측 모형의 타당성을 검증하시오.

(3) forecast( ) 함수를 이용하여 h=50, h=100 시점 이후의 시계열 자료(각 지표별 주가)를 예측하시오.

```
> str(EuStockMarkets)
 Time-Series [1:1860, 1:4] from 1991 to 1999: 1629 1614 1607 1621 1618 ...
 - attr(*, "dimnames")=List of 2
  ..$ : NULL
  ..$ : chr [1:4] "DAX" "SMI" "CAC" "FTSE"
> data <- data.frame(EuStockMarkets)
> head(data)
       DAX     SMI    CAC    FTSE
1 1628.75 1678.1 1772.8 2443.6
2 1613.63 1688.5 1750.5 2460.2
3 1606.51 1678.6 1718.0 2448.2
4 1621.04 1684.1 1708.1 2470.4
5 1618.16 1686.6 1723.1 2484.7
6 1610.61 1671.6 1714.3 2466.8
> summary(data)
      DAX            SMI            CAC            FTSE
 Min.   :1402   Min.   :1587   Min.   :1611   Min.   :2281
 1st Qu.:1744   1st Qu.:2166   1st Qu.:1875   1st Qu.:2843
 Median :2141   Median :2796   Median :1992   Median :3247
 Mean   :2531   Mean   :3376   Mean   :2228   Mean   :3566
 3rd Qu.:2722   3rd Qu.:3812   3rd Qu.:2274   3rd Qu.:3994
 Max.   :6186   Max.   :8412   Max.   :4388   Max.   :6179
> describe(data)
     vars    n    mean      sd  median trimmed     mad     min     max   range skew kurtosis    se
DAX     1 1860 2530.66 1084.79 2140.56 2335.10  636.49 1402.34 6186.09 4783.75 1.53     1.56 25.15
SMI     2 1860 3376.22 1663.03 2796.35 3105.62 1250.42 1587.40 8412.00 6824.60 1.31     0.83 38.56
CAC     3 1860 2227.83  580.31 1992.30 2109.52  225.36 1611.00 4388.50 2777.50 1.94     3.26 13.46
FTSE    4 1860 3565.64  976.72 3246.60 3436.51  765.54 2281.00 6179.00 3898.00 1.03     0.16 22.65
```

정답 및 해설

(1) auto.arima( )로 ARIMA(1, 2, 0)모형을 확인한 후, arima( ) 시계열 분석모형을 구축한다.

```
> data <- subset(data, select=c(DAX))
> head(data)
        DAX
1 1628.75
2 1613.63
3 1606.51
4 1621.04
5 1618.16
6 1610.61
> dim(data)
[1] 1860    1
> model <- auto.arima(data)
> model
Series: data
ARIMA(1,2,0)

Coefficients:
          ar1
      -0.4931
s.e.   0.0203

sigma^2 = 1595:  log likelihood = -9487.09
AIC=18978.18   AICc=18978.18   BIC=18989.23
> formodel <- arima(data, c(1,2,0))
> formodel

Call:
arima(x = data, order = c(1, 2, 0))

Coefficients:
          ar1
      -0.4931
s.e.   0.0203

sigma^2 estimated as 1594:  log likelihood = -9487.09,  aic = 18978.18
```

(2) Box.test( ) 함수를 이용한 검정 결과 $p-value=1.923\times10^{-12}<0.05(5\%$ 유의수준)로 시계열 분석모형이 통계적으로 적절하지 않다.

```
> tsdiag(formodel)
```

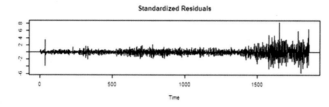

Standardized Residuals

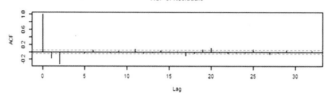

ACF of Residuals

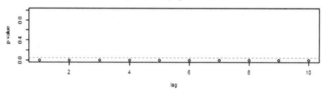

p values for Ljung-Box statistic

```
> Box.test(formodel$residuals, lag=1, type="Ljung")

        Box-Ljung test

data:  formodel$residuals
X-squared = 49.561, df = 1, p-value = 1.923e-12
```

(3) forecast( ) 함수를 이용하여 h＝50(model1), h＝100(model2) 시점에 대한 주가를 예측한다.

```
> par(mfrow=c(1,2))
> model1 <- forecast(formodel, h=50)
> plot(model1)
>
> model2 <- forecast(formodel, h=100)
> plot(model2)
```

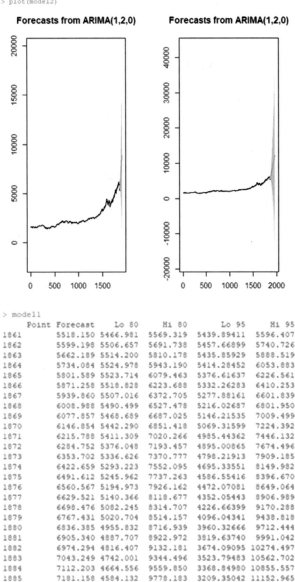

```
> model1
     Point Forecast     Lo 80     Hi 80       Lo 95      Hi 95
1861       5518.150  5466.981  5569.319  5439.89411   5596.407
1862       5599.198  5506.657  5691.738  5457.66899   5740.726
1863       5662.189  5514.200  5810.178  5435.85929   5888.519
1864       5734.084  5524.978  5943.190  5414.28452   6053.883
1865       5801.589  5523.714  6079.463  5376.61637   6226.561
1866       5871.258  5518.828  6223.688  5332.26283   6410.253
1867       5939.860  5507.016  6372.705  5277.88161   6601.839
1868       6008.988  5490.499  6527.478  5216.02687   6801.950
1869       6077.857  5468.689  6687.025  5146.21535   7009.499
1870       6146.854  5442.290  6851.418  5069.31599   7224.392
1871       6215.788  5411.309  7020.266  4985.44362   7446.132
1872       6284.752  5376.048  7193.457  4895.00865   7674.496
1873       6353.702  5336.626  7370.777  4798.21913   7909.185
1874       6422.659  5293.223  7552.095  4695.33551   8149.982
1875       6491.612  5245.962  7737.263  4586.55416   8396.670
1876       6560.567  5194.973  7926.162  4472.07081   8649.064
1877       6629.521  5140.366  8118.677  4352.05443   8906.989
1878       6698.476  5082.245  8314.707  4226.66399   9170.288
1879       6767.431  5020.704  8514.157  4096.04341   9438.818
1880       6836.385  4955.832  8716.939  3960.32666   9712.444
1881       6905.340  4887.707  8922.972  3819.63740   9991.042
1882       6974.294  4816.407  9132.181  3674.09095  10274.497
1883       7043.249  4742.001  9344.496  3523.79483  10562.702
1884       7112.203  4664.556  9559.850  3368.84980  10855.557
1885       7181.158  4584.132  9778.183  3209.35042  11152.965
1886       7250.112  4500.789  9999.435  3045.38572  11454.839
1887       7319.067  4414.581 10223.552  2877.03969  11761.094
1888       7388.021  4325.561 10450.482  2704.39178  12071.651
1889       7456.976  4233.776 10680.175  2527.51724  12386.434
1890       7525.930  4139.275 10912.586  2346.48752  12705.373
```

```
1891    7594.885 4042.101 11147.669  2161.37055 13028.399
1892    7663.839 3942.297 11385.382  1972.23106 13355.447
1893    7732.794 3839.903 11625.685  1779.13077 13686.457
1894    7801.748 3734.958 11868.539  1582.12865 14021.368
1895    7870.703 3627.498 12113.908  1381.28112 14360.124
1896    7939.657 3517.559 12361.755  1176.64223 14702.672
1897    8008.612 3405.176 12612.048   968.26378 15048.960
1898    8077.566 3290.379 12864.753   756.19555 15398.937
1899    8146.521 3173.202 13119.840   540.48533 15752.556
1900    8215.475 3053.672 13377.278   321.17914 16109.771
1901    8284.430 2931.821 13637.038    98.32129 16470.538
1902    8353.384 2807.675 13899.093  -128.04551 16834.814
1903    8422.339 2681.262 14163.415  -357.88007 17202.558
1904    8491.293 2552.608 14429.979  -591.14260 17573.729
1905    8560.248 2421.737 14698.759  -827.79466 17948.290
1906    8629.202 2288.674 14969.731 -1067.79905 18326.204
1907    8698.157 2153.443 15242.871 -1311.11981 18707.434
1908    8767.111 2016.066 15518.157 -1557.72207 19091.945
1909    8836.066 1876.565 15795.567 -1807.57207 19479.704
1910    8905.020 1734.962 16075.078 -2060.63706 19870.678


> model2
        Point Forecast     Lo 80     Hi 80        Lo 95      Hi 95
1861    5518.150 5466.98134 5569.319  5439.89411  5596.407
1862    5599.198 5506.65699 5691.738  5457.66899  5740.726
1863    5662.189 5514.20003 5810.178  5435.85929  5888.519
1864    5734.084 5524.97834 5943.190  5414.28452  6053.883
1865    5801.589 5523.71421 6079.463  5376.61637  6226.561
1866    5871.258 5518.82802 6223.688  5332.26283  6410.253
1867    5939.860 5507.01562 6372.705  5277.88161  6601.839
1868    6008.988 5490.49872 6527.478  5216.02687  6801.950
1869    6077.857 5468.68934 6687.025  5146.21535  7009.499
1870    6146.854 5442.28975 6851.418  5069.31599  7224.392
1871    6215.788 5411.30893 7020.266  4985.44362  7446.132
1872    6284.752 5376.04781 7193.457  4895.00865  7674.496
1873    6353.702 5336.62637 7370.777  4798.21913  7909.185
1874    6422.659 5293.22283 7552.095  4695.33551  8149.982
1875    6491.612 5245.96168 7737.263  4586.55416  8396.670
1876    6560.567 5194.97284 7926.162  4472.07081  8649.064
1877    6629.521 5140.36582 8118.677  4352.05443  8906.989
1878    6698.476 5082.24505 8314.707  4226.66399  9170.288
1879    6767.431 5020.70440 8514.157  4096.04341  9438.818
1880    6836.385 4955.83157 8716.939  3960.32666  9712.444
1881    6905.340 4887.70738 8922.972  3819.63740  9991.042
1882    6974.294 4816.40726 9132.181  3674.09095 10274.497
1883    7043.249 4742.00149 9344.496  3523.79483 10562.702
1884    7112.203 4664.55596 9559.850  3368.84980 10855.557
1885    7181.158 4584.13250 9778.183  3209.35042 11152.965
1886    7250.112 4500.78932 9999.435  3045.38572 11454.839
1887    7319.067 4414.58135 10223.552 2877.03969 11761.094
1888    7388.021 4325.56053 10450.482 2704.39178 12071.651
1889    7456.976 4233.77606 10680.175 2527.51724 12386.434
1890    7525.930 4139.27467 10912.586 2346.48752 12705.373
1891    7594.885 4042.10077 11147.669 2161.37055 13028.399
1892    7663.839 3942.29668 11385.382 1972.23106 13355.447
1893    7732.794 3839.90277 11625.685 1779.13077 13686.457
1894    7801.748 3734.95759 11868.539 1582.12865 14021.368
1895    7870.703 3627.49803 12113.908 1381.28112 14360.124
1896    7939.657 3517.55943 12361.755 1176.64223 14702.672
1897    8008.612 3405.17566 12612.048  968.26378 15048.960
1898    8077.566 3290.37928 12864.753  756.19555 15398.937
1899    8146.521 3173.20153 13119.840  540.48533 15752.556
1900    8215.475 3053.67250 13377.278  321.17914 16109.771
1901    8284.430 2931.82116 13637.038   98.32129 16470.538
1902    8353.384 2807.67544 13899.093 -128.04551 16834.814
1903    8422.339 2681.26228 14163.415 -357.88007 17202.558
1904    8491.293 2552.60769 14429.979 -591.14260 17573.729
1905    8560.248 2421.73681 14698.759 -827.79466 17948.290
1906    8629.202 2288.67395 14969.731 -1067.79905 18326.204
1907    8698.157 2153.44264 15242.871 -1311.11981 18707.434
1908    8767.111 2016.06566 15518.157 -1557.72207 19091.945
1909    8836.066 1876.56511 15795.567 -1807.57207 19479.704
1910    8905.020 1734.96239 16075.078 -2060.63706 19870.678
1911    8973.975 1591.27828 16356.672 -2316.88525 20264.835
1912    9042.929 1445.53297 16640.326 -2576.28579 20662.145
```

1908	8767.111	2016.06566	15518.157	-1557.72207	19091.945
1909	8836.066	1876.56511	15795.567	-1807.57207	19479.704
1910	8905.020	1734.96239	16075.078	-2060.63706	19870.678
1911	8973.975	1591.27828	16356.672	-2316.88525	20264.835
1912	9042.929	1445.53297	16640.326	-2576.28579	20662.145
1913	9111.884	1297.74604	16926.022	-2838.80870	21062.577
1914	9180.838	1147.93655	17213.740	-3104.42485	21466.102
1915	9249.793	996.12304	17503.463	-3373.10590	21872.692
1916	9318.747	842.32352	17795.171	-3644.82427	22282.319
1917	9387.702	686.55555	18088.848	-3919.55314	22694.957
1918	9456.656	528.83622	18384.477	-4197.26636	23110.579
1919	9525.611	369.18218	18682.040	-4477.93845	23529.160
1920	9594.566	207.60967	18981.521	-4761.54459	23950.676
1921	9663.520	44.13453	19282.906	-5048.06056	24375.101
1922	9732.475	-121.22780	19586.177	-5337.46273	24802.412
1923	9801.429	-288.46224	19891.320	-5629.72805	25232.586
1924	9870.384	-457.55407	20198.321	-5924.83400	25665.601
1925	9939.338	-628.48891	20507.165	-6222.75859	26101.435
1926	10008.293	-801.25271	20817.838	-6523.48033	26540.065
1927	10077.247	-975.83172	21130.326	-6826.97820	26981.472
1928	10146.202	-1152.21253	21444.616	-7133.23168	27425.635
1929	10215.156	-1330.38199	21760.694	-7442.22068	27872.533
1930	10284.111	-1510.32726	22078.549	-7753.92553	28322.147
1931	10353.065	-1692.03575	22398.166	-8068.32700	28774.457
1932	10422.020	-1875.49515	22719.534	-8385.40625	29229.446
1933	10490.974	-2060.69340	23042.642	-8705.14483	29687.093
1934	10559.929	-2247.61867	23367.476	-9027.52468	30147.382
1935	10628.883	-2436.25940	23694.026	-9352.52809	30610.294
1936	10697.838	-2626.60422	24022.280	-9680.13770	31075.813
1937	10766.792	-2818.64203	24352.226	-10010.33649	31543.921
1938	10835.747	-3012.36190	24683.855	-10343.10778	32014.601
1939	10904.701	-3207.75314	25017.156	-10678.43521	32487.838
1940	10973.656	-3404.80524	25352.117	-11016.30270	32963.614
1941	11042.610	-3603.50790	25688.728	-11356.69450	33441.915
1942	11111.565	-3803.85100	26026.980	-11699.59514	33922.725
1943	11180.519	-4005.82460	26366.863	-12044.98943	34406.028
1944	11249.474	-4209.41897	26708.366	-12392.86245	34891.810
1945	11318.428	-4414.62450	27051.481	-12743.19955	35380.056
1946	11387.383	-4621.43180	27396.197	-13095.98634	35870.752
1947	11456.337	-4829.83161	27742.506	-13451.20865	36363.883
1948	11525.292	-5039.81484	28090.398	-13808.85260	36859.436
1949	11594.246	-5251.37255	28439.865	-14168.90451	37357.397
1950	11663.201	-5464.49596	28790.898	-14531.35094	37857.753
1951	11732.155	-5679.17641	29143.487	-14896.17868	38360.489
1952	11801.110	-5895.40542	29497.625	-15263.37472	38865.594
1953	11870.064	-6113.17461	29853.303	-15632.92628	39373.055
1954	11939.019	-6332.47577	30210.513	-16004.82076	39882.858
1955	12007.973	-6553.30078	30569.248	-16379.04579	40394.993
1956	12076.928	-6775.64168	30929.497	-16755.58916	40909.445
1957	12145.882	-6999.49062	31291.255	-17134.43889	41426.204
1958	12214.837	-7224.83987	31654.514	-17515.58314	41945.257
1959	12283.791	-7451.68183	32019.265	-17899.01029	42466.593
1960	12352.746	-7680.00900	32385.501	-18284.70887	42990.201

03 R에서 제공되는 ChickWeight 데이터는 다이어트(혹은 식이요법) 유형별 병아리 (몸무게, 시간, 병아리ID, 식이요법 유형)의 몸무게 자료이다. 식이요법의 유형이 (1, 2)인 이항형 자료(data)에 대한 이항형 변수 예측을 위한 의사결정나무 분석 결과를 출력하시오(단, 전체 데이터들 중 70%를 훈련용으로, 나머지 30%를 검증용 데이터로 사용한다).

(1) tree( ) 함수를 이용한 의사결정나무 분석모형을 구축하고 검증용 데이터에 대한 예측의 정확도(혼동행렬 수행 결과)를 평가하시오.

(2) cv.tree( ) 함수를 이용하여 misclass된 size를 식별하고 prune.misclass( ) 함수를 이용하여 과적합 후 가지치기를 수행한 새로운 의사결정나무 분석모형을 구축하시오.

(3) 가지치기 후 의사결정나무 분석모형에 대한 정확도(혼동행렬 수행 결과)를 평가하시오.

(4) 가지치기 후 구축된 이항형 변수 예측을 위한 의사결정나무 분석모형의 ROC 곡선을 작성하고 AUC 값을 구하시오.

```
> str(ChickWeight)
Classes 'nfnGroupedData', 'nfGroupedData', 'groupedData' and 'data.frame':     578 obs. of  4 variables:
 $ weight: num  42 51 59 64 76 93 106 125 149 171 ...
 $ Time  : num  0 2 4 6 8 10 12 14 16 18 ...
 $ Chick : Ord.factor w/ 50 levels "18"<"16"<"15"<..: 15 15 15 15 15 15 15 15 15 15 ...
 $ Diet  : Factor w/ 4 levels "1","2","3","4": 1 1 1 1 1 1 1 1 1 1 ...
 - attr(*, "formula")=Class 'formula'  language weight ~ Time | Chick
 .. ..- attr(*, ".Environment")=<environment: R_EmptyEnv>
 - attr(*, "outer")=Class 'formula'  language ~Diet
 .. ..- attr(*, ".Environment")=<environment: R_EmptyEnv>
 - attr(*, "labels")=List of 2
 ..$ x: chr "Time"
 ..$ y: chr "Body weight"
 - attr(*, "units")=List of 2
 ..$ x: chr "(days)"
 ..$ y: chr "(gm)"
> summary(ChickWeight)
     weight            Time          Chick       Diet
 Min.   : 35.0   Min.   : 0.00   13     : 12   1:220
 1st Qu.: 63.0   1st Qu.: 4.00   9      : 12   2:120
 Median :103.0   Median :10.00   20     : 12   3:120
 Mean   :121.8   Mean   :10.72   10     : 12   4:118
 3rd Qu.:163.8   3rd Qu.:16.00   17     : 12
 Max.   :373.0   Max.   :21.00   19     : 12
                                 (Other):506
>
> data <- subset(ChickWeight, Diet == "1" | Diet == "2")
> summary(data)
     weight            Time          Chick       Diet
 Min.   : 35.0   Min.   : 0.00   13     : 12   1:220
 1st Qu.: 59.0   1st Qu.: 4.00   9      : 12   2:120
 Median : 91.5   Median :10.00   20     : 12
 Mean   :109.7   Mean   :10.64   10     : 12
 3rd Qu.:147.2   3rd Qu.:16.00   17     : 12
 Max.   :331.0   Max.   :21.00   19     : 12
                                 (Other):268
> head(data)
Grouped Data: weight ~ Time | Chick
  weight Time Chick Diet
1     42    0     1    1
2     51    2     1    1
3     59    4     1    1
4     64    6     1    1
5     76    8     1    1
6     93   10     1    1
```

(1) tree( ) 함수를 이용한 의사결정나무 분석모형의 성능은 정확도＝84.47%이다.

```
> data <- data.frame(data)
> id <- sample(1:nrow(data), as.integer(0.7*nrow(data)))
> train <- data[id, ]
> test <- data[-id, ]
>
> model <- tree(Diet ~., train)
> new <- data.frame(actual = test$Diet)
> new$predict <- predict(model, test, type='class')
> head(new)
  actual predict
1      1       1
2      1       1
3      1       1
4      1       1
5      1       1
6      1       1
> confusionMatrix(new$predict, new$actual)
Confusion Matrix and Statistics

          Reference
Prediction  1  2
         1 64 16
         2  0 23

               Accuracy : 0.8447
                 95% CI : (0.76, 0.9085)
    No Information Rate : 0.6214
    P-Value [Acc > NIR] : 5.922e-07

                  Kappa : 0.6411

 Mcnemar's Test P-Value : 0.0001768

            Sensitivity : 1.0000
            Specificity : 0.5897
         Pos Pred Value : 0.8000
         Neg Pred Value : 1.0000
             Prevalence : 0.6214
         Detection Rate : 0.6214
   Detection Prevalence : 0.7767
      Balanced Accuracy : 0.7949

       'Positive' Class : 1
```

(2) 오차를 크게 하거나 부적절한 추론 규칙을 가지고 있는 불필요한 가지를 제거하기 위하여 cv.tree( ) 함수를 이용한다. 분류가 잘못(misclass)된 size를 식별하기 위하여 아래와 같이 FUN=prune.misclass 옵션을 이용한다. 결과로부터 best=2로 설정하여 의사결정나무 모형을 새롭게 구축한다. prune.misclass( ) 함수(best=2)를 이용하여 최적의 가지치기 작업을 수행한 의사결정나무 모형을 구축(prunetree)하고 plot( ), text( ) 함수[pretty=0이면, 분류되는 분할 속성의 (동일한 수준) 이름을 변경하지 않음]를 이용하여 새로운 의사결정나무 분석모형을 확인한다.

```
> cvtree <- cv.tree(model, FUN=prune.misclass)
> plot(cvtree)
```

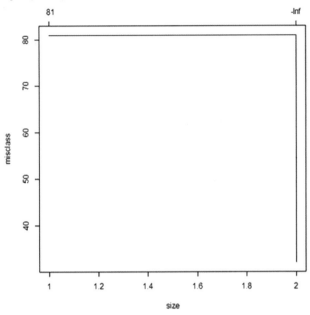

```
> prunetree <- prune.misclass(model, best=2)
> plot(prunetree)
> text(prunetree, pretty=0)
```

Chick: 18,16,15,13,9,20,10,8,17,19,4,6,11,3,1,12,2,5,14,7

(3) 새로운 분석모형(prunetree)에 대한 성능분석 결과, 정확도＝84.47%로 tree( ) 모형과 동일한 결과를 나타낸다.

```
> new <- data.frame(actual = test$Diet)
> new$predict <- predict(prunetree, test, type='class')
> head(new)
  actual predict
1      1       1
2      1       1
3      1       1
4      1       1
5      1       1
6      1       1
>
> confusionMatrix(new$predict, new$actual)
Confusion Matrix and Statistics

          Reference
Prediction  1  2
         1 64 16
         2  0 23

               Accuracy : 0.8447
                 95% CI : (0.76, 0.9085)
    No Information Rate : 0.6214
    P-Value [Acc > NIR] : 5.922e-07

                  Kappa : 0.6411

 Mcnemar's Test P-Value : 0.0001768

            Sensitivity : 1.0000
            Specificity : 0.5897
         Pos Pred Value : 0.8000
         Neg Pred Value : 1.0000
             Prevalence : 0.6214
         Detection Rate : 0.6214
   Detection Prevalence : 0.7767
      Balanced Accuracy : 0.7949

       'Positive' Class : 1
```

(4) roc( ) 함수로 구한 AUC＝0.7949로 비교적 양호한 예측 모형임을 알 수 있다.

```
> plot.roc(new$actual, as.integer(new$predict), legacy.axes=TRUE)
Setting levels: control = 1, case = 2
Setting direction: controls < cases
```

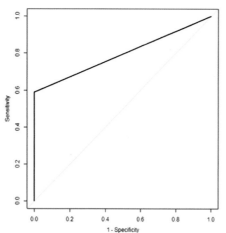

```
> roc(new$actual, as.integer(new$predict))$auc
Setting levels: control = 1, case = 2
Setting direction: controls < cases
Area under the curve: 0.7949
```

단원

종합문제

데이터 전처리

데이터 분석모형 구축

데이터 전처리

I mtcars 데이터세트 활용 작업형 문제

R에서 제공되는 mtcars 데이터세트는 1973년부터 1974년 사이 32개 자동차 모델별 성능 관련 데이터(1974년 Motor Trend US 잡지 게재)로 11개 항목에 대한 차량 정보를 나타낸다. summary( ), describe( ) 함수를 이용하여 항목별 기술통계량의 값을 알 수 있으며, 각 항목에 대한 결측값은 없다. describe( ) 함수를 사용하는 경우 "psych" 패키지를 사전에 설치한다.

- mpg : 연비(miles per gallon)
- cyl : 실린더의 수
- disp : 배기량
- hp : 마력
- drat : 후방차축 비율
- wt : 무게
- qsec : 1/4마일에 도달하는 데 걸린 시간
- vs : 엔진(0 : V−engine, 1 : Straight Engine)
- am : 변속기(0 : 자동, 1 : 수동)
- gear : (전진)기어의 개수
- carb : 카뷰레터 개수

```
> mtcars
                     mpg cyl  disp  hp drat    wt  qsec vs am gear carb
Mazda RX4           21.0   6 160.0 110 3.90 2.620 16.46  0  1    4    4
Mazda RX4 Wag       21.0   6 160.0 110 3.90 2.875 17.02  0  1    4    4
Datsun 710          22.8   4 108.0  93 3.85 2.320 18.61  1  1    4    1
Hornet 4 Drive      21.4   6 258.0 110 3.08 3.215 19.44  1  0    3    1
Hornet Sportabout   18.7   8 360.0 175 3.15 3.440 17.02  0  0    3    2
Valiant             18.1   6 225.0 105 2.76 3.460 20.22  1  0    3    1
Duster 360          14.3   8 360.0 245 3.21 3.570 15.84  0  0    3    4
Merc 240D           24.4   4 146.7  62 3.69 3.190 20.00  1  0    4    2
Merc 230            22.8   4 140.8  95 3.92 3.150 22.90  1  0    4    2
Merc 280            19.2   6 167.6 123 3.92 3.440 18.30  1  0    4    4
Merc 280C           17.8   6 167.6 123 3.92 3.440 18.90  1  0    4    4
Merc 450SE          16.4   8 275.8 180 3.07 4.070 17.40  0  0    3    3
Merc 450SL          17.3   8 275.8 180 3.07 3.730 17.60  0  0    3    3
Merc 450SLC         15.2   8 275.8 180 3.07 3.780 18.00  0  0    3    3
Cadillac Fleetwood  10.4   8 472.0 205 2.93 5.250 17.98  0  0    3    4
Lincoln Continental 10.4   8 460.0 215 3.00 5.424 17.82  0  0    3    4
Chrysler Imperial   14.7   8 440.0 230 3.23 5.345 17.42  0  0    3    4
Fiat 128            32.4   4  78.7  66 4.08 2.200 19.47  1  1    4    1
Honda Civic         30.4   4  75.7  52 4.93 1.615 18.52  1  1    4    2
Toyota Corolla      33.9   4  71.1  65 4.22 1.835 19.90  1  1    4    1
Toyota Corona       21.5   4 120.1  97 3.70 2.465 20.01  1  0    3    1
Dodge Challenger    15.5   8 318.0 150 2.76 3.520 16.87  0  0    3    2
AMC Javelin         15.2   8 304.0 150 3.15 3.435 17.30  0  0    3    2
Camaro Z28          13.3   8 350.0 245 3.73 3.840 15.41  0  0    3    4
Pontiac Firebird    19.2   8 400.0 175 3.08 3.845 17.05  0  0    3    2
Fiat X1-9           27.3   4  79.0  66 4.08 1.935 18.90  1  1    4    1
Porsche 914-2       26.0   4 120.3  91 4.43 2.140 16.70  0  1    5    2
Lotus Europa        30.4   4  95.1 113 3.77 1.513 16.90  1  1    5    2
Ford Pantera L      15.8   8 351.0 264 4.22 3.170 14.50  0  1    5    4
Ferrari Dino        19.7   6 145.0 175 3.62 2.770 15.50  0  1    5    6
Maserati Bora       15.0   8 301.0 335 3.54 3.570 14.60  0  1    5    8
Volvo 142E          21.4   4 121.0 109 4.11 2.780 18.60  1  1    4    2
> dim(mtcars)
[1] 32 11
> str(mtcars)
'data.frame':   32 obs. of  11 variables:
 $ mpg : num  21 21 22.8 21.4 18.7 18.1 14.3 24.4 22.8 19.2 ...
 $ cyl : num  6 6 4 6 8 6 8 4 4 6 ...
 $ disp: num  160 160 108 258 360 ...
 $ hp  : num  110 110 93 110 175 105 245 62 95 123 ...
 $ drat: num  3.9 3.9 3.85 3.08 3.15 2.76 3.21 3.69 3.92 3.92 ...
 $ wt  : num  2.62 2.88 2.32 3.21 3.44 ...
 $ qsec: num  16.5 17 18.6 19.4 17 ...
 $ vs  : num  0 0 1 1 0 1 0 1 1 1 ...
 $ am  : num  1 1 1 0 0 0 0 0 0 0 ...
 $ gear: num  4 4 4 3 3 3 3 4 4 4 ...
 $ carb: num  4 4 1 1 2 1 4 2 2 4 ...
> summary(mtcars)
      mpg             cyl             disp             hp             drat             wt
 Min.   :10.40   Min.   :4.000   Min.   : 71.1   Min.   : 52.0   Min.   :2.760   Min.   :1.513
 1st Qu.:15.43   1st Qu.:4.000   1st Qu.:120.8   1st Qu.: 96.5   1st Qu.:3.080   1st Qu.:2.581
 Median :19.20   Median :6.000   Median :196.3   Median :123.0   Median :3.695   Median :3.325
 Mean   :20.09   Mean   :6.188   Mean   :230.7   Mean   :146.7   Mean   :3.597   Mean   :3.217
 3rd Qu.:22.80   3rd Qu.:8.000   3rd Qu.:326.0   3rd Qu.:180.0   3rd Qu.:3.920   3rd Qu.:3.610
 Max.   :33.90   Max.   :8.000   Max.   :472.0   Max.   :335.0   Max.   :4.930   Max.   :5.424
      qsec             vs               am              gear            carb
 Min.   :14.50   Min.   :0.0000   Min.   :0.0000   Min.   :3.000   Min.   :1.000
 1st Qu.:16.89   1st Qu.:0.0000   1st Qu.:0.0000   1st Qu.:3.000   1st Qu.:2.000
 Median :17.71   Median :0.0000   Median :0.0000   Median :4.000   Median :2.000
 Mean   :17.85   Mean   :0.4375   Mean   :0.4062   Mean   :3.688   Mean   :2.812
 3rd Qu.:18.90   3rd Qu.:1.0000   3rd Qu.:1.0000   3rd Qu.:4.000   3rd Qu.:4.000
 Max.   :22.90   Max.   :1.0000   Max.   :1.0000   Max.   :5.000   Max.   :8.000
> describe(mtcars)
     vars  n   mean     sd median trimmed    mad   min    max  range  skew kurtosis    se
mpg     1 32  20.09   6.03  19.20   19.70   5.41 10.40  33.90  23.50  0.61    -0.37  1.07
cyl     2 32   6.19   1.79   6.00    6.23   2.97  4.00   8.00   4.00 -0.17    -1.76  0.32
disp    3 32 230.72 123.94 196.30  222.52 140.48 71.10 472.00 400.90  0.38    -1.21 21.91
hp      4 32 146.69  68.56 123.00  141.19  77.10 52.00 335.00 283.00  0.73    -0.14 12.12
drat    5 32   3.60   0.53   3.70    3.58   0.70  2.76   4.93   2.17  0.27    -0.71  0.09
wt      6 32   3.22   0.98   3.33    3.15   0.77  1.51   5.42   3.91  0.42    -0.02  0.17
qsec    7 32  17.85   1.79  17.71   17.83   1.42 14.50  22.90   8.40  0.37     0.34  0.32
vs      8 32   0.44   0.50   0.00    0.42   0.00  0.00   1.00   1.00  0.24    -2.00  0.09
am      9 32   0.41   0.50   0.00    0.38   0.00  0.00   1.00   1.00  0.36    -1.92  0.09
gear   10 32   3.69   0.74   4.00    3.62   1.48  3.00   5.00   2.00  0.53    -1.07  0.13
carb   11 32   2.81   1.62   2.00    2.65   1.48  1.00   8.00   7.00  1.05     1.26  0.29
```

Q-01 연비가 높은 순서대로 데이터를 정렬한 후, 연비가 높은 상위 10개 차량에 대한 데이터를 이용한다. 카뷰레터의 수(carb)가 2개인 경우 마력의 평균값과 카뷰레터의 수가 1개인 경우 마력의 평균값의 차이를 출력하시오.

📖 **정답 및 해설** 5.2

order( ) 함수를 이용하여 연비의 내림차순 정렬을 수행한 데이터를 저장(data)한다. 연비가 높은 상위 10개의 데이터를 확인하고, 카뷰레터 수가 2개인 경우(carb=2)의 평균 마력을 c2_hp에 저장한다. 그리고 carb=1개인 경우의 평균 마력을 c1_hp에 저장 후, 평균값의 차이를 구한다.

```
> data <- mtcars[order(-mtcars$mpg),]
> data <- data[1:10,]
> data
                mpg cyl  disp  hp drat    wt  qsec vs am gear carb
Toyota Corolla 33.9   4  71.1  65 4.22 1.835 19.90  1  1    4    1
Fiat 128       32.4   4  78.7  66 4.08 2.200 19.47  1  1    4    1
Honda Civic    30.4   4  75.7  52 4.93 1.615 18.52  1  1    4    2
Lotus Europa   30.4   4  95.1 113 3.77 1.513 16.90  1  1    5    2
Fiat X1-9      27.3   4  79.0  66 4.08 1.935 18.90  1  1    4    1
Porsche 914-2  26.0   4 120.3  91 4.43 2.140 16.70  0  1    5    2
Merc 240D      24.4   4 146.7  62 3.69 3.190 20.00  1  0    4    2
Datsun 710     22.8   4 108.0  93 3.85 2.320 18.61  1  1    4    1
Merc 230       22.8   4 140.8  95 3.92 3.150 22.90  1  0    4    2
Toyota Corona  21.5   4 120.1  97 3.70 2.465 20.01  1  0    3    1
>
> c2_hp <- mean(data$hp[data$carb == 2])
> c2_hp
[1] 82.6
>
> c1_hp <- mean(data$hp[data$carb == 1])
> c1_hp
[1] 77.4
>
> print(c2_hp - c1_hp)
[1] 5.2
```

Q-02 자동차 변속기가 수동(am=1)인 차량들 중에서 4기통(cyl=4개)인 데이터들의 연비(mpg)의 평균값과 마력(hp)의 표준편차의 합계를 출력하시오.

정답 및 해설 50.73042

subset( )을 이용하여 (am=1, cyl=4)인 조건을 만족하는 데이터를 저장(data)한다. 그리고 연비의 평균[mean(data$mpg)]과 마력의 표준편차(sd(data$hp))를 구한다(result). 또는 "dplyr" 패키지를 설치하여 Pipe Operator(%>%)와 filter( ) 함수를 이용하여 구한다.

```
> data <- subset(mtcars, am == 1 & cyl == 4)
> data
                mpg cyl  disp  hp drat    wt  qsec vs am gear carb
Datsun 710     22.8   4 108.0  93 3.85 2.320 18.61  1  1    4    1
Fiat 128       32.4   4  78.7  66 4.08 2.200 19.47  1  1    4    1
Honda Civic    30.4   4  75.7  52 4.93 1.615 18.52  1  1    4    2
Toyota Corolla 33.9   4  71.1  65 4.22 1.835 19.90  1  1    4    1
Fiat X1-9      27.3   4  79.0  66 4.08 1.935 18.90  1  1    4    1
Porsche 914-2  26.0   4 120.3  91 4.43 2.140 16.70  0  1    5    2
Lotus Europa   30.4   4  95.1 113 3.77 1.513 16.90  1  1    5    2
Volvo 142E     21.4   4 121.0 109 4.11 2.780 18.60  1  1    4    2
>
> nrow(data)
[1] 8
>
> result <- mean(data$mpg) + sd(data$hp)
> print(result)
[1] 50.73042
> data <- mtcars %>% filter(am == 1 & cyl == 4)
> data
                mpg cyl  disp  hp drat    wt  qsec vs am gear carb
Datsun 710     22.8   4 108.0  93 3.85 2.320 18.61  1  1    4    1
Fiat 128       32.4   4  78.7  66 4.08 2.200 19.47  1  1    4    1
Honda Civic    30.4   4  75.7  52 4.93 1.615 18.52  1  1    4    2
Toyota Corolla 33.9   4  71.1  65 4.22 1.835 19.90  1  1    4    1
Fiat X1-9      27.3   4  79.0  66 4.08 1.935 18.90  1  1    4    1
Porsche 914-2  26.0   4 120.3  91 4.43 2.140 16.70  0  1    5    2
Lotus Europa   30.4   4  95.1 113 3.77 1.513 16.90  1  1    5    2
Volvo 142E     21.4   4 121.0 109 4.11 2.780 18.60  1  1    4    2
>
> print(mean(data$mpg)+sd(data$hp))
[1] 50.73042
```

Q-03 자동 변속기인 차량(am=0)에 대한 연비의 이상값을 나타내는 차량의 수와 이상값의 평균을 출력하시오 [단, 연비의 이상값은 (연비의 평균+IQR) 이상이거나 (연비의 평균-IQR) 이하인 값이다. 여기서 IQR (Interquartile Range, 사분위 범위, 사분범위)은 (제3사분위 값)-(제1사분위 값)=(Q3-Q1)이다].

📋 **정답 및 해설** 이상값을 가지는 차량의 수=6개, 이상값의 평균=18.48333

subset( )으로 자동 변속기(am=0) 차량 데이터를 저장(data, 총 19개)한다. quantile( ) 함수를 이용하여 사분위수 범위(q[4]- q[2]=Q3-Q1)를 구하거나 IQR( ) 함수를 이용하여 사분위수 범위(=4.25)를 구한다. 이상값을 판별하는 데 사용되는 하한값(r1), 상한값(r2)을 구하고 하한값 이하 또는 상한값 이상인 연비를 가지는 차량을 확인(result)한다. 이상값의 합계는 110.9이고 차량의 수는 6개이며, 이상값의 평균은 110.9/6=18.483330이다.

```
> data <- subset(mtcars, am == 0)
> data
                    mpg cyl  disp  hp drat    wt  qsec vs am gear carb
Hornet 4 Drive     21.4   6 258.0 110 3.08 3.215 19.44  1  0    3    1
Hornet Sportabout  18.7   8 360.0 175 3.15 3.440 17.02  0  0    3    2
Valiant            18.1   6 225.0 105 2.76 3.460 20.22  1  0    3    1
Duster 360         14.3   8 360.0 245 3.21 3.570 15.84  0  0    3    4
Merc 240D          24.4   4 146.7  62 3.69 3.190 20.00  1  0    4    2
Merc 230           22.8   4 140.8  95 3.92 3.150 22.90  1  0    4    2
Merc 280           19.2   6 167.6 123 3.92 3.440 18.30  1  0    4    4
Merc 280C          17.8   6 167.6 123 3.92 3.440 18.90  1  0    4    4
Merc 450SE         16.4   8 275.8 180 3.07 4.070 17.40  0  0    3    3
Merc 450SL         17.3   8 275.8 180 3.07 3.730 17.60  0  0    3    3
Merc 450SLC        15.2   8 275.8 180 3.07 3.780 18.00  0  0    3    3
Cadillac Fleetwood 10.4   8 472.0 205 2.93 5.250 17.98  0  0    3    4
Lincoln Continental 10.4  8 460.0 215 3.00 5.424 17.82  0  0    3    4
Chrysler Imperial  14.7   8 440.0 230 3.23 5.345 17.42  0  0    3    4
Toyota Corona      21.5   4 120.1  97 3.70 2.465 20.01  1  0    3    1
Dodge Challenger   15.5   8 318.0 150 2.76 3.520 16.87  0  0    3    2
AMC Javelin        15.2   8 304.0 150 3.15 3.435 17.30  0  0    3    2
Camaro Z28         13.3   8 350.0 245 3.73 3.840 15.41  0  0    3    4
Pontiac Firebird   19.2   8 400.0 175 3.08 3.845 17.05  0  0    3    2

> nrow(data)
[1] 19
>
> q <- quantile(data$mpg)
> q
    0%   25%   50%   75%  100%
 10.40 14.95 17.30 19.20 24.40
>
> q[4] - q[2]
 75%
4.25
>
> iqr <- IQR(data$mpg)
> iqr
[1] 4.25
>
> r1 <- mean(data$mpg) - iqr
> r1
[1] 12.89737
>
> r2 <- mean(data$mpg) + iqr
> r2
[1] 21.39737
>
> result <- data$mpg <= r1 | data$mpg >= r2
> result
 [1]  TRUE FALSE FALSE FALSE  TRUE  TRUE FALSE FALSE FALSE FALSE FALSE  TRUE  TRUE FALSE  TRUE FALSE
[17] FALSE FALSE FALSE
>
> print(sum(data$mpg[result]))
[1] 110.9
>
> print(sum(result))
[1] 6
>
> print(mean(data$mpg[result]))
[1] 18.48333
```

Q-04 자동 변속기(am=0)인 자동차 중에서 가장 무거운 상위 10개 데이터의 평균 연비를 m1으로 저장한다. 그리고 수동 변속기(am=1)인 자동차 중에서 가장 가벼운 상위 10개 데이터의 평균 연비를 m2로 저장한다. m2−m1의 값을 출력하시오.

📋 **정답 및 해설** 11.86

subset( )으로 am＝0(자동 변속기)인 차량을 저장하고 order( ) 함수를 이용하여 자동차 무게 기준으로 내림차순 정렬한다. 무게가 무거운 상위 10개 차량의 평균 연비를 m1에 저장하고 동일한 방법으로 am＝1(수동 변속기)인 차량에 대해서도 자동차 무게의 오름차순 정렬된 데이터를 이용하여 상위 10개 차량의 평균 연비를 m2에 저장한다. m1＝14.67, m2＝26.53이며 m2−m1＝11.86이다.

```
> data1 <- subset(mtcars, am == 0)
> data1 <- data1[order(-data1$wt), ]
> head(data1)
                   mpg cyl disp  hp drat    wt  qsec vs am gear carb
Lincoln Continental 10.4  8 460.0 215 3.00 5.424 17.82  0  0    3    4
Chrysler Imperial   14.7  8 440.0 230 3.23 5.345 17.42  0  0    3    4
Cadillac Fleetwood  10.4  8 472.0 205 2.93 5.250 17.98  0  0    3    4
Merc 450SE          16.4  8 275.8 180 3.07 4.070 17.40  0  0    3    3
Pontiac Firebird    19.2  8 400.0 175 3.08 3.845 17.05  0  0    3    2
Camaro Z28          13.3  8 350.0 245 3.73 3.840 15.41  0  0    3    4
>
> m1 <- mean(data1$mpg[1:10])
> m1
[1] 14.67
>
> data2 <- subset(mtcars, am == 1)
> data2 <- data2[order(data2$wt), ]
> head(data2)
                mpg cyl  disp  hp drat    wt  qsec vs am gear carb
Lotus Europa   30.4   4  95.1 113 3.77 1.513 16.90  1  1    5    2
Honda Civic    30.4   4  75.7  52 4.93 1.615 18.52  1  1    4    2
Toyota Corolla 33.9   4  71.1  65 4.22 1.835 19.90  1  1    4    1
Fiat X1-9      27.3   4  79.0  66 4.08 1.935 18.90  1  1    4    1
Porsche 914-2  26.0   4 120.3  91 4.43 2.140 16.70  0  1    5    2
Fiat 128       32.4   4  78.7  66 4.08 2.200 19.47  1  1    4    1
>
> m2 <- mean(data2$mpg[1:10])
> m2
[1] 26.53
> print(m2-m1)
[1] 11.86
```

Q-05 (전진)기어의 수가 4개(gear=4)이고 수동 변속기(am=1)인 차량들의 연비와 마력값을 이용하여 이상값을 가지는 차량들의 평균 연비와 마력을 출력하시오(단, 이상값은 다음과 같이 정의한다).

- gear＝4이고 am＝1인 차량들에 대해 적용한다.
- $r1$은 (연비의 평균)＋1.1×(연비의 표준편차)의 값이다.
- $r2$는 (마력의 평균)－1.1×(마력의 표준편차)의 값이다.
- 연비가 $r1$ 이상이거나 또는 마력이 $r2$ 이하인 경우 이상값으로 정의한다.

📋 **정답 및 해설** 평균 연비＝32.23333, 평균 마력＝61

subset( ) 함수를 이용하여 (gear＝4, am＝1)인 차량 데이터를 저장(data)한다. $r1$은 (연비의 평균)＋1.1×(연비의 표준편차)＝32.23091이고, $r2$는 (마력의 평균)－1.1×(마력의 표준편차)＝57.28295이다. 연비가 $r1$ 이상이거나 또는 마력이 $r2$ 이하인 경우를 만족하는 논리값을 result로 저장[이상값 조건을 만족하는 개수(TRUE의 개수)＝3]한다. 그리고 이상값의 조건을 만족하는 차량에 대한 연비의 평균(32.23333)과 마력의 평균(61)을 구한다.

```
> data <- subset(mtcars, gear == 4& am == 1)
> data
               mpg cyl  disp  hp drat    wt  qsec vs am gear carb
Mazda RX4     21.0   6 160.0 110 3.90 2.620 16.46  0  1    4    4
Mazda RX4 Wag 21.0   6 160.0 110 3.90 2.875 17.02  0  1    4    4
Datsun 710    22.8   4 108.0  93 3.85 2.320 18.61  1  1    4    1
Fiat 128      32.4   4  78.7  66 4.08 2.200 19.47  1  1    4    1
Honda Civic   30.4   4  75.7  52 4.93 1.615 18.52  1  1    4    2
Toyota Corolla 33.9  4  71.1  65 4.22 1.835 19.90  1  1    4    1
Fiat X1-9     27.3   4  79.0  66 4.08 1.935 18.90  1  1    4    1
Volvo 142E    21.4   4 121.0 109 4.11 2.780 18.60  1  1    4    2
>
> print(mean(data$mpg))
[1] 26.275
>
> print(sd(data$hp))
[1] 24.17459
>
> r1 <- mean(data$mpg) + 1.1 * sd(data$mpg)
> r1
[1] 32.23091
>
> r2 <- mean(data$hp) - 1.1 *sd(data$hp)
> r2
[1] 57.28295
>
> result <- data$mpg >= r1 | data$hp <= r2
> result
[1] FALSE FALSE FALSE  TRUE  TRUE  TRUE FALSE FALSE
>
> sum(result)
[1] 3
>
> print(mean(data$mpg[result]))
[1] 32.23333
>
> print(mean(data$hp[result]))
[1] 61
```

R에 내장된 iris 데이터세트는 Edgar Anderson에 의해 작성된 것으로 붓꽃의 생육 데이터(150개 데이터＝품종별 50개×3개 품종)이다. 꽃잎의 길이(Petal.Length)와 너비(Petal.Width) 그리고 꽃받침의 길이(Sepal.Length)와 너비(Sepal.Width)에 따라 붓꽃의 3가지 품종(setosa, versicolor, virginica)을 구분한다.

[Setosa]

[Versicolor]

[Virginica]

- Sepal.Length : 꽃받침의 길이
- Sepal.Width : 꽃받침의 너비
- Petal.Length : 꽃잎의 길이
- Petal.Width : 꽃잎의 너비
- Species : 붓꽃의 품종
  (setosa, versicolor, virginica)

```
> head(iris)
  Sepal.Length Sepal.Width Petal.Length Petal.Width Species
1          5.1         3.5          1.4         0.2  setosa
2          4.9         3.0          1.4         0.2  setosa
3          4.7         3.2          1.3         0.2  setosa
4          4.6         3.1          1.5         0.2  setosa
5          5.0         3.6          1.4         0.2  setosa
6          5.4         3.9          1.7         0.4  setosa
>
> dim(iris)
[1] 150   5
>
> str(iris)
'data.frame':   150 obs. of  5 variables:
 $ Sepal.Length: num  5.1 4.9 4.7 4.6 5 5.4 4.6 5 4.4 4.9 ...
 $ Sepal.Width : num  3.5 3 3.2 3.1 3.6 3.9 3.4 3.4 2.9 3.1 ...
 $ Petal.Length: num  1.4 1.4 1.3 1.5 1.4 1.7 1.4 1.5 1.4 1.5 ...
 $ Petal.Width : num  0.2 0.2 0.2 0.2 0.2 0.4 0.3 0.2 0.2 0.1 ...
 $ Species     : Factor w/ 3 levels "setosa","versicolor",..: 1 1 1 1 1 1 1 1 1 1 ...
>
> summary(iris)
  Sepal.Length    Sepal.Width     Petal.Length    Petal.Width          Species
 Min.   :4.300   Min.   :2.000   Min.   :1.000   Min.   :0.100   setosa    :50
 1st Qu.:5.100   1st Qu.:2.800   1st Qu.:1.600   1st Qu.:0.300   versicolor:50
 Median :5.800   Median :3.000   Median :4.350   Median :1.300   virginica :50
 Mean   :5.843   Mean   :3.057   Mean   :3.758   Mean   :1.199
 3rd Qu.:6.400   3rd Qu.:3.300   3rd Qu.:5.100   3rd Qu.:1.800
 Max.   :7.900   Max.   :4.400   Max.   :6.900   Max.   :2.500
> describe(iris)
             vars   n mean   sd median trimmed  mad min max range  skew kurtosis   se
Sepal.Length    1 150 5.84 0.83   5.80    5.81 1.04 4.3 7.9   3.6  0.31    -0.61 0.07
Sepal.Width     2 150 3.06 0.44   3.00    3.04 0.44 2.0 4.4   2.4  0.31     0.14 0.04
Petal.Length    3 150 3.76 1.77   4.35    3.76 1.85 1.0 6.9   5.9 -0.27    -1.42 0.14
Petal.Width     4 150 1.20 0.76   1.30    1.18 1.04 0.1 2.5   2.4 -0.10    -1.36 0.06
Species*        5 150 2.00 0.82   2.00    2.00 1.48 1.0 3.0   2.0  0.00    -1.52 0.07
```

Q-01 붓꽃 꽃잎 길이(Petal.Length)의 (평균＋표준편차)와 꽃잎 너비(Petal.Width)의 (평균＋표준편차)를 출력하시오. 그리고 품종이 setosa인 붓꽃의 Petal.Lengh 값에 대하여 최소−최대척도(Min−Max Scale) 변환 후 평균값과 Z−score 변환[(x−평균)/표준편차)] 후 평균값을 각각 출력하시오.

정답 및 해설

- Petal.Length의 (평균＋표준편차)＝5.523298
- Petal.Width의 (평균＋표준편차)＝1.961571
- 최소−최대 척도 변환 후 Petal.Length의 평균값＝0.5133333
- Z−score 변환 후 Petal.Length의 평균값＝1.282318×10^{-16}($\approx$0에 가까운 값)

mean( ), sd( ) 함수로 Petal.Length와 Petal.Width의 (평균＋ 표준편차)를 구하고, subset( )을 이용하여 Species＝"setosa"인 50개 자료를 저장(data)한다. 사용자 정의 함수(function( ))로 최소−최대 척도를 정의(minmax)하고 Petal.Length 데이터 변환 후 평균을 출력(0.5133333)한다. Z−score도 동일한 방법으로 자료 변환 후 평균값(거의 0에 가까운 값)을 출력한다.

```
> print(mean(iris$Petal.Length) + sd(iris$Petal.Length))
[1] 5.523298
>
> print(mean(iris$Petal.Width) + sd(iris$Petal.Width))
[1] 1.961571
>
> data <- iris
> summary(data)
  Sepal.Length    Sepal.Width     Petal.Length    Petal.Width          Species
 Min.   :4.300   Min.   :2.000   Min.   :1.000   Min.   :0.100   setosa    :50
 1st Qu.:5.100   1st Qu.:2.800   1st Qu.:1.600   1st Qu.:0.300   versicolor:50
 Median :5.800   Median :3.000   Median :4.350   Median :1.300   virginica :50
 Mean   :5.843   Mean   :3.057   Mean   :3.758   Mean   :1.199
 3rd Qu.:6.400   3rd Qu.:3.300   3rd Qu.:5.100   3rd Qu.:1.800
 Max.   :7.900   Max.   :4.400   Max.   :6.900   Max.   :2.500
>
> data <- subset(iris, Species == "setosa")
> summary(data)
  Sepal.Length    Sepal.Width     Petal.Length    Petal.Width          Species
 Min.   :4.300   Min.   :2.300   Min.   :1.000   Min.   :0.100   setosa    :50
 1st Qu.:4.800   1st Qu.:3.200   1st Qu.:1.400   1st Qu.:0.200   versicolor: 0
 Median :5.000   Median :3.400   Median :1.500   Median :0.200   virginica : 0
 Mean   :5.006   Mean   :3.428   Mean   :1.462   Mean   :0.246
 3rd Qu.:5.200   3rd Qu.:3.675   3rd Qu.:1.575   3rd Qu.:0.300
 Max.   :5.800   Max.   :4.400   Max.   :1.900   Max.   :0.600
>
> dim(data)
[1] 50  5
> minmax <- function(x) {
+ return ((x-min(x))/(max(x)-min(x)))
+ }
>
> data$Petal.Length <- minmax(data$Petal.Length)
> summary(data)
  Sepal.Length    Sepal.Width     Petal.Length     Petal.Width          Species
 Min.   :4.300   Min.   :2.300   Min.   :0.0000   Min.   :0.100   setosa    :50
 1st Qu.:4.800   1st Qu.:3.200   1st Qu.:0.4444   1st Qu.:0.200   versicolor: 0
 Median :5.000   Median :3.400   Median :0.5556   Median :0.200   virginica : 0
 Mean   :5.006   Mean   :3.428   Mean   :0.5133   Mean   :0.246
 3rd Qu.:5.200   3rd Qu.:3.675   3rd Qu.:0.6389   3rd Qu.:0.300
 Max.   :5.800   Max.   :4.400   Max.   :1.0000   Max.   :0.600
>
> mean(data$Petal.Length)
[1] 0.5133333
```

```
> data <- subset(iris, Species == "setosa")
>
> zscore <- function (x) {
+ return ((x-mean(x))/sd(x))
+ }
>
> data$Petal.Length <- zscore(data$Petal.Length)
> summary(data)
  Sepal.Length    Sepal.Width     Petal.Length      Petal.Width          Species
 Min.   :4.300   Min.   :2.300   Min.   :-2.6603   Min.   :0.100   setosa     :50
 1st Qu.:4.800   1st Qu.:3.200   1st Qu.:-0.3570   1st Qu.:0.200   versicolor: 0
 Median :5.000   Median :3.400   Median : 0.2188   Median :0.200   virginica : 0
 Mean   :5.006   Mean   :3.428   Mean   : 0.0000   Mean   :0.246
 3rd Qu.:5.200   3rd Qu.:3.675   3rd Qu.: 0.6507   3rd Qu.:0.300
 Max.   :5.800   Max.   :4.400   Max.   : 2.5221   Max.   :0.600
> mean(data$Petal.Length)
[1] 1.282318e-16
```

Q-02 품종(Species)이 (versicolor, virginica)인 100개의 데이터를 이용한다. 품종이 versicolor인 붓꽃에 대해 Sepal.Length의 값이 중앙값 이상인 붓꽃의 비율을 구하고 virginica 품종에 대해서는 Petal.Length의 값이 중앙값 이상인 붓꽃의 비율을 구한다. (virginica 품종 중 Petal.Length의 값이 중앙값 이상인 붓꽃의 비율)-(versicolor 품종 중 Sepal.Length의 값이 중앙값 이상인 붓꽃의 비율)의 값을 출력하시오.

📋 **정답 및 해설** 0.66(66%)

subset( )으로 붓꽃의 품종이 (versicolor, virginica)인 100개의 데이터를 저장한다. Species＝versicolor인 붓꽃들 중 Sepal.Length의 값이 중앙값 이상인 경우는 총 14개(비율＝14/50 ＝0.28)이고, Species＝virginica인 붓꽃들 중 Petal.Length의 값이 중앙값 이상인 경우는 총 47개(비율＝47/50＝0.94)이다. 따라서 (virginica 품종 중 Petal.Length의 값이 중앙값 이상인 붓꽃의 비율)-(versicolor 품종 중 Sepal.Length의 값이 중앙값 이상인 붓꽃의 비율)＝0.94-0.28＝0.66이다.

```
> data <- subset(iris, Species == "versicolor" | Species == "virginica")
> dim(data)
[1] 100    5
> summary(data)
  Sepal.Length     Sepal.Width      Petal.Length     Petal.Width          Species
 Min.   :4.900   Min.   :2.000   Min.   :3.000   Min.   :1.000   setosa    : 0
 1st Qu.:5.800   1st Qu.:2.700   1st Qu.:4.375   1st Qu.:1.300   versicolor:50
 Median :6.300   Median :2.900   Median :4.900   Median :1.600   virginica :50
 Mean   :6.262   Mean   :2.872   Mean   :4.906   Mean   :1.676
 3rd Qu.:6.700   3rd Qu.:3.025   3rd Qu.:5.525   3rd Qu.:2.000
 Max.   :7.900   Max.   :3.800   Max.   :6.900   Max.   :2.500
> median_sepal <- median(data$Sepal.Length)
> median_sepal
[1] 6.3
>
> median_petal <- median(data$Petal.Length)
> median_petal
[1] 4.9
>
> result1 <- data$Sepal.Length >= median_sepal & data$Species == "versicolor"
> sum(result1)
[1] 14
>
> result2 <- data$Petal.Length >= median_petal & data$Species == "virginica"
> sum(result2)
[1] 47
>
> nrow(data[data$Species == "versicolor", ])
[1] 50
>
> ratio_versicolor <- sum(result1) / nrow(data[data$Species == "versicolor",])
> print(ratio_versicolor)
[1] 0.28
>
> ratio_virginica <- sum(result2) / nrow(data[data$Species == "virginica",])
> print(ratio_virginica)
[1] 0.94
>
> print(ratio_virginica - ratio_versicolor)
[1] 0.66
```

Q-03 setosa 품종(Species=setosa) 데이터를 이용한다. 새로운 항목으로서 꽃받침 길이(Sepal.Length)가 꽃받침 길이의 중앙값보다 크면 1, 꽃받침 길이의 중앙값 이하이면 0의 값을 갖는 열(항목)을 추가한다. 새로운 항목이 추가된 데이터세트에 대하여 꽃받침 길이의 중앙값보다 큰 붓꽃에 대한 (꽃받침 길이의 평균)을 출력하시오.

정답 및 해설 5.313636

subset( )으로 품종이 setosa인 붓꽃 데이터를 저장(data, 50개)한다. ifelse( ) 함수를 이용하여 꽃받침 길이가 중앙값보다 큰 경우 1, 아니면 0의 값을 갖는 새로운 항목(data$value)을 추가(data$value는 numeric 변수)한다. mean(data$Sepal.Length[data$value==1])을 이용하여 평균(5.313636)을 출력하고, 이 값은 모든 데이터에 대한 평균값(5.0006)과 비교하여 높은 값을 가진다는 것을 알 수 있다. 한편, ifelse( ) 함수 이용 시 꽃받침 길이가 중앙값보다 큰 경우 TRUE, 아니면 FALSE의 값을 갖는 경우로 지정(data$value는 logical 변수)하는 경우 평균은 mean(data$Sepal.Length[data$value])으로 지정하여 구할 수 있다.

```
> data <- subset(iris, Species == "setosa")
> head(data)
  Sepal.Length Sepal.Width Petal.Length Petal.Width Species
1          5.1         3.5          1.4         0.2  setosa
2          4.9         3.0          1.4         0.2  setosa
3          4.7         3.2          1.3         0.2  setosa
4          4.6         3.1          1.5         0.2  setosa
5          5.0         3.6          1.4         0.2  setosa
6          5.4         3.9          1.7         0.4  setosa
> dim(data)
[1] 50  5
> summary(data)
  Sepal.Length     Sepal.Width     Petal.Length    Petal.Width          Species
 Min.   :4.300   Min.   :2.300   Min.   :1.000   Min.   :0.100   setosa    :50
 1st Qu.:4.800   1st Qu.:3.200   1st Qu.:1.400   1st Qu.:0.200   versicolor: 0
 Median :5.000   Median :3.400   Median :1.500   Median :0.200   virginica : 0
 Mean   :5.006   Mean   :3.428   Mean   :1.462   Mean   :0.246
 3rd Qu.:5.200   3rd Qu.:3.675   3rd Qu.:1.575   3rd Qu.:0.300
 Max.   :5.800   Max.   :4.400   Max.   :1.900   Max.   :0.600
>
> data$value <- ifelse(data$Sepal.Length > median(data$Sepal.Length), 1, 0)
> head(data)
  Sepal.Length Sepal.Width Petal.Length Petal.Width Species value
1          5.1         3.5          1.4         0.2  setosa     1
2          4.9         3.0          1.4         0.2  setosa     0
3          4.7         3.2          1.3         0.2  setosa     0
4          4.6         3.1          1.5         0.2  setosa     0
5          5.0         3.6          1.4         0.2  setosa     0
6          5.4         3.9          1.7         0.4  setosa     1
> sum(data$value)
[1] 22
>
> class(data$value)
[1] "numeric"
> mean(data$Sepal.Length[data$value==1])
[1] 5.313636
>
> data$value <- ifelse(data$Sepal.Length > median(data$Sepal.Length), TRUE, FALSE)
> class(data$value)
[1] "logical"
>
> mean(data$Sepal.Length[data$value])
[1] 5.313636
> summary(data)
  Sepal.Length     Sepal.Width     Petal.Length    Petal.Width          Species       value
 Min.   :4.300   Min.   :2.300   Min.   :1.000   Min.   :0.100   setosa    :50   Mode :logical
 1st Qu.:4.800   1st Qu.:3.200   1st Qu.:1.400   1st Qu.:0.200   versicolor: 0   FALSE:28
 Median :5.000   Median :3.400   Median :1.500   Median :0.200   virginica : 0   TRUE :22
 Mean   :5.006   Mean   :3.428   Mean   :1.462   Mean   :0.246
 3rd Qu.:5.200   3rd Qu.:3.675   3rd Qu.:1.575   3rd Qu.:0.300
 Max.   :5.800   Max.   :4.400   Max.   :1.900   Max.   :0.600
```

Q-04 꽃잎의 길이(Petal.Length)가 긴 순서대로 정렬하고 상위 50개 데이터를 이용한다. Petal.Length의 길이가 긴 순서대로 상위 10개의 Petal.Length의 길이를 평균값으로 대체한 후 (평균값 대체 전 Petal.Length의 평균)−(평균값 대체 후 Petal.Length의 평균)을 구하시오.

🔲 **정답 및 해설** 0.164

order( )로 Petal.Length(꽃잎의 길이)의 내림차순 정렬 데이터를 저장(data)하고 상위 50개 데이터를 이용한다. 데이터 대체 전의 평균을 구하고(mean_before=5.57), 상위 10개의 Petal.Length 길이를 평균값으로 대체 후, 평균을 구하여(mean_after) 그 차이를 출력한다.

```
> data <- iris[order(-iris$Petal.Length), ]
> data <- data[1:50,]
> head(data)
    Sepal.Length Sepal.Width Petal.Length Petal.Width   Species
119          7.7         2.6          6.9         2.3 virginica
118          7.7         3.8          6.7         2.2 virginica
123          7.7         2.8          6.7         2.0 virginica
106          7.6         3.0          6.6         2.1 virginica
132          7.9         3.8          6.4         2.0 virginica
108          7.3         2.9          6.3         1.8 virginica
> dim(data)
[1] 50  5
>
> mean_before <- mean(data$Petal.Length)
> mean_before
[1] 5.57
>
> data[1:10, ]
    Sepal.Length Sepal.Width Petal.Length Petal.Width   Species
119          7.7         2.6          6.9         2.3 virginica
118          7.7         3.8          6.7         2.2 virginica
123          7.7         2.8          6.7         2.0 virginica
106          7.6         3.0          6.6         2.1 virginica
132          7.9         3.8          6.4         2.0 virginica
108          7.3         2.9          6.3         1.8 virginica
110          7.2         3.6          6.1         2.5 virginica
131          7.4         2.8          6.1         1.9 virginica
136          7.7         3.0          6.1         2.3 virginica
101          6.3         3.3          6.0         2.5 virginica
>
> data$Petal.Length[1:10] <- mean_before
> data[1:10, ]
    Sepal.Length Sepal.Width Petal.Length Petal.Width   Species
119          7.7         2.6         5.57         2.3 virginica
118          7.7         3.8         5.57         2.2 virginica
123          7.7         2.8         5.57         2.0 virginica
106          7.6         3.0         5.57         2.1 virginica
132          7.9         3.8         5.57         2.0 virginica
108          7.3         2.9         5.57         1.8 virginica
110          7.2         3.6         5.57         2.5 virginica
131          7.4         2.8         5.57         1.9 virginica
136          7.7         3.0         5.57         2.3 virginica
101          6.3         3.3         5.57         2.5 virginica
> mean_after <- mean(data$Petal.Length)
> mean_after
[1] 5.406
>
> print(mean_before - mean_after)
[1] 0.164
```

Q-05 품종이 (setosa, virginica)인 100개 데이터(setosa=50개, virginica=50개)를 이용한다. 꽃받침 너비(Sepal.Width) 길이가 긴 순서대로 정렬한 뒤 상위 10개의 Sepal.Width 값을 Sepal.Width의 중앙값으로 대체한다. 그리고 Sepal.Width의 이상값을 (Sepal.Width의 평균값)−IQR(Sepal.Width) 이하값으로 정의한다. 여기서 IQR은 제3사분위 값에서 제1사분위 값을 뺀 값(사분범위)이다. 이상값에 포함되지 않는 Sepal.Width의 평균을 출력하시오.

📋 **정답 및 해설** 3.203409

subset( )으로 품종이 (setosa, virginica)인 데이터를 저장(data, 총 100개)한다. order( ) 함수를 이용하여 Sepal.Width 값을 내림차순 정렬한 뒤, 상위 10개 Sepal.Width 값을 중앙값으로 대체한다. 이상값(iqr)을 구하고(iqr=2.724), Sepal.Width의 값이 iqr 이하인 행을 result에 저장한다. 이상값을 가지는 행은 12개이고 이상값에 해당되지 않은 행은 88개이며, 이상값에 해당되지 않은 Sepal.Width의 평균=3.2034090이다.

```
> data <- subset(iris, Species == "setosa" | Species == "virginica")
> dim(data)
[1] 100   5
>
> data <- data[order(-data$Sepal.Width), ]
> head(data)
   Sepal.Length Sepal.Width Petal.Length Petal.Width Species
16          5.7         4.4          1.5         0.4 setosa
34          5.5         4.2          1.4         0.2 setosa
33          5.2         4.1          1.5         0.1 setosa
15          5.8         4.0          1.2         0.2 setosa
6           5.4         3.9          1.7         0.4 setosa
17          5.4         3.9          1.3         0.4 setosa
>
> data[1:10, ]
   Sepal.Length Sepal.Width Petal.Length Petal.Width Species
16          5.7         4.4          1.5         0.4 setosa
34          5.5         4.2          1.4         0.2 setosa
33          5.2         4.1          1.5         0.1 setosa
15          5.8         4.0          1.2         0.2 setosa
6           5.4         3.9          1.7         0.4 setosa
17          5.4         3.9          1.3         0.4 setosa
19          5.7         3.8          1.7         0.3 setosa
20          5.1         3.8          1.5         0.3 setosa
45          5.1         3.8          1.9         0.4 setosa
47          5.1         3.8          1.6         0.2 setosa
>
> data$Sepal.Width[1:10] <- median(data$Sepal.Width)
> data[1:10, ]
   Sepal.Length Sepal.Width Petal.Length Petal.Width Species
16          5.7         3.2          1.5         0.4 setosa
34          5.5         3.2          1.4         0.2 setosa
33          5.2         3.2          1.5         0.1 setosa
15          5.8         3.2          1.2         0.2 setosa
6           5.4         3.2          1.7         0.4 setosa
17          5.4         3.2          1.3         0.4 setosa
19          5.7         3.2          1.7         0.3 setosa
20          5.1         3.2          1.5         0.3 setosa
45          5.1         3.2          1.9         0.4 setosa
47          5.1         3.2          1.6         0.2 setosa
```

```
> iqr <- mean(data$Sepal.Width) - IQR(data$Sepal.Width)
> iqr
[1] 2.724
>
> result <- data$Sepal.Width <= iqr
> sum(result)
[1] 12
>
> sum(!result)
[1] 88
> mean(data$Sepal.Width[!result])
[1] 3.203409
```

Ⅲ airquality 데이터세트 활용 작업형 문제

R에서 제공되는 airquality 데이터세트는 1973년 5월에서 8월까지의 뉴욕 일일 대기질 관련 데이터이며, 6개의 항목에 대해 153개의 측정 데이터를 포함한다. summary( )와 describe( ) 함수(psych 패키지 활용)를 이용하여 각 항목들에 대한 기술통계량을 확인한다. Ozone 항목은 37개의 결측값(NA's), Solar.R 항목은 7개의 결측값이 있다.

- Ozone : 평균 오존량
- Solar.R : 하루 동안의 태양 복사량
- Wind : 평균 풍속
- Temp : 평균 온도
- Month : 측정 월
- Day : 측정일

```
> head(airquality)
  Ozone Solar.R Wind Temp Month Day
1    41     190  7.4   67     5   1
2    36     118  8.0   72     5   2
3    12     149 12.6   74     5   3
4    18     313 11.5   62     5   4
5    NA      NA 14.3   56     5   5
6    28      NA 14.9   66     5   6
> summary(airquality)
     Ozone           Solar.R           Wind             Temp           Month            Day
 Min.   :  1.00   Min.   :  7.0   Min.   : 1.700   Min.   :56.00   Min.   :5.000   Min.   : 1.0
 1st Qu.: 18.00   1st Qu.:115.8   1st Qu.: 7.400   1st Qu.:72.00   1st Qu.:6.000   1st Qu.: 8.0
 Median : 31.50   Median :205.0   Median : 9.700   Median :79.00   Median :7.000   Median :16.0
 Mean   : 42.13   Mean   :185.9   Mean   : 9.958   Mean   :77.88   Mean   :6.993   Mean   :15.8
 3rd Qu.: 63.25   3rd Qu.:258.8   3rd Qu.:11.500   3rd Qu.:85.00   3rd Qu.:8.000   3rd Qu.:23.0
 Max.   :168.00   Max.   :334.0   Max.   :20.700   Max.   :97.00   Max.   :9.000   Max.   :31.0
 NA's   :37       NA's   :7
> dim(airquality)
[1] 153   6
>
>
> describe(airquality)
        vars   n   mean    sd median trimmed   mad min   max range  skew kurtosis   se
Ozone      1 116  42.13 32.99   31.5   37.80 25.95 1.0 168.0   167  1.21     1.11 3.06
Solar.R    2 146 185.93 90.06  205.0  190.34 98.59 7.0 334.0   327 -0.42    -1.00 7.45
Wind       3 153   9.96  3.52    9.7    9.87  3.41 1.7  20.7    19  0.34     0.03 0.28
Temp       4 153  77.88  9.47   79.0   78.28  8.90 56.0 97.0    41 -0.37    -0.46 0.77
Month      5 153   6.99  1.42    7.0    6.99  1.48 5.0   9.0     4  0.00    -1.32 0.11
Day        6 153  15.80  8.86   16.0   15.80 11.86 1.0  31.0    30  0.00    -1.22 0.72
```

Q-01 8월 26일의 오존량(Ozone)과 태양 복사량(Solar.R)을 출력하시오. 8월(Month=8) 데이터를 data에 저장하고, Ozone값이 8월 26일 오존량 이상인 날(일)의 수와 Solar.R 값이 8월 26일 하루 동안의 태양 복사량 이상인 날의 수의 합계와 해당 조건을 만족하는 (오존량의 평균, 태양 복사량의 평균)을 출력하시오(단, 일수와 평균 계산 시 결측값을 제외한다).

📋 정답 및 해설

- 8월 26일 오존량(Ozone)=73
- 8월 26일 태양 복사량(Solar.R)=215
- 8월 26일 오존량 이상인 일수=10, 평균 오존량=100.3
- 8월 26일 태양 복사량 이상인 일수=11, 평균 태양 복사량=241.0909
- (오존량 이상인 일의 수)+(태양 복사량 이상인 일의 수)=10+11=21

(Month=8, Day=26) 조건을 이용하여 8월 26일의 (평균 오존량, 태양 복사량) 값을 출력한다. subset( )으로 8월 자료(Month=8)를 data에 저장(총 31개)하고, 해당 조건(result1, result2)을 이용하여 각각의 일수와 평균을 구한다.

```
> airquality[airquality$Month == 8 & airquality$Day == 26, ]
      Ozone Solar.R Wind Temp Month Day
118      73     215    8   86     8  26
>
> airquality[airquality$Month == 8 & airquality$Day == 26, ]$Ozone
[1] 73
>
> airquality[airquality$Month == 8 & airquality$Day == 26, ]$Solar.R
[1] 215
>
> d1 <- airquality[airquality$Month == 8 & airquality$Day == 26, ]$Ozone
> d2 <- airquality[airquality$Month == 8 & airquality$Day == 26, ]$Solar.R
>
> data <- subset(airquality, airquality$Month == 8)
> head(data)
   Ozone Solar.R Wind Temp Month Day
93    39      83  6.9   81     8   1
94     9      24 13.8   81     8   2
95    16      77  7.4   82     8   3
96    78      NA  6.9   86     8   4
97    35      NA  7.4   85     8   5
98    66      NA  4.6   87     8   6
> nrow(data)
[1] 31
> dim(data)
[1] 31  6
>
> result1 <- data$Ozone >= d1
> result1
 [1] FALSE FALSE FALSE  TRUE FALSE FALSE  TRUE  TRUE  TRUE    NA    NA FALSE FALSE FALSE    NA FALSE
[17] FALSE FALSE FALSE FALSE FALSE FALSE    NA FALSE  TRUE  TRUE    NA  TRUE  TRUE  TRUE  TRUE
>
> sum(result1, na.rm=TRUE)
[1] 10
>
> print(mean(data$Ozone[result1], na.rm=TRUE))
[1] 100.3
>
> result2 <- data$Solar.R >= d2
> sum(result2, na.rm=TRUE)
[1] 11
>
> print(mean(data$Solar.R[result2], na.rm=TRUE))
[1] 241.0909
>
> print(sum(result1, na.rm=TRUE) + sum(result2, na.rm=TRUE))
[1] 21
```

Q-02 Ozone 항목의 결측값을 제거하고, Solar.R 항목(하루 동안의 태양 복사량)의 결측값을 중앙값으로 대체 후, (중앙값 대체 전 Solar.R의 표준편차)−(중앙값 대체 후 Solar.R의 표준편차)의 값을 구하시오.

정답 및 해설 1.888685

subset( )으로 Ozone 항목의 결측값을 제외한 데이터를 저장(총 116개의 행)한다. summary( ) 함수를 수행하여 Ozone 항목의 결측값이 모두 제거되었고 Solar.R 항목에서 5개의 결측값(NA's)이 있음을 확인한다. Solar.R 항목에 대해 결측값을 대체하기 전 표준편차(sd_before)는 91.1523이고 중앙값＝207이다. ifelse( ) 함수를 이용하여 결측값을 중앙값(median)으로 대체한 후 표준편차는 89.26362이다. 따라서 (중앙값 대체 전 Solar.R의 표준편차)−(중앙값 대체 후 Solar.R의 표준편차)＝91.1523−89.26362＝1.888685이다.

```
> data <- subset(airquality, Ozone != is.na(Ozone))
> head(data)
  Ozone Solar.R Wind Temp Month Day
1    41     190  7.4   67     5   1
2    36     118  8.0   72     5   2
3    12     149 12.6   74     5   3
4    18     313 11.5   62     5   4
6    28      NA 14.9   66     5   6
7    23     299  8.6   65     5   7
> summary(data)
     Ozone           Solar.R          Wind            Temp           Month            Day
 Min.   :  1.00   Min.   :  7.0   Min.   : 2.300   Min.   :57.00   Min.   :5.000   Min.   : 1.00
 1st Qu.: 18.00   1st Qu.:113.5   1st Qu.: 7.400   1st Qu.:71.00   1st Qu.:6.000   1st Qu.: 8.00
 Median : 31.50   Median :207.0   Median : 9.700   Median :79.00   Median :7.000   Median :16.00
 Mean   : 42.13   Mean   :184.8   Mean   : 9.862   Mean   :77.87   Mean   :7.198   Mean   :15.53
 3rd Qu.: 63.25   3rd Qu.:255.5   3rd Qu.:11.500   3rd Qu.:85.00   3rd Qu.:8.250   3rd Qu.:22.00
 Max.   :168.00   Max.   :334.0   Max.   :20.700   Max.   :97.00   Max.   :9.000   Max.   :31.00
                  NA's   :5
> dim(data)
[1] 116   6
>
> sd_before <- sd(data$Solar.R, na.rm=TRUE)
> sd_before
[1] 91.1523
>
> median <- median(data$Solar.R, na.rm=TRUE)
> median
[1] 207
>
> data$Solar.R <- ifelse(is.na(data$Solar.R), median, data$Solar.R)
> summary(data)
     Ozone           Solar.R          Wind            Temp           Month            Day
 Min.   :  1.00   Min.   :  7.0   Min.   : 2.300   Min.   :57.00   Min.   :5.000   Min.   : 1.00
 1st Qu.: 18.00   1st Qu.:117.2   1st Qu.: 7.400   1st Qu.:71.00   1st Qu.:6.000   1st Qu.: 8.00
 Median : 31.50   Median :207.0   Median : 9.700   Median :79.00   Median :7.000   Median :16.00
 Mean   : 42.13   Mean   :185.8   Mean   : 9.862   Mean   :77.87   Mean   :7.198   Mean   :15.53
 3rd Qu.: 63.25   3rd Qu.:254.2   3rd Qu.:11.500   3rd Qu.:85.00   3rd Qu.:8.250   3rd Qu.:22.00
 Max.   :168.00   Max.   :334.0   Max.   :20.700   Max.   :97.00   Max.   :9.000   Max.   :31.00
>
> sd_after <- sd(data$Solar.R)
> sd_after
[1] 89.26362
>
> print(sd_before - sd_after)
[1] 1.888685
```

Q-03 태양 복사열의 양(Solar.R)을 내림차순 정렬한 후 전체 자료들 중 80%의 자료(122개)를 저장(data)한다. data를 이용하여 Ozone 항목의 결측값을 Ozone 항목의 평균값으로 대체한 후 Ozone 항목에 대하여 (평균값 대체 전 중앙값)−(평균값 대체 후 중앙값)을 출력하시오.

정답 및 해설 − 10.65217

order( ) 함수를 이용하여 Solar.R 항목을 내림차순 정렬하고 80%의 데이터를 저장한다. 평균값으로 대체하기 전 중앙값(median_before=37)을 구하고 평균(47.65217)을 결측값으로 대체(ifelse( ) 함수 이용)한 후 중앙값(47.65217)을 구한다. (평균값 대체 전 중앙값) − (평균값 대체 후 중앙값) = 37 − 47.65217 = −10.652170이다.

```
> data <- airquality[order(-airquality$Solar.R),]
> head(data)
   Ozone Solar.R Wind Temp Month Day
16    14     334 11.5   64     5  16
45    NA     332 13.8   80     6  14
41    39     323 11.5   87     6  10
19    30     322 11.5   68     5  19
46    NA     322 11.5   79     6  15
22    11     320 16.6   73     5  22
> summary(data)
     Ozone           Solar.R          Wind            Temp           Month           Day
 Min.   :  1.00   Min.   :  7.0   Min.   : 1.700   Min.   :56.00   Min.   :5.000   Min.   : 1.0
 1st Qu.: 18.00   1st Qu.:115.8   1st Qu.: 7.400   1st Qu.:72.00   1st Qu.:6.000   1st Qu.: 8.0
 Median : 31.50   Median :205.0   Median : 9.700   Median :79.00   Median :7.000   Median :16.0
 Mean   : 42.13   Mean   :185.9   Mean   : 9.958   Mean   :77.88   Mean   :6.993   Mean   :15.8
 3rd Qu.: 63.25   3rd Qu.:258.8   3rd Qu.:11.500   3rd Qu.:85.00   3rd Qu.:8.000   3rd Qu.:23.0
 Max.   :168.00   Max.   :334.0   Max.   :20.700   Max.   :97.00   Max.   :9.000   Max.   :31.0
 NA's   :37       NA's   :7
> data <- data[1:(nrow(data)*0.8),]
> summary(data)
     Ozone           Solar.R          Wind            Temp           Month           Day
 Min.   :  6.00   Min.   : 78.0   Min.   : 2.300   Min.   :57.00   Min.   :5.000   Min.   : 1.00
 1st Qu.: 21.00   1st Qu.:169.0   1st Qu.: 7.400   1st Qu.:75.00   1st Qu.:6.000   1st Qu.: 8.00
 Median : 37.00   Median :224.5   Median : 9.700   Median :81.00   Median :7.000   Median :15.00
 Mean   : 47.65   Mean   :214.9   Mean   : 9.765   Mean   :79.63   Mean   :7.049   Mean   :15.60
 3rd Qu.: 71.50   3rd Qu.:264.0   3rd Qu.:11.500   3rd Qu.:86.00   3rd Qu.:8.000   3rd Qu.:23.75
 Max.   :168.00   Max.   :334.0   Max.   :20.700   Max.   :97.00   Max.   :9.000   Max.   :31.00
 NA's   :30
> dim(data)
[1] 122   6
>
> median_before <- median(data$Ozone, na.rm=TRUE)
> median_before
[1] 37
>
> mean <- mean(data$Ozone, na.rm=TRUE)
> mean
[1] 47.65217
>
>
```

```
>
> data$Ozone <- ifelse(is.na(data$Ozone), mean, data$Ozone)
> summary(data)
      Ozone          Solar.R           Wind            Temp           Month            Day
 Min.   :  6.00   Min.   : 78.0   Min.   : 2.300   Min.   :57.00   Min.   :5.000   Min.   : 1.00
 1st Qu.: 24.75   1st Qu.:169.0   1st Qu.: 7.400   1st Qu.:75.00   1st Qu.:6.000   1st Qu.: 8.00
 Median : 47.65   Median :224.5   Median : 9.700   Median :81.00   Median :7.000   Median :15.00
 Mean   : 47.65   Mean   :214.9   Mean   : 9.765   Mean   :79.63   Mean   :7.049   Mean   :15.60
 3rd Qu.: 51.50   3rd Qu.:264.0   3rd Qu.:11.500   3rd Qu.:86.00   3rd Qu.:8.000   3rd Qu.:23.75
 Max.   :168.00   Max.   :334.0   Max.   :20.700   Max.   :97.00   Max.   :9.000   Max.   :31.00
>
> median_after <- median(data$Ozone)
> median_after
[1] 47.65217
>
> print(median_before - median_after)
[1] -10.65217
```

Q-04 결측값이 모두 제거된 데이터를 이용하여 Ozone 항목에 대해 quantile( ) 함수로 사분위수를 구한다. Ozone 항목에 대한 상위 25% 이상의 값과 하위 25% 이하의 값을 모두 0으로 대체하고, 대체된 데이터세트를 이용하여 Ozone 항목에 대한 (평균)+(표준편차)의 값을 출력하시오.

정답 및 해설 34.53803

na.omit( )으로 결측값 제거 후, quantile( ) 함수를 이용하여 Ozone 항목에 대한 사분위(q)를 구한다. q[2]는 하위 25%의 값(18), q[4]는 상위 25%의 값(62)이며, ifelse( )로 해당 값을 만족하는 Ozone 항목을 0으로 대체한다. 대체된 데이터세트를 이용하여 평균+표준편차 = mean(data$Ozone)+sd(data$Ozone) 값을 출력(34.53803)한다.

```
> data <- na.omit(airquality)
> summary(data)
     Ozone          Solar.R           Wind            Temp           Month            Day
 Min.   :  1.0   Min.   :  7.0   Min.   : 2.30   Min.   :57.00   Min.   :5.000   Min.   : 1.00
 1st Qu.: 18.0   1st Qu.:113.5   1st Qu.: 7.40   1st Qu.:71.00   1st Qu.:6.000   1st Qu.: 9.00
 Median : 31.0   Median :207.0   Median : 9.70   Median :79.00   Median :7.000   Median :16.00
 Mean   : 42.1   Mean   :184.8   Mean   : 9.94   Mean   :77.79   Mean   :7.216   Mean   :15.95
 3rd Qu.: 62.0   3rd Qu.:255.5   3rd Qu.:11.50   3rd Qu.:84.50   3rd Qu.:9.000   3rd Qu.:22.50
 Max.   :168.0   Max.   :334.0   Max.   :20.70   Max.   :97.00   Max.   :9.000   Max.   :31.00
>
> q <- quantile(data$Ozone)
> q
  0%  25%  50%  75% 100%
   1   18   31   62  168
>
> str(q)
 Named num [1:5] 1 18 31 62 168
 - attr(*, "names")= chr [1:5] "0%" "25%" "50%" "75%" ...
>
> data$Ozone <- ifelse(data$Ozone >= q[4] |
+ data$Ozone <= q[2],
+ 0, data$Ozone)
>
> summary(data)
     Ozone          Solar.R           Wind            Temp           Month            Day
 Min.   : 0.00   Min.   :  7.0   Min.   : 2.30   Min.   :57.00   Min.   :5.000   Min.   : 1.00
 1st Qu.: 0.00   1st Qu.:113.5   1st Qu.: 7.40   1st Qu.:71.00   1st Qu.:6.000   1st Qu.: 9.00
 Median : 0.00   Median :207.0   Median : 9.70   Median :79.00   Median :7.000   Median :16.00
 Mean   :15.83   Mean   :184.8   Mean   : 9.94   Mean   :77.79   Mean   :7.216   Mean   :15.95
 3rd Qu.:30.50   3rd Qu.:255.5   3rd Qu.:11.50   3rd Qu.:84.50   3rd Qu.:9.000   3rd Qu.:22.50
 Max.   :61.00   Max.   :334.0   Max.   :20.70   Max.   :97.00   Max.   :9.000   Max.   :31.00
>
> print(mean(data$Ozone) + sd(data$Ozone))
[1] 34.53803
```

Q-05 하루 동안의 태양열 복사량(Solar.R)의 결측값을 Solar.R의 중앙값(결측값을 제외하여 구한 중앙값)으로 대체한다. 대체된 데이터세트를 이용하여 ((평균) $-1.1 \times$ IQR, (평균) $+1.1 \times$ IQR))의 범위에 존재하는 Solar.R의 평균을 출력하시오.

📋 **정답 및 해설** 202.1143

결측값을 제외한 Solar.R의 중앙값은 205이고, 결측값(7개)을 중앙값으로 대체 후, r1 = (평균) $-1.1 \times$ IQR = 37.20392, r2 = (평균) $+1.1 \times$ IQR = 336.4039이다. 해당 범위에 포함되는 레코드는 140개이며, 평균은 202.1143이다.

```
> median <- median(airquality$Solar.R, na.rm=TRUE)
> median
[1] 205
>
> data <- airquality
> summary(data)
     Ozone           Solar.R          Wind            Temp           Month            Day
 Min.   :  1.00   Min.   :  7.0   Min.   : 1.700   Min.   :56.00   Min.   :5.000   Min.   : 1.0
 1st Qu.: 18.00   1st Qu.:115.8   1st Qu.: 7.400   1st Qu.:72.00   1st Qu.:6.000   1st Qu.: 8.0
 Median : 31.50   Median :205.0   Median : 9.700   Median :79.00   Median :7.000   Median :16.0
 Mean   : 42.13   Mean   :185.9   Mean   : 9.958   Mean   :77.88   Mean   :6.993   Mean   :15.8
 3rd Qu.: 63.25   3rd Qu.:258.8   3rd Qu.:11.500   3rd Qu.:85.00   3rd Qu.:8.000   3rd Qu.:23.0
 Max.   :168.00   Max.   :334.0   Max.   :20.700   Max.   :97.00   Max.   :9.000   Max.   :31.0
 NA's   :37       NA's   :7
>
> data$Solar.R <- ifelse(is.na(data$Solar.R), median, data$Solar.R)
> summary(data)
     Ozone           Solar.R          Wind            Temp           Month            Day
 Min.   :  1.00   Min.   :  7.0   Min.   : 1.700   Min.   :56.00   Min.   :5.000   Min.   : 1.0
 1st Qu.: 18.00   1st Qu.:120.0   1st Qu.: 7.400   1st Qu.:72.00   1st Qu.:6.000   1st Qu.: 8.0
 Median : 31.50   Median :205.0   Median : 9.700   Median :79.00   Median :7.000   Median :16.0
 Mean   : 42.13   Mean   :186.8   Mean   : 9.958   Mean   :77.88   Mean   :6.993   Mean   :15.8
 3rd Qu.: 63.25   3rd Qu.:256.0   3rd Qu.:11.500   3rd Qu.:85.00   3rd Qu.:8.000   3rd Qu.:23.0
 Max.   :168.00   Max.   :334.0   Max.   :20.700   Max.   :97.00   Max.   :9.000   Max.   :31.0
 NA's   :37
>
> r1 <- mean(data$Solar.R) - 1.1 *IQR(data$Solar.R)
> r1
[1] 37.20392
>
> r2 <- mean(data$Solar.R) + 1.1 * IQR(data$Solar.R)
> r2
[1] 336.4039
>
> result <- data$Solar.R >= r1 & data$Solar.R <= r2
> sum(result)
[1] 140
>
> print(mean(data$Solar.R[result]))
[1] 202.1143
```

ggplot2 패키지를 설치하여 diamonds 데이터세트를 이용한다. 다이아몬드와 관련된 10개 항목에 대한 53,940개의 데이터를 포함한다.

- carat : 다이아몬드의 무게
- cut : 커팅의 가치
- color : 색상
- clarity : 투명도
- depth : 깊이의 비율
- table : 너비의 비율
- price : 가격
- x : 길이
- y : 너비
- z : 깊이

```
> head(diamonds)
# A tibble: 6 × 10
  carat cut       color clarity depth table price     x     y     z
  <dbl> <ord>     <ord> <ord>   <dbl> <dbl> <int> <dbl> <dbl> <dbl>
1  0.23 Ideal     E     SI2      61.5    55   326  3.95  3.98  2.43
2  0.21 Premium   E     SI1      59.8    61   326  3.89  3.84  2.31
3  0.23 Good      E     VS1      56.9    65   327  4.05  4.07  2.31
4  0.29 Premium   I     VS2      62.4    58   334  4.2   4.23  2.63
5  0.31 Good      J     SI2      63.3    58   335  4.34  4.35  2.75
6  0.24 Very Good J     VVS2     62.8    57   336  3.94  3.96  2.48
> summary(diamonds)
     carat               cut           color        clarity          depth           table
 Min.   :0.2000   Fair     : 1610   D: 6775   SI1    :13065   Min.   :43.00   Min.   :43.00
 1st Qu.:0.4000   Good     : 4906   E: 9797   VS2    :12258   1st Qu.:61.00   1st Qu.:56.00
 Median :0.7000   Very Good:12082   F: 9542   SI2    : 9194   Median :61.80   Median :57.00
 Mean   :0.7979   Premium  :13791   G:11292   VS1    : 8171   Mean   :61.75   Mean   :57.46
 3rd Qu.:1.0400   Ideal    :21551   H: 8304   VVS2   : 5066   3rd Qu.:62.50   3rd Qu.:59.00
 Max.   :5.0100                     I: 5422   VVS1   : 3655   Max.   :79.00   Max.   :95.00
                                    J: 2808   (Other): 2531
     price             x                y                z
 Min.   :  326   Min.   : 0.000   Min.   : 0.000   Min.   : 0.000
 1st Qu.:  950   1st Qu.: 4.710   1st Qu.: 4.720   1st Qu.: 2.910
 Median : 2401   Median : 5.700   Median : 5.710   Median : 3.530
 Mean   : 3933   Mean   : 5.731   Mean   : 5.735   Mean   : 3.539
 3rd Qu.: 5324   3rd Qu.: 6.540   3rd Qu.: 6.540   3rd Qu.: 4.040
 Max.   :18823   Max.   :10.740   Max.   :58.900   Max.   :31.800

> describe(diamonds)
         vars     n    mean      sd  median trimmed     mad   min      max    range  skew kurtosis    se
carat       1 53940    0.80    0.47    0.70    0.73    0.47   0.2     5.01     4.81  1.12     1.26  0.00
cut*        2 53940    3.90    1.12    4.00    4.04    1.48   1.0     5.00     4.00 -0.72    -0.40  0.00
color*      3 53940    3.59    1.70    4.00    3.55    1.48   1.0     7.00     6.00  0.19    -0.87  0.01
clarity*    4 53940    4.05    1.65    4.00    3.91    1.48   1.0     8.00     7.00  0.55    -0.39  0.01
depth       5 53940   61.75    1.43   61.80   61.78    1.04  43.0    79.00    36.00 -0.08     5.74  0.01
table       6 53940   57.46    2.23   57.00   57.32    1.48  43.0    95.00    52.00  0.80     2.80  0.01
price       7 53940 3932.80 3989.44 2401.00 3158.99 2475.94 326.0 18823.00 18497.00  1.62     2.18 17.18
x           8 53940    5.73    1.12    5.70    5.66    1.38   0.0    10.74    10.74  0.38    -0.62  0.00
y           9 53940    5.73    1.14    5.71    5.66    1.36   0.0    58.90    58.90  2.43    91.20  0.00
z          10 53940    3.54    0.71    3.53    3.49    0.85   0.0    31.80    31.80  1.52    47.08  0.00
> dim(diamonds)
[1] 53940    10
```

Q-01 가격(price) 기준으로 상위 200개 데이터(data)를 이용한다. data에서 cut=Premium인 다이아몬드들의 평균 가격을 출력하시오.

정답 및 해설 18,525.99

order( )로 가격을 내림차순 정렬하고 상위 200 순위에 해당되는 가격에 대한 행 자료를 저장(data)한다. subset( ) 함수를 이용하여 cut="Premium"인 데이터를 data_subset에 저장한 후 총 68개의 자료에서 가격의 평균(mean[data_subset$price])을 구한다.

```
> data <- diamonds[order(-diamonds$price),]
> head(data)
# A tibble: 6 x 10
  carat cut        color clarity depth table price    x    y    z
  <dbl> <ord>      <ord> <ord>   <dbl> <dbl> <int> <dbl> <dbl> <dbl>
1  2.29 Premium    I     VS2      60.8    60 18823  8.5  8.47  5.16
2  2    Very Good  G     SI1      63.5    56 18818  7.9  7.97  5.04
3  1.51 Ideal      G     IF       61.7    55 18806  7.37 7.41  4.56
4  2.07 Ideal      G     SI2      62.5    55 18804  8.2  8.13  5.11
5  2    Very Good  H     SI1      62.8    57 18803  7.95 8     5.01
6  2.29 Premium    I     SI1      61.8    59 18797  8.52 8.45  5.24
> dim(data)
[1] 53940    10
> data <- data[1:200,]
> dim(data)
[1] 200  10
> data_subset <- subset(data, cut == "Premium")
> head(data_subset)
# A tibble: 6 x 10
  carat cut     color clarity depth table price    x    y    z
  <dbl> <ord>   <ord> <ord>   <dbl> <dbl> <int> <dbl> <dbl> <dbl>
1  2.29 Premium I     VS2      60.8    60 18823  8.5  8.47  5.16
2  2.29 Premium I     SI1      61.8    59 18797  8.52 8.45  5.24
3  2.04 Premium H     SI1      58.1    60 18795  8.37 8.28  4.84
4  2    Premium I     VS1      60.8    59 18795  8.13 8.02  4.91
5  1.71 Premium F     VS2      62.3    59 18791  7.57 7.53  4.7
6  2.05 Premium F     SI2      60.2    59 18784  8.28 8.33  5
> dim(data_subset)
[1] 68 10
> mean(data_subset$price)
[1] 18525.99
> summary(data_subset)
     carat            cut        color       clarity       depth           table
 Min.   :1.070   Fair     : 0   D: 3    SI2    :20    Min.   :58.10   Min.   :55.00
 1st Qu.:2.007   Good     : 0   E: 5    SI1    :18    1st Qu.:60.30   1st Qu.:58.00
 Median :2.070   Very Good: 0   F:13    VS2    :16    Median :61.20   Median :59.00
 Mean   :2.153   Premium  :68   G:10    VS1    : 8    Mean   :60.98   Mean   :58.71
 3rd Qu.:2.290   Ideal    : 0   H:12    VVS2   : 3    3rd Qu.:61.80   3rd Qu.:60.00
 Max.   :3.510                  I:15    IF     : 3    Max.   :63.00   Max.   :62.00
                                J:10    (Other): 0
     price             x               y               z
 Min.   :18252   Min.   :6.670   Min.   :6.570   Min.   :4.030
 1st Qu.:18376   1st Qu.:8.107   1st Qu.:8.047   1st Qu.:4.940
 Median :18490   Median :8.275   Median :8.235   Median :5.025
 Mean   :18526   Mean   :8.316   Mean   :8.275   Mean   :5.058
 3rd Qu.:18702   3rd Qu.:8.540   3rd Qu.:8.500   3rd Qu.:5.200
 Max.   :18823   Max.   :9.660   Max.   :9.630   Max.   :6.030
```

Q-02 다이아몬드 깊이와 너비의 비율이 각각 60% 이상인 데이터를 이용한다. 데이터들 중 가격이 높은 순서대로 상위 100개의 데이터들 중에서 다이아몬드 가격의 (최댓값)−(최솟값)을 구하시오.

📋 **정답 및 해설** 1,644

subset( )으로 다이아몬드 깊이(depth)와 너비(table)의 비율이 60% 이상인 데이터를 저장(총 6,400개)한다. 가격을 높은 순서대로 정렬한 후 최솟값(min)과 최댓값(max)을 구하고 그 차이(max−min)를 출력한다.

```
> data <- subset(diamonds, depth >= 60 & table >= 60)
> dim(data)
[1] 6400   10
>
> data <- data[order(-data$price), ]
> head(data)
# A tibble: 6 × 10
  carat cut       color clarity depth table price     x     y     z
  <dbl> <ord>     <ord> <ord>   <dbl> <dbl> <int> <dbl> <dbl> <dbl>
1  2.29 Premium   I     VS2      60.8    60 18823  8.5   8.47  5.16
2  2.03 Very Good H     SI1      63      60 18781  8     7.93  5.02
3  2.55 Premium   I     VS1      61.8    62 18766  8.7   8.65  5.36
4  1.72 Premium   G     VVS2     61.8    60 18730  7.65  7.68  4.74
5  2.18 Premium   F     SI1      61.2    60 18717  8.38  8.3   5.1
6  2.07 Good      I     VS2      61.8    61 18707  8.12  8.16  5.03
>
> min <- min(data$price[1:100])
> min
[1] 17179
>
> max <- max(data$price[1:100])
> max
[1] 18823
>
> print(max - min)
[1] 1644
```

Q-03 cut=Ideal인 데이터를 이용한다. 다이아몬드의 (길이, 너비, 깊이) = (x, y, z)와 가격(price) 사이의 상관계수를 구하고, 결과 파일의 마지막 열(항목)에 상관계수의 최댓값을 구하여 그 결과를 cor.csv 파일로 저장하시오.

정답 및 해설 (길이, 너비, 깊이) = (x, y, z)와 가격(price) 사이의 상관계수

(x, price)	(y, price)	(z, price)	최댓값
0.8952186	0.8830704	0.8931604	0.8952186

subset( )으로 cut=Ideal인 데이터를 저장(data, 총 21,551개)한다. cor( ) 함수를 이용하여 (x, y, z)와 가격(price) 사이의 상관계수와 상관계수의 최댓값을 구하고 데이터 프레임 함수(data.frame( ))를 이용하여 결괏값을 저장(result)한다. 작업영역 지정(setwd( )) 후, write.csv( ) 함수를 이용하여 결과 파일을 저장한다. plot( ) 함수를 이용하여 결과를 확인하면, 다이아몬드의 길이(x)가 다른 변수와 비교하여 가격 항목과의 상관계수가 다소 큰 것을 확인할 수 있다.

```
> data <- subset(diamonds, cut == "Ideal")
> head(data)
# A tibble: 6 × 10
  carat cut   color clarity depth table price     x     y     z
  <dbl> <ord> <ord> <ord>   <dbl> <dbl> <int> <dbl> <dbl> <dbl>
1  0.23 Ideal E     SI2      61.5    55   326  3.95  3.98  2.43
2  0.23 Ideal J     VS1      62.8    56   340  3.93  3.9   2.46
3  0.31 Ideal J     SI2      62.2    54   344  4.35  4.37  2.71
4  0.3  Ideal I     SI2      62      54   348  4.31  4.34  2.68
5  0.33 Ideal I     SI2      61.8    55   403  4.49  4.51  2.78
6  0.33 Ideal I     SI2      61.2    56   403  4.49  4.5   2.75
> nrow(data)
[1] 21551
>
> c1 <- cor(data$x, data$price)
> c1
[1] 0.8952186
>
> c2 <- cor(data$y, data$price)
> c2
[1] 0.8830704
>
> c3 <- cor(data$z, data$price)
> c3
[1] 0.8931604
>
> result <- data.frame(c1, c2, c3)
> result
         c1        c2        c3
1 0.8952186 0.8830704 0.8931604
>
> result$max_cor <- max(result)
> result
         c1        c2        c3   max_cor
1 0.8952186 0.8830704 0.8931604 0.8952186
>
> setwd("C:/workr")
> write.csv(result, "cor.csv", row.names=TRUE)
>
> check <- read.csv("cor.csv", header=T, fileEncoding="EUC-KR")
> check
  X        c1        c2        c3   max_cor
1 1 0.8952186 0.8830704 0.8931604 0.8952186
> View(check)
```

	X	c1	c2	c3	max_cor
1	1	0.8952186	0.8830704	0.8931604	0.8952186

```
> par(mfrow=c(1,3))
> plot(data$x, data$price, type="p")
> plot(data$y, data$price, type="l")
> plot(data$z, data$price, type="b")
```

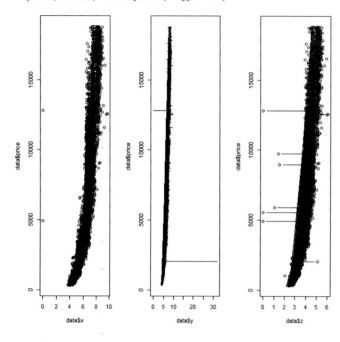

Q-04 cut=Very Good인 데이터를 이용한다. 가격(price)에 대한 이상값의 평균을 출력하시오[단, 이상값은 중위수(median, 중앙값)에서 IQR의 1.5배를 초과하는 값으로 정의한다].

정답 및 해설 13,144.55

subset( ) 함수를 이용하여 cut=Very Good인 데이터를 저장(data, 총 12,082개)한다. 가격에 대한 이상값의 조건을 저장(check)하고 해당 조건을 만족하는 다이아몬드 1,288개에 대한 가격의 평균(13,144.55)을 출력한다.

```
> data <- subset(diamonds, cut =="Very Good")
> head(data)
# A tibble: 6 × 10
  carat cut       color clarity depth table price     x     y     z
  <dbl> <ord>     <ord> <ord>   <dbl> <dbl> <int> <dbl> <dbl> <dbl>
1  0.24 Very Good J     VVS2     62.8    57   336  3.94  3.96  2.48
2  0.24 Very Good I     VVS1     62.3    57   336  3.95  3.98  2.47
3  0.26 Very Good H     SI1      61.9    55   337  4.07  4.11  2.53
4  0.23 Very Good H     VS1      59.4    61   338  4     4.05  2.39
5  0.3  Very Good J     SI1      62.7    59   351  4.21  4.27  2.66
6  0.23 Very Good E     VS2      63.8    55   352  3.85  3.92  2.48
> dim(data)
[1] 12082    10
>
> summary(data)
     carat                 cut          color       clarity         depth           table           price             x
 Min.   :0.2000   Fair     :    0   D:1513   SI1    :3240   Min.   :56.80   Min.   :44.00   Min.   :  336   Min.   : 0.000
 1st Qu.:0.4100   Good     :    0   E:2400   VS2    :2591   1st Qu.:60.90   1st Qu.:56.00   1st Qu.:  912   1st Qu.: 4.750
 Median :0.7100   Very Good:12082   F:2164   SI2    :2100   Median :62.10   Median :58.00   Median : 2648   Median : 5.740
 Mean   :0.8064   Premium  :    0   G:2299   VS1    :1775   Mean   :61.82   Mean   :57.96   Mean   : 3982   Mean   : 5.741
 3rd Qu.:1.0200   Ideal    :    0   H:1824   VVS2   :1235   3rd Qu.:62.90   3rd Qu.:59.00   3rd Qu.: 5373   3rd Qu.: 6.470
 Max.   :4.0000                     I:1204   VVS1   : 789   Max.   :64.90   Max.   :66.00   Max.   :18818   Max.   :10.010
                                    J: 678   (Other): 352
       y               z
 Min.   :0.00   Min.   : 0.00
 1st Qu.:4.77   1st Qu.: 2.95
 Median :5.77   Median : 3.56
 Mean   :5.77   Mean   : 3.56
 3rd Qu.:6.51   3rd Qu.: 4.02
 Max.   :9.94   Max.   :31.80
>
> check <- data$price >= (median(data$price)+1.5*IQR(data$price))
> sum(check)
[1] 1288
>
> mean(data$price[check])
[1] 13144.55
```

Q-05 다이아몬드의 무게(carat)가 1 이상이고 cut=Premium인 데이터를 이용한다. 가격을 높은 순서로 정렬한 뒤 가격 상위 100개의 다이아몬드 자료를 저장(data)한다. 100개의 행으로 구성된 data에서 다이아몬드의 색상(color)이 (F, G, H)에 대한 비율을 각각 구하고 최대 비율값을 새로운 열로 추가하여 color.csv 파일로 저장하시오.

📋 **정답 및 해설** 다이아몬드의 색상(color)에 대한 비율과 최대 비율값

F	G	H	최대 비율값
0.18	0.14	0.22	0.22

subset( )으로 carat이 1 이상이고 cut=Premium인 자료를 확인하고, 가격을 내림차순 정렬하여 가격 순위 상위 100개의 자료를 저장(data)한다. 다이아몬드의 색상 (F, G, H)에 대한 비율을 각각 구하고 최댓값을 구하여 새로운 열로 추가한 후 데이터 프레임으로 저장한다. 작업영역 지정(setwd( ))후, 결과 파일을 color.csv 파일로 저장한다.

```
> data <- subset(diamonds, carat >= 1 & cut == "Premium")
> head(data)
# A tibble: 6 × 10
  carat cut     color clarity depth table price     x     y     z
  <dbl> <ord>   <ord> <ord>   <dbl> <dbl> <int> <dbl> <dbl> <dbl>
1  1.01 Premium F     I1       61.8    60  2781  6.39  6.36  3.94
2  1.01 Premium H     SI2      62.7    59  2788  6.31  6.22  3.93
3  1    Premium I     SI2      58.2    60  2795  6.61  6.55  3.83
4  1.04 Premium G     I1       62.2    58  2801  6.46  6.41  4
5  1    Premium J     SI2      62.3    58  2801  6.45  6.34  3.98
6  1.02 Premium G     I1       60.3    58  2815  6.55  6.5   3.94
> nrow(data)
[1] 6191
>
> data <- data[order(-data$price),][1:100,]
> head(data)
# A tibble: 6 × 10
  carat cut     color clarity depth table price     x     y     z
  <dbl> <ord>   <ord> <ord>   <dbl> <dbl> <int> <dbl> <dbl> <dbl>
1  2.29 Premium I     VS2      60.8    60 18823  8.5   8.47  5.16
2  2.29 Premium I     SI1      61.8    59 18797  8.52  8.45  5.24
3  2.04 Premium H     SI1      58.1    60 18795  8.37  8.28  4.84
4  2    Premium I     VS1      60.8    59 18795  8.13  8.02  4.91
5  1.71 Premium F     VS2      62.3    59 18791  7.57  7.53  4.7
6  2.05 Premium F     SI2      60.2    59 18784  8.28  8.33  5
> nrow(data)
[1] 100
```

```
> summary(data)
     carat                  cut        color    clarity        depth           table           price             x
 Min.   :1.070   Fair      :  0   D: 4   SI2    :32   Min.   :58.10   Min.   :53.00   Min.   :18007   Min.   :0.000
 1st Qu.:2.018   Good      :  0   E: 9   VS2    :26   1st Qu.:60.50   1st Qu.:58.00   1st Qu.:18207   1st Qu.:8.100
 Median :2.070   Very Good :  0   F:18   SI1    :25   Median :61.20   Median :59.00   Median :18388   Median :8.220
 Mean   :2.147   Premium   :100   G:14   VS1    :10   Mean   :61.13   Mean   :58.77   Mean   :18401   Mean   :8.220
 3rd Qu.:2.290   Ideal     :  0   H:22   IF     : 4   3rd Qu.:62.10   3rd Qu.:60.00   3rd Qu.:18601   3rd Qu.:8.505
 Max.   :3.510                    I:22   VVS2   : 3   Max.   :63.00   Max.   :62.00   Max.   :18823   Max.   :9.660
                                  J:11   (Other): 0
       y               z
 Min.   :0.000   Min.   :0.000
 1st Qu.:8.040   1st Qu.:4.940
 Median :8.205   Median :5.035
 Mean   :8.175   Mean   :4.958
 3rd Qu.:8.482   3rd Qu.:5.180
 Max.   :9.630   Max.   :6.030

>
> f <- sum(data$color=="F") / nrow(data)
> f
[1] 0.18
>
> g <- sum(data$color=="G") / nrow(data)
> g
[1] 0.14
>
> h <- sum(data$color=="H") / nrow(data)
> h
[1] 0.22
>
> result <- data.frame(f, g, h, max(f, g, h))
> result
     f    g    h max.f..g..h.
1 0.18 0.14 0.22         0.22
>
> setwd("C:/workr")
> write.csv(result, "color.csv", row.names=FALSE)
>
> check <- read.csv("color.csv", header=T, fileEncoding="EUC-KR")
> check
     f    g    h max.f..g..h.
1 0.18 0.14 0.22         0.22
>
> View(check)
```

R Data: check

	f	g	h	max.f..g..h.
1	0.18	0.14	0.22	0.22

Q-01 R의 MASS 패키지에서 제공되는 보스턴(Boston) 데이터세트는 보스턴 지역의 범죄율, 학생·교수 비율, 주택가격 등과 관련된 데이터로서 총 14개 항목에 대한 506개 지역의 레코드를 포함한다. 다음 수행 결과를 출력하시오.

(1) 보스턴 지역의 주택가격(Boston$medv) 항목에 대해 주택가격이 가장 높은 상위 20개 지역의 주택가격을 출력하시오.

(2) 주택가격이 가장 높은(주택가격의 최댓값을 나타내는) 지역의 주택가격을 (주택가격의 중앙값(median))으로 모두 대체하고 그 결과를 출력하시오.

(3) 위 (2)번 데이터세트를 이용하여 1940년 이전 주택의 비율 항목(age)이 80% 이상인 지역에 대한 평균 주택가격을 출력하시오.

- crim : 범죄율(자치시별 1인기준)
- zn : 25,000 평방 피트 초과 거주지역 비율
- indus : 비소매 상업지역 면적(비율)
- chas : 찰스 강의 경계에 위치한 경우는 1, 아니면 0
- nox : 일산화질소 농도
- rm : 주택당 방수
- age : 1940년 이전에 건축된 주택의 비율(%)
- dis : 직업센터의 거리
- rad : 방사형 고속도로까지의 거리
- tax : 재산세율
- ptratio : 학생·교수 비율
- black : 인구 중 흑인 비율
- lstat : 인구 중하위 계층 비율
- medv : 본인 소유의 주택가격(중앙값, $1000)

```
> head(Boston)
     crim zn indus chas   nox    rm  age    dis rad tax ptratio  black lstat medv
1 0.00632 18  2.31    0 0.538 6.575 65.2 4.0900   1 296    15.3 396.90  4.98 24.0
2 0.02731  0  7.07    0 0.469 6.421 78.9 4.9671   2 242    17.8 396.90  9.14 21.6
3 0.02729  0  7.07    0 0.469 7.185 61.1 4.9671   2 242    17.8 392.83  4.03 34.7
4 0.03237  0  2.18    0 0.458 6.998 45.8 6.0622   3 222    18.7 394.63  2.94 33.4
5 0.06905  0  2.18    0 0.458 7.147 54.2 6.0622   3 222    18.7 396.90  5.33 36.2
6 0.02985  0  2.18    0 0.458 6.430 58.7 6.0622   3 222    18.7 394.12  5.21 28.7
> summary(Boston)
      crim                zn             indus            chas              nox               rm
 Min.   : 0.00632   Min.   :  0.00   Min.   : 0.46   Min.   :0.00000   Min.   :0.3850   Min.   :3.561
 1st Qu.: 0.08205   1st Qu.:  0.00   1st Qu.: 5.19   1st Qu.:0.00000   1st Qu.:0.4490   1st Qu.:5.886
 Median : 0.25651   Median :  0.00   Median : 9.69   Median :0.00000   Median :0.5380   Median :6.208
 Mean   : 3.61352   Mean   : 11.36   Mean   :11.14   Mean   :0.06917   Mean   :0.5547   Mean   :6.285
 3rd Qu.: 3.67708   3rd Qu.: 12.50   3rd Qu.:18.10   3rd Qu.:0.00000   3rd Qu.:0.6240   3rd Qu.:6.623
 Max.   :88.97620   Max.   :100.00   Max.   :27.74   Max.   :1.00000   Max.   :0.8710   Max.   :8.780
      age              dis              rad              tax           ptratio          black
 Min.   :  2.90   Min.   : 1.130   Min.   : 1.000   Min.   :187.0   Min.   :12.60   Min.   :  0.32
 1st Qu.: 45.02   1st Qu.: 2.100   1st Qu.: 4.000   1st Qu.:279.0   1st Qu.:17.40   1st Qu.:375.38
 Median : 77.50   Median : 3.207   Median : 5.000   Median :330.0   Median :19.05   Median :391.44
 Mean   : 68.57   Mean   : 3.795   Mean   : 9.549   Mean   :408.2   Mean   :18.46   Mean   :356.67
 3rd Qu.: 94.08   3rd Qu.: 5.188   3rd Qu.:24.000   3rd Qu.:666.0   3rd Qu.:20.20   3rd Qu.:396.23
 Max.   :100.00   Max.   :12.127   Max.   :24.000   Max.   :711.0   Max.   :22.00   Max.   :396.90
     lstat            medv
 Min.   : 1.73   Min.   : 5.00
 1st Qu.: 6.95   1st Qu.:17.02
 Median :11.36   Median :21.20
 Mean   :12.65   Mean   :22.53
 3rd Qu.:16.95   3rd Qu.:25.00
 Max.   :37.97   Max.   :50.00

> dim(Boston)
[1] 506 14
>
> str(Boston)
'data.frame':   506 obs. of  14 variables:
 $ crim   : num  0.00632 0.02731 0.02729 0.03237 0.06905 ...
 $ zn     : num  18 0 0 0 0 0 12.5 12.5 12.5 12.5 ...
 $ indus  : num  2.31 7.07 7.07 2.18 2.18 2.18 7.87 7.87 7.87 7.87 ...
 $ chas   : int  0 0 0 0 0 0 0 0 0 0 ...
 $ nox    : num  0.538 0.469 0.469 0.458 0.458 0.458 0.524 0.524 0.524 0.524 ...
 $ rm     : num  6.58 6.42 7.18 7 7.15 ...
 $ age    : num  65.2 78.9 61.1 45.8 54.2 58.7 66.6 96.1 100 85.9 ...
 $ dis    : num  4.09 4.97 4.97 6.06 6.06 ...
 $ rad    : int  1 2 2 3 3 3 5 5 5 5 ...
 $ tax    : num  296 242 242 222 222 222 311 311 311 311 ...
 $ ptratio: num  15.3 17.8 17.8 18.7 18.7 18.7 15.2 15.2 15.2 15.2 ...
 $ black  : num  397 397 393 395 397 ...
 $ lstat  : num  4.98 9.14 4.03 2.94 5.33 ...
 $ medv   : num  24 21.6 34.7 33.4 36.2 28.7 22.9 27.1 16.5 18.9 ...
```

📋 정답 및 해설 17.82542

order( ) 함수를 이용하여 주택가격(Boston$medv)을 내림차순 정렬 후 data에 저장하고, 주택가격이 가장 높은 상위 20개 지역을 출력(print(data$medv[1:20])한다. ifelse( ) 함수를 이용하여 최대 주택가격 값을 중앙값으로 대체한다. age 항목이 80% 이상인 데이터를 data_age80에 저장(총 240개)한 후, data_age80$medv의 평균 가격을 출력($17.82542×1,000)한다. 참고로 Boston 데이터세트에 대한 age≥80%인 항목의 주택가격 평균은 19.14542(×1,000 달러)이다.

```
> data <- Boston[order(-Boston$medv),]
> head(data)
       crim zn indus chas   nox    rm  age    dis rad tax ptratio  black lstat medv
162 1.46336  0 19.58    0 0.605 7.489 90.8 1.9709   5 403    14.7 374.43  1.73   50
163 1.83377  0 19.58    1 0.605 7.802 98.2 2.0407   5 403    14.7 389.61  1.92   50
164 1.51902  0 19.58    1 0.605 8.375 93.9 2.1620   5 403    14.7 388.45  3.32   50
167 2.01019  0 19.58    0 0.605 7.929 96.2 2.0459   5 403    14.7 369.30  3.70   50
187 0.05602  0  2.46    0 0.488 7.831 53.6 3.1992   3 193    17.8 392.63  4.45   50
196 0.01381 80  0.46    0 0.422 7.875 32.0 5.6484   4 255    14.4 394.23  2.97   50
> print(data$medv[1:20])
 [1] 50.0 50.0 50.0 50.0 50.0 50.0 50.0 50.0 50.0 50.0 50.0 50.0 50.0 50.0 50.0 50.0 50.0 50.0 48.8 48.5
[19] 48.3 46.7
>
> data$medv <- ifelse(data$medv == max(data$medv), median(data$medv), data$medv)
>
> print(data$medv[1:20])
 [1] 21.2 21.2 21.2 21.2 21.2 21.2 21.2 21.2 21.2 21.2 21.2 21.2 21.2 21.2 21.2 21.2 21.2 21.2 48.8 48.5
[19] 48.3 46.7
>
> data_age80 <- data[data$age >= 80,]
> dim(data_age80)
[1] 240 14
>
> result <- mean(data_age80$medv)
> print(result)
[1] 17.82542
```

```
> check <- Boston[Boston$age >= 80,]
> check_mean <- mean(check$medv)
> print(check_mean)
[1] 19.14542
```

Q-02 R에서 제공되는 presidents 데이터는 1945년 1분기부터 1974년 4분기까지 분기별 미국 대통령의 지지율(시계열 데이터, Time-Series)이다. 분석의 편의를 위해 matrix( ) 함수를 이용하여 열이 4개(분기별 자료)인 행렬 자료로 변환한 데이터를 data에 저장한다. data를 이용하여 결측치(NA)가 가장 많은 분기를 출력하시오.

```
> presidents
     Qtr1 Qtr2 Qtr3 Qtr4
1945   NA   87   82   75
1946   63   50   43   32
1947   35   60   54   55
1948   36   39   NA   NA
1949   69   57   57   51
1950   45   37   46   39
1951   36   24   32   23
1952   25   32   NA   32
1953   59   74   75   60
1954   71   61   71   57
1955   71   68   79   73
1956   76   71   67   75
1957   79   62   63   57
1958   60   49   48   52
1959   57   62   61   66
1960   71   62   61   57
1961   72   83   71   78
1962   79   71   62   74
1963   76   64   62   57
1964   80   73   69   69
1965   71   64   69   62
1966   63   46   56   44
1967   44   52   38   46
1968   36   49   35   44
1969   59   65   65   56
1970   66   53   61   52
1971   51   48   54   49
1972   49   61   NA   NA
1973   68   44   40   27
1974   28   25   24   24
```

```
> str(presidents)
 Time-Series [1:120] from 1945 to 1975: NA 87 82 75 63 50 43 32 35 60 ...
> summary(presidents)
   Min. 1st Qu.  Median    Mean 3rd Qu.    Max.    NA's
  23.00   46.00   59.00   56.31   69.00   87.00       6
> data <- matrix(presidents, ncol=4, byrow=TRUE)
> data
      [,1] [,2] [,3] [,4]
 [1,]   NA   87   82   75
 [2,]   63   50   43   32
 [3,]   35   60   54   55
 [4,]   36   39   NA   NA
 [5,]   69   57   57   51
 [6,]   45   37   46   39
 [7,]   36   24   32   23
 [8,]   25   32   NA   32
 [9,]   59   74   75   60
[10,]   71   61   71   57
[11,]   71   68   79   73
[12,]   76   71   67   75
[13,]   79   62   63   57
[14,]   60   49   48   52
[15,]   57   62   61   66
[16,]   71   62   61   57
[17,]   72   83   71   78
[18,]   79   71   62   74
[19,]   76   64   62   57
[20,]   80   73   69   69
[21,]   71   64   69   62
[22,]   63   46   56   44
[23,]   44   52   38   46
[24,]   36   49   35   44
[25,]   59   65   65   56
[26,]   66   53   61   52
[27,]   51   48   54   49
[28,]   49   61   NA   NA
[29,]   68   44   40   27
[30,]   28   25   24   24
```

🔘 **정답 및 해설** 3분기

행렬 데이터를 데이터 프레임으로 저장하고 names( ) 함수를 이용하여 열 이름을 변경한다. 그리고 is.na( ) 함수를 이용하여 결측치 값을 확인(TRUE이면 결측값, FALSE이면 결측값이 아님)하고 이를 result에 저장한다. apply( ) 함수를 이용하여 열(분기)별로 결측값의 합계를 구하고 결괏값으로부터 결측값이 가장 많은 항목은 3분기임을 알 수 있다.

```
> data <- data.frame(data)          > names(data) <- c("Qtr1", "Qtr2", "Qtr3", "Qtr4")
> data                              > data
   X1 X2 X3 X4                          Qtr1 Qtr2 Qtr3 Qtr4
1  NA 87 82 75                       1    NA   87   82   75
2  63 50 43 32                       2    63   50   43   32
3  35 60 54 55                       3    35   60   54   55
4  36 39 NA NA                       4    36   39   NA   NA
5  69 57 57 51                       5    69   57   57   51
6  45 37 46 39                       6    45   37   46   39
7  36 24 32 23                       7    36   24   32   23
8  25 32 NA 32                       8    25   32   NA   32
9  59 74 75 60                       9    59   74   75   60
10 71 61 71 57                       10   71   61   71   57
11 71 68 79 73                       11   71   68   79   73
12 76 71 67 75                       12   76   71   67   75
13 79 62 63 57                       13   79   62   63   57
14 60 49 48 52                       14   60   49   48   52
15 57 62 61 66                       15   57   62   61   66
16 71 62 61 57                       16   71   62   61   57
17 72 83 71 78                       17   72   83   71   78
18 79 71 62 74                       18   79   71   62   74
19 76 64 62 57                       19   76   64   62   57
20 80 73 69 69                       20   80   73   69   69
21 71 64 69 62                       21   71   64   69   62
22 63 46 56 44                       22   63   46   56   44
23 44 52 38 46                       23   44   52   38   46
24 36 49 35 44                       24   36   49   35   44
25 59 65 65 56                       25   59   65   65   56
26 66 53 61 52                       26   66   53   61   52
27 51 48 54 49                       27   51   48   54   49
28 49 61 NA NA                       28   49   61   NA   NA
29 68 44 40 27                       29   68   44   40   27
30 28 25 24 24                       30   28   25   24   24

> result <- is.na(data)
> head(result)
      Qtr1  Qtr2  Qtr3  Qtr4
[1,]  TRUE FALSE FALSE FALSE
[2,] FALSE FALSE FALSE FALSE
[3,] FALSE FALSE FALSE FALSE
[4,] FALSE FALSE  TRUE  TRUE
[5,] FALSE FALSE FALSE FALSE
[6,] FALSE FALSE FALSE FALSE
>
> no_na <- apply(result, 2, sum)
> no_na
Qtr1 Qtr2 Qtr3 Qtr4
   1    0    3    2
>
> print(max(no_na))
[1] 3
>
> summary(data)
      Qtr1            Qtr2            Qtr3            Qtr4
 Min.   :25.00   Min.   :24.00   Min.   :24.00   Min.   :23.00
 1st Qu.:45.00   1st Qu.:48.25   1st Qu.:47.00   1st Qu.:44.00
 Median :63.00   Median :60.50   Median :61.00   Median :55.50
 Mean   :58.45   Mean   :56.43   Mean   :57.22   Mean   :53.07
 3rd Qu.:71.00   3rd Qu.:64.75   3rd Qu.:68.00   3rd Qu.:63.00
 Max.   :80.00   Max.   :87.00   Max.   :82.00   Max.   :78.00
 NA's   :1                       NA's   :3       NA's   :2
```

Q-03 R에서 제공되는 **state.x77** 데이터는 미국 50개 주에 대한 (인구, 수입, 문맹률, 기대수명, 살인 발생율, 고교 졸업율, 서리 발생일, 면적)=(Population, Income, Illiteracy, Life Exp, Murder, HS Grad, Frost, Area) 항목의 값이다. describe( ) 함수로 각 항목별 기술통계량 값을 확인하기 위해 "psych" 패키지가 필요하다. describe( ) 수행 결과로부터 수입(Income) 항목에 대해 (평균, 편차, 중앙값, 최대, 최소)=(4435.8, 614.47, 4519, 6315, 3098)임을 알 수 있다. Income 항목을 최소−최대 척도(Min−Max Scale)와 Z−Score((X−평균)/표준편차)로 변환한 후, 최소−최대 척도 변환의 경우 0.5보다 큰 값을 가지는 레코드의 수를 구하고, Z−Score로 변환한 경우 0보다 큰 값을 가지는 레코드의 수를 구하시오.

```
> head(state.x77)
           Population Income Illiteracy Life Exp Murder HS Grad Frost   Area
Alabama          3615   3624        2.1    69.05   15.1    41.3    20  50708
Alaska            365   6315        1.5    69.31   11.3    66.7   152 566432
Arizona          2212   4530        1.8    70.55    7.8    58.1    15 113417
Arkansas         2110   3378        1.9    70.66   10.1    39.9    65  51945
California      21198   5114        1.1    71.71   10.3    62.6    20 156361
Colorado         2541   4884        0.7    72.06    6.8    63.9   166 103766
> str(state.x77)
 num [1:50, 1:8] 3615 365 2212 2110 21198 ...
 - attr(*, "dimnames")=List of 2
  ..$ : chr [1:50] "Alabama" "Alaska" "Arizona" "Arkansas" ...
  ..$ : chr [1:8] "Population" "Income" "Illiteracy" "Life Exp" ...
>
> describe(state.x77)
           vars  n     mean       sd   median   trimmed      mad     min      max     range  skew kurtosis       se
Population    1 50  4246.42  4464.49  2838.50   3384.28  2890.33  365.00  21198.0  20833.00  1.92     3.75   631.37
Income        2 50  4435.80   614.47  4519.00   4430.08   581.18 3098.00   6315.0   3217.00  0.20     0.24    86.90
Illiteracy    3 50     1.17     0.61     0.95      1.10     0.52    0.28      2.8      2.30  0.82    -0.47     0.09
Life Exp      4 50    70.88     1.34    70.67     70.92     1.54   67.96     73.6      5.64 -0.15    -0.67     0.19
Murder        5 50     7.38     3.69     6.85      7.30     5.19    1.40     15.1     13.70  0.13    -1.21     0.52
HS Grad       6 50    53.11     8.08    53.25     53.34     8.60   37.80     67.3     29.50 -0.32    -0.88     1.14
Frost         7 50   104.46    51.98   114.50    106.80    53.37    0.00    188.0    188.00 -0.37    -0.94     7.35
Area          8 50 70735.88 85327.30 54277.00  56575.72 35144.29 1049.00 566432.0 565383.00  4.10    20.39 12067.10
```

📋 **정답 및 해설**

- 최소−최대 척도로 변환한 경우 0.5보다 큰 값을 가지는 레코드의 수=16개
- Z−Score로 변환한 경우 0보다 큰 값(양수)을 가지는 레코드의 수=29개

사용자정의 함수(function(x))를 이용하여 minmax(최소−최대 변환)를 정의하고 state.x77 데이터를 데이터 프레임으로 변환(data)한다. minmax(data$Income)를 이용하여 Income 항목을 최소−최대 스케일로 변환한 후 결괏값이 0.5보다 큰 경우의 수(전체 50개중 16개)를 구한다. 동일한 방법으로 Z−Score 변환 함수(function(y))를 정의하고 결괏값을 구한 후, 0보다 큰 값을 가지는 경우는 전체 50개 중 29개임을 알 수 있다.

```
> minmax <- function(x) {
+ return ((x-min(x))/(max(x)-min(x)))
+ }
>
> data <- data.frame(state.x77)
> data
            Population Income Illiteracy Life.Exp Murder HS.Grad Frost   Area
Alabama           3615   3624        2.1    69.05   15.1    41.3    20  50708
Alaska             365   6315        1.5    69.31   11.3    66.7   152 566432
Arizona           2212   4530        1.8    70.55    7.8    58.1    15 113417
Arkansas          2110   3378        1.9    70.66   10.1    39.9    65  51945
California       21198   5114        1.1    71.71   10.3    62.6    20 156361
Colorado          2541   4884        0.7    72.06    6.8    63.9   166 103766
Connecticut       3100   5348        1.1    72.48    3.1    56.0   139   4862
> result <- minmax(data$Income)
> head(result)
[1] 0.16350637 1.00000000 0.44513522 0.08703761 0.62667081 0.55517563
>
> print(sum(result > 0.5))
[1] 16
> length(result)
[1] 50
> zscore <- function(y) {
+ return ((y-mean(y))/sd(y))
+ }
>
> result <- zscore(data$Income)
> head(result)
[1] -1.3211387  3.0582456  0.1533029 -1.7214837  1.1037155  0.7294092
>
> print(sum(result > 0))
[1] 29
```

Q-04 R에서 제공되는 precip 데이터는 미국 70개 도시들에 대한 연간 평균 강수량(inches)이며, 데이터 프레임 형식으로 변환된 data를 이용한다. 강수량(precip)에 대한 이상치를 출력하시오[단, data 항목들 중 precip (inches) 컬럼에 이상치는 IQR(Interquartile Range, 상위 75% 지점의 값과 하위 25% 지점의 값의 차이)를 기준으로 ① (상위 75% 지점의 값)+1.5×IQR 이상의 값 또는 ② (하위 25% 지점의 값)−1.5×IQR 이하의 값으로 정의한다].

```
> precip
        Mobile          Juneau         Phoenix     Little Rock     Los Angeles      Sacramento
          67.0            54.7             7.0            48.5            14.0            17.2
 San Francisco          Denver        Hartford      Wilmington      Washington    Jacksonville
          20.7            13.0            43.4            40.2            38.9            54.5
         Miami          Atlanta        Honolulu           Boise         Chicago          Peoria
          59.8            48.3            22.9            11.5            34.4            35.1
  Indianapolis       Des Moines         Wichita      Louisville     New Orleans        Portland
          38.7            30.8            30.6            43.1            56.8            40.8
     Baltimore          Boston         Detroit  Sault Ste. Marie   Duluth Minneapolis/St Paul
          41.8            42.5            31.0            31.7            30.2            25.9
       Jackson      Kansas City       St Louis     Great Falls           Omaha            Reno
          49.2            37.0            35.9            15.0            30.2             7.2
       Concord     Atlantic City     Albuquerque         Albany         Buffalo        New York
          36.2            45.5             7.8            33.4            36.1            40.2
     Charlotte          Raleigh         Bismark      Cincinnati       Cleveland        Columbus
          42.7            42.5            16.2            39.0            35.0            37.0
  Oklahoma City        Portland     Philadelphia       Pittsburg      Providence        Columbia
          31.4            37.6            39.9            36.2            42.8            46.4
    Sioux Falls         Memphis        Nashville          Dallas         El Paso         Houston
          24.7            49.1            46.0            35.9             7.8            48.2
 Salt Lake City      Burlington         Norfolk        Richmond   Seattle Tacoma         Spokane
          15.2            32.5            44.7            42.6            38.8            17.4
    Charleston        Milwaukee        Cheyenne        San Juan
          40.8            29.1            14.6            59.2
> data <- data.frame(names(precip))
> head(data)
  names.precip.
1        Mobile
2        Juneau
3       Phoenix
4   Little Rock
5   Los Angeles
6    Sacramento
>
> data$precip <- precip
> head(data)
  names.precip. precip
1        Mobile   67.0
2        Juneau   54.7
3       Phoenix    7.0
4   Little Rock   48.5
5   Los Angeles   14.0
6    Sacramento   17.2
>
> names(data) <- c("US city", "precip")
> head(data)
      US city precip
1      Mobile   67.0
2      Juneau   54.7
3     Phoenix    7.0
4 Little Rock   48.5
5 Los Angeles   14.0
6  Sacramento   17.2
>
> dim(data)
[1] 70  2
```

quantile( ) 함수를 이용하여 25%, 75% 분위수를 구하고 IQR＝(75% 분위수－25% 분위수)를 계산한다. 그리고 이상치 기준(result)을 정의하고 해당되는 이상값을 출력한다. boxplot( ) 함수를 이용하여 data$precip 항목의 대략적인 분포와 이상치를 구분할 수 있다.

```
> summary(data)
   US city           precip
 Length:70        Min.   : 7.00
 Class :character  1st Qu.:29.38
 Mode  :character  Median :36.60
                   Mean   :34.89
                   3rd Qu.:42.77
                   Max.   :67.00
>
> q25 <- quantile(data$precip, 0.25)
> q25
   25%
29.375
>
> q75 <- quantile(data$precip, 0.75)
> q75
   75%
42.775
>
> iqr <- q75 - q25
> iqr
 75%
13.4
>
> result <- data$precip >= (q75+1.5*iqr) | data$precip <= (q25-1.5*iqr)
> result
 [1]  TRUE FALSE  TRUE FALSE FALSE FALSE FALSE FALSE FALSE FALSE FALSE FALSE FALSE FALSE FALSE FALSE FALSE FALSE FALSE FALSE
[21] FALSE FALSE FALSE FALSE FALSE FALSE FALSE FALSE FALSE FALSE FALSE FALSE FALSE  TRUE FALSE FALSE  TRUE FALSE FALSE FALSE
[41] FALSE FALSE FALSE FALSE FALSE FALSE FALSE FALSE FALSE FALSE FALSE FALSE FALSE FALSE FALSE FALSE FALSE  TRUE FALSE FALSE
[61] FALSE FALSE FALSE FALSE FALSE FALSE FALSE FALSE FALSE FALSE
>
> outlier <- data$precip[result]
> print(outlier)
[1] 67.0  7.0  7.2  7.8  7.8

> boxplot(data$precip)
```

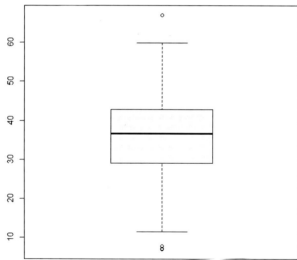

Q-05 다음은 캘리포니아 지역의 주택가격 관련 데이터(housing.csv)로 kaggle 사이트(www.kaggle.com/camnugent/introduction−to−machine−learning−in−r−tutorial)에서 다운로드할 수 있으며, 이 자료는 캘리포니아 20,640개 지역에 대한 10가지 항목의 조사 내용이다. 아래 순서대로 수행 후 작업 결과를 출력하시오.

(1) 주어진 데이터(data, housing.csv)를 이용하여 total_bedrooms 항목(변수)의 결측값(NA)을 total_bedrooms 항목의 중앙값으로 대체하여 data1에 저장하시오.

(2) total_bedrooms 항목의 평균(m)과 표준편차(n)를 구하시오.

(3) 이상치를 구분하기 위한 하한값과 상한값을 각각 다음과 같이 구하시오.

- 하한값(Low)=평균−표준편차×1.5=$m - n \times 1.5$
- 상한값(Upper)=평균＋표준편자×1.5=$m + n \times 1.5$

(4) total_bedrooms의 이상값(이상치)들의 평균을 출력하시오[단, 이상값은 (하한값 이하, 상한값 이상)에 해당되는 값이다].

- longitude : 경도
- latitude : 위도
- housing_median_age : 주택 연수(나이, 중앙값)
- total_rooms : 전체 방의 수
- total_bedrooms : 전체 침대의 수
- population : 인구 수
- households : 세대 수
- median_income : 소득(중앙값)
- median_house_value : 주택 가격(중앙값)
- ocean_proximity : 바다의 근접도

	A	B	C	D	E	F	G	H	I	J	K
1	longitude	latitude	housing_median_age	total_rooms	total_bedrooms	population	households	median_income	median_house_value	ocean_proximity	
2	-122.23	37.88	41	880	129	322	126	8.3252	452600	NEAR BAY	
3	-122.22	37.86	21	7099	1106	2401	1138	8.3014	358500	NEAR BAY	
4	-122.24	37.85	52	1467	190	496	177	7.2574	352100	NEAR BAY	
5	-122.25	37.85	52	1274	235	558	219	5.6431	341300	NEAR BAY	
6	-122.25	37.85	52	1627	280	565	259	3.8462	342200	NEAR BAY	
7	-122.25	37.85	52	919	213	413	193	4.0368	269700	NEAR BAY	
8	-122.25	37.84	52	2535	489	1094	514	3.6591	299200	NEAR BAY	
9	-122.25	37.84	52	3104	687	1157	647	3.12	241400	NEAR BAY	
10	-122.26	37.84	42	2555	665	1206	595	2.0804	226700	NEAR BAY	
11	-122.25	37.84	52	3549	707	1551	714	3.6912	261100	NEAR BAY	
12	-122.26	37.85	52	2202	434	910	402	3.2031	281500	NEAR BAY	
13	-122.26	37.85	52	3503	752	1504	734	3.2705	241800	NEAR BAY	
14	-122.26	37.85	52	2491	474	1098	468	3.075	213500	NEAR BAY	
15	-122.26	37.84	52	696	191	345	174	2.6736	191300	NEAR BAY	
16	-122.26	37.85	52	2643	626	1212	620	1.9167	159200	NEAR BAY	
17	-122.26	37.85	50	1120	283	697	264	2.125	140000	NEAR BAY	
18	-122.27	37.85	52	1966	347	793	331	2.775	152500	NEAR BAY	
19	-122.27	37.85	52	1228	293	648	303	2.1202	155500	NEAR BAY	
20	-122.26	37.84	50	2239	455	990	419	1.9911	158700	NEAR BAY	

```
> data <- read.csv("housing.csv", header=T)
> head(data)
  longitude latitude housing_median_age total_rooms total_bedrooms population households median_income median_house_value
1   -122.23    37.88                 41         880            129        322        126        8.3252             452600
2   -122.22    37.86                 21        7099           1106       2401       1138        8.3014             358500
3   -122.24    37.85                 52        1467            190        496        177        7.2574             352100
4   -122.25    37.85                 52        1274            235        558        219        5.6431             341300
5   -122.25    37.85                 52        1627            280        565        259        3.8462             342200
6   -122.25    37.85                 52         919            213        413        193        4.0368             269700
  ocean_proximity
1        NEAR BAY
2        NEAR BAY
3        NEAR BAY
4        NEAR BAY
5        NEAR BAY
6        NEAR BAY
> dim(data)
[1] 20640    10
> str(data)
'data.frame':   20640 obs. of  10 variables:
 $ longitude         : num  -122 -122 -122 -122 -122 ...
 $ latitude          : num  37.9 37.9 37.9 37.9 37.9 ...
 $ housing_median_age: int  41 21 52 52 52 52 52 52 42 52 ...
 $ total_rooms       : int  880 7099 1467 1274 1627 919 2535 3104 2555 3549 ...
 $ total_bedrooms    : int  129 1106 190 235 280 213 489 687 665 707 ...
 $ population        : int  322 2401 496 558 565 413 1094 1157 1206 1551 ...
 $ households        : int  126 1138 177 219 259 193 514 647 595 714 ...
 $ median_income     : num  8.33 8.3 7.26 5.64 3.85 ...
 $ median_house_value: int  452600 358500 352100 341300 342200 269700 299200 241400 226700 261100 ...
 $ ocean_proximity   : chr  "NEAR BAY" "NEAR BAY" "NEAR BAY" "NEAR BAY" ...
> summary(data)
   longitude          latitude      housing_median_age  total_rooms    total_bedrooms     population        households
 Min.   :-124.3   Min.   :32.54   Min.   : 1.00      Min.   :    2   Min.   :   1.0   Min.   :    3    Min.   :   1.0
 1st Qu.:-121.8   1st Qu.:33.93   1st Qu.:18.00      1st Qu.: 1448   1st Qu.: 296.0   1st Qu.:  787    1st Qu.: 280.0
 Median :-118.5   Median :34.26   Median :29.00      Median : 2127   Median : 435.0   Median : 1166    Median : 409.0
 Mean   :-119.6   Mean   :35.63   Mean   :28.64      Mean   : 2636   Mean   : 537.9   Mean   : 1425    Mean   : 499.5
 3rd Qu.:-118.0   3rd Qu.:37.71   3rd Qu.:37.00      3rd Qu.: 3148   3rd Qu.: 647.0   3rd Qu.: 1725    3rd Qu.: 605.0
 Max.   :-114.3   Max.   :41.95   Max.   :52.00      Max.   :39320   Max.   :6445.0   Max.   :35682    Max.   :6082.0
                                                                     NA's   :207

 median_income     median_house_value ocean_proximity
 Min.   : 0.4999   Min.   : 14999     Length:20640
 1st Qu.: 2.5634   1st Qu.:119600     Class :character
 Median : 3.5348   Median :179700     Mode  :character
 Mean   : 3.8707   Mean   :206856
 3rd Qu.: 4.7432   3rd Qu.:264725
 Max.   :15.0001   Max.   :500001
```

결측치를 제외한 total_bedrooms의 중앙값(median)=435이다. 결측값을 중앙값으로 대체한 후 이를 data1에 저장한다. data1의 total_bedrooms 항목의 평균(m=536.8389)과 표준편차(n=419.3919)를 구하고 이상값 판별을 위한 하한값(Low=−92.24896)과 상한값(Upper=1165.927)을 정의한다. 상한값 이상 그리고 하한값 이하인 값들을 이상치로 정의(result)하여 평균 (mean(outlier)=1730.48)을 출력한다. boxplot( ) 함수를 이용하여 항목 값들의 이상값을 개략적으로 확인한다 .

```
> median <- median(data$total_bedrooms, na.rm=TRUE)
> median
[1] 435
> data$total_bedrooms <- ifelse(is.na(data$total_bedrooms), median, data$total_bedrooms)
> data1 <- data
> summary(data1)
   longitude        latitude      housing_median_age total_rooms    total_bedrooms    population       households     median_income
 Min.   :-124.3   Min.   :32.54   Min.   : 1.00      Min.   :    2   Min.   :   1.0   Min.   :    3   Min.   :   1.0   Min.   : 0.4999
 1st Qu.:-121.8   1st Qu.:33.93   1st Qu.:18.00      1st Qu.: 1448   1st Qu.: 297.0   1st Qu.:  787   1st Qu.: 280.0   1st Qu.: 2.5634
 Median :-118.5   Median :34.26   Median :29.00      Median : 2127   Median : 435.0   Median : 1166   Median : 409.0   Median : 3.5348
 Mean   :-119.6   Mean   :35.63   Mean   :28.64      Mean   : 2636   Mean   : 536.8   Mean   : 1425   Mean   : 499.5   Mean   : 3.8707
 3rd Qu.:-118.0   3rd Qu.:37.71   3rd Qu.:37.00      3rd Qu.: 3148   3rd Qu.: 643.2   3rd Qu.: 1725   3rd Qu.: 605.0   3rd Qu.: 4.7432
 Max.   :-114.3   Max.   :41.95   Max.   :52.00      Max.   :39320   Max.   :6445.0   Max.   :35682   Max.   :6082.0   Max.   :15.0001
 median_house_value ocean_proximity
 Min.   : 14999     Length:20640
 1st Qu.:119600     Class :character
 Median :179700     Mode  :character
 Mean   :206856
 3rd Qu.:264725
 Max.   :500001
>
> m <- mean(data1$total_bedrooms)
> m
[1] 536.8389
> n <- sd(data1$total_bedrooms)
> n
[1] 419.3919
>
> Low <- m - n*1.5
> Low
[1] -92.24896
> Upper <- m + n*1.5
> Upper
[1] 1165.927
>
> result <- data1$total_bedrooms >= Upper | data1$total_bedrooms <= Low
> result
  [1] FALSE FALSE FALSE FALSE FALSE FALSE FALSE FALSE FALSE FALSE FALSE FALSE FALSE FALSE FALSE FALSE FALSE FALSE FALSE FALSE FALSE FALSE FALSE
 [24] FALSE FALSE FALSE FALSE FALSE FALSE FALSE FALSE FALSE FALSE FALSE FALSE FALSE FALSE FALSE FALSE FALSE FALSE FALSE FALSE FALSE FALSE FALSE
 [47] FALSE FALSE FALSE FALSE FALSE FALSE FALSE FALSE FALSE FALSE FALSE FALSE FALSE FALSE FALSE FALSE FALSE FALSE FALSE FALSE FALSE FALSE FALSE
 [70] FALSE FALSE FALSE FALSE FALSE FALSE FALSE FALSE FALSE FALSE FALSE FALSE FALSE FALSE FALSE FALSE FALSE FALSE FALSE FALSE FALSE FALSE FALSE
 [93] FALSE FALSE FALSE  TRUE  TRUE FALSE  TRUE FALSE  TRUE  TRUE FALSE FALSE  TRUE FALSE FALSE FALSE FALSE FALSE FALSE FALSE  TRUE FALSE FALSE
[116] FALSE  TRUE FALSE FALSE FALSE FALSE FALSE FALSE FALSE FALSE FALSE FALSE FALSE FALSE FALSE FALSE FALSE FALSE FALSE FALSE FALSE FALSE FALSE
[139] FALSE FALSE FALSE FALSE FALSE FALSE FALSE FALSE FALSE FALSE FALSE FALSE FALSE FALSE FALSE FALSE FALSE FALSE FALSE FALSE FALSE FALSE FALSE
>
> outlier <- data1$total_bedrooms[result]
> outlier
  [1] 2477 1331 1270 1414 1603 1914 1196 1750 1344 2048 1212 1744 2408 1249 2885 1379 1554 1270 2045 1309 1526 1326 1279 1207 1168 1439 2031 1253
 [29] 1516 1374 1273 2993 2708 1407 1376 1818 2861 1492 1294 1823 1247 1375 2098 1540 1207 1249 3864 1588 1373 1390 1576 1207 1294 2074 1344 1510
 [57] 2220 3493 1217 2210 1921 1578 1177 1785 1860 3298 1375 1355 1189 1559 1475 1288 1204 1522 1314 2612 1646 1218 1170 1404 1882 1639 1534 1691
 [85] 1194 1839 1213 1603 2558 1269 1422 1685 1590 1521 1455 1657 2826 1439 1364 1248 1424 1359 1556 1182 1276 2546 1355 1611 2275 1426 1335 1717
[113] 1382 1739 1578 1250 1210 1551 1670 1384 1201 1200 1200 1439 1330 1346 2401 1429 1486 2244 2121 2190 2139 2685 1489 2141 1901 1455 1994 1369
[141] 1517 1597 1453 1600 1257 1182 1482 1657 1492 1636 1514 1188 1653 1480 1286 1443 2139 1664 1872 1653 1506 2355 1525 2387 1209 1464 1537
[169] 2717 1499 1768 2193 1767 1168 1369 2814 1209 1171 1293 1527 1283 1611 2007 1271 1477 1214 1594 1477 1350 1820 1358 1737 1826 1849 1304 1317
[197] 2560 1869 4183 2691 1345 1412 1994 1976 4457 1995 1189 1706 1457 2038 1200 1473 1319 1560 1188 1197 1271 1211 1980 1450 1579 1423 1242
[225] 2793 1301 1803 1452 2446 1646 2158 2961 1715 1171 1367 1215 1190 1263 1678 1197 1420 1944 1256 1438 1282 1281 3179 1196 1168 1176 1345 2610
[253] 2055 1269 1248 1197 1707 2530 2293 1283 1490 1203 1533 1183 1661 1252 2154 1307 1381 1360 1384 1235 1199 1576 1208 1440 1617 1858 1789 1532
[281] 1193 1452 1609 1264 1695 1192 1312 1538 1321 2138 1287 1491 2211 1394 2331 1192 1866 1978 1311 1472 1707 1963 2473 1180 1590 1245 1781 3984
[309] 2062 1174 1716 1270 1186 2077 1231 1436 1417 1299 1169 1605 1465 1488 1222 1856 1169 1985 1997 1549 1763 2370 2274 1253 2005 1659 2474 1176
[337] 1978 1509 1381 2174 1893 1178 2812 5290 1650 1642 2862 2751 3078 4179 1544 1363 1624 1316 1209 1538 1251 1168 2185 1761 1332 1384 2486 1789
[365] 2919 2602 3079 2283 1255 2873 1578 1579 1289 1422 1572 1485 1449 1504 1645 1494 2823 1186 1185 1513 1371 1532 1296 1614 1369 1782 1911 1877
[393] 1180 1489 1489 1367 1263 1335 1409 1538 1623 1277 1852 1628 1224 1464 1960 1773 1221 1371 1454 1231 1168 1359 1663 1372 1332 1265 1797 1180
[421] 1261 1253 1401 1750 1262 1374 1301 1211 1847 1290 1328 1281 1729 1281 1224 1231 1404 3638 3335 1231 1984 1441 1365 1989 1611 1188 3680 3170
```

```
> print(mean(outlier))
[1] 1730.48
```

```
> boxplot(data1$total_bedrooms)
```

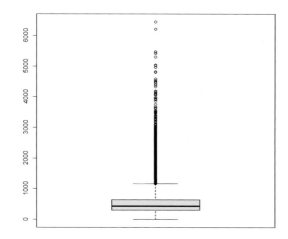

Q-06 다음 자료(train_commerce.csv)는 고객이 주문한 물품이 제 시간에 도착하는지 여부(Reached. on.Time_Y.N의 값이 1이면 제 시간에 도착, 0이면 제 시간에 도착하지 않음)를 조사한 데이터로 kaggle 사이트 (www.kaggle.com/prachi13/customer−analytics?select=Train.csv)에서 다운로드한다. 이 데이터는 (ID, Warehouse_block, Mode_of_Shipment, Customer_care_calls, Customer_rating, Cost_of_the_ Product, Prior_purchases, Product_importance, Gender, Discount_offered, Weight_in_gms, Reached.on.Time_Y.N)의 12가지 항목에 대한 10,999명의 고객 구매 자료이다. 3가지 주요 항목(Customer_ care_calls, Cost_of_the_Product, Weight_in_gms)들에 대한 주문 상품의 제 시간 도착여부의 비율과 상관 관계를 알아보기 위해 다음 절차를 수행한다. 각각의 수행 결과를 출력하시오.

(1) 3가지 주요 항목(Customer_care_calls, Cost_of_the_Product, Weight_in_gms)들에 대한 상위 500개 자료 를 추출하여 각각 (d1, d2, d3) 파일에 저장한다.

(2) 상위 500개 자료들 중 고객이 주문한 물품이 제 시간에 도착(Reached.on.Time_Y.N의 값이 1이면 제 시간에 도 착, 0이면 제 시간에 도착하지 않음)한 비율을 각 항목별로 구하고, 최대 비율값을 구하시오.

(3) 3가지 주요 항목(Customer_care_calls, Cost_of_the_Product, Weight_in_gms)과 도착시간(Reached. on.Time_Y.N) 사이의 상관계수를 구하고, 최대 상관계수 값을 구하시오.

(4) 첫 번째 행은 (각 항목에 대한 비율, 최대 비율), 두 번째 행은 (각 항목에 대한 상관계수, 최대 상관계수)를 데이터 프레임으로 저장하고 결과를 result.csv 파일로 저장하시오.

	A	B	C	D	E	F	G	H	I	J	K	L
1	ID	Warehouse_block	Mode_of_Shipment	Customer_care_calls	Customer_rating	Cost_of_the_Product	Prior_purchases	Product_importance	Gender	Discount_offered	Weight_in_gms	Reached.on.Time_Y.N
2	1	D	Flight	4	2	177	3	low	F	44	1233	1
3	2	F	Flight	4	5	216	2	low	M	59	3088	1
4	3	A	Flight	2	2	183	4	low	M	48	3374	1
5	4	B	Flight	3	3	176	4	medium	M	10	1177	1
6	5	C	Flight	2	2	184	3	medium	F	46	2484	1
7	6	F	Flight	3	1	162	3	medium	F	12	1417	1
8	7	D	Flight	3	4	250	3	low	F	3	2371	1
9	8	F	Flight	4	1	233	2	low	F	48	2804	1
10	9	A	Flight	3	4	150	3	low	F	11	1861	1
11	10	B	Flight	3	2	164	3	medium	F	29	1187	1
12	11	C	Flight	3	4	189	2	medium	M	12	2888	1
13	12	F	Flight	4	5	232	3	medium	F	32	3253	1
14	13	D	Flight	3	5	198	3	medium	F	1	3667	1
15	14	F	Flight	4	4	275	3	high	M	29	2602	1

```
> data <- read.csv("train_commerce.csv", header=T, fileEncoding="EUC-KR")
> describe(data)
                     vars     n    mean      sd median trimmed     mad  min   max range skew kurtosis    se
ID                      1 10999 5500.00 3175.28   5500 5500.00 4077.15    1 10999 10998 0.00    -1.20 30.28
Warehouse_block*        2 10999    3.33    1.49      4    3.42    1.48    1     5     4 -0.28    -1.37  0.01
Mode_of_Shipment*       3 10999    2.52    0.76      3    2.65    0.00    1     3     2 -1.17    -0.25  0.01
Customer_care_calls     4 10999    4.05    1.14      4    3.99    1.48    2     7     5  0.39    -0.31  0.01
Customer_rating         5 10999    2.99    1.41      3    2.99    1.48    1     5     4  0.00    -1.30  0.01
Cost_of_the_Product     6 10999  210.20   48.06    214  211.12   59.30   96   310   214 -0.16    -0.97  0.46
Prior_purchases         7 10999    3.57    1.52      3    3.35    1.48    2    10     8  1.68     4.00  0.01
Product_importance*     8 10999    2.35    0.63      2    2.42    1.48    1     3     2 -0.43    -0.68  0.01
Gender*                 9 10999    1.50    0.50      1    1.49    0.00    1     2     1  0.02    -2.00  0.00
Discount_offered       10 10999   13.37   16.21      7    9.79    4.45    1    65    64  1.80     2.00  0.15
Weight_in_gms          11 10999 3634.02 1635.38   4149 3669.94 1974.82 1001  7846  6845 -0.25    -1.45 15.59
Reached.on.Time_Y.N    12 10999    0.60    0.49      1    0.62    0.00    0     1     1 -0.39    -1.84  0.00
```

☒ 정답 및 해설 각 항목에 대한 비율과 최대 비율, (항목, 도착시간)에 대한 상관계수와 최댓값

구 분	Care_calls	Cost_Product	Weight	Max_value
Ratio_onTime	0.620	0.516	0.424	0.620
Correlation	−0.210	−0.129	0.135	0.135

order( ) 함수를 이용하여 각 항목별로 내림차순 정렬하고 상위 500개 자료를 (d1, d2, d3) 파일로 저장한다. 500개 자료들 중 제 시간에 도착(Reached.on.Time_Y.N가 1인 경우)한 비율을 (r1, r2, r3)로 정의하고 최대 비율을 구하여 result1에 저장한다. summary( )의 12번째 열의 값은 Reached.on.Time_Y.N의 비율로서 평균값이 1인 비율이다. 동일한 방법으로 cor( ) 함수를 이용하여 (각 항목, 제 시간 도착) 사이의 상관계수와 최대 상관계수 값을 구하여 result2에 저장한다. rbind( ), data.frame( ) 함수를 이용하여 데이터 프레임 형식의 결과(result)를 저장한 후 write.csv( ) 함수를 이용하여 result.csv 파일로 저장한다. plot( )으로 각 항목과 도착시간 사이의 상관관계를 시각적으로 확인한다.

```
> d1 <- data[order(-data$Customer_care_calls),][1:500,]
> d2 <- data[order(-data$Cost_of_the_Product),][1:500,]
> d3 <- data[order(-data$Weight_in_gms),][1:500,]
>
> r1 <- sum(d1$Reached.on.Time_Y.N == 1) / nrow(d1)
> r1
[1] 0.62
>
> summary(d1)[,12]

"Min.   :0.00  " "1st Qu.:0.00  " "Median :1.00  " "Mean   :0.62  " "3rd Qu.:1.00  " "Max.   :1.00  "
>
> r2 <- sum(d2$Reached.on.Time_Y.N == 1) / nrow(d2)
> r2
[1] 0.516
> summary(d2)[,12]

"Min.   :0.000 " "1st Qu.:0.000 " "Median :1.000 " "Mean   :0.516 " "3rd Qu.:1.000 " "Max.   :1.000 "
>
> r3 <- sum(d3$Reached.on.Time_Y.N == 1) / nrow(d3)
> r3
[1] 0.424
> summary(d3)[,12]

"Min.   :0.000 " "1st Qu.:0.000 " "Median :0.000 " "Mean   :0.424 " "3rd Qu.:1.000 " "Max.   :1.000 "
```

```
> maxr <- max(r1, r2, r3)
> maxr
[1] 0.62
>
> result1 <- c(r1, r2, r3, maxr)
> result1
[1] 0.620 0.516 0.424 0.620
>
> c1 <- cor(d1$Customer_care_calls, d1$Reached.on.Time_Y.N)
> c1
[1] -0.2103336
>
> c2 <- cor(d2$Cost_of_the_Product, d2$Reached.on.Time_Y.N)
> c2
[1] -0.1291682
>
> c3 <- cor(d3$Weight_in_gms, d3$Reached.on.Time_Y.N)
> c3
[1] 0.1356907
>
> maxc <- max(c1, c2, c3)
> maxc
[1] 0.1356907
>
> result2 <- c(c1, c2, c3, maxc)
> result2
[1] -0.2103336 -0.1291682  0.1356907  0.1356907
>
> result <- data.frame(rbind(result1, result2))
> result
                X1         X2        X3        X4
result1  0.6200000  0.5160000 0.4240000 0.6200000
result2 -0.2103336 -0.1291682 0.1356907 0.1356907
>
> colnames(result) <- c("Care_calls", "Cost_Product", "Weight", "Max_value")
> result
        Care_calls Cost_Product    Weight Max_value
result1  0.6200000    0.5160000 0.4240000 0.6200000
result2 -0.2103336   -0.1291682 0.1356907 0.1356907
> rownames(result) <- c("Ratio_onTime", "Correlation")
> result
             Care_calls Cost_Product    Weight Max_value
Ratio_onTime  0.6200000    0.5160000 0.4240000 0.6200000
Correlation  -0.2103336   -0.1291682 0.1356907 0.1356907
>
> setwd("C:/workr")
> write.csv(result, "result.csv", row.names=TRUE)
>
> check <- read.csv("result.csv", header=T, fileEncoding="EUC-KR")
> check
             X Care_calls Cost_Product    Weight Max_value
1 Ratio_onTime  0.6200000    0.5160000 0.4240000 0.6200000
2  Correlation -0.2103336   -0.1291682 0.1356907 0.1356907
>
> View(check)
```

R Data: check

	X	Care_calls	Cost_Product	Weight	Max_value
1	Ratio_onTime	0.6200000	0.5160000	0.4240000	0.6200000
2	Correlation	-0.2103336	-0.1291682	0.1356907	0.1356907

```
> par(mfrow=c(1,3))
> plot(d1$Customer_care_calls, d1$Reached.on.Time_Y.N)
> plot(d2$Cost_of_the_Product, d2$Reached.on.Time_Y.N)
> plot(d3$Weight_in_gms, d3$Reached.on.Time_Y.N)
```

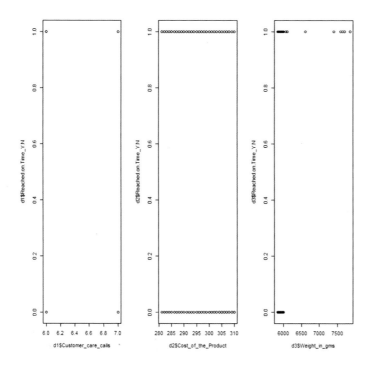

Q-07 아래 데이터(insurance.csv)는 (age, sex, bmi, children, smoker, region, charges) 항목에 대한 1.338명의 보험 관련 자료로 kaggle 사이트(www.kaggle.com/mirichoi0218/insurance/version/1)에서 다운로드한다. 아래 순서대로 수행한 결과를 출력하시오.

(1) 체질량지수(BMI ; Body Mass Index) 항목에 대한 평균(m)과 표준편차(n)를 출력하시오.

(2) 체질량지수(BMI ; Body Mass Index) 항목에 대한 이상값(outlier)의 평균을 출력하시오[단, 이상값은 (평균 $+1.5\times$표준편차$=m+1.5\times n$) 이상인 값과 (평균$-1.5\times$표준편차$=m-1.5\times n$) 이하인 값으로 정의된다].

	A	B	C	D	E	F	G
1	age	sex	bmi	children	smoker	region	charges
2	19	female	27.9	0	yes	southwest	16884.924
3	18	male	33.77	1	no	southeast	1725.5523
4	28	male	33	3	no	southeast	4449.462
5	33	male	22.705	0	no	northwest	21984.47061
6	32	male	28.88	0	no	northwest	3866.8552
7	31	female	25.74	0	no	southeast	3756.6216
8	46	female	33.44	1	no	southeast	8240.5896
9	37	female	27.74	3	no	northwest	7281.5056
10	37	male	29.83	2	no	northeast	6406.4107
11	60	female	25.84	0	no	northwest	28923.13692
12	25	male	26.22	0	no	northeast	2721.3208
13	62	female	26.29	0	yes	southeast	27808.7251
14	23	male	34.4	0	no	southwest	1826.843
15	56	female	39.82	0	no	southeast	11090.7178

📖 **정답 및 해설** 32.58595

작업영역을 지정("C:/workr")하고 read.csv( ) 함수를 이용하여 insurance.csv를 data에 저장한다. bmi 항목의 평균(m)과 표준편차 (n)를 구하고 이상값 판정 기준의 상한(outlier1)과 하한(outlier2)값을 구한다. 이상값의 합은 5,669.9550이고 평균은 32.585950이다. boxplot( )으로 bmi 항목이 가지는 값의 범위를 확인한다.

```
> setwd("C:/workr")
> data <- read.csv("insurance.csv", header=T)
>
> head(data)
  age    sex    bmi children smoker    region  charges
1  19 female 27.900        0    yes southwest 16884.924
2  18   male 33.770        1     no southeast  1725.552
3  28   male 33.000        3     no southeast  4449.462
4  33   male 22.705        0     no northwest 21984.471
5  32   male 28.880        0     no northwest  3866.855
6  31 female 25.740        0     no southeast  3756.622
>
> m <- mean(data$bmi)
>
> m
[1] 30.6634
>
> n <- sd(data$bmi)
> n
[1] 6.098187
>
> outlier1 <- m+1.5*n
> outlier1
[1] 39.81068
> outlier2 <- m-1.5*n
> outlier2
[1] 21.51612
>
> result <- (data$bmi >= outlier1) | (data$bmi <= outlier2)
> head(result)
[1] FALSE FALSE FALSE FALSE FALSE FALSE
>
> print(sum(data$bmi[result]))
[1] 5669.955
>
> print(mean(data$bmi[result]))
[1] 32.58595

> boxplot(data$bmi)
```

Q-08 아래 자료(country.csv)는 연도별 7개 국가들에 대한 인구 10만명당 결핵 발생 건수(명)이다. 결측치 (NA)를 포함하는 모든 행을 제거한 후, 중국(China)에 대한 상위 60%의 사분위 값을 구하시오.

	A	B	C	D	E	F	G	H
1	year	Ghana	Guam	Greece	Russia	China	Peru	France
2	1990	356	20	27	156	340	35	22
3	1991	400	25	45	200	250	45	35
4	1992	350	30	32	250	150	35	21
5	1993	200	20	32	100	200	20	24
6	1994	250	25	35	150	230	35	23
7	1995	300	30	27	250	200	35	
8	1996	340		30	255	400	40	23
9	1997	200	35	40	155		31	45
10	1998	140	21	42	130	230	44	
11	1999		23	43	130	250		25
12	2000	300	15	32	125	300	32	34
13	2001	300	20	35	132	200	45	23
14	2002	320	30	37	100	450	33	22
15	2003	250		33	150	300	55	
16	2004	320	23	20	150	320	34	35
17	2005	420	25	35	160	400	44	23

🔲 정답 및 해설 242

결측치 제거 함수(na.omit( ))와 사분위수 함수(quantile( ))를 이용하여 China 항목(중국, 6번째 열에 해당하는 항목)에 대한 상위 60%(하위 40%) 자료(242)를 출력한다.

```
> setwd("C:/workr")
> data <- read.csv("country.csv", header=T, fileEncoding="EUC-KR")
> head(data)
  year Ghana Guam Greece Russia China Peru France
1 1990   356   20     27    156   340   35     22
2 1991   400   25     45    200   250   45     35
3 1992   350   30     32    250   150   35     21
4 1993   200   20     32    100   200   20     24
5 1994   250   25     35    150   230   35     23
6 1995   300   30     27    250   200   35     NA
>
> q6 <- quantile(na.omit(data)[,6], 0.4)
> print(q6)
40%
242
>
> na.omit(data)
   year Ghana Guam Greece Russia China Peru France
1  1990   356   20     27    156   340   35     22
2  1991   400   25     45    200   250   45     35
3  1992   350   30     32    250   150   35     21
4  1993   200   20     32    100   200   20     24
5  1994   250   25     35    150   230   35     23
11 2000   300   15     32    125   300   32     34
12 2001   300   20     35    132   200   45     23
13 2002   320   30     37    100   450   33     22
15 2004   320   23     20    150   320   34     35
16 2005   420   25     35    160   400   44     23
```

Q-09 아래 자료(country.csv)는 연도별 7개 국가들에 대한 인구 10만명당 결핵 발생 건수(명)이다. 2004년도 7개 국가들에 대한 평균 결핵 환자 수는 128.8571명이다. 7개 국가들 중 평균값보다 큰 값의 결핵환자 수를 보인 국가의 수를 구하시오.

	A	B	C	D	E	F	G	H
1	year	Ghana	Guam	Greece	Russia	China	Peru	France
2	1990	356	20	27	156	340	35	22
3	1991	400	25	45	200	250	45	35
4	1992	350	30	32	250	150	35	21
5	1993	200	20	32	100	200	20	24
6	1994	250	25	35	150	230	35	23
7	1995	300	30	27	250	200	35	
8	1996	340		30	255	400	40	23
9	1997	200	35	40	155		31	45
10	1998	140	21	42	130	230	44	
11	1999		23	43	130	250		25
12	2000	300	15	32	125	300	32	34
13	2001	300	20	35	132	200	45	23
14	2002	320	30	37	100	450	33	22
15	2003	250		33	150	300	55	
16	2004	320	23	20	150	320	34	35
17	2005	420	25	35	160	400	44	23

정답 및 해설 3

apply( ) 함수를 이용하여 2004년도 7개 국가들에 대한 평균 결핵 환자수(128.9명)를 구하고 2004년 각 국가별 자료를 비교(data_naomit[9,i])m)하여 평균값보다 큰 국가의 수(3개 국가 : Ghana, Russia, China)를 구한다. 또는 ifelse( ) 함수를 이용하여 평균값보다 큰 값을 가지는 국가를 TRUE로 평균값 이하인 국가를 FALSE의 논리값으로 저장 후, sum( )함수를 이용하여 구할 수 있다. 이 경우 TRUE 값을 보인 (Ghana, Russia, China) 3개국이 평균값보다 큰 값을 보인다.

```
> setwd("C:/workr")
> data <- read.csv("country.csv", header=T, fileEncoding="EUC-KR")
> data_naomit <- na.omit(data)
> data_naomit
   year Ghana Guam Greece Russia China Peru France
1  1990  356   20     27    156   340   35     22
2  1991  400   25     45    200   250   45     35
3  1992  350   30     32    250   150   35     21
4  1993  200   20     32    100   200   20     24
5  1994  250   25     35    150   230   35     23
11 2000  300   15     32    125   300   32     34
12 2001  300   20     35    132   200   45     23
13 2002  320   30     37    100   450   33     22
15 2004  320   23     20    150   320   34     35
16 2005  420   25     35    160   400   44     23
>
> mean <- apply(data_naomit[9,c(2:8)], 1, mean)
> mean
       15
128.8571
>
> n <- 0
> for (i in 2:length(data_naomit)) {
+ if (data_naomit[9, i] > mean) n <- n+1}
>
> print(n)
[1] 3
```

```
> result <- ifelse(data_naomit[9, -1] > mean, TRUE, FALSE)
> result
    Ghana  Guam Greece Russia China  Peru France
15   TRUE FALSE  FALSE   TRUE  TRUE FALSE  FALSE
>
> print(sum(result))
[1] 3
```

데이터 분석모형 구축

I 범주형 변수의 분류모형 구축 및 평가

[데이터세트]

"mlbench" 패키지에서 제공하는 Ionosphere 데이터는 대기의 이온층(전리층) 상태(good, bad)를 34가지 항목 (V1~V34)을 기준으로 분류한 자료이다. (V1, V2)를 제외한 항목(V3~V34)을 이용하여 이온층의 상태 (Class)를 다음 순서대로 로지스틱 회귀 분석, 서포트벡터머신, 베이지안 분류 기법, 앙상블 분석모형을 이용하여 분류 · 예측하시오.

```
> data(Ionosphere)
> data <- data.frame(Ionosphere)
> head(data)
  V1 V2      V3       V4       V5       V6       V7       V8      V9      V10      V11      V12      V13      V14      V15
1  1  0 0.99539 -0.05889  0.85243  0.02306  0.83398 -0.37708 1.00000  0.03760  0.85243 -0.17755  0.59755 -0.44945  0.60536
2  1  0 1.00000 -0.18829  0.93035 -0.36156 -0.10868 -0.93597 1.00000 -0.04549  0.50874 -0.67743  0.34432 -0.69707 -0.51685
3  1  0 1.00000 -0.03365  1.00000  0.00485  1.00000 -0.12062 0.88965  0.01198  0.73082  0.05346  0.85443  0.00827  0.54591
4  1  0 1.00000 -0.45161  1.00000  1.00000  0.71216 -1.00000 0.00000  0.00000  0.00000  0.00000  0.00000  0.00000 -1.00000
5  1  0 1.00000 -0.02401  0.94140  0.06531  0.92106 -0.23255 0.77152 -0.16399  0.52798 -0.20275  0.56409 -0.00712  0.34395
6  1  0 0.02337 -0.00592 -0.09924 -0.11949 -0.00763 -0.11824 0.14706  0.06637  0.03786 -0.06302  0.00000  0.00000 -0.04572
       V16      V17      V18      V19      V20      V21      V22      V23      V24      V25      V26      V27      V28      V29
1 -0.38223  0.84356 -0.38542  0.58212 -0.32192  0.56971 -0.29674  0.36946 -0.47357  0.56811 -0.51171  0.41078 -0.46168  0.21266
2 -0.97515  0.05499 -0.62237  0.33109 -1.00000 -0.13151 -0.45300 -0.18056 -0.35734 -0.20332 -0.26569 -0.20468 -0.18401 -0.19040
3  0.00299  0.83775 -0.13644  0.75535 -0.08540  0.70887 -0.27502  0.43385 -0.12062  0.57528 -0.40220  0.58984 -0.22145  0.43100
4  0.14516  0.54094 -0.39330 -1.00000 -0.54467 -0.69975  1.00000  0.00000  0.00000  1.00000  0.90695  0.51613  1.00000  1.00000
5 -0.27457  0.52940 -0.21780  0.45107 -0.17813  0.05982 -0.35575  0.02309 -0.52879  0.03286 -0.65158  0.13290 -0.53206  0.02431
6 -0.15540 -0.00343 -0.10196 -0.11575 -0.05414  0.01838  0.03669  0.01519  0.00888  0.03513 -0.01535 -0.03240  0.09223 -0.07859
       V30      V31      V32      V33      V34 Class
1 -0.34090  0.42267 -0.54487  0.18641 -0.45300  good
2 -0.11593 -0.16626 -0.06288 -0.13738 -0.02447   bad
3 -0.17365  0.60436 -0.24180  0.56045 -0.38238  good
4 -0.20099  0.25682  1.00000 -0.32382  1.00000   bad
5 -0.62197 -0.05707 -0.59573 -0.04608 -0.65697  good
6  0.00732  0.00000  0.00000 -0.00039  0.12011   bad
>
> data <- subset(data, select=c(-V1, -V2))
> head(data)
       V3       V4       V5       V6       V7       V8      V9      V10      V11      V12      V13      V14      V15      V16
1 0.99539 -0.05889  0.85243  0.02306  0.83398 -0.37708 1.00000  0.03760  0.85243 -0.17755  0.59755 -0.44945  0.60536 -0.38223
2 1.00000 -0.18829  0.93035 -0.36156 -0.10868 -0.93597 1.00000 -0.04549  0.50874 -0.67743  0.34432 -0.69707 -0.51685 -0.97515
3 1.00000 -0.03365  1.00000  0.00485  1.00000 -0.12062 0.88965  0.01198  0.73082  0.05346  0.85443  0.00827  0.54591  0.00299
4 1.00000 -0.45161  1.00000  1.00000  0.71216 -1.00000 0.00000  0.00000  0.00000  0.00000  0.00000  0.00000 -1.00000  0.14516
5 1.00000 -0.02401  0.94140  0.06531  0.92106 -0.23255 0.77152 -0.16399  0.52798 -0.20275  0.56409 -0.00712  0.34395 -0.27457
6 0.02337 -0.00592 -0.09924 -0.11949 -0.00763 -0.11824 0.14706  0.06637  0.03786 -0.06302  0.00000  0.00000 -0.04572 -0.15540
       V17      V18      V19      V20      V21      V22      V23      V24      V25      V26      V27      V28      V29      V30
1  0.84356 -0.38542  0.58212 -0.32192  0.56971 -0.29674  0.36946 -0.47357  0.56811 -0.51171  0.41078 -0.46168  0.21266 -0.34090
2  0.05499 -0.62237  0.33109 -1.00000 -0.13151 -0.45300 -0.18056 -0.35734 -0.20332 -0.26569 -0.20468 -0.18401 -0.19040 -0.11593
3  0.83775 -0.13644  0.75535 -0.08540  0.70887 -0.27502  0.43385 -0.12062  0.57528 -0.40220  0.58984 -0.22145  0.43100 -0.17365
4  0.54094 -0.39330 -1.00000 -0.54467 -0.69975  1.00000  0.00000  0.00000  1.00000  0.90695  0.51613  1.00000  1.00000 -0.20099
5  0.52940 -0.21780  0.45107 -0.17813  0.05982 -0.35575  0.02309 -0.52879  0.03286 -0.65158  0.13290 -0.53206  0.02431 -0.62197
6 -0.00343 -0.10196 -0.11575 -0.05414  0.01838  0.03669  0.01519  0.00888  0.03513 -0.01535 -0.03240  0.09223 -0.07859  0.00732
       V31      V32      V33      V34 Class
1  0.42267 -0.54487  0.18641 -0.45300  good
2 -0.16626 -0.06288 -0.13738 -0.02447   bad
3  0.60436 -0.24180  0.56045 -0.38238  good
4  0.25682  1.00000 -0.32382  1.00000   bad
5 -0.05707 -0.59573 -0.04608 -0.65697  good
6  0.00000  0.00000 -0.00039  0.12011   bad
```

```
> summary(data)
      V3                V4                V5                V6               V7                V8
 Min.   :-1.0000   Min.   :-1.00000   Min.   :-1.0000   Min.   :-1.0000   Min.   :-1.0000   Min.   :-1.00000
 1st Qu.: 0.4721   1st Qu.:-0.06474   1st Qu.: 0.4127   1st Qu.:-0.0248   1st Qu.: 0.2113   1st Qu.:-0.05484
 Median : 0.8711   Median : 0.01631   Median : 0.8092   Median : 0.0228   Median : 0.7287   Median : 0.01471
 Mean   : 0.6413   Mean   : 0.04437   Mean   : 0.6011   Mean   : 0.1159   Mean   : 0.5501   Mean   : 0.11936
 3rd Qu.: 1.0000   3rd Qu.: 0.19418   3rd Qu.: 1.0000   3rd Qu.: 0.3347   3rd Qu.: 0.9692   3rd Qu.: 0.44567
 Max.   : 1.0000   Max.   : 1.00000   Max.   : 1.0000   Max.   : 1.0000   Max.   : 1.0000   Max.   : 1.00000
      V9               V10               V11               V12               V13               V14
 Min.   :-1.00000  Min.   :-1.00000   Min.   :-1.00000  Min.   :-1.00000  Min.   :-1.0000   Min.   :-1.00000
 1st Qu.: 0.08711  1st Qu.:-0.04807   1st Qu.: 0.02112  1st Qu.:-0.06527  1st Qu.: 0.0000   1st Qu.:-0.07372
 Median : 0.68421  Median : 0.01829   Median : 0.66798  Median : 0.02825  Median : 0.6441   Median : 0.03027
 Mean   : 0.51185  Mean   : 0.18135   Mean   : 0.47618  Mean   : 0.15504  Mean   : 0.4008   Mean   : 0.09341
 3rd Qu.: 0.95324  3rd Qu.: 0.53419   3rd Qu.: 0.95790  3rd Qu.: 0.48237  3rd Qu.: 0.9555   3rd Qu.: 0.37486
 Max.   : 1.00000  Max.   : 1.00000   Max.   : 1.00000  Max.   : 1.00000  Max.   : 1.0000   Max.   : 1.00000
      V15               V16               V17               V18               V19               V20
 Min.   :-1.0000   Min.   :-1.00000   Min.   :-1.0000   Min.   :-1.000000  Min.   :-1.0000   Min.   :-1.00000
 1st Qu.: 0.0000   1st Qu.:-0.08170   1st Qu.: 0.0000   1st Qu.:-0.225690  1st Qu.: 0.0000   1st Qu.:-0.23467
 Median : 0.6019   Median : 0.00000   Median : 0.5909   Median : 0.000000  Median : 0.5762   Median : 0.00000
 Mean   : 0.3442   Mean   : 0.07113   Mean   : 0.3819   Mean   :-0.003617  Mean   : 0.3594   Mean   :-0.02402
 3rd Qu.: 0.9193   3rd Qu.: 0.30897   3rd Qu.: 0.9357   3rd Qu.: 0.195285  3rd Qu.: 0.8993   3rd Qu.: 0.13437
 Max.   : 1.0000   Max.   : 1.00000   Max.   : 1.0000   Max.   : 1.000000  Max.   : 1.0000   Max.   : 1.00000
      V21               V22               V23               V24               V25               V26
 Min.   :-1.0000   Min.   :-1.000000  Min.   :-1.0000   Min.   :-1.0000   Min.   :-1.0000   Min.   :-1.00000
 1st Qu.: 0.0000   1st Qu.:-0.243870  1st Qu.: 0.0000   1st Qu.:-0.36689  1st Qu.: 0.0000   1st Qu.:-0.33239
 Median : 0.4991   Median : 0.000000  Median : 0.5318   Median : 0.00000  Median : 0.5539   Median :-0.01505
 Mean   : 0.3367   Mean   : 0.008296  Mean   : 0.3625   Mean   :-0.05741  Mean   : 0.3961   Mean   :-0.07119
 3rd Qu.: 0.8949   3rd Qu.: 0.188760  3rd Qu.: 0.9112   3rd Qu.: 0.16463  3rd Qu.: 0.9052   3rd Qu.: 0.15676
 Max.   : 1.0000   Max.   : 1.000000  Max.   : 1.0000   Max.   : 1.00000  Max.   : 1.0000   Max.   : 1.00000
      V27               V28               V29               V30               V31               V32
 Min.   :-1.0000   Min.   :-1.00000   Min.   :-1.0000   Min.   :-1.00000  Min.   :-1.0000   Min.   :-1.000000
 1st Qu.: 0.2864   1st Qu.:-0.44316   1st Qu.: 0.0000   1st Qu.:-0.23689  1st Qu.: 0.0000   1st Qu.:-0.242595
 Median : 0.7082   Median :-0.01769   Median : 0.4966   Median : 0.00000  Median : 0.4428   Median : 0.000000
 Mean   : 0.5416   Mean   :-0.06954   Mean   : 0.3784   Mean   :-0.02791  Mean   : 0.3525   Mean   :-0.003794
 3rd Qu.: 0.9999   3rd Qu.: 0.15354   3rd Qu.: 0.8835   3rd Qu.: 0.15407  3rd Qu.: 0.8576   3rd Qu.: 0.200120
 Max.   : 1.0000   Max.   : 1.00000   Max.   : 1.0000   Max.   : 1.00000  Max.   : 1.0000   Max.   : 1.000000
      V33               V34             Class
 Min.   :-1.0000   Min.   :-1.00000   bad :126
 1st Qu.: 0.0000   1st Qu.:-0.16535   good:225
 Median : 0.4096   Median : 0.00000
 Mean   : 0.3494   Mean   : 0.01448
 3rd Qu.: 0.8138   3rd Qu.: 0.17166
 Max.   : 1.0000   Max.   : 1.00000
> dim(data)
[1] 351  33
```

Q-01 [로지스틱 회귀 분석]

이온층의 상태(Class)를 분류하기 위하여 데이터세트를 훈련용(70%)과 검증용(30%)으로 구분하고, glm( ) 함수를 이용하여 로지스틱 회귀 분석을 수행하시오. 그리고 검증용 데이터에 대한 성능 분석 결과(혼동행렬, 정확도, ROC, AUC)를 출력하시오.

📄 정답 및 해설

① 결측값을 제외한 데이터를 이용하며, glm( ) 함수를 이용하여 로지스틱 회귀모형을 구축(model)하고 (실젯값, 예측값)을 데이터 프레임에 저장(new)한다.

```
> data <- na.omit(data)
> data$Class <- as.numeric(data$Class)
> id <- sample(1:nrow(data), as.integer(0.7*nrow(data)))
> train <- data[id, ]
> test <- data[-id, ]
>
> model <- glm(Class~., data=train)
>
> new <- data.frame(actual = test$Class)
> new$predict <- round(predict(model, test), 0)
> head(new)
  actual predict
1      1       2
2      2       2
3      1       2
4      2       2
5      1       1
6      1       2
```

② (실젯값, 예측값)을 저장한 new 데이터 프레임에는 예측값이 0인 행이 있어 이를 제외하고 각각의 항목을 요인변수로 변환한다.

```
> summary(new)
     actual          predict
 Min.   :1.000   Min.   :0.000
 1st Qu.:1.000   1st Qu.:1.000
 Median :2.000   Median :2.000
 Mean   :1.613   Mean   :1.726
 3rd Qu.:2.000   3rd Qu.:2.000
 Max.   :2.000   Max.   :2.000
>
> new[ (new[,2]==0), ]
   actual predict
52      1       0
>
> new <- subset(new, !(new$predict ==0))
> summary(new)
     actual          predict
 Min.   :1.000   Min.   :1.000
 1st Qu.:1.000   1st Qu.:1.000
 Median :2.000   Median :2.000
 Mean   :1.619   Mean   :1.743
 3rd Qu.:2.000   3rd Qu.:2.000
 Max.   :2.000   Max.   :2.000
> str(new)
'data.frame':    105 obs. of  2 variables:
 $ actual : num  1 2 1 2 1 1 1 1 1 2 ...
 $ predict: num  2 2 2 2 1 2 1 2 1 2 ...
>
> new$actual <- as.factor(new$actual)
> new$predict <- as.factor(new$predict)
```

③ 혼동행렬을 이용("caret" 패키지)하여 로지스틱 회귀모형의 정확도는 83.81%임을 알 수 있다.

```
> confusionMatrix(new$predict, new$actual)
Confusion Matrix and Statistics

          Reference
Prediction  1  2
         1 25  2
         2 15 63

               Accuracy : 0.8381
                 95% CI : (0.7535, 0.9028)
    No Information Rate : 0.619
    P-Value [Acc > NIR] : 8.26e-07

                  Kappa : 0.6338

 Mcnemar's Test P-Value : 0.003609

            Sensitivity : 0.6250
            Specificity : 0.9692
         Pos Pred Value : 0.9259
         Neg Pred Value : 0.8077
             Prevalence : 0.3810
         Detection Rate : 0.2381
   Detection Prevalence : 0.2571
      Balanced Accuracy : 0.7971

       'Positive' Class : 1
```

④ ROC 곡선을 작성하기 위하여 plot.roc( ) 함수를 이용("pROC" 패키지)하며, AUC는 0.79710이다.

```
> plot.roc(new$actual, as.integer(new$predict), legacy.axes=TRUE)
Setting levels: control = 1, case = 2
Setting direction: controls < cases
```

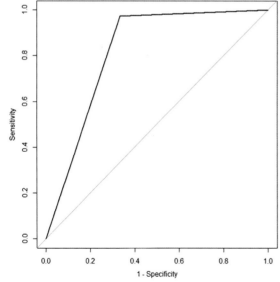

```
> roc(new$actual, as.integer(new$predict))$auc
Setting levels: control = 1, case = 2
Setting direction: controls < cases
Area under the curve: 0.7971
```

Q-02 [서포트벡터머신]

svm( ) 함수를 이용("e1071" 패키지)하여 SVM 모형을 구축하시오. (cost, gamma)=(10, 0.1)을 이용하고 tune.svm( ) 함수를 이용하여 최적의 파라미터를 구한 후, 기존 모형과의 성능을 비교하시오. 개선된 모형의 성능 분석 결과(혼동행렬, 정확도, ROC, AUC)를 출력하고 (실젯값, 예측값)을 "생년월일.csv" 파일로 저장하시오.

📖 정답 및 해설

① "e1071" 패키지 설치 후, 결측치를 제외하고 훈련용(70%)과 검증용(30%) 데이터를 분류한다. 그리고 훈련용 데이터(train)를 이용하여 서포트벡터머신(SVM) 모형을 구축한다. SVM 모형 구축 시 커널 함수로 방사형 함수(RBF; Radial Basis Function)를 이용하고, 파라미터 (cost, gamma)=(10, 0.1)를 사용하며 (실젯값, 예측값)=(new$actual, new$predict)을 new 데이터 프레임으로 저장한다.

```
> data(Ionosphere)
> data <- data.frame(Ionosphere)
> data <- subset(data, select=c(-V1, -V2))
> data <- na.omit(data)
>
> id <- sample(1:nrow(data), as.integer(0.7*nrow(data)))
> train <- data[id, ]
> test <- data[-id, ]
>
> model <- svm(Class~., train, type="C-classification", kernel="radial", cost=10, gamma=0.1)
> model

Call:
svm(formula = Class ~ ., data = train, type = "C-classification", kernel = "radial", cost = 10, gamma = 0.1)


Parameters:
   SVM-Type:  C-classification
 SVM-Kernel:  radial
       cost:  10

Number of Support Vectors:  138


>
> new <- data.frame(actual = test$Class)
> new$predict <- predict(model, test, decision.values=TRUE)
> head(new)
  actual predict
1   good    good
2   good    good
3   good    good
4    bad     bad
5    bad     bad
6   good    good
```

② "caret" 패키지 설치 후, 혼동행렬(confusionMatrix( ) 함수 이용)을 구하고 정확도(Accuracy)는 94.34%임을 확인한다.

```
> confusionMatrix(new$predict, new$actual)
Confusion Matrix and Statistics

          Reference
Prediction bad good
      bad   30    5
      good   1   70

               Accuracy : 0.9434
                 95% CI : (0.8809, 0.9789)
    No Information Rate : 0.7075
    P-Value [Acc > NIR] : 1.173e-09

                  Kappa : 0.8682

 Mcnemar's Test P-Value : 0.2207

            Sensitivity : 0.9677
            Specificity : 0.9333
         Pos Pred Value : 0.8571
         Neg Pred Value : 0.9859
             Prevalence : 0.2925
         Detection Rate : 0.2830
   Detection Prevalence : 0.3302
      Balanced Accuracy : 0.9505

       'Positive' Class : bad
```

③ "pROC" 패키지 설치 후, plot.roc( ) 함수를 이용하여 ROC 곡선을 작성하고 AUC의 면적(0.9505)으로 SVM 모형의 성능을 확인한다.

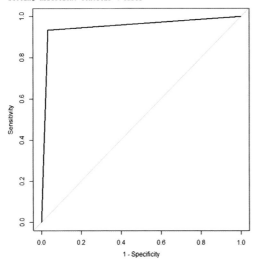

```
> plot.roc(new$actual, as.integer(new$predict), legacy.axes=TRUE)
Setting levels: control = bad, case = good
Setting direction: controls < cases
```

```
> roc(new$actual, as.integer(new$predict))$auc
Setting levels: control = bad, case = good
Setting direction: controls < cases
Area under the curve: 0.9505
```

④ tune.svm( ) 함수를 이용하여 SVM 모형의 성능을 개선하기 위한 최적의 파라미터(cost, gamma) 값을 구한다. gamma＝(0.1, 2), cost＝(5, 15)에 대한 검토 결과, best parameters는 gamma＝0.1, cost＝5이다.

```
> svmtune <- tune.svm(factor(Class)~., data=train, gamma=c(0.1, 2), cost=c(5, 15))
> svmtune

Parameter tuning of 'svm':

- sampling method: 10-fold cross validation

- best parameters:
 gamma cost
   0.1    5

- best performance: 0.04883333

>
> summary(svmtune)

Parameter tuning of 'svm':

- sampling method: 10-fold cross validation

- best parameters:
 gamma cost
   0.1    5

- best performance: 0.04883333

- Detailed performance results:
  gamma cost      error dispersion
1   0.1    5 0.04883333 0.05942134
2   2.0    5 0.37133333 0.08648771
3   0.1   15 0.05283333 0.05706856
4   2.0   15 0.37133333 0.08648771
```

⑤ gamma＝0.1, cost＝15 파라미터를 이용하여 SVM 모형을 새롭게 구축한다. 분석 결과, 혼동행렬을 통해 구한 정확도는 앞의 결과와 비교하여 성능이 다소 떨어짐을 알 수 있다.

```
> model <- svm(Class~., train, type="C-classification", kernel="radial", cost=5, gamma=0.1)
> new <- data.frame(actual = test$Class)
> new$predict <- predict(model, test, decision.values=TRUE)
> confusionMatrix(new$predict, new$actual)
Confusion Matrix and Statistics

          Reference
Prediction bad good
      bad   30    7
      good   1   68

               Accuracy : 0.9245
                 95% CI : (0.8567, 0.9669)
    No Information Rate : 0.7075
    P-Value [Acc > NIR] : 3.76e-08

                  Kappa : 0.8274

 Mcnemar's Test P-Value : 0.0771

            Sensitivity : 0.9677
            Specificity : 0.9067
         Pos Pred Value : 0.8108
         Neg Pred Value : 0.9855
             Prevalence : 0.2925
         Detection Rate : 0.2830
   Detection Prevalence : 0.3491
      Balanced Accuracy : 0.9372

       'Positive' Class : bad
```

⑥ (실젯값, 예측값)이 저장된 new 데이터를 저장하기 위하여 먼저 작업영역을 지정(setwd("C:/workr"))하고 write.csv( ) 명령어를 이용하여 "980415.csv"로 저장한다. 저장된 파일을 읽어들여 결과 파일을 확인한다.

```
> setwd("C:/workr")
> write.csv(new, "980415.csv")
>
> result <- read.csv("980415.csv", header=T, fileEncoding="EUC-KR")
> View(result)
```

naiveBayes( ) 함수를 이용하여 단순 베이즈 분류 분석모형을 구축하시오. 단순 베이즈 분류 분석모형에 대한 혼동행렬, ROC, AUC 값을 출력하시오.

📋 정답 및 해설

① 앞에서와 동일한 방법으로 데이터를 저장하고 (훈련용, 검증용) 데이터로 분류한다. 그리고 naiveBays( ) 함수를 이용하여 베이즈 분류 분석모형을 구축한다.

```
> data(Ionosphere)
> data <- data.frame(Ionosphere)
> data <- subset(data, select=c(-V1, -V2))
> data <- na.omit(data)
> id <- sample(1:nrow(data), as.integer(0.7*nrow(data)))
> train <- data[id, ]
> test <- data[-id, ]
>
> model <- naiveBayes(Class~., train)
> model

Naive Bayes Classifier for Discrete Predictors

Call:
naiveBayes.default(x = X, y = Y, laplace = laplace)

A-priori probabilities:
Y
      bad      good
0.3673469 0.6326531

Conditional probabilities:
       V3
Y          [,1]      [,2]
  bad  0.3356927 0.6611042
  good 0.8179612 0.1985342

       V4
Y          [,1]      [,2]
  bad  -0.03625033 0.6615639
  good  0.08659600 0.2129839

       V5
Y          [,1]      [,2]
  bad  0.2803463 0.6903960
  good 0.7915246 0.1967516

       V6
Y          [,1]      [,2]
  bad  0.005161333 0.6647805
  good 0.162119742 0.3131816

       V7
Y          [,1]      [,2]
  bad  0.2565764 0.6318582
  good 0.7095788 0.2714851

       V8
Y          [,1]      [,2]
  bad  -0.0315650 0.6667952
  good  0.1982235 0.3760251

       V9
```

```
> summary(model)
          Length Class  Mode
apriori    2     table  numeric
tables    32     -none- list
levels     2     -none- character
isnumeric 32     -none- logical
call       4     -none- call
```

② (실젯값, 예측값)을 new 데이터 프레임으로 저장하고 혼동행렬을 이용하여 정확도(79.25%)를 평가한다.

```
> new <- data.frame(actual = test$Class)
> new$predict <- predict(model, test)
> confusionMatrix(new$predict, new$actual)
Confusion Matrix and Statistics

          Reference
Prediction bad good
      bad   33   19
      good   3   51

               Accuracy : 0.7925
                 95% CI : (0.7028, 0.8651)
    No Information Rate : 0.6604
    P-Value [Acc > NIR] : 0.002071

                  Kappa : 0.5824

 Mcnemar's Test P-Value : 0.001384

            Sensitivity : 0.9167
            Specificity : 0.7286
         Pos Pred Value : 0.6346
         Neg Pred Value : 0.9444
             Prevalence : 0.3396
         Detection Rate : 0.3113
   Detection Prevalence : 0.4906
      Balanced Accuracy : 0.8226

       'Positive' Class : bad
```

③ new 데이터 프레임을 이용하여 ROC 곡선과 AUC 면적(0.8226)을 구하면 다음과 같다.

```
> plot.roc(new$actual, as.integer(new$predict),legacy.axes=TRUE)
Setting levels: control = bad, case = good
Setting direction: controls < cases
```

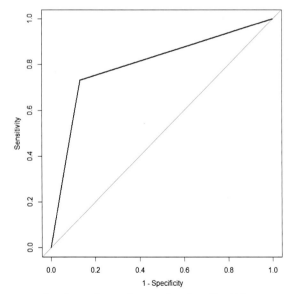

```
> roc(new$actual, as.integer(new$predict))$auc
Setting levels: control = bad, case = good
Setting direction: controls < cases
Area under the curve: 0.8226
```

Q-04 [앙상블 분석]

아래 순서대로 배깅, 부스팅, 랜덤포레스트 모형을 구축하고 성능 분석 결과를 비교(혼동행렬, 정확도, ROC, AUC)하시오.

📋 정답 및 해설

① 배깅(Bagging)

㉠ "adabag" 패키지 설치 후, (훈련용, 검증용) 데이터를 분류하고 bagging( ) 함수를 이용(배깅 반복횟수, mfinal=10으로 지정)하여 배깅 모형을 구축한다. plot( ), text( ) 함수로 분류 기준을 확인한다.

```
> data(Ionosphere)
> data <- data.frame(Ionosphere)
> data <- subset(data, select=c(-V1, -V2))
> data <- na.omit(data)
> id <- sample(1:nrow(data), as.integer(0.7*nrow(data)))
> train <- data[id, ]
> test <- data[-id, ]
>
> bag <- bagging(Class~., train, mfinal=10)
> plot(bag$trees[[10]])
> text(bag$trees[[10]])
```

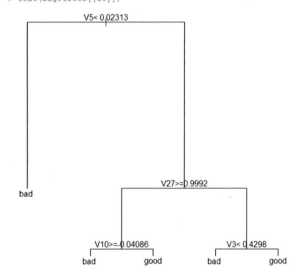

ⓒ 검증용 데이터에 대한 성능 평가 결과, 정확도＝88.68%, AUC＝0.8746이다. predict( ) 함수를 이용한 예측결과는 "chr"(문자) 형식으로 저장되어 있어 변수 변환을 통해 요인변수로 변경(as.factor( )) 후, 혼동행렬과 roc( ) 함수를 이용하여 성능을 평가한다.

```
> new <- data.frame(actual = test$Class)
> predict <- predict(bag, test)
> new$predict <- predict$class
> head(new)
  actual predict
1   good    good
2   good    good
3    bad    good
4    bad     bad
5   good     bad
6    bad    good
>
> str(new)
'data.frame':   106 obs. of  2 variables:
 $ actual : Factor w/ 2 levels "bad","good": 2 2 1 1 2 1 2 2 2 1 ...
 $ predict: chr  "good" "good" "good" "bad" ...
> new$predict <- as.factor(new$predict)
> str(new)
'data.frame':   106 obs. of  2 variables:
 $ actual : Factor w/ 2 levels "bad","good": 2 2 1 1 2 1 2 2 2 1 ...
 $ predict: Factor w/ 2 levels "bad","good": 2 2 2 1 1 2 2 2 2 1 ...
>
> confusionMatrix(new$predict, new$actual)
Confusion Matrix and Statistics

          Reference
Prediction bad good
      bad   27    7
      good   5   67

               Accuracy : 0.8868
                 95% CI : (0.8106, 0.9401)
    No Information Rate : 0.6981
    P-Value [Acc > NIR] : 3.746e-06

                  Kappa : 0.7361

 Mcnemar's Test P-Value : 0.7728

            Sensitivity : 0.8438
            Specificity : 0.9054
         Pos Pred Value : 0.7941
         Neg Pred Value : 0.9306
             Prevalence : 0.3019
         Detection Rate : 0.2547
   Detection Prevalence : 0.3208
      Balanced Accuracy : 0.8746

       'Positive' Class : bad

>
> roc(new$actual, as.integer(new$predict))$auc
Setting levels: control = bad, case = good
Setting direction: controls < cases
Area under the curve: 0.8746
```

② 부스팅(Boosting)

　　㉠ boosting( ) 함수를 이용하여 모형을 구축(bst, AdaBoosting 알고리즘 적용)하면 다음과 같다. 부스팅 반복횟수를 100으로 지정
　　　(mfinal=100)하고 plot( ), text( ) 함수를 이용하여 의사결정나무 구조의 분류 기준을 확인한다.

```
> bst <- boosting(Class~., train, boos=TRUE, mfinal=100)
> plot(bst$trees[[100]])
> text(bst$trees[[100]])
```

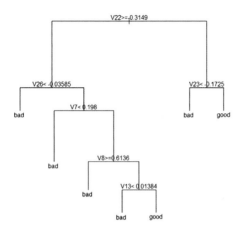

　　㉡ 부스팅(boosting( )) 모형에 대한 성능 분석 결과, 정확도는 93.4%, AUC는 0.9172이다.

```
> new <- data.frame(actual = test$Class)
> new$predict <- as.factor(predict(bst, test)$class)
> confusionMatrix(new$predict, new$actual)
Confusion Matrix and Statistics

          Reference
Prediction bad good
      bad   28    3
      good   4   71

               Accuracy : 0.934
                 95% CI : (0.8687, 0.973)
    No Information Rate : 0.6981
    P-Value [Acc > NIR] : 2.338e-09

                  Kappa : 0.8419

 Mcnemar's Test P-Value : 1

            Sensitivity : 0.8750
            Specificity : 0.9595
         Pos Pred Value : 0.9032
         Neg Pred Value : 0.9467
             Prevalence : 0.3019
         Detection Rate : 0.2642
   Detection Prevalence : 0.2925
      Balanced Accuracy : 0.9172

       'Positive' Class : bad

>
> roc(new$actual, as.integer(new$predict))$auc
Setting levels: control = bad, case = good
Setting direction: controls < cases
Area under the curve: 0.9172
```

ⓒ "ada" 패키지 설치 후, ada( ) 함수로 구축한 모형(Ada 부스팅 알고리즘 적용)의 성능평가 결과는 정확도＝92.45%, AUC＝0.9016 이다.

```
> adabst <- ada(Class~., train, iter=20, nu=1, type="discrete")
> new <- data.frame(actual = test$Class)
> new$predict <- predict(adabst, test)
> confusionMatrix(new$predict, new$actual)
Confusion Matrix and Statistics

          Reference
Prediction bad good
      bad   27    3
      good   5   71

               Accuracy : 0.9245
                 95% CI : (0.8567, 0.9669)
    No Information Rate : 0.6981
    P-Value [Acc > NIR] : 1.288e-08

                  Kappa : 0.8177

 Mcnemar's Test P-Value : 0.7237

            Sensitivity : 0.8438
            Specificity : 0.9595
         Pos Pred Value : 0.9000
         Neg Pred Value : 0.9342
             Prevalence : 0.3019
         Detection Rate : 0.2547
   Detection Prevalence : 0.2830
      Balanced Accuracy : 0.9016

       'Positive' Class : bad

>
> roc(new$actual, as.integer(new$predict))$auc
Setting levels: control = bad, case = good
Setting direction: controls < cases
Area under the curve: 0.9016
```

③ 랜덤포레스트(Random Forest)

　㉠ 랜덤포레스트 모형을 구축하기 위해 "randomForest" 패키지를 이용한다. 데이터를 훈련용(70%, train)과 검증용(30%, test)으로 구분하고, randomForest( ) 함수를 이용하여 랜덤포레스트 모형을 구축(rfmodel)한다. 트리의 수(ntree)=100, proximity=TRUE(객체들 간의 근접도 행렬 제공, 동일한 최종 노드에 포함되는 빈도에 기초함)로 지정한다. plot( ) 함수를 이용하여 트리의 수(ntree)에 따른 종속변수(Class)의 오분류율(범주별 및 오류율 시각화)을 확인한다.

```
> data(Ionosphere)
> data <- data.frame(Ionosphere)
> data <- subset(data, select=c(-V1, -V2))
> data <- na.omit(data)
> id <- sample(1:nrow(data), as.integer(0.7*nrow(data)))
> train <- data[id, ]
> test <- data[-id, ]
> rfmodel <- randomForest(Class~., train, ntree=100, proximity=TRUE)
> rfmodel

Call:
 randomForest(formula = Class ~ ., data = train, ntree = 100,      proximity = TRUE)
               Type of random forest: classification
                     Number of trees: 100
No. of variables tried at each split: 5

        OOB estimate of  error rate: 6.94%
Confusion matrix:
     bad good class.error
bad   74   12  0.13953488
good   5  154  0.03144654
> plot(rfmodel)
```

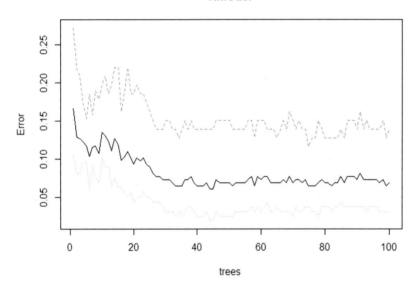

rfmodel

ⓒ 종속변수에 영향을 미치는 정도를 알아보기 위해 varImpPlot( ) 함수를 이용한다. (V5, V27, V7, V3, V8) 항목이 다른 변수와 비교하여 종속변수에 미치는 중요도가 높음을 알 수 있다. plot( ), margin( ) 수행 결과로부터 분류의 정확도(양의 마진은 정확한 분류, 음의 마진은 잘못 분류된 결과)를 확인한다.

```
> varImpPlot(rfmodel)
```

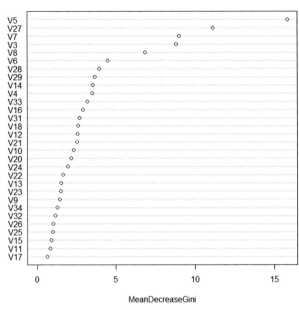

```
> plot(margin(rfmodel))
```

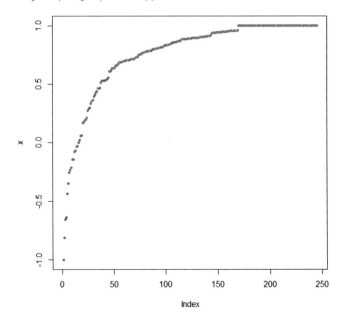

ⓒ 검증용 데이터(test)를 이용한 랜덤포레스트 모형의 성능은 정확도＝92.45%, AUC＝0.9049이다.

```
> new <- data.frame(actual = test$Class)
> new$predict <- predict(rfmodel, test)
> confusionMatrix(new$predict, new$actual)
Confusion Matrix and Statistics

            Reference
Prediction bad good
       bad  33    1
       good  7   65

               Accuracy : 0.9245
                 95% CI : (0.8567, 0.9669)
    No Information Rate : 0.6226
    P-Value [Acc > NIR] : 9.763e-13

                  Kappa : 0.8345

 Mcnemar's Test P-Value : 0.0771

            Sensitivity : 0.8250
            Specificity : 0.9848
         Pos Pred Value : 0.9706
         Neg Pred Value : 0.9028
             Prevalence : 0.3774
         Detection Rate : 0.3113
   Detection Prevalence : 0.3208
      Balanced Accuracy : 0.9049

       'Positive' Class : bad

>
> roc(new$actual, as.integer(new$predict))$auc
Setting levels: control = bad, case = good
Setting direction: controls < cases
Area under the curve: 0.9049
```

ⓔ "caret" 패키지에서 제공되는 train( ) 함수를 이용하여 구축된 랜덤포레스트 모형의 성능 분석 결과는 다음과 같다. 여기서 method＝"rf"(랜덤포레스트), trControl＝trainControl( )는 5－fold 교차검증 방법(cv : cross－validation), prox : 객체들 간의 근접도 행렬 제공(proximity), allowParallel : 병렬처리 지정을 의미한다. plot( ) 함수를 이용하여 훈련용 데이터들에 대한 모형의 정확도를 그래프로 확인하며, 검증용 데이터들에 대한 모형 평가 결과, 정확도는 91.51%, AUC는 0.8973이다.

```
> model <- train(Class~., train, method="rf", trControl=trainControl(method="cv", number=5), prox=TRUE, allowParalel=TRUE)
> plot(model)
```

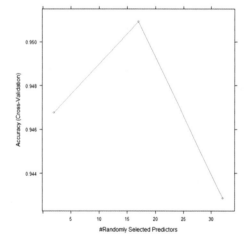

```
> new <- data.frame(actual = test$Class)
> new$predict <- predict(model, test)
> confusionMatrix(new$predict, new$actual)
Confusion Matrix and Statistics

          Reference
Prediction bad good
      bad   33    2
      good   7   64

               Accuracy : 0.9151
                 95% CI : (0.8449, 0.9604)
    No Information Rate : 0.6226
    P-Value [Acc > NIR] : 6.577e-12

                  Kappa : 0.8148

 Mcnemar's Test P-Value : 0.1824

            Sensitivity : 0.8250
            Specificity : 0.9697
         Pos Pred Value : 0.9429
         Neg Pred Value : 0.9014
             Prevalence : 0.3774
         Detection Rate : 0.3113
   Detection Prevalence : 0.3302
      Balanced Accuracy : 0.8973

       'Positive' Class : bad

>
> roc(new$actual, as.integer(new$predict))$auc
Setting levels: control = bad, case = good
Setting direction: controls < cases
Area under the curve: 0.8973
```

ⓔ "party" 패키지에서 제공되는 cforest( ) 함수를 이용한 랜덤포레스트 모형의 성능 분석결과는 다음과 같다. 분석결과, 정확도는 90.57%, AUC는 0.8799이며, plot( ) 함수를 이용하여 각각의 범주에 대해 예측한 값의 수를 시각적으로 확인할 수 있다.

```
> model <- cforest(Class~., train)
> predict <- predict(model, newdata=test, OOB=TRUE, type="response")
> new <- data.frame(actual = test$Class)
> new$predict <- predict
> confusionMatrix(new$predict, new$actual)
Confusion Matrix and Statistics

          Reference
Prediction bad good
      bad   31    1
      good   9   65

               Accuracy : 0.9057
                 95% CI : (0.8333, 0.9538)
    No Information Rate : 0.6226
    P-Value [Acc > NIR] : 3.95e-11

                  Kappa : 0.791

 Mcnemar's Test P-Value : 0.02686

            Sensitivity : 0.7750
            Specificity : 0.9848
         Pos Pred Value : 0.9688
         Neg Pred Value : 0.8784
             Prevalence : 0.3774
         Detection Rate : 0.2925
   Detection Prevalence : 0.3019
      Balanced Accuracy : 0.8799

       'Positive' Class : bad

>
> roc(new$actual, as.integer(new$predict))$auc
Setting levels: control = bad, case = good
Setting direction: controls < cases
Area under the curve: 0.8799

> plot(predict)
```

ⓗ 작업영역 지정(setwd("C:/workr")) 후, write.csv( ) 함수를 이용하여 new 파일을 저장한다. read.csv( ) 명령어를 이용하여 저장된 파일을 확인한다.

```
> setwd("C:/workr")
> write.csv(new, "980415.csv")
> result <- read.csv("980415.csv", header=T, fileEncoding="EUC-KR")
> View(result)
```

ⓐ 앙상블 분석 결과를 요약하면 다음과 같다. 비교 결과, 정확도는 배깅 알고리즘이 가장 높고(90.57%), AUC는 randomForest( )와 train( ) 함수의 수행 결과가 가장 높다(0.8754). 그러나 이 결과는 (훈련용, 검증용) 데이터세트가 바뀌면 달라질 수 있으며, (정확도, AUC)외에도 다른 성능평가 지표값을 참고하여 적절한 데이터 분석모형을 선택해야 한다.

구 분	배 깅	부스팅		랜덤포레스트		
패키지	adabag	adabag	ada	randomForest	caret	party
함 수	bagging( )	boosting( ) AdaBoost 알고리즘	ada( )	randomForest( )	train( )	cforest( )
정확도(%)	88.68	93.40	92.45	92.45	91.51	90.57
AUC	0.8746	0.9172	0.9016	0.9049	0.8973	0.8799

[데이터세트]

R에서 제공되는 state.x77 데이터세트는 미국 50개 주의 (인구, 수입, 문맹률, 기대수명, 살인발생율, 고교졸업율, 서리 발생일)에 대한 데이터이다. (수입, 문맹률, 기대수명, 살인발생율, 고교졸업율, 서리 발생일)의 독립변수 (Income, Illiteracy, Life.Exp, Murder, HS.Grad, Frost)를 이용하여 각 주의 인구(Population)를 예측하고, 다음 순서대로 회귀 분석, 의사결정나무, 인공신경망 모형을 이용하여 성능을 평가하시오.

```
> class(state.x77)
[1] "matrix" "array"
> data <- data.frame(state.x77)
> head(data)
           Population Income Illiteracy Life.Exp Murder HS.Grad Frost   Area
Alabama          3615   3624        2.1    69.05   15.1    41.3    20  50708
Alaska            365   6315        1.5    69.31   11.3    66.7   152 566432
Arizona          2212   4530        1.8    70.55    7.8    58.1    15 113417
Arkansas         2110   3378        1.9    70.66   10.1    39.9    65  51945
California      21198   5114        1.1    71.71   10.3    62.6    20 156361
Colorado         2541   4884        0.7    72.06    6.8    63.9   166 103766
> summary(data)
   Population        Income       Illiteracy       Life.Exp        Murder         HS.Grad          Frost
 Min.   :  365   Min.   :3098   Min.   :0.500   Min.   :67.96   Min.   : 1.400   Min.   :37.80   Min.   :  0.00
 1st Qu.: 1080   1st Qu.:3993   1st Qu.:0.625   1st Qu.:70.12   1st Qu.: 4.350   1st Qu.:48.05   1st Qu.: 66.25
 Median : 2838   Median :4519   Median :0.950   Median :70.67   Median : 6.850   Median :53.25   Median :114.50
 Mean   : 4246   Mean   :4436   Mean   :1.170   Mean   :70.88   Mean   : 7.378   Mean   :53.11   Mean   :104.46
 3rd Qu.: 4968   3rd Qu.:4814   3rd Qu.:1.575   3rd Qu.:71.89   3rd Qu.:10.675   3rd Qu.:59.15   3rd Qu.:139.75
 Max.   :21198   Max.   :6315   Max.   :2.800   Max.   :73.60   Max.   :15.100   Max.   :67.30   Max.   :188.00
      Area
 Min.   :  1049
 1st Qu.: 36985
 Median : 54277
 Mean   : 70736
 3rd Qu.: 81163
 Max.   :566432
> describe(data)
           vars  n     mean       sd   median  trimmed      mad     min      max     range skew kurtosis       se
Population    1 50  4246.42  4464.49  2838.50  3384.28  2890.33  365.00  21198.0  20833.00 1.92     3.75   631.37
Income        2 50  4435.80   614.47  4519.00  4430.08   581.18 3098.00   6315.0   3217.00 0.20     0.24    86.90
Illiteracy    3 50     1.17     0.61     0.95     1.10     0.52    0.50      2.8      2.30 0.82    -0.47     0.09
Life.Exp      4 50    70.88     1.34    70.67    70.92     1.54   67.96     73.6      5.64 -0.15    -0.67     0.19
Murder        5 50     7.38     3.69     6.85     7.30     5.19    1.40     15.1     13.70 0.13    -1.21     0.52
HS.Grad       6 50    53.11     8.08    53.25    53.34     8.60   37.80     67.3     29.50 -0.32    -0.88     1.14
Frost         7 50   104.46    51.98   114.50   106.80    53.37    0.00    188.0    188.00 -0.37    -0.94     7.35
Area          8 50 70735.88 85327.30 54277.00 56575.72 35144.29 1049.00 566432.0 565383.00 4.10    20.39 12067.10
```

Q-01 [회귀 분석]

다중회귀 분석모형을 구축하고 회귀모형식을 이용하여 Population(인구)에 대한 예측값을 구하시오. accuracy( ) 함수를 이용하여 5개의 성능평가 지표(ME, RMSE, MAE, MPE, MAPE)를 구하시오. 성능지표는 ME(Mean of Errors), RMSE(Root Mean of Squared Errors), MAE(Mean of Absolute Errors), MPE(Mean of Percentage Errors), MAPE(Mean of Absolute Percentage Errors)이다.

📋 정답 및 해설

① 다중회귀 분석을 수행하기 위하여 R에서 제공되는 lm( ) 함수를 이용한다. 인구(Population)에 영향을 미치는 주요 항목으로 (Income, Illiteracy, Life.Exp, Murder, HS.Grad, Frost)=(수입, 문맹률, 기대수명, 살인발생율, 고교졸업율, 서리 발생일)을 선정하고 이에 대한 회귀모형식을 구축하면 다음과 같다.

```
> model <- lm(Population ~ Income+Illiteracy+Life.Exp+Murder+HS.Grad+Frost, data)
> summary(model)

Call:
lm(formula = Population ~ Income + Illiteracy + Life.Exp + Murder +
    HS.Grad + Frost, data = data)

Residuals:
    Min      1Q  Median      3Q     Max
-5633.4 -2179.9  -818.4  1065.4 11279.2

Coefficients:
             Estimate Std. Error t value Pr(>|t|)
(Intercept) -90796.639  54002.891  -1.681  0.09995 .
Income          2.501      1.135    2.204  0.03292 *
Illiteracy  -3416.368   1665.603   -2.051  0.04638 *
Life.Exp     1353.677    751.103    1.802  0.07852 .
Murder        862.094    294.973    2.923  0.00551 **
HS.Grad      -219.665    106.995   -2.053  0.04618 *
Frost         -25.785     15.328   -1.682  0.09978 .
---
Signif. codes:  0 '***' 0.001 '**' 0.01 '*' 0.05 '.' 0.1 ' ' 1

Residual standard error: 3760 on 43 degrees of freedom
Multiple R-squared:  0.3776,    Adjusted R-squared:  0.2907
F-statistic: 4.348 on 6 and 43 DF,  p-value: 0.00163
```

회귀모형식

$\beta_0 = -90796.639$

$Population = -90796.639 + 2.501 Income - 3416.368 Illiteracy$
$\qquad + 1353.677 Life.exp + 862.094 Murder - 219.665 HS.Grad - 25.785 Frost$

② 회귀모형식을 이용하여 독립변수에 대한 예측값(new$predict)과 실젯값(new$actual)을 비교하면 다음과 같다. "forecast" 패키지에서 제공하는 accuracy( ) 함수를 이용하여 예측 모형(단순 회귀 분석모형)의 성능을 알아보기 위한 5개의 성능지표(ME, RMSE, MAE, MPE, MAPE)를 확인한다. cor( ) 함수를 이용하여 두 값(실젯값, 예측값) 사이의 상관계수(0.602283)를 구하고 모형의 적절성을 확인하며, 이 값은 1에 가까울수록 분석모형의 성능이 우수함을 나타낸다. 그리고 plot( ), abline( ) 함수를 이용하여 실젯값(new$actual)과 회귀 분석모형을 이용한 예측값(new$predict) 사이의 관계를 시각적으로 확인한다.

```
> new <- data.frame(actual=data$Population)
> new$predict <- -90796.639+2.501*data$Income-3416.368*data$Illiteracy+1353.677*data$Life.Exp+862.094*data$Murder-291.665*data$HS.Grad-25.785*data$Frost
> head(new)
  actual    predict
1   3615 5020.16395
2    365   64.26357
3   2212 -722.83735
4   2110 2205.14752
5  21198 5413.28707
6   2541 -482.71228
> accuracy(new$actual, new$predict)
               ME    RMSE      MAE      MPE     MAPE
Test set -3822.26 5205.62 3929.403 106.9517 343.3268
> cor(new$actual, new$predict)
[1] 0.602283
> plot(new$actual, new$predict)
> abline(lm(new$predict~new$actual))
```

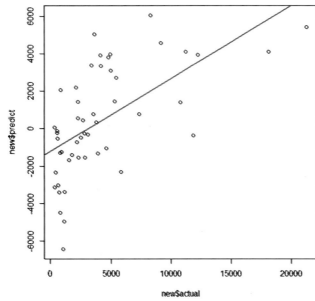

Q-02 [의사결정나무]

의사결정나무 분석모형을 ctree( ), rpart( ), tree( ) 함수를 이용하여 각각 구하고 검증용 데이터를 이용하여 Population 값을 예측하시오. 그리고 accuracy( ) 함수를 이용하여 성능평가 지표를 구하시오[단, 훈련용 데이터는 70%(35개), 검증용 데이터는 30%(15개)로 지정한다].

🔁 정답 및 해설

① 의사결정나무 분석을 이용한 예측 모형을 구축하기 위하여 "party" 패키지에서 제공하는 ctree( ) 함수를 이용한다. state.x77 데이터(총 50개)에서 70%를 훈련용(35개), 30%를 검증용 데이터(15개)로 구분하고, 훈련용 데이터를 이용하여 의사결정나무 모형(model)을 구축한다. 의사결정나무 분석 결과의 시각화를 위하여 plot( ) 함수를 이용하며, 분류 결과에 대한 Box-plot 결과를 확인한다.

```
> id <- sample(1:nrow(data), as.integer(0.7*nrow(data)))
> train <- data[id,]
> test <- data[-id,]
>
> model <- ctree(Population~Income+Illiteracy+Life.Exp+Murder+HS.Grad+Frost, train)
> plot(model)
```

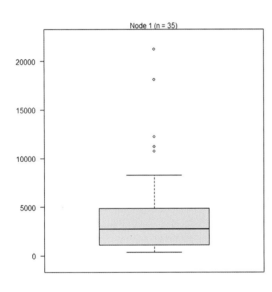

② 성능을 평가하기 위하여 검증용 데이터의 참값(test$Populaiton)과 예측값(new$predict, 4352.943로 모두 동일)을 비교하면 다음과 같다. accuracy( ) 함수를 이용한 주요 성능지표값을 보면, RMSE는 3274.74로 다소 높으며, plot( ) 함수를 이용한 시각화 결과에서도 참값(new$actual)과 예측값(new$predict) 사이의 차이가 확인된다.

```
> new <- data.frame(actual = test$Population)
> new$predict <- predict(model, test)
> new
   actual Population
1     365   4352.943
2    3100   4352.943
3    4931   4352.943
4     868   4352.943
5    9111   4352.943
6    3921   4352.943
7    7333   4352.943
8    5441   4352.943
9    2284   4352.943
10  11860   4352.943
11    931   4352.943
12   1203   4352.943
13    472   4352.943
14   3559   4352.943
15   4589   4352.943
>
> accuracy(new$actual, new$predict)
                ME    RMSE      MAE      MPE     MAPE
Test set 355.0762 3274.74 2641.389 8.157153 60.68052

> plot(new$actual, new$predict)
> abline(lm(new$predict ~ new$actual))
```

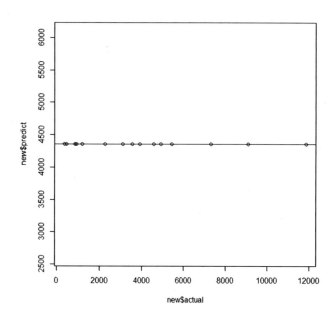

③ 의사결정나무 분석 기법중 하나인 "rpart"와 "rpart.plot" 패키지를 이용(rpart( ) 함수 이용)한 결과는 다음과 같다. ctree( ) 함수를 이용한 예측 결과와 비교할 때 RMSE가 다소 감소되어 RMSE는 3873.443임을 확인할 수 있다.

```
> model <- rpart(Population~Income+Illiteracy+Life.Exp+Murder+HS.Grad+Frost, train)
> rpart.plot(model)
```

```
> new <- data.frame(actual = test$Population)
> new$predict <- predict(model, test)
> new
   actual  predict
1     365 7642.750
2    3100 1683.733
3    4931 7642.750
4     868 1683.733
5    9111 7642.750
6    3921 1683.733
7    7333 1683.733
8    5441 7642.750
9    2284 1683.733
10  11860 1683.733
11    931 1683.733
12   1203 1683.733
13    472 1683.733
14   3559 1683.733
15   4589 1683.733
>
> accuracy(new$actual, new$predict)
                ME     RMSE     MAE      MPE     MAPE
Test set -725.0622 3873.443 2785.353 -76.16648 123.258
```

④ tree( ) 함수의 수행 결과("tree" 패키지 이용)는 다음과 같다. RMSE는 3654.843로 다소 증가됨을 알 수 있다.

```
> model <- tree(Population~Income+Illiteracy+Life.Exp+Murder+HS.Grad+Frost, train)
> plot(model)
> text(model)
```

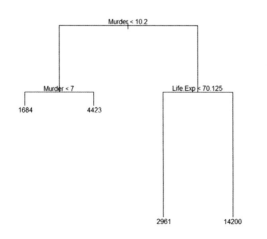

```
> new <- data.frame(actual = test$Population)
> new$predict <- predict(model, test)
> new
   actual   predict
1     365  2961.143
2    3100  1683.733
3    4931  2961.143
4     868  1683.733
5    9111 14197.000
6    3921  1683.733
7    7333  1683.733
8    5441  2961.143
9    2284  1683.733
10  11860  1683.733
11    931  1683.733
12   1203  1683.733
13    472  1683.733
14   3559  1683.733
15   4589  1683.733
>
> accuracy(new$actual, new$predict)
                ME     RMSE    MAE      MPE     MAPE
Test set -1224.434 3654.843 2683.51 -87.30481 129.5943
```

Q-03 [인공신경망]

neuralnet( ) 함수를 이용하여 인공신경망 분석모형을 구축하고 검증용 데이터를 이용하여 Population 값을 예측하시오. 그리고 accuracy( ) 함수를 이용하여 성능평가 지표를 구하시오(단, 훈련용 데이터는 70%, 검증용 데이터는 30%로 지정한다).

📋 정답 및 해설

① 인구(Population)를 예측하기 위하여 (Income, Illiteracy, Life.Exp, Murder, HS.Grad, Frost) 항목을 이용하며, 70%의 훈련 데이터(35개)와 30%의 검증 데이터(15개)를 이용한다. 항목별로 최소−최대 데이터 변환(Min−Max Normalization)을 통해 데이터를 정규화하고 neuralnet 패키지에서 제공하는 neuralnet( ) 함수(은닉층의 수=1)를 이용하여 모형(model)을 구축한다. plot( )으로 구축 모형을 시각화하며, Error=$\sum(y_i-\hat{y_i})^2$는 훈련용 데이터에 대한 (실젯값−예측값)^{2}의 합(SSE ; Sum of Squared Error)을 나타낸다. 그리고 Steps는 에러함수의 모든 절대 편미분이 임곗값(보통 0.01)보다 작게 될 때까지의 훈련 과정의 수이다.

```
> id <- sample(1:nrow(data), as.integer(0.7*nrow(data)))
> train <- data[id,]
> test <- data[-id,]
>
> normalize <- function (x) {
+ return ((x-min(x))/(max(x)-min(x)))
+ }
>
> norm_train <- as.data.frame(lapply(train, normalize))
> norm_test <- as.data.frame(lapply(test, normalize))
> norm_train$Population <- train$Population
> model <- neuralnet(Population~Income+Illiteracy+Life.Exp+Murder+HS.Grad+Frost, norm_train)
> plot(model)
```

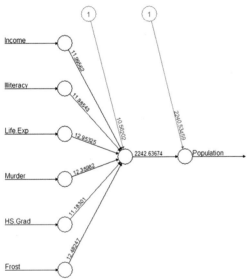

Error: 371565304.485714 Steps: 22434

② 은닉층의 수가 1개인 경우 검증용 데이터(test)를 이용하여 실젯값(참값, new$actual)과 예측값(new$predict)을 비교하면 다음과 같다. 15개의 검증용 데이터들에 대한 예측값을 제시한다. "forecast" 패키지 설치 후, accuracy( ) 함수를 이용하여 성능평가 지표를 확인하고, cor( ) 함수를 이용하여 (실젯값, 예측값) 사이의 상관관계(1에 가까울수록 예측의 정확도가 높음)를 확인한다.

```
> new <- data.frame(actual = test$Population)
> new$predict <- compute(model, norm_test[-length(norm_test)])$net.result
> new
   actual  predict
1     365 4483.171
2    2110 4483.171
3     868 4483.171
4    2861 4483.171
5    2280 4483.171
6    3806 4483.171
7    9111 4483.171
8    3921 4483.171
9     590 4483.171
10    637 4483.171
11   2284 4483.171
12  11860 4483.171
13    681 4483.171
14  12237 4483.171
15   1799 4483.171
>
> accuracy(new$actual, new$predict)
                ME     RMSE      MAE      MPE     MAPE
Test set 789.1713 3969.252 3423.636 17.60297 76.36639
>
> cor(new$actual, new$predict)
            [,1]
[1,] 0.1316096
```

③ 인공신경망의 성능을 개선하기 위하여 은닉층의 수를 (3, 3)(2개 은닉층, 각 층마다 3개의 layer)로 구성한 모형은 다음과 같다. 본 예제에서는 은닉층의 수가 1개인 경우와 결과가 동일하여 은닉층의 수를 늘리는 것이 큰 의미가 없음을 확인할 수 있다.

```
> model <- neuralnet(Population~Income+Illiteracy+Life.Exp+Murder+HS.Grad+Frost, norm_train, hidden=c(3, 3))
> new <- data.frame(actual = test$Population)
> new$predict <- compute(model, norm_test[-length(norm_test)])$net.result
> new
   actual  predict
1     365 4483.172
2    2110 4483.172
3     868 4483.172
4    2861 4483.172
5    2280 4483.172
6    3806 4483.172
7    9111 4483.172
8    3921 4483.172
9     590 4483.172
10    637 4483.172
11   2284 4483.172
12  11860 4483.172
13    681 4483.172
14  12237 4483.172
15   1799 4483.172
>
> accuracy(new$actual, new$predict)
                ME     RMSE      MAE      MPE     MAPE
Test set 789.1716 3969.252 3423.636 17.60298 76.36639
```

```
> plot(model)
```

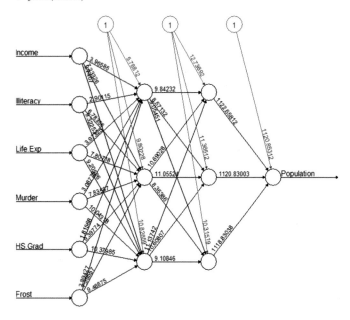

Error: 371565304.485715   Steps: 11232

Q-01 R에서 제공되는 treering 데이터는 1600~1979년 사이 측정된 나무의 나이테 길이(하나의 나이테=1년)이다. 총 7,980개의 시계열 자료를 이용하여 아래 순서대로 작업(시계열 예측 분석)을 수행하시오[단, describe( ) 명령어를 이용한 기술통계량 값은 "psych" 패키지를 이용하고, 시계열 자료 분석은 "forecast" 패키지를 이용한다].

(1) 주어진 시계열 자료에 대하여 auto.arima( ), arima( ) 함수를 이용하여 ARIMA 시계열 분석모형을 구축하시오.

(2) 자기상관함수(ACF)를 구하여 모형을 진단하고 Box.test( ) 검정 결과를 통하여 시계열 예측모형의 타당성을 확인하시오.

(3) forecast( ) 함수를 이용하여 h=5, h=10 시점 이후의 시계열 자료(5년, 10년 후 나이테 길이)를 예측하시오.

```
> str(treering)
 Time-Series [1:7980] from -6000 to 1979: 1.34 1.08 1.54 1.32 1.41 ...
> head(treering)
Time Series:
Start = -6000
End = -5995
Frequency = 1
[1] 1.345 1.077 1.545 1.319 1.413 1.069
> summary(treering)
   Min. 1st Qu.  Median    Mean 3rd Qu.    Max.
 0.0000  0.8370  1.0340  0.9968  1.1970  1.9080
>
> data <- data.frame(treering)
> head(data)
  treering
1    1.345
2    1.077
3    1.545
4    1.319
5    1.413
6    1.069
> dim(data)
[1] 7980    1
> nrow(data)
[1] 7980
```

① "forecast" 패키지에서 제공하는 auto.arima( ) 함수를 이용하여 적절한 ARIMA(2, 0, 1) 모형을 확인한다. arima( ) 함수를 이용하여 ARIMA(2, 0, 1) 모형을 구축하고 자기상관함수(ACF ; Autocorrelation Function) 모형을 진단하기 위하여 tsdiag( ) 함수를 이용한다. 자기상관함수(ACF) 확인 결과, 잔차값들이 임계치 안에 포함되어 있으므로 자기상관관계가 없음을 확인할 수 있다. 따라서 시계열 자료를 이용하여 구축한 ARIMA( ) 모형(formodel)은 자기상관관계가 없는 적합한 모형으로 평가된다. Box.test( ) 함수를 이용한 검정 결과, p−value=0.9837>0.05(5% 유의수준)으로 시계열 분석모형이 통계적으로 적절함을 확인한다.

```
> model <- auto.arima(data)
> model
Series: data
ARIMA(2,0,1) with non-zero mean

Coefficients:
          ar1      ar2      ma1     mean
       1.0386  -0.1281  -0.8368   0.9967
s.e.   0.0341   0.0162   0.0315   0.0059

sigma^2 = 0.08485:  log likelihood = -1478.48
AIC=2966.96   AICc=2966.96   BIC=3001.88

> formodel <- arima(data, c(2, 0, 1))
> formodel

Call:
arima(x = data, order = c(2, 0, 1))

Coefficients:
          ar1      ar2      ma1  intercept
       1.0386  -0.1281  -0.8368     0.9967
s.e.   0.0341   0.0162   0.0315     0.0059

sigma^2 estimated as 0.08481:  log likelihood = -1478.48,  aic = 2966.96

> tsdiag(formodel)
```

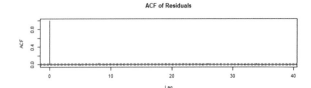

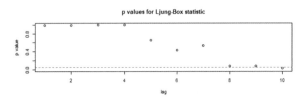

```
> Box.test(formodel$residuals, lag=1, type="Ljung")

        Box-Ljung test

data:  formodel$residuals
X-squared = 0.00041506, df = 1, p-value = 0.9837
```

② 모형 진단을 통해 적합한 모형임을 확인한 후, forecast( ) 함수를 이용하여 h＝5 시점까지(model1), 그리고 h＝10 시점(model2)까지
의 데이터(나이테 길이)를 예측한다.

```
> par(mfrow=c(1,2))
> model1 <- forecast(formodel, h=5)
> plot(model1)
>
> model2 <- forecast(formodel, h=10)
> plot(model2)
>
> model1
     Point Forecast      Lo 80     Hi 80     Lo 95     Hi 95
7981       1.061587  0.6883721  1.434802  0.4908039  1.632371
7982       1.043180  0.6624429  1.423918  0.4608927  1.625468
7983       1.036667  0.6547167  1.418617  0.4525244  1.620810
7984       1.032260  0.6496798  1.414840  0.4471541  1.617366
7985       1.028517  0.6454705  1.411564  0.4426980  1.614336
>
> model2
     Point Forecast      Lo 80     Hi 80     Lo 95     Hi 95
7981       1.061587  0.6883721  1.434802  0.4908039  1.632371
7982       1.043180  0.6624429  1.423918  0.4608927  1.625468
7983       1.036667  0.6547167  1.418617  0.4525244  1.620810
7984       1.032260  0.6496798  1.414840  0.4471541  1.617366
7985       1.028517  0.6454705  1.411564  0.4426980  1.614336
7986       1.025194  0.6417788  1.408610  0.4388109  1.611577
7987       1.022222  0.6385121  1.405933  0.4353881  1.609057
7988       1.019562  0.6356149  1.403508  0.4323658  1.606757
7989       1.017179  0.6330426  1.401315  0.4296932  1.604664
7990       1.015045  0.6307567  1.399333  0.4273269  1.602763
```

Forecasts from ARIMA(2,0,1) with non-zero mean   **Forecasts from ARIMA(2,0,1) with non-zero mean**

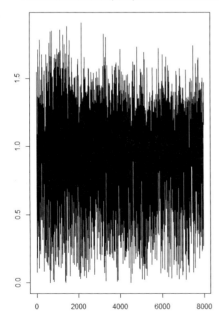 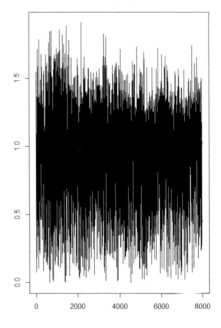

Q-01 다음의 자료(train_commerce.csv)는 (ID, Warehouse_block, Mode_of_Shipment, Customer_care_calls, Customer_rating, Cost_of_the_Product, Prior_purchases, Product_importance, Gender, Discount_offered, Weight_in_gms, Reached.on.Time_Y.N)의 12가지 항목에 대한 10,999명의 고객 구매 자료로 kaggle 사이트(www.kaggle.com/prachi13/customer-analytics?select=Train.csv)에서 다운로드한다. 전체 데이터들 중 임의로 70%(7,699)를 훈련용 데이터(train)로 저장하고 나머지 3,300의 행 자료를 검증용 자료(test)로 이용한다.
훈련용 데이터를 이용하여 고객이 주문한 물품이 제 시간에 도착하는지 여부(Reached.on.Time_Y.N의 값이 1이면 제 시간에 도착, 0이면 제 시간에 도착하지 않음)를 예측한다. 아래 순서대로 작업을 수행하여 의사결정나무 분석모형을 구축하고 성능 분석 결과(정확도 및 오류율)를 출력하시오(단, 데이터분석을 위하여 "tree", "e1071", "caret", "pROC" 패키지를 이용한다).

(1) tree( ) 함수를 이용한 의사결정나무 분석모형을 구축하고 검증용 데이터에 대한 예측의 정확도(혼동행렬 수행 결과)를 평가하시오[단, 독립변수는 (Customer_care_calls, Customer_rating, Cost_of_the_Product, Prior_purchases, Weight_in_gms)으로 지정하고 종속변수는 Reached.on.Time_Y.N(고객이 주문한 물품이 제 시간에 도착하는지 여부로 Reached.on.Time_Y.N의 값이 1이면 제 시간에 도착, 0이면 제 시간에 도착하지 않음)으로 5가지 독립변수를 이용하여 종속변수를 예측한다].

(2) cv.tree( ) 함수를 이용하여 misclass된 size를 식별하고 prune.misclass( ) 함수를 이용하여 과적합 후 가지치기를 수행한 새로운 의사결정나무 분석모형을 구축하시오.

(3) 가지치기 후, 의사결정나무 분석모형에 대한 정확도(혼동행렬 수행 결과)를 평가하시오. 그리고 (실젯값, 예측값)을 "(본인)생년월일.csv" 파일로 저장하시오.

(4) 가지치기 후, 구축된 이항형 변수 예측을 위한 의사결정나무 분석모형의 ROC 곡선을 작성하고 AUC 값을 구하시오.

	A	B	C	D	E	F	G	H	I	J	K	L
1	ID	Warehouse_block	Mode_of_Shipment	Customer_care_calls	Customer_rating	Cost_of_the_Product	Prior_purchases	Product_importance	Gender	Discount_offered	Weight_in_gms	Reached.on.Time_Y_N
2	1 D	Flight	2		2	177	3	low	F	44	1233	1
3	2 F	Flight	4		5	216	2	low	M	59	3088	1
4	3 A	Flight	2		2	183	4	low	M	48	3374	1
5	4 B	Flight	3		3	176	4	medium	M	10	1177	1
6	5 C	Flight	2		2	184	3	medium	F	46	2484	1
7	6 F	Flight	3		1	162	3	medium	F	12	1417	1
8	7 D	Flight	3		4	250	3	low	F	3	2371	1
9	8 F	Flight	4		1	233	2	low	F	48	2804	1
10	9 A	Flight	3		4	150	3	low	F	11	1861	1
11	10 B	Flight	3		2	164	3	medium	F	29	1187	1
12	11 C	Flight	3		4	189	2	medium	M	12	2888	1
13	12 F	Flight	4		5	232	3	medium	F	32	3253	1
14	13 D	Flight	3		5	198	3	medium	F	1	3667	1
15	14 F	Flight	4		4	275	3	high	M	29	2602	1

```
>
> data <- read.csv("train_commerce.csv", header=T, fileEncoding="EUC-KR")
> head(data)
  ID Warehouse_block Mode_of_Shipment Customer_care_calls Customer_rating Cost_of_the_Product Prior_purchases Product_importance Gender
1  1               D           Flight                   4               2                 177               3                low      F
2  2               F           Flight                   4               5                 216               2                low      M
3  3               A           Flight                   2               2                 183               4                low      M
4  4               B           Flight                   3               3                 176               4             medium      M
5  5               C           Flight                   2               2                 184               3             medium      F
6  6               F           Flight                   3               1                 162               3             medium      F
  Discount_offered Weight_in_gms Reached.on.Time_Y.N
1               44          1233                   1
2               59          3088                   1
3               48          3374                   1
4               10          1177                   1
5               46          2484                   1
6               12          1417                   1
> dim(data)
[1] 10999    12
> id <- sample(1:nrow(data), as.integer(0.7*nrow(data)))
> train <- data[id, ]
> test <- data[-id, ]
> head(train)
         ID Warehouse_block Mode_of_Shipment Customer_care_calls Customer_rating Cost_of_the_Product Prior_purchases Product_importance Gender
2765   2765               C             Ship                   5               4                 177               4             medium      M
5297   5297               C             Ship                   3               1                 137               5                low      F
2354   2354               F             Ship                   3               2                 264               3             medium      M
5814   5814               F             Ship                   4               5                 274               3             medium      M
10232 10232               F             Ship                   2               1                 232               6                low      F
8170   8170               B             Ship                   5               4                 228               6             medium      M
      Discount_offered Weight_in_gms Reached.on.Time_Y.N
2765                48          1920                   1
5297                 8          4980                   1
2354                43          3439                   1
5814                 5          4773                   0
10232                2          5281                   1
8170                 5          4974                   1
> dim(train)
[1] 7699   12
> head(test)
   ID Warehouse_block Mode_of_Shipment Customer_care_calls Customer_rating Cost_of_the_Product Prior_purchases Product_importance Gender
8   8               F           Flight                   4               1                 233               2                low      F
10 10               B           Flight                   3               2                 164               3             medium      F
13 13               D           Flight                   3               5                 198               3             medium      F
22 22               B             Ship                   3               1                 232               4             medium      F
24 24               F             Ship                   4               3                 211               3               high      M
27 27               A             Ship                   4               1                 172               3               high      F
   Discount_offered Weight_in_gms Reached.on.Time_Y.N
8                48          2804                   1
10               29          1187                   1
13                1          3667                   1
22               51          2899                   1
24               12          3922                   1
27               24          1066                   1
> dim(test)
[1] 3300   12
```

① 작업영역을 지정(setwd("C:/workr"))하고 read.csv( ) 명령어를 이용하여 데이터를 저장(data)한다. 결측값을 제외(na.omit( ))하고 첫 번째 열(ID)을 제외한 나머지 데이터를 이용하며, 예측할 종속변수인 Reached.on.Time_Y.N의 변수를 요인 변수로 변환(as.factor( ))하여 이용한다.

```
> data <- read.csv("train_commerce.csv", header=T, fileEncoding="EUC-KR")
> data <- na.omit(data)
> data <- data[,-1]
> summary(data)
 Warehouse_block    Mode_of_Shipment   Customer_care_calls Customer_rating Cost_of_the_Product Prior_purchases  Product_importance
 Length:10999      Length:10999       Min.   :2.000       Min.   :1.000   Min.   : 96.0       Min.   : 2.000   Length:10999
 Class :character  Class :character   1st Qu.:3.000       1st Qu.:2.000   1st Qu.:169.0       1st Qu.: 3.000   Class :character
 Mode  :character  Mode  :character   Median :4.000       Median :3.000   Median :214.0       Median : 3.000   Mode  :character
                                      Mean   :4.054       Mean   :2.991   Mean   :210.2       Mean   : 3.568
                                      3rd Qu.:5.000       3rd Qu.:4.000   3rd Qu.:251.0       3rd Qu.: 4.000
                                      Max.   :7.000       Max.   :5.000   Max.   :310.0       Max.   :10.000
     Gender          Discount_offered  Weight_in_gms   Reached.on.Time_Y.N
 Length:10999      Min.   : 1.00      Min.   :1001     Min.   :0.0000
 Class :character  1st Qu.: 4.00      1st Qu.:1840     1st Qu.:0.0000
 Mode  :character  Median : 7.00      Median :4149     Median :1.0000
                   Mean   :13.37      Mean   :3634     Mean   :0.5967
                   3rd Qu.:10.00      3rd Qu.:5050     3rd Qu.:1.0000
                   Max.   :65.00      Max.   :7846     Max.   :1.0000
>
> data$Reached.on.Time_Y.N <- as.factor(data$Reached.on.Time_Y.N)
> str(data)
'data.frame':  10999 obs. of  11 variables:
 $ Warehouse_block    : chr  "D" "F" "A" "B" ...
 $ Mode_of_Shipment   : chr  "Flight" "Flight" "Flight" "Flight" ...
 $ Customer_care_calls: int  4 4 2 3 2 3 3 4 3 3 ...
 $ Customer_rating    : int  2 5 2 3 2 1 4 1 4 2 ...
 $ Cost_of_the_Product: int  177 216 183 176 184 162 250 233 150 164 ...
 $ Prior_purchases    : int  3 2 4 4 3 3 3 2 3 3 ...
 $ Product_importance : chr  "low" "low" "low" "medium" ...
 $ Gender             : chr  "F" "M" "M" "M" ...
 $ Discount_offered   : int  44 59 48 10 46 12 3 48 11 29 ...
 $ Weight_in_gms      : int  1233 3088 3374 1177 2484 1417 2371 2804 1861 1187 ...
 $ Reached.on.Time_Y.N: Factor w/ 2 levels "0","1": 2 2 2 2 2 2 2 2 2 2 ...
```

② 전체 데이터들 중 70%(7,699개)를 훈련용으로 나머지 30%(3,300개)를 검증용 데이터로 사용한다. tree( ) 함수를 이용("tree" 패키지 설치)하여 의사결정나무 모형을 구축(model)하고 plot( ), text( ) 명령어로 의사결정나무 모형을 이용한 예측 분류의 시각화 결과를 확인한다.

```
> id <- sample(1:nrow(data), as.integer(0.7*nrow(data)))
> train <- data[id, ]
> test <- data[-id, ]
> model <- tree(Reached.on.Time_Y.N ~ Customer_care_calls+Customer_rating+Cost_of_the_Product+Prior_purchases+Weight_in_gms, train)
> summary(model)

Classification tree:
tree(formula = Reached.on.Time_Y.N ~ Customer_care_calls + Customer_rating +
    Cost_of_the_Product + Prior_purchases + Weight_in_gms, data = train)
Variables actually used in tree construction:
[1] "Weight_in_gms"       "Prior_purchases"     "Cost_of_the_Product"
Number of terminal nodes:  5
Residual mean deviance:  1.032 = 7943 / 7694
Misclassification error rate: 0.3173 = 2443 / 7699
>
> names(model)
[1] "frame"   "where"   "terms"   "call"    "y"       "weights"
> nrow(train)
[1] 7699
> nrow(test)
[1] 3300
```

```
> plot(model)
> text(model)
```

Weight_in_gms < 4000.5

Prior_purchases < 3.5   0

1   Weight_in_gms < 2005

Cost_of_the_Product < 180.5   1

1   0

③ 검증용 데이터(test)를 이용하여 (예측값, 실젯값)=(new$predict, new$actual)을 구하고 혼동행렬 함수(confusionMatrx( ), "caret"
패키지 이용)를 이용하여 정확도(Accuracy=0.684)를 구한다.

```
> new <- data.frame(actual = test$Reached.on.Time_Y.N)
> new$predict <- predict(model, test, type='class')
> head(new)
  actual predict
1    1       1
2    1       1
3    1       1
4    1       1
5    1       1
6    1       1
> confusionMatrix(new$predict, new$actual)
Confusion Matrix and Statistics

          Reference
Prediction    0    1
         0 1305 1031
         1   13  951

               Accuracy : 0.6836
                 95% CI : (0.6675, 0.6995)
    No Information Rate : 0.6006
    P-Value [Acc > NIR] : < 2.2e-16

                  Kappa : 0.4161

 Mcnemar's Test P-Value : < 2.2e-16

            Sensitivity : 0.9901
            Specificity : 0.4798
         Pos Pred Value : 0.5586
         Neg Pred Value : 0.9865
             Prevalence : 0.3994
         Detection Rate : 0.3955
   Detection Prevalence : 0.7079
      Balanced Accuracy : 0.7350

       'Positive' Class : 0
```

데이터 분석모형 구축 **551**

④ "pROC" 패키지 설치 후, plot.roc( ) 함수를 이용하여 ROC(Receiver Operating Characteristic) 곡선을 작성하고 성능을 평가한다. roc( )로 AUC(Area Under the ROC)의 값이 0.735임을 알 수 있다.

```
> plot.roc(new$actual, as.integer(new$predict), legacy.axes=TRUE)
Setting levels: control = 0, case = 1
Setting direction: controls < cases
```

```
> result <- roc(new$actual, as.integer(new$predict))
Setting levels: control = 0, case = 1
Setting direction: controls < cases
>
> result

Call:
roc.default(response = new$actual, predictor = as.integer(new$predict))

Data: as.integer(new$predict) in 1318 controls (new$actual 0) < 1982 cases (new$actual 1).
Area under the curve: 0.735
>
> names(result)
 [1] "percent"            "sensitivities"      "specificities"      "thresholds"         "direction"          "cases"
 [7] "controls"           "fun.sesp"           "auc"                "call"               "original.predictor" "original.response"
[13] "predictor"          "response"           "levels"
>
> result$auc
Area under the curve: 0.735
```

⑤ 의사결정나무 분석모형의 성능을 개선하기 위하여 과적합 문제를 해결한다. 즉 오차를 크게 하거나 부적절한 추론 규칙을 가지고 있는 불필요한 가지를 제거하기 위하여 cv.tree( ) 함수를 이용한다. 분류가 잘못된(misclass) size를 식별하기 위하여 아래와 같이 FUN=prune.misclass 옵션을 이용한다. 결과로부터 size가 5 이상의 범위에서 misclass의 수가 가장 작게 됨을 확인할 수 있으므로 이 값을 이용(best=5)하여 새로운 의사결정나무 모형을 구축한다. prune.misclass( ) 함수(best=5 이용)를 사용하여 최적의 가지치기 작업을 수행한 의사결정나무 모형을 구축(prunetree)하고 plot( ), text( ) 함수를 이용하여 새로운 의사결정나무 분석모형을 확인한다. 본 예제에서는 가지치기 후에도 동일한 분류기준을 제시하여 앞에서와 동일한 결과를 보인다.

```
> cvtree <- cv.tree(model, FUN=prune.misclass)
> plot(cvtree)
```

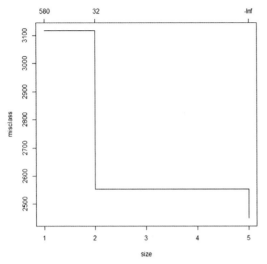

```
> prunetree <- prune.misclass(model, best=5)
> plot(prunetree)
> text(prunetree)
```

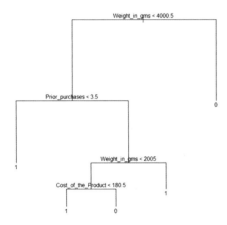

⑥ 가지치기를 수행한 의사결정나무에 대한 성능을 평가하기 위하여 동일한 방법으로 (실젯값, 예측값)을 구한다. 혼동행렬에 대한 평가 결과, 예측결과는 앞의 결과와 다르나, 정확도(0.6836)는 동일하다.

```
> new <- data.frame(actual = test$Reached.on.Time_Y.N)
> new$predict <- predict(prunetree, test, type='class')
> head(new)
  actual predict
1      1       1
2      1       1
3      1       1
4      1       1
5      1       1
6      1       1
>
> confusionMatrix(new$predict, new$actual)
Confusion Matrix and Statistics

          Reference
Prediction    0    1
         0 1305 1031
         1   13  951

               Accuracy : 0.6836
                 95% CI : (0.6675, 0.6995)
    No Information Rate : 0.6006
    P-Value [Acc > NIR] : < 2.2e-16

                  Kappa : 0.4161

 Mcnemar's Test P-Value : < 2.2e-16

            Sensitivity : 0.9901
            Specificity : 0.4798
         Pos Pred Value : 0.5586
         Neg Pred Value : 0.9865
             Prevalence : 0.3994
         Detection Rate : 0.3955
   Detection Prevalence : 0.7079
      Balanced Accuracy : 0.7350

       'Positive' Class : 0
```

⑦ 최종적으로 write.csv( ) 명령어를 이용하여 분류 기준의 결과(new)를 "980415.csv" 파일로 저장한다. 이를 확인하기 위해 read.csv( ), View( ) 함수를 이용한다.

```
> write.csv(new, "980415.csv")
> confirm <- read.csv("980415.csv", header=T, fileEncoding="EUC-KR")
> head(confirm)
  X actual predict
1 1      1       1
2 2      1       1
3 3      1       1
4 4      1       1
5 5      1       1
6 6      1       1
>
> View(confirm)
```

R Data: confirm			
	X	actual	predict
1	1	1	1
2	2	1	1
3	3	1	1
4	4	1	1
5	5	1	1
6	6	1	1
7	7	1	1
8	8	1	1
9	9	1	1
10	10	1	1
11	11	1	1
12	12	1	1
13	13	1	1
14	14	1	1
15	15	1	1
16	16	1	1
17	17	1	1
18	18	1	1
19	19	1	1
20	20	1	1
21	21	1	1
22	22	1	1
23	23	1	1
24	24	1	1
25	25	1	1
26	26	1	1
27	27	1	1
28	28	1	1
29	29	1	1
30	30	1	1

MEMO

부록

R 데이터세트

R datasets 패키지

데이터세트명		주요 내용 및 데이터
AirPassengers	Monthly airline passenger numbers 1949—1960	1949~1960년 월별 항공 이용 승객 수 : 연도, 월 (항공 이용 승객 수) ``` > AirPassengers Jan Feb Mar Apr May Jun Jul Aug Sep Oct Nov Dec 1949 112 118 132 129 121 135 148 148 136 119 104 118 1950 115 126 141 135 125 149 170 170 158 133 114 140 1951 145 150 178 163 172 178 199 199 184 162 146 166 1952 171 180 193 181 183 218 230 242 209 191 172 194 1953 196 196 236 235 229 243 264 272 237 211 180 201 ```

BJsales
BJsales.lead
	Sales data with leading indicator	경기선행지수에 따른 판매 금액(시계열 데이터) : 시계열 판매액(1~150개의 데이터)
		
		``
		> BJsales
		Time Series:
		Start = 1
		End = 150
		Frequency = 1
		  [1] 200.1 199.5 199.4 198.9 199.0 200.2 198.6 200.0 200.3 201.2 201.6 201.5 201.5 203.5 204.9 207.1 210.5 210.5
		 [29] 222.8 223.8 221.7 222.3 220.8 219.4 220.1 220.6 218.9 217.8 217.7 215.0 215.3 215.9 216.7 216.7 217.7 218.7
		 [57] 212.3 213.9 214.6 213.6 212.1 211.4 211.2 212.9 213.5 213.6 213.0 211.0 210.7 210.1 211.4 210.0 209.7
		 [85] 218.8 220.7 222.2 226.7 228.4 233.2 235.7 237.1 240.6 243.8 245.3 246.0 246.3 247.7 247.6 247.8 249.4 249.0
		[113] 255.0 256.2 256.0 257.4 260.4 260.0 261.3 260.4 261.6 260.8 259.8 259.0 258.9 257.4 257.7 257.9 257.4 257.3
		[141] 257.3 257.5 259.6 261.1 262.9 263.3 262.8 261.8 262.2 262.7
		> BJsales.lead
		Time Series:
		Start = 1
		End = 150
		Frequency = 1
		  [1] 10.01 10.07 10.32 9.75 10.33 10.13 10.36 10.32 10.13 10.16 10.58 10.62 10.86 11.20 10.74 10.56 10.48 10.77
		 [29] 11.40 11.02 11.01 11.23 11.33 10.83 10.84 11.14 10.38 10.90 11.05 11.11 11.01 11.22 11.21 11.91 11.69 10.93
		 [57] 10.61 10.48 10.53 11.07 10.61 10.86 10.34 10.78 10.80 10.33 10.44 10.50 10.75 10.40 10.40 10.34 10.55 10.46
		 [85] 12.10 11.83 12.62 12.41 12.43 12.73 13.01 12.74 12.73 12.76 12.92 12.64 12.79 13.05 12.69 13.01 12.90 13.12
		``

BOD	Biochemical Oxygen Demand	생물학적 산소 요구량 : 시간, 산소 요구량 ``` > BOD Time demand 1 1 8.3 2 2 10.3 3 3 19.0 4 4 16.0 5 5 15.6 6 7 19.8 ```
CO2	Carbon dioxide uptake in grass plants	식물의 이산화탄소 흡수율 : 식물명, 이산화탄소 흡수율 ``` > CO2 Grouped Data: uptake ~ conc	Plant Plant Type Treatment conc uptake 1 Qn1 Quebec nonchilled 95 16.0 2 Qn1 Quebec nonchilled 175 30.4 3 Qn1 Quebec nonchilled 250 34.8 4 Qn1 Quebec nonchilled 350 37.2 5 Qn1 Quebec nonchilled 500 35.3 ```
ChickWeight	Weight versus age of chicks on different diets	다이어트(식이요법) 유형별 병아리 몸무게 : 몸무게, 병아리 나이(시간), 병아리ID, 다이어트 유형 ``` > ChickWeight Grouped Data: weight ~ Time	Chick weight Time Chick Diet 1 42 0 1 1 2 51 2 1 1 3 59 4 1 1 4 64 6 1 1 5 76 8 1 1 ```
DNase	Elisa assay of DNase	쥐 혈청에서 추출된 단백질 농축물 데이터 : 농축물, 밀도 ``` > DNase Grouped Data: density ~ conc	Run Run conc density 1 1 0.04882812 0.017 2 1 0.04882812 0.018 3 1 0.19531250 0.121 4 1 0.19531250 0.124 5 1 0.39062500 0.206 ```

EuStockMarkets	Daily closing prices of major European stock indices, 1991−1998	유럽 주식 시세(시계열 데이터, 1991~1998년) : 주요 증권 지표별 주가 ``` > EuStockMarkets Time Series: Start = c(1991, 130) End = c(1998, 169) Frequency = 260 DAX SMI CAC FTSE 1991.496 1628.75 1678.1 1772.8 2443.6 1991.500 1613.63 1688.5 1750.5 2460.2 1991.504 1606.51 1678.6 1718.0 2448.2 1991.508 1621.04 1684.1 1708.1 2470.4 1991.512 1618.16 1686.6 1723.1 2484.7 1991.515 1610.61 1671.6 1714.3 2466.8 ```
Formaldehyde	Determination of formalde−hyde	포르말린 주요 성분 : 탄수화물, 농도 ``` > Formaldehyde carb optden 1 0.1 0.086 2 0.3 0.269 3 0.5 0.446 4 0.6 0.538 5 0.7 0.626 ```

HairEyeColor	Hair and eye color of statistics stdents	성별 머리카락 및 눈의 색상 : 성별, 머리카락 및 눈 색상(갈색, 파랑, 적갈색, 녹색)
		
		``
		> HairEyeColor
		, , Sex = Male
		
		        Eye
		Hair Brown Blue Hazel Green
		  Black 32 11 10 3
		  Brown 53 50 25 15
		  Red 10 10 7 7
		  Blond 3 30 5 8
		
		, , Sex = Female
		
		        Eye
		Hair Brown Blue Hazel Green
		  Black 36 9 5 2
		  Brown 66 34 29 14
		  Red 16 7 7 7
		  Blond 4 64 5 8
		``

Harman23.cor	Harman example 2.3	8가지 요인들 사이의 상관관계(7~17세 사이 여성 305명에 대한 조사 결과) ``` > Harman23.cor $cov height arm.span forearm lower.leg weight bitro.diameter height 1.000 0.846 0.805 0.859 0.473 0.398 arm.span 0.846 1.000 0.881 0.826 0.376 0.326 forearm 0.805 0.881 1.000 0.801 0.380 0.319 lower.leg 0.859 0.826 0.801 1.000 0.436 0.329 ```
Harman74.cor	Harman example 7.4	24가지 심리학적 요인들 사이의 상관관계(145명 학생들에 대한 조사 결과) ``` > Harman74.cor $cov VisualPerception Cubes PaperFormBoard Flags GeneralInformation PargraphComprehension VisualPerception 1.000 0.318 0.403 0.468 0.321 0.335 Cubes 0.318 1.000 0.317 0.230 0.285 0.234 PaperFormBoard 0.403 0.317 1.000 0.305 0.247 0.268 Flags 0.468 0.230 0.305 1.000 0.227 0.327 ```

Indometh	Pharmacoki－netics of indomethacin	시간에 따른 인도메타신 투여 농도 : 시간, 농도 ``` > Indometh Grouped Data: conc ~ time | Subject Subject time conc 1 1 0.25 1.50 2 1 0.50 0.94 3 1 0.75 0.78 4 1 1.00 0.48 5 1 1.25 0.37 ```
InsectSprays	Effectiveness of insect sprays	농작물 살충제에 대한 실험 대상(효과적인) 곤충의 수 : 곤충의 수, 살충제 유형 ``` > InsectSprays count spray 1 10 A 2 7 A 3 20 A 4 14 A 5 14 A ```
JohnsonJohnson	Quartely earnings per Johnson & Johnson share	연도(1960~1980년)－분기별 Johnson&Johnson사 주식 소득 : 연도, 분기, 소득(달러) ``` > JohnsonJohnson Qtr1 Qtr2 Qtr3 Qtr4 1960 0.71 0.63 0.85 0.44 1961 0.61 0.69 0.92 0.55 1962 0.72 0.77 0.92 0.60 1963 0.83 0.80 1.00 0.77 1964 0.92 1.00 1.24 1.00 ```
LakeHuron	Level of lake Huron 1875－1972	휴런 호(Lake Huron, 북미)의 연도별 수위(feet) ``` > LakeHuron Time Series: Start = 1875 End = 1972 Frequency = 1 [1] 580.38 581.86 580.97 580.80 579.79 580.39 580.42 580.82 [31] 579.83 579.72 579.89 580.01 579.37 578.69 578.19 578.67 [61] 576.84 576.85 576.90 577.79 578.18 577.51 577.23 578.42 [91] 576.80 577.68 578.38 578.52 579.74 579.31 579.89 579.96 ```
LifeCycleSavings	Intercountry life－cycle savings data	국가별 저축금액(1960~1970년) : 개인별 저축금액, 15세 이하 비율, 75세 이상 비율, 1인당 수입, 수입액 증가 비율 ``` > LifeCycleSavings sr pop15 pop75 dpi ddpi Australia 11.43 29.35 2.87 2329.68 2.87 Austria 12.07 23.32 4.41 1507.99 3.93 Belgium 13.17 23.80 4.43 2108.47 3.82 Bolivia 5.75 41.89 1.67 189.13 0.22 Japan 21.10 27.01 1.91 1257.28 8.21 Korea 3.98 41.74 0.91 207.68 5.81 Luxembourg 10.35 21.80 3.73 2449.39 1.57 ```

Loblolly	Gwowth of loblolly pine trees	미국 소나무(Loblolly)의 성장 데이터 : 나무 높이(feet), 나이(연도), 품종 ``` > Loblolly Grouped Data: height ~ age | Seed height age Seed 1 4.51 3 301 15 10.89 5 301 29 28.72 10 301 43 41.74 15 301 57 52.70 20 301 ```
Nile	Flow of the river Nile	나일 강 유량 (1871~1970년) ``` > Nile Time Series: Start = 1871 End = 1970 Frequency = 1 [1] 1120 1160 963 1210 1160 1160 813 1230 [42] 726 456 824 702 1120 1100 832 764 [83] 838 1050 918 986 797 923 975 815 ```
Orange	Growth of orange trees	오렌지 나무의 연령, 둘레 길이 ``` > Orange Tree age circumference 1 1 118 30 2 1 484 58 3 1 664 87 4 1 1004 115 5 1 1231 120 ```
OrchardSprays	Potency of orchard sprays	과수원에 사용된 약품의 효능에 대한 실험값 : 효능값, 실험(행, 열), 처방 수준 ``` > OrchardSprays decrease rowpos colpos treatment 1 57 1 1 D 2 95 2 1 E 3 8 3 1 B 4 69 4 1 H 5 92 5 1 G ```
PlantGrowth	Results from an experiment on plant growth	농산물 수확량(농산물 무게) 측정 : 무게, 그룹 요인 값 ``` > PlantGrowth weight group 1 4.17 ctrl 2 5.58 ctrl 3 5.18 ctrl 4 6.11 ctrl 5 4.50 ctrl ```

Puromycin	Reaction velocity of an enzymatic reaction	효소 작용에 대한 반응 속도 : 농도, 반응률, 상태(treated, untreated) ``` > Puromycin conc rate state 1 0.02 76 treated 2 0.02 47 treated 3 0.06 97 treated 4 0.06 107 treated 5 0.11 123 treated ```
Seatbelts	Road casualties on Great Britain 1969−84	영국에서의 1969~1984년 사이 교통 사고 사망자 수 : 사망자 수, 사고 발생건수, 앞좌석 승객 수, 뒷좌석 승객 수, 주행거리(km), 휘발유 가격, 밴(승합차) 사망자 수, 법 적용 여부 ``` > Seatbelts DriversKilled drivers front rear kms PetrolPrice VanKilled law Jan 1969 107 1687 867 269 9059 0.10297181 12 0 Feb 1969 97 1508 825 265 7685 0.10236300 6 0 Mar 1969 102 1507 806 319 9963 0.10206249 12 0 Apr 1969 87 1385 814 407 10955 0.10087330 8 0 May 1969 119 1632 991 454 11823 0.10101967 10 0 ```
Theoph	Pharmacoki−etic of theophyline	테오필린(근육 이완제) 효력 측정 실험 데이터 : 요인, 무게, 투여액, 시간, 농도 ``` > Theoph Subject Wt Dose Time conc 1 1 79.6 4.02 0.00 0.74 2 1 79.6 4.02 0.25 2.84 3 1 79.6 4.02 0.57 6.57 4 1 79.6 4.02 1.12 10.50 5 1 79.6 4.02 2.02 9.66 ```

Titanic	Survial of passengers on the Titanic	타이타닉 호 생존자 수 : 선박 등급(1, 2, 3,승무원), 성별, 연령대, 생존 여부
		
		``
		> Titanic
		, , Age = Child, Survived = No
		
		      Sex
		Class Male Female
		  1st 0 0
		  2nd 0 0
		  3rd 35 17
		  Crew 0 0
		``

ToothGrowth	The effect of vitamin C on tooth growth in Guinea pigs	기니 국가의 돼지 치아 성장에 대한 비타민 C의 효과 : 치아 길이(microns), 비타민C 유형(VC, OJ), 투여량(mg/day) ``` > ToothGrowth len supp dose 1 4.2 VC 0.5 2 11.5 VC 0.5 3 7.3 VC 0.5 4 5.8 VC 0.5 5 6.4 VC 0.5 ```

UCBAdmissions	Student admissions at UC Berkeley	UC Berkeley 대학 합격자 수 : 학과, 합격·불합격자 수, 성별
		
		``
		> UCBAdmissions
		, , Dept = A
		
		           Gender
		Admit Male Female
		  Admitted 512 89
		  Rejected 313 19
		
		, , Dept = B
		
		           Gender
		Admit Male Female
		  Admitted 353 17
		``

UKDriverDeaths	Road casualties in Great Britain 1969－84	영국에서 1969~1984년 발생한 교통사고 월별 사망자 순 ``` > UKDriverDeaths Jan Feb Mar Apr May Jun Jul Aug Sep Oct Nov Dec 1969 1687 1508 1507 1385 1632 1511 1559 1630 1579 1653 2152 2148 1970 1752 1765 1717 1558 1575 1520 1805 1800 1719 2008 2242 2478 1971 2030 1655 1693 1623 1805 1746 1795 1926 1619 1992 2233 2192 1972 2080 1768 1835 1569 1976 1853 1965 1689 1778 1976 2397 2654 ```
UKgas	UK quarterly gas consump－tion	1960~1986년 분기별 영국 가솔린 사용량 ``` > UKgas Qtr1 Qtr2 Qtr3 Qtr4 1960 160.1 129.7 84.8 120.1 1961 160.1 124.9 84.8 116.9 1962 169.7 140.9 89.7 123.3 1963 187.3 144.1 92.9 120.1 1964 176.1 147.3 89.7 123.3 ```
USAccDeaths	Accident deaths in the US 1973－1978	1973~1978년 월별 미국 내 사고 사망자 수 ``` > USAccDeaths Jan Feb Mar Apr May Jun Jul Aug Sep Oct Nov Dec 1973 9007 8106 8928 9137 10017 10826 11317 10744 9713 9938 9161 8927 1974 7750 6981 8038 8422 8714 9512 10120 9823 8743 9129 8710 8680 1975 8162 7306 8124 7870 9387 9556 10093 9620 8285 8466 8160 8034 1976 7717 7461 7767 7925 8623 8945 10078 9179 8037 8488 7874 8647 ```
USArrests	Violent crime rates by US State	1973년 미국(50개 주) State별 살인, 폭행, 강간으로 체포된 사람의 수 : 10만명당 사람의 수, 도심 전체 인구 대비 비율 ``` > USArrests Murder Assault UrbanPop Rape Alabama 13.2 236 58 21.2 Alaska 10.0 263 48 44.5 Arizona 8.1 294 80 31.0 Arkansas 8.8 190 50 19.5 California 9.0 276 91 40.6 Colorado 7.9 204 78 38.7 Connecticut 3.3 110 77 11.1 ```

USJudgeRatings	Lawyers' ratings of State judges in the US superior court	미국 고등법원 변호사 평가 : 평가지표별 평가 점수(ratings) ``` > USJudgeRatings CONT INTG DMNR DILG CFMG DECI PREP FAMI ORAL WRIT PHYS RTEN AARONSON,L.H. 5.7 7.9 7.7 7.3 7.1 7.4 7.1 7.1 7.1 7.0 8.3 7.8 ALEXANDER,J.M. 6.8 8.9 8.8 8.5 7.8 8.1 8.0 8.0 7.8 7.9 8.5 8.7 ARMENTANO,A.J. 7.2 8.1 7.8 7.8 7.5 7.6 7.5 7.5 7.3 7.4 7.9 7.8 BERDON,R.I. 6.8 8.8 8.5 8.8 8.3 8.5 8.7 8.7 8.4 8.5 8.8 8.7 BRACKEN,J.J. 7.3 6.4 4.3 6.5 6.0 6.2 5.7 5.7 5.1 5.3 5.5 4.8 BURNS,E.B. 6.2 8.8 8.7 8.5 7.9 8.0 8.1 8.0 8.0 8.0 8.6 8.6 ```
USPersonalEx—penditure	Personal expenditure data	연도별(1940, 1945, 1950, 1955, 1960년) 및 항목별 개인 지출 내역(단위 : 10억 달러) ``` > USPersonalExpenditure 1940 1945 1950 1955 1960 Food and Tobacco 22.200 44.500 59.60 73.2 86.80 Household Operation 10.500 15.500 29.00 36.5 46.20 Medical and Health 3.530 5.760 9.71 14.0 21.10 Personal Care 1.040 1.980 2.45 3.4 5.40 Private Education 0.341 0.974 1.80 2.6 3.64 ```
UScitiesD	Distance between US cities	US 도시들 사이의 거리(단위 : km) ``` > UScitiesD Atlanta Chicago Denver Houston LosAngeles Miami NewYork Chicago 587 Denver 1212 920 Houston 701 940 879 LosAngeles 1936 1745 831 1374 Miami 604 1188 1726 968 2339 NewYork 748 713 1631 1420 2451 1092 SanFrancisco 2139 1858 949 1645 347 2594 2571 ```
VADeaths	Death rates in Virginia (1940)	1940년 버지니아 주에서 발생한 사망자 수(단위 : 1000명당 사망자 수) ``` > VADeaths Rural Male Rural Female Urban Male Urban Female 50-54 11.7 8.7 15.4 8.4 55-59 18.1 11.7 24.3 13.6 60-64 26.9 20.3 37.0 19.3 65-69 41.0 30.9 54.6 35.1 70-74 66.0 54.3 71.1 50.0 ```
WWWusage	Internet usage per minute	인터넷에 연결된 사용자의 수(단위 : 서버를 통해 인터넷에 연결된 분당 사용자 수) ``` > WWWusage Time Series: Start = 1 End = 100 Frequency = 1 [1] 88 84 85 85 84 85 83 85 88 89 91 99 104 112 126 138 146 151 [35] 129 126 126 132 137 140 142 150 159 167 170 171 172 172 174 175 172 172 [69] 84 87 89 88 85 86 89 91 91 94 101 110 121 135 145 149 156 165 ```
WorldPhones	The world's telephones	세계 주요 지역 전화기의 수(단위 : 1000) ``` > WorldPhones N.Amer Europe Asia S.Amer Oceania Africa Mid.Amer 1951 45939 21574 2876 1815 1646 89 555 1956 60423 29990 4708 2568 2366 1411 733 1957 64721 32510 5230 2695 2526 1546 773 1958 68484 35218 6662 2845 2691 1663 836 1959 71799 37598 6856 3000 2868 1769 911 1960 76036 40341 8220 3145 3054 1905 1008 1961 79831 43173 9053 3338 3224 2005 1076 ```

ability.cov	Ability and intelligence tests	112명에 대한 지능 테스트 결괏값의 공분산(covariance) ``` > ability.cov $cov general picture blocks maze reading vocab general 24.641 5.991 33.520 6.023 20.755 29.701 picture 5.991 6.700 18.137 1.782 4.936 7.204 blocks 33.520 18.137 149.831 19.424 31.430 50.753 maze 6.023 1.782 19.424 12.711 4.757 9.075 ```
airmiles	Passenger miles on commercial US activities 1937—1960	1937~1960년 연간 항공 이용(유료) 마일리지 ``` > airmiles Time Series: Start = 1937 End = 1960 Frequency = 1 [1] 412 480 683 1052 1385 1418 1634 2178 3362 5948 6109 5981 6753 8003 10566 [24] 30514 ```
airquality	New York air quality measurements	1973년 5월~9월 사이 뉴욕 대기의 질 측정 결과 ``` > airquality Ozone Solar.R Wind Temp Month Day 1 41 190 7.4 67 5 1 2 36 118 8.0 72 5 2 3 12 149 12.6 74 5 3 4 18 313 11.5 62 5 4 5 NA NA 14.3 56 5 5 ```
anscombe	Anscombe's quartet of 'identical' simple linear regressions	단순 선형 회귀 분석 결과 데이터 ``` > anscombe x1 x2 x3 x4 y1 y2 y3 y4 1 10 10 10 8 8.04 9.14 7.46 6.58 2 8 8 8 8 6.95 8.14 6.77 5.76 3 13 13 13 8 7.58 8.74 12.74 7.71 4 9 9 9 8 8.81 8.77 7.11 8.84 5 11 11 11 8 8.33 9.26 7.81 8.47 ```
attenu	The Joyner—Boore attenuation data	캘리포니아에서 발생한 23개 지진 관련 데이터 ``` > attenu event mag station dist accel 1 1 7.0 117 12.0 0.359 2 2 7.4 1083 148.0 0.014 3 2 7.4 1095 42.0 0.196 4 2 7.4 283 85.0 0.135 5 2 7.4 135 107.0 0.062 ```
attitude	The Chatter—jee—price attitude data	대형 금융 기관의 사무직 종업원들에 대한 설문조사 결과 ``` > attitude rating complaints privileges learning raises critical advance 1 43 51 30 39 61 92 45 2 63 64 51 54 63 73 47 3 71 70 68 69 76 86 48 4 61 63 45 47 54 84 35 5 81 78 56 66 71 83 47 ```

austres	Quartely time series of the number of Australian residents	1971년 3월~1994년 3월 사이 분기별 호주 (단위 : 1000명) 주민의 수 ``` > austres Qtr1 Qtr2 Qtr3 Qtr4 1971 13067.3 13130.5 13198.4 1972 13254.2 13303.7 13353.9 13409.3 1973 13459.2 13504.5 13552.6 13614.3 1974 13669.5 13722.6 13772.1 13832.0 1975 13862.6 13893.0 13926.8 13968.9 ```
beaver1	Body tem—perature series of two beavers	Beaver(비버과의 포유류)의 온도 측정값(1990년 12월 12일~13일) ``` > beaver1 day time temp activ 1 346 840 36.33 0 2 346 850 36.34 0 3 346 900 36.35 0 4 346 910 36.42 0 5 346 920 36.55 0 ```
beaver2	Body tem—perature series of two beavers	eaver(비버과의 포유류)의 온도 측정값(1990년 11월 3일~4일) ``` > beaver2 day time temp activ 1 307 930 36.58 0 2 307 940 36.73 0 3 307 950 36.93 0 4 307 1000 37.15 0 5 307 1010 37.23 0 ```
cars	Speed and stopping distances of cars	자동차 주행 속도에 따른 정지 거리(1920년) : 자동차 속도(mph), 정지 거리(ft) ``` > cars speed dist 1 4 2 2 4 10 3 7 4 4 7 22 5 8 16 ```
chickwts	Chicken weights by feed type	사료에 따른 닭의 몸무게 측정 데이터 : 몸무게(g), 사료 유형 ``` > chickwts weight feed 1 179 horsebean 2 160 horsebean 3 136 horsebean 4 227 horsebean 5 217 horsebean ```
co2	Mauna Loa temperature CO2 concen—tration	하와이 마우나 로아 산에서 측정한 월별(1959~1997년) 대기중 이산화탄소 농도(ppm) ``` > co2 Jan Feb Mar Apr May Jun Jul Aug Sep Oct 1959 315.42 316.31 316.50 317.56 318.13 318.00 316.39 314.65 313.68 313.18 1960 316.27 316.81 317.42 318.87 319.87 319.43 318.01 315.74 314.00 313.68 1961 316.73 317.54 318.38 319.31 320.42 319.61 318.42 316.63 314.83 315.16 1962 317.78 318.40 319.53 320.42 320.85 320.45 319.45 317.25 316.11 315.27 1963 318.58 318.92 319.70 321.22 322.08 321.31 319.58 317.61 316.05 315.83 ```

crimtab	Student's 3000 criminals data	England와 Wales 지역 수감자 중 20세 이상 남성 3,000명의 범죄 데이터(건수) ``` > crimtab 142.24 144.78 147.32 149.86 152.4 154.94 157.48 160.02 162.56 165.1 9.4 0 0 0 0 0 0 0 0 0 0 9.5 0 0 0 0 0 1 0 0 0 0 9.6 0 0 0 0 0 0 0 0 0 0 9.7 0 0 0 0 0 0 0 0 0 0 9.8 0 0 0 0 0 0 1 0 0 0 ```
discoveries	Yearly numbers of important discoveries	1860~1959년 사이 발생한 주요 과학적 발견 건수 ``` > discoveries Time Series: Start = 1860 End = 1959 Frequency = 1 [1] 5 3 0 2 0 3 2 3 6 1 2 1 2 1 3 3 3 5 2 4 4 0 [48] 5 2 3 3 6 5 8 3 6 6 0 5 2 2 2 6 3 4 4 2 2 4 [95] 1 1 0 0 2 0 ```
esoph	Smoking, alcohol and (O) esophageal cancer	연령, 알코올 소비, 흡연에 따른 식도암 발병 데이터 ``` > esoph agegp alcgp tobgp ncases ncontrols 1 25-34 0-39g/day 0-9g/day 0 40 2 25-34 0-39g/day 10-19 0 10 3 25-34 0-39g/day 20-29 0 6 4 25-34 0-39g/day 30+ 0 5 5 25-34 40-79 0-9g/day 0 27 ```

euro	Conversion rates of Euro currencies	Euro(유로) 화폐 환율(1998년 12월)
		
		``
		> euro
		       ATS BEF DEM ESP FIM FRF
		 13.760300 40.339900 1.955830 166.386000 5.945730 6.559570
		       IEP ITL LUF NLG PTE
		  0.787564 1936.270000 40.339900 2.203710 200.482000
		``

euro.cross	Conversion rates of Euro currencies	유럽국가별 Euro(유로) 화폐 환율(1998년 12월) ``` > euro.cross ATS BEF DEM ESP FIM FRF ATS 1.000000000 2.93161486 0.142135709 12.0917422 0.432093050 0.476702543 BEF 0.341108927 1.00000000 0.048483759 4.1246012 0.147390797 0.162607493 DEM 7.035529673 20.62546336 1.000000000 85.0718109 3.040003477 3.353854885 ESP 0.082701069 0.24244768 0.011754775 1.0000000 0.035734557 0.039423810 FIM 2.314316324 6.78468413 0.328946992 27.9841163 1.000000000 1.103240477 FRF 2.097744212 6.14977811 0.298164361 25.3653822 0.906420695 1.000000000 IEP 17.471976881 51.22110711 2.483391826 211.2666399 7.549519785 8.328935807 ```
eurodist	Distances between European cities	유럽 21개 국가들 사이의 거리(km) ``` > eurodist Athens Barcelona Brussels Calais Cherbourg Cologne Barcelona 3313 Brussels 2963 1318 Calais 3175 1326 204 Cherbourg 3339 1294 583 460 Cologne 2762 1498 206 409 785 ```

faithful	Old faithful geyser data	미국 Old Faithful Geyser(엘로우 스톤) 화산 온천 데이터 : 화산폭발 시간(분), 다음 폭발시 까지의 대기 시간(분) ``` > faithful eruptions waiting 1 3.600 79 2 1.800 54 3 3.333 74 4 2.283 62 5 4.533 85 ```
fdeaths	Monthly deaths frim lung diseases in the UK	1974~1979년 영국에서 폐 관련 질병으로 사망한 사람의 수(월별 사망자 수) ``` > fdeaths Jan Feb Mar Apr May Jun Jul Aug Sep Oct Nov Dec 1974 901 689 827 677 522 406 441 393 387 582 578 666 1975 830 752 785 664 467 438 421 412 343 440 531 771 1976 767 1141 896 532 447 420 376 330 357 445 546 764 1977 862 660 663 643 502 392 411 348 387 385 411 638 1978 796 853 737 546 530 446 431 362 387 430 425 679 1979 821 785 727 612 478 429 405 379 393 411 487 574 ```
freeny	Freeny's revenue data	Freeny 사의 연도-분기별 수익 및 관련 변수 ``` > freeny y lag.quarterly.revenue price.index income.level 1962.25 8.79236 8.79636 4.70997 5.82110 1962.5 8.79137 8.79236 4.70217 5.82558 1962.75 8.81486 8.79137 4.68944 5.83112 1963 8.81301 8.81486 4.68558 5.84046 1963.25 8.90751 8.81301 4.64019 5.85036 ```
freeny.x	Freeny's revenue data (matrix of explanatory variables)	관련 변수들의 값 행렬 : 수익, 가격지수, 수입 수준, 시장 지수 ``` > freeny.x lag quarterly revenue price index income level market potential [1,] 8.79636 4.70997 5.82110 12.9699 [2,] 8.79236 4.70217 5.82558 12.9733 [3,] 8.79137 4.68944 5.83112 12.9774 [4,] 8.81486 4.68558 5.84046 12.9806 [5,] 8.81301 4.64019 5.85036 12.9831 ```
freeny.y	Freeny's revenue data (time series data from 1962~1971)	1962년 2분기부터 1971년 4분기까지의 시계열 데이터(수입) ``` > freeny.y Qtr1 Qtr2 Qtr3 Qtr4 1962 8.79236 8.79137 8.81486 1963 8.81301 8.90751 8.93673 8.96161 1964 8.96044 9.00868 9.03049 9.06906 1965 9.05871 9.10698 9.12685 9.17096 1966 9.18665 9.23823 9.26487 9.28436 ```
infert	Infertiity alfter spontaneous and induced abortion	자연 및 유도 낙태 후 불임 관련 데이터 : 교육 정도, 연령, 낙태 건수 등 ``` > infert education age parity induced case spontaneous stratum 1 0-5yrs 26 6 1 1 2 1 2 0-5yrs 42 1 1 1 0 2 3 0-5yrs 39 6 2 1 0 3 4 0-5yrs 34 4 2 1 0 4 5 6-11yrs 35 3 1 1 1 5 ```

iris	Edgar Anderson's iris data	Edgar Anderson에 의해 작성된 붓꽃 생육 데이터 : 꽃받침, 꽃잎 길이(cm), 붓꽃종 ``` > iris Sepal.Length Sepal.Width Petal.Length Petal.Width Species 1 5.1 3.5 1.4 0.2 setosa 2 4.9 3.0 1.4 0.2 setosa 3 4.7 3.2 1.3 0.2 setosa 4 4.6 3.1 1.5 0.2 setosa 5 5.0 3.6 1.4 0.2 setosa ```
iris3	Edgar Anserson's iris data	붓꽃 생육 데이터(iris와 동일), 3차원 배열 값으로 표현 ``` > iris3 , , Setosa Sepal L. Sepal W. Petal L. Petal W. [1,] 5.1 3.5 1.4 0.2 [2,] 4.9 3.0 1.4 0.2 [3,] 4.7 3.2 1.3 0.2 [4,] 4.6 3.1 1.5 0.2 [5,] 5.0 3.6 1.4 0.2 ```

islands	Areas of the world's major landmasses	세계 주요 지역의 면적(제곱 평방 마일, $mile^2$)
		
		``
		> islands
		     Africa Antarctica Asia Australia
		      11506 5500 16988 2968
		    Britain Celebes Celon Cuba
		         84 73 25 43
		     Hainan Hispaniola Hokkaido Honshu
		         13 30 30 89
		      Luzon Madagascar Melville Mindanao
		         42 227 16 36
		``

ldeaths	Monthly deaths from lung diseases in the UK	1974~1979년 월별 영국 폐 질환 사망자 수(남성+여성) ``` > ldeaths Jan Feb Mar Apr May Jun Jul Aug Sep Oct Nov Dec 1974 3035 2552 2704 2554 2014 1655 1721 1524 1596 2074 2199 2512 1975 2933 2889 2938 2497 1870 1726 1607 1545 1396 1787 2076 2837 1976 2787 3891 3179 2011 1636 1580 1489 1300 1356 1653 2013 2823 1977 3102 2294 2385 2444 1748 1554 1498 1361 1346 1564 1640 2293 1978 2815 3137 2679 1969 1870 1633 1529 1366 1357 1570 1535 2491 ```
lh	Luteinizing hormone in blood samples	혈액 표본에서 검출된 황체 형성 호르몬의 양 ``` > lh Time Series: Start = 1 End = 48 Frequency = 1 [1] 2.4 2.4 2.4 2.2 2.1 1.5 2.3 2.3 2.5 2.0 1.9 1.7 2.2 1.8 3.2 [37] 1.5 1.4 2.1 3.3 3.5 3.5 3.1 2.6 2.1 3.4 3.0 2.9 ```
longley	Longley's economic regression data	1947~1962년 거시경제 관련 회귀 데이터 ``` > longley GNP.deflator GNP Unemployed Armed.Forces Population Year Employed 1947 83.0 234.289 235.6 159.0 107.608 1947 60.323 1948 88.5 259.426 232.5 145.6 108.632 1948 61.122 1949 88.2 258.054 368.2 161.6 109.773 1949 60.171 1950 89.5 284.599 335.1 165.0 110.929 1950 61.187 1951 96.2 328.975 209.9 309.9 112.075 1951 63.221 ```

lynx	Annual Canadian lynx trappings 1821−1934	1821~1934년 연간 캐나다 스라소니(lynx, 야생 고양이) 포획 수 ``` > lynx Time Series: Start = 1821 End = 1934 Frequency = 1 [1] 269 321 585 871 1475 2821 3928 5943 4950 2577 [29] 957 361 377 225 360 731 1638 2725 2871 2119 [57] 756 299 201 229 469 736 2042 2811 4431 2511 [85] 6313 3794 1836 345 382 808 1388 2713 3800 3091 [113] 2657 3396 ```
mdeaths	Monthly deaths from lung diseases in the UK	1974~1979년 월별 영국 폐 질환 사망자 수(남성) ``` > mdeaths Jan Feb Mar Apr May Jun Jul Aug Sep Oct Nov Dec 1974 2134 1863 1877 1877 1492 1249 1280 1131 1209 1492 1621 1846 1975 2103 2137 2153 1833 1403 1288 1186 1133 1053 1347 1545 2066 1976 2020 2750 2283 1479 1189 1160 1113 970 999 1208 1467 2059 1977 2240 1634 1722 1801 1246 1162 1087 1013 959 1179 1229 1655 1978 2019 2284 1942 1423 1340 1187 1098 1004 970 1140 1110 1812 ```
morley	Michelson speed of light data	광속(빛의 속도) 실험 데이터(km/sec) ``` > morley Expt Run Speed 001 1 1 850 002 1 2 740 003 1 3 900 004 1 4 1070 005 1 5 930 ```
mtcars	Motor trend car road tests	1973~1974년 자동차 모델(32개) 성능 데이터 (1974년 Motor Trend US 잡지 게재 데이터) ``` > mtcars mpg cyl disp hp drat wt qsec vs am gear carb Mazda RX4 21.0 6 160.0 110 3.90 2.620 16.46 0 1 4 4 Mazda RX4 Wag 21.0 6 160.0 110 3.90 2.875 17.02 0 1 4 4 Datsun 710 22.8 4 108.0 93 3.85 2.320 18.61 1 1 4 1 Hornet 4 Drive 21.4 6 258.0 110 3.08 3.215 19.44 1 0 3 1 Hornet Sportabout 18.7 8 360.0 175 3.15 3.440 17.02 0 0 3 2 Valiant 18.1 6 225.0 105 2.76 3.460 20.22 1 0 3 1 ```
nhtemp	Average yearly temperatures in New Haven	1912~1971년 New Haven 지역(미국) 평균 연간 온도(화씨, F) ``` > nhtemp Time Series: Start = 1912 End = 1971 Frequency = 1 [1] 49.9 52.3 49.4 51.1 49.4 47.9 49.8 50.9 [29] 48.8 51.7 51.0 50.6 51.7 51.5 52.1 51.3 [57] 51.9 51.8 51.9 53.0 ```

nottem	Average monthly temperature at Nottingham, 1920−1939	1920~1939년 Nottingham 지역(영국) 평균 연간 온도(화씨, F)
		
		`> nottem`
		
		`     Jan  Feb  Mar  Apr  May  Jun  Jul  Aug  Sep  Oct  Nov  Dec`
		`1920 40.6 40.8 44.4 46.7 54.1 58.5 57.7 56.4 54.3 50.5 42.9 39.8`
		`1921 44.2 39.8 45.1 47.0 54.1 58.7 66.3 59.9 57.0 54.2 39.7 42.8`
		`1922 37.5 38.7 39.5 42.1 55.7 57.8 56.8 54.3 54.3 47.1 41.8 41.7`
		`1923 41.8 40.1 42.9 45.8 49.2 52.7 64.2 59.6 54.4 49.2 36.3 37.6`
		`1924 39.3 37.5 38.3 45.5 53.2 57.7 60.8 58.2 56.4 49.8 44.4 43.6`

npk	Classical N, P, K factorial experiment	완두콩 생육에 영향을 미치는 질소(Nitrogen), 인산염(Phosphate), 칼륨(Potassium) 실험 데이터
		
		`> npk`
		
		`  block N P K yield`
		`1     1 0 1 1  49.5`
		`2     1 1 1 0  62.8`
		`3     1 0 0 0  46.8`
		`4     1 1 0 1  57.0`
		`5     2 1 0 0  59.8`

occupationalSta−tus	Occupational status of fathers and their sons	아버지−아들의 직업 상태 분류 데이터(영국 남성 기준) : 직업 상태를 1~8로 분류
		
		`> occupationalStatus`
		
		`       destination`
		`origin  1   2   3   4   5   6   7   8`
		`     1 50  19  26   8   7  11   6   2`
		`     2 16  40  34  18  11  20   8   3`
		`     3 12  35  65  66  35  88  23  21`
		`     4 11  20  58 110  40 183  64  32`
		`     5  2   8  12  23  25  46  28  12`

precip	Annual precipitation in US cities	미국 70개 도시들에 대한 연간 평균 강수량(inches)
		
		`> precip`
		`          Mobile             Juneau            Phoenix`
		`            67.0               54.7                7.0`
		`          Denver           Hartford         Wilmington`
		`            13.0               43.4               40.2`
		`        Honolulu              Boise            Chicago`
		`            22.9               11.5               34.4`
		`      Louisville        New Orleans           Portland`
		`            43.1               56.8               40.8`
		`           Duluth  Minneapolis/St Paul         Jackson`

presidents	Quartely approval ratings of US presidents	1945년 1분기~1974년 4분기, 분기별 미국 대통령 지지율
		
		`> presidents`
		`     Qtr1 Qtr2 Qtr3 Qtr4`
		`1945   NA   87   82   75`
		`1946   63   50   43   32`
		`1947   35   60   54   55`
		`1948   36   39   NA   NA`
		`1949   69   57   57   51`

pressure	Vapor pressure of Mercury as a function of temperature	온도에 따른 수은 증기 압력 : 온도(섭씨, C), 압력(mm)
		
		`> pressure`
		`  temperature pressure`
		`1           0   0.0002`
		`2          20   0.0012`
		`3          40   0.0060`
		`4          60   0.0300`
		`5          80   0.0900`

quakes	Locations of earthquakesof Fiji	Fiji 지역 지진 데이터 : 위도, 경도, 깊이, 지진 진도 규모(리히터), stations의 수 ``` > quakes lat long depth mag stations 1 -20.42 181.62 562 4.8 41 2 -20.62 181.03 650 4.2 15 3 -26.00 184.10 42 5.4 43 4 -17.97 181.66 626 4.1 19 5 -20.42 181.96 649 4.0 11 ```
randu	Random numbers from congruential generator RANDU	연속된 3개의 난수, 총 400x3＝1,200개의 난수 값(FORTRAN 함수 RANDU 이용) ``` > randu x y z 1 0.000031 0.000183 0.000824 2 0.044495 0.155732 0.533939 3 0.822440 0.873416 0.838542 4 0.322291 0.648545 0.990648 5 0.393595 0.826873 0.418881 ```
rivers	Lengths of major north American rivers	북미 주요 141개 강들의 길이(miles) ``` > rivers [1] 735 320 325 392 524 450 1459 135 465 600 330 336 280 315 [20] 1000 600 505 1450 840 1243 890 350 407 286 280 525 720 390 [39] 210 630 260 230 360 730 600 306 390 420 291 710 340 217 [58] 680 570 350 300 560 900 625 332 2348 1171 3710 2315 2533 780 [77] 431 350 760 618 338 981 1306 500 696 605 250 411 1054 735 ```
rock	Measurements on petroleum rock samples	석유층에서 추출된 48개 암석 관련 데이터 ``` > rock area peri shape perm 1 4990 2791.900 0.0903296 6.3 2 7002 3892.600 0.1486220 6.3 3 7558 3930.660 0.1833120 6.3 4 7352 3869.320 0.1170630 6.3 5 7943 3948.540 0.1224170 17.1 ```
sleep	Student's sleep data	두 가지 수면제의 효과 측정 데이터(10명의 환자 측정) : 수면시간 증감, 투여약, 환자 ``` > sleep extra group ID 1 0.7 1 1 2 -1.6 1 2 3 -0.2 1 3 4 -1.2 1 4 5 -0.1 1 5 ```
stack.loss	Brownlee's stack loss plant data	식물에 대한 암모니아의 질산 산화 관련 데이터 ``` > stack.loss [1] 42 37 37 28 18 18 19 20 15 14 14 13 11 12 8 7 8 8 9 15 15 ```
stack.x	Brownlee's stack loss plant data	식물에 대한 암모니아의 질산 산화 관련 데이터(4가지 변수에 대한 데이터) ``` > stack.x Air.Flow Water.Temp Acid.Conc. [1,] 80 27 89 [2,] 80 27 88 [3,] 75 25 90 [4,] 62 24 87 [5,] 62 22 87 ```

stackloss	Brownlee's stack loss plant data	식물에 대한 암모니아의 질산 산화 관련 데이터(4가지 변수, stack.loss 값) ``` > stackloss Air.Flow Water.Temp Acid.Conc. stack.loss 1 80 27 89 42 2 80 27 88 37 3 75 25 90 37 4 62 24 87 28 5 62 22 87 18 ```
state.abb	US state facts and figures (2−letter abbreviation)	미국 주의 2자리 이름 ``` > state.abb [1] "AL" "AK" "AZ" "AR" "CA" "CO" "CT" "DE" "FL" "GA" "HI" "ID" "IL" "IN" "IA" "KS" "KY" "LA" "ME" [20] "MD" "MA" "MI" "MN" "MS" "MO" "MT" "NE" "NV" "NH" "NJ" "NM" "NY" "NC" "ND" "OH" "OK" "OR" "PA" [39] "RI" "SC" "SD" "TN" "TX" "UT" "VT" "VA" "WA" "WV" "WI" "WY" ```
state.areas	US state facts and figures (state area)	미국 주별 면적(square miles, mile2) ``` > state.area [1] 51609 589757 113909 53104 158693 104247 5009 2057 58560 58876 6450 83557 56400 [14] 36291 56290 82264 40395 48523 33215 10577 8257 58216 84068 47716 69686 147138 [27] 77227 110540 9304 7836 121666 49576 52586 70665 41222 69919 96981 45333 1214 [40] 31055 77047 42244 267339 84916 9609 40815 68192 24181 56154 97914 ```
state.center	US state facts and figures (approximate geographic center of each state)	미국 각각의 주가 위치하고 있는 중심 지역의 좌표(경도, 위도) ``` > state.center $x [1] -86.7509 -127.2500 -111.6250 -92.2992 -119.7730 -105.5130 -72.3573 -74.9841 -81.6850 [10] -83.3736 -126.2500 -113.9300 -89.3776 -86.0808 -93.3714 -98.1156 -84.7674 -92.2724 [19] -68.9801 -76.6459 -71.5800 -84.6870 -94.6043 -89.8065 -92.5137 -109.3200 -99.5898 [28] -116.8510 -71.3924 -74.2336 -105.9420 -75.1449 -78.4686 -100.0990 -82.5963 -97.1239 [37] -120.0680 -77.4500 -71.1244 -80.5056 -99.7238 -86.4560 -98.7857 -111.3300 -72.5450 [46] -78.2005 -119.7460 -80.6665 -89.9941 -107.2560 $y [1] 32.5901 49.2500 34.2192 34.7336 36.5341 38.6777 41.5928 38.6777 27.8744 32.3329 31.7500 43.5648 [13] 40.0495 40.0495 41.9358 38.4204 37.3915 30.6181 45.6226 39.2778 42.3645 43.1361 46.3943 32.6758 [25] 38.3347 46.8230 41.3356 39.1063 43.3934 39.9637 34.4764 43.1361 35.4195 47.2517 40.2210 35.5053 [37] 43.9078 40.9069 41.5928 33.6190 44.3365 35.6767 31.3897 39.1063 44.2508 37.5630 47.4231 38.4204 [49] 44.5937 43.0504 ```
state.division	US state facts and figures (factor giving state divisions)	미국의 주를 구분하는 요인 ``` > state.division [1] East South Central Pacific Mountain [6] Mountain New England South Atlantic [11] Pacific Mountain East North Central [16] West North Central East South Central West South Central ```
state.name	US state facts and figures (full state name)	미국 주의 이름(full name) ``` > state.name [1] "Alabama" "Alaska" "Arizona" "Arkansas" [6] "Colorado" "Connecticut" "Delaware" "Florida" [11] "Hawaii" "Idaho" "Illinois" "Indiana" [16] "Kansas" "Kentucky" "Louisiana" "Maine" [21] "Massachusetts" "Michigan" "Minnesota" "Mississippi" [26] "Montana" "Nebraska" "Nevada" "New Hampshire" ```
state.region	US state facts and figures (factor giving the region)	미국 주가 속해 있는 지역을 구분하는 요인 ``` > state.region [1] South West West South [7] Northeast South South South [13] North Central North Central North Central North Central [19] Northeast South Northeast North Central [25] North Central West North Central West ```

state.x77	US state facts and figures (giving the statictics for each state)	미국 각 주의 인구, 수입, 문맹률, 기대수명, 살인발생율, 고교졸업율, 서리 발생일, 면적 `> state.x77` <pre> Population Income Illiteracy Life Exp Murder HS Grad Frost Area Alabama 3615 3624 2.1 69.05 15.1 41.3 20 50708 Alaska 365 6315 1.5 69.31 11.3 66.7 152 566432 Arizona 2212 4530 1.8 70.55 7.8 58.1 15 113417 Arkansas 2110 3378 1.9 70.66 10.1 39.9 65 51945 California 21198 5114 1.1 71.71 10.3 62.6 20 156361</pre>
sunspot.month	Monthly sunspot data from 1749 to present	1749년 이후 월별 태양의 흑점 일수 `> sunspot.month` <pre> Jan Feb Mar Apr May Jun Jul Aug Sep Oct Nov Dec 1749 58.0 62.6 70.0 55.7 85.0 83.5 94.8 66.3 75.9 75.5 158.6 85.2 1750 73.3 75.9 89.2 88.3 90.0 100.0 85.4 103.0 91.2 65.7 63.3 75.4 1751 70.0 43.5 45.3 56.4 60.7 50.7 66.3 59.8 23.5 23.2 28.5 44.0 1752 35.0 50.0 71.0 59.3 59.7 39.6 78.4 29.3 27.1 46.6 37.6 40.0 1753 44.0 32.0 45.7 38.0 36.0 31.7 22.0 39.0 28.0 25.0 20.0 6.7</pre>

sunspot.year	Yearly sunspot data 1700—1988	1700~1988년 사이 연간 태양의 흑점 일수
		
		`> sunspot.year`
		`Time Series:`
		`Start = 1700`
		`End = 1988`
		`Frequency = 1`
		<pre> [1] 5.0 11.0 16.0 23.0 36.0 58.0 29.0 20.0 10.0 8.0
		[16] 27.0 47.0 63.0 60.0 39.0 28.0 26.0 22.0 11.0 21.0
		[31] 47.0 35.0 11.0 5.0 16.0 34.0 70.0 81.0 111.0 101.0
		[46] 11.0 22.0 40.0 60.0 80.9 83.4 47.7 47.8 30.7 12.2
		[61] 62.9 85.9 61.2 45.1 36.4 20.9 11.4 37.8 69.8 106.1</pre>

sunspots	Monthly sunspot numbers 1749—1983	1749~1983년 사이 월별 태양의 흑점 일수 `> sunspots` <pre> Jan Feb Mar Apr May Jun Jul Aug Sep Oct Nov Dec 1749 58.0 62.6 70.0 55.7 85.0 83.5 94.8 66.3 75.9 75.5 158.6 85.2 1750 73.3 75.9 89.2 88.3 90.0 100.0 85.4 103.0 91.2 65.7 63.3 75.4 1751 70.0 43.5 45.3 56.4 60.7 50.7 66.3 59.8 23.5 23.2 28.5 44.0 1752 35.0 50.0 71.0 59.3 59.7 39.6 78.4 29.3 27.1 46.6 37.6 40.0 1753 44.0 32.0 45.7 38.0 36.0 31.7 22.2 39.0 28.0 25.0 20.0 6.7</pre>
swiss	Swiss fertility and socioeco—nomic indicators (1888) data	1888년 스위스 47개 지역(프랑스어 사용)의 관련 데이터 `> swiss` <pre> Fertility Agriculture Examination Education Catholic Courtelary 80.2 17.0 15 12 9.96 Delemont 83.1 45.1 6 9 84.84 Franches-Mnt 92.5 39.7 5 5 93.40 Moutier 85.8 36.5 12 7 33.77 Neuveville 76.9 43.5 17 15 5.16</pre>

treering	Yearly treeirng data −1600~1979	나이테 길이(하나의 나이테＝1년)
		
		`> treering`
		`Time Series:`
		`Start = -6000`
		`End = 1979`
		`Frequency = 1`
		<pre> [1] 1.345 1.077 1.545 1.319 1.413 1.069 0.489 1.171 0.887 0.493 0.346
		[16] 0.919 0.776 0.081 0.876 0.254 1.092 0.659 0.900 0.732 0.703 0.690
		[31] 0.611 0.704 0.517 0.525 1.086 0.849 0.183 0.823 0.433 0.849 1.021
		[46] 0.473 1.010 1.297 0.917 0.457 0.866 1.121 1.301 1.017 0.676 0.816
		[61] 0.959 0.966 1.355 0.966 0.771 0.561 1.712 1.514 0.677 0.613 1.265</pre>

trees	Diameter, height and volume for black cherry trees	블랙 체리의 지름(inches), 높이(ft), 용적(ft^3) ``` > trees Girth Height Volume 1 8.3 70 10.3 2 8.6 65 10.3 3 8.8 63 10.2 4 10.5 72 16.4 5 10.7 81 18.8 ```
uspop	Populations recorded by the US census	1790~1970년 사이 10년 간격으로 조사된 미국의 인구(백만명) ``` > uspop Time Series: Start = 1790 End = 1970 Frequency = 0.1 [1] 3.93 5.31 7.24 9.64 12.90 17.10 23.20 31.40 39.80 50.20 62.90 76.00 92.00 [14] 105.70 122.80 131.70 151.30 179.30 203.20 ```
volcano	Topographic information on Auckland's Maunga Whau volcano	뉴질랜드 오클랜드 Whau 화산의 지형학적 정보 ``` > volcano [,1] [,2] [,3] [,4] [,5] [,6] [,7] [,8] [,9] [,10] [,11] [,12] [,13] [1,] 100 100 101 101 101 101 101 100 100 100 101 101 102 [2,] 101 101 102 102 102 102 102 101 101 101 102 102 103 [3,] 102 102 103 103 103 103 103 102 102 102 103 103 104 [4,] 103 103 104 104 104 104 104 103 103 103 103 104 104 [5,] 104 104 105 105 105 105 105 104 104 103 104 104 105 ```
warpbreaks	The number of breaks in yarn during weaving	직물 제작 시 흠집의 수 ``` > warpbreaks breaks wool tension 1 26 A L 2 30 A L 3 54 A L 4 25 A L 5 70 A L ```
women	Average heights and weights for American women	미국 여성(30~39세)들의 평균 키와 몸무게 ``` > women height weight 1 58 115 2 59 117 3 60 120 4 61 123 5 62 126 6 63 129 7 64 132 8 65 135 9 66 139 10 67 142 11 68 146 12 69 150 13 70 154 14 71 159 15 72 164 ```

참고 문헌 및 사이트

- 국가직무능력표준(NCS), 한국산업인력공단
  한국직업능력개발원, 명지대학교 산학협력단, 교육부

빅데이터 분석 기획	통계기반 데이터 분석
빅데이터 수집	머신러닝 기반 데이터 분석
빅데이터 저장	텍스트 마이닝 기반 데이터 분석
빅데이터 처리	빅데이터 분석결과 시각화
분석용 데이터 탐색	

- 김경태, 경영빅데이터 분석사, 시대고시기획
- 김경태, 데이터 분석 전문가(준전문가), 시대고시기획
- 김경태, 안정국, 김동현, Big Data 활용서 I, II, 시대인
- 김대수, 처음 만나는 인공지능, 생능출판
- 김성수, R을 이용한 다변량분석, KNOU PRESS
- 김세헌, 통계학 개론, 영지문화사
- 네이버 사전, https://dict.naver.com
- 네이버 지식백과, https://terms.naver.com
- 다다사토시, 송교석, 처음 배우는 인공지능, 한빛미디어
- 데이터전문가지식포털, http://www.dbguide.net
- 데이터 품질관리 지침, 한국데이터베이스 진흥 센터
- 데이터 품질진단 절차 및 기법, 한국데이터베이스 진흥원
- 사회조사분석사, 시대고시기획
- 윤철호, 빅데이터 분석과 R 활용, 생능출판
- 이재원, 생생한 사례로 배우는 확률과 통계, 한빛아카데미
- 위키백과, https://ko.wikipedia.org/wiki
- 장용식, 최진호, 머신러닝을 활용한 R 데이터분석, 생능출판
- 장희선, 빅데이터분석기사 실기 한권으로 끝내기(필답형＋작업형), 2022, 시대고시기획
- 장희선, 송지영, 빅데이터분석 기사 국가기술자격 개요 및 출제경향 분석, 2022, 한국컴퓨터정보학회 동계학술대회
- 장희선, 최기석, 하정미, 스마트 유통물류 산업에서의 인공지능 서비스, 2019, 주간기술동향
- 장희선, 4차 산업혁명의 시사적 교육을 위한 e-NIE 및 Edmodo 콘텐츠 활용, 2018, 한국콘텐츠학회 춘계학술대회
- 장희선, Raptor와 가상현실 콘텐츠를 활용한 수학 알고리즘 및 코딩 교육, 2018, 한국콘텐츠학회 Contents & E-book 학술대회
- 정보통신기획평가원, 인공지능 산업 청사진, 2020
- 정혜정, 장희선, 빅데이터분석기사 필기 한권으로 끝내기, 2022, 시대고시기획
- 한국디지털정책학회 빅데이터전략연구회, 경영 빅데이터 분석, 광문각
- 한국디지털정책학회 빅데이터전략연구회, NCS 기반 경영 빅데이터 분석, WOW PASS
- 한국정보화진흥원, 성공적인 빅데이터 활용을 위한 3대 요소: 자원, 기술, 인력, 2012년
- 한국폴리텍대학, 4차산업혁명대비 교육훈련직종 개발, 2018.

찾아보기 (색인, Index)

찾아보기(색인, Index)

찾아보기(색인, Index)

좋은 책을 만드는 길, 독자님과 함께하겠습니다.

. . . .

빅데이터분석기사 실기 R 심화

개정1판1쇄 발행	2024년 06월 20일 (인쇄 2024년 05월 29일)
초 판 발 행	2023년 01월 05일 (인쇄 2022년 10월 12일)
발 행 인	박영일
책 임 편 집	이해욱
편 저	장희선
편 집 진 행	김은영
표지디자인	하연주
편집디자인	김예슬 · 곽은슬
발 행 처	(주)시대고시기획
출 판 등 록	제10-1521호
주 소	서울시 마포구 큰우물로 75 [도화동 538 성지 B/D] 9F
전 화	1600-3600
팩 스	02-701-8823
홈 페 이 지	www.sdedu.co.kr

I S B N	979-11-383-7081-3 (13000)
정 가	45,000원

다년간 누적된 합격의 DATA!

시대에듀
빅데이터분석기사 시리즈

유료
동영상
교재

빅데이터분석기사 필기
한권으로 끝내기

❶ 핵심이론 + 확인 문제 구성으로 이론 완벽 복습 가능
❷ 단원별 적중예상문제로 실전감각 UP
❸ 2021~2023년 총 6회분의 최신 기출복원문제 수록

유료
동영상
교재

빅데이터분석기사 실기(R)
한권으로 끝내기

빅데이터분석기사 실기(파이썬)
한권으로 끝내기

❶ 2023년 변경된 출제유형 완벽 반영
❷ 2021~2023년 총 6회분의 최신 기출복원문제 수록
❸ 유형별 단원종합문제 + 합격모의고사 2회분
❹ 자사 홈페이지를 통해 예제 파일 제공

※ 도서의 이미지 및 구성은 변경될 수 있습니다.

빅데이터분석기사 + 데이터분석전문가(ADP) 동시대비

파이썬
한권으로 끝내기

① 기초부터 심화까지 아우르는 종합기본서

② 핵심이론 + 예제로 단계별 학습 가능

③ 최신 기출동형 모의고사 7회분 수록

④ 깃허브를 통해 예제 파일 및 코드 제공

※ 도서의 이미지 및 구성은 변경될 수 있습니다.

실무에 쓰이는 고급 데이터 분석

시대에듀
데이터 분야 심화과정

빅데이터분석기사 실기 R 심화

빅데이터 활용서 Ⅰ·Ⅱ

❶ 실기대비 및 실무용 심화 도서

❷ 챕터별 연습문제 및 단원종합문제 수록

❸ 편리한 학습을 위해 찾아보기(색인) 제공

❹ [부록] R 데이터세트 수록

❶ R을 이용한 중·고급 데이터 분석의 바이블

❷ 샘플 데이터를 통한 실전 데이터 분석 학습 가능

❸ 빅데이터 분야 유일, 시뮬레이션 및 최적화 제시

※ 도서의 이미지 및 구성은 변경될 수 있습니다.

나는 이렇게 합격했다

당신의 합격 스토리를 들려주세요
추첨을 통해 선물을 드립니다

베스트 리뷰
갤럭시탭 / 버즈 2

상/하반기 추천 리뷰
상품권 / 스벅커피

인터뷰 참여
백화점 상품권

이벤트 참여방법

합격수기

| 시대에듀와 함께한 도서 or 강의 선택 | > | 나만의 합격 노하우 정성껏 작성 | > | 상반기/하반기 추첨을 통해 선물 증정 |

인터뷰

| 시대에듀와 함께한 강의 선택 | > | 합격증명서 or 자격증 사본 첨부, 간단한 소개 작성 | > | 인터뷰 완료 후 백화점 상품권 증정 |

이벤트 참여방법
다음 합격의 주인공은 바로 여러분입니다!

QR코드 스캔하고 ▷ ▷ ▷ ▶
이벤트 참여하여 푸짐한 경품받자!

합격의 공식
시대에듀

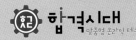

합격의 모든 것!

BIG DATA